最高人民法院民事审判第三庭 编

# 最高人民法院
# 知识产权审判案例指导

最高人民法院知识产权案件年度报告及案例全文

第十二辑

中国法制出版社
CHINA LEGAL PUBLISHING HOUSE

# 出版说明

为进一步充分发挥最高人民法院审判案例的示范和指引作用，从2008年起，最高人民法院每年对自身审理的知识产权典型案件进行分析、梳理和归纳，形成《最高人民法院知识产权案件年度报告》，并在“4·26”世界知识产权日期间向社会公布报告的摘要内容，既总结了审判经验和统一了法律适用标准，又推进了司法公开，赢得了社会的广泛关注和普遍好评。

但是限于篇幅，案件年度报告只是整理和归纳相关的典型法律适用问题，不可能反映案件的全貌。应读者的要求，我们将案件年度报告及其所涉及的裁判文书全文整理和汇编成书，忠实记录我国知识产权司法保护进程中的每一个前进的脚印，以每年一册的形式奉献给读者。

# 目 录

## 最高人民法院知识产权案件年度报告（2019）

（二）专利行政案件审判

# 最高人民法院

# 知识产权案件年度报告

（2019）

# 序 言

最高人民法院 2019 年全年共受理各类知识产权案件 3845 件。按照案件审理程序划分，共受理二审案件 1694 件，提审案件 197 件，申请再审案件 1663 件，请示案件 31 件，抗诉案件 2 件，司法制裁案件 1 件，行政赔偿案件 1 件，其他案件 256 件（主要涉及知识产权审判管理事务）。按照案件所涉客体类型划分，共受理专利案件 1931 件，商标案件 965 件，著作权案件 245 件，垄断案件 18 件，不正当竞争案件 63 件，植物新品种案件 34 件，知识产权合同案件 119 件，技术合同案件 169 件，集成电路布图设计案件 3 件，其他案件 298 件。按照案件性质划分，共受理行政案件 1112 件，其中专利行政案件 422 件，商标行政案件 688 件，其他行政案件 1 件，行政赔偿案件 1 件；民事案件 2721 件；刑事请示案件 11 件，司法制裁案件 1 件。

全年共审结各类知识产权案件 3254 件。其中，二审案件 1192 件，提审案件 193 件，申请再审案件 1580 件，请示案件 29 件，抗诉案件 2 件，司法制裁案件 1 件，行政赔偿案件 1 件，其他案件 256 件。在审结的 1580 件申请再审案件中，裁定驳回再审申请 1270 件，裁定提审 213 件，裁定指令或者指定再审 40 件，裁定撤诉 54 件，裁定终结 3 件。在审结的 1192 件二审案件中，维持原审裁判 745 件，调撤 353 件，发改 94 件。

最高人民法院 2019 年审理的知识产权案件的基本特点是：新收案件数量上涨了 146%，二审案件占比从 1.5% 上涨至 44.1%、专利案件占比从 43.8% 上涨至 50.2%；专利民事案件中权利要求解释仍是焦点和难点，功能性特征的认定标准进一步明确，加大专利司法保护力度的导向更加突出；专利行政案件中创造性判断是核心问题，创造性判断标准进一步细化，司法对行政的监督职能进一步强化；商标民事案件中对涉外定牌加工相关法律问题的研究不断深入，并积极探索恶意诉讼损害赔偿、商标先用权抗辩等新类型案件的法律适用；商标行政案件中商标近似和商品类似的判断仍然是主要焦点问题之一，显著性判断、驰名商标跨类保护、代理人抢注等法律问题的适用标准进一步明确；著作权案件中计算机软件的著作权保护、古籍点校作品是难点问题；不正当竞争案件中涉及技术秘密、客户名单、包装装潢、虚假宣传等不同类型，反不正当竞争法保护的内容和边界仍是案件审理中的难点，技术秘密案件程序性规则得到进一步澄清；植物新品种案件中涌现的法律问题愈发多元，技术事实的查明和侵权性质的认定构成该类案件审理中的难点，关于繁殖材料认定、权利许可中诉讼主体资格的确定等问题的法律适用标准进一步明确；技术合同案件中涉及技术问题的违约事实查明构成案件审理的重点和难点，由于合同约定明确程度和技术事实查明难度存在较大差异，个案审理难度差异较大；管辖权异议等程序性案件数量大、类型多，有关合理调度审判资源，充分保障权利人维权的司法政策导向凸显。

本年度报告从最高人民法院2019年审结的知识产权案件中精选了60件典型案件。我们从中归纳出67个具有一定指导意义的法律适用问题，反映了最高人民法院在知识产权领域处理新型、疑难、复杂案件的审理思路和裁判方法，现予公布。

# 一、专利案件审判

## （一）专利民事案件审判

### 1. 功能性特征的认定

【裁判要旨】

如果专利权利要求的某个技术特征已经限定或者隐含了特定结构、组分、步骤、条件或其相互之间的关系等，即使该技术特征同时还限定了其所实现的功能或者效果，亦不属于《最高人民法院关于审理侵犯专利权纠纷案件应用法律若干问题的解释（二）》[①] 第八条所称的功能性特征。

【关键词】

发明专利　侵权　功能性特征

【案号】

（2019）最高法知民终2号

【基本案情】

在上诉人厦门卢卡斯汽车配件有限公司（以下简称卢卡斯公司）、厦门富可汽车配件有限公司（以下简称富可公司）与被上诉人瓦莱奥清洗系统公司（以下简称瓦莱奥公司）、原审被告陈少强侵害发明专利权纠纷案[②]（以下简称

---

① 已被《最高人民法院关于修改〈最高人民法院关于审理侵犯专利权纠纷案件应用法律若干问题的解释（二）〉等十八件知识产权类司法解释的决定》修改，本书下同。

② 本案判决书参见第117页。

“刮水器连接器”专利侵权纠纷案）中，涉及专利号为ZL200610160549.2、名称为“机动车辆的刮水器的连接器及相应的连接装置”的发明专利（以下简称涉案专利）。瓦莱奥公司向上海知识产权法院（以下简称一审法院）提起诉讼称，卢卡斯公司、富可公司未经许可制造、销售、许诺销售，陈少强制造、销售的雨刮器产品落入其专利权保护范围，请求判令卢卡斯公司、富可公司、陈少强停止侵害，赔偿经济损失及制止侵权的合理开支。后瓦莱奥公司申请一审法院作出部分判决，认定卢卡斯公司、富可公司、陈少强构成侵权，并判令其停止侵害。一审法院于2019年1月22日作出部分判决，认定卢卡斯公司、富可公司侵害了涉案专利权并判令其停止侵害。该部分判决认定涉案专利权利要求1中“所述连接器通过一安全搭扣锁定在所述刮水器臂中的嵌入位置……在所述关闭位置，所述安全搭扣面对所述锁定元件延伸，用于防止所述锁定元件的弹性变形，并锁定所述连接器”这一技术特征属于功能性特征。卢卡斯公司、富可公司不服上述部分判决，向最高人民法院提起上诉。瓦莱奥公司在一审程序中除申请先行作出停止侵害的部分判决外，还提出诉中行为保全申请。一审法院作出部分判决，但未处理该诉中行为保全申请。本案二审程序中，瓦莱奥公司表示，坚持原诉中行为保全申请。最高人民法院于2019年3月27日公开开庭审理本案，并当庭宣判，在纠正上述功能性特征认定、明确对于瓦莱奥公司的诉中行为保全申请不予支持的意见和理由的基础上，判决驳回上诉，维持原判。

【裁判意见】

最高人民法院二审认为，功能性特征是指不直接限定发明技术方案的结构、组分、步骤、条件或其之间的关系等，而是通过其在发明创造中所起的功能或者效果对结构、组分、步骤、条件或其之间的关系等进行限定的技术特征。如果某个技术特征已经限定或者隐含了发明技术方案的特定结构、组分、步骤、条件或其之间的关系等，即使该技术特征还同时限定了其所实现的功能或者效果，原则上亦不属于上述司法解释所称的功能性特征，不应作为功能性特征进行侵权比对。上述技术特征实际上限定了安全搭扣与锁定元件之间的方位关系并隐含了特定结构——“安全搭扣面对所述锁定元件延伸”，该方位和结构所起到的作用是“防止所述锁定元件的弹性变形，并锁定所述连接器”。根据这一方位和结构关系，结合涉案专利说明书及其附图，特别是说明书第［0056］段关于“连接器的锁定由搭扣的垂直侧壁的内表面保证，内表面沿爪外侧表面延伸，因此，搭扣阻止爪向连接器外横向变形，因此连接器不能从钩形端解脱出来”的记载，本领域普通技术人员可以理解，“安全搭扣面对所述锁定元件延伸”，在延伸部分与锁定元件外表面的距离足够小的情况下，就可以起到防止锁定元件弹性变形并锁定连接器的效果。可见，上述技术特征的特点是，既限定了特定的方位和结构，又限定了该方位和结构的功能，且只有将该方位和结构及其所起到的功能结合起来理解，才能清晰地确定该方位和结构的具体内容。这种“方位或者结构＋功能性描述”的技术特征虽有对功能的描述，但是本质上仍是方位或者结构特征，不是《最高人民法院关于审理侵犯专利权纠纷案件应用法律若干问题的解释（二）》第八条意义上的功能性特征。

### 2. 专利审查档案可以用于解释权利要求

【裁判要旨】

权利要求用语在专利审查过程中和侵权诉讼中应当具有相同的含义，因此，在侵权诉讼中，专利审查档案对于权利要求具有重要的解释作用。

【关键词】

发明专利　侵权　权利要求解释　专利审查档案

【案号】

（2018）最高法民申 5730 号

【基本案情】

在再审申请人泉州市久容卫浴发展有限公司（以下简称久容公司）、南安市仑苍久容水暖配件经销店（以下简称久容水暖店）与被申请人黄振波侵害发明专利权纠纷案[①]中，涉及专利号为 ZL201610220349.5、名称为“改进型分体水龙头”的发明专利（以下简称涉案专利），黄振波为专利权人。涉案专利独立权利要求 1 记载了如下技术特征，“……塑料内阀芯管与金属龙头本体之间填充满……防冻保护层，……防冻保护层为多个金属颗粒聚集而成的蜂窝金属防冻保护层”。久容公司、久容水暖店制造、销售的被诉侵权产品中，在塑料内阀芯管与金属龙头本体之间的空隙内填充满多个铁砂颗粒，但久容公司、久容水暖店同时认为，因被诉侵权产品塑料内阀芯管与金属龙头本体之间的铁砂颗粒并未充满，且未聚集形成蜂窝状，不具有涉案专利“防冻保护层”的功能，故未落入涉案专利权的保护范围。黄振波对此认为，根据涉案专利申请过程中的意见陈述等专利审查档案的记载，结构为六边形组合的蜂窝形态也在涉案专利保护范围，并未将涉案专利的蜂窝形态限制为六边形组合。福建省泉州市中级人民法院（以下简称一审法院）一审认为，

---

① 本案裁定书参见第 135 页。

涉案专利“多个金属颗粒聚集而成的蜂窝金属防冻保护层”与被诉侵权产品对应的“塑料内阀芯管与金属龙头本体之间的空隙内填充满多个铁砂颗粒”，均能够实现“可预防塑料内阀芯管热胀冷缩产生冻裂的且可使金属龙头本体保护干燥状态”的功能。被诉侵权产品的这一技术结构与涉案专利对应的技术方案完全相同，实现的功能亦相同，可以认定涉案产品具有与涉案专利权利要求相同的“防冻保护层”这一技术特征。在其余技术特征比对结果无异议的前提下，被诉侵权技术方案落入涉案专利权保护范围，构成侵权。久容公司、久容水暖店不服，提起上诉。福建省高级人民法院（以下简称二审法院）二审亦判决认定构成侵权。久容公司、久容水暖店仍不服，向最高人民法院申请再审。最高人民法院于 2019 年 3 月 22 日裁定驳回其再审申请。

【裁判意见】

最高人民法院审查认为，对于权利要求的解释，不仅要考虑其字面含义，还要结合说明书的记载，尤其关于技术效果的描述，从而准确界定权利要求的保护范围。同时，审查档案中的相关认定也可以用来理解权利要求的内容。国家知识产权局在就涉案专利做出的第 35783 号无效宣告请求审查决定书中认为，“本领域技术人员可以理解该金属防冻保护层是由多个金属颗粒将所述塑料内阀芯管与金属龙头本体之间的空腔填充满并聚集形成的层，并且该金属层是蜂窝结构，即金属颗粒间仍具有一定的间隙”。本案中，根据权利要求 1 记载，“塑料内阀芯管与金属龙头本体之间填充满……防冻保护层，……防冻保护层为多个金属颗粒聚集而成的蜂窝金属防冻保护层”。结合说明书的描述和前述审查档案的认定，关于“填充满”，指的是将“防冻保护层”充分布局于塑料内阀芯管与金属龙头本体之间形成的空腔内，而非金属颗粒毫无缝隙的填满该空腔；关于“蜂窝”，指的是金属颗粒聚集形成，形成的相互之间存有空隙的“蜂窝”状层结构，这样才能达到利用自身形变吸收塑料内阀芯管的压力，防止其因受水压、水温影响破裂的目的，也可以实现在长期吸收潮气后由蜂窝状态壳体逐渐演变成实心状态，更好地粘附塑料内阀芯管与金属龙头本体的作用，至于该“蜂窝”的具体造型是否为规整的多边形则不在权利要求的限定范围内。反观被诉侵权产品，申请人虽认为填充于塑料内阀芯管与金属龙头本体之间的铁砂颗粒不具备涉案专利权利要求 1 技术方案的功能，但就固态的球形金属颗粒而言，已经可以视为“填充满”了塑料内阀芯管与金属龙头本体之间的空腔，而颗粒之间的空隙，则可以视为“蜂窝”状的层结构，上述结构和材料意味着其客观上会起到防破裂和吸潮的功能。因此，一、二审法院关于被诉侵权技术方案落入涉案专利权利要求 1 保护范围的认定并无不当。

### 3. 主题名称所记载效果、功能对权利要求的实质限定作用

【裁判要旨】

如果权利要求主题名称记载的效果、功能，不是该权利要求特征部分记载的结构、组分、步骤、条件或其之间的关系等能够实现的效果、功能，却是专利技术方案与现有技术方案的区别之所在，那么权利要求主题名称所记载的效果、功能对该权利要求的保护范围具有实质限定作用。

【关键词】

发明专利　侵权　主题名称　实质限定作用

【案号】

（2019）最高法知民终 657 号

【基本案情】

在上诉人孙希贤与被上诉人湖南景怡生态科技股份有限公司（以下简称景怡公司）侵害发明专利权纠纷案[①]中，涉及专利号为 ZL201110239591.4、名称为“有水位高度调节功能的插槽连接式绿化砖”的发明专利（以下简称涉案专利）。孙希贤认为，景怡公司未经专利权人的许可，以生产、经营为目的制造、销售、许诺销售、使用的产品落入涉案专利独立权利要求 1 和独立权利要求 10 的保护范围，侵害了其专利权，故向广西壮族自治区南宁市中级人民法院（以下简称一审法院）提起诉讼，请求判令景怡公司停止侵害、销毁侵权产品及有关专用模具，并赔偿经济损失和维权合理开支。一审法院认为，被诉侵权产品没有落入权利要求 1 和权利要求 10 的保护范围，判决驳回孙希贤的全部诉讼请求。孙希贤不服，向最高人民法院提起上诉。最高人民法院于 2019 年 12 月 31 日判决驳回上诉，维持原判。

【裁判意见】

最高人民法院二审认为，确定专利权的保护范围时，独立权利要求的前序部分、特征部分以及从属权利要求的引用部分、限定部分记载的技术特征均有限定作用。主题名称所包含的对全部技术特征所构成的技术方案的抽象和概括是主题名称的核心部分，是对专利技术方案的命名，在专利授权和确权时用来确定专利所属的技术领域。产品专利的主题名称的结构可能不是单一的，其中包含的用途限定内容以及以效果、功能方式表述的限定内容，其实际限定作用取决于该内容对权利要求所要保护的产品产生了何种影响。对

---

① 本案判决书参见第 138 页。

于用途限定而言，如果对要求保护的产品没有带来影响，则这一内容对权利要求保护范围的确定不起作用；如果用途限定隐含或者导致要求保护的产品具有某种特定结构、组成等，则对于权利要求保护范围的确定起到限定作用。对于以效果、功能方式描述的限定内容，如果上述内容是对特征部分记载的产品结构、组分等能够达到的效果、功能的描述，则其实际限定作用通过特征部分的记载得以实现；如果上述内容不是对特征部分记载的结构、组分等能够实现的效果、功能的描述，尤其当限定内容描述的效果、功能被用以区别于现有技术的，该内容实际已构成具体的技术特征。

涉案权利要求 1 主题名称中记载的“水位高度调节功能”是对其特征部分两个技术特征实现的功能的描述，即土壤容纳空腔的斜面上至少有一个或一组水位高度调节溢水孔；水位高度调节溢水孔是底部即将贯通的盲孔，因此权利要求 1 中的“水位高度调节功能”的限定作用实质通过后两个技术特征实现。权利要求 10 的特征部分并没有记载实现水位高度调节的方式，因此权利要求 10 主题名称中的“水位高度调节功能”并非对专利技术方案的概括，如何实现水位高度调节功能被用于将涉案专利区别于现有技术，因此虽然“水位高度调节功能”形式上记载在独立权利要求 10 的主题名称中，但其对保护范围具有限定作用。

### 4. 说明书技术效果的记载对权利要求的解释作用和适用等同原则的影响

【裁判要旨】

判断权利要求有关技术特征是否应当受到说明书记载的技术效果的限定，应当综合考量技术效果是否确因该技术特征产生，以及技术效果的显著程度等因素。在此基础上，对于说明书中已经明确记载且本领域技术人员能够确定的技术效果，在适用等同原则时，应当予以考虑。

【关键词】

发明专利　侵权　权利要求解释　技术效果　等同原则

【案号】

（2019）最高法民申 365 号

【基本案情】

在再审申请人肖勇与被申请人深圳市森诺照明有限公司（以下简称森诺

公司）侵害发明专利权纠纷案[①]中，涉及专利号为 ZL200810026022. X、名称为“一种 LED 照明灯”的发明专利（以下简称涉案专利）。专利权人肖勇一审起诉称，森诺公司未经其许可擅自制造、销售、许诺销售侵害其涉案专利权的被诉侵权产品。广东省深圳市中级人民法院一审认为，被诉侵权产品具有涉案专利“与 LED 灯条插拔电连接的环形插槽”的技术特征，在插拔电连接的基础上再行焊接加固属于比涉案专利多的技术特征，被诉侵权产品落入涉案专利权的保护范围。据此判决森诺公司立即停止侵权行为，赔偿肖勇经济损失及合理费用 10 万元。森诺公司不服，提起上诉。广东省高级人民法院（以下简称二审法院）二审认为，涉案专利“与 LED 灯条插拔电连接的环形插槽”技术特征，限定了灯条和环形插槽的连接关系是插拔电连接。从说明书描述可知，其含义是指照明灯在实际使用中，灯条与环形插槽易于插拔，实现灯条易于更换和维修的发明目的。而被诉侵权产品的灯条穿过环形插槽的插槽之后，被焊锡所固定，使得被诉侵权产品的灯条在不借助工具的情况下，无法轻易地从环形插槽中抽出，无法实现涉案专利便于灯条维修和更换的发明目的。被诉侵权产品的相应技术特征与涉案专利“与 LED 灯条插拔电连接的环形插槽”技术特征不相同亦不等同，不落入涉案专利权保护范围。据此，二审法院判决撤销一审判决，驳回肖勇全部诉讼请求。肖勇不服，向最高人民法院申请再审。最高人民法院于 2019 年 6 月 10 日裁定驳回肖勇的再审申请。

【裁判意见】

最高人民法院审查认为，关于说明书技术效果的记载对权利要求相关技术特征的解释作用及对等同原则适用的影响。一般而言，权利要求中记载的是技术特征所限定的技术方案，也就是发明构成，而发明目的及相关技术效果则记载于说明书中。说明书中关于技术效果的记载，其体现的有益效果通常就是专利相较于现有技术所具有的进步。由于专利权人对现有技术认识的有限性，以及专利审查部门对现有技术检索的局限性，说明书中记载的技术效果对于权利要求的解释只能起到参考作用。对于说明书中关于权利要求特定技术特征的技术效果的记载，需要考虑该技术效果是否确实由该技术特征所导致，该技术效果的显著程度等因素，综合判断权利要求中的该技术特征是否应当受到说明书中该技术效果记载的限定。在侵权诉讼中适用等同原则时，对于说明书中明确记载并且本领域技术人员能够确定的技术效果，应当予以考虑。本案中，对于争议技术特征，权利要求中只限定了灯条和环形插

---

① 本案裁定书参见第 151 页。

槽两者的连接关系是插拔电连接，并未对如何插拔电连接进行具体限定。但是，涉案专利说明书在技术效果部分明确记载："本发明的 LED 照明灯与现有技术相比，具有如下的优点：……由于采用 LED 灯条与插槽插拔电连接的结构，这样，对 LED 照明灯的维修和排除故障提供便利，当某颗或数颗 LED 灯珠损毁时，只需将其相应所在的 LED 灯条抽出，即可维修更换灯珠，而不影响其他 LED 灯条的使用，因此最大程度的降低了维护和使用成本"，以本领域技术人员的通常理解来说，涉案专利的"插拔电连接"确实能实现上述技术效果。因此，在争议技术特征的解释过程中，应当考虑上述技术效果。而被诉侵权技术方案相应的技术特征为，LED 灯条与环形插槽在插拔的过程中并不接触，而是通过焊锡形成电连接和实现固定。由此带来的技术效果是，当灯条发生故障时，需要先破坏焊锡结构，才能实现灯条的更换和维修。因此，被诉侵权技术方案 LED 灯条与环形插槽通过焊锡固定电连接的技术特征与涉案专利争议技术特征不相同也不等同，被诉侵权技术方案未落入涉案专利权的保护范围。

### 5. 多主体实施方法专利的侵权判定

【裁判要旨】

如果被诉侵权行为人以生产经营为目的，将专利方法的实质内容固化在被诉侵权产品中，该行为或者行为结果对专利权利要求的技术特征被全面覆盖起到了不可替代的实质性作用，终端用户在正常使用该被诉侵权产品时就能自然再现该专利方法过程，则应认定被诉侵权行为人实施了该专利方法，侵害了专利权人的权利。

【关键词】

发明专利　侵权　多主体实施的方法专利　侵权判定

【案号】

（2019）最高法知民终 147 号

【基本案情】

在上诉人深圳市吉祥腾达科技有限公司（以下简称腾达公司）与被上诉人深圳敦骏科技有限公司（以下简称敦骏公司）、原审被告济南历下弘康电子产品经营部（以下简称弘康经营部）、济南历下昊威电子产品经营部（以下简称昊威经营部）侵害发明专利权纠纷案[①]（以下简称"路由器"专利侵

① 本案判决书参见第 154 页。

权纠纷案）中，涉及专利号为ZL02123502.3、名称为“一种简易访问网络运营商门户网站的方法”的发明专利（以下简称涉案专利）。敦骏公司认为，腾达公司制造、许诺销售、销售，弘康经营部、昊威经营部销售的多款无线路由器落入涉案专利权利要求1、2的保护范围，构成对敦骏公司涉案专利权的侵害，故向山东省济南市中级人民法院（以下简称一审法院）提起诉讼，请求判令腾达公司、弘康经营部、昊威经营部立即停止侵害，销毁侵权产品库存及有关专用模具；判令腾达公司、弘康经营部、昊威经营部赔偿敦骏公司经济损失及合理费用共计500万元。一审法院认为，用户使用被诉侵权产品访问网络运营商门户网站时，再现了涉案专利权利要求1、2的全部技术方案，因此腾达公司未经敦骏公司许可，制造、销售、许诺销售被诉侵权产品的行为侵害了涉案专利权。故判令腾达公司、弘康经营部、昊威经营部停止侵害，腾达公司赔偿敦骏公司经济损失及维权合理开支500万元。腾达公司不服，向最高人民法院提起上诉，主张涉案专利保护的是一种网络接入认证方法，根据该方法并不能直接获得包括被诉侵权产品在内的任何产品，对于涉案专利的保护并不能延伸到产品，一审判决基于涉案专利权利要求1、2直接判令腾达公司立即停止制造、许诺销售、销售涉案的路由器产品，缺乏法律依据。关于赔偿额的确定，腾达公司认为敦骏公司提供的被诉侵权产品的销售量数据不可信、其主张30%的行业利润率明显偏高，此外确定赔偿额时应当考虑专利的技术贡献度等，并在二审庭后提交了与专利的技术贡献度相关的参考材料。最高人民法院于2019年12月6日判决驳回上诉，维持原判。

【裁判意见】

最高人民法院二审认为，针对网络通信领域方法的专利侵权判定，应当充分考虑该领域的特点，充分尊重该领域的创新与发展规律，以确保专利权人的合法权利得到实质性保护，实现该行业的可持续创新和公平竞争。如果被诉侵权行为人以生产经营为目的，将专利方法的实质内容固化在被诉侵权产品中，该行为或者行为结果对专利权利要求的技术特征被全面覆盖起到了不可替代的实质性作用，也即终端用户在正常使用该被诉侵权产品时就能自然再现该专利方法过程的，则应认定被诉侵权行为人实施了该专利方法，侵害了专利权人的权利。本案中，首先，腾达公司虽未实施涉案专利方法，但其以生产经营为目的的制造、许诺销售、销售的被诉侵权产品，具备可直接实施专利方法的功能，在终端网络用户利用被诉侵权产品完整再现涉案专利方法的过程中，发挥着不可替代的实质性作用。其次，腾达公司从制造、许诺销售、销售被诉侵权产品的行为中获得不当利益与涉案专利存在密切关联。最后，因终端网络用户利用被诉侵权产品实施涉案专利方法的行为并不构成法律意义上的侵权行为，专利权人创新投入无法从直接实施专利方法的终端网络用户处获得应有回报，如专利权人的利益无法得到补偿，必将导致研发创新活动难以为继。另一方面，如前所述，腾达公司却因涉案专利获得了原本属于专利权人的利益，利益分配严重失衡，有失公平。综合以上因素，在本案的情形下，应当认定腾达公司制造、许诺销售、销售的被诉侵权产品的行为具有侵权性质并应承担停止侵害、赔偿损失的民事责任。

### 6. 明显属于现有设计的外观设计专利权依法不予保护

【裁判要旨】

对于专利权人已经在申请日前主动公开，本不应获得授权的外观设计专利权，显然不属于专利法应予保护的“合法权益”，人民法院在侵权诉讼中依法不予保护。

【关键词】

外观设计专利　侵权　现有设计　不予保护

【案号】

（2019）最高法民再136号

【基本案情】

在再审申请人罗宣安与被申请人广州市明静舞台灯光设备有限公司（以下简称明静公司），一审被告、二审上诉人重庆市征真电子科技有限公司（以下简称征真公司）侵害外观设计专利权纠纷案①中，涉及专利号为ZL201630073460.7、名称为“灯光探制台（1024S）”的外观设计专利（以下简称涉案专利），其申请日为2016年3月15日，2016年8月3日获得授权，明静公司为专利权人。明静公司向广州知识产权法院（以下简称一审法院）提起诉讼主张，征真公司生产、销售的灯光控制台（即被诉侵权产品）与涉案专利近似，构成侵权。征真公司为自然人独资的有限责任公司，股东为罗宣安。一审法院认为，被诉侵权产品的设计落入涉案专利权的保护范围，征真公司、罗宣安所提现有技术抗辩不成立。遂判令征真公司停止侵权，赔偿明静公司经济损失5万元（含合理费用），罗宣安承担连带责任。罗宣安、明静公司不服，提起上诉。广东省高级人民法院二审判决驳回上诉，维持原判。罗宣安仍不服，向最高人民法院申请再审。最高人民法院裁定提审本案，并于再审程序中查明，2016年3月3日，慧聪音响灯光网发布了涉案专利产

---

① 本案判决书参见第178页。

品“KK－1024S 灯光控制台”的图片。此外，在 2016 年 2 月 29 日至 3 月 3 日举行的第十四届中国（广州）国际专业灯光、音响展览会上，明静公司展出了涉案外观设计专利产品。最高人民法院于 2019 年 6 月 12 日判决撤销一、二审判决，驳回明静公司全部诉讼请求。

【裁判意见】

最高人民法院再审认为，《中华人民共和国专利法》（以下简称专利法）第二十三条规定：“授予专利权的外观设计，应当不属于现有设计……”本案中，在涉案专利的申请日之前，明静公司已经在第十四届中国（广州）国际专业灯光、音响展览会上公开展示涉案专利产品，并且涉案专利产品的图片亦在网络上公开。明静公司就该展会出具的说明，不能证明本外观设计专利存在专利法第二十四条规定的“在中国政府主办或者承认的国际展览会上首次展出”不丧失新颖性的例外情形。因此，涉案专利不符合专利法第二十三条有关“应当不属于现有设计”的规定。专利权依法受到法律保护，专利权人有权实施其专利并依法禁止他人未经许可实施其专利技术，从而给发明创造提供必要的激励。但是，对于明显不符合专利法规定的授权确权条件、已经属于现有技术的技术方案或者设计，如果仍然支持其禁止他人实施，则显失公平亦有悖专利法的立法目的。本案中，明静公司相应设计已通过展会公开展示，已经成为现有设计，虽然其经申请并获得涉案专利授权，但在侵权诉讼中，对于那些专利权人已经在申请日前主动公开，明显“属于现有设计”，本不应获得授权的外观设计专利权，显然已不属于专利法保护的“合法权益”，故依法对其不予保护。

### 7. 外观设计侵权比对的基本原则

【裁判要旨】

外观设计的侵权比对中，一方面，包括相同点和区别点在内的全部可视设计特征均在比对范围之内。另一方面，即便部分特征的特殊性使其在比对时需给予重点关注，但这并不意味着可以忽略其他设计特征，只是这部分设计特征对整体视觉效果的影响相对较小而已。

【关键词】

外观设计　侵权　设计特征　整体视觉效果

【案号】

（2019）最高法民再 142 号

【基本案情】

在再审申请人株式会社 MTG 与被申请人广州市白云区圣洁美美容仪器厂（以下简称圣洁美仪器厂）、广州市圣洁美美容科技有限公司（以下简称圣洁美公司）侵害外观设计专利权纠纷案①中，涉及专利号为 201130162283.7、名称为“美容用滚轮”的外观设计专利（以下简称涉案专利），专利权人为株式会社 MTG。株式会社 MTG 主张圣洁美仪器厂、圣洁美公司制造、销售、许诺销售的被诉侵权产品侵害了其专利权。将被诉侵权产品与本专利相比，两者均由按摩头、连接杆和手柄三部分组成，手柄、连接杆整体呈外伸部较短的“Y”形，连接杆末端分别连接一个相同的按摩头；按摩头表面均匀分布三角形切面。二者区别在于：1. 按摩头。本专利在靠近连接杆的一段收窄，整体呈梨形，按摩头腰部环绕两条平行线，顶端由顶点相同的三角形切面环接。被诉侵权设计呈圆球形，腰部仅一条由三角形切面形成的环绕线，顶端为球面与等腰梯形切面环接。2. 手柄。本专利整体呈弧形，弧度较平缓，手柄上表面有一椭圆形上盖。被诉侵权产品呈类 S 型，手柄接近按摩头一侧弯曲弧度较大，手柄上表面有一六边形上盖。一、二审判决均认为，对于美容按摩器类产品而言，均由按摩部件和手柄两部分组成，Y 型主体、两个球体等属现有设计，手柄弧度、上表面盖，按摩头形状、圈线、切面等为设计要点。其中，按摩部件是此类产品消费者使用时易感受的重要部件，消费者会对其施以特别的关注，即使变化的绝对量不大也会对整体视觉效果产生显著影响，鉴于前述区别的存在，被诉侵权设计不落入本专利设计保护范围，不构成侵权。株式会社 MTG 不服二审判决，向最高人民法院申请再审。最高人民法院裁定提审本案，并于 2019 年 12 月 26 日判决撤销一、二审判决，判令圣洁美仪器厂、圣洁美公司停止侵权，并共同赔偿株式会社 MTG 经济损失及合理支出共 20 万元。

【裁判意见】

最高人民法院再审认为，外观设计侵权比对中的“整体”包含两层含义，一方面，包括相同点和区别点在内的全部可视设计特征均在比对范围之内；另一方面，部分特征的特殊性使其在比对时需给予重点关注，但这并不意味着可以忽略其他设计特征，只是这部分设计特征对整体视觉效果的影响相对较小而已。根据当事人提交的现有设计状况和涉案专利相关无效决定的认定，能够体现其涉案专利区别于现有设计的特征主要集中在按摩头的形状、表面构造、安装在连接杆上的方式，以及手柄的弧度、造型、连接杆的长短、

---

① 本案判决书参见第 190 页。

延伸形式等。同时，专利设计和被诉侵权设计所附载的产品均为美容用按摩器，此类产品在正常使用时多为手持，至少会遮挡手柄的一部分，故按摩头部位的相关设计特征较之于手柄部位的设计特征更容易引起人们的关注。此外，虽然该类美容用按摩器通常都具有“一手柄 + 两按摩头”的基本结构，但在不影响产品功能实现的前提下，该结构存在较多的替代性设计。例如，按摩头可以为球体、圆柱体，其表面可以设计为光滑平面、突出颗粒，手柄可以为直杆状、扁平状、内凹状等，连接杆可以为 Y 形、T 形，连接杆可贯穿、支撑、外夹于按摩头。因此，前述设计特征具有较大的设计空间，被诉侵权设计必须具有足够显著的变化才能与专利设计区分开来。从按摩头部分来看，被诉侵权设计采用了专利设计一样的类球体按摩头，且表面具有数个切面，虽然专利设计按摩头尾部略微凸出，二者球面切面形状及密集程度存在差异，但上述区别在按摩头体积或表面积中占比较小，不容易为一般消费者所察觉，属于局部细微差别。从手柄部分来看，被诉侵权设计与专利设计的手柄均有一定弯曲、光滑的弧度，且呈现出中间粗向两头细的平滑过渡，虽然被诉侵权设计加大了弧度，且将手柄末端增加了上翘的造型，但现有设计的手柄多为直杆设计，且上翘部分仅存在于正常使用时容易被遮挡的尾部，故手柄部分的区别也属于局部细微差别。综合上述分析，可认定被诉侵权设计已落入专利设计的保护范围，一、二审判决未充分考虑二者相同点不可忽略的作用，在评估二者区别设计特征作用时亦未能准确适用设计空间的理念，导致最终对整体视觉效果的比对结论错误。

### 8. 设计单元的数量变化对外观设计近似性认定的影响

【裁判要旨】

被诉侵权设计与现有设计采用了相同的设计手法，区别仅在于设计单元数量的增减变化。在产品的整体结构布局不变的情况下，该种数量变化不容易被一般消费者所注意，被诉侵权设计与现有设计构成近似。

【关键词】

外观设计专利　侵权　现有设计抗辩　设计单元数量

【案号】

（2019）最高法民再 278 号

【基本案情】

在再审申请人浙江兰溪圣鹏旅游工艺品有限公司（以下简称圣鹏公司）、浙江万来旅游工艺品有限公司（以下简称万来公司）与被申请人孙兴华侵害外观设计专利权纠纷案①中，孙兴华请求保护专利号为 ZL200930141205.1、名称为“雨篷架（2）”的外观设计专利（以下简称涉案专利），孙兴华起诉主张圣鹏公司、万来公司销售的被诉侵权产品侵害涉案专利权，圣鹏公司、万来公司抗辩其使用的是现有设计。浙江省金华市中级人民法院一审判令圣鹏公司、万来公司停止侵权并赔偿损失。圣鹏公司、万来公司不服，提起上诉。浙江省高级人民法院二审认为，万来公司主张现有设计抗辩的依据分别系现有设计 1 和现有设计 2，二者均为外观设计专利文献。将现有设计 1 与被诉侵权产品相比，主要区别在于上下支撑架之间的腔体不同，被诉侵权产品分割支撑杆数量为三根，将腔体分为四个部分；现有设计 1 分割支撑杆数量为两根，将腔体分为三个部分。对于雨棚支架此类产品而言，上下支撑架之间的腔体部分占据了产品的主要视觉部分，更容易被一般消费者所关注，故腔体的结构设计对整体视觉效果具有显著影响。虽然被诉侵权产品与现有设计 1 的分割支撑杆均呈弧形设计，但被诉侵权产品比现有设计 1 多了一根分割支撑杆，从而使两者的腔体结构上存在差异，对整体视觉效果具有显著影响，不构成近似。现有设计 2 与被诉侵权产品亦不构成近似。经比对，被诉侵权产品与涉案专利的整体视觉效果无实质性差异，落入涉案专利权的保护范围。遂判决维持一审判决。圣鹏公司、万来公司仍不服，向最高人民法院申请再审。最高人民法院裁定提审本案，并于 2019 年 12 月 31 日判决撤销一、二审判决，驳回孙兴华的全部诉讼请求。

【裁判意见】

最高人民法院再审认为，本案的争议焦点在于，被诉侵权产品是否属于现有设计。专利法第六十二条规定：“在专利侵权纠纷中，被控侵权人有证据证明其实施的技术或者设计属于现有技术或者现有设计的，不构成侵犯专利权。”②《最高人民法院关于审理侵犯专利权纠纷案件应用法律若干问题的解释》第十四条第二款规定：“被诉侵权设计与一个现有设计相同或者无实质性差异的，人民法院应当认定被诉侵权人实施的设计属于专利法第六十二条规定的现有设计。”本案中，现有设计 1 公开时间为 2008 年 3 月 5 日，早于涉案专利申请日，构成涉案专利的现有设计。将被诉侵权设计与上述现有设计相比对，被诉侵权设计与现有设计主体安装架形状、安装架构成中各边的形状与对应位置相同，长边与较短边之间设置加强筋的设计特征以及较短边上设孔的位置均相同，可见二者采用了相同的设计手法。不同之处仅在于

① 本案判决书参见第 204 页。

② 对应现行专利法第六十七条。

加强筋数量、较短边上设孔数量以及由此决定的上下两支撑架之间由向上倾斜的加强筋划分的腔体数量，被诉侵权设计有三个加强筋和四个腔体，现有设计有两个加强筋和三个腔体，但该数量变化只是设计单元加强筋和较短边上孔数量作均匀分配的增减变化，未改变产品的整体结构布局，不容易为一般消费者所注意。因此，被诉侵权设计与现有设计没有实质性差异，圣鹏公司、万来公司的现有设计抗辩成立。

### 9. 现有技术抗辩认定中的发明点考量

【裁判要旨】

涉案专利明确指出其技术方案的发明点，并强调发明点以外的技术特征均为通用部件时，如果该发明点对应的技术特征已经为一项现有技术公开，其余技术特征虽未被该现有技术公开，但该现有技术与通用部件必然结合形成与涉案专利技术方案相对应的整体现有技术方案，则可以认定现有技术抗辩成立。

【关键词】

发明专利　侵权　现有技术抗辩　发明点

【案号】

（2019）最高法知民终 89 号

【基本案情】

在上诉人王业慈与被上诉人徐州华盛实业有限公司（以下简称华盛公司）侵害发明专利权纠纷案[①]（以下简称“潜水泵电机壳”专利侵权纠纷案）中，涉及专利号为 ZL200910025263.7、名称为“电机壳为焊接件的小型电潜水泵”的发明专利（以下简称涉案专利）。涉案专利权利要求 1 为：“一种电机壳为焊接件的小型电潜水泵，该电潜水泵由四段组成，包括：导叶体（1）、进水段（3）、上轴承座（4）和电机壳（7）；所述的导叶体（1）的内腔设置叶轮（2），上端与出水管连接，下端通过螺栓与进水段（3）连接；所述的进水段（3）下端与上轴承座（4）的上端连接；所述的上轴承座（4）下端与电机壳（7）连接；电机壳（7）的下端与下轴承座（10）连接；所述的上轴承座（4）、下轴承座（10）分别通过轴承（5）与电机轴连接；所述的电机壳（7）内腔设置定子、转子组件（8）；其中定子线圈与电缆线（6）连接，其特征在于：所述的电机壳（7）主体为圆钢管，其上端与上端环（7－

① 本案判决书参见第 210 页。

1）焊接，下端与下端环（7－2）焊接；所述的上端环（7－1）、下端环（7－2）均为圆形环；所述的下端环（7－2）内孔设置卡簧（9）。”涉案专利说明书记载，现有技术存在的缺陷是，电潜水泵的电机壳为铸铁件，电机壳壁厚大，重量重，用料多，制造成本高，冬季容易冻裂，而且铸铁件还容易产生气孔、砂眼等铸造缺陷，致使潜水泵的使用寿命低。为了解决上述技术问题，涉案专利提供了一种电机壳为焊接件的小型电潜水泵，其电机壳由圆钢管及上、下端环焊接而成，内径与原设计铸铁件电机壳相对应的内径相近。同时，说明书强调，涉案专利提供一种电机壳为焊接件小型电潜水泵，其电泵由四段组成，包括：导叶体、进水段、上轴承座和电机壳；其中导叶体、进水段、上轴承座三段仍保持原来的设计不变。王业慈向江苏省南京市中级人民法院（以下简称一审法院）提起诉讼，主张华盛公司未经其许可，生产销售侵害涉案专利权的产品，应承担停止侵害并赔偿经济损失的责任。华盛公司依据其 QT（J）D145－04A 电机壳图纸及电机壳实物提出现有技术抗辩，虽然该图纸及电机壳实物公开了涉案专利关于电机壳的相应技术特征，但是并未公开有关导叶体、进水段、上轴承座的相应技术特征。一审法院认为，华盛公司主张的现有技术抗辩成立，故判决驳回王业慈的诉讼请求。王业慈不服，向最高人民法院提起上诉。华盛公司在二审程序中依据 QT（J）D145－04A 电机壳图纸提出先用权抗辩。最高人民法院于 2019 年 12 月 24 日判决驳回上诉，维持原判。

【裁判意见】

最高人民法院二审认为，根据涉案专利说明书记载，涉案专利系通过圆钢管与上、下端环焊接形成的电机壳替代铸铁件电机壳，以解决铸铁件电机壳制造成本高、冬季容易冻裂以及容易产生气孔、沙眼等缺陷致使潜水泵使用寿命低的技术问题。涉案专利说明书多次强调，除电机壳之外的导叶体、进水段、上轴承座仍保持原来的设计不变。由此可知，涉案专利技术方案非常特殊，其技术方案的电机壳部分系涉案专利强调的唯一发明点，其余部分均为潜水泵的已有通用部件。电机壳产品作为潜水泵零部件，必然需要与其他部件相结合形成潜水泵产品。华盛公司的 QT（J）D145－04A 图纸所承载的电机壳相关技术方案在涉案专利申请日前已经公开，构成现有技术。且该图纸中电机壳产品技术特征与涉案专利中电机壳、被诉侵权产品中电机壳相关技术特征均相同。故考虑到本案专利技术方案的特殊性，在涉案专利除电机壳部分之外的其余技术特征属于通用部件的情况下，可以认为华盛公司的 QT（J）D145－04A 图纸电机壳部分的现有技术与潜水泵通用部分的现有技术必然结合形成作为潜水泵整体的现有技术。本案被诉侵权产品技术方案的全部技术特征与由上述潜水泵所呈现的整体现有技术方案的相应技术特征相同，华盛公司主张的现有技术抗辩成立。

### 10. 先用权抗辩中“主要技术图纸”的认定

【裁判要旨】

设计图纸是机械制造领域产品加工、检验的基本依据，在被诉侵权人已经设计出被诉侵权产品关键部件图纸且该产品的其他部件均为通用部件的情况下，可以认定其已经完成了实施发明创造所必需的主要技术图纸，为生产被诉侵权产品做好了必要准备，其先用权抗辩成立。

【关键词】

发明专利　侵权　先用权抗辩　主要技术图纸

【案号】

（2019）最高法知民终89号

【裁判意见】

在前述“潜水泵电机壳”专利侵权纠纷案中，最高人民法院还明确了先用权抗辩中“主要技术图纸”的认定标准。最高人民法院二审认为，根据专利法第六十九条①第二项的规定，在专利申请日前已经制造相同产品、使用相同方法或者已经作好制造、使用的必要准备，并且仅在原有范围内继续制造、使用的，不视为侵害专利权。《最高人民法院关于审理侵犯专利权纠纷案件应用法律若干问题的解释》第十五条第二款规定，已经完成实施发明创造所必需的主要技术图纸或者工艺文件的，人民法院应当认定属于专利法第六十九条第二项规定的已经作好制造、使用的必要准备。涉案专利技术方案非常特殊，其技术方案的电机壳部分系涉案专利强调的唯一发明点，其余部分均为潜水泵的已有通用部件。电机壳产品作为潜水泵零部件，必然需要与其他部件相结合形成潜水泵产品。根据本案查明的事实，在涉案专利申请日前华盛公司已经制作完成QT（J）D145－04A电机壳图纸，王业慈亦认可该图纸与涉案专利电机壳相关技术特征一致。机械制造领域中设计图纸是生产过程中加工、检验的依据。在华盛公司已经设计出电机壳图纸且其他部件为潜水泵通用部件的情况下，可以认定华盛公司已经完成实施发明创造所必需的主要技术图纸，进而已经为生产被诉侵权产品做好必要的准备。本案中，没有证据证明华盛公司超出了申请日前的生产用途及生产规模。华盛公司的

---

① 对应现行专利法第七十五条。

先用权抗辩成立。

### 11. 销售者合法来源抗辩的审查

【裁判要旨】

销售者合法来源抗辩的成立，需要同时满足被诉侵权产品具有合法来源这一客观要件和销售者无主观过错这一主观要件，两个要件相互联系。如果销售者能够证明其遵从合法、正常的市场交易规则，取得所售产品的来源清晰、渠道合法、价格合理，其销售行为符合诚信原则、合乎交易惯例，则可推定其无主观过错。此时，应由权利人提供相反证据。在权利人未进一步提供足以推翻上述推定的相反证据的情况下，应当认定销售者合法来源抗辩成立。

【关键词】

实用新型专利　侵权　销售者　合法来源抗辩　客观要件　主观要件

【案号】

（2019）最高法知民终118号

【基本案情】

在上诉人宝蔻（厦门）卫浴有限公司（以下简称宝蔻公司）与被上诉人馆陶县佩龙水暖安装维修门市（以下简称佩龙门市）侵害实用新型专利权纠纷案[①]中，涉及专利号为ZL201220231053.0、名称为“一种阀体一体式结构的双开关恒温阀”的实用新型专利（以下简称涉案专利）。宝蔻公司认为，佩龙门市未经专利权人的许可，销售落入涉案专利权保护范围的产品，侵害了宝蔻公司的专利权，故向河北省石家庄市中级人民法院（以下简称一审法院）提起诉讼，请求判令佩龙门市停止侵害并赔偿经济损失及维权合理开支2万元。一审法院认为，佩龙门市销售的被诉侵权产品落入宝蔻公司涉案专利权保护范围，但佩龙门市提交了《销售出货单》，根据涉案产品的价值及交易惯例，可以认定佩龙门市销售的涉案产品有合法来源，佩龙门市的合法来源抗辩成立，判决佩龙门市停止侵害，驳回宝蔻公司的其他诉讼请求。宝蔻公司不服，向最高人民法院提起上诉。最高人民法院于2019年11月8日判决驳回上诉，维持原判。

【裁判意见】

最高人民法院二审认为，产品被制造者推向市场后，对于后续的产品销

① 本案判决书参见第228页。

售者而言，其销售不知道是未经专利权人许可而制造并售出的专利侵权产品，能证明该产品合法来源的，不承担赔偿责任。销售者合法来源抗辩能否成立，需要同时满足被诉侵权产品具有合法来源这一客观要件和销售者无主观过错这一主观要件。对于客观要件，销售者应当提供符合交易习惯的相关证据；对于主观要件，销售者应证明其实际不知道且不应当知道其所售产品系制造者未经专利权人许可而制造并售出。这两个要件相互联系，缺一不可。在判断销售者是否满足合法来源抗辩的主观要件时，如果该销售者能够证明其遵从合法、正常的市场交易规则，取得所售产品的来源清晰、渠道合法、价格合理，其销售行为符合诚信原则、合乎交易惯例，则可推定该销售者实际不知道且不应当知道其所销售产品系制造者未经专利权人许可而制造并售出，即推定该销售者无主观过错。此时，应由权利人来证明侵权者知道或者应当知道其所许诺销售或者销售的是侵权产品，从而否定合法来源抗辩的成立。在权利人未进一步提供足以推翻上述推定的相反证据的情况下，应认定销售者合法来源抗辩成立。本案中，佩龙门市提交的《销售出货单》显示购货单位为武佩龙，并加盖“山东汇恒卫浴设备有限公司”印章，送货地址为河北省邯郸市馆陶县魏征路桃山亭广场南 200 米路西，电话为 133××××××××。其中，送货地址为佩龙门市实际经营地址，所留手机号为武建磊之妻郝建立所使用，所购物品中亦包括本案被诉侵权产品。虽购货人与佩龙门市经营者姓名不同，但郝建立所作的武佩龙系武建磊别名的解释有合理之处。结合《销售出货单》所留的销货单位的电话、印章以及宣传册、山东汇恒卫浴设备有限公司销售经理之名片等，可以认为佩龙门市所称的浴尔源卫浴设备厂与山东汇恒卫浴设备有限公司实系同一主体。基于现有在案证据，可以认定佩龙门市所销售的被诉侵权产品实际购自山东汇恒卫浴设备有限公司。宝蔻公司虽提交了公证保全证据来证明佩龙门市销售了侵害涉案专利权的产品，但其现有证据不足以证明佩龙门市对产品来源存在审查疏忽，亦无证据证明佩龙门市知道或应知其所售产品系侵害他人专利权的产品。佩龙门市从山东汇恒卫浴设备有限公司购得被诉侵权产品后对外销售，交易链条完整，在案证据不能证明其进货价格及销售价格存在异常之处，符合社会一般交易习惯，因此其所售产品系通过正常商业方式取得，且佩龙门市已披露被诉侵权产品的生产者信息，结合一般市场交易规则，可以认定佩龙门市所售产品具有合法来源，其属于正常开展经营活动，并无主观过错，依法不承担赔偿责任。

### 12. 销售者合法来源抗辩成立时权利人维权合理开支的承担

【裁判要旨】

合法来源抗辩仅是免除赔偿责任的抗辩，而非不侵权抗辩；销售者的合法来源抗辩成立，既不改变销售侵权产品这一行为的侵权性质，也不免除停止销售侵权产品的责任，仍应承担权利人为获得停止侵害救济所支付的合理开支。

【关键词】

实用新型专利　侵权　销售者　合法来源抗辩　合理开支

【案号】

（2019）最高法知民终 25 号

【基本案情】

在上诉人广州市速锐机械设备有限公司（以下简称速锐公司）与被上诉人深圳市和力泰科技有限公司（以下简称和力泰公司）、原审被告广东快女生物技术有限公司（以下简称快女公司）侵害实用新型专利权纠纷案①中，涉及专利号为 ZL201420443947.5、名称为“包装机”的实用新型专利（以下简称涉案专利）。和力泰公司认为，速锐公司销售和许诺销售、快女公司使用的被诉侵权产品落入涉案专利权利要求 1 的保护范围，故向广州知识产权法院（以下简称一审法院）提起诉讼，请求判令速锐公司停止侵害、销毁库存侵权产品及有关专用设备和模具、赔偿经济损失及合理开支 100 万元，判令快女公司停止侵害。一审法院认为，被诉侵权产品落入涉案专利权保护范围，速锐公司的合法来源抗辩不能成立，判决速锐公司停止侵害，赔偿和力泰公司经济损失 15 万元。速锐公司不服，向最高人民法院提起上诉。最高人民法院于 2019 年 11 月 5 日改判速锐公司合法来源抗辩成立，判令其停止销售、赔偿和力泰公司维权合理开支 3 万元。

【裁判意见】

最高人民法院二审认为，合法来源抗辩仅是免除赔偿责任的抗辩，而非不侵权抗辩。销售者合法来源抗辩成立，并不改变销售侵权产品这一行为的侵权性质，也不免除停止销售侵权产品的责任。维权合理开支系基于侵权行为而发生，故在合法来源抗辩成立的情况下，权利人为获得停止侵害救济的合理开支仍应得到支持。本案中，和力泰公司向速锐公司主张了包括合理开

① 本案判决书参见第 233 页。

支在内的经济损失共100万元，但并未提交任何关于合理开支的证据，由于权利人在维权过程中必然会产生合理开支，在和力泰公司未举证的情况下，考虑与本案复杂程度相匹配的代理费用、公证费用以及正常差旅市场价格水平，酌定和力泰公司为本案支出的合理开支为3万元。

### 13. 被诉侵权人无正当理由拒不提供侵权账簿资料时损害赔偿的计算

【裁判要旨】

专利权人主张以侵权获利计算损害赔偿数额且对侵权规模事实已经完成初步举证，被诉侵权人无正当理由拒不提供有关侵权规模基础事实的相应证据材料，导致用于计算侵权获利的基础事实无法精准确定，对其提出的应考虑涉案专利对其侵权获利的贡献度等抗辩理由可不予考虑。

【关键词】

发明专利　侵权损害赔偿计算　举证责任分配　侵权规模　专利技术贡献度

【案号】

（2019）最高法知民终147号

【裁判意见】

在前述“路由器”专利侵权纠纷案中，最高人民法院还论述了被诉侵权人无正当理由拒不提供侵权账簿资料时损害赔偿的计算。最高人民法院二审认为，专权利人主张以侵权获利确定赔偿额的，侵权规模即为损害赔偿计算的基础事实。专利权人对此项基础事实承担初步举证责任。如果专利权人已经完成初步举证，被诉侵权人无正当理由拒不提供有关侵权规模基础事实的相应证据材料，导致用于计算侵权获利的基础事实无法精准确定，对其提出的应考虑涉案专利对其侵权获利的贡献度等抗辩理由可不予考虑。本案中，首先，敦骏公司主张依照侵权人因侵权获利计算赔偿额，并在一审中提交了腾达公司分别在京东和天猫电商平台的官方旗舰店销售被诉侵权产品数量、售价的证据，鉴于该销售数量和价格均来源于腾达公司自己在正规电商平台的官方旗舰店，数据较为可信，腾达公司虽指出将累计评价作为销量存在重复计算和虚报的可能性，但并未提交确切证据，且考虑到敦骏公司就此项事实的举证能力，应当认定敦骏公司已就侵权规模的基础事实完成了初步举证责任。其次，敦骏公司在一审中依据其已提交的侵权规模的初步证据，申请腾达公司提交与被诉侵权产品相关的财务账簿、资料等，一审法院也根据本案实际情况，依法责令腾达公司提交能够反映被诉侵权产品生产、销售情况的完整的财务账簿资料等证据，但腾达公司并未提交。一审法院因此适用相关司法解释对敦骏公司的500万元赔偿予以全额支持。二审中腾达公司就此提出异议，却仍然未提交相关的财务账簿等资料。由于本案腾达公司并不存在无法提交其所掌握的与侵权规模有关证据的客观障碍，故应认定腾达公司并未就侵权规模的基础事实完成最终举证责任。最后，根据现有证据，有合理理由相信，被诉侵权产品的实际销售数量远超敦骏公司所主张的数量。综上，在侵权事实较为清楚且已有证据显示腾达公司实际侵权规模已远大于敦骏公司所主张赔偿的范围时，腾达公司如对一审法院确定的全额赔偿持有异议，应先就敦骏公司计算赔偿所依据的基础事实是否客观准确进行实质性抗辩，而不能避开侵权规模的基础事实不谈，另行主张专利技术贡献度等其他抗辩事由，据此对腾达公司二审中关于一审确定赔偿额过高的各项该抗辩主张均不予支持。

## 14. 专利侵权行政投诉构成侵权警告的范围与条件

【裁判要旨】

专利权人仅针对被诉侵权产品的部分生产者、销售者、使用者向专利行政部门提起专利侵权纠纷处理请求，导致未参与该行政处理程序的生产者、销售者、使用者的经营处于不确定状态的，可以认定该专利侵权纠纷处理请求对于上述未参与行政处理程序的生产者、销售者、使用者构成侵权警告。

【关键词】

实用新型专利　确认不侵害专利权纠纷　受理条件　侵权警告

【案号】

（2019）最高法知民终5号

【基本案情】

在上诉人VMI荷兰公司（以下简称VMI公司）、固铂（昆山）轮胎有限公司（以下简称固铂公司）与被上诉人萨驰华辰机械（苏州）有限公司（以下简称萨驰公司）确认不侵害专利权纠纷案[①]中，涉及专利号为ZL201420660550.1、名称为“一种复合件自动接头装置”的实用新型专利。VMI公司、固铂公司认为萨驰公司于2018年5月向江苏省苏州市知识产权局针对固铂公司使用被诉侵权产品的行为提出的专利侵权纠纷处理请求，构成对VMI公司和固铂公司的专利侵权警告，VMI公司于2018年9月24日向萨

---

① 本案裁定书参见第245页。

驰公司发出催告函，要求其一个月内撤回侵权警告或者提起侵权诉讼。VMI公司、固铂公司认为，萨驰公司签收上述催告函后一个月内，既未撤回侵权警告，亦未提起侵权诉讼，遂向江苏省苏州市中级人民法院（以下简称一审法院）提起诉讼，请求确认不侵权。一审法院认为，萨驰公司所提行政投诉不构成专利法意义上的“侵权警告”，且萨驰公司在收到催告函后一个月内向一审法院提起了侵权诉讼，故裁定驳回 VMI 公司、固铂公司的起诉。VMI公司、固铂公司不服，向最高人民法院提起上诉。最高人民法院于 2019 年 6 月 12 日在纠正一审法院关于“侵权警告”认定的基础上，裁定驳回上诉，维持原裁定。

【裁判意见】

最高人民法院二审认为，权利人主张相对方侵权，但又不通过法定程序予以解决，会使相对方处于不确定状态。确认不侵权诉讼的制度目的在于赋予相对方诉权，使其有途径消除这种不确定状态。确认不侵害专利权之诉，其审理范围在于确定原告所实施的技术方案是否落入被告专利权的保护范围，其目的在于消除原告对其所实施的技术方案是否落入他人专利权保护范围不确定的状态，以利于其经营决策。在专利侵权纠纷中，对于纠纷由专利行政部门处理还是由人民法院审理，专利权人有一定的选择权，但无论该纠纷由专利行政部门处理还是由人民法院审理，关键均在于确定被诉侵权产品或方法是否落入涉案专利权的保护范围。首先，本案中萨驰公司向专利行政部门提起处理专利侵权纠纷的请求，表明其认为涉案的型号为 MAXX 的轮胎成型机侵害其涉案专利权。虽然该行政处理程序的相对方为被诉侵权设备的使用者固铂公司，但对于该型号设备生产者的 VMI 公司，其必然认识到其所生产、销售的设备可能受到侵权指控，一旦纠纷处理机关认定构成侵权，其设备市场必然受到影响，因此，本案中行政处理程序对 VMI 公司经营的影响是客观存在的。其次，萨驰公司提起的专利侵权纠纷处理请求，被请求人仅为设备使用者固铂公司，而设备的制造者 VMI 公司并非被请求人，VMI 公司没有参与到该行政处理程序中的机会，无法在该行政处理程序中主张相应权利。对于 VMI 公司而言，其所制造、销售的被诉侵权设备是否会被专利行政部门认定构成侵权，已经处于一种不确定的状态，其产品销售市场可能因此受到影响，并且其权益在相应行政处理程序中无法得到保障。VMI 公司提起本案确认不侵害专利权之诉的目的，在于尽快通过司法程序确认其生产、销售的 MAXX 型号轮胎成型机未落入萨驰公司涉案专利权的保护范围，从而自可能面临侵权指控的不确定状态中解脱出来并稳定其相应市场。本案中权利人请求专利行政部门处理专利侵权纠纷，其处理结果可能直接影响未作为被请求人的VMI公司的利益，可认为其已受到侵权警告。因此，对于VMI公司而言，萨驰公司提起的专利侵权纠纷处理请求属于《最高人民法院关于审理侵犯专利权纠纷案件应用法律若干问题的解释》第十八条所称的侵权警告，一审法院适用法律不当，应当予以纠正。

## 15. 职务发明专利权属纠纷中“与原单位有关的发明创造”的判断

【裁判要旨】

判断涉案专利是否属于“与在原单位承担的本职工作或者原单位分配的任务有关的发明创造”时，应注重维护原单位、离职员工以及离职员工新任职单位之间的利益平衡，综合考虑如下因素：一是离职员工原工作任务的内容；二是涉案专利内容与原工作任务的关系；三是原单位开展有关技术研发工作的情况或技术的合法来源；四是发明人、权利人对技术来源解释的合理性。

【关键词】

专利权属　职务发明　有关的发明创造　利益平衡

【案号】

（2019）最高法民申6342号

【基本案情】

在再审申请人李坚毅、深圳市远程智能设备有限公司（以下简称远程公司）与被申请人深圳市卫邦科技有限公司（以下简称卫邦公司）专利权权属纠纷案[①]中，卫邦公司成立于2002年1月24日，经营范围包括医疗器械、医疗设备及其他自动化设备的研发、生产，医疗器械、医疗设备的销售等。李坚毅于2012年9月24日入职卫邦公司，岗位为生产制造总监。2013年4月17日，卫邦公司与李坚毅签订《关于终止劳动合同的协议》。李坚毅从卫邦公司离职3个月后即申请了名称为“静脉用药自动配制设备和摆动型转盘式配药装置”的发明专利（以下简称涉案专利），涉案专利的申请日为2013年7月12日，发明人署名为李坚毅。2016年1月22日，李坚毅将涉案专利转让给远程公司。后卫邦公司提起本案诉讼，以涉案专利为李坚毅在卫邦公司工作期间形成的职务发明为由，请求确认专利权归属卫邦公司。广东省深圳市中级人民法院（以下简称一审法院）一审认为，卫邦公司已举证证明涉案专利与李坚毅的本职工作或者原单位分配的任务有关，涉案专利为职务发明

① 本案裁定书参见第253页。

创造，应属于卫邦公司所有，故一审判决确认卫邦公司为涉案专利权人。李坚毅、远程公司不服，提起上诉。广东省高级人民法院（以下简称二审法院）二审判决驳回上诉，维持原判。李坚毅、远程公司仍不服，向最高人民法院申请再审。最高人民法院于2019年12月31日裁定驳回李坚毅、远程公司的再审申请。

【裁判意见】

最高人民法院审查认为，在判断涉案发明创造是否属于《中华人民共和国专利法实施细则》第十二条第一款第三项规定的“有关的发明创造”时，应注重维护原单位、离职员工以及离职员工新任职单位之间的利益平衡，综合考虑以下因素：一是离职员工在原单位承担的本职工作或原单位分配的任务的具体内容，包括工作职责、权限，能够接触、控制、获取的与涉案专利有关的技术信息等。二是涉案专利的具体情况，包括技术领域，解决的技术问题，发明目的和技术效果，权利要求限定的保护范围，涉案专利相对于现有技术的“实质性特点”等，以及涉案专利与本职工作或原单位分配的任务的相互关系。三是原单位是否开展了与涉案专利有关的技术研发活动，或者是否对有关技术具有合法的来源。四是权利人、发明人能否对于涉案专利的研发过程或者技术来源作出合理解释，相关因素包括涉案专利技术方案的复杂程度，需要的研发投入，以及权利人、发明人是否具有相应的知识、经验、技能或物质技术条件，是否有证据证明其开展了有关研发活动等。本案中，首先，根据李坚毅在卫邦公司任职期间承担的本职工作或分配的任务，其能够直接接触、控制、获取卫邦公司内部与用药自动配制设备和配药装置技术研发密切相关的技术信息，且这些信息并非本领域普通的知识、经验或技能。其次，将涉案专利与卫邦公司名称为“自动化配药系统的配药方法和自动化配药系统”的专利相比，二者解决的技术问题、发明目的、技术效果基本一致，技术方案高度关联。在卫邦公司提供的与李坚毅的本职工作有关的图纸中，涉及“输入模块新盖”等多个与涉案专利密切相关的部件。在李坚毅与卫邦公司有关工作人员的往来电子邮件中，讨论的内容直接涉及与涉案专利技术方案密切相关的研发活动。因此，涉案专利与李坚毅在卫邦公司承担的本职工作或分配的任务密切相关。再次，卫邦公司成立于2002年，经营范围包括医院静脉配液系列机器人产品及配液中心相关配套设备的研发、制造、销售及售后服务。其在2010年2月至2016年7月期间先后申请了60余项涉及医疗设备、方法及系统的专利，其中44项专利系于李坚毅入职卫邦公司前申请，且有多项专利涉及自动配药装置。最后，涉案专利涉及“静脉用药自动配制设备和摆动型转盘式配药装置”，共有13页附图，约60个部件，技术方案复杂，研发难度大。李坚毅作为涉案专利唯一的发明人，在离职卫邦公司后不到3个月即以个人名义单独申请涉案专利，且不能对技术研发过程或者技术来源做出合理说明，不符合常理。本案证据不能证明李坚毅具有能够独立研发涉案专利技术方案的知识水平和能力。综上，综合考虑本案各相关事实以及李坚毅、远程公司向本院提交的有关证据，一、二审法院认定涉案专利属于李坚毅在卫邦公司工作期间的职务发明创造并无不当。

### 16. 临时禁令与部分判决的关系处理

【裁判要旨】

当事人在专利侵权程序中针对被诉侵权人既申请作出责令停止侵害的行为保全，又申请作出判令停止侵害的部分判决的，人民法院不应因作出停止侵害的部分判决而对该行为保全申请不予处理，而应对该行为保全申请予以审查；符合行为保全条件的，应及时作出裁定。

【关键词】

发明专利　侵权　诉中行为保全　部分判决

【案号】

（2019）最高法知民终2号

【裁判意见】

在前述“刮水器连接器”专利侵权纠纷案中，最高人民法院还明确了诉中行为保全申请与停止侵害的部分判决之间的关系。最高人民法院二审认为，瓦莱奥公司在本案一审过程中提出责令卢卡斯公司、富可公司及陈少强停止侵害涉案专利权的诉中行为保全申请，并提供了相应担保。一审法院先行作出支持专利权人关于停止侵害专利权诉请的部分判决后，对于诉中行为保全申请尚未作出处理，该部分判决进入上诉审理程序。首先，关于本案诉中行为保全申请的管辖。对当事人不服一审判决提起上诉的案件，当事人在一审中提出行为保全申请的，在二审法院接到报送的案件之前，由一审法院管辖；在二审法院接到报送的案件之后，应由二审法院管辖。本案中，由于案件已经由最高人民法院受理，与本案有关的行为保全申请亦应由最高人民法院管辖和处理。其次，关于本案诉中行为保全申请的具体处理。本案需要考虑的特殊情况是，一审法院虽已作出关于责令停止侵害涉案专利权的部分判决，但并未生效，专利权人继续坚持其在一审程序中的行为保全申请。此时，二审法院对于停止侵害专利权的行为保全申请，可以考虑如下情况，分别予以处理：如果情况紧急或者可能造成其他损害，专利权人提出行为保全申请，而二审法院无法在行为保全申请处理期限内作出终审判决的，应当对行为保全申请单独处理，依法及时作出裁定；符合行为保全条件的，应当及时采取保全措施。此时，由于一审判决已经认定侵权成立，二审法院可根据案情对该行为保全申请进行审查，且不要求必须提供担保。如果二审法院能够在行为保全申请处理期限内作出终审判决的，可以及时作出判决并驳回行为保全申请。本案中，瓦莱奥公司坚持其责令卢卡斯公司、富可公司停止侵害涉案专利权的诉中行为保全申请，但是其所提交的证据并不足以证明发生了给其造成损害的紧急情况，且最高人民法院已经当庭作出判决，本案判决已经发生法律效力，另行作出责令停止侵害涉案专利权的行为保全裁定已无必要。对于瓦莱奥公司的诉中行为保全申请不予支持。

### 17. 专利侵权案件审理期间权利人据以主张专利权的权利要求被宣告无效后的程序处理

【裁判要旨】

侵害专利权纠纷案件一审程序中，权利人据以主张专利权的权利要求被宣告无效，但涉案专利权在其他原有权利要求或者经修改形成的新的权利要求基础上维持有效的，应当允许权利人重新明确其据以主张专利权的权利要求。权利人选择现属有效的权利要求主张专利权的，一审法院应当继续审理；经释明，权利人仍然坚持基于已被宣告无效的权利要求主张权利的，一审法院方可裁定驳回起诉。

【关键词】

发明专利　侵权　宣告专利权无效　驳回起诉

【案号】

（2019）最高法知民终 161 号

【基本案情】

在上诉人沈阳飞行船数码喷印设备有限公司（以下简称飞行船公司）与被上诉人青岛瀚泽电气有限公司（以下简称瀚泽公司）侵害发明专利权纠纷案[①]中，涉及专利号为 ZL201410100501.7、名称为“一种同步单双面数码喷绘机及其绕布方法”的发明专利（以下简称涉案专利）。飞行船公司认为，瀚泽公司未经许可，擅自制造、销售的被诉侵权产品落入涉案专利权利要求 1 的保护范围，故向山东省济南市中级人民法院（以下简称一审法院）提起

---

① 本案裁定书参见第 259 页。

诉讼。本案一审期间，国家知识产权局作出第16225号无效宣告请求审查决定（以下简称第16225号决定），宣告涉案专利权部分无效，并在飞行船公司修改后的权利要求1—9基础上继续维持涉案专利有效。现维持有效的权利要求1系在原权利要求1基础上补入了权利要求2和权利要求6的附加技术特征而形成，原权利要求1已不复存在。一审法院根据《最高人民法院关于审理侵犯专利权纠纷案件应用法律若干问题的解释（二）》第二条第一款之规定，驳回了飞行船公司的起诉。飞行船公司不服，向最高人民法院提起上诉。最高人民法院于2019年8月6日裁定撤销一审裁定，本案由一审法院继续审理。

【裁判意见】

最高人民法院二审认为，虽然权利人此前据以主张保护范围的某一项权利要求被宣告无效，但是涉案专利还存在其他被维持有效的权利要求，特别是原权利要求经过修改，进一步限缩了其保护范围的情况下，人民法院应当给予权利人再次明确其据以主张保护范围的权利要求的程序性权利，并在权利人重新明确的权利要求的基础上继续审理。本案中，专利权人在无效宣告程序中通过主动修改的方式对原权利要求1进行了修改。修改后的权利要求1补入了技术特征，形成了不同的技术方案，具有不同的保护范围，从而替代了修改前的原权利要求1的保护范围，而且其他从属权利要求也相应进行了修改。该修改后的权利要求被第16225号决定维持有效，形成了新的权利要求。在涉案专利权被宣告部分无效之后，只要尚未作出一审判决，一审法院就应当依法向权利人飞行船公司释明，由其在维持有效的权利要求范围内明确主张保护范围的权利要求。一审法院并未给予飞行船公司重新明确权利要求的程序性权利，未经释明直接裁定驳回了飞行船公司的起诉，属适用法律错误。

### 18. 专利侵权案件审理期间权利要求中部分并列技术方案被宣告无效后的处理

【裁判要旨】

专利侵权诉讼期间，涉案专利权利要求中一个或者多个并列技术方案的对应部分被宣告无效，但其余并列技术方案的对应部分仍维持有效，专利权人依据权利要求仍维持有效的部分继续主张权利的，人民法院可以就宣告无效部分的权利要求驳回起诉，同时就维持有效部分的权利要求进行审理并作出裁判。

【关键词】

实用新型专利　侵权　并列技术方案　专利权部分宣告无效

【案号】

（2019）最高法知民终350号

【基本案情】

在上诉人深圳市云充吧科技有限公司（以下简称云充吧公司）与被上诉人深圳来电科技有限公司（以下简称来电公司）侵害实用新型专利权纠纷案[①]中，涉及专利号为ZL201520691258.0、名称为“一种移动电源”的实用新型专利（以下简称涉案专利）。来电公司认为，云充吧公司未经许可制造、销售、许诺销售、使用的被诉侵权产品落入涉案专利权利要求8的保护范围，故向广东省深圳市中级人民法院（以下简称一审法院）提起诉讼，请求停止侵害、销毁库存侵权产品及专用模具等，并赔偿经济损失及维权合理开支400万元。一审法院认为，被诉侵权技术方案落入权利要求8的保护范围，判决云充吧公司停止侵害、销毁库存侵权产品并赔偿损失及维权合理开支80万元。云充吧公司不服，向最高人民法院提起上诉。最高人民法院经审理查明，权利要求8包含2个并列技术方案。本案一审程序期间，权利要求8中含有技术特征“还包括另一组充电输入金属触点”的并列技术方案对应部分的权利要求被宣告无效，含有技术特征“包括多组充电输入金属触点”的并列技术方案对应部分的权利要求维持有效。最高人民法院于2019年12月13日判决撤销一审判决，驳回来电公司依据权利要求8被宣告无效部分的起诉，驳回来电公司依据涉案专利权利要求8被维持有效部分的诉讼请求。

【裁判意见】

最高人民法院二审认为，将多个相对独立的技术特征以并列选择的方式撰写在一个独立权利要求中，应当理解为包括了多个保护范围相互独立的并列技术方案。某个并列技术方案被宣告无效的，不影响其他并列技术方案的效力。来电公司在本案中请求保护的权利要求8包括两个并列技术方案，在涉及两组充电金属触点的技术方案被宣告无效的情况下，来电公司表示就维持有效的多组充电金属触点的技术方案继续寻求专利权的保护。首先，当权利人在专利侵权诉讼中主张的权利要求被宣告无效的，人民法院可以裁定驳回权利人基于该无效权利要求的起诉，无需等待专利行政诉讼的最终结果，有证据证明宣告该权利要求无效的决定被生效判决撤销的，权利人可以另行

① 本案判决书参见第262页。

起诉。本案中一审法院认定被诉侵权产品具有与权利要求8中记载的“还包括另一组充电输入金属触点”的技术方案相同的技术特征，支持了来电公司的侵权主张，但该技术方案在一审期间已经被宣告无效。据此可裁定驳回来电公司基于该被宣告无效的技术方案的起诉。其次，应以来电公司坚持选择的维持有效部分的独立权利要求作为保护范围，据以认定被诉侵权技术方案是否落入维持有效的专利技术方案的保护范围。被诉侵权产品中“两组充电输入金属触点”的技术特征与涉案专利权利要求8中维持有效部分的技术特征既不相同也不等同，未落入涉案专利权的保护范围。

### 19. 专利无效宣告行政程序中主动放弃权利要求对于专利侵权诉讼的影响

【裁判要旨】

权利人在涉案专利的无效宣告行政程序中以删除权利要求的方式主动放弃民事侵权案件中据以主张权利的权利要求，无论记载该放弃行为的行政决定的效力是否最终确定，被放弃的权利要求均无恢复之可能，不能在侵害专利权纠纷中再将之纳入专利权保护范围，其据以主张侵权的权利基础不复存在，有关诉讼请求可以判决方式驳回。

【关键词】

实用新型专利　侵权　删除权利要求　驳回诉讼请求

【案号】

（2019）最高法知民终145号

【基本案情】

在上诉人山东阳谷达盛管业有限公司（以下简称达盛公司）、山东卓睿达盛管业有限公司（以下简称卓睿达盛公司）与被上诉人顺方管业有限公司（以下简称顺方公司）侵害实用新型专利权纠纷案[①]中，涉及专利号为ZL201220213928.4、名称为“管骨架塑料复合管”的实用新型专利（以下简称涉案专利）。顺方公司认为，达盛公司、卓睿达盛公司生产、销售的实壁管骨架塑料复合管落入涉案专利权利要求1—3的保护范围，向山东省济南市中级人民法院（以下简称一审法院）提起诉讼。一审法院认为，被诉侵权产品落入涉案专利权利要求1—3的保护范围，判令达盛公司、卓睿达盛公司停止侵害并赔偿顺方公司经济损失及维权合理支出共计60万元。达盛公司、卓

① 本案裁定书参见第273页。

睿达盛公司不服，向最高人民法院提起上诉。二审程序期间，国家知识产权局作出第41399号无效宣告请求审查决定，该决定载明：顺方公司在无效宣告行政程序中修改了权利要求书，删除了权利要求1和权利要求2，将权利要求3和权利要求4合并形成新的权利要求1，国家知识产权局在修改后的权利要求1基础上宣告涉案专利权全部无效。最高人民法院于2019年11月18日判决撤销一审判决，驳回顺方公司的全部诉讼请求。

【裁判意见】

最高人民法院二审认为，对于权利人在涉案专利的无效宣告程序中通过删除权利要求的方式主动放弃民事侵权案件中据以主张权利的权利要求，无论记载该放弃行为的行政决定的效力是否最终确定，权利人均不得在侵害专利权纠纷中再将之纳入专利权保护范围。鉴于权利人据以主张权利的请求权基础已不复存在，相关权利要求亦无恢复之可能，为实现纠纷的实质性解决，可以直接判决驳回权利人的诉讼请求。本案中，顺方公司在无效宣告程序中将授权公告文本的权利要求3和4合并形成新的权利要求1，此时其在本案中据以主张权利的权利要求1—3已经被主动放弃。鉴于顺方公司在本案中仅以权利要求1—3作为其主张权利的基础，在权利要求1—3已经被其主动放弃的情况下，根据《最高人民法院关于审理侵犯专利权纠纷案件应用法律若干问题的解释》第一条的规定，顺方公司提起本案诉讼的请求权基础不再存在，其诉讼请求不能成立，故判决驳回顺方公司的全部诉讼请求。

### 20. 再审审查程序中现有技术抗辩新证据的处理

【裁判要旨】

当事人在一审判决作出之后未提起上诉，在再审审查程序中以新证据为由主张现有技术抗辩的，对其现有技术抗辩主张不予审查。

【关键词】

实用新型专利　侵权　现有技术抗辩　申请再审

【案号】

（2019）最高法知民申1号

【基本案情】

在再审申请人佛山市云米电器科技有限公司（以下简称云米公司）与被申请人佛山市顺德区美的洗涤电器制造有限公司（以下简称美的公司）、原审被告深圳市康志科技有限公司（以下简称康志公司）、原审被告浙江天猫网络有限公司侵害实用新型专利权纠纷案[①]中，涉及专利号为 ZL201520245340.0、名称为“门体组件和具有它的洗碗机”的实用新型专利（以下简称涉案专利）。美的公司认为，云米公司制造、销售、许诺销售型号为 VDW0801 的云米洗碗机的行为侵害了涉案专利权，故向浙江省杭州市中级人民法院法院（以下简称一审法院）提起诉讼。一审法院认为，被诉侵权产品落入涉案专利权的保护范围。一审判决作出后，各方当事人均未提出上诉，该判决生效。后云米公司向最高人民法院申请再审，以出现新证据为由，主张现有技术抗辩。最高人民法院于 2019 年 10 月 23 日裁定驳回云米公司的再审申请。

【裁判意见】

最高人民法院审查认为，再审程序的立法宗旨在于平衡好保障当事人申请再审权利和维护生效裁判既判力和稳定性之间的关系，维护司法公正。由于再审程序启动后直接影响生效裁判的效力，为了维护已经生效裁判确定的法律秩序的稳定性，再审事由应当限于原裁判的诉讼证据存在重大瑕疵或者诉讼程序存在妨害当事人基本诉讼权利的重大缺陷等事项。既然现有技术抗辩已经明确规定在专利法中，被诉侵权人应当在一、二审期间依法提出，即法律已经规定被诉侵权人在正当程序过程行使其抗辩权。但是，如果被诉侵权人未在一、二审程序中行使其抗辩权而在申请再审程序中提出，有违程序正当原则，同时也有损生效判决的既判力，违背了再审程序平衡保障当事人申请再审权利和维护生效裁判既判力和稳定性之间关系的立法宗旨。申请再审程序作为在终审程序以外，给予当事人的一种特殊救济途径，有其独特的诉讼价值，不应轻易启动。申请再审程序只能用于例外情况的救济，而不能像普通救济程序那样被频繁启动。如果在正常的民事诉讼程序终结以后，已经生效的裁判可以被轻易启动再审审理程序，则其效力长期处于缺位状态，就会使得当事人的权利义务关系始终处于不稳定状态，难以实现社会经济秩序的稳定。如果任由当事人在申请再审阶段首次提出现有技术抗辩的主张，将架空一审、二审的诉讼程序。根据《中华人民共和国民事诉讼法》（以下简称民事诉讼法）、《最高人民法院关于适用〈中华人民共和国民事诉讼法〉的解释》（以下简称民诉法司法解释）等的规定，权利人应当在一审法庭辩论终结前固定其权利要求，如允许被诉侵权人在再审审查程序中提出在前审程序中未主张的现有技术抗辩理由及其证据，造成诉讼突袭，对权利人而言是极为不公平的。

---

① 本案裁定书参见第 279 页。

## （二）专利行政案件审判

### 21. 新颖性判断中的单独比对原则

【裁判要旨】

每一篇对比文件所承载的技术方案都是独立的，即使两篇对比文件各自记载的技术方案指向同一项现有技术载体实物，也不能据此当然将这两篇对比文件结合起来评价权利要求的新颖性，因为此时实际比对的对象已经被变更为任何一篇对比文件均未曾记载的、存在于评价者观念中的现有技术。

【关键词】

发明专利　无效宣告程序　新颖性　单独比对原则

【案号】

（2019）最高法知行终53号

【基本案情】

在上诉人仝克宁、国家知识产权局与被上诉人浙江双屿实业有限公司（以下简称双屿公司）发明专利权无效行政纠纷案[①]中，涉及专利号为201410312457.6、名称为“一种急冷喷头”的发明专利（以下简称本专利），专利权人为双屿公司。针对上述专利权，仝克宁于2017年5月10日向国家知识产权局提出无效宣告请求。国家知识产权局于2017年10月23日作出第33703号无效宣告请求审查决定（以下简称被诉决定），宣告本专利全部无效。被诉决定认为，认定证据2示出的LAB－G400型喷嘴即为证据1中的LAB－G型喷嘴，证据2能够证明证据1中的LAB－G型喷嘴具有一对斜导壁，其设置的位置以及达到的技术效果与本专利权利要求1相同。因此，本专利权利要求1相对于证据1不具备新颖性。双屿公司认为，证据1和证据2中的喷头型号不完全对应，不能认定二者属于同一喷头，且证据2中并没有关于该喷头具有斜导壁结构的明确记载，故向北京知识产权法院（以下简称一审法院）提起诉讼。一审法院认为，没有证据证明LAB－G400型喷嘴与LAB－G型喷嘴为同一种喷嘴并具有相同的结构；证据1、证据2的文字部分或者附图均未记载或者明确有关“斜导壁”的技术特征；相似的喷射效果并不能必然得出结构相同的结论，仅凭证据2的图7无法确定该喷嘴具有“斜导壁”的技术特征。故判决撤销被诉决定，责令国家知识产权局重新作出无效宣告请求审查决定。仝克宁、国家知识产权局不服，向最高人民法院提起上诉。最高人民法院于2019年12月24日在纠正一审判决关于新颖性判断思

---

① 本案判决书参见第286页。

路的基础上，判决驳回上诉，维持原判。

【裁判意见】

最高人民法院二审认为，判断发明专利的新颖性时，应当坚持单独对比原则，将一项权利要求分别与一项现有技术单独进行比较，不允许将同一篇对比文件中记载的两项及以上技术方案或者两篇及以上对比文件中记载的技术方案结合起来评价权利要求的新颖性。在新颖性评价的语境下，即使是有证据显示，两篇对比文件各自记载的技术方案指向同一项现有技术载体实物，也不能据此当然将这两篇对比文件结合起来评价权利要求的新颖性。原因在于，每一篇对比文件所承载的技术方案都是独立的，如果以两篇对比文件各自记载的技术方案指向同一项现有技术为由，将上述两篇对比文件结合起来评价权利要求的新颖性，实际上已经变更了比对对象。该比对对象已经不是任何一篇对比文件本身所记载的技术方案，而是被转换为两篇对比文件结合起来的另一项技术方案。这种做法一方面将会导致新颖性评价与创造性评价之间的界限模糊，另一方面也会致使新颖性评价中的比对对象发生错误，即实际比对的对象是任何一篇对比文件中都未曾记载的、存在于评价者观念中的现有技术，新颖性评价将丧失客观性。本案中，证据 1 属于专利文献公开方式，证据 2 属于期刊文献公开方式，属于两篇不同的出版物，各自公开了不同的技术内容，不能因为其共同指向同一载体实物就将原本属于两篇对比文件公开的技术内容结合起来形成一项新的产品技术方案评价权利要求的新颖性。如果证据 1 和证据 2 指向的是申请日前同一型号而且具有相同结构的喷嘴，则无效宣告请求人应当提交体现完整产品技术方案的一项现有技术，而非通过多篇出版物结合形成新的技术方案评价本专利权利要求的新颖性。

## 22. 创造性与说明书充分公开等法律要求的关系

【裁判要旨】

创造性判断与说明书充分公开、权利要求应该得到说明书支持等法律要求在专利法上具有不同的功能，遵循不同的逻辑，原则上不应将本质上属于说明书充分公开等法律要求所应审查的内容纳入创造性判断中予以考虑，否则既可能使创造性判断不堪承受重负，又可能制约申请人对说明书充分公开、权利要求应该得到说明书支持等问题进行实质论辩，还可能致使说明书充分公开等法律要求被搁置。

【关键词】

发明专利　驳回复审程序　创造性　充分公开

【案号】

（2019）最高法知行终127号

【基本案情】

在上诉人国家知识产权局与被上诉人伊拉兹马斯大学鹿特丹医学中心（以下简称鹿特丹医学中心）、罗杰·金登·克雷格（以下简称克雷格）发明专利申请驳回复审行政纠纷案①（以下简称“结合分子”专利驳回复审行政纠纷案）中，涉及申请号为201210057668.0、名称为“结合分子”的发明专利申请（以下简称本申请）。经实质审查，国家知识产权局原审查部门驳回了该申请。鹿特丹医学中心、克雷格提出复审请求并修改了权利要求。国家知识产权局经复审作出第129924号复审请求审查决定（以下简称被诉决定），维持原驳回决定。国家知识产权局认为，对比文件公开的是利用骆驼化的V基因片段生产抗体的方法，在对比文件1的基础上结合本领域的常规基因工程试验手段即可获得本申请的合理成功预期，且出于降低抗体免疫原性、提高人体安全性和治疗效果的考虑，本领域普通技术人员有动机以人的天然的特定基因片段生产小型化仅有重链的抗体，本申请不具有创造性。鹿特丹医学中心、克雷格不服，诉至北京知识产权法院（以下简称一审法院），请求撤销被诉决定，判令国家知识产权局重新作出决定。一审法院认为本申请具备创造性，判决撤销被诉决定，国家知识产权局重新作出决定。国家知识产权局不服，提起上诉称，确定发明所解决的技术问题时，要以本申请文件中已验证的技术效果为基础；本申请说明书没有公开使用人的天然存在的V基因片段来生产小型化抗体的实验数据，其技术效果并未得到验证，在确定发明解决的技术问题时不予考虑。基于此，源自人的天然存在的V基因片段相对于转基因小鼠而言是一种异源基因片段，故本申请实际解决的技术问题“仅是提供一种表达包含其他异源基因片段的异源重链基因座的仅重链抗体的方法”。当抗体小型化和人源仅有重链的抗体已经是基因工程抗体进一步的研究方向，出于对这一研究方向的知悉和确保人体安全性等方面的考虑，本领域普通技术人员完全有动机使用人的天然V基因片段替换对比文件1中的骆驼化VH外显子，进行异源表达生产抗体，故本申请不具有创造性。最高人民法院于2019年12月6日判决驳回上诉，维持原判。

【裁判意见】

最高人民法院二审认为，创造性判断所运用的“问题—解决方案”思路中，一般遵循三个步骤：确定最接近的现有技术；确定发明的区别特征和发

① 本案判决书参见第298页。

明实际解决的技术问题；判断要求保护的发明对本领域普通技术人员而言是否显而易见。在第二个步骤中，确定发明实际解决的问题时，通常是以最接近的现有技术为参照，在分析发明与最接近的现有技术相比所存在的区别特征的基础上，考虑区别特征整体上所能达到的技术效果来确定。在这一意义上，发明所解决的技术问题是客观的，区别特征的确定是理解发明实际解决的技术问题的基础。在此基础上，还应考虑本领域普通技术人员在阅读说明书所记载的内容后能够得出的技术效果。本申请权利要求 1 相对于对比文件 1 的区别特征（2）是，所述 V 基因片段是源自人的天然存在的 V 基因片段，而对比文件 1 公开的是骆驼化的 VH 外显子/区。结合上述区别特征及说明书的记载，本领域普通技术人员可以理解，本申请所优选实现的是一种人源可溶的仅有 VH 重链抗体的效果，本申请相对于对比文件 1 所实际解决的技术问题应该是提供一种产生表达包含天然人 V 基因片段的仅有 VH 重链的可溶抗体的方法。

国家知识产权局质疑说明书是否公开了已经制备上述抗体，并以此为由脱离专利申请权利要求 1 相对于对比文件 1 的区别特征来确定发明所解决的技术问题是错误的。这种做法既否定了区别特征作为发明实际解决的技术问题的基础，又在客观上混淆了创造性判断与说明书充分公开、权利要求应该得到说明书支持等不同法律标准。创造性判断与说明书充分公开、权利要求应该得到说明书支持等法定要求在专利法上具有不同的功能，遵循不同的逻辑。将本质上属于说明书充分公开、权利要求应该得到说明书支持等法律要求所应审查的内容纳入创造性判断中予以考虑，既可能使创造性判断不堪承受重负，不利于创造性判断法律标准的稳定性和一致性，又可能在一定程度上制约了申请人对说明书充分公开、权利要求应该得到说明书支持等问题进行实质论辩，还可能致使说明书充分公开、权利要求应该得到说明书支持、修改超范围等法律要求被搁置。因此，在专利实质审查程序中，既要重视对新颖性、创造性等实质授权条件的审查，又要重视说明书充分公开、权利要求应该得到说明书支持、修改超范围等授权条件的适用，使各种授权条件各司其职、各得其所。根据专利实质审查的一般规律，原则上可以先审查判断专利申请是否符合说明书充分公开、权利要求应该得到说明书支持、修改超范围等授权条件，在此基础上再进行新颖性、创造性的判断，否则可能导致新颖性、创造性审查建立在不稳固的基础上，在程序上是不经济的。本案中，国家知识产权局上诉主张中关于本申请是否公开了制备人源可溶仅有重链的抗体及是否有数据支持和验证等问题，更适合在说明书是否充分公开这一法律问题下予以审查，不宜一概纳入创造性判断中予以考虑。

## 23. 创造性判断中发明实际解决的技术问题的确定

【裁判要旨】

在创造性判断中确定发明实际解决的技术问题时，应当根据区别技术特征在本专利技术方案中所实现的作用、功能或者效果等对技术问题作恰当提炼，既不能概括过于上位，又不能简单将区别技术特征所实现的作用、功能或者技术效果等同于发明实际解决的技术问题。

【关键词】

实用新型　无效宣告程序　创造性　区别技术特征　技术问题

【案号】

（2019）最高法知行终32号

【基本案情】

在上诉人国家知识产权局、喀什博思光伏科技有限公司（以下简称博思公司）与被上诉人山东豪沃电气有限公司（以下简称豪沃公司）实用新型专利权无效行政纠纷案[①]中，涉及专利号为201520439003.5、名称为“一种光伏组件及其自动清扫装置”的实用新型专利（以下简称本专利），专利权人为博思公司。豪沃公司向国家知识产权局申请宣告本专利无效。国家知识产权局经审查作出第36657号无效宣告请求审查决定（以下简称被诉决定），维持本专利有效。豪沃公司认为，被诉决定关于本专利具备创造性的认定有误，故向北京知识产权法院（以下简称一审法院）提起诉讼。一审法院认为，基于区别技术特征（2），本专利实际解决的技术问题是如何确保清扫装置能够正常前行。鉴于对比文件3、5均公开了区别技术特征（2），且均给出了将区别技术特征（2）用于对比文件1以解决上述技术问题的启示，可以认定本专利权利要求1不具备创造性。故判决撤销被诉决定，判令国家知识产权局重新作出决定。国家知识产权局、博思公司不服，向最高人民法院提起上诉。最高人民法院于2019年9月27日判决撤销一审判决，驳回豪沃公司的诉讼请求。

【裁判意见】

最高人民法院二审认为，在创造性判断中，确定发明实际解决的技术问题，通常要在发明相对于最接近的现有技术存在的区别技术特征的基础上，考虑本领域普通技术人员在阅读本案专利说明书后，根据该区别技术特征在权利要求请求保护的技术方案中所产生的作用、功能或者技术效果等来确定。

---

① 本案判决书参见第314页。

发明实际所要解决的技术问题的确定，是通过与最接近的现有技术比较得出的，而非以其背景技术的记载为依据。据此，在创造性判断中确定发明实际解决的技术问题时，要针对区别技术特征在本专利技术方案中所产生的作用、功能或者技术效果等来确定。在确定发明实际解决的技术问题时，既不能概括归纳得过于上位，从而低估了本专利的创造性，也不能简单将区别技术特征在本专利技术方案中实际所产生的作用、功能或者技术效果作为发明实际解决的技术问题，从而高估了本专利的创造性。确定发明实际所要解决的技术问题，应当在区别技术特征在本专利技术方案中实际所产生的作用、功能或者技术效果的基础上，进行适当的概括。本案中，区别技术特征（2）为"设置在框架另一端的支撑轮与光伏面板的下侧边具有预定的间隙"。根据本专利说明书第 0054 段的记载，该间隙使得自动清扫装置既能够顺着清扫光伏面板移动，又不会由于边沿参差而被卡。由此可见，由于光伏面板边沿上有参差不齐的现象，本专利通过区别技术特征（2）的设置能够解决这一问题，使清扫装置能够正常前行。因此，在确定本专利权利要求 1 所解决的技术问题时，需要从区别技术特征（2）所直接解决的避免边沿参差而被卡导致清扫装置不能正常前行这一技术问题出发，将本专利权利要求 1 相对于对比文件 1 所解决的技术问题确定为如何使自动清扫装置能够适应光伏面板宽度在一定范围内的变化而正常前行。一审判决称该区别技术特征在权利要求 1 的技术方案中所产生的作用是确保清扫装置能够正常前行，但是，本领域普通技术人员普遍知晓，影响光伏清扫装置正常前行的因素有很多，显然每一种具体问题对应不同的解决手段，将技术问题概括得过于上位，容易导致创造性判断出现偏差。

### 24. 创造性判断中技术启示的认定

【裁判要旨】

面对实际要解决的技术问题，本领域普通技术人员从现有技术中可以获知的技术启示，原则上应该是具体、明确的技术手段，而不是抽象的想法或者一般的研究方向。仅仅依据研究方向的一致性和本领域的抽象、普遍需求来认定现有技术给出的启示，隐含着后见之明的危险，容易低估发明的创造性。

【关键词】

发明专利　驳回复审程序　创造性　技术启示　后见之明

【案号】

（2019）最高法知行终127号

【裁判意见】

在前述“结合分子”专利驳回复审行政纠纷案中，最高人民法院还对创造性判断中技术启示的认定方法作出了进一步的阐释。最高人民法院二审认为，面对所要解决的客观的技术问题，本领域普通技术人员从现有技术中可以获知的启示原则上应该是具体、明确的技术手段，而不是抽象的想法或者一般的研究方向。仅仅依据研究方向的一致性和本领域的抽象、普遍需求来认定现有技术给出的启示，隐含着后见之明的危险，容易低估发明的创造性。那些表面上看似显而易见的发明事实上也可能具有创造性。发明的技术方案一旦形成，其可能经常被发现可以从某些已知事物出发，经由一系列非常简单的步骤推导出来。为避免这种后见之明，必须全面、谨慎、现实地评估，面对本申请所要解决的问题，本领域普通技术人员基于其所认知的全部现有技术，是否能够容易地得出本申请的技术方案。本案中，在对比文件1的基础上研发仅包含天然人V基因片段仅有VH重链的抗体时，虽然对比文件1给出了使用骆驼化V基因片段形成单重链抗体的方法，且本领域确实存在降低抗体免疫原性、提高治疗效果的需求，但是基于人的天然的仅有VH重链的抗体会发生聚集或者黏着，而骆驼化V基因片段形成的仅有重链的抗体具有更好水溶性的认知，本领域普通技术人员难以有动机以“源自人的天然存在的V基因片段”替代“骆驼化V基因片段”，制备V、D、J基因片段均是天然存在的源自人的仅有重链的抗体。被诉决定在评估对比文件1的启示时，脱离了申请日前本领域普通技术人员的认知，低估了本申请权利要求1的创造性。

### 25. 现有技术是否存在相反技术教导的判断

【裁判要旨】

在考虑一项现有技术是否存在相反技术教导时，应当立足于本领域技术人员的知识水平和认知能力，从现有技术的整体上进行分析和判断。即使现有技术中记载了技术缺陷，还需进一步考虑该技术缺陷是否与区别技术特征实际解决的技术问题以及技术启示的认定有关。

【关键词】

发明专利　无效程序　相反技术教导　技术启示

【案号】

（2019）最高法行再268号

【基本案情】

在再审申请人重庆力帆汽车销售有限公司（以下简称力帆公司）与被申请人国家知识产权局、一审第三人曹桂兰、胡美玲、蒋莉、蒋浩天、泰州苏中天线集团有限公司发明专利权无效行政纠纷案[①]中，涉及专利号为200710019425.7、名称为“鲨鱼鳍式天线”的发明专利（以下简称本专利），申请日为2007年1月23日，授权时的专利权人为蒋小平。2014年8月4日，力帆公司针对本专利向原国家知识产权局专利复审委员会（以下简称专利复审委员会）提出无效宣告请求。专利复审委员会作出第25637号无效宣告请求审查决定（以下简称被诉决定），维持本专利权有效。关于本专利权利要求1的创造性，被诉决定认定，权利要求1相对于最接近的现有技术证据3－1的区别技术特征c为“所述无线电接收天线为AM/FM共用天线”。证据3－1公开了一种鱼鳍式天线装置的技术方案，该技术方案主要为了克服其背景技术中所提及的长棒状伸缩型AM/FM共享天线容易发生故障，螺旋状天线的无线电接收度不理想，贴附于汽车玻璃上的AM/FM共享天线较昂贵的缺陷。其采用的技术手段主要为，将AM天线及FM共振天线电路采用分离式设计。而在本专利中，则认为多根天线的使用是存在技术缺陷的技术手段。因此，将AM天线和FM天线作分离式设计的技术手段与本专利中使用AM/FM共用天线的技术手段是相背离的。在证据3－1中存在相反的技术教导，阻碍了本领域技术人员在本领域或相关技术领域寻求手段来解决本专利实际所要解决的技术问题。因此，即使上述区别特征c被证据3－3所公开，或者属于本领域的公知常识，本领域技术人员亦无法获得在证据3－1的基础上结合本领域的公知常识或上述证据的技术启示。本专利权利要求1具备创造性。力帆公司不服，提起行政诉讼。一审诉讼过程中，蒋小平因病去世，其法定继承人曹桂兰、胡美玲、蒋莉、蒋浩天参加诉讼。北京知识产权法院一审判决驳回力帆公司的诉讼请求。力帆公司不服，提起上诉。北京市高级人民法院二审判决驳回上诉、维持原判。力帆公司仍不服，向最高人民法院申请再审。最高人民法院裁定提审本案，并于2019年12月31日判决撤销一、二审判决及被诉决定，判令国家知识产权局重新作出决定。

【裁判意见】

最高人民法院再审认为，关于被诉决定中认定的“相反的技术教导”，通常是相对于技术启示而言的。在考虑一项现有技术是否存在相反技术教导时，应当立足于本领域技术人员的知识水平和认知能力，从该现有技术的整

---

① 本案判决书参见第334页。

体上进行分析和判断。对于作为现有技术的专利文件，其背景技术中记载的技术缺陷本质上是该专利的申请人在撰写专利申请文件时的一种主观认知，并不代表本领域技术人员必然存在此种客观认识，也不意味着本领域技术人员会受限于与技术缺陷有关的内容，不能从该现有技术得到相应的技术启示。而且，即使记载了技术缺陷，还需进一步考虑该技术缺陷是否与区别技术特征实际解决的技术问题以及技术启示的认定有关。本领域技术人员在面对同时具有优点和缺陷的现有技术，寻找技术启示时，会基于所要实际解决的技术问题，综合考虑各有关因素来进行相应的分析、取舍和判断，从现有技术的整体上确定是否存在相应的技术启示或相反技术教导。本案中，权利要求1请求保护“一种鲨鱼鳍式天线”，其相对于最接近的现有技术证据3－1的区别技术特征c为“所述无线电接收天线为AM/FM共用天线”。在本专利说明书的“背景技术”中，记载了“传统天线功能单一，电子设备越多，所需要的天线数量也就越多，在空间有限的车、船上安装多条天线是极其不便的”，可据此确定权利要求1实际解决的技术问题。在证据3－1记载的背景技术中，虽然指出长棒状伸缩型天线、螺旋状天线、玻璃天线、平面天线等不同的天线类型分别存在一定的缺陷，包括：“使用久了会发生故障”“无线电接受度并不理想”“材质相当昂贵”“不能靠近具金属面的物质”，但这些缺陷并不涉及AM、FM天线的分离或共享。而且，在证据3－1中既未明确指出AM、FM天线共享本身存在何种缺陷，也没有提出要作出何种改进。事实上，对于本领域技术人员而言，能够显而易见地想到在汽车天线中如安装多条天线，例如将AM、FM天线分离时，相应也会产生“需要的天线数量也就越多”的问题。在最高人民法院庭审时，国家知识产权局、一审第三人均认可AM、FM天线共享属于本领域的公知常识。因此，对于本领域技术人员而言，基于本领域的公知常识以及证据3－1中公开的技术内容，能够认识到在本领域既可以将AM、FM天线共享，也可以将AM、FM天线分离。根据3－1中公开的技术内容，本领域技术人员并不能得出将AM、FM共享的技术本身属于技术缺陷，存在相反的技术教导，也不能得出将AM、FM分离需要额外付出创造性劳动。相反，为了解决与区别技术特征c对应的“传统天线功能单一，电子设备越多，所需要的天线数量也就越多，在空间有限的车、船上安装多条天线是极其不便的”技术问题时，本领域技术人员能够结合本领域的公知常识以及证据3－1中公开的技术内容，进行相应的利弊分析和取舍，显而易见地想到采用“所述无线电接收天线为AM、FM共用天线”的技术方案。

## 26. 创造性判断中关于生物材料保藏的考量

【裁判要旨】

对比文件仅公开了相同或相近的筛选、突变等手段的制备方法，并未对制备出的生物材料进行保藏，本领域普通技术人员不能通过重复该制备方法以及其他途径获得本专利请求保护的生物材料，且无动机改进制备方法以获得该生物材料的情况下，专利申请请求保护的生物材料相对于该对比文件具备创造性。

【关键词】

发明专利　无效宣告程序　创造性　保藏　生物材料　微生物　菌株

【案号】

（2019）最高法知行终 16 号

【基本案情】

在上诉人戴锦良与被上诉人国家知识产权局、原审第三人北京万特尔生物制药有限公司（以下简称万特尔公司）发明专利权无效行政纠纷案[①]中，涉及专利号为 200510059850. X、名称为“绿脓杆菌甘露糖敏感血凝菌毛株”的发明专利（以下简称本专利），专利权人为万特尔公司。戴锦良向国家知识产权局申请宣告本专利无效。国家知识产权局作出第 29970 号无效宣告请求审查决定（以下简称被诉决定），维持本专利有效。戴锦良认为，证据 1（即名称为“绿脓杆菌 MSHA 菌毛株及其建立”、申请号为 CN1090602A 的发明专利申请公开说明书）公开了与本专利菌株相同的菌株的全部技术信息和获得方法，其虽未提供有关保藏号，但有无保藏号属于新颖性审查的问题，不能用于评价创造性，被诉决定关于本专利具备创造性的认定有误，故向北京知识产权法院（以下简称一审法院）提起诉讼。一审法院认为，证据 1 未记载菌株被保藏，且无证据显示其可以为公众获取，本领域普通技术人员预期重复证据 1 的方法很难获得相同或者相似的菌株时，不会有动机通过证据 1 的方法获得本专利所保护的菌株，故本专利具有创造性。戴锦良不服，向最高人民法院提起上诉。最高人民法院于 2019 年 8 月 16 日判决驳回上诉，维持原判。

【裁判意见】

最高人民法院二审认为，证据 1 公开了一种绿脓杆菌菌毛株的获得方法和特性，该证据中也记载了与本发明基本相同的菌株获得方法，并且该菌株

---

① 本案判决书参见第 347 页。

也具有甘露糖敏感血凝菌毛（MSHA）。但本专利权利要求1中记载了菌株的保藏号CGMCC0190，而证据1没有公开该菌株被保藏，无任何保藏信息。此时，不宜简单地将有无保藏号当作区别特征进行认定，而应当考量证据1对其中所描述菌株的公开程度和该菌株的可获得性，以判断本领域普通技术人员是否能够通过证据1的描述而获得该菌株或有动机制备得到该菌株。首先，证据1中没有公开所述绿脓杆菌MSHA菌毛株的保藏信息，也未记载可购买的商业渠道或发放渠道。在戴锦良提交的证据中，仅有证据3和证据21—22涉及特定绿脓杆菌菌株制备的药物制剂商品（即绿幕安和佰安），但是所述临床制剂均经过灭菌消毒，其中微生物已被灭活，即使可以商购该制剂商品，也无法获得活性菌株。其次，尽管证据1记载了绿脓杆菌甘露糖敏感血凝菌毛株的制备方法，但是由于其中包括了产生随机突变的多个步骤，即使清楚记载了所述步骤的条件和过程等信息，也无法通过重复该步骤而得到确定相同的结果。戴锦良也未能提供证据证明重复证据1的方法能够克服随机因素从而获得具有所述甘露糖敏感血凝菌毛的菌株。最后，本专利说明书中记载了所述菌株的免疫原性，证实了其有益效果，同时对甘露糖敏感血凝菌毛株进行了专利法规定的微生物保藏，相对于现有技术做出了贡献。综上所述，本专利权利要求1—4相对于证据1具备创造性。

### 27. 研究成果的科学价值与创造性判断的关系

【裁判要旨】

一项技术成果的取得可能历经艰辛，构成有意义的研究成果或者具有其他价值，但仅此并不当然使其具备专利法意义上的创造性。

【关键词】

发明专利　驳回复审程序　植物基因　创造性

【案号】

（2019）最高法知行终129号

【基本案情】

在上诉人中国农业科学院作物科学研究所（以下简称作物科学研究所）与被上诉人国家知识产权局发明专利申请驳回复审行政纠纷案[①]中，涉及申请号为201210072718.2、名称为“植物耐逆性相关蛋白TaHSF1及其编码基因与应用”的发明专利申请（以下简称本申请），专利申请人为作物科学研

---

① 本案判决书参见第354页。

究所。作物科学研究所认为，国家知识产权局在第113305号复审决定中认定本申请权利要求1—13不具备创造性是错误的，向北京知识产权法院（以下简称一审法院）提起诉讼。一审法院认为本申请权利要求1—13均不具备创造性。作物科学研究所不服，向最高人民法院提起上诉。最高人民法院于2019年12月26日判决驳回上诉，维持原判。

【裁判意见】

最高人民法院二审认为，判断发明或者实用新型对本领域普通技术人员来说是否显而易见，要确定的是现有技术整体上是否存在某种技术启示，即现有技术中是否给出将该发明或者实用新型的区别技术特征应用到最接近的现有技术以解决其存在的技术问题的启示，这种启示会使本领域普通技术人员在面对相应的技术问题时，有动机改进最接近的现有技术并获得该发明或者实用新型技术方案。创造性的审查通常不考虑发明的获得过程是否艰辛，无论发明人在发明创造过程中是历尽艰辛，还是唾手而得，一般都不影响对该发明创造性的评价。当然，未获得专利权保护的发明创造如果构成有意义的研究成果或者具有其他价值，发明人或者申请人可以依法获得其他方面回报，但仅此并不足以使专利申请获得专利权的保护。

本申请权利要求1请求保护的技术方案相对于对比文件1公开的技术方案的区别技术特征在于：本申请权利要求1要求保护一种小麦热激蛋白TaHSF1的具体氨基酸序列，而对比文件1公开了小麦中存在能够提高其耐旱性、耐热性的热激因子TaHsf1，未公开具体的氨基酸序列。基于上述区别技术特征，本申请实际解决的技术问题在于：获得一种来自小麦的具有耐逆性的热激蛋白的具体氨基酸序列。对比文件2公开了热激因子（HSF）在调节热激蛋白（HSP）基因表达和传递逆境胁迫尤其热胁迫信息以及提高植物耐逆性等方面起着重要作用。本领域普通技术人员基于现有技术能够预期，植物中的HSF普遍具有提高植物耐逆性（耐热性等）的作用。并且，对比文件1已经公开了小麦中存在能够提高小麦耐旱性、耐热性以及水利用率的热激因子，故当需要提高小麦对热胁迫的耐受性及耐逆性时，本领域普通技术人员有动机利用已知的生物信息学、分子生物学的手段在小麦基因组中扩增获得其热激因子的编码基因及蛋白。对比文件2的方法和本申请均是采用同源基因克隆的方式获得目的植物的热激因子，其具有提高目的植物的耐热能力，因此对比文件2给出了根据其他植物已知的HSF序列和目的植物基因组数据库信息，通过序列比对分析结合常规分子生物学技术获得目的植物HSF的技术启示。本领域普通技术人员在对比文件1的基础上，为了获得小麦HSF，有动机以水稻中已知的HSF序列为模板，通过和小麦基因组数据库信息进行序列比对分析结合常规分子生物学技术获得小麦 HSF 的编码基因及氨基酸序列。在对比文件 1 和 2 的基础上，从小麦中扩增获得的热激因子会具有耐热、耐逆（包括耐干旱）的效果，对本领域普通技术人员而言是可以合理预期的且并未取得预料不到的技术效果。

## 28. 以实物形式公开的现有技术的认定

【裁判要旨】

当事人以实物主张现有技术的，应当明确其所主张的现有技术方案及该现有技术方案与实物的对应关系，并举证证明或者充分说明公众可以直观地从该实物获得该技术方案。

【关键词】

发明专利　无效宣告程序　实物　现有技术

【案号】

（2019）最高法知行终 1 号

【基本案情】

在上诉人北京百度网讯科技有限公司（以下简称百度公司）、北京搜狗科技发展有限公司（以下简称搜狗公司）与被上诉人国家知识产权局发明专利权无效行政纠纷案[①]中，涉及专利号为 200810116190. 8、名称为“一种输入过程中删除信息的方法及装置”的发明专利（以下简称本专利），专利权人为搜狗公司。百度公司以本专利不具备创造性为由请求宣告本专利无效。国家知识产权局认为本专利具备创造性，故作出第 35082 号无效宣告请求审查决定（以下简称被诉决定），维持本专利权有效。北京知识产权法院一审认为，被诉决定关于证据 1’、3、4、5、6 没有公开确定的技术方案、不能作为现有技术评价本专利创造性的认定有误，故判决撤销被诉决定，判令国家知识产权局重新作出审查决定。搜狗公司、百度公司不服，向最高人民法院提起上诉。最高人民法院于 2019 年 9 月 2 日判决驳回上诉，维持原判。

【裁判意见】

最高人民法院二审认为，现有技术应当是相关专利申请日以前在国内外为公众所知的技术。现有技术具有一定的相对性和确定性。在专利权创造性审查程序中，这种相对性是相对于被审查的专利而言的，即现有技术必须是在被审查专利申请日以前公开的技术。同时，现有技术应当是确定公开的，

---

① 本案判决书参见第 362 页。

处于公众想得知就能得知的状态。本案中，证据 1’是飞利浦 9@9 手机，证据 1—1 是该手机使用手册公开的一种中文 T9 拼音输入法，证据 1—1 是教导公众如何使用飞利浦 9@9 手机的手册。在被诉决定已经使用证据 1—1 评价本专利创造性的前提下，认定证据 1’是否公开了确定的技术方案，关键是认定公众在拿到飞利浦 9@9 手机且没有证据 1—1 的教导下，是否可以较为容易地得到一种输入过程中删除信息的技术方案。需要特别强调的是，公众在这一认定过程中面对的仅仅是证据 1’即飞利浦 9@9 手机，且不应当接受证据 1—1 的教导。综合已经查明的事实，可以认定证据 1’公开了确定的技术方案。首先，现有技术的公开通常强调的是公开状态或结果，而不是公开方式。无论是出版物公开、使用公开还是其他方式公开，都应当以公众为判断主体标准。所谓现有技术“为公众所知”是指现有技术处于公众想得知就能得知的状态，并不意味着公众实际上已经确定知晓该技术方案。具体到本案，手机删除操作可为短按或长按，大部分公众拿到手机实物，都能够在不接受专业技术指导的情况下对输入信息进行简单的短按或长按删除键进行操作，即便有公众可能对长按删除键的操作方式不够了解，仍可通过手机售后服务或手机论坛咨询等方式获知长按删除键的操作方式，故对手机的删除键进行简单的短按或长按操作以删除输入信息，已经处于公众想得知就能够得知的状态。其次，判断某一技术是否构成以使用方式公开的现有技术，不能脱离本专利的技术方案。对于不同技术方案，同一证据是否构成现有技术的结论可能不同。本专利涉及输入信息的删除方法，输入信息的删除方法至少部分能够通过用户操作和相应的界面显示获知：当输入焦点处于编码输入区时，按下删除键，界面显示删除已输入的编码，此时其后台程序必然包含接收删除键指令的步骤，以响应该删除键指令进行删除编码的操作。在此应用场景下，用户操作界面与手机后台程序是能够唯一对应的。因此，手机实物已公开了一个确定的涉及输入信息删除方法的技术方案。最后，对于实物而言，其客观上往往使用了多个技术方案，如同一篇技术文献也可能记载多个技术方案一样。但不同的是，公众通过阅读技术文献通常就可以得知其记载的技术方案，但公众要得知实物上所承载的技术方案可能并不都如同其阅读技术文献那样容易。对于以实物形式公开的技术方案，无效请求人在使用实物作为现有技术证据时，有义务说明其使用的是该实物承载的哪个技术方案作为现有技术，并负有证明或充分说明公众通过该实物能够直观地获得该技术方案的责任。本案中，百度公司提交的证据 1’、3、4、5、6 系飞利浦 9@9r 手机、夏新 A8 手机、三星 SGH－S508 手机、摩托罗拉 W161 手机、松下 X77 手机的输入法方案，并在口头审理过程中，百度公司对证据 1’所涉飞利浦9@9r手机及证据3所涉夏新A8手机进行了实际操作演示，该演示过程基本上可以确定上述飞利浦9@9r手机及夏新A8手机公开了确定的技术方案。被诉决定仅以证据1'、3、4、5、6未公开确定的技术方案为由认定其不能作为评价本专利新颖性和创造性的现有技术，有所不当。

### 29. 基于同一技术方案的两项专利申请的新颖性和创造性判断

【裁判要旨】

申请人以同一技术方案同时申请发明和实用新型专利，专利审查部门在审查意见通知书中确认某一专利申请的权利要求不具备新颖性或创造性的事实，不属于“无需举证的事实”，不能据此直接认定另一专利申请也不具备新颖性或创造性。

【关键词】

实用新型专利　侵权　同一技术方案　无需举证

【案号】

（2019）最高法民申3185号

【基本案情】

在再审申请人北京星奥科技股份有限公司（以下简称星奥公司）与被申请人太原市采薇庄园特色农业开发有限公司（以下简称采薇公司）、山西小牛动力体育科技有限公司（以下简称小牛公司）侵害实用新型专利权纠纷案[①]中，2007年7月10日，尖锋向国家知识产权局申请名称为“仿真滑雪地毯组合单元”的实用新型专利（以下简称涉案实用新型专利）。2008年9月3日，该专利被授权公告，专利号为ZL200720080253. X。2016年10月20日，专利权人尖锋排他许可星奥公司在全国范围内制造（使用、销售）其专利产品。星奥公司向山西省太原市中级人民法院（以下简称一审法院）起诉，请求确认采薇公司使用、小牛公司制造、销售、许诺销售的“旱雪毯”产品（即被诉侵权产品）侵害了涉案实用新型专利权。一审法院认定不构成侵权，判决驳回星奥公司的诉讼请求。星奥公司不服，向山西省高级人民法院（以下简称二审法院）提起上诉。二审法院查明，2007年7月10日，尖锋还曾使用与涉案实用新型专利相同的技术方案，向国家知识产权局提出了申请号为200710049481. 5、名称为“仿真滑雪地毯组合单元”的发明专利申请（以下简称涉案发明专利申请）。后经国家知识产权局审查，认定涉案发

---

① 本案裁定书参见第376页。

明专利申请的权利要求1—5、9不具备新颖性，权利要求6—8、10不具备创造性。二审法院认为，国家知识产权局已经认定涉案发明专利申请的权利要求1不具备新颖性，故与之技术方案相同的涉案实用新型专利权利要求1当然也不属于专利法的保护范围。故尽管被诉侵权产品与涉案实用新型专利构成等同，仍属于正当使用。二审法院遂判决驳回上诉，维持原判。星奥公司不服，向最高人民法院申请再审。最高人民法院于2019年9月27日裁定指令山西省高级人民法院再审本案。

【裁判意见】

最高人民法院审查认为，二审法院关于小牛公司、采薇公司不构成侵权的认定不正确。国家知识产权局针对某一专利申请作出的审查意见通知书中确认该专利申请技术方案不具备新颖性或者创造性的事实，对另一专利而言，不属于民诉法司法解释第九十三条规定的无需举证证明的事实。二审法院基于涉案200720080253. X号“仿真滑雪地毯组合单元”实用新型专利与尖锋申请的200710049481. 5号“仿真滑雪地毯组合单元”发明专利技术方案相同，而后一专利申请已被国家知识产权局审查认定为权利要求1—5、9不具备新颖性，权利要求6—8、10不具备创造性，并最终因尖锋未在审查意见通知书规定的期限内答复为由视为撤回的事实，认定涉案专利权利要求1不符合授予发明和实用新型专利权应当具备的新颖性、创造性、实用性的要求，不属于专利法的保护范围，并在此基础上认定被诉侵权产品属于正当使用，小牛公司、采薇公司未侵害涉案专利权缺乏法律依据。

## 30. 专利无效宣告程序中对于权利要求具体修改方式的要求

【裁判要旨】

无效宣告程序中对于权利要求书具体修改方式的限制，应当着眼于实现对权利要求书的修改满足不得超出原说明书和权利要求书记载的范围以及不得扩大原专利的保护范围两个法律标准的立法目的，兼顾行政审查行为的效率与公平保护专利权人的贡献，不宜对具体修改方式作出过于严格的限制，否则将使得对修改方式的限制纯粹成为对专利权人权利要求撰写不当的惩罚。

【关键词】

发明专利　无效宣告程序　权利要求修改　修改方式

【案号】

（2019）最高法知行终19号

【基本案情】

在上诉人阿尔法拉瓦尔股份有限公司（以下简称阿尔法拉瓦尔公司）与被上诉人国家知识产权局，原审第三人 SWEP 国际公司发明专利权无效行政纠纷案[①]（以下简称“不锈钢钎焊”专利无效行政纠纷案）中，涉及专利号为 200680018368.4、名称为“钎焊不锈钢制品的方法和由此方法获得的不锈钢钎焊制品”的发明专利（以下简称本专利），专利权人为阿尔法拉瓦尔公司。针对 SWEP 国际公司提出的无效宣告请求，阿尔法拉瓦尔公司提交了经过修改的权利要求书，其中将从属权利要求 2 和 20 的附加技术特征加入到权利要求 1 中，删除权利要求 18—22 并调整了引用关系。国家知识产权局作出第 29765 号无效宣告请求审查决定（以下简称被诉决定），宣告本专利全部无效。被诉决定认为，因授权权利要求 20 引用权利要求 19，权利要求 19 引用权利要求 18，阿尔法拉瓦尔公司以授权权利要求 20 引用权利要求 2 的技术方案作为修改后的权利要求 1，新权利要求 1 未包含授权权利要求 18、19 的其他附加技术特征，实际上扩大了原专利的保护范围，阿尔法拉瓦尔公司对权利要求的修改不符合《中华人民共和国专利法实施细则》第六十八条和 2010 年《国家知识产权局专利审查指南》第四部分第三章第 4.6.2 节的规定。阿尔法拉瓦尔公司不服被诉决定，向北京知识产权法院（以下简称一审法院）提起诉讼，主张修改后的权利要求 1 没有超出原始申请的范围，也没有扩大专利权的保护范围，此种修改方式应予接受。一审法院认为被诉决定未接受上述修改方式并无不当，遂判决驳回阿尔法拉瓦尔公司的诉讼请求。阿尔法拉瓦尔公司不服，向最高人民法院提起上诉。最高人民法院于 2019 年 12 月 15 日判决撤销一审判决和被诉决定，判令国家知识产权局重新作出无效宣告请求审查决定。

【裁判意见】

最高人民法院二审认为，文字是表达思想的工具，专利文件一旦用文字方式固定，其技术方案也就确定了。但无论是语言表达的准确性，还是专利权人的认知能力都可能存在局限性，特别是对于现有技术以及发明创造存在认知局限，因此，专利法赋予专利权人可以对专利文件进行修改的权利。一方面，为保护专利权人的发明创造和技术贡献，进而推动全社会的创新动力，应允许专利权人对专利文件进行适当修改，而不简单将专利权无效作为对权利人撰写水平不足的惩罚。另一方面，在无效宣告程序中，基于社会公众对已授权专利文件的信赖利益，要避免专利权人利用修改机会将专利申请时未

---

① 本案判决书参见第 379 页。

完成的技术内容补充到专利文件中，故权利人对权利要求的修改要受到一定限制。这是在专利权人利益与社会公共利益之间实现利益平衡的制度设计。无效宣告程序中，修改方式作为手段，应当着眼于实现对权利要求书的修改满足不得超出原说明书和权利要求书记载的范围以及不得扩大原专利的保护范围两大法律标准的立法目的，兼顾行政审查行为的效率与公平保护专利权人的贡献，而不宜对具体修改方式作出过于严格的限制，否则将使得对修改方式的限制纯粹成为对专利权人权利要求撰写不当的惩罚。在对权利要求书的修改满足不得超出原说明书和权利要求书记载的范围以及不得扩大原专利的保护范围两大法律标准的前提下，对修改方式的适度放宽，既有助于专利确权程序聚焦发明创造核心，又不会影响社会公众对已授权专利文件的信赖利益。本案中，阿尔法拉瓦尔公司的修改方式，系将从属权利要求 2、20 的特定附加技术特征进一步限定至授权权利要求 1 中，属于对权利要求的进一步限定，该修改方式应被接受。

### 31. 权利要求修改是否扩大原专利保护范围的比对基准

【裁判要旨】

专利无效宣告程序中，当权利要求的修改系将从属权利要求的全部或部分附加技术特征补入其所引用的独立权利要求时，判断修改后的独立权利要求是否扩大了原专利的保护范围，应以作为修改对象的原专利的独立权利要求的保护范围为基准，而非以该附加技术特征所属的原权利要求的保护范围为基准。

【关键词】

发明专利　无效宣告程序　权利要求修改　扩大原专利保护范围　比对基准

【案号】

（2019）最高法知行终 19 号

【裁判意见】

在前述“不锈钢钎焊”专利无效行政纠纷案中，最高人民法院还论述了权利要求修改不得扩大原专利保护范围的比对基准问题。最高人民法院二审认为，专利无效宣告程序中，当权利要求的修改系将从属权利要求的全部或部分附加技术特征补入其所引用的独立权利要求时，判断修改后的独立权利要求是否扩大了原专利的保护范围，应以作为修改对象的原专利的独立权利要求的保护范围为基准。即，应当将修改后的独立权利要求与原专利保护范围最大的独立权利要求进行比较，而非与原专利保护范围较小的从属权利要求进行比较。正因为如此，专利授权后对社会公众具有公示作用，社会公众的信赖利益通常建立在保护范围最大的独立权利要求上，并据此预测和评价自身行为的合法性。将从属权利要求的附加技术特征加入到独立权利要求中，系对独立权利要求的进一步限定，并未扩大原独立权利要求的保护范围，相反还会缩小原独立权利要求的保护范围。在此基础上，不会损害原专利的公示效力，也不会损害社会公众基于原专利而产生的信赖利益。本案中，阿尔法拉瓦尔公司在无效宣告程序中修改了本专利权利要求书，将从属权利要求2、20的附加技术特征补入至授权权利要求1中，是对授权权利要求1的进一步限定，并未扩大授权权利要求1的保护范围，该修改方式应被接受。一审法院认为，由于修改后的权利要求1对权利要求19中P、Mn、C、Hf元素的具体含量范围并无限定，故扩大了原专利的保护范围，上述认定实质上是将修改后的权利要求与原专利权利要求19的保护范围进行比对，比对基准有误。

### 32. 国家知识产权局根据新理由或者证据作出驳回复审决定的条件与程序

【裁判要旨】

一般而言，复审决定所针对的权利要求、对比文件、法律理由等相对于驳回决定发生变化的，均属引入新的理由或者证据，国家知识产权局原则上应在作出复审决定前发出“复审通知书”通知申请人，给予其陈述意见和修改的机会，而不能直接变更理由作出维持原驳回决定的复审决定，只有极为特殊的情况下才容许例外。

【关键词】

发明专利　驳回复审程序　程序违法　引入新理由或证据

【案号】

（2019）最高法知行终5号

【基本案情】

在上诉人财团法人“国家”卫生研究院（以下简称卫生研究院）与被上诉人国家知识产权局发明专利权驳回复审行政纠纷案①中，涉及申请号为200880122922.2、名称为“影像导引热治疗器定位系统及方法”的PCT发明

---

① 本案判决书参见第390页。

专利申请（以下简称本申请）。国家知识产权局先后向卫生研究院发出两次审查意见通知书。《第一次审查意见通知书》引用了对比文件 1 评价权利要求 1 的新颖性，指出包含区别技术特征（3）即“收纳处至少沿弯曲结构的半径方向可延展”的权利要求 1 等不具备新颖性。随后，卫生研究院在修改权利要求时删除了区别技术特征（3），并增加了新的技术特征。国家知识产权局最终以部分权利要求修改不符合专利法第三十三条的规定驳回本申请。卫生研究院不服，提起驳回复审申请，并提交了权利要求全文替换页，克服了国家知识产权局实质审查部门驳回决定中认定的修改超范围问题。在收到国家知识产权局发出的关于本申请不具有创造性的复审通知书后，卫生研究院再次修改了权利要求，又补充增加了前述区别技术特征（3）。国家知识产权局对增加区别技术特征（3）之后的权利要求是否具有创造性进行审查时，并未再次听取卫生研究院的意见，而是以本申请权利要求不具备创造性为由维持了驳回决定。卫生研究院不服该驳回决定，向北京知识产权法院（以下简称一审法院）提起诉讼，主张国家知识产权局违反法定程序，对于修改后的权利要求是否具备创造性未给予其陈述意见的机会，请求撤销被诉决定，判令国家知识产权局重新作出复审决定。一审法院于 2019 年 2 月 11 日判决驳回卫生研究院的诉讼请求。卫生研究院不服，向最高人民法院提起上诉。最高人民法院于 2019 年 8 月 8 日在阐明国家知识产权局根据新理由或者证据作出驳回复审决定的条件与程序问题，以及本案特殊性的基础上，判决驳回上诉，维持原判。

【裁判意见】

最高人民法院二审认为，首先，关于复审程序的审查对象。原则上，国家知识产权局复审部门在复审程序中一般仅针对驳回决定所依据的理由和证据进行审查。但是，基于审查效率及听证原则的要求，如果复审部门发现审查文本存在足以用在驳回决定作出前已告知过申请人的其他理由及其证据予以驳回的缺陷，亦可以对与之相关的理由及其证据进行审查。因此，复审程序的审查对象原则上限于驳回决定所依据的理由和证据以及驳回决定的作出前已告知过申请人的其他理由及证据。其次，关于根据新理由或者证据作出复审决定的条件与程序。在复审程序中，由于申请人修改专利申请等原因，国家知识产权局复审部门可能需要引入新理由或者证据作出复审决定。此时，根据听证原则和正当程序原则，国家知识产权局复审部门应当发出“复审通知书”通知申请人，给予其陈述意见和修改的机会，而不能直接变更理由作出维持原驳回决定的复审决定。一般而言，复审决定所针对的权利要求、对比文件、法律理由等相对于驳回决定发生变化的，均属引入新理由或者证据。

此时，国家知识产权局复审部门原则上应在作出复审决定前发出“复审通知书”通知申请人，给予其陈述意见和修改的机会。本案中，对增加区别特征（3）之后的权利要求是否具有创造性，国家知识产权局复审部门并未再次听取卫生研究院的意见，而是迳行对创造性进行评判并据此维持驳回决定，原则上属于引入新的理由或者证据。国家知识产权局复审部门本应再次发出复审通知书，给予卫生研究院再次修改或者陈述理由的机会。但是，基于国家知识产权局在实质审查期间已经对包含该区别特征的技术方案的新颖性引用同一对比文件进行过评述、新颖性评价与创造性评价的关系以及该区别特征（3）的相对独立性等因素，本案符合足以用在驳回决定作出前已告知过申请人的其他理由及其证据予以驳回的缺陷的情形，因而不属于引入新事实或者证据作出复审决定的情形，不构成程序违法。

## 33. 无效宣告程序中的全面审查原则

【裁判要旨】

在无效宣告程序中，国家知识产权局不得在未全面审查请求人全部无效宣告申请理由的基础上，维持专利权全部有效。

【关键词】

发明专利　无效宣告程序　创造性　请求原则　全面审查

【案号】

（2019）最高法知行终 124 号

【基本案情】

在上诉人国家知识产权局与被上诉人宁波裕德金属制品有限公司（以下简称裕德公司）、原审第三人南通明兴科技开发有限公司（以下简称明兴公司）、中国科学院软件研究所（以下简称软件研究所）发明专利权无效行政纠纷案[①]中，涉及专利号为 200610011949.7、名称为“智能物料配送的监控方法及系统”的发明专利（以下简称本专利）。本专利的专利权人为软件研究所、明兴公司。裕德公司针对本专利向国家知识产权局提出无效宣告请求，其主张本专利权利要求 1 不具备创造性的理由包括：1. 以证据 1 为最接近的现有技术，本专利权利要求 1 相对于证据 1 与证据 2 及公知常识的结合不具备创造性；2. 以证据 1 为最接近的现有技术，本专利权利要求 1 相对于证据 1 与证据 2、证据 5 及公知常识的结合不具备创造性；3. 以证据 2 为最接近的

① 本案判决书参见第 413 页。

现有技术，本专利权利要求 1 相对于证据 2 与证据 1 及公知常识的结合，或相对于证据 2 与证据 1、证据 5 及公知常识的结合不具备创造性。国家知识产权局作出第 29480 号无效宣告请求审查决定（以下简称被诉决定），认定以证据 1 为最接近的现有技术，本专利权利要求 1 相对于证据 1 和证据 2、证据 5 及公知常识的结合具备创造性，在此基础上维持本专利权有效。裕德公司不服被诉决定，向北京知识产权法院（以下简称一审法院）提起诉讼。一审法院认为，以证据 2 为最接近现有技术，本专利权利要求 1 相对于证据 2、证据 1、证据 5 及公知常识的结合不具备创造性，被诉决定关于权利要求 1 具备创造性的认定错误，故判决撤销被诉决定，判令国家知识产权局重新作出决定。国家知识产权局不服，向最高人民法院提起上诉。最高人民法院于 2019 年 10 月 31 日判决驳回上诉，维持原判。

【裁判意见】

最高人民法院二审认为，在无效宣告请求审查程序中，通常仅针对当事人提出的无效宣告请求的范围、理由和提交的证据进行审查。审查专利是否具备创造性时，主要是审查请求人的主张是否成立，如审查请求人主张的现有技术的组合方式是否足以导致被审查的专利权缺乏创造性，一般应当全面审查请求人提出的无效主张，通常不得在未全面审查请求人无效主张的基础上即维持专利权全部有效。被诉决定仅审查了以证据 1 为最接近的现有技术，本专利权利要求 1 相对于证据 1 和证据 2、证据 5 及公知常识的结合是否具备创造性。对于裕德公司关于以证据 2 为最接近的现有技术并结合证据 1、证据 5 及公知常识，本专利权利要求 1 不具备创造性的无效宣告请求，被诉决定未予以审查。同时，针对裕德公司关于本专利权利要求 1 相对于证据 1 并结合证据 2 及公知常识不具备创造性的无效宣告请求，被诉决定虽然指出本专利权利要求 1 相对于证据 1、证据 2、证据 5 和本领域公知常识的结合具备创造性，但仍未明确指出本专利权利要求 1 相对于证据 1 并结合证据 2 及公知常识是否具备创造性的审查结论。因此，被诉决定未全面审查裕德公司提出的无效宣告请求，即得出本专利应当维持有效的结论，缺乏依据。一审法院虽然审查了以证据 2 为最接近的现有技术时，本专利权利要求 1 相对于证据 2 并结合证据 1、证据 5 及公知常识的组合方式是否具备创造性的无效宣告请求，但依然未审查裕德公司有关本专利权利要求 1 相对于证据 1 并结合证据 2 及公知常识不具备创造性的主张。鉴于一审法院撤销被诉决定并判令国家知识产权局重新作出审查决定的结论正确，故对一审判决结果予以维持。

### 34. 在后专利申请是否享有优先权应当基于各项权利要求分别作出判断

【裁判要旨】

判断在后专利申请是否属于专利法第二十九条第二款规定的“就相同主题提出专利申请”的情形，认定其能否享有优先权时，应以在后专利申请中的各项权利要求分别作为判断基础。

【关键词】

发明专利　驳回复审程序　优先权　权利要求

【案号】

（2019）最高法行申 12665 号

【基本案情】

在再审申请人赵凿元与被申请人国家知识产权局发明专利申请驳回复审行政纠纷案①中，涉及申请号为 201410724520.7、名称为“一种从含钾铝酸钠溶液中分离氧化钾的方法”的发明专利申请（以下简称涉案申请），申请人为赵凿元。涉案申请的申请日为 2014 年 11 月 25 日，公开日为 2015 年 3 月 25 日。赵凿元同时主张，涉案申请应当以其于 2014 年 1 月 13 日另案提出的 CN201410013134.7 号专利（以下简称在先申请）的申请日为优先权日。但经原国家知识产权局专利复审委员会查明，权利要求 2 中限定的“沉析剂添加量为加入沉析剂后满足溶液中 $K_2O$ 和 $SO_3$ 的摩尔比在 5—0.6 之间”、权利要求 3 中限定的“含钾铝酸钠溶液中氧化钾析出过程控制折合钠苛性碱（$Na_2O_k + 0.658K_2O_k$）浓度在 170g/L—280g/L 之间”并未记载于在先申请之中，故涉案申请的权利要求 2 和权利要求 3 不能享有在先申请的优先权。赵凿元不服，提起行政诉讼。北京知识产权法院一审判决驳回赵凿元的诉讼请求。赵凿元不服，提起上诉。北京市高级人民法院二审判决驳回上诉，维持原判。赵凿元仍不服，向最高人民法院申请再审。最高人民法院于 2019 年 12 月 31 日裁定驳回赵凿元的再审申请。

【裁判意见】

最高人民法院审查认为，在判断在后专利申请是否属于专利法第二十九条第二款规定的“就相同主题提出专利申请”的情形，认定其能否享有优先权时，应以在后专利申请中的各项权利要求分别作为判断基础。而不能以在后申请的说明书中公开的技术内容，或者某项权利要求中记载的部分技术特

---

① 本案裁定书参见第 424 页。

征作为判断依据。权利要求书中有多项权利要求，或者一项权利要求中限定了多个并列且相互独立的技术方案的，应当对是否享有优先权分别进行判断和认定。因此，即使独立权利要求享有优先权，但由于其从属权利要求中还进一步限定了附加技术特征，使得二者保护范围不同，属于不同的技术方案，故对该从属权利要求能否享有优先权，应另行依法认定。本案中，一、二审法院均认定涉案申请权利要求1享有优先权，当事人对此并无争议。对于权利要求2、3，由于其在权利要求1的基础上，还分别进一步限定了附加技术特征“沉析剂添加量为加入沉析剂后满足溶液中$K_2O$和$SO_3$的摩尔比在5—0.6之间”“含钾铝酸钠溶液中氧化钾析出过程控制折合钠苛性碱（$Na_2O_k$ + $0.658K_2O_k$）浓度在170g/L—280g/L之间”，而这两项附加技术特征均未记载在在先申请中。因此，权利要求2、3的技术方案与在先申请中记载的技术方案存在实质性差异，不属于“就相同主题提出专利申请”的情形，不能享有优先权。

# 二、商标案件审判

## （一）商标民事案件审判

### 35. 商标使用的目的是区分服务的来源主体而非服务的功能内容

【裁判要旨】

根据银行卡业务的特点，银行卡上起到识别服务来源作用的是银行名称，而非银行卡的种类名称。

【关键词】

商标　侵权　识别来源　商标性使用

【案号】

（2019）最高法民再139号

【基本案情】

在再审申请人甘肃银行股份有限公司（以下简称甘肃银行）与被申请人西安思睿观通品牌营销策划有限公司（以下简称思睿观通公司）、平凉市金石商贸有限责任公司（以下简称金石公司），一审被告、二审被上诉人金邦达有限公司（以下简称金邦达公司）侵害商标权纠纷案[①]中，涉案商标系第

---

① 本案判决书参见第429页。

11285851 号“神舟兴陇”商标，由案外人平凉汇丰商贸有限公司（以下简称平凉汇丰公司）于 2012 年 7 月 31 日申请注册，2013 年 9 月 27 日被初审公告。2013 年 9 月 11 日，经核准转让给思睿观通公司，最终于 2013 年 12 月 28 日获准注册，核定使用在第 36 类的保险、银行、金融服务、金融管理、艺术品估价、信用社、信用卡服务、信托、经纪、担保（第 36 类）等服务商。2014 年 2 月 15 日，金石公司获得涉案商标的排他性许可。2015 年 9 月 13 日，涉案商标被核准转让给金石公司。2013 年 1 月 10 日，甘肃银行正式发行神舟兴陇卡（即被诉侵权银行卡）。金邦达公司参与了被诉侵权银行卡的印制工作。思睿观通公司与金石公司以甘肃银行发行的被诉侵权银行卡侵害其商标权为由，向广东省珠海市中级人民法院（以下简称一审法院）提起诉讼。一审法院认定，甘肃银行对“神舟兴陇”字样的使用属于在先使用，不构成侵权，判决驳回思睿观通公司及金石公司的全部诉讼请求。思睿观通公司及金石公司不服，提起上诉。广东省高级人民法院（以下简称二审法院）二审认为构成侵权，并判决甘肃银行、金邦达公司立即停止侵权行为，并赔偿权利人的合理开支。甘肃银行不服，向最高人民法院申请再审。最高人民法院于 2018 年 9 月 14 日裁定提审本案，并于 2019 年 9 月 23 日判决撤销二审判决，维持一审判决。

【裁判意见】

最高人民法院再审认为，本案为银行卡业务领域发生的商标侵权纠纷。作为银行服务的一项业务，银行卡服务的来源是银行，而不是其他民事主体，这是持卡人、商户及其他消费者共同知晓的，容易识别而不至于混淆。本案中，甘肃银行在其发行的借记卡左上方标注有宋体“甘肃银行神舟兴陇卡”字样，其中“甘肃银行”字体较大，“神舟兴陇卡”字体较小。根据《中华人民共和国商标法》（以下简称商标法）第四十八条规定，商标的使用，是指将商标用于商品、商品包装或者容器以及商品交易文书上，或者将商标用于广告宣传、展览以及其他商业活动中，用于识别商品来源的行为。如前所述银行卡业务的特点，在“甘肃银行神舟兴陇卡”字样中起到识别服务来源作用的是“甘肃银行”字样，而不是“神舟兴陇”字样。“神舟兴陇卡”作为甘肃银行发行的一种银行卡的种类名称，具有区分银行卡“服务的功能内容”的作用，不具有识别银行卡的“服务的来源主体”的作用。这是判断本案是否构成侵害商标权的关键所在。二审法院认定“甘肃银行在银行卡上使用‘神舟兴陇’标识，起到在商业活动中识别商品或服务来源的作用，因此是商标性使用”，并在此基础上判决承担侵权责任，显然不当，应予纠正。一审法院判决认定甘肃银行不构成侵权，金邦达公司作为银行卡的生产者，亦不构成侵权，并且在此基础上驳回思睿观通公司及金石公司的全部诉讼请求，判决结果是正确的，应予维持。

### 36. 恶意提起知识产权诉讼损害赔偿纠纷中主观过错的判断标准

【裁判要旨】

判断当事人提起知识产权侵权之诉是否具有主观恶意，应当考虑当事人的权利基础及其对该种权利基础的认识能力、当事人提起侵权诉讼的目的等因素。

【关键词】

恶意提起知识产权诉讼　恶意　权利基础　诉讼目的

【案号】

（2019）最高法民申 366 号

【基本案情】

在再审申请人山东比特智能科技股份有限公司（以下简称比特公司）与被申请人江苏中讯数码电子有限公司（以下简称中讯公司）恶意提起知识产权诉讼损害责任纠纷案①中，案外人 TELEMATRIX 公司于 1999 年在欧盟等地注册了第 9 类电话机商品上的“TELEMATRIX”商标，后赛德公司兼并 TELEMATRIX 公司。1998 年起，赛德公司开始委托比特公司加工酒店专用电话。2006 年起，赛德公司开始委托中讯公司加工 TELEMATRIX 品牌酒店电话。后赛德公司变更企业名称为美爵信达公司。2004 年 11 月 12 日，比特公司的前身兖矿比特公司在第 9 类电话机商品上提出“TELEMATRIX”商标（以下简称涉案商标）的注册申请，该商标于 2007 年 5 月 28 日被核准注册。2008 年起，比特公司先后对包括中讯公司在内的赛德公司 TELEMATRIX 品牌电话的代工商提起商标侵权之诉。2010 年 9 月 6 日，美爵信达公司的关联企业北京美爵信达公司对涉案商标提出撤销申请。2013 年 7 月 22 日，原国家工商行政管理总局商标评审委员会（以下简称商标评审委员会）做出裁定认为，“TELEMATRIX”电话机商品于 2002 年进入中国市场，迄今为止已经具有一定的知名度。比特公司自 1998 年起即与美爵信达公司的前身合作并为其加工生产酒店专用电话机，作为同业经营者，比特公司在同类商品上申请注册与美爵信达公司在先商标完全相同的涉案商标，构成“以不正当手段抢先注册他人已经使用并有一定影响的商标”之情形，遂对涉案商标予以撤销。

① 本案裁定书参见第 443 页。

后经三级法院的司法审查程序，均对撤销结论予以维持。2016 年 4 月 26 日，中讯公司向江苏省无锡市中级人民法院（以下简称一审法院）提起本案诉讼，认为比特公司对其提起商标侵权之诉的行为构成恶意诉讼。2017 年 7 月 26 日，一审法院认定比特公司的行为构成恶意诉讼，并判令其承担消除影响、赔偿经济损失 100 万元等侵权责任。后江苏省高级人民法院（以下简称二审法院）二审判决驳回上诉、维持原判。比特公司不服二审判决，向最高人民法院提起再审申请。最高人民法院于 2019 年 12 月 12 日裁定驳回比特公司的再审申请。

【裁判意见】

最高人民法院审查认为，本案所涉为恶意提起知识产权诉讼损害责任纠纷，其本质上为侵权责任纠纷的一种具体类型。比特公司在本案中应当承担侵权责任的前提是，比特公司对中讯公司提起商标侵权之诉的行为，属于恶意提起知识产权诉讼。据此，应当从侵害行为、损害结果、侵害行为与损害结果之间的因果关系以及行为人的主观过错等几方面进行审查。民事诉讼是知识产权人维护自身权益的重要途径，人民法院应当依法保障知识产权人在其权利范围内获得充分和严格的保护。但民事行为的实施、民事诉讼程序的启动，同样应当遵循诚实信用、禁止权利滥用的原则。判断比特公司提起商标侵权诉讼是否具有主观恶意，应当考虑如下因素：第一，比特公司的权利基础及其对该种权利基础的认识能力。商标评审委员会及三级法院均认定，比特公司注册涉案商标的行为，属于“以不正当手段抢先注册他人在先使用并有一定影响的商标”，并予以撤销。据此，涉案商标权自始不具有正当性基础，且在权利取得之初，比特公司对于其权利基础的正当性即应当具备相应的认识能力。第二，比特公司对中讯公司提起商标侵权诉讼的目的。经查，比特公司与中讯公司曾先后接受赛德公司的委托，为其加工酒店电话机产品，系具有竞争关系的同行业经营者。结合比特公司的涉案商标为“抢先注册他人在先使用并有一定影响的商标”、比特公司宣传使用的情况以及其先后对美爵信达公司及其代工企业提起商标侵权之诉等事实，难以认定比特公司是以依法维权为目的，正当行使其诉讼权利。一、二审法院认定比特公司对中讯公司提起侵权诉讼的行为构成恶意诉讼，该结论于法有据，在综合考虑中讯公司现实的经济损失、预期利润的损失以及比特公司的主观恶意等因素，酌情确定比特公司在本案中应当承担的赔偿责任的具体数额亦属得当。

## 37. 商标近似性判断的考量因素

【裁判要旨】

侵害商标权案件中，判断商标是否近似，应当综合考虑被诉侵权标识的使用方式、被诉侵权行为人的主观恶意及注册商标的知名度等因素，判断被诉侵权标识的使用是否会造成相关公众的混淆误认。

【关键词】

商标　侵权　混淆可能性　知名度

【案号】

（2017）最高法民再234号

【基本案情】

在再审申请人宜宾五粮液股份有限公司（以下简称五粮液股份公司）与被申请人甘肃滨河食品工业（集团）有限责任公司（以下简称滨河公司）、北京谭氏瑞丰商贸有限公司（以下简称谭氏公司）侵害商标权纠纷案[①]（以下简称“九粮液”商标侵权纠纷案）中，五粮液股份公司是第1789638号“五粮液”商标、第160992号“WULIANGYE五粮液及图”商标、第3879499号“五粮液68”商标的独占许可使用人，经过长期使用，上述商标已经具有较高的知名度。2012年3月31日，五粮液股份公司购买了被诉侵权商品“53度九粮液”“45度九粮液”各一箱，并进行了公证，上述商品由滨河公司生产，谭氏公司销售。五粮液股份公司以被诉侵权商品上突出使用“九粮液”标识，侵害其注册商标专用权为由，提起诉讼。北京市第一中级人民法院一审认为，“五粮液”商标具有很高知名度，相关公众在看到被诉侵权标识时，虽然会联想到“五粮液”商标，却通常并不会认为二者具有特定联系。因此，不会造成相关公众的混淆误认，故判决驳回五粮液股份公司的诉讼请求。五粮液公司、滨河公司均不服，提起上诉。北京市高级人民法院二审判决驳回上诉，维持原判。五粮液股份公司不服，向最高人民法院申请再审。最高人民法院裁定提审本案，并于2019年5月28日判决滨河公司、谭氏公司停止侵权，滨河公司消除影响并赔偿损失共500万元。

【裁判意见】

最高人民法院再审认为，五粮液股份公司主张权利的商标为“五粮液”、“WULIANGYE五粮液及图”和“五粮液68”，其中“五粮液”文字为主要识别部分。被诉侵权商品上使用的标识是“滨河九粮液”或“九粮液”，其

---

① 本案判决书参见第450页。

中“滨河九粮液”标识中的“滨河”二字较小、“九粮液”三字较为突出。被诉侵权标识“九粮液”或者主要识别部分“九粮液”与“五粮液”相比，仅一字之差，且区别为两个表示数字的文字，同时使用在酒类商品上，易使相关公众对商品的来源产生混淆误认或者认为二者之间存在关联关系。此外，根据已经查明的事实，自2002年7月起，滨河公司就开始在第33类白酒等商品上申请注册了“九粮液”“九粮春”“九粮醇”“九粮王”等商标，与五粮液股份公司旗下的“五粮液”“五粮春”“五粮醇”“五粮王”系列商标形式相同；滨河公司还在白酒类商品上申请注册并使用了“滨河九粮液”“滨河九粮春”“滨河九粮王”“滨河九粮醇”“滨河九粮神”等商标，并且在产品瓶体及外包装上突出使用“九粮液” “九粮春”等商标字样，特别是“液”“春”等字的书写方式与五粮液股份公司的产品较为近似，上述事实反映了滨河公司比较明显的借用他人商标商誉的主观意图。综上，滨河公司生产、销售被诉侵权商品的行为构成对五粮液股份公司注册商标专用权的侵害。

### 38. 涉外定牌加工是否构成商标侵权的认定

【裁判要旨】

人民法院审理涉及涉外定牌加工的商标侵权纠纷案件，要遵循商标法上商标侵权判断的基本规则，不能把涉外定牌加工方式简单地固化为不侵害商标权的除外情形。

【关键词】

商标　侵权　定牌加工　商标使用

【案号】

（2019）最高法民再138号

【基本案情】

在再审申请人本田技研工业株式会社（以下简称本田株式会社）与被申请人重庆恒胜鑫泰贸易有限公司（以下简称恒胜鑫泰公司）、重庆恒胜集团有限公司（以下简称恒胜集团公司）侵害商标权纠纷案①（以下简称“本田”商标侵权纠纷案）中，本田株式会社为涉案三商标的权利人，包括：第314940号注册商标HONDA，于1988年5月30日核准注册，核定使用商品为第12类的飞机、船舶、车辆和其他运输工具等。第1198975号注册商标，于1998年8月14日核准注册，核定使用商品为第12类的车辆、陆

① 本案判决书参见第478页。

用机动运载器、空用机动运载器、水用机动运载器、汽车、摩托车等。第503699号注册商标，于1988年12月17日核准注册，核定使用商品为第12类的摩托车、拖拉机以及上述商品零部件等。恒胜鑫泰公司、恒胜集团公司为子母公司关系。2016年6月30日，瑞丽海关查获恒胜鑫泰公司委托瑞丽凌云货运代理有限公司申报出口的标有“HONDAKIT”标识的摩托车整车散件220辆，申报总价118360美元，目的地为缅甸。经查，该批货物系由缅甸美华公司（MEIHUA COMPANY LIMITED）（以下简称美华公司）委托恒胜集团公司加工生产。根据美华公司的授权，恒胜集团公司享有“HONDAKIT”商标的使用权。本田株式会社以恒胜鑫泰公司、恒胜集团公司的行为侵害商标权为由，向云南省德宏傣族景颇族自治州中级人民法院（以下简称一审法院）提起诉讼。一审法院认定构成侵权，判决恒胜鑫泰公司、恒胜集团公司立即停止侵权行为并连带赔偿本田株式会社经济损失人民币30万元，并驳回本田株式会社的其他诉讼请求。恒胜鑫泰公司、恒胜集团公司不服，提起上诉。云南省高级人民法院（以下简称二审法院）二审认定，恒胜鑫泰公司、恒胜集团公司实施的是涉外定牌加工行为，其使用涉案图标的行为不属于商标法意义上的商标使用行为，不会造成中国相关公众的混淆误认，不构成侵权。遂判决撤销一审判决，驳回本田株式会社的诉讼请求。本田株式会社不服，向最高人民法院申请再审。最高人民法院裁定提审本案，并于2019年9月23日判决撤销二审判决，维持一审判决。

【裁判意见】

最高人民法院再审认为，恒胜鑫泰公司、恒胜集团公司在其生产、销售的被诉侵权的摩托车上使用“HONDAKIT”文字及图形，并且突出增大“HONDA”的文字部分，缩小“KIT”的文字部分，同时将H字母和类似羽翼形状部分标以红色，与本田株式会社请求保护的三个商标构成在相同或者类似商品上的近似商标。我国经济由高速增长阶段转向高质量发展阶段，面临着经济发展全球化程度不断加深，国际贸易分工与经贸合作日益复杂，各国贸易政策冲突多变的形势，人民法院审理涉及涉外定牌加工的商标侵权纠纷案件，应当充分考量国内和国际经济发展大局，对特定时期、特定市场、特定交易形式的商标侵权纠纷进行具体分析，准确适用法律，正确反映“司法主导、严格保护、分类施策、比例协调”的知识产权司法政策导向，强化知识产权创造、保护、运用，积极营造良好的知识产权法治环境、市场环境、文化环境，大幅度提升我国知识产权创造、运用、保护和管理能力。自改革开放以来，涉外定牌加工贸易方式是我国对外贸易的重要方式，随着我国经济发展方式的转变，人们对于在涉外定牌加工中产生的商标侵权问题的认识和纠纷解决，也在不断变化和深化。归根结底，通过司法解决纠纷，在法律适用上，要维护法律制度的统一性，不能把某种贸易方式（如本案争议的涉外定牌加工方式）简单地固化为不侵害商标权的除外情形，否则就违背了商标法上商标侵权判断的基本规则，这是必须加以澄清和强调的问题。

### 39. 境外商标权不是豁免商标侵权责任的抗辩事由

【裁判要旨】

商标权具有地域性，境外商标权不是豁免中国境内商标侵权责任的抗辩事由。与此相应，中国境内的民事主体依据境外商标权获得的“商标使用授权”，也不属于我国商标法保护的合法权利。

【关键词】

商标　侵权　地域性　境外商标权

【裁判意见】

在前述“本田”商标侵权纠纷案中，最高人民法院还对商标保护的地域性原则作出了进一步的阐释。最高人民法院再审认为，恒胜鑫泰公司、恒胜集团公司在其生产、销售的被诉侵权的摩托车上使用“HONDAKIT”文字及图形，并且突出增大“HONDA”的文字部分，缩小“KIT”的文字部分，同时将H字母和类似羽翼形状部分标以红色，与本田株式会社请求保护的三个商标构成在相同或者类似商品上的近似商标。恒胜鑫泰公司、恒胜集团公司主张，恒胜集团公司获得了缅甸公司的商标使用授权，因此不构成侵权。对此，应予指出，商标权作为知识产权，具有地域性，对于没有在中国注册的商标，即使其在外国获得注册，在中国也不享有注册商标专用权，与之相应，中国境内的民事主体所获得的所谓“商标使用授权”，也不属于我国商标法保护的商标合法权利，不能作为不侵害商标权的抗辩事由。因此，二审法院认为“恒胜集团公司生产涉案产品经过缅甸商标权利人合法授权”，适用法律错误，予以纠正。

### 40. 商标先用权抗辩中“原有范围”的理解

【裁判要旨】

确定商标先用权抗辩中的“原有范围”，应主要考虑商标使用的地域范围和使用方式。在商标注册人申请或实际使用商标后，在原实体店铺影响范围之外增设新店或拓展互联网经营方式的，应当认定已经超出了原有范围。

【关键词】

商标　侵权　先用权抗辩　原有范围

【案号】

（2018）最高法民再43号

【基本案情】

在再审申请人林明恺与被申请人成都武侯区富运家具经营部（以下简称富运经营部）、成都红星美凯龙世博家居生活广场有限责任公司（以下简称美凯龙公司）侵害商标权纠纷案[①]中，第3374814号“理想空间 IDEAL AREA”商标于2002年11月19日提出注册申请，核定使用在第20类家具等商品上。2008年10月7日，林明恺受让该商标。后林明恺又于2012年5月21日获准注册第20类家具等商品上的第7724167号“理想空间”商标（以上两商标统称涉案商标）。案外人东莞富运家私有限公司（以下简称富运公司）从2002年3月起连续参加了多届国际名家具（东莞）展览会，在各届展览会周刊的参展商名录中载明品牌名称为：“理想空间”或“I&D品牌”或“I&D（理想空间）”等信息。2015年8月24日，中国家具协会出具证明称，富运公司自2001年开始在其生产的民用家具上使用“理想空间”，2003—2014年的市场占有率、市场销售份额、利税及市场知名度等指标均位居全国家具行业前茅。富运经营部为美凯龙公司经营商场内的家具销售店。2013年7月8日、2014年7月8日，富运公司先后与富运经营部经营者签订《区域特许经营合同》，授权吴锡东为富运公司“I&D理想空间”品牌黑檀系列在四川省成都市的独家代理加盟商。林明恺诉至四川省成都市中级人民法院（以下简称一审法院）认为，富运经营部在经营过程中，对外名片上印有“理想空间”标识，店面门头上标注“理想空间”文字等行为侵害了涉案商标权。富运经营部以富运公司在先使用为由，提出先用权抗辩。一审法院认定富运经营部的行为侵害了涉案商标权，遂判决其停止侵权并赔偿经济损失。富运经营部、美凯龙公司均不服，提起上诉。四川省高级人民法院二审认为，案外人富运公司对“理想空间”使用在先，并具一定影响力，在其已附加适当区别标识的情形下，林明恺无权禁止其在原使用范围内继续使用。据此判决撤销一审判决，驳回林明恺的全部诉讼诉求。林明恺不服，向最高人民法院申请再审。最高人民法院裁定提审本案，并于2019年9月3日判决撤销二审判决，维持一审判决。

---

① 本案判决书参见第490页。

【裁判意见】

最高人民法院再审认为，富运经营部提出的在先使用抗辩是否成立主要涉及对商标法第五十九条第三款规定的理解和适用问题。在先使用人在特定条件下可以在原有使用范围内继续使用该商标，这是商标法根据具体情况，对在先使用人不侵权抗辩事由的特别规定，也是对注册商标专用权行使的限制。作为一项抗辩事由，该不侵权抗辩仅应由在先使用人自行提出。在先使用人之外的其他人，无论是否取得在先使用人的同意，均无权依据商标法第五十九条第三款提出不侵权抗辩。商标先用权抗辩成立的条件之一，是“原有范围”内的使用，即在先使用人必须在其使用该未注册商标的原有范围内使用该商标。原有范围的判断，应以在先使用人使用其未注册商标所形成的商誉所及的范围为主要判断依据。商标法强调的是使用范围而非使用规模，因此，在确定原有范围时，应当主要考量商标使用的地域范围和使用方式。一般而言，在先仅通过实体店铺销售商品或者提供服务的，在商标注册人申请商标注册或使用该商标后，又在原实体店铺影响范围之外的地域新设店铺或者拓展到互联网环境中销售商品、提供服务，则应当认定为超出了原有范围。此外，使用该商标的商品产能、经营规模等也可以在个案中予以考量。

### 41. 在法定赔偿最高限额以上酌情确定赔偿数额的适用

【裁判要旨】

对于难以证明因侵权受损或侵权获利的具体数额，但有证据证明前述数额明显超过法定赔偿最高限额的，人民法院应当综合考虑被诉侵权行为的表现形式、被诉侵权商品的销售时间和销售范围、被诉侵权人的主观恶意，以及请求保护的注册商标的知名度、被侵权人为制止侵权行为支付的合理费用等因素，在法定赔偿最高限额以上酌情确定赔偿数额。

【关键词】

商标　侵权　赔偿数额　酌定

【裁判意见】

在前述“九粮液”商标侵权纠纷案中，最高人民法院还进一步明确了在法定赔偿最高限额以上酌情确定赔偿数额的适用。最高人民法院再审认为，五粮液股份公司主张依据滨河公司在侵权期间因侵权所获得的利益确定侵权赔偿数额。滨河公司在侵权期间因侵权所获得的利益，应当指在被诉侵权期间，滨河公司因生产、销售被诉侵权商品而获得的利益。鉴于除被诉侵权商品外，滨河公司还从事诸多其他品牌商品的生产和销售业务，故在计算侵权获利时，应当扣除被诉侵权商品以外的生产、销售利润。五粮液股份公司提交的证据主要包括刊登关于滨河公司企业发展、商品销售情况及商标使用情况的杂志及网页打印件公证件；滨河公司商品电视广告视频及网络视频公证件；以及应五粮液股份公司申请，由一审法院向相关部门调取的证据等。其中，杂志和广告视频、网页打印件的公证件所涉及的内容均系滨河公司的宣传资料，大多包含滨河公司及其关联企业的总体发展情况及商品生产、销售情况，无法从中区分被诉侵权商品的生产量和销售量，且无相应合同、票据等证据予以佐证，不足以证明滨河公司在侵权期间因侵权行为所获得的利益。一审法院向相关部门调取的证据中，中国酒类流通协会、甘肃省民乐县统计局及民乐县地方税务局均在给一审法院的复函中表示无法提供关于滨河公司在侵权期间销售被诉侵权商品及其获利的情况；民乐县地方税务局提供的滨河公司 2011 年度及 2012 年度的财务报告能够显示滨河公司 2011 年、2012 年的商品销售总利润，但是无法区分被诉侵权商品在其中所占的比例和具体利润，故仍无法清楚证明滨河公司因侵权所获得的利益。鉴于上述数据已经远远高于 2001 年修正的《中华人民共和国商标法》（以下简称 2001 年商标法）第五十六条规定的 50 万元的法定赔偿最高限额，综合考虑被诉侵权行为的表现形式、滨河公司被诉侵权期间商品的销售利润和销售范围、滨河公司的主观恶意，以及五粮液股份公司注册商标的知名度、为制止本案侵权行为支付的合理费用等因素，最高人民法院确定滨河公司向五粮液股份公司支付赔偿金 500 万元。

### 42. 当事人约定对确定商标权权属的作用

【裁判要旨】

商标名义上的注册人与当事人合同约定不符，在确定商标权权利归属的过程中，应当尊重当事人的真实意思表示。

【关键词】

商标权权属　商标注册　合同约定　意思自治

【案号】

（2019）最高法民申 3915 号

【基本案情】

在再审申请人郭海亮、李新鹏与被申请人周玉祥、第三人新乡市名趣饮品有限公司商标权权属纠纷案[①]中，郭海亮、李新鹏与周玉祥合伙经营饮料商品。2009 年 6 月 24 日，三人共同签订《协议书》一份，约定：“郭海亮、李新鹏、周玉祥三方共同投资注册的商标名称为‘名趣’，商标持有人为三方，三方有共同的权利和义务，风险共担、利润共享。”2008 年 12 月 8 日，周玉祥以个人名义申请注册“名趣”商标（以下简称涉案商标），后涉案商标于 2010 年 7 月 7 日被核准注册。2014 年 4 月 30 日，周玉祥将涉案商标转让给新乡市名仁饮品有限公司。郭海亮、李新鹏一审诉至河南省新乡市中级人民法院（以下简称一审法院），请求确定涉案商标为三人共有，并确认周玉祥单独转让涉案商标的行为无效。周玉祥反诉请求解除《协议书》。一审法院判决确认涉案商标为三方共有，在确认周玉祥转让行为无效的同时，判决解除涉案协议。周玉祥不服，向河南省高级人民法院（以下简称二审法院）提起上诉。二审法院认为，现有证据不能证明郭海亮已经按照合同约定履行了分配利润等合同主要债务，致使合同目的不能实现，周玉祥据此请求解除《协议书》的诉讼主张应予支持。但《协议书》被解除后，涉案商标权应由商标注册人周玉祥单独享有，一审法院依据《协议书》认定三人共有的结论是错误的。二审法院遂判决驳回郭海亮、李新鹏的诉讼请求。郭海亮、李新鹏不服，向最高人民法院申请再审。最高人民法院于 2019 年 9 月 29 日裁定指令河南省高级人民法院再审本案。

【裁判意见】

最高人民法院审查认为，虽然涉案商标的注册人为周玉祥一人，但周玉祥曾与郭海亮、李新鹏订立《协议书》，明确约定“名趣”商标由三方投资注册，三方持有，共享权利、共担风险。各方达成协议后，“名趣”商标获准注册。涉案《协议书》体现了当事人的真实意思表示，合法有效，应予履行。在此前提下，二审法院应当结合《协议书》订立的过程，以《协议书》的明确约定为依据，进一步审查各方当事人订立《协议书》时对于商标权权属约定的真实意思表示，确定商标权的归属。同时，本案系因合同纠纷导致的商标权权属争议，因此，仅需审查与商标权权属确定有关的合同约定，不应涉及并处理因合同履行而可能导致的其他财产权纠纷。对于各方当事人在履约过程中是否存在违约行为并因此而承担违约责任，以及当事人在合同解除后应否对与诉争商标有关的财产权益进行重新分配，均不属于本案审理的范围，当事人可另案解决。

---

① 本案裁定书参见第 506 页。

## （二）商标行政案件审判

### 43. 人民法院可以主动审查诉争商标是否具有不良影响

【裁判要旨】

人民法院在诉讼中可以主动审查诉争商标是否具有商标法第十条第一款第八项规定的不良影响的情形。

【关键词】

商标　无效程序　不良影响　主动审查

【案号】

（2019）最高法行再240号

【基本案情】

在再审申请人厦门美柚股份有限公司（原厦门美柚信息科技有限公司，以下简称厦门美柚公司）与被申请人北京康智乐思网络科技有限公司（以下简称北京康智公司），一审被告、二审上诉人国家知识产权局商标权无效宣告请求行政纠纷案[①]中，诉争商标系第13379061号“大姨妈及图”商标，于2015年1月28日被核准注册，核定使用在第38类“电话会议服务；电子公告牌服务（通讯服务）；计算机辅助信息和图像传送；视频会议服务；数字文件传送；提供互联网聊天室；提供在线论坛；移动电话通讯”服务上，商标权专用期限至2025年1月27日，商标权人为北京康智公司。2016年9月7日，厦门美柚公司向原国家工商行政管理总局商标评审委员会（以下简称商标评审委员会）提出商标无效宣告申请。商标评审委员会作出商评字〔2017〕第105611号《关于第13379061号“大姨妈及图”商标无效宣告请求裁定书》（以下简称被诉裁定），认定：诉争商标的主要认读部分“大姨妈”用在计算机编程等服务上，仅仅直接表示了指定服务的内容及特点系与女性月经期相关联，不易被消费者作为商标识别，无法起到区分服务来源的作用，缺乏商标应有的显著特征，遂裁定对诉争商标予以无效宣告。北京康智公司不服，提起行政诉讼。北京知识产权法院（以下简称一审法院）一审认为，以该服务相关公众的通常认识，诉争商标使用在计算机编程等服务上并未直接表示服务的功能、用途等特点，具有显著性。遂判决撤销被诉裁定，商标评审委员会重新作出裁定。厦门美柚公司不服，提起上诉。北京市高级人民法院（以下简称二审法院）二审判决驳回上诉，维持原判。厦门美柚公司仍不服，向最高人民法院申请再审。最高人民法院裁定提审本案，并于

---

① 本案判决书参见第509页。

2019年12月27日判决撤销一、二审判决，驳回北京康智公司的诉讼请求。

【裁判意见】

最高人民法院再审认为，虽然厦门美柚公司没有在商标无效评审阶段提出诉争商标具有商标法第十条第一款第八项规定的具有不良影响的情形，原商标评审委员会以及一、二审法院亦没有对此进行审理，但依据《中华人民共和国行政诉讼法》第八十七条关于对被诉行政行为进行全面审查的原则、《最高人民法院关于适用〈中华人民共和国行政诉讼法〉的解释》第一百二十条关于人民法院审理再审案件应当围绕再审请求和被诉行政行为合法性进行的规定以及《最高人民法院关于审理商标授权确权行政案件若干问题的规定》[①] 第二条“人民法院对商标授权确权行政行为进行审查的范围，一般应当根据原告的诉讼请求及理由确定。原告在诉讼中未提出主张，但商标评审委员会相关认定存在明显不当的，人民法院在各方当事人陈述意见后，可以对相关事由进行审查并做出裁判”之规定[②]，诉争商标是否具有商标法第十条第一款第八项规定的不良影响，在再审阶段对此进行审查并不违反上述法律及司法解释的规定。况且，商标法第十条第一款第八项系禁止商标注册的绝对条款，如果商标的注册违反此条规定，应当被禁止。诉争商标系由文字“大姨妈”及图像构成，其显著识别部分为文字“大姨妈”。“大姨妈”，原意是指母亲的姐妹，近来作为月经的俗称，指代女性月经。将“大姨妈”文字作为商标注册，使用在第38类“电话会议服务；电子公告牌服务（通讯服务）；计算机辅助信息和图像传送；视频会议服务；数字文件传送；提供互联网聊天室；提供在线论坛；移动电话通讯”等服务上，与我国文化传统不相符，有损公众情感和女性尊严，有违公序良俗，系有害于社会主义道德风尚或者有其他不良影响的标志，应当宣告无效。

## 44. 包含描述性因素商标的显著性判断

【裁判要旨】

商标中含有描述性因素，并不意味着一定缺乏显著性。判断包含描述性

---

① 已被《最高人民法院关于修改〈最高人民法院关于审理侵犯专利权纠纷案件应用法律若干问题的解释（二）〉等十八件知识产权类司法解释的决定》修改，本书下同。

② 现行《最高人民法院关于审理商标授权确权行政案件若干问题的规定》第二条规定：“人民法院对商标授权确权行政行为进行审查的范围，一般应根据原告的诉讼请求及理由确定。原告在诉讼中未提出主张，但国家知识产权局相关认定存在明显不当的，人民法院在各方当事人陈述意见后，可以对相关事由进行审查并作出裁判。”

因素的商标是否具有显著性，应当根据相关公众的通常认识，进行整体判断。相关商标的实际使用情况，以及是否经过使用产生识别商品来源的作用，也是需要考虑的因素。

【关键词】

商标　无效程序　显著性　描述性因素

【案号】

（2018）最高法行再 63 号

【基本案情】

在再审申请人杨华祥与被申请人国家知识产权局、一审第三人李业红、郭宏杰商标权无效宣告请求行政纠纷案①（以下简称“汤瓶八诊”商标争议案）中，2004 年 4 月 2 日，杨华祥向原国家工商行政管理总局商标局（以下简称商标局）提出“汤瓶八诊”商标（以下简称诉争商标）的注册申请，指定使用在第 44 类“按摩（医疗）、医疗诊所、医务室、医院、保健、医疗辅助、理疗、护理（医务）、芳香疗法、疗养院”服务上，诉争商标于 2007 年 2 月 21 日获准注册，专用权期限至 2017 年 2 月 20 日。2013 年 1 月 28 日，郭宏杰和李业红以诉争商标的注册违反了 2001 年商标法第十一条、第四十一条的规定为由，对诉争商标提出撤销申请。2015 年 4 月 29 日，原国家工商行政管理总局商标评审委员会（以下简称商标评审委员会）作出商评字〔2015〕第 32846 号《关于第 3993808 号“汤瓶八诊”商标无效宣告请求裁定》（以下简称第 32846 号裁定）认为，杨华祥提交的证据可以证明其对“汤瓶八诊”疗法进行了介绍、整理和编撰的工作，但无法证明“汤瓶八诊”疗法为其独创。杨华祥将此种回族流传至今的疗法名称作为商标申请注册，并使用在核定的按摩（医疗）、医疗诊所等服务上，具有表述服务内容、服务方式等特点之虞，缺乏商标应有的显著性，且亦无证据证明诉争商标经过使用已经具有商标应有的显著性。故诉争商标构成 2001 年商标法第十一条第一款第三项的规定，裁定对诉争商标予以无效宣告。杨华祥不服，向北京知识产权法院提起诉讼，该院认为杨华祥在第 44 类按摩（医疗）等服务上申请注册诉争商标构成 2001 年商标法第十一条第一款第三项“缺乏显著特征”的标志不得作为商标注册的情形，驳回杨华祥的诉讼请求。杨华祥不服，向北京市高级人民法院提起上诉，该院判决驳回上诉，维持原判。杨华祥不服，向最高人民法院申请再审。最高人民法院裁定提审本案，并于 2019 年 8 月 20

---

① 本案判决书参见第 515 页。

日判决撤销一、二审判决及第 32846 号裁定，国家知识产权局重新作出裁定。

【裁判意见】

最高人民法院再审认为，商标中含有描述性因素，并不意味着一定缺乏显著性。人民法院审查诉争商标是否具有显著特征，应当根据商标所指定使用商品的相关公众的通常认识，判断该商标整体上是否具有显著特征。商标标志中含有描述性要素，但不影响其整体具有显著特征的；或者描述性标志以独特方式加以表现，相关公众能够以其识别商品来源的，应当认定其具有显著特征。虽然“汤瓶八诊”疗法源自回族民间流传的传统疗法，但是其最早系由杨氏家族在总结和吸收阿拉伯医学、中国民间疗法和中国传统医学的基础上所创立并命名，通过杨氏家族七代人的传承和发展，“汤瓶八诊”疗法才逐渐趋于完善。杨华祥作为该疗法的第七代传人，于 2004 年 4 月 2 日就将“汤瓶八诊”申请注册为商标，并通过提供医疗服务、开办培训学校和特许经营许可等商业方式对“汤瓶八诊”疗法进行了广泛宣传，涉及许可范围遍及北京、天津、上海、河南等多个省市。在上述宣传过程中，杨华祥均使用了“汤瓶八诊”商标，经过长期使用，“汤瓶八诊”商标已经产生一定知名度，并于 2012 年、2014 年先后两次被评为宁夏回族自治区著名商标。且根据杨华祥提交的证据，除杨华祥及其家族外，目前从事“汤瓶八诊”治疗、使用“汤瓶八诊”作为公司字号或商标使用的主体或经过杨华祥的授权，或与杨华祥存在不同程度的关联关系。由此可见，基于杨华祥及其杨氏家族长期以来对诉争商标的实际使用，诉争商标已经与杨华祥形成了较为明确的服务来源指向关系，相关公众能够将其与杨华祥及其杨氏家族建立联系，诉争商标在客观上已经发挥了指示特定服务来源的功能，其注册不属于 2001 年商标法第十一条第一款第三项规定的情形，应当予以维持。

## 45. 非物质文化遗产传承与商标权保护的关系

【裁判要旨】

非物质文化遗产的传承与发展，并不当然排斥知识产权的保护方式。在符合知识产权保护条件的情形下，对非物质文化遗产同样给予知识产权法保护，实质上也有利于促进传统文化的传承与发展。

【关键词】

商标　无效程序　商标权　非物质文化遗产

【裁判意见】

在前述“汤瓶八诊”商标争议案中，最高人民法院还明确了非物质文化遗产传承与知识产权保护之间的关系。最高人民法院再审认为，根据《中华人民共和国非物质文化遗产法》第四十四条及《国家级非物质文化遗产保护与管理暂行办法》第二十条第二款等相关规定，对非物质文化遗产的传承与发展，并不当然排斥知识产权的保护方式。本案中，在诉争商标申请并获准注册后，“回族汤瓶八诊疗法”被列入非物质文化遗产名录。杨华祥作为诉争商标的权利人，同时也是“回族汤瓶八诊疗法”的传承人，根据非物质文化遗产法的相关规定，其负有传承非物质文化遗产的义务。在案证据显示，杨华祥及其杨氏家族在通过培训、提供医疗服务等多种方式推广“回族汤瓶八诊疗法”的同时，也使得诉争商标“汤瓶八诊”产生了指向特定服务来源的功能。因此，维持诉争商标的注册，实质上也促进了传统文化的传承与发展。

### 46. 驰名商标跨类保护范围的合理划定

【裁判要旨】

对驰名商标进行跨类保护的范围，应当与其显著性和知名度相适应。

【关键词】

商标　无效程序　驰名商标　跨类保护

【案号】

（2019）最高法行申 3304 号

【基本案情】

在再审申请人酒鬼酒股份有限公司（以下简称酒鬼酒公司）与被申请人国家知识产权局、四川省百世兴食品产业有限公司（以下简称百世兴公司）商标权无效宣告请求行政纠纷案[①]中，第 1022223 号“酒鬼”商标（以下简称诉争商标）基础注册国为德国，注册日期为 2009 年 9 月 16 日，核定使用在第 29 类的加工过的花生、精制坚果仁、蛋类等商品上，权利人为百世兴公司。第 1157000 号“酒鬼 JIUGUI 及图”商标（以下简称引证商标一）申请日期为 1996 年 10 月 7 日，核定使用在国际分类第 33 类含酒精饮料商品上，权利人为酒鬼酒公司。2013 年 12 月 20 日，酒鬼酒公司以诉争商标违反修改前的商标法第十三条等规定为由，向原国家工商行政管理总局商标评审委员会（以下简称商标评审委员会）提出撤销注册申请。商标评审委员会作出商评字〔2015〕第 34501 号《关于第 1022223 号“酒鬼”商标无效宣告请求裁

---

① 本案裁定书参见第 533 页。

定书》（以下简称被诉裁定），对诉争商标的注册予以维持。酒鬼酒公司不服，提起行政诉讼。北京知识产权法院一审认为，现有证据能够证明在诉争商标申请日前，酒鬼酒公司使用在白酒商品上的引证商标一已经成为驰名商标。诉争商标核定使用的“加工过的花生、精制坚果仁、蛋类”商品与引证商标一使用的“白酒”商品在中国的酒文化中存在较为密切的联系。诉争商标的使用足以使相关公众认为其与酒鬼酒公司的驰名商标具有相当程度的联系，从而误导公众，致使酒鬼酒公司的利益可能受到损害。据此，判决撤销被诉裁定。商标评审委员会、百世兴公司不服，提起上诉。北京市高级人民法院二审认为，“酒鬼”为汉语中固有词汇，无证据证明百世兴公司申请注册诉争商标存在恶意情形；诉争商标使用近 10 年，目前销售量遍及全国各地，已为成都市著名商标；白酒与加工过的花生米等商品尽管都是食品，但在功能、用途、生产部门、销售渠道等方面存在较大差异；驰名商标的保护强度应与其自身的知名程度相适应，不宜无理由地扩张适用。据此认定诉争商标的注册和使用尚未构成“误导公众，致使酒鬼酒公司的利益可能受到损害”，遂改判撤销一审判决，驳回酒鬼酒公司的诉讼请求。酒鬼酒公司不服，向最高人民法院申请再审。最高人民法院于 2019 年 12 月 13 日裁定驳回酒鬼酒公司的再审申请。

【裁判意见】

最高人民法院审查认为，“酒鬼”一词为汉语中固有词汇，其固定含义对“含酒精饮料”及“加工过的花生米”等商品的功能、品质具有特定的暗示作用，在此情况下，即便是对已注册驰名商标的保护，亦理应受到相应的合理限制。诉争商标和引证商标一核定使用商品在功能、用途、生产渠道上差别较大，类别相距较远，酒鬼酒公司也没有提交证据证明同一公司经营同一品牌的“含酒精饮料”与“加工过的花生米”是市场中的常见现象，因此，难以认定百世兴公司申请诉争商标属于对引证商标一的复制、模仿，亦难以认定百世兴公司申请注册诉争商标不具有正当性。诉争商标与引证商标一在各自市场中已共存多年，经过各自的持续使用和宣传，均已获得了相关消费者的认可，百世兴公司在对诉争商标的实际使用中亦未有故意攀附引证商标一商誉、故意混淆来源的行为。因此，综合考虑各项因素，二审判决认定诉争商标的注册和使用尚未产生“误导公众，致使酒鬼酒公司的利益可能受到损害”，并无不当。

## 47. 商标法第十五条“被代理人商标”的判断

【裁判要旨】

双方虽然存在经销关系，但诉争商标图样、产品设计方案均由代理人一方提出，且经销合同明确约定与产品有关权益归代理人所有，在被代理人没有在先使用行为的情况下，不能认定诉争商标为商标法第十五条所指的“被代理人商标”。

【关键词】

商标　无效程序　经销关系　被代理人商标

【案号】

（2019）最高法行再224号

【基本案情】

在再审申请人重庆江小白酒业有限公司（以下简称江小白公司）与被申请人国家知识产权局、重庆市江津酒厂（集团）有限公司（以下简称江津酒厂）商标权无效宣告请求行政纠纷案①中，诉争商标系第10325554号“江小白”商标，于2011年12月19日由成都格尚广告有限责任公司申请注册，核定使用在第33类酒类商品上，经核准，权利人先后变更为四川新蓝图商贸有限公司（以下简称新蓝图公司）、江小白公司。江津酒厂针对诉争商标向原国家工商行政管理总局商标评审委员会（以下简称商标评审委员会）提出无效宣告请求。商标评审委员会认为，在诉争商标申请日之前，江小白公司是江津酒厂的经销商，江小白公司的法定代表人陶石泉曾与江津酒厂有关于设计稿的邮件往来，其对江津酒厂的“江小白”商标理应知晓，诉争商标的注册已构成2001年商标法第十五条所指的不予注册并禁止使用之情形。故裁定对诉争商标予以宣告无效。江小白公司不服，提起行政诉讼。北京知识产权法院认为，在诉争商标申请日前，“江小白”商标并非江津酒厂的商标，诉争商标的申请注册并未侵害江津酒厂的合法权益，未构成2001年商标法第十五条之情形。故判决撤销被诉裁定，判令商标评审委员会重新作出裁定。商标评审委员会、江津酒厂均不服，提起上诉。北京市高级人民法院认为，新蓝图公司系江津酒厂的经销商，江津酒厂关联方与新蓝图公司于2012年2月20日签订的定制产品销售合同并未约定商标等知识产权的归属，江津酒厂提交的销售合同以及产品出货单、货物运输协议等证据表明，在诉争商标申请日前，江津酒厂已经为使用“江小白”商标做准备，并已经实际在先使用

① 本案判决书参见第537页。

“江小白”品牌，诉争商标的注册已构成2001年商标法第十五条所指不予注册并禁止使用之情形。故判决撤销一审判决，驳回江小白公司的诉讼请求。江小白公司不服，向最高人民法院申请再审。最高人民法院裁定提审本案，并于2019年12月26日判决撤销二审判决，维持一审判决。

【裁判意见】

最高人民法院再审认为，根据2001年商标法第十五条的规定，代理人或者代表人不得申请注册的商标标志，不仅包括与被代理人或者被代表人商标相同的标志，也包括相近似的标志；不得申请注册的商品既包括与被代理人或者被代表人商标所使用的商品相同的商品，也包括类似的商品。本案中，江津酒厂主张，新蓝图公司是其经销商，新蓝图公司为其设计诉争商标，其在先使用诉争商标，因此诉争商标的申请注册违反了2001年商标法第十五条规定。首先，江津酒厂提供的证据不足以证明其在先使用诉争商标。其次，虽然江津酒厂与新蓝图公司存在经销关系，但双方的定制产品销售合同也同时约定定制产品的产品概念、广告用语等权利归新蓝图公司所有。根据双方签订的定制产品销售合同的约定，“甲方（江津酒厂）授权乙方（新蓝图公司）为‘几江牌’江津老白干‘清香一、二、三号’系列超清纯系列、年份陈酿系列酒定制产品经销商”；“乙方负责产品概念的创意、产品的包装设计、广告宣传的策划和实施、产品的二级经销渠道招商和维护，甲方给予全力配合。乙方的产品概念、包装设计、广告图案、广告用语、市场推广策划方案，甲方应予以尊重，未经乙方授权，不得用于甲方直接销售或者甲方其他客户销售的产品上使用”。根据江小白公司提交的关于白酒行业定制产品合作模式的媒体报道，本案中定制产品销售合同约定的经营模式在酒类行业中也存在并被媒体报道，相关经营者也应当知晓。综上，江津酒厂对新蓝图公司定制产品上除“几江”外的产品概念、广告用语等内容不享有知识产权，亦说明新蓝图公司申请注册“江小白”商标未损害江津酒厂的权利。最后，江津酒厂与新蓝图公司合作期间的往来邮件等证据证明，“江小白”的名称及相关产品设计系由时任新蓝图公司的法定代表人陶石泉在先提出。综上，在诉争商标申请日前，“江小白”商标并非江津酒厂的商标，诉争商标的申请注册未违反2001年商标法第十五条规定。

# 三、著作权案件审判

## 48. 古籍点校成果实质性相似的认定

【裁判要旨】

因古籍点校引发的侵害著作权纠纷，在判断是否构成实质性相似时，应当考虑古籍点校成果的创作规律和纠纷特点。如果在文字、标点符号、段落划分等方面存在众多细节差异，已经在整体上使普通读者对不同的点校成果产生了不同的阅读感受，也应当作为判断是否构成实质性相似的参考因素。此外，点校人是否具备独立创作的条件，也可以佐证实质性相似的认定。

【关键词】

著作权　侵权　古籍点校成果　实质性相似

【案号】

（2015）民申字第1471号

【基本案情】

在再审申请人周锡山与被申请人江苏凤凰出版社有限公司（以下简称凤凰出版社）、杨辉、陆洋等侵害作品复制权、发行权纠纷案①中，凤凰出版社的前身江苏古籍出版社于1986年5月出版了金圣叹批评本《贯华堂第六才子书〈西厢记〉》（以下简称“周版金批西厢记”），该书载明曹方人、周锡山标点。凤凰出版社于2011年1月出版了《金圣叹批评本〈西厢记〉》（以下简称“陆版金批西厢记”），该书载明陆林（已去世，杨辉、陆洋系其继承人）校点，出版说明中有关于底本和参校本的记载。周锡山起诉称，“陆版金批西厢记”剽窃、抄袭了“周版金批西厢记”的标点和校勘成果，“周版金批西厢记”的独创性体现在：对底本、校本的选择，全文标点，错别字校勘106处，对其中收录的《会真记》进行分段，首次采取了批文为单行的版本格式。陆林提交了首都图书馆历史文献中心藏本《西厢词——贯华堂第六才子书》（以下简称“首图版金批西厢记”）及相关借阅单以及金批《西厢记》的其他版本、先于“周版金批西厢记”出版的其他点校本等反驳证据并主张，其是以“首图版金批西厢记”为底本独立进行编辑、校对，不构成抄

① 本案裁定书参见第557页。

袭。上海市第二中级人民法院一审认为，周锡山主张的五个具有独创性部分的单独及其组合，均不符合作品独创性的要求，“陆版金批西厢记”确实存在未作校勘记的个别字词与其底本、参校本和其他版本不同而与“周版金批西厢记”相同的情况，可能属于点校差错相同的巧合，仅此无法证明陆林存在剽窃、抄袭行为，故判决驳回周锡山的诉讼请求。周锡山不服，提起上诉。上海市高级人民法院二审认为，古籍点校成果不能作为作品受到著作权法保护，也没有充分证据证明存在剽窃，故维持一审判决。周锡山不服，向最高人民法院申请再审。最高人民法院于2019年12月20日裁定驳回周锡山再审申请。

【裁判意见】

最高人民法院审查认为，虽然古籍点校追求探求古籍原意，但在经过点校之后，受点校人知识水平、文学功底、历史素养、表达方式、价值观念等多方面因素以及相关条件的影响，展现于读者眼前的已经不再是古籍本身，而是增加了点校人的理解、判断和选择的点校本，在理解、判断和选择不同的情况下，往往也会形成表达形式不同、与古籍关联程度不一的众多古籍点校成果。因此，古籍点校成果，在具备独创性的条件下，应当受到著作权法的保护。对于因古籍点校引发的侵害著作权纠纷，在适用实质性相似基本判断方法的同时，考虑到古籍点校成果的创作规律和相关侵权纠纷的特点，在后古籍点校成果与在先古籍点校成果由于在文字、标点和分段等方面存在的众多细节差异所造成的整体上对普通读者阅读感受的影响也应当作为判断是否构成实质性相似的辅助参考因素，同时，在后点校人是否具备独立创作的条件也可以佐证实质性相似的认定。本案中，基于前述理由，在没有其他反证的情况下，可以认定“周版金批西厢记”在整体上具有一定程度的独创性。但是，综合考虑以下因素，应当认定“陆版金批西厢记”与“周版金批西厢记”不构成实质性相似：第一，“周版金批西厢记”属于基础性的点校本，独创性较低，“陆版金批西厢记”与周锡山主张的具有独创性的校勘、标点等存在的相同相似之处或者来源于底本、参校本或者其他版本，或者属于常规选择等。第二，“陆版金批西厢记”与“周版金批西厢记”的区别明显。“陆版金批西厢记”明确记载了底本和参校本，有149处校勘记，目录中每卷下各折相对底本增加了序号，正文中每折序号后相对于底本增加了折名，没有“才子西厢醉心篇”。“周版金批西厢记”未披露底本，无校勘记，目录中无上述情况，有“才子西厢醉心篇”。第三，“陆版金批西厢记”与“周版金批西厢记”相比，在标点、文字方面还有大量不同散见于整本书中，包括1779处标点不同，519处文字不同（包括149处有校勘记的文字），有的不同比较显著。普通读者在阅读两本书后，除了底本文字相同所决定的相同体验外，也会产生不同的阅读感受，从而不会认为“陆版金批西厢记”的表达实质上来源于“周版金批西厢记”。同时，根据上述事实，周锡山关于“陆版金批西厢记”是在“周版金批西厢记”的基础上进行少量不必要改动而形成的侵权作品的主张不能成立。第四，陆林是南京师范大学教授，具有进行古籍点校的专业背景和能力，其曾经有 3 个全天、7 个半天在首图历史文献中心借阅“首图版金批西厢记”，在一定程度上佐证了“陆版金批西厢记”系其独立创作。

# 四、竞争案件审判

## 49. 以具有不良影响的标志作为显著识别部分的包装装潢不能得到反不正当竞争法的保护

【裁判要旨】

包装装潢中包含具有不良影响的商业标识，且该标识构成包装装潢的主要识别部分，该包装装潢不能作为知名商品特有包装装潢获得反不正当竞争法的保护。

【关键词】

不正当竞争　包装装潢　不良影响　显著识别部分

【案号】

（2019）最高法民申 4847 号

【基本案情】

在再审申请人江苏苏萨食品有限公司（以下简称苏萨公司）与被申请人山西得惠永盛商贸有限公司（以下简称得惠永盛公司）、山西超鑫湘汇食品有限公司（以下简称超鑫湘汇公司）、中山市回力食品饮料有限公司（以下简称回力公司）不正当竞争纠纷案[①]中，湛江市苏萨食品有限公司（以下简称湛江苏萨公司）先后申请并获准注册第 11115842 号“特种兵”盾牌图文组合商标（以下简称盾牌商标）、第 7600566 号“特种兵”七个兵图文组合商标（以下简称七个兵商标），后盾牌商标的注册人变更为苏萨公司。“特种

① 本案裁定书参见第 573 页。

兵生榨椰子汁”（即涉案商品）的标签、纸箱外观设计平面图由湛江苏萨公司委托案外人设计，苏萨公司自2010年起开始试点生产涉案商品，2012年起开始进行广告宣传。另查明，北京市高级人民法院（2017）京行终4384号行政判决以盾牌商标具有不良影响、违反商标法第十条第一款第八项规定为由，认定应予无效。苏萨公司向山西省太原市中级人民法院（以下简称一审法院）提起诉讼认为，超鑫湘汇公司生产的“心湘汇”椰汁（即被诉侵权产品）侵害了苏萨公司就涉案商品享有的特有包装装潢权益。苏萨公司进一步明确，其请求保护的知名商品特有包装、装潢的主要特征为：瓶身整体为深蓝、浅蓝白色相间的蓝色迷彩图案，瓶身上半部分标注注册商标标识，由“特种兵”中文字样、横排的五个黑色五角星和白底内嵌黑边的盾形图案组成，“特种兵”中文字样上方有七个人像剪影。一审法院判决驳回苏萨公司的诉讼请求。苏萨公司不服，提起上诉。山西省高级人民法院二审判决驳回上诉、维持原判。苏萨公司不服，向最高人民法院申请再审。最高人民法院于2019年12月30日裁定驳回苏萨公司的再审申请。

【裁判意见】

最高人民法院审查认为，反不正当竞争法仅制止有损竞争秩序的特定竞争行为，并非所有的竞争行为均为反不正当竞争法的规范对象。在判断是否构成反不正当竞争法规制的仿冒行为时，既需要审查竞争行为的正当性，也需要经营者证明其所遭受损害的利益乃正当的竞争利益。如果主张受到保护的竞争利益非法或者具有不正当性，对此类竞争利益的争夺通常不构成不正当竞争行为。关于仿冒商业标识行为项下的竞争利益是否正当的问题。根据《中华人民共和国反不正当竞争法》（以下简称反不正当竞争法）第六条第一项规定，经营者不得擅自使用与他人有一定影响的商品名称、包装、装潢等相同或者近似的标识，引人误认为是他人商品或者与他人存在特定联系。同时，《最高人民法院关于审理不正当竞争民事案件应用法律若干问题的解释》[①] 第五条规定：“商品的名称、包装、装潢属于商标法第十条第一款规定的不得作为商标使用的标志，当事人请求依照反不正当竞争法第五条第（二）项规定予以保护的，人民法院不予支持。”因此，针对包装、装潢的仿冒行为，受到反不正当竞争法保护的竞争利益，应当符合以下两个层次的要件：1. 被仿冒的包装、装潢不属于商标法第十条第一款规定的不得作为商标使用的标志。2. 被仿冒的包装、装潢有一定影响，具有可识别性。其中，不

---

① 已被《最高人民法院关于修改〈最高人民法院关于审理侵犯专利权纠纷案件应用法律若干问题的解释（二）〉等十八件知识产权类司法解释的决定》修改，本书下同。

违反法律对商业标识的禁止性规定是第一层次的判断，如果包装、装潢属于法律规定禁止作为商业标识使用的情形，则无需进一步判断该包装、装潢是否具有一定影响。即使其能够产生独立的识别性，也不应受到反不正当竞争法的保护。通常情况下，商标标志与包装、装潢形成一个整体，共同发挥识别作用。商品的包装、装潢一般由商标、商品名称以及装饰性图案、颜色等要素组合构成。商标是识别商品来源的标志，具有一定知名度的商标通常产生的溢出效应，能够使相关公众将含有该商标的包装、装潢与商品提供者建立一定的联系。因此，含有商标的包装、装潢形式，可以在整体上发挥识别商品来源的作用。当然，在商标以外的其他包装、装潢元素也产生了独立的市场价值，能够独立发挥识别作用时，也需要考虑包装、装潢中其他构成要素的利益保护。苏萨公司在申请注册“特种兵 THESPECIALARMS 及图”商标（以下简称特种兵商标）过程中，已有生效裁判文书认定，该标志具有不良影响，构成商标法第十条第一款第八项规定的情形。特种兵商标含有的“特种兵”、“the special army”文字、七个人的部队样式、盾牌图形、五角星图形等元素均占据涉案包装、装潢的显著位置。在特种兵商标之外，涉案包装、装潢的其他要素或是与特种兵相关的元素，例如瓶身整体的迷彩图案，或是商品名称，例如“生榨椰子汁”植物蛋白饮料。因此，特种兵商标是涉案包装、装潢的显著识别部分。判断单个的包装装潢元素能否成为正当的竞争利益，需要考虑商标标志与装潢元素的关系。本案中，涉案包装、装潢是以特种兵为核心进行的设计构思，涉案包装、装潢的整体颜色、包装外形均与特种兵相关，“特种兵”文字为涉案包装装潢的组成部分，而非可以随意替换的要素。反不正当竞争法的立法目的在于通过制止不正当竞争行为，鼓励和保护公平竞争，保护经营者和消费者的合法权益。因此，经营者请求保护的包装装潢只有在不损害他人及社会公共利益的情况下，才能够成为反不正当竞争法保护的合法权益。换言之，如果包装、装潢的显著识别部分是可能损害公共利益的商业标识时，包装、装潢与该商业标识即均不具有获得法律保护的正当性基础。否则，将导致无法依据商标法获得保护的标志，反而能够通过反不正当竞争法获得保护的不良导向。涉案包装、装潢的构成要素均指向特种兵，在特种兵商标已被生效判决认定具有不良影响，不得作为商标使用的情况下，将“特种兵”文字作为显著识别部分的涉案包装、装潢同样不应当作为反不正当竞争法意义上的有一定影响的包装、装潢进行保护。

## 50. 虚假宣传行为的认定

【裁判要旨】

认定是否构成反不正当竞争法规定的虚假宣传行为，应当根据日常生活经验、相关公众一般注意力、发生误解的事实、被宣传对象的实际情况和是否不正当占用他人良好商誉等因素进行综合判断，以是否易使相关公众产生误解为立足点。

【关键词】

不正当竞争　虚假宣传　广告语　引人误解

【案号】

（2017）最高法民再151号

【基本案情】

在再审申请人加多宝（中国）饮料有限公司（以下简称加多宝中国公司）与被申请人广州王老吉大健康产业有限公司（以下简称大健康公司）虚假宣传纠纷案[①]中，大健康公司是第32类无酒精饮料、果汁、植物饮料等商品上的第3980709号“王老吉”商标的被许可使用人，有权采取广告宣传、公证取证或诉讼等方式维护“王老吉”品牌的合法权益。大健康公司向重庆市第五中级人民法院起诉称，加多宝中国公司在其销售的“加多宝”红罐凉茶产品外包装上印有“全国销量领先的红罐凉茶改名加多宝”“全国销量领先的红罐凉茶——加多宝”字样的广告语；在产品手提袋上印有“全国销量领先的红罐凉茶改名加多宝”字样广告语；在网络、报纸杂志等媒体进行销售和宣传时，使用标有“全国销量领先的红罐凉茶改名加多宝”“原来的红罐王老吉改名加多宝凉茶了”等字样的广告宣传；并在电视、网络报刊等媒体中以“红罐王老吉改名‘加多宝’配方工艺均不变”“红罐王老吉改名加多宝”“加多宝就是以前的王老吉”“红罐‘王老吉’正式更名‘加多宝’”“加多宝凉茶全国上市红罐王老吉正式改名”等为题进行报道，故请求确认加多宝中国公司的行为系虚假宣传，加多宝中国公司承担停止侵权、赔礼道歉、消除影响和赔偿损失等民事责任。重庆市第五中级人民法院一审认定加多宝中国公司的行为构成引人误解的虚假宣传，判决加多宝中国公司停止侵权、消除影响，并赔偿大健康公司经济损失及合理开支共40万元。加多宝中国公司不服，提起上诉。重庆市高级人民法院二审认为涉案广告语容易被理

① 本案判决书参见第579页。

解为“王老吉”红罐凉茶改名“加多宝”，加多宝中国公司发布涉案广告语时并未对所谓“改名”的背景进行全面说明，也未提供证据证明消费者对该背景已经了解，涉案广告语构成引人误解的虚假宣传。据此判决驳回上诉，维持原判加多宝中国公司仍不服，向最高人民法院申请再审。最高人民法院裁定提审本案，并于2019年5月28日判决撤销一、二审判决，驳回大健康公司的诉讼请求。

【裁判意见】

最高人民法院再审认为，加多宝中国公司使用“全国销量领先的红罐凉茶改名加多宝”广告语的行为是否构成虚假宣传，需要结合具体案情，根据日常生活经验，以相关公众的一般注意力，判断涉案广告语是否片面，是否有歧义，是否易使相关公众产生误解。首先，根据查明的事实，鸿道集团有限公司（以下简称鸿道集团）自1995年取得“王老吉”商标的独占许可使用权后，加多宝中国公司及其关联公司生产、销售“王老吉”红罐凉茶，直到2012年5月9日中国国际经济贸易仲裁委员会对广州医药集团有限公司（以下简称广药集团）与鸿道集团之间的商标许可合同作出仲裁裁决，鸿道集团停止使用“王老吉”商标，在长达十多年的时间内加多宝中国公司及其关联公司作为“王老吉”商标的被许可使用人，通过多年的广告宣传和使用，已经使“王老吉”红罐凉茶在凉茶市场具有很高知名度。而在“王老吉”商标许可使用期间，广药集团并不生产和销售“王老吉”红罐凉茶。因此，涉案广告语前半部分“全国销量领先的红罐凉茶”的描述与统计结论相吻合，不存在虚假情形，且其指向性非常明确，指向的是加多宝中国公司及其关联公司生产和销售的“王老吉”红罐凉茶。2012年5月9日，“王老吉”商标许可协议被仲裁委裁决无效后，加多宝中国公司开始生产“加多宝”红罐凉茶，因此在涉案广告语后半部分宣称“改名加多宝”也是对客观事实的描述。其次，反不正当竞争法上的虚假宣传立足点在于引人误解的虚假宣传，如果对商品或者服务的宣传并不会使相关公众产生误解，则不是反不正当竞争法上规制的虚假宣传行为。本案中，在商标许可使用期间，加多宝中国公司及其关联公司通过多年持续、大规模的宣传和使用行为，不仅显著地提升了王老吉红罐凉茶的知名度，而且向消费者传递了王老吉红罐凉茶的实际经营主体为加多宝中国公司及其关联公司。由于加多宝中国公司及其关联公司在商标许可使用期间生产的“王老吉”红罐凉茶已经具有很高知名度，相关公众普遍认知的是加多宝中国公司及其关联公司生产的“王老吉”红罐凉茶，而不是广药集团授权大健康公司于2012年6月生产和销售的“王老吉”红罐凉茶。在加多宝中国公司及其关联公司不再生产“王老吉”红罐凉茶后，加多宝中国公司使用涉案广告语实际上是向相关公众行使告知义务，告知相关公众以前的“王老吉”红罐凉茶现在商标已经为加多宝，否则相关公众反而会误认为大健康公司生产的“王老吉”红罐凉茶为原来加多宝中国公司及其关联公司生产的“王老吉”红罐凉茶。因此，加多宝中国公司使用涉案广告语不存在易使相关公众误认误购的可能性。最后，“王老吉”商标知名度的提升和商誉在很大程度上源于加多宝中国公司及其关联公司在商标许可使用期间大量的、持续多年的宣传和使用，因此加多宝中国公司使用涉案广告语即使占用了“王老吉”商标的一部分商誉，也具有一定合理性；广药集团收回“王老吉”商标后，开始授权许可大健康公司生产“王老吉”红罐凉茶，这种使用行为本身即已获得了“王老吉”商标的巨大商誉；2012 年 6 月大健康公司开始生产“王老吉”红罐凉茶，因此消费者看到涉案广告语客观上并不会误认为“王老吉”商标已经停止使用或不再使用，凝结在“王老吉”红罐凉茶上的商誉在大健康公司生产“王老吉”红罐凉茶后，自然为大健康公司所享有；大健康公司在商标许可合同被仲裁裁决认定无效前并不生产“王老吉”红罐凉茶，因此涉案广告语并不能使其生产的“王老吉”红罐凉茶无形中失去了原来拥有的知名度和商誉。本案中，涉案广告语虽然没有完整反映商标许可使用期间以及商标许可合同终止后，加多宝中国公司为何使用、终止使用并变更商标的相关事实，确有不妥。但是加多宝中国公司在商标许可合同终止后，为保有在商标许可期间其对“王老吉”红罐凉茶商誉提升所做出的贡献而享有的权益，将“王老吉”红罐凉茶改名“加多宝”的基本事实向消费者告知，其主观上并无明显不当；在客观上，基于广告语的简短扼要特点，以及“王老吉”商标许可使用情况、加多宝中国公司及其关联公司对提升“王老吉”商标商誉所做出的贡献，消费者对“王老吉”红罐凉茶实际经营主体的认知，结合消费者的一般注意力、发生误解的事实和被宣传对象的实际情况，加多宝中国公司使用涉案广告语并不产生引人误解的效果，并未损害公平竞争的市场秩序和消费者的合法权益，不构成虚假宣传行为。即便部分消费者在看到涉案广告语后有可能会产生“王老吉”商标改为“加多宝”商标，原来的“王老吉”商标已经停止使用或不再使用的认知，也属于商标许可使用关系中商标所有人与实际使用人相分离后，尤其是商标许可关系终止后，相关市场可能产生混淆的后果，但该混淆的后果并不必然产生反不正当竞争法上的“引人误解”的效果。

## 51. 客户名单作为商业秘密保护的内容和条件

【裁判要旨】

职工在工作中掌握和积累的知识、经验和技能，除属于单位的商业秘密的情形外，构成其人格的组成部分，是其生存能力和劳动能力的基础，职工离职后有自主利用的自由。商业秘密保护的客户名单，除由客户的名称地址、联系方式以及交易的习惯、意向、内容等信息所构成外，还应当属于区别于相关公知信息的特殊客户信息。

【关键词】

不正当竞争　商业秘密　客户名单　公知信息

【案号】

（2019）最高法民再268号

【基本案情】

在再审申请人麦达可尔（天津）科技有限公司（以下简称麦达可尔公司）与被申请人华阳新兴科技（天津）集团有限公司（以下简称华阳公司）、一审被告王成刚、张红星、刘芳侵害商业秘密纠纷案[①]中，华阳公司是一家从事工业清洗维护产品研发、生产和销售的企业，产品范围主要包括清洗剂、润滑剂、密封剂等工业化学品。王成刚于1996年入职华阳公司，曾任华阳公司董事、销售副总经理、总经理、副总裁，并于2012年至2016年期间任华阳公司的法定代表人。2015年10月底，王成刚创立麦达可尔公司，现任法定代表人和总经理，麦达可尔公司主要从事清洗剂产品的生产销售等经营活动。张红星于2001年入职华阳公司，曾任华阳公司技术部经理、技术服务部经理。2016年1月开始，张红星任麦达可尔公司技术部经理。刘芳于2010年入职华阳公司，曾任华阳公司销售服务部经理。2015年10月底，刘芳开始负责麦达可尔公司的人事行政工作。华阳公司曾与张红星、刘芳签订保密协议，保密范围涵盖与客户业务、产品、服务有关的信息等商业秘密。华阳公司对客户信息采用ERP系统进行管理。在华阳公司的ERP系统中，存储的客户信息包括：客户名称、品名、货品规格、销售订单数量、单价、联系人、电话、地址等。华阳公司在本案中主张作为商业秘密保护的是含有43家客户信息的客户名单。天津市第一中级人民法院一审认为，43家客户名单构成华阳公司的商业秘密，麦达可尔公司、王成刚、张红星、刘芳的行为构成侵权，

---

① 本案判决书参见第598页。

遂判决麦达可尔公司、王成刚、张红星、刘芳立即停止侵权，麦达可尔公司赔偿华阳公司经济损失60万元，王成刚、张红星、刘芳承担连带赔偿责任。麦达可尔公司与华阳公司均不服，提起上诉。天津市高级人民法院二审判决驳回上诉，维持原判。麦达可尔公司仍不服，向最高人民法院申请再审。最高人民法院裁定提审本案，并于2019年12月16日判决撤销一、二审判决，驳回华阳公司诉讼请求。

【裁判意见】

最高人民法院再审认为，人民法院在审理商业秘密案件中，既要依法加强商业秘密保护，有效制止侵害商业秘密的行为，为企业的创新和投资创造安全和可信赖的法律环境，又要妥善处理保护商业秘密与劳动者自由择业、竞业限制和人才合理流动的关系，维护劳动者正当就业、创业的合法权益，依法促进劳动力的合理流动和自主择业。职工在工作中掌握和积累的知识、经验和技能，除属于单位商业秘密的情形外，构成其人格的组成部分，是其生存能力和劳动能力的基础，职工离职后有自主利用的自由。受商业秘密保护的客户名单，除由客户的名称地址、联系方式以及交易的习惯、意向、内容等信息所构成外，还应当属于区别于相关公知信息的特殊客户信息，并非是指对所有客户名单的保护。本案中，根据麦达可尔公司提供的公证书，前述43家客户信息可以通过网络搜索取得。根据华阳公司提供的43家被侵权客户名单（2012—2015），客户名单主要内容为：订单日期，单号，品名，货品规格、单位（桶或个），销售订单数量，单价，未税本位币，联系人，电话，地址。根据该客户名单，该表格为特定时间段内华阳公司与某客户的交易记录及联系人。首先，在当前网络环境下，相关需方信息容易获得，且相关行业从业者根据其劳动技能容易知悉；其次，关于订单日期，单号，品名，货品规格，销售订单数量，单价，未税本位币等信息均为一般性罗列，并没有反映某客户的交易习惯、意向及区别于一般交易记录的其他内容。在没有涵盖相关客户的具体交易习惯、意向等深度信息的情况下，难以认定需方信息属于反不正当竞争法保护的商业秘密。此外，根据麦达可尔公司提供的对比表，43家客户名单中重要信息相关联系人及电话号码，与华阳公司请求保护的均不相同的占比约86%，联系电话不同的占比约93%，且26家客户提交证明其自愿选择麦达可尔公司进行市场交易。考虑本案双方均为工业清洗维护产品研发、生产和销售的企业。产品范围主要包括清洗剂、润滑剂、密封剂等工业化学品，由于从事清洗产品销售及服务的行业特点，客户选择与哪些供方进行交易，不仅考虑相关产品的性能、价格等信息，也会考虑清洗服务的质量，在联系人、联系电话较大比例不相同的情况下，也难以认定麦达可尔公司使用了华阳公司43家客户名单相关信息进行市场交易。鉴于前述分析，难以认定麦达可尔公司、王成刚等人之行为构成侵害华阳公司商业秘密。

### 52. 涉商业秘密刑民交叉案件的处理

【裁判要旨】

因违反保密义务引发的商业秘密许可合同纠纷案件与关联刑事案件并非基于同一法律要件事实所产生的法律关系，人民法院可以在移送犯罪嫌疑线索的同时，继续审理该商业秘密许可合同纠纷案件。

【关键词】

商业秘密　侵权　刑民交叉

【案号】

（2019）最高法知民终333号

【基本案情】

在上诉人宁波必沃纺织机械有限公司（以下简称必沃公司）与被上诉人宁波慈星股份有限公司（以下简称慈星公司）技术秘密许可使用合同纠纷案[①]中，慈星公司认为，必沃公司违反协议约定，利用慈星公司要求保密的技术图纸生产横机设备的行为，侵害了慈星公司的商业秘密，向浙江省宁波市中级人民法院（以下简称一审法院）提起诉讼。一审程序期间，浙江省宁波市公安局针对必沃公司涉嫌侵犯商业秘密罪有关事项立案侦查，并函告一审法院。一审法院认为，浙江省宁波市公安局侦查的事实涵盖了涉案协议和图纸相关内容，与其所审理的侵害商业秘密民事案件事实具有重合之处，故裁定移送公安机关处理。必沃公司不服，向最高人民法院提起上诉，主张本案系技术秘密许可合同法律关系，而浙江省宁波市公安局立案侦查的侵犯商业秘密案件系侵权法律关系，二者不属于同一法律关系，根据《最高人民法院关于在审理经济纠纷案件中涉及经济犯罪嫌疑若干问题的规定》第十条之规定，本案不应移送，而应继续审理。最高人民法院于2019年11月4日裁定撤销一审裁定，指令一审法院审理。

【裁判意见】

最高人民法院二审认为，根据《最高人民法院关于在审理经济纠纷案件中涉及经济犯罪嫌疑若干问题的规定》第十条的规定，人民法院在审理经济纠纷案件中，发现与本案有牵连，但与本案不是同一法律关系的经济犯罪嫌

① 本案裁定书参见第618页。

疑线索、材料，应将犯罪嫌疑线索、材料移送有关公安机关或检察机关查处，经济纠纷案件继续审理。由此可见，本案二审争议核心在于判断本案所涉法律关系与必沃公司涉嫌侵犯商业秘密犯罪是否基于同一法律事实。根据本案查明的事实可知，本案必沃公司与慈星公司之间因履行《采购协议》及其附件《保密协议》产生争议，慈星公司以必沃公司违反保密义务，将其“被许可的技术秘密”用于合同约定事项之外为由提起本案诉讼，请求判令必沃公司承担相应违约责任。同时，必沃公司又因涉嫌侵犯慈星公司的商业秘密（包含涉案合同所涉技术秘密）犯罪与其他案外人一并被浙江省宁波市公安局立案侦查。可见，本案系慈星公司以必沃公司违反合同约定为由所提起的合同之诉，系技术秘密许可使用合同法律关系。而浙江省宁波市公安局所立案侦查的必沃公司涉嫌商业秘密犯罪，系必沃公司涉嫌侵犯慈星公司的商业秘密的侵权法律关系。二者所涉法律关系不同，并非基于同一法律事实所产生之法律关系，分别涉及经济纠纷和涉嫌经济犯罪，仅仅是二者所涉案件事实具有重合之处。本案为技术秘密许可使用合同纠纷，尽管本案的案件事实与浙江省宁波市公安局立案侦查的商业秘密犯罪案具有重合之处，但慈星公司与必沃公司之间的涉案民事法律关系并不受影响。一审法院应将与本案有牵连，但与本案不是同一法律关系的犯罪嫌疑线索、材料移送浙江省宁波市公安局，但也应继续审理本案所涉技术秘密许可使用合同纠纷。因此，一审法院以“必沃公司具有侵犯商业秘密罪嫌疑，应移送公安机关处理”为由，裁定驳回慈星公司的起诉并将本案移送公安机关处理之结论错误，予以纠正。

### 53. 侵害技术秘密之诉和专利权权属之诉的合并审理

【裁判要旨】

侵害技术秘密之诉与专利权权属之诉系基于同一事实或者裁判结果相互牵连的，适宜在一个案件中合并审理。

【关键词】

侵害技术秘密　专利权权属　合并审理

【案号】

（2019）最高法知民终672号

【基本案情】

在上诉人大连博迈科技发展有限公司（以下简称博迈公司）与被上诉人何克江、苏州麦可旺志生物技术有限公司（以下简称麦可公司）侵害技术秘密及专利权权属纠纷案[①]中，涉及专利号为201610711950.4、名称为“一种多种流体周期性定向导流装置”的发明专利（以下简称涉案专利）。何克江系博迈公司的员工。其在任职期间作为第一发明人，麦可公司作为专利申请人提交了涉案专利的申请。博迈公司认为，涉案专利有关技术方案是博迈公司的技术秘密，何克江、麦可公司的行为构成对博迈公司技术秘密的侵害，且涉案专利系何克江的“职务发明创造”，专利权应当归博迈公司所有，故向辽宁省大连市中级人民法院（以下简称一审法院）提起诉讼，请求确认博迈公司为涉案专利的专利权人，确认何克江、麦可公司侵害了博迈公司的技术秘密，判令何克江和麦可公司赔偿博迈公司经济损失及维权合理开支共计5万元。一审法院认为，专利权属纠纷和侵害技术秘密纠纷属于不同案由，并非同一法律关系，所涉及的被告主体亦不相同，不应在一案中处理。因博迈公司在一审中拒绝选择、明确在本案中要处理的法律关系及对应的诉讼请求，致使本案法律关系及对应的被告不明确，故一审法院裁定驳回博迈公司的起诉。博迈公司不服，向最高人民法院提起上诉。最高人民法院于2019年11月28日裁定撤销一审裁定，指令一审法院审理。

【裁判意见】

最高人民法院二审认为，《最高人民法院关于印发修改后的〈民事案件案由规定〉的通知》指出，同一诉讼中涉及两个以上的法律关系的，应当依当事人诉争的法律关系的性质确定案由，均为诉争法律关系的，则按诉争的两个以上法律关系确定并列的两个案由。因此，同一案件涉及两个不同的法律关系并非人民法院驳回当事人起诉的合法理由。本案中，博迈公司以何克江、麦可公司侵害其技术秘密为由要求二者承担侵权责任，以麦可公司申请的专利系其公司技术秘密为由请求确认诉争专利权由其享有，系在同一案件中提出侵害技术秘密纠纷之诉与专利权权属纠纷之诉，符合上述规定之情形。而且，在特定情况下，将基于同一事实或者其他原因存在密切关系的不同法律关系在同一诉讼中解决，有利于查清案件事实、明确法律责任和避免裁判冲突，有利于保护当事人利益和实现诉讼经济的目标。首先，本案审理侵权之诉与确认之诉所需查明的事实基本相同，在同一案件中审理有利于案件事实的查清，符合诉讼经济的目的。其次，本案确认之诉的结果系侵权之诉结果的自然延伸，两者存在较强的关联性。因此，考虑到本案中博迈公司起诉涉及的侵害技术秘密纠纷与专利权权属纠纷在主要事实上的高度重叠以及裁判结果上的相互牵连，具有密切关系，本案宜将上述两诉合并在一个案件中予以审理。

---

① 本案裁定书参见第622页。

### 54. 垄断协议纠纷可仲裁性认定

【裁判要旨】

鉴于垄断协议的认定与处理完全超出了合同相对人之间的权利义务关系，当事人在协议中约定的仲裁条款不能成为排除人民法院管辖垄断协议纠纷的当然依据。

【关键词】

民事　垄断协议　管辖　仲裁

【案号】

（2019）最高法知民辖终 46 号

【基本案情】

在上诉人壳牌（中国）有限公司（以下简称壳牌公司）与被上诉人呼和浩特市汇力物资有限责任公司（以下简称汇力公司）纵向垄断协议纠纷管辖权异议上诉案①中，壳牌公司提出管辖权异议，认为本案应裁定驳回起诉或者移送至北京知识产权法院、北京市高级人民法院或者内蒙古自治区高级人民法院管辖，异议理由之一是双方签订的《经销商协议》中约定了仲裁条款，本案争议不属于人民法院受理范围，应裁定驳回汇力公司的起诉。内蒙古自治区呼和浩特市中级人民法院（以下简称一审法院）认为，在垄断纠纷涉及公共利益，且目前我国法律尚未明确规定可以仲裁的情况下，当事人之间的仲裁协议不能作为确定垄断纠纷案件管辖权的依据。壳牌公司不服，向最高人民法院提起上诉。最高人民法院于 2019 年 8 月 21 日裁定驳回上诉，维持原裁定。

【裁判意见】

最高人民法院二审认为，对是否构成垄断的认定和处理，反垄断法明确规定了行政执法和民事诉讼两种方式，并未明确规定仲裁的方式。根据《中华人民共和国仲裁法》第二条的规定，如果当事人之间发生纠纷不属于合同纠纷和其他财产权益纠纷，或者说包含有不属于合同纠纷和其他财产权益纠纷的因素，且一方当事人已经寻求司法解决其纠纷的，人民法院通常具有管辖权。本案中，汇力公司提起的是垄断民事纠纷而非合同纠纷。虽然壳牌公司和汇力公司在经销商协议中约定了争议解决的仲裁条款，但反垄断法具有明显的公法性质，是否构成垄断的认定超出了合同相对人之间的权利义务关

① 本案裁定书参见第 627 页。

系，并使本案争议不再限于“平等主体的公民、法人和其他组织之间发生的合同纠纷和其他财产权益纠纷”。在纵向垄断协议的认定与处理完全超出了合同相对人之间的权利义务关系，且我国法律并未明确规定垄断纠纷可以通过仲裁途径解决的情况下，本案当事人在经销商协议中约定的仲裁条款不能成为排除人民法院管辖纵向垄断协议纠纷的当然依据。因此，一审法院认定当事人之间的仲裁条款不能否定一审法院对本案具有管辖权并无不当。

# 五、植物新品种案件审判

## 55. 品种审定与植物新品种权授权的关系

【裁判要旨】

品种审定是市场准入的行政许可，植物新品种权授权是民事权利的授予，二者并无必然关联，不能以获得品种审定的事实作为享有植物新品种权的认定依据。

【关键词】

植物新品种　侵权　品种审定　驳回起诉

【案号】

（2019）最高法知民终585号

【基本案情】

在上诉人青海民族大学与被上诉人青海金祥生物科技发展有限责任公司（以下简称金祥生物公司）侵害植物新品种权纠纷案[①]中，涉及已获得品种审定的“青海蕨麻1号”品种。青海民族大学认为，金祥生物公司非法取得“青海蕨麻1号”原种，冒名接受青海民族大学技术指导，构成对其植物新品种权的侵害，故向青海省西宁市中级人民法院（以下简称一审法院）提起诉讼。一审法院认为，青海民族大学只持有青海省农作物品种审定委员会颁发的《品种合格证》，未获得植物新品种权，判决驳回青海民族大学的诉讼请求。青海民族大学不服，向最高人民法院提起上诉。最高人民法院于2019年12月13日裁定撤销一审判决，驳回青海民族大学的起诉。

---

① 本案裁定书参见第632页。

【裁判意见】

最高人民法院二审认为，我国实行植物新品种保护制度，对国家植物品种保护名录内经过人工选育或者发现的野生植物加以改良，具备新颖性、特异性、一致性、稳定性和适当命名的植物品种，由国务院农业、林业主管部门授予植物新品种权，保护植物新品种权所有人的合法权益。植物新品种权属于民事权利，植物新品种权的所有人依据《中华人民共和国种子法》（以下简称种子法）和《中华人民共和国植物新品种保护条例》（以下简称植物新品种保护条例）享有对该品种繁殖材料的独占权。植物新品种权的内容和归属、授予条件、申请和受理、审查与批准，以及期限、终止和无效等依照种子法、植物新品种保护条例及其有关行政法规规定执行。对于可以申请品种权保护的品种，植物新品种保护条例第十三条规定："申请品种权的植物新品种应当属于国家植物品种保护名录中列举的植物的属或者种。植物品种保护名录由审批机关确定和公布。"根据本案审理查明的事实，蕨麻品种目前尚未被列入国家植物品种保护名录中，不属于可以申请植物新品种保护的品种，青海民族大学不具备申请"青海蕨麻 1 号"植物新品种保护的前提条件。因此，青海民族大学并无提起侵害植物新品种权的请求权基础。青海民族大学向一审法院提交了有关"青海蕨麻 1 号"的青海省品种审定证书。品种审定制度作为市场准入的行政管理措施，不同于植物新品种保护制度，其属于行政许可而非民事权利，主要由《主要农作物品种审定办法》《主要林木品种审定办法》规范，目的是加强作物品种的管理，加速育种新成果的推广利用，确保有经济推广价值的品种进入市场，防止盲目推广不适合本地区种植的劣质品种给农林业生产和农民利益造成损失。通过品种审定的品种并非获得植物新品种权的品种。即便"青海蕨麻 1 号"品种获得了品种审定，也不能认定"青海蕨麻 1 号"品种取得了植物新品种的授权，并由此享有对所涉品种繁殖材料进行生产、销售的独占权。

### 56. 繁殖材料的认定

【裁判要旨】

作为目前植物新品种权保护范围的繁殖材料，应当是具有繁殖能力的活体，且能够繁殖出与授权品种具有相同的特征特性的新个体。授权品种的保护范围不受限于申请植物新品种权时采取的特定方式获得的繁殖材料。当不同于授权阶段繁殖材料的植物体已为育种者所普遍使用时，该种植材料应当作为授权品种的繁殖材料，纳入植物新品种权的保护范围。

【关键词】

植物新品种　侵权　繁殖材料

【案号】

（2019）最高法知民终 14 号

【基本案情】

在上诉人蔡新光与被上诉人广州市润平商业有限公司（以下简称润平公司）侵害植物新品种权纠纷案①（以下简称“三红蜜柚”植物新品种侵权纠纷案）中，涉及品种权号为 CNA20090677.9、名称为“三红蜜柚”的植物新品种，品种权人为蔡新光。蔡新光主张润平公司销售三红蜜柚果实的行为，侵害其植物新品种权，故向广州知识产权法院（以下简称一审法院）提起诉讼。一审法院认为，通过蔡新光申请植物新品种权过程中提交《意见陈述书》《说明书》《农业植物新品种 DUS 测试现场考察报告》审查三红蜜柚的培育和繁殖过程可见，三红蜜柚是通过从芽变分枝上采穗嫁接以及采穗高接进行繁殖的，而非利用汁胞等通过组织培养技术进行。在侵权诉讼中判定繁殖材料时所坚持的标准应与此保持相对一致。如果被诉侵权蜜柚果实并非用于嫁接繁殖的材料，一般不宜判定为繁殖材料，否则超出权利人培育其植物新品种所付出的创造性劳动成果的范围、与权利人申请新品种权过程中的应当享有的权利失衡。被诉侵权三红蜜柚果实应属收获材料而非繁殖材料，润平公司不构成对蔡新光植物新品种权的侵害，遂判决驳回蔡新光全部诉讼请求。蔡新光不服，向最高人民法院提起上诉。其上诉理由包括，一审判决对“作为收获材料的涉案柚子果实不应认定为‘三红蜜柚’的繁殖材料”的认定错误。考虑生产成本，三红蜜柚一般采用嫁接的方式进行繁殖，但也可利用茎芽、果柄、汁胞、外植体细胞等通过组织培养技术进行繁殖，无论在实践中是否已通过组织培养获得完整的植物，都不影响蜜柚的果实作为繁殖材料的结论。最高人民法院于 2019 年 12 月 10 日判决驳回上诉，维持原判。

【裁判意见】

最高人民法院二审认为，植物新品种权所指的繁殖材料涉及植物新品种权的保护范围，其认定属于法律适用问题，应当以品种权法律制度为基础进行分析。根据种子法以及植物新品种保护条例的规定，授予品种权是基于育种者培育、发现并开发的品种具备新颖性、特异性以及稳定性、一致性，并有适当命名。当一个品种经过繁殖，除根据其可以预见的变异外，其相关特

---

① 本案判决书参见第 638 页。

性保持足够一致，该品种应被认为具有一致性。当一个品种经过反复繁殖后，或者对于特定繁殖周期而言，在每个周期结束时，其相关特性保持不变，该品种应被认为具有稳定性。由此可见，之所以将品种的繁殖材料规定为植物新品种权的保护范围，是因为该品种的遗传特性包含在品种的繁殖材料中，繁殖材料在形成新个体的过程中进行品种的繁衍，传递了品种的特征特性，遗传信息通过繁殖材料实现了代代相传，表达了明显有别于在申请书提交之时已知的其他品种的特性，并且经过繁殖后其特征特性未变。因此，虽然植物体的籽粒、果实和根、茎、苗、芽、叶等都可能具有繁殖能力，但其是否属于植物新品种权保护范围的繁殖材料，有赖于所涉植物体繁殖出的植物的一部分或整个植物的新的个体，是否具有与该授权品种相同的特征特性。判断是否为某一授权品种的繁殖材料，在生物学上必须同时满足以下条件：其属于活体，具有繁殖的能力，并且繁殖出的新个体与该授权品种的特征特性相同。被诉侵权蜜柚果实是否为三红蜜柚品种的繁殖材料，不仅需要判断该果实是否具有繁殖能力，还需要判断该果实繁殖出的新个体是否具有果面颜色暗红、果肉颜色紫、白皮层颜色粉红的形态特征，如果不具有该授权品种的特征特性，则不属于三红蜜柚品种权所保护的繁殖材料。对于三红蜜柚果实能否作为繁殖材料，经审查，即便专门的科研单位，也难以通过三红蜜柚果实的籽粒繁育出蜜柚种苗。二审庭审中，蔡新光所请的专家辅助人称，柚子单胚，容易变异，该品种通过枝条、芽条、砧木或者分株进行繁殖，三红蜜柚果实有无籽粒以及籽粒是否退化具有不确定性。综合本案品种的具体情况，即使考虑到三红蜜柚果实的籽粒有一定的繁殖能力，由于该籽粒尚无法繁殖出具有三红蜜柚品种特征特性的新个体，果实的籽粒不属于该品种的繁殖材料。蔡新光依据细胞全能性理论上诉提出，果实内的汁胞可以进行繁殖，因此被诉侵权蜜柚果实属于繁殖材料。经查，我国早在 20 世纪 80 年代就已开展植物组织培养技术研究，利用植物的器官、组织、细胞等通过离体培养进行无性繁殖。在当前技术条件下，组织培养受到植物品种的基因型、器官、发育时期等多方面条件制约，还需要避免品种产生变异，并非柑橘属的每一个品种都能通过组织培养进行繁殖，因此，三红蜜柚果实内的汁胞难以被认定为繁殖材料。综上，本案被诉侵权蜜柚果实的籽粒及其汁胞均不具备繁殖授权品种三红蜜柚的能力，不属于三红蜜柚品种的繁殖材料。

植物新品种保护制度保护的是符合授权条件的品种，通过繁殖材料保护授权品种。虽然蔡新光在申请三红蜜柚植物新品种权时提交的是采用以嫁接方式获得的繁殖材料枝条，但并不意味着三红蜜柚植物新品种权的保护范围仅包括以嫁接方式获得的该繁殖材料，以其他方式获得的枝条也属于该品种的繁殖材料。随着科学技术的发展，不同于植物新品种权授权阶段繁殖材料的植物体可能成为育种者普遍选用的种植材料，即除枝条以外的其他种植材料也可能被育种者们普遍使用，在此情况下，该种植材料作为授权品种的繁殖材料，应当纳入植物新品种权的保护范围。一审判决认为侵权繁殖材料的繁育方式应当与该品种育种时所使用的材料以及繁育方式一一对应，认为将不同于获取品种权最初繁育方式的繁殖材料纳入到植物新品种权的保护范围，与权利人申请新品种权过程中应当享有的权利失衡。该认定将申请植物新品种权时的繁育方式作为授权品种保护的依据，限制了植物新品种权的保护范围，缩小了植物新品种权人的合法权益，予以纠正。

### 57. 销售兼具收获材料和繁殖材料属性的植物材料行为的植物新品种权侵权判定

【裁判要旨】

如果一种植物材料既可以用作收获材料，又可以用作繁殖材料，认定销售该植物材料的行为是否侵害植物新品种权时，还应当考虑销售者的真实销售意图和使用者的实际使用行为。

【关键词】

植物新品种　侵权　繁殖材料　收获材料

【案号】

（2019）最高法知民终 14 号

【裁判意见】

在前述“三红蜜柚”植物新品种侵权纠纷案中，最高人民法院还阐述了销售兼具收获材料和繁殖材料属性的植物材料的行为是否构成对植物新品种权的侵害问题。最高人民法院二审认为，植物体的不同部分可能有着多种不同的使用用途，可作繁殖目的进行生产，也可用于直接消费或者观赏，同一植物材料有可能既是繁殖材料也是收获材料。对于既可作繁殖材料又可作收获材料的植物体，在侵权纠纷中能否认定为是繁殖材料，应当审查销售者销售被诉侵权植物体的真实意图，即其意图是将该材料作为繁殖材料销售还是作为收获材料销售；对于使用者抗辩其属于使用行为而非生产行为，应当审查使用者的实际使用行为，即是将该收获材料直接用于消费还是将其用于繁殖授权品种。除有关法律、行政法规另有规定外，对于未经品种权人许可种植该授权品种的繁殖材料的行为，应当认定为侵害该植物新品种权的生产行为。

## 58. 植物新品种权独占实施许可的认定

【裁判要旨】

植物新品种权独占实施许可系指被许可人获得了在该植物新品种权的授权法域内唯一实施该授权品种的权利，如果被许可人获得的所谓“独占实施许可”被附加了授权法域内的地域限制，则该实施许可仅构成普通实施许可。

【关键词】

植物新品种　侵权　独占实施许可　驳回起诉

【案号】

（2019）最高法知民终130号

【基本案情】

在上诉人江苏丰庆种业科技有限公司（以下简称江苏丰庆公司）与被上诉人安徽禾泉种业有限公司（以下简称安徽禾泉公司）、原审被告安徽乐利农种业有限公司（以下简称安徽乐利农公司）侵害植物新品种权及不正当竞争纠纷案[①]中，涉及申请号为20131196.3、名称为“常糯1号”的植物新品种，品种权人为常熟市农业科学研究所。安徽禾泉公司以“常糯1号”植物新品种权的“安徽省内的独占被许可人”身份向安徽省合肥市中级人民法院（以下简称一审法院）提起诉讼，主张江苏丰庆公司、安徽乐利农公司构成侵权。一审法院认为，江苏丰庆公司、安徽乐利农公司侵害了涉案植物新品种权，判令其停止侵害并赔偿有关经济损失。江苏丰庆公司不服，向最高人民法院提起上诉。最高人民法院查明，安徽禾泉公司主张其具有诉权的证据为常熟市农业科学研究所与安徽禾泉公司共同发布的《常糯1号维权公告》以及常熟市农业科学研究所与安徽禾泉公司的委托授权书。两份证据均限定了许可实施的地域范围，明确记载，“独家在安徽省”区域内许可实施或者在安徽省适宜区域独占许可。安徽禾泉公司对其许可范围限于安徽省内地理区域的事实亦予以认可。最高人民法院于2019年12月23日裁定撤销一审判决，驳回安徽禾泉公司的起诉。

【裁判意见】

最高人民法院二审认为，本案争议焦点在于安徽禾泉公司是否具备单独提起本案的侵权之诉的原告主体资格。根据《最高人民法院关于审理侵犯植

① 本案裁定书参见第651页。

物新品种权纠纷案件具体应用法律问题的若干规定》① 第一条的规定，提起侵害植物新品种权诉讼的原告是植物新品种权所有人或者利害关系人，并非植物新品种实施许可合同的被许可人均可以作为利害关系人单独提起侵害植物新品种权之诉。品种权实施许可分为独占实施许可、排他实施许可、普通实施许可三种基本方式。如果是排他实施许可，品种权人在已经许可被许可人实施品种权的范围内无权就同一品种再许可他人实施；如果是独占实施许可合同，品种权人在已经许可被许可人实施品种权的范围内无权就同一品种再许可他人实施或者自己实施；如果是普通实施许可合同，品种权人在已经许可被许可人实施品种权的范围内仍可以就同一品种再许可他人实施。根据二审庭审查明的事实，常糯 1 号在安徽省和江苏省均有品种权人常熟市农业科学研究所的授权许可。安徽禾泉公司取得的品种许可虽然名称为"独家"但其是限制在安徽省的区域内，其取得的独家许可实际上属于普通实施许可。根据上述司法解释第一条第三款的规定，作为普通实施许可合同的被许可人，安徽禾泉公司提起本案的侵权之诉，应当经品种权人常熟市农业科学研究所明确授权。安徽禾泉公司自本案起诉至二审期间，未提交品种权人常熟市农业科学研究所的追认和明确授权的相关证据，其尚不具备单独提起本案的侵权之诉的原告主体资格。

# 六、技术合同案件审判

## 59. 计算机软件开发合同中开发标的的认定

【裁判要旨】

系争软件是否属于计算机软件开发合同开发标的的判断，不应拘泥于合同的字面约定，而应考虑涉案合同的目的、系争软件与合同约定软件的关联性或者功能配套性以及合同履行情况等因素综合判断。

【关键词】

计算机软件开发合同　开发标的　合同目的

① 已被《最高人民法院关于修改〈最高人民法院关于审理侵犯专利权纠纷案件应用法律若干问题的解释（二）〉等十八件知识产权类司法解释的决定》修改，本书下同。

【案号】

（2019）最高法知民终694号

【基本案情】

在上诉人宁波睿奇智威信息科技有限公司（以下简称睿奇智威公司）与被上诉人浙江快发科技有限公司（以下简称快发公司）、宁波海曙耀广理发店侵害计算机软件著作权纠纷案[①]中，睿奇智威公司向浙江省宁波市中级人民法院（以下简称一审法院）提起诉讼称，快发公司未经许可大量复制、安装“快剪购票机系统计算机软件”（以下简称被诉侵权软件）的行为侵害了睿奇智威公司的著作权。快发公司辩称，被诉侵权软件是睿奇智威公司受快发公司委托开发的计算机软件，根据合同约定，著作权归快发公司所有。一审法院认为，睿奇智威公司与快发公司签订了“QCHouses线上平台开发”软件开发合同，被诉侵权软件属于合同项下的软件，根据合同约定，著作权属于快发公司，故判决驳回睿奇智威公司的诉讼请求。睿奇智威公司不服，向最高人民法院提起上诉，最高人民法院于2019年12月30日判决驳回上诉，维持原判。

【裁判意见】

最高人民法院二审认为，涉案合同为“QCHouses线上平台开发”软件开发合同。对于被诉侵权软件是否属于合同范围的理解不应机械、静态地分析其是否属于线上还是线下软件，特别是考虑到合同履行过程中，当事人根据业务需求以及软件开发的进程亦有可能对开发范围进行调整。故应该综合考虑涉案合同的目的、被诉侵权软件与合同软件的功能配套性以及合同履行情况进行判断。根据涉案合同的约定，睿奇智威公司为快发公司设计和开发的项目版权归快发公司所有。现有证据能够形成被诉侵权软件属于涉案合同范围的证据优势，可以证明被诉侵权软件系在涉案合同范围内为快发公司的业务需要而开发设计，根据涉案合同的约定，被诉侵权软件的著作权应当归快发公司所有。首先，被诉侵权软件的功能属于涉案合同的目的范围内。其次，被诉侵权软件无论在软件名称、软件功能还是开发时间、研发团队等都与合同软件具有高度的关联性和一致性。再次，从涉案合同开发人员履行涉案合同的情况看，无论是主观认知还是客观履行情况，开发人员均将被诉侵权软件视为合同履行的一部分。复次，被诉侵权软件并非完全独立的软件，其功能需求、逻辑架构等都需要依附于原有的合同软件，二者必须协同配合保持一致。最后，即使如睿奇智威公司所述，其是独立开发被诉侵权软件，鉴于

---

① 本案判决书参见第659页。

被诉侵权软件与快发公司的业务直接关联，属于同行业软件，睿奇智威公司的开发亦有违涉案合同的约定和其自身负有的保密义务，不符合诚实信用原则的要求。

### 60. 开源协议适用范围及对软件著作权侵权判定的影响

【裁判要旨】

网站前端代码与后端代码在展示方式、所用技术、功能分工等方面均存在明显不同，属于既相互独立又互相联合的独立程序，即便前端代码使用了GPL 协议项下的开源代码，后端代码也不受 GPL 协议约束，未经许可复制后端代码仍构成侵害软件著作权。

【关键词】

计算机软件　侵权　开源代码　GPL 许可证协议

【案号】

（2019）最高法知民终 663 号

【基本案情】

在上诉人北京闪亮时尚信息技术有限公司（以下简称闪亮时尚公司）与被上诉人不乱买电子商务（北京）有限公司（以下简称不乱买公司）侵害计算机软件著作权纠纷案①中，不乱买公司认为闪亮时尚公司网站侵害其软件著作权，故向北京知识产权法院（以下简称一审法院）提起诉讼。闪亮时尚公司抗辩称，不乱买公司网站前端代码与后端代码存在交互且没有进行有效隔离，该前端代码和后端代码共同构成其主张著作权的软件，整个软件都可以视为前端代码的修订版本。鉴于前端代码使用了 GPL 协议项下的开源代码，根据 GPL 协议内容以及 GPL 协议具有极强“传染性”的特性，包括前端代码和后端代码在内的软件整体均应遵循 GPL 协议向所有第三方无偿开源。一审法院认定闪亮时尚公司构成对不乱买公司软件著作权的侵害，判令其停止侵害并赔偿有关经济损失。闪亮时尚公司不服，向最高人民法院提起上诉。最高人民法院于 2019 年 12 月 23 日判决驳回上诉，维持原判。

【裁判意见】

最高人民法院二审认为，前端代码一般是关于用户可见部分的编码，用以实现操作界面如页面布局、交互效果等页面设计；而后端代码一般是涉及用户不可见部分的编码，用以实现服务端的相关逻辑功能。同时，前端代码

---

① 本案判决书参见第 668 页。

与后端代码是可以分别独立打包、部署的。因此，前端代码与后端代码在展示方式、所用技术、功能分工等方面均存在明显不同，不能因前端代码与后端代码之间存在交互配合就认定二者属于一体，前端代码与后端代码其实是相互独立的。因此，当权利人明确放弃以前端代码主张权利仅以后端代码主张权利时，权利软件仅为后端代码而非前端文件和后端文件共同构成权利软件。根据涉案GPL协议内容，可以看出GPL协议的“传染性”应当是指GPL协议的许可客体不仅限于受保护程序本身，还包括受保护程序的衍生程序或修订版本，但不包括与其联合的其他独立程序。由此可见，GPL协议要求开源的是本身接受其协议的软件代码及针对这些软件代码的修订或者根据这些软件代码开发的延伸程序，而不包括与这些代码有数据交换等联合的其他独立程序。本案中，虽然不乱买公司认可其前端代码中使用了GPL协议下的开源代码，但其主张权利的是后端代码，其后端代码是独立于前端代码的其他程序，并不受GPL协议的约束，无需强制开源。闪亮时尚公司的相关抗辩不能成立。

### 61. 计算机软件开发合同开发方迟延履行行为的认定

【裁判要旨】

计算机软件开发合同履行过程中，随着委托方需求的进一步明晰、合同双方交流的不断深入、受托方阶段性完成的具体情况、市场情势的客观变化乃至交易成本控制的考量，软件内容和功能进行调整和改进实属正常，不宜仅因软件开发方超过合同约定的履行期限交付软件即简单认定其构成迟延履行。

【关键词】

计算机软件开发合同　迟延履行　违约责任　合同解除

【案号】

（2019）最高法知民终433号

【基本案情】

在上诉人北京中易游网络科技有限公司（以下简称中易游公司）与被上诉人北京盛世星辉网络科技有限公司（以下简称盛世星辉公司）计算机软件开发合同纠纷案[①]中，涉及中易游公司委托盛世星辉公司根据双方于2016年7月27日签订的《软件开发合同》（以下简称涉案合同）开发一款游戏软件。

---

① 本案判决书参见第684页。

中易游公司认为，中易游公司与盛世星辉公司签订涉案合同后，按约向后者支付了首期开发款，但盛世星辉公司未按要求展开开发工作，也未向中易游公司交付产品，完成验收，致使中易游公司的合同目的不能实现。盛世星辉公司已构成违约，涉案合同应当解除，并应由盛世星辉公司退还款项、赔偿损失，遂向北京知识产权法院（以下简称一审法院）提起诉讼。一审法院认为，因双方一致同意解除涉案合同，故可准许予以解除。鉴于盛世星辉公司应中易游公司的要求对涉案项目进行修改和维护，中易游公司多次提出修改及增加端口的要求是导致涉案合同履行超期的原因之一，且盛世星辉公司完成的工作量与中易游公司已付款项相当，故中易游公司要求返还已支付的开发款及利息的请求不予支持。一审法院判决解除涉案合同，驳回中易游公司其他诉讼请求。中易游公司不服，向最高人民法院提起上诉。最高人民法院于 2019 年 11 月 13 日判决驳回上诉，维持原判。

【裁判意见】

最高人民法院二审认为，盛世星辉公司应履行的主合同义务之一，是按照约定的交付日期和《项目功能说明书》的约定，向中易游公司交付名称为"手机游戏长连接　强联网服务端程序（含源码）"和"手机游戏管理工具（含源码）"的合格软件。结合双方的庭审陈述和举证情况，可以认定涉案合同订立后没有制定《项目功能说明书》。《项目功能说明书》缺失所引发的后果，就是涉案合同自始便存在软件开发工作缺乏具体、清晰指向的风险。在涉案合同缺乏关于《项目功能说明书》制定和提交义务方约定的情况下，前述风险本应有赖于双方遵循诚实信用原则，共同协力消除，特别是在涉案合同项目系采取由委托方负责软件前端开发、受托方负责软件后端开发的分工模式下更当如此。然而，由于涉案合同双方在履行过程中未能及时协商制定《项目功能说明书》，不可避免地增加双方在对接磨合、相互探明意图过程中无谓耗费的时间成本，进而客观上加大了受托方不能如期交付软件的风险和难度。继而，中易游公司和盛世星辉公司均确认合同履行过程中没有制定软件开发计划。虽然，盛世星辉公司作为软件开发方，应当履行主动发起与委托方中易游公司讨论制定软件开发计划的义务。但是，中易游公司作为涉案软件的委托开发方，其既然负有依照开发计划在每一个阶段检测和验收盛世星辉公司开发的阶段性产品的义务，则其同样应当积极督促盛世星辉公司及时协商制定软件开发计划。然而，由于涉案合同双方在履行的初始阶段未能及时共同制定软件开发计划，不可避免地造成后续软件开发过程出现前后端对接上的无序状态，人为增加了双方在协调工作进度上的时间成本，进而同样加大了受托方不能按期交付软件的风险和难度。现实生活中一款软件的开发往往不会是一蹴而就之事，在软件开发过程中随着委托方需求的进一步明晰、合同双方交流的不断深入、受托方阶段性完成的具体情况、市场情势的客观变化乃至交易成本控制的考量，软件的内容和功能需要适时进行调整和改进实属正常。故，软件开发过程中需要修改，不一定是委托开发方的自身原因所致，还可能是因受托方的开发工作不符合要求所致。结合双方开发人员的 QQ 聊天记录内容，现有证据无法证明软件开发过程中出现反复修改甚至“推倒重来”的原因系盛世星辉公司完成的工作不合要求所致。相反，盛世星辉公司被要求修改或“推倒重来”，或是因为负责软件前端开发的中易游公司开发人员变动，新进人员未清楚了解前任人员与盛世星辉公司开发人员的沟通过程；或是因为中易游公司在履行过程中自行更改软件开发思路，新增需求事项。而涉案软件开发过程中缺乏《项目功能说明书》和软件开发计划的指引和约束，进一步加剧了前后端开发人员对接混乱的状态。以上情形，客观上都造成涉案软件开发进度的延宕，故开发进度被延宕的原因不应简单归责于盛世星辉公司。

## 七、知识产权诉讼程序

### 62. 统筹协调具有重复诉讼因素的多起关联案件予以集中管辖的适用

【裁判要旨】

权利人基于同一专利权，针对同一被诉侵权产品，向同一被诉侵权产品制造商提起多起专利侵权纠纷案件，以不同使用者实际使用的被诉侵权产品作为各案中主张赔偿的事实依据，且各案中的被诉侵权产品均系在同一时期内制造，各案被诉制造行为实为同一行为，为避免重复判决、实现诉讼经济和保证裁判结果协调，最高人民法院可以视情指定集中管辖。

【关键词】

实用新型　侵权　重复诉讼　指定管辖　集中管辖

【案号】

（2019）最高法知民终 447 号、470 号

【基本案情】

在上诉人仪征市佳和土工材料有限公司（以下简称仪征佳和公司）与被上诉人张振武、原审被告中交二航局第二工程有限公司（以下简称中交二航局二

公司)、原审被告中铁四局集团第一工程有限公司（以下简称中铁四局一公司）侵害实用新型专利权纠纷系列案①中，涉及专利号为ZL201020130562.5、名称为“整体式土工格室”的实用新型专利（以下简称涉案专利），张振武为专利权人。张振武认为，仪征佳和公司制造、销售，中交二航局二公司、中铁四局一公司分别在杭州湾大桥北接线（二期）工程TJ04、TJ06标段工地上使用的被诉侵权产品落入涉案专利权的保护范围，故分别诉至浙江省嘉兴市中级人民法院（以下简称一审法院），请求判令仪征佳和公司及中交二航局二公司、中铁四局一公司停止侵害并赔偿经济损失。一审法院认为，被诉侵权产品落入涉案专利权保护范围，仪征佳和公司擅自制造、销售的行为构成侵权，中交二航局二公司、中铁四局一公司因合法来源抗辩成立，无需承担有关责任，故判令仪征佳和公司停止侵害并赔偿损失。仪征佳和公司不服，向最高人民法院提起上诉。最高人民法院二审查明，张振武还基于涉案专利，针对仪征佳和公司及不同使用者提起多起诉讼，各案被诉侵权产品均与本案被诉侵权产品相同。最高人民法院于2019年12月30日裁定撤销原判，将该两案及关联案件一并指定上海知识产权法院管辖。

【裁判意见】

最高人民法院二审认为，两案中专利权人均为张振武，被诉侵权产品制造商均为仪征佳和公司，并且发现被诉侵权行为时间相同，被诉侵权行为基本发生在同一时期，起诉立案时间基本相同，一审法院于同日对两案分别作出一审判决，两案区别仅为被诉侵权产品的使用者不同。而对于权利人以制造商为共同被告，只是使用者不同而分别起诉的案件，不得重复判决同一行为人对同一时期的同一被诉侵权产品重复承担民事责任。权利人针对同一专利权、同一被诉侵权产品，在多个案件中均起诉被诉侵权产品的制造商，主张其制造、销售行为侵害专利权，并以由不同使用者所实际使用的被诉侵权产品作为主张赔偿的事实依据的，该种情况下如果被诉侵权产品系同一时期制造的，则不同案件中被诉制造行为实为同一行为，法院应在查明相关事实的基础上对相关案件一并予以集中统筹处理，以避免出现重复判决停止侵害及重复计算赔偿数额等问题。而一审法院对两案于同日分别作出了停止侵害及赔偿损失的判决，对仪征佳和公司的责任承担存在重复处理问题。此外，一审法院对仪征佳和公司是否有权实施涉案专利的事实亦未查清。所以，由于一审法院对有关仪征佳和公司是否有权实施涉案专利及责任承担等基本事

---

① 本案裁定书［（2019）最高法知民终447号］参见第705页，（2019）最高法民终470号裁定书略。

实认定不清，应撤销原判，发回重审。根据《最高人民法院关于同意杭州市、宁波市、合肥市、福州市、济南市、青岛市中级人民法院内设专门审判机构并跨区域管辖部分知识产权案件的批复》规定，一审法院现已无权管辖专利案件。考虑到张振武与仪征佳和公司在全国有多起因涉案相同被诉侵权产品侵害涉案相同专利权的诉讼的情况，为统一裁判标准、避免各地法院重复处理，将该两案及现查明的其他相关案件一并指定上海知识产权法院管辖。

### 63. 关联专利侵权之诉与确认不侵权之诉分散审理的审判协调

【裁判要旨】

涉及相同专利或者关联专利的侵权之诉与确认不侵权之诉，原则上应当合并审理；确有特殊情况，基于方便当事人诉讼、方便人民法院审理的考虑，宜分散审理的，最高人民法院知识产权法庭应当在二审程序中加强统筹协调，确保裁判标准一致。

【关键词】

发明专利　侵权　确认不侵权　管辖　分散审理　二审统筹

【案号】

（2019）最高法知民辖终 1 号、2 号

【基本案情】

在上诉人上海宝冶集团有限公司（以下简称宝冶公司）与被上诉人联奇开发股份有限公司（以下简称联奇公司）、原审被告超视堺国际科技（广州）有限公司（以下简称超视堺公司）、中国建筑一局（集团）有限公司、柏诚工程股份有限公司、江西汉唐系统集成有限公司、中国电子系统工程第二建设有限公司侵害发明专利权纠纷管辖权异议上诉两案[①]（以下简称广州两案）中，涉及专利号为 ZL200410048826.1、名称为“混凝土楼板预留开孔的成型装置”的发明专利（以下简称涉案产品专利）和专利号为 ZL200810083903.5、名称为“一种混凝土楼板预留开孔的施工方法”的发明专利（以下简称涉案方法专利），专利权人均为联奇公司（以下分别简称为广州产品专利侵权一案和广州方法专利侵权一案）。联奇公司认为，宝冶公司等侵害其专利权，向广州知识产权法院提起两案诉讼。广州知识产权法院在两案中均进行了证据保全。宝冶公司提出管辖权异议认为，宝冶公司的住所地在上海市，两案应由上海知识产权法院管辖，请求将案件移送至上海知识产权法院审理。广州

---

[①] 两案裁定书参见第 716 页、第 721 页。

知识产权法院认为，广州两案的被告之一超视堺公司的住所地位于广州市，且广州市亦为两案侵权行为地，广州知识产权法院具有管辖权，故裁定驳回宝冶公司的管辖权异议。宝冶公司不服，向最高人民法院提起上诉。最高人民法院经审理查明，广州两案立案前，上海知识产权法院受理了案外人上海惠亚铝合金制品有限公司（以下简称惠亚公司）关于请求确认不侵害涉案产品专利权的起诉（以下简称上海产品专利确认不侵权一案）。最高人民法院于2019年11月1日裁定驳回上诉，维持原裁定。

【裁判意见】

最高人民法院二审认为，联奇公司在广州产品专利侵权一案中请求保护的是名称为“混凝土楼板预留开孔的成型装置”的发明专利，该专利与惠亚公司在上海产品专利确认不侵权一案中请求确认不侵权的专利相同，且上海知识产权法院立案在先。若仅单纯考虑此两案上述情况，广州产品专利侵权一案因与上海产品专利确认不侵权一案涉及同一产品专利，可移送立案在先的上海知识产权法院合并审理。但是，人民法院行使审判权应遵循司法活动的基本规律和特点，坚持便于当事人诉讼，便于人民法院依法独立、公正和高效行使审判权的原则。广州两案中，联奇公司诉请保护的两项专利分别为混凝土楼板预留开孔技术领域成型装置和施工方法发明专利，具有较为紧密的关联性。同时，广州知识产权法院依据当事人申请，在广州产品专利侵权一案中裁定查封或扣押各被告使用的被诉侵权产品；在广州方法专利侵权一案中裁定对各被告使用被诉施工方法进行了证据保全。有鉴于此，综合考虑三个关联案件的实质性联系，若将广州产品专利侵权一案移送上海知识产权法院合并审理，同样将出现关联案件分别被不同法院审理的情况。因此，广州两案如何确定管辖法院，应从方便当事人诉讼、方便人民法院审理出发，综合考虑相关案件的案情、裁判文书的执行等因素，作出合法合理的处理。首先，从尊重和保障当事人诉权的原则出发，惠亚公司在上海知识产权法院提起的确认不侵害专利权之诉、联奇公司在广州知识产权法院提起的两起专利侵权之诉，均是当事人依法自主行使诉权的行为，且均符合民事诉讼法关于诉讼管辖的相关规定，依法均应予以尊重和保护。其次，从便于当事人诉讼的原则出发，上海知识产权法院受理的确认不侵害专利权诉讼，当事人为原告惠亚公司、被告联奇公司，广州知识产权法院受理的两起专利侵权诉讼，原告均为联奇公司，被告均为宝冶公司、超视堺公司等八家单位，若将广州产品专利侵权一案移送至上海知识产权法院审理，因方法专利侵权诉讼仍应由广州知识产权法院审理，将产生上述六被告以及联奇公司分别在上海、广州两地参加诉讼的情况，当事人为参加诉讼都将投入更多的时间和更高的经济成本。如果两起专利侵权诉讼均在广州知识产权法院审理，相对而言更有利于节约当事人诉讼成本，符合诉讼经济原则，也更便于多数当事人参加诉讼。最后，从便于人民法院公正高效行使审判权的原则出发，考虑到广州知识产权法院还受理了与成型装置专利关联度较高的有关该成型装置专利施工方法的侵权案件，且已在其辖区内对被诉侵权产品和施工方法进行了证据保全，广州产品专利侵权一案由广州知识产权法院审理既便于当事人诉讼，也便于人民法院查明案件事实并依法裁判和执行，从而确保公正、高效地审结案件。综合考虑广州产品专利侵权案的实际情况，广州知识产权法院受理上述两起专利侵权案件符合民事诉讼法关于地域管辖的规定，同时从有利于保障和便利当事人诉讼，有利于人民法院公正高效审理案件出发，不宜移送至上海知识产权法院审理。至于上海知识产权法院和广州知识产权法院就确认不侵害专利权纠纷与侵害专利权纠纷分别审理是否会出现冲突，因其上诉统一由最高人民法院知识产权法庭审理，这一可能出现的问题能够通过上诉机制解决。

### 64. 包含专利权转让条款的股权转让协议纠纷的管辖

【裁判要旨】

基于包含专利权转让条款的股权转让合同产生的纠纷，原则上属于股权转让合同纠纷，而非专利权转让合同纠纷，不宜作为专利案件确定管辖。

【关键词】

专利权转让　股权转让　合同　管辖

【案号】

（2019）最高法知民辖终158号

【基本案情】

在上诉人荣阳铝业（中国）有限公司（以下简称荣阳铝业公司）与被上诉人宝纳丽金门窗系统（苏州工业园区）有限公司（以下简称宝纳丽金公司）专利权转让合同纠纷管辖权异议上诉案[①]中，宝纳丽金公司提出管辖权异议认为，涉案《收购协议》的主要内容是股权转让、财务结算、人员安排等，本案的案由应确定为股权转让合同纠纷。在涉案合同明确约定有关纠纷由广东省广州市增城区人民法院管辖的情况下，广州知识产权法院（以下简称一审法院）对本案没有管辖权。一审法院认为，本案案由应当确定为专利

① 本案裁定书参见第727页。

权转让合同纠纷，故裁定驳回了荣阳铝业公司的管辖权异议。荣阳铝业公司不服，向最高人民法院提起上诉。最高人民法院于 2019 年 9 月 24 日裁定撤销一审裁定，本案由广东省广州市增城区人民法院管辖。

【裁判意见】

最高人民法院二审认为，根据民事诉讼法第三十四条的规定，合同或者其他财产权益纠纷的当事人可以书面协议选择被告住所地、合同履行地、合同签订地、原告住所地、标的物所在地等与争议有实际联系的地点的人民法院管辖，但不得违反本法对级别管辖和专属管辖的规定。本案中，荣阳铝业公司与宝纳丽金公司于 2015 年 6 月 17 日签订《收购协议》，双方约定荣阳铝业公司以 1580 万元收购宝纳丽金公司的 100% 股权，该协议第二条约定“自甲乙双方签约后，乙方所有的包括但不限于注册商标、产品专利等等所有的知识产权属于甲方，乙方应协助甲方尽快完成相关转让手续”。该协议第六条约定“对于执行本合同发生的与本合同有关的争议应本着友好协商的原则解决，如果双方通过协商不能达成一致，任何一方可依法向甲方所在地人民法院起诉”。从本案当事人双方签订的《收购协议》内容来看，双方当事人的约定不仅包含知识产权的转让，还包括股权转让、财务结算、人员安排等内容。因此，本案涉案合同为包含知识产权转让的股权转让合同。本案当事人双方所签署股权转让合同中已明确约定向“甲方所在地人民法院起诉”，作为“甲方”的荣阳铝业公司所在地，也是被告所在地。可见，该约定并不违反对级别管辖和专属管辖的规定。本案应当由作为“甲方”的荣阳铝业公司所在地的广州市增城区人民法院行使管辖权。

### 65. 作为管辖连结点的零部件使用行为的认定

【裁判要旨】

如果被诉侵权产品系另一产品的零部件，使用该另一产品的行为亦使作为零部件的被诉侵权产品实现了使用价值，则该使用行为亦构成对于被诉侵权零部件产品的使用，可以作为确定案件管辖的连结点。

【关键词】

实用新型专利　侵权　管辖　零部件　使用行为

【案号】

（2019）最高法知民辖终 201 号

【基本案情】

在上诉人深圳市贝纳太阳能技术有限公司（以下简称贝纳公司）与被上

诉人上海钧正网络科技有限公司（以下简称钧正公司）、江苏永安行低碳科技有限公司（以下简称永安行公司）侵害实用新型专利权纠纷管辖权异议上诉案①中，涉及专利号为ZL201820107946.1、名称为“一种太阳能电池组件”的实用新型专利（以下简称涉案专利）。贝纳公司向广东省深圳市中级人民法院（以下简称一审法院）提起诉讼称，钧正公司在广东省深圳市投放的“哈罗出行”共享单车使用的太阳能电池组件产品侵害了涉案专利权，永安行公司制造并使用了被诉侵权的太阳能电池组件，亦构成侵权。钧正公司、永安行公司提出管辖权异议认为，本案钧正公司住所地在上海市，且涉案共享单车及其部件“太阳能组件”均不在广东省深圳市生产制造，请求将案件移送至上海知识产权法院审理。一审法院认为，钧正公司、永安行公司的管辖权异议成立，裁定本案移送上海知识产权法院处理。贝纳公司不服，向最高人民法院提起上诉。贝纳公司的主要上诉理由是，钧正公司系在广东省深圳市将被诉侵权的“太阳能组件”组装到涉案共享单车，并将共享单车投放到广东省深圳市。最高人民法院于2019年9月5日裁定撤销一审裁定，本案由一审法院管辖。

【裁判意见】

最高人民法院二审认为，本案中，贝纳公司提交的初步证据显示，钧正公司在深圳市投放的共享单车上，使用了被诉侵权的太阳能电池组件产品。钧正公司将被诉侵权的太阳能电池组件产品，组装到共享单车上使用，至少存在组装及实际使用行为。首先，如将太阳能电池组件产品视为零部件组装，可以认定该组装行为属于专利法意义上的使用行为。其次，本案钧正公司除组装行为外，还存在实际使用太阳能电池组件产品，使其真正发挥功能与作用的使用行为。太阳能电池作为组件产品，其实际发挥的功能与作用，系为共享单车接收指令、开关锁等功能提供电能。而能发挥该功能与作用，则是共享单车投放市场营运之后。因此，钧正公司将组装了被诉侵权的太阳能电池组件产品的共享单车投放到深圳市场进行营运之初，为保证共享单车实际被使用时能正常使用，应当维持太阳能电池持续不断地为共享单车开关锁提供电能，该过程需要钧正公司使用电池组件产品，利用太阳能给电池充电。作为营运方，钧正公司也需要对共享单车进行日常维护，使用电池组件产品。钧正公司将共享单车投放市场进行营运，对电池组件产品实际进行使用，显然已经超出其将电池组件产品作为零部件组装到共享单车上的使用范畴。钧正公司作为共享单车的营运方，在向市场投放共享单车的实际经营中，对被

---

① 本案裁定书参见第730页。

诉侵权的太阳能电池组件产品进行使用，此行为并非市场终端消费者的使用行为，属于为生产经营目的的使用行为。该使用行为发生在深圳市，深圳市为侵权行为实施地。一审法院作为使用被诉侵权产品的侵权行为地人民法院，对本案享有管辖权。

## 66. 作为管辖连结点的信息网络侵权行为的认定

【裁判要旨】

《最高人民法院关于适用〈中华人民共和国民事诉讼法〉的解释》第二十五条规定的作为管辖连结点的信息网络侵权行为系指在信息网络上完整实施的侵权行为；若侵权行为仅部分环节在线上实施，则不构成上述信息网络侵权行为，不能适用上述司法解释之规定确定管辖。

【关键词】

实用新型专利　侵权　管辖　信息网络侵权行为

【案号】

（2019）最高法知民辖终 13 号

【基本案情】

在上诉人杭州米欧仪器有限公司（以下简称米欧公司）与被上诉人宁波拓普森科学仪器有限公司（以下简称拓普森公司）侵害实用新型专利权纠纷管辖权异议上诉案①中，拓普森公司向浙江省宁波市中级人民法院（以下简称一审法院）提起诉讼，主张米欧公司未经其允许，制造、销售、许诺销售侵害拓普森公司专利权的侵权产品，给其造成了经济损失，构成专利侵权。米欧公司提出管辖权异议认为，本案的侵权行为地和被告住所地均为浙江省杭州市，本案应移送至浙江省杭州市中级人民法院审理。一审法院经审理认为，被诉侵权的网络销售行为属于上述司法解释规定的“信息网络侵权行为”，一审法院作为被侵权人住所地法院享有管辖权，故裁定驳回米欧公司的管辖异议。米欧公司不服，向最高人民法院提起上诉。最高人民法院于2019 年 5 月 28 日裁定撤销一审裁定，本案由浙江省杭州市中级人民法院管辖。

【裁判意见】

最高人民法院二审认为，《最高人民法院关于适用〈中华人民共和国民事诉讼法〉的解释》第二十五条规定的信息网络侵权行为具有特定含义，是指侵权人利用互联网发布直接侵害他人合法权益的信息的行为，主要针对的

---

① 本案裁定书参见第 733 页。

是通过信息网络侵害他人人身权益以及侵害他人信息网络传播权等行为，即被诉侵权行为的实施、损害结果的发生等均在信息网络上，并非侵权行为的实施、损害结果的发生与网络有关即可认定属于信息网络侵权行为。本案中，依据拓普森公司的诉讼请求，本案被诉侵权行为包括米欧公司制造、销售、许诺销售被诉侵权产品的行为。拓普森公司提供的公证书记载，米欧公司在其公司网站上声称，其是“集实验室仪器研发、生产、销售于一体的公司”，在网站上展示了涉案被诉侵权产品图片，拓普森公司从米欧公司网站获取米欧公司销售人员联系方式，通过微信沟通并在线下完成购买被诉侵权产品事宜。上述交易过程中，网站和微信仅仅是双方交易的媒介，被诉侵权人米欧公司仅通过互联网不能实施被诉侵害专利权的行为。在网络普及化程度很高的当代社会，如果案件事实中出现网站平台或者双方通过微信等涉网络相关的方式沟通，抑或双方系通过信息网络平台进行被诉侵权产品的交易，即认定为构成信息网络侵权行为，则《最高人民法院关于适用〈中华人民共和国民事诉讼法〉的解释》第二十五条的规制范围过于宽泛，不符合立法的本意。因此，本案不应当依据《最高人民法院关于适用〈中华人民共和国民事诉讼法〉的解释》第二十五条确定管辖。本案侵权行为地、被告住所地均在杭州市，本案应由杭州市中级人民法院管辖。

### 67. 管辖连结点应当根据当事人主张的法律关系的性质确定

【裁判要旨】

管辖连结点应当根据当事人主张的法律关系的性质确定。技术开发合同中明确约定的管辖条款未违反法律规定，应当据此确定管辖法院。

【关键词】

计算机软件开发合同　管辖权　法律关系　合同约定

【案号】

（2019）最高法民辖56号

【基本案情】

在原告天地阳光通信科技（北京）有限公司（以下简称天地阳光公司）与被告陈捷、王运芝清算责任纠纷案[①]中，天地阳光公司诉称，其于2017年6月23日与长沙梓瞳影像科技有限公司（以下简称长沙梓瞳公司）签订了《H.265视音频编、解码产品定制开发合同》，约定长沙梓瞳公司为天地阳光

---

① 本案裁定书参见第737页。

公司提供“H. 265 视音频编、解码产品”的定制开发服务。因长沙梓瞳公司严重违约，天地阳光公司于 2018 年 6 月 15 日向长沙梓瞳公司发出解除合同的通知，要求长沙梓瞳公司退还天地阳光公司前期支付的研发费用 70 万元及占合同总额 20% 的赔偿款 40 万元。长沙梓瞳公司在收到天地阳光公司发出的合同解除通知后，至今未向天地阳光公司进行支付，并于 2018 年 10 月 9 日进行了公司注销登记。2018 年 8 月 21 日，长沙梓瞳公司的股东陈捷、王运芝共同出具承诺书，承诺如长沙梓瞳公司存在未清算的债务，全体股东自愿依法承担清偿责任。后天地阳光公司向北京知识产权法院提起诉讼，请求判令陈捷、王运芝退还天地阳光公司合同款 70 万元，并支付赔偿款 40 万元等。北京知识产权法院经审查认为，本案为清算责任纠纷，属于侵权责任纠纷的一种具体类型。因现有证据无法确定侵权行为地，故根据民事诉讼法第二十八条的规定，只能依据二被告的住所地确定管辖。遂于 2019 年 1 月 28 日裁定将本案移送湖南省长沙市雨花区人民法院审理。2019 年 7 月 1 日，湖南省高级人民法院以本案基础法律关系为技术开发合同且争议焦点为合同履行问题，应由合同约定的原告所在地法院即北京知识产权法院管辖为由，报请最高人民法院指定管辖。最高人民法院于 2019 年 11 月 5 日裁定指令本案由北京知识产权法院审理。

【裁判意见】

最高人民法院审查认为，案件管辖问题应当根据当事人主张的法律关系的性质确定。首先，根据原告天地阳光公司的起诉状，其基于与长沙梓瞳公司签订的开发合同，向陈捷、王运芝提出退还已付合同款 70 万元并支付赔偿款 40 万元等诉讼请求。陈捷、王运芝并非开发合同的一方当事人，系因长沙梓瞳公司已注销，而陈捷、王运芝承诺承担偿还责任，故作为被告进入诉讼。由于长沙梓瞳公司未经依法清算即办理注销登记，本案不属于《最高人民法院关于适用〈中华人民共和国公司法〉若干问题的规定（二）》第二十四条中的“公司清算案件”，故不能依据该条中有关“公司清算案件由公司住所地人民法院管辖”规定确定管辖。其次，虽然陈捷、王运芝并非本案开发合同的一方当事人，但其作为公司股东，在长沙梓瞳公司注销登记时作出“如企业存在未清算的债务，全体股东自愿依法承担清偿责任”的承诺，属于对长沙梓瞳公司原债务的承继，应受原法律关系的约束。因此，本案应按基础法律关系即开发合同关系确定管辖法院。最后，天地阳光公司与长沙梓瞳公司在开发合同中明确约定纠纷的管辖法院为甲方即天地阳光公司所在地有管辖权的法院，该管辖条款的约定不违反法律法规的规定，为有效条款，应按此约定确定管辖法院。因本案为涉及计算机源代码的技术开发合同纠纷，且原告天地阳光公司的住所地在北京市海淀区，故根据民事诉讼法第三十四条及《最高人民法院关于北京、上海、广州知识产权法院案件管辖的规定》第一条第一项的规定，北京知识产权法院对本案具有管辖权。

# 结　语

2020 年是最高人民法院第十二次发布知识产权案件年度报告，年度报告作为最高人民法院知识产权案例指导制度体系的重要组成部分，在明晰裁判规则、指导审判实践、统一法律适用方面发挥着重要的作用。需要予以说明的是，年度报告是最高人民法院在具体案件裁判中针对新型、复杂、疑难问题形成的认识，具有较强的个案性、探索性和阶段性，在法律适用标准和方法方面难免存在局限，并可能随着认识的深入和时代的发展发生调整和变化。在未来的工作中，最高人民法院将充分发挥司法主导作用，切实严格保护知识产权，大力提高审判质效，不断优化有利于创新的法治环境，深入推进知识产权审判体系和审判能力现代化，全面开启新时代知识产权司法保护新征程。

# 审判案例指导

最高人民法院2019年典型知识产权案件

裁判文书选登

# 一、专利案件审判

## （一）专利民事案件审判

### 1. 功能性特征的认定

——上诉人厦门卢卡斯汽车配件有限公司、厦门富可汽车配件有限公司与被上诉人瓦莱奥清洗系统公司、原审被告陈少强侵害发明专利权纠纷案[①]

**中华人民共和国最高人民法院民事判决书（2019）最高法知民终2号**

上诉人（原审被告）：厦门卢卡斯汽车配件有限公司。住所地：中华人民共和国福建省厦门市同安区同安工业集中区思明园311号第二层。

法定代表人：陈少强，该公司总经理。

委托诉讼代理人：陈庆华，福建天衡联合律师事务所律师。

委托诉讼代理人：张晨，福建天衡联合律师事务所律师。

上诉人（原审被告）：厦门富可汽车配件有限公司。住所地：中华人民共和国福建省厦门市同安区同安工业集中区思明园311号。

法定代表人：王书屋，该公司董事长。

委托诉讼代理人：陈庆华，福建天衡联合律师事务所律师。

委托诉讼代理人：张晨，福建天衡联合律师事务所律师。

被上诉人（原审原告）：瓦莱奥清洗系统公司（Valeo Systèmes d'Essuyage）。

住所地：法兰西共和国拉瓦瑞尔雷路易罗门路8号，企业特投邮编

---

① 本案在年度报告中的位置为第4页。

78320（8 Rue Louis Lormand 78320 La Verrière，France）。

授权代表：缪丽叶·克哈拉（Murielle Khairallah），该公司知识产权总监。

委托诉讼代理人：林毅，上海市方达律师事务所律师。

委托诉讼代理人：廖婷婷，上海市方达律师事务所律师。

原审被告：陈少强，男，1975 年 3 月 27 日出生，汉族，住中华人民共和国福建省厦门市海沧区。

上诉人厦门卢卡斯汽车配件有限公司（以下简称卢卡斯公司）、厦门富可汽车配件有限公司（以下简称富可公司）因与被上诉人瓦莱奥清洗系统公司（以下简称瓦莱奥公司）、原审被告陈少强侵害发明专利权纠纷一案，不服上海知识产权法院于 2019 年 1 月 22 日就确认侵权并停止侵害部分先行作出的（2016）沪 73 民初 859 号民事判决，向本院提起上诉。本院于 2019 年 2 月 15 日立案后，依法组成五人合议庭，于 2019 年 3 月 27 日公开开庭进行了审理。上诉人卢卡斯公司和富可公司的共同委托诉讼代理人陈庆华、张晨，被上诉人瓦莱奥公司的委托诉讼代理人林毅、廖婷婷到庭参加了诉讼。原审被告陈少强经传票传唤无正当理由拒不到庭参加诉讼，本院依法缺席审理。本案现已审理终结。

卢卡斯公司、富可公司上诉请求：撤销原审判决，改判驳回瓦莱奥公司关于立即停止侵害专利号为 ZL20061016××××.2、名称为“机动车辆的刮水器的连接器及相应的连接装置”的发明专利权（以下简称涉案专利）的诉讼请求。主要事实和理由：

（一）原审判决关于被诉侵权产品能够用于涉案专利权利要求 1“刮水器的连接器，其用于保证一刮水器臂和一刮水器刷体的一部件之间的连接与铰接”这一使用环境的认定错误。1. 被诉侵权产品的刮水器臂与连接器连接，连接器与刮水器刷体部件铰接，刮水器臂与刮水器刷体部件之间并未直接接触，没有铰接关系。2. 瓦莱奥公司所称被诉侵权产品的刮水器臂和刮水器刷体部件之间通过连接器形成间接铰接关系的说法不能成立。这一解释违反了对权利要求优先使用字面解释的原则，且说明书并未给出间接铰接关系这一说法。涉案专利的母案文件未公开连接器用于保证刮水器臂和刮水器刷体部件之间的间接铰接，不能基于分案申请主张间接铰接。

（二）原审判决关于涉案专利权利要求并未限定刮水器臂必须为“标准的刮水器臂”的认定错误。本案中，本领域技术人员在阅读涉案专利权利要求书、说明书后可以明确而合理地得知被保护对象必须使用标准刮水器臂和标准连接器。换言之，刮水器臂和连接器锁定元件宽度必须相适应，否则弹性元件无法将连接器锁定。被诉侵权产品在商业上并不必然用于涉案专利权利要求1限定的使用环境，完全可以用于非标准的刮水器臂。被诉侵权产品在安全搭扣内前方还设置有一横向挡板（S950型号）或一对中间连接的凸起（S850、S851型号），在安全搭扣处于关闭位置时，横向挡板或凸起抵在刮水器臂的前方，阻挡刮水器臂向前移动而脱出弹性元件。被诉侵权产品未落入权利要求1的保护范围。

（三）原审判决关于被诉侵权产品具备“所述（弹性）元件把所述连接器锁定在所述刮水器臂的前端部中的嵌入位置上”的技术特征的认定错误。1. 涉案专利权利要求1中“所述（弹性）元件把所述连接器锁定在所述刮水器臂的前端部中的嵌入位置上”以及“所述安全搭扣面对所述锁定元件（即弹性元件）延伸，用于防止所述锁定元件的弹性变形，并锁定所述连接器”两处所使用的“锁定”一词应当等效。被诉侵权产品的弹性元件只能把连接器“定位”在刮水器臂前端部中的嵌入位置，并不能“锁定”；只有在安全搭扣处于关闭位置时，才能锁定连接器。2. 原审判决的上述认定基于被诉侵权产品在标准刮水器臂和标准连接器的使用环境下得出，当被诉侵权产品使用在非标准刮水器臂的情况下，弹性元件根本不可能将连接器“锁定”在刮水器臂前端部中的嵌入位置。

（四）原审判决关于仅涉案专利说明书第［0056］段的描述应当被用于限定“用于防止锁定元件的弹性变形，并锁定连接器”这一功能性技术特征的认定错误。只有涉案专利说明书第［0056］段所描述的具体面对锁定元件延伸的方式才能实现上述功能，因此实现该功能所不可缺少的技术特征包括安全搭扣的垂直侧壁的内表面（附图标记77）沿（平行）锁定元件外侧表面延伸，阻止锁定元件向连接器外横向变形。从附图标记77来看，安全搭扣的内表面有一对平行于安全搭扣垂直侧壁的凸起。

（五）原审判决关于被诉侵权产品的安全搭扣在关闭位置时面对锁定元件延伸的认定错误。原审判决在认定涉案专利的安全搭扣面对锁定元件延伸时，采用了安全搭扣整体位于正前方，局部（内表面）沿爪外侧表面延伸的概念；在认定被诉侵权产品安全搭扣面对锁定元件延伸时，则采用了安全搭扣局部（前部）位于正前方，局部（两侧壁）与爪平行的概念。被诉侵权产品的安全搭扣在整体上明显不是面对锁定元件延伸，而是封闭、包容了锁定元件；在局部上亦非面对锁定元件延伸，而是垂直锁定元件延伸。原审判决的比对方式错误，扩大了涉案专利权的保护范围。

（六）原审判决关于被诉侵权产品“通过安全搭扣的垂直凸起垂直于锁定元件的爪来限制锁定元件弹性张开，而垂直凸起设置在安全搭扣两侧壁内表面”的技术手段与涉案专利“通过安全搭扣的内表面平行于锁定元件的爪直接限制锁定元件”的技术手段基本相同、功能和效果相同的认定错误。1. 涉案专利安全搭扣整体面对锁定元件，局部（内表面凸起）平行延伸锁定，而被诉侵权产品安全搭扣整体封闭、包容了锁定元件，局部（前部的内表面凸起）垂直延伸锁定，两者采用的技术手段并非基本相同。2. 被诉侵权产品安全搭扣整体封闭、包容锁定元件的效果明显优于涉案专利安全搭扣整体位于锁定元件正前方的效果；被诉侵权产品垂直延伸锁定达到的效果明显优于涉案专利平行延伸锁定的效果。上述区别特征是本领域普通技术人员在被诉侵权行为发生时需要经过创造性劳动才能联想到的。

（七）原审判决关于卢卡斯公司和富可公司共同实施了制造被诉侵权产品行为的认定错误。

本案二审庭审过程中，卢卡斯公司与富可公司明确放弃前述第（七）项上诉理由。

瓦莱奥公司辩称：卢卡斯公司、富可公司关于被诉侵权产品不落入涉案专利权利要求1保护范围的上诉理由不能成立。

（一）关于“刮水器的连接器，其用于保证一刮水器臂和一刮水器刷体的一部件之间的连接与铰接”的使用环境特征。1. 从权利要求的字面含义看，刮水器臂和刮水器刷体部件之间的连接和铰接是通过一个独立部件即连接器来完成的，刮水器臂和刮水器刷体部件之间显然不要求直接的接触。2. 上述字面含义得到了涉案专利说明书中实施例的验证。3. 涉案专利的母案文件关于连接器用于连接和铰接这一技术特征的记载与涉案专利说明书的上述记载完全一致。鉴于被诉侵权产品也是通过连接器来完成刮水器臂和刮水器刷体部件之间的连接和铰接，故其具备上述使用环境特征。

（二）关于“并且包括至少一可弹性变形的元件，所述元件把所述连接器锁定在所述刮水器臂的前端部中的嵌入位置上”的技术特征。1. 涉案专利权利要求1、说明书及审查档案均未限定该技术方案仅能用于“标准的刮水器臂”。2. 被诉侵权产品可以用于权利要求1中使用环境特征所限定的使用环境。卢卡斯公司、富可公司对此亦予认可。而且，用于权利要求1中所限定的使用环境是被诉侵权产品唯一合理的商业用途。卢卡斯公司、富可公司关于被诉侵权产品可以用于宽度较小的非标准刮水器臂的主张缺乏依据。根据卢卡斯公司、富可公司的产品介绍，型号为S850、S851、S950的产品所适配的刮水器臂宽度最小值分别为7.8mm、7.8mm和8.7mm。经测量，被诉侵权产品的连接器的锁定爪宽度不超过7mm。故在实际应用中，被诉侵权产品不可能用于宽度比锁定元件内径小的刮水器臂。此外，如果刮水器臂宽度较小，其安装后必然会出现晃动，从而导致刮水不均匀。这种不稳固的安装显然是在商业和技术上需要避免的。

（三）关于“所述连接器通过一安全搭扣锁定在所述刮水器臂中的嵌入位置上”的技术特征。1. 根据卢卡斯公司、富可公司对被诉侵权产品的介绍，连接器与刮水器臂的尺寸互相配合，连接器可以通过安全搭扣锁定在刮水器臂中的嵌入位置。2. 消费者只会购买与自己车型匹配的刮水器，连接器自然可以通过安全搭扣锁定在刮水器臂中的嵌入位置。

（四）关于“所述安全搭扣面对所述锁定元件延伸，用于防止所述锁定元件的弹性变形，并锁定所述连接器”的技术特征。1. 关于安全搭扣是整体面对还是部分面对的问题。安全搭扣的形状不是实现锁定功能不可缺少的技术特征，不管安全搭扣是整体还是部分面对连接器，只要其有一部分面对锁定元件延伸，就能实现锁定功能，具备上述技术特征。2. 关于内表面的侧壁。实现上述锁定功能的不可缺少的技术特征是安全搭扣面对锁定元件延伸。在满足该不可缺少的技术特征的前提下，安全搭扣的内表面侧壁的具体形状不影响锁定功能的实现。此外，无论安全搭扣内部向着锁定元件垂直延伸还是平行延伸，只要其与锁定元件有空间上的重叠，就可以防止其变形，垂直延伸和平行延伸属于相同的技术方案。3. 关于前端的挡板。被诉侵权产品在连接器的前端额外设置一个挡板或者一对中间连接的凸起，该增加的技术特征无法改变侵权判定结果。况且，被诉侵权产品实际上不可能用于一个宽度较小的刮水器臂。

综上，瓦莱奥公司请求本院驳回上诉、维持原判。同时，鉴于有新证据证明被诉侵权行为仍在继续，瓦莱奥公司请求本院支持其责令卢卡斯公司和富可公司立即停止侵害涉案专利权的诉中行为保全申请。

瓦莱奥公司向原审法院起诉请求：判令卢卡斯公司、富可公司和陈少强立即停止侵权行为，即卢卡斯公司、富可公司立即停止制造、销售和许诺销售被诉侵权产品，陈少强立即停止制造和销售被诉侵权产品；判令卢卡斯公司、富可公司和陈少强销毁已制造的被诉侵权产品以及用于制造被诉侵权产品的设备、模具、图纸等相关实物和资料；判令卢卡斯公司、富可公司和陈少强连带支付赔偿金暂计500万元及因制止侵权行为而支付的合理开支暂计100万元；本案所有诉讼费和保全费由卢卡斯公司、富可公司和陈少强共同负担。在原审诉讼过程中，瓦莱奥公司请求原审法院确认被诉侵权产品S850、S851、S950三个型号的刮水器落入涉案发明专利权利要求1—10的保护范围，并先行判决卢卡斯公司、富可公司和陈少强立即停止侵害涉案专利权的行为。

原审法院认定如下事实：瓦莱奥公司是涉案“机动车辆的刮水器的连接器及相应的连接装置”发明专利的专利权人，该专利仍在保护期内。该专利权利要求为：“1. 刮水器的连接器，其用于保证一刮水器臂和一刮水器刷体的一部件之间的连接与铰接，所述连接器从后向前纵向嵌在所述刮水器臂的向后纵向弯曲成U形的前端部内，并且包括至少一可弹性变形的元件——所述元件把所述连接器锁定在所述刮水器臂的前端部中的嵌入位置上，以及包括两个纵向垂直的侧边，所述侧边设置成容纳在所述刮水器刷体的部件的两个侧翼之间；所述连接器的特征在于，所述连接器通过一安全搭扣锁定在所述刮水器臂中的嵌入位置，所述安全搭扣活动安装在一关闭位置和一开放位置之间，在所述关闭位置，所述安全搭扣面对所述锁定元件延伸，用于防止所述锁定元件的弹性变形，并锁定所述连接器，而所述开放位置可以使所述连接器从所述刮水器臂中解脱出来。2. 如权利要求1所述的刮水器的连接器，其特征在于，所述安全搭扣相对所述刮水器刷体的部件活动安装。3. 如权利要求2所述的刮水器的连接器，其特征在于，所述安全搭扣相对所述刮水器刷体的部件铰接安装。4. 如权利要求3所述的刮水器的连接器，其特征在于，所述安全搭扣绕所述刮水器刷体的部件的一垂直轴铰接安装。5. 如权利要求4所述的刮水器的连接器，其特征在于，所述安全搭扣的铰接轴位于所述部件的一侧翼的纵向前端。6. 如权利要求2至5中任一项所述的刮水器的连接器，其特征在于，通过互补形状的弹性的嵌合结构保证把所述安全搭扣保持在关闭位置。7. 如权利要求1至5中任一项所述的刮水器的连接器，其特征在于，所述锁定元件是一爪，所述爪从所述连接器的一侧边的纵向前端向前自由且纵向地延伸，并且，它的自由端具有一斜面式或鸟嘴式形状，所述斜面式或鸟嘴式形状向所述连接器内横向延伸，并且，在所述连接器处于嵌入位置时，正对着所述刮水器臂的纵向前端的前表面延伸。8. 如权利要求7所述的刮水器的连接器，其特征在于，所述安全搭扣形成一保护罩，所述保护罩在关闭位置面对着所述连接器的锁定爪的自由端的外侧表面延伸。9. 如权利要求1至5中任一项所述的刮水器，其特征在于，所述搭扣防止所述锁定爪向所述连接器外部横向地变形，因而确保所述连接器不会脱出到所述刮水器臂的前端部之外。10. 连接装置，其将一刮水器刷体连接至一刮水器臂，其特征在于，它包括一按照权利要求1至9中任一项所述的连接器与一插接在所述刮水器刷体上的部件。”

涉案专利说明书中第［0006］段记载，“连接器的位置锁定一般通过一个可弹性变形的元件保证。然而，刮水器刷体可能在一个冲击的作用下被剧烈推动。锁定元件的强度不够，因此发生变形。它不能再保证它的锁定功能，以此可能使连接器意外脱出，并且由于同样的原因，刮水器刷体与刮水器臂脱开”。第［0011］段记载，“因此本发明的目的是提出一种把连接器固定在刮水器刷体的一个部件上的装置，所述装置可以把连接器锁定在安装位置，并且可以把任何类型的刮水器安装在一标准的臂和一标准的连接器上”。第［0055］段记载，“搭扣是一个罩子形状的塑料浇注空心元件。它绕部件的一个垂直轴转动，它还活动安装在一个关闭位置和一个开放位置之间，在开放位置把连接器锁定在图2所示的钩形端内的嵌入位置，在开放位置释放连接器”。第［0056］段记载，“连接器的锁定由搭扣的垂直侧壁的内表面保证，内表面沿爪外侧表面延伸。因此，搭扣阻止爪向连接器外横向变形，因此连接器不能从钩形端解脱出来”。

本案被诉侵权产品为S850、S851、S950三个型号的机动车辆刮水器，由刮水器刷体、连接器以及安全搭扣组成。其中，连接器铰接安装在刮水器刷体的底座上，连接器可将刮水器臂和刮水器刷体进行连接，连接后，刮水器臂可随同连接器绕刮水器刷体底座上的水平轴线转动。连接器上有两个外伸或延伸的侧边构成一对可弹性变形的元件，该侧边位于刮水器刷体底座的两个侧翼之间。弹性元件端部向连接器内横向弯折（S850、S851型号）或凸起（S950型号），可将刮水器臂前弯曲部卡入、限定在装配连接位置即嵌入位置。连接器上方有一安全搭扣，其后部铰接安装在刮水器底座上，可绕铰接点所确定的水平轴线转动关闭或打开。连接器通过互补形状的弹性的嵌合结构保证把安全搭扣保持在关闭位置。安全搭扣两侧壁的内表面设有一对垂直于侧壁的凸起，当安全搭扣处于关闭位置时，安全搭扣的前部处于弹性元件的前方位置，包容并封闭了弹性元件，安全搭扣侧壁内的凸起对应弹性元件的外表面并限制其弹性张开，从而能够锁定弹性元件，防止刮水器臂从弹性元件中脱出。安全搭扣内前方还设置有一横向挡板（S950型号）或一对中间连接的凸起（S850、S851型号），在安全搭扣处于关闭位置时，横向挡板或凸起位于刮水器臂的前方。

原审法院认为：本案可以就被诉侵权产品是否落入涉案专利权利要求1—10的保护范围先行作出认定，对瓦莱奥公司有关先行作出部分判决的请求予以支持。各方当事人确认被诉侵权产品具备涉案专利权利要求2、3、6—10的附加技术特征，其主要争议在于被诉侵权产品是否具备涉案专利权利要求1中的三个技术特征以及权利要求4、5中的附加技术特征。

（一）关于被诉侵权产品是否具备涉案专利权利要求1中“刮水器的连接器，其用于保证一刮水器臂和一刮水器刷体的一部件之间的连接与铰接”的技术特征。原审法院认为，上述技术特征为涉案专利的使用环境特征。涉案专利权利要求并未限定刮水器臂必须为“标准的刮水器臂”。被诉侵权产品为机动车辆刮水器，其通过连接器与刮水器臂连接，刮水器臂可随同连接器绕刮水器刷体底座上的水平轴线转动，其连接方式应认定为铰接。被诉侵权产品能够用于权利要求1中使用环境特征所限定的使用环境，具备该使用环境特征。

（二）关于被诉侵权产品是否具备涉案专利权利要求1中“并且包括至少一可弹性变形的元件——所述元件把所述连接器锁定在所述刮水器臂的前端部中的嵌入位置上”的技术特征。原审法院认为，被诉侵权产品的一对弹性元件端部的内向弯折（S850、S851型号）或凸起（S950型号）可将刮水器臂前弯曲部卡入，从而限定在装配连接位置即嵌入位置，在较小外力作用情况下不易取出，应认定为弹性元件可将连接器锁定在刮水器臂的前端部中的嵌入位置上，具备涉案专利的上述技术特征。

（三）关于被诉侵权产品是否具备涉案专利权利要求1中“所述连接器通过一安全搭扣锁定在所述刮水器臂中的嵌入位置……在所述关闭位置，所述安全搭扣面对所述锁定元件延伸，用于防止所述锁定元件的弹性变形，并锁定所述连接器”的技术特征。原审法院认为，上述技术特征仅仅披露了安全搭扣与锁定元件即弹性元件之间的方向及位置关系，该方位关系并不足以防止锁定元件的弹性变形，本领域普通技术人员仅通过阅读权利要求不能直接、明确地确定实现“防止锁定元件的弹性变形，并锁定连接器”这一功能的技术方案，故上述技术特征属于功能性特征。仅涉案专利说明书第[0056]段中“连接器的锁定由搭扣的垂直侧壁的内表面保证，内表面沿爪外侧表面延伸，因此，搭扣阻止爪向连接器外横向变形，因此连接器不能从钩形端解脱出来”是实现这一功能所不可缺少的技术特征。该部分内容应当被用于限定该功能性技术特征。涉案专利的安全搭扣闭合时，其整体位于一对锁定元件的正前方，整体面对该锁定元件；连接器的锁定由安全搭扣的垂直侧壁内表面保证，安全搭扣的垂直侧壁内表面贴合、卡在锁定元件的外侧表面，并沿锁定元件的爪外侧表面延伸，限制锁定元件向连接器外横向变形，从而起到锁定连接器的功能作用。被诉侵权产品的安全搭扣在关闭位置时虽然并非整体处于一对锁定元件的正前方，但其前部包容并封闭了该锁定元件，安全搭扣的前部也处于锁定元件的正前方，安全搭扣的两侧壁也与锁定元件的两爪平行，可以认定为安全搭扣面对锁定元件延伸。被诉侵权产品安全搭扣的两侧壁内表面设有一对垂直于侧壁的凸起，在安全搭扣处于关闭位置时，该凸起的位置对应在锁定元件的爪的外侧表面，并限制其弹性张开，从而能够锁定连接器。被诉侵权产品与涉案专利都是通过安全搭扣的两垂直侧壁对应锁定元件的爪的外侧表面来阻止爪向连接器外横向变形，两者采用的技术手段基本相同，在防止锁定元件弹性变形、锁定连接器方面的功能效果也相同，且是本领域普通技术人员在被诉侵权行为发生时无需经过创造性劳动就能够联想到的技术方案，故被诉侵权产品具备与涉案专利上述技术特征等同的技术特征。

（四）关于被诉侵权产品是否具备涉案专利权利要求4和5的附加技术特征。原审法院认为，被诉侵权产品的相应技术特征与涉案专利权利要求4、5的附加技术特征既不相同也不等同，不具备涉案专利权利要求4和5的附加技术特征。综上，被诉侵权产品落入涉案专利权利要求1—3、6—10的保护范围，未落入涉案专利权利要求4、5的保护范围。卢卡斯公司、富可公司实施了销售、许诺销售及共同制造被诉侵权产品的行为，应当承担停止侵害的民事责任，但本案现有证据不能证明陈少强实施了制造、销售被诉侵权产品的行为。

综上，原审法院判决：卢卡斯公司、富可公司于判决生效之日起立即停止对涉案发明专利权的侵害。

本院二审期间，当事人围绕上诉请求依法提交了证据。本院组织当事人进行了证据交换和质证。卢卡斯公司和富可公司提交了两份证据：证据一，《中国汽车行业标准·汽车风窗玻璃电动刮水器型式与尺寸（QC/T 46－92)》，用以证明弯钩式刮水器臂有9mm和7mm两种宽度（误差0～0.1mm)，有特殊要求时允许采用其他型式与尺寸，由供需双方商定；证据二，专利号为US005611103A的美国专利及其中文译文，用以证明此前的连接器无法容纳不同大小的弯钩式刮水器臂，该美国专利的发明目的是实现容纳三个不同宽度的刮水器臂，由此佐证涉案专利只能容纳一个与连接器锁定元件宽度相适应的刮水器臂，被诉侵权产品则能容纳与连接器锁定元件宽度不相适应的刮水器臂。瓦莱奥公司对该两份证据发表了质证意见，认可该两份证据的真实性，但认为均与本案不具有关联性，不能实现卢卡斯公司和富可公司的证明目的。对于卢卡斯公司和富可公司提交的上述证据，结合瓦莱奥公司的质证意见，本院作如下认证：证据1和证据2的真实性可以确认，但其与本案权利要求解释以及侵权判定缺乏足够的关联性，不予采纳。

瓦莱奥公司提交了两份公证书：上海市东方公证处出具的（2019）沪东证经字第2263号、第2340号公证书，用以证明原审判决作出后，“卡尔CARALL京东自营旗舰店”仍在销售被诉侵权产品。卢卡斯公司和富可公司认可该两份公证书的真实性，并确认公证书所附产品实物为本案被诉侵权的S851型号产品。同时，卢卡斯公司和富可公司主张，其已经停止了被诉侵权产品的生产和销售，S851 型号产品系专供京东商城自营销售，瓦莱奥公司本次公证购买的产品应系京东商城库存产品。瓦莱奥公司认可本案被诉侵权的 S851 型号产品系专供京东商城，亦认可天猫“carall 旗舰店”已经停止了被诉侵权产品的销售。对于瓦莱奥公司提交的上述证据，结合卢卡斯公司和富可公司的质证意见，本院作如下认证：卢卡斯公司和富可公司对该两份公证书的真实性无异议，且其所证明的事实与本案具有关联性，予以采纳。

本院审理查明，原审法院查明的事实属实。

本院另查明：

（一）关于涉案专利说明书。涉案专利说明书第［0043］段记载，“杆保证连接器围绕横轴‘T1’铰接安装在刮水器刷体上”。第［0044］段记载，“连接器嵌到杆上后，把刮水器臂按照一种已知的设计安装到这个小组件上，将钩状的端部从前向后纵向嵌在连接器的骨架上，杆的平行侧表面位于连接器的侧板之间”。说明书附图 1 和附图 3 清晰地示出了通过连接器实现刮水器臂与刮水器刷体一部分之间的连接和铰接。

（二）关于被诉侵权产品及行为。本案被诉侵权的 S851 型号产品外包装上的“雨刷常见问题”中记载，“出现颤动，应即更换雨刮”。卢卡斯公司和富可公司已经停止了被诉侵权产品在天猫“carall 旗舰店”的销售。瓦莱奥公司在二审期间通过公证方式自“卡尔 CARALL 京东自营旗舰店”购买的 S851 型号被诉侵权产品系专供京东商城，京东商城以自营方式仍在销售 S851 型号被诉侵权产品。

（三）关于专家辅助人意见。二审庭审中，瓦莱奥公司申请该公司雨刮系统亚洲研发中心研发总监田伟超作为专家辅助人出庭，就机动车刮水器在产品设计时需要考虑的因素发表了意见，卢卡斯公司和富可公司对田伟超进行了询问。田伟超发表意见称，机动车刮水器在设计时的重要考虑因素是安全与合规。在安全方面，产品设计时必须保证刮水器各部件包括刮水器臂与连接器之间的适配和稳固连接，当刮水器臂与连接器不适配时，会产生晃动，不仅会影响刮水效果，还可造成行车安全隐患。田伟超的上述意见客观合理，且卢卡斯公司和富可公司并未否认田伟超上述意见的合理性，本院将在评判相关问题时对上述意见予以考虑。

（四）关于诉中行为保全申请。本案原审过程中，瓦莱奥公司依法向原审法院提出责令卢卡斯公司、富可公司及陈少强停止侵害涉案专利权的诉中行为保全申请，并提供了 100 万元的现金担保，原审法院对瓦莱奥公司的诉中行为保全申请尚未作出处理。二审过程中，瓦莱奥公司坚持其责令卢卡斯公司、富可公司停止侵害涉案专利权的诉中行为保全申请，并请求本院予以支持。

本院认为，根据当事人的上诉请求、答辩情况及案件事实，本案在二审阶段的主要争议焦点问题有二：其一，被诉侵权产品是否落入涉案专利权利要求 1 的保护范围；其二，本案诉中行为保全申请应如何处理。

一、关于被诉侵权产品是否落入涉案专利权利要求 1 的保护范围

卢卡斯公司和富可公司上诉主张被诉侵权产品未落入涉案专利权利要求 1 的保护范围，并针对被诉侵权产品不具备涉案专利权利要求 1 中的三个争议技术特征阐述了具体理由。对此，本院逐一分析如下：

（一）关于被诉侵权产品是否具备“刮水器的连接器，其用于保证一刮水器臂和一刮水器刷体的一部件之间的连接与铰接”的技术特征

卢卡斯公司和富可公司上诉主张，被诉侵权产品的刮水器臂与连接器连接，连接器与刮水器刷体部件铰接，刮水器臂与刮水器刷体部件之间并未直接接触，没有铰接关系，且涉案专利连接器必须连接“标准的刮水器臂”，而被诉侵权产品还可以用于非标准的刮水器臂，故不具备涉案专利权利要求 1 的上述技术特征。对此，本院分析如下：

第一，关于上述技术特征中“保证一刮水器臂和一刮水器刷体的一部件之间的连接与铰接”的解释。《中华人民共和国专利法》[①] 第五十九条规定，“发明……专利权的保护范围以其权利要求的内容为准，说明书及附图可以用于解释权利要求的内容”。据此，专利权利要求及其特定用语的解释，应该根据专利权利要求的记载，结合说明书及附图，从本领域普通技术人员的角度理解，不能脱离说明书及附图而断章取义或者割裂曲解。首先，从涉案专利权利要求的上述技术特征文字描述看，其限定了连接器用于保证刮水器臂与刮水器刷体部件之间的连接与铰接，但并未限定刮水器臂和刮水器刷体部件之间直接接触。其次，涉案专利说明书及其附图亦表明，连接器与刮水器刷体部件之间并不需要直接接触。涉案专利说明书第［0043］段和第［0044］段的文字记载以及附图 1 和附图 3 的图示均表明，刮水器臂与连接器连接，连接器与刮水器刷体部件之间铰接，从而通过连接器保证了刮水器臂与刮水器刷体部件之间的连接与铰接。这进一步印证了涉案专利权利要求 1 的上述技术特征并未要求刮水器臂和刮水器刷体部件之间直接接触。

第二，关于上述技术特征是否应解释为必需或者只能用于连接标准的刮水器臂。首先，关于使用环境特征的解释。涉案专利的保护主题是“刮水器的连接器”，但是上述技术特征并未直接限定连接器的结构，而是限定了该

---

① 此处指 2008 年《中华人民共和国专利法》，其已于 2020 年修改，本案下同。

连接器与其他部件即刮水器臂、刷体部件等之间的连接关系，实际上限定了该连接器所使用的环境，属于使用环境特征。使用环境特征对于被保护对象的限定程度需要根据个案情况具体确定。一般情况下，使用环境特征应该理解为要求被保护对象可以用于该使用环境，不要求被保护对象只能用于该使用环境；但本领域普通技术人员在阅读专利权利要求书、说明书以及专利审查档案后可以明确而合理地得知被保护对象只能用于该使用环境的除外。其次，该使用环境特征不能解释为涉案专利所保护的连接器只能用于连接标准的刮水器臂。涉案专利权利要求并未记载涉案专利所保护的连接器只能用于连接标准的刮水器臂。尽管涉案专利说明书关于发明目的的记载提及“可以把任何类型的刮水器安装在一标准的臂和一标准的连接器上”，但并未排除连接非标准的刮水器臂。同时，上述记载仅是涉案专利发明目的的一部分，涉案专利的发明目的还包括“提出一种把连接器固定在刮水器刷体的一个部件上的装置，所述装置可以把连接器锁定在安装位置”。从发明所解决的技术问题及提出的技术方案看，本领域普通技术人员完全可以理解，只要涉案专利所保护的连接器的宽度与刮水器臂相适应，涉案专利技术方案就能够把连接器锁定在安装位置上，并非只能连接标准的刮水器臂。

第三，关于被诉侵权产品是否具备上述使用环境特征。首先，卢卡斯公司和富可公司认可，被诉侵权产品的连接器与刮水器臂连接，连接器和刮水器刷体部件铰接。这本身意味着被诉侵权产品通过连接器实现了刮水器臂与刮水器刷体部件之间的连接与铰接。同时，被诉侵权产品连接器与刮水器臂及刮水器刷体部件之间的连接、铰接关系与涉案专利说明书及相应附图所公开的连接、铰接关系并无不同。其次，前已述及，涉案专利的上述使用环境特征不能解释为所保护的连接器只能用于连接标准的刮水器臂。《最高人民法院关于审理侵犯专利权纠纷案件应用法律若干问题的解释（二）》第九条规定：“被诉侵权技术方案不能适用于权利要求中使用环境特征所限定的使用环境的，人民法院应当认定被诉侵权技术方案未落入专利权的保护范围。”据此，只要被诉侵权产品能够用于专利权利要求中使用环境特征所限定的使用环境，即具备该使用环境特征；至于被诉侵权产品是否还可以用于其他使用环境，原则上不影响侵权判定结果。因此，在被诉侵权产品能够实现刮水器臂与刮水器刷体部件之间的连接与铰接的情况下，无论被诉侵权产品是否还可以用于连接非标准的刮水器臂，对本案侵权判定结果并无实质影响。

综上，被诉侵权产品具备“刮水器的连接器，其用于保证一刮水器臂和一刮水器刷体的一部件之间的连接与铰接”的技术特征。卢卡斯公司和富可公司的相应上诉理由不能成立，不予支持。

（二）关于被诉侵权产品是否具备“并且包括至少一可弹性变形的元件，所述元件把所述连接器锁定在所述刮水器臂的前端部中的嵌入位置上”的技术特征

卢卡斯公司和富可公司上诉主张，涉案专利权利要求1在不同地方使用的“锁定”一词应当等效，被诉侵权产品的弹性元件只能把连接器“定位”在刮水器臂前端部中的嵌入位置上，并不能“锁定”。对此，本院分析如下：

第一，关于上述技术特征中的“锁定”一词的解释。首先，前已述及，权利要求的解释应当结合本领域普通技术人员阅读说明书及附图后对权利要求的理解，不得脱离说明书的语境。涉案专利所要解决的技术问题是减少或者防止机动车刮水器的连接器在外力作用下意外脱出。在这一语境下，本领域技术人员可以理解，当连接器的弹性元件把连接器“锁定”在刮水器臂的前端部中的嵌入位置上时，该“锁定”并非意指完全锁住固定，而是起到一定的封锁、限定作用即可。其次，虽然“所述元件把所述连接器锁定在所述刮水器臂的前端部中的嵌入位置上”和“所述安全搭扣面对锁定元件延伸，用于防止所述锁定元件的弹性变形，并锁定所述连接器”两处均使用“锁定”一词，但并不意味着该两处“锁定”在效果上完全相同。从涉案发明的整体技术方案看，本领域普通技术人员可以理解，刮水器的连接器的锁定由两个方面共同保证：一是利用连接器的弹性元件实施的“锁定”，即连接器的弹性元件“把所述连接器锁定在所述刮水器臂的前端部中的嵌入位置上”；二是利用安全搭扣实施的进一步“锁定”，即“所述安全搭扣面对锁定元件延伸，用于防止所述锁定元件的弹性变形，并锁定所述连接器”。两者共同作用才能实现连接器的最终“锁定”，减少或者防止连接器的意外脱出。其中，安全搭扣实施的“锁定”是在弹性元件实施的“锁定”的基础上进行的，是对弹性元件实施的“锁定”的进一步增强，其最终的锁定效果当然优于仅由弹性元件进行锁定的效果。因此，上述两处“锁定”带来的效果显然是不同的，不可能等效。

第二，关于被诉侵权产品是否具备上述技术特征。首先，被诉侵权的S850、S851型号产品的弹性元件端部向连接器内横向弯折，S950型号产品的弹性元件端部两侧具有凸起，可卡入与弹性元件宽度相适配的刮水器臂前弯曲部，并封锁、限定在刮水器臂前端部的装配连接位置即嵌入位置上。其次，只要被诉侵权产品的弹性元件能够把连接器封锁、限定在与其宽度相适配的刮水器臂前端部的嵌入位置上，就具备涉案专利权利要求的上述技术特征。当被诉侵权产品的弹性元件连接与其宽度不相适配的刮水器臂时，无论是否能够实现“锁定”效果，都不影响本案侵权判定结果。最后，被诉侵权产品

实际上难以用于与其弹性元件端部宽度不相适配的刮水器臂。瓦莱奥公司的专家辅助人田伟超指出，保证安全是刮水器在设计时的重要考虑因素，当刮水器臂与连接器不相适配时会产生晃动，影响刮水效果并可能造成安全隐患。这一意见具有合理性。当被诉侵权产品用于与弹性元件端部宽度不相适配的刮水器臂，特别是当刮水器臂的宽度小于弹性元件端部宽度时，安装后的刮水器臂在使用时必然会出现晃动，影响刮水效果。这种情况显然是应当避免的。被诉侵权的 S851 型号产品外包装也明确记载“出现颤动，应即更换雨刮”。因此，被诉侵权产品在实际应用时需要用于与其弹性元件端部宽度相适配的刮水器臂。

综上，被诉侵权产品具备“并且包括至少一可弹性变形的元件，所述元件把所述连接器锁定在所述刮水器臂的前端部中的嵌入位置上”的技术特征。卢卡斯公司和富可公司的相应上诉理由不能成立，不予支持。

（三）关于被诉侵权产品是否具备“在所述关闭位置，所述安全搭扣面对所述锁定元件延伸，用于防止所述锁定元件的弹性变形，并锁定所述连接器”的技术特征

从卢卡斯公司和富可公司的上诉理由可知，其实质上认为，涉案专利权利要求 1 的上述技术特征是功能性特征，原审判决关于实现该功能所必不可少的技术特征的认定错误，被诉侵权产品不具有与上述功能性特征相同或者等同的技术特征。对此，本院分析如下：

第一，关于上述技术特征是否属于功能性特征。原审法院以该技术特征仅仅披露了安全搭扣与锁定元件之间的方向及位置关系，该方位关系并不足以防止锁定元件的弹性变形，本领域普通技术人员仅通过阅读权利要求不能直接、明确地确定实现“防止锁定元件的弹性变形，并锁定连接器”这一功能的具体实施方式为由，认定该技术特征属于功能性特征。对此，本院认为，首先，关于功能性特征的界定。《最高人民法院关于审理侵犯专利权纠纷案件应用法律若干问题的解释（二）》第八条对功能性特征及其侵权对比方法作了明确规定。该条第一款规定：“功能性特征，是指对于结构、组分、步骤、条件或其之间的关系等，通过其在发明创造中所起的功能或者效果进行限定的技术特征，但本领域普通技术人员仅通过阅读权利要求即可直接、明确地确定实现上述功能或者效果的具体实施方式的除外。”第二款规定：“与说明书及附图记载的实现前款所称功能或者效果不可缺少的技术特征相比，被诉侵权技术方案的相应技术特征是以基本相同的手段，实现相同的功能，达到相同的效果，且本领域普通技术人员在被诉侵权行为发生时无需经过创造性劳动就能够联想到的，人民法院应当认定该相应技术特征与功能性特征

相同或者等同。”根据该规定，功能性特征是指不直接限定发明技术方案的结构、组分、步骤、条件或其之间的关系等，而是通过其在发明创造中所起的功能或者效果对结构、组分、步骤、条件或其之间的关系等进行限定的技术特征。如果某个技术特征已经限定或者隐含了发明技术方案的特定结构、组分、步骤、条件或其之间的关系等，即使该技术特征还同时限定了其所实现的功能或者效果，原则上亦不属于上述司法解释所称的功能性特征，不应作为功能性特征进行侵权比对。其次，关于涉案专利权利要求 1 中“在所述关闭位置，所述安全搭扣面对所述锁定元件延伸，用于防止所述锁定元件的弹性变形，并锁定所述连接器”的技术特征是否属于功能性特征。上述技术特征实际上限定了安全搭扣与锁定元件之间的方位关系并隐含了特定结构——“安全搭扣面对所述锁定元件延伸”，该方位和结构所起到的作用是“防止所述锁定元件的弹性变形，并锁定所述连接器”。根据这一方位和结构关系，结合涉案专利说明书及其附图，特别是说明书第［0056］段关于“连接器的锁定由搭扣的垂直侧壁的内表面保证，内表面沿爪外侧表面延伸，因此，搭扣阻止爪向连接器外横向变形，因此连接器不能从钩形端解脱出来”的记载，本领域普通技术人员可以理解，“安全搭扣面对所述锁定元件延伸”，在延伸部分与锁定元件外表面的距离足够小的情况下，就可以起到防止锁定元件弹性变形并锁定连接器的效果。可见，“在所述关闭位置，所述安全搭扣面对所述锁定元件延伸，用于防止所述锁定元件的弹性变形，并锁定所述连接器”这一技术特征的特点是，既限定了特定的方位和结构，又限定了该方位和结构的功能，且只有将该方位和结构及其所起到的功能结合起来理解，才能清晰地确定该方位和结构的具体内容。这种“方位或者结构 + 功能性描述”的技术特征虽有对功能的描述，但是本质上仍是方位或者结构特征，不是前述司法解释所称的功能性特征。最后，需要说明的是，虽然当事人未对原审法院关于上述特征属于功能性特征的认定提出异议，但是权利要求的解释是法律问题，且功能性特征与其他类型的技术特征在侵权比对方法上有明显差异，可能影响侵权判定结果，故本院特予指出并予纠正。

第二，关于技术特征侵权比对。涉案专利权利要求 1“在所述关闭位置，所述安全搭扣面对所述锁定元件延伸，用于防止所述锁定元件的弹性变形，并锁定所述连接器”这一技术特征既限定了安全搭扣与锁定元件的方位和结构关系，又描述了安全搭扣所起到的功能，该功能对于确定安全搭扣与锁定元件的方位和结构关系具有限定作用。该技术特征并非功能性特征，其方位、结构关系的限定和功能限定在侵权判定时均应予以考虑。本案中，被诉侵权产品的安全搭扣两侧壁内表面设有一对垂直于侧壁的凸起，当安全搭扣处于关闭位置时，其侧壁内的凸起朝向弹性元件的外表面，可以起到限制弹性元件变形张开、锁定弹性元件并防止刮水器臂从弹性元件中脱出的效果。被诉侵权产品在安全搭扣处于关闭位置时，安全搭扣两侧壁内表面垂直于侧壁的凸起朝向弹性元件的外表面，属于涉案专利权利要求 1 所称的“所述安全搭扣面对所述锁定元件延伸”的一种形式，且同样能够实现“防止所述锁定元件的弹性变形，并锁定所述连接器”的功能。因此，被诉侵权产品具备与“在所述关闭位置，所述安全搭扣面对所述锁定元件延伸，用于防止所述锁定元件的弹性变形，并锁定所述连接器”这一技术特征相同的技术特征。原审法院在认定上述特征属于功能性特征的基础上，以被诉侵权产品前部包容锁定元件加局部垂直延伸锁定的手段与涉案专利整体面对锁定元件加局部平行延伸锁定的手段构成等同为由，认定被诉侵权产品具有与上述特征等同的技术特征，比对方法及结论虽有偏差，但并未影响本案侵权判定结果。

第三，关于被诉侵权产品增加的技术特征。被诉侵权产品安全搭扣内前方还设置有一横向挡板（S950 型号）或一对中间连接的凸起（S850、S851 型号），在安全搭扣处于关闭位置时，横向挡板或凸起位于刮水器臂的前方。首先，上述特征系被诉侵权产品增加的技术特征。在被诉侵权产品具备涉案专利全部技术特征的情况下，被诉侵权产品已经利用了涉案专利的技术贡献，该增加的技术特征及其产生的附加技术效果对于专利侵权判定结果不具有实质影响。其次，卢卡斯公司和富可公司所称的被诉侵权产品因增加技术特征所带来的更优技术效果难以成立。如果被诉侵权产品连接器连接与其弹性元件宽度相适配的刮水器臂，此时刮水器臂的向前移动将被弹性元件端部的内向弯折或者凸起阻挡，安全搭扣内前方的横向挡板或凸起不能起到阻挡作用，该增加的技术特征实际上并未产生卢卡斯公司和富可公司所称的技术效果。同时，如果被诉侵权产品连接器连接比其弹性元件宽度更小的刮水器臂，刮水器臂向前移动时，弹性元件端部的内向弯折或者凸起不能发挥锁定作用，安全搭扣内前方的横向挡板或凸起可能会起到一定的阻挡作用。但是如前所述，此时，由于刮水器臂的宽度小于连接器弹性元件的宽度，在使用时必然会产生晃动并影响刮水效果，这种情况应当予以避免。

综上，被诉侵权产品具备“在所述关闭位置，所述安全搭扣面对所述锁定元件延伸，用于防止所述锁定元件的弹性变形，并锁定所述连接器”的技术特征。原审法院认定上述特征属于功能性特征，虽然适用法律有误、技术特征比对方法与结论有所偏差，但并未影响本案侵权判定结果。因此，被诉侵权产品落入涉案专利权利要求 1 的保护范围，卢卡斯公司和富可公司的行为侵害了涉案专利权，其相应上诉理由不能成立，不予支持。

二、本案诉中行为保全申请应如何处理

瓦莱奥公司在本案原审过程中提出责令卢卡斯公司、富可公司及陈少强停止侵害涉案专利权的诉中行为保全申请，并提供了相应担保。原审法院作出支持专利权人关于停止侵害专利权诉请的部分判决后，对于诉中行为保全申请尚未作出处理，该部分判决进入上诉审理程序。对于瓦莱奥公司的上述诉中行为保全申请应如何处理，本院分析如下：

（一）关于本案诉中行为保全申请的管辖

《最高人民法院关于适用〈中华人民共和国民事诉讼法〉的解释》第一百六十一条规定："对当事人不服一审判决提起上诉的案件，在第二审人民法院接到报送的案件之前，当事人有转移、隐匿、出卖或者毁损财产等行为，必须采取保全措施的，由第一审人民法院依当事人申请或者依职权采取。第一审人民法院的保全裁定，应当及时报送第二审人民法院。"参照上述规定，对当事人不服原审判决提起上诉的案件，当事人在第一审程序中提出行为保全申请的，在第二审人民法院接到报送的案件之前，由第一审人民法院管辖；在第二审人民法院接到报送的案件之后，应由第二审人民法院管辖。本案中，由于案件已经由本院受理，与本案有关的行为保全申请亦应由本院管辖和处理。

（二）关于本案诉中行为保全申请的具体处理

本案需要考虑的特殊情况是，原审法院虽已作出关于责令停止侵害涉案专利权的部分判决，但并未生效，专利权人继续坚持其在一审程序中的行为保全申请。虽然该行为保全申请与判令停止侵害的部分判决在内容上存在重叠的可能，在功能上具有尽快明确各方当事人之间的法律关系状态、提高纠纷解决效率的类似之处，但作为两种不同的制度设计，责令停止侵害的行为保全申请在特定情况下仍具有独特价值。例如，当发生申请人利益被侵害的紧急情况或者给申请人造成损害的其他情况，判令停止侵害的部分判决因处于上诉状态而尚未发生效力时，责令停止侵害的诉中行为保全措施可以起到及时制止侵权行为的效果，更加有效地保护专利权。特别是在我国相关民事诉讼法律并未规定未生效判决临时执行制度的现实情况下，责令停止侵害的行为保全的价值更加明显。鉴于此，第二审人民法院对于停止侵害专利权的行为保全申请，可以考虑如下情况，分别予以处理：如果情况紧急或者可能造成其他损害，专利权人提出行为保全申请，而第二审人民法院无法在行为保全申请处理期限内作出终审判决的，应当对行为保全申请单独处理，依法及时作出裁定；符合行为保全条件的，应当及时采取保全措施。此时，由于原审判决已经认定侵权成立，第二审人民法院可根据案情对该行为保全申请进行审查，且不要求必须提供担保。如果第二审人民法院能够在行为保全申请处理期限内作出终审判决的，可以及时作出判决并驳回行为保全申请。本案中，瓦莱奥公司在二审程序中坚持其责令卢卡斯公司、富可公司停止侵害涉案专利权的诉中行为保全申请，但是瓦莱奥公司所提交的证据并不足以证明发生了给其造成损害的紧急情况，且本院已经当庭作出判决，本案判决已经发生法律效力，另行作出责令停止侵害涉案专利权的行为保全裁定已无必要。因此，对于瓦莱奥公司的诉中行为保全申请，不予支持。

综上所述，卢卡斯公司、富可公司的上诉请求不能成立，应予驳回；原审判决认定事实清楚，有关功能性特征的认定适用法律虽有瑕疵，但不影响本案裁判结果，应予维持。依照《中华人民共和国专利法》第五十九条、《最高人民法院关于审理侵犯专利权纠纷案件应用法律若干问题的解释（二）》第八条、《中华人民共和国民事诉讼法》第一百七十条第一款第一项、《最高人民法院关于适用〈中华人民共和国民事诉讼法〉的解释》第三百三十四条之规定，判决如下：

驳回上诉，维持原判。

二审案件受理费500元，由厦门卢卡斯汽车配件有限公司、厦门富可汽车配件有限公司共同负担。

本判决为终审判决，有关本案侵权损害赔偿等部分由原审法院继续审理。

审　判　长　罗东川<br>
审　判　员　王　闯<br>
审　判　员　朱　理<br>
审　判　员　徐卓斌<br>
审　判　员　任晓兰<br>
二〇一九年三月二十七日<br>
法官助理　廖继博<br>
技术调查官　丁　雷<br>
书　记　员　刘　炜

# 2. 专利审查档案可以用于解释权利要求

——再审申请人泉州市久容卫浴发展有限公司、南安市仑苍久容水暖配件经销店与被申请人黄振波侵害发明专利权纠纷案①

**中华人民共和国最高人民法院民事裁定书（2018）最高法民申5730号**

再审申请人（一审被告、二审上诉人）：泉州市久容卫浴发展有限公司。住所地：福建省安溪县城厢镇玉田开发区阀门二期112号。

法定代表人：钟圣辉，该公司执行董事兼总经理。

委托诉讼代理人：梁堃杰，福建达业律师事务所律师。

再审申请人（一审被告、二审上诉人）：南安市仑苍久容水暖配件经销店。经营场所：福建省南安市仑苍镇水暖专业市场二期23幢8号。

经营者：钟圣辉。

委托诉讼代理人：梁堃杰，福建达业律师事务所律师。

被申请人（一审原告、二审被上诉人）：黄振波。

委托诉讼代理人：杜顺萌，福建联合信实（泉州）律师事务所律师。

委托诉讼代理人：张雄池，福建联合信实（泉州）律师事务所律师。

再审申请人泉州市久容卫浴发展有限公司（以下简称久容公司）、南安市仑苍久容水暖配件经销店（以下简称久容水暖店）因与被申请人黄振波侵害发明专利权纠纷一案，不服福建省高级人民法院（2018）闽民终429号民事判决，向本院申请再审。本院依法组成合议庭对本案进行了审查，现已审查终结。

久容公司、久容水暖店申请再审称，被诉侵权技术方案在塑料内阀芯管与金属龙头本体之间填充的铁砂颗粒没有填充满，亦未形成蜂窝状，没有防裂的技术效果，未落入涉案专利权利要求1的保护范围。此外，一、二审法院酌定的赔偿数额过高。综上，久容公司、久容水暖店依据《中华人民共和国民事诉讼法》第二百条第二项、第六项之规定向本院申请再审，请求：1. 撤销二审判决；2. 对本案进行再审。

---

① 本案在年度报告中的位置为第6页。

黄振波提交意见称，被诉侵权技术方案中的铁砂颗粒也填满了塑料内阀芯管与金属龙头本体之间的空腔，颗粒之间的空隙亦构成了蜂窝状，具有与涉案专利同样的技术效果。综上，请求驳回申请人的再审请求。

本院经审查查明，国家知识产权局专利复审委员会在就涉案专利做出的第35783号无效宣告请求审查决定书中认为，“本领域技术人员可以理解该金属防冻保护层是由多个金属颗粒将所述塑料内阀芯管与金属龙头本体之间的空腔填充满并聚集形成的层，并且该金属层是蜂窝结构，即金属颗粒间仍具有一定的间隙”。

本院经审查认为，根据久容公司、久容水暖店申请再审的理由，本案再审审查的焦点问题为：被诉侵权技术方案是否落入涉案专利权利要求1的保护范围。

对于权利要求的解释，不仅要考虑其字面含义，还要结合说明书的记载，尤其关于技术效果的描述，从而准确界定权利要求的保护范围。同时，审查档案中的相关认定也可以用来理解权利要求的内容。

本案中，根据权利要求1记载，“塑料内阀芯管与金属龙头本体之间填充满防冻保护层……防冻保护层为多个金属颗粒聚集而成的蜂窝金属防冻保护层”。结合说明书的描述和前述审查档案的认定，关于“填充满”，指的是将“防冻保护层”充分布局于塑料内阀芯管与金属龙头本体之间形成的空腔内，而非金属颗粒毫无缝隙地填满该空腔；关于“蜂窝”，指的是金属颗粒聚集形成，形成的相互之间存有空隙的“蜂窝”状层结构，这样才能达到利用自身形变吸收塑料内阀芯管的压力，防止其因受水压、水温影响而破裂的目的，也可以实现在长期吸收潮气后由蜂窝状态壳体逐渐演变成实心状态，更好地粘附塑料内阀芯管与金属龙头本体的作用，至于该“蜂窝”的具体造型是否为规整的多边形则不在权利要求的限定范围内。

反观被控侵权产品，申请人虽认为填充于塑料内阀芯管与金属龙头本体之间的铁砂颗粒不具备涉案专利权利要求1技术方案的功能，但就固态的球形金属颗粒而言，已经可以视为“填充满”了塑料内阀芯管与金属龙头本体之间的空腔，而颗粒之间的空隙，则可以视为“蜂窝”状的层结构，上述结构和材料意味着其客观上会起到防破裂和吸潮的功能。因此，一、二审法院关于被诉侵权技术方案落入涉案专利权利要求1保护范围的认定并无不当。

此外，二审法院综合考虑专利类型、申请人生产规模、涉案产品的销售价格及利润和维权合理支出等因素，酌情确定侵权损害赔偿及临时保护期使用费的具体数额并无不当，本院予以支持。

综上所述，久容公司、久容水暖店的再审申请不符合《中华人民共和国民事诉讼法》第二百条的规定。依照《中华人民共和国民事诉讼法》第二百零四条第一款，《最高人民法院关于适用〈中华人民共和国民事诉讼法〉的解释》第三百九十五条第二款规定，裁定如下：

驳回泉州市久容卫浴发展有限公司、南安市仑苍久容水暖配件经销店的再审申请。

审 判 长 佟 姝

审 判 员 毛立华

审 判 员 钱小红

二〇一九年三月二十二日

法官助理 马云鹏

书 记 员 刘方方

## 3. 主题名称所记载效果、功能对权利要求的实质限定作用

——上诉人孙希贤与被上诉人湖南景怡生态科技股份有限公司侵害发明专利权纠纷案①

**中华人民共和国最高人民法院民事判决书（2019）最高法知民终657号**

上诉人（原审原告）：孙希贤。

委托诉讼代理人：孙德兴（孙希贤之子）。

委托诉讼代理人：庞启芙（孙希贤之妻）。

被上诉人（原审被告）：湖南景怡生态科技股份有限公司（原名称：湖南景怡生态科技发展有限公司）。住所地：湖南省长沙经济技术开发区螺丝塘路1号、3号德普五和企业园二期3栋103。

法定代表人：李文莎，该公司董事长。

委托诉讼代理人：张敏，湖南回归线律师事务所律师。

上诉人孙希贤因与被上诉人湖南景怡生态科技股份有限公司（以下简称景怡公司）侵害发明专利权纠纷一案，不服广西壮族自治区南宁市中级人民法院于2019年7月30日作出的（2018）桂01民初355号民事判决，向本院提起上诉。本院于2019年10月25日立案后，依法组成合议庭，于2019年12月11日公开开庭进行了审理。上诉人孙希贤及其委托诉讼代理人孙德兴、被上诉人景怡公司的委托诉讼代理人张敏到庭参加了诉讼。本案现已审理终结。

孙希贤上诉请求：撤销原审判决并改判支持孙希贤原审诉讼请求。（一）本案与（2016）桂01民初372号案件涉及的是侵害同一发明专利权纠纷案件，但（2016）桂01民初372号案件中关于以独立权利要求1限定独立权利要求10的判决被广西壮族自治区高级人民法院（2017）桂民终548号判决撤销，该判决认为“独立权利要求1和独立权利要求10是两个相互独立的技术方案，虽然被诉侵权技术方案没有落入独立权利要求1的保护范围，但是落入

① 本案在年度报告中的位置为第8页。

独立权利要求10的保护范围，仍然构成侵权。一审认定不构成侵权存在错误，本院予以纠正”。虽然最高人民法院（2018）最高法民申5354号裁定驳回了孙希贤的再审申请，但是并没有撤销（2017）桂民终548号判决，而是维持了该判决的上述认定，本案原审判决不侵权错误。（二）不能以权利要求1解释权利要求10，被诉侵权产品构成侵权。1. 原审判决认定权利要求10对“种植空间”未特别限定是错误的。2. 权利要求10本身限定的“所述的绿化体有由上层基体的种植空间和下层基体的土壤容纳空腔共同构成绿化体的种植孔”本身可以解释种植孔四周有壁面，也可以解释种植空间。3. 权利要求10对种植空间进行了限定，种植空间并不能独立存在，在权利要求1及权利要求10中不是技术特征而是用语。4. 权利要求1对种植空间进行发明目的的限定，倾斜顶面和两个竖直支撑壁面不是种植空间的本义，种植空间的本义是为植物生长提供空气的空间。5. 权利要求10对种植空间的进一步限定是“上层基体的种植空间”，由说明书0005记载可知，由上层基体提供的种植空间为种植展示面向内凹的空间。6. 种植空间的技术手段是斜板以外的空空的空间、功能是使植物向绿化体外生长、效果是为植物生长提供空间，与权利要求1的技术特征“种植空间至少由倾斜顶面和两个竖直支撑壁面构成”的技术手段、功能、效果不同，不能相互解释。7. 权利要求10保护的插销插入或导入拼接插槽将上下左右四个基体同时连接成绿化体实现了没有倾倒力矩的发明目的，无需保护权利要求1要求保护的没有悬空产生的倾倒力矩的技术特征“种植空间至少由倾斜顶面和两个竖直支撑壁面构成”。8. 涉案专利背景技术中引证的专利记载了权利要求10限定的种植空间没有两个竖直支撑壁面。综上，被诉侵权产品上层绿化砖斜板下的只有空气的空间是涉案专利权利要求10中的“种植空间”，侵权成立。（三）被诉侵权产品具有权利要求1保护的“种植空间至少由倾斜顶面和两个竖直支撑壁面构成”，原审法院用说明书附图所述的外形结构限定权利要求1错误。另外，被诉侵权产品上层绿化砖斜板下中间位置有竖直支撑板，也具有权利要求1保护的上述技术特征。因此，被诉侵权产品落入权利要求1、10的保护范围，侵权成立。（四）景怡公司承认其是单个基体的制造者和销售者，应当按照被诉侵权产品每平方米售价确定赔偿金额。（2018）桂01民初356、357号案件的被告南宁市林业和园林局（以下简称园林局）承认绿化砖的单价是800元，应当据此认定景怡公司对孙希贤的赔偿。景怡公司称被诉侵权产品每平方米售价仅为数十元与事实不符。

景怡公司辩称：原审判决认定事实清楚，适用法律正确。（一）被诉侵权产品并未落入涉案专利权利要求1、10的保护范围。被诉侵权产品缺少权利要求 1 的如下技术特征：1. 有水位高度调节功能；2. 种植空间至少由倾斜顶面和两个竖直支撑壁面构成；3. 土壤容纳空腔的斜面上至少有一个或一组水位高度调节溢水孔；4. 水位高度调节溢水孔是底部即将贯通的盲孔。缺少权利要求 10 的如下技术特征：1. 水位高度调节功能；2. 绿化体有由上层基体的种植空间和下层基体的土壤容纳空间共同构成绿化体的种植孔；种植孔四周有壁面且成内低外高。（二）孙希贤请求 15 万元的经济损失主张没有事实和法律依据。首先，孙希贤未提供任何证据证明其实际损失。其次，孙希贤未能提供任何证据证明景怡公司因侵权所获得利益的具体金额。最后，根据景怡公司的实际销售情况，利润微薄。孙希贤提交的《购销合同》的货款金额包括了钢结构、基质、植被、盒体、排灌系统、人工、维护等所有费用，分摊到盒体的合同金额仅为 80 元每平方米，该 80 元每平方米还包括了插销配件和运费在内，按照合同面积计算，盒体的销售金额总共才 3 万多元。（三）孙希贤多次起诉专利侵权的行为系恶意诉讼。

孙希贤向原审法院提起诉讼，原审法院于 2018 年 5 月 8 日立案受理，孙希贤向原审法院起诉请求：1. 判令景怡公司制造（包括组装制造）、销售、许诺销售、使用的绿化花盆及支撑连接件侵犯了孙希贤 ZL20111023××××. 4 发明专利，并依法判令景怡公司立即停止制造（包括组装制造）、销售、许诺销售、使用侵权产品；2. 判令景怡公司销毁侵权产品及制造侵权产品专用模具；3. 判令景怡公司承担侵权赔偿责任，赔偿孙希贤经济损失 15 万元及调查取证费 450 元；4. 判令景怡公司承担本案诉讼费。原审诉讼过程中，孙希贤将诉讼请求 1 变更为：请求判令景怡公司制造（包括组装制造）、销售绿化花盆及支撑连接件侵犯了孙希贤 ZL20111023××××. 4 发明专利，并依法判令景怡公司立即停止制造（包括组装制造）、销售侵权产品。

原审法院认定事实：

（一）有关涉案专利的基本情况

孙希贤于 2011 年 8 月 20 日向国家知识产权局申请名称为“有水位高度调节功能的插槽连接式绿化砖”的发明专利，并于 2015 年 3 月 4 日获得授权，专利号为 ZL20111023××××. 4。该专利现处于有效状态。

孙希贤在本案中明确主张的权利保护范围为涉案专利权利要求书记载的独立权利要求 1 和独立权利要求 10。

独立权利要求 1 为：有水位高度调节功能的插槽连接式绿化砖，包括基体（1）和种植展示面（2），其特征在于：所述的基体（1）是由塑料或玻璃钢通过模具一次性形成的，所述的基体（1）的外形轮廓为前后对称或左右对称或前后左右对称，所述的基体（1）至少有一个侧面是种植展示面（2），种植展示面（2）为平面或弧形面，所述的种植展示面（2）至少有一个向内凹的种植空间，种植空间（3）至少由倾斜顶面和两个竖直支撑壁面（4）构成，所述的基体（1）至少有一个由顶面向下凹的土壤容纳空腔（5），土壤容纳空腔（5）至少由一个斜面和两个竖直支撑壁面（6）构成，竖直支撑壁面（6）的高度在5—30厘米，所述的基体（1）左右有竖直支撑拼接外壁面（7），左右竖直支撑拼接外壁面（7）结构相同或结构相互匹配，所述的竖直支撑拼接外壁面（7）上分别有1—30条长度在5—30厘米且相互平行成水平或竖直设置的拼接插槽（8），所述的拼接插槽为T形槽或燕尾槽，所述的T形槽或燕尾槽为凹槽或凸槽或者凹槽和凸槽，所述的土壤容纳空腔（5）的斜面上至少有一个或一组水位高度调节溢水孔（9），所述的水位高度调节溢水孔（9）是底部即将贯通的盲孔。

独立权利要求10为：有水位高度调节功能的插槽连接式绿化砖，其特征在于：插销（16）插入或导入拼接插槽（8）将上下左右四个基体（1）同时连接成绿化体，所述的绿化体有由上层基体（1）的种植空间（3）和下层基体（1）的土壤容纳空腔（5）共同构成绿化体的种植孔（19），所述的种植孔（19）四周有壁面且成内低外高，所述的插销（16）至少有一对相互平行且相反的拼接槽（17），所述的一对相互平行且相反的拼接槽（17）为凹槽与凹槽或凸槽与凸槽或凹槽与凸槽。

涉案专利说明书记载，本发明的目的在于：1. 提供一种成本低、土壤容纳空间大、有上下左右流水通道、结构对称、简单且容易整体制造，仅用一种直插销就能将上下左右四个绿化砖拼接成各种造型的绿化体的薄壁空心绿化砖；2. 提供一种绿化砖拼接建造的绿化体有内低外高的种植孔，并且上下层绿化砖之间的相互连接宽度等于绿化砖宽度，而且在种植植物后的重心永远在支撑面内，即在绿化体倾斜种植孔的上下层绿化砖之间没有悬空产生的倾倒力矩。本发明的优点在于：4. 左右竖直支撑壁面和左右竖直支撑壁面在基体拼接的绿化体后上下层绿化砖之间的相互连接宽度等于绿化砖宽度，并且在种植孔中种植植物后的重心永远在支撑面内，即在绿化体中种植植物后上下层绿化砖之间没有悬空产生的倾倒力矩；7. 绿化砖根据不同植物生长需求随时随地可以用最简单的工具打通水位高度调节溢水孔即盲孔调节供水水位。

（二）有关被诉侵权行为的基本情况

2012年6月1日，丙方（卖方）景怡公司与甲方（买方）案外人南宁建宁水务投资集团有限责任公司（以下简称建宁水务公司）、乙方（管理方）案外人市园林局签订《2012年南湖—竹排冲水系环境综合整治工程园林绿化工程（设计变更）垂直绿化采购合同》，合同金额为536000元，合同采用单价包干方式。合同约定组成包括市园林局和建宁水务公司等多个部门在内的采购小组，建宁水务公司委托市园林局牵头组织采购小组进行采购相关事宜，负责采购及收货全过程管理；约定交货地点为南湖—竹排冲水系环境综合整治工程范围内指定地点。合同附“垂直绿化采购清单”附件一份，清单显示采购的品种为垂直绿化材料，规格是每平方米内安装花盆砖有36个，每平方米内绿化覆盖率达95%以上，数量是670平方米，单价是800元/平方米，合计536000元。原审庭审中，景怡公司认可其制造、销售被诉侵权产品。

2016年5月13日，孙希贤委托其代理人孙德兴向广西壮族自治区南宁市东博公证处申请保全证据公证。当日，公证人员与孙德兴、摄像人员前往位于南宁市悦宾路1号南宁市青秀区社区综合服务中心对面的竹排冲河堤沿岸进行现场取证。摄像取证前，公证人员对该次取证使用的照相机的存储介质进行格式化清洁，检查和确认无内容后交由摄像人员使用，摄像人员在孙德兴的指引下对上述河堤沿岸墙上的相关绿化设施的构造及现状进行拍照，摄像过程共得照片18张。广西壮族自治区南宁市东博公证处工作人员全程监督了上述摄像的全过程。广西壮族自治区南宁市东博公证处于2016年6月3日对上述公证行为出具了（2016）桂东博证民字第12668号公证书。孙希贤为此支出公证费470元。

因孙希贤就本案被诉侵权产品向原审法院提起（2016）桂01民初372号侵害发明专利权纠纷案件，原审法院于2016年11月2日组织当事人到位于南宁市悦宾路1号南宁市青秀区社区综合服务中心对面的竹排冲河堤沿岸对被诉侵权产品进行了现场勘验。

将独立权利要求1记载的全部技术特征分解为：1. 有水位高度调节功能的插槽连接式绿化砖；2. 包括基体（1）和种植展示面（2）；3. 所述的基体（1）是由塑料或玻璃钢通过模具一次性形成的；4. 所述的基体（1）的外形轮廓为前后对称或左右对称或前后左右对称；5. 所述的基体（1）至少有一个侧面是种植展示面（2）；6. 种植展示面（2）为平面或弧形面；7. 所述的种植展示面（2）至少有一个向内凹的种植空间（3），种植空间（3）至少由倾斜顶面和两个竖直支撑壁面（4）构成；8. 所述的基体（1）至少有一个由顶面向下凹的土壤容纳空腔（5）；9. 土壤容纳空腔（5）至少由一个斜面和两个竖直支撑壁面（6）构成；10. 竖直支撑壁面（6）的高度在5—30厘米；11. 所述的基体（1）左右有竖直支撑拼接外壁面（7）；12. 左右竖直支撑拼接外壁面（7）结构相同或结构相互匹配；13. 所述的竖直支撑拼接外壁面（7）上分别有1—30条长度在5—30厘米且相互平行呈水平或竖直设置的拼接插槽（8）；14. 所述的拼接插槽（8）为T形槽或燕尾槽；15. 所述的T形槽或燕尾槽为凹槽或凸槽或者凹槽和凸槽；16. 所述的土壤容纳空腔（5）的斜面上至少有一个或一组水位高度调节溢水孔；17. 所述的水位高度调节溢水孔（9）是底部即将贯通的盲孔。

将独立权利要求10记载的全部技术特征分解为：1. 有水位高度调节功能的插槽连接式绿化砖；2. 插销（16）插入或导入拼接插槽（8）将上下左右四个基体（1）同时连接成绿化体；3. 所述的绿化体有由上层基体（1）的种植空间和下层基体（1）的土壤容纳空腔（5）共同构成绿化体的种植孔（19）；4. 所述的种植孔（19）四周有壁面且呈内低外高；5. 所述的插销（16）至少有一对相互平行且相反的拼接槽（17）；6. 所述的一对相互平行且相反的拼接槽（17）为凹槽与凹槽或凸槽与凸槽或凹槽与凸槽。

经比对，孙希贤认为被诉侵权技术方案与涉案发明专利权利要求保护范围中独立权利要求1的技术特征16构成等同，其余的均构成相同。景怡公司则认为，被诉侵权产品包含有涉案专利独立权利要求1上述分解的技术特征2—6、8—15，包含有独立权利要求10上述分解的技术特征2、5、6；与权利要求1上述分解的技术特征1、7、17不相同，与技术特征16不等同，与权利要求10上述分解的技术特征1、3、4不相同。

原审法院认为：孙希贤系名称为“有水位高度调节功能的插槽连接式绿化砖”、专利号为ZL20111023××××.4的专利权人，目前该专利仍处于有效状态，其合法权益应受法律保护。

一、关于被诉侵权技术方案是否落入涉案专利权的保护范围的问题。本案中，孙希贤明确主张涉案专利保护范围为权利要求书中记载的独立权利要求1和独立权利要求10。各方当事人对被诉侵权技术方案包含了独立权利要求1上述分解的技术特征2—6、8—15，包含有独立权利要求10上述分解的技术特征2、5、6均无异议，原审法院予以确认。对有争议的技术特征，原审法院分析如下：

第一，关于独立权利要求1中双方当事人有争议的技术特征。1. 关于独立权利要求1的技术特征1“有水位高度调节功能的插槽连接式绿化砖”，景怡公司认为是不相同的，被诉侵权产品中高的溢水柱确实是溢水的，但不能实现调节水位功能。本案中，被诉侵权产品也为一种插槽连接式绿化砖，在土壤容纳空腔的斜面上没有一个或一组水位高度调节溢水孔，其是通过在底部设计向上凸起的空心圆柱状溢水柱来调节水位，选择打通全部或其中一个来达到溢水功能，换言之就是通过设计圆柱状的溢水柱的高低来调节水位、实现溢水功能，因而被诉侵权产品为有水位高度调节功能的插槽连接式绿化砖，被诉侵权技术方案的该技术特征与涉案权利要求 1 的技术特征 1 相同。2. 关于独立权利要求 1 的技术特征 7 “所述的种植展示面（2）至少有一个向内凹的种植空间（3），种植空间（3）至少由倾斜顶面和两个竖直支撑壁面（4）构成”，景怡公司认为被诉侵权产品无种植空间，仅有一个种植展示面，缺少竖直支撑壁面。原审法院认为，从涉案专利权利要求的字面含义可以看出一个种植空间的形成至少需要一个倾斜顶面（3）和两个竖直的支撑壁面（4），而被诉侵权产品有一个倾斜顶面，在倾斜顶面的中间只有一个三角形的竖直壁面，与专利技术特征 7 并不相同。3. 关于独立权利要求 1 的技术特征 16 “所述的土壤容纳空腔（5）的斜面上至少有一个或一组水位高度调节溢水孔” 和技术特征 17 “所述的水位高度调节溢水孔（9）是底部即将贯通的盲孔”，孙希贤认为被诉侵权技术方案的技术特征与涉案专利技术特征 16 构成等同以及与涉案专利技术特征 17 构成相同，被诉侵权产品只是将土壤容纳空腔的斜面上的溢水孔转移到了底面上，其底面设置了两种高度不同的溢水管孔，其中高度较低的管孔为 “即将贯通的盲孔”，将其贯通就可以实现调节水位的功能，这种对溢水孔位置的改变是本领域技术人员无需创造性劳动就能想到的，是以基本相同的手段，实现基本相同的功能，达到基本相同的效果。景怡公司则认为被诉侵权技术方案的技术特征与该技术特征既不相同也不等同，被诉侵权产品的土壤容纳空腔的斜面上没有溢水孔，底面是溢水柱且高度大小固定，不具有水位高度调节功能。原审法院经过对比，发现被诉侵权技术方案的技术特征与专利技术特征 16、17 存在以下不同：首先，溢水孔的位置不同，专利技术特征 16 的溢水孔在土壤容纳空腔的斜面，而被诉侵权技术方案的溢水孔在绿化砖的底部，在土壤容纳空腔的斜面上并没有任何溢水孔；其次，溢水孔的形态不同，涉案专利技术特征是平面的孔，而被诉侵权技术方案是向上凸起的空心圆柱所形成的孔。被诉侵权技术方案的技术特征与专利权利要求所记载的技术特征 16、17 在字面含义上存在不同，是否构成等同还需要从二者的手段、功能、效果以及是否无需经过创造性劳动就能够联想到等进行分析判断。原审法院认为，虽然被诉侵权技术方案中的溢水柱和专利技术特征 16、17 所记载的溢水孔都能实现溢水的功能，但是实现溢水功能的手段和效果是不一样的。根据说明书第 6 页介绍的涉案发明专利的优点 “7. 绿化砖根据不同植物生长需求随时随地可以用最简单的工具打通水位高度调节溢水孔即盲孔调节供水水位”，可以看出涉案专利实现溢水功能的手段非常便捷，随时随地都可以用最简单的工具将盲孔打通来实现溢水功能，从而达到调整不同植物生长所需用水量的效果，这也是涉案专利发明创造性的体现。而被诉侵权产品是通过在底部设计向上凸起的空心圆柱状溢水柱来调节水位，其溢水柱的高度是固定的，选择打通全部或其中一个来达到溢水功能，换言之就是通过设计圆柱状的溢水柱的高低来调节水位、实现溢水功能，被诉侵权技术方案并不能实现可以随时随地根据不同植物需求来调节供水水位的技术效果，因此，原审法院认为被诉侵权技术方案的技术特征与专利技术特征 16、17 既不相同也不等同。综上，因被诉侵权技术方案的技术特征与涉案专利权利要求 1 所记载的技术特征 7 不相同，与涉案专利权利要求 1 所记载的技术特征 16、17 既不相同也不等同，故被诉侵权技术方案没有落入独立权利要求 1 的保护范围。

第二，关于独立权利要求 10 中双方当事人有争议的技术特征。关于技术特征 1 “有水位高度调节功能的插槽连接式绿化砖”，景怡公司认为是不相同的。原审法院认为被诉侵权技术方案该技术特征与涉案权利要求 10 的技术特征 1 相同，理由与双方当事人有争议的关于独立权利要求 1 的技术特征 1 中所阐述的一致。关于技术特征 3 “所述的绿化体有由上层基体（1）的种植空间和下层基体（1）的土壤容纳空腔（5）共同构成绿化体的种植孔（19）”，景怡公司认为被诉侵权产品没有种植空间，只有一个斜面和土壤容纳空腔共同构成绿化体的种植孔。原审法院认为，任何权利要求及其技术特征的解释，均应站在本领域技术人员的角度通读权利要求书和说明书进行理解。对于涉案专利权利要求 10 中 “种植空间” 的解释，亦应作相同处理。权利要求 10 对 “种植空间” 未特别限定，而其记载的 “种植空间” 与权利要求 1 的 “种植空间” 在措施表达上相同，所标注的附图标号也相同，虽然权利要求 10 为独立权利要求，但一般情况下，对于同一专利中不同权利要求的用语应做相同理解。由于权利要求 1 记载，种植空间至少由倾斜顶面和两个竖直支撑壁面构成，因此，权利要求 10 中的种植空间也应具备两个竖直支撑壁面。而被诉侵权产品绿化砖单体在倾斜顶面的中间只有一个三角形的竖直壁面，故被诉侵权技术方案与涉案专利权利要求 10 中该技术特征不同。关于技术特征 4 “所述的种植孔（19）四周有壁面且成内低外高”，景怡公司认为被诉侵权产品种植孔四周确实有壁面，且成内低外高，但是其两侧的壁面不是竖直支撑的壁面。原审法院认为，从现场勘验的照片看，上下绿化砖重叠形成的种植孔四周有壁面，其壁面是由三角形的竖直壁面以及土壤容纳腔提供的竖直支撑壁面构成，且壁面也是成内低外高，景怡公司辩称其两侧的壁面不是竖直支撑的壁面理由不成立，故被诉侵权技术方案的该技术特征与涉案专利权利要求 10 的技术特征 4 相同。综上，因被诉侵权技术方案的技术特征与专利独立权利要求 10 所记载的技术特征 3 不相同，被诉侵权技术方案没有落入独立权利要求 10 的保护范围。

综合上述分析，与涉案专利权利要求1和权利要求10相比，被诉侵权技术方案缺少权利要求记载的一个以上的技术特征，并且有一个以上对应的技术特征不相同也不构成等同。根据上述《最高人民法院关于审理侵犯专利权纠纷案件应用法律若干问题的解释》第七条规定，被诉侵权技术方案没有落入涉案专利权的保护范围。

二、关于本案其他争议焦点问题。由于被诉侵权技术方案未落入涉案专利权的保护范围，孙希贤指控的侵权行为不成立，原审法院对其他争议焦点问题不再评述。孙希贤提出的各项诉讼请求因缺乏事实和法律依据，原审法院不予支持。

据此，原审法院判决：驳回孙希贤的全部诉讼请求。案件受理费3309元，由孙希贤负担。

本院二审期间，孙希贤向本院提交以下新证据：1.（2018）最高法民申5354号民事裁定书，用以证明孙希贤在原审中提交的（2017）桂民终548号民事判决正确；2. 景怡公司在另案（2019）最高法知民终656号案件中提交的答辩状，用以证明被诉侵权产品具备涉案专利的技术特征。景怡公司向本院提交以下新证据：湖南绿篱立体绿化有限公司开具的发票复印件两张、湖南沛颜园艺工程有限公司开具的发票复印件一张，用以证明市场同类产品的销售单价是80—100元，被诉侵权产品的利润很低。

本院组织当事人进行了证据交换和质证。景怡公司针对孙希贤提交的证据的质证意见为：对证据1的真实性、合法性均无异议，关联性有异议，不能达到证明目的。对证据2的真实性、合法性、关联性均有异议，不能达到证明目的，景怡公司没有在答辩状上签字，且已经进行了修改并在另案中重新提交了代理词，该答辩状不能作为景怡公司的意见，也不能证明景怡公司的产品侵权。孙希贤针对景怡公司提交的证据的质证意见为：真实性、合法性均认可，但不能达到证明目的，即使该价格是真实的，景怡公司出售给他人的价格是800元/平方米，佐证景怡公司获取了暴利。

本院的认证意见为：对孙希贤提交的证据1的真实性予以确认；对孙希贤提交的证据2，因系景怡公司在不同专利所涉另案中提交的材料，且景怡公司未签字确认，故本院不予认定。对景怡公司提交的证据，因孙希贤对真实性无异议，本院对真实性予以确认。

本院经审理查明，原审法院查明的事实基本属实。

本院另查明，关于本发明的有益效果，说明书0005段记载：……8. 绿化砖根据不同植物生长需求随时随地可以用最简单的工具打通水位高度调节溢水孔即盲孔调节供水水位……0016段在本发明的优点部分记载了相同内容。说明书有6个实施例，均记载：“……土壤容纳空腔（5）的斜面上有一组水位高度调节溢水孔（9），所述的水位高度调节溢水孔（9）是底部即将贯通的盲孔……”有益效果是：“……8. 绿化砖根据不同植物生长需求随时随地可以用最简单的工具打通水位高度调节溢水孔即盲孔调节供水水位。”说明书附图中，水位高度调节溢水孔（9）均呈纵向排列在土壤容纳空腔的斜面上。

景怡公司原名称为湖南景怡生态科技发展有限公司，2018 年 8 月 13 日经长沙市工商行政管理局核准变更为现名称。

本院认为，本案二审阶段的主要争议焦点有二：其一，被诉侵权产品是否落入涉案专利权利要求 1、10 的保护范围；其二，如果构成侵权，景怡公司应承担何种侵权责任。

一、被诉侵权产品是否落入涉案专利权利要求 1 的保护范围

孙希贤上诉提出，原审法院认定被诉侵权产品与权利要求 1 记载的下述四个技术特征不相同或等同错误：水位高度调节功能；种植展示面至少有一个向内凹的种植空间，种植空间至少由倾斜顶面和两个竖直支撑壁面构成；土壤容纳空腔的斜面上至少有一个或一组水位高度调节溢水孔；水位高度调节溢水孔是底部即将贯通的盲孔。

本院认为，“水位高度调节功能”记载在权利要求 1 的前序部分，形式上是主题名称的一部分，关于“水位高度调节功能”的争议实质涉及主题名称对权利要求保护范围的限定作用。《最高人民法院关于审理侵犯专利权纠纷案件应用法律若干问题的解释（二）》（以下简称专利司法解释二）第五条规定：“在人民法院确定专利权的保护范围时，独立权利要求的前序部分、特征部分以及从属权利要求的引用部分、限定部分记载的技术特征均有限定作用。”主题名称中包含的对全部技术特征所构成的技术方案的抽象和概括是主题名称的核心部分，是对专利技术方案的命名，用来确定专利技术方案所属领域。产品专利的主题名称的结构可能不是单一的，其中包含的用途限定内容以及以效果、功能方式表述的限定内容，其实际限定作用取决于该内容对权利要求所要保护的产品产生了何种影响。对于用途限定而言，如果对要求保护的产品没有带来影响，则这一内容对权利要求保护范围的确定不起作用；如果用途限定隐含或者导致要求保护的产品具有某种特定结构、组成等，则对于权利要求保护范围的确定起到限定作用。对于以效果、功能方式描述的限定内容，如果上述内容是对特征部分记载的产品结构、组分等能够达到的效果、功能的描述，则其实际限定作用通过特征部分记载的技术特征得以实现；如果上述内容不是对特征部分记载的结构、组分等能够实现的效

果、功能的描述，尤其当限定内容描述的效果、功能被用以区别于现有技术的，该内容实际已构成具体的技术特征。

本案中，权利要求1中的“水位高度调节功能”记载在前序部分的主题名称中，采用了功能表述的方式，权利要求1的特征部分通过两个技术特征记载了实现水位高度调节功能的具体方式，即土壤容纳空腔的斜面上至少有一个或一组水位高度调节溢水孔；水位高度调节溢水孔是底部即将贯通的盲孔，“水位高度调节功能”实际是对特征部分所记载的结构能够实现的功能的描述。因此，“水位高度调节功能”是对权利要求1要求保护的产品的结构能够实现的功能的概括，其对权利要求1保护范围的限定实质上通过后两个具体技术特征实现。

被诉侵权产品的土壤容纳空腔底面设置了向上凸起的柱状溢水通孔，与“土壤容纳空腔的斜面上至少有一个或一组水位高度调节溢水孔”记载的位置不相同，与“水位高度调节溢水孔是底部即将贯通的盲孔”记载的水位高度调节溢水孔为盲孔不相同。关于是否等同的问题，在判断是否构成等同技术特征时，应以被诉侵权产品中相应的技术特征是否以基本相同的手段，实现基本相同的功能，达到基本相同的效果，且本领域普通技术人员在被诉侵权行为发生时无需经过创造性劳动就能够联想到为必要条件。权利要求1中水位高度调节溢水孔为底部即将贯通的盲孔，使用者可以选择打通位于不同高度的溢水孔实现调节水位高度。被诉侵权产品中溢水柱只有一个水位高度，既无法调节水位高度，也无法供使用者选择打通与否，其功能、效果均不相同，因此被诉侵权产品中土壤容纳空腔底面上设置的柱状溢水通孔与上述两个技术特征不构成等同技术特征。孙希贤还提出，被诉侵权产品的土壤容纳空腔底面还设置了较低高度的溢水柱，将其打通可以调节水位。经查，被诉侵权产品中向上凸起的较低高度的圆柱表面没有贯通孔，但从表面厚度看不构成可以用最简单的工具打通从而调节水位高度的“底部即将贯通的盲孔”，孙希贤的上述主张不能成立。

此外，由于权利要求1明确限定了种植空间至少由倾斜顶面和两个竖直支撑壁面构成，而被诉侵权产品中种植空间只有倾斜顶面和一个三角形竖直支撑壁面，两者不构成相同或等同。

由于被诉侵权产品缺少权利要求1记载的上述技术特征，因此被诉侵权产品没有落入权利要求1的保护范围。

二、被诉侵权产品是否落入涉案专利权利要求10的保护范围

孙希贤上诉提出，原审法院认定被诉侵权产品与权利要求10记载的下述两个技术特征不相同或等同错误：水位高度调节功能；绿化体有由上层基体

的种植空间和下层基体的土壤容纳空间共同构成绿化体的种植孔。

本院认为，如前所述，主题名称中“水位高度调节功能”的限定作用取决于其对要求保护的产品产生了何种影响。对于权利要求 10 而言，特征部分没有记载实现水位高度调节功能的方式，“水位高度调节功能”因此不是对特征部分记载的技术特征构成的技术方案的抽象和概括。此外，从说明书的内容看，实现水位高度调节功能的方式是涉案专利对现有技术的实质贡献，被用于区别于现有技术。因此，虽然“水位高度调节功能”形式上记载在权利要求 10 前序部分的主题名称中，但其仍属于具体技术特征。

专利司法解释二第八条第一款规定：“功能性特征，是指对于结构、组分、步骤、条件或其之间的关系等，通过其在发明创造中所起的功能或者效果进行限定的技术特征，但本领域普通技术人员仅通过阅读权利要求即可直接、明确地确定实现上述功能或者效果的具体实施方式的除外。”据此，功能性特征是指不直接限定发明技术方案的结构、组分、步骤、条件或其之间的关系等，而是通过其在发明创造中所起的功能或者效果对结构、组分、步骤、条件或其之间的关系等进行限定的技术特征。如果本领域普通该技术人员仅通过阅读权利要求即可直接、明确地确定具体实施方式的，不应作为功能性技术特征。“水位高度调节功能”是通过功能表述限定的技术特征，没有直接限定相应结构，且权利要求 10 没有记载实现该功能的具体方式，本领域普通技术人员仅通过阅读权利要求无法直接确定实现该功能的具体实施方式，故“水位高度调节功能”是功能性技术特征。

《最高人民法院关于审理侵犯专利权纠纷案件应用法律若干问题的解释》第四条规定：“对于权利要求中以功能或者效果表达的技术特征，人民法院应当结合说明书和附图描述的该功能或者效果的具体实施方式及其等同的实施方式，确定该技术特征的内容。”专利司法解释二第八条第二款规定：“与说明书及附图记载的实现前款所称功能或者效果不可缺少的技术特征相比，被诉侵权技术方案的相应技术特征是以基本相同的手段，实现相同的功能，达到相同的效果，且本领域普通技术人员在被诉侵权行为发生时无需经过创造性劳动就能够联想到的，人民法院应当认定该相应技术特征与功能性特征相同或者等同。”结合涉案专利的说明书及附图，水位高度调节功能通过下述具体实施方式实现：在土壤容纳空腔斜面上设置水位高度调节溢水孔；水位高度调节溢水孔是底部即将贯通的盲孔，从而根据不同植物生长需求随时随地可以用最简单的工具打通盲孔调节供水水位。应根据上述具体实施方式及等同实施方式来确定被诉侵权产品是否具备该功能性技术特征。在一件专利中，对同一技术术语应做相同解释。上述内容与对权利要求 1 记载的“水位高度调节功能”所做解释含义相同。结合上文分析，被诉侵权产品的土壤容纳空腔底面设置了向上凸起的柱状溢水通孔，与上述实现水位高度调节功能的实施方式既不相同也不等同。

此外，被诉侵权产品上下层基体连接后，可以形成绿化体的种植孔，具备权利要求 10 记载的“由上层基体的种植空间和下层基体的土壤容纳空间共同构成绿化体的种植孔”这一技术特征。

由于被诉侵权产品至少缺少权利要求 10 记载的技术特征“水位高度调节功能”，因此被诉侵权产品没有落入权利要求 10 的保护范围。

综上，由于被诉侵权产品未落入涉案专利权利要求 1、10 的保护范围，景怡公司没有侵害孙希贤涉案专利权，无需承担侵权责任。

综上所述，孙希贤的上诉请求不能成立，应予驳回。原审法院认定事实正确，适用法律无误，应予维持。依照《中华人民共和国民事诉讼法》第一百七十条第一款第一项规定，判决如下：

驳回上诉，维持原判。

二审案件受理费 3309 元，由孙希贤负担。

本判决为终审判决。

审 判 长 徐卓斌
审 判 员 雷艳珍
审 判 员 高 雪
二〇一九年十二月三十一日
法官助理 徐 晨
书 记 员 王文婷

# 4. 说明书技术效果的记载对权利要求的解释作用和适用等同原则的影响

——再审申请人肖勇与被申请人深圳市森诺照明有限公司侵害发明专利权纠纷案①

**中华人民共和国最高人民法院民事裁定书（2019）最高法民申365号**

再审申请人（一审原告、二审被上诉人）：肖勇。

被申请人（一审被告、二审上诉人）：深圳市森诺照明有限公司。住所地：广东省深圳市宝安区观澜街道四和社区茜坑路133号厂房三楼3A。

法定代表人：孙树财，该公司执行董事兼总经理。

再审申请人肖勇因与被申请人深圳市森诺照明有限公司（以下简称森诺公司）侵害发明专利权纠纷一案，不服广东省高级人民法院（2018）粤民终1142号民事判决，向本院申请再审。本院依法组成合议庭进行了审查，现已审查终结。

肖勇申请再审称，（一）经原审庭审比对，被诉侵权产品具备涉案专利权利要求1中的技术特征“与LED灯条（2）插拔电连接的环形插槽”，构成相同侵权。（二）涉案专利权利要求中争议技术特征的含义清楚，二审判决引入说明书中记载的技术效果对权利要求进行解释，适用法律错误。（三）说明书记载的涉案专利与现有技术相比的优点是相对平板式的结构而言，二审判决错误理解为是涉案专利相对于被诉侵权产品的优点。（四）二审法院在（2016）粤民终1231号民事判决中，作出与本案相反的结论，裁判标准不一。综上，肖勇请求本院依法再审本案，撤销二审判决，判令森诺公司立即停止被诉侵权行为，包括停止制造、销售、许诺销售被诉侵权产品，删除销售被诉侵权产品的网页链接、销毁被诉侵权产品、专用模具及宣传材料，赔偿肖勇经济损失和合理开支共计20万元，本案一、二审诉讼费用由森诺公司承担。

本院经审查认为，涉案“一种LED照明灯”发明专利处于合法有效状态，应受法律保护。双方当事人就被诉侵权技术方案是否落入涉案专利权的保护范围产生争议，具体涉及对涉案专利权利要求1中“与LED灯条（2）

① 本案在年度报告中的位置为第9页。

插拔电连接的环形插槽”的技术特征的认定，以及被诉侵权技术方案是否具有与之相同或者等同的技术特征的问题。

专利侵权纠纷中，专利权保护范围的确定是侵权判定的前提。《中华人民共和国专利法》[①]（以下简称专利法）第五十九条第一款规定：“发明或者实用新型专利权的保护范围以其权利要求的内容为准，说明书及附图可以用于解释权利要求的内容。”即，权利要求是确定专利权保护范围的依据，但是，说明书及附图的相关内容对权利要求具有解释作用。肖勇主张涉案专利中争议技术特征含义清楚，二审判决引入说明书中技术效果的记载对其进行解释，适用法律错误。对此，本院认为，《最高人民法院关于审理专利侵权纠纷案件应用法律若干问题的解释》第二条规定：“人民法院应当根据权利要求的记载，结合本领域普通技术人员阅读说明书及附图后对权利要求的理解，确定专利法第五十九条第一款规定的权利要求的内容。”首先，关于权利要求解释的必要性。权利要求以文字和数字记载技术特征的形式描述专利技术方案，基于语言文字的多义性和局限性，如果不结合具体的语境对权利要求进行解释，将难以准确界定其所要表达的技术方案。因此，在确定专利权保护范围的过程中，不论权利要求的用语从表面上看是否清楚，都不应当仅仅基于权利要求本身就确定其含义。其次，关于引入说明书及附图解释权利要求的时机。专利法第二十六条规定，说明书应当对发明或者实用新型作出清楚、完整的说明，以所属技术领域的技术人员能够实现为准；权利要求书应当以说明书为依据，清楚、简要地限定要求专利保护的范围。由此可见，权利要求书的内容是对说明书的抽象和概括，说明书的内容是对权利要求书的进一步解释和说明，即，说明书构成权利要求适用的具体语境。因此，在对权利要求进行解读的过程中，应当从说明书出发，系统、全面地理解专利所要保护的技术方案，以此为基础，对权利要求所记载的技术特征作出准确认定。最后，关于说明书中技术效果的记载对权利要求相关技术特征的解释作用及对等同原则适用的影响。一般而言，权利要求中记载的是技术特征所限定的技术方案，也就是发明的构成，而发明的目的及相关技术效果则记载于说明书中。说明书中关于技术效果的记载，其体现的有益效果通常就是专利相较于现有技术所具有的进步。由于专利权人对现有技术认识的有限性，以及专利审查部门对现有技术检索的局限性，说明书中记载的技术效果对于权利要求的解释只能起到参考作用。对于说明书中关于权利要求特定技术特征的技术效果的记载，需要考虑该技术效果是否确实由该技术特征所导致、该技术效果的显著程度等因素，综合判断权利要求中的该技术特征是否应当受

---

① 此处指2008年《中华人民共和国专利法》，其已于2020年修改，本案下同。

到说明书中该技术效果记载的限定。在侵权诉讼中适用等同原则时，对于说明书中明确记载并且本领域技术人员能够确定的技术效果，应当予以考虑。

本案中，双方当事人就涉案专利权利要求1中“与LED灯条（2）插拔电连接的环形插槽”的技术特征的认定产生争议。对此，本院认为，对于争议技术特征，权利要求中只限定了灯条和环形插槽两者的连接关系是插拔电连接，并未对如何插拔电连接进行具体限定。但是，涉案专利说明书在技术效果部分明确记载“本发明的LED照明灯与现有技术相比，具有如下的优点：……由于采用LED灯条与插槽插拔电连接的结构，这样，对LED照明灯的维修和排除故障提供便利，当某颗或数颗LED灯珠损毁时，只需将其相应所在的LED灯条抽出，即可维修更换灯珠，而不影响其他LED灯条的使用，因此最大程度地降低了维护和使用成本”，以本领域技术人员的通常理解来说，涉案专利的“插拔电连接”确实能实现上述技术效果。因此，在争议技术特征的解释过程中，应当考虑上述技术效果。在本院组织的询问程序中，经双方当事人确认，被诉侵权技术方案相应的技术特征为，LED灯条与环形插槽在插拔的过程中并不接触，而是通过焊锡形成电连接和实现固定。由此带来的技术效果是，当灯条发生故障时，需要先破坏焊锡结构，才能实现灯条的更换和维修。因此，被诉侵权技术方案LED灯条与环形插槽通过焊锡固定电连接的技术特征与涉案专利争议技术特征不相同也不等同，被诉侵权技术方案未落入涉案专利权的保护范围。肖勇的相关再审申请理由不能成立，本院不予支持。

另外，肖勇还主张二审法院在（2016）粤民终1231号民事判决中，作出与本案相反的结论，裁判标准不一。本院经审查，另案与本案虽涉及同一专利，但是两案的被诉侵权技术方案存在差异，争议的技术特征也不同，故二审法院并不存在裁判标准不一的问题。肖勇的此项再审申请理由亦不能成立，本院不予支持。

综上，肖勇的再审申请不符合《中华人民共和国民事诉讼法》第二百条的规定。依照《中华人民共和国民事诉讼法》第二百零四条第一款之规定，裁定如下：

驳回肖勇的再审申请。

审 判 长 杜微科
审 判 员 吴 蓉
审 判 员 李 嵘
二〇一九年六月十日
法官助理 周睿隽
书 记 员 焦 媛

## 5. 多主体实施方法专利的侵权判定

——上诉人深圳市吉祥腾达科技有限公司与被上诉人深圳敦骏科技有限公司、原审被告济南历下弘康电子产品经营部、济南历下昊威电子产品经营部侵害发明专利权纠纷案①

**中华人民共和国最高人民法院民事判决书（2019）最高法知民终 147 号**

上诉人（原审被告）：深圳市吉祥腾达科技有限公司。住所地：广东省深圳市南山区西丽中山园路 1001 号 TCL 高新科技园 E3 栋 6—8 层。

法定代表人：全登平，该公司总经理。

委托诉讼代理人：谢冠斌，北京市立方律师事务所律师。

委托诉讼代理人：左萌，北京市立方律师事务所律师。

被上诉人（原审原告）：深圳敦骏科技有限公司。住所地：广东省深圳市龙华区观湖街道环观南路 94 号德盛昌大厦 7 楼 B08。

法定代表人：朴宁，该公司总经理。

委托诉讼代理人：宋献涛，北京德和衡律师事务所律师。

委托诉讼代理人：刘良勇，北京德和衡律师事务所律师。

原审被告：济南历下弘康电子产品经营部。住所地：山东省济南市历下区山大路 147 号山东山纺科技市场二楼 037 号。

经营者：姜玉雷。

原审被告：济南历下昊威电子产品经营部。住所地：山东省济南市历下区山大路 147 号山东山纺科技市场一楼 T3 号。

经营者：康现冬。

上诉人深圳市吉祥腾达科技有限公司（以下简称腾达公司）因与被上诉人深圳敦骏科技有限公司（以下简称敦骏公司）、原审被告济南历下弘康电子产品经营部（以下简称弘康经营部）、济南历下昊威电子产品经营部（以下简称昊威经营部）侵害发明专利权纠纷一案，不服山东省济南市中级人民法院于 2019 年 5 月 6 日作出的（2018）鲁 01 民初 1481 号民事判决，向本院

① 本案在年度报告中的位置为第 11 页。

提起上诉。本院于2019年7月4日立案后，依法组成合议庭，并于2019年10月21日公开开庭审理了本案，上诉人腾达公司的委托诉讼代理人谢冠斌、左萌，被上诉人敦骏公司的委托诉讼代理人宋献涛、刘良勇到庭参加诉讼，原审被告弘康经营部、昊威经营部经传票传唤无正当理由拒不到庭参加诉讼，本院依法缺席审理。本案现已审理终结。

腾达公司上诉请求：撤销原审判决，依法改判驳回敦骏公司的全部诉讼请求，由敦骏公司承担全部诉讼费用。事实和理由：

（一）原审判决在侵权认定上存在严重错误

1. 敦骏公司单方进行的公证检测方案存在明显瑕疵，不能作为判断腾达公司的W15E路由器产品是否侵权的依据。根据公证步骤，用户电脑中仅仅执行在IE浏览器地址栏输入“www. sina. cn”并回车步骤，检测电脑也应仅仅能够捕获到与该操作相关的报文数据。然而，根据公证书内容，例如第55号报文，路由器的WAN口向DNS服务器请求“urs. microsoft. com”的地址，由于用户电脑并没有相应的操作，因此可以确定检测电脑并非仅仅抓取用户电脑中操作所产生的报文，测试环境存在严重的干扰。

2. 原审判决认定被诉侵权产品（腾达公司生产的W15E、W20E、G1等多款商用无线路由器）必然存在执行专利号为ZL0212××××.3、名称为“一种简易访问网络运营商门户网站的方法”发明专利（以下简称涉案专利）权利要求1中的“虚拟Web服务器”功能的程序，且执行了步骤B中的“由该‘虚拟Web服务器’虚拟成用户要访问的网站与门户业务用户设备建立TCP连接”这一特征，明显缺乏事实依据。首先，在对被诉侵权产品的内部结构和处理流程完全不清楚的情况下，仅仅根据用户电脑抓取的数据报文和检测电脑抓取的数据报文是否一致，无法认定被诉侵权产品必然存在执行涉案专利权利要求1中的“虚拟Web服务器”功能的程序。其次，权利要求1的步骤B中明确限定“由该‘虚拟Web服务器’虚拟成用户要访问的网站与门户业务用户设备建立TCP连接”，对此，说明书相关内容也有明确记载。由此可见，权利要求1中的“虚拟Web服务器”不仅要发送重定向报文，更重要的是要虚拟成用户要访问的网站并与用户设备建立TCP连接，但被诉侵权产品缺乏此项技术特征。

3. 原审判决仅根据用户电脑捕获的184号、185号、191号报文，就认定被诉侵权产品执行了涉案专利权利要求1的步骤A、B和C，缺乏事实依据。首先，权利要求1的技术方案不仅涉及前述“TCP连接”特征，而且还涉及“接入服务器”的底层硬件与高层软件模块（即“虚拟Web服务器”）、门户业务用户设备之间的数据交互等其他多个特征，这些特征均无法仅根据用户电脑捕获的报文情况直接确定。因此，原审判决仅基于184号报文、185号报文认定被诉侵权产品执行了涉案专利权利要求1的步骤A、B，缺乏事实依据。其次，原审判决认定用户电脑捕获的191号报文能够证明被诉侵权产品执行了步骤C是明显错误的。根据涉案专利说明书的记载，真正门户网站（Portal_ Server）位于远程广域网，因此，访问Portal_ Server的191号报文经过被诉侵权产品的WAN口后在检测电脑中也应能检测到相应的报文，但是原审判决却认定“检测电脑wireshark软件抓取的数据未包含与用户电脑中184号至191号报文相对应的报文”。因此，原审判决认定用户电脑捕获的191号报文能够证明腾达公司路由器执行了步骤C，明显缺乏事实依据。

4. 从公证检测结果看，被诉侵权产品也明显不构成侵权。被诉侵权产品执行的方法与涉案专利权利要求1的区别至少在于：被诉侵权产品关于TCP连接的方式与权利要求1完全不同。在被诉侵权产品中，在用户输入“www. sina. cn”后，经DNS（域名解析服务器）查询响应，用户电脑会通过被诉侵权产品与真实的sina服务器建立TCP连接（即“三次握手”），检测电脑端存在与用户电脑端的报文180号、182号、183号相对应的报文49号、51号、52号可以证明这一点。而且，对于用户电脑端的报文180号、182号、183号为用于建立TCP连接的“三次握手”的TCP报文，敦骏公司对此也明确承认。而如前所述，权利要求1的步骤B中明确限定的是“由该‘虚拟Web服务器’虚拟成用户要访问的网站与门户业务用户设备建立TCP连接”，即由“虚拟Web服务器”（虚拟成要访问的网站）与用户设备进行TCP连接。可见，两者的技术方案完全不同，两者的技术构思也完全不同。被诉侵权产品需要先通过用户设备与用户要访问的真实网站建立TCP连接，才能后续重定向到认证网页。而涉案专利则是直接通过接入服务器中的“虚拟Web服务器”虚拟成用户要访问的网站，从而取代真实服务器与用户设备建立TCP，进而后续重定向到认证网页。而且，由于涉案专利采用“虚拟Web服务器”与客户端建立TCP连接，因此即便是随便敲入几个数字也能执行强制Portal业务。但是，对于被诉侵权产品而言，由于用户设备需要与真实网站建立TCP连接，因此只有当用户设备输入真实有效的域名或IP地址才能实现强制Portal业务。仅基于上述区别，被诉侵权产品已经不落入权利要求1的保护范围，不构成侵权。另外，涉案专利主要针对的是远程设置Portal_ Server的方案，能够实现不需要对Portal_ Server增加特殊处理、大大提高了强制Portal功能的兼容性、跟任何Portal_ Server都可以对接等有益效果。但被诉侵权产品本身就内置了Portal_ Server，并不需要远程设置Portal_ Server。因此，被诉侵权产品并未落入涉案专利的保护范围。对于被诉侵权产品所采用的技术方案，腾达公司也申请了专利（申请号：20181102××××.9，申请日为2018年9月4日，公开日为2019年1月25日），这进一步佐证了被诉侵权产品没有实施涉案专利，不构成侵权。

5. 涉案的路由器产品包括W15E、W20E和G1，公证检测仅涉及W15E路由器这一款被诉侵权产品，原审判决却判定“涉案的路由器产品”构成侵权，明显缺乏事实依据。

（二）原审判决基于涉案专利权利要求1、2直接判令腾达公司立即停止制造、许诺销售、销售涉案的路由器产品，明确缺乏法律依据

涉案专利保护的是一种网络接入认证方法，根据该方法并不能直接获得任何产品（包括被诉侵权产品），因此，对于涉案专利的保护并不能延伸到产品。据此，原审判决判令腾达公司“立即停止制造、许诺销售、销售涉案的路由器产品”，明显缺乏法律依据，不应当予以支持。

（三）原审判决关于赔偿额的认定缺乏事实和法律依据，判定的赔偿额明显过高

1. 敦骏公司提供的销售量数据不可信，电商平台上的累计评价不等同于销售量，经常出现某一型号产品的用户评价中涉及其他型号的产品以及涵盖已退货产品的情形。

2. 路由器产品领域属于高度竞争的领域，生产厂家众多，敦骏公司主张的行业利润率为30%，不仅没有任何证据支持，而且明显偏高。原审判决直接基于该利润率确定赔偿额，明显缺乏事实依据。

3. 随着技术的发展和细化，产品中集成的技术越来越多，任何一项专利都难以涵盖整个产品及其全部功能，尤其是对于那些技术密集型的电子产品而言。因此，在确定赔偿额时应当考虑专利的利润贡献度。就本案涉及的路由器产品而言，涉案专利的技术方案同样并未涵盖整个产品，而且仅仅涉及路由器的接入认证功能，显然不能将整个路由器产品的利润都视为涉案专利带来的利润。原审判决将被诉侵权产品的全部利润作为涉案专利带来的利润，并以此计算赔偿额，明显存在法律适用错误。

4. 涉案专利涉及了接入服务器的“Web认证功能”中的强制Portal技术，该技术方案存在替代方案，与替代方案相比，涉案专利也不具有更优异的技术效果。

敦骏公司辩称：原审判决认定被诉侵权产品落入涉案专利权保护范围，据此判令腾达公司立即停止侵权并承担赔偿责任，属于认定事实清楚，适用法律正确。请求驳回上诉，维持原判决。

弘康经营部、昊威经营部未作答辩。

敦骏公司向原审法院提起诉讼，原审法院于2018年7月20日立案受理。敦骏公司诉讼请求：1. 判令腾达公司、弘康经营部、昊威经营部立即停止制造、销售以及许诺销售侵犯敦骏公司涉案专利权产品的行为，销毁库存及生产模具；2. 判令腾达公司、弘康经营部、昊威经营部赔偿敦骏公司经济损失及合理费用共计500万元；3. 判令腾达公司、弘康经营部、昊威经营部承担本案诉讼费用。事实与理由：敦骏公司是涉案专利的专利权人。该专利涉及一种简易访问网络运营商门户网站的方法，是一种强制（Portal）业务技术，是对“目的地址转换+源地址转换+重定向”技术方案进行提炼，可简化强制实现过程和减轻对接入服务器底层硬件的要求。腾达公司是一家规模较大的网络通信产品的生产厂家，注册资金12000万元，年销售额超过30亿元，在全国多个城市设有十多家分公司，产品出口至全球80余个国家和地区，销售总量累计超过5亿台，其产品涵盖家用无线、商用无线、交换机、接入终端等领域，广泛应用于餐饮、商超、娱乐等多种场所。经调查发现，腾达公司制造、销售的W15E、W20E、G1等多款商用无线路由器均侵害敦骏公司涉案专利权。同时，腾达公司的侵权产品销售范围广、销量多，在实体店、网店均有销售。腾达公司的上述行为侵害了敦骏公司的合法权利，给敦骏公司造成经济损失。弘康经营部、昊威经营部销售侵害敦骏公司涉案专利权的产品，给敦骏公司造成经济损失。

腾达公司原审辩称：1. 涉案专利、被诉侵权产品访问任意网站时实现定向的方式不同，访问的过程亦不等同，腾达公司没有侵害敦骏公司的涉案专利权；2. 敦骏公司诉请的赔偿数额过高且缺乏事实及法律依据。请求驳回敦骏公司的诉讼请求。

弘康经营部、昊威经营部原审共同辩称：其所销售的被诉侵权产品是从代理商处合法进货的，其不是被诉侵权产品的生产者，不应承担责任。

原审法院认定事实：

2002年6月28日，华为技术有限公司就涉案专利技术向国家知识产权局申请发明专利并于2008年8月20日获得授权。2015年7月2日，专利权人由华为技术有限公司变更为敦骏公司。敦骏公司在本案中主张涉案专利的保护依据为权利要求1、2，其内容为：1. 一种简易访问网络运营商门户网站的方法，其特征在于包括以下处理步骤：A. 接入服务器底层硬件对门户业务用户设备未通过认证前的第一个上行HTTP报文，直接提交给“虚拟Web服务器”，该“虚拟Web服务器”功能由接入服务器高层软件的“虚拟Web服务器”模块实现；B. 由该“虚拟Web服务器”虚拟成用户要访问的网站与门户业务用户设备建立TCP连接，“虚拟Web服务器”向接入服务器底层硬件返回含有重定向信息的报文，再由接入服务器底层硬件按正常的转发流程向门户业务用户设备发一个重定向到真正门户网站 Portal_ Server 的报文；C. 收到重定向报文后的门户业务用户设备的浏览器自动发起对真正门户网站 Portal_ Server 的访问。2. 根据权利要求 1 所述的一种简易访问网络运营商门户网站的方法，其特征在于：所述的步骤 A，由门户业务用户在浏览器上输入任何正确的域名、IP 地址或任何的数字，形成上行 IP 报文；所述的步骤 B，由“虚拟 Web 服务器”虚拟成该 IP 报文的 IP 地址的网站。

2018 年 4 月 24 日，敦骏公司向山东省济南市长清公证处（以下简称长清公证处）申请保全证据公证。同日，敦骏公司的委托代理人成洪杰与公证处公证员来到山东省济南市历下区山东山纺科技市场，成洪杰花费 650 元购得“Tenda 路由器 W15E”“Tenda 路由器 W20E 增强型”各一个，取得盖有弘康经营部发票专用章与昊威电子经营部印章的信誉卡一张、商户名称为昊威经营部的银联商务签购单一张、名片一张。购买行为结束后，公证人员将所购物品携带至长清公证处，然后对所购物品进行了演示操作［见（2018）鲁济南长清证民字第 581 号公证书］。演示操作完成后，公证处人员将所购物品进行了封存。长清公证处作出（2018）鲁济南长清证民字第 580 号公证书。

2018 年 4 月 24 日，敦骏公司向长清公证处申请对公证处购买的路由器进行证据保全公证。同日，公证处人员及申请人的委托代理人邹文汇在公证处办公室，对处于互联网连接状态下的公证处电脑进行如下操作：根据产品所附说明书，将同日购买的 Tenda 腾达 W15E 路由器［见（2018）鲁济南长清证民字第 580 号］（以下简称腾达路由器）初始化。初始化完成后，将长清公证处一台戴尔笔记本（以下简称检测电脑）通过网线与腾达路由器 WAN1 口连接，将长清公证处一台联想笔记本（以下简称用户电脑）通过网线与腾达路由器的 LAN5 口连接；检测电脑通过长清公证处 Wi-Fi 以无线方式连入互联网。在检测电脑上和用户电脑上分别进行如下操作：一、检测电脑上的操作，1. 在检测电脑上打开屏幕录像软件并开始录像，在检测电脑的桌面上新建名称为“tenda 路由器公证检测电脑端”文件夹，并在该文件夹内新建名称为“tenda 路由器监测电脑端截图文件”的 word 文档；2. 在检测电脑上打开网络和共享中心，依次点击、关闭“无线网络连接（MERCURY 184C）”“详细信息”“属性”“internet 协议版本 4（TCP/IPV4）”并选择“自动获得 IP 地址”、设置 internet 连接共享方式为“允许其他网络用户通过此计算机的 internet 连接来连接（N）”，相关内容截屏保存，打印截屏结果见附件三第 1—8 页；3. 在检测电脑上打开 IE 浏览器，通过百度搜索 wireshark

软件并将该软件下载保存到"tenda路由器公证检测电脑端"文件夹中并安装、运行，以准备捕获网络包，相关内容截屏保存，打印截屏结果见附件三第9—22页；4. 在用户电脑上的IE浏览器地址栏输入"www. sina. cn"这一步骤前，开始检测电脑上的wireshark软件的捕获，在用户电脑上的IE浏览器地址栏输入"www. sina. cn"并回车步骤后，停止检测电脑上的wireshark软件的捕获；将检测电脑上的wireshark全部捕获的结果命名为"tenda路由器检测电脑端wireshark文件"并保存在"tenda路由器公证检测电脑端"文件夹中，将检测电脑上的wireshark捕获文件内容截屏保存，打印截屏结果见附件三第23—28页；5. 关闭检测电脑上的屏幕录像软件，将检测电脑上的屏幕录像复制到"tenda路由器公证检测电脑端"文件夹中。二、用户电脑上的操作，1. 在用户电脑上打开录屏软件并开始录像，在用户电脑的桌面上新建名称为"tenda路由器公证用户电脑端"文件夹，并在该文件夹内新建名称为"tenda路由器公证用户电脑端截图"的word文档；2. 在用户电脑上打开网络和共享协议，依次点击、关闭"本地连接""详细信息""internet协议版本4（TCP/IPV4）"，相关内容截屏保存，打印截屏结果见附件四第1—5页；3. 在用户电脑上打开IE浏览器，并选择工具项类internet删除浏览记录，进入百度界面，搜索wireshark软件并将该软件下载保存到"tenda路由器公证用户电脑端"文件夹中、安装运行，以准备捕获网络包，相关内容截屏保存，打印截屏结果见附件四第6—20页；4. 在用户电脑上的浏览器地址输入"tendawifi. com"并回车，进入腾达路由器登录页面，点击开始体验并设置登录密码至设置完成进入管理界面，点击"网络设置""网络设置-局域网设置"，点击"WEB认证-基本设置"，选择"WEB认证开启"选项，在免责声明框内填写"免责声明"并点击确定按钮，关闭浏览器，相关内容截屏保存，打印截屏结果见附件四第21—33页；5. 在用户电脑上打开IE浏览器，同时打开IE浏览器的开发人员工具，对相关内容截屏，打印截屏结果见附件四第34页；6. 开始用户电脑上的wireshark软件捕获，截屏并打印截屏结果见附件四第35页；7. 在用户电脑上的IE浏览器地址栏输入"www. sina. cn"并回车，然后停止对用户电脑上的wireshark的捕获，在IE浏览器开发人员工具窗口查看相关信息，相关内容截屏保存，打印截屏结果见附件四第36—48页；8. 将用户电脑上的wireshark捕获的部分结果截屏保存，打印截屏结果见附件四第47—50页；9. 将用户电脑上的wireshark全部捕获文件另存命名为"tenda路由器公证用户电脑端wireshark文件"至"tenda路由器公证用户电脑端"文件夹中；10. 关闭用户电脑上的屏幕录像软件，将屏幕录像复制到"tenda路由器公证用户电脑端"文件夹中。公证处对上述操作进行了现场公证，于2018年5月14日作出（2018）鲁济南长清证民字第581号公证书。在原审庭审中，各方均认可该公证检测的两个端口的抓包信息比对可以说明腾达路由器是否侵害了敦骏公司所要求保护的涉案专利权。该演示载明：在LAN端口有184号、185号HTTP报文，在WAN端口针对184号、185号没有对应的HTTP报文。

敦骏公司为维护其权利，授权济南鲁盟知识产权代理有限公司以自己的名义对侵权行为申请证据保全。济南鲁盟知识产权代理有限公司分别于2018年5月8日、18日向长清公证处申请保全证据公证，长清公证处作出（2018）鲁济南长清证民字第783号、第711号、第712号公证书。上述第783号公证书公证内容为：2018年5月8日，在公证处公证员及工作人员的监督下，申请人的委托代理人成洪杰在京东商城（腾达智能网络京东自营官方旗舰店）花费199元购得“腾达（Tenda）W15E”路由器一个。该网站显示有“腾达（Tenda）W15E”路由器的图片、京东价199元、累计评价1万+，“腾达（Tenda）W20E”路由器、京东价399元、累计评价1万+，“腾达（Tenda）G1”路由器、京东价359元、累计评价1万+等信息。第711号公证书公证内容为：2018年5月18日，在公证处公证员及工作人员的监督下，申请人的委托代理人成洪杰在“天猫”网站（Tenda腾达旗舰店）花费179元购得“腾达W15E 1200M”路由器一个。该网站显示有“腾达（Tenda）W15E”路由器的图片、促销价179元、月销量433、累计评价4342、安装说明、技术支持等信息。第712号公证书公证内容为：2018年5月18日，在公证处公证员及工作人员的监督下，申请人的委托代理人成洪杰操作进入腾达公司的官方网站，该网站显示有“（Tenda）W15E”路由器的图片、“腾达（Tenda）W20E”路由器的图片、价格、安装说明、公司介绍等信息，公司介绍主要内容为：公司成立于1999年，员工人数3000+，年销售额30亿元+，行业占比为70%+等。

敦骏公司提交的网络打印件显示：2018年9月18日，京东商城（腾达京东自营旗舰店）显示有“腾达（Tenda）W15E”路由器的图片、京东价189元、累计评价1.7万+，“腾达（Tenda）W20E”路由器、京东价399元、累计评价1.7万+，“腾达（Tenda）G1”路由器、京东价599元、累计评价1.6万+等信息。

敦骏公司为本案支付公证费11000元、律师代理费5万元。

腾达公司向原审法院提交了申请日期晚于涉案专利申请日的腾达公司的专利申请技术交底书、申请专利的文件、专利申请受理通知书等。

弘康经营部、昊威经营部向原审法院提交销售小票、二维码付款凭证等证据，以证明其销售产品的合法来源。上述销售小票上载明有产品型号及“济南历下凌云世纪科技经营部”的公章。腾达公司认可弘康经营部、昊威经营部销售的产品系其公司生产的产品。

敦骏公司注册成立于2014年12月19日，注册资本100万元，经营范围包括计算机软硬件、通讯产品、数码产品的技术开发与销售等。腾达公司成立于2003年1月17日，注册资本12000万元，经营范围包括电子产品、移动数据终端等产品的技术开发、销售；网卡、路由器等产品的开发、生产、销售。弘康经营部注册成立于2015年10月12日，系个体工商户，经营范围包括电脑及配件、办公用品的批发、零售等。昊威经营部注册成立于2015年3月31日，系个体工商户，经营范围包括电脑及配件、电脑耗材、办公用品的批发、零售等。

2018年12月13日，原审法院依法作出通知书，主要内容为：限令腾达公司10日内向原审法院提交自2015年7月2日以来，关于涉案“路由器”产品生产、销售情况的完整资料和完整的财务账簿。逾期不提交，将承担相应的法律责任。

原审法院认为：敦骏公司系涉案专利的权利人，该专利权现处于合法有效的法律状态，其享有的权利应受法律保护。本案中，腾达公司认为被诉侵权产品不具有“虚拟Web服务器”，用户在使用该产品的过程没有再现涉案专利权利要求1、2的方法，不构成对涉案专利权的侵害。原审法院对此认为，用户电脑通过网线与腾达路由器连接，腾达路由器通过网线与检测电脑连接，检测电脑通过Wi-Fi与网络服务器直接连接，从而使用户电脑和腾达路由器通过检测电脑与网络服务器间接连接（见图1）。

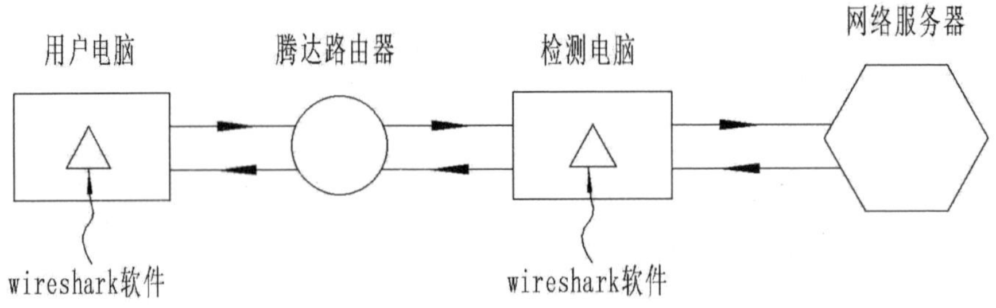


**图1：（2018）鲁济南长清证民字第580号公证书所记载的对腾达W15E路由器进行公证检测的原理图**

在用户电脑和检测电脑中均安装有wireshark软件，能够抓取两台电脑传输的数据。若腾达路由器中无虚拟Web服务器，用户电脑发出的上行HTTP

报文需最终通过门户网站的网络服务器中的Web服务器进行转换，则用户电脑发出的上行HTTP报文需依次通过腾达路由器、检测电脑，提交至门户网站的网络服务器中的Web服务器，经过Web服务器转换后的重定向HTTP报文也需依次通过检测电脑、腾达路由器返回用户电脑，在此情况下，用户电脑中wireshark软件抓取的数据应当与检测电脑中wireshark软件抓取的数据一致。事实上，在公证检测中，通过比对用户电脑中wireshark软件抓取的数据与检测电脑中wireshark软件抓取的数据，可以发现两者抓取的数据明显不一致。即用户电脑中wireshark软件抓取的数据包含了184号至191号报文，而检测电脑中wireshark软件抓取的数据未包含与用户电脑中184号至191号相对应的报文，且184号至191号报文是将用户电脑发出上行HTTP报文转换为指向门户网站的重定向HTTP报文并发送给用户电脑的过程。用户电脑中wireshark软件抓取的数据与检测电脑中wireshark软件抓取的数据不一致，说明HTTP报文转换的过程并不是通过门户网站的网络服务器的Web服务器实现的，而是由腾达路由器内部程序实现的，也就是在腾达路由器中必然存在能够执行这一功能的程序，该程序即为“虚拟Web服务器”。因此，对腾达公司的抗辩理由不予采信。

公证检测使用腾达路由器实现了以下方法步骤：

A. 接入服务器（被诉侵权产品）底层硬件对门户业务用户设备（公证处的联想笔记本）未通过认证前（用户在认证前不可以上网）的第一个上行HTTP报文（报文184：http：//www. sina. cn），直接提交给“虚拟Web服务器”，该“虚拟Web服务器”功能由接入服务器高层软件的“虚拟Web服务器”模块实现（被诉侵权产品的软件实现了HTTP响应功能，HTTP响应是Web服务器软件实现的）；

B. 由该“虚拟Web服务器”虚拟成用户要访问的网站与门户业务用户设备建立TCP连接（报文185的TCP报头用于建立TCP连接），“虚拟Web服务器”向接入服务器底层硬件返回含有重定向信息的报文（报文185是HTTP302moved，是HTTP重定向报文），再由接入服务器底层硬件按正常的转发流程向门户业务用户设备发一个重定向到真正门户网站Portal_ Server的报文（报文185包含http：/192. 168. 244. 244/webpage……这是真正门户网站Portal_ Server的地址）；

C. 收到重定向报文后的门户业务用户设备的浏览器自动发起对真正门户网站Portal_ Server的访问（报文191，HTTP请求访问http：/192. 168. 244. 244/webpage……，用户设备能显示该页面）。

上述A—C步骤再现了涉案专利权利要求1的方法步骤。

D. 由门户业务用户在浏览器上输入正确的域名（www. sina. cn）形成上行 IP 报文；由“虚拟 Web 服务器”虚拟成该 IP 报文的 IP 地址的网站（报文 184 号目标 IP 地址是 180. 149. 136. 228，即被诉侵权产品的“虚拟 Web 服务器”虚拟成用户要访问的网站“www. sina. cn”的 IP 地址 180. 149. 136. 228）。

上述 D 步骤覆盖了涉案专利权利要求 2 的全部技术特征。

综上，业务用户使用被诉侵权产品访问网络运营商门户网站时，再现了涉案专利权利要求 1、2 的全部技术方案，因此，腾达公司未经敦骏公司许可，制造、销售、许诺销售被诉侵权产品，其行为侵害了敦骏公司的涉案专利权，应承担停止侵权、赔偿经济损失的责任。

关于赔偿数额，敦骏公司对腾达公司因侵权获得的利益进行如下举证：1. 腾达公司在其京东网站官方旗舰店上的销售情况为：W15E：售价 189 元，累计评价 1.7 万，销量按照 1.7 万计，销售额为 321.3 万元；W20E：售价 399 元，累计评价 1.7 万，销量按照 1.7 万计，销售额为 678.3 万元；G1：售价 599 元，累计评价 1.6 万，销量按照 1.6 万计，销售额为 958.4 万元。上述三款产品的销售额合计 1958 万元。腾达公司在天猫电商平台官方旗舰店上仅能够查询到月销量，（Tenda）W15E 促销价 179 元、月销量 433、累计评价 4342，销售额为 777218 元。根据行业内的一般情况，路由器产品的利润率约为 30%，利润为 610 多万元。2. 腾达公司产品在网店、实体店均有销售。3. 腾达公司网站显示年销售额 30 亿元，行业占比为 70%。4. 敦骏公司为维权支付合理开支 61000 元。据此，敦骏公司申请腾达公司提交与被诉侵权产品相关的财务账簿、资料。原审法院根据庭审情况，依法责令腾达公司提交关于涉案“路由器”产品生产、销售情况的完整资料和完整的财务账簿，腾达公司无正当理由拒不提供。根据《最高人民法院关于审理侵犯专利权纠纷案件应用法律若干问题的解释（二）》第二十七条“权利人因被侵权所受到的实际损失难以确定的，人民法院应当依照专利法第六十五条第一款的规定，要求权利人对侵权人因侵权所获得的利益进行举证；在权利人已经提供侵权人所获利益的初步证据，而与专利侵权行为相关的账簿、资料主要由侵权人掌握的情况下，人民法院可以责令侵权人提供该账簿、资料；侵权人无正当理由拒不提供或者提供虚假的账簿、资料的，人民法院可以根据权利人的主张和提供的证据认定侵权人因侵权所获得的利益”的规定，原审法院根据敦骏公司提供的证据及考虑腾达公司拒不提供相关账簿资料的情形，对敦骏公司主张的 500 万元的赔偿数额予以支持。

弘康经营部、昊威经营部销售被诉侵权产品，但能够提供产品的来源，考虑该产品仅在实际使用过程中再现涉案专利技术方案的情节，弘康经营部、昊威经营部应停止侵权，其赔偿责任予以免除。

敦骏公司要求腾达公司销毁库存及生产模具的诉请，敦骏公司未对腾达公司的库存产品及相关模具进行举证，且销毁库存产品属于判决执行的内容，故原审法院对敦骏公司的该项诉讼请求不再判决支持。

原审法院判决：一、腾达公司立即停止制造、许诺销售、销售涉案的路由器产品；二、弘康经营部、昊威经营部立即停止销售涉案的路由器产品；三、腾达公司于判决生效之日起十日内赔偿敦骏公司经济损失及合理费用共计 500 万元；四、驳回敦骏公司的其他诉讼请求。一审案件受理费 46800 元，由腾达公司负担。

二审中，双方当事人均未在规定的举证期限内提交新证据。二审庭审后，腾达公司和敦骏公司各自在规定的时间内向本院提交了书面代理意见并附上相关的参考材料，用于进一步阐明和加强各自的诉辩主张。本院在收到双方书面代理意见及其参考材料后向双方进行了转交。腾达公司在提交的书面代理意见中，对涉案专利权利要求应当如何解释、被诉侵权产品与涉案专利的技术比对、腾达公司制造、销售、许诺销售被诉侵权产品的行为是否构成对涉案方法专利权的侵害以及损害赔偿计算应当考虑合理利润率和专利技术贡献度等意见基本与其上诉理由及庭审发表意见相同。腾达公司同时提交了书面参考材料共计 12 份：附件 1 和附件 2 是两份申请日晚于涉案专利申请日的专利文献，主要用于说明 HTTP 报文可以包含 TCP 报文；附件 3 是腾达公司专利清单，用于说明腾达公司在路由器产品上自有 30 件专利；附件 4 ~ 10 是 7 份专利文献（其中 2 份与涉案专利同日申请、2 份早于涉案专利申请日、3 份晚于涉案专利申请日），与附件 1 和附件 2 共同用于说明涉案专利并非实现强制 Portal 的唯一技术，存在有可替代的技术方案；附件 11 是文章名称为“国家知识产权局首次发布全国专利调查数据报告”的网页打印件，该网页打印件附有“2015 年中国专利数据调查报告”的链接，用于说明我国专利的应用率；附件 12 是“知产力微博”上发布的“周末特稿 | 机、电、化领域发明专利侵权诉讼案件分析报告”的网页打印件，用于说明电学领域专利的无效比率。

敦骏公司在二审庭后提交的书面代理意见中对涉案专利权利要求解释、腾达公司制造、销售、许诺销售被诉侵权产品行为的侵权性质以及原审判决确定损害赔偿额的恰当性作了详细阐述，与其在庭审中发表的意见相同。敦骏公司随附书面代理意见提交了 9 份参考材料：附件 1 是谢希仁编著的《计算机网络（第 6 版）》（电子工业出版社，“十二五”普通高等教育本科国家级规划教材）相关内容摘录；附件2是溪利亚主编的《计算机网络教程（第2版）》（清华大学出版社，高等学校计算机应用规划教材）相关内容摘录；附件3是刘化君编著的《计算机网络原理与技术（第3版）》（电子工业出版社，高等学校电子信息类教材）；附件4是崔来中、傅向华、陆楠编著的《计算机网络与下一代互联网》（清华大学出版社，高等学校计算机专业规划教材）；附件5是刘佩贤、张玉英主编的《计算机网络》（人民邮电出版社，21世纪高等教育计算机规划教材），以上附件用于说明TCP和HTTP的关系、区别以及TCP三次握手过程，这些都属于计算机网络通信的基础知识；附件6、7、8分别是国家知识产权局针对涉案专利作出并已经生效的第30166号、第33077号、第40702号无效宣告请求审查决定，用于说明涉案专利权利要求的稳定性；附件9是与本案关联案件的情况说明。

原审查明的事实属实，本院予以确认。

本院另查明：

1. 涉案专利背景技术中记载：“Portal业务是NSP/ISP（网络服务提供商/英特网服务提供商）提供给用户的一种新型的宽带接入业务，用户在上网时，可以通过标准的WWW浏览器（Internet Explorer或Netscape Navigator）访问其门户网站（Portal_ Server，通过Web_ Server来实现）进行。各运营商有自己的Portal_ Server。”

2. 涉案专利说明书第5/9~6/9页记载：“本发明仅提取这个重定向的思想，设计了一种可以不需要作DNAT和SNAT的强制Portal技术方案。其设计思想是这样的：既然在强制Portal的过程中Portal_ Server只简单地起到向用户发一个重定向报文的作用，那么就完全可以在接入服务器端实现一个简易的‘虚拟Web Server’，它的功能就是接收用户需做强制Portal的报文，虚拟成用户要访问的网站与之建立TCP连接，然后由该‘虚拟Web Server’向用户端发一个重定向到Portal_ Server的报文，以便让用户直接访问Portal_ Server。这时由于这个虚拟的‘Web Server’是在接入服务器端通过软件实现的，当接入服务器的底层硬件接收到一个报文时，只需简单地判断一下该报文是否是需要作强制Portal的报文，如果是，就直接将这个报文提交给这个‘虚拟Web Server’就可以了，而这个‘虚拟Web Server’向用户端返回的报文就相当于用户要访问的Portal_ Server网站返回的报文，所以就不必再作源地址转换（SNAT）了，完全可按正常的IP转发流程处理。最后用户端收到重定向报文后，浏览器就会自动发起对真正的Portal_ Server的访问，实现强制Portal。由于本发明的主要技术是利用‘虚拟Web Server’向客户端发重定向报文，从而实现强制Portal，从而形成一种利用‘Redirect’实现的强制

Portal 技术。”涉案专利说明书第 7/9 页记载：“步骤 3，‘虚拟 Web Server’（如虚拟 Sina）对接收到的报文进行分析，得到目的 IP 地址，并将该目的 IP 地址作为这个‘虚拟 Web Server’（如虚拟 Sina）的地址，此时的这个‘虚拟 Web Server’（如虚拟 Sina）就虚拟了用户要访问的网站，由‘虚拟 Web Server’（如虚拟 Sina）向接入服务器底层硬件返回含有重定向信息的报文；步骤 4……”

3. 在 2018 年 9 月 18 日原审法院组织的证据交换中，腾达公司的委托诉讼代理人（系腾达公司的员工）确认，腾达 W15E 路由器、腾达 W20E 路由器的技术方案一致，腾达 G1 路由器与腾达 W15E 路由器的工作原理一致。

4. 涉案专利共被提起 5 次无效宣告请求，至今仍维持专利权全部有效。

本院认为，根据双方的诉辩意见，本案的争议焦点问题是：一、被诉侵权产品使用过程是否落入涉案专利权利要求的保护范围；二、腾达公司制造、销售、许诺销售被诉侵权产品的行为是否构成专利侵权；三、如构成侵权，原审判决确定的赔偿数额是否适当。

一、关于被诉侵权产品使用过程是否落入涉案专利权利要求的保护范围

（一）关于专利权利要求解释

明确专利权利要求保护范围是进行技术比对、判断被诉侵权技术方案是否落入专利权利要求保护范围的前提和基础。如果诉争双方对于权利要求的技术术语或者技术特征的理解存在分歧，则首先应当对权利要求进行解释，以确定该技术术语或者技术特征应有含义及其对权利要求所起的限定作用，从而准确界定专利权利要求的保护范围。本案中，双方对于涉案专利权利要求 1 步骤 A 中“门户业务用户设备未通过认证前的第一个上行 HTTP 报文”的理解产生分歧。腾达公司上诉主张，权利要求 1 步骤 A 中的“第一个上行 HTTP 报文”，应当解释为门户业务用户设备未通过认证前，用户设备与其要访问的实际网站建立 TCP“三次握手”连接过程中的第一个 TCP 报文。敦骏公司则认为，权利要求 1 步骤 A 中的“第一个上行 HTTP 报文”，就是指 HTTP 报文，不应扩张解释为建立 TCP“三次握手”连接过程中的第一个 TCP 报文。

本院认为，在解释专利权利要求时，应当遵循《中华人民共和国专利法》① 第五十九条第一款所规定的“发明或者实用新型专利权的保护范围以其权利要求的内容为准，说明书及附图可以用于解释权利要求的内容”这一权利要求解释的基本原则。在具体适用该解释原则时，应当认识到：首先，

① 此处指 2008 年《中华人民共和国专利法》，其已于 2020 年修改，本案下同。

权利要求是界定专利权保护范围的依据，说明书及附图可以用于解释权利要求的相关内容。说明书及其附图对于权利要求的解释作用体现在帮助本领域普通技术人员准确理解权利要求的内容，但不能替代权利要求在界定专利权保护范围过程中的地位和作用。其次，对于权利要求中相关技术术语或者技术特征的解释，应当遵循内部证据优先原则。如果权利要求相关技术术语或者技术特征在专利说明书中已经作了特别的说明，应当根据该特别说明作出解释；如果说明书并没有特别说明，应当按照本领域普通技术人员的通常理解作出解释。最后，权利要求的解释应当以本领域普通技术人员在对专利要求保护的技术方案形成整体认识的基础上，结合权利要求的具体语境，对权利要求的保护范围作出合乎逻辑的界定，以符合发明目的和能够实现发明技术方案为指引。

根据上述解释原则和规则，本案中权利要求 1 中的“第一个上行 HTTP 报文”应当解释为未通过认证的用户设备向接入服务器发送的第一个上行 HTTP 报文，而不应解释为用户设备与其要访问的实际网站建立 TCP“三次握手”连接过程中的第一个报文，理由如下：

第一，权利要求 1 步骤 A 中记载的文字明确地限定了“HTTP 报文”，并未提及“TCP 连接”“TCP 三次握手报文”等。如要将权利要求 1 步骤 A 中的“第一个上行 HTTP 报文”理解为建立 TCP 连接的三次握手过程中的第一个报文，则需要在说明书及附图中有特别的说明，且采用这种解释应当保证涉案专利要求保护的整体技术方案符合涉案专利的发明目的。但是，涉案专利说明书及附图所记载的内容中，并未对权利要求 1 步骤 A 所限定的“HTTP 报文”作出特别的说明。因此，对于权利要求 1 步骤 A 所限定的“HTTP 报文”的含义，应当按照本领域普通技术人员的通常理解予以解释。

第二，在网络通信领域，HTTP 与 TCP 是既有联系又有各自独立含义的概念，HTTP 位于应用层，HTTP 报文指采用 HTTP 协议的报文；TCP 位于传输层，TCP 报文指采用 TCP 协议的报文。诚如腾达公司所主张，本领域普通技术人员普遍知晓，一次完整的访问网站流程包括建立 TCP 连接（即三次握手过程）、HTTP 报文请求以及响应（交互数据）、断开 TCP 连接等三个前后关联、有先后逻辑顺序的环节。TCP 三次握手报文是 HTTP 报文传输的前提条件，但其本身并非 HTTP 报文。应用层协议（例如，SMTP、TELNET、HTTP、FTP 等）报文传输均需以传输层 TCP 三次握手报文建立的连接为前提，但本领域普通技术人员不会把任何一个 TCP 握手报文当成应用层协议例如 HTTP 协议报文本身，如果将涉案专利权利要求 1 中的“第一个上行 HTTP 报文”理解为“建立 TCP 连接的三次握手过程中的第一个报文”，将违背本领域普通技术人员的基本认知。

第三，根据涉案专利说明书第 5/9 ~ 6/9 页所记载的发明整体设计思想，并结合专利说明书第 7/9 页步骤 3 中的明确记载，本领域普通技术人员可以理解，权利要求 1 步骤 A 中，直接提交给“虚拟 Web 服务器”的“第一个上行 HTTP 报文”，显然应该解释为“HTTP 报文”，而不太可能被解释为“TCP 三次握手报文中的第一个”。这是因为，“虚拟 Web 服务器”（如虚拟“www. sina. cn”网站服务器）要对接收到的“第一个上行 HTTP 报文”进行分析，并虚拟成用户要访问的网站向接入服务器底层硬件返回含有重定向信息的报文，如果将“虚拟 Web 服务器”接收到的“第一个上行 HTTP 报文”解释为 TCP 三次握手报文中的第一个，那么下一步“虚拟 Web 服务器”向接入服务器底层硬件返回的报文势必就是 TCP 三次握手报文中的第二个，但由于 TCP 三次握手报文并不能承载重定向信息，这将导致涉案专利技术方案中，在“虚拟 Web 服务器”接收到 TCP 三次握手报文中的第一个后，“虚拟 Web 服务器”无法执行下一步“虚拟成用户要访问的网站向接入服务器底层硬件返回含有重定向信息的报文”，从而导致整个专利技术方案无法实现。这进一步印证了涉案专利权利要求 1 步骤 A 中，“第一个上行 HTTP 报文”只能是 HTTP 报文，而不可能是任何 TCP 握手报文。

（二）关于腾达 W15E 路由器使用过程与涉案专利权利要求 1、2 的技术比对

根据（2018）鲁济南长清证民字第 580 号公证书的记载内容，腾达 W15E 路由器在“Web 认证开启”模式下，通过用户电脑和检测电脑中的 wireshark 软件抓取的报文信息以及用户电脑、腾达 W15E 路由器的 LAN 口、腾达 W15E 路由器的 WAN 口、腾达 W15E 路由器内置的网络运营商门户网站（Portal Server）、检测电脑、用户要访问网站的网络服务器（“www. sina. cn”网站服务器）的 IP 地址信息如图 2 所示。

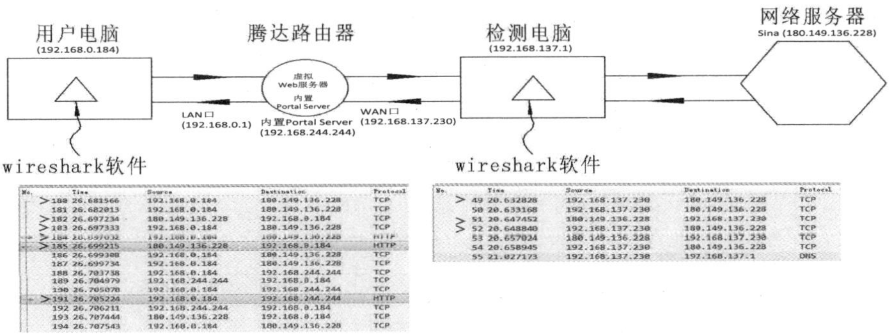


**图 2：用户电脑和检测电脑中的 wireshark 软件抓取的报文信息**

根据图2所显示的用户电脑和检测电脑中安装的wireshark软件的抓包内容，用户电脑上抓取到的180号、182号和183号报文分别对应于检测电脑上抓取到的49号、51号和52号报文，这三组报文即为用户电脑与“www. sina. cn”网站服务器建立TCP连接的三次握手报文。根据前述对于权利要求1的解释，该三组报文与权利要求1所限定的方法步骤没有关系，故在技术比对中不予考虑。与涉案专利权利要求1和2所限定的方法步骤具有对应关系的是184号、185号和191号报文，并且，从上述报文的内容和流转过程来看，腾达W15E路由器强制Portal过程与涉案专利权利要求1和2所限定步骤方法相同（参见图3和图4），因此腾达W15E路由器的使用过程落入了涉案权利要求1和2的保护范围。具体理由分析如下：

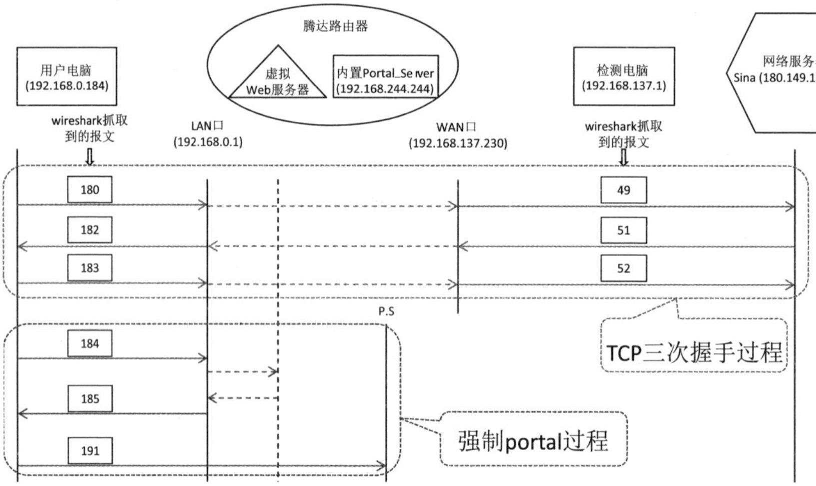


**图3：公证测试中用户电脑与“www. sina. cn”网站服务器TCP连接的三次握手过程以及腾达W15E路由器强制Portal的过程**

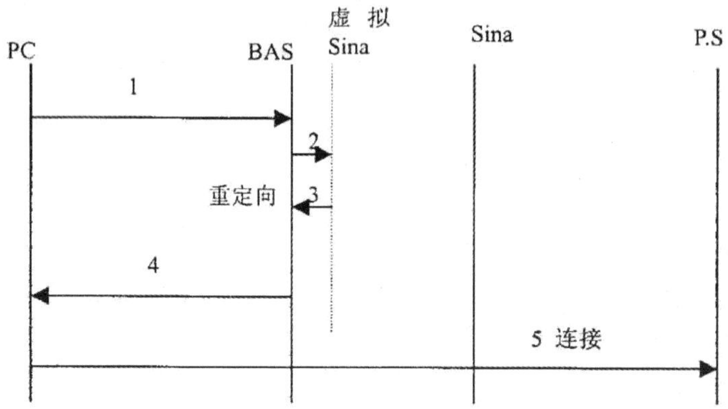


**图4：涉案专利的强制portal过程**

第一，敦骏公司单方进行的公证检测方案可以作为判断腾达 W15E 路由器是否侵权的依据。腾达公司主张公证测试环境存在干扰，理由是检测电脑抓取的第 55 号报文反映出 W15E 路由器的 WAN 口向 DNS 服务器请求“urs. microsoft. com”的地址，由于用户电脑并没有相应的操作，因此可以确定检测电脑并非仅仅抓取用户电脑中操作所产生的报文，测试环境存在严重的干扰。对此本院认为，首先，鉴于用户电脑和检测电脑使用的都是微软公司的 IE 浏览器，该浏览器自动产生“urs. microsoft. com”消息并非不合常理。其次，由于此类消息是 DNS 报文，路由器对于此类消息不作拦截，正常转发，并不会影响本案的侵权比对结果。最后，腾达公司对于用户电脑和检测电脑中安装的 wireshark 软件所抓到的报文的真实性并不持异议，故在没有其他证据证明本案公证测试过程存在严重干扰的情况下，本案公证测试的结果能够作为判断腾达 W15E 路由器是否侵权的依据。

第二，腾达 W15E 路由器能够实现强制 Portal 功能。根据第 581 号公证书并结合图 2、图 3，在用户电脑的 IE 浏览器内输入“www. sina. cn”并回车后，用户电脑上的 wireshark 软件捕获到的第一个采用 HTTP 协议传输的上行 HTTP 报文是 184 号报文（该报文的源地址是“192. 168. 0. 184”，即用户电脑的 IP 地址，目标地址是“180. 149. 136. 228”，即“www. sina. cn”网站服务器的 IP 地址）。但是，在检测电脑上并未抓取到与 184 号报文相对应的 HTTP 报文。因此可以认定，腾达 W15E 路由器在接收到用户电脑未通过认证前的第一个上行 HTTP 报文即 184 号报文后，并未将其转发至“www. sina. cn”网站服务器，而是对其截留。紧接前述 184 号上行报文，用户电脑捕获到 185 号下行报文（该报文的源地址是“www. sina. cn”网站服务器的 IP 地址“180. 149. 136. 228”，目标地址是用户电脑的 IP 地址），但是在检测电脑上仍然没有抓取到与 185 号报文相对应的从“www. sina. cn”网站服务器发往用户电脑的报文，因此可以认定，185 号报文是腾达 W15E 路由器虚拟成“www. sina. cn”网站服务器向用户电脑发送的下行 HTTP 报文。而且，根据 185 号报文的内容（Location：http：//192. 168. 244. 244/webpage_showpic. asp？data = www. sina. cn&rd = 6566），其就是腾达 W15E 路由器发送给用户电脑的 HTTP 重定向报文。再结合用户电脑上抓取到的 191 号上行报文的内容（该报文的源地址是“192. 168. 0. 184”，即用户电脑的 IP 地址，目标地址是“192. 168. 244. 244”，即网络运营商门户网站 Portal_ Server 服务器的 IP 地址），可以证明腾达 W15E 路由器已经将用户电脑对“www. sina. cn”网站服务器的访问成功强制到网络运营商的门户网站。

第三，根据公证检测结果可以合理推定腾达 W15E 路由器具有虚拟 Web

服务器。wireshark 软件抓包结果显示，185 号报文的 HTTP 有效载荷既有强制重定向的门户网站（即 Portal_ Server）的 IP 地址（192. 168. 244. 244），也有用户原本要访问的网站 sina 的域名（www. sina. cn），再结合上述腾达 W15E 路由器的强制 Portal 过程，可以推定腾达 W15E 路由器中存在能够执行对应于涉案专利权利要求 1 中的“虚拟 Web 服务器”功能的软件程序（参照图 3 和图 4），并且该“虚拟 Web 服务器”通过腾达 W15E 路由器的底层硬件实现了与用户电脑之间的数据交互过程。腾达公司二审中主张无法根据用户电脑捕获的 184 号、185 号和 191 号报文直接确定腾达 W15E 路由器中是否存在腾达 W15E 路由器的底层硬件、高层软件模块（即“虚拟 Web 服务器”）与用户电脑三者之间的数据交互，并进而否认腾达 W15E 路由器的强制 Portal 过程与涉案专利权利要求保护的技术方案相同。对此本院认为，腾达公司的上述主张系对根据公证测试结果和经验法则推定事实的简单否定，考虑到其作为制造商，其举证腾达 W15E 路由器内部的确切工作方式并不存在困难，然而腾达公司并未就此积极举证，在缺乏相反证据的情况下，本院对腾达公司该项抗辩理由不予采信。

第四，根据前述腾达 W15E 路由器的强制 Portal 过程以及内部存在的“虚拟 Web 服务器”的推定事实，腾达 W15E 路由器的强制 Portal 过程与涉案专利权利要求 1 所限定的 A、B、C 三个步骤完全一致，落入涉案专利权利要求 1 的保护范围（参照图 3 和图 4），理由不再赘述。再根据公证测试的结果，即在用户电脑浏览器上输入“www. sina. cn”后，用户电脑就发送一个上行的 184 号报文（属于 IP 报文，目标地址为 180. 149. 136. 228），该报文被腾达 W15E 路由器接收后，由其内部的“虚拟 Web 服务器”虚拟成前述 180. 149. 136. 228 地址的“www. sina. cn”网站向用户电脑发送一个重定向的 185 号报文。因此，腾达 W15E 路由器的强制 Portal 过程还具有与权利要求 2 所限定的附加步骤“所述的步骤 A，由门户业务用户在浏览器上输入任何正确的域名、IP 地址或任何的数字，形成上行 IP 报文；所述的步骤 B，由‘虚拟 Web 服务器’虚拟成该 IP 报文的 IP 地址的网站”完全相同的特征，因而落入权利要求 2 的保护范围。腾达公司还主张，对于腾达 W15E 路由器而言，只有当用户电脑输入真实有效的域名或 IP 地址，才能实现强制 Portal 业务，故与权利要求 2 所限定的“用户电脑在浏览器上输入任何的数字都能实现强制 Portal”的技术方案不同。对此本院认为，权利要求 2 包含了并列的技术方案“任何正确的域名、IP 地址”或“任何的数字”，公证测试结果至少可以证明腾达 W15E 路由器的强制 Portal 过程落入了权利要求 2“任何正确的域名、IP 地址”这一技术方案，故本院对腾达公司该项主张不予支持。

第五，腾达公司还上诉主张，根据涉案专利说明书的记载，专利中的网络运营商门户网站（Portal_ Server）位于远程广域网，因此，访问 Portal_ Server 的 191 号报文通过腾达 W15E 路由器（对应于涉案专利的接入服务器 BAS）后，检测电脑中的 wireshark 软件应该能抓取到相应的报文，但事实上，检测电脑中的 wireshark 软件并未抓取到与 191 号相对应的报文，故腾达 W15E 路由器的强制 Portal 过程缺少涉案专利权利要求 1 中的步骤 C。对此本院认为，首先，涉案专利权利要求 1 和 2 并未对 Portal_ Server 的设置位置作出限定，故不能将涉案专利说明书中的具体实施方式来限定权利要求的保护范围。其次，正是因为腾达 W15E 路由器的 Portal_ Server 是内置的，所以用户电脑访问 Portal_ Server 的 191 号报文不会通过腾达 W15E 路由器的 WAN 口，这与检测电脑没有检测到与 191 号报文相对应的报文的检测结果相一致，进一步验证了公证测试结果的真实性和可信性。最后，腾达 W15E 路由器是否执行了步骤 C，并不是通过检测电脑是否检测到 191 号报文来判断的，而是通过 191 号报文本身的内容来判断的。根据 191 号报文的目标地址，用户电脑在收到 184 号重定向报文后，就自动发起对 IP 地址为 192. 168. 244. 244 网络运营商门户网站（内置于腾达 W15E 路由器的 Portal_ Server）的访问，即对应于步骤 C。至于腾达公司主张腾达 W15E 路由器所采用的技术方案是其自己申请的专利技术方案，本院认为，腾达公司所主张的自己的专利，并不构成涉案专利的现有技术，在腾达 W15E 路由器的强制 Portal 过程落入涉案专利权保护范围的情况下，腾达 W15E 路由器是否采用了其主张的自有专利技术方案，不影响本案的侵权认定。因此，腾达公司此项上诉理由不能成立，本院不予支持。

第六，腾达公司另主张，从公证测试结果看无法证明腾达 W15E 路由器的强制 Portal 过程中具有涉案专利权利要求 1 步骤 B 中的“由该‘虚拟 Web 服务器’虚拟成用户要访问的网站与门户业务用户设备建立 TCP 连接”的技术特征。对此本院认为，从公证测试结果来看，腾达 W15E 路由器的“虚拟 Web 服务器”已经成功地虚拟成用户要访问的网站（“www. sina. cn”网站）向用户电脑发送了重定向报文 185 号报文，就能证明两者之间肯定是建立了 TCP 连接。否则，用户电脑无法接收到 185 号重定向报文，也就不可能再有后续的访问腾达 W15E 路由器内置的 Portal_ Server 服务器的 191 号报文，故腾达公司该项主张不能成立，本院不予支持。

（三）关于腾达 W20E 路由器、腾达 G1 路由器

由于腾达公司在原审中已经认可了腾达 W20E 路由器与腾达 W15E 路由器的技术方案一致，腾达公司 G1 路由器与腾达公司 W15E 路由器的工作原

理一致，并且在腾达公司的官方网站以及腾达公司京东旗舰店关于腾达W20E路由器、腾达G1路由器的功能说明中也明确显示这两款路由器均具备Web认证功能，在没有相反证据的情况下，本院认定腾达W20E路由器、腾达G1路由器的强制Portal过程也与腾达W15E路由器相同，故其使用过程均落入本专利权利要求1和2的保护范围。

综上，腾达W15E路由器、腾达W20E路由器、腾达G1路由器在“Web认证开启”模式下的使用过程，全部落入涉案专利权利要求1和2的保护范围。

二、关于腾达公司的被诉侵权行为是否构成侵权

敦骏公司原审中主张腾达公司制造、销售以及许诺销售被诉侵权产品的行为构成对其涉案专利权的侵害，构成专利侵权。二审庭审中，敦骏公司又主张腾达公司在制造被诉侵权产品的过程中必然会对被诉侵权产品的Web认证功能进行测试，该测试过程必然覆盖涉案专利的全部步骤，故认为腾达公司的上述测试行为构成侵权。腾达公司上诉认为，涉案专利保护的是一种网络接入认证方法，腾达公司仅是制造了被诉侵权产品，但并未使用涉案专利保护的技术方案，并且涉案专利方法并不是产品制造方法，根据该方法并不能直接获得任何产品（包括被诉侵权产品），涉案专利的保护并不能延伸到产品，故原审判决判令腾达公司“立即停止制造、许诺销售、销售涉案的路由器产品”并不正确。

对此本院认为，涉案专利技术属于网络通信领域，该领域具有互联互通、信息共享、多方协作、持续创新等特点，这就决定了该领域中的绝大多数发明创造的类型为方法专利，且往往只能撰写成为需要多个主体的参与才能实施的方法专利，或者采用此种撰写方式能更好地表达出发明的实质技术内容。然而这些方法专利在实际应用中，往往都是以软件的形式安装在某一硬件设备中，由终端用户在使用终端设备时触发软件在后台自动运行。因此，被诉侵权人完全可以采用上述方式，在未获得专利权人许可的情况下，将专利方法以软件的形式安装在其制造的被诉侵权产品中，甚至，还可以集成其他功能模块，成为非专用设备，并通过对外销售获得不当利益。从表面上看，终端用户是专利方法的实施者，但实质上，专利方法早已在被诉侵权产品的制造过程中得以固化，终端用户在使用终端设备时再现的专利方法过程，仅仅是此前固化在被诉侵权产品内的专利方法的机械重演。因此，应当认定被诉侵权人制造并销售被诉侵权产品的行为直接导致了专利方法被终端用户所实施。如果按照专利侵权判断的一般规则，即应当以被诉侵权人所实施的被诉侵权技术方案是否全面覆盖了专利权利要求记载的所有技术特征，作为专利侵权的必要条件，那么，仅仅是制造、销售具备可直接实施专利方法功能的

被诉侵权产品的行为将难以被认定为侵害专利权的行为。同时，仅认定被诉侵权人在测试被诉侵权产品过程中实施专利方法构成侵权，不足以充分保护专利权人的利益，因为该测试行为既非被诉侵权人获得不当利益的根本和直接原因，也无法从责令停止测试行为来制止专利方法遭受更大规模的侵害，而专利权人更无权主张虽直接实施了专利方法但并无生产经营目的的终端用户构成专利侵权。

在上述情形下，针对网络通信领域方法的专利侵权判定，应当充分考虑该领域的特点，充分尊重该领域的创新与发展规律，以确保专利权人的合法权利得到实质性保护，实现该行业的可持续创新和公平竞争。如果被诉侵权行为人以生产经营为目的，将专利方法的实质内容固化在被诉侵权产品中，该行为或者行为结果对专利权利要求的技术特征被全面覆盖起到了不可替代的实质性作用，也即终端用户在正常使用该被诉侵权产品时就能自然再现该专利方法过程的，则应认定被诉侵权行为人实施了该专利方法，侵害了专利权人的权利。对于本案，具体分析如下：

第一，腾达公司虽未实施涉案专利方法，但其以生产经营为目的制造、许诺销售、销售的被诉侵权产品，具备可直接实施专利方法的功能，在终端网络用户利用被诉侵权产品完整再现涉案专利方法的过程中，发挥着不可替代的实质性作用。首先，根据前述已认定的事实，被诉侵权产品是具备了可直接实施专利方法功能的路由器。网络用户只需要在正常网络环境下，利用具备上网功能的普通电脑，除了必须借助被诉侵权产品之外，无需再借助其他专用装置或依赖其他特殊网络条件，就能完整地实施涉案专利方法，故被诉侵权产品对于实施涉案专利要求保护的方法具有实质性作用。其次，根据涉案专利说明书的记载，实现强制 Portal 并非只能通过涉案专利方法来实现，涉案专利方法区别于其他方法的显著特征是在接入服务器内设置了具有重定向功能的虚拟 Web 服务器，通过该虚拟 Web 服务器实现强制 Portal 功能。而被诉侵权产品之所以能够用于实现与涉案专利方法相同的强制 Portal 过程，正是因为其内部也设置了与涉案专利完全相同的虚拟 Web 服务器，因此，除了专利权人授权的产品之外，被诉侵权产品在再现涉案专利方法的过程中不可替代。

第二，腾达公司从制造、许诺销售、销售被诉侵权产品的行为中获得不当利益与涉案专利存在密切关联。涉案专利方法并非实现强制 Portal 功能的唯一方法，但腾达公司大量制造并销售的涉案 3 款被诉侵权产品却采用了涉案专利方法来实现强制 Portal 功能，并且在其官网和大型电商网站的旗舰店上，针对被诉侵权产品的特点功能介绍中，对被诉侵权产品具有的 Web 认证功能（Web 认证过程涉及强制 Portal 技术）在多处予以公开宣传，本院据此认定腾达公司因涉案专利获得了原本应当属于专利权人的利益。

第三，因终端网络用户利用被诉侵权产品实施涉案专利方法的行为并不构成法律意义上的侵权行为，专利权人的创新投入无法从直接实施专利方法的终端网络用户处获得应有回报，如专利权人的利益无法得到补偿，必将导致研发创新活动难以为继。如前所述，腾达公司却因涉案专利获得了原本属于专利权人的利益，利益分配严重失衡，有失公平。

综合以上因素，本院认为，在本案的情形下，应当认定腾达公司制造、许诺销售、销售被诉侵权产品的行为构成专利侵权并应承担停止侵害、赔偿损失的民事责任。原审判决认定侵权成立，并判令腾达公司立即停止制造、许诺销售、销售涉案路由器产品，是指判令其停止制造、许诺销售、销售固化了涉案专利方法实质内容的 3 款涉案路由器产品，适用法律及确定的民事责任承担方式正确。

三、关于原审判决确定的赔偿数额是否适当

腾达公司上诉认为原审赔偿数额不合理，主要理由有：敦骏公司提供的销售量数据不可信、敦骏公司主张 30% 的行业利润率明显偏高、确定赔偿额时应当考虑专利的技术贡献度、涉案专利技术存在替代方案等，并在二审庭后提交了与专利的技术贡献度相关的参考材料。对此本院认为，专利权人主张以侵权获利确定赔偿额的，侵权规模即为损害赔偿计算的基础事实。专利权人对此项基础事实承担初步举证责任。如果专利权人已经完成初步举证，被诉侵权人无正当理由拒不提供有关侵权规模基础事实的相应证据材料，导致用于计算侵权获利的基础事实无法精准确定，对其提出的应考虑涉案专利对其侵权获利的贡献度等抗辩理由可不予考虑。对于本案，分析如下：

第一，敦骏公司主张依照侵权人因侵权获利计算赔偿额，并在原审中提交了腾达公司分别在京东和天猫电商平台的官方旗舰店销售被诉侵权产品数量、售价的证据，鉴于该销售数量和价格均来源于腾达公司自己在正规电商平台的官方旗舰店，数据较为可信，腾达公司虽指出将累计评价作为销量存在重复计算和虚报的可能性，但并未提交确切证据，且考虑到敦骏公司就此项事实的举证能力，应当认定敦骏公司已就侵权规模的基础事实完成了初步举证责任。

第二，敦骏公司在原审中，依据其已提交的侵权规模的初步证据，申请腾达公司提交与被诉侵权产品相关的财务账簿、资料等。原审法院根据本案实际情况，依法责令腾达公司提交能够反映被诉侵权产品生产、销售情况的完整的财务账簿、资料等证据，但腾达公司并未提交。在原审法院因此适用相关司法解释对敦骏公司的500万元赔偿予以全额支持，且二审中腾达公司就此提出异议的情况下，其仍然未提交相关的财务账簿等资料。由于本案腾达公司并不存在无法提交其掌握的与侵权规模有关证据的客观障碍，故应认定腾达公司并未就侵权规模的基础事实完成最终举证责任。

第三，根据现有证据，有合理理由相信，被诉侵权产品的实际销售数量远超敦骏公司所主张的数量。首先，根据敦骏公司一审提交的（2018）鲁济南长清证民字第712号公证书，在中关村在线网、苏宁易购网、阿里巴巴网等网络平台上，均有关于被诉侵权产品销售、许诺销售以及评测等信息。其次，除了线上销售外，被诉侵权产品还存在线下销售的情况，本案中，被诉侵权产品腾达W15E路由器、腾达W20E路由器就是从线下销售渠道公证购买到的。再者，根据敦骏公司一审提交的（2018）鲁济南长清证民字第783号公证书，在2018年5月8日，三款被诉侵权产品在京东销售平台上的累计评价分别为1万+、1万+、1万+，但到2018年9月18日，仅仅4个月之后，根据敦骏公司提交的网络打印件显示，三款被诉侵权产品在京东销售平台上的累计评价分别增长至1.7万+、1.7万+、1.6万+。综上，在已有证据显示腾达公司实际侵权规模已远大于敦骏公司所主张赔偿的范围时，腾达公司如对原审法院确定的全额赔偿持有异议，应先就敦骏公司计算赔偿所依据的基础事实是否客观准确进行实质性抗辩。在腾达公司拒不提供有关侵权规模的基础事实，致使对专利技术贡献度的考量缺乏侵权规模基础事实的情况下，本院对腾达公司二审中关于原审确定赔偿额过高的各项抗辩主张不予支持。

综上所述，腾达公司的上诉请求不能成立，应予驳回；原审判决认定事实清楚，适用法律正确，应予维持。依照《中华人民共和国民事诉讼法》第一百七十条第一款第一项之规定，判决如下：

驳回上诉，维持原判。

二审案件受理费46800元，由深圳市吉祥腾达科技有限公司负担。

本判决为终审判决。

审 判 长 朱 理
审 判 员 傅 蕾
审 判 员 张晓阳
二〇一九年十二月六日
法官助理 牛鸿生
技术调查官 薛 梅
书 记 员 谢思琳

## 6. 明显属于现有设计的外观设计专利权依法不予保护

——再审申请人罗宣安与被申请人广州市明静舞台灯光设备有限公司，一审被告、二审上诉人重庆市征真电子科技有限公司侵害外观设计专利权纠纷案①

**中华人民共和国最高人民法院民事判决书（2019）最高法民再136号**

再审申请人（一审被告、二审上诉人）：罗宣安。

被申请人（一审原告、二审被上诉人）：广州市明静舞台灯光设备有限公司。住所地：广东省广州市白云区太和镇夏良村孔方二街7号4F房。

法定代表人：宁静波，该公司总经理。

委托诉讼代理人：王强，广东开耀律师事务所律师。

委托诉讼代理人：姜勇，广东开耀律师事务所律师。

一审被告、二审上诉人：重庆市征真电子科技有限公司。住所地：重庆市江北区五红路20号1幢12-6。

法定代表人：罗宣安，该公司执行董事。

再审申请人罗宣安因与被申请人广州市明静舞台灯光设备有限公司（以下简称明静公司）、一审被告重庆市征真电子科技有限公司（以下简称征真公司）侵害外观设计专利权纠纷一案，不服广东省高级人民法院（2017）粤民终2766号民事判决，向本院申请再审。经审查，本院于2018年12月12日作出（2018）最高法民申3346号民事裁定提审本案。提审后本院依法组成合议庭进行审理，现已审理终结。

明静公司向广州知识产权法院（以下简称一审法院）诉称：明静公司于2016年3月15日向国家知识产权局申请了名为“灯光控制台（1024S）”（专利号为ZL201630073460.7）的外观设计专利，该专利于2016年8月3日获得授权，至今有效。征真公司在未经专利权人许可的情况下擅自大规模制造、销售与涉案专利外观设计近似的产品，其行为已构成专利侵权。征真公司是一人有限责任公司，罗宣安作为唯一的股东，应对公司债务承担连带责任。

---

① 本案在年度报告中的位置为第13页。

故请求法院判令：1. 征真公司立即停止侵犯明静公司灯光控制台（1024S）外观设计专利（专利号为ZL201630073460.7）的行为，包括停止制造、销售侵权产品，销毁侵权产品、专用模具；2. 征真公司、罗宣安连带赔偿明静公司经济损失及为制止侵权所支出的合理费用共20万元；3. 征真公司、罗宣安承担本案的诉讼费用。

征真公司、罗宣安答辩称：第一，涉案专利不符合《中华人民共和国专利法》（以下简称专利法）相关规定。明静公司的涉案专利整体设计与KK2048现有设计没有明显区别，KK2048是明静公司产品中的一个型号，2015年之前已在市场上销售。征真公司、罗宣安另行对涉案专利提起无效宣告请求。第二，被诉侵权设计不落入涉案专利的保护范围。

一审法院查明：明静公司于2016年3月15日向国家知识产权局申请了名称为“灯光控制台（1024S）”的外观设计专利，并于2016年8月3日获得授权，专利号为ZL201630073460.7。该专利最新缴费时间是2017年4月14日，至今合法有效。该外观设计专利证书注明：外观设计产品的用途为用于控制舞台灯，设计要点在于主视图，最能表明设计要点的图片或照片为主视图。2017年1月5日，国家知识产权局出具涉案专利权评价报告，初步结论认为，全部外观设计未发现存在不符合授予专利权条件的缺陷。

2016年11月4日，南方公证处公证人员根据明静公司的申请，与明静公司的委托代理人李远美前往位于广东省广州市白云区太和镇招牌显示为“天鸿花园”的小区，进入该小区内标有“天仁阁第2梯”字样门牌的大楼二楼标有“203”字样门牌的房屋，李远美购买了商品二件，并在该处当场取得NO.2088182《收款收据》《POS签购单》《征真科技有限公司灯光控制台报价表》及名片各一张。公证人员见证上述过程，据此出具（2016）粤广南方第071450号公证书。明静公司主张征真公司实施了制造、销售被诉侵权产品的行为。征真公司、罗宣安当庭确认被诉侵权产品为其制造，但否认该公司存在直接销售行为，认为只是样品。

上述公证书所附的《收款收据》显示：时间为2016年11月4日；产品名称及规格为“金刚1024S控制台”，单价为2600元，货款金额为5200元，该收据加盖了征真公司的公章；所附的《POS签购单》显示的商户名称为广州市白云区九州电器，金额为5200元；所附的名片显示了廖春燕以及联系电话，并注明“重庆市征真电子科技有限公司”及联系方式，其中地址为“重庆市江北区五红路20号1幢12-6”；所附的《征真科技有限公司灯光控制台报价表》上列有包括“金刚1024S灯光秀”在内的多种产品的名称、价格及联系方式。

经当庭查验，明静公司所提交的（2016）粤广南方第071450号公证书所附的被诉侵权产品实物包装完好，没有拆封痕迹。

一审法院当庭对证物拆封进行比对。明静公司主张以涉案专利的主视图作为比对的依据，不主张其他视图作为比对的依据。根据涉案专利图片观察，涉案专利设计整体为楔形；从主视图看，正面为长方形控制面板，面板上分布着若干按钮、滑钮、工作指示灯、显示屏等；控制面板最上方有一排功能指示中文字样及一排数字指示灯，数字从1至10依次与指示灯间隔排列，其右侧有一指示灯和USB插口；数字灯下方有20个横向排列的滑钮；滑钮右侧分布有1个指示灯、1个插孔及3个一排共两排的按键；滑钮下方有20个一排共两排横向排列的指示灯，指示灯上方有1至20的阿拉伯数字依次排列；指示灯右侧分布3个一排共两排的指示灯，第一排指示灯上方有对应的功能中文字样；控制面板中部左侧有分列呈两行的“KING KONG 1024S LIGHT CONTROLLER”的英文字样，英文字样右侧有一排共14个功能指示灯，指示灯上有对应的功能中文字样；控制面板左下方有一个长方形表格面板，表格为四行十二列；表格面板下方有一横向排列的指示灯，共12个，指示灯下方有1至12的阿拉伯数字与指示灯对应；指示灯下方有13个横向排列的滑钮；表格面板和指示灯左侧有两个指示灯，上有对应的功能中文字样；表格面板和指示灯右侧有两个纵向排列的功能按键，上方标注为“场景页”的功能为液晶显示；控制面板右下方有一个显示屏，显示屏上方有英文“KING KONG”的图标；显示屏左侧有纵向排列的3个指示灯和3个功能按键，有对应的功能中文字样。显示屏右侧是一列5个纵向排列的按键，对应英文字母A至E依次排列；显示屏下方为一排6个横向排列的按键，按键上方有功能指示的图案或功能中文字样；按键下方有3个带凹槽的圆形旋钮，每个旋钮上有3个凹槽。从左视图及右视图看，涉案专利侧面约呈旋转90度梯形，控制面板突出于底座，且突出部分有两条装饰纹，底部有四个支撑脚。从俯视图看，涉案专利背面约呈长方形，有一排横向排列的插孔和图标。从后视图看，左侧有六条横纹。

被诉侵权产品的设计与涉案专利设计不同之处在于：1. 控制面板上的英文字体不一致；2. “场景页”功能的显示略有不同；3. 被诉侵权产品在显示器上方没有“KING KONG”的图标；4. 被诉侵权产品显示器左侧和下方的指示灯、功能按键排列得更紧凑；5. 被诉侵权产品每个圆形旋钮仅有两个凹槽；6. 显示屏的长度比例略有不同；7. 被诉侵权产品左视图及右视图的控制面板突出于底座，但突出部分没有装饰的条纹；8. 底部支撑脚的形状及大小略有不同；9. 俯视图的插口和图标排列不一致；10. 被诉侵权产品后视图没有横纹。除上述区别外，被诉侵权产品的其他设计要点与涉案专利的设计要点基本一致。

明静公司认为被诉侵权产品的设计与涉案外观设计专利构成近似，被诉侵权产品的设计落入涉案专利的保护范围。征真公司、罗宣安认为两者不构成近似。

征真公司、罗宣安以2016年1月、2月的北京慧聪商情广告图册所登载的明静公司KK2048产品的图片以及明静公司官方网页中登载的型号为KK2048的产品用户手册、视频作为现有设计抗辩的比对依据。根据上述证据显示，型号为KK2048的产品与被诉侵权产品的区别在于：1. 被诉侵权产品控制面板中部左侧有分列呈两行的“KING KONG 1024S LIGHT CONTROLLER”的英文字样，KK2048的产品没有该英文字样；2. 被诉侵权产品表格面板上的表格为4行12列，KK2048产品的表格为4行15列；3. 被诉侵权产品的表格下方的指示灯共12个，KK2048产品的指示灯为15个；被诉侵权产品指示灯下方有13个横向排列的滑钮，KK2048产品有16个滑钮；被诉侵权产品表格右侧的功能按键为纵向排列，KK2048产品的功能按键为横向排列；4. 被诉侵权产品与KK2048产品控制面板上部右侧的指示灯及按键的数量、排列以及插口的位置明显不一致；5. 两者显示器左侧和下方的指示灯、按键分布的位置不一致；6. KK2048产品的显示器上方有英文字母和图标，被诉侵权产品在对应位置没有类似的设置。

明静公司没有提交证据证明征真公司、罗宣安尚有库存的被诉侵权产品，也没有提交证据证明征真公司、罗宣安使用了专有模具生产被诉侵权产品。

明静公司提交了该公司与广东开耀律师事务所签订的《诉讼服务合同》、广东开耀律师事务所开具的金额为18000元律师费的增值税发票、南方公证处开具的金额为550元的公证费发票，以及广州鑫采彩印图文快印有限公司出具的金额为126元的照片打印费发票证明其维权费用。

另查明，征真公司为自然人独资的有限责任公司，股东为罗宣安，注册资本为10万元，成立日期为2015年8月27日。

一审法院认为：本案为侵害外观设计专利权纠纷。根据明静公司提交的涉案专利证书、专利年费缴费信息可以证实明静公司是专利号为ZL201630073460.7、名称为“灯光控制台（1024S）”的外观设计专利权人，该专利按期缴纳了年费，现处于有效期内，其专利权应受法律保护，他人未经明静公司许可，不得为生产经营目的实施该专利。

结合双方当事人的诉辩主张，本案争议焦点为：1. 被诉侵权产品的设计是否落入明静公司的涉案专利权的保护范围；2. 征真公司、罗宣安所作现有设计抗辩的理据是否充分；3. 明静公司认为征真公司实施了制造、销售被诉侵权产品的行为的理由是否成立；4. 明静公司要求征真公司、罗宣安赔偿损失并支付明静公司为制止侵权所支出的合理费用共20万元的理据是否充分。

根据《中华人民共和国专利法》①（以下简称专利法）第五十九条第二款规定："外观设计专利权的保护范围以表示在图片或者照片中的该产品的外观设计为准，简要说明可以用于解释图片或者照片所表示的该产品的外观设计。"《最高人民法院关于审理侵犯专利权纠纷案件应用法律若干问题的解释》第八条规定："在与外观设计专利产品相同或者相近种类产品上，采用与授权外观设计相同或者近似的外观设计的，人民法院应当认定被诉侵权设计落入专利法第五十九条第二款规定的外观设计专利权的保护范围。"第十一条规定，人民法院认定外观设计是否相同或者近似时，应当根据授权外观设计、被诉侵权设计的设计特征，以外观设计的整体视觉效果进行综合判断。被诉侵权设计与授权外观设计在整体视觉效果上无差异的，应当认定为相同；在整体视觉效果上无实质性差异的，应当认定为近似。

本案中，涉案专利的用途为用于控制舞台灯，而根据公证书所附的《收款收据》以及《灯光控制台报价表》记载的内容显示，被诉侵权产品的名称为灯光控制台，故两者的产品种类相同，可以进行比对。将被诉侵权产品所采用的设计与涉案专利的外观设计方案进行比对，涉案专利设计与被诉侵权产品的指示灯、功能按键、滑钮、插口、旋钮的数量一致，表格设置相同，上述功能设置以及显示器、产品名称的英文字样在控制面板上的位置也基本一致，虽然两者之间存在细微的差异，但差异对整体视觉效果影响较小，以一般消费者的认知能力判断，该差异不足以对被诉侵权设计与涉案外观专利的设计的整体视觉效果产生显著影响，不属于实质性差异。综上，被诉侵权设计与涉案外观专利设计相近似，落入涉案专利权的保护范围。明静公司认为被诉侵权产品的设计落入涉案专利的保护范围的理由成立，一审法院予以支持。

关于征真公司、罗宣安的现有设计抗辩理由是否成立问题。专利法第六十二条规定："在专利侵权纠纷中，被控侵权人有证据证明其实施的技术或者设计属于现有技术或者现有设计的，不构成侵犯专利权。"《最高人民法院关于审理侵犯专利权纠纷案件应用法律若干问题的解释》第十四条第二款规定："被诉侵权设计与一个现有设计相同或者无实质性差异的，人民法院应当认定被诉侵权人实施的设计属于专利法第六十二条规定的现有设计。"经

---

① 此处指2008年《中华人民共和国专利法》，其已于2020年修改，本案下同。

查，被诉侵权产品所采用的设计与征真公司、罗宣安用作现有设计抗辩的对比产品的设计在按键、指示灯、滑钮的数量方面不一致，在表格的设置、各功能设置在控制面板上的位置以及产品标识等方面存在明显的不同，上述差别对整体视觉效果产生显著影响，属于实质性的差异，因此，被诉侵权产品实施的设计方案不属于现有设计，征真公司、罗宣安所作的现有设计抗辩的理由不能成立，一审法院不予以采纳。

关于征真公司是否实施了制造、销售被诉侵权产品的行为问题。明静公司认为征真公司实施了制造被诉侵权产品的行为，征真公司在庭审时对此予以确认，因此，明静公司认为征真公司实施了制造被诉侵权产品的行为的理据充分，一审法院予以认定。征真公司否认该公司实施了销售被诉侵权产品的行为，对此，一审法院认为，明静公司为证明征真公司向其销售了被诉侵权产品，提交（2016）粤广南方第071450号公证书予以证明。该公证书所附的《收款收据》上加盖了征真公司的印章，在公证购买被诉侵权产品的现场取得了征真公司的报价单及征真公司员工的名片，上述证据已形成完整的证据链足以证明征真公司实施了销售被诉侵权产品的事实。明静公司认为征真公司实施了销售被诉侵权产品的侵权行为的理据充分，一审法院予以采纳，征真公司对此的抗辩理由不能成立，一审法院不予支持。

对于罗宣安是否应当对征真公司的侵权行为以其个人财产承担连带责任问题，根据征真公司的工商信息显示，征真公司为自然人独资的有限责任公司，股东为罗宣安，故征真公司为一人有限公司。《中华人民共和国公司法》第六十三条规定："一人有限责任公司的股东不能证明公司财产独立于股东自己的财产的，应当对公司债务承担连带责任。"因此，罗宣安作为征真公司的股东在不能证明公司财产独立于其个人财产的情况下，应当对征真公司的债务承担连带责任。明静公司请求罗宣安以其个人财产对公司债务承担连带责任有事实和法律依据，一审法院予以采纳。

《中华人民共和国侵权责任法》[①] 第六条第一款规定："行为人因过错侵害他人民事权益，应当承担侵权责任"。第十五条规定，承担侵权责任的方式包括停止侵害和赔偿损失等，承担侵权责任的方式，可以单独适用，也可以合并适用。本案中，征真公司未经专利权人许可，擅自制造、销售落入涉案专利保护范围的产品，其行为侵害了明静公司的涉案专利权，依法应当承担相应的民事侵权责任。因此，明静公司起诉要求征真公司停止制造、销售被诉侵权产品并赔偿损失的请求于法有据，一审法院予以支持。

---

① 已被《中华人民共和国民法典》废止。

根据专利法第六十五条关于“侵犯专利权的赔偿数额按照权利人因被侵权所受到的实际损失确定；实际损失难以确定的，可以按照侵权人因侵权所获得的利益确定。权利人的损失或者侵权人获得的利益难以确定的，参照该专利许可使用费的倍数合理确定。赔偿数额还应当包括权利人为制止侵权行为所支付的合理开支。权利人的损失、侵权人获得利益和专利许可使用费均难以确定的，人民法院可以根据专利权的类型、侵权行为的性质和情节等因素，确定给予一万元以上一百万以下的赔偿”之规定，明静公司主张征真公司应赔偿其经济损失 20 万元，由于明静公司没有提供其因侵权所受损失的充分证据，也没有提供征真公司因侵权而获利的证据，一审法院综合考虑涉案专利的类型、征真公司侵权行为的性质和情节、侵权产品的销售价格以及明静公司为本案诉讼所支付的合理维权费用等因素，酌定征真公司应赔偿明静公司经济损失人民币 50000 元（含合理费用），罗宣安对征真公司的上述债务承担连带责任。明静公司的其他诉讼请求，一审法院不予支持。

综上所述，一审法院判决：一、征真公司立即停止制造、销售侵害涉案外观设计专利产品的行为；二、征真公司赔偿明静公司经济损失 50000 元（含合理费用），罗宣安对征真公司的上述债务承担连带清偿责任；三、驳回明静公司的其他诉讼请求。一审案件受理费 4300 元，由明静公司负担 1612 元，征真公司、罗宣安负担 2688 元。

征真公司、罗宣安不服一审判决，向广东省高级人民法院（以下简称二审法院）提起上诉，上诉请求：1. 撤销一审判决，改判驳回明静公司的全部诉讼请求；2. 明静公司承担本案一、二审全部诉讼费用。事实和理由如下：1. 明静公司的外观设计专利缺乏新颖性，不符合授予专利权的条件。征真公司已向国家知识产权局专利复审委员会提出了无效宣告请求并已被受理，请求本案二审中止审理。2. 比对被诉侵权产品与涉案外观设计专利是否构成近似，应充分考虑现有设计的设计要点。3. 被诉侵权产品采用的是现有设计。4. 判赔数额应考虑外观设计在被诉侵权产品中的作用。被诉侵权产品属于灯光控制台，其消费者是专业舞台灯光的调控人员，主要考量的是设备的软硬件、功能和调控的效果，而非控制台的外观设计。在舞台灯光设备领域，近似功能的设备其功能按钮均是类似的，不属于消费者考量的重点。

明静公司辩称：1. 被诉侵权产品与现有设计文件对比差异明显，征真公司、罗宣安提出的现有设计抗辩不成立。2. 被诉侵权产品的设计落入涉案专利的保护范围，被诉侵权产品与涉案专利构成近似。一审判决事实查明清楚，法律适用正确，请求驳回征真公司、罗宣安的全部上述请求，维持一审判决。

二审中，双方当事人均未提交新证据，二审法院对一审法院认定的事实予以确认。征真公司于2017年11月22日向二审法院邮寄递交了《中止审理申请书》，以其向国家知识产权局专利复审委员会提出的宣告明静公司涉案外观设计专利无效的申请已被依法受理、审查决定对本案判决结果存在重大影响为由，请求二审法院中止审理。

二审法院认为：本案系侵害外观设计专利权纠纷。本案二审争议焦点为：（一）本案是否应当中止审理；（二）被诉侵权产品是否落入本案专利权保护范围；（三）征真公司、罗宣安的现有设计抗辩是否成立；（四）一审判决赔偿数额是否合理。

（一）关于本案是否应当中止审理的问题。《最高人民法院关于审理专利纠纷案件适用法律问题的若干规定》① 第十条规定："人民法院受理的侵犯实用新型、外观设计专利权纠纷案件，被告在答辩期间届满后请求宣告该项专利权无效的，人民法院不应当中止诉讼，但经审查认为有必要中止诉讼的除外。"征真公司向国家知识产权局专利复审委员会提出无效宣告请求系在一审答辩期间届满之后，不符合人民法院应当中止诉讼的情形，且征真公司、罗宣安也未向二审法院提交足以导致涉案外观设计专利权不稳定的充分证据或理由，故二审法院认为没有必要中止本案的审理。

（二）关于被诉侵权产品是否落入本案专利权保护范围的问题。将被诉侵权产品与涉案专利的主视图进行比对，二者除主视图右下部分的按键排列间距、主视图及右视图的装饰花纹、后视图散热口等存在不同之处外，在主视图指示灯、功能按键、滑钮、插口、旋钮等的数量和排列等方面均为相同或相近似。二审法院认为，被诉侵权产品与涉案专利主视图中的不同之处为细微差异，不足以对二者的整体视觉效果造成显著影响；左视图、右视图、后视图属于产品正常使用时不容易直接观察到的部位，对整体视觉效果影响较小。按照整体观察、综合判断的原则，被诉侵权产品与涉案专利的外观设计方案构成近似，被诉侵权产品落入了本案专利权保护范围。

（三）关于征真公司、罗宣安的现有设计抗辩是否成立的问题。将被诉侵权产品与征真公司、罗宣安主张的现有设计方案进行比对，二者的按键、指示灯、滑钮的数量不一致，表格的设置、各功能设置在主视图控制面板上的位置及产品标识等方面存在实质性差异，上述差异能够对整体视觉效果产生显著影响。二审法院认为，被诉侵权设计与征真公司、罗宣安主张的现有设计存在实质性差异，征真公司、罗宣安的现有设计抗辩不能成立。

---

① 已被《最高人民法院关于修改〈最高人民法院关于审理侵犯专利权纠纷案件应用法律若干问题的解释（二）〉等十八件知识产权类司法解释的决定》修改，本书下同。

（四）关于一审判决赔偿数额是否合理的问题。由于明静公司未能举证证明其因被侵权所受到的损失或征真公司的侵权获利，一审法院综合考虑涉案专利的类型、征真公司侵权行为的性质和情节、侵权产品的销售价格以及明静公司支付的合理维权费用等因素，酌定征真公司赔偿明静公司经济损失及合理维权费用共计50000元，罗宣安对征真公司的上述债务承担连带清偿责任，并无不当，二审法院予以维持，判决：驳回上诉，维持原判。

罗宣安向本院申请再审，请求撤销一、二审判决，驳回明静公司的全部诉讼请求，由明静公司承担一、二审诉讼费用。具体理由为：1. 依照专利法第二十三条第一款的规定，授予专利权的外观设计与现有设计或者现有设计特征的组合相比，应当具有明显区别。而涉案专利与现有设计实质相同，故涉案专利不具备授予专利权的事实基础。2. 再审申请人提交了南方公证处于2018年2月1日出具的（2018）粤广南方第007305号公证书（以下简称007305号公证书），该证据中显示的图片上的灯光控制台与被诉侵权产品的外观设计无实质性差异，且早于涉案专利的申请日2016年3月15日，故涉案专利申请日以前已出现并公开完全相同的现有设计，被诉侵权产品所使用的外观设计属于现有设计。被诉侵权产品并未侵犯涉案外观设计专利权。

明静公司提交意见称，1. 申请人提交的公证书并不能支持其现有设计抗辩。申请人在再审申请书中陈述“原一、二审期间在百度网上未搜索到该证据”，而公证书内容显示是通过百度搜索到的页面。足以证明公证的网页是在一、二审结束后才出现的网页，网页上显示的“2016年3月3日16:58”时间不符合客观情况。而且该时间并未表明是什么时间，不能直接推定为公开时间。2. 公证书并未公开产品的全部设计要点，仅展示了产品一个角度的视图，因此罗宣安的现有设计抗辩不成立。3. 即使该网页认定属实，该网页在一、二审期间就存在，且出现在百度搜索的前三页，并非二审后出现的新证据。因此该证据不属于《中华人民共和国民事诉讼法》规定的“新证据”。4. 涉案专利至今有效。5. 本案罗宣安新提交的证据实际上属于再审申请期间新提出的现有设计抗辩，于法相悖。综上，请求法院驳回罗宣安的再审申请。

本院经审理查明，罗宣安在再审申请程序中提交的007305号公证书记载，在对该公证处的计算机进行清洁性处理后，通过百度搜索输入关键字“金刚1024S”，点击搜索页面第3页第3个链接，标题为“（高清）明静金刚1024S灯光灯控台亮相触控华美灯光秀”，显示“慧聪音响灯光网”“2016年03月03日16:58”。该页面图片中有与涉案专利基本相同的灯光控制台产品照片，图片下方标注“明静灯光展示产品——金刚KK－1024S灯光控制台”

“2016 年 2 月 29 日至 3 月 3 日，第十四届中国（广州）国际专业灯光、音响展览会在中国进出口商品交易会馆 A 区隆重举行。广州市明静舞台灯光设备有限公司隆重推出 KK－1024S 灯光控制台，并在展会上现场演绎多彩灯光秀，给观展商带来了一次精彩的视觉体验”等内容。

在本院组织的再审听证程序中，明静公司认可 007305 号公证书显示的“KK－1024S 灯光控制台”即为本外观设计专利产品。本院要求明静公司就第十四届中国（广州）国际专业灯光、音响展览会的性质作出说明。2018 年 11 月 6 日，明静公司提交意见称：“第十四届中国（广州）国际专业灯光、音响展览会是以展出专业音响设备、系统及配件；专业灯光设备、系统及配件；舞台设备及系统；视听及传送设备为主的展会，是贸易性质的专业展览。”对于罗宣安有关“金刚 KK－1024S 灯光控制台”已在该展览会上展出的主张，明静公司没有提出异议。

罗宣安称，其依据 007305 号中的对比设计，已向国家知识产权局提起无效宣告请求。国家知识产权局要求其完善申请书样式，尚未对涉案专利作出无效决定。

本院认为，专利法第二十三条第一款规定：“授予专利权的外观设计，应当不属于现有设计……”第四款规定：“本法所称的现有设计，是指申请日以前在国内外为公众所知的设计。”根据 007305 号公证书的记载，慧聪音响灯光网于 2016 年 3 月 3 日发布了涉案专利产品“KK－1024S 灯光控制台”的图片，该发布时间早于涉案专利申请日。另外，明静公司在第十四届中国（广州）国际专业灯光、音响展览会上，亦公开展出了“KK－1024S 灯光控制台”。明静公司认可第十四届中国（广州）国际专业灯光、音响展览会的举办时间为 2016 年 2 月 29 日至 3 月 3 日，在涉案专利的申请日之前，且参展产品即为本外观设计专利产品。因此，申请日前在网络、展会上公开的“KK－1024S 灯光控制台”已构成涉案专利的现有设计。虽然明静公司辩称罗宣安新提交的证据实际上属于再审申请期间新提出的现有设计抗辩，于法相悖，不应采纳。考虑到专利权人将自己已经在先公开的外观设计申请专利的情形并不常见，鉴于前述情况，罗宣安难以获知明静公司在先公开本案外观设计的情况有一定的合理性，明静公司亦未提供证据证明罗宣安存在故意或者重大过失逾期提供证据的情形，本院认为该公证书所公证的内容涉及本案基本事实，足以影响本案结论，根据《最高人民法院关于适用〈中华人民共和国民事诉讼法〉的解释》第一百零二条有关“该证据与案件基本事实有关的，人民法院应当采纳”的规定，对该证据予以采纳。

本案中，明静公司在庭审中明确认可参展产品“KK－1024S 灯光控制台”即为本外观设计专利产品，原审法院也认定被诉侵权产品与涉案专利的外观设计方案构成近似，根据罗宣安的再审申请理由，罗宣安在再审申请中亦自认“申请人再审申请中新提交的证据中显示的图片上的灯光控制台与被诉侵权产品的外观设计无实质性差异”。鉴于此，本院无需再对被诉侵权设计与公开的“KK－1024S 灯光控制台”现有设计进行比对，可以直接认定两者构成近似。根据《最高人民法院关于审理专利权纠纷案件应用法律若干问题的解释》第十四条第二款关于“被诉侵权设计与一个现有设计相同或者无实质性差异的”之规定，被诉侵权设计属于专利法第六十二条规定的现有设计，罗宣安提出的现有设计抗辩再审申请理由成立，本院予以支持。

此外，专利法第二十三条规定：“授予专利权的外观设计，应当不属于现有设计……”本案中，在涉案专利的申请日之前，明静公司已经在第十四届中国（广州）国际专业灯光、音响展览会上公开展示涉案专利产品，并且涉案专利产品的图片亦在网络上公开。明静公司就该展会出具的说明，亦不能证明本外观设计专利存在专利法第二十四条规定的“在中国政府主办或者承认的国际展览会上首次展出”“不丧失新颖性”的例外情形。因此，涉案专利不符合专利法第二十三条有关“应当不属于现有设计”的规定。本院认为，专利权依法受到法律保护，专利权人有权实施其专利并依法禁止他人未经许可实施其专利技术，从而给发明创造提供必要的激励。但是，对于明显不符合专利法规定的授权确权条件已经属于现有技术的技术方案或者设计，如果仍然支持其禁止他人实施，则显失公平，亦有悖专利法的立法目的。本案中，明静公司相应设计已通过展会公开展示，已经成为现有设计，虽然其经申请并获得涉案专利授权，但本院认为在侵权诉讼中，那些专利权人已经在申请日前主动公开，明显“属于现有设计”，本不应获得授权的外观设计专利权，显然已不属于专利法保护的“合法权益”，故本院依法对其不予保护。

综上，鉴于罗宣安在原审诉讼中并未提出该证据，原审法院根据原审中的证据与事实做出原审判决并无不当，但由于本案设计属于现有设计，本不应授予专利权，维持原审判决不仅违反专利法第二十三条之规定，在结果上也显失公平，基于该新证据，本院依法对明静公司请求认定罗宣安、征真公司侵犯其专利权的诉讼请求不予支持。

此外，由于罗宣安在原审诉讼中并未提出该证据，亦应承担一定的责任，本案一、二审诉讼费分别由明静公司、罗宣安负担。

综上，罗宣安的再审申请理由具有事实和法律依据，本院予以支持。根据《中华人民共和国专利法》第二十三条第一款、第四款、《中华人民共和国民事诉讼法》第二百零七条第一款、第一百七十条第一款第二项、第一百七十五条之规定，判决如下：

一、撤销广东省高级人民法院（2017）粤民终2766号民事判决；

二、撤销广州知识产权法院（2017）粤73民初920号民事判决；

三、驳回广州市明静舞台灯光设备有限公司全部诉讼请求。

一审案件受理费4300元，由广州市明静舞台灯光设备有限公司负担；二审案件受理费4300元，由重庆市征真电子科技有限公司、罗宣安负担。

本判决为终审判决。

审 判 长 王艳芳

审 判 员 毛立华

审 判 员 杜微科

二〇一九年六月十二日

法官助理 唐 弦

书 记 员 张粟萌

# 7. 外观设计侵权比对的基本原则

——再审申请人株式会社 MTG 与被申请人广州市白云区圣洁美美容仪器厂、广州市圣洁美美容科技有限公司侵害外观设计专利权纠纷案①

**中华人民共和国最高人民法院民事判决书（2019）最高法民再 142 号**

再审申请人（一审原告、二审上诉人）：株式会社 MTG。住所地：日本国爱知县名古屋市中村区本阵通 2 丁目 32 番 MTG HIKARI 大厦。

法定代表人：松下刚，该公司董事长。

委托诉讼代理人：陈杰，北京魏启学律师事务所律师。

被申请人（一审被告、二审被上诉人）：广州市白云区圣洁美美容仪器厂。住所地：中华人民共和国广东省广州市白云区新市街小坪村安达路临编 20 号之三 201。

法定代表人：刘茂才，该公司经理。

委托诉讼代理人：周婵，广东洛亚律师事务所律师。

委托诉讼代理人：许勤，广东洛亚律师事务所律师。

被申请人（一审被告、二审被上诉人）：广州市圣洁美美容科技有限公司。住所地：中华人民共和国广东省广州市白云区新市街小坪村安达路临编 20 号之三 202 房。

法定代表人：甘兰珍，该公司顾问。

委托诉讼代理人：周婵，广东洛亚律师事务所律师。

委托诉讼代理人：许勤，广东洛亚律师事务所律师。

再审申请人株式会社 MTG 因与被申请人广州市白云区圣洁美美容仪器厂（以下简称圣洁美仪器厂）、广州市圣洁美美容科技有限公司（以下简称圣洁美公司）侵害外观设计专利权纠纷一案，不服中华人民共和国广东省高级人民法院（2017）粤民终 178 号民事判决，向本院申请再审。本院于 2018 年 12 月 25 日作出（2018）最高法民申 890 号民事裁定，提审本案。本院依法

① 本案在年度报告中的位置为第 14 页。

组成合议庭，于2019年12月17日公开开庭进行了审理，株式会社MTG的委托诉讼代理人陈杰，圣洁美仪器厂、圣洁美公司的委托诉讼代理人周婵到庭参加诉讼。本案现已审理终结。

株式会社MTG申请再审称：（一）一、二审判决对于本专利与现有设计的区别设计特征认定有误，“Y型主体”和“两个球体”部位均存在区别于现有设计的特征，其他部分区别设计特征总结过于细微，并不属于对整体视觉效果产生影响的特征。（二）一、二审判决在本专利与被诉侵权设计的比对上存在错误，对于部分细微特征考虑过多，且忽略了二者相同特征对整体视觉效果带来的影响。综上，株式会社MTG依据《中华人民共和国民事诉讼法》第二百条的规定申请再审，请求本院：1. 撤销一、二审判决；2. 支持株式会社MTG全部诉讼请求；3. 判令被申请人承担本案诉讼费用。

圣洁美仪器厂、圣洁美公司答辩称：（一）一、二审判决对于本专利与现有设计的区别设计特征认定正确，且与相关无效决定的认定保持了一致；（二）一、二审判决对于本专利与被诉侵权设计的区别点认定正确，在此基础上认定二者不构成近似正确；（三）被诉侵权设计实质上已对现有设计做出了创新性的改进，不应被认定为侵权。综上，请求驳回株式会社MTG的再审申请。

株式会社MTG向一审法院起诉，请求法院判令：1. 圣洁美仪器厂立即停止制造、销售、许诺销售侵犯涉案外观设计专利权的“3D球形塑形仪”产品；责令圣洁美公司立即停止许诺销售被控侵权产品。2. 销毁有关被控侵权产品的全部宣传资料，并删除网站中有关被控侵权产品的宣传内容。3. 圣洁美仪器厂销毁制造被控侵权产品的模具以及专用制造设备。4. 圣洁美仪器厂销毁被控侵权产品的全部库存，并且从销售店回收并销毁未销售的被控侵权产品。5. 共同赔偿经济损失1000000元，以及合理费用100000元，共计1100000元。6. 由圣洁美仪器厂、圣洁美公司承担全部诉讼费用。

一审法院经审理查明：

株式会社MTG于2011年5月25日就美容用滚轮的外观设计向国家知识产权局申请外观设计专利，于2011年12月7日获得第1749591号《外观设计专利证书》，专利的名称为“美容用滚轮”、专利号为20113016××××.7，该专利证书记载：设计要点在于图示的形状和结构，立体图1为代表图，该专利授权公告图片见附图一。国家知识产权局对该专利作出的《外观设计专利权评价报告》记载，该专利全部外观设计未发现存在不符合授予专利权条件的缺陷。

国家知识产权局于2015年10月23日对株式会社MTG本案专利作出第27324号《无效宣告请求审查决定书》，决定维持该专利权有效。该《无效宣告请求审查决定书》中记载的“决定要点”为：按摩头是此类产品消费者使用时感受的重要部件，消费者会对其施以特别的关注，即使变化的绝对量不大也会对整体视觉效果产生显著的影响，这种变化对于此类产品来说并非局部细微差异。该《无效宣告请求审查决定书》的“决定的理由”部分记载：本案专利与对比设计1（申请号为201020102572.8的中国实用新型专利）所涉及的产品为美容按摩装置，此类产品的一般消费者对生活细节的关注程度高，将本案专利与对比设计1相比较可知，二者的主要相同点在于：①二者的整体形状均为“Y”形，均由把手、连接杆和按摩头三部分组成；②二者的把手均为圆润的椭圆体。二者主要不同点在于：①按摩头不同，本案专利的按摩头整体为类似于梨形的形状，按摩头表面由若干菱形切面构成，而对比设计1的按摩头为辊轮状，其表面有沿辊轮的圆周方向顺序排列的长方形切面；按摩头内切面所形成的Y型夹角不同，本案专利的按摩头距离较近，按摩头内切面形成的夹角较小，而对比设计1按摩头内切面形成的夹角较大。②把手的弧度有区别，本案专利的把手弧度较小、把手造型较为平直，而对比设计的弧度相对大，把手整体更为弯曲。③把手的轮廓有差别，本案专利把手从上表面直接转折到下表面，而对比设计1的把手的上表面两侧经过纵向窄切面过渡到下表面。对于这类手持按摩装置，其按摩装置表面的具体设置由于与消费者的体验有密切的关系，一般消费者会对其施以较高的关注度，进而其表面的改变以及具体形状设置上绝对量不大的改变也可能会由于一般消费者对其关注度较高而产生不同的视觉效果和观感。

株式会社MTG主张圣洁美仪器厂、圣洁美公司制造、销售、许诺销售被诉侵权产品，提交了以下证据：

1. 北京国立公证处出具的（2015）京国立内证字第4903号《公证书》，记载：2015年4月14日，申请人北京魏启学律师事务所的委托代理人高玉婷在公证人员的监督下，在“www.1688.com”网站的“广州市白云区圣洁美美容仪器厂”购买了“Y型滚动按摩仪”“四轮瘦身按摩仪”“铂金塑形仪”“双球3d塑形仪同款3D massagerY型双驱”“双珠3D瘦身瘦脸滚轮美容仪家用瘦脸仪”商品，购买过程浏览的网页依次截屏并打印作为附件1；2015年5月26日及2015年6月15日，高玉婷在公证人员的监督下两次接收优速快递包裹（快递单号分别为668251932142、510147431005），公证人员对上述两个包裹外观及包裹内的产品分别进行拍照，之后将包裹封装交由高玉婷收存，拍摄照片作为附件2。该《公证书》附件1第27页记载有“http://sjmshop.1688.com/?spm=0.0.0.0.D3q6Iy 广州市白云区圣洁美美容仪器厂贴牌加工　新品研发　开模生产　现货批发中国美容护理家电OEM/

ODM 生产加工第一品牌”等内容；第 47 页至第 89 页显示有“厂家批发瘦身器材家用减肥工具大 Y 型滚动按摩器全身 refa 大 Y 棒”商品图片、价格、“99794 件可售”及该商品介绍、使用说明等，其中“风靡日本 席卷全球”的宣传部分，所附照片中可见有标注了“MTG”字样的宣传展板；第 204 页显示订单号为 1049396740468322 的订单包括五款产品，其中第一款产品名称为“厂家批发瘦身器材家用减肥工具大 Y 型滚动按摩器全身 refa 大 Y 棒”单价为 120 元，数量为 4 个。该《公证书》附件 2 有单号为 668251932142 的优速快递包裹外包装照片及包裹内 4 件“3D massager”产品的照片。株式会社 MTG 认为上述“厂家批发瘦身器材家用减肥工具大 Y 型滚动按摩器全身 refa 大 Y 棒”商品的外观设计与本案被诉侵权产品的外观相同，圣洁美仪器厂、圣洁美公司明知被诉侵权外观设计及 refa 是株式会社 MTG 的专利产品，故意模仿，甚至直接引用株式会社 MTG 的产品图片和企业名称，并制造、销售、许诺销售被诉侵权产品。圣洁美仪器厂、圣洁美公司对该证据的真实性、合法性予以确认，关联性不予确认，认为圣洁美仪器厂的产品丰富，被诉侵权产品并非是主打产品，且圣洁美仪器厂是对自己的产品进行宣传，并未侵犯株式会社 MTG 权利，而照片中虽然有“MTG”字样，但没有被诉侵权产品，不能证明圣洁美仪器厂有侵权的故意。

2. 圣洁美公司的宣传册，其首页标注有“广州市圣洁美美容科技有限公司”字样，最后一页标注有“http：//sjmshop. 1688. com”的内容。株式会社 MTG 认为，在标注有“革新科技 体验焕肤时光”字样的页面中，第二行第三款产品与被诉侵权产品外观相同，标注有“生命季节”字样的页面中显示的产品与被诉侵权产品外观相同，最后一页的网址是圣洁美仪器厂的网站。圣洁美仪器厂、圣洁美公司对该证据不予以确认，认为无法证明是圣洁美公司所制作的宣传册，且宣传册中的产品外观与被诉侵权产品外观不同。经核，该宣传册中标注有“生命季节”字样的页面中有一款俯视图与被诉侵权产品相同的按摩器产品。

3. 北京国立公证处出具的（2016）京国立内证字第 5691 号《公证书》记载：申请人北京魏启学律师事务所的委托代理人孟月在公证人员的监督下，通过“weibo. com”搜索“圣洁美”，浏览了“广州市圣洁美美容科技有限公司”的微博，并通过该微博点击“圣洁美美容仪器厂”后，可进入并浏览“广州市白云区圣洁美美容仪器厂”在“阿里巴巴”网站上的店铺网页，网址为“http：//sjmshop. 1688. com”，孟月在上述操作过程中点击浏览的页面均被保存并打印作为《公证书》附件 1。株式会社 MTG 认为该《公证书》附件 1 中显示“广州市圣洁美美容科技有限公司”的微博上有被诉侵权产品的图片，并显示“广州市白云区圣洁美美容仪器厂”的网店有被诉侵权产品“3D 球形塑身仪 OEM 爆单”的产品图片，因此，圣洁美仪器厂、圣洁美公司许诺销售被诉侵权产品；另，附件 1 中抬头处标有“黄页”字样的页面记载有“广州市白云区圣洁美美容仪器厂　广州市圣洁美科技有限公司成立于 2012 年，是一家集研发、生产、销售家用美容护理电器为一体的高科技企业；企业类型：私营独资企业；法定代表人：刘茂才”等，株式会社 MTG 认为，该内容的标题是圣洁美仪器厂，具体介绍写的是圣洁美公司，因此，圣洁美仪器厂和圣洁美公司有共同经营行为。圣洁美公司确认其有微博，但是与被诉侵权产品无关。圣洁美仪器厂确认其网店中的“3D 球形塑身仪 OEM 爆单”产品与被诉侵权产品外观相同，但与圣洁美公司无关。

4. 北京国立公证处出具的（2014）京国立内证字第 8578 号《公证书》记载：申请人北京魏启学律师事务所的委托代理人张燕在公证人员的监督下，通过“国家工商行政管理总局商标局”的网站查询“G1060243”号“REFA”商标、“G1171761”号“PLATINUM ELECTRONIC ROLLER REFA CARAT”商标，并将操作过程中浏览的网页截屏并打印作为附件。上述证据拟证明“REFA”是株式会社 MTG 的注册商标，圣洁美仪器厂、圣洁美公司则认为该证据与本案的事实无关。

5.《商标注册证明》，其中记载有“兹证明，MTG CO.，LTD 在第 10 类商品上使用的‘REFA’商标，已在我局注册。注册号为 G1060243。有效期自 2010 年 10 月 18 日至 2020 年 10 月 18 日”等内容。

经当庭拆封（2015）京国立内证字第 4903 号《公证书》相应的公证封存箱，箱外贴有“优速快递”快递单（单号为 668251932142），箱内有三款产品共 12 件，株式会社 MTG 指控其中一款外包装上有“3D massager”字样的产品侵犯其本案外观设计专利权。

经比对，株式会社 MTG 认为被诉侵权产品的外观设计与株式会社 MTG 本案外观设计专利构成近似，圣洁美仪器厂和圣洁美公司认为两者既不相同也不近似。

圣洁美仪器厂提交了以下证据：1. 圣洁美仪器厂自 2015 年 6 月至 2016 年 5 月的《利润表》《资产负债表》，拟证明其 2016 年 5 月净利润为 12633.24 元，株式会社 MTG 在起诉状中称圣洁美仪器厂规模大、获利多并非事实。株式会社 MTG 认为该证据的真实性无法确认，且该月的净利润证明圣洁美仪器厂获利大，虽然其产品类型多，但是某一个产品的营业利润很高也是可能的。2. “艾斯慕肤”品牌智能爽肤仪宣传资料，拟证明圣洁美仪器厂有自己的品牌，株式会社 MTG 关于被诉侵权产品是圣洁美仪器厂的主打产品的意见缺乏事实依据。株式会社 MTG 认为该证据不能证明圣洁美仪器厂仅生产这个品牌。

圣洁美公司提交了以下证据：

1. 外观设计专利检索的公告文件四份，拟证明株式会社 MTG 本案专利的手柄和按摩头组合为现有设计中大量存在的共同设计特征，对本案专利整体视觉效果影响不显著。该四份文件分别为：（1）申请号为 KR30－2005－0017416、申请日为2005 年5 月25 日、授权公告日为2005 年11 月25 日的韩国外观设计专利文件，该专利文件与株式会社 MTG 所出示的本案专利的《外观设计专利权评价报告》中的“对比设计 1”的文件为同一文件。（2）申请号为 201030279985.9、名称为按摩器（5358）、申请日为 2010 年 8 月 16 日、授权公告日为 2011 年 2 月 9 日、专利权人为连俊洪的外观设计公告文件。该专利文件与株式会社 MTG 所出示的本案专利的《外观设计专利权评价报告》中的“对比设计 2”的文件为同一文件。圣洁美仪器厂、圣洁美公司主张该专利文件作为对比文件，可证明被诉侵权产品属于现有设计。（3）申请号为200930158592.X、名称为按摩器（DM0019）、申请日为 2009 年 10 月 20 日、授权公告日为 2010 年 6 月 16 日、专利权人为董昌辉的外观设计专利公告文件。该专利文件与株式会社 MTG 所出示的本案专利的《外观设计专利权评价报告》中的“对比设计 4”的文件为同一文件。（4）申请号为“D2011－10199”、申请日为 2011 年 5 月 2 日、公开日为 2011 年 10 月 7 日、权利人为株式会社 MTG 的专利公告文件。株式会社 MTG 认为圣洁美公司所提交的现有设计文件晚于株式会社 MTG 本案专利。

2. 《采购订单》及《销售发货单》，其中《采购订单》记载圣洁美公司于 2014 年 12 月 23 日向“广州轩美美容仪器有限公司”订购“小 Y 瘦脸棒”55 个，单价为 55 元；《销售发货单》记载“广州轩美美容仪器有限公司”向客户“刘先生”销售了“二点按摩仪”55 台，单价为 55 元。圣洁美公司主张其是以合理价格从第三方购得被诉侵权产品，具有合法来源，且被诉侵权产品利润小，其并未进行销售，没有实际获利。株式会社 MTG 认为该证据与本案没有关联性。

3. 《委托协议书》、《个别协议书》、认证文件、《授权书》，拟证明圣洁美公司与韩国哈贝任医学美容仪器有限公司等大型企业合作，受托加工是圣洁美公司的主要业务，被诉侵权产品只是微不足道的小产品，并非圣洁美公司的主打产品。株式会社 MTG 对上述证据不予确认，认为圣洁美公司没有提供发票等材料，不能证实上述协议实际履行。

4. 圣洁美公司自 2015 年 6 月至 2016 年 6 月的《利润表》《资产负债

表》，拟证明圣洁美公司的资产负债情况，株式会社 MTG 在起诉状中称圣洁美公司规模大、获利多并非事实。株式会社 MTG 认为该证据的真实性无法确认，且净利润数额证明圣洁美公司获利大，虽然圣洁美公司的产品类型多，但是某一个产品的营业利润很高也是可能的。

5.《产品宣传册》及《Homeuse Beauty Machines》图册，其中《产品宣传册》中记载有“广州市圣洁美美容有限公司多年来一直致力于美容仪器的研发、设计、生产和销售……公司自刘茂才显示创立之初……”等内容，其第 15、16 页有被诉侵权产品的图片及产品介绍，并记载有网址“http：//sjmshop. 1688. com”。《Homeuse Beauty Machines》图册中有多类产品图片，其中第 21 页有被诉侵权产品图片及介绍。圣洁美公司认为其经营的产品种类丰富，分别有机械类、清洁类、电流类、光疗类、补水类、射频类、气波类、检测类等 57 种产品，被诉侵权产品所占比例微乎其微，并非主营产品，株式会社 MTG 主张巨额赔偿无事实依据。株式会社 MTG 认为该证据证明圣洁美公司有销售被诉侵权产品。

圣洁美仪器厂、圣洁美公司根据株式会社 MTG 所提交本案专利《外观设计专利权评价报告》中引用的对比设计文件，主张按摩器 Y 型主体与两个球体组合的设计特征属于现有设计中的共同设计特征，而 Y 型主体与两个球体组合的特征为被诉侵权产品与本案专利的唯一相似点。上述《外观设计专利权评价报告》中引用的对比设计 5、9 的图片分别见附图六、七，其中，对比设计 5 是申请号为 CN200830241088. 1、名称为美鼻按摩具的外观设计专利文件，其申请日为 2008 年 9 月 25 日，授权公告日为 2009 年 9 月 30 日；对比设计 9 是申请号为 KR30 - 2009 - 0025740 的韩国外观设计专利文件，其申请日为 2009 年 6 月 11 日，授权公告日为 2010 年 7 月 16 日。

株式会社 MTG 为证明其合理支出费用，提交了以下证据：1. 北京市国立公证处出具的公证费发票两张，其中号码为 69144937 的发票上记载日期为 2016 年 5 月 6 日，金额为 1000 元；号码为 02101375 的发票上记载日期为 2015 年 5 月 15 日，金额为 2500 元。上述公证费共计 3500 元，株式会社 MTG 在本案中主张其中的 875 元。2. 中国对外翻译有限公司出具的“翻译费 M16050720 - 5”发票，其号码为 40339163，金额为 1174 元。3. 北京魏启学律师事务所出具的知识产权法律服务费发票七张，号码分别为 02533718 - 02533723、21964805，总金额共计 56485. 15 元。圣洁美仪器厂、圣洁美公司认为公证费发票上记载时间与涉案《公证书》作出的时间不符，不能证明是本案支出的合理费用，对株式会社 MTG 提交的翻译费、律师费证据均不予认可。

另查，圣洁美仪器厂属个人独资企业，投资人为刘茂才，成立日期为

2012年9月27日，经营范围为“家用美容、保健电器具制造；家用电器批发；化妆品及卫生用品批发”。圣洁美公司属有限责任公司（自然人投资或控股），法定代表人为甘兰珍，注册资本为1000000元，成立日期为2013年4月8日，经营范围为“家用电器批发；电子产品批发；仪器仪表批发；电子、通信与自动控制技术研究、开发；电子产品设计服务；商品批发贸易（许可审批类商品除外），技术进出口；货物进出口（专营专控商品除外）”，股东为刘茂才、甘兰珍。

再查，株式会社MTG以同时公证购买的其他产品分别侵犯其外观设计专利权为由，另案起诉圣洁美仪器厂、圣洁美公司，一审案号分别为（2016）粤73民初773号、（2016）粤73民初774号、（2016）粤73民初775号。

一审法院认为：

株式会社MTG是名称为“美容用滚轮”、专利号为ZL201130162283.7的外观设计专利权人，该专利至今合法有效，应受法律保护。他人未经许可，不得为生产经营目的制造、销售及许诺销售该专利产品。

关于被诉侵权设计是否落入本案专利权保护范围的问题。根据《最高人民法院关于审理侵犯专利权纠纷案件应用法律若干问题的解释》第八条、第九条的规定，在与外观设计相同或者相近种类产品上，采用与外观设计相同或近似的外观设计的，人民法院应当认定被诉侵权设计落入外观设计专利权的保护范围。人民法院应当根据外观设计产品的用途，认定产品种类是否相同或者相近。本案被诉侵权产品与专利产品均为美容用滚轮，属相同产品，可以进行相同或近似的外观设计比对。根据《中华人民共和国专利法》① 第五十九条规定，外观设计专利权的保护范围以表示在图片或者照片中的该产品的外观设计为准，简要说明可以用于解释图片或者照片所表示的该产品的外观设计。本案专利主要包括以下设计特征：（1）整体由按摩头、连接杆和手柄三部分组成，手柄、连接杆整体呈外伸部较短的“Y”形，连接杆末端分别连接一个相同的按摩头；（2）手柄为稍弯曲的圆润椭圆体且弧度较小，从前至后厚度逐渐增加，手持部位呈梭形，在手柄面上靠近外伸部的一端有一个较小的椭圆形结构；（3）按摩头整体类似于梨形，按摩头表面均匀分布有密集的三角形切面，梨形腰部有两条平行的圆周线。

根据《最高人民法院关于审理侵犯专利权纠纷案件应用法律若干问题的解释》第十一条的规定，比对认定外观设计是否相同或者近似时，应当根据授权外观设计、被诉侵权设计的设计特征，以整体视觉效果进行综合判断，

① 此处指2008年《中华人民共和国专利法》，其已于2020年修改，本案下同。

其中授权外观设计区别于现有设计的设计要点特征相对于其他设计特征对整体视觉效果更具有影响，该部分设计要点特征属于设计创新点，是授权外观设计区别于现有设计的创新内容，反映了该专利的创造性贡献。本案中，圣洁美仪器厂、圣洁美公司所出示的公告时间早于本案专利申请日的专利文件及株式会社 MTG 所出示的本案专利《外观设计专利权评价报告》中公告时间早于本案专利申请日的专利文件均可作为确定本案专利设计区别于现有设计特征的对比文件，这些对比文件包括：1. 申请号为 KR30－2005－0017416、授权公告日为 2005 年 11 月 25 日的韩国外观设计专利文件；2. 申请号为 201030279985.9、名称为按摩器（5358）、授权公告日为 2011 年 2 月 9 日的外观设计公告文件；3. 申请号为 200930158592.X、名称为按摩器（DM0019）、授权公告日为 2010 年 6 月 16 日的外观设计专利公告文件；4. 申请号为 CN200830241088.1、授权公告日为 2009 年 9 月 30 日、名称为美鼻按摩具的外观设计专利文件；5. 申请号为 KR30－2009－0025740、授权公告日为 2010 年 7 月 16 日的韩国外观设计专利文件。结合本案专利的图片、简要说明及上述比对文件可确定：1. 本案专利产品与现有设计的相同点主要在于：（1）整体结构相同，均由手柄、连接杆和按摩头三部分组成；（2）手柄与连接杆整体呈“Y”形，两连接杆分别连接一个相同的按摩头；（3）按摩头整体均呈类球体。因此，圣洁美仪器厂、圣洁美公司关于本案专利产品 Y 型主体与两个球体组合的设计特征属于现有设计中的共同设计特征的意见合理，一审法院予以采纳。2. 本案专利区别于现有设计的设计要点特征在于：（1）手柄整体呈弧形弯曲，弧度较为平缓；（2）手柄部位为圆润的椭圆体，手柄上表面覆有一个较小的椭圆形透明上盖；（3）本案专利的按摩头在靠近连接杆的一端收窄，使得按摩头呈整体类似于梨形；（4）按摩头腰部环绕两条平行的圆周线，按摩头表面从腰部向两端各分布有五圈圆周线及由纵横交错的线条分割形成的三角形切面，三角形切面密集分布；（5）按摩头顶部由顶点相同的发散三角形切面环接。

根据《最高人民法院关于审理侵犯专利权纠纷案件应用法律若干问题的解释》第十条、第十一条规定，人民法院认定外观设计是否相同或近似时，应当以一般消费者的知识水平和认知能力，根据专利设计、被诉侵权设计的设计特征，以外观设计的整体视觉效果进行综合判断。将被诉侵权设计与本案专利区别于现有设计的设计要点特征进行比对，两者具有以下不同点：（1）本案专利手柄整体呈弧形弯曲，弧度较为平缓；被诉侵权产品手柄整体呈类 S 型弯曲，手柄接近按摩头一侧弯曲弧度较大。（2）本案专利手柄部位为圆润的椭圆体，手柄上表面覆有一个较小的椭圆形透明上盖；被诉侵权产品的手柄体形从前至后逐渐变宽，尾部收窄并向上翘起，手柄上表面覆有一个较小的六边形透明上盖。（3）本案专利的按摩头在靠近连接杆的一端收窄，使得按摩头呈整体类似于梨形；被诉侵权产品的两个按摩头整体呈圆球形。（4）本案专利按摩头腰部环绕两条平行的圆周线，按摩头表面从腰部向两端各分布有五圈圆周线及由纵横交错的线条分割形成的密集小三角形切面；被诉侵权产品的按摩头腰部没有平行圆周线设计，从按摩头腰部向两端各分布有三圈圆周线及由纵横交错的线条分割形成的大三角形切面。（5）本案专利按摩头顶端由顶点相同的发散三角形切面环接；被诉侵权产品顶端圆形，圆形外环绕相连的等腰梯形切面。综上，被诉侵权设计未包含本案专利区别于现有设计的全部设计要点特征。至于将被诉侵权设计与本案专利的非设计要点特征进行比对，两者构成近似。因本案外观设计区别于现有设计的设计要点特征相对于其他设计特征对整体视觉效果更具有影响，而且本案专利的《无效宣告请求审查决定书》也认为，本案专利产品是美容用滚轮，按摩头是此类产品消费者使用时感受的重要部件，消费者会对其施以特别的关注，即使变化的绝对量不大也会对整体视觉效果产生显著影响，这种变化对于此类产品来说并非局部细微差异，因此，经整体比对和综合判断，一审法院认定被诉侵权产品与本案外观设计专利在整体视觉效果上有显著性区别，被诉侵权产品设计没有落入本案专利权的保护范围。

关于圣洁美仪器厂、圣洁美公司的现有设计抗辩是否成立的问题。《最高人民法院关于审理侵犯专利权纠纷案件应用法律若干问题的解释》第十四条规定，被诉侵权设计与一个现有设计相同或者无实质性差异的，人民法院应当认定被诉侵权人实施的设计属于专利法第六十二条规定的现有设计。圣洁美仪器厂、圣洁美公司在诉讼中提出现有设计抗辩，所提交的对比文件是申请号为 CN301467050S、名称为按摩器（5358）的外观设计专利，该专利的公开时间早于本案专利的申请日，可作为现有设计抗辩的对比文件。将对比文件与被诉侵权设计进行比对，对比文件中的手柄整体形状、宽度及弧度均与被诉侵权设计具有明显区别，此外，对比文件中的按摩头体积较小且表面突起若干小球体，而被诉侵权产品的按摩头为类球体设计且表面为三角形切面，因此，对比文件与被诉侵权设计具有实质性差异，圣洁美仪器厂、圣洁美公司的现有设计抗辩依据不足，一审法院对此不予采纳。

关于被诉侵权行为是否成立的问题。《中华人民共和国专利法》第十一条第二款规定：外观设计专利权被授予后，任何单位或者个人未经专利权人许可，都不得实施其专利，即不得为生产经营目的制造、许诺销售、销售、进口其外观设计专利产品。北京国立公证处出具的（2015）京国立内证字第

4903 号《公证书》记载了被诉侵权产品购买于圣洁美仪器厂经营的网店的事实，该网店有被诉侵权产品的图片、价格、使用说明等宣传信息，且该网店记载有“开模生产　货批发　生产加工第一品牌”等字样，结合圣洁美仪器厂的经营范围包括家用美容、保健电器具制造、家用电器批发等，而其对被诉侵权产品未提交证据证明有合法来源的事实，一审法院对圣洁美仪器厂制造、销售、许诺销售被诉侵权产品的事实予以认定。至于株式会社 MTG 主张圣洁美公司许诺销售被诉侵权产品，其所提交的圣洁美公司宣传册上标注的企业名称及网址信息与圣洁美公司所提交的《产品宣传册》上记载的信息一致，圣洁美公司也未能举证否定该宣传册的真实性，故一审法院对该宣传册予以采纳，该宣传册中标注有“生命季节”字样的页面中有一款俯视图与被诉侵权产品相同的按摩器产品，结合圣洁美公司所提交的《产品宣传册》第 15、16 页及《Homeuse Beauty Machines》第 21 页的产品图片展示了被诉侵权产品的各个视图的情况，一审法院对圣洁美公司许诺销售被诉侵权产品的事实予以认定。

综上，虽圣洁美仪器厂制造、销售、许诺销售被诉侵权产品，圣洁美公司许诺销售被诉侵权产品，但由于被诉侵权设计未落入本案专利权的保护范围，圣洁美仪器厂、圣洁美公司的行为并不构成侵权，因此，株式会社 MTG 以被诉侵权产品与本案专利构成相似为由在本案中提出的全部诉讼请求，一审法院均不予支持。一审法院依照《中华人民共和国专利法》第五十九条、《中华人民共和国民事诉讼法》第六十四条第一款、《最高人民法院关于审理侵犯专利权纠纷案件应用法律若干问题的解释》第八条、第九条、第十条、第十一条之规定，判决：驳回株式会社 MTG 的全部诉讼请求。本案一审受理费 14700 元，由株式会社 MTG 负担。

株式会社 MTG 不服一审判决，向二审法院提起上诉，请求撤销一审判决，改判支持株式会社 MTG 在一审中的所有诉讼请求。

二审法院查明的事实与一审法院查明的一致。

二审法院认为，株式会社 MTG 关于被诉侵权产品落入本案专利权保护范围的上诉理由不成立，依照《中华人民共和国民事诉讼法》第一百七十条第一款第一项之规定，判决：驳回上诉，维持原判。

本院经审理查明，一、二审法院查明的事实基本属实。

本院认为，本案的争议焦点是：（一）被诉侵权设计是否落入涉案外观设计专利的保护范围；（二）如侵权成立，圣洁美仪器厂、圣洁美公司应承担何种法律责任。

（一）被诉侵权设计是否落入涉案外观设计专利的保护范围

1. 关于外观设计相同或者近似的判断方法

《最高人民法院关于审理侵犯专利权纠纷案件应用法律若干问题的解释》第十一条对外观设计相同或者近似的判定给出了基本原则，即应当根据授权外观设计、被诉侵权设计的设计特征，以整体视觉效果进行综合判断。在判断中，要重点考虑对于整体视觉效果更具有影响的如下特征：授权外观设计区别于现有设计的设计特征，以及产品正常使用时容易被直接观察到的设计特征。需要注意的是，这里的“整体”包含两层含义，一方面，包括相同点和区别点在内的全部可视设计特征均在比对范围之内；另一方面，部分特征的特殊性使其在比对时需给予重点关注，但这并不意味着可以忽略其他设计特征，只是这部分设计特征对整体视觉效果的影响相对较小而已。

进一步地，《最高人民法院关于审理侵犯专利权纠纷案件应用法律若干问题的解释（二）》第十四条给出了影响整体视觉效果的另一评估因素即设计空间。具体而言，设计空间较大的，一般消费者通常不容易注意到不同设计之间的较小区别；反之，一般消费者通常更容易注意到不同设计之间的较小区别。

结合前述司法解释的规定，在对外观设计相同或者近似进行判断时，通常可遵循如下步骤：（1）以一般消费者的眼光，就专利设计和被诉侵权设计的异同点进行客观、全面的总结；（2）以现有设计为参照，以产品正常使用为前提，确定区别于现有设计以及容易被直接观察到的设计特征；（3）结合各自设计空间的大小，逐一评估上述设计特征对整体视觉效果影响的权重；（4）回归“整体观察、综合判断”的原则，得出结论。

本案中，一、二审判决对于专利设计和被诉侵权设计的异同点认定基本一致，为便于后续比对方便，本院以视图为单位，重新总结如下：

（1）俯、仰视图

相同点：均由“Y 形手柄 + 两按摩头”的结构组成，“Y”形两分支连接部分较短，按摩头大致为球体，球体表面由不规则的切面组成，手柄由近滚轮端至远滚轮端呈现出由细到粗再到细的轮廓变化。

不同点：专利设计的按摩头因在靠近连接杆的末端收窄而整体更近于梨形，腰部有两条平行圆周线，其切面较小，手柄上表面有一椭圆形上盖；被诉侵权设计按摩头更为圆润，腰部无圆周线，切面较大，柄上表面有一六边形上盖。

（2）主、立体图

相同点：同俯、仰视图。

不同点：专利设计手柄整体呈弧形过渡，弧度较小；被诉侵权设计手柄呈弧形过渡，弧度较大，且在末端有上翘。

（3）左视图

相同点：同俯、仰视图。

不同点：按摩头表面切面密集程度不同，专利设计手柄末端下垂，被诉侵权设计看不到手柄末端。

2. 对于整体视觉效果影响的评估

根据当事人提交的现有设计状况和涉案专利相关无效决定的认定，能够体现其涉案专利区别于现有设计的特征主要集中在按摩头的形状、表面构造、安装在连接杆上的方式，以及手柄的弧度、造型、连接杆的长短、延伸形式等。同时，专利设计和被诉侵权设计所附载的产品均为美容用按摩器，此类产品在正常使用时多为手持，至少会遮挡手柄的一部分，故按摩头部位的相关设计特征较之于手柄部位的设计特征更容易引起人们的关注。

此外，虽然该类美容用按摩器通常都具有“一手柄＋两按摩头”的基本结构，但在不影响产品功能实现的前提下，该结构存在较多的替代性设计。例如，按摩头可以为球体、圆柱体，其表面可以设计为光滑平面、突出颗粒，手柄可以为直杆状、扁平状、内凹状等，连接杆可以为Y形、T形，连接杆可贯穿、支撑、外夹于按摩头。因此，前述设计特征具有较大的设计空间，被诉侵权设计必须具有足够显著的变化才能与专利设计区分开来。

3. 被诉侵权设计与专利设计的比对

从按摩头部分来看，被诉侵权设计采用了与专利设计一样的类球体按摩头，且表面具有数个切面，虽然专利设计按摩头尾部略微凸出，二者球面切面形状及密集程度存在差异，但上述区别在按摩头体积或表面积中占比较小，不容易为一般消费者所察觉，属于局部细微差别。

从手柄部分来看，被诉侵权设计与专利设计的手柄均有一定弯曲、光滑的弧度，且呈现出中间粗向两头细的平滑过渡，虽然被诉侵权设计加大了弧度，且将手柄末端增加了上翘的造型，但现有设计的手柄多为直杆设计，且上翘部分仅存在于正常使用时容易被遮挡的尾部，故手柄部分的区别也属于局部细微差别。

综合上述分析，可认定被诉侵权设计已落入专利设计的保护范围，一、二审判决未充分考虑二者相同点不可忽略的作用，在评估二者区别设计特征作用时亦未能准确适用设计空间的理念，导致最终对整体视觉效果的比对结论错误，本院对此予以纠正。

（二）如侵权成立，圣洁美仪器厂、圣洁美公司应承担的法律责任

《中华人民共和国专利法》第六十五条第二款规定，权利人的损失、侵

权人获得的利益和专利许可使用费均难以确定的，人民法院可以根据专利权的类型、侵权行为的性质和情节等因素，确定给予一万元以上一百万元以下的赔偿。

圣洁美仪器厂制造、销售、许诺销售以及圣洁美公司许诺销售被控侵权产品的行为侵犯了株式会社 MTG 的专利权，依法应承担相应的法律责任。株式会社 MTG 要求判决圣洁美仪器厂、圣洁美公司停止侵权、赔偿经济损失及合理诉讼支出的诉讼请求，本院予以支持，对于停止侵权的具体方式，本院将根据案件的具体情况予以确定。对于赔偿经济损失和合理诉讼支出，本院将根据被控侵权产品的价格、涉案侵权行为的性质、持续时间和影响范围等因素综合确定赔偿损失及诉讼合理支出的具体数额。

综上所述，株式会社 MTG 的再审理由成立，其再审请求应予支持。依照《中华人民共和国专利法》第十一条第二款、第六十五条第二款，《中华人民共和国民事诉讼法》第二百零七条第一款、第一百七十条第一款第二项之规定，判决如下：

一、撤销广东省高级人民法院（2017）粤民终 178 号民事判决；

二、撤销广州知识产权法院（2016）粤 73 民初 772 号民事判决；

三、自本判决生效之日起，广州市白云区圣洁美美容仪器厂停止制造、销售、许诺销售，广州市圣洁美美容科技有限公司停止许诺销售侵害涉案外观设计专利的产品的行为；

四、自本判决生效之日起十日内，广州市白云区圣洁美美容仪器厂、广州市圣洁美美容科技有限公司共同赔偿株式会社 MTG 经济损失及为本案诉讼支出的合理费用共计 200000 元。

五、驳回株式会社 MTG 的其他诉讼请求。

一审案件受理费 14700 元、二审案件受理费 14700 元，由广州市白云区圣洁美美容仪器厂、广州市圣洁美美容科技有限公司负担。

如果未按本判决指定的期间履行给付金钱义务，应当依照《中华人民共和国民事诉讼法》第二百五十三条之规定，加倍支付迟延履行期间的债务利息。

本判决为终审判决。

审 判 长 佟 姝
审 判 员 毛立华
审 判 员 吴 蓉
二〇一九年十二月二十六日
法官助理 马云鹏
书 记 员 刘方方

# 8. 设计单元的数量变化对外观设计近似性认定的影响

——再审申请人浙江兰溪圣鹏旅游工艺品有限公司、浙江万来旅游工艺品有限公司与被申请人孙兴华侵害外观设计专利权纠纷案①

**中华人民共和国最高人民法院民事判决书（2019）最高法民再278号**

再审申请人（一审被告、二审上诉人）：浙江兰溪圣鹏旅游工艺品有限公司。住所地：浙江省兰溪市轻工工业园区彩虹路。

法定代表人：胡建锋，该公司执行董事。

委托诉讼代理人：王梨华，浙江杭知桥律师事务所律师。

委托诉讼代理人：刘韵遥，浙江杭知桥律师事务所律师。

再审申请人（一审被告、二审上诉人）：浙江万来旅游工艺品有限公司。住所地：浙江省兰溪经济开发区雁洲路。

法定代表人：金达莱，该公司经理。

委托诉讼代理人：熊仙凤，浙江杭知桥律师事务所律师。

委托诉讼代理人：刘韵遥，浙江杭知桥律师事务所律师。

被申请人（一审原告、二审被上诉人）：孙兴华。

委托诉讼代理人：王晓锋，杭州丰禾专利事务所有限公司专利代理人。

再审申请人浙江兰溪圣鹏旅游工艺品有限公司（以下简称圣鹏公司）、浙江万来旅游工艺品有限公司（以下简称万来公司）因与被申请人孙兴华侵害外观设计专利权纠纷一案，不服浙江省高级人民法院（2017）浙民终825号民事判决，向本院申请再审。本院于2018年12月26日作出（2018）最高法民申5349号民事裁定，提审本案。本院依法组成合议庭审理本案，现已审理终结。

圣鹏公司、万来公司申请再审称：（一）被诉侵权产品使用的是现有设计。现有设计即第ZL200730074183.2号外观设计专利公开了一种棚架（经济型），与被诉侵权产品用途相同。被诉侵权产品和现有设计整体结构相同，两者的区别仅在于加强筋数量不同、较短边与长边间三角形加强结构的有无，

---

① 本案在年度报告中的位置为第16页。

三角形加强结构占产品整体比例极小，加强筋数量差别仅是设计特征重复次数的差别，被诉侵权产品和现有设计构成实质相同，被诉侵权产品使用的系现有设计。（二）涉案专利已被宣告无效。万来公司于2017年11月21日申请涉案专利即专利号为ZL200930141205.1的外观设计专利无效，国家知识产权局专利复审委员会于2018年4月28日作出第35673号无效宣告请求审查决定书，宣告涉案专利权全部无效。综上所述，请求撤销一、二审判决。

孙兴华答辩称：在宣告涉案专利无效的审查决定作出前，二审判决确定的赔偿额已经执行到位，根据《中华人民共和国专利法》① 第四十七条规定，该决定对二审判决不具有溯及力，请求驳回再审申请。

孙兴华向一审法院起诉请求判令圣鹏公司、万来公司：1. 立即停止制造、销售侵犯涉案专利权产品的行为并销毁模具；2. 赔偿孙兴华经济损失及维权发生的合理费用共计20万元；3. 承担本案的诉讼费用。

一审法院认定事实：2009年6月1日，孙兴华向国家知识产权局提出了一项名称为“雨篷架（2）”的外观设计专利申请（以下简称涉案专利），2010年3月3日获得授权公告，专利号为ZL200930141205.1。该外观设计是一种雨篷架，系安装在房屋窗户及其他地方的防水架子，从主视图看，主体上部是有一定弧度的安装架，右部是与墙体相接的安装板，底部是有一定弧度的支撑架，支撑架与主体之间有三根向上倾斜的支撑杆，支撑杆将空间分为四个腔体，腔体空间由右向左递减。从俯视图看，从右侧向左侧略微向下倾斜主体的上端面中间有一条凸棱。2017年6月7日，孙兴华缴纳了涉案专利年费。

2017年6月5日，浙江省兰溪市公证处应孙兴华申请进行了证据保全公证，并于2017年6月8日制作（2017）浙兰证民字第1169号公证书。根据该公证书，2017年6月5日，万来公司在位于浙江省兰溪市雁洲路266号的该公司办公楼，向孙兴华销售了三盒被诉侵权产品及塑料板，该公司员工开具了编号为2167841的收据一张交给孙兴华（样品费800元，该收据上的印章为圣鹏公司）。

圣鹏公司成立于2004年4月22日，注册资本1000万元，经营范围为沙滩椅、野餐桌、遮阳棚、帐篷、遮阳伞、五金制品的生产、销售；经营本企业自产产品的出口业务和本企业所需的机械设备、零配件、原辅材料的进口业务，但国家限定公司经营或禁止进出口的商品及技术除外。万来公司成立于2010年12月3日，注册资本4653.693万元。经营范围为遮阳伞/蓬、野

① 此处指2008年《中华人民共和国专利法》，其已于2020年修改，本案下同。

餐桌、沙滩椅、帐篷、五金制品的制造和销售，货物及技术进出口业务。孙兴华为本案诉讼支付代理费50000元、公证费2000元。

一审庭审中，孙兴华明确以（2017）浙兰证民字第1169号公证书公证保全的实物进行比对。经比对，被诉侵权产品与涉案外观专利图形相同点为：主体均为有一定弧度的安装架，右边为安装板；底部为有一定弧度的支撑架；上、下支撑架与右安装板大致呈一定弧度的狭长三角形；上下两支撑架之间由三根向上倾斜的支撑杆相连并分成四个腔体。主要区别在于：被诉侵权产品右侧安装板有镂空设计，涉案专利为光滑平面；左前端安装孔连接部略有不同，涉案专利左前端安装孔位置呈矩形，被诉侵权产品呈圆柱形。

一审法院判决：一、圣鹏公司、万来公司立即停止制造、销售落入孙兴华专利号为ZL200930141205.1号外观设计专利保护范围产品的行为。二、圣鹏公司、万来公司于判决生效之日起十日内赔偿孙兴华经济损失8万元（含孙兴华为制止侵权行为所支出的合理费用）。三、驳回孙兴华的其他诉讼请求。

圣鹏公司、万来公司不服一审判决，上诉请求：撤销一审判决，依法改判驳回孙兴华的诉讼请求。二审期间，万来公司以其已对涉案专利提起无效宣告请求并被受理为由请求中止诉讼。二审法院认为，圣鹏公司、万来公司在一审答辩期内未请求宣告涉案专利无效，且从圣鹏公司、万来公司提交的证据来看万来公司请求宣告涉案专利无效所提供的证据并不充分，故上述证据不能达到其证明目的，二审不予认定，对万来公司提出的中止诉讼的申请亦不予准许。

二审法院查明的事实与一审法院认定的事实一致。

二审法院认为，本案有以下四个争议焦点：

（一）圣鹏公司、万来公司提出的现有设计抗辩是否成立

万来公司主张现有设计抗辩的依据分别系专利号为ZL200730074183.2号（以下简称现有设计1）和200830089396.7号（以下简称现有设计2）外观设计专利文献。上述两在先专利的公开日时间均在涉案专利申请日前，可以作为现有设计进行比对。将现有设计1与被诉侵权产品相比，主要区别在于上下支撑架之间的腔体不同，被诉侵权产品分割支撑杆数量为三根，将腔体分为四个部分；现有设计1分割支撑杆数量为两根，将腔体分为三个部分。二审法院认为，对于雨棚支架此类产品而言，上下支撑架之间的腔体部分占据了产品的主要视觉部分，更容易被一般消费者所关注，故腔体的结构设计对整体视觉效果具有显著影响。虽然被诉侵权产品与现有设计1的分割支撑杆均呈弧形设计，但被诉侵权产品比现有设计1多了一根分割支撑杆，从而

使两者的腔体结构上存在差异，对整体视觉效果具有显著影响，两者不构成近似。现有设计 2 与被诉侵权产品相比，除了分割支撑杆和腔体数量不同外，分割支撑杆的形状也存在差异，故现有设计 2 与被诉侵权产品亦不构成近似。因此，圣鹏公司、万来公司主张的现有设计抗辩不能成立。

（二）被诉侵权产品是否落入涉案专利权的保护范围

《最高人民法院关于审理侵犯专利权纠纷案件应用法律若干问题的解释》第八条规定，在与外观设计专利产品相同或者相近种类产品上，采用与授权外观设计相同或者近似的外观设计的，人民法院应当认定被诉侵权设计落入专利法第五十九条第二款规定的外观设计专利权的保护范围；第十条规定，人民法院应当以外观设计专利产品的一般消费者的知识水平和认知能力，判断外观设计是否相同或者近似。本案中，被诉侵权产品与涉案外观设计专利产品相同，均为雨棚支架，因此，本案的关键问题是对于一般消费者而言，被诉侵权产品外观设计与涉案授权外观设计是否相同或者近似。

经庭审比对，孙兴华认为被诉侵权产品与涉案专利构成近似，圣鹏公司、万来公司认为两者存在以下差异：1. 第二根分割支撑杆倾斜角度不同，涉案专利的倾斜度更大，使得腔体形状呈三角形；被诉侵权产品倾斜角度接近直角，使得腔体形状呈矩形。2. 安装板侧面上部的安装柱不同，涉案专利安装板侧面上部平整未出现明显凸起的安装柱；被诉侵权产品安装板侧面上部有明显凸起的安装柱。3. 上支撑杆的侧面结构不同，涉案专利系多线条结构，无法显示为凹槽结构；被诉侵权产品系深度较深的凹槽结构。4. 上支撑杆前端结构不同，被诉侵权产品上支撑杆前端有明显凸起；涉案专利没有凸起。5. 上支撑杆与下支撑杆连接结构不同，被诉侵权产品上支撑杆与下支撑杆间有三角形的加强筋结构，涉案专利没有加强筋结构。6. 下支撑杆结构不同。二审法院认为，上述区别点 1、6 细微不可见；关于区别点 3，涉案专利系平面制图而非立体照片，根据机械制图原理，涉案专利上支撑杆的多线条绘制即代表凹槽结构，圣鹏公司、万来公司提的该区别点不能成立；区别点 2、4、5 相对于整个产品而言所占比例较小，且在使用状态下，区别点 2、4 所涉部分分别位于雨棚架和墙体及雨棚相连的安装处，难以被一般消费者观察到，故上述区别对整体视觉效果不具有显著影响。被诉侵权产品与涉案专利的整体视觉效果无实质性差异，属于近似的外观设计，被诉侵权产品落入涉案专利权的保护范围。

（三）一审法院认定圣鹏公司、万来公司共同制造、销售被诉侵权产品是否正确

被诉侵权产品购买于万来公司的经营地址，所附产品手册上印有万来公

司的商标，同时由圣鹏公司出具了购买收据以及联系名片，在万来公司、圣鹏公司均具备制造被诉侵权产品能力的情况下，一审法院根据现有证据认定两者存在共同制造、销售被诉侵权产品的行为并无不当。

（四）一审法院确定的赔偿数额是否适当

本案中孙兴华未向法院提供证据证明其因被侵权所受到的实际损失和圣鹏公司、万来公司因侵权所获得的利益，本案适用法定赔偿。二审认为，综合考虑涉案专利类型、圣鹏公司和万来公司的生产经营规模、被诉侵权产品的价格、孙兴华支出的合理费用等因素，一审法院确定圣鹏公司万来公司赔偿孙兴华 8 万元合法有据。

综上，二审法院判决：驳回上诉，维持原判。

本院经审理查明，一、二审法院查明的事实属实，本院予以确认。

本院认为，本案的争议焦点在于，被诉侵权产品是否属于现有设计。

《中华人民共和国专利法》第六十二条规定：“在专利侵权纠纷中，被控侵权人有证据证明其实施的技术或者设计属于现有技术或者现有设计的，不构成侵犯专利权。”《最高人民法院关于审理侵犯专利权纠纷案件应用法律若干问题的解释》第十四条第二款规定：“被诉侵权设计与一个现有设计相同或者无实质性差异的，人民法院应当认定被诉侵权人实施的设计属于专利法第六十二条规定的现有设计。”本案中，圣鹏公司、万来公司依据专利号为 ZL200730074183.2 号的外观设计专利主张现有设计抗辩，该专利文献公开时间为 2008 年 3 月 5 日，早于涉案专利申请日，构成涉案专利的现有设计。将被诉侵权设计与上述现有设计相比对，被诉侵权设计与现有设计主体安装架形状、安装架构成中各边的形状与对应位置相同，长边与较短边之间设置加强筋的设计特征以及较短边上设孔的位置均相同，可见二者采用了相同的设计手法。不同之处仅在于加强筋数量、较短边上设孔数量以及由此决定的上下两支撑架之间由向上倾斜的加强筋划分的腔体数量，被诉侵权设计有三个加强筋和四个腔体，现有设计有两个加强筋和三个腔体，但该数量变化只是设计单元加强筋和较短边上孔数量作均匀分配的增减变化，未改变产品的整体结构布局，不容易为一般消费者所注意。因此，被诉侵权设计与现有设计没有实质性差异。圣鹏公司、万来公司的现有设计抗辩成立，其行为不构成侵犯涉案专利权。

综上，二审判决适用法律错误，圣鹏公司、万来公司关于被诉侵权设计属于现有设计的再审请求成立。依照《中华人民共和国专利法》第六十二条、《最高人民法院关于审理侵犯专利权纠纷案件应用法律若干问题的解释》第十四条第二款、《中华人民共和国民事诉讼法》第二百零七条第一款、第一百七十条第一款第二项、《最高人民法院关于适用〈中华人民共和国民事诉讼法〉的解释》第四百零七条第二款之规定，判决如下：

一、撤销浙江省高级人民法院（2017）浙民终825号民事判决；

二、撤销浙江省金华市中级人民法院（2017）浙07民初751号民事判决；

三、驳回孙兴华的全部诉讼请求。

一审案件受理费4300元，二审案件受理费1800元，均由孙兴华负担。

本判决为终审判决。

审 判 长　秦元明<br>
审 判 员　郎贵梅<br>
审 判 员　马秀荣<br>
二〇一九年十二月三十一日<br>
法官助理　李　丽<br>
书 记 员　张晨祎

## 9. 现有技术抗辩认定中的发明点考量

——上诉人王业慈与被上诉人徐州华盛实业有限公司侵害发明专利权纠纷案①

**中华人民共和国最高人民法院民事判决书（2019）最高法知民终89号**

上诉人（原审原告）：王业慈。

委托诉讼代理人：曹志远，上海市协力（徐州）律师事务所律师。

委托诉讼代理人：唐猛，上海市协力（徐州）律师事务所律师。

被上诉人（原审被告）：徐州华盛实业有限公司。住所地：江苏省徐州市丰县解放东路188号。

法定代表人：涂新勇，该公司总经理。

委托诉讼代理人：李想，江苏圆点律师事务所律师。

委托诉讼代理人：杨艳，江苏圆点律师事务所律师。

上诉人王业慈因与被上诉人徐州华盛实业有限公司（以下简称华盛公司）侵害发明专利权纠纷一案，不服江苏省南京市中级人民法院于2019年3月11日作出的（2018）苏01民初1427号民事判决，向本院提起上诉。本院于2019年7月2日立案后，依法组成合议庭，并于2019年7月23日公开开庭审理了本案。上诉人王业慈及其委托诉讼代理人曹志远、唐猛，被上诉人华盛公司的法定代表人涂新勇及委托诉讼代理人李想、杨艳到庭参加诉讼。本案现已审理终结。

王业慈上诉请求：撤销原审判决，改判支持其一审全部诉讼请求。其相关事实与理由为：（一）原审法院仅凭华盛公司提供的微弱证据便认定华盛公司QT（J）D145－04A电机壳图纸的形成时间是2008年10月，属于认定事实不清。1. 纵某某是与案件有利害关系的人员，其当庭的陈述只能作为华盛公司的单方陈述，不具有证据效力。2. 南京师范大学司法鉴定中心的司法鉴定意见书不应采信。首先，该鉴定是单方委托进行的，程序上不合法。其次，比对材料由华盛公司提供，该比对材料不具有客观性。而且，司法鉴定

① 本案在年度报告中的位置为第18页。

的结论为“手写笔迹的形成时间与《月份工资发放单》中手写签名字迹的形成时间为同时期”，并未直接作出形成时间是2008年10月的结论。最后，鉴于“同时期”有一年左右的误差，因此无法必然得出图纸形成时间早于本案专利号为ZL20091002××××.7、名称为“电机壳为焊接件的小型电潜水泵”的发明专利（以下简称涉案专利）申请日（2009年2月27日）的结论。（二）原审法院认定华盛公司提交的潜水电泵为江苏七洲集团（以下简称七洲集团）生产且该水泵的生产日期在涉案专利申请日前，属于事实认定错误。华盛公司提交的潜水电泵实体铭牌上已经无法看到出厂日期，仅有七洲集团的名称以及相关参数，原审法院以七洲集团破产于2005年，以及该水泵锈蚀严重即推定该水泵是七洲集团破产之前生产的，认定事实有误。另外，水泵上的铭牌任何人都可以制作和安装在泵体上，在没有相关销售记录、出厂记录等证据辅证下，该水泵不能证明系七洲集团生产，更不能认定具体的生产时间。即使该水泵可以作为有效证据参与技术比对，原审法院关于水泵具有卡簧槽及卡簧的技术特征与被诉侵权产品构成等同的认定也不符合技术比对的规定，两者既不相同也不等同。（三）原审法院认定华盛公司的QT（J）D145－04A电机壳图纸中的技术已基于产品部件委托加工及整机销售被公开，没有事实和法律依据。设计图纸是企业生产制造中的重要技术资料，企业通常会妥善保管而不会将图纸公示于众，即除非有其他证据表明图纸已处于公开状态，否则图纸显示的内容并不当然属于公众想要得到即可得知的技术。仅凭案外人刘某的证人证言不足以认定丰县欢口镇俊祥机械厂（以下简称俊祥机械厂）生产了华盛公司QT（J）D145－04A电机壳图纸所示的电机壳，也无法认定其生产交付日期为2008年11月。即便参与试生产过程的各方获知了相关技术，其亦负有默认的保密义务。（四）原审法院依职权主动到七洲集团调查取证，对华盛公司提供的图纸等证据的真实性进行确认，影响了案件的公正审理。（五）华盛公司在原审期间向国家知识产权局提起针对涉案专利的无效宣告请求，并提交了与在原审法院提供的相同证据，拟证明涉案专利为现有技术。国家知识产权局于2019年3月7日作出了第39288号无效宣告请求审查决定书（以下简称第39288号决定），维持涉案专利权有效，说明国家知识产权局认为华盛公司提交的证据不足以证明涉案专利为现有技术。

华盛公司答辩称：原审法院认定事实清楚，适用法律正确，请求驳回王业慈的上诉请求。其相关事实与理由为：（一）原审程序中，华盛公司提交了七洲集团生产的潜水泵实物、相关设计图纸等，从这些证据中可以看出被诉侵权产品的导叶体等具体部件以及部件组成早在20世纪已经被公开，被诉侵权产品是延续传统的相关技术演变而来的，使用的是现有技术。（二）华盛公司的 QT（J）D145－04A 电机壳图纸上有纵某某的签字，其与王业慈系校友关系，结合其他证据已经形成完整的证据链证明纵某某签名的真实性以及该电机壳图纸形成时间早于涉案专利申请日。（三）江苏省高级人民法院作出的（2016）苏民终字 133 号民事判决（以下简称 133 号民事判决）认定的内容，可以证明涉案专利的所有技术特征在申请日前已经公开。（四）原审法院到七洲集团调查取证系根据当事人申请后依据法律规定进行的调查取证，是建立在查清事实基础上进行的调查，其立场完全是中立的、公正的。（五）第 39288 号决定中与本案提交的证据不同、程序的性质不同，该决定维持涉案专利有效系认为证据不足，与本案认定现有技术抗辩成立并不冲突。（六）涉案专利的技术方案是潜水泵行业所有技术人员共同努力的结果，并非王业慈单方的努力。（七）二审庭审中经合议庭释明，华盛公司主张在依据 QT（J）D145－04A 机壳图纸现有技术抗辩不成立的情况下，还主张先用权抗辩。华盛公司在涉案专利申请日前已经设计 QT（J）D145－04A 机壳图纸并委托加工生产，已做好制造、使用的必要准备，并且仅在原有范围内继续制造、使用。

王业慈向原审法院提起诉讼，原审法院于 2018 年 8 月 10 日立案受理。王业慈起诉请求：1. 确认华盛公司制造、销售的被诉侵权产品落入涉案专利权的保护范围；2. 判令华盛公司立即停止生产、销售侵害涉案专利权的产品的行为；3. 判令华盛公司赔偿经济损失及合理维权费用 30 万元；4. 本案诉讼费用由华盛公司承担。事实和理由：王业慈于 2009 年 2 月 27 日向国家知识产权局申请了涉案专利，申请公布日期为 2010 年 9 月 1 日，2012 年 5 月 2 日获得授权。该专利解决了传统电潜水泵壳壁厚大、重量重、用料多、制造成本高等问题，相关专利产品一经推广即获得争相抢购。华盛公司未经其许可，生产销售侵害涉案专利权的产品，给王业慈造成较大的经济损失，应承担停止侵权并赔偿经济损失的责任。

华盛公司原审辩称：1. 王业慈没有证据证明被诉侵权产品落入涉案专利权利要求的保护范围；2. 涉案专利没有新颖性和创造性，不符合专利法授权规定的条件，其已就涉案专利向国家知识产权局提出无效宣告请求；3. 被诉侵权产品是依据现有技术生产和制造，其生产和销售行为不构成侵权；4. 王业慈主张的侵权赔偿数额过高且没有任何事实和法律依据。故请求驳回王业慈的全部诉讼请求。

原审法院认定事实：2009 年 2 月 27 日，王业慈向国家知识产权局申请了涉案专利，并于 2012 年 5 月 2 日获得授权，该专利目前合法有效。

原审庭审中，王业慈明确以权利要求1作为其请求保护的依据，并以该权利要求与被诉侵权产品进行比对。该专利权利要求1为：一种电机壳为焊接件的小型电潜水泵，该电潜水泵由四段组成，包括：导叶体（1）、进水段（3）、上轴承座（4）和电机壳（7）；所述的导叶体（1）的内腔设置叶轮（2），上端与出水管连接，下端通过螺栓与进水段（3）连接；所述的进水段（3）下端与上轴承座（4）的上端连接；所述的上轴承座（4）下端与电机壳（7）连接；电机壳（7）的下端与下轴承座（10）连接；所述的上轴承座（4）、下轴承座（10）分别通过轴承（5）与电机轴连接；所述的电机壳（7）内腔设置定子、转子组件（8）；其中定子线圈与电缆线（6）连接，其特征在于：所述的电机壳（7）主体为圆钢管，其上端与上端环（7－1）焊接，下端与下端环（7－2）焊接；所述的上端环（7－1）、下端环（7－2）均为圆形环；所述的下端环（7－2）内孔设置卡簧（9）。

华盛公司成立于2005年6月9日，公司类型为有限责任公司，注册资本100万元，经营范围包括水电泵、香、烛制品制造与销售。

2018年6月9日，王业慈向江苏省徐州市徐州公证处（以下简称徐州公证处）提出申请，请求对其购买被诉侵权产品的行为进行证据保全公证。6月9日，王业慈与该公证处公证员陈恩、崔某到位于聊城市莘县“莘县刘氏农机水泵总经销”店铺，王业慈以普通消费者的名义在该店购买潜水电泵1台（型号QS65－13－4），取得收据1张（编号9745169）。购买结束后，王业慈与该公证处工作人员将所购产品及销货清单带回住宿宾馆地下车库，由王业慈对所购物品拍照后交由该公证处工作人员进行封装并加贴封条，加贴封条后的物品交由王业慈保管。徐州公证处对以上过程进行公证，并于2018年7月2日出具（2018）徐徐证民内字第3729号公证书。公证书附图显示，所购潜水泵外包装袋、产品铭牌及使用说明书上均印有华盛公司字样，收据显示该潜水泵购买金额为900元。华盛公司认可被诉侵权产品由其生产、销售。

华盛公司为证明被诉侵权产品使用的是现有技术，提供了以下证据：七洲集团生产的潜水电泵实物、潜水电泵相关设计图纸［中灌七洲集团QS20－30/2－2潜水电泵总装配图及零件图、江苏省沛县农机厂5.5kW潜水电泵总装配图、沛县农机厂200QJ40－30/2－A潜水电泵、沛县农机厂QS40X30A－55/2潜水电泵、江苏省沛县农机厂200QJ40－30/2－07基座焊合、华盛公司QS145－（4）5.5－00 QS型潜水电机、华盛公司QT（J）D145－04A电机壳图纸］、相关参考文献及产品说明书。原审法院确认上述证据的真实性，并认定上述证据形成于涉案专利的申请日之前。

综合上述实物产品、图纸及文献和说明书可以看出，涉案产品的导叶体、进水段、上下轴承座、出水管、定子与转子、定子线圈连接电缆线、壳体为钢制等相关技术早在20世纪就已被公开。同时，涉案专利说明书记载"［0007］电机壳管壁薄、重量轻，制造成本低；［0008］焊接式电机壳其内腔形状、尺寸与铸铁件电机壳相同，可以互换，便于对老式潜水泵维修时更换电机壳；［0014］一种电机壳为焊接件的小型电潜水泵，其导叶体（1）、进水段（3）、上轴承座（4）和下轴承座（10）仍保持原来的设计不变"。也就是说涉案专利水泵除了电机壳为改进外，水泵的其他部分均是延续传统水泵的相关技术。由此可见，小型潜水电泵包括导叶体、进水段、上下轴承座、出水管、定子与转子、定子线圈连接电缆线、壳体为钢制等相关技术已是行业内的现有技术。

通过现场拆解实物产品可知，在先产品与被诉侵权产品卡簧所在位置的连接关系为，在定子下方设置有法兰盘，法兰盘下方设有卡簧，卡簧下方设有轴承座，因此其卡簧的作用均为固定法兰盘与轴承座，涉案专利权利要求中虽没有定义法兰盘，但在说明书附图1中可清晰看出，其卡簧上端连接有法兰盘（图中未标注，在卡簧上方剖面线对应部件），下端连接下轴承座，印证了卡簧的实际作用即为固定法兰盘与轴承座。

原审庭审中，王业慈与华盛公司对被诉侵权产品技术方案与现有技术发表了技术比对意见。王业慈认为，华盛公司未能证明七洲集团实物产品生产时间在涉案专利申请日前，因此不具备可比性。其从技术特征比对上发表比对意见如下：七洲集团生产的潜水泵与被诉侵权产品相比，结构上存在以下区别。1. 七洲集团生产的潜水泵没有下端环，只有一个焊接在电机壳外部用于加固的箍，而被诉侵权产品有下端环且与电机壳下端焊接，下端环中有卡簧槽，卡簧位于下端环内的卡簧槽内，被诉侵权产品此结构与涉案专利完全一致，而七洲集团生产的潜水泵所谓的卡簧是位于主体钢管里，并非在它们所谓的"箍"里或"下端环"里，由于卡簧的位置不一样，其所起作用和原理亦不相同。2. 七洲集团生产的潜水泵电机壳上下端均设有卡簧，而被诉侵权产品上端环内没有卡簧，这与王业慈的专利相同。因此，被诉侵权产品采用的并非现有技术，而是王业慈涉案发明专利技术。华盛公司认可在先产品电机壳上端设有卡簧，但认为在先产品与被诉侵权产品二者均包括轴承座、挡圈（即法兰盘）、卡簧、电机壳等，相关部件也均能一一对应，电机壳的上下端均与端环焊接，且上下端环均为圆形环，电机壳均为圆钢管。在先产品下端卡簧位于圆钢管内，虽不在下端环内，与被诉侵权产品卡簧位置略有区别，但其位置紧靠端环，且所起的作用和功能一致，应构成等同。并且，其被诉侵权产品电机壳是依据华盛公司公开的 QT（J）D145－04A 电机壳图纸生产的。

原审法院认为：被诉侵权产品由四段组成，包括导叶体、进水段、上轴承座和电机壳。双方认可导叶体、进水段、上轴承座为现有技术。（一）关于电机壳部分，在先产品与被诉侵权产品电机壳的区别仅在卡簧的设置和位置存在差别，而这一主要区别技术特征，被华盛公司 QT（J）D145－04A 电机壳图纸全部公开。即使从产品的结构分析，涉案专利也并未限定电机壳上端或上端环上是否应设有卡簧，在先产品与被诉侵权产品电机壳上端均焊有上端环，两者皆为圆形环结构，形状与位置均相同。同时，被诉侵权产品的下端环内设置的卡簧与在先产品在靠近下端环电机壳内设置的卡簧的位置略有区别，其功能也均是起到固定定子下端的法兰盘和轴承座的作用，是以基本相同的手段，实现基本相同的功能，达到基本相同的效果，本领域普通技术人员无需创造性劳动就能联想到的，该技术特征构成等同的技术特征。（二）关于华盛公司 QT（J）D145－04A 电机壳图纸，由于华盛公司的水泵电机壳是依该份图纸委托他人加工的，图纸中的技术已基于产品部件委托生产加工及整机销售被公开，在该图纸中，电机壳本身的材质为 A3（该标注为旧标准中碳素结构钢，属于现行标准里的 Q235 普通碳素结构钢，属于钢的一种），电机壳两端焊接有圆形环，一端的圆形环内孔上开有卡簧槽，用于安放卡簧，另一端圆形环厚度较厚，并开有螺栓孔，与被诉侵权产品中的上下端环材质、位置、结构、作用均一致。因此，被诉侵权产品使用了所述的三段现有技术和钢制电机壳，电机壳的技术特征已由华盛公司的 QT（J）D145－04A 电机壳图纸公开；同时被诉侵权产品下端环内孔设置卡簧的位置与在先产品电机壳端部设置卡簧位置的技术特征并无实质性差异，亦构成等同。因此，被诉侵权产品使用的是现有技术，华盛公司主张的现有技术抗辩成立。王业慈主张华盛公司构成专利侵权没有事实和法律依据，其诉讼请求不能成立。

原审法院判决：驳回王业慈的全部诉讼请求。一审案件受理费 5800 元，由王业慈负担。

原审查明的事实基本属实，本院予以确认。

本院二审审理期间，华盛公司补充提交了以下证据：

1. 华盛公司、徐泰水泵厂、江苏天海泵业有限公司等 40 家企业联名签章的《书面补充答辩》，江苏省徐州市区有三家水泵厂，沛县 40 多家，丰县 25 家，产品品种由原来的 QS 型，已拓展为 QSP 喷泉泵、QW 潜水泵等。丰县、沛县近百家大小规模水泵厂，几十家铸造、锻造，零部件加工，亦相应发展起来，形成了一个庞大潜水电泵生产工业链，“徐州水泵”这一名称在全国声誉很高。拟证明涉案专利技术方案在专利申请日前已经属于现有技术。

2.（2019）鲁聊城鲁西证民字第4006号公证书及潜水泵实物两台。该公证书记录了前述潜水泵实物的购买过程。公证书中照片显示其中一台潜水泵生产日期为2010年12月，另一台生产日期为2008年6月。华盛公司拟以此证明其实施的是现有技术。华盛公司认可2008年6月的潜水泵实物中电机壳为铸铁件。王业慈对该公证书及潜水泵实物的真实性予以认可，但认为公证书中2008年6月的潜水泵电机壳为铸铁件，与涉案专利权的技术方案存在明显区别；生产日期为2010年12月的潜水泵生产时间晚于涉案专利申请日，均不能构成现有技术，故与本案缺乏关联性，且均无破拆比对的必要。结合该公证书内容以及王业慈的质证意见，本院认可该证据的真实性，鉴于两台潜水泵一台生产时间晚于涉案专利申请日，另一台为铸铁件电机壳，与涉案专利技术方案存在明显的实质性区别，故对该公证书及实物，本院不予采纳。

3. 卡簧电机壳照片2张、两头焊接端环的水泵照片2张以及信函一份。华盛公司拟证明其实施的是现有技术。王业慈认可上述照片的真实性，但认为不能证明在申请日前存在落入涉案专利权保护范围的完整技术方案的水泵实物。结合王业慈的质证意见，本院认可照片的真实性，但该证据仅能证明卡簧以及两头焊接端环部分的技术特征，并未完整披露涉案专利特别是电机壳部分的技术特征，不予采纳。

4. 圣龙机电制造有限责任公司（以下简称圣龙公司）出具的《钢壳制作及证据电机壳来源情况说明》，落款处盖有圣龙公司公章，并有案外人圣龙公司员工王某某的签名。该情况说明书载明：徐州华成水泵厂（华盛公司前身）在沛县钢壳基础上首先设计出两头焊接的钢管电机壳，当时让丰县欢口镇俊祥机械厂刘某代加工，王某某系在刘某家中拿来一个加工废的钢管电机壳，测绘出图纸，自己加工组装整机，并于2008年推广销售。后王业慈起诉圣龙公司，在（2016）苏民终字133号案件中，江苏省高级人民法院多次来丰县调查取证，在客户返厂的几十台旧电机壳中，找到一台2008年出厂的旧钢管电机壳，和涉案专利电机壳材质、结构一模一样。华盛公司拟证明与涉案专利中技术特征相同的电机壳在专利申请日前已经公开。王业慈认可该份证据形式真实性，但是认为133号民事判决中并未认定该旧电机壳早于涉案专利申请日前已经销售，不能仅凭圣龙公司单方意见就认为在先案件中的旧电机壳产品早于涉案专利申请日已公开。结合王业慈的质证意见，该份证据原件与复印件一致，本院认可该证据的形式真实性。对于该份证据中证言内容真实性，133 号民事判决已认定圣龙公司已于 2008 年 11 月生产出上下端环焊接的钢制电机壳，结合华盛公司委托俊祥机械厂按照图纸试生产电机壳的证据，以及两公司同处丰县等客观情况，圣龙公司的上述证言内容具有合理性，本院予以采纳。

5.（2019）鲁潍坊潍城证民字第 3298 号公证书及潜水泵实物、出货单。该公证书公证了 2019 年 11 月 7 日华盛公司法定代表人涂新勇购买潜水泵的过程，出货单拟证明该潜水泵销售的时间。二审程序中，当庭对该潜水泵实物进行比对。该潜水泵封存状况良好，其出水口位置贴有标签，标签上打印有“徐州华盛实业有限公司”字样，且有手写型号“QS20－30/2－3”及生产日期“2009 年 2 月”。泵体附带说明书，合格证上型号与标签型号相同，产品型号为 16。铭牌上显示的型号、生产日期、出厂编号与标签及合格证内容一致，有效日期为 2013 年 11 月，生产厂家为徐州华盛实业有限公司（原徐州华成电泵厂）。从外表看，上端有上端环，下端有下端环，上下端环与电机壳焊接。经当庭现场破拆后，电机壳为圆钢管，上端焊接上端环，下端焊接下端环，下端环内设有卡簧槽。徐州华成电泵厂的出货单显示单位为“双杨”，开具时间为“2009 年 4 月 18 日”，显示的规格型号包括“20－30”。上述证据拟证明在涉案专利申请日前，华盛公司已经生产并销售该水泵产品，构成现有技术。王业慈质证认为，认可该水泵具有涉案专利权利要求 1 的全部技术特征，但该潜水泵生产时间为“2009 年 2 月”，未具体到某日，因此应认定为 2 月的最后一日，仍晚于涉案专利申请日 2009 年 2 月 27 日。同时，根据出货单，该台水泵公开销售时间应为 2009 年 4 月 18 日，同样晚于涉案专利申请日。该水泵内部线圈以及包裹线圈的塑料绳、电缆接头、锭子转子的漆面没有老化痕迹，有理由怀疑该产品生产日期并非产品上所标注的 2009 年 2 月，同时请求对于该产品生产时间进行鉴定。结合王业慈的质证意见，本院认为，该水泵购买过程经过公证认证，实物封存情况良好，从各部件的配合以及连接情况，并无曾被破拆的迹象，尤其从外部漆面、电缆等老化情况可确认该证据的真实性，并无鉴定必要，王业慈针对该实物真实性的质疑缺乏依据，本院对该份证据予以采纳。

6. 2000 年徐州潜龙泵业有限公司铸铁件电机壳图纸、电机壳比对说明及补充情况说明。华盛公司拟证明涉案专利不具有实用性。王业慈对电机壳图纸真实性予以认可，但认为与本案缺乏关联性，涉案专利为有效状态，具有实用性。本院对该电机壳图纸的真实性予以认可。

本院另查明以下事实：

1. 除本案外，王业慈还分别起诉了徐州九龙水泵厂、江苏精工泵业有限公司、徐州鹏程水泵厂、徐州天龙机电制造有限公司四家公司。本案与上述四起案件中涉案专利、被诉侵权产品技术方案以及委托诉讼代理人均相同，华盛公司与徐州九龙水泵厂、江苏精工泵业有限公司、徐州鹏程水泵厂、徐州天龙机电制造有限公司所提交证据相同。当事人同意对上述五起案件予以合并审理。

2. 关于俊祥机械厂受华盛公司委托加工潜水泵电机壳情况

原审程序中，华盛公司提交了俊祥机械厂出具的《证明》、营业执照、华盛公司的QT（J）D145－04A电机壳图纸、徐州华成电泵厂（华盛公司前身）验收单及领款单等证据。《证明》记载，2008年10月华盛公司提供潜水电泵用钢管焊接的电机壳图纸委托俊祥机械厂生产，2008年11月底生产出十几台符合图纸要求的钢管焊接的电机壳产品，经华盛公司质检部门检验合格，可以进行少量生产。因为试生产生产量小，加工未形成规模，所以当时送电机壳没有办理正式入库手续只办理临时收条，直至2009年5月才将收条换成正式入库手续，之后进行小批量的生产。在徐州华成电泵厂验收单显示开票时间为2009年5月28日，产品及材料名称为“5.5电机壳”，数量为10台，单价为56元。该验收单复印件左上角记载“说明：我厂2008年11月开始生产电机壳，至2009年5月28日已批量生产，对外销售”，该内容盖有俊祥机械厂公章。另一张徐州华成电泵厂验收单开具时间为2009年6月15日，产品及材料名称亦为“5.5电机壳”，数量为75台，单价为58元。领款单记载时间为2009年6月15日，付款方为华盛公司法定代表人“涂新勇”，领款人为刘某。

3. 关于涉案专利说明书记载内容

涉案专利说明书“背景技术”[0002]段记载：“目前使用的小型电潜水泵，其电机壳为铸铁件，电机壳壁厚大，重量重，用料多，制造成本高，冬季容易冻裂，而且铸铁件还容易产生气孔、砂眼等铸造缺陷，致使潜水泵的使用寿命低。”[0003]段记载：“为了解决上述技术问题，本发明提供了一种电机壳为焊接件的小型电潜水泵，其电机壳由圆钢管及上、下端环焊接而成，内径与原设计铸铁件电机壳相对应的内径相近。”[0004]段记载：“本发明是通过如下技术方案实现的：一种电机壳为焊接件小型电潜水泵，其电泵由四段组成，包括：导叶体、进水段、上轴承座和电机壳；其中导叶体、进水段、上轴承座三段仍保持原来的设计不变。”说明书“具体实施方式”[0015]、[0016]段记载：“如图1、图2所示：一种电机壳为焊接件的小型电潜水泵，其导叶体1、进水段3、上轴承座4和下轴承座10仍保持原来的设计不变；其特征在于：电机壳7采用圆钢管焊接而成。所述的电机壳7主体为圆钢管，其上端与上端环 7－1 焊接，下端与下端环 7－2 焊接；所述的上、下端环 7－1、7－2 均为圆钢管制作的圆环形。电机壳 7 的外径小于上、下端环 7－1、7－2 的外径，管壁薄、重量轻、制造成本低；工艺简单，制作方便，便于推广使用。所述的上端环 7－1、下端环 7－2 和电机壳 7 的内径与原设计铸铁件电机壳相对应的内径相近，与老式电潜水泵可以通用，便于对老式电潜水泵维修时更换电机壳。”

4. 关于第 39288 号决定相关情况

徐州鹏程水泵厂投资人王瑞某于 2018 年 6 月 20 日针对涉案专利向国家知识产权局提起无效宣告请求，请求宣告涉案专利全部无效。2019 年 3 月 7 日，国家知识产权局作出第 39288 号决定，该决定维持涉案专利有效。

5. 关于 133 号民事判决相关内容

王业慈曾起诉圣龙公司、徐州溥龙泵业有限公司（以下简称溥龙公司），主张两公司侵害与本案相同的发明专利权。该案一审判决认定：焊接钢管电机壳为该案中被诉侵权产品的关键部件，溥龙公司用于制造整机的电机壳购自圣龙公司，溥龙公司在购入电机壳并制造侵权水泵过程中存在主观故意，故判决圣龙公司、溥龙公司停止侵权行为并连带赔偿王业慈经济损失及合理费用合计 6 万元。圣龙公司不服提起上诉，江苏省高级人民法院于 2016 年 5 月 6 日作出 133 号民事判决。该判决书记载，在二审法院前往圣龙公司勘验过程中，圣龙公司从其库房找出一件 QS20－30 旧电机壳，王业慈认可该电机壳与圣龙公司一审提交的旧电机壳一样，但认为其上的铭牌是重新安装过的。上述电机壳铭牌显示生产厂家为圣龙公司，生产时间为 2008 年 11 月。各方当事人认可该电机壳可以安装在 QS10－50、QS10－45、QS20－30、QS25－25、QS30－25、QS30－60、QS40－18、QS65－10 系列潜水泵上。该旧电机壳与该案被诉侵权产品的电机壳部分的技术特征相同。

该案二审判决认为，根据圣龙公司二审勘验提交的旧电机壳，该电机壳与被诉侵权潜水泵电机壳结构相同，即电机壳为圆钢管且下端环内孔设有卡簧槽。二审中，各方认可该电机壳可以同时安装在不同型号潜水泵上，且从该电机壳铭牌上标注的生产时间为 2008 年 11 月，早于涉案专利申请日，可以认定圣龙公司在涉案专利申请日前即已生产与被诉侵权潜水泵电机壳结构相同的电机壳，且实际同时安装在与被诉产品型号不同的潜水泵上。由此可见，涉案电机壳并非专门用于实施涉案专利的产品，其同时具有非侵权用途。故二审法院认定圣龙公司不构成帮助侵权，改判溥龙公司赔偿王业慈经济损失及合理费用合计 6 万元。王业慈未对此案提起再审申请。

6. 关于本案华盛公司现有技术抗辩主张中涉及133号民事判决的内容

本案原审程序中，2018年10月9日证据交换笔录记载：“被告2（即徐州鹏程水泵厂）：……而且在133号民事判决也证明了钢壳技术至少在2008年11月之前已经被不同的公司投入生产使用。判决书的目的主要是证明涉案产品的钢壳技术早在2008年11月前就已经存在，而且实际投入生产使用。在判决书第十页倒数第七行。根据圣龙公司二审勘验中提交的旧电机壳见图4，该电机壳与被诉侵权水泵电机壳结构相同。电机壳为圆钢管，且下端环内孔设有卡簧槽，二审中各方认可该电机壳可以同时安装在不同型号的潜水电泵上且标注的时间2008年11月早于涉案专利申请日，可以认定圣龙公司在涉案专利申请日前已经生产销售与被诉侵权潜水泵的电机壳结构相同的电机壳。……原告（即王业慈）：该判决书确实已经确认了圣龙公司在专利申请日前已经生产了相关电机壳，但是电机壳的生产不意味着专利的全部技术特征在申请日以前得到了体现。另外该判决书仍然认定水泵的生产企业侵权，且承担了赔偿损失的责任。不能证明原告的专利技术是一项现有技术。”

二审程序中，应本院要求，王业慈就133号民事判决中认定的QS20－30旧电机壳是否构成现有技术提交书面答辩意见。王业慈认为：首先，133号民事判决认定圣龙公司二审提交的QS20－30旧电机壳为涉案专利申请日前已经生产过于草率。王业慈在该案中已经就铭牌形成时间提出质疑，铭牌替换对本行业来说是轻而易举的事，在圣龙公司未提交任何其他生产证明的情况下，该判决仅依据电机壳铭牌来认定形成时间有失偏颇。2. 该判决认定的事实与本案没有关联。无论QS20－30旧电机壳形成时间是否早于涉案专利申请日，可以确定的是没有证据证明圣龙公司的电机壳在专利申请日前通过销售等方式已为公众所知。本案与圣龙公司没有任何关联性，因此QS20－30旧电机壳对本案现有技术抗辩或先用权抗辩均不能起到任何作用。3. 该判决的最终判决结果为溥龙公司承担停止侵权、赔偿损失的责任，且二审判决送达后王业慈正在住院，因此没有就该判决认定QS20－30旧电机壳形成时间问题申请再审。

7. 关于赔偿数额认定相关情况

本案二审庭审中，王业慈明确主张侵权持续时间应当认定为裁判之前三年，请求法院按照法定赔偿作出认定。华盛公司辩称，首先，王业慈本人不生产水泵产品，仅仅是委托加工零部件销售营利，因此华盛公司销售被诉侵权水泵的行为没有给其造成任何损失。其次，华盛公司生产的水泵产品中型号多样，涉及被诉侵权产品型号的较少，无论是生产数量还是获利都很有限。最后，在案证据可以证明王业慈许可他人实施涉案专利的费用有的几千元，有的几万元，有的只请一顿饭就可以直接许可。因此，华盛公司认为本案王业慈主张的赔偿数额过高。王业慈原审程序中提交的与徐州乾龙泵业有限公司的涉案专利实施许可合同约定5年许可费为40万元。华盛公司认为没有证据证明该笔许可费真实发生。

本院当庭要求华盛公司庭后指定期间内及时向本院提交被诉侵权产品的资料或者财务账册。华盛公司在指定期间内向本院提交了如下证据：

1. 公司宣传册两份，拟证明华盛公司销售多种型号潜水电泵，其中仅QS型号潜水电泵结构包含上下端环及卡簧结构技术特征。

2. 销售清单及发货单数十份。销售清单盖有华盛公司公章，显示2015年8月至2018年8月该公司共销售潜水电泵5420台，被诉侵权产品为461台。发货单显示的型号众多，且大部分仅记载了型号的缩写。王业慈质证认为，上述证据为华盛公司单方出具，且明显不符合该公司生产、销售的实际情况，真实性不予认可，坚持按照法定赔偿方式计算赔偿数额。

本院认为，结合当事人的上诉请求及答辩理由，本案的争议焦点为：被诉侵权产品是否落入涉案专利的保护范围；华盛公司主张的现有技术抗辩是否成立；华盛公司的先用权抗辩是否成立；如果华盛公司构成侵权，本案法律责任如何承担。

（一）关于被诉侵权产品是否落入涉案专利保护范围的问题

《最高人民法院关于审理侵犯专利权纠纷案件应用法律若干问题的解释》第七条规定：“人民法院判定被诉侵权技术方案是否落入专利权的保护范围，应当审查权利人主张的权利要求所记载的全部技术特征。被诉侵权技术方案包含与权利要求记载的全部技术特征相同或者等同的技术特征的，人民法院应当认定其落入专利权的保护范围；被诉侵权技术方案的技术特征与权利要求记载的全部技术特征相比，缺少权利要求记载的一个以上的技术特征，或者有一个以上技术特征不相同也不等同的，人民法院应当认定其没有落入专利权的保护范围。”

本案中，王业慈主张被诉侵权产品具备涉案专利权利要求1的全部技术特征，落入涉案专利的保护范围。华盛公司认为被诉侵权产品在电机壳上端形状及上端法兰盘与涉案专利存在区别，故不落入涉案专利的保护范围。本院认为，首先，关于涉案专利权利要求1中“所述的电机壳主体为圆钢管”这一技术特征。被诉侵权产品的电机壳系通过对圆钢管的上端冲压成型，在端部形成较小幅度的扩口，以避免螺栓下端与壳体在安装时形成干涉，故被诉侵权产品电机壳上端内部孔径略大于下端内部孔径。涉案专利“所述的电机壳主体为圆钢管”这一技术特征仅限定电机壳主体为圆钢管，对圆钢管的开口形状未作限定。被诉侵权产品仍然具备涉案专利权利要求 1 中“所述的电机壳主体为圆钢管”这一技术特征。被诉侵权产品技术方案在具备相应技术特征的基础上增加其他技术特征，对于本案侵权判定不产生影响。其次，关于权利要求 1 中“上端环为圆形环”的技术特征。被诉侵权产品上端环确系法兰盘。法兰盘为行业内用语，是指连接两个管状或圆形物体的零部件，该形状亦是一种圆形环状物体。故被诉侵权产品具备涉案专利权利要求 1 中“上端环为圆形环”的技术特征。最后，被诉侵权产品包含了涉案专利权利要求 1 中的其他技术特征，华盛公司亦对此予以认可。因此，被诉侵权产品落入涉案专利权利要求 1 的保护范围。华盛公司的相应抗辩理由缺乏事实和法律依据，本院不予支持。

（二）关于华盛公司主张的现有技术抗辩是否成立的问题

《中华人民共和国专利法》①（以下简称专利法）第二十二条第五款规定：“本法所称现有技术，是指申请日以前在国内外为公众所知的技术。”第六十二条规定：“在专利侵权纠纷中，被控侵权人有证据证明其实施的技术或者设计属于现有技术或者现有设计的，不构成侵犯专利权。”《最高人民法院关于审理侵犯专利权纠纷案件应用法律若干问题的解释》第十四条第一款规定：“被诉落入专利权保护范围的全部技术特征，与一项现有技术方案中的相应技术特征相同或者无实质性差异的，人民法院应当认定被诉侵权人实施的技术属于专利法第六十二条规定的现有技术。”本案中，华盛公司以四份现有技术为依据，分别提出不同的现有技术抗辩。对此，本院分析如下：

1. 关于依据七洲集团潜水泵实物提出的现有技术抗辩

对于华盛公司以七洲集团潜水泵实物为依据提出的现有技术抗辩，王业慈主张七洲集团潜水泵的出厂日期无法确认，原审法院通过推定方式认定其生产时间早于涉案专利申请日，认定事实错误。本院认为，本案中华盛公司提交了标注有七洲集团“海燕”商标的水泵实物，并结合七洲集团破产时间就该水泵实物的形成时间给出了合理解释，王业慈对此未提交相反证据予以推翻，故原审法院根据七洲集团的破产时间及水泵锈蚀严重程度推定该水泵形成于涉案专利申请日前并无不当。王业慈主张原审法院主动调查华盛公司的提交图纸等证据的真实性，影响了案件的公正审理，该主张明显缺乏事实和法律依据，本院不予支持。

经本院当庭勘验，七洲集团水泵实物与被诉侵权产品在卡簧位置上存在区别：前者的卡簧设置在电机壳底部靠近下端环的位置，而后者的卡簧位于

① 此处指 2008 年《中华人民共和国专利法》，其已于 2020 年修改，本案下同。

下端环内孔。原审法院认为，二者卡簧的位置虽然略有区别，但是其功能都是起到固定定子下端的法兰盘和轴承座的作用，是以基本相同的手段，实现基本相同的功能，达到基本相同的效果，且本领域普通技术人员无需创造性劳动就能联想到。因此，该技术特征构成等同。本院认为，原审法院上述判断方法混淆了等同侵权与现有技术抗辩的判定方法。现有技术抗辩应遵循被诉落入专利权保护范围的全部特征与一项现有技术方案相应特征相同或无实质性差异的判断标准。被诉落入专利权保护范围的全部技术特征，与一项现有技术方案中的相应技术特征相同或者无实质性差异的，人民法院应当认定被诉侵权人实施的技术属于专利法第六十二条规定的现有技术。本案中，七洲集团的潜水泵实物与被诉侵权产品的卡簧分别设置在电机壳底部和下端环内孔两个不同位置上，差别明显，且卡簧设置在下端环内孔是涉案专利的发明点所在，应认为二者上述技术特征存在实质性差异。因此，原审法院关于华盛公司依据七洲集团潜水泵提出的现有技术抗辩成立的认定存在错误，本院予以纠正。

2. 关于依据 133 号民事判决中圣龙公司电机壳产品提出的现有技术抗辩

《最高人民法院关于适用〈中华人民共和国民事诉讼法〉的解释》第九十三条第一款第五项规定，已为人民法院发生法律效力的裁判所确认的事实，当事人无须举证证明。法律事实是作出裁判的理由和根据，如果在先生效判决所认定的特定事实已经争讼并充分论辩，在无相反证据的情况下，在先判决所认定的该特定事实在后续诉讼中应予采信。

江苏省高级人民法院作出的 133 号民事判决查明：在该案二审勘验中，圣龙公司从其库房找出一件型号为 QS20 - 30 的潜水泵旧电机壳，前述电机壳与该案中被诉侵权潜水泵电机壳结构相同，即电机壳为圆钢管且下端环内孔设有卡簧槽。王业慈、圣龙公司均认可该电机壳可以同时安装在不同型号的潜水泵上，且该电机壳铭牌上标注的生产时间为 2008 年 11 月，早于涉案专利申请日。同时，该判决明确认定，QS20 - 30 旧电机壳与该案中被诉侵权潜水泵电机壳结构相同，即电机壳为圆钢管且下端环内孔设有卡簧槽。根据该案中 QS20 - 30 旧电机壳的照片以及现场勘验中的比对情况可知，该 QS20 - 30 旧电机壳具备涉案专利电机壳的全部技术特征。133 号民事判决属于生效裁判，王业慈虽然主张“QS20 - 30 旧电机壳”铭牌系重新安装，但是该主张仅是一种质疑且未提供相应证据，在本案中亦未提交足以推翻该事实的相反证据，故在先生效判决对“QS20 - 30 旧电机壳”的相关事实认定可以作为本案现有技术抗辩的事实依据。

现有技术是指申请日以前在国内外为公众所知的技术。对于产品而言，通常包括使用公开、销售公开、展示公开等公开方式。133 号民事判决虽然认定圣龙公司在涉案专利申请日前即已生产上述 QS20－30 电机壳，且实际安装在不同型号的潜水泵产品上，但在先生产行为并不等于在先销售。133 号民事判决并未认定圣龙公司电机壳或安装有该电机壳的潜水泵产品在涉案专利申请日前已经通过公开销售等方式为公众所知，在案证据也不能证明圣龙公司上述电机壳产品的具体销售时间。因此，133 号民事判决认定内容虽可以证明圣龙公司先用权抗辩成立，但尚不足以证明圣龙公司电机壳产品构成涉案专利的现有技术。因此，华盛公司依据圣龙公司电机壳产品提出的现有技术抗辩不能成立。

3. 关于依据（2019）鲁潍坊潍城证民字第 3298 号公证书公证购买的潜水泵实物提出的现有技术抗辩

经当庭比对，（2019）鲁潍坊潍城证民字第 3298 号公证书公证购买的潜水泵具备涉案专利权利要求 1 的全部技术特征，王业慈亦予以认可。关于该潜水泵的形成时间，因标签及铭牌上标注的时间为“2009 年 2 月”，并未具体到某日，故王业慈认为应当认定为 2 月的最后一天具有合理性。如前所述，当主张产品为现有技术时，证明在涉案专利申请日前通过销售公开等方式为公众所知至为关键。本案中，华盛公司提交的出货单显示该水泵的销售时间为 2009 年 4 月 18 日，晚于涉案专利申请日。因此，华盛公司依据上述公证购买的华盛公司潜水泵实物提出的现有技术抗辩亦不能成立。

4. 关于依据华盛公司 QT（J）D145－04A 电机壳图纸提出的现有技术抗辩

对于依据华盛公司 QT（J）D145－04A 电机壳图纸真实性提出的现有技术抗辩，王业慈不认可该图纸的真实性及形成时间，其虽对鉴定报告及纵某某的证言真实性提出质疑，但并未提交相反的证据。本院认为，该图纸有原件可供核对，其内容符合机械制图一般标准和要求，结合南京师范大学司法鉴定中心的司法鉴定意见书、纵某某的证人证言以及本案二审程序中华盛公司提交的华盛公司 2009 年 2 月生产的潜水泵实物，可以认定该图纸的真实性。该图纸记载的形成时间为 2008 年 10 月，早于涉案专利申请日 2009 年 2 月 27 日。

如前所述，现有技术是指申请日以前在国内外为公众所知的技术。对于企业生产产品的图纸而言，因记载有产品的技术方案，具有相应的商业价值，通常不会对外界公开，因此仅凭图纸记载的日期不足以证明该图纸在涉案专利申请日前已处于为公众所知的状态。本案中，华盛公司主张华盛公司委托案外人俊祥机械厂根据 QT（J）D145－04A 电机壳图纸试生产并销售了电机壳产品，且提交了相关证据予以证明。本院认为，华盛公司委托俊祥机械厂试生产的环节是否导致 QT（J）D145－04A 电机壳图纸作为载体的技术方案处于公众所能获知的状态是本案的关键。对此，可以综合考虑下述事实：首先，俊祥机械厂证明华盛公司于 2008 年 11 月委托其加工 QT（J）D145－04A 电机壳图纸产品，并且华盛公司二审程序中提交了生产时间为 2009 年 2 月的潜水泵产品。作为潜水泵零部件的电机壳通常早于整机的生产日期，因此在王业慈未提交相反证据的情况下，本院对前述委托加工的事实及时间予以确认。其次，在案证据不能证明俊祥机械厂对该图纸承载的技术方案负有协议约定的保密义务。同时，需要注意的是，圣龙公司出具的证言陈述了其电机壳产品技术方案的来源，其系从俊祥机械厂刘某家获得的加工废的电机壳后测绘图纸进而生产。该事实进一步表明俊祥机械厂针对华盛公司委托加工生产的电机壳产品未采取保密措施。委托加工的电机壳产品在 2008 年 11 月即已经处于公众可以观察到乃至可以获得的状态。最后，本案中，华盛公司的 QT（J）D145－04A 电机壳图纸产品技术内容为圆钢管焊接上、下端环，下端环中设置卡簧槽，技术方案非常直观，本领域技术人员无须对电机壳产品拆开或破坏，单纯从产品外观即可得到电机壳图纸的全部技术方案。因此，结合在案证据，特别是涉案专利申请日前至少已有华盛公司和圣龙公司两个生产厂商已经生产出具有相同技术特征的电机壳的事实，可以认定涉案专利申请日前，在俊祥机械厂受托加工过程中，华盛公司 QT（J）D145－04A 电机壳图纸所承载的技术方案已经处于为公众所知的状态，构成涉案专利申请日前的现有技术。

根据涉案专利说明书记载，涉案专利系通过圆钢管与上、下端环焊接形成的电机壳替代铸铁件电机壳，以解决铸铁件电机壳制造成本高、冬季容易冻裂以及容易产生气孔、砂眼等缺陷致使潜水泵使用寿命低的技术问题。涉案专利说明书多次强调，除电机壳之外的导叶体、进水段、上轴承座仍保持原来的设计不变。由此可知，涉案专利技术方案非常特殊，其技术方案的电机壳部分系涉案专利强调的唯一发明点，其余部分均为潜水泵的已有通用部件。电机壳产品作为潜水泵零部件，必然需要与其他部件相结合形成潜水泵产品。如前所述，华盛公司的 QT（J）D145－04A 图纸所承载的电机壳相关技术方案在涉案专利申请日前已经公开，构成现有技术。且该图纸中电机壳产品技术特征与涉案专利中电机壳、被诉侵权产品中电机壳相关技术特征均相同。故考虑到本案专利技术方案的特殊性，在涉案专利除电机壳部分之外的其余技术特征属于通用部件的情况下，可以认为华盛公司的 QT（J）D 145－04A 图纸电机壳部分的现有技术与潜水泵通用部分的现有技术必然结合形成作为潜水泵整体的现有技术。本案被诉侵权产品技术方案的全部技术特征与由上述潜水泵所呈现的整体现有技术方案的相应技术特征相同，华盛公司实施的是现有技术。因此，华盛公司关于该项现有技术抗辩成立。王业慈相关主张缺乏事实和法律依据，本院不予支持。

（三）关于华盛公司的先用权抗辩是否成立的问题

根据专利法第六十九条第二项的规定，在专利申请日前已经制造相同产品、使用相同方法或者已经作好制造、使用的必要准备，并且仅在原有范围内继续制造、使用的，不视为侵犯专利权。《最高人民法院关于审理侵犯专利权纠纷案件应用法律若干问题的解释》第十五条第二款规定，已经完成实施发明创造所必需的主要技术图纸或者工艺文件的，"人民法院应当认定属于专利法第六十九条第（二）项规定的已经作好制造、使用的必要准备……"该条第三款规定："专利法第六十九条第（二）项规定的原有范围，包括专利申请日前已有的生产规模以及利用已有的生产设备或者根据已有的生产准备可以达到的生产规模。"

前已述及，涉案专利技术方案非常特殊，其技术方案的电机壳部分系涉案专利强调的唯一发明点，其余部分均为潜水泵的已有通用部件。电机壳产品作为潜水泵零部件，必然需要与其他部件相结合形成潜水泵产品。根据本案查明的事实，在涉案专利申请日前华盛公司已经制作完成QT（J）D145－04A电机壳图纸，王业慈亦认可该图纸与涉案专利电机壳相关技术特征一致。机械制造领域中设计图纸是生产过程中加工、检验的依据。在华盛公司已经设计出电机壳图纸且其他部件为潜水泵通用部件的情况下，可以认定华盛公司已经完成实施发明创造所必需的主要技术图纸，进而已经为生产被诉侵权产品做好必要的准备。本案中，没有证据证明华盛公司超出了申请日前的生产用途及生产规模。故华盛公司的先用权抗辩成立，本院予以支持。

在华盛公司现有技术抗辩及先用权抗辩均成立的情况下，该公司生产、销售被诉侵权产品的行为并未侵害王业慈涉案专利的权利，王业慈关于请求华盛公司停止侵权行为并赔偿损失的主张，本院不予支持。

综上，王业慈的上诉请求不能成立，本院不予支持。原审判决关于华盛公司现有技术抗辩认定存在错误，但判决结果正确，本院在纠正其错误的基础上对其判决结果予以维持。依照《中华人民共和国专利法》第二十二条第五款、第六十九条第二项，《最高人民法院关于审理侵犯专利权纠纷案件应用法律若干问题的解释》第七条、第十四条第一款、第十五条第二款、第三款，《最高人民法院关于适用〈中华人民共和国民事诉讼法〉的解释》第九十三条第一款第五项、第三百三十四条、《中华人民共和国民事诉讼法》第一百七十条第一款第一项之规定，判决如下：

驳回上诉，维持原判。

二审案件受理费5800元，由王业慈负担。

本判决为终审判决。

审　判　长　朱　理
审　判　员　傅　蕾
审　判　员　张晓阳
二〇一九年十二月二十四日
法官助理　宾岳成
书　记　员　谢思琳

# 11. 销售者合法来源抗辩的审查

——上诉人宝蔻（厦门）卫浴有限公司与被上诉人馆陶县佩龙水暖安装维修门市侵害实用新型专利权纠纷案[①]

**中华人民共和国最高人民法院民事判决书（2019）最高法知民终118号**

上诉人（原审原告）：宝蔻（厦门）卫浴有限公司。住所地：福建省厦门市翔安区巷北工业区五星路449号302。

法定代表人：谢崇庆，该公司总经理。

委托诉讼代理人：刘朋朋，北京大成（石家庄）律师事务所律师。

被上诉人（原审被告）：馆陶县佩龙水暖安装维修门市。住所地：河北省邯郸市馆陶县馆陶镇魏征路中段西侧。

经营者：武建磊。

委托诉讼代理人：郝建立（系武建磊之妻）。

委托诉讼代理人：张春先，馆陶县中心法律服务所法律工作者。

上诉人宝蔻（厦门）卫浴有限公司（以下简称宝蔻公司）因与被上诉人馆陶县佩龙水暖安装维修门市（以下简称佩龙门市）侵害实用新型专利权纠纷一案，不服河北省石家庄市中级人民法院于2019年4月26日作出的（2019）冀01民初112号民事判决，向本院提起上诉。本院于2019年7月2日立案后，依法组成合议庭，于2019年8月20日公开开庭进行了审理。上诉人宝蔻公司的委托诉讼代理人刘朋朋，被上诉人佩龙门市的委托诉讼代理人郝建立、张春先，到庭参加诉讼。本案现已审理终结。

宝蔻公司上诉请求：撤销原审判决第二项，改判佩龙门市赔偿其经济损失及合理费用共计人民币2万元（以下币种同）。事实和理由：佩龙门市提交的《销售出货单》不属于《中华人民共和国专利法》[②] 所规定的合法来源证据，不能证明涉案被诉侵权产品的来源合法，原审法院事实认定和法律适用均有错误。

---

① 本案在年度报告中的位置为第21页。

② 此处指2008年《中华人民共和国专利法》，其已于2020年修改，本案下同。

佩龙门市辩称：佩龙门市为个人独资企业，位于馆陶镇魏征路中段西侧，投资人武建磊又名武佩龙。门市经营期间一直与山东蒙阴浴尔源卫浴设备厂有业务往来，其从该厂以35元/个的价格购买了30个被诉侵权产品，直至知悉该产品被诉侵权时一共销售6个。佩龙门市在不知情的情况下通过合法来源取得，且已支付合理对价。根据专利法相关规定，佩龙门市不应承担侵权赔偿责任，原审判决认定事实清楚，适用法律正确，应驳回宝蔻公司的上诉请求。

宝蔻公司向原审法院起诉请求：1. 判令佩龙门市立即停止销售侵害名称为“一种阀体一体式结构的双开关恒温阀”、专利号为ZL20122023××××.0的实用新型专利权的产品；2. 判令佩龙门市赔偿经济损失及合理开支共计2万元；3. 案件诉讼费用由佩龙门市承担。

原审法院认定事实：

专利号为ZL20122023××××.0的“一种阀体一体式结构的双开关恒温阀”实用新型专利权人为崔荀，专利申请日为2012年5月13日，授权公告日为2013年3月20日，2016年5月13日该专利权转移至宝蔻（厦门）卫浴有限公司。涉案专利权权利要求1：一种阀体一体式结构的双开关恒温阀，其特征在于：除包括一个双开关阀芯和一个普通恒温阀芯以及外盖配件外，还包括一个阀体，所述阀体是一体的，一端是容纳和装配双开关阀芯的第一腔，另一端是容纳和装配恒温阀芯的第二腔，在双开关阀芯第一腔的底面有冷、热进水孔和冷、热出水孔，在双开关阀芯第一腔的底部有连接外部的冷、热进水口和冷、热水通道，冷、热进水口分别与冷、热进水孔连通，冷、热水通道分别与冷、热出水孔连通，两个通道直接通到恒温阀芯第二腔上，并与第二腔的两个冷、热进水孔分别连通，两个通道从双开关阀芯第一腔的底部直穿过来，在其端部因加工工艺留下的向外的开口最后用螺钉封堵，第一腔安装双开关阀芯，第二腔安装恒温阀芯，组成开关设在恒温阀冷热进水端的恒温阀。

佩龙门市为个体工商户，经营者武建磊，经营场所河北省邯郸市馆陶县馆陶镇魏征路中段西侧，经营范围：水、暖、洁具、卫浴安装、维修；太阳能销售、安装。

宝蔻公司法定代表人谢崇庆委托谢洪银向厦门市公证处申请证据保全，2017年10月29日，厦门市公证处公证员翁某与公证辅助人员严玉英及谢洪银，来到河北省馆陶县魏征路标示为“佩龙水暖卫浴”的商铺，谢洪银以普通消费者身份现金购买了“开心果恒温阀”一个（总价人民币90元），该商铺现场开具收款收据一张，取得名片一张。厦门市公证处对上述购买过程进行了公证，对所购物品进行拍照、封存，出具了（2018）厦证内字第2854

号公证书。

原审庭审中，将被诉侵权产品“开心果恒温阀”与宝蔻公司涉案专利权利要求1进行比对，被诉侵权产品也系一种阀体一体式结构的双开关恒温阀，包括一个双开关阀芯和一个普通恒温阀芯以及外盖配件，还包括一个阀体，该阀体是一体的，一端是容纳和装配双开关阀芯的第一腔，另一端是容纳和装配恒温阀芯的第二腔，在双开关阀芯第一腔的底面有冷、热进水孔和冷、热出水孔，在双开关阀芯第一腔的底部有连接外部的冷、热进水口和冷、热水通道，冷、热进水口分别与冷、热进水孔连通，冷、热水通道分别与冷、热出水孔连通，两个通道直接通到恒温阀芯第二腔上，并与第二腔的两个冷、热进水孔分别连通，两个通道从双开关阀芯第一腔的底部直穿过来，向外的开口最后用螺钉封堵，第一腔安装双开关阀芯，第二腔安装恒温阀芯，组成开关设在恒温阀冷热进水端的恒温阀。上述特征与涉案专利权利要求1记载的全部技术特征相同。

2016年4月11日《销售出货单》显示，武佩龙购买“开心果（上水）”30个，送货地址为“河北省邯郸市馆陶县魏征路陶山亭广场南200米路西”，《销售出货单》盖有“山东汇恒卫浴设备有限公司”公章，电话：0539－35××××5。

原审法院认为，宝蔻公司涉案专利权受法律保护。佩龙门市销售的涉案产品“开心果恒温阀”包含涉案专利权利要求1的全部技术特征，落入其专利权保护范围，应当承担停止侵害的责任。佩龙门市提交了《销售出货单》，根据涉案产品的价值及交易惯例，可以认定佩龙门市销售的涉案产品有合法来源，不应承担赔偿责任。据此，原审法院判决：一、佩龙门市自判决生效之日起停止销售侵犯宝蔻公司专利号ZL20122023××××.0的“一种阀体一体式结构的双开关恒温阀”实用新型专利权的产品；二、驳回宝蔻公司的其他诉讼请求。一审案件受理费300元，由宝蔻公司负担。

二审期间，佩龙门市向本院提交了印有“浴尔源”商标的宣传册一份，其中有“2005年浴尔源卫浴设备厂成立”“2013年汇恒卫浴设备有限公司成立”等内容，并印有电话、地址等内容，欲证明浴尔源卫浴设备厂、汇恒卫浴设备有限公司系同一生产商，其所销售的被诉侵权产品具有合法来源。宝蔻公司质证认为，对宣传册的真实性予以认可，对其合法性、关联性均不予认可，并认为汇恒卫浴设备有限公司成立于2013年5月7日，并未经过企业名称变更手续，且未能查询到浴尔源卫浴设备厂的企业注册信息，“浴尔源”商标申请注册时间为2018年3月，佩龙门市关于浴尔源卫浴设备厂与汇恒卫浴设备有限公司具有前后承继关系、系同一生产商的主张不能成立。本院对佩龙门市二审中所提交证据材料的认证意见为，对该宣传册的真实性、合法性予以认可，关联性及证明力将结合全案事实予以综合认定。

本院经审理查明，原审法院查明的事实基本属实。

本院另查明：1. 山东汇恒卫浴设备有限公司成立于2013年5月7日，住所地位于山东省临沂市临沂经济技术开发区交汇处；2. 山东汇恒卫浴设备有限公司于2018年3月申请注册“浴尔源”商标。

本院认为，结合各方当事人的诉辩意见，本案二审阶段的争议焦点为：佩龙门市所销售的被诉侵权产品是否具有合法来源。

一、关于被诉侵权产品的来源

本案中，佩龙门市向原审法院提交了《销售出货单》原件一份，该出货单显示购货单位为武佩龙，并加盖“山东汇恒卫浴设备有限公司”印章，送货地址为河北省邯郸市馆陶县魏征路桃山亭广场南200米路西，电话为133××××9706，经与佩龙门市基本信息比对，除购货人姓名与佩龙门市经营者姓名不同外，送货地址即为佩龙门市实际经营地址，所留手机号为武建磊之妻郝建立所使用，所购物品中亦包括本案被诉侵权产品。该出货单上购货人虽与佩龙门市经营者姓名不同，但郝建立所作的武佩龙系武建磊别名的解释有合理之处。经比对《销售出货单》所留的销货单位的电话、印章以及二审中佩龙门市所提交的宣传册、一审中佩龙门市已经提交的山东汇恒卫浴设备有限公司销售经理之名片的相关信息，可以认为佩龙门市所称的浴尔源卫浴设备厂与山东汇恒卫浴设备有限公司实系同一主体。基于现有在案证据，可以认定佩龙门市所销售的被诉侵权产品实际购自山东汇恒卫浴设备有限公司。

二、关于被诉侵权产品是否具有合法来源

《中华人民共和国专利法》第七十条规定，为生产经营目的销售不知道是未经专利权人许可而制造并售出的专利侵权产品，能证明该产品合法来源的，不承担赔偿责任。《最高人民法院关于审理侵犯专利权纠纷案件应用法律若干问题的解释（二）》第二十五条规定，为生产经营目的销售不知道是未经专利权人许可而制造并售出的专利侵权产品，且举证证明该产品合法来源的，对于权利人请求停止销售行为的主张，人民法院应予支持。该条亦规定，不知道是指实际不知道且不应当知道。根据上述规定，产品被制造者推向市场后，对于后续的产品销售者而言，其销售不知道是未经专利权人许可而制造并售出的专利侵权产品，能证明该产品合法来源的，不承担赔偿责任。销售者合法来源抗辩能否成立，需要同时满足被诉侵权产品具有合法来源这一客观要件和销售者无主观过错这一主观要件。被诉侵权产品具有合法来源是指销售者通过合法的进货渠道、通常的买卖合同等正常商业方式取得所售产品。对于客观要件，销售者应当提供符合交易习惯的相关证据。对于主观要件，销售者应证明其实际不知道且不应当知道其所售产品系制造者未经专利权人许可而制造并售出。上述两个要件相互联系。如果该销售者能够证明其遵从合法、正常的市场交易规则，取得所售产品的来源清晰、渠道合法、价格合理，其销售行为符合诚信原则、合乎交易惯例，则可推定该销售者实际不知道且不应当知道其所销售产品系制造者未经专利权人许可而制造并售出，即推定该销售者无主观过错。此时，应由权利人提供相反证据。在权利人未进一步提供足以推翻上述推定的相反证据的情况下，应认定销售者合法来源抗辩成立。

本案中，宝蔻公司提交了公证保全证据来证明佩龙门市销售了侵害涉案专利权的产品，但其现有证据不足以证明佩龙门市对产品来源存在审查疏忽，亦无证据证明佩龙公司知道或应知其所售产品系侵害他人专利权的产品。佩龙门市从山东汇恒卫浴设备有限公司购得被诉侵权产品后对外销售，交易链条完整，现有在案证据不能证明其进货价格及销售价格存在异常之处，符合社会一般交易习惯，因此其所售产品系通过正常商业方式取得，且佩龙门市已披露被诉侵权产品的生产者信息，综合在案证据，结合一般市场交易规则，可以认定佩龙门市所售产品具有合法来源，其属于正常开展经营活动，并无主观过错，依法不承担赔偿责任。并且，宝蔻公司仅针对原审法院认定佩龙门市所售产品具有合法来源提起上诉，并无其他上诉理由。据此，原审法院判决佩龙门市停止销售被诉侵权产品，已可制止侵害行为、保护专利权人合法权利。

综上所述，佩龙门市不知道其所销售的系专利侵权产品，能证明其所售产品具有合法来源，宝蔻公司的上诉请求不能成立，应予驳回；原审判决认定事实基本清楚，适用法律基本正确，可予维持。依照《中华人民共和国民事诉讼法》第一百七十条第一款第一项规定，判决如下：

驳回上诉，维持原判。

二审案件受理费300元，由宝蔻（厦门）卫浴有限公司负担。

本判决为终审判决。

审　判　长　徐卓斌
审　判　员　高　雪
审　判　员　邓　卓
二〇一九年十一月八日
法官助理　周　雷
书　记　员　王文婷

# 12. 销售者合法来源抗辩成立时权利人维权合理开支的承担

——上诉人广州市速锐机械设备有限公司与被上诉人深圳市和力泰科技有限公司、原审被告广东快女生物技术有限公司侵害实用新型专利权纠纷案①

**中华人民共和国最高人民法院民事判决书（2019）最高法知民终25号**

上诉人（原审被告）：广州市速锐机械设备有限公司。住所地：广东省广州市白云区潭村北约牌坊路32号311房。

法定代表人：周虎，该公司经理。

委托诉讼代理人：龙芳，广东开耀律师事务所律师。

委托诉讼代理人：姜勇，广东开耀律师事务所律师。

被上诉人（原审原告）：深圳市和力泰科技有限公司。住所地：广东省深圳市光明新区玉塘街道田寮社区第五工业区第六栋二楼、三楼。

法定代表人：俞小飞，该公司总经理。

委托诉讼代理人：王建军，广东宝源律师事务所律师。

委托诉讼代理人：隆毅，深圳市华勤知识产权代理事务所专利代理师。

原审被告：广东快女生物技术有限公司。住所地：广东省广州市花都区商业大道241号。

法定代表人：黄爱文，该公司经理。

委托诉讼代理人：杨雪峰，广东法盛律师事务所律师。

上诉人广州市速锐机械设备有限公司（以下简称速锐公司）因与被上诉人深圳市和力泰科技有限公司（以下简称和力泰公司）及原审被告广东快女生物技术有限公司（以下简称快女公司）侵害实用新型专利权纠纷一案，不服广州知识产权法院于2019年2月28日作出的（2017）粤73民初2833号民事判决，向本院提起上诉。本院于2019年5月6日立案后，依法组成合议

① 本案在年度报告中的位置为第23页。

庭，并于2019年6月14日公开开庭审理了本案，上诉人速锐公司的委托诉讼代理人姜勇、被上诉人和力泰公司的委托诉讼代理人王建军、隆毅，原审被告快女公司的委托诉讼代理人杨雪峰到庭参加诉讼。本案现已审理终结。

速锐公司上诉请求：依法改判原审判决第一项、第二项，驳回和力泰公司的全部诉讼请求。事实和理由：（一）被诉侵权产品未落入涉案专利权的保护范围。1. 涉案专利权利要求中的“支架”“定位组件”为功能性特征，被诉侵权产品的相应结构与涉案专利说明书中的实施例既不相同也不等同；2. 原审判决仅描述了被诉侵权产品支架本身的结构，并未描述支架与定位组件（承托组件）的连接方式，原审法院以支架本身结构得出支架与定位组件的连接方式的推论没有事实及法律依据，故被诉侵权产品不具有涉案专利的“支架与所述定位组件固定连接”的技术特征。3. 第三调节组件与支架连接，而支架与定位组件（承托组件）是活动连接的，所以调节支架的高度不见得可调节定位组件的高度，被诉侵权产品不具有“第三调节组件与所述定位组件连接，以调节定位组件的高度”技术特征。（二）速锐公司作为受托人从案外人广州市鑫进机械设备制造有限公司（以下简称鑫进公司）处购买了被诉侵权产品，既没有“应当知道”被诉侵权产品侵害他人专利权的义务，也没有“应当知道”的能力，原审法院对合法来源抗辩中的“不知道”要件进行扩大解释，未支持速锐公司的合法来源抗辩，法律适用错误。（三）速锐公司并未实施许诺销售行为，销售行为也于案件受理前截止，原审判决要求速锐公司停止销售、许诺销售没有依据。（四）原审判决赔偿金额过高。涉案5台被诉侵权产品的购买价是34万元，“销售”给快女公司的价格也为34万元，速锐公司并未从中牟取利益。除了涉案5台被诉侵权产品之外，速锐公司不存在其他的制造、销售、许诺销售侵害涉案专利的行为。

和力泰公司辩称：原审认定事实清楚，适用法律正确。请求驳回上诉，维持原判决。

快女公司述称：1. 认同速锐公司关于被诉侵权产品未落入涉案专利权利要求的保护范围的意见；2. 原审法院在已经认定被诉侵权产品的制造者为案外人的情况下，应当追加其为共同被告但并未追加，故存在程序错误；3. 原审确定的赔偿数额没有依据。

和力泰公司向原审法院起诉请求：判令速锐公司立即停止制造、销售、许诺销售侵权产品，销毁用于制造该侵权产品专用设备、模具及库存侵权产品。速锐公司赔偿和力泰公司经济损失及为制止侵权行为所支付的合理开支共100万元。快女公司立即停止使用侵权产品。速锐公司和快女公司承担本案诉讼费。

原审法院认定事实：

涉案专利为ZL201420443×××.×“包装机”，专利权人和力泰公司，专利申请日为2014年8月7日，授权公告日为2015年1月21日。2017年6月15日专利登记簿副本记载该专利权恢复登记日期为2016年4月29日，该专利第三年度年费已缴纳。实用新型专利权评价报告显示，全部权利要求1—10未发现存在不符合授予专利权条件的缺陷。国家知识产权局于2018年11月30日作出的无效宣告请求审查决定书决定维持专利权有效。

涉案专利权利要求1：一种包装机，其特征在于，包括设置于同一工作平台的至少一组装装置，所述组装装置包括用于储存包装袋的储袋槽、与所述储袋槽的出袋口对接的过渡槽、与所述过渡槽对接的导槽、用于将所述储袋槽中的包装袋取出并放入所述过渡槽中的取袋组件、用于从所述过渡槽滑落至所述导槽内的包装袋进行定位的定位组件、用于对定位后的包装袋进行开袋的开袋组件、用于对将待包装物装入所述包装袋内的填充组件、用于对所述包装袋进行封口的封口组件、第一调节组件、第二调节组件、支架和第三调节组件；其中，所述第一调节组件与所述储袋槽连接，以调节所述储袋槽的宽度；所述第二调节组件与所述导槽连接，以调节所述导槽的宽度；所述支架与所述定位组件固定连接；所述第三调节组件与所述定位组件连接，以调节所述定位组件的高度。

（2017）深南证字第14383号公证书，公证以下内容：2017年6月16日和力泰公司的委托代理人通过信息网络登录阿里巴巴网站速锐公司电子商铺，该店铺展示产品“升级版全自动面膜灌装机液体灌装封口机灌装封口一体机”信息，单价82000元，品牌速锐，加工定制。该店铺基本信息载明，“速锐公司，本公司集自主研发，设计、生产、销售为一体的专业化面膜一体机”，工商注册信息载明，速锐公司经营范围为通用机械设备销售，通用机械设备零售，商品批发贸易。另该店铺还展示了速锐公司的实景照片。速锐公司确认和力泰公司公证的阿里巴巴电子商铺为其店铺。和力泰公司通过信息网络登录阿里巴巴快女公司电子商铺，该商铺名称为广州天隆化妆品有限公司，公司介绍载明快女公司是目前国内规模最大的纯面膜生产、面膜OEM/ODM，已经生产研发面膜11个年头了（前身广州天隆化妆品有限公司），也是行业中不多的专注面膜的公司，公司园区总面积约3万平方米。内设有技术研发中心，生产中心及面膜文化馆等功能性区域。该店铺展示了被诉产品的图片。

2016年11月5日，快女公司与速锐公司签订购销合同，双方约定快女公司向速锐公司购买“4头全自动面膜机”5台，单价68000元。该购销合同第十条第三款约定，快女公司委托速锐公司向鑫进公司购得面膜灌装机5台，速锐公司不承担任何形式的责任，如有侵权责任由鑫进公司负全部责任。

同日，速锐公司和鑫进公司签订购销合同，约定鑫进公司向速锐公司销售5台4头全自动面膜机，单价68000元，合计340000元。合同第三条约定鑫进公司负责送货到速锐公司指定工厂。合同第十条第三款约定，快女公司委托速锐公司向鑫进公司购得立式面膜灌装机5台，速锐公司不负任何形式的责任，如有侵权责任由鑫进公司负全部责任。

速锐公司原审中为证明其销售的被诉侵权产品具有合法来源，还提交了以下证据：1. №614151收据，载明2017年8月9日鑫进公司收到速锐公司4台立式面膜灌装机总货款24.8万元，每台单价6.8万元，并加盖鑫进公司公章。2. 微信转账记录。载明2016年11月8日至2017年10月10日速锐公司向鑫进公司法定代表人刘永亮转账12次，共249200元。3. 证明。2016年11月5日，鑫进公司开具证明，载明"速锐公司于2016年11月5日与我司签订购销合同购买了四头全自动立式面膜机4台，后转手将此四头全自动立式面膜机销售给快女公司。我司确认速锐公司销售给快女公司的4台四头全自动立式面膜机为我司生产并销售给速锐公司。我司愿按合同约定承担该产品的一切侵权责任"，落款有鑫进公司法定代表人刘永亮签名，及加盖鑫进公司公章。4. 鑫进公司工商主体登记信息打印件。

2017年7月11日，广东省广州市花都区知识产权局（以下简称花都区知识产权局）在广州市花都区商业大道241号就和力泰公司请求处理快女公司涉嫌侵犯涉案专利权纠纷一案进行现场勘验、检查，现场有正在使用的立式面膜机5台。快女公司法定代表人李俊彦确认正在使用5台涉嫌侵犯和力泰公司涉案专利的产品，该产品从速锐公司购买，每台单价6.5万元，没有库存。快女公司不清楚被诉产品的专利权利状态，亦不清楚被诉产品涉嫌侵害和力泰公司的专利权。

和力泰公司明确以花都区知识产权局勘验的视频和照片进行技术对比。花都区知识产权局勘验的视频和照片显示，被诉产品也是一种包装机，其技术方案包括设置在同一工作平台上有四组组装装置，组装装置包括下袋机、与下袋机的出袋口对接的过渡槽、与过渡槽对接的工作槽、用于将下袋机中的包装袋取出并放入过渡槽中的取袋组件、用于承托工作槽中包装袋的承托组件、用于对定位后的包装袋进行开袋的开袋组件、用于将营养液灌装入包装袋的灌装嘴、用于对包装袋进行封口的封口组件、第一调节组件、第二调节组件、支架和第三调节组件，其中第一调节组件与下袋机连接，用以调节下袋机的宽度，第二调节组件与工作槽连接，用以调节工作槽的宽度，支架与承托组件活动连接，第三调节组件与支架连接，以调节支架的高度。

经对比，和力泰公司认为被诉侵权技术方案与涉案专利的权利要求 1 记载的内容完全相同，速锐公司辩称涉案专利权利要求 1 中储袋槽、导槽、定位组件、开袋组件、填充组件、封口组件、第一调节组件、第二调节组件、第三调节组件和支架均为功能或者效果表述的技术特征，应当结合说明书和附图中的具体实施方式及其等同的实施方式来确定上述技术特征的内容。且被诉侵权技术方案与专利权利要求 1 存在以下差异：被诉侵权技术方案的下袋机、工作槽、承托组件、第一调节组件、第二调节组件和支架的技术特征内容与涉案专利权利要求 1 所记载的技术特征内容不同，被诉侵权技术方案的第三调节组件连接对象、调节对象与涉案专利权利要求 1 不相同也不等同。除上述争议特征外，被诉侵权技术方案具备涉案专利权利要求 1 的其他技术特征。

花都区知识产权局受理和力泰公司请求处理快女公司涉嫌侵犯本案涉案专利权纠纷后，因和力泰公司撤回处理请求，花都区知识产权局撤销该案。

速锐公司成立于 2014 年 10 月 8 日，是自然人独资的有限责任公司，注册资本 500000 元，经营范围为通用机械设备销售；通用机械设备零售；商品批发贸易；商品零售贸易；货物进出口；技术进出口。快女公司成立于 2015 年 1 月 15 日，是自然人独资的有限责任公司，注册资本 10000000 元，经营范围为自然科学研究和试验发展；生物技术推广服务；生物技术开发服务；生物技术咨询、交流服务；生物技术转让服务；化妆品制造。

原审法院认为，将被诉侵权技术方案的技术特征与涉案专利权利要求 1 对比，被诉侵权技术方案均具备涉案专利所限定的储袋槽、过渡槽、导槽、取袋组件、定位组件、开袋组件、填充组件、封口组件、第一调节组件、第二调节组件、支架和第三调节组件。

关于速锐公司提出的若干异议。首先，涉案专利权利要求 1 中的储袋槽、导槽、定位组件等技术特征虽为功能性表述，但权利要求 1 对上述技术特征的字面表述明确，本领域普通技术人员通过阅读权利要求即可直接、明确地确定该项技术特征，故无需结合说明书和附图的具体实施方式来确定上述技术特征的内容。

其次，针对速锐公司就被诉侵权技术方案的下袋机、工作槽、承托组件、第一调节组件、第二调节组件和支架提出的异议。经查，专利权利要求 1 记载“所述组装装置包括用于储存包装袋的储袋槽”“与所述过渡槽对接的导槽”“用于从所述过渡槽滑落至所述导槽内的包装袋进行定位的定位组件”，该部分权利要求并未限定储袋槽和导槽的具体连接方式，速锐公司辩称被诉侵权技术方案对应部件的下袋机、工作槽和承托组件仅为名称用词不同，非结构差异。被诉侵权技术方案的下袋机实为储袋槽，工作槽实为导槽，承托组件对导槽（工作槽）内的包装袋起定位作用，可认定为定位组件。

涉案专利权利要求1记载“第一调节组件与所述储袋槽连接，以调节所述储袋槽的宽度；第二调节组件与所述导槽连接，以调节所述导槽的宽度；所述支架与所述定位组件固定连接”，被诉产品作为能够正常运行的包装机组装装置，虽然证据保全当时由于机械处于非作业状态，无法直接观察该机械的作业状态，但因被诉侵权技术方案的第一调节组件与储袋槽（下袋机）连接，第二调节组件与导槽（工作槽）连接，支架与定位组件（承托组件）固定连接，在本技术方案中，在具备该部分技术特征以外的其他技术特征的情况下，足以推导被诉侵权技术方案的两个调节组件和支架之间的配合关系：第一调节组件与储袋槽（下袋机）连接，以调节储袋槽（下袋机）的宽度，第二调节组件与导槽（工作槽）连接，以调节导槽（工作槽）的宽度，支架与定位组件（承托组件）固定连接，即被诉产品的第一调节组件、第二调节组件和支架均具备专利权利要求1的该项技术特征。

速锐公司还辩称被诉侵权技术方案的支架与定位组件（承托组件）活动连接。经查，涉案专利权利要求1记载“所述支架与所述定位组件固定连接”，被诉侵权技术方案的支架包括两相对设置的导轨，分别位于两导轨上且沿导轨在竖直方向上滑动的两立板，两端分别与两立板固定连接的上支撑板和下支撑板，可推断被诉侵权技术方案的支架与定位组件（承托组件）的连接方式亦为固定连接，具备涉案专利权利要求1的该项技术特征。

最后，针对被诉侵权技术方案第三调节组件，速锐公司辩称被诉侵权技术方案的第三调节组件与涉案专利的第三调节组件连接对象不相同。经查，涉案专利权利要求1记载的“所述第三调节组件与所述定位组件连接，以调节所述定位组件的高度”，该权利要求限定的保护范围为“连接”，“连接”一词是上位概念，并未限定连接方式为直接连接还是间接连接；被诉侵权技术方案的第三调节组件与支架连接，调节支架的高度，因支架与定位组件（承托组件）连接，从而通过调节第三调节组件实现对定位组件（承托组件）的调节，以适配不同尺寸的包装袋，即第三调节组件通过与支架连接，从而间接连接定位组件（承托组件），并间接调节定位组件（承托组件）的高度，仍落入权利要求1限定的该项技术特征范围。

综上，速锐公司提出的异议均不成立，且被诉侵权技术方案具备涉案专利权利要求1的其他技术特征，故被诉侵权技术方案具备和力泰公司专利权利要求1的全部技术特征，落入专利权保护范围。

和力泰公司指控速锐公司制造、销售和许诺销售侵权产品，快女公司使用侵权产品。根据和力泰公司提交的（2017）深南证字第14383号公证书，其向花都区知识产权局调取的花知法字〔2017〕3号调查笔录、购销合同和当事人陈述等证据，足以认定速锐公司销售、许诺销售了侵权产品。至于和力泰公司指控速锐公司制造侵权产品，虽阿里巴巴网站上速锐公司电子商铺称其为生产厂家，但结合现有证据及速锐公司的经营范围，不足以认定被诉侵权产品由速锐公司制造，和力泰公司此节指控予以驳回。

关于和力泰公司指控快女公司使用侵权产品，根据花都区知识产权局花知法字〔2017〕3号现场勘验检查登记表、调查笔录、照片和视频等资料，快女公司购买侵权产品后用于生产经营，该行为应认定为专利法所禁止的使用行为，即快女公司实施了使用侵权产品的行为。快女公司辩称花都区知识产权局出具的花知法字〔2017〕3号现场勘验检查登记表、调查笔录等材料因该案撤案而不具备证明力，且和力泰公司提交的（2017）深南证字第14383号公证书所指并非快女公司而是天隆公司。经审查，首先，和力泰公司在花都区知识产权局处理花知法字〔2017〕3号案过程中撤回处理请求为其权利，花都区知识产权局在处理该案过程中产生的调查笔录等材料并不因该案撤案而丧失证明力。其次，虽阿里巴巴网站天隆公司电子商铺载明公司名称为天隆公司，但公司介绍载明快女公司的前身为天隆公司，并结合花知法字〔2017〕3号调查笔录等证据，不影响上述对快女公司使用侵权产品行为的认定。

综上所述，未经专利权人许可，为生产经营目的，速锐公司销售和许诺销售，快女公司使用专利产品的行为侵害了和力泰公司的专利权，速锐公司和快女公司应承担停止侵权和赔偿损失的民事责任。

速锐公司辩称侵权产品具有合法来源，来源于鑫进公司，并提交了购销合同、收据、微信转账记录和证明等为据。经审查，该些证据互相印证，形成完整证据链，可认定本案中速锐公司销售、许诺销售的侵权产品来源于鑫进公司，但速锐公司作为销售机械设备行业内的厂商，对所销售的设备是否涉嫌侵权应有较高注意义务，其因未尽该义务导致销售侵权产品，不符合合法来源抗辩“不知道”之主观要件，其赔偿责任不应免除。

快女公司为侵权产品的使用者，亦辩称侵权产品具有合法来源。经审查，根据其提交的购销合同和收据等证据，足以证明被诉产品购于速锐公司，且其作为生物技术推广服务行业的厂商，其对机械设备应尽的侵权注意义务不宜过高，故对其合法来源抗辩主张予以支持。同时，根据《最高人民法院关于审理侵犯专利权纠纷案件应用法律若干问题的解释（二）》第二十五条规定，因快女公司通过合同关系，以68000元的单价取得侵权产品，该对价与速锐公司在阿里巴巴网站上许诺销售侵权产品价格相近，较为合理，因此，快女公司使用的侵权产品具有合法来源，且其已支付该产品的合理对价，故无须停止使用该侵权产品。

关于赔偿数额，鉴于因涉案侵权行为导致的权利人损失或侵权人获益均无充分证据证实，根据涉案专利的类别和侵权行为的性质、规模及情节，综合判断，酌情确定速锐公司赔偿150000元。关于合理费用，和力泰公司主张维权合理开支但未提交相应单据予以证明，不予支持。和力泰公司的其他诉讼请求，证据不足，均予以驳回。

原审法院判决：（一）速锐公司自本判决发生法律效力之日起停止销售、许诺销售侵害和力泰公司ZL201420443×××.×“包装机”实用新型专利权产品的行为；（二）速锐公司自本判决发生法律效力之日起十日内，一次性赔偿和力泰公司经济损失150000元；（三）驳回和力泰公司其他诉讼请求。一审案件受理费13800元，由和力泰公司负担5865元，速锐公司负担7935元（原审判决表述“案件受理费13800元，由原告深圳市和力泰科技有限公司负担5865元，被告广州市鑫进机械设备制造有限公司负担7935元”系明显笔误，本院对此予以纠正）。

二审中，各方当事人没有提交新证据。

原审查明的事实基本属实，本院予以确认。

本院另查明：

在本院审理的（2019）最高法知民终27号案中，和力泰公司以鑫进公司侵害其专利权为由提起诉讼，该案所涉专利与本案系同一专利，但被诉侵权产品系不同的产品。在该案一审中，广州知识产权法院认定鑫进公司构成侵权，并酌情确定鑫进公司赔偿和力泰公司经济损失200000元，本院对该案一审予以维持。

本案二审庭审中，关于为何不在本案中追加鑫进公司，专利权人和力泰公司的陈述是鑫进公司经营状况不佳，法定代表人生活困难，出于人道主义，没有追加。

本院认为，本案的争议焦点问题是：一、被诉侵权产品是否落入涉案专利权利要求的保护范围；二、速锐公司的合法来源抗辩能否成立；三、原审判令速锐公司停止销售、许诺销售被诉侵权产品是否正确；四、如构成侵权，且合法来源抗辩不能成立，原审判决确定的赔偿额是否过高。

一、被诉侵权产品落入了涉案专利权的保护范围

速锐公司主张被诉侵权产品不落入涉案专利权保护范围的主要理由有：

涉案专利权利要求中的“支架”“定位组件”为功能性特征，被诉侵权产品的相应结构与涉案专利说明书中的实施例既不相同也不等同；被诉侵权产品“支架”与“定位组件”是活动连接，而非如权利要求1所限定的“固定连接”；被诉侵权产品的“第三调节组件”不像权利要求1所限定的那样可以调节“定位组件”的高度。本院认为速锐公司的上述理由均不能成立，理由如下：

（一）涉案专利权利要求1中的“支架”“定位组件”不属于功能性特征

首先，《最高人民法院关于审理侵犯专利权纠纷案件应用法律若干问题的解释（二）》第八条第一款规定：“功能性特征，是指对于结构、组分、步骤、条件或其之间的关系等，通过其在发明创造中所起的功能或者效果进行限定的技术特征，但本领域普通技术人员仅通过阅读权利要求即可直接、明确地确定实现上述功能或者效果的具体实施方式的除外。”根据上述规定，如果技术特征中除了功能或者效果的限定之外，同时也限定了与该功能或者效果对应的结构特征，本领域普通技术人员仅通过阅读权利要求书，即可直接、明确地确定该结构特征的具体实现方式，并且该具体实现方式可以实现该功能或者效果的，则这种同时使用“结构”与“功能或者效果”限定的技术特征并不属于前述司法解释规定的“功能性特征”。还需注意的是，在认定权利要求中某一技术特征是否属于“功能性特征”时，不仅需要考虑技术特征文字本身的含义，还需将该技术特征纳入到权利要求限定的整体技术方案中进行理解。

其次，本案中，（1）对于“支架”，“支架”本身是对具有支撑、连接功能的框架结构的惯常用语，本领域普通技术人员再结合权利要求中关于“支架”与其他部件之间的连接关系，即可直接、明确地确定该结构特征的具体实施方式，因而涉案专利权利要求1中的“支架”不属于功能性特征。（2）对于“定位组件”，虽然“定位”系一种功能性描述，而“组件”也并未给出相关结构等实质性技术信息，但本领域普通技术人员根据权利要求1的整体技术方案还可获知该“定位组件”与其他技术特征之间的位置、步骤、连接及配合等关系。例如，本领域普通技术人员从“用于从所述过渡槽滑落至所述导槽内的包装袋进行定位的定位组件”“所述支架与所述定位组件固定连接”“所述第三调节组件与所述定位组件连接，以调节所述定位组件的高度”等权利要求1所记载的其他内容可以获知，“定位组件”位于“过渡槽”对应的工序之后，系固定安装在“支架”上，与“第三调节组件”之间存在连接关系并且属于活动配合。因此，涉案专利权利要求1中的“定位组件”不属于功能性特征。

综上，因涉案专利权利要求 1 中的“支架”“定位组件”不属于功能性特征，故不应当将其限缩解释为说明书所记载的具体实施例及其等同方式。速锐公司关于应当将被诉侵权产品与说明书所记载的实施例相比较的主张缺乏依据，本院不予支持。

（二）被诉侵权产品的“支架”与“定位组件”之间是固定连接

花都区知识产权局在对被诉侵权产品进行勘验的过程中，虽然没有启动机器运转，但根据勘验照片所显示的被诉侵权产品的支架结构，可以清楚显示出属于被诉侵权产品定位组件的第一气缸、第二气缸、填充检测器、封口检测器分别固定安装在属于被诉侵权产品支架的上、下支撑板上。虽然属于定位组件的填充定位杆、封口定位杆由于安装在气缸伸缩杆上，在工作时会与支架之间存在相对伸缩运动，但这是被诉侵权产品能够实现正常工作（即能够实现包装袋在填充定位杆处定位、开袋、填充、在封口定位杆处定位、封口）的必然设计，且这并不会影响本领域普通技术人员对于被诉侵权产品的“支架”与“定位组件”属于固定连接这一事实的判断。速锐公司关于被诉侵权产品“支架”与“定位组件”是活动连接的辩解理由明显不符合本领域普通技术人员对于涉案专利权利要求的通常理解，本院不予支持。

（三）被诉侵权产品具备“第三调节组件与定位组件连接”的技术特征

涉案专利权利要求 1 并未限定第三调节组件与定位组件之间只能直接连接而不能通过固定连接的第三构件实现连接，而仅限定第三调节组件与定位组件之间要存在连接关系，以便可以通过第三调节组件调节定位组件的高度。在前述勘验照片中，同样可以显示被诉侵权产品的第三调节组件通过螺杆、齿轮组件、螺母等传动组件与支架连接，而支架又与定位组件固定连接，故支架与定位组件可以实现同步运动，通过第三调节组件带动支架运动即可调节定位组件的高度。由此可见，被诉侵权产品具备了涉案专利权利要求 1 的“所述第三调节组件与所述定位组件连接”这一技术特征。速锐公司关于被诉侵权产品第三调节组件系通过支架与定位组件间接连接，而非直接连接，故不落入专利权保护范围，系对专利权利要求作出错误的限缩解释，本院不予支持。

二、速锐公司的合法来源抗辩成立

在侵害专利权纠纷中，销售者合法来源抗辩能否成立，需要同时满足被诉侵权产品具有合法来源这一客观要件和销售者无主观过错这一主观要件。被诉侵权产品具有合法来源是指销售者通过合法的进货渠道、通常的买卖合同等正常商业方式取得所售产品。对于客观要件，销售者应当提供符合交易习惯的相关证据。对于主观要件，销售者应证明其实际不知道且不应当知道其所售产品系制造者未经专利权人许可而制造并售出。上述两个要件相互联系。如果该销售者能够证明其遵从合法、正常的市场交易规则，取得所售产品的来源清晰、渠道合法、价格合理，其销售行为符合诚信原则、合乎交易惯例，则可推定该销售者实际不知道且不应当知道其所销售产品系制造者未经专利权人许可而制造并售出，即推定该销售者无主观过错。此时，应由权利人提供相反证据。在权利人未进一步提供足以推翻上述推定的相反证据的情况下，应认定销售者合法来源抗辩成立。此外，专利侵权判断具有较强的专业技术性。即便销售商营业规模大、从业时间长，通常也难以认定该销售商具有判断所售产品是否侵害涉案专利权的注意能力。本案中，速锐公司所提交的相关证据能够证明其销售的侵权产品是其以正常市场价格和方式购买自案外人鑫进公司，故速锐公司已证明其销售的产品具有合法来源，并且可推定速锐公司销售侵权产品的行为并无主观过错，在此情形下，和力泰公司并没有提供任何证据推翻上述关于速锐公司销售涉案侵权产品无主观过错的推定，因此应当认定速锐公司提出的合法来源抗辩成立，其不应当承担相应的赔偿责任。原审法院仅凭速锐公司系销售机械设备行业内的厂商就推定其“应当知道”其所销售的产品系侵害他人专利权的产品，一方面凭空赋加给销售者过高的注意义务，另一方面对于合法来源抗辩举证责任的分配有所失当，本院对此予以纠正。鉴于速锐公司合法来源抗辩成立，故本院对其上诉提出原审判决确定的赔偿额过高主张不再理涉。

关于合法来源抗辩成立情况下权利人的合理开支诉请是否应当得到支持的问题，本院认为，合法来源抗辩仅是免除赔偿责任的抗辩，而非不侵权抗辩。合法来源抗辩成立，并不改变销售侵权产品这一行为的侵权性质，而维权合理开支系基于侵权行为而发生，故在合法来源抗辩成立的情况下，权利人为获得停止侵权救济的合理开支仍应得到支持。本案中，和力泰公司向速锐公司主张了包括合理开支在内的经济损失共100万元，但并未提交任何关于合理开支的证据，本院认为，权利人在维权过程中必然会产生合理开支，在和力泰公司未举证的情况下，本院考虑与本案复杂程度相匹配的代理费用、公证费用以及正常差旅市场价格水平，酌定和力泰公司为本案支出的合理开支为30000元。

三、原审判令速锐公司停止销售、许诺销售被诉侵权产品适用法律正确

速锐公司所销售、许诺销售的被诉产品侵害了和力泰公司的涉案专利权，应当承担停止销售、许诺销售侵权产品的行为。关于速锐公司辩称其并未实施许诺销售行为的问题，本院认为，本案中的侵权产品属于速锐公司在其网站上许诺销售的全自动面膜一体机的范畴之内，鉴于速锐公司存在销售、许

诺销售侵权产品的事实，原审法院判令其停止销售、许诺销售被诉侵权产品，适用法律正确。

综上所述，速锐公司的上诉请求部分成立。原审法院关于速锐公司合法来源抗辩的审查存在事实认定和法律适用错误，应予纠正。依照《中华人民共和国专利法》第十一条第一款、第五十九条第一款、第七十条，《最高人民法院关于审理侵犯专利权纠纷案件适用法律问题的若干规定》第二十二条、第二十四条，《最高人民法院关于审理侵犯专利权纠纷案件应用法律若干问题的解释》第七条，《最高人民法院关于审理侵犯专利权纠纷案件应用法律若干问题的解释（二）》第二十五条，《中华人民共和国民事诉讼法》第一百七十条第一款第二项之规定，判决如下：

一、维持广州知识产权法院（2017）粤 73 民初 2833 号民事判决第一项；

二、撤销广州知识产权法院（2017）粤 73 民初 2833 号民事判决第二项、第三项；

三、广州市速锐机械设备有限公司自本判决发生法律效力之日起十日内，赔偿深圳市和力泰科技有限公司合理开支 30000 元；

四、驳回深圳市和力泰科技有限公司其他诉讼请求。

如果未按本判决指定的期间履行给付金钱义务，应当依照《中华人民共和国民事诉讼法》第二百五十三条规定，加倍支付迟延履行期间的债务利息。

一审案件受理费 13800 元，由深圳市和力泰科技有限公司负担 10000 元，广州市速锐机械设备有限公司负担 3800 元。二审案件受理费 3300 元，由深圳市和力泰科技有限公司负担 2500，广州市速锐机械设备有限公司负担 800 元。

本判决为终审判决。

审 判 长 朱 理

审 判 员 傅 蕾

审 判 员 张晓阳

二〇一九年十一月五日

法官助理 贠 璇

书 记 员 赵之澜

# 14. 专利侵权行政投诉构成侵权警告的范围与条件

——上诉人 VMI 荷兰公司、固铂（昆山）轮胎有限公司与被上诉人萨驰华辰机械（苏州）有限公司确认不侵害专利权纠纷案[①]

**中华人民共和国最高人民法院民事裁定书（2019）最高法知民终 5 号**

上诉人（原审原告）：VMI 荷兰公司。住所地：荷兰王国埃珀。

法定代表人：皮特·德克·拉德梅克，该公司特别项目总监。

委托诉讼代理人：蒋达芬，汇业（南京）律师事务所律师。

委托诉讼代理人：孙庆敏，上海市汇业律师事务所律师。

上诉人（原审原告）：固铂（昆山）轮胎有限公司。住所地：中华人民共和国江苏省昆山开发区精密科技园百灵路 168 号。

法定代表人：杨洵，该公司董事长。

委托诉讼代理人：刘撰，汇业（南京）律师事务所律师。

委托诉讼代理人：刘永全，北京世宁律师事务所律师。

被上诉人（原审被告）：萨驰华辰机械（苏州）有限公司。住所地：中华人民共和国江苏省昆山市周市镇新镇路 12 号。

法定代表人：张英姿，该公司董事长。

委托诉讼代理人：何放，北京市金杜律师事务所上海分所律师。

委托诉讼代理人：孙浩洸，北京市金杜律师事务所上海分所律师。

上诉人 VMI 荷兰公司（以下简称 VMI 公司）、上诉人固铂（昆山）轮胎有限公司（以下简称固铂公司）因与被上诉人萨驰华辰机械（苏州）有限公司（以下简称萨驰公司）确认不侵害专利权纠纷一案，不服江苏省苏州市中级人民法院（2018）苏 05 民初 1453 号民事裁定，向本院提起上诉。本院于 2019 年 4 月 2 日立案后，依法组成合议庭，于 2019 年 4 月 25 日公开开庭进行了审理。上诉人 VMI 公司的委托诉讼代理人蒋达芬、孙庆敏，上诉人固铂公司的委托诉讼代理人刘撰、刘永全，被上诉人萨驰公司的委托诉讼代理人

① 本案在年度报告中的位置为第 25 页。

何放、孙浩洸到庭参加诉讼。本案现已审理终结。

VMI公司、固铂公司上诉请求：1. 撤销原审裁定。2. 诉讼费用由被上诉人萨驰公司承担。主要事实和理由：1. 萨驰公司向知识产权局的行政投诉构成专利法意义上的侵权警告，原审法院认定有误；2. 萨驰公司明知他人在先使用技术方案却依旧将其申请成专利，明知涉案产品不侵权却仍恶意提起行政投诉等行为具有明显恶意，属于滥用知识产权行为，原审法院认定错误；3. 提起诉讼的时间点应以法院受理时间为准，萨驰公司提起的侵权诉讼受理日期在其收到侵权警告1个月后，因此VMI公司和固铂公司的确认不侵权之诉满足起诉要件；4. 确认不侵权之诉的范围大于萨驰公司提起的侵权诉讼范围，针对超出部分的确认不侵权之诉不应被驳回；5. 提起确认不侵权之诉是原告的法定诉权，法院继续审理确认不侵权之诉确有必要。本院二审审理过程中，两上诉人撤回其第二项上诉请求。

萨驰公司辩称：1. 萨驰公司从未向两上诉人发送警告函、律师函或者其他侵权警告，而是根据《中华人民共和国专利法》[①] 及其实施细则规定直接向知识产权局提起行政投诉，而该行政投诉机制是《中华人民共和国专利法》第六十条赋予专利权人的合法维权的权利，并不构成对两上诉人的侵权警告，因此本案不满足确认不侵权之诉的受理条件；2. 萨驰公司在催告期之内，在远早于两上诉人向一审法院提交本诉讼之前已经依法启动了司法程序，即向苏州市中级人民法院提起了侵权诉讼以解决纠纷，因此两上诉人明显不满足提起确认不侵权之诉的法定条件；3. 苏州市中级人民法院对两上诉人提起的确认不侵权纠纷案件的受理具有明显程序性瑕疵。

VMI公司、固铂公司向原审法院起诉请求：1. 请求确认VMI公司制造、许诺销售、销售、进口以及固铂公司使用MAXX型号半钢子午胎一次法成型机及相关产品的行为不侵害萨驰公司ZL20142066××××.1号实用新型专利权；2. 诉讼费用由萨驰公司承担。

原审法院认定如下事实：2018年5月24日，苏州市知识产权局受理了萨驰公司提交的固铂公司侵犯其涉案专利权的纠纷处理请求。同年6月12日，苏州市知识产权局基于案件管辖原因将该行政投诉案件移送至江苏省知识产权局。同年7月5日，江苏省知识产权局受理了萨驰公司提交的固铂公司侵犯其涉案专利权的纠纷处理请求。同年8月15日，江苏省知识产权局出具中止处理通知书，载明因固铂公司向国家知识产权局专利复审委员会（以下简称专利复审委）提出涉案专利权无效宣告的请求被受理，固铂公司请求

① 此处指2008年《中华人民共和国专利法》，其已于2020年修改，本案下同。

江苏省知识产权局中止处理，故江苏省知识产权局决定中止对案件的处理。同年9月24日，VMI公司向萨驰公司邮寄催告函，催告函中记载萨驰公司向苏州市知识产权局提起了专利侵权行政投诉，声称固铂公司使用的VMI公司的MAXX型号轮胎一次法成型机涉嫌侵犯了萨驰公司包含涉案专利在内的共计六项专利权，萨驰公司的行政投诉使得VMI公司和其中国客户的生产经营处于极为不稳定状态，因此要求萨驰公司撤回行政投诉或依法提起侵权诉讼。萨驰公司于同年9月26日签收了该函件。同年9月30日，萨驰公司向VMI公司回函。在回函中，萨驰公司称其将会毫不迟疑地提起针对任何包括固铂公司和VMI公司在内的侵权者的诉讼或行政投诉，并且萨驰公司已经这样做了。同年10月19日，原审法院收到了萨驰公司起诉VMI公司和固铂公司侵犯其涉案专利权的专利侵权诉讼材料，萨驰公司请求判令VMI公司、固铂公司立即停止侵权行为，连带赔偿萨驰公司经济损失人民币100万元并承担诉讼费。萨驰公司于同年10月26日将案件的诉讼费汇至原审法院诉讼费账户。原审法院于同年11月7日立案受理了该专利侵权诉讼，案号为（2018）苏05民初1459号。同年10月29日，VMI公司和固铂公司向原审法院提交了确认不侵权之诉的诉讼材料，该案于同年11月7日立案，案号为（2018）苏05民初1453号。

原审法院认为，《最高人民法院关于审理侵犯专利权纠纷案件应用法律若干问题的解释》（以下简称专利法司法解释）第十八条规定：“权利人向他人发出侵犯专利权的警告，被警告人或者利害关系人经书面催告权利人行使诉权，自权利人收到该书面催告之日起一个月内或者自书面催告发出之日起二个月内，权利人不撤回警告也不提起诉讼，被警告人或者利害关系人向人民法院提起请求确认其行为不侵犯专利权的诉讼的，人民法院应当受理。”该规定明确了被警告人或者利害关系人提起确认不侵权之诉的受理条件：1. 权利人发出了侵权警告；2. 被警告人或利害关系人提出了书面催告；3. 权利人未在合理期限内撤回警告或提起诉讼。

关于萨驰公司向知识产权局的行政投诉是否构成专利法意义上的“侵权警告”，原审法院认为，专利法司法解释并未对“侵权警告”进行明确界定，因此要正确认定何为“侵权警告”需结合确认不侵权诉讼的制度本意来理解。在专利法语境中，侵权警告应是指权利人通过直接或间接的方式向相对方主张侵权，但又怠于通过法定程序解决纠纷，致使相对方对是否侵权问题长期处于不确定状态。根据《中华人民共和国专利法》第六十条的规定，司法保护和行政保护都属于解决知识产权纠纷的法定形式。只要权利人的行为足以在其与相对方之间形成争议的事实，且权利人怠于诉诸法定的纠纷解决程序，或虽启动了行政投诉程序，但因权利人的过错或原因导致行政投诉程序未能或无法就双方争议的事实作出确定性的裁决，致使当事人双方陷入法律关系不确定的状态，就应该被认定为实质上构成对相对方的侵权警告。

萨驰公司认为 VMI 公司和固铂公司涉嫌侵害其专利权，通过直接向知识产权局投诉的方式对其权利予以救济。知识产权局对于萨驰公司的投诉予以立案受理，并组织了专门的行政执法人员进行行政调查。萨驰公司和 VMI 公司、固铂公司之间的专利侵权纠纷已经进入了法定的纠纷解决程序，且未有证据显示萨驰公司有不配合或阻碍行政程序正常开展的情形，故 VMI 公司和固铂公司可以通过该行政程序确定其是否构成侵权。此种方式与专利法意义上的“侵权警告”有本质区别。即便行政调查程序因固铂公司向专利复审委申请宣告涉案专利无效而中止，但是中止的原因和结果均非萨驰公司所掌控和推动。就确认不侵权诉讼的初衷和定位而言，是为了制止知识产权的滥用，保障和发展当事人的诉权。在萨驰公司依法行使其法定维权行为，未有滥用知识产权的情况下，萨驰公司向知识产权局的行政投诉不构成专利法意义上的“侵权警告”。

关于提起诉讼的时点判断问题，原审法院认为，如何认定专利法司法解释中“提起诉讼”的时点问题，关键在于如何正确理解我国设定“提起诉讼”为知识产权确认不侵权之诉受理条件的立法理由。专利法司法解释将权利人未在合理期限内撤回警告或提起诉讼作为确认不侵权之诉的受理条件之一，原因在于确认不侵权之诉本身的制度定位在于将被警告人或利害关系人从法律权利义务的不安定状态中解救出来，制止权利人对知识产权的滥用，实现当事人之间的利益平衡。这也决定着确认不侵权之诉是当事人的一种辅助救济手段。如若权利人在合理期限内撤回了警告，或提起了诉讼，则被警告人或利害关系人已从不确定状态中解救，无需再通过这一制度来解决当事人之间的纷争。因此，当权利人提起诉讼，向人民法院为裁判上的请求，请求公权力机关行使公权力救济自己的权利时，请求的意思表示到达法院即发生法律效力，即应认定权利人积极主张了权利。因此，此处的“提起诉讼”是指权利人起诉的行为，而非法院受理的行为。“提起诉讼”的时点应为权利人主张权利提起诉讼的时间，而非法院受理的时间。萨驰公司于 2018 年 10 月 19 日向原审法院提交了针对涉案专利的起诉材料，10 月 26 日预缴了案件受理费。上述两个时间点均在萨驰公司收到催告函之后的一个月内。由此可见，萨驰公司在收到催告函之后一个月内积极寻求人民法院对其权利进行救济的意思表示是明确的，且也是及时的。故在权利人积极行使权利，已在合理期限内启动诉讼程序的情形下，VMI 公司和固铂公司不应当就相同的法律关系再提起确认不侵权诉讼。

因此，即便萨驰公司发出过侵权警告，但基于萨驰公司在合理期限内提起了诉讼，也不符合确认不侵权之诉的受理条件，应驳回 VMI 公司和固铂公司的起诉。同时，鉴于 VMI 公司和固铂公司提起过确认不侵权之诉，从维护双方权益、提高审判效率的角度出发，在侵权诉讼中，法院将视情况对萨驰公司的撤诉权进行一定的审查或限制。

综上，原审法院裁定：驳回 VMI 公司、固铂公司的起诉。

二审中，VMI 公司向本院提交了如下六份新证据：

1. 萨驰公司行政投诉书、苏州市知识产权局答辩通知书、合议组组成人员告知书、举证通知书、苏州市知识产权行政执法支队勘验情况说明。

2. 萨驰公司行政投诉书、江苏省知识产权局送达回执、答辩通知书、举证通知书、行政投诉受理通知书、勘验笔录。

3. 江苏省知识产权局苏知法处字（2018）9 号结案通知书、送达回执。

上述证据 1—3 目的是证明：被上诉人提起的行政投诉从未将 VMI 公司列为被请求人；被上诉人请求知识产权局责令使用者停止使用被诉侵权产品；被上诉人提起的行政投诉对上诉人造成了实际影响，并使得上诉人是否构成侵权处于不确定状态。

4. 萨驰公司诉前证据保全申请书、苏州市中级人民法院（2018）苏 05 证保 56—57 号民事裁定书、苏州市中级人民法院送达文书。

5. 萨驰公司的起诉书［案号（2018）苏 05 民初 1095—1096 号］、苏州市中级人民法院送达文书。

上述证据 4—5 目的是证明：在固铂公司两次均配合行政执法人员现场勘验的情况下，被上诉人仍启动诉讼程序；被上诉人并未将行政投诉程序作为定分止争的司法程序，而是通过反复多次提起行政投诉、侵权诉讼持续滋扰上诉人正常的生产经营；为了避免生产经营处于极度不确定的状态，上诉人发出催告函完全符合确认不侵权制度的设立本意。

6. VMI 公司增加诉讼请求申请书及寄送凭证，目的是证明本案确认不侵权之诉的诉讼请求范围大于相应的积极之诉，至少超出的部分诉讼请求不应被驳回；原审法院没有就上诉人增加诉讼请求的申请作出处理，程序违法。

固铂公司对 VMI 公司所提交证据的真实性、合法性、关联性及其证明目的均予以认可。

萨驰公司对 VMI 公司所提交证据的真实性、合法性予以认可，对其关联性和证明目的均不予认可。

本院的认证意见为：上述证据 1 中的勘验情况说明已作为原审证据，因此不属于二审新证据；证据4、5所涉专利并非本案涉案专利，与本案无关，因此不属于本案二审新证据。本院对VMI公司提交的其余证据的真实性、合法性、关联性予以确认，但对于是否能达到其证明目的，下文将结合全案事实予以综合认定。

固铂公司、萨驰公司未向本院提交新证据。

本院经审理查明，原审法院查明的事实基本属实。本院另查明：1. 萨驰公司涉案行政处理的请求事项为责令固铂公司停止侵害涉案专利权的行为，包括但不限于停止使用型号为MAXX的轮胎成型机；2. 江苏省知识产权局于2018年7月12日前往固铂公司对型号为MAXX的轮胎成型机进行现场勘验；3. 萨驰公司于2018年12月18日向江苏省知识产权局撤回涉案专利侵权纠纷处理请求；4. VMI公司于2019年1月16日向原审法院寄送增加诉讼请求申请书，请求确认VMI245全自动一次法轮胎成型机不侵害涉案专利权。经本院核实，原审法院已收到前述增加诉讼请求申请书。

本院认为，本案二审阶段的主要争议焦点有三：其一，萨驰公司提起的专利侵权纠纷处理请求是否构成专利法意义上的侵权警告；其二，萨驰公司提起侵权诉讼的时间应当如何确定；其三，上诉人提起的确认不侵权之诉的请求是否超越涉案专利侵权纠纷处理请求的范围。

一、萨驰公司提起的专利侵权纠纷处理请求是否构成专利法意义上的侵权警告

本院认为，权利人主张相对方侵权，但又不通过法定程序予以解决，使相对方处于不确定状态，确认不侵权诉讼的制度目的在于赋予相对方诉权，使其有途径消除这种不确定状态。确认不侵害专利权之诉，其审理范围在于确定原告所实施的技术方案是否落入被告专利权的保护范围，其目的也在于消除原告对其所实施的技术方案是否落入他人专利权保护范围不确定的状态，以利于其经营决策。在专利侵权纠纷中，对于纠纷由专利行政部门处理还是由人民法院审理，专利权人有一定的选择权，但无论该纠纷由专利行政部门处理还是由人民法院审理，关键均在于确定被控侵权产品或方法是否落入涉案专利权的保护范围。首先，本案中萨驰公司向专利行政部门提起处理专利侵权纠纷的请求，表明其认为涉案的型号为MAXX的轮胎成型机侵害其涉案专利权。虽然该行政处理程序的相对方为被控侵权设备的使用者固铂公司，但对于该型号设备生产者的VMI公司，其必然认识到其所生产、销售的设备可能受到侵权指控，一旦纠纷处理机关认定构成侵权，其设备市场必然受到影响，因此，本案中行政处理程序对VMI公司经营的影响是客观存在的。其次，萨驰公司提起的专利侵权纠纷处理请求，被请求人仅为设备使用者固铂

公司，而设备的制造者VMI公司并非被请求人，VMI公司没有参与到该行政处理程序中的机会，无法在该行政处理程序中主张相应权利。对于VMI公司而言，其所制造、销售的被控侵权设备是否会被专利行政部门认定构成侵权，已经处于一种不确定的状态，其产品销售市场可能因此受到影响，并且其权益在相应行政处理程序中无法得到保障。VMI公司提起本案确认不侵害专利权之诉的目的，在于尽快通过司法程序确认其生产、销售的MAXX型号轮胎成型机未落入萨驰公司涉案专利权的保护范围，从而自可能面临侵权指控的不确定状态中解脱出来并稳定其相应市场。无论如何，尽快确定MAXX型号轮胎成型机是否落入萨驰公司涉案专利权的保护范围，既符合本案涉案各方的利益，也有利于节约行政和司法资源。本案中权利人请求专利行政部门处理专利侵权纠纷，其处理结果可能直接影响未作为被请求人的VMI公司的利益，可认为其已受到侵权警告。因此，本案中对于VMI公司而言，应将萨驰公司提起的专利侵权纠纷处理请求认定为属于专利法司法解释第十八条所称的侵权警告，VMI公司关于萨驰公司专利侵权纠纷处理请求属于侵权警告的上诉理由具有合理性，原审法院适用法律不当，本院予以纠正。此外，专利权人是否滥用其权利并非认定其行为是否构成侵权警告的前提，确认不侵权之诉本身并不处理专利权人是否滥用其权利的问题，原审法院并未对萨驰公司是否滥用其知识产权进行单独认定，VMI公司、固铂公司关于原审法院未认定萨驰公司滥用知识产权属事实认定错误的上诉理由不能成立。

二、萨驰公司提起侵权诉讼的时间应当如何确定

确认不侵害专利权之诉与同一范围的专利侵权之诉，实质上均处理被诉侵权行为人所实施的技术方案是否落入涉案专利权保护范围的问题，如专利侵权之诉在先，则相对方可提出不侵权抗辩，并无必要进行相应的确认不侵害专利权之诉。专利权人未在合理期限内撤回警告或提起诉讼是确认不侵害专利权之诉的受理条件之一，如权利人在合理期限内撤回警告或提起诉讼，则被警告人或利害关系人已从不确定状态中解脱，或者可在专利侵权诉讼中解决纠纷，而无需再通过确认不侵权诉讼来解决纠纷。本案中，原审法院于2018年10月19日即已收到萨驰公司提交的起诉材料，萨驰公司亦于同月26日预交了案件受理费，可将萨驰公司提起侵权诉讼的时间确定为2018年10月19日，此时点尚在VMI公司发出催告函两个月之内、萨驰公司收到催告函一个月之内。因此，虽然本案中萨驰公司请求专利行政部门处理侵权纠纷属于侵权警告，但萨驰公司作为专利权人已在合理期限内提起侵权诉讼，VMI公司、固铂公司提起的本案确认不侵害专利权之诉，并不符合专利法司法解释规定的相应受理条件。综上，VMI公司、固铂公司关于萨驰公司提起

诉讼的时间应以法院受理时间为准、确认不侵权之诉应独立存在的上诉理由不能成立。

三、本案确认不侵害专利权之诉的请求是否超越涉案专利侵权纠纷处理请求的范围

根据确认不侵害专利权之诉的制度目的，其请求确认的范围不应超出权利人侵权警告的范围，否则其将是无本之木，即专利权人的侵权警告是相对方提起确认不侵害专利权之诉的基本前提。凡相对方超出专利权人侵权警告范围的诉讼请求，均不应纳入确认不侵害专利权之诉的审理范围。本案二审中，各方当事人均确认 MAXX 型号轮胎成型机与 VMI 公司增加诉讼请求申请书中的 VMI245 全自动一次法轮胎成型机属于不同的设备。本案中萨驰公司的专利侵权纠纷处理请求仅涉及 MAXX 型号轮胎成型机，其所使用的“包括但不限于”一语，并不意味着其请求处理事项可无限扩展至其他设备，且相关专利行政部门亦仅针对 MAXX 型号轮胎成型机展开相应处理程序，这意味着萨驰公司的侵权警告仅指向 MAXX 型号轮胎成型机。当事人不能提起超出侵权警告范围的确认不侵害专利权之诉，因此 VMI 公司所增加的诉讼请求，不应在本案中予以处理。如 VMI 公司认为其 VMI245 全自动一次法轮胎成型机收到了其他侵权警告，可另行寻求救济。据此，VMI 公司、固铂公司关于其增加的诉讼请求不应被驳回、原审法院违反法定程序的上诉理由，本院不予支持。

综上所述，原审裁定认定事实基本清楚，适用法律不当之处本院已予纠正，不影响裁定结果，故对 VMI 公司、固铂公司的上诉请求，本院不予支持。依照《中华人民共和国民事诉讼法》第一百七十条第一款第一项、《最高人民法院关于适用〈中华人民共和国民事诉讼法〉的解释》第三百三十四条之规定，裁定如下：

驳回上诉，维持原裁定。

本裁定为终审裁定。

审 判 长 徐卓斌
审 判 员 邓 卓
审 判 员 高 雪
二〇一九年六月十二日
法官助理 周 雷
书 记 员 王文婷

# 15. 职务发明专利权属纠纷中“与原单位有关的发明创造”的判断

——再审申请人李坚毅、深圳市远程智能设备有限公司与被申请人深圳市卫邦科技有限公司专利权权属纠纷案①

**中华人民共和国最高人民法院民事裁定书（2019）最高法民申 6342 号**

再审申请人（一审被告、二审上诉人）：李坚毅。

再审申请人（一审被告、二审上诉人）：深圳市远程智能设备有限公司。住所地：广东省深圳市宝安区沙井街道蚝一社区锦绣路田沁苑 5 栋 5 层 501 号房（办公场所）。

法定代表人：李坚毅，该公司总经理。

被申请人（一审原告、二审被上诉人）：深圳市卫邦科技有限公司。住所地：广东省深圳市南山区桃源街道田寮工业 A 区 9 栋 1 楼。

法定代表人：刘葆春，该公司总经理。

再审申请人李坚毅、深圳市远程智能设备有限公司（以下简称远程公司）因与被申请人深圳市卫邦科技有限公司（以下简称卫邦公司）专利权权属纠纷一案，不服广东省高级人民法院（2018）粤民终 2262 号民事判决，向本院申请再审。本院依法组成合议庭进行了审查，现已审查终结。

李坚毅、远程公司申请再审称，（一）李坚毅、远程公司能够提供新证据，证明卫邦公司在李坚毅入职前已经完成了静脉配药装置的研发，并进入了样机生产制造流程。在卫邦公司完成静脉配药装置研发约 3 个月后，李坚毅才入职卫邦公司，没有参与静脉配药装置研发工作。卫邦公司有关李坚毅参与静脉配药装置研发工作的证据都不是真正涉及研发的必要文件，不具有关联性。（二）一审判决认定涉案专利为职务发明创造，属于事实认定错误。1. 涉案专利与李坚毅的本职工作，以及卫邦公司分配给李坚毅的工作任务没有关联性。2. 卫邦公司提供的证据仅能证明李坚毅在卫邦公司从事研发管理工作，并非技术研发工作。3. 卫邦公司提供的几张图纸不是涉及技术研发的

① 本案在年度报告中的位置为第 27 页。

必要文件，不具有关联性。4. 一审法院依据卫邦公司提交的李坚毅与研发人员之间工作交流的电子邮件，认定李坚毅参与了具体的研发工作，属于事实认定错误。5. 李坚毅的职务是生产制造总监，主要负责设备的批量生产。6. 部分电子邮件的内容没有涉及任何研发技术数据。对于2013年4月9日的电子邮件，卫邦公司没有证据进一步证明李坚毅收到了该邮件并参与了讨论会。7. 李坚毅从事的仅仅是研发管理。一审法院依据卫邦公司提交的《请假单》、《采购申请单》和《订货单》，认定李坚毅参与了具体的研发工作，属于事实认定错误。（三）涉案专利不属于《中华人民共和国专利法》① 第六条、《中华人民共和国专利法实施细则》第十二条规定的“职务发明创造”。卫邦公司也没有确凿的证据证明涉案专利属于李坚毅“履行本单位交付的本职工作以外的任务作出的发明创造”。（四）卫邦公司的CN102847473专利（以下简称473专利）已于2013年1月2日公开。涉案专利与473专利相比，二者技术特征不同，涉案专利具有创新性。一审法院认为两项专利有一定的相似性和关联性，进一步推断二者具有密切关系，认定涉案专利在473专利的基础上改进的可能性比较大，缺乏证据证明和法律依据。二审法院认为二专利所涉技术领域相同，技术方案的差别并不构成李坚毅独立完成涉案专利的有效证据，不符合专利法的相关规定。（五）二审判决认定“无法推断出李坚毅具备独立完成该发明的能力”，没有事实和法律依据。在入职卫邦公司前，李坚毅已有静脉配药装置的相关经验。综上，请求本院：撤销二审判决，本案一、二审及再审诉讼费用全部由卫邦公司承担。

卫邦公司提交意见称，在专利权权属纠纷中并不需要将涉案专利与原单位的技术一一进行技术特征的比对，而只要求发明创造与员工在原单位从事的本职工作“有关”即可认定涉案专利归原单位所有。二审法院认定涉案专利与李坚毅在卫邦公司承担的本职工作或分配的任务“有关”，事实清楚。李坚毅申请再审时提供的证据与其证明目的无关，不应予以采信。

李坚毅、远程公司在再审审查中提交如下证据：

1. 证人何某的证人证言，用于证明在李坚毅2012年9月24日入职卫邦公司之前，卫邦公司就已经完成了静脉用药自动配药装置的研发工作，并进入了样机生产制造流程；

2.《产品系统设计》，系普通高校教育工业设计专业“十二五”规划教材；

3.《研发各岗位职责与考核精益管理》，系教育部人文社会科学项目

---

① 此处指2008年《中华人民共和国专利法》，其已于2020年修改，本案下同。

“企业研发人员隐性知识的结构及测量研究”研究成果；

4.《研发管理流程与节点精益管理》，系教育部人文社会科学项目“企业研发人员隐性知识的结构及测量研究”研究成果；

5.《研发管理文书与方案精益设计》，系教育部人文社会科学项目“企业研发人员隐性知识的结构及测量研究”研究成果；

6.《研发管理制度与表单精益设计》，系教育部人文社会科学项目“企业研发人员隐性知识的结构及测量研究”研究成果；

7.《研发部门看图看板管理与问答·实战精华版》；

8. 李坚毅2015—2018年申请并获得授权的专利状况，拟证明李坚毅于2015年至2018年期间已申请并获得授权的16项专利都与静脉用药配置装置技术有关，其中包括智能配药机器人、微型安瓿瓶配药机和微型西林瓶配药机等；

9. 从国家知识产权局网站下载的《涉案专利检索》《卫邦公司对比专利检索》《卫邦公司专利发明人统计》《卫邦公司专利申请日统计》，拟证明在李坚毅入职前，卫邦公司已经完成了静脉配药装置研发工作。

本案经审查，上述证据2—7不能证明本案事实，与本案不具有关联性。对于其他证据能否实现证明目的，本院结合一、二审查明的相关事实予以认定。

本院经审查认为，根据当事人的申请再审理由，本案的争议焦点为涉案专利是否属于李坚毅在卫邦公司工作期间的职务发明创造。

《中华人民共和国专利法》（以下简称专利法）第六条规定：“执行本单位的任务或者主要是利用本单位的物质技术条件所完成的发明创造为职务发明创造。职务发明创造申请专利的权利属于该单位……”《中华人民共和国专利法实施细则》（以下简称专利法实施细则）第十二条第一款第三项规定，“退休、调离原单位后或者劳动、人事关系终止后1年内作出的，与其在原单位承担的本职工作或者原单位分配的任务有关的发明创造”属于职务发明创造。

发明创造是复杂的智力劳动，离不开必要的资金、技术和研发人员等资源的投入或支持，并承担相应的风险。在涉及与离职员工有关的职务发明创造的认定时，既要维护原单位对确属职务发明创造的科学技术成果享有的合法权利，鼓励和支持创新驱动发展，同时也不宜对专利法实施细则第十二条第一款第三项规定的“有关的发明创造”作过于宽泛的解释，导致在没有法律明确规定或者竞业限制协议等合同约定的情况下，不适当地限制研发人员的正常流动，或者限制研发人员在新的单位合法参与或开展新的技术研发活动。因此，在判断涉案发明创造是否属于专利法实施细则第十二条第一款第三项规定的“有关的发明创造”时，应注重维护原单位、离职员工以及离职员工新任职单位之间的利益平衡，综合考虑以下因素：一是离职员工在原单位承担的本职工作或原单位分配的任务的具体内容，包括工作职责、权限，能够接触、控制、获取的与涉案专利有关的技术信息等。二是涉案专利的具体情况，包括其技术领域，解决的技术问题，发明目的和技术效果，权利要求限定的保护范围，涉案专利相对于现有技术的“实质性特点”等，以及涉案专利与本职工作或原单位分配任务的相互关系。三是原单位是否开展了与涉案专利有关的技术研发活动，或者是否对有关技术具有合法的来源。四是权利人、发明人能否对于涉案专利的研发过程或者技术来源作出合理解释，相关因素包括涉案专利技术方案的复杂程度，需要的研发投入，以及权利人、发明人是否具有相应的知识、经验、技能或物质技术条件，是否有证据证明其开展了有关研发活动等。

结合本案一、二审法院查明的有关事实以及再审申请人提交的有关证据，本院围绕前述四个方面的因素，就本案争议焦点认定如下：

首先，关于李坚毅在卫邦公司任职期间承担的本职工作或分配任务的具体内容。第一，李坚毅于卫邦公司任职期间担任生产制造总监，直接从事配药设备和配药装置的研发管理等工作。其在再审申请书中，也认可其从事了“研发管理工作”。第二，李坚毅在卫邦公司任职期间，曾以部门经理名义，在研发部门采购申请表上签字，并在多份与涉案专利技术密切相关且加盖有“受控文件”的技术图纸审核栏处签字。第三，李坚毅多次参与卫邦公司内部与用药自动配药设备和配药装置技术研发有关的会议或讨论，还通过电子邮件接收研发测试情况汇报，安排测试工作，并对研发测试提出相应要求。综上，根据李坚毅在卫邦公司任职期间承担的本职工作或分配的任务，其能够直接接触、控制、获取卫邦公司内部与用药自动配制设备和配药装置技术研发密切相关的技术信息，且这些信息并非本领域普通的知识、经验或技能。因此，李坚毅在卫邦公司承担的本职工作或分配的任务与涉案专利技术密切相关。对于李坚毅有关其仅仅是进行研发管理，没有参与卫邦公司有关静脉配药装置的研发工作，卫邦公司的相关证据都不是真正涉及研发的必要文件等相关申请再审理由，本院均不予支持。

其次，关于涉案专利的具体情况及其与李坚毅的本职工作或分配任务的相互关系。第一，涉案专利涉及“静脉用药自动配制设备和摆动型转盘式配药装置”，其针对的技术问题是：“1. 药剂师双手的劳动强度很大，只能进行短时间的工作；2. 由于各药剂师技能不同、配药地点也不能强制固定，造成所制制的药剂药性不稳定；3. 化疗药剂对药剂师健康危害较大。”实现的技术效果是：“本发明采用机器人完成静脉注射用药的整个配制过程，采用机电一体化来控制配制的药剂量准确，提高了药剂配制质量；医务人员仅需要将预先的药瓶装入转盘工作盘和母液架，最后将配制好的母液瓶取下，极大地减少了医务人员双手的劳动强度；对人体有害的用药配制（比如化疗用药），由于药剂师可以不直接接触药瓶，采用隔离工具对药瓶进行装夹和取出，可以很大程度地减少化疗药液对人体的健康损害。”在涉案专利授权公告的权利要求 1 中，主要包括底座、转盘工作台、若干个用于固定药瓶的药瓶夹、具座、转盘座、转盘传动机构和转盘电机、近后侧的转盘工作台两边分别设有背光源和视觉传感器、机器人、夹具体、输液泵、输液管、针具固定座、针具夹头、前后摆动板、升降机构等部件。第二，卫邦公司于 2012 年 9 月 4 日申请的 473 专利的名称为“自动化配药系统的配药方法和自动化配药系统”，其针对的技术问题是：“医院中配制药物的方式均通过医护人员手工操作。……操作时医护人员工作强度高，而且有的药物具有毒性，对医护人员的安全有着较大的威胁。”发明目的是：“在于克服上述现有技术的不足，提供一种自动化配药系统的配药方法和自动化配药系统，其可实现自动配药，医护人员无需手动配制药液，大大降低了医护人员的劳动强度，有利于保障医护人员的健康安全。”实现的技术效果是：“提供一种自动化配药系统的配药方法和自动化配药系统，其可快速完成多组药液的配制，提高了配药的效率，大大降低了医护人员的劳动强度，有利于保障医护人员的健康安全。”473 专利的说明书中，还公开了“药液输入摇匀装置”“卡夹部件”“输液软管装填移载及药液分配装置”“用于折断安瓿瓶的断瓶装置”“母液瓶夹持装置”“母液瓶”“可一次容纳多个药瓶的输入转盘”等部件的具体结构和附图。将涉案专利与卫邦公司的 473 专利相比，二者解决的技术问题、发明目的、技术效果基本一致，二者技术方案高度关联。二审法院结合涉案专利的审查意见、引证专利检索，认定 473 专利属于可单独影响涉案专利权利要求的新颖性或创造性的文件，并无不当。第三，在卫邦公司提供的与李坚毅的本职工作有关的图纸中，涉及“输入模块新盖”“沙窝复合针装配”“蠕动泵输液针”“蠕动泵上盖连接板实验”“装配体”“左夹爪”“右夹爪”“机械手夹爪 1”“机械手夹爪 2”等与涉案专利密切相关的部件，相关图纸上均加盖“受控文件”章，在“审核”栏处均有李坚毅的签字。第四，在李坚毅与卫邦公司有关工作人员的往来电子邮件中，讨论的内容直接涉及转盘抱爪、母液上料方案、安瓿瓶掰断测试等与涉案专利技术方案密切相关的研发活动。综上，涉案专利与李坚毅在卫邦公司承担的本职工作或分配的任务密切相关。

再次，卫邦公司在静脉用药自动配制设备领域的技术研发是持续进行的。卫邦公司成立于2002年，经营范围包括医院静脉配液系列机器人产品及配液中心相关配套设备的研发、制造、销售及售后服务。其在2010年2月至2016年7月期间先后申请了60余项涉及医疗设备、方法及系统的专利，其中44项专利是在李坚毅入职卫邦公司前申请，且有多项专利涉及自动配药装置。因此，对于李坚毅依据其向本院提交的证据1、9，主张卫邦公司在其入职前已经完成了静脉配药装置研发工作，涉案专利不属于职务发明创造的相关申请再审理由，本院不予支持。

最后，关于李坚毅、远程公司能否对涉案专利的研发过程或者技术来源作出合理解释。根据涉案专利说明书，涉案专利涉及“静脉用药自动配制设备和摆动型转盘式配药装置”，共有13页附图，约60个部件，技术方案复杂，研发难度大。李坚毅作为涉案专利唯一的发明人，在离职卫邦公司后不到3个月即以个人名义单独申请涉案专利，且不能对技术研发过程或者技术来源做出合理说明，不符合常理。而且，根据二审法院的认定，根据李坚毅一审提交的专利搜索网页打印件及自制专利状况汇总表，李坚毅作为发明人，最早于2013年7月12日申请了涉案专利以及201320416724.5号“静脉用药自动配制设备和采用视觉传感器的配药装置”实用新型专利，而在此之前，本案证据不能证明李坚毅具有能够独立研发涉案专利技术方案的知识水平和能力。

综上，综合考虑本案各相关事实以及李坚毅、远程公司向本院提交的有关证据，一、二审法院认定涉案专利属于李坚毅在卫邦公司工作期间的职务发明创造并无不当。李坚毅、远程公司的申请再审理由均不能成立。

依照《中华人民共和国民事诉讼法》第二百零四条第一款，《最高人民法院关于适用〈中华人民共和国民事诉讼法〉的解释》第三百九十五条第二款规定，裁定如下：

驳回李坚毅、深圳市远程智能设备有限公司的再审申请。

审 判 长 杜微科
审 判 员 吴 蓉
审 判 员 张玲玲
二〇一九年十二月三十一日
法官助理 高曈辉
书 记 员 杨钰桐

# 17. 专利侵权案件审理期间权利人据以主张专利权的权利要求被宣告无效后的程序处理

——上诉人沈阳飞行船数码喷印设备有限公司与被上诉人青岛瀚泽电气有限公司侵害发明专利权纠纷案①

**中华人民共和国最高人民法院民事裁定书（2019）最高法知民终161号**

上诉人（原审原告）：沈阳飞行船数码喷印设备有限公司。住所地：辽宁省沈阳经济技术开发区三号街2甲5号。

法定代表人：梁健，该公司总经理。

委托诉讼代理人：冯伟，辽宁卓政律师事务所律师。

委托诉讼代理人：王辉，女，该公司工作人员。

被上诉人（原审被告）：青岛瀚泽电气有限公司。住所地：山东省青岛市城阳区城阳街道秋阳路117号乙。

法定代表人：姜涛，该公司董事。

委托诉讼代理人：王磊，山东千慧律师事务所律师。

上诉人沈阳飞行船数码喷印设备有限公司（以下简称飞行船公司）与被上诉人青岛瀚泽电气有限公司（以下简称瀚泽公司）侵害发明专利权纠纷一案，不服山东省济南市中级人民法院（2018）鲁01民初2077号之一民事裁定，向本院提起上诉。

飞行船公司提起上诉称：原审法院采信的国家知识产权局作出的无效宣告请求审查决定书其并未收到，该证据未经庭审质证，审理程序违法。审查决定的结论是宣告专利权部分无效，而不是全部无效，飞行船公司诉争的权利要求是否在被宣告无效的范围内，原审法院没有审查。涉案权利要求1只是被修改，并非被认定无效，原审法院直接裁定驳回起诉，属于适用法律错误。请求撤销原审裁定，指令原审法院审理本案。

瀚泽公司未提交答辩意见。

原审法院认定事实：针对涉案专利号为ZL20141010××××.7、名称为

---

① 本案在年度报告中的位置为第30页。

“一种同步单双面数码喷绘机及其绕布方法”的发明专利权（以下简称涉案专利），国家知识产权局于2019年5月16日作出第16225号无效宣告请求审查决定（以下简称16225号决定），宣告涉案专利权部分无效，在专利权人2019年1月9日提交的权利要求1—9的基础上继续维持涉案专利有效。其中，被维持有效的权利要求1是专利权人将原权利要求2中的技术特征“所述两主动辊为第一主动辊（5）及第二主动辊（20）”和原权利要求6中的技术特征“所述画布（24）的正反两面依次与第一、二主动辊（5、20）相接触，所述第一、二主动辊（5、20）分别由两个独立的驱动装置驱动同步逆向旋转”加入到原权利要求1之后修改而成。原审法院认为，权利人在专利侵权诉讼中主张的权利要求被专利复审委员会宣告无效的，审理侵犯专利权纠纷案件的人民法院可以裁定驳回权利人基于该无效权利要求的起诉。在涉案专利无效宣告前，飞行船公司在庭审辩论终结前当庭明确以修改前的原权利要求1作为其所主张的保护范围，而16225号决定作出后，涉案专利权利要求1的内容已发生变更，飞行船公司提起本案诉讼的权利基础丧失，应予驳回。

本院认为，结合飞行船公司的上诉请求以及本案案情，本案的焦点问题在于：原审裁定驳回起诉是否正确。具体而言，该问题涉及在专利权被部分宣告无效的情况下，审理侵权纠纷的人民法院可否直接裁定驳回原告起诉。

《最高人民法院关于审理侵犯专利权纠纷案件应用法律若干问题的解释（二）》（以下简称《专利应用法律司法解释（二）》）第一条规定，权利要求书有两项以上权利要求的，权利人应当在起诉状中载明据以起诉被诉侵权人侵犯其专利权的权利要求。起诉状对此未记载或者记载不明的，人民法院应当要求权利人明确。经释明，权利人仍不予明确的，人民法院可以裁定驳回起诉。第二条第一款规定，权利人在专利侵权诉讼中主张的权利要求被专利复审委员会宣告无效的，审理侵犯专利权纠纷案件的人民法院可以裁定驳回权利人基于该无效权利要求的起诉。《专利应用法律司法解释（二）》第一条规定了权利人应当在起诉状中明确其主张保护范围的权利要求，并进一步规定，即使权利人在起诉状中未予明确，人民法院也应当通过释明要求权利人进行明确。权利人仍不予明确的，人民法院才可以裁定驳回起诉。参照该条规定，虽然权利人此前据以主张保护范围的某一项权利要求被宣告无效，但是涉案专利还存在其他被维持有效的权利要求，特别是原权利要求经过修改，进一步限缩了其保护范围的情况下，人民法院应当给予权利人再次明确其据以主张保护范围的权利要求的程序性权利，并在权利人重新明确的权利要求的基础上继续审理。

本案中，专利权人在无效宣告程序中通过主动修改的方式对原权利要求1进行了修改。修改后的权利要求1补入了技术特征，形成了不同的技术方案，具有不同的保护范围，从而替代了修改前的原权利要求1的保护范围，而且其他从属权利要求也相应进行了修改。该修改后的权利要求被16225号决定维持有效，形成了新的权利要求。在涉案专利权被宣告部分无效之后，只要原审法院尚未作出判决，原审法院就应当依法向权利人飞行船公司释明，由权利人飞行船公司在维持有效的权利要求范围内明确其主张保护范围的权利要求。但是，原审法院并未给予权利人飞行船公司重新明确权利要求的程序性权利，未经释明直接裁定驳回了飞行船公司的起诉，属适用法律错误。

综上，依照《中华人民共和国民事诉讼法》第一百七十条第一款第二项、第一百七十一条，《最高人民法院关于适用〈中华人民共和国民事诉讼法〉的解释》第三百三十二条规定，裁定如下：

一、撤销山东省济南市中级人民法院（2018）鲁01民初2077号之一民事裁定；

二、本案指令山东省济南市中级人民法院审理。

本裁定为终审裁定。

审　判　长　焦　彦
审　判　员　佘朝阳
审　判　员　魏　磊
二〇一九年八月六日
法官助理　刘　洋
书　记　员　韩　丰

# 18. 专利侵权案件审理期间权利要求中部分并列技术方案被宣告无效后的处理

——上诉人深圳市云充吧科技有限公司与被上诉人深圳来电科技有限公司侵害实用新型专利权纠纷案①

**中华人民共和国最高人民法院民事判决书（2019）最高法知民终350号**

上诉人（原审被告）：深圳市云充吧科技有限公司。住所地：广东省深圳市龙华区民治街道民乐社区星河WORLD二期D栋703。

法定代表人：侯天赐，该公司首席执行官。

委托诉讼代理人：路传亮，中国国际贸易促进委员会专利商标事务所专利代理师。

委托诉讼代理人：魏辛欣，中国国际贸易促进委员会专利商标事务所工作人员。

被上诉人（原审原告）：深圳来电科技有限公司。住所地：广东省深圳市前海深港合作区前湾一路1号A栋201室（入驻深圳市前海商务秘书有限公司）。

法定代表人：韩冰，该公司董事长。

委托诉讼代理人：刘志伟，北京市隆安（深圳）律师事务所律师。

委托诉讼代理人：田双莉，北京市隆安（深圳）律师事务所律师。

上诉人深圳市云充吧科技有限公司（以下简称云充吧公司）因与被上诉人深圳来电科技有限公司（以下简称来电公司）侵害实用新型专利权纠纷一案，不服广东省深圳市中级人民法院于2019年2月25日作出的（2018）粤03民初361号民事判决，向本院提起上诉。本院于2019年8月16日立案后依法组成合议庭，并于2019年9月20日公开开庭审理了本案。上诉人云充吧公司的委托诉讼代理人路传亮、魏辛欣，被上诉人来电公司的委托诉讼代理人刘志伟到庭参加诉讼。本案现已审理终结。

云充吧公司上诉请求：1. 撤销原审判决，驳回来电公司的诉讼请求；2. 判

① 本案在年度报告中的位置为第31页。

令来电公司赔偿因恶意提起本案诉讼给云充吧公司带来的损失以及为一审、二审支付的合理开支100万元。事实与理由：（一）专利号为ZL201520691258.0、名称为“一种移动电源”实用新型专利（以下简称涉案专利）权利要求8的部分技术方案已被国家知识产权局专利复审委员会（以下简称专利复审委员会）宣告无效，来电公司的权利基础不复存在，云充吧公司不构成侵权，应当依法改判。此外，根据涉案专利无效宣告请求审查决定书的认定，对于涉案专利维持有效的权利要求8的包括技术特征“包括多组充电输入金属触点”的保护范围，其中“多组”应解释为大于两组而不包括两组。被诉侵权产品的两侧虽各有四个触点，但分别仅有正负一组充电输入金属触点，而涉案专利权利要求8维持有效的技术方案为大于两组充电输入金属触点，被诉侵权产品未落入涉案专利权利要求8的保护范围。（二）来电公司采取不正当竞争手段，恶意提起专利侵权诉讼，损害云充吧公司的合法权益，给云充吧公司造成巨大损失，应赔偿云充吧公司的损失及为侵权诉讼而支付的合理开支100万元。本院审理过程中，云充吧公司变更其第一项诉讼请求为驳回来电公司的起诉。

来电公司辩称：原审判决认定事实清楚，适用法律正确，应予维持。

来电公司向原审法院提起诉讼，原审法院于2018年1月3日立案受理。来电公司起诉请求：1. 判令云充吧公司停止制造、销售、许诺销售、使用侵犯涉案专利权的行为，销毁专用于生产侵权产品的设备、模具以及所有库存侵权产品；2. 云充吧公司赔偿来电公司经济损失及律师费、公证费等合理支出共400万元；3. 由云充吧公司承担本案全部诉讼费用。

原审法院认定如下事实：来电公司于2015年9月7日向国家知识产权局申请名称为“一种移动电源”的实用新型专利，于2016年6月8日获得授权，专利号为ZL201520691258.0，涉案专利按期缴纳了专利年费，处于有效法律状态。2016年7月11日，来电公司委托代理人刘志伟、郑晓伟与深圳市深圳公证处公证人员来到深圳市龙华区佐邻香颂购物中心，在一楼服务台旁标有“云充吧”字样的充电宝租赁设备上使用微信“扫一扫”功能，扫描设备上的二维码，支付押金后成功取得一块充电宝。使用微信“扫一扫”功能扫描设备上的二维码，租借另一块充电宝并随即归还，整个过程进行了拍照、录像。随后，公证人员对该租借充电宝进行封存，交刘志伟保管，制作了（2016）深证字第106761号公证书（以下简称106761号公证书）。对于上述侵权行为，来电公司起诉至法院，主张被诉侵权技术方案落入涉案专利权利要求1—3的保护范围，原审法院于2016年12月23日作出（2016）粤03民初1419号民事判决，认定云充吧公司制造、销售、许诺销售被诉侵权产品的行为构成侵权，判令云充吧公司停止侵权、赔偿损失。云充吧公司不服该判决，向广东省高级人民法院提起上诉。该案二审期间，专利复审委员会于2017年8月3日作出第32961号无效宣告请求审查决定书，宣告涉案专利权利要求1—5、权利要求7，引用权利要求1的权利要求8，引用权利要求1—5、权利要求7的权利要求9和权利要求10无效，在权利要求6以及引用权利要求6的权利要求8—10的基础上继续维持专利权有效。因来电公司请求保护的涉案权利要求1—3已于该案二审期间被宣告无效，广东省高级人民法院于2017年9月1日作出（2017）粤民终字1138号民事裁定，裁定撤销（2016）粤03民初1419号民事判决，驳回来电公司的起诉。

2018年1月17日，来电公司委托代理人左见峰在广州市南方公证处公证人员的现场监督下，操作公证处提供手机登录微信，添加“云充吧－公众号”关注“云充吧驿站”，进入“云充吧微驿站”，搜索位置查找附近云充吧，显示云充吧公司铺设的提供充电服务点数量多，并制作了（2018）粤广南方第004561号公证书（以下简称004561号公证书）。本案审理过程中，法院调取了在（2016）粤03民初1419号案中已出示并开拆比对的被诉侵权产品实物。被诉侵权产品为充电宝，产品正面印有“云充吧”字样，侧面标有“运营商：深圳市云充吧科技有限公司”字样及云充吧公司网址。

本案中来电公司请求保护涉案专利权利要求8，权利要求8引用权利要求6，权利要求6引用权利要求1，具体内容记载如下：

1. 一种移动电源，其特征在于，所述移动电源包括上盖、充电电池、电路板、一组充电输入金属触点和下盖，所述上盖和下盖配合形成移动电源外壳，充电电池和一组充电输入金属触点分别与电路板电连接，充电电池和电路板容置在移动电源外壳内，一组充电输入金属触点外露于移动电源外壳。

6. 如权利要求1所述的移动电源，其特征在于，所述移动电源还包括另一组充电输入金属触点或多组充电输入金属触点，每组充电输入金属触点外露于移动电源外壳的不同侧。

8. 如权利要求1或6所述的移动电源，其特征在于，每组充电输入金属触点至少包括两个充电输入金属触点，其中一个充电输入金属触点与电路板的充电输入端的正极电连接，另一个充电输入金属触点与电路板的充电输入端的负极电连接。

分解技术特征为：A. 一种移动电源，其特征在于，所述移动电源包括上盖、充电电池、电路板、一组充电输入金属触点和下盖；B. 上盖和下盖配合形成移动电源外壳；C. 充电电池和一组充电输入金属触点分别与电路板电连接；D. 充电电池和电路板容置在移动电源外壳内；E. 一组充电输入金属触点外露于移动电源外壳；F. 移动电源还包括另一组充电输入金属触点或多组充电输入金属触点；G. 每组充电输入金属触点外露于移动电源外壳的不同侧；H. 每组充电输入金属触点至少包括两个充电输入金属触点；I. 其中一个充电输入金属触点与电路板的充电输入端的正极电连接，另一个充电输入金属触点与电路板的充电输入端的负极电连接。

将被诉侵权技术方案与涉案专利请求保护的权利要求记载的技术特征进行比对。来电公司认为，被诉侵权产品全面覆盖了涉案专利权利要求 8 的全部技术特征，落入涉案专利权的保护范围。云充吧公司对来电公司的比对意见无异议。

原审法院认为：

本案为侵害实用新型专利权纠纷。涉案专利权被授予后，依法应受到法律保护，任何单位或者个人未经专利权人许可，都不得实施其专利，即不得为生产经营目的制造、使用、许诺销售、销售、进口其专利产品。

（一）云充吧公司实施了制造、使用被诉侵权产品的行为

云充吧公司认为其只提供充电宝租赁服务，且充电宝系从其他生产厂商采购而来，不存在制造、销售、许诺销售和使用的行为。对此，云充吧公司提交采购发票供参考，明确不作为本案证据使用，另在庭审时提交采购合同复印件。来电公司认为云充吧公司提交的采购合同没有原件且超出举证期限，采购合同的内容显示云充吧公司系委托第三方制造。来电公司认为被诉侵权产品上有云充吧公司名称，指明其是运营商，其制造被诉侵权产品的行为成立。来电公司提交云充吧公司在其微信公众号“云充吧驿站”截图打印件，认为该公众号上展示了被诉侵权产品的图片，并宣传“成为云充吧合伙人，共同分享蛋糕”“购买云充吧设备，即可享受两种收益”。106761 号公证书与 004561 号公证书证明云充吧公司将被诉侵权产品摆放在商场或者是店铺用于出租，其还实施了销售、许诺销售、使用行为。结合上述证据情况，被诉侵权产品为云充吧公司充电宝租赁设备提供的产品，云充吧公司将充电宝租赁设备放置商场等场所，向公众提供租赁被诉侵权产品充电的服务，并从投放使用中获取利益，应认定其实施了使用被诉侵权产品的行为。云充吧公司系被诉侵权产品标注的运营商，被诉侵权产品上亦标有云充吧字号与公司网址，即使被诉侵权产品系云充吧公司委托他人加工定制，亦属制造行为，应认定被诉侵权产品系云充吧公司制造。虽然云充吧公司在其微信公众号中宣传可购买云充吧设备成为合伙人，但是来电公司未能证明所述合伙即是销售被诉侵权产品的形式，以及云充吧公司所称的设备即是本案被诉侵权产品，故来电公司主张云充吧公司销售、许诺销售被诉侵权产品的依据不足，不予认定。

（二）云充吧公司制造、使用被诉侵权产品的获利

来电公司认为云充吧公司在其微信公众号上公开宣传其铺设设备超过1万台，不同点每台设备每天收益是63元、80元、147元不等，合伙人收益预测前三个月每台每天6元，三个月后每台每天10元。云充吧公司在官网文章《何为云充吧?》中宣称，其从2016年开始，在全国百多个城市，在景区、影院等地方铺设产品，某些铺设点年回报率达1200%、400%，获益较大。云充吧公司从每台设备上分成20%的收益，被诉侵权产品为云充吧公司三种型号中的一款，按每台每天10元计算云充吧公司获利数据为：2年×365天×10000台×10（元/台/天）×20%收益÷3种型号≈487万元。庭审时来电公司主张按每台每天50元、行业平均利润15%（来电公司推定）计算，云充吧公司收益为：2年×365天×10000台×50（元/台/天）×20%收益×15%（各行业平均利润率）÷3种型号≈365万元。云充吧公司辩称公司运营宣传不是准确的经营数据，来电公司起诉的三款充电宝产品侵权（本案为其中一款），只占其正常投放充电宝的不到10%，故对来电公司的计算方式有异议。对于该辩解，云充吧公司未提交证据。来电公司主张云充吧公司制造、使用被诉侵权产品的获利，其中充电设备铺设数量1万台来自云充吧公司网络文章宣传和搜索数据，云充吧公司虽否认其数据准确性，但未能举证证明其辩解，对来电公司主张的铺设数量予以采纳。来电公司起诉时计算方式未考虑利润率，庭审主张计算方式中每台每天收益50元及利润率为其推定，缺乏证据支持，而且云充吧公司提供的充电宝租借服务由网络运行程序、机柜、充电宝等组成，被诉侵权产品仅为云充吧公司提供相关服务的一部分，故来电公司所主张云充吧公司制造、使用被诉侵权产品获利的数额不够客观且依据不足，不予全额采信。

《中华人民共和国专利法》①（以下简称专利法）第五十九条第一款规定："发明或者实用新型专利权的保护范围以其权利要求的内容为准，说明书及附图可以用于解释权利要求的内容。"《最高人民法院关于审理侵犯专利权纠纷案件应用法律若干问题的解释》第七条规定："人民法院判定被诉侵权技术方案是否落入专利权的保护范围，应当审查权利人主张的权利要求所记载的全部技术特征。被诉侵权技术方案包含与权利要求记载的全部技术特征相同或者等同的技术特征的，人民法院应当认定其落入专利权的保护范围；被诉侵权技术方案的技术特征与权利要求记载的全部技术特征相比，缺少权利要求记载的一个以上的技术特征，或者有一个以上技术特征不相同也不等同

① 此处指2008年《中华人民共和国专利法》，其已于2020年修改，本案下同。

的，人民法院应当认定其没有落入专利权的保护范围。”来电公司请求保护权利要求8。经对比，被诉侵权技术方案落入了涉案专利权利要求8的保护范围。云充吧公司未经来电公司许可，以生产经营为目的实施了制造、使用被诉侵权产品的侵权行为，应当承担停止侵权、赔偿损失的民事责任。来电公司请求判令云充吧公司停止制造、使用被诉侵权产品，销毁库存侵权产品，应予以支持。考虑到被诉侵权产品铺设网点范围与数量等实际情况，判决时适当给予云充吧公司停止使用被诉侵权产品的期限。来电公司主张云充吧公司实施了销售、许诺销售被诉侵权产品行为且具有制造专用设备和模具，缺乏依据，不予支持。

关于赔偿数额，来电公司主张按云充吧公司侵权获利确定，其提交的云充吧公司获利计算方式中采用了云充吧公司公开的数据，虽然其计算的获利数额未合理排除整体运营投入等因素，但是云充吧公司具备举证能力而不举证，法院在来电公司主张的获利数额基础上，综合考虑云充吧公司提供涉案充电宝租借服务的整体投入、涉案专利在服务中贡献、来电公司维权支出等因素，确定云充吧公司赔偿数额为80万元。来电公司主张维权支出律师费、公证费部分未提交证据，鉴于该费用实际发生，已酌定计算在上述赔偿数额范围之内。来电公司诉讼请求超出该赔偿数额部分，不予支持。

原审法院判决：1. 云充吧公司立即停止制造侵害来电公司ZL201520691258.0、“一种移动电源”实用新型专利权产品；2. 云充吧公司于判决生效之日起三十日内停止使用侵害来电公司ZL201520691258.0、“一种移动电源”实用新型专利权产品，销毁库存侵权产品；3. 云充吧公司于判决生效后十日内赔偿来电公司经济损失（含合理费用）80万元；4. 驳回来电公司的其他诉讼请求。案件受理费38800元，由云充吧公司承担。

本院二审期间，当事人围绕上诉请求及答辩主张依法提交了证据。本院组织当事人进行了证据交换和质证。

云充吧公司为支持其上诉主张，提交了以下3份证据：证据1. 百度查询的网络打印件；证据2. 中国电力科学研究院有限公司出具的检测报告；证据1、证据2用以证明被诉侵权产品只有两组充电输入金属触点；证据3. 国家知识产权局于2018年6月26日作出的第36502号无效宣告请求审查决定书，用以证明维持有效的涉案专利权利要求8的技术方案为两组以上充电输入金属触点，被诉侵权产品未落入涉案专利权利要求8的保护范围。来电公司对上述证据发表了质证意见，其对证据的真实性、合法性和关联性均予以认可。

来电公司未提交新证据。

对于云充吧公司提交的上述证据，结合来电公司发表的质证意见，本院作如下认证：对3份证据的真实性、合法性和关联性予以确认。

本院审理查明，原审查明的事实属实。

本院另查明：

来电公司在涉案专利无效宣告程序中对权利要求书进行了删除式修改，仅保留授权公告文本中引用权利要求6的权利要求8，其余权利要求均删除。该权利要求如下：

“8. 一种移动电源，其特征在于，所述移动电源包括上盖、充电电池、电路板、一组充电输入金属触点和下盖，所述上盖和下盖配合形成移动电源外壳，充电电池和一组充电输入金属触点分别与电路板电连接，充电电池和电路板容置在移动电源外壳内，一组充电输入金属触点外露于移动电源外壳；

所述移动电源还包括另一组充电输入金属触点或多组充电输入金属触点，每组充电输入金属触点外露于移动电源外壳的不同侧；

每组充电输入金属触点至少包括两个充电输入金属触点，其中一个充电输入金属触点与电路板的充电输入端的正极电连接，另一个充电输入金属触点与电路板的充电输入端的负极电连接。”

2018年6月26日，专利复审委员会作出第36502号无效宣告请求审查决定书，宣告涉案专利权部分无效。该无效宣告请求审查决定书载明如下主要内容：权利要求8请求保护一种移动电源，包括两个并列技术方案，一是包括技术特征“还包括另一组充电输入金属触点”的技术方案（以下简称并列技术方案1），二是包括技术特征“还包括多组充电输入金属触点”的技术方案（以下简称并列技术方案2）。引用权利要求6的权利要求8的并列技术方案1不具备专利法第二十二条第三款规定的创造性。引用权利要求6的权利要求8的并列技术方案2相对于云充吧公司主张的证据组合方式具备创造性。在授权公告文本中引用权利要求6的权利要求8的并列技术方案2的基础上，继续维持涉案专利权有效。来电公司不服该无效宣告请求审查决定，于2018年7月向北京知识产权法院提起行政诉讼，该案目前尚在审理中。

二审庭审中，来电公司认可被诉侵权产品只有两组充电输入金属触点，同时其主张云充吧公司在供移动电源充电用的充电座里设置四根顶针，一组充电输入金属触点可分别与其中两根顶针接触充电，借此实现移动电源左右放反充电，解决了移动电源多面放反的问题，所以与涉案专利权利要求8中的“还包括多组充电输入金属触点”技术特征构成等同，被诉侵权产品仍然落入涉案专利权利要求8的保护范围。云充吧公司则主张涉案专利保护的是移动电源，被诉侵权产品只有两组充电输入金属触点，不能解释为具有多组充电输入金属触点，被诉侵权产品与涉案专利权利要求8“还包括多组充电输入金属触点”技术特征不构成等同，未落入涉案专利权的保护范围。

涉案专利说明书第【0011】段记载：“每组充电输入金属触点至少包括两个充电输入金属触点，其中一个充电输入金属触点与电路板的充电输入端的正极电连接，另一个充电输入金属触点与电路板的充电输入端的负极电连接。”第【0021】段记载：“一组充电输入金属触点 4 具体为外露于上盖 1 和下盖 5 配合出的其中一侧，当然也可以包括两组充电输入金属触点或多组充电输入金属触点，每组充电输入金属触点外露于移动电源外壳的不同侧，即使充电时将移动电源的方向放错了仍然能成功充电。”来电公司确认涉案专利权利要求、说明书中未记载移动电源左右放反仍可成功充电的技术方案。

本院认为，根据当事人的上诉请求、答辩主张及本案事实，本案在二审阶段的争议焦点为：在涉案专利权利要求 8 中的并列技术方案 1 已被国家知识产权局宣告无效，而来电公司依据该权利要求中维持有效的并列技术方案 2 继续主张权利的情况下，被诉侵权产品是否落入并列技术方案 2 的保护范围。

权利要求书中的独立权利要求应当从整体上反映发明或者实用新型的技术方案，记载解决技术问题的必要技术特征。将多个相对独立的技术特征以并列选择的方式撰写在一个独立权利要求中，应当理解为包括了多个保护范围相互独立的并列技术方案。在进行专利侵权判断时，对于包含多个并列技术方案的一项权利要求，应当将请求保护的权利要求中的并列技术方案以各自的技术方案为单元，分别与被诉侵权技术方案进行单独比对。其中的某个技术方案被宣告无效，不影响其他没有被宣告无效的技术方案的效力。本案即属于无效宣告程序中并列技术方案被宣告部分无效的情形。来电公司在本案中明确选择权利要求 8 为涉案专利权的保护范围，该项权利要求包括两个并列技术方案，即上文所述的并列技术方案 1 和并列技术方案 2。并列技术方案 1 在一审期间已被国家知识产权局宣告无效，涉案专利权被维持有效的部分为并列技术方案 2。在并列技术方案 1 被宣告无效的情况下，来电公司表示就维持有效的并列技术方案 2 继续寻求专利权的保护。因涉案专利权利要求 8 的并列技术方案仍然部分有效，来电公司并非完全丧失权利基础，为促进诉争双方纠纷的实质性解决，提高审判质效，本案不宜采取全案驳回起诉的方式，而应通过更加合乎案件实际、当事人诉请和法律规定的方式方法来进行处理。简言之，对于包含多个并列技术方案的权利要求被宣告部分无效的情形，可驳回当事人基于该被宣告无效的技术方案的起诉，对于未被宣告无效的技术方案仍继续审理，并在查清相关事实的基础上，针对当事人的诉讼请求作出裁判。详细理由本院阐述如下：

其一，在专利权利要求 8 的并列技术方案 1 被宣告无效的情况下，可以驳回来电公司基于并列技术方案 1 的起诉。在侵害专利权诉讼中，既要依法保护专利权人的合法权利，也要避免因专利权的不稳定给当事人及社会公众造成负面影响，以保障正常的市场交易秩序。当权利人在专利侵权诉讼中主张的权利要求被宣告无效时，依照《最高人民法院关于审理侵犯专利权纠纷案件应用法律若干问题的解释（二）》第二条的规定，人民法院可以裁定驳回权利人基于该无效权利要求的起诉，无需等待专利行政诉讼的最终结果，有证据证明宣告上述权利要求无效的决定被生效的行政判决撤销的，权利人可以另行起诉。本案中，来电公司请求保护涉案专利权利要求 8，原审法院认定被诉侵权产品具有与权利要求 8 中并列技术方案 1 所记载的“还包括另一组充电输入金属触点”相同的技术特征，据此支持了来电公司的侵权指控。但在一审期间，权利要求 8 中的并列技术方案 1 已经被依法宣告无效。来电公司虽不服第 36502 号无效宣告请求审查决定，并依法提起行政诉讼，但由于涉案专利权已处于不稳定状态，依照前述司法解释的规定，一般情况下，可裁定驳回来电公司基于该被宣告无效的权利要求的起诉。如果有新的证据表明已被宣告无效的权利要求被人民法院依法维持有效，来电公司可以根据新的证据重新提起侵权诉讼。

其二，关于被诉侵权产品中“两组充电输入金属触点”的技术特征与维持有效的涉案专利权利要求 8 中“还包括多组充电输入金属触点”技术特征是否构成等同的问题。如前所述，对于包含多个并列技术方案的权利要求被宣告部分无效的情形，可以综合二审中双方当事人的诉辩主张，以及审查认定的证据和事实，对于未被宣告无效的专利技术方案继续审理并作出相应判决。具体到本案而言，鉴于涉案专利权利要求 8 已被宣告部分无效，应以来电公司坚持选择的维持有效部分的独立权利要求作为保护范围，据以认定被诉侵权技术方案是否落入维持有效的涉案专利技术方案的保护范围。来电公司在二审中主张，被诉侵权产品的一组充电输入金属触点可实现移动电源前后放反或左右放反充电等两种不同的充电方式，故可认定被诉侵权产品具有多组充电输入金属触点，与权利要求 8 中“还包括多组充电输入金属触点”技术特征构成等同。云充吧公司则认为被诉侵权产品只有两组充电输入金属触点，来电公司的主张不能成立。

对此本院认为，首先，涉案专利技术方案局限于移动电源前后放反充电问题的解决，并没有提出移动电源左右放反也可实现充电的技术方案，移动电源左右放反充电的技术方案在涉案专利权利要求书、说明书及附图中没有记载，对此来电公司亦予以认可。并且，被诉侵权产品能够实现左右放反充电的根本原因在于，增加了充电座中与充电输入金属触点相接触的顶针的数量，被诉侵权技术方案通过在充电座上设置多个顶针，解决了移动电源左右放反充电的问题。涉案专利技术方案请求保护的是移动电源，不包括与充电输入金属触点进行充电接触的充电座，来电公司有关等同侵权的诉讼主张显然已超出涉案专利权的保护范围。其次，涉案专利权利要求 8 中包含有包括技术特征“还包括另一组充电输入金属触点”的技术方案和包括技术特征“还包括多组充电输入金属触点”的技术方案等两个独立并列的技术方案，则应认定二者的权利边界没有交集，不存在重合的部分，具有不同的保护范围。权利要求 8 中的并列技术方案 2 使用了“还包括多组充电输入金属触点”这种界限非常清楚的数量限定，其保护范围不应涵盖一组或两组充电输入金属触点的情形。被诉侵权产品仅设置有两组充电输入金属触点，没有落入权利要求 8 中包括技术特征“还包括多组充电输入金属触点”的保护范围。最后，如前所述，被诉侵权技术方案通过在充电座上设置若干个顶针，实现移动电源前后放反和左右放反充电，而涉案专利技术方案只能解决移动电源前后放反充电的问题，二者实现的功能和达到的技术效果有明显区别。被诉侵权技术方案并非本领域技术人员在涉案专利权利要求 8 的基础上，简单增加充电输入金属触点的数量即可显而易见地获得。综合上述分析，被诉侵权产品中“两组充电输入金属触点”的技术特征与涉案专利权利要求 8 中的包括技术特征“还包括多组充电输入金属触点”既不相同，也不等同，被诉侵权产品未落入涉案专利权利要求 8 中维持有效部分的保护范围。原审法院对此认定不当，应予纠正。原审法院据此还认定云充吧公司实施了制造、使用侵害涉案专利权产品的行为，并判令云充吧公司销毁库存侵权产品、赔偿来电公司经济损失，认定事实和适用法律均有错误，应予纠正。

此外，云充吧公司上诉请求判令来电公司赔偿恶意诉讼给其造成的经济损失及合理费用 100 万元。鉴于云充吧公司该项请求未在一审程序中提出，属于二审中增加的独立的诉讼请求，对云充吧公司该项诉讼请求，本院不予审理。

综上所述，来电公司基于涉案专利权利要求 8 中被宣告无效部分的起诉，应予以驳回。被诉侵权产品中“两组充电输入金属触点”的技术特征与专利权利要求 8 中维持有效的“还包括多组充电输入金属触点”的技术特征不构成等同，来电公司的相关诉讼主张不能成立，本院不予采信。云充吧公司的上诉请求部分成立，予以支持。依照《中华人民共和国专利法》第十一条、《最高人民法院关于审理侵犯专利权纠纷案件应用法律若干问题的解释》第七条、《最高人民法院关于审理侵犯专利权纠纷案件应用法律若干问题的解释（二）》第二条、《中华人民共和国民事诉讼法》第一百七十条第一款第二项规定，裁判如下：

一、撤销广东省深圳市中级人民法院（2018）粤03民初361号民事判决；

二、驳回深圳来电科技有限公司依据涉案专利权利要求8的包括技术特征“还包括另一组充电输入金属触点”的技术方案的起诉；

三、驳回深圳来电科技有限公司依据涉案专利权利要求8的包括技术特征“包括多组充电输入金属触点”的技术方案的诉讼请求。

一审案件受理费38800元，二审案件受理费21000元，均由深圳来电科技有限公司负担。

本判决为终审判决。

审　判　长　岑宏宇
审　判　员　张宏伟
审　判　员　何　鹏
二〇一九年十二月十三日
法官助理　刘新蕾
书　记　员　兴　源

# 19. 专利无效宣告行政程序中主动放弃权利要求对于专利侵权诉讼的影响

——上诉人山东阳谷达盛管业有限公司、山东卓睿达盛管业有限公司与被上诉人顺方管业有限公司侵害实用新型专利权纠纷案①

**中华人民共和国最高人民法院民事判决书（2019）最高法知民终145号**

上诉人（原审被告）：山东阳谷达盛管业有限公司。住所地：山东省聊城市阳谷县张秋镇梦楼村。

法定代表人：付海英，该公司总经理。

委托诉讼代理人：包宇霆，上海欣创专利商标事务所专利代理师。

上诉人（原审被告）：山东卓睿达盛管业有限公司。住所地：山东省聊城市阳谷县张秋镇大闫楼村西首。

法定代表人：崔新良，该公司总经理。

委托诉讼代理人：孟凡彪，该公司员工。

委托诉讼代理人：包宇霆，上海欣创专利商标事务所专利代理师。

被上诉人（原审原告）：顺方管业有限公司。住所地：山东省德州市临邑县东部高新区2号路西。

法定代表人：刘中成，该公司董事长。

委托诉讼代理人：侯绪军，济南舜昊专利代理事务所（普通特殊合伙）专利代理师。

委托诉讼代理人：李舜江，济南舜昊专利代理事务所（普通特殊合伙）专利代理师。

上诉人山东阳谷达盛管业有限公司（以下简称达盛公司）、山东卓睿达盛管业有限公司（以下简称卓睿达盛公司）因与被上诉人顺方管业有限公司（以下简称顺方公司）侵害实用新型专利权纠纷一案，不服山东省济南市中级人民法院于2019年4月19日作出的（2018）鲁01民初1230号民事判决，向本院提起上诉。本院于2019年7月8日受理后，依法组成合议庭审理了本

① 本案在年度报告中的位置为第33页。

案。本案现已审理终结。

达盛公司上诉请求：撤销原审判决，驳回顺方公司诉讼请求。事实和理由：（一）达盛公司不构成对涉案专利权的侵害。涉案专利晚于达盛公司所使用的相关专利技术，通过比对可以看出，涉案专利权利要求1—3与达盛公司“一种钢带增强PE螺旋波纹管的管层结构”实用新型专利的权利保护范围是一致的，被诉侵权产品使用的是现有技术。（二）涉案专利处于不稳定状态。国家知识产权局已经受理针对涉案专利的无效宣告请求。（三）原审判赔数额没有事实和法律依据。

卓睿达盛公司上诉请求：撤销原审判决，驳回顺方公司诉讼请求。事实和理由：（一）卓睿达盛公司提供了相关买卖合同，能够证明其销售的产品是通过向达盛公司合法购买方式取得。（二）卓睿达盛公司不知道达盛公司生产的管道侵权。达盛公司依法享有“一种钢带增强PE螺旋波纹管的管层结构”实用新型专利权。达盛公司仅持有卓睿达盛公司0.1%的股份，仅因此认定两公司为关联企业缺乏法律依据。（三）卓睿达盛公司实际销售金额仅为10万元，利润则更低，原审判赔数额缺乏依据。

顺方公司辩称，被诉侵权产品具有涉案专利的全部技术特征，落入涉案专利权保护范围。达盛公司的现有技术抗辩不成立。卓睿达盛公司主张的合法来源抗辩不能成立，顺方公司提交的采购合同、公证书显示，卓睿达盛公司销售被诉侵权实壁管骨架塑料复合管的合格证、检验报告均盖有其质检专用章，且工商登记信息显示其具有塑料管的研发、加工能力，上述证据足以证明被诉侵权产品系其生产销售。

顺方公司向原审法院起诉请求：判令达盛公司、卓睿达盛公司立即停止侵害专利权的行为，赔偿顺方公司经济损失及合理费用80万元，并承担案件受理费。

原审法院认定事实：顺方公司经500万元有偿转让获得专利号ZL20122021××××.4、名称为“管骨架塑料复合管”实用新型专利。涉案专利的申请日是2012年5月11日，授权公告日是2012年11月21日。顺方公司主张以权利要求1—3确定其保护范围，权利要求1—3为：

“1. 管骨架塑料复合管，包括管体，其特征是，所述的管体从内向外依次包括内压管、缠绕结构壁和外包层；所述的内压管为一体成型的薄壁管，内压管的管壁外均匀螺旋缠绕有缠绕结构壁，在内压管和缠绕结构壁的外侧均匀包裹有一层外包层。

2. 根据权利要求1所述的管骨架塑料复合管，其特征是，所述的缠绕结构壁的外表面均匀喷涂有一层胶。

3. 根据权利要求 1 或 2 所述的管骨架塑料复合管，其特征是，所述的缠绕结构壁为带状异型型材。”

2018 年 4 月 16 日，申请人济南舜昊专利代理事务所（普通特殊合伙）向山东省济南市泉城公证处申请保全证据公证。2018 年 4 月 18 日，公证员王波、王立健与申请人的委托代理人侯绪军来到位于山东省聊城市阳谷县的达盛公司，该公司人员带领侯绪军及公证员王波、王立健来到公司的生产车间进行参观，公证员王立健使用其自用的手机对生产车间的内部现场现状进行拍照，取得照片八张。随后，侯绪军及公证员王波、王立健来到该公司门口右侧的院内，公证员王立健使用其自用的手机对产品存放处的现场现状进行拍照，取得照片七张。参观结束后，侯绪军从该公司现场取得一段管道产品，公证员王波、王立健对侯绪军现场取得的管道产品进行封存，并对封存前后的现场状况进行拍照，取得照片八张。2018 年 4 月 20 日，山东省济南市泉城公证处出具（2018）鲁济南泉城证经字第 30131 号公证书。

2018 年 4 月 25 日，烟台星美智能科技有限公司与卓睿达盛公司签订销售合同，烟台星美智能科技有限公司向卓睿达盛公司购买实壁管骨架塑料复合管（DN400）、实壁管骨架塑料复合管（DN600）、双平壁钢塑复合排水管（DN400）货物一宗，合同金额 2159921 元。2018 年 5 月 2 日，卓睿达盛公司向烟台星美智能科技有限公司出具增值税普通发票三张，金额分别为 81000 元、81000 元、37080 元。

2018 年 5 月 10 日，申请人济南舜昊专利代理事务所（特殊普通合伙）向山东省济南市泉城公证处申请保全证据公证。次日，公证员王波、王立健随同申请人的委托代理人侯绪军、范丰文来到位于 G206 国道蓬莱市刘家沟镇段（烟台方向）的道路左侧的“蓬莱龙腾不锈钢”厂区，在公证人员监督下，侯绪军、范丰文与运送货物前来的车牌号为“豫 J52951”的货车司机岳喜强办理了货物交接手续，当场取得卓睿达盛公司发货单一份、盖有卓睿达盛公司质检专用章的合格证二张和检测报告、检验报告各一份。公证员王波自搬卸的货物中随机挑选一组管道（一粗一细），侯绪军、范丰文对所挑选的管道进行切割，当场取得粗、细管道各一段。公证员王立健使用录像机对卸货、交接、管道截取过程进行了录像，并对现场进行了拍照，封存了截取的管道。2018 年 6 月 1 日，山东省济南市泉城公证处出具（2018）鲁济南泉城证经字第 30132 号公证书。

原审庭审中，将公证书所附封存实物拆封，被诉侵权产品“实壁管骨架塑料复合管”具有如下特征：管骨架塑料复合管的管体从内向外依次包括内压管、缠绕结构壁和外包层；内压管为一体成型的薄壁管，内压管的管壁外均匀螺旋缠绕有缠绕结构壁，在内压管和缠绕结构壁的外侧均匀包裹有一层外包层；缠绕结构壁的外表面均匀喷涂有一层胶；缠绕结构壁为带状异型型材。经比对，其技术特征与涉案专利权利要求1—3的特征一一对应。

达盛公司成立于2009年7月17日，系自然人独资公司，注册资本5020万元，经营范围为塑料制品加工、销售等。

卓睿达盛公司成立于2017年6月5日，其他有限责任公司，注册资本10600万元，经营范围为塑料制品、塑料管、型材研发、加工、销售等。

达盛公司系卓睿达盛公司的股东。

原审法院认为，顺方公司的涉案ZL20122021××××.4、名称为“管骨架塑料复合管”实用新型专利权合法有效，应予保护。根据《中华人民共和国专利法》[①]（以下简称专利法）第五十九条第一款的规定，实用新型专利权的保护范围以其权利要求的内容为准，说明书及附图可以用于解释权利要求。经比对，被诉侵权产品采用的技术方案包含了与涉案专利权利要求1—3所记载的全部技术特征相同的技术特征，落入涉案专利权的保护范围。被诉侵权产品的内压管为一体成型的薄壁管，与现有技术记载的“缠绕成型”有质的不同，且涉案专利的发明点也在于“内压管为挤出式一体成型”的技术方案，因此达盛公司、卓睿达盛公司的现有技术抗辩理由不成立。被诉侵权产品系侵害顺方公司涉案专利权的产品。

关于达盛公司、卓睿达盛公司的责任。卓睿达盛公司虽提交了采购合同以证明产品来源于达盛公司，但根据现有证据，其销售产品的合格证、检测报告、检验报告均盖有卓睿达盛公司的质检专用章，达盛公司系卓睿达盛公司的股东，两公司之间具有关联关系，且卓睿达盛公司具有塑料管的研发、加工能力，综合上述因素，该院认定达盛公司、卓睿达盛公司共同参与了被诉侵权产品的生产、销售，应共同承担侵权责任。达盛公司、卓睿达盛公司未经顺方公司许可，生产、销售与顺方公司涉案专利相同的产品，应承担停止侵权、赔偿损失的民事责任。关于赔偿经济损失的数额。顺方公司未能证明因侵权受到实际损失或者达盛公司、卓睿达盛公司侵权获利的具体数额，该院综合考量涉案专利的类型，达盛公司、卓睿达盛公司的侵权行为性质、侵权规模、过错程度，侵权产品的销售价格，顺方公司维权的合理费用等因素，酌定赔偿损失数额60万元。

综上，该院依照专利法第十一条第一款、第五十九条第一款、第六十五条，《最高人民法院关于审理侵犯专利权纠纷案件应用法律若干问题的解释》

---

① 此处指2008年《中华人民共和国专利法》，其已于2020年修改，本案下同。

第七条之规定，判决：（一）达盛公司、卓睿达盛公司立即停止生产、销售侵害顺方公司专利号ZL20122021××××.4、名称为“管骨架塑料复合管”实用新型专利权的产品；（二）达盛公司、卓睿达盛公司于判决生效之日起十日内赔偿顺方公司经济损失及合理费用共计60万元；（三）驳回顺方公司的其他诉讼请求。一审案件受理费11800元，财产保全费4520元，两项合计16320元，由顺方公司负担3320元，由达盛公司、卓睿达盛公司负担13000元。

本院二审期间，达盛公司、卓睿达盛公司于2019年9月3日提交第41399号无效宣告请求审查决定书（以下简称第41399号决定），顺方公司对其真实性无异议。本院对该第41399号决定的真实性予以确认。

原审法院查明事实属实，本院予以确认。

本院另查明：

顺方公司向原审法院提出财产保全申请，原审法院于2018年7月23日作出（2018）鲁01民初1230号民事裁定书，裁定冻结达盛公司、卓睿达盛公司银行存款80万元或查封、扣押同等价值的财产，财产保全费4520元，由顺方公司预交。2018年8月21日，原审法院作出（2018）鲁01执保144号执行裁定书，冻结卓睿达盛公司银行存款80万元，冻结期一年，后于2018年12月4日解除冻结。

国家知识产权局于2019年8月21日作出第41399号决定，载明：涉案专利授权公告文本共包括4项权利要求，无效程序中，顺方公司对权利要求书进行了修改，删除了权利要求1和2，将权利要求3和4合并形成新的权利要求1，国家知识产权局在修改后的权利要求1基础上宣告涉案专利权全部无效。

本院认为，本案上诉争议焦点在于，二审程序中权利人据以主张权利的权利要求被主动放弃时，人民法院如何处理。

《最高人民法院关于审理侵犯专利权纠纷案件应用法律若干问题的解释》第一条规定：“人民法院应当根据权利人主张的权利要求，依据专利法第五十九条第一款的规定确定专利权的保护范围……”在侵害专利权纠纷中，权利人明确其据以主张权利的权利要求既是确定专利权保护范围的基础，也是权利人对自己权利的处分。同样，当被诉侵权人或者案外第三人向国家知识产权局提出无效宣告请求，专利权人为维持专利权有效，可以选择通过删除部分权利要求等方式修改权利要求书，其中体现的亦是权利人对自己权利的处分。虽然以上两种处分行为存在于两个不同的法律程序中，但该两种处分行为之间密切关联，既要避免将两个程序割裂而影响被诉侵权人正常的生产经营，又要避免将两个程序混同而影响权利人正当权益的保护。基于此，对于权利人在涉案专利的无效宣告程序中通过删除权利要求的方式主动放弃民事侵权案件中据以主张权利的权利要求且被国家知识产权局所接受的，无论记载该放弃行为的行政决定的效力是否最终确定，权利人均不得在侵害专利权纠纷中再将之纳入专利权保护范围。鉴于权利人据以主张专利权保护范围的基础已不复存在，相关权利要求亦无恢复之可能，为实现纠纷的实质性解决，可以直接判决驳回权利人的诉讼请求。

本案中，顺方公司在无效宣告程序中将授权公告文本的权利要求 3 和 4 合并形成新的权利要求 1，此时其在本案中据以主张权利的权利要求 1—3 已经被主动放弃。一方面，主观上，顺方公司主动删除权利要求 1—3 视为其承认权利要求 1—3 自始即不符合授予专利权的实质性条件，即权利要求 1—3 原本就不应当被授权；另一方面，客观上，顺方公司主动删除权利要求 1—3 符合《专利审查指南》第四部分第三章第 4.6 节的相关规定并且已经被国家知识产权局所接受，即使第 41399 号决定在行政诉讼中被撤销，根据禁止反悔的原则，权利要求 1—3 亦不能再作为其主张权利的基础。鉴于顺方公司在本案中仅以权利要求 1—3 作为其主张权利的基础，在权利要求 1—3 已经被其主动放弃的情况下，根据《最高人民法院关于审理侵犯专利权纠纷案件应用法律若干问题的解释》第一条的规定，顺方公司据以提起本案诉讼的专利权保护范围的基础不复存在，其诉讼请求不能成立。

综上，依照《最高人民法院关于审理侵犯专利权纠纷案件应用法律若干问题的解释》第一条、《中华人民共和国民事诉讼法》第一百七十条第一款第二项之规定，本院判决如下：

一、撤销山东省济南市中级人民法院（2018）鲁 01 民初 1230 号民事判决；

二、驳回顺方管业有限公司的全部诉讼请求。

一审案件受理费 11800 元，一审财产保全费 4520 元，由顺方管业有限公司负担；二审案件受理费 9800 元，由顺方管业有限公司负担。

本判决为终审判决。

审 判 长 沈红雨
审 判 员 任晓兰
审 判 员 崔 宁
二〇一九年十一月十八日
法官助理 高 雪
书 记 员 汪 妮

# 20. 再审审查程序中现有技术抗辩新证据的处理

——再审申请人佛山市云米电器科技有限公司与被申请人佛山市顺德区美的洗涤电器制造有限公司、原审被告深圳市康志科技有限公司、原审被告浙江天猫网络有限公司侵害实用新型专利权纠纷案①

**中华人民共和国最高人民法院民事裁定书（2019）最高法知民申1号**

再审申请人（一审被告）：佛山市云米电器科技有限公司。住所地：广东省佛山市顺德区伦教街道办事处霞石村委会新熹四路北2号（1号楼第二层、7号楼第四层）。

法定代表人：陈小平，该公司董事长。

委托诉讼代理人：粟晓南，国浩律师（北京）事务所律师。

委托诉讼代理人：唐轶，国浩律师（北京）事务所律师。

被申请人（一审原告）：佛山市顺德区美的洗涤电器制造有限公司。住所地：广东省佛山市顺德区北滘镇工业园。

法定代表人：徐旻锋，该公司董事长。

委托诉讼代理人：王晓峰，浙江知吾禾律师事务所律师。

委托诉讼代理人：张莉军，北京金诚同达（杭州）律师事务所律师。

一审被告：深圳市康志科技有限公司。住所地：广东省深圳市龙华区民治街道白石龙社区白石龙二区皇嘉商务中心B314。

法定代表人：万志华，该公司执行董事。

一审被告：浙江天猫网络有限公司。住所地：浙江省杭州市余杭区五常街道文一西路969号3幢5层506室。

法定代表人：蒋凡，该公司董事长。

委托诉讼代理人：李元，北京嘉润律师事务所律师。

再审申请人佛山市云米电器科技有限公司（以下简称云米公司）因与被申请人佛山市顺德区美的洗涤电器制造有限公司（以下简称美的公司）、一审被告深圳市康志科技有限公司（以下简称康志公司）、一审被告浙江天猫

---

① 本案在年度报告中的位置为第34页。

网络有限公司（以下简称天猫公司）侵害实用新型专利权纠纷一案，不服浙江省杭州市中级人民法院于2019年3月20日作出的（2018）浙01民初1673号民事判决，向本院申请再审。本院依法组成合议庭进行了审查，现已审查终结。

云米公司申请再审称：1. 一审判决认定的基本事实缺乏证据证明。被诉侵权技术方案与涉案专利技术方案相比，存在多个区别特征，没有落入涉案专利权利要求1—4的保护范围，相关行为不构成侵权。具体来说，被诉侵权产品没有包含权利要求1中的技术特征“外门和内门中的至少一个上形成有与叠边相对布置的凸台”和“外门上在安装孔周侧形成凸台”，也没有包含从属权利要求2—4的全部附加技术特征。2. 本案有新证据推翻一审判决。原审庭审结束后，云米公司在南京市某位用户家里，发现了一款在涉案专利申请日之前已经公开销售的产品。该产品能够证明，被诉侵权产品采用的是现有技术，故云米公司不构成侵权，一审判决的裁判结果错误。上述产品是云米公司因客观原因，于原审庭审结束后才发现的证据，因此，请求再审法院对依据该新证据提出的现有技术抗辩予以审理，以得到公平公正的审理结果。请求：1. 撤销一审判决。2. 改判云米公司不构成对美的公司专利权的侵害，驳回美的公司原审全部诉讼请求。3. 判令美的公司承担本案原审诉讼费用。

美的公司提交意见称：1. 云米公司在一审判决送达以后，未提起上诉。在一审判决生效后，云米公司直接申请再审，该行为不仅违反了我国两审终审的民事审判基本原则，而且是对诉讼资源的滥用，有违诚实信用原则，再审请求不应该得到支持；2. 一审判决关于被诉侵权产品的技术方案落入涉案专利权保护范围的认定正确；3. 云米公司提出的现有技术抗辩不能成立。请求驳回云米公司的再审申请。

本院审查查明以下事实：

2015年4月21日，芜湖美的洗涤电器制造有限公司向国家知识产权局申请名称为“门体组件和具有它的洗碗机”的实用新型专利（即涉案专利），2015年9月9日涉案专利取得授权公告，专利号为ZL20152024××××.0，专利权人为芜湖美的洗涤电器制造有限公司。2016年11月14日，涉案专利专利权人变更登记为美的公司。目前涉案专利有效。涉案专利部分权利要求如下：

1. 一种门体组件，其特征在于，包括：外门，所述外门上形成有安装孔；内门，所述内门设在所述外门的后面，所述内门的边沿形成有叠边，所述叠边抵在所述外门上，所述内门上间隔布置有与多个通孔；螺钉，所述螺钉的一部分穿过所述内门上的所述通孔并伸入所述外门的所述安装孔内与所述外门螺纹连接，所述螺钉为多个；其中，所述外门和所述内门中的至少一个上形成有与所述叠边相对布置的凸台，所述叠边的至少一部分和所述凸台的至少一部分布置在所述螺钉的相对两侧。

2. 根据权利要求 1 所述的门件组件，其特征在于，所述凸台形成在所述外门上，且所述凸台抵在所述内门上。

3. 根据权利要求 2 所述的门体组件，其特征在于，所述外门的侧壁上形成有朝向所述外门的内侧延伸的安装部，所述安装孔和所述凸台形成在所述安装部上，所述内门的叠边抵在所述安装部上，且所述凸台抵在所述内门上。

4. 根据权利要求 3 所述的门体组件，其特征在于，所述凸台形成在所述安装部的内边缘且邻近所述安装孔。

10. 根据权利要求 1 所述的门体组件，其特征在于，所述内门的周缘向前并向内折弯形成所述叠边，所述通孔邻近所述叠边设置。

11. 一种包括权利要求 1—10 中任一项所述的门体组件的洗碗机。

云米公司认可美的公司通过公证购买的被诉侵权实物洗碗机系其生产销售，美的公司明确以涉案专利权利要求 1、2、3、4、10、11 主张权利，其中对于权利要求 11，主张引用权利要求 1—4、10。美的公司主张被诉侵权技术方案与上述权利要求记载的技术方案相同。云米公司和天猫公司对美的公司主张的与凸台相关的技术特征均有异议，认为被诉侵权产品的技术特征不同于涉案专利。云米公司主张其被诉侵权产品不存在美的公司涉案专利中的凸台，不认可其相对两侧的位置关系，对凸台和叠边位于螺钉两侧的技术特征不认同。云米公司在原审程序中没有提出现有技术抗辩的主张。

一审法院认为，被诉侵权产品洗碗机与涉案专利权利要求 1—4、10、11（引用权利要求 1—4、10）的技术特征均相同，已经落入涉案专利的保护范围，构成侵权。云米公司未经专利权人许可，以生产经营为目的许诺销售、销售、生产涉案侵权产品；康志公司未经专利权人许可，许诺销售、销售涉案侵权产品，均侵犯了美的公司涉案专利权。美的公司据此要求云米公司、康志公司停止侵权、销毁侵权产品、赔偿损失及为制止侵权支出的合理费用的诉求，符合法律规定，在合理范围予以支持。美的公司未提交证据证明天猫公司与云米公司、康志公司存在侵权合意，故美的公司关于天猫公司亦构成侵权的主张不能成立。美的公司未能有效证明其损失和侵权人获利的事实，云米公司、康志公司亦未提供有效证据证明其侵权获利情况。美的公司请求适用法定赔偿，符合法律规定。关于合理费用，综合案件的具体情况，考虑到律师为本案所做的工作及起诉时提交的公证书、证物等相关证据，对律师费和公证费等合理费用在合理范围内予以部分支持。

综上，一审判决：1. 云米公司立即停止制造、销售、许诺销售落入美的公司涉案专利权保护范围的涉案侵权产品之行为，并销毁侵权产品；2. 康志公司立即停止销售、许诺销售落入美的公司涉案专利权保护范围的涉案侵权产品之行为，并销毁侵权产品；3. 云米公司赔偿美的公司经济损失及为制止侵权支出的合理费用共计人民币500000元；康志公司赔偿美的公司经济损失及为制止侵权支出的合理费用共计人民币20000元；4. 驳回美的公司的其他诉讼请求。

一审判决作出后，各方当事人均未提出上诉。一审判决于上诉期满后生效。

本院经审查认为，本案争议焦点为：（一）被诉侵权技术方案是否落入涉案专利权的保护范围。（二）云米公司在再审程序中提出在原审程序未提出的现有技术抗辩的主张和证据是否应当接受并进行审查。

（一）被诉侵权技术方案是否落入涉案专利权的保护范围。

《中华人民共和国专利法》[①]（以下简称专利法）第五十九条第一款规定，发明或者实用新型专利权的保护范围以其权利要求的内容为准，说明书及附图可以用于解释权利要求的内容。因此，判断被诉侵权技术方案是否落入涉案专利权的保护范围，应在权利人主张的权利要求所记载的技术方案与被诉侵权技术方案之间进行比对，即比对被诉侵权技术方案所具备的技术特征与权利要求所描述的专利的技术特征。如果被诉侵权技术方案完全覆盖了涉案专利权利要求的全部技术特征，则被诉侵权产品落入了专利权的保护范围，其中专利权保护范围包括与该专利技术特征相同或等同的特征所确定的范围。针对云米公司和天猫公司提出的不同点，本院审查认为，被诉侵权技术方案上存在外门，安装孔，内门，叠边，通孔，螺钉，外门和内门中的至少一个上形成有与叠边相对布置的凸台，外门上在安装孔周侧形成凸台，因此，被诉侵权技术方案落入涉案专利权利要求1—4的保护范围。同时，被诉侵权产品的内门周缘向前并向内折弯形成所述叠边，所述通孔邻近所述叠边设置，被诉侵权技术方案落入涉案专利权利要求10的保护范围，也落入涉案专利权利要求11的保护范围。综上，被诉侵权产品洗碗机的技术方案与涉案专利权利要求1—4、10、11的技术特征均相同，已经落入涉案专利的保护范围。一审判决确定云米公司承担停止侵权的民事责任并无不当，未区分损害赔偿和合理支出不妥，但对本案的审理结果并无影响。

---

① 此处指2008年《中华人民共和国专利法》，其已于2020年修改，本案下同。

（二）云米公司在再审程序中提出在原审程序未提出的现有技术抗辩的主张和证据是否应当接受并进行审查。

专利法第六十二条规定，在专利侵权纠纷中，被控侵权人有证据证明其实施的技术或者设计属于现有技术或者现有设计的，不构成侵犯专利权。根据上述规定，侵害专利权纠纷案件中，被诉侵权人举证证明被诉侵权技术方案是现有技术，由此主张其行为不构成侵犯专利权，即构成现有技术抗辩。

本案中，云米公司以其在一审判决生效后发现新的证据为由，向本院提出再审申请。申请再审是指当事人认为人民法院已经发生法律效力的民事判决、裁定和调解确有错误，请求予以启动再审程序撤销、变更生效裁判的诉讼行为。再审程序的立法宗旨在于平衡好保障当事人申请再审权利和维护生效裁判既判力和稳定性之间的关系，维护司法公正。由于再审程序启动后直接影响生效裁判的效力，为了维护已经生效裁判确定的法律秩序的稳定性，再审事由应当限于原裁判的诉讼证据存在重大瑕疵或者诉讼程序存在妨害当事人基本诉讼权利的重大缺陷等事项。根据《中华人民共和国民事诉讼法》（以下简称民事诉讼法）第二百条规定，有新的证据，足以推翻原判决、裁定的，人民法院应当再审。《最高人民法院关于适用〈中华人民共和国民事诉讼法〉审判监督程序若干问题的解释》第十条对再审新证据作出了进一步规定，即包括“原审庭审结束前已客观存在庭审结束后新发现的证据”。

本院认为，原审程序中未主张现有技术抗辩而在再审申请中提交新的证据不应属于上述情形。理由如下：

第一，审判权的行使，无论是从保证人民法院裁判的稳定性方面，还是从防止滥用诉权方面，都应赋予人民法院通过正当审判程序形成的裁决结果以实质性的效力，即裁判一旦生效，就应当具有既判力，使诉讼产生最终结论，使之具有稳定性，不得轻易推翻。反之，就某一已发生法律效力的案件轻易地启动重新审理的程序，不仅难以存在真正意义上的终局裁判，而且会严重损害司法权威。云米公司向本院申请再审时提交的现有技术证据均早于专利申请日，是其在原审阶段可以取得的。云米公司申请再审行为形式上系以新证据为由申请再审，但实质上相当于另行提出新的抗辩理由。如在申请再审程序中接受被诉侵权人首次提出的现有技术抗辩理由及其新的证据，将损害生效裁判的既判力。现有技术抗辩是专利侵权民事纠纷中特有的一种抗辩权，是被诉侵权人依法享有的抗辩权。既然现有技术抗辩已经明确规定在专利法中，被诉侵权人应当依法在一、二审期间提出。但是，如果被诉侵权人未在一、二审程序中行使其抗辩权而在申请再审程序中提出，不仅有违程序正义原则，而且有损生效判决的既判力，违背了再审程序平衡保障当事人申请再审权利和维护生效裁判既判力、稳定性之间关系的立法宗旨。

第二，申请再审程序作为在二审终审程序以外，给予当事人的一种特殊救济途径，有其独特的诉讼价值。如果在正常的民事诉讼程序终结以后，已经生效的裁判轻易进入再审审理程序，则其效力长期处于缺位状态，并导致当事人的权利义务关系始终处于不稳定状态，难以实现社会经济秩序的稳定。一方面，专利权作为重要的财产权，在当前的经济生活中发挥着非常重要的作用。在信息通信、生物医药、电器设备、计算机软件等不同技术领域中，许多关键的专利技术直接关系到产业的命脉和技术的发展。在行业竞争和企业经营发展过程中，专利权人通过专利侵权诉讼获得生效的胜诉判决，不但能够有效地遏制侵权行为，获得高额许可费及赔偿，以补偿其研发成本，为后续研发工作提供资金支持，同时也能够获得并保持长期的竞争优势地位。另一方面，社会公众通过生效判决，能够确定涉案专利的保护范围，从而绕过专利技术方案放心地进行制造、销售等市场经营行为，并可以在涉案专利技术方案的基础上继续进行创新研发。因此，无论对专利权人还是其竞争对手或社会公众，专利侵权纠纷状态的稳定都具有十分重要的意义。专利侵权诉讼程序往往耗时较长，当人民法院作出民事判决，对涉诉法律关系予以确定后，信赖该判决的专利权人及其竞争对手等行业从业者会按照该判决确定的权利义务关系及相关法律事实尽快稳定并安排生产经营活动。如果依据原本就存在的现有技术证据进入再审审查程序，就会使本已耗时长久获得稳定的经济秩序再次处于不稳定状态，不利于生产经营活动的正常开展。

第三，从两审终审制度的价值角度考虑，我国普通民事诉讼实行两审终审制。当事人对已经终审的判决、裁定，认为确有错误的，只能依据审判监督程序申请再审，但判决、裁定不停止执行。实行两审终审制度既有利于上级人民法院对下级人民法院的审判工作进行监督，及时纠正错误的判决，维护当事人的合法权益，又可以方便当事人参加诉讼，充分行使抗辩权，快速化解争议解决纠纷，及时对当事人受损害的权益给予司法救济，防止案件因久拖不决而形成诉累。如果在再审申请程序中审查在一、二审程序中被诉侵权人未提出的现有技术抗辩理由及其证据，势必会对一、二审程序产生极大的冲击，实质上架空了一、二审程序，损害了两审终审诉讼制度的价值。

第四，从民事诉讼双方在程序中的诉讼平等角度看，如允许在再审阶段审查首次提出的现有技术抗辩主张及证据，违反诉讼平等原则。民事诉讼法第一百一十九条规定，原告起诉必须具有具体的诉讼请求和事实、理由。《最高人民法院关于审理侵犯专利权纠纷案件应用法律若干问题的解释》第一条规定，专利权人应当在一审法庭庭审辩论终结前固定其权利要求。根据民事诉讼法及上述司法解释的规定，专利侵权诉讼中原被告之间的诉讼标的应当在一审中确定，以确保原被告之间的诉讼平衡，提高当事人各方对诉讼结果的预期，从而维护程序正义。如允许被诉侵权人在再审审查程序中提出在一、二审程序中未主张的现有技术抗辩理由及其证据，将造成对权利人的诉讼突袭，严重损害程序正义的要求。

综上，云米公司提出的现有技术抗辩的再审理由不应予以接受。鉴于云米公司全部再审理由均不能成立，对其再审请求本院不予支持。

依照《中华人民共和国民事诉讼法》第二百零四条第一款，《最高人民法院关于适用〈中华人民共和国民事诉讼法〉的解释》第三百九十五条第二款规定，裁定如下：

驳回佛山市云米电器科技有限公司的再审申请。

审　判　长　焦　彦
审　判　员　佘朝阳
审　判　员　魏　磊
二〇一九年十月二十三日
法官助理　刘　洋
书　记　员　管　众

## （二）专利行政案件审判

### 21. 新颖性判断中的单独比对原则

——上诉人仝克宁、国家知识产权局与被上诉人浙江双屿实业有限公司发明专利权无效行政纠纷案[①]

**中华人民共和国最高人民法院行政判决书（2019）最高法知行终53号**

上诉人（原审第三人）：仝克宁。

委托诉讼代理人：董慧芳，北京市永新智财律师事务所律师。

委托诉讼代理人：张超，北京市永新智财律师事务所律师。

上诉人（原审被告）：国家知识产权局。住所地：北京市海淀区北四环西路9号。

法定代表人：申长雨，该局局长。

委托诉讼代理人：李辉，该局审查员。

委托诉讼代理人：谭颖，该局审查员。

被上诉人（原审原告）：浙江双屿实业有限公司。住所地：浙江省温州市炬光园炬高路11号。

法定代表人：郑锦兴，该公司董事长。

委托诉讼代理人：陈千楷，温州瓯越专利代理有限公司专利代理师。

委托诉讼代理人：吴继道，温州瓯越专利代理有限公司专利代理师。

上诉人仝克宁、上诉人国家知识产权局因与被上诉人浙江双屿实业有限公司（以下简称浙江双屿公司）发明专利权无效行政纠纷一案，不服北京知识产权法院于2019年2月26日作出的（2018）京73行初1962号行政判决，向本院提起上诉。本院于2019年7月8日立案后，依法组成合议庭，并于2019年9月6日对本案进行了询问。上诉人仝克宁的委托诉讼代理人董慧

---

① 本案在年度报告中的位置为第36页。

芳、张超，上诉人国家知识产权局的委托诉讼代理人谭颖，被上诉人浙江双屿公司的委托诉讼代理人陈千楷、吴继道到庭参加了诉讼。本案现已审理终结。

仝克宁上诉请求：撤销原审判决，维持第33703号无效宣告请求审查决定（以下简称被诉决定）。事实与理由：原审判决认定证据1没有公开“在环形喷头座的内壁相对螺旋槽的尾端设置有一对斜导壁”技术特征，认定事实错误。（一）LAB－G400喷嘴与LAB－G喷嘴结构相同。第一，证据1与证据2描述的均是贝尔科技术公司的EDV©湿法洗涤系统，并明确指明该洗涤系统中采用LAB－G（400）喷嘴，且对喷嘴的安装位置、工作原理、技术效果等方面的描述高度一致，能够确定LAB－G400喷嘴与LAB－G喷嘴具有相同的结构，实现相同的功能并达到相同的效果。第二，证据6同样是贝尔科技术公司介绍其EDV©湿法洗涤系统的出版物，其记载的内容与证据2一致，能够确定两种喷嘴具有相同的结构。第三，根据工业领域基本的命名规则，LAB－G400中400的含义是喷嘴的内径尺寸。（二）从证据1附图2及证据2附图6能够直接、毫无疑义地确定LAB－G喷嘴“在环形喷头座的内壁相对螺旋槽的尾端设置有一对斜导壁”。两附图清楚地示出了LAB－G喷嘴在螺旋槽尾端具有一处类似三角形的部件，能够确定该三角形部件的作用在于以其两腰将螺旋槽内水流引导至喷嘴边缘，继而向外投射，该三角形部件即为LAB－G喷嘴螺旋槽尾端的斜导壁。（三）根据LAB－G喷嘴的功能和效果，能够确定其具有斜导壁。LAB－G喷嘴必须保证在螺旋槽内沿圆周流动的液体在螺旋槽最浅处（即螺旋槽尾端）被全部引导至喷嘴边缘220，不允许存在部分液体经过螺旋槽尾端继续沿圆周流动，否则将导致该部分液体与液体入口处水流碰撞，造成水花激荡，从而不可避免地产生从喷嘴中心滴落的液滴。因此，LAB－G喷嘴上述功能和效果决定了其具有将液体引导至喷嘴边缘220的斜导壁。

国家知识产权局上诉请求：撤销原审判决，维持被诉决定；由浙江双屿公司承担一审、二审诉讼费。事实与理由：（一）在无效审理阶段，仝克宁提出LAB－G400中的400代表口径，浙江双屿公司对此并未提出异议。结合本领域技术人员常识，LAB－G代表急冷喷头系列型号，而400代表喷头口径。因此，被诉决定采纳了仝克宁的主张。（二）证据1、证据2均涉及一种急冷喷头，而作为机械部件，在没有相反证据的情况下，应当推定LAB－G400是LAB－G系列急冷喷头中的一种，二者主体结构、核心部件、主要功能相同，且解决的技术问题和达到的技术效果也是一致的，否则与本领域技术人员的通常认知相违背。（三）从证据2的图6可以看出，在喷嘴的圆形头的内壁相对通道的尾端具有一对斜导壁，且参照图7，喷嘴喷出的水流形状与本专利（即专利号为20141031××××.6、名称为“一种急冷喷头”的发明专利）说明书图3示出的形状一致，由此可以推知LAB－G喷嘴在圆形头的内壁相对通道的尾端具有一对斜导壁。

浙江双屿公司辩称：（一）被诉决定仅通过喷头的型号就认定证据1与证据2的喷头结构相同缺乏依据，不符合基本逻辑。（二）证据1与证据2的文字部分均未记载有关斜导壁的技术特征。（三）被诉决定、第30002号无效宣告请求审查决定以及原审判决都认定从证据1的附图2中无法直接、毫无疑义地确定“在环形喷头座的内壁相对螺旋槽的尾端设置有一对斜导壁”的技术特征。（四）证据2的图6无法直接、毫无疑义地确定“在环形喷头座的内壁相对螺旋槽的尾端设置有一对斜导壁”的技术特征。证据2的图6所谓的“斜导壁”实际是拍摄角度导致的三角形阴影。（五）根据证据2图7中喷头喷出相同的水流形状也无法推导出喷嘴具有“斜导壁”的技术特征。综上，请求驳回仝克宁以及国家知识产权局的上诉请求。

浙江双屿公司向原审法院提起诉讼，原审法院于2018年2月27日立案受理。浙江双屿公司起诉请求：撤销被诉决定。事实与理由：（一）被诉决定认定本专利权利要求1相对于证据1不具备新颖性存在错误。首先，证据1中喷头的型号为“EDV © LAB－G”，证据2中喷头的型号为“LAB－G400”，二者的型号仅仅只是部分对应，其他部分并不对应，因此被诉决定认为二者属于同一喷头，没有事实依据，也不符合常理。而且，证据1的申请日在2007年，证据2的公开日在2003年，按照常理申请人不可能拿一个已经公开的结构去申请专利，因此二者必然存在差别。其次，证据2中并没有相关文字明确记载喷头具有斜导壁的结构；通过证据2图6所示的喷头外观图，并不能确定其存在斜导壁的结构，被诉决定亦未明确推定图6所示的喷头具有斜导壁结构的理由。在无效审理阶段，仝克宁声称斜导壁的结构指向的是“螺旋槽”两侧面在特定拍摄角度及灯光的作用下所形成的类似三角状的“阴影”，所以被诉决定事实认定错误。此外，实际上不管喷头“螺旋槽”的尾端是否具有斜导壁的结构，该喷头最终的水流都会朝两边喷射，这也是这类应用于环保洗涤塔内急冷喷头所必须具备的基本功能，国家知识产权局以证据2图7的喷射效果图直接推断缺乏事实依据，而本专利通过在喷头“螺旋槽”的尾端设置斜导壁的结构，其目的是增强水流最终喷射出去的冲击力，并不是改变水流最终喷出的形状，且本专利的喷射效果与证据2图7所示效果完全不一样。因此，证据1未公开斜导壁这一特征。（二）在权利要求1具备新颖性的情况下，权利要求2和3亦具备新颖性。（三）对于权利要求4，证据1中并没有明确记载有关附加技术特征“侧凸部”的结构描述，从证据1的图2中也无法确定其是否存在“侧凸部”的结构。而且，权利要求4在该“侧凸部”内设置了“斜导流通道”，该部分设置改变了液体从进液管进入到环形喷头座时的传统流向，从而达到使得液体本身的运动能量能更多地转换成螺旋角速度的技术效果。由于上述附加技术特征的设置，其本身就是为了改变液体的传统流向，因此不属于本领域技术人员的常规技术手段，本案没有任何证据证明上述附加技术特征属于本领域技术人员的常规技术手段。

国家知识产权局原审辩称：仝克宁提交了不同的证据用以佐证证据1中公开的技术方案，据此可以判定证据1中涉及的LAB－G喷嘴实际上具有斜导壁和三角凸板的结构，因此，证据1能够破坏本专利权利要求1的新颖性。综上，请求驳回浙江双屿公司的诉讼请求。

仝克宁原审述称：（一）被诉决定关于本专利权利要求1不具备新颖性的认定正确。根据证据1附图2，本领域技术人员可以确定LAB－G型喷嘴在其圆形头214的内壁相对通道216的尾端设置有用于将液体往两个边缘220进行导流的一对斜导壁。喷头型号LAB－G表征的是由LAB公司开发的、许可贝尔科技术公司使用的一种喷嘴，证据2中喷嘴型号中400表示的是内径，因此证据1与证据2的喷嘴型号是一样的，结构是相同的。证据1公开的内容与证据2附图6和7结合，亦可以得出证据1公开了斜导壁这一特征。（二）在权利要求1不具备新颖性的前提下，权利要求2和3亦不具备新颖性，权利要求4不具备创造性。综上，请求驳回浙江双屿公司的诉讼请求。

原审法院认定如下事实：本专利为专利号为20141031××××.6、名称为“一种急冷喷头”的发明专利，其申请日为2014年7月2日，授权公告日为2016年3月9日，专利权人为浙江双屿公司。被诉决定以本专利授权公告的权利要求书为审查基础。本专利授权公告的权利要求为：

“1. 一种急冷喷头，其特征在于：所述的急冷喷头包括有环形喷头座和进液管，所述的环形喷头座内设置有与进液管相连通的进液口，该环形喷头座的内壁上，周向开设有螺旋槽，该环形喷头座相对螺旋槽的两侧对称设置有环形锥面状的液流发散导流面，该螺旋槽的深度沿其螺旋延伸方向逐渐递减，且螺旋槽的起始端与进液口相连通，所述环形喷头座的内壁相对螺旋槽的尾端设置有用于将液体往环形喷头座两侧的两个液流发散导流面进行导流的一对斜导壁。

2. 根据权利要求1所述的一种急冷喷头，其特征在于：所述的螺旋槽的尾端凸起设置有三角凸板，所述的一对斜导壁设置于该三角凸板的两条等径边上。

3. 根据权利要求2所述的一种急冷喷头，其特征在于：所述的三角凸板的背面挡设于环形喷头座的进液口的上方。

4. 根据权利要求1所述的一种急冷喷头，其特征在于：所述的急冷喷头的进液管上部设置有侧凸部，该侧凸部内设置有用于连通进液管内的进液通道与环形喷头座的进液口的斜导流通道。”

针对上述专利权，全克宁于2017年5月10日向国家知识产权局提出无效宣告请求，请求宣告本专利权利要求1—4全部无效，同时提交了如下证据：证据1公开日为2009年5月19日、专利号为US7534400B2的美国专利说明书的复印件及其相关部分的中文译文（共39页）；证据2名称为“Clean generation”的文献及其相关部分的中文译文（共8页）等。

国家知识产权局于2017年10月23日作出被诉决定。被诉决定中认定：本专利权利要求1请求保护一种急冷喷头。证据1公开了一种用于控制NOx排放的湿法洗涤装置，并具体公开了以下技术内容：可以使用湿法洗涤器来实现NOx从由FCCU系统或类似系统排出的烟气的移除的高百分比。在湿法洗涤操作期间，在FCCU或其他系统之后将臭氧注入到烟气中可以减少排气流中的NOx的水平。可以使用LoTOx™（英国氧气公司，BOCGroup，Inc.）NOx还原技术来注入臭氧，该技术使用臭氧来氧化烟气中存在的NOx。（LoTOx™是由英国氧气公司拥有的商标。LoTOx™系统在BOC的许可下可专用于来自BELCO©的FCCU应用。）在一个优选实施例中，如图1中所示，臭氧被注入湿法洗涤设备中，诸如向下流动喷射型BELCO© EDV ©洗涤器。在烟气行进通过臭氧注入和保持区104之后，其行进通过液体喷射区106。在液体喷射区106中优选地使用EDV © LAB－G喷嘴200或者能够将水朝向湿法洗涤装置的壁引导的类似喷嘴来分配洗涤液体。在一个优选实施例中，存在将几个洗涤液体流馈送到烟气中的几层喷嘴200。图2描绘提供在液体喷射区106和/或气体淬火区中的EDV © LAB－G喷嘴200。当然，根据本发明可以使用任何适合的喷嘴以产生无液滴或基本上无液滴的臭氧注入和保持区。喷嘴是圆形的，并且具有配合区域210、中空颈212以及圆形头214。喷嘴附接到管道202，在管道202处配合区域210与管道202的互补软管配合区域208相连。螺钉211将管道202和喷嘴200连接在一起。喷嘴200具有位于喷嘴200的内部的通道216。洗涤液体行进通过管道202、通过中空颈212并且通过将洗涤液体引导至通道216中的通路218。通道216继续贯穿喷嘴的圆周以允许洗涤液体在边缘220（所述边缘在中空颈212上方和下方延伸）上圆周地向外投射。通道216的首端具有深区域213，该深区域过渡到浅区域215

中从而使得洗涤液体能够径向地投射。参照图3和图4，喷嘴200的横截面示出液体将在浅区域215和深区域213中通过。通过喷嘴200泵送的洗涤液体的高速度确保洗涤液体从喷嘴200径向地向外投射，以维持腔体内部110中的无液滴区或基本上无液滴区。因此，不管喷嘴200可以与腔体内部110的内壁114相距多少距离，水始终被朝向内壁114引导（参见证据1的中文译文第14—18页、附图1—5）。

由证据1的中文译文第14页记载的内容可知，证据1的附图1示出的湿法洗涤设备中使用了向下流动喷射型BELCO © EDV ©洗涤器，在液体喷射区106中使用EDV © LAB－G喷嘴200，由此可知，喷嘴200的型号为LAB－G，来自贝尔科技术公司。证据1的中文译文第16页记载了喷嘴200能够将高温烟气淬火到120°F—180°F（48.8℃—82.2℃），因此，证据1与本专利属于相同的技术领域。经对比可知，证据1中的喷嘴200对应于本专利权利要求1中的急冷喷头，证据1中型号为LAB－G的喷嘴200的圆形头214、中空颈212、通路218、通道216、边缘220分别对应于本专利权利要求1中的急冷喷头的环形喷头座、进液管、进液口、螺旋槽、液流发散导流面。结合附图1—5可知，证据1中圆形头214的内壁上，周向开设有螺旋形的通道216，圆形头214相对通道216的两侧对称设置有环形锥面状的边缘220，通道216的深度沿其螺旋延伸方向逐渐递减，通道216的起始端与中空颈212连通。但根据证据1记载的内容证据1中并未具体描述LAB－G型喷嘴200的圆形头214的内壁相对通道216的尾端是否具有一对斜导壁。

证据2为登载在《油气工程》上的标题为《清洁时代》的期刊文献，其作者来自贝尔科技术公司，证据2公开了一种湿法洗涤系统，并具体公开了以下技术内容：污染物的清洗发生在湿法洗涤系统的两个主要区域中。第一个区域是喷淋塔，包括骤冷区和吸收区（图5），在此相关的粗糙颗粒（构成流体催化裂化装置所产生的颗粒的主要部分），二氧化硫和部分三氧化硫被移除。固体颗粒是通过由LAB－G400喷头（图6和图7）所产生的反应试剂水幕的冲击而移除，该喷头同样用于洗涤二氧化硫和部分三氧化硫。该反应试剂通常是碱性苏打（氢氧化钠），其他的反应试剂也已经被贝尔科技术公司用于此处（参见证据2的中文译文第2页第1—5行、图5—7）。

由此可知，由贝尔科技术公司的工作人员在证据2中对用于湿法洗涤系统的LAB－G400喷头进行了详细介绍，国家知识产权局当庭查明，证据2中的LAB－G400型喷头中，“400”表示喷头的尺寸，因此，证据2中的LAB－G400与证据1中的LAB－G为同一种喷嘴，证据2示出的喷头即为证据1中的LAB－G型喷嘴。证据2中的图6为吸收塔喷头结构图，图7为喷头水流的效果图，由图 6 可以看出，在喷嘴的圆形头的内壁相对通道的尾端具有一对斜导壁，并且，参照图 7，喷嘴喷出的水流形状与本专利图 3 示出的形状相一致，可见，两者能够达到相同的技术效果，由此亦可推知 LAB – G 型喷嘴在圆形头的内壁相对通道的尾端具有一对斜导壁。因此，证据 2 能够证明证据 1 中的 LAB – G 型喷嘴 200 具有一对斜导壁，其设置的位置以及达到的技术效果与本专利权利要求 1 相同，证据 1 公开了权利要求 1 的全部技术特征，并且解决了相同的技术问题，达到了相同的技术效果，本专利权利要求 1 相对于证据 1 不具备新颖性。

权利要求 2 是对权利要求 1 的进一步限定，其附加技术特征为“所述的螺旋槽的尾端凸起设置有三角凸板，所述的一对斜导壁设置于该三角凸板的两条等径边上”。由证据 2 的图 6 示出的结构可以看出，在喷嘴的尾端具有凸起的三角凸板，一对斜导壁设置于该三角凸板的两条等径边上，并且，在图 7 中示出的上述结构喷出的水流形状与本专利图 3 示出的喷出形状相一致，能够达到相同的技术效果，因此，可以判断，证据 1 中的 LAB – G 型喷嘴 200 同样为上述结构，权利要求 2 的附加技术特征已被证据 1 公开，在权利要求 1 不具备新颖性的情况下，权利要求 2 也不具备新颖性。

权利要求 3 是对权利要求 2 的进一步限定，其附加技术特征为“所述的三角凸板的背面挡设于环形喷头座的进液口的上方”。由证据 1 的附图 2 结合证据 2 的图 6 可以看出，三角凸板的背面挡设于圆形头 214 的通路 218 上方，其在证据 1 中解决的技术问题与其在本专利中相同，因此，权利要求 3 的附加技术特征已被证据 1 公开，在权利要求 2 不具备新颖性的情况下，权利要求 3 也不具备新颖性。

权利要求 4 是对权利要求 1 的进一步限定，其附加技术特征为“所述的急冷喷头的进液管上部设置有侧凸部，该侧凸部内设置有用于连通进液管内的进液通道与环形喷头座的进液口的斜导流通道”。由证据 1 的图 2 可以看出，证据 1 中的 LAB – G 型喷嘴 200 同样具有侧凸部，而为了中空颈 212 内的流体光滑过渡至通路 218 内，设置斜导流通道是本领域技术人员的常规技术手段，因此，在其引用的权利要求 1 不具备新颖性的情况下，权利要求 4 不具备创造性。

综上所述，权利要求 1—4 不具有突出的实质性特点和显著性进步，不具备新颖性和创造性。根据上述的事实和理由，国家知识产权局宣告本专利权全部无效。

原审法院认为：关于证据 1、2 是否公开了“在环形喷头座的内壁相对螺旋槽的尾端设置有一对斜导壁”这一特征。首先，没有证据表明 LAB – G400

中的400仅仅指代口径，即使400确系表示口径，也不意味着LAB－G400喷嘴与LAB－G喷嘴为同一种喷嘴并具有相同的结构。因为生产者基于成本、售价、实际需要以及技术改进等因素对系列产品的部件结构进行调整属于十分常见的情况，所以被诉决定认定证据2公开的LAB－G400与证据1中的LAB－G为同一种喷嘴，缺乏依据。其次，证据1、证据2的文字部分均未记载有关“斜导壁”的技术特征。无论证据1的附图2还是证据2的附图6均无法直接地、毫无疑义地确定“在环形喷头座的内壁相对螺旋槽的尾端设置有一对斜导壁”这一特征。最后，相似的喷射效果并不能必然得出结构相同的结论，而且证据2图7所示的喷嘴喷出的水流形状与本专利图3示出的水流形状仅仅是相似，无法确定存在“斜导壁”的技术特征。因此，证据1没有公开“在环形喷头座的内壁相对螺旋槽的尾端设置有一对斜导壁”这一特征，本专利权利要求1相对于证据1具备新颖性，被诉决定的相关认定错误。

权利要求2是对权利要求1的进一步限定，在权利要求1具备新颖性的情况下，权利要求2亦具备新颖性；同理，权利要求3亦具备新颖性。由于被诉决定是在认定权利要求1不具备新颖性的基础上认定权利要求4不具备创造性，在前述认定权利要求1具备新颖性的情况下，国家知识产权局应在判断权利要求1是否具备创造性后，再视情况决定是否需要对权利要求4是否具备创造性进行评价。由于本案已经不具备评价权利要求4是否具备创造性的基础，故不再对权利要求4是否具备创造性进行评述。

综上，原审法院判决：（一）撤销国家知识产权局作出的第33703号无效宣告请求审查决定；（二）国家知识产权局就仝克宁所提无效宣告请求重新作出决定。案件受理费100元，由国家知识产权局负担。

原审查明的事实基本属实，本院予以确认。

二审程序中，仝克宁补充提交了如下证据：

证据1，中国科学院文献情报中心查阅的《FRCC烟气脱硫除尘装置运行效果分析》，刊载于2011年8月《炼油技术与工程》，记载：洗涤塔内激冷区和吸收区采用BELCO公司专有的G400喷嘴，其材质耐磨，运行压力降低，不易堵塞，能形成高密度的喷射水帘。证据2，中国科学院文献情报中心查阅的《EDV湿法烟气洗涤净化技术的工业应用》，刊载于2011年第27卷第4期的《石油化工安全环保技术》，记载：整个系统共采用19个喷嘴，其中G400喷嘴6个，F130喷嘴13个，全部由BELCO公司提供……G400喷嘴可以形成高密度的锥形水帘，能将洗涤塔内整个烟气流通界面覆盖，实现充分的气液接触。激冷区选用1个G400喷嘴，使洗涤塔入口高温烟气能立即降温达到饱和状态。证据1、2拟证明LAB－G400喷嘴与LAB－G喷嘴具有相同结构。浙江双屿公司对两份证据真实性予以认可，但不认可与本案的关联性。结合上述两份证据的证据形式及浙江双屿公司的质证意见，本院认可该证据的真实性。

证据3，证据7（涉保密证据，不予公开）。

证据11，武某某的证人证言，该证言载明：2012年至今武某某在某某科技开发有限公司工作，该公司自2005年至今作为贝尔科技术公司（BELCO）的中国合作方，曾多次参与贝尔科技术公司与国内业主之间的工程项目。2013年，其时任某某科技开发有限公司技术部经理一职，参与贝尔科技术公司与某某公司之间的100万吨/年FCCU烟气排放治理项目（EDV湿法洗涤系统），项目编号为×××。2013年11月30日，武某某与贝尔科技术公司现场服务人员Dale Askins前往该项目现场进行技术服务。技术服务结束后，贝尔科技术公司的Dale Askins出具了一份服务报告，发送给贝尔科技术公司的项目经理，并抄送给武某某。证据12，某某科技开发有限公司签章出具的《情况说明》，载明：2013年，该公司参与贝尔科技术公司与某某公司之间的100万吨/年FCCU烟气排放治理项目（EDV湿法洗涤系统），项目编号为×××。武某某当时为该公司参与该项目团队重要成员之一。证据13，某某科技开发有限公司工商信息。证据11拟证明LAB－G400喷嘴与LAB－G喷嘴具有相同结构，且LAB－G喷嘴在其螺旋槽尾端设置有一对斜导壁。证据12、13拟证明武某某证言的真实性。浙江双屿公司对证据11、12、13真实性予以认可。对于证据11—13，结合浙江双屿公司的质证意见，本院对上述证据的真实性予以认可。

证据14，公证书。证据15，某某科技开发有限公司出具的情况说明。

对于证据1—15，国家知识产权局经质证认为，上述证据的真实性、合法性、关联性均予以认可。浙江双屿公司质证认为，上述证据均未在无效宣告行政程序中提交，并非被诉决定作出的依据，与本案无关联性。关于上述证据与本案的关联性，本院将结合案件争议焦点一并予以评述。

二审询问中，武某某出庭作证，证明其提交证言的真实性。武某某当庭陈述：LAB－G400中的"LAB"是美国一个公司的名称，因为这种喷头是该公司研发的，"G400"是喷头的型号，其中G代表喷头的外形，像一个大写的G。400是指喷头的内径是400毫米。三角形的斜导壁结构是喷头最关键的部分，通常在运行检修时要查看喷头的磨损情况，尤其是三角块的磨损情况。三角块会逐渐磨损，主要是形状和厚度产生变化。三角块可以很好地把水流引导出来，如果没有三角块不能达到均匀水幕、喷淋和洗涤的效果。国内其他竞争对手的喷头据其所知不能达到上下两层的效果。

本院认为，本案的争议焦点为：本专利权利要求1是否具备新颖性；本专利权利要求2—3是否具备新颖性，权利要求4是否具备创造性。

（一）本专利权利要求1是否具备新颖性

专利法①第二十二条第二款规定，新颖性，是指该发明或者实用新型不属于现有技术；也没有任何单位或者个人就同样的发明或者实用新型在申请日以前向国务院专利行政部门提出过申请，并记载在申请日以后公布的专利申请文件或者公告的专利文件中。该条第五款规定，现有技术是指申请日以前在国内外为公众所知的技术。

根据上述规定，判断发明专利的新颖性时，应当坚持单独比对原则，将一项权利要求分别与一项现有技术单独进行比较，不得将其与几项现有技术的组合，或者与一份对比文件中的多项技术方案的组合进行比对。基于该单独比对原则，在具体比对时，一般应将一项权利要求记载的所有技术特征与一篇对比文件中记载的一项现有技术方案的全部技术内容进行比对，只有在一篇对比文件中的一项现有技术方案公开了一项权利要求记载的所有技术特征时，才能认定该权利要求不具备新颖性。因此，在新颖性判断过程中，不允许将同一篇对比文件中记载的两项及以上技术方案或者两篇及以上对比文件中记载的技术方案结合起来评价权利要求的新颖性。此外，还需特别注意的是，在新颖性评价的语境下，即使是有证据显示，两篇对比文件各自记载的技术方案指向同一项现有技术，也不能据此当然将这两篇对比文件结合起来评价权利要求的新颖性。原因在于，每一篇对比文件所承载的技术方案都是独立的，如果以两篇对比文件各自记载的技术方案指向同一项现有技术为由，将上述两篇对比文件结合起来评价权利要求的新颖性，实际上已经变更了比对对象。该比对对象已经不是任何一篇对比文件本身所记载的技术方案，而是被转换为两篇对比文件结合起来的另一项技术方案。这种做法一方面将会导致新颖性评价与创造性评价之间的界限模糊，另一方面也会致使新颖性评价中的比对对象发生错误，即实际比对的对象是任何一篇对比文件中都未曾记载的、存在于评价者观念中的现有技术，新颖性评价将丧失客观性。

本案中，证据1系专利号为US7534400B2的美国专利，公开了一种用于控制NOx排放的湿法洗涤装置。在证据1中记载了在一个优选实施例中，臭氧被注入湿法洗涤设备中，诸如向下流动喷射型BELCO © EDV ©洗涤器。液体喷射区和/或气体淬火区优选地含有EDV © LAB　G喷嘴，能够将洗涤液体朝向腔体内部的内壁喷射。证据2系刊载在《油气工程》上的标题为

① 此处指2008年《中华人民共和国专利法》，其已于2020年修改，本案下同。

《清洁时代》的期刊文献，其作者来自贝尔科技术公司。该文献介绍了一种湿法洗涤系统，公开的内容包括：该系统的喷淋塔区域包括骤冷区和吸收区，固体颗粒是通过由 LAB－G400 喷嘴（图 6 和图 7）所产生的反应式剂水幕的冲击而移除。被诉决定认为，证据 2 中的 LAB－G400 喷嘴与证据 1 中的LAB－G 喷嘴结构相同，解决的技术问题和达到的技术效果也是相同的。通过证据 2 可以推知证据 1 中 LAB－G 喷嘴也具有一对斜导壁。对此，本院认为，证据 1 属于专利文献公开方式，证据 2 属于期刊文献公开方式，属于两篇不同的出版物，各自公开了不同的技术内容，不能因为其共同指向同一产品就将原本属于两篇出版物公开的技术内容结合起来形成一项新的产品技术方案评价权利要求的新颖性，更何况，本案的现有证据也不能直接、明确地确定证据 2 中的 LAB－G400 喷嘴与证据 1 中的 LAB－G 喷嘴结构相同。被诉决定一方面认为根据证据 1 记载的内容并未具体描述 LAB－G 型喷嘴具有一对斜导壁，另一方面又认为根据证据 2 可以推知证据 1 中的 LAB－G 型喷嘴具有一对斜导壁。其实质是将两篇对比文件公开的技术内容结合起来形成一项新的产品技术方案评价本专利权利要求 1 的新颖性，比对对象错误，违反了新颖性判断的单独比对原则。如果证据 1 和证据 2 指向的是申请日前同一型号而且具有相同结构的喷嘴，则无效宣告请求人应当提交体现完整产品技术方案的一项现有技术，而非通过多篇出版物结合形成新的技术方案评价本专利权利要求的新颖性。同理，即使证据 6 公开了与证据 2 相同的技术方案，也不能与证据 1 结合起来用于评价本专利权利要求的新颖性。

由于证据 1 记载的技术内容中并未公开本专利权利要求 1 中“在环形喷头座的内壁相对螺旋槽的尾端设置有一对斜导壁”这一特征，因此，本专利权利要求 1 相对于证据 1 具备新颖性。仝克宁和国家知识产权局的上诉主张不能成立，本院不予支持。

仝克宁在二审中补充提交多份证据用以证明证据 2 中 LAB－G400 喷嘴与证据 1 中 LAB－G 喷嘴为同一种喷嘴并具有相同结构。前已述及，被诉决定将证据 2 与证据 1 的技术内容结合评价权利要求的新颖性，违反了新颖性的单独比对原则，因此仝克宁二审提交的上述证据不影响本案实体认定结论。

（二）本专利权利要求 2—3 是否具备新颖性，权利要求 4 是否具备创造性

权利要求 2 是对权利要求 1 的进一步限定，在权利要求 1 具备新颖性的情况下，权利要求 2 亦具备新颖性；同理，权利要求 3 亦具备新颖性。

由于被诉决定是在认定权利要求 1 不具备新颖性的基础上认定权利要求 4 不具备创造性，在本院认定权利要求 1 具备新颖性的情况下，国家知识产

权局应对权利要求 4 是否具备创造性重新进行审查。

综上，国家知识产权局、仝克宁的上诉请求不能成立，应予驳回。原审判决认定事实清楚，适用法律基本正确。依照《中华人民共和国行政诉讼法》第八十九条第一款第一项之规定，判决如下：

驳回上诉，维持原判。

二审案件受理费 200 元，由仝克宁负担 100 元，由国家知识产权局负担 100 元。

本判决为终审判决。

审 判 长 朱 理
审 判 员 傅 蕾
审 判 员 张晓阳
二〇一九年十二月二十四日
法官助理 宾岳成
书 记 员 谢思琳

## 22. 创造性与说明书充分公开等法律要求的关系

——上诉人国家知识产权局与被上诉人伊拉兹马斯大学鹿特丹医学中心、罗杰·金登·克雷格发明专利申请驳回复审行政纠纷案①

**中华人民共和国最高人民法院行政判决书（2019）最高法知行终127号**

上诉人（原审被告）：国家知识产权局。住所地：中华人民共和国北京市海淀区蓟门桥西土城路6号。

法定代表人：申长雨，该局局长。

委托诉讼代理人：罗洋，该局审查员。

委托诉讼代理人：史晶，该局审查员。

被上诉人（原审原告）：伊拉兹马斯大学鹿特丹医学中心。住所地：尼德兰王国（荷兰）鹿特丹市。

法定代表人：M. H. 斯派特，该中心技术转让办公室负责人。

委托诉讼代理人：杨晓莉，北京市天元律师事务所律师。

委托诉讼代理人：柯珂，中国专利代理（香港）有限公司专利代理师。

被上诉人（原审原告）：罗杰·金登·克雷格。

委托诉讼代理人：杨晓莉，北京市天元律师事务所律师。

委托诉讼代理人：柯珂，中国专利代理（香港）有限公司专利代理师。

上诉人国家知识产权局因与被上诉人伊拉兹马斯大学鹿特丹医学中心（以下简称鹿特丹医学中心）、罗杰·金登·克雷格（以下简称克雷格）发明专利申请驳回复审行政纠纷一案，不服北京知识产权法院（2018）京73行初2154号行政判决，向本院提起上诉。本院于2019年9月2日立案后，依法组成合议庭，并于2019年10月28日公开开庭审理了本案。上诉人国家知识产权局的委托诉讼代理人罗洋、史晶，被上诉人鹿特丹医学中心、克雷格的委托诉讼代理人杨晓莉、柯珂到庭参加诉讼。本案现已审理终结。

国家知识产权局上诉请求：撤销原审判决，维持第129924号复审请求审查决定（以下简称被诉决定），驳回鹿特丹医学中心、克雷格的全部诉讼请

① 本案在年度报告中的位置为第37页。

求，一、二审案件受理费由鹿特丹医学中心、克雷格负担。事实和理由：（一）原审判决对于创造性判断的事实认定错误。在确定本案申请号为20121005××××.0、名称为“结合分子”的发明专利申请（以下简称本申请）所解决的技术问题时，要以本申请文件中已验证的技术效果为基础，本申请并未证明使用包含源自人的天然存在的V基因片段的仅重链基因座能够产生功能性人源仅重链可溶抗体的技术效果，因此本申请实际解决的技术问题仅是提供一种表达包含其他异源基因片段的异源重链基因座的仅 $V_H$ 重链抗体的方法。基于该技术问题，在对比文件1公开了包含异源基因片段的异源重链基因座的转基因小鼠产生异源仅重链抗体的技术方案，且抗体小型化和人源仅有重链的抗体已是基因工程抗体的确定的研究方向时，本领域普通技术人员有动机使用源自人的天然存在的V基因片段进行异源表达。（二）原审判决关于创造性判断的法律适用错误。虽然本申请权利要求1限定所述V基因片段是源自人的天然存在的V基因片段，基于降低抗体免疫原性、提高治疗效果的普遍认知，期望提供一种产生表达包含天然人V基因片段的仅有 $V_H$ 重链的抗体的方法，但本申请仅在说明书中记载了相应的方案，仅是一种设想，无具体实验数据支持和验证，该种技术效果不能作为创造性判断的依据。原审判决未考虑本申请未对现有技术做出实际贡献，仅以“不能因研究方向明确而认为对本领域普通技术人员而言显而易见”为由，认为本申请具有创造性，在创造性判断上法律适用错误。

鹿特丹医学中心、克雷格共同答辩称：（一）本申请实际解决的技术问题是提供一种产生表达包含天然人V基因片段的仅有 $V_H$ 重链的可溶抗体的方法。首先，国家知识产权局上诉理由中主张的所解决的技术问题与被诉决定并不相同。其次，确定专利实际解决的技术问题应当基于与最接近现有技术确定的区别技术特征所能达到的技术效果来认定，确定所解决的技术问题仅仅是制备出产品而该产品没有任何功能违反了创造性判断的本意。（二）对比文件1和现有技术不仅没有对本申请给出技术启示，甚至给出了相反的技术启示。对比文件1仅公开了一种在哺乳动物中利用骆驼化 $V_H$ 外显子/区生产单重链抗体的方法，没有给出在小鼠中利用源自人的天然存在的V基因片段生产仅有重链的抗体。骆驼的天然仅有重链的抗体是可溶的，而人的天然仅有重链的抗体，由于疏水区域的存在是不可溶的，因此本领域普通技术人员无法预期可以利用源自人的天然存在的V基因片段用于在小鼠中生产仅有重链的可溶的抗体。（三）被诉决定没有涉及本申请说明书是否公开充分的问题。国家知识产权局关于本申请说明书缺少所述技术效果的数据导致效果无法预期的理由超出被诉决定认定范围，不应予以考虑。创造性判断与说明书公开充分属于不同的法律问题，不应混淆。被诉决定的理由是本申请不具有创造性，故应当推定发明符合公开充分的要求。另外，本申请说明书利用功能性实验反映了抗体的溶解性，实际上公开了效果数据，符合说明书公开充分的要求。

鹿特丹医学中心、克雷格向原审法院提起诉讼，原审法院于 2018 年 3 月 6 日立案受理。鹿特丹医学中心、克雷格起诉请求：撤销被诉决定，判令国家知识产权局重新作出决定。

原审法院认定事实：被诉决定涉及申请号为 20121005 ××××.0、名称为“结合分子”的发明专利申请，申请人为鹿特丹医学中心、克雷格，申请日为 2005 年 7 月 22 日，最早优先权日为 2004 年 7 月 22 日，公开日为 2012 年 9 月 12 日。经实质审查，国家知识产权局原审查部门于 2015 年 10 月 8 日驳回了本申请。驳回决定所针对的权利要求书如下：

“1. 产生仅有 $V_H$重链的抗体的方法，所述方法包括：

（a）提供表达异源 $V_H$重链基因座的转基因非人哺乳动物，其中：

（i）所述 $V_H$重链基因座包含可变区和至少一个重链恒定区，所述可变区包含至少一个天然存在的非骆驼 V 基因片段、至少一个 D 基因片段和至少一个 J 基因片段；

（ii）每个恒定区不编码功能性 $C_H1$ 域；

（iii）V 基因片段、D 基因片段和 J 基因片段能够重组而形成 VDJ 编码序列；

（iv）每个重链恒定区来源于脊椎动物，但非来源于人类；

（v）重组后的 $V_H$重链基因座在表达时，能够形成仅有重链的抗体；

（b）用抗原免疫所述转基因非人哺乳动物。

2. 权利要求 1 的方法，其中所述转基因非人哺乳动物经工程改造，其产生含轻链的抗体的能力降低。

3. 权利要求 1—2 中任一项的方法，其中该哺乳动物内源性的免疫球蛋白重链基因座缺失或被沉默。

4. 权利要求 1—3 中任一项的方法，其中所述免疫包括将抗原注射进所述转基因哺乳动物中，并且其中所述方法包括下述的额外步骤：

（c）分离表达所需抗原特异性、仅有重链的抗体的细胞或组织；

（d）从步骤（c）的细胞或组织产生杂交瘤；

（e）从所述杂交瘤克隆仅有重链的抗体 mRNA；和

（f）在异源表达体系中生产所述仅有重链的抗体。

5. 产生 $V_H$结合域的方法，其包括权利要求 1—3 中任一项的步骤，其中所述免疫包括将抗原注射进所述转基因哺乳动物中，并且其中所述方法包括下述的额外步骤：

（c）分离表达所需抗原特异性、仅有重链的抗体的细胞或组织；

（d）从步骤（c）的细胞或组织产生杂交瘤；

（e）从所述杂交瘤克隆仅有重链的抗体 mRNA；

（f）从步骤（e）的克隆 mRNA 中鉴定并分离抗原特异性 $V_H$域；和

（g）在异源表达体系中生产所述可溶性的抗原特异性 $V_H$结合域。

6. 产生 $V_H$结合域的方法，其包括权利要求 1—3 中任一项的步骤，其中所述免疫包括将抗原注射进所述转基因哺乳动物中，并且其中所述方法包括下述的额外步骤：

（c）分离表达可溶性的所需抗原特异性、仅有重链的抗体的细胞或组织；

（d）从来源于所分离细胞或组织的 mRNA 克隆 $V_H$基因座；

（e）使用噬菌体或类似文库展示编码的蛋白质；

（f）鉴定可溶性的抗原特异性 $V_H$域；且

（g）表达所述可溶性的抗原特异性 $V_H$域，或作为融合蛋白表达所述可溶性的抗原特异性 $V_H$域。

7. 任一前述权利要求的方法，其中所述 $V_H$重链基因座包含含有人或骆驼 V、D 和 J 基因片段的可变区。

8. 任一前述权利要求的方法，其中所述 $V_H$重链基因座包含含有人 V、D 和 J 基因片段的可变区。

9. 任一前述权利要求的方法，其中所述 $V_H$重链基因座包含含有超过一个 V 基因片段、超过一个 D 基因片段和超过一个 J 基因片段的可变区。

10. 任一前述权利要求的方法，其中所述 V 基因片段经过选择、突变或工程改造，以改进诸如溶解性的特性。

11. 通过权利要求 1—4 或 6—10 中任一项的方法可获得的仅有重链的抗体。

12. 通过权利要求 5—10 中任一项的方法可获得的 $V_H$结合域。

13. 权利要求 11 的仅有重链的抗体或权利要求 12 的 $V_H$结合域作为药物的应用。

14. 权利要求 12 的 $V_H$结合域，其为二价形式，并且与效应子恒定区组合。”

鹿特丹医学中心、克雷格对上述驳回决定不服，于 2016 年 1 月 22 日向国家知识产权局提出了复审请求，同时提交了权利要求书全文替换页（共 2

页 8 项）。与驳回决定所针对的文本相比，所作修改在于：将权利要求 1 中的“非骆驼 V 基因片段”修改为“V 基因片段”，进一步限定所述 V、D 和 J 基因片段源自人；删除原权利要求 7—8、11—14，并适应性调整权利要求编号和引用关系。

复审请求时新修改的权利要求 1 如下：

“1. 产生仅有 $V_H$重链的抗体的方法，所述方法包括：

（a）提供表达异源 $V_H$重链基因座的转基因非人哺乳动物，其中：

（i）所述 $V_H$重链基因座包含可变区和至少一个重链恒定区，所述可变区包含至少一个天然存在的 V 基因片段、至少一个 D 基因片段和至少一个 J 基因片段，其中所述 V、D 和 J 基因片段源自人；

（ii）每个恒定区不编码功能性 $C_H1$ 域；

（iii）V 基因片段、D 基因片段和 J 基因片段能够重组而形成 VDJ 编码序列；

（iv）每个重链恒定区来源于脊椎动物，但非来源于人类；

（v）重组后的 $V_H$重链基因座在表达时，能够形成仅有重链的抗体；

（b）用抗原免疫所述转基因非人哺乳动物。”

经形式审查合格，国家知识产权局于 2016 年 2 月 26 日依法受理了该复审请求，并将其转送至原审查部门进行前置审查。原审查部门在前置审查意见书中坚持原驳回决定。随后，国家知识产权局成立合议组对本案进行审理。国家知识产权局于 2017 年 1 月 20 日向鹿特丹医学中心、克雷格发出复审通知书。

鹿特丹医学中心、克雷格于 2017 年 5 月 4 日提交了意见陈述书和 1 份参考资料，并提交了权利要求书全文替换页（共 2 页 7 项）。与复审通知书所针对的文本相比，所作修改在于：将原权利要求 3 与权利要求 1 合并，并在权利要求 1 中进一步限定“其中所述哺乳动物是小鼠”；删除原权利要求 3 并适应性修改了各权利要求编号和引用关系。修改后的权利要求 1 如下：

“1. 产生仅有 $V_H$重链的抗体的方法，所述方法包括：

（a）提供表达异源 $V_H$重链基因座的转基因非人哺乳动物，其中：

（i）所述 $V_H$重链基因座包含可变区和至少一个重链恒定区，所述可变区包含至少一个天然存在的 V 基因片段、至少一个 D 基因片段和至少一个 J 基因片段，其中所述 V、D 和 J 基因片段源自人；

（ii）每个恒定区不编码功能性 $C_H1$ 域；

（iii）V 基因片段、D 基因片段和 J 基因片段能够重组而形成 VDJ 编码序列；

（iv）每个重链恒定区来源于脊椎动物，但非来源于人类；

（v）重组后的 $V_H$ 重链基因座在表达时，能够形成仅有重链的抗体；

（b）用抗原免疫所述转基因非人哺乳动物。

其中所述哺乳动物是小鼠，并且该哺乳动物内源性的免疫球蛋白重链基因座缺失或被沉默。”

鹿特丹医学中心、克雷格提交的参考资料如下：

参考资料 1：欧洲、韩国、澳大利亚授权权项，英文复印件，1 份共 6 页。

在上述程序的基础上，国家知识产权局于 2017 年 9 月 5 日作出被诉决定。

被诉决定引用的对比文件与驳回决定、复审通知书中引用的对比文件相同，即：

对比文件 1：WO02/085945A2，公开日为 2002 年 10 月 31 日。

对比文件 1 公开了一种在哺乳动物中生产骆驼化 $V_H$ 单重链抗体的方法，所述方法包括在所述哺乳动物中表达骆驼化 $V_H$ 重链基因座的步骤，该转基因哺乳动物可以是小鼠，还包括用一种抗原免疫转基因哺乳动物而生产单链抗体的步骤；其中，所述骆驼化 $V_H$ 重链基因座包括：（a）至少一个各自包括一个 $V_H$ 外显子的 $V_H$ 区，该 $V_H$ 外显子是突变的，以便其核酸序列与骆驼 $V_{HH}$ 外显子（“骆驼化 $V_H$ 外显子”）相同，至少一个各自包括一个 D 外显子的 D 区，和至少一个包括一个 J 外显子的 J 区，其中，所述 $V_H$ 区、D 区和 J 区能够重组形成 VDJ 编码序列；和（b）包括至少一个 Cγ 恒定重链基因和至少一个 Cμ 恒定重链基因的恒定重链区，当它表达时，既不表达功能性 $C_H1$ 结构域，也不表达功能性 $C_H4$ 结构域，所述恒定重链区包括至少一个来源于骆驼的恒定区重链基因；当所述基因座表达时，能够形成完整的单重链 IgG 分子（scIgG），所述骆驼化 $V_H$ 重链基因座包括至少一个来源于人的 D 区和至少一个来源于人的 J 区（参见对比文件 1 权利要求 3—4、8—13、20、22—23、29—31）。

对比文件 1 公开了 D 和 J 外显子/区可源于天然存在的来源（参见对比文件 1 说明书第 10 页第 24—32 行）。

对比文件 1 公开了所述骆驼化 $V_H$ 外显子/区源于除了骆驼以外的哺乳动物的天然存在的 $V_H$ 编码序列，例如发生了突变的人 $V_H$ 编码序列，以便所述序列与骆驼外显子的序列相同（参见对比文件 1 说明书第 10 页第 12—15 行）。

对比文件 1 公开了“这种用于制备杂合单重链抗体的方法可以特别适用

于制备用于人治疗的抗体，通常将抗体施用于与所述抗体的来源不同的脊椎动物时，导致出现针对所施用抗体的免疫应答；因此，杂合的骆驼/人单链抗体在给人施用时很可能比骆驼单链抗体具有更低的免疫原性”（参见对比文件1说明书第13页第18—24行）；“与骆驼 $V_{HH}$ 单链抗体分子相比，在人治疗方面，‘骆驼化 $V_H$ 单链重链抗体’具有若干优点；例如，骆驼化 $V_H$ 单链抗体在基于 $V_H3$ 基因家族的抗体的情况下具有蛋白A结合位点；另外，在给人施用时，骆驼化 $V_H$ 单链抗体预期具有比骆驼 $V_{HH}$ 单链抗体低的免疫原性”（参见对比文件1说明书第32页第24行—第33页第2行）。

对比文件1公开了优选的，转基因动物的内源性重链基因座缺失或被沉默（参见对比文件1说明书第16页第1—2段）。

在原审过程中，鹿特丹医学中心、克雷格向原审法院补充提交了以下证据：

证据1：《Recognition of Antigens By Single - domain Antibody Fragments: the Superfluous Luxury of Paired Domains》及其相关部分译文《通过单域抗体片段进行抗原的识别：配对的结构域是多余的》。来源：生物化学科学趋势，第26卷，第4期，2001年，第230—235页。

证据2：《Binding Activities of a Repertoire of Single Immunoglobulin Variable Domains Secreted From Escherichia Coli》及其相关部分译文《从大肠杆菌中生产的单个免疫球蛋白可变区结构域的结合活性》。来源：自然（Nature），第341卷，1989年，第544—546页。

证据3：《“Camelising” Human Antibody Fragments: NMR Studies on $V_H$ Domains》及其相关部分译文《“骆驼化”人抗体片段：$V_H$ 结构域的核磁共振研究》。来源：FEBS Lett.，第339卷，1994年，第285—290页。

证据4：《Single Antibody Domains as Small Recognition Units: Design and in vitro Antigen Selection of Camelized, Human $V_H$ Domains with Improved Protein Stability》及其相关部分译文《单个抗体结构域作为最小的识别单元：蛋白稳定性增强的骆驼化的人 $V_H$ 结构域的设计和体外筛选》。来源：蛋白质工程（Protein Engineering），1996年第9卷第6期，第531—537页。

证据5：《Single Domain Antibodies: Comparison of Camel $V_H$ and Camelised Human $V_H$ Domains》及其相关部分译文《单域抗体：骆驼的重链可变区（$V_H$）和“骆驼化”的人的 $V_H$ 结构域的比较》。来源：免疫学方法杂志（Journal of Immunological Methods），第231卷，1999年，第25—38页。

证据6：《Biophysical Properties of Camelid $V_{HH}$ Domains Compared to Those of Human $V_H3$ Domains》及其相关部分译文《骆驼 $V_{HH}$ 结构域对比人 $V_H3$ 结

构域的生物物理特性》。来源：生物化学（Biochemistry），第41卷，2002年，第3628—3636页。

证据7：《基于重链抗体构建的单域抗体研究进展》。来源：生物工程学报，2005年第21卷第3期，第497—501页。

在原审过程中，鹿特丹医学中心、克雷格明确表示，有关本申请独立权利要求4、5的创造性问题，其意见与其针对本申请权利要求1的创造性问题发表的意见一致；本申请从属权利要求系基于独立权利要求具备创造性而具备创造性。

原审法院认为，本案争议焦点为本申请是否具备《中华人民共和国专利法》①（以下简称专利法）第二十二条第三款规定的创造性。

本申请权利要求1请求保护产生仅有$V_H$重链的抗体的方法，对比文件1公开了一种在哺乳动物中生产骆驼化$V_H$单重链抗体的方法，根据对对比文件1具体公开内容的查明可知，权利要求1与对比文件1相比，区别特征在于：（1）所述可变区包含的D、J基因片段是天然存在的；（2）所述V基因片段是源自人的天然存在的V基因片段，而对比文件1公开的是骆驼化的$V_H$外显子/区；（3）该哺乳动物内源性的免疫球蛋白重链基因座缺失或被沉默。基于上述区别特征，本申请实际解决的技术问题是提供一种产生表达包含天然人V基因片段的仅有$V_H$重链的抗体的方法。

对于区别特征（1），根据对比文件1具体公开内容可知，对比文件1公开了D和J外显子/区可源于天然存在的来源。本领域普通技术人员可以想到选用天然存在的人源D基因片段和J基因片段。

对于区别特征（3），根据对对比文件1具体公开内容的查明可知，对比文件1公开了优选的，转基因动物的内源性重链基因座缺失或被沉默，本领域普通技术人员可以想到该转基因小鼠的内源性的免疫球蛋白重链基因座是缺失或被沉默的。

由此可见，对比文件1已经给出了有关区别特征（1）和（3）的技术启示，被诉决定相关认定正确，原审法院依法予以确认。

对于区别特征（2），本领域普通技术人员公知，人和鼠的天然抗体结构为四聚体形式，包括两个重链和两个轻链，每个链都包括可变区和恒定区。即，重链包括重链可变区（$V_H$区）和重链恒定区（$C_H$区），轻链包括轻链可变区（$V_L$区）和轻链恒定区（$C_L$区）。在四聚体结构抗体中，如果没有$V_L$区，$V_H$区的疏水性基团的存在将导致抗体不可溶，即，$V_H$区与$V_L$区的缔合

① 此处指2008年《中华人民共和国专利法》，其已于2020年修改，本案下同。

保证抗体的稳定性和可溶性。而骆驼可以天然地形成一种只有两条重链没有轻链的抗体，且该仅有重链的抗体（HCAb 抗体）不存在不可溶的问题。同时，由于小分子抗体具有组织穿透性好、易表达、易改造、体内半衰期短等优势，故基因工程抗体的发展方向之一就是抗体小型化。

由此可见，对比文件 1 与本申请的基本研究方向是一致的，即在了解骆驼可以天然地形成 HCAb 抗体的基础上，去研制仅有重链、分子量更小的抗体。但对比文件 1 中的 V 基因片段是骆驼化的 $V_H$外显子/区，即对不同来源的 V 基因片段进行骆驼化，故其实质上使用的仍然是骆驼的 V 基因片段。本申请权利要求 1 中限定，所述 V 基因片段是源自人的天然存在的 V 基因片段，事实上是在对比文件 1 的研究基础上更进了一步，使用了人源的 V 基因片段制造 HCAb 抗体。本领域普通技术人员知晓，人源 HCAb 抗体免疫原性更低，成药性更好，这应当也是本领域普通技术人员努力研究探索的方向。但在以实验科学为基础的生物制药领域，即使在努力的方向已经明确的情况下，仍需要本领域普通技术人员付出相当大的智力劳动，才能克服种种难以预料的困难以取得技术上的进步。如果仅因为努力的方向对于本领域普通技术人员而言是明确的，就认为在此方向上取得的研究成果是显而易见的，显然会极大地打击本领域普通技术人员在现有技术基础上深入研究以期取得突破的积极性，也与专利法鼓励创新的根本价值取向背道而驰。

因此，公开了 V 基因片段是骆驼化的 $V_H$外显子/区的对比文件 1，并未向本领域普通技术人员给出使用源自人的天然存在的 V 基因片段产生仅有 $V_H$ 重链的抗体的技术启示。在对比文件 1 的基础上结合本领域的常规技术手段以获得本申请权利要求 1 请求保护的技术方案对本领域普通技术人员而言是非显而易见的，本申请权利要求 1 具备专利法第二十二条第三款规定的创造性。被诉决定认定有误，原审法院依法予以纠正。

基于此，被诉决定在认定本申请权利要求 1 不具备创造性的前提下关于本申请其他权利要求不具备创造性的认定亦均有误，原审法院依法予以纠正。

原审法院判决：撤销被诉决定，国家知识产权局就鹿特丹医学中心、克雷格针对申请号为 201210057668.0、名称为“结合分子”的发明专利申请提出的驳回复审请求重新作出审查决定。一审案件受理费人民币 100 元，由国家知识产权局负担。

原审查明的事实属实，本院予以确认。

本院另查明：

（一）关于鹿特丹医学中心、克雷格原审补充提交证据的事实。原审庭审中，国家知识产权局对鹿特丹医学中心、克雷格原审补充提交的证据 1—7

的质证意见为：上述证据在复审阶段没有提交，但认可其真实性、合法性、关联性。本院经审理对上述证据作以下认证：证据1—7均为公开发表文献的内容，可以核对查实，且国家知识产权局认可其真实性，本院对证据1—7的真实性予以确认。证据1—7为本申请的申请日之前公开发表的期刊文章，其所要证明的事项为本领域普通技术人员在申请日之前知晓的一般技术知识，属于对客观存在的现有技术状态的补充证明，与本案相关技术事实具有关联性。同时，本案涉及专利授权行政程序，如果对专利申请人上述有关现有技术状态的补强证据不予采纳，将导致申请人丧失救济机会且没有其他救济途径。鉴此，本院从客观实际及保护专利申请人正当权益的角度考虑，对证据1—7予以采纳。

（二）关于双方当事人二审庭审认可的事实。庭审中，双方当事人均认可具有实用价值的抗体应该具有水溶性。同时，双方当事人亦认可，对比文件1提及非骆驼$V_H$区时均表明该区域是骆驼化的；在本专利申请日前，在对比文件1的基础上，将其中的所述骆驼化$V_H$外显子/区替换为源自人的天然存在的V基因片段，进而获得仅有$V_H$重链的抗体，在基因技术上并不存在特殊的困难。

（三）关于人体天然重链抗体是否可溶的问题。

1. 原审补充证据1第233页记载：除去$V_L$结构域使$V_H$的大的疏水区域暴露于水性溶剂。……如所预期的，这样的大的疏水区域暴露于溶剂导致分离的$V_H$结构域的聚集或粘着。$V_{HH}$－特异性的氨基酸置换集中于该区域，使该区域更加亲水。这种亲水性通过在不变形Cα骨架的情况下旋转邻近残基的侧链进一步增强。

2. 原审补充证据2第546页记载：然而，$V_H$结构域相对“黏着”，可能是由于其正常情况下被Vκ或$V_\lambda$结构域覆盖的疏水表面被暴露出来。应该可能去设计$V_H$结构域使其有更好的性能。

3. 原审补充证据3第285页记载：由于$V_H$结构域的较短的横向质子弛豫时间，NMR的分析起初无法实现；可能是因为在天然抗体中与轻链相互接触的界面暴露出来导致聚集的发生。

4. 原审补充证据4第536页记载：在骆驼$V_H$结构域中V37F突变很可能和在位置44、45、47的突变是一起发生的。突变很可能和在位置44、45、47的突变是减少以前的$V_L$界面的疏水性所必需的，而37位的突变也可能修正了突变的$V_H$中的一些不利的几何结构。另一方面，V37F突变也可能不利于$V_L$的缔合，进而导致其他三个突变的出现，由此产生一个不太疏水的暴露的$V_L$界面。在任何情况下，只有当所有四个突变都显现出来，才有可能使骆驼

$V_H$在$V_L$缺失的时候形成稳定的、良好折叠的、不黏着的结构域。

5. 原审补充证据5第35页记载：骆驼的$V_H$和“骆驼化”的$V_H$最根本的区别在于骆驼$V_H$是天然进化的产物而且可以由体内免疫获得。……然而就目前而言，骆驼$V_H$的结构仍然比骆驼化的$V_H$的结构更为优秀，因为自然的进化过程产生了更为成熟的结构设计。骆驼化的人的$V_H$结构域可能仍然需要在其以前与$V_L$相互接触的而现在暴露出来的区域引入额外的修饰，以适应暴露于亲水的环境，而且同时能够保留高稳定性和良好的蛋白折叠性能以及提供高度多样的抗原结合位点。

6. 原审补充证据6第3628页记载：《骆驼$V_{HH}$结构域对比人$V_H3$结构域的生物物理特性》……这些重链抗体的可变区结构域（$V_{HH}$）是没有配对的，然而，所有其他抗体的$V_H$结构域会和轻链的可变区结构域（$V_L$）通过一个疏水的界面形成异二聚体。

7. 原审补充证据7第498页记载：在一般抗体$V_H$的FR2中，V37、G44、L45和W47这4个氨基酸残基参与$V_L$的相互作用，而在重链抗体的$V_{HH}$胚系基因序列中，这4个氨基酸残基发生了特征性改变，分别突变为F（Y）37、E44、R45、G47。这4个氨基酸残基的突变使得$V_{HH}$具有高亲水性，从而不必与$V_L$形成异二聚体就可以保持稳定的结构。除了这4个氨基酸残基的突变之外，在骆驼与美洲驼的$V_{HH}$胚系基因序列中还分别存在其他氨基酸残基比较保守的突变。

（四）关于本申请所公开的重链抗体的水溶性问题。本申请说明书第［0034］段记载：本领域也需要产生可溶的、二价的或多价的多肽结合复合体，单独的或与效应子（轻）链组合的可包含至少部分的抗体重链且与生理学上稳定的和具有效应子功能。第［0060］记载：优选一种没有效应子功能但保留结合功能的人源可溶的仅有$V_H$重链结合域。第［0070］段记载：本发明不限于人或骆驼种类特异性的仅有重链的抗体或人$V_H$结合域（优选可溶的$V_H$结合域）（单独或连接于所选效应子域）的生产和衍生化，还包括连接于D和J基因片段脊椎动物来源（任选经基因工程改造从而改善溶解性）的任何V基因片段的嵌合组合的生产。

（五）关于对比文件1公开的内容。对比文件1原文第10页记载：骆驼化$V_H$外显子/区表示源于除了骆驼以外的哺乳动物的天然存在的$V_H$编码序列，例如，发生了突变的人的$V_H$编码序列，以便所述序列与骆驼外显子的序列相同。说明书第13页记载：这种用于制备杂合单重链抗体的方法可以特别适用于制备用于人治疗的抗体，通常将抗体施用于与所述抗体的来源不同的脊椎动物时，导致出现针对所施用抗体的免疫应答；因此，杂合的骆驼/人单链抗体在给人施用时很可能比骆驼单链抗体具有更低的免疫原性。说明书第32页至第33页记载：与骆驼$V_{HH}$单链抗体分子相比，在人治疗方面，“骆驼化$V_H$单链重链抗体”具有若干优点：例如，骆驼化$V_H$单链抗体在基于$V_H3$基因家族的抗体的情况下具有蛋白A结合位点；另外，在给人施用时，骆驼化$V_H$单链抗体预期具有比骆驼$V_{HH}$单链抗体低的免疫原性。

（六）关于本领域公知常识及本申请效果是否可以预期的事实。国家知识产权局提交的《医学免疫学》一书（张昌菊主编，高等教育出版社出版，2003年9月第1版第1次印刷，第29页）记载：体外制备的单克隆抗体来源于小鼠，如给人体注射，将产生针对鼠源性抗体的免疫应答，出现类似于破伤风免疫血清用于人体的副作用。因此，必须对鼠源性抗体进行改造，使其结构接近于人的Ig甚至完全和人Ig相同，才能确保抗体应用于人体的安全性。……人源化抗体（humanized antibody）只保留小鼠单克隆抗体与抗原表位特异结合的互补决定区CDR部分，抗体其余部分来自人Ig的抗体……与嵌合抗体相比，引起免疫应答的免疫原性大大降低。

本院认为，根据国家知识产权局的上诉请求及鹿特丹医学中心、克雷格的答辩，本案的争议焦点在于本申请是否具备专利法第二十二条第三款规定的创造性。具体包括以下两个争议问题：（一）本申请相对于对比文件1所要解决的技术问题；（二）对比文件1是否给出了关于区别特征（2）的技术启示。

（一）本申请相对于对比文件1所要解决的技术问题

国家知识产权局上诉主张，本申请说明书实质上仅是验证了转基因小鼠中表达仅重链基因座所含的V基因是骆驼V基因（$V_{HH}$）时能够实现产生功能性仅重链抗体的技术效果，对于权利要求1请求保护的所述V基因是源自人的天然存在的V基因片段的技术方案，并未证明其技术效果；源自人的天然存在的V基因片段相对于转基因小鼠而言是一种异源基因片段，故本申请实际解决的技术问题“仅是提供一种表达包含其他异源基因片段的异源重链基因座的仅重链抗体的方法”。对此，本院分析如下：

第一，关于发明相对于对比文件所要解决的技术问题。创造性判断所运用的“问题—解决方案”思路中，一般遵循三个步骤：确定最接近的现有技术；确定发明的区别特征和发明实际解决的技术问题；判断要求保护的发明对本领域普通技术人员而言是否显而易见。在第二个步骤中，确定发明实际解决的问题时，通常是以最接近的现有技术为参照，在分析发明与最接近的现有技术相比所存在的区别特征的基础上，考虑区别特征整体上所能达到的技术效果来确定。因此，发明所要解决的技术问题是改进最接近的现有技术以提供比该最接近现有技术更好的技术效果的目标和任务。在这一意义上，发明所解决的技术问题是客观的，区别特征的确定是理解发明实际解决的技术问题的基础。在此基础上，还应考虑本领域普通技术人员在阅读说明书所记载的内容后能够得出的技术效果。

第二，关于本申请相对于对比文件1所实际解决的技术问题。本申请权利要求1相对于对比文件1的区别特征在于：（1）所述可变区包含的D、J基因片段是天然存在的；（2）所述V基因片段是源自人的天然存在的V基因片段，而对比文件1公开的是骆驼化的$V_H$外显子/区；（3）该哺乳动物内源性的免疫球蛋白重链基因座缺失或被沉默。根据本申请说明书第［0034］段、第［0060］段、第［0070］段等的记载，本领域普通技术人员可以理解，本申请所优选实现的是一种人源可溶的仅有$V_H$重链抗体的效果。结合上述区别特征及说明书的记载，本申请相对于对比文件1所实际解决的技术问题应该是提供一种产生表达包含天然人V基因片段的仅有$V_H$重链的可溶抗体的方法。被诉决定认定本申请所解决的技术问题是提供一种产生表达包含天然人V基因片段的仅有$V_H$重链的抗体的方法，虽然没有明确将"抗体"表述为"水溶性抗体"，但是考虑到不具有水溶性的抗体缺乏实用价值，被诉决定语境中的"抗体"实际隐含了水溶性的限定，故被诉决定的认定基本正确。

第三，关于国家知识产权局的上诉主张。首先，国家知识产权局上诉主张所确定的本申请所解决的技术问题明显与其被诉决定所确定的技术问题不同，实质变更了被诉决定的相关认定内容，不符合正当程序原则，不应得到支持。其次，国家知识产权局的上诉主张将本申请相对于对比文件1所解决的技术问题概括为"提供一种表达包含其他异源基因片段的异源重链基因座的仅重链抗体的方法"，实质上是质疑本申请说明书是否公开了制备包含天然人V基因片段的仅有$V_H$重链的具有水溶性的抗体这一效果，并认为由于说明书没有公开已经制备上述抗体，缺乏数据支持和验证，因而可以脱离本申请权利要求1相对于对比文件1的区别特征，特别是"所述V基因片段是源自人的天然存在的V基因片段"这一区别特征，对本申请所要解决的技术问题进行了更宽泛的上位概括。这种做法既否定了区别特征作为发明实际解决的技术问题的基础，与创造性判断的"问题—解决方案"思路不符，又在客观上混淆了创造性判断与说明书充分公开、权利要求应该得到说明书支持等不同法律标准。创造性判断与说明书充分公开、权利要求应该得到说明书支持等法定要求在专利法上具有不同的功能，遵循不同的逻辑。将本质上属于说明书充分公开、权利要求应该得到说明书支持等法律要求所应审查的内容纳入创造性判断中予以考虑，既可能使创造性判断不堪承受重负，不利于创造性判断法律标准的稳定性和一致性，又可能在一定程度上制约申请人对说明书充分公开、权利要求应该得到说明书支持等问题进行实质论辩，还可能致使说明书充分公开、权利要求应该得到说明书支持、修改超范围等法律要求被搁置，原则上应予避免。因此，在专利实质审查程序中，既要重视对新颖性、创造性等实质授权条件的审查，又要重视说明书充分公开、权利要求应该得到说明书支持、修改超范围等授权条件的适用，使各种授权条件各司其职、各得其所，而不宜只关注新颖性、创造性等实质授权条件。根据专利实质审查的一般规律，原则上可以先审查判断专利申请是否符合说明书充分公开、权利要求应该得到说明书支持、修改超范围等授权条件，在此基础上再进行新颖性、创造性的判断，否则可能导致新颖性、创造性审查建立在不稳固的基础上，在程序上是不经济的。本案中，国家知识产权局上诉主张中关于本申请是否公开了制备人源可溶仅有重链的抗体及是否有数据支持和验证等问题，更适合在说明书是否充分公开这一法律问题下予以审查，不宜一概纳入创造性判断中予以考虑。

综上，国家知识产权局有关本申请相对于对比文件 1 所要解决的技术问题的上诉理由不能成立，本院不予支持。

（二）对比文件 1 是否给出了关于区别特征（2）的技术启示

国家知识产权局上诉主张，在对比文件 1 的基础上，当本领域普通技术人员面对的技术问题是提供一种表达包含其他异源基因片段的异源重链基因座的仅重链抗体的方法时，其有动机选择其他任意的异源基因片段，包括区别特征（2）所述的源自人的天然存在的 V 基因片段；当抗体小型化和人源仅有重链的抗体已经是基因工程抗体的进一步研究方向时，出于对这一研究方向的知悉和确保人体安全性等方面的考虑，本领域普通技术人员完全有动机使用人的天然 V 基因片段进行异源表达。对此，本院分析如下：

第一，关于技术启示的理解。技术启示是指现有技术中存在特定教导，促使本领域普通技术人员在面对客观技术问题时，考虑该教导来改进最接近的现有技术，得到所要保护的发明、实现发明的技术效果。前已述及，国家知识产权局上诉主张所确定的本申请所解决的技术问题是错误的。在此基础上，国家知识产权局上诉主张中关于对比文件 1 为本领域普通技术人员提供的教导和启示的内容缺乏论证基础。

第二，关于对比文件 1 公开的内容。对比文件 1 公开了一种在哺乳动物中生产骆驼化 $V_H$单重链抗体的方法，包括在哺乳动物中表达骆驼化 $V_H$重链基因座的步骤，并提出“所述骆驼化 $V_H$外显子/区源于除了骆驼以外的哺乳

动物的天然存在的 $V_H$编码序列，例如发生了突变的人的 $V_H$编码序列，以便所述序列与骆驼外显子的序列相同”。双方当事人亦均认可对比文件 1 提及非骆驼 $V_H$区时均表明该区域是骆驼化的。因此，对比文件 1 公开的是通过基因技术手段使用骆驼化 V 基因片段形成单重链抗体的方法。

第三，关于本领域普通技术人员的认知。根据补充查明的事实及本领域公知常识可知，骆驼的天然抗体与人或鼠的天然抗体在结构上存在重要区别，骆驼的天然抗体为仅有重链的抗体，而人和鼠的天然抗体为包括两条重链和两条轻链的四聚体。由于疏水区域的存在，人的天然的仅有 $V_H$重链的抗体会发生聚集或者黏着，而骆驼的天然抗体中对应于人重链的疏水区域的氨基酸是亲水性氨基酸，故骆驼的天然的仅有重链的抗体具有更好的水溶性。

第四，关于避免后见之明。本案中，对比文件 1 与本申请有着基本相同的研究方向，即在了解骆驼可以天然地形成仅有重链的抗体的基础上，研制仅有重链、分子量更小的抗体。两者最重要的区别在于，对比文件 1 在研制仅有重链的抗体时，使用的是骆驼化 $V_H$外显子即骆驼化 V 基因片段，而本申请则使用的是源自人的天然存在的 V 基因片段。同时，在本申请提出之日，将其中的所述骆驼化 V 基因片段替换为源自人的天然存在的 V 基因片段，进而获得仅有 $V_H$重链的抗体，在基因技术上并不存在特殊的困难。国家知识产权局主张，当抗体小型化和人源仅有重链的抗体已经是基因工程抗体进一步的研究方向，出于对这一研究方向的知悉和确保人体安全性等方面的考虑，本领域普通技术人员完全有动机使用人的天然 V 基因片段替换对比文件 1 中的骆驼化 $V_H$外显子。对此本院认为，面对所要解决的客观的技术问题，本领域普通技术人员从现有技术中可以获知的启示原则上应该是具体、明确的技术手段，而不是抽象的想法或者一般的研究方向。仅仅依据研究方向的一致性和本领域的抽象、普遍需求来认定现有技术给出的启示，隐含着后见之明的危险，容易低估发明的创造性。那些表面上看似显而易见的发明事实上也可能具有创造性。发明的技术方案一旦形成，其可能经常被发现可以从某些已知事物出发，经由一系列非常简单的步骤推导出来。为避免这种后见之明，必须全面、谨慎、现实地评估，面对本申请所要解决的问题，本领域普通技术人员基于其所认知的全部现有技术，是否能够容易地得出本申请的技术方案。在对比文件 1 的基础上研发仅包含天然人 V 基因片段仅有 $V_H$重链的抗体时，虽然对比文件 1 给出了使用骆驼化 V 基因片段形成单重链抗体的方法，且本领域确实存在降低抗体免疫原性、提高治疗效果的需求，但是基于人的天然的仅有 $V_H$重链的抗体会发生聚集或者黏着，而骆驼化 V 基因片段形成的仅有重链的抗体具有更好水溶性的认知，本领域普通技术人员难以有动机以

“源自人的天然存在的V基因片段”替代“骆驼化V基因片段”，制备V、D、J基因片段均是天然存在的源自人的V、D、J基因片段的仅有重链的抗体。本申请没有囿于人的天然的仅有$V_H$重链的抗体会发生聚集或者黏着的认知，以“源自人的天然存在的V基因片段”替代“骆驼化V基因片段”，得到表达天然人V基因片段的仅有$V_H$重链的具有更好水溶性的新抗体，具有创造性。被诉决定在评估对比文件1的启示时，脱离了申请日前本领域普通技术人员的认知，低估了本申请权利要求1的创造性。原审法院关于“在以实验科学为基础的生物制药领域，即使在努力的方向已经明确的情况下，仍需要本领域普通技术人员付出相当大的智力劳动，才能克服种种难以预料的困难以取得技术上的进步”的认定，虽然过于笼统且在本案中缺乏相应证据支持，但是并未影响其裁判结果的正确性。

综上，被诉决定关于对比文件1给出了关于区别特征（2）的技术启示的认定错误，国家知识产权局的上诉主张不能成立，本院不予支持。

本申请权利要求1具备专利法第二十二条第三款规定的创造性，本申请其他权利要求均为同一发明构思下的独立权利要求或者从属权利要求，在权利要求1具备创造性的基础上，本申请其他权利要求亦具有创造性。

综上所述，原审判决认定事实基本清楚，适用法律正确，应予维持。国家知识产权局的上诉请求不能成立，应予驳回。依照《中华人民共和国行政诉讼法》第八十九条第一款第一项规定，判决如下：

驳回上诉，维持原判。

二审案件受理费人民币100元，由国家知识产权局负担。

本判决为终审判决。

审 判 长 王 闯
审 判 员 朱 理
审 判 员 刘晓军
二〇一九年十二月六日
法官助理 高 雪
技术调查官 董丽雯
书 记 员 谢思琳

# 23. 创造性判断中发明实际解决的技术问题的确定

——上诉人国家知识产权局、喀什博思光伏科技有限公司与被上诉人山东豪沃电气有限公司实用新型专利权无效行政纠纷案①

**中华人民共和国最高人民法院行政判决书（2019）最高法知行终32号**

上诉人（原审被告）：国家知识产权局。住所地：北京市海淀区西土城6号。

法定代表人：申长雨，该局局长。

委托诉讼代理人：熊洁，该局审查员。

委托诉讼代理人：万琦，该局审查员。

上诉人（原审第三人）：喀什博思光伏科技有限公司。住所地：新疆维吾尔自治区喀什地区喀什经济开发区深喀大道总部经济区川渝大厦11层1102号。

法定代表人：张意铃，执行董事。

委托诉讼代理人：李向东，北京恒都律师事务所律师。

被上诉人（原审原告）：山东豪沃电气有限公司。住所地：山东省德州市陵城区经济开发区迎宾南大街2809号。

法定代表人：江绪祥，执行董事。

委托诉讼代理人：李洪江，北京观韬中茂律师事务所律师。

委托诉讼代理人：夏涛，北京观韬中茂律师事务所律师。

上诉人国家知识产权局、喀什博思光伏科技有限公司（以下简称喀什博思公司）因与被上诉人山东豪沃电气有限公司（以下简称山东豪沃公司）实用新型专利权无效行政纠纷一案，不服北京知识产权法院于2019年1月29日作出的（2018）京73行初9181号行政判决，向本院提起上诉。本院于2019年5月28日立案后，依法组成合议庭，于2019年7月3日公开开庭进行了审理。国家知识产权局的委托诉讼代理人熊洁、万琦，喀什博思公司的委托诉讼代理人李向东，山东豪沃公司的委托诉讼代理人李洪江、夏涛到庭

---

① 本案在年度报告中的位置为第40页。

参加了诉讼。本案现已审理终结。

国家知识产权局上诉请求：撤销原审判决，驳回山东豪沃公司的诉讼请求。事实和理由：1. 说明书中已经明确公开了间隙的作用，就应当按照说明书中的记载来确定间隙的作用，这并不是用说明书中的具体解释带入权利要求书，而是以说明书为依据来判断权利要求中的技术特征所解决的技术问题；2. 对比文件 3 中的“间隙”不能相当于本专利权利要求 1 中的“间隙”；3. 对比文件 5 根本就没有公开导向轮 32 与框架 104 在 Y 轴方向上存在间隙。

喀什博思公司上诉请求：撤销原审判决，驳回山东豪沃公司的诉讼请求。事实和理由：1. 原审判决对于“支撑轮与光伏面板的下侧边具有预定间隙”这一区别技术特征实际解决的技术问题认定错误；2. 原审判决对于对比文件 3 相关内容的认定存在错误，对比文件 3 没有公开“在支撑轮与光伏面板的下侧边设置间隙”，对比文件 3 中导轨、支撑轮和护轮间设置间隙这一特征所解决的技术问题与本专利不同；3. 原审判决对于对比文件 5 相关内容的认定存在错误，对比文件 5 中所述的“余量”并非间隙之意。

山东豪沃公司向原审法院起诉请求：撤销被诉决定。事实和理由：1. 对比文件 3 中的“导轨和支撑轮、护轮的尺寸位置保留适当间隙”公开了区别特征（2）：“设置在框架另一端的支撑轮与光伏面板的下侧边具有预定的间隙”。2. 对比文件 5 中的“导向轮 32 最好设置悬挂结构，或在导向轮 32 与太阳能电池模块 101 的框架 104 之间设置一些余量。由此可以应对行进方向上的太阳能电池组件 101 的错位或突起物”公开了区别特征（2）“设置在框架另一端的支撑轮与光伏面板的下侧边具有预定的间隙”。3. 被诉决定对本专利权利要求 2—9 具备创造性的判断，认定事实错误。

原审法院认定如下事实：本案涉及专利号为 20152043 ××××.5，名称为“一种光伏组件及其自动清扫装置”的实用新型专利（以下简称本专利），专利权人为喀什博思公司，申请日为 2015 年 6 月 24 日，优先权日为 2014 年 12 月 23 日，授权公告日为 2015 年 11 月 25 日。

针对上述专利权，山东豪沃公司于 2018 年 1 月 30 日向国家知识产权局专利复审委员会（以下简称专利复审委员会）提出无效宣告请求，并提交了如下附件：

附件 1（下称对比文件 1）：CN203987878U 号中国实用新型专利说明书；

附件 2（下称对比文件 2）：CN203417873U 号中国实用新型专利说明书；

附件 3（下称对比文件 3）：CN1605313A 号中国发明专利公开说明书；

附件 4（下称对比文件 4）：CN201877852U 号中国实用新型专利说明书；

附件 5（本专利）：CN204810222U 号中国实用新型专利；

附件6（优先权文本）：CN104467649A号中国发明专利申请。

同日，专利复审委员会向双方当事人发出无效宣告请求受理通知书，并将无效宣告请求书及其附带的证据副本转送给喀什博思公司。

2018年2月27日，山东豪沃公司提交了补充意见陈述书及如下附件：

附件7（下称对比文件5）：WO2014/185082A1号国际专利说明书及其中文译文；

附件8（下称对比文件6）：《机架、导轨及机械振动设计》封面页、封底页、版权页、出版说明页、前言页、目录页、第199页，2013年3月北京第1版第1次印刷，作为公知常识性证据；

附件9（下称对比文件7）：《光伏发电站施工规范》，封面页、封底页、版权页、前言页、目录页、第1页及第12—13页，2012年10月北京第1次印刷，作为公知常识性证据；

附件10（下称对比文件8）：CN1454566A号中国发明专利申请公开说明书；

附件11（下称对比文件9）：CN102332475A号中国发明专利申请公开说明书。

山东豪沃公司对权利要求3、4、7、10不具有创造性的理由进行了补充说明。

喀什博思公司于2018年3月12日提交了意见陈述书，并对权利要求书进行了修改，将从属权利要求3的附加技术特征加入到了权利要求1中，并对权利要求的编号和引用关系进行了适应性修改。修改后的权利要求书如下：

“1. 一种光伏组件自动清扫装置，其特征在于，包括：

框架，包括两端部和中间部，所述框架跨搭在待清扫的光伏面板上时，所述中间部与所述待清扫光伏面板平行；

行走单元，设置在所述框架的两端部和/或中间部，用于带动所述自动清扫装置顺所述待清扫光伏面板移动；

导向单元，设置在所述框架的两端部，用于限制所述行走单元的行走轨迹；

清扫单元，设置在所述框架的中间部，用于在所述自动清扫装置移动的过程中，对所述待清扫光伏面板进行清扫；

驱动单元，包括电机和传动部分，用于向所述清扫单元和所述行走单元提供动力；

智能控制系统，与所述电机相连接，包括智能控制电路板，用于智能化的控制所述电机的启停；以及供电单元，与所述电机和所述智能控制系统相连接，包括自带的光伏发电组件和蓄电池，用于向所述自动清扫装置提供电力。

所述导向单元包括支撑轮，当所述框架整体跨搭在所述光伏面板上时，设置在所述框架一端的支撑轮搭在所述光伏面板的上侧边，设置在所述框架另一端的支撑轮与所述光伏面板的下侧边具有预定的间隙，设置在所述框架两端部的支撑轮的端面均与所述光伏面板平行。

2. 根据权利要求 1 所述的光伏组件自动清扫装置，其特征在于，所述框架的中间部设置为一体式或分段式，所述清扫单元相应所述框架的中间部设置为一体式或分段式。

3. 根据权利要求 2 所述的光伏组件自动清扫装置，其特征在于，所述设置在所述框架一端的支撑轮个数大于所述设置在所述框架另一端的支撑轮的个数。

4. 根据权利要求 2 所述的光伏组件自动清扫装置，其特征在于，所述行走单元包括驱动轮，其中，所述驱动轮沿所述光伏面板、所述光伏组件边框、所述光伏面板的固定支架和/或所述光伏面板的连接件行走。

5. 根据权利要求 4 所述的光伏组件自动清扫装置，其特征在于，所述清扫单元包括毛刷，在所述行走单元行走的过程中，所述毛刷贴附于所述光伏面板上。

6. 根据权利要求 5 所述的光伏组件自动清扫装置，其特征在于，所述传动部分包括：

第一传动轴，与所述电机相连接，设置为所述毛刷的芯轴，用于带动所述毛刷旋转；

第二传动轴，与所述驱动轮相连接，用于向所述驱动轮提供行走动力；以及

传动组件，包括主动轮、从动轮和传动带，所述主动轮与所述第一传动轴相连接，所述从动轮与所述第二传动轴相连接，所述主动轮通过所述传动带带动所述从动轮反向旋转，使所述毛刷的旋转方向与所述行走单元的前进方向相反，所述主动轮小于所述从动轮，使所述毛刷旋转的线速度大于所述行走单元前进的线速度。

7. 根据权利要求 2 所述的光伏组件自动清扫装置，其特征在于，还包括：

加热单元，用于对所述蓄电池进行加热；

温度检测单元，用于检测环境温度和所述蓄电池的温度。

其中，所述智能控制系统与所述加热单元和所述温度检测单元相连接，用于在所述环境温度不能满足所述蓄电池工作的条件时，控制所述加热单元

向所述蓄电池加热，并在所述蓄电池的温度上升至预设温度时，控制所述加热单元停止加热，并控制所述自带的光伏发电组件对所述蓄电池充电。

8. 根据权利要求2所述的光伏组件自动清扫装置，其特征在于，还包括：

位置检测单元，所述位置检测单元为接近开关或限位开关，设置于所述框架上，其中，所述智能控制系统与所述位置检测单元相连接，用于根据所述位置检测单元的信号控制所述电机的转向；以及

防护盖板，设置于所述框架的中间部的顶面。

9. 一种光伏组件，其特征在于，包括：

多个光伏面板；

光伏板过渡支架组件，设置在沿自动清扫装置移动方向的、光伏面板之间；

停机位组件，设置在沿所述自动清扫装置移动方向一侧或者两侧的光伏面板边沿；

换向位组件，设置在沿所述自动清扫装置移动方向另一侧的光伏面板边沿，

其中，所述自动清扫装置为权利要求1至8中任一项所述的光伏组件自动清扫装置。"

喀什博思公司在意见陈述书中认为：本专利说明书符合《中华人民共和国专利法》[①]（以下简称专利法）第二十六条第三款的规定；修改后的权利要求1、3、9符合专利法第二十六条第四款的规定；权利要求1—9符合专利法第二十二条第三款的规定。

专利复审委员会于2018年7月24日作出被诉决定，认定：

一、审查文本

喀什博思公司在本专利的无效宣告请求审查阶段对权利要求书进行了修改，将原从属权利要求3的附加技术特征加入到了原权利要求1中，并对权利要求的引用关系和编号进行了适应性修改。经查明，修改后的权利要求1的技术方案在说明书中有记载（具体参见本专利说明书第0007段至第0009段），并没有超出本专利原始公开的范围，因此符合专利法第三十三条的规定；该权利要求1的修改是针对权利要求1的进一步限定，符合专利审查指南中关于无效阶段对权利要求书修改的相关规定。因此，本决定所依据的审查文本为：喀什博思公司于2018年3月12日提交的权利要求第1－9项，于

① 此处指2008年《中华人民共和国专利法》，其已于2020年修改，本案下同。

2015年6月24日提交的说明书第1—8页、说明书摘要、摘要附图，说明书附图第1—2页。

二、证据的认定

山东豪沃公司在口头审理当庭出示对比文件6、7的原件，专利复审委员会转给喀什博思公司当庭核实。喀什博思公司对对比文件1—9的真实性、合法性、关联性和公开日期无异议，对对比文件5的中文译文的准确性无异议。专利复审委员会也未发现能够影响上述对比文件的真实性的瑕疵，因而对对比文件1—9的真实性予以认可，对比文件5的中文译文以山东豪沃公司提交的中文译文为准。同时，由于对比文件1—9的公开日均早于本专利的申请日，因此可作为评价本专利创造性的现有技术使用。

三、关于专利法第二十六条第三款

山东豪沃公司认为：1. 本专利说明书的“设置在框架另一端部7的两个支撑轮3与光伏面板的下侧边具有预定的间隙，该间隙使得清扫装置能够适应光伏面板宽度在一定范围内变化”描述不清楚，本领域技术人员不清楚“预定的间隙”是指预先设定的固定距离，还是可以随着光伏面板的宽度变化进行调整的间隔；此外光伏面板的下侧边具体是指哪个侧边，本领域技术人员无法确定“支撑轮3与光伏面板的下侧边具有预定的间隔”具体是如何实现的；以上导致本领域技术人员无法根据该内容实现该技术方案；2. 本专利说明书中对于“光伏过渡支架组件”“换向位组件”的描述不清楚，仅仅描述了“光伏过渡支架组件”“换向位组件”的功能，而上述两个组件应当具备一定的机械结果或具备一些电器装置或元件，从而导致公开不充分。综上，本专利说明书不符合专利法第二十六条第三款的规定。

对此，专利复审委员会认为：1. 根据本专利的记载（参见说明书第0054段第1—5行）：设置在框架另一端部7的两个支撑轮3与光伏面板的下侧边具有预定的间隙，该间隙使得清扫装置能够适应光伏面板宽度在一定范围内变化，例如，由于光伏面板制造工艺或安装操作导致光伏面板边沿参差不齐时，由于上下支撑轮的设置以及该间隙的存在，使得自动清扫装置既能够顺着待清扫光伏面板移动，又不会由于边沿参差而被卡。根据说明书中的上述记载，“预定的间隙”是预先设定的两个支撑轮3与光伏面板的下侧边之间的间隔，由于光伏面板制造工艺或安装操作会导致光伏面板边沿参差不齐，由于该间隔的存在，可以使得清扫装置能够适应光伏面板宽度的变化，而不会因为边沿的参差而被卡住。此外，“光伏面板的下侧边”就是指光伏面板与支撑轮存在间隔的那一边，“光伏面板下侧边”与“光伏面板的上侧边”对应，清扫装置的上支撑轮与上侧边接触。因此，根据说明书的上述记载，

“设置在框架另一端部7的两个支撑轮3与光伏面板的下侧边具有预定的间隔，该间隔使得清扫装置能够适应光伏面板宽度在一定范围内变化”是清楚的，是本领域技术人员能够实现的。2. 根据说明书的记载（参见说明书第82段第1—7行）：光伏组件包括多个光伏面板18，设置在沿清扫装置20移动方向的、光伏面板18之间的光伏板过渡支架组件29，设置在沿清扫装置20移动方向的一侧的停机位组件16和设置在沿清扫装置20移动方向的另一侧的换向位组件17。其中，如图26所示，停机位组件16包括相连接的框架以与清扫装置20相适配，还包括卡接结构27，以使清扫装置20能够安全地停在停机位组件16上。如图27所示，换向位组件17包括相连接的框架以与清扫装置20相适配，同时包括卡接结构28，以使清扫装置20能够安全地进行换向。光伏板过渡支架组件29能够使清扫装置20更安全地进行光伏面板的过渡。

根据说明书的上述记载，结合本领域普通技术人员的技术知识，可以理解：“光伏板过渡支架组件”是指光伏板之间用来连接和过渡的支架组件。换向位组件包括相连接的框架、卡接结构，是用来使清扫装置换向的组件。虽然本专利说明书未对“光伏板过渡支架组件”“换向位组件”的结构进行特别具体的描述，但是本领域普通技术人员可以根据说明书，再结合本领域的普通技术知识了解其结构和工作原理。因此，说明书中“光伏组件包括多个光伏面板18，设置在沿清扫装置20移动方向的、光伏面板18之间的光伏板过渡支架组件29，设置在沿清扫装置20移动方向的一侧的停机位组件16和设置在沿清扫装置20移动方向的另一侧的换向位组件17”是清楚的，本领域技术人员在说明书记载的内容的基础上能够实现该发明的技术方案。

综上所述，本专利的说明书对其请求保护的技术方案作出了清楚、完整的说明，本领域技术人员根据说明书的记载完全能够实现该技术方案，因此本专利的说明书符合专利法第二十六条第三款的规定。

四、关于专利法第二十六条第四款

山东豪沃公司认为：1. 权利要求1、3中记载的技术特征“设置在框架另一端部7的两个支撑轮3与光伏面板的下侧边具有预定的间隔，该间隔使得清扫装置能够适应光伏面板宽度在一定范围内变化”描述不清楚，本领域技术人员不清楚“预定的间隔”是指预先设定的固定距离，还是可以随着光伏面板的宽度变化进行调整的间隔；此外光伏面板的下侧边具体是指哪个侧边，本领域技术人员无法确定“支撑轮3与光伏面板的下侧边具有预定的间隔”具体是如何实现的，从而导致权利要求1、3的保护范围不清楚。2. 权利要求9中对“光伏过渡支架组件”“换向位组件”的描述不清楚，仅记载了“光伏过渡支架组件”“换向位组件”的位置，没有任何关于其结构的限定，从而导致权利要求 9 的保护范围不清楚。

对此，专利复审委员会认为：1. 根据本专利的记载（参见说明书第 0054 段第 1—5 行）：设置在框架另一端部 7 的两个支撑轮 3 与光伏面板的下侧边具有预定的间隙，该间隙使得清扫装置能够适应光伏面板宽度在一定范围内变化，例如，由于光伏面板制造工艺或安装操作导致光伏面板边沿参差不齐时，由于上下支撑轮的设置以及该间隙的存在，使得自动清扫装置既能够顺着待清扫光伏面板移动，又不会由于边沿参差而被卡。根据说明书中的上述记载，“预定的间隙”是预先设定的两个支撑轮 3 与光伏面板的下侧边之间的间隔，由于光伏面板制造工艺或安装操作会导致光伏面板边沿参差不齐，由于该间隔的存在，可以使得清扫装置能够适应光伏面板宽度的变化，而不会因为边沿的参差而被卡住。此外，“光伏面板的下侧边”就是指光伏面板与支撑轮存在间隔的那一边，“光伏面板下侧边”与“光伏面板的上侧边”对应，清扫装置的上支撑轮与上侧边接触。因此，根据说明书的上述记载，权利要求 1 中“设置在框架另一端部 7 的两个支撑轮 3 与光伏面板的下侧边具有预定的间隔，该间隔使得清扫装置能够适应光伏面板宽度在一定范围内变化”是清楚的。2. 根据说明书的记载（参见说明书第 82 段第 1—7 行）：光伏组件包括多个光伏面板 18，设置在沿清扫装置 20 移动方向的、光伏面板 18 之间的光伏板过渡支架组件 29，设置在沿清扫装置 20 移动方向的一侧的停机位组件 16 和设置在沿清扫装置 20 移动方向的另一侧的换向位组件 17。其中，如图 26 所示，停机位组件 16 包括相连接的框架以与清扫装置 20 相适配，还包括卡接结构 27，以使清扫装置 20 能够安全地停在停机位组件 16 上。如图 27 所示，换向位组件 17 包括相连接的框架以与清扫装置 20 相适配，同时包括卡接结构 28，以使清扫装置 20 能够安全地进行换向。光伏板过渡支架组件 29 能够使清扫装置 20 更安全地进行光伏面板的过渡。根据说明书的上述记载，结合本领域普通技术人员的技术知识，可以理解：“光伏板过渡支架组件”是指光伏板之间用来连接和过渡的支架组件；换向位组件包括相连接的框架、卡接结构，是用来使清扫装置换向的组件，本领域普通技术人员可以根据说明书，再结合本领域的普通技术知识了解其结构。因此，权利要求 9 中的“光伏板过渡支架组件”“换向位组件”是清楚的。

综上所述，权利要求 1、3、9 的保护范围是清楚的，符合专利法第二十六条第四款的规定。

五、关于专利法第二十二条第三款

（一）权利要求 1 的创造性

权利要求 1 相对于对比文件 1、2 和公知常识的结合，或相对于对比文件 1、2、3 的结合，或相对于对比文件 1、2、5 的结合：

权利要求 1 请求保护一种光伏组件的自动清扫装置。对比文件 1 公开了一种板面自动清扫装置（参见说明书第 0021—0024 段、第 0027 段、第 0029 段，附图 2），包括：对称设置且用于夹持在待清扫板面两端的一对端头行走传动箱，以及依次配合设置在一对端头行走传动箱上且构成位于一对端头行走传动箱之间的中间行走段、第一清扫装置和第二清扫装置；一对端头行走传动箱、第一清扫装置和第二清扫装置，分别与中间行走段连接。在一对一端头行走传动箱中每个端头行走装置的两端内侧，均设有行走四角限位轮；行走四角限位轮的端面平行于待清扫板面，行走四角限位轮的柱面贴在平板待清扫板面两个侧面滚动行走，以防止运行偏斜。第一清扫装置和第二清扫装置的结构相同。第一清扫装置，包括与待清扫板面平行且设置在相应端头行走传动箱与中间行走段之间的第一可调支架，设置在第一可调支架靠近待清扫板面的一侧、并行设置的第一清扫毛刷，以及设置在第一可调支架上且与中间行走段连接的第一行走传动轴。上述中间行走段，包括依次配合设置在第一清扫装置和第二清扫装置之间且相互连接的驱动电机和电气控制仓（如电气控制仓 13），设置在相应端头行走传动箱与相应清扫装置之间的由端头行走驱动轮，以及设置在中间行走段底部的中间行走驱动轮；芯轴固定对接的清扫毛刷第一清扫毛刷 4 和第二清扫毛刷 8 作为动力传动轴，将驱动电机 7 的动力分配给第一端头行走传动箱 3 和及第二端头行走传动箱 10。第一行走传动轴 6 和第二行走传动轴 15 将中间行走驱动轮 12 和端头行走驱动轮 11 动力连接起来，实现驱动动力的同步一致。上述实施例的板面自动清扫装置，自带蓄电池，远程无线遥控控制电路，能按设定时间自动启动清扫工作，故障时能自动反馈故障信息到控制中心。

山东豪沃公司认为：权利要求 1 与对比文件 1 的区别特征在于：（1）供电单元包括自带的光伏发电组件；（2）设置在所述框架另一端的支撑轮与所述光伏面板的下侧边具有预定的间隙。区别特征（1）被对比文件 2 公开了，起到了与本专利中相同的作用，实现了与本专利中相同的技术效果，即对比文件 2 给出了将上述技术特征用于对比文件 1 以解决其技术问题的启示；区别特征（2）为公知常识，或被对比文件 3 或对比文件 5 公开，且对比文件 3 或对比文件 5 均给出了将该区别特征（2）与对比文件 1 结合的技术启示。因此，权利要求 1 相对于对比文件 1、2 和公知常识的结合、相对于对比文件

1、2、3 的结合、相对于对比文件 1、2、5 的结合不具备创造性。

对此，专利复审委员会认为：对比文件 1 公开了一种板面自动清扫装置，其一对端头行走传动箱是对称设置且用于夹持在待清扫板面两端的（参见对比文件 1 的说明书第 0022 段），而权利要求 1 保护的是一种光伏组件自动清扫装置，其包括跨搭在待清扫的光伏面板上的框架。对比文件 1 的板面自动清扫装置，其并不是光伏组件自动清扫装置，并且对比文件 1 中端头行走传动箱是夹持在待清扫板两端的，即两端的行走传动箱夹紧待清扫两端；而本专利中的光伏组件自动清扫装置是跨搭在光伏面板上的，跨搭则表示另一端的支撑轮在光伏面板的侧边并没有处于夹紧的状态。经审查，专利复审委员会认为：与对比文件 1 相比，本专利权利要求 1 与对比文件 1 存在以下区别特征：

（1）权利要求 1 为一种光伏组件自动清扫装置，而对比文件 1 为一种板面自动清扫装置；

（2）权利要求 1 中框架跨搭在待清扫的光伏面板上，设置在框架另一端的支撑轮与光伏面板的下侧边具有预定的间隙；而对比文件 1 的一对端头行走传动箱是夹持在待清扫面板两端；

（3）权利要求 1 中的供电单元包括自带的光伏发电组件，而对比文件 1 中为蓄电池。

根据上述区别特征，确定权利要求 1 相对于对比文件 1 所实际解决的技术问题是：（1）如何使得自动清扫装置既能顺着待清扫光伏面板移动，又不会由于边沿参差而被卡；（2）如何对蓄电池进行供电。

对比文件 2 公开了一种太阳能光伏电站自动除尘器，包括（参见说明书第 0003 段、第 0009 段、第 0010 段）：所述电源为蓄电池或太阳能电池与蓄电池的组合；自带或就近解决动力、自行驱动，自重轻，能耗低。因此对比文件 2 公开了上述区别特征“光伏组件自动清扫装置”“供电单元包括自带的光伏发电组件”，即对比文件 2 公开了上述区别特征（1）和（3），且该区别特征（1）和（3）在对比文件 2 中所起到的作用与本专利中相同，都是为了对太阳能电池板进行清扫，以及能够通过自带的光伏发电组件对蓄电池进行充电，也实现了与本专利中相同的技术效果，即对比文件 2 给出了将上述技术特征用于对比文件 1 以解决其技术问题的启示。但上述区别特征（2）并未被对比文件 2 公开。

对比文件 3 公开了一种观察窗清洗装置，公开了如下内容（参见说明书第 2 页倒数第 6—7 行），包括：导轨和支撑轮、护轮的尺寸位置保留适当间隙以减少长期工作过程中的摩擦力的影响。

山东豪沃公司认为：对比文件3公开了权利要求1中的“设置在所述框架另一端的支撑轮与所述光伏面板的下侧边具有预定的间隙”的技术特征，且其在对比文件3中的作用与在权利要求1中相同，即对比文件3给出了将该区别特征与对比文件1结合的技术启示，因此，权利要求1相对于对比文件1、2、3的结合是显而易见的。

对此，专利复审委员会认为：对比文件3还公开了以下特征（参见对比文件3说明书第2页第10—22行，图1），包括：每一支架中间连接有支撑轮8，支撑轮8可以制成燕尾形，支撑在上导轨2上与所述上导轨2滚动接触，所述每一支架23两侧各连接有一护轮9与所述上导轨2的侧面滚动接触。对比文件3中还公开了以下内容（参见对比文件3的说明书第2页第17—18行），包括：导轨和支撑轮、护轮的尺寸位置保留适当间隙以减少长期工作过程中摩擦力的影响。由此可见，对比文件3中明确记载了支撑轮、护轮均与导轨滚动接触，而权利要求1中的间隙使得支撑轮与光伏面板的下侧边不接触；对比文件3中的“间隙”其作用在于减小长期工作过程中的摩擦力的影响，而本专利权利要求1中的“间隙”的作用是为了使自动清扫装置适应光伏板宽度在一定范围内的变化。因此，对比文件3中的“导轨和支撑轮、护轮的尺寸位置保留适当间隙”并不能相当于权利要求1与对比文件1的上述区别特征（2）。

对比文件5公开了一种太阳能电池板清洗装置，其目的是提供一种低成本的清洁太阳能电池板的装置，无论太阳能电池板如何排列，均可一次性且高效地进行清洁（参见说明书第0008段）。对比文件5还公开了以下内容（参见说明书第0014、0015、00017段以及图1—4），包括：“太阳能电池模块设置了保护太阳能电池模块101周围的框架104”“清洁装置组件10包括清洁体、支撑构件12、马达13、工作轮14、存储罐15、泵16、液体供给部—配管17以及喷嘴18、电池19和连接部a20”“引导部30包括连接部b31、引导轮32”“工作轮14与太阳能电池模块101的框架104接触并行进”“通过导向轮32可以防止清洁装置从相对于安装基准面倾斜的太阳能电池模块101上脱落、跌落下来，并且可以增强清洁装置沿着太阳能电池模块101的上端和下端线性地移动时的稳定性”。对比文件5还公开了（参见说明书第0034段以及图3、4）：“导向轮32最好设置悬挂结构，或在导向轮32与太阳能电池模块101的框架104之间设置一些余量。由此可以应对行进方向上的太阳能电池组件101的错位或突起物”。

对比文件5所解决的技术问题是：清洁装置包括用于清洁待清洁表面的清洁体、用于在待清洁表面上行进的工作轮以及用于支撑清洁体的支撑构件。

其中，支撑构件包括用于连接其他支撑构件的连接部，至少具备一个（参见对比文件5的中文译文第0009段）。对比文件5所得到的技术效果是：通过上述清洁装置，对于待清洁的太阳能电池板行列，可以通过连接数列面板的清洁装置，将支撑构件、清洁体、工作轮组装在一起的组件以最短的移动距离，对整个待清洁表面进行清洁。另外，通过改变连接组件的数量，可以处理各种不同行数和列数的太阳能电池板，从而实现一种高度通用的清洁装置（参见对比文件5的中文译文第0010段）。

对比文件5还记载了以下内容（参见说明书第0017段），包括：安装导向轮时，与框架的侧面相接触。通过导向轮，可以防止清洁装置从相对于安装基准面倾斜太阳能电池模块101上脱落、跌落下来，并且可以增强清洁装置沿着太阳能电池模块101的上端和下端线性移动时的稳定性。对比文件5的说明书第0033段还记载了以下内容："导向部连接在清洁装置组件10的两端。通过安装导向部，导向轮32沿着太阳能电池模块101的框架104旋转，并且通过两侧按压引导清洁装置组件10"。根据以上记载，对比文件5中的导向轮32是与框架的侧面相接触并从两侧按压引导清洁装置组件的，且导向轮32沿着太阳能电池101的框架104旋转。根据以上记载可以直接地、毫无疑义地推知：导向轮与框架104之间是不存在间隙的。如果导向轮与框架104之间存在间隙，则导向轮无法实现从两侧按压并旋转。

山东豪沃公司认为：对比文件5（参见说明书第0034段）公开了以下内容：导向轮与太阳能电池模块101的框架104之间，设置一些余量。由此可以应对行进方向上的太阳能电池组件101的错位或突起物。"余量"就相当于"间隙"。

对此专利复审委员会认为：对比文件5中是采用多段式设计，支撑构件之间通过铰链40相连接。通过铰链，两个清洁装置组件10可以围绕中心轴线—连接部20自由旋转。例如在图4中第N列的两个太阳能电池组件中，位于同列中的太阳能电池模块受到台架尺寸变化的影响而发生偏移，从而无法整齐的排列，这种结构正是为了解决这个问题（参见第0031段）。如果对比文件5的导向轮和框架104之间存在间隙，首先，与对比文件5中说明书第0017段的记载相矛盾；其次，如果存在间隙，很有可能导致对比文件5中的多段式设计的支撑构件无法正常工作甚至相对于安装基准面倾斜太阳能电池模块101上脱落、跌落下来。因此，专利复审委员会认为：不能把对比文件5中的"导向轮与太阳能电池模块101的框架104之间，设置一些余量"中的余量理解为"导向轮和框架104在Y轴方向上的间隙"。

实际上，对比文件5通篇并未提及光伏板在Y轴方向上的参差，而仅涉及光伏板在Z轴方向上的角度变化和高度变化，其在多个支撑构件之间设置铰链，其目的在于使得清洁装置的连接部可以根据角度变化而灵活地旋转，即使由于台架等的尺寸变化而导致太阳能电池模块无法平行排列，也可以稳定地清洗和运行。并且，从对比文件5的附图3、4可以明显看出：导向轮32为柱状轮，其旋转轴的长度远大于端面直径。这种柱状轮的作用在于：清扫装置因为太阳能电池模块在Z轴方向上的角度或高度发生变化而发生枢转时，相应地产生Z轴方向上的高度变化，而该柱状轮侧面的面积大，仍然能够保持与框架相接触，从而能够增强清洁装置沿着太阳能电池模块移动时的稳定性。在判断对比文件是否公开了某技术特征时，不应该仅仅从局部公开的某个特征去进行推断和解释，还应当考虑该局部公开的特征如果按照文义解释，与该对比文件其他部分是否会存在矛盾，如果存在矛盾，即应该在通篇阅读该对比文件的基础上对该局部公开的特征进行整体判断。在通篇阅读对比文件5的基础上，对比文件5的说明书第0034段中的“导向轮32与太阳能电池模块101的框架104设置一些余量”中的“余量”，实际上指的是“导向轮与框架接触范围更大”，而不应该将“余量”理解为“间隙”。否则，如果将“余量”理解为“间隙”，将与对比文件5中的“第0017段”“第0033段”的记载矛盾，也与对比文件5中全文记载的技术方案相矛盾。综上所述，对比文件5并没有公开上述区别特征（2）。

对比文件6（公知常识性证据6）仅能证明机架、导轨装配后会存在误差，对比文件7（公知常识性证据7）仅能证明光伏板在安装过程中会存在安装的参差不齐，但是对比文件6、7仅仅给出了技术问题——机架、导轨会存在误差，以及光伏板会存在参差不齐，但是并没有给出如何解决该技术问题的技术手段，因此，其并没有公开上述区别特征（2），也不能证明上述区别特征（2）为本领域的公知常识。

综上所述，对比文件2、3、5以及公知常识性证据对比文件6、7均未公开上述区别特征（2），且上述区别特征（2）也并非本领域的公知常识，且区别特征（2）还具有以下有益的技术效果：清扫装置能够适应光伏面板宽度在一定范围内的变化，如果光伏面板制造工艺或安装操作导致光伏面板边沿参差不齐时，由于上下支撑轮的设置以及该间隙的存在，使得自动清扫装置既能顺着待清扫光伏面板移动，又不会由于边沿参差而被卡。

因此，权利要求1相对于对比文件1、2和公知常识的结合、相对于对比文件1、2、3的结合，相对于对比文件1、2、5的结合具备实质性的特点和进步，具备专利法第二十二条第三款规定的创造性。

（二）权利要求 2—9 的创造性

从属权利要求 2—8 直接或间接引用权利要求 1，权利要求 9 引用了权利要求 1—8。由于山东豪沃公司主张：从属权利要求 2 的附加技术特征被对比文件 1 公开，或为公知常识；从属权利要求 4 的附加技术特征为本领域的惯用技术手段；从属权利要求 4 的附加技术特征被对比文件 1 公开，或为公知常识，或被对比文件 1 和公知常识公开；从属权利要求 5 的附加技术特征被对比文件 1 公开；从属权利要求 6 的附加技术特征被对比文件 1 和公知常识公开，或被对比文件 1、对比文件 8 和公知常识公开；从属权利要求 7 的附加技术特征被对比文件 4 和公知常识公开；从属权利要求 8 的附加技术特征被对比文件 2 和公知常识公开；权利要求 9 中除“所述自动清扫装置为权利要求 1 至 9 中任一项所述的光伏组件自动清扫装置”之外的技术特征被对比文件 2 和公知常识公开，或被证据 9 和公知常识公开。从属权利要求 2—8、权利要求 9 包括了独立权利要求 1 的所有技术特征，由于对比文件 4、8—9 也均未公开权利要求 1 与对比文件 1 的区别特征（2），因此，在山东豪沃公司提出的本专利的独立权利要求 1 相对于山东豪沃公司所提出的上述对比文件的组合方式不具备创造性的理由不成立的情况下，山东豪沃公司提出的引用权利要求 1 的权利要求 2—9 不具备创造性的理由也均不成立。根据以上事实和理由，专利复审委员会作出被诉决定：维持 20152043 ××××. 5 号实用新型专利权有效。

原审法院认为：本案的审理焦点为本专利是否符合专利法第二十二条第三款的规定。

对比文件 1 公开了一种板面自动清扫装置，与对比文件 1 相比，本专利权利要求 1 与对比文件 1 存在以下区别特征：（1）权利要求 1 为一种光伏组件自动清扫装置，而对比文件 1 为一种板面自动清扫装置。（2）权利要求 1 中框架跨搭在待清扫的光伏面板上，设置在框架另一端的支撑轮与光伏面板的下侧边具有预定的间隙；而对比文件 1 的一对端头行走传动箱是夹持在待清扫面板两端。（3）权利要求 1 中的供电单元包括自带的光伏发电组件，而对比文件 1 中为蓄电池。

鉴于各方当事人对被诉决定总结的上述三个区别技术特征均无异议，并认可区别技术特征（1）、（3）已被对比文件 2 公开的认定，本案的争议焦点实际为：对比文件 3、5 是否公开了区别特征（2），是否给出了将区别特征（2）用于对比文件 1 以解决其技术问题的启示。

具体到本案中，本专利权利要求 1 中限定了“框架另一端的支撑轮与光伏面板的下侧边具有预定的间隙”这一技术特征。对此，本专利说明书第

[0054]段记载了“导向单元包括设置在框架的一端部6的三个支撑轮4和设置在框架另一端部7的两个支撑轮3，各支撑轮的端面均与光伏面板平行。通过上下设置的支撑轮，限制驱动轮2的行走轨迹，避免驱动轮2在行进的过程中走偏”，以及“设置在框架另一端部7的两个支撑轮3与光伏面板的下侧边具有预定的间隙，该间隙使得清扫装置能够适应光伏面板宽度在一定范围内变化”。可知，一方面，为了避免被边沿参差而卡住，要在支撑轮与光伏面板的下侧边设置间隙；另一方面，在工作状态下，支撑轮与光伏面板既会相互接触，也会相互分离，并依靠上下设置的支撑轮与光伏面板之间在接触时产生的相互作用限制行走轨迹，因此支撑轮与光伏面板之间的间隙也不能过大，要确保支撑轮与光伏面板在工作状态下可以接触，才能有效调整驱动轮2的行走轨迹。本领域技术人员在阅读本专利说明书后，可以确定“支撑轮与光伏面板的下侧边具有预定的间隙”在权利要求1的技术方案中所产生的作用是确保清扫装置能够正常前行，而不是被诉决定中所确定的“为了使自动清扫装置适应光伏板宽度在一定范围内的变化”。基于该区别特征（2），本专利实际解决的技术问题应当是如何确保清扫装置能够正常前行。

对本领域技术人员来说，为使得清扫装置能够适应光伏面板宽度在一定范围内变化所设置间隙的宽度，一般来说应当大于为了解决摩擦问题所设置间隙的宽度。本专利权利要求1仅仅限定了要设置间隙，但对间隙的具体设置方式、尺寸大小并没有具体限定。在确定“间隙”在权利要求1技术方案中所起作用时，应当以所属技术领域人员的视角，考虑其对现有技术做出的贡献，考虑权利要求保护范围是否与技术贡献相匹配等因素，依据区别特征本身给整体方案带来的技术效果确定，而不宜将说明书中的具体解释带入权利要求后再确定区别技术特征的作用。

对比文件3说明书公开了“导轨和支撑轮、护轮的尺寸位置保留适当间隙以减小长期工作过程中摩擦力的影响”。在工作状态下，支撑轮和导轨之间既要滚动接触从而限制运行方向，也要避免工作过程中产生过大摩擦力，因此在导轨和支撑轮、护轮之间需要保留适当间隙，从而确保清洗装置能够正常前行。即对比文件3公开了在导轨、支撑轮和护轮间设置间隙，该间隙所起的作用同样是确保清洗装置能够正常前行，也实现了与本专利中相同的技术效果，即对比文件3给出了将上述区别特征用于对比文件1以解决其技术问题的启示。

对比文件5公开了一种太阳能电池板清洗装置，其目的是提供一种低成本的清洁太阳能电池板的装置，无论太阳能电池板如何排列，均可一次性且高效地进行清洁。对比文件5中是采用多段式设计，支撑构件之间通过铰链40相连接。通过铰链，两个清洁装置组件10可以围绕中心轴线—连接部20自由旋转。例如在图4中第N列的两个太阳能电池组件中，位于同列中的太阳能电池模块受到台架尺寸变化的影响而发生偏移，从而无法整齐地排列，这种结构正是为了解决确保清洗装置组件能够正常前行的技术问题。可见，对比文件5中的“导向轮与太阳能电池模块101的框架104之间，设置一些余量”中的余量应当理解为“导向轮32和框架104在Y轴方向上的间隙”。导向轮32在Y轴和Z轴的作用相互独立，导向轮32是否起到在Z轴方向增大与框架接触范围的作用，与导向轮32在Y轴方向上和框架104之间设置间隙并不矛盾。对比文件5的各个部分并不存在矛盾，不能直接将对比文件5说明书第0034段中的“导向轮32和框架104在Y轴方向上的间隙”理解为实质上是指“导向轮与框架接触范围更大”。对比文件5公开了在导向轮与框架设置间隙，该间隙所起的作用同样是确保清洗装置能够正常前行，也实现了与本专利中相同的技术效果。即对比文件5给出了将上述区别特征用于对比文件1以解决其技术问题的启示。

对比文件3、5均公开了区别特征（2），并均给出了将区别特征（2）用于对比文件1以解决“确保清扫装置能够正常前行”技术问题的启示。本专利权利要求1相对于对比文件1、2、3的结合及对比文件1、2、5的结合，均不具备实质性的特点和进步，不具备专利法第二十二条第三款规定的创造性。被诉决定关于本专利权利要求1具备创造性的认定有误，应予以纠正。

此外，被诉决定认为由于本专利权利要求1具有创造性，故直接或间接引用权利要求1的权利要求2—9也具有创造性。但鉴于前述本专利权利要求1不具有创造性的认定，被诉决定关于权利要求2—9创造性的认定也不能成立，专利复审委员会对此重新进行审查。

原审法院判决：一、撤销国家知识产权局专利复审委员会作出的第36657号无效宣告请求审查决定；二、国家知识产权局专利复审委员会针对山东豪沃公司就专利号为20152043××××.5、名称为“一种光伏组件及其自动清扫装置”的实用新型专利提出的无效宣告请求重新作出审查决定。案件受理费100元，由被告国家知识产权局专利复审委员会负担。

二审中，当事人没有提交新证据。

原审查明的事实基本属实，本院予以确认。

本院认为，根据当事人的上诉请求、答辩情况及案件事实，本案在二审阶段的主要争议焦点问题为：一、根据区别技术特征（2）所能达到的效果确定本专利实际解决的技术问题；二、对比文件3是否公开了区别技术特征

(2)；三、对比文件 5 是否公开了区别技术特征（2）。

一、根据区别技术特征（2）所能达到的效果确定本专利实际解决的技术问题

在创造性判断中，确定发明实际解决的技术问题，通常要在发明相对于最接近的现有技术存在的区别技术特征的基础上，由本领域技术人员在阅读本案专利说明书后，根据该区别技术特征在权利要求请求保护的技术方案中所产生的作用、功能或者技术效果等来确定。发明实际所要解决的技术问题的确定，是通过与最接近的现有技术比较得出的，而非以其背景技术的记载为依据。据此，在创造性判断中确定发明实际解决的技术问题时，要针对区别技术特征在本专利技术方案中所产生的作用、功能或者技术效果等来确定。在确定发明实际解决的技术问题时，既不能概括归纳得过于上位，从而低估了本专利的创造性，也不能简单将区别技术特征在本专利技术方案中实际所产生的作用、功能或者技术效果作为发明实际解决的技术问题，从而高估了本专利的创造性。确定发明实际所要解决的技术问题，应当在区别技术特征在本专利技术方案中实际所产生的作用、功能或者技术效果的基础上，进行适当的概括。

本案中，区别技术特征（2）为“设置在框架另一端的支撑轮与光伏面板的下侧边具有预定的间隙”。根据本专利说明书第 0054 段的记载，该间隙使得自动清扫装置既能够顺着清扫光伏面板移动，又不会由于边沿参差而被卡。由此可见，由于光伏面板边沿上有参差不齐的现象，本专利通过区别技术特征（2）的设置能够解决这一问题，使清扫装置能够正常前行。因此，在确定本专利权利要求 1 所解决的技术问题时，需要从区别技术特征（2）所直接解决的避免边沿参差而被卡导致清扫装置不能正常前行这一技术问题出发，将本专利权利要求 1 相对于对比文件 1 所解决的技术问题确定为如何使自动清扫装置能够适应光伏面板宽度在一定范围内的变化而正常前行。

被诉决定认为，权利要求 1 相对于对比文件 1 所实际解决的技术问题是如何使得自动清扫装置既能顺着待清扫光伏面板移动，又不会由于边沿参差而被卡。虽然该技术问题为区别技术特征（2）在说明书中所记载的实际所产生的作用、功能或者技术效果，被诉决定未进行适当概括，但对本案的创造性判断没有直接影响。原审判决称该区别技术特征在权利要求 1 的技术方案中所产生的作用是确保清扫装置能够正常前行，本院对此分析如下：本领域技术人员普遍知晓，影响光伏清扫装置正常前行的因素有很多，例如可以是光伏清扫装置的行走单元或驱动单元，可以是光伏面板宽度在一定范围内的变化导致的参差不齐，也可以是对比文件 5 中因地势导致的光伏面板的高

矮不平，甚至还可以是清扫单元本身的问题。显然每一种具体问题对应不同的解决手段，将技术问题概括得过于上位，显然容易导致创造性判断出现偏差。故，原审判决对此认定不当，本院予以纠正。

二、对比文件3是否公开了区别技术特征（2）

判断要求保护的发明创造相对于现有技术是否显而易见，在确定本专利与对比文件的区别技术特征和本专利实际解决的技术问题后，应当判断本专利的技术方案对本领域的技术人员来说是否显而易见。判断过程中，要确定现有技术整体上是否存在某种技术启示，即现有技术中是否给出将上述区别技术特征应用到对比文件中以解决其存在的技术问题（即本专利实际解决的技术问题）的启示，这种启示会使本领域技术人员在面对所述技术问题时，有动机改进该对比文件并获得要求保护的专利技术方案。如果所述区别技术特征为另一份对比文件中披露的相关技术手段，该技术手段在该对比文件中所起的作用与该区别技术特征在本专利所解决的技术问题所起的作用相同，则应当认为对比文件存在技术启示，本专利不具备创造性。反之，则本专利具备创造性。

对比文件3公开了一种观察窗清洗装置，其说明书明确记载了"导轨和支撑轮、护轮的尺寸位置保留适当间隙以减小长期工作过程中摩擦力的影响"。第一，对比文件3说明书具体实施方式部分明确记载了"通过安装在支架16两侧的底护轮17与所述下导轨7的两侧滚动接触"，说明对比文件3中底护轮17和下导轨7之间是接触的，对比文件3中"导轨、支撑轮和护轮间设置间隙"是指在滚动接触的前提下，减少相互接触的两部件之间的紧密程度，旨在减小摩擦力，这与本专利中"在支撑轮与光伏面板的下侧边设置间隙"是完全不同的特征。第二，对比文件3中导轨、支撑轮和护轮间设置间隙这一特征所解决的技术问题与本专利不同。对比文件3中已经明确记载了"导轨和支撑轮、护轮的尺寸位置保留适当间隙以减小长期工作过程中摩擦力的影响"。很明显，对比文件3中保留"适当间隙"的目的是减小摩擦力的影响，其与本专利中"在支撑轮与光伏面板的下侧边设置间隙"以"使自动清扫装置适应光伏板宽度在一定范围内的变化"的作用完全不同。据此，对比文件3并未公开上述区别技术特征。由于原审判决将本专利相对于对比文件1所解决的技术问题不适当地确定为"确保清洗装置能够正常前行"，并认为对比文件3中的间隙的作用同样是确保清洗装置能够正常前行，故认为对比文件3已经公开了上述区别技术特征，该认定错误，本院予以纠正。被诉决定关于对比文件3中的"导轨和支撑轮、护轮的尺寸位置保留适当间隙"并不能相当于权利要求1与对比文件1的上述区别特征（2）的认定正确，应予支持。国家知识产权局、喀什博思公司关于原审判决错误地认定对比文件3公开区别技术特征（2）的上诉主张成立，本院予以支持。

三、对比文件5是否公开了区别技术特征（2）

对比文件5公开了一种太阳能电池板清洗装置，其目的是提供一种低成本的清洁太阳能电池板的装置，无论太阳能电池板如何排列，均可一次性且高效地进行清洁。对比文件5说明书第0034段记载了“导向轮32最好设置悬挂结构，或在导向轮32与太阳能电池模块101的框架104之间设置一些余量。由此可以应对行进方向上的太阳能电池组件101的错位或突起物”。对比文件5还记载了以下内容（参见说明书第0017段），包括：安装导向轮时，与框架的侧面相接触。通过导向轮，可以防止清洁装置从相对于安装基准面倾斜太阳能电池模块101上脱落、跌落下来，并且可以增强清洁装置沿着太阳能电池模块101的上端和下端线性移动时的稳定性。对比文件5的说明书第0033段还记载了以下内容：“导向部连接在清洁装置组件10的两端。通过安装导向部，导向轮32沿着太阳能电池模块101的框架104旋转，并且通过两侧按压引导清洁装置组件10”。根据以上记载，对比文件5中的导向轮32是与框架的侧面相接触并从两侧按压引导清洁装置组件的，且导向轮32沿着太阳能电池101的框架104旋转。据此，本领域技术人员可以直接地、毫无疑义地知晓：导向轮与框架104之间是接触的，且处于按压状态，不存在间隙。

关于对比文件5说明书中记载的“余量”，本院认为，对比文件5技术方案解决的问题是太阳能电池板的角度变化、高度变化等相当于“Z”轴方向的错位，根本没有涉及Y轴方向的错位。通过说明书的理解可知，“余量”应对的参差不齐及突起物是指太阳能电池板的角度变化带来的“Z”轴方向的参差不齐以及“Z”轴方向突起，即解决“太阳能电池板的框架和固定构件的落差等”。因此，对比文件5中“余量”应对的突起物及错位均是在“Z”轴方向。根据本领域技术人员的常识，当清洁装置行进过程中遇到螺栓等突起物及“Z”轴方向的错位时，可能会在跳起的瞬间脱离太阳能电池板的侧面，从而造成清洁装置不能正常行驶甚至脱落。为了解决这一问题，对比文件5通过增加框架与导向轮之间的接触面积，也即对比文件5所指“余量”。通过“余量”的设置，能够在遇到“Z”轴方向的错位或突起物时，始终保持与框架接触，增强清洁装置沿太阳能电池板移动时的稳定性。因此，该“余量”的含义是“导向轮与框架接触范围更大”，并非“间隙”。

据此，被诉决定关于不能把对比文件5中的“导向轮与太阳能电池模块101的框架104之间，设置一些余量”中的余量理解为“导向轮和框架104

在 Y 轴方向上的间隙”的认定正确，应予支持。原审判决将“余量”认定为间隙，进而认为对比文件 5 公开了在导向轮与框架设置间隙，该间隙所起的作用同样是确保清洗装置能够正常前行是错误的，本院予以纠正。国家知识产权局、喀什博思公司关于原审判决错误地认定对比文件 5 公开区别技术特征（2）的上诉主张成立，本院予以支持。

综上，原审判决认定事实不清，适用法律错误，应予撤销。被诉决定认定事实清楚，适用法律正确。根据《中华人民共和国行政诉讼法》第七十条、第八十九条第一款第二项、第三款规定，判决如下：

一、撤销北京知识产权法院（2018）京 73 行初 9181 号行政判决；

二、驳回山东豪沃电气有限公司的诉讼请求。

一、二审案件受理费 100 元，均由山东豪沃电气有限公司负担。

本判决为终审判决。

审 判 长 焦 彦
审 判 员 佘朝阳
审 判 员 魏 磊
二〇一九年九月二十七日
法官助理 游美玲
书 记 员 韩 丰

# 25. 现有技术是否存在相反技术教导的判断

——再审申请人重庆力帆汽车销售有限公司与被申请人国家知识产权局、一审第三人曹桂兰、胡美玲、蒋莉、蒋浩天、泰州苏中天线集团有限公司发明专利权无效行政纠纷案①

**中华人民共和国最高人民法院行政判决书（2019）最高法行再268号**

再审申请人（一审原告、二审上诉人）：重庆力帆汽车销售有限公司。住所地：重庆市经济技术开发区经开园金开大道1539号。

法定代表人：温志泓，该公司经理。

委托诉讼代理人：孙长龙，北京市集佳律师事务所。

委托诉讼代理人：孔繁文，北京允天律师事务所。

被申请人（一审被告、二审被上诉人）：国家知识产权局。住所地：北京市海淀区蓟门桥西土城路6号。

法定代表人：申长雨，该局局长。

委托诉讼代理人：袁丽颖，该局审查员。

委托诉讼代理人：张巍，该局审查员。

一审第三人：曹桂兰。

一审第三人：胡美玲。

一审第三人：蒋莉。

一审第三人：蒋浩天。

一审第三人：泰州苏中天线集团有限公司。住所地：江苏省泰州市高港区江平东路1号。

法定代表人：殷伟，该公司董事长。

上述一审第三人共同委托诉讼代理人：蔡栋，江苏纵联律师事务所律师。

上述一审第三人共同委托诉讼代理人：陶航，江苏纵联律师事务所律师。

再审申请人重庆力帆汽车销售有限公司（以下简称力帆公司）因与被申请人国家知识产权局，一审第三人曹桂兰、胡美玲、蒋莉、蒋浩天、泰州苏

---

① 本案在年度报告中的位置为第42页。

中天线集团有限公司（以下简称苏中公司）发明专利权无效行政纠纷一案，不服北京市高级人民法院（2018）京行终6295号行政判决，向本院申请再审。本院于2019年9月26日作出（2019）最高法行申7773号裁定书，提审本案。提审后，本院依法组成合议庭并于2019年12月19日公开开庭审理了本案，力帆公司的委托诉讼代理人孙长龙、孔繁文，国家知识产权局的委托诉讼代理人张巍、袁丽颖，一审第三人曹桂兰、胡美玲、蒋莉、蒋浩天、苏中公司共同委托的诉讼代理人蔡栋到庭参加了诉讼，本案现已审理终结。

力帆公司向本院申请再审称，（一）证据3-1并不存在阻碍对比文件之间相结合的“反向教导”。证据3-1中使用FM和AM分离天线的目的是获得更好的信号接收效果，而本专利的背景技术仅认为多天线会导致安装不方便，并未述及与无线接收效果存在何种关系，且本专利权利要求所涉及的技术方案并没有解决多根天线的使用问题，本专利所采用的FM/AM共线设计也并非为克服现有技术多天线的缺陷，故本专利与证据3-1并不存在为解决相同技术问题而采用背离技术手段的问题。（二）被诉决定对实际解决的技术问题认定有误。被诉决定关于区别技术特征c“所述无线电接收天线为AM/FM共用天线”所实际解决的技术问题未予以认定，而笼统以区别技术特征a“天线信号输出端通过天线连接元件与天线放大器信号输入端相连接，或直接与同轴电缆匹配相连”、区别技术特征b“所述无线电接收天线通过注塑嵌装或固定卡装在天线外壳内侧上部”和区别技术特征c“所述无线电接收天线为AM/FM共用天线”所解决的技术问题加以代替，并进而得出反向教导的结论，其逻辑上存在错误。仅基于区别技术特征c，确定实际解决的技术问题应为“通过较少天线简化产品结构”，对此，现有技术没有给出反向教导。在此基础上，相应的权利要求不具备创造性。请求撤销一、二审判决及被诉决定，判令国家知识产权局重新作出决定。

国家知识产权局提交答辩意见称，证据3-1作为最接近的现有技术其采用将AM天线及FM共振天线电路作分离式设计正是为了克服其背景技术中所提及的长棒状伸缩型AM/FM共享天线容易发生故障、螺旋状天线的无线电接收度不理想、贴附于汽车玻璃上的AM/FM共享天线较昂贵的缺陷。将AM天线和FM天线作分离式设计的技术手段与本专利中使用AM/FM共用天线的技术手段是相背离的。在证据3-1中存在相反的技术教导，阻碍了本领域技术人员在本领域或相关技术领域寻求手段来解决本专利实际所要解决的技术问题，本领域技术人员在证据3-1所公开的技术方案的基础上无法获得将其与现有技术中的使用AM/FM共用天线的技术手段相结合的技术启示。

曹桂兰、胡美玲、蒋莉、蒋浩天、苏中公司陈述称，认可国家知识产权局的意见，同时认为本专利的所有技术特征是一个集合，整体技术特征的结合才能够解决本专利权利要求 1 技术方案所要解决的技术问题。力帆公司的无效理由实际上将本专利所要解决的技术问题及技术特征进行了分割处理，该种做法不能充分体现本专利相对于现有技术的改进。

一、二审法院查明以下事实：本案涉及专利号为 20071001 ××××.7，名称为“鲨鱼鳍式天线”发明专利（以下简称本专利），其申请日为 2007 年 1 月 23 日。

本专利授权公告时的权利要求 1—5 如下：

“1. 一种鲨鱼鳍式天线，其特征在于具有天线外壳，天线外壳内侧上部设置有无线电接收天线，无线电接收天线一端设有天线信号输出端，天线信号输出端通过天线连接元件与天线放大器信号输入端相连接，或直接与同轴电缆匹配相连，天线外壳底部装有安装底板；

所述无线电接收天线通过注塑嵌装或固定卡装在天线外壳内侧上部；

在天线外壳内侧上部设置有无线电接收天线，所述无线电接收天线采用螺旋状弹簧天线或金属天线，增加了天线接收无线电信号的有效长度，实现 360 度全向性信号接收；

所述无线电接收天线为 AM/FM 共用天线。

2. 根据权利要求 1 所述的鲨鱼鳍式天线，其特征在于所述天线外壳设置为鲨鱼鳍式外壳。

3. 根据权利要求 1 所述的鲨鱼鳍式天线，其特征在于所述安装底板上设置有天线固定螺杆，固定螺母。

4. 根据权利要求 1 所述的鲨鱼鳍式天线，其特征在于在安装底板上装有无线电广播天线放大器、卫星导航接收器、无线电通信接收器、车载电视接收器。

5. 根据权利要求 1 所述的鲨鱼鳍式天线，其特征在于所述天线连接元件采用天线连接插头或天线连接插口。”

2014 年 8 月 4 日，力帆公司根据其在无效行政程序中提交的有关证据，以本专利权利要求 1、4 不符合《中华人民共和国专利法实施细则》（以下简称专利法实施细则）第二十条第一款的规定，权利要求 4 和说明书不符合《中华人民共和国专利法》[①]（以下简称专利法）第二十六条第三款的规定，权利要求 1—5 不符合专利法第二十二条第三款的规定为由，向原国家知识产权局专利复审委员会（简称复审委员会）提出无效宣告请求。2014 年 9 月 4

① 此处指 2008 年《中华人民共和国专利法》，其已于 2020 年修改，本案下同。

日，力帆公司明确其理由为：本专利权利要求1—5不符合专利法实施细则第二十条第一款的规定。2014年10月10日，力帆公司以本专利权利要求1—5不符合专利法实施细则第二十条第一款的规定，权利要求4和说明书不符合专利法第二十六条第三款的规定，权利要求1—5相对于证据3－1与本领域的公知常识或者证据3－1至证据3－5、证据3－8的一个或多个的组合不符合专利法第二十二条第三款的规定为由，再次向复审委员会提出无效宣告请求。

力帆公司在无效行政程序中提交的证据3－1是公开号为CN1841843A的中国发明专利申请公开说明书复印件，其公开日期为2006年10月4日。证据3－1公开了一种汽车收音机的鱼鳍式天线装置，并具体公开了如下内容：如汽车上的收音机AM及FM天线是设计成长棒状伸缩型，且AM及FM共享一个天线，启动时伸出，关闭时缩回，然而使用久了会发生故障而无法伸缩，相当不方便。故而有业者研发螺旋状天线，将长棒金属弯绕成螺旋状，但该螺旋状天线的无线电接收度并不理想，因此就有所谓玻璃天线设计，以软型导电材质附贴于汽车玻璃上，此种玻璃天线亦是AM与FM共享的天线设计，然而该种材质相当昂贵。本发明的发明人更设计出一种汽车收音机的鱼鳍式天线装置，将AM/FM天线分离，FM使用共振天线，AM使用磁芯绕线式线圈天线，以减少其中的天线介电板组件，使天线的体积更小，可装设于车顶，不但能使车顶产生创新的美感，更可达到提高收音机无线电频率的接收讯号的目的。本发明鱼鳍式天线装置的结构包括有一鱼鳍状外盖，一磁芯绕线式线圈的AM天线、一讯号放大电路板、一位于讯号放大电路板上的FM共振天线电路及一金属底座所组合而成。本发明鱼鳍式天线装置连接至该无线电接收电路的天线讯号输入端上，而其中该AM天线为连接装设于该鱼鳍状外盖的内侧，并可置放于鱼鳍突出的内部空间的顶部。该讯号放大电路板配设于该金属底板上方，其上配设有一AM天线的AM讯号放大电路，又配设有该FM共振天线电路及FM讯号放大电路，以及一电源稳压电路，本发明的该FM共振天线电路使用多个电感器搭配FM讯号放大电路形成FM共振回路，而与该无线电接收电路所接收的无线电频带形成阻抗匹配，使其能接收更佳的FM频带讯号，以取代传统的FM天线。本发明是将AM天线与FM天线分离的设计，不同于一般汽车收音机将AM与FM共享一个天线的设计，本发明的该AM天线为一非平衡式天线电路，而FM天线为一平衡式天线。本发明鱼鳍式天线装置的底部装设该金属底座，其功能除了可将鱼鳍式天线装置锁固于车顶壳体上，更可与该FM天线结合，让FM天线通过该金属底座来辅助加强讯号的接收能力。本发明鱼鳍式天线装置经过实际实验后，其辐射场型增益图如图5及图6所示，该图5为天线垂直测试时的辐射场型增益图，而图6为该天线水平测试时的辐射场型增益图。

力帆公司在无效行政程序中提交的证据3-2是公开号为CN2809914Y的中国实用新型专利说明书，其公开日为2006年8月23日。证据3-2公开了一种隐藏式汽车天线安装结构，并具体公开了包括一固定装置及一组以上的天线组，该每一天线组上设有二嵌套部，其由所述的切口楔入所述的夹持套板的定位孔内，以安装固定。

力帆公司在无效行政程序中提交的证据3-3是公开号为US2004/0266344A1的美国专利申请文件及其中文译文，其公开日期为2004年12月30日。证据3-3公开了一种安装在车辆上的天线，并具体公开了以下内容：多频段地面天线包括折叠偶极并且用于接收常规的AM和FM传播信号和地面传播信号的地面转播；两个天线通过螺母和螺栓紧固穿过设置在表面中的安装孔；SDARS/SAT线缆、SDARS/TER线缆以及AM/FM线缆穿过螺栓。

力帆公司提交的证据3-4是公开号为US2005/0219131A1的美国专利申请文件其中文译文，其公开日期为2005年10月6日。证据3-4公开了一种可用于车辆的天线设备，并具体公开了以下内容：包括用于接收地面信号的天线、GPS定位系统的天线、数字卫星信号的天线、用于移动无线领域的天线。

力帆公司提交的证据3-5是公开号为CN1205118A的中国发明专利申请公开说明书复印件，其公开日期为1999年1月13日。证据3-5公开了一种多频率用天线，并具体公开了以下内容：在该电路板托架上，相对于电路板托架垂直固定有组装有放大电路的放大器电路板和组装有调整器或分频器的调整电路板，在调整电路板上，由焊锡固定有用于电连接天线单元的连接片。

力帆公司提交的证据3-8是公开号为特开2000-295017A的日本专利申请文件复印件及其中文译文，其公开日期为2000年10月20日。证据3-8公开了车载用天线，并具体公开了以下内容：天线振子由螺旋线圈和覆盖该螺旋线圈的天线壳构成，安装于天线壳的基端部的安装件与安装于基壳的顶部的供电件连结，由此天线振子固定于基壳；立设于电装基板上的接触端子板与一体地形成于供电件的连接端子连结。

2015年2月11日，复审委员会进行了口头审理。在口头审理过程中，力帆公司明确了其无效理由为：本专利权利要求1至5不符合专利法实施细则第二十条第一款的规定；权利要求4及说明书公开不充分，不符合专利法第二十六条第三款的规定；权利要求1至5不具备创造性，不符合专利法第二十二条第三款的规定。蒋小平、苏中公司对力帆公司在无效行政程序中提交的证据 3－1 至证据 3－5、证据 3－8 的真实性，以及证据 3－3、3－4、3－8 的中文译文的准确性无异议。

复审委员会作出第 25637 号无效宣告请求审查决定（以下简称被诉决定）。该决定对于本专利的创造性作出如下认定：

本专利授权公告的权利要求 1 保护一种鲨鱼鳍式天线。证据 3－1 公开了一种汽车收音机的鱼鳍式天线装置，其中，鱼鳍状外盖对应于本专利中的“天线外壳”；AM 天线为连接装设于该鱼鳍状外盖的内侧，并可置放于鱼鳍突出的内部空间的顶部对应于本专利中的“天线外壳内侧上部设置有无线电接收天线”；鱼鳍式天线装置连接至无线电接收电路的天线讯号输入端上对应于本专利中的“无线电接收天线一端设有天线信号输出端”；鱼鳍式天线装置的底部装设金属底座对应于本专利中的“天线外壳底部装有安装底板”；由证据 3－1 的图 5、图 6 的内容可知，其实现了 360 度全向性信号接收，增加了天线接收无线电信号的有效长度；此外，本领域技术人员可直接地、毫无疑义地确定 AM 天线 22 为金属天线。

因此，本专利权利要求 1 保护的技术方案与证据 3－1 的技术方案相比，存在以下区别技术特征：a. 天线信号输出端通过天线连接元件与天线放大器信号输入端相连接，或直接与同轴电缆匹配相连；b. 所述无线电接收天线通过注塑嵌装或固定卡装在天线外壳内侧上部；c. 所述无线电接收天线为 AM/FM 共用天线。基于上述区别技术特征可以确定，本专利权利要求 1 实际所要解决的技术问题是：如何通过较少天线实现安装方便，无线电信号接收效果好的天线接收装置。

证据 3－2 公开了无线电的固定卡装的安装方式。

证据 3－3 公开了无线电接收天线可以为 AM/FM 共用天线，且天线信号输出端可直接与同轴电缆匹配相连。

由证据 3－4 公开的内容，本领域技术人员可以直接地、毫无疑义地确定可用于车辆的天线设备必然包括卫星导航接收器、无线电广播天线放大器、无线电通讯接收器。

证据 3－5 公开了天线信号输出端通过天线连接元件与天线放大器信号输入端相连接。

证据 3－8 公开了天线输出端与放大器信号输入端通过连接元件相连。

基于此，区别技术特征 a、b 已被证据 3－2 至 3－5 或证据 3－8 公开。对于上述区别技术特征 c，由证据 3－1 所公开的内容可知，其公开了一种鱼鳍式天线装置的技术方案，该技术方案主要为了克服其背景技术中所提及的长棒状伸缩型 AM/FM 共享天线容易发生故障、螺旋状天线的无线电接收度不理想、贴附于汽车玻璃上的AM/FM共享天线较昂贵的缺陷，其采用的技术手段主要为，将AM天线及FM共振天线电路采用分离式设计，AM天线为磁芯绕线式线圈组成，FM共振天线电路使用多个电感器形成共振回路，并可连接金属底座，通过金属底座加强FM共振天线电路的讯号接收能力，从而达到在汽车收音机的无线电频带上形成最佳接收讯号的目的。换言之，该技术方案正是采用了将AM天线和FM天线作分离式设计形成两根天线的技术手段来实现可克服背景技术中所提及的缺陷的、接收讯号效果好的鱼鳍式天线装置，而多根天线的使用在本专利中认为是存在技术缺陷的技术手段，将AM天线和FM天线作分离式设计的技术手段与本专利中使用AM/FM共用天线的技术手段是相背离的，若在证据3-1所公开的技术方案的基础上结合使用AM/FM共用天线的技术手段则会使得其不能解决其所要解决的技术问题，即在证据3-1中存在相反的技术教导，阻碍了本领域技术人员在本领域或相关技术领域寻求手段来解决本专利实际所要解决的技术问题，本领域技术人员在证据3-1所公开的技术方案的基础上无法获得将其与现有技术中的使用AM/FM共用天线的技术手段相结合的技术启示。因此，即使上述区别特征c被证据3-3所公开，或者属于本领域的公知常识，本领域技术人员亦无法获得在证据3-1所公开的技术方案的基础上结合本领域的公知常识或上述证据的技术启示，从而无法获得本专利权利要求1的技术方案。并且，本专利权利要求1保护的方案能够获得天线安装方便、无线电信号接收效果好的有益的技术效果。因此，本专利权利要求1相对于证据3-1与本领域公知常识或证据3-1至证据3-5、证据3-8的一个或多个的组合均具备创造性，符合专利法第二十二条第三款的规定。在权利要求1具备创造性的基础上，从属权利要求2—5也具备创造性，符合专利法第二十二条第三款的规定。

复审委员会据此作出被诉决定，维持本专利权有效。

力帆不服被诉决定，向北京知识产权法院（以下简称一审法院）提起行政诉讼，请求撤销被诉决定。在本案一审审理过程中，第三人蒋小平于2016年6月10日因病死亡，其法定继承人曹桂兰、胡美玲、蒋莉、蒋浩天依照相关法律规定，书面申请作为承继当事人参加本案诉讼。

在一审庭审过程中，力帆公司针对创造性明确表示：基于蒋小平在（2014）宁知民初字第135号判决中对本专利权利要求1的解释，本专利权利要求1与证据3-1相比，并不存在被诉决定认定的区别技术特征a、b。复审委员会则表示，区别技术特征a、b的认定对评价本专利权利要求1是否具备创造性并没有实质性影响，其确已被其他对比文件所公开。

一审法院认为，关于区别技术特征a、b，权利要求1中记载了技术特征

"天线信号输出端通过天线连接元件与天线放大器信号输入端相连接"。说明书第0004段记载了本专利的发明目的是"提供一种鲨鱼鳍式天线，设置有鲨鱼鳍式天线外壳，在天线外壳内侧上部设置有无线电接收天线，增加了天线接收无线电信号的有效长度，无线电信号接收效果好，完全可以满足无线通讯、广播无线电天线接收要求"。说明书第0017段、第0018段还记载了"天线连接元件7可以采用天线连接插头或天线连接插口等"，"天线连接元件14可以采用天线连接插头或天线连接插口等"。根据该技术特征、本专利的发明目的、说明书中的上述记载和附图2、3，本领域技术人员可知，为了实现本发明的发明目的，该"天线连接元件"应为一特定的用于连接天线信号输出端与天线放大器输入端的元件，其作用是提高无线电信号接收效果，故其不应当仅为一根导线。权利要求1中还记载了技术特征"所述无线电接收天线通过注塑嵌装或固定卡装在天线外壳内侧上部"，本领域技术人员知晓上述无线电接收天线的安装方式不同于证据3－1中所述安装方式，即"该AM天线22为连接装设于该鱼鳍状外盖21的内侧"。第三人蒋小平对本专利权利要求1的解释系在侵权程序中对权利要求的概括，而不是本领域技术人员对权利要求1的理解，其对权利要求1的保护范围并没有限制作用，故被诉决定认定本专利权利要求1与证据3－1相比存在区别技术特征a、b、c并无不当。

一审法院认为，关于发明实际解决的技术问题，基于本专利权利要求1与证据3－1相比存在的区别技术特征a、b、c，而上述区别技术特征所能达到的技术效果是减少了天线数量使安装方便并提高了无线电信号接收效果，故根据上述区别技术特征a、b、c所能达到的技术效果可知，本发明相对于证据3－1实际解决的技术问题是如何通过较少天线实现安装方便、无线电信号接收效果好的天线接收装置。被诉决定对此认定并无不当。

鉴于复审委员会认可区别技术特征a、b已被其他对比文件公开，一审法院予以确认。对于区别技术特征c，一审法院认可被诉决定，认为在以证据3－1作为最接近现有技术的情况下，本专利权利要求1相对于证据3－1与本领域公知常识或证据3－1至证据3－5、证据3－8的一个或多个的组合仍具备创造性，符合专利法第二十二条第三款的规定。

一审法院据此判决：驳回力帆公司的诉讼请求。

力帆公司不服一审判决，向北京市高级人民法院（以下简称二审法院）提起上诉，请求撤销一审判决及被诉决定。

二审法院对一审法院查明的事实予以确认。

二审法院认为，由证据3－1所公开的内容可知，其提出了一种鱼鳍式天线装置的技术方案。该方案的背景技术提及了长棒状伸缩型 AM/FM 共享天线容易发生故障的技术问题，证据 3－1 解决上述技术问题的构思是将 AM 天线和 FM 天线作分离式设计形成两根天线的技术手段来克服所述的技术缺陷，因此，证据 3－1 给出的明确教导是在鱼鳍式天线中将 AM 天线和 FM 天线作分离式设计，因此，本领域技术人员在阅读证据 3－1 之后，不会产生减少天线的需求，亦不会提出如何通过较少天线实现安装方便，无线电信号接收效果好的天线接收装置的技术问题，故本领域技术人员没有动机在本领域或相关技术领域中寻求技术手段来解决本专利实际所要解决的技术问题。在以证据 3－1 为最接近现有技术的基础上，本领域技术人员无法获得将其与证据3－3 中使用 AM/FM 共用天线的技术手段相结合的技术启示，本专利权利要求 1 相对于证据 3－1 与本领域公知常识或证据 3－1 至证据 3－5、证据 3－8 的一个或多个的组合仍具备创造性。在本专利权利要求 1 具备创造性的基础上，从属权利要求 2—5 亦具备创造性。二审法院据此判决：驳回上诉，维持原判。

本院再审查明，一、二审法院查明的事实属实。

本院庭审时，国家知识产权局、一审第三人均认可 AM 和 FM 天线共用属于本领域的公知常识。

本院另查明，本专利说明书公开了如下内容："传统天线功能单一，电子设备越多，所需要的天线数量也就越多，在空间有限的车、船上安装多条天线是极其不便的。""本发明的目的是针对上述不足之处提供一种鲨鱼鳍式天线，设置有鲨鱼鳍式天线外壳，在天线外壳内侧上部设置有无线电接收天线，增加了天线接收无线电信号的有效长度，无线电信号接收效果好。""由于在天线外壳内侧上部设置有无线电接收天线，增加了天线接收无线电信号的有效度，可以实现 360 度全向性信号接收，接收效果好，灵敏度高""天线外壳底部装有安装底板……在安装底板上可以装有无线电广播（FM/AM）无线放大器，卫星导航（GPS）接收器、无线电通讯（GSM）接收器、车载电视（ETV）接收器等，上述放大器、接收器可以采用市售电子芯片，电子线路板。"

证据 3－1 的说明书"背景技术"部分公开了如下信息："一般天线的设计都是依无线电波来计算 1/4λ 所设计出一定长度的金属制长棒形状，相当占空间，亦因此如汽车上的收音机 AM 及 FM 天线是设计成长棒状伸缩型，且 AM 及 FM 共享一个天线，启动时伸出，关闭时缩回，然而使用久了会发生故障而无法伸缩，相当不方便。故而有业者研究螺旋状天线，将长棒金属弯绕成螺旋状，但该螺旋状天线的无线电接收度并不理想，因此就有所谓玻璃天线设计，以软型导电材质附贴于汽车玻璃上此种玻璃天线亦是 AM 与 FM 共享的天线设计，然而这种材质相当昂贵。亦有许多利用印刷电路板上布设一特殊曲度的平面天线产生，该种平面天线有一个很大的缺点是不能靠近具金属面的物质，因为金属会吸收无线电波，而汽车外壳即为金属制，使得该平面天线收不到信号。”“本发明的发明人即为解决上述现有汽车收音机的无线电接收天线所具有的不便与缺失……提出一种汽车收音机的共振式天线，使用一天线介电板与至少一电感器形成 AM/FM 无线电频带的共振匹配回路，以缩小天线的体积。”“本发明的发明人更设计出一种汽车收音机的鱼鳍式天线装置，将 AM/FM 天线分离，FM 使用共振天线，AM 使用磁芯绕线式线圈天线，以减少其中的天线介电板组件，使天线的体积更小，可装设于车顶，不但能使车顶产生创新的美感，更可达到提高收音机无线电频率的接收讯号的目的。”

本院另查明，根据中央机构改革部署，原国家知识产权局专利局、国家知识产权局专利复审委员会的相关职责由国家知识产权局统一行使。

本院认为，鉴于复审委员会在一审时已明确认可区别技术特征 a、b 确已被其他对比文件所公开，对评价本专利权利要求 1 是否具备创造性没有实质性影响。故本案争议焦点在于权利要求 1 是否具有创造性。具体表现在证据 3－1 是否存在与区别技术特征 c 有关的相反技术教导，导致本领域技术人员不会将证据 3－1 与本领域的公知常识、其他现有技术结合。

首先，在认定权利要求是否具备创造性时，应考虑现有技术是否整体上给出了技术启示，使得本领域的技术人员在面对权利要求实际解决的技术问题时，有动机将最接近的现有技术与本领域的公知常识或其他现有技术结合，以改进该最接近的现有技术，相应解决该权利要求实际解决的技术问题，获得权利要求请求保护的技术方案。

其次，关于被诉决定中认定的“相反的技术教导”，通常是相对于技术启示而言的。在考虑一项现有技术是否存在相反的技术教导时，应当立足于本领域技术人员的知识水平和认知能力，从该现有技术的整体上进行分析和判断。对于作为现有技术的专利文件，其背景技术中记载的技术缺陷本质上是该专利的申请人在撰写专利申请文件时的一种主观认知，并不代表本领域技术人员必然存在此种客观认识，也不意味着本领域技术人员会受限于与技术缺陷有关的内容，不能从该现有技术得到相应的技术启示。而且，即使记载了技术缺陷，还需进一步考虑该技术缺陷是否与区别技术特征实际解决的技术问题以及技术启示的认定有关。

再次，人类社会之所以能够不断发展和进步，重要原因之一在于延续不断地科技创新，持之以恒地对科学技术进行研究和改进。金无足赤，任何一项技术都必然同时具备优点和缺陷。本领域技术人员在面对同时具有优点和缺陷的现有技术，寻找技术启示时，会基于所要实际解决的技术问题，综合考虑各有关因素来进行相应的分析、取舍和判断，从现有技术的整体上确定是否存在相应的技术启示或相反技术教导。综上，应基于本领域技术人员的知识水平和认知能力，从现有技术的整体上确定是否存在解决权利要求所要实际解决的技术问题的技术启示。

本案中，权利要求 1 请求保护“一种鲨鱼鳍式天线”，其相对于最接近的现有技术证据 3 - 1 的区别技术特征 c 为“所述无线电接收天线为 AM/FM 共用天线”。在本专利说明书的“背景技术”中，记载了“传统天线功能单一，电子设备越多，所需要的天线数量也就越多，在空间有限的车、船上安装多条天线是极其不便的”。可据此确定权利要求 1 实际解决的技术问题。

证据 3 - 1 公开了一种“汽车收音机的鱼鳍式天线装置”，其在背景技术中，公开了在汽车上的收音机 AM 及 FM 天线为长棒状伸缩型时，AM 与 FM 共享天线，但使用久了会发生故障；证据 3 - 1 中还公开了对于玻璃天线，也可以采用 AM 与 FM 共享天线，但材质相当昂贵；证据 3 - 1 中还进一步公开了螺旋状天线（将长棒金属弯绕成螺旋状），以及平面天线，但两种天线也各自存在相应的缺陷。证据 3 - 1 中根据其背景技术中指出的各现有技术及其缺陷，提出“设计出一种汽车收音机的鱼鳍式天线装置，将 AM/FM 天线分离，FM 天线采用共振式设计，AM 使用磁芯绕线式线圈天线，以减少其中的天线介电板组件，使天线的体积更小，可装设于车顶，不但能使车顶产生创新的美感，更可提高收音机无线电频率的接收信号”。

在证据 3 - 1 记载的背景技术中，虽然指出长棒状伸缩型天线、螺旋状天线、玻璃天线、平面天线等不同的天线类型分别存在一定的缺陷，包括：“使用久了会发生故障”“无线电接收度并不理想”“材质相当昂贵”“不能靠近具金属面的物质”，但这些缺陷并不涉及 AM、FM 天线的分离或共享。而且，在证据 3 - 1 中既未明确指出 AM、FM 天线共享本身存在何种缺陷，也没有提出要作出何种改进。事实上，对于本领域技术人员而言，能够显而易见地想到在汽车天线中如安装多条天线，例如将 AM、FM 天线分离时，相应也会产生“需要的天线数量也就越多”的问题。在本院庭审时，国家知识产权局、一审第三人均认可 AM、FM 天线共享属于本领域的公知常识。因此，对于本领域技术人员而言，基于本领域的公知常识以及证据 3 - 1 中公开的技术内容，能够认识到在本领域既可以将 AM、FM 天线共享，也可以将 AM、FM 天线分离设计。根据 3 - 1 中公开的技术内容，本领域技术人员并不能得出将 AM、FM 共享的技术本身属于技术缺陷，存在相反的技术教导，也不能得出将 AM、FM 分离需要额外付出创造性劳动。相反，为了解决与区别技术特征 c 对应的“传统天线功能单一，电子设备越多，所需要的天线数量也就越多，在空间有限的车、船上安装多条天线是极其不便的”技术问题时，本领域技术人员能够结合本领域的公知常识以及证据 3－1 中公开的技术内容，进行相应的利弊分析和取舍，显而易见地想到采用“所述无线电接收天线为 AM、FM 共用天线”的技术方案。

最后，专利权的保护范围应与技术方案的创新程度相适应。虽然区别技术特征 c 明确限定“AM/FM 共用天线”，但是在本专利的说明书中，既没有公开本专利中的“AM/FM 共用天线”的具体实施方式，也没有记载与“AM/FM 共用天线”有关的有益效果。对于本领域技术人员而言，此时只能基于本领域的公知常识以及本专利说明书的其他相关内容，相应确定本专利中的“AM/FM 共用天线”的具体实现方式和技术效果。在缺乏其他证据证明的情况下，不能认定区别技术特征 c 中的“AM/FM 共用天线”具有应有的技术贡献，不足以使得本专利权利要求 1 具备突出的实质性特点和显著的进步。

综上，根据证据 3－1 公开的技术内容，并不足以认定存在相反的技术教导。针对本专利权利要求 1 实际解决的技术问题，本领域技术人员基于证据 3－1 公开的整体技术内容以及本领域的公知常识，能够显而易见地想到在本领域中既可以将 AM/FM 天线共用，也可以将 AM/FM 天线分离。因此，本领域技术人员能够获得足够的技术启示对证据 3－1 中的 AM/FM 分离天线进行修改，相应得到本专利权利要求 1 的技术方案。被诉决定有关本专利权利要求 1 具备创造性的认定错误，应予撤销。二审判决驳回力帆公司的上诉亦有不当，应予纠正。

在本专利权利要求 1 不具有创造性的情况下，国家知识产权局应对从属权利要求 2—5 的创造性进一步审查并作出认定。

综上，根据《中华人民共和国专利法》第二十二条第三款，《中华人民共和国行政诉讼法》第八十九条第一款第二项、《最高人民法院关于适用〈中华人民共和国行政诉讼法〉的解释》第一百一十九条第一款、第一百二十二条的规定，判决如下：

一、撤销北京市高级人民法院（2018）京行终 6295 号行政判决；

二、撤销北京知识产权法院（2015）京知行初字第 2699 号行政判决；

三、撤销原国家知识产权局专利复审委员会第 25637 号无效宣告请求审查决定；

四、由国家知识产权局对第20071001××××.7号专利重新作出无效宣告请求审查决定。

一、二审案件受理费各100元，均由国家知识产权局、曹桂兰、胡美玲、蒋莉、蒋浩天、泰州苏中天线集团有限公司负担。

本判决为终审判决。

审 判 长 杜微科
审 判 员 吴 蓉
审 判 员 张玲玲
二〇一九年十二月三十一日
法官助理 高曈辉
书 记 员 杨钰铜

# 26. 创造性判断中关于生物材料保藏的考量

——上诉人戴锦良与被上诉人国家知识产权局、原审第三人北京万特尔生物制药有限公司发明专利权无效行政纠纷案①

**中华人民共和国最高人民法院行政判决书（2019）最高法知行终16号**

上诉人（原审原告）：戴锦良。

委托诉讼代理人：陈伟善，广东胜伦律师事务所律师。

被上诉人（原审被告）：国家知识产权局。住所地：北京市海淀区蓟门桥西土城路6号。

法定代表人：申长雨，该局局长。

委托诉讼代理人：王亦然，该局审查员。

委托诉讼代理人：刘亚，该局审查员。

原审第三人：北京万特尔生物制药有限公司。住所地：北京市怀柔区雁栖经济开发区雁栖东二路32号院。

法定代表人：朱瑞贤，该公司总经理。

委托诉讼代理人：王永伟，北京纪凯知识产权代理有限公司专利代理师。

委托诉讼代理人：丁秀云，北京纪凯知识产权代理有限公司专利代理师。

上诉人戴锦良因与被上诉人国家知识产权局、原审第三人北京万特尔生物制药有限公司（以下简称万特尔公司）发明专利权无效行政纠纷一案，不服北京知识产权法院于2019年1月28日作出的（2016）京73行初5923号行政判决，向本院提起上诉。本院于2019年5月15日立案后，依法组成合议庭，于2019年6月25日公开开庭进行了审理。上诉人戴锦良，被上诉人国家知识产权局的委托诉讼代理人王亦然、刘亚，原审第三人万特尔公司的法定代表人朱瑞贤、委托诉讼代理人王永伟、丁秀云到庭参加诉讼。本案现已审理终结。

戴锦良上诉请求：1. 撤销原审判决；2. 撤销国家知识产权局专利复审委员会作出的第29970号无效宣告请求审查决定（以下简称被诉决定）；3. 判

① 本案在年度报告中的位置为第45页。

令国家知识产权局专利复审委员会重新作出专利无效审查决定。事实与理由：一、法律适用方面，原审判决和被诉决定关于“绿脓杆菌甘露糖敏感血凝菌毛株”的发明专利（以下简称本专利）相对于现有技术是否具备创造性的审查和判断标准以及方法严重错误，将关于“实用性”的评判标准错误地适用于“创造性”。二、事实认定方面，本专利与现有技术相比，不具有突出的实质性特点和显著的进步，不具备专利法关于创造性的法定要求，本专利技术方案已被现有技术所公开，本领域技术人员通过现有技术能够获得本专利的菌株；本专利无法产生无法预料的技术效果。

国家知识产权局辩称：原审判决认定事实清楚，适用法律法规正确，审理程序合法，坚持被诉决定的意见。本专利涉及具体的微生物菌株，属于一种特定的生物材料，相对于技术方案，判断现有技术中对相应内容的记载时，应当考虑这些内容记载是否使得获得相应菌株或类似菌株的过程是无需付出创造性劳动的，据此才能判断现有技术状况，最后才能客观地得出本专利相对于最接近的现有技术是否具备创造性的结论；证据1所述方法获得特定菌株的过程具有高随机性和偶然性，通过证据1的方法作为技术手段解决不了获得具有甘露糖敏感血凝菌毛菌株的技术问题，也无法产生预期技术效果；本专利通过保藏向公众提供了获得具有该性质菌株的途径，对现有技术做出了贡献。

万特尔公司述称：原审判决关于本专利具备创造性的事实认定清楚，适用法律正确，审理程序合法。请求驳回戴锦良的上诉请求。

戴锦良向原审法院起诉请求：请求法院判决撤销被诉决定，并责令国家知识产权局重新作出审查决定。事实和理由：一、本专利权利要求1不具备创造性，因为本专利菌株和证据1菌株的菌学特征相同，均具有“绿脓杆菌的全部菌学特征”，涉案专利菌株与证据1专利申请菌株系相同菌株，证据1已经完整公开了甘露糖敏感血凝菌毛株的全部技术信息和获得方法，根据证据1的描述或者证据1结合其他证据，公众可以获得所述甘露糖敏感血凝菌毛株。虽然菌株本身没有被证据1直接公开，但菌株的菌学特征、获得方法已经被公开。二、被诉决定关于创造性的审查标准有误，有无保藏号是新颖性的问题，而不能用于否定创造性。只要根据现有技术有可能获得的本专利要求保护的菌株（或类似菌株），则该发明不具有创造性。被诉决定强调即使证据1公开了菌株的获得方法，重复该方法并非必然能够获得具有相同表型的甘露糖敏感血凝菌毛株的观点错误。因为“并非必然能够获得”并不是“必然不能获得”，不排除获得的可能性。

专利复审委员会在原审辩称：被诉决定认定事实清楚，适用法律法规正确，审理程序合法，审查结论正确，戴锦良的诉讼理由不能成立，请求驳回其诉讼请求。

万特尔公司在原审述称：同意专利复审委员会的意见，被诉决定认定事实清楚，适用法律正确，应当予以维持。请求驳回戴锦良的诉讼请求。

原审法院认定事实：本案涉及专利号为20051005 ××××. X，名称为“绿脓杆菌甘露糖敏感血凝菌毛株”的发明专利，其申请日为2005年3月31日，授权公告日为2007年1月31日，专利权人为万特尔公司。

本专利授权公告的权利要求书内容如下：

“1. 一种绿脓杆菌甘露糖敏感血凝菌毛株，保藏号为CGMCC0190。

2. 如权利要求1所述的绿脓杆菌菌株，其特征在于具有周身的菌毛。

3. 如权利要求1所述的绿脓杆菌菌株，其特征在于具有非甘露糖敏感血凝菌毛。

4. 如权利要求1所述的绿脓杆菌菌株，其特征在于具有性菌毛。”

戴锦良于2016年2月22日向国家知识产权局专利复审委员会提出了无效宣告请求，其理由是本专利权利要求1—4不符合《中华人民共和国专利法》[①]（以下简称专利法）第二十六条第四款、第二十二条第二、三款和《中华人民共和国专利法实施细则》（以下简称专利法实施细则）第二十条第一款的规定，请求宣告本专利权利要求全部无效，同时提交了证据1—14：其中，证据1：CN1090602A号发明专利申请公开说明书，公开日：1994年8月10日；其发明名称为“绿脓杆菌MSHA菌毛株及其建立”，其申请人、第一发明人与本专利在申请阶段的申请人及第一发明人相同，均为牟希亚，证据1中也记载了与本发明基本相同的菌株获得方法，即主要是连续传代使之毒力降低，再应用基因工程方法获得绿脓杆菌，并且该菌株也具有与本专利相同的关键特征，即具备甘露糖敏感血凝菌毛（MSHA）。但是证据1中并没有记载该菌株被保藏，无任何保藏信息。此后，戴锦良再次提交了补充意见以及证据15—24。

专利复审委员会于2016年3月3日受理了上述无效宣告请求，并于2016年8月10日作出被诉决定，认定：本专利符合专利法实施细则第二十条第一款的规定，本专利权利要求1—4具备专利法第二十二条第三款规定的创造性，本专利符合专利法第二十六条第三、四款的规定，故维持本发明专利权有效。关于本专利具备创造性的具体理由如下：

证据1公开了一种绿脓杆菌菌毛株的获得方法和特性，其申请人、第一

---

① 此处指2008年《中华人民共和国专利法》，其已于2020年修改，本案下同。

发明人与本专利在申请阶段的申请人及第一发明人相同，均为牟希亚，该证据中也记载了与本发明基本相同的菌株获得方法，即主要是连续传代使之毒力降低，再应用基因工程方法获得绿脓杆菌，并且该菌株也具有与本专利相同的关键特征，即具备甘露糖敏感血凝菌毛（MSHA）。但本专利权利要求1中包括菌株的保藏号CGMCC0190，而证据1的权利要求中并没有记载该菌株被保藏，无任何保藏信息。由此，应当考量证据1对其中所描述菌株的公开程度和该菌株的可获得性，以判断该菌株是否通过证据1的描述而使得公众能够获得该菌株。首先，证据1中没有公开所述绿脓杆菌MSHA菌毛株的保藏信息，也未记载可购买的商业渠道或发放渠道，因此，没有证据显示证据1的菌株能够通过商品或成品形式为公众所获得而成为现有技术。证据1结合证据2—22、24—25，亦无法证明可以根据证据1的描述使得公众可以获得所述甘露糖敏感血凝菌毛株。其次，尽管证据1作为现有技术，对期望获得的菌毛株进行了理化特性描述和相应制备方法，并且证据2—22、24—25中的部分证据也描述了对该菌株的研究并给出结论，其具有临床药用价值，但是由于生物领域中生物材料的特殊性质，导致公众即使阅读到了相关文字记载，但因为在获取该菌株的制备过程中存在无法预测的随机因素，从而不能合理预期获取到与证据1相同的菌株或同样具有甘露糖敏感血凝菌毛的类似菌株。最后，本专利说明书中记载了所述菌株的免疫原性，证实了其有益效果，同时对甘露糖敏感血凝菌毛株进行了专利法规定的微生物保藏，本专利对现有技术做出了贡献。由此，戴锦良所述的权利要求1与现有技术证据仅为形式上的保藏号区别因而不具备创造性的理由以及根据证据1—22、24—25的内容不付出创造性劳动即可获得相应菌毛株的无效理由不能成立。

在原审庭审中，戴锦良明确表示对被诉决定的案由部分、决定理由中有关专利法实施细则第二十条第一款、说明书公开是否充分以及权利要求是否以说明书为依据部分的评述无异议。同时，戴锦良明确本案争议焦点仅涉及权利要求1是否违反专利法第二十二条第三款创造性规定的评述，放弃除创造性问题之外的其他无效理由。

原审法院认为，被诉决定认定事实清楚，适用法律正确，符合法定程序，依法应予支持。戴锦良的诉讼请求缺乏事实和法律依据，不予支持。其主要理由如下。

本案应适用2001年专利法及2002年专利法实施细则进行审理。

（一）由于生物领域中生物材料的特殊性，即使证据1公开了与本专利基本相同的菌株获得方法和相同的关键菌学特征，但因证据1中并没有记载该菌株被保藏，也无任何保藏信息的情形下，不宜简单地将有无保藏号仅当作形式上的区别特征进行认定。证据1中没有公开所述绿脓杆菌MSHA菌毛株的保藏信息，也未记载可购买的商业渠道或发放渠道，因此，没有证据显示证据1的菌株能够通过商品或成品形式为公众所获得而成为现有技术。证据2—22、24—25中，仅有证据3和证据21—22涉及特定绿脓杆菌菌株制备的药物制剂商品（即绿幕安和佰安），所述临床制剂均经过灭菌消毒，其中微生物已被灭活，不存在活菌株，因此即使可以商购该制剂商品，也无法获得该活性菌株。

（二）尽管证据1记载了绿脓杆菌甘露糖敏感血凝菌毛株的制备方法，但是由于其中包括了产生随机突变的多个步骤，即使清楚记载了所述步骤的条件和过程等信息，也很难通过重复该步骤而得到相同结果。对证据1所述的微生物而言，当随机因素非常大且多，达到本领域技术人员预期重复该方法将非常难以获得相同或相似菌株的程度时，本领域技术人员将不会有动机进行重复实验证据1所公开的绿脓杆菌甘露糖敏感血凝菌毛株建株方法来获得本专利所保护的菌株。

（三）本专利说明书中记载了所述菌株的免疫原性，证实了其有益效果，同时对甘露糖敏感血凝菌毛株进行了专利法规定的微生物保藏，已经足以证明本专利的发明人通过该方法获得了实质性的菌株，并且通过保藏信息的记载，公众能够通过保藏渠道获取该特定菌株，本专利对现有技术做出了有益的贡献。因此，本专利权利要求1符合专利法第二十二条第三款有关创造性的规定，被诉决定对此认定正确，戴锦良的相关理由缺乏事实和法律依据。

原审法院判决：驳回戴锦良的诉讼请求。案件受理费100元，由戴锦良负担。

二审中，当事人没有提交新证据。

原审查明的事实基本属实，本院予以确认。

本院认为，本案在二审阶段的争议焦点为本专利权利要求1—4限定的涉及生物材料保藏的技术方案是否符合专利法第二十二条第三款规定的创造性。

专利法第二十二条第三款规定，创造性，是指与现有技术相比，该发明具有突出的实质性特点和显著的进步，该实用新型具有实质性特点和进步。

专利法实施细则第二十四条第一项规定，申请专利的发明涉及新的生物材料，该生物材料公众不能得到，并且对该生物材料的说明不足以使所属领域的技术人员实施其发明的，除应当符合专利法和专利法实施细则的有关规定外，申请人还应当在申请日前或者最迟在申请日（有优先权的，指优先权日），将该生物材料的样品提交国务院专利行政部门认可的保藏单位保藏。

根据上述规定，在涉及生物材料的发明创造技术方案的创造性评判中，若专利技术方案请求保护的生物材料系通过不能再现的筛选、突变等手段制备得来，能够产生有益效果，并且进行了保藏，而对比文件仅公开了相同或相近的筛选、突变等手段的制备方法，并未对制备出的生物材料进行保藏，即本领域技术人员不能通过重复该对比文件中的制备方法而获得本专利请求保护的生物材料，应当认定本专利请求保护的生物材料并未被该对比文件公开。在没有证据表明本领域技术人员能够通过其他途径获得该生物材料或者有动机改进制备方法以获得该生物材料的情况下，专利技术方案请求保护的生物材料相对于该对比文件公开的技术方案具备创造性。

本案中，证据 1 公开了一种绿脓杆菌菌毛株的获得方法和特性，该证据中也记载了与本发明基本相同的菌株获得方法，并且该菌株也具有甘露糖敏感血凝菌毛（MSHA）。但本专利权利要求 1 中记载菌株的保藏号 CGMCC0190，而证据 1 没有公开该菌株被保藏，无任何保藏信息。此时，不宜简单地将有无保藏号当作区别特征进行认定，而应当考量证据 1 对其中所描述菌株的公开程度和该菌株的可获得性，以判断本领域技术人员是否能够通过证据 1 的描述而获得该菌株或有动机制备得到该菌株。

首先，证据 1 中没有公开所述绿脓杆菌 MSHA 菌毛株的保藏信息，也未记载可购买的商业渠道或发放渠道，因此，没有证据显示证据 1 的菌株能够通过商品或成品形式为公众所获得而成为现有技术。证据 2—22、24—25 中，仅有证据 3 和证据 21—22 涉及特定绿脓杆菌菌株制备的药物制剂商品（即绿幕安和佰安），但是所述临床制剂均经过灭菌消毒，其中微生物已被灭活，不存在活菌株，即使可以商购该制剂商品，也无法获得该活性菌株。因此，证据 1 结合证据 2—22、24—25，亦无法证明可以根据证据 1 的描述使得公众可以获得所述甘露糖敏感血凝菌毛株。其次，证据 1 中公开的建株方法包括多个随机和偶然因素，包括用于建株野生菌株来源的随机性、减毒过程的随机性、基因工程与筛选方法的随机性。由此可见，尽管证据 1 记载了绿脓杆菌甘露糖敏感血凝菌毛株的制备方法，但是由于其中包括了产生随机突变的多个步骤，即使清楚记载了所述步骤的条件和过程等信息，也无法通过重复该步骤而得到确定相同的结果。故本领域技术人员没有动机进行重复实验证据 1 所公开的绿脓杆菌甘露糖敏感血凝菌毛株建株方法来获得本专利所保护的菌株。戴锦良也未能提供证据证明重复证据 1 的方法能够克服随机因素从而获得具有所述甘露糖敏感血凝菌毛的菌株。最后，本专利说明书中记载了所述菌株的免疫原性，证实了其有益效果，同时对甘露糖敏感血凝菌毛株进行了专利法规定的微生物保藏，相对于现有技术做出了贡献。综上所述，本专利权利要求 1—4 相对于证据 1 具有突出的实质性特点和显著的进步，具备专利法第二十二条第三款规定的创造性。

戴锦良上诉认为，原审法院认定由于本领域技术人员无法通过重复现有技术来获得与被诉发明相同的菌株，故现有技术不能破坏被诉发明的创造性，是混淆了“实用性”和“创造性”的评判标准，将关于“实用性”的评判标准错误地适用于“创造性”，属于评判标准和方法错误。对此，本院认为，本专利权利要求1—4请求保护的是特定的菌株产品，是产品权利要求。证据1和本专利所公开的制备方法中均包括了多个产生随机突变的步骤，本领域技术人员无法通过重复该制备方法而获得相应的菌株，故本专利将其获得的菌株进行保藏，使得社会公众可以在申请日前获得该菌株。本专利权利要求并未请求保护包含突变和筛选手段的制备菌株的方法，被诉决定和原审判决亦不存在错误使用“实用性”评判标准评价该菌株产品权利要求“创造性”的问题。戴锦良的上述理由缺乏事实和法律依据，本院不予采信。

综上所述，戴锦良的上诉请求不能成立，应予驳回。被诉决定对涉案专利权具备创造性的评价正确，程序合法。原审判决认定事实清楚，适用法律正确，应予维持。依照《中华人民共和国行政诉讼法》第八十九条第一款第一项规定，判决如下：

驳回上诉，维持原判。

二审案件受理费100元，由戴锦良负担。

本判决为终审判决。

审判长 焦彦
审判员 佘朝阳
审判员 魏磊
二〇一九年八月十六日
法官助理 游美玲
书记员 管众

# 27. 研究成果的科学价值与创造性判断的关系

——上诉人中国农业科学院作物科学研究所与被上诉人国家知识产权局发明专利申请驳回复审行政纠纷案[①]

**中华人民共和国最高人民法院行政判决书（2019）最高法知行终129号**

上诉人（原审原告）：中国农业科学院作物科学研究所。住所地：北京市海淀区中关村南大街12号。

法定代表人：刘春明，该所所长。

委托诉讼代理人：关畅，北京纪凯知识产权代理有限公司专利代理师。

委托诉讼代理人：张如佳，北京纪凯知识产权代理有限公司专利代理师。

被上诉人（原审被告）：国家知识产权局。住所地：北京市海淀区蓟门桥西土城路6号。

法定代表人：申长雨，该局局长。

委托诉讼代理人：钟辉，该局审查员。

委托诉讼代理人：葛永奇，该局审查员。

上诉人中国农业科学院作物科学研究所（以下简称作物科学研究所）因与国家知识产权局发明专利申请驳回复审行政纠纷一案，不服北京知识产权法院于2019年4月26日作出的（2016）京73行初6269号行政判决，向本院提起上诉。本院于2019年9月2日立案后，依法组成合议庭，于2019年10月18日举行庭前会议，于2019年11月4日公开开庭审理了本案。上诉人作物科学研究所的委托诉讼代理人关畅、张如佳，被上诉人国家知识产权局的委托诉讼代理人钟辉、葛永奇到庭参加了诉讼。本案现已审理终结。

作物科学研究所上诉请求：撤销原审判决和国家知识产权局于2016年8月23日作出的第113305号复审决定（以下简称被诉决定），由国家知识产权局承担诉讼费用。事实和理由：（一）原审法院认定事实错误。1. 申请号为20121007××××.2、名称为“植物耐逆性相关蛋白TaHSF1及其编码基因与应用”的发明专利申请（以下简称本申请）中的蛋白TaHSF1并非对比文件1

---

① 本案在年度报告中的位置为第46页。

中的 TaHsf1。2. 原审法院将复杂的基因克隆过程简单化，忽略了本申请中克隆 TaHSF1 蛋白的编码基因所隐含的技术信息。3. 本申请中 TaHSF1 蛋白的功能并非是可以预期的。（二）原审法院适用法律不当。1. 采用对比文件 1 作为最接近的现有技术很大程度上在于所公开的蛋白名称与本申请存在一致性结果，并非是二者蛋白的氨基酸序列存在相同或相似性。在氨基酸序列无法比较的情况下，无法确定二者是否为同一种蛋白，也无法根据对比文件 1 中蛋白的功能推定本申请 TaHSF1 蛋白的功能。2. 即便将对比文件 1 和 2 相结合，本领域普通技术人员也无法预测是否能够获得对比文件 1 中的 TaHsf1 蛋白的编码基因，以及采用同源克隆技术所获得基因是否就一定是对比文件 1 中 TaHsf1 蛋白的编码基因。3. 本申请中所公开的 TaHSF1 蛋白的编码基因并非是在对比文件 1 和 2 的基础上，可以直接地、毫无疑义地获得的。另外，对比文件 1 和 2 对本申请中蛋白 TaHSF1 的功能并没有任何技术启示。因此，本申请权利要求 1 所要求保护的技术方案具备创造性，在此基础上本申请其余权利要求也具备创造性。

国家知识产权局辩称：被诉决定认定事实和适用法律恰当，审理程序合法，审理结果正确，依法应予维持。

作物科学研究所向原审法院提起诉讼，原审法院于 2016 年 12 月 5 日立案受理，起诉请求：撤销被诉决定并判令国家知识产权局重新作出审查决定。

原审法院查明事实：

本申请是申请号为 20121007××××.2、名称为“植物耐逆性相关蛋白 TaHSF1 及其编码基因与应用”的发明专利申请，申请人为作物科学研究所，申请日为 2012 年 3 月 19 日，公开日为 2013 年 9 月 25 日。

经实质审查，国家知识产权局原审查部门于 2015 年 8 月 28 日发出驳回决定，驳回了本申请。

驳回决定所针对的本申请权利要求书如下：

“1. 一种蛋白质，是由序列表序列 1 所示的氨基酸序列组成的蛋白质。

2. 权利要求 1 所述蛋白质的编码基因。

3. 根据权利要求 2 所述的基因，其特征在于：所述蛋白质的编码基因为序列表序列 2 所示的 DNA 分子。

4. 含有权利要求 2 或 3 所述基因的重组载体。

5. 根据权利要求 4 所述的重组载体，其特征在于：所述重组载体为 pGBKT7 - TaHSF1、16318hGFP - TaHSF1 或 pBI121 - TaHSF1；

所述 pGBKT7 - TaHSF1 为将权利要求 2 或 3 所述的基因插入载体 pGBKT7 得到表达权利要求 1 所述蛋白的重组表达载体；具体为将序列表序列 2

所示的DNA分子插入载体pGBKT7的EcoR I和BamH I酶切识别位点之间得到的重组表达载体；

所述16318hGFP－TaHSF1为将权利要求2或3所述的基因插入载体hGFP得到表达权利要求1所述蛋白的重组表达载体；具体为将序列表序列2所示的DNA分子插入载体163hGFP的Sal I和BamH I酶切识别位点之间得到的重组表达载体；

所述pBI121－TaHSF1为将权利要求2或3所述的基因插入载体pBI121得到表达权利要求1所述蛋白的重组表达载体；具体为将序列表序列2所示的DNA分子插入载体pBI121的BamH I和Sac I酶切识别位点之间得到的重组表达载体。

6. 含有权利要求2或3所述基因的表达盒。

7. 含有权利要求2或3所述基因的重组菌。

8. 含有权利要求2或3所述基因的重组病毒。

9. 一种培育转基因植物的方法，是将权利要求2或3所述基因导入目的植物中，得到耐逆性高于所述目的植物的转基因植物。

10. 根据权利要求9所述的方法，其特征在于：所述目的植物为单子叶植物或双子叶植物。

11. 根据权利要求10所述的方法，其特征在于：所述双子叶植物为拟南芥。

12. 根据权利要求9—11中任一所述的方法，其特征在于：耐逆性为耐旱性和耐热性。

13. 权利要求1所述蛋白在作为转录因子中的应用。”

另，根据本申请说明书的记载，序列1所示蛋白为TaHSF1，其编码基因是以水稻热激因子AD066316为已知序列，在小麦数据库比对小麦相似序列，经过软件分析设计引物，以小白麦的cDNA为模板进行PCR扩增、纯化、连接载体测序获得的（参见说明书实施例1）。

驳回决定引用的对比文件如下：

对比文件1：“Limited and controlled release of wheat genetically modified for enhanced carbon assimilation in drought and heat prone environments”，Commonwealth Scientific and Industrial Research Organisation，Risk Assessment and Risk Management Plan for DIR 100，2010年6月30日。对比文件1公开了来源于小麦（T. aestivum）的热激因子TaHsf1，其能够提高小麦的耐旱性、耐热性以及水利用率（参见对比文件1表1、2，第16页倒数第3段至第17页第1段）。

对比文件2："GmHSFA1基因克隆及其过量表达提高转基因大豆的耐热性"，陈晓军等，遗传，第11期，第1411—1420页，2006年11月30日。对比文件2公开了热激转录因子（Heat stress transcription factor，HSF）是生物体在热激和其他胁迫条件下基因转录激活信号传导通路中的最后成员，即直接启动下游热激蛋白基因的表达。HSF在调节热激蛋白（Heat shock protein，HSP）基因表达和传递逆境胁迫尤其热胁迫信息以及提高植物耐逆性等方面起着重要作用。随着拟南芥基因组测序的完成，能够通过序列比对的手段全面挖掘植物中的热激转录因子家族成员，拟南芥中发现了21个HSFs，番茄中发现了16种HSFs，其中HsfA1的克隆和功能研究的比较深入，认为它在番茄热激响应过程中起主要作用。对比文件2还公开了根据已知的番茄HSFA1（LpHSFA1）的蛋白质序列和大豆EST数据库，采用生物信息学和比较基因组学的方法结合RACE技术克隆大豆热激转录因子基因GmHsfA1，并对拟南芥、番茄和大豆等植物的HSFA1进行氨基酸序列同源性分析，还进一步证实GmHsfA1的过量表达明显提高了转基因大豆植株的耐热能力（参见对比文件2摘要，第1412页左栏第1、3段，第1413页左栏第1、2段，第1415页左栏第2段、图1）。

作物科学研究所对上述驳回决定不服，于2015年11月24日向国家知识产权局提出了复审请求，未对申请文件进行修改。

经形式审查合格，国家知识产权局于2015年12月22日依法受理了该复审请求，并将其转送至原审查部门进行前置审查。原审查部门在前置审查意见书中坚持驳回决定。随后，国家知识产权局成立合议组对本案进行审理，并于2016年5月6日向作物科学研究所发出复审通知书。作物科学研究所于2016年6月17日提交了意见陈述书，未修改申请文件。

2016年8月23日，国家知识产权局经审查作出被诉决定认定：本申请权利要求1　13均不具备突出的实质性特点和显著的进步，不符合《中华人民共和国专利法》①（以下简称专利法）第二十二条第三款有关创造性的规定，决定：维持国家知识产权局于2015年8月28日对本申请作出的驳回决定。

作物科学研究所不服国家知识产权局作出的被诉决定并提起诉讼。作物科学研究所在原审诉讼中明确表示，由于权利要求1具有创造性，故其他权利要求也具有创造性。

原审法院认为，本申请权利要求1请求保护的技术方案与对比文件1公

① 此处指2008年《中华人民共和国专利法》，其已于2020年修改，本案下同。

开内容相比，区别技术特征在于：权利要求 1 公开了所述蛋白质的具体氨基酸序列，而对比文件 1 没有公开该序列。基于上述区别技术特征，本申请实际解决的技术问题在于：获知 TaHsf1 的具体氨基酸序列。对比文件 2 公开了热激转录因子（HSF）是生物体在热激和其他胁迫条件下基因转录激活信号传导通路中的最后成员，即直接启动下游热激蛋白基因的表达。本领域普通技术人员在对比文件 1 的基础上，结合对比文件 2 所给出的启示以及本领域的常规技术手段，获得本申请权利要求 1 请求保护的技术方案是显而易见的，且并无证据足以证明本申请权利要求 1 已经取得了预料不到的技术效果。因此，本申请权利要求 1 不具备专利法第二十二条第三款规定的创造性。

在诉讼过程中，作物科学研究所明确表示，由于权利要求 1 具有创造性，故其他权利要求也具有创造性。即本申请权利要求 2—13 具备创造性是由于其引用的独立权利要求 1 具备创造性，而并非由于其各自的附加技术特征使其具备创造性。因此，在权利要求 1 不具备创造性的情况下，本申请权利要求 2—13 均不具备创造性。

综上，原审法院认为被诉决定认定事实清楚，适用法律正确，审查程序合法，作物科学研究所的诉讼请求缺乏事实和法律依据，判决：驳回作物科学研究所的诉讼请求。案件受理费 100 元，由作物科学研究所负担。

原审查明的事实属实，本院予以确认。

本院另查明：

本申请说明书第 1 页“技术领域”部分记载：“本发明涉及生物技术领域中的一种逆性相关的蛋白及其编码基因和应用，特别是一种植物耐逆性相关蛋白 TaHSF1 及其编码基因与应用，该蛋白质 TaHSF1 来源于小麦，具有提高植物抗旱和抗高温胁迫的能力。”

本申请说明书第 1 页“背景技术”部分记载：“在所有已研究的植物中，都存在多种类型的 HSF，其在大豆和玉米中最多，分别为 55 种和 54 种，在拟南芥中有 25 种，在烟草中有 18 种，在小麦中不少于 14 种。”

本申请说明书第 5 页“发明内容”部分记载：“本发明所提供的 TaHSF1 蛋白及其编码基因在提高植物抗逆性方面具有重要意义，为人为控制抗逆相关基因的表达提供了基础，将在培育高抗逆性如强耐旱性和强耐热性植物品种中发挥重要作用。”

作物科学研究所在本院庭审时确认，本申请中的蛋白质即为本申请说明书中“背景技术”部分提及的小麦中已有的 14 种 TaHSF1 之一，且目前在小麦中仅发现一种蛋白质即本申请请求保护的 TaHSF1 具有本申请所描述的抗干旱和抗高温胁迫能力。植物的抗逆性是抗非生物胁迫的上位概念，而抗非生物胁迫又包括抗干旱和抗高温两种作用。植物中的热激因子普遍都具有耐热功能，只是程度不同。国家知识产权局对此不持异议。

二审期间，上诉人作物科学研究所的专家辅助人马晓军参加了庭前会议及庭审诉讼，并就本案相关的技术事实接受了法庭及各方当事人的询问。

本院认为，根据本案已查明的事实并结合当事人的诉辩意见，本案争议焦点在于本申请权利要求 1 是否具备创造性。

专利法第二十二条第三款规定："创造性，是指与现有技术相比，该发明具有突出的实质性特点和显著的进步，该实用新型具有实质性特点和进步。"所谓实质性特点是指对本领域普通技术人员来说，该发明或者实用新型相对于现有技术是非显而易见的，所谓进步是指该发明或者实用新型与现有技术相比能够产生有益的技术效果。发明或实用新型通常是针对现有技术的缺陷提出的改进技术方案，记载在发明或者实用新型说明书中的技术问题只是发明人在撰写专利申请文件时认为的技术问题，在面对审查程序中最接近的现有技术时，该发明或者实用新型说明书记载的技术问题可能与该发明或实用新型相对于最接近的现有技术所实际解决的技术问题并不相同。而且，在面对不同的最接近的现有技术时，该发明或者实用新型所解决的技术问题也可能不同。判断发明或者实用新型对本领域普通技术人员来说是否显而易见，要确定的是现有技术整体上是否存在某种技术启示，即现有技术中是否给出将该发明或者实用新型的区别技术特征应用到最接近的现有技术以解决其存在的技术问题的启示，这种启示会使本领域普通技术人员在面对相应的技术问题时，有动机改进最接近的现有技术并获得该发明或者实用新型。发明的技术效果是判断创造性的重要因素。如果发明相对于现有技术所产生的技术效果在质或量上发生明显变化，超出了本领域普通技术人员的合理预期，则可以认定发明具有预料不到的技术效果。还需要指出的是，创造性的审查通常不考虑发明的获得过程是否艰辛，无论发明人在发明创造过程中是历尽艰辛，还是唾手而得，一般都不影响对该发明创造性的评价。当然，未获得专利权保护的发明创造如果构成有意义的研究成果或者具有其他价值，发明人或者申请人可以依法获得其他方面的回报，但仅此并不足以使专利申请获得专利权的保护。

本案中，本申请权利要求 1 请求保护一种蛋白质，对比文件 1 公开了来源于小麦的热激因子 TaHsf1，其能够提高小麦的耐旱性、耐热性以及水利用率，其已构成本申请最接近的现有技术。本申请权利要求 1 请求保护的技术方案相对于对比文件 1 公开的技术方案的区别技术特征在于：本申请权利要求 1 要求保护一种小麦热激蛋白 TaHSF1 的具体氨基酸序列，而对比文件 1 公开了小麦中存在能够提高其耐旱性、耐热性的热激因子 TaHsf1，未公开具体的氨基酸序列。基于上述区别技术特征，本申请实际解决的技术问题在于：获得一种来自小麦的具有耐逆性的热激蛋白的具体氨基酸序列。

对比文件 2 公开了热激因子（HSF）在调节热激蛋白（HSP）基因表达和传递逆境胁迫尤其热胁迫信息以及提高植物耐逆性等方面起着重要作用。本领域公知，热激因子普遍存在于原核生物以及真核生物细胞中，其性质高度保守，结构和功能在进化中较少变异，因此具有广泛的同源性。虽然从不同生物体内分离出来的 HSF 种类和大小各有不同，但其结构却极为相似，共同具有一个极为保守的核心区域 DNA 结合区域（DBD 域）。本领域普通技术人员基于现有技术能够预期，植物中的 HSF 普遍具有提高植物耐逆性（耐热性等）的作用。并且，对比文件 1 已经公开了小麦中存在能够提高小麦耐旱性、耐热性以及水利用率的热激因子，故当需要提高小麦对热胁迫的耐受性及耐逆性时，本领域普通技术人员有动机利用已知的生物信息学、分子生物学的手段在小麦基因组中扩增获得其热激因子的编码基因及蛋白。对比文件 2 即公开了一种通过基因克隆的方式获得目的植物的热激因子的方法，具体如下：根据已知的番茄 HSFA1（LpHSFA1）的蛋白质序列和大豆 EST 数据库，采用生物信息学和比较基因组学的方法结合 RACE 技术克隆大豆热激转录因子基因 GmHsfA1，并对拟南芥、番茄和大豆等植物的 HSFA1 进行氨基酸序列同源性分析，还进一步证实 GmHsfA1 的过量表达明显提高了转基因大豆植株的耐热能力。

经审查，对比文件 2 的方法和本申请均是采用同源基因克隆的方式获得目的植物的热激因子，其具有提高目的植物的耐热能力，因此对比文件 2 给出了根据其他植物已知的 HSF 序列和目的植物基因组数据库信息，通过序列比对分析结合常规分子生物学技术获得目的植物 HSF 的技术启示。小麦和水稻同属于禾本科，种属分类和亲缘关系相近，并且水稻属于在本申请的申请日之前基因组全序列已经测序完成的模式生物，因此，本领域普通技术人员在对比文件 1 的基础上，为了获得小麦 HSF，有动机以水稻中已知的 HSF 序列为模板，通过和小麦基因组数据库信息进行序列比对分析结合常规分子生物学技术获得小麦 HSF 的编码基因及氨基酸序列。在对比文件 1 和 2 的基础上，从小麦中扩增获得的热激因子会具有耐热、耐逆（包括耐干旱）的效果，对本领域普通技术人员而言是可以合理预期的。

基于上述事实和理由，本领域普通技术人员在对比文件 1 的基础上，结合对比文件 2 所给出的启示以及本领域的常规技术手段，获得权利要求 1 请求保护的技术方案是显而易见的，且现有证据不能证明本申请权利要求 1 请求保护的技术方案已经取得了预料不到的技术效果。原审法院在此基础上认定本申请权利要求1不具备创造性，以及本申请其余权利要求也不具备创造性，并无不当。作物科学研究所有关本申请具备创造性的上诉理由依据不足，本院不予支持。

综上，作物科学研究所的上诉主张均缺乏事实及法律依据，其上诉请求本院不予支持。原审判决认定事实清楚，判决结论正确，依法应予维持。依据《中华人民共和国行政诉讼法》第八十九条第一款第一项之规定，判决如下：

驳回上诉，维持原判。

二审案件受理费100元，由中国农业科学院作物科学研究所负担。

本判决为终审判决。

审 判 长 王 闯
审 判 员 朱 理
审 判 员 刘晓军
二〇一九年十二月二十六日
法官助理 高 雪
技术调查官 董丽雯
书 记 员 宋子怡

# 28. 以实物形式公开的现有技术的认定

——上诉人北京百度网讯科技有限公司、北京搜狗科技发展有限公司与被上诉人国家知识产权局发明专利权无效行政纠纷案①

**中华人民共和国最高人民法院行政判决书（2019）最高法知行终1号**

上诉人（原审原告）：北京百度网讯科技有限公司。住所地：北京市海淀区上地十街10号百度大厦2层。

法定代表人：梁志祥，该公司副总裁。

委托诉讼代理人：毛琎，北京市金杜律师事务所律师。

委托诉讼代理人：赵林琳，北京市金杜律师事务所专利代理师。

上诉人（原审第三人）：北京搜狗科技发展有限公司。住所地：北京市海淀区中关村东路1号院9号楼搜狐网络大厦9层01房间。

法定代表人：洪涛，该公司董事长。

委托诉讼代理人：王成荫，北京市中伦律师事务所律师。

委托诉讼代理人：贾媛媛，北京市中伦律师事务所律师。

被上诉人（原审被告）：国家知识产权局。住所地：北京市海淀区蓟门桥西土城路6号。

法定代表人：申长雨，该局局长。

委托诉讼代理人：杜宇，该局审查员。

委托诉讼代理人：王婧，该局审查员。

上诉人北京百度网讯科技有限公司（以下简称百度公司）、北京搜狗科技发展有限公司（以下简称搜狗公司）因与被上诉人国家知识产权局发明专利权无效行政纠纷一案，不服北京知识产权法院于2019年1月28日作出的（2018）京73行初5086号行政判决，向本院提起上诉。本院于2019年4月4日立案后，依法组成合议庭，于2019年4月23日公开开庭进行了审理。上诉人百度公司的委托诉讼代理人毛琎、赵林琳，上诉人搜狗公司的委托诉讼代理人王成荫、贾媛媛，被上诉人国家知识产权局的委托诉讼代理人杜宇、

---

① 本案在年度报告中的位置为第48页。

王婧到庭参加诉讼。本案现已审理终结。

百度公司上诉请求：1. 在更正部分事实和法律认定的基础上维持原审判决；2. 撤销国家知识产权局专利复审委员会于2018年2月2日作出的第35082号无效宣告请求审查决定（以下简称被诉决定），并判决国家知识产权局重新作出审查决定；3. 由国家知识产权局及搜狗公司承担诉讼费用。事实和理由：原审判决认定专利号为200810116190.8，名称为"一种输入过程中删除信息的方法及装置"的发明专利（以下简称本专利）相对于证据1－1分别结合公知常识具备2000年修订的《中华人民共和国专利法》①（以下简称专利法）第二十二条第三款规定的创造性，属于事实和法律认定错误。一、原审判决关于证据1－1公开内容的认定错误。一方面，在证据1－1的方案中，当输入行有内容时，长按清除键仅删除输入行所有内容，而不会删除文本区中的内容；并且仅当输入行为空时，再次按清除键才会删除文本区中的内容，即证据1－1隐含公开了在输入行所有内容被清除完之后暂停执行清除键的删除功能。另一方面，证据1－1中的"当输入行为空时，按清除键才会删除文本区中的内容"公开了在满足预置条件时才继续执行清除键的删除功能，以删除其中的内容。可见，证据1－1已经公开了本专利权利要求1中的技术特征"当所有的编码全部删除完时，暂停接收所述删除键的指令：当所述删除键的按键状态达到预置条件时，继续接收删除键的指令，删除字符上屏区的字符"。因此，原审判决对于证据1－1公开内容认定有误，并导致对区别技术特征及创造性的认定错误。二、原审判决对证据8和证据9的技术目的和技术效果认定错误。一方面，证据8的"删除键"与本专利权利要求1的删除键没有任何区别，证据8与权利要求1的"技术目的"是相同的。另一方面，证据9的技术方案解决了防误删的技术问题，并实现了防误删的技术效果，其中设置预定量时间段也是为了防误删。三、原审判决关于本专利相对于证据1－1分别结合证据8、证据9以及公知常识具备创造性的认定存在错误。首先，证据1－1已经基本上公开了本专利权利要求1的所有技术特征。其次，即使权利要求与证据1－1存在任何不同之处，其对于本领域技术人员来说都是显而易见的，属于本领域公知常识，权利要求1相对于证据1－1和公知常识也不具有创造性。最后，即便假设上述证据1－1没有明确公开在删除输入行的所有内容之后暂停删除，那么在删除完所有拼音之后暂停删除汉字也属于本领域的公知常识，或者被证据8所公开，或者被证据8和公知常识所公开，或者被证据9所公开，或者被证据9和公知常识所

① 此处指2008年《中华人民共和国专利法》，其已于2020年修改，本案下同。

公开。因此，本专利权利要求1相对于证据1－1与证据8、与证据8和公知常识、与证据9、与证据9和公知常识的组合都不具备创造性。

搜狗公司上诉请求：撤销原审判决并维持被诉决定。事实和理由：证据1'、3、4、5、6不能作为现有技术评价本专利的新颖性和创造性。一、原审判决中关于“现有技术中相关技术内容的公开程度并没有严格要求”认定是错误的。证据1'、3、4、5、6仅公开了所涉及的手机均具有汉字区和拼音区，可以对汉字区内的汉字和拼音区内的拼音进行删除，不包含本专利方法中的核心步骤，无法解决涉案专利的技术问题。因此，证据1'、3、4、5、6不包含与涉案专利相关的实质性技术内容，不满足现有技术公开程度的要求，不能作为现有技术证据使用。二、原审判决中关于证据演示过程所展示的“技术效果”的认定是错误的，导致其对证据中的技术内容的认定错误。首先，证据1'、3、4、5、6中手机演示的功能不是“防止误删”，当然也不可能公开与“防止误删”相关的技术方案。其次，即使证据中的手机演示可以体现某种功能，也无法明确特定技术方案可以实施。因此，证据1'、3、4、5、6未公开确定的技术方案，不可能公开与本专利相关的实质性技术内容，不满足作为现有技术评价本专利新颖性和创造性的条件。

国家知识产权局辩称：证据1'、3、4、5、6不能作为现有技术评价本专利的新颖性和创造性，本专利权利要求1相对于证据1－1与证据8、与证据8和公知常识、与证据9、与证据9和公知常识的组合都不具备创造性。

百度公司向原审法院起诉请求：撤销被诉决定并判决国家知识产权局专利复审委员会重新作出审查决定。

原审法院认定事实：

本专利系专利号为200810116190.8、名称为“一种输入过程中删除信息的方法及装置”的发明专利，其申请日为2008年7月4日，授权公告日为2011年9月28日，专利权人为搜狗公司。本专利授权公告时权利要求书如下：

“1. 一种输入过程中删除信息的方法，其特征在于，输入区域包括编码输入区和字符上屏区，所述方法包括：

当输入焦点在编码输入区时，接收删除键的指令，删除已输入的编码；

当所有的编码全部删除完时，暂停接收所述删除键的指令；

当所述删除键的按键状态达到预置条件时，继续接收删除键的指令，删除字符上屏区中的字符。

2. 根据权利要求1所述的方法，其特征在于，所述接收删除键的指令具体包括：

在删除键被连续按下的情况下接收指令，或者在删除键被长时间按下的情况下接收指令。

3. 根据权利要求 2 所述的方法，其特征在于，所述当所述删除键的按键状态达到预置条件时，继续接收删除键的指令包括：

在删除键被连续按下的情况下，在所有的编码全部删除完的预置时间段后，继续接收删除键的指令；

在删除键被长时间按下的情况下，当所有的编码全部删除完时，在删除键弹起后，继续接收删除键的指令。

4. 根据权利要求 1 至 3 任一项所述的方法，其特征还包括：

所述暂停接收所述删除键的指令时，将所述输入焦点继续停留在编码输入区；所述继续接收所述删除键的指令时，将所述输入焦点跳转到所述字符上屏区，并关闭编码输入区。

5. 根据权利要求 2 所述的方法，其特征在于，当删除键被连续按下时，所述删除已输入的编码具体包括：

在删除键被按下时删除已输入的编码，或者在删除键弹起时删除已输入的编码。

6. 根据权利要求 2 所述的方法，其特征在于，当删除键被长时间按下时，所述删除已输入的编码具体包括：

在删除键被按下时删除已输入的编码。

7. 一种输入过程中删除信息的装置，其特征在于，输入区域包括编码输入区和字符上屏区，所述装置包括：

按键处理单元，用于当输入焦点在编码输入区时，接收删除键的指令，并触发编码删除单元；

编码删除单元，用于删除已输入的编码；

控制单元，用于当所有的编码全部删除完时，暂停接收所述删除键的指令；当所述删除键的按键状态达到预置条件时，继续接收所述删除键的指令，则触发字符删除单元；

字符删除单元，用于删除字符上屏区中的字符。

8. 根据权利要求 7 所述的装置，其特征在于：

所述按键处理单元在删除键被连续按下的情况下接收指令，或者在删除键被长时间按下的情况下接收指令。

9. 根据权利要求 7 所述的装置，其特征在于，所述按键处理单元具体用于：

在删除键被连续按下的情况下，在所有的编码全部删除完的预置时间段后，继续接收删除键的指令；

在删除键被长时间按下的情况下，当所有的编码全部删除完时，在删除键弹起后，继续接收删除键的指令。

10. 根据权利要求 7 至 9 任一项所述的装置，其特征还包括：

焦点控制单元，用于当所述控制单元暂停接收所述删除键的指令时，将所述输入焦点继续停留在编码输入区；当所述控制单元继续接收所述删除键的指令时，将所述输入焦点跳转到所述字符上屏区，并关闭编码输入区。

11. 根据权利要求 8 所述的装置，其特征在于：

当删除键被连续按下时，所述编码删除单元在删除键被按下时删除已输入的编码，或者在删除键弹起时删除已输入的编码；

当删除键被长时间按下时，所述编码删除单元在删除键被按下时删除已输入的编码。”

2017 年 7 月 3 日，百度公司请求国家知识产权局专利复审委员会宣告本专利无效，并提交了附件 1：夏新 M66 彩屏拍照手机说明书的复印件，共 127 页。经形式审查合格，国家知识产权局专利复审委员会于 2017 年 7 月 13 日受理了上述无效宣告请求，并将无效宣告请求书及证据副本转给了搜狗公司，同时成立合议组对本案进行审查。

2017 年 8 月 3 日，百度公司向国家知识产权局专利复审委员会补充提交了无效理由以及如下 12 份证据：

证据 1：飞利浦 9@9r 手机输入法方案，包括：

证据 1－1：（2017）京长安内经证字第 27470 号公证书的复印件。证据 1－1 公开了一种中文 T9 拼音输入法，并公开了以下技术特征（参见飞利浦 9@9 手机使用手册第 14、15 页）：当输入行中有内容时，按清除键可以删除最右端的字符或符号。字符区将相应更新，直到输入行清空。长按清除键可清除输入行所有内容。当输入行为空时，按清除键将删除文本区中光标左边的字符。长按清除可清除文本区中的内容。

证据 1－2：飞利浦 9@9r 手机，包括以下证据：

证据 1－2－1：（2017）京长安内经证字第 28669 号公证书的复印件及公证购买的飞利浦 9@9r 手机一部（实物未提交）。

证据 1－2－1－1：（2017）京长安内经证字第 28692 号公证书的复印件。

证据 1－2－2：（2017）京长安内经证字第 28668 号公证书的复印件及公证购买的飞利浦 9@9r 手机一部（实物未提交）。

证据 1－2－3：订单编号为 39792188955742491 的淘宝交易截图复印件，其中显示购买了飞利浦 9@9r 手机一部。

证据 1－2－4：订单编号为 39865831032742491 的淘宝交易截图复印件，

其中显示购买了飞利浦 9@9r 手机一部。

证据 1－3：（2017）京方圆内经证字第 53859 号公证书的复印件。

证据 2：夏新 M66 手机输入法方案，包括：

证据 2－1：司法部委托香港律师办理内地使用的公证文书深办第 49327 号的复印件。

证据 2－2：订单编号为 27305990067742491 的淘宝交易截图复印件，该交易截图显示购买了夏新 M66 手机一部。

证据 2－3：（2017）京方圆内经证字第 53861 号公证书的复印件。

证据 3：夏新 A8 手机输入法方案，包括：

证据 3－1：夏新 A8 手机，包括以下证据：

证据 3－1－1：（2017）京长安内经证字第 28670 号公证书的复印件及公证购买的夏新 A8 手机一部（实物未提交）。

证据 3－1－1－1：（2017）京长安内经证字第 28693 号公证书的复印件。

证据 3－1－2：夏新 A8 手机（实物未提交）。

证据 3－2：（2017）京方圆内经证字第 53860 号公证书的复印件。

证据 4：三星 SGH－S508 手机输入法方案，包括：

证据 4－1：三星 SGH－S508 手机，包括以下证据：

证据 4－1－1：（2017）京长安内经证字第 28648 号公证书的复印件及公证购买的三星 SGH－S508 手机（实物未提交）。

证据 4－1－2：（2017）京长安内经证字第 28649 号公证书的复印件及公证购买的三星 SGH－S508 手机（实物未提交）。

证据 4－2：（2017）京方圆内经证字第 53863 号公证书的复印件。

证据 5：摩托罗拉 W161 手机输入法方案，包括：

证据 5－1：摩托罗拉 W161 手机，包括以下证据：

证据 5－1－1：（2017）京长安内经证字第 28650 号公证书的复印件及公证购买的摩托罗拉 W161 手机（实物未提交）。

证据 5－1－2：（2017）京长安内经证字第 28653 号公证书的复印件及公证购买的摩托罗拉 W161 手机（实物未提交）。

证据 5－2：（2017）京方圆内经证字第 53864 号公证书的复印件。

证据 6：松下 X77 手机输入法方案，包括：

证据 6－1：松下 X77 手机，包括以下证据：

证据 6－1－1：（2017）京长安内经证字第 28651 号公证书的复印件及公证购买的松下 X77 手机（实物未提交）。

证据 6－1－2：（2017）京长安内经证字第 28652 号公证书的复印件及公

证购买的松下 X77 手机（实物未提交）。

证据 6－2：（2017）京方圆内经证字第 53865 号公证书的复印件。

证据 7：波导 V08 手机输入法方案，包括：

证据 7－1：订单编号：25369148701742491 的淘宝交易截图复印件，该交易截图显示购买了波导 V08 手机一部。

证据 7－2：（2017）京方圆内经证字第 53866 号公证书的复印件。

证据 8：公开号为 JP 特开 2000－322177A 的日本公开特许公报以及中文译文，公开日为 2000 年 11 月 24 日。证据 8 公开了一种字符输入装置，具体公开了以下技术特征：在上述现有简易字符输入装置中，当按压删除键而进行删除操作时，若在光标位置之后存在已输入字符串，则在光标位置未改变而持续进行删除操作的期间内，对光标位置之后的已输入字符串进行一次删除 1 个字符的所谓的删除（DELET）动作，在该删除动作中，当在光标位置处不存在已输入字符或者在按压删除键时从最初起便在光标位置处不存在已输入字符时，在持续进行删除操作的期间内，执行所谓的退格（BACK-SPACE）动作，该退格动作是反复进行将光标位置的前 1 个字符删除且使光标位置返回至光标位置的该前 1 个字符的位置处的动作，因此，具有如下优点：除了删除键以外，无需另外设置退格键。当欲通过删除动作将已输入字符串的后半部分删除而持续按压删除键从而持续进行删除操作时，有时难以恰好在将删除对象的字符串删除完毕时及时将删除键释放而结束删除操作，而是会使得时间延迟而不慎删除至应当保留的字符串。鉴于上述的现有技术问题，本发明的目的在于提供能够防止删除的操作失误的字符输入装置（参见证据 8 说明书中文译文第 9 页第 23 行—第 10 页第 9 行）。当欲仅通过删除动作将不需要的字符串删除而持续进行一段时间的删除操作，从而通过删除动作将处于光标位置之后的字符全部删除完毕时，直至进入接下来的退格动作为止空出有一段时间，因此，能够在进入退格动作之前可靠地结束删除操作，不会引起不慎将所需字符删除的失误（参见证据 8 说明书中文译文第 11 页 4—8 行）。若用户以同样的方式持续按压删除键 7，则在经过了 200ms 时将“A”删除，并在进一步经过了 200ms 时将“R”删除［参照图 15（1）］。若将“R”删除，则在 K 所表示的字符位置处不存在字符，因此，字符输入、删除处理部 11A 在步骤 S86 中判断为否。此时，字符输入、删除处理部 11A 并不立即跳转到退格动作，而是进行检查用户是否具有向退格动作跳转的意愿。即，首先，在确认到 K 并非输入字符串存储区域 10a 的起始位置之后（步骤 S90 中结果为否），使进行 500ms 计时的计时器启动（步骤 S91），检查该计时器的计时结束和将删除键 7 释放而使得键信号从 H 电平变为 L 电平的情况中的哪一种情况更早，从而，也在删除动作结束之后在500ms的期间内监视删除操作是否持续（步骤S92、S93）。若在计时结束之前将删除键7释放，则字符输入、删除处理部11A在步骤S93中判断为是而结束删除处理（参见证据8说明书中文译文第15页第22行至第16页第5行）。在字符串"STAR"的删除结束之后的500ms的期间内不向退格动作跳转，因此，即使用户在结束了所需的删除动作时缓慢且从容地进行删除键7的释放操作，也不会不慎通过退格动作而将前面的字符串"GREEN"删除。若欲针对剩余的字符串"GREEN"而从最末尾侧起将一部分或者全部删除时，则即使在"STAR"的删除结束之后，也只要通过以持续按压删除键7的方式持续按压而持续进行删除操作即可（参见证据8说明书中文译文第16页第6—12行）。根据本发明，欲仅通过删除动作将不需要的字符串删除而持续进行一段时间的删除操作，在通过删除动作将处于光标位置之后的字符全部删除完毕时不会立即进入退格动作，因此，能够从容地结束删除操作，不会引起不慎将所需字符删除的失误（参见证据8说明书中文译文第21页第14—16行）。

证据9：专利号为US7065386B1的美国专利说明书以及中文译文，授权公告日为2006年6月20日。证据9公开了一种用于处理移动设备的过载键的方法和系统，具体公开了以下技术特征：本发明涉及用于根据用户的期望行为基本上更多地处理过载键的经改进的方法。利用经改进的方法，用户不太可能响应于过载键按压经历不期望的处理。在一个实施例中，处理忽略某些过载键按压和/或强加延迟以确保当过载键已经切换到另一功能时用户具有理解的功能（参见证据9说明书中文译文第22页第9—15行）。本发明的一个实施例包括至少以下行为：从缓冲器接收待处理的过载键的键按压；确定过载键的功能是否已经切换；并且当确定过载键的功能已经切换时，从缓冲器清除过载键的任何后续过载键按压（参见证据9说明书中文译文第2页第18—21行）。当决定306确定清除/返回键按压尚未接收时，然后决定310确定是否存在剩余的文本。此处，如果由用户已经输入的文本仍然保持，那么文本是保持的。当决定310确定存在剩余的文本，那么删除312光标左边的字符。此处，清除/返回键操作为执行清除功能。然后，决定314确定文本是否现在仍然保持。当决定314确定文本不再剩余，那么存储316时间戳。跟随操作316以及跟随决定314，当文本被确定为保持时，清除/返回处理300返回以重复决定302和后续块，使得可以输入附加文本和/或可以具有附加清除/返回的检测和处理（参见证据9说明书中文译文第9页第21—29行）。当决定310确定不存在剩余的文本时，然后决定318确定针对清除/返回键按压的当前时间戳现在是否比所存储的时间戳晚处理超过预定量。预定量可以被称为德尔塔（delta）或阈值延迟。在任何情况中，预定量用于提供与在其期间接收到的任何清除/返回键按压将被忽略的所存储的时间戳的延迟。特别地，当决定 318 确定当前时间戳不比所存储的时间戳晚超过预定量时，忽略 320 清除/返回键按压。然后，当前时间戳被存储 322 为所存储的时间戳。因此，在操作 322 处可选地更新时间戳，使得延迟被保证是有效的（甚至当清除/返回键按压已经缓冲时）。备选地，当决定 318 确定当前时间戳比所存储的时间戳晚超过预定量时，那么显示器返回 324 到先前屏幕。此处，清除/返回键操作为执行返回功能。跟随操作 322 和 324，清除/返回处理 300 返回以重复决定 302 和后续块，使得可以输入附加文本和/或可以具有附加清除/返回键按压的检测和处理（参见证据 9 说明书中文译文第 10 页第 1—13 行）。

证据 10：《VisualBasic 程序开发实例教程》，王栋编著，清华大学出版社，2006 年 10 月第 1 版第 1 次印刷，封面、版权页、目录页、第 121—123 页的复印件。

证据 11：《Flash8 动画设计师就业技能培训教程》，沈大林主编，陈恺硕、孔凡奇、李宇辰、卢贺编著，中国铁道出版社，2007 年 10 月第 1 版第 1 次印刷，封面、版权页、前序、目录页、第 291—293 页的复印件。

证据 12：三星数字蜂窝移动电话 SCH－X799 用户手册复印件。

2017 年 8 月 11 日，国家知识产权局专利复审委员会将百度公司于 2017 年 8 月 3 日提交的意见陈述书及其附件转送给搜狗公司。2017 年 9 月 26 日，搜狗公司提交意见陈述书。2017 年 10 月 9 日，国家知识产权局专利复审委员会将搜狗公司于 2017 年 9 月 26 日提交的意见陈述书及其附件转送给百度公司。

2017 年 12 月 11 日，国家知识产权局专利复审委员会举行口头审理。在口头审理过程中：1. 百度公司当庭提交了证据 1—7 中所涉及的公证书原件、公证书所附光盘及手机实物、证据 10—11 的原件。2. 百度公司还提交了（2017）京长安内经证字 29003 号、（2017）京长安内经证字 29107 号公证书，分别用于证明证据 1－2－3、1－2－4 的真实性。3. 搜狗公司对上述公证书本身的真实性无异议，对上述公证书所附光盘的真实性无异议，但对上述手机实物本身真实性、公开日期有异议；对证据 1－1 涉及的出版物的真实性、公开日期无异议；对证据 8—11 的真实性、公开日期无异议，对证据 8—9 的中文译文的准确性无异议。4. 搜狗公司认为百度公司提交的证据 1—7 中证据链断点多，所附的手机为二手手机容易被修改，并且可能在本专利申请日后进行了软件程序升级，证据 1—7 之间是孤立的，无法形成证据链，证据 1—7 不应被采纳。5. 百度公司对证据 1－2－1－1 中公证书所附光盘进行了演示，对证据1-2-1所附的飞利浦9@9r手机、证据3-1-1所附夏新A8手机进行了实际操作演示。6. 证据1-2-1-1中公证书所附光盘的演示和证据1-2-1所附的飞利浦9@9r手机实际操作演示可以看出：飞利浦9@9r手机进入文本编辑页面后，长按清除键，拼音清空，抬起清除键再长按，汉字区清空。在飞利浦9@9r手机实际操作演示中还可以看出清空后保持按键持续按压不抬起，屏幕熄灭。7. 证据3-1-1所附夏新A8手机实际操作演示可以看出：夏新A8手机进入文本编辑页面后，长按清除键，拼音先清除一个，然后拼音全部清空，抬起清除键再长按，汉字先清除一个，然后汉字全部清空。

2018年2月2日，国家知识产权局专利复审委员会经审查作出被诉决定，认定：百度公司提出的本专利权利要求1—11不符合专利法规定的所有无效理由均不能成立，并决定维持本专利权有效。

百度公司不服专利复审委员会作出的被诉决定并提起诉讼，请求撤销被诉决定并判令重新作出审查决定。百度公司在原审诉讼中明确表示，关于本专利权利要求7的创造性问题，其意见与其针对本专利权利要求1的创造性问题发表的意见一致。

原审法院认为，百度公司提交的证据1’（指证据1中除证据1-1之外的其他证据，包括证据1-2、证据1-2-1、证据1-2-1-1、证据1-2-2、证据1-2-3、证据1-2-4、证据1-3）、3、4、5、6系飞利浦9@9r手机、夏新A8手机、三星SGH-S508手机、摩托罗拉W161手机、松下X77手机的输入法方案。上述证据中所涉及的手机均具有中文拼音输入法，这些中文拼音输入法均又具有汉字区和拼音区，可以对汉字区内的汉字和拼音区内的拼音进行删除。百度公司在口头审理过程中对证据1-2-1所附飞利浦9@9r手机、证据3-1-1所附夏新A8手机进行的实际操作演示过程，已经明确地展示了一种在输入过程中利用技术手段达到“防止误删”这一技术效果的技术方案。因此，上述证据已经公开了确定的技术方案，至少在这一方面其已经满足作为现有技术评价本专利新颖性和创造性的条件。鉴于搜狗公司在口头审理过程中对上述证据的公开时间等问题均提出了质疑，但被诉决定仅以相关证据没有清楚地公开确定的技术方案为由，认定上述证据不能用以评价本专利的新颖性和创造性，并未对上述证据是否满足其他条件进行审查，故国家知识产权局专利复审委员会应当重新审查上述证据是否满足使用公开的所有条件，并在此基础上做进一步的判断。此外，本领域技术人员在证据1-1的基础上，分别结合证据8、证据9和本领域的公知常识，均不能得到相关的技术启示从而显而易见地得到本专利权利要求1保护的技术方案。权利要求 1 相对于证据 1－1 分别结合证据 8、证据 9 以及本领域的公知常识具有突出的实质性特点和显著的进步，符合专利法第二十二条第三款关于创造性的规定。本专利权利要求 7 是与权利要求 1 对应的产品权利要求，基于基本相同的理由，其相对于证据 1－1 分别结合证据 8、证据 9 以及本领域的公知常识具有突出的实质性特点和显著的进步，符合专利法第二十二条第三款关于创造性的规定。被诉决定相关认定正确，依法应予确认。综上，被诉决定有关证据 1’、3、4、5、6 没有公开确定的技术方案，故不能作为现有技术评价本专利新颖性和创造性的认定事实有误，依法应当予以撤销。

原审法院判决：一、撤销被诉决定；二、国家知识产权局专利复审委员会重新作出审查决定。

本院二审期间，百度公司放弃对证据 9 的使用，并明确其有关本专利缺乏创造性的理由是本专利权利要求 1 相对于证据 1－1 及公知常识、相对于证据 1－1 结合证据 8、相对于证据 1－1、证据 8 及公知常识的结合不具备创造性。此外，原审法院已经查明的事实基本清楚，且有本专利授权公告文本、证据 1－12、被诉决定及当事人陈述、笔录等证据在案佐证，本院予以确认。

本院认为：综合各方当事人的诉辩主张、现有证据及本院已查明事实情况，本案二审主要争议焦点有二：其一，证据 1’、3、4、5、6 是否公开了确定的技术方案并可以作为现有技术评价本专利的新颖性和创造性。其二，本专利权利要求 1 分别相对于证据 1－1 结合公知常识、相对于证据 1－1 结合证据 8、相对于证据 1－1 结合证据 8 及公知常识是否具备创造性。

一、关于证据 1’、3、4、5、6 是否公开了确定的技术方案并可以作为现有技术评价本专利的新颖性和创造性

现有技术应当是相关专利申请日以前在国内外为公众所知的技术。因此，判断现有技术是不是为公众所知的技术的主体标准应当是公众，而不是本领域技术人员。在相关技术能够为公众所知的情况下，必然也能够为本领域技术人员所知。现有技术具有一定的相对性和确定性。在专利权创造性审查程序中，这种相对性是相对于被审查的专利而言的，即现有技术必须是在被审查专利申请日以前公开的技术。同时，现有技术应当是确定公开的，处于公众想得知就能得知的状态。

本案中，证据 1’是飞利浦 9@9 手机，证据 1－1 是该手机使用手册公开的一种中文 T9 拼音输入法，证据 1－1 是教导公众如何使用飞利浦 9@9 手机的手册。在被诉决定已经使用证据 1－1 评价本专利创造性的前提下，认定证据 1’是否公开了确定的技术方案，关键是认定公众在拿到飞利浦 9@9 手机且没有证据 1－1 的教导下，是否可以较为容易地得到一种输入过程中删除

信息的技术方案。需要特别强调的是，公众在这一认定过程中面对的仅仅是证据1’即飞利浦9@9手机，且不应当接受证据1-1的教导。综合本院已经查明的事实，可以认定证据1’公开了确定的技术方案，具体理由如下。

首先，现有技术的公开通常强调的是公开状态或结果，而不是公开方式。无论是出版物公开、使用公开还是其他方式公开，都应当以公众为判断主体标准。所谓现有技术“为公众所知”是指现有技术处于公众想得知就能得知的状态，并不意味着公众实际上已经确定知晓该技术方案。具体到本案，手机删除操作可为短按或长按，大部分公众拿到手机实物，都能够在不接受专业技术指导的情况下对输入信息进行简单的短按或长按删除键操作，即便有公众可能对长按删除键的操作方式不够了解，仍可通过手机售后服务或手机论坛咨询等方式获知长按删除键的操作方式，故对手机的删除键进行简单的短按或长按操作以删除输入信息，已经处于公众想得知就能够得知的状态。

其次，判断某一技术是否构成以使用方式公开的现有技术，不能脱离涉案专利的技术方案。对于不同技术方案，同一证据是否构成现有技术的结论可能不同。本专利涉及输入信息的删除方法，输入信息的删除方法至少部分能够通过用户操作和相应的界面显示获知：当输入焦点处于编码输入区时，按下删除键，界面显示删除已输入的编码，此时其后台程序必然包含接收删除键指令的步骤，以响应该删除键指令进行删除编码的操作。在此应用场景下，用户操作界面与手机后台程序是能够唯一对应的。因此，手机实物已公开一个确定的涉及输入信息删除方法的技术方案。

最后，对于实物而言，其客观上往往使用了多个技术方案，如同一篇技术文献也可能记载多个技术方案一样。但不同的是，公众通过阅读技术文献通常就可以得知其记载的技术方案，但公众要得知实物上所承载的技术方案可能并不都如同其阅读技术文献那样容易。对于以实物形式公开的技术方案，无效请求人在使用实物作为现有技术证据时，有义务说明其使用的是该实物承载的哪个技术方案作为现有技术，并负有证明或充分说明公众通过该实物能够直观地获得该技术方案的义务。本案中，百度公司提交的证据1’、3、4、5、6系飞利浦9@9r手机、夏新A8手机、三星SGH-S508手机、摩托罗拉W161手机、松下X77手机的输入法方案，并在口头审理过程中，百度公司对证据1’所涉飞利浦9@9r手机及证据3所涉夏新A8手机进行了实际操作演示，该演示过程基本上可以确定上述飞利浦9@9r手机及夏新A8手机公开了确定的技术方案。被诉决定仅以证据1’、3、4、5、6未公开确定的技术方案为由认定其不能作为评价本专利新颖性和创造性的现有技术，有所不当。

基于上述事实和理由，本院认定证据1’已经公开了确定的技术方案；

同时，基于基本相同的理由认定证据 3、4、5、6 也已经公开了确定的技术方案。原审法院的相关认定并无不当。

二、关于本专利权利要求 1 分别相对于证据 1－1 结合公知常识、相对于证据 1－1 结合证据 8、相对于证据 1－1 结合证据 8 及公知常识是否具备创造性

专利法[①]第二十二条第三款规定："创造性，是指同申请日以前已有的技术相比，该发明有突出的实质性特点和显著的进步，该实用新型有实质性特点和进步。"所谓实质性特点是指对本领域技术人员来说，该发明或者实用新型相对于现有技术是非显而易见的，所谓进步是指该发明或者实用新型与现有技术相比能够产生有益的技术效果。判断发明或实用新型对本领域的技术人员来说是否显而易见，要确定的是现有技术整体上是否存在某种技术启示，即现有技术中是否给出将该发明或者实用新型的区别技术特征应用到最接近的现有技术以解决其存在的技术问题的启示，这种启示会使本领域的技术人员在面对相应的技术问题时，有动机改进最接近的现有技术并获得该发明或者实用新型专利技术。发明的技术效果是判断创造性的重要因素。如果发明相对于现有技术所产生的技术效果在质或量上发生明显变化，超出了本领域技术人员的合理预期，可以认定发明具有预料不到的技术效果。

本案中，本专利权利要求 1 要求保护一种输入过程中删除信息的方法，证据 1－1 公开了一种中文 T9 拼音输入法。本专利权利要求 1 相对于证据1－1 的区别技术特征在于，当所有的编码全部删除完时，暂停接收所述删除键的指令；当所述删除键的按键状态达到预置条件时，继续接收删除键的指令，删除字符上屏区中的字符。基于上述区别技术特征可以确定，本专利权利要求 1 保护的技术方案实际解决的技术问题是：避免现有的删除方法中在进行编码删除时，由于误操作将已上屏的字符删除。国家知识产权局专利复审委员会对本专利的区别技术特征及本专利所要解决的技术问题的认定是正确的。

证据 8 公开了一种字符输入装置，其中删除键具有删除和退格两种按键功能，其设置等待时间的目的是保证删除键的退格功能不被触发，即不进行从删除的按键功能到退格的按键功能的切换。而本专利权利要求 1 的删除键只具有删除的按键功能，其不存在需要切换删除键的退格和删除功能的技术问题，其设置预置条件的作用是为了暂停接收删除键指令后，当所述删除键的按键状态达到预置条件时，继续接收删除键的指令。这就是说，证据 8 虽然公开了设置等待时间，但其作用与本专利权利要求 1 设置预置条件的作用

---

① 指 2008 年修改前的专利法。

不同，故证据8没有公开上述区别技术特征，本领域技术人员也不能根据证据8得到任何相关的技术启示，且没有证据表明上述区别是本领域的公知常识。

综上，本领域技术人员在证据1－1的基础上，分别结合证据8及本领域的公知常识，均不能得到相关的技术启示从而显而易见地得到本专利权利要求1保护的技术方案。同时，上述区别技术特征使权利要求1的技术方案获得了避免现有删除方法中在进行编码删除时，由于误操作将已上屏的字符删除掉的有益技术效果。因此，本专利权利要求1相对于证据1－1分别结合证据8及本领域的公知常识具有突出的实质性特点和显著的进步，符合专利法第二十二条第三款关于创造性的规定。在此基础上原审法院及专利复审委员会对本专利创造性的认定正确。百度公司有关本专利不具有创造性的上诉理由依据不足，本院不予支持。

综上所述，搜狗公司、百度公司的上诉主张均缺乏事实及法律依据，其上诉请求本院均不予支持。原审判决认定事实清楚，判决结论正确，依法应予维持。依据《中华人民共和国专利法》第二十二条第一款、第三款以及《中华人民共和国行政诉讼法》第八十九条第一款第一项之规定，判决如下：

驳回上诉，维持原判。

二审案件受理费100元，由北京百度网讯科技有限公司、北京搜狗科技发展有限公司各负担50元。

本判决为终审判决。

审　判　长　王　闯
审　判　员　李　剑
审　判　员　刘晓军
二〇一九年九月二日
法 官 助 理　廖继博
技术调查官　　薛　梅
书　记　员　李易忱

# 29. 基于同一技术方案的两项专利申请的新颖性和创造性判断

——再审申请人北京星奥科技股份有限公司与被申请人太原市采薇庄园特色农业开发有限公司、山西小牛动力体育科技有限公司侵害实用新型专利权纠纷案[①]

**中华人民共和国最高人民法院民事裁定书（2019）最高法民申3185号**

再审申请人（一审原告、二审上诉人）：北京星奥科技股份有限公司。住所地：北京市东城区柴棒胡同59号306室。

法定代表人：杨亚中，该公司董事长。

委托诉讼代理人：李培茂，成都天嘉专利事务所（普通合伙）专利代理人。

委托诉讼代理人：吴兰，女，该公司职员。

被申请人（一审被告、二审被上诉人）：太原市采薇庄园特色农业开发有限公司。住所地：山西省太原市杏花岭区小返乡水沟村柳林掌。

法定代表人：李建君，该公司董事长。

被申请人（一审被告、二审被上诉人）：山西小牛动力体育科技有限公司。住所地：山西省太原市杏花岭区杨家峪小枣沟敦化化工路2号。

法定代表人：牛旭光，该公司总经理。

委托诉讼代理人：范晓波，北京策略律师事务所律师。

再审申请人北京星奥科技股份有限公司（以下简称星奥公司）因与被申请人太原市采薇庄园特色农业开发有限公司（以下简称采薇公司）及山西小牛动力体育科技有限公司（以下简称小牛公司）侵害实用新型专利权纠纷一案，不服山西省高级人民法院（2018）晋民终846号民事判决，向本院申请再审。本院依法组成合议庭进行了审查，现已审查终结。

星奥公司申请再审称，（一）二审法院审理程序错误。小牛公司对被诉

① 本案在年度报告中的位置为第50页。

侵权产品是否实施了现有技术应当是知晓的，且其用于进行现有技术抗辩的证据在一审前已经形成，小牛公司在一审阶段具备取得该份证据的能力。然而其在一审时并未提出现有技术抗辩，在提起上诉时也没有提供相关的证据，而是在二审庭审中才提出现有技术抗辩及相关证据。二审法院超出一审审理范围进行审理并采纳相关证据错误，不符合《最高人民法院关于民事诉讼证据的若干规定》第三十四条的规定。（二）二审法院适用法律错误。退一步而言，二审法院在审理现有技术抗辩过程中也没有按照相关司法解释进行审理，没有审查被诉侵权产品是否与现有技术相同，是否无实质性差异。二审法院并没有审查专利是否具备新颖性、创造性和实用性的职能。综上，二审法院审理程序及适用法律错误。请求提审或者指令山西省高级人民法院再审。

小牛公司述称，二审法院审理程序没有错误。小牛公司在二审阶段提交现有技术抗辩的证据没有违反法律的规定，不存在懈怠取得证据的情况，没有恶意拖延举证期限，二审法院采纳小牛公司提出的现有技术抗辩是正确的。国家知识产权局认为尖锋提出的与涉案专利相同的在先发明专利申请权利要求1—5，9不具备新颖性，权利要求6—8，10不具备创造性，尖锋没有在规定的期限内答复，也就是默认了涉案专利权利要求1不具备新颖性。二审法院采纳了国家知识产权局出具的审查意见，认为两个技术方案是相同的，适用法律正确。

采薇公司同意小牛公司的意见。

本院经审查认为，本案再审审查的焦点为：（一）小牛公司能否在二审庭审期间提出现有技术抗辩及提交相关证据；（二）二审法院关于小牛公司、采薇公司不构成侵权的认定是否正确。

关于焦点（一），《中华人民共和国民事诉讼法》第一百三十九条第一款规定，当事人在法庭上可以提出新的证据。《最高人民法院关于适用〈中华人民共和国民事诉讼法〉的解释》第一百零二条第二款规定，当事人非因故意或者重大过失逾期提供的证据，人民法院应当采纳，并对当事人予以训诫。鉴于据以主张现有技术抗辩的现有技术范围较为广泛，包括在先专利文献、在先公开使用的技术等。对于与被诉侵权人无关的现有技术而言，其在获取的途径、方式等方面存在一定的难度，故不宜对被诉侵权人以过高要求，轻易认定其故意或者存在重大过失逾期提供证据。现星奥公司并无证据证明小牛公司存在故意或者重大过失逾期提供证据的情形，故小牛公司在二审庭审期间提出现有技术抗辩并提交相关证据并无不当。

关于焦点（二），首先，国家知识产权局针对某一专利申请作出的审查意见通知书中确认的该专利申请技术方案不具备新颖性或者创造性的事实，对另一专利而言不属于《最高人民法院关于适用〈中华人民共和国民事诉讼法〉的解释》第九十三条规定的无须举证证明的事实。二审法院基于涉案200720080253. X号“仿真滑雪地毯组合单元”实用新型专利与尖锋申请的200710049481. 5号“仿真滑雪地毯组合单元”发明专利技术方案相同，而后一专利申请已被国家知识产权局审查认定为权利要求1—5，9不具备新颖性，权利要求6—8，10不具备创造性，并最终因尖锋未在审查意见通知书规定的期限内答复为由视为撤回的事实，认定涉案专利权利要求1不符合授予发明和实用新型专利权应当具备的新颖性、创造性、实用性的要求，不属于专利法的保护范围，并在此基础上认定被诉侵权产品属于正当使用，小牛公司、采薇公司未侵犯涉案专利权缺乏法律依据。其次，《中华人民共和国专利法》[①] 第六十二条规定，在专利侵权纠纷中，被控侵权人有证据证明其实施的技术或者设计属于现有技术或者现有设计的，不构成侵犯专利权。《最高人民法院关于审理侵犯专利权纠纷案件应用法律若干问题的解释》第十四条第一款规定，被诉落入专利权保护范围的全部技术特征，与一项现有技术方案中的相应技术特征相同或者无实质性差异的，人民法院应当认定被诉侵权人实施的技术属于专利法第六十二条规定的现有技术。根据上述规定，认定本案现有技术抗辩是否成立，应当将被诉侵权产品与现有技术对比，看其全部技术特征与一项现有技术方案中的相应技术特征是否相同或者无实质性差异。二审法院在小牛公司提出现有技术抗辩的情况下，未将被诉侵权产品与现有技术比对，遗漏了小牛公司的诉讼理由。据此，二审法院应当将被诉侵权产品与现有技术进行比对，以确定小牛公司提出的现有技术抗辩是否成立。

综上，星奥公司的再审申请符合《中华人民共和国民事诉讼法》第二百条规定的情形。依照《中华人民共和国民事诉讼法》第二百零四条、第二百零六条，《最高人民法院关于适用〈中华人民共和国民事诉讼法〉的解释》第三百九十五条第一款之规定，裁定如下：

一、指令山西省高级人民法院再审本案；

二、再审期间，中止原判决的执行。

审　判　长　张志弘
审　判　员　江建中
审　判　员　曹　刚
二〇一九年九月二十七日
法 官 助 理　许常海
书　记　员　芦　菲

① 此处指2008年《中华人民共和国专利法》，其已于2020年修改，本案下同。

# 30. 专利无效宣告程序中对于权利要求具体修改方式的要求

——上诉人阿尔法拉瓦尔股份有限公司与被上诉人国家知识产权局，原审第三人SWEP国际公司发明专利权无效行政纠纷案①

**中华人民共和国最高人民法院行政判决书（2019）最高法知行终19号**

上诉人（原审原告）：阿尔法拉瓦尔股份有限公司（ALFA LAVAL CORPORATE AB）。住所地：瑞典王国伦德73号信箱。

法定代表人：菲普·万·福瑞森多夫，该公司集团专利经理。

委托诉讼代理人：柯珂，中国专利代理（香港）有限公司专利代理师。

委托诉讼代理人：彭昶，中国专利代理（香港）有限公司专利代理师。

被上诉人（原审被告）：国家知识产权局。住所地：中华人民共和国北京市海淀区北四环西路9号。

法定代表人：申长雨，该局局长。

委托诉讼代理人：李卉，该局审查员。

委托诉讼代理人：王潇，该局审查员。

原审第三人：SWEP国际公司（SWEP INTERNATIONAL AB）。住所地：瑞典王国兰斯克鲁纳105号邮箱。

法定代表人：斯科特·艾伦·霍华德，该公司总经理。

委托诉讼代埋人：余逸超，北京市中伦（广州）律师事务所律师。

委托诉讼代理人：吴小旭，北京市中伦律师事务所律师。

上诉人阿尔法拉瓦尔股份有限公司（以下简称阿尔法拉瓦尔公司）因与被上诉人国家知识产权局，原审第三人SWEP国际公司发明专利权无效行政纠纷一案，不服北京知识产权法院于2019年2月25日作出的（2016）京73行初5802号行政判决，向本院提起上诉。本院于2019年5月15日立案后，依法组成合议庭，并于2019年8月6日对本案进行了询问。上诉人阿尔法拉瓦尔公司的委托诉讼代理人柯珂，被上诉人国家知识产权局委托诉讼代理人

① 本案在年度报告中的位置为第51页。

王潇，原审第三人 SWEP 国际公司的委托诉讼代理人余逸超、吴小旭到庭参加询问。本案现已审理终结。

阿尔法拉瓦尔公司上诉请求：撤销原审判决，撤销国家知识产权局作出的第 29765 号无效宣告请求审查决定（以下简称被诉决定），判令国家知识产权局重新作出无效宣告请求审查决定。其相关事实与理由为：（一）原审判决和无效决定关于专利号为 20068001 ××××.4、名称为“钎焊不锈钢制品的方法和由此方法获得的不锈钢钎焊制品”的发明专利（以下简称本专利）修改后的权利要求扩大了原专利保护范围的认定错误。1. 阿尔法拉瓦尔公司对权利要求的修改方式属于删除并列技术方案，应予接受。（1）在专利无效行政程序中，对权利要求的修改方式并不限于 2010 年《专利审查指南》中规定的三种方式，该指南并未完全排除存在其他修改方式的可能性。修改后的权利要求是对授权权利要求 1 的进一步限定，修改方式应予接受。（2）2017 年《专利审查指南》对无效宣告程序中权利要求的修改方式进行了修改，根据该指南，权利要求修改的方式包括对权利要求的删除、技术方案的删除、权利要求的进一步限定、明显错误的修正。本案中，修改后的权利要求 1 可以视为将授权权利要求 2 和 20 的技术特征补入权利要求 1 以缩小保护范围，属于对权利要求的进一步限定，应予接受。2. 阿尔法拉瓦尔公司对权利要求 1 的修改没有扩大原专利的保护范围。授权权利要求 19 中“含有……0—25wt% 的 Si、0—6wt% 的 B、0—15wt% 的 P、0—8wt% 的 Mn、0—2wt% 的 C 和 0—15wt% 的 Hf 中的至少一种”应解释为“0—25wt% 的 Si”“0—6wt% 的 B”“0—15wt% 的 P”“0—8wt% 的 Mn”“0—2wt% 的 C”“0—15wt% 的 Hf”这六种要素中的至少一种，而不应如原审判决解释为“当包含这四种元素时，每种元素的含量应符合所述数值限制”。（1）在权利要求 20 中，当满足“0—25% 的 Si”“0—6wt% 的 B”时，即满足了“至少一种”的要求，此时，即使含有 16wt% 的 P，也符合权利要求的记载。即在权利要求 20 中，当包含 P、Mn、C、Hf 时，它们的量不限于“0—15wt% 的 P”“0—8wt% 的 Mn”“0—2wt% 的 C”“0—15wt% 的 Hf”。从文义上无法解读出原审判决所述“当包含这四种元素时，每种元素的含量应符合所述数值限制”。（2）说明书和附图可以用于解释权利要求的内容。本专利说明书第［0047］段记载了专利权人意图披露的钎焊填料组分和含量，其中公开了“至少包含以重量计 40% 的 Fe、14—21% 的 Cr、5—21% 的 . i、6—15% 的 Si、0. 2—1. 5% 的 B，和作为替代物的余量的其他元素”。可见，说明书明确记载了包含一定含量的 Fe、Cr、. i、Si、B 的钎焊填料，其他元素可以存在或不存在；当存在时，含量没有限制。上述内容表明说明书并不要求包含 P、Mn、C、Hf 四种元素时，每种元素的含量应符合所述数值限制。(3)最高人民法院(2014)行提字第17号行政判决确立了对权利要求的解释采取最大合理解释原则，即基于权利要求的文字记载，结合对说明书的理解，对权利要求作出最广义的合理解释，本案应遵循这一原则。综上，本专利的修改方式应予接受，修改的权利要求没有扩大原专利的保护范围。(二)原审判决和无效决定关于权利要求没有以说明书为依据的认定错误。根据授权权利要求1，其解决的技术问题是提供一种钎焊区域平均硬度小于600HV1的制品，实施例进一步验证了授权权利要求1能够提供所述制品。尽管本专利说明书记载了多个技术问题，但这并不意味着授权权利要求1必须解决所有的问题，只要权利要求解决了一个技术问题，如能够提供一种钎焊区域平均硬度小于600HV1的制品，就应当被认定是以说明书为依据。当授权权利要求1能解决上述技术问题时，引用权利要求1的其他权利要求也能解决上述技术问题，继而也是以说明书为依据。

国家知识产权局辩称：原审法院认定事实清楚，适用法律正确，程序合法，请求驳回阿尔法拉瓦尔公司的上诉请求。其相关事实和理由为：(一)原审判决关于对本专利权利要求的修改扩大了原专利保护范围的认定正确。阿尔法拉瓦尔公司在无效宣告程序修改的权利要求1并未包含授权权利要求18、19的特征，且采用开放式撰写方式，并未排除铁基钎焊填料物质可含有P、Mn、C、Hf四种元素。当铁基钎焊填料物质含有上诉四种元素时，由于修改后的权利要求1对此无限定，故实际上扩大了原专利的保护范围。(二)被诉决定于2016年作出，不应适用2017年《专利审查指南》的相关规定。而且根据2002年修订的《中华人民共和国专利法实施细则》(以下简称专利法实施细则)第六十八条的规定，无论适用2010年或是2017年的《专利审查指南》，上述修改均不得被接受。(三)认可原审判决关于权利要求1没有以说明书为依据的认定。本专利说明书没有给出钎焊填料的成分配比、钎焊温度、时间对焊接区域硬度影响的规律或原则，本领域技术人员在本专利说明书披露的全部内容基础上，难以判断权利要求中除说明书具体实施方式所公开的钎焊填料具体点值的实施例以外的其他技术方案均能达到所限定的焊接接头的硬度。

SWEP国际公司辩称：原审法院认定事实清楚、适用法律正确，程序合法，请求驳回阿尔法拉瓦尔公司的上诉请求。其相关事实和理由为：(一)关于审查文本。1. 从文义解释看，本领域技术人员明确知晓“至少一种”的含义，在保护两种或多种组分时，“至少一种”所主张的组分含量需要满足权利要求中其他组分所限定的范围。阿尔法拉瓦尔公司主张的最高人民法院

(2014) 行提字第17号行政判决主要涉及对权利要求用语的含义作出界定，与本案权利要求对于引用关系导致权利要求保护范围的解释不同，不能简单适用。2. 修改后权利要求的保护范围。阿尔法拉瓦尔公司在合并授权权利要求2、20时未加入权利要求18、19的全部附加技术特征，对权利要求的保护范围有实质影响。3. 根据法不溯及既往原则，2017年的《专利审查指南》不适用于本案。(二) 关于2001年修订的《中华人民共和国专利法》(以下简称专利法) 第二十六条第四款。1. 本专利的技术问题。结合本专利权利要求书和说明书记载，本专利所要解决的技术问题为利用铁基钎焊填料焊接不锈钢制品，保证钎焊大缝隙的填充及密封性能，从而克服现有技术中采用铜基钎焊填料、镍基钎焊填料中损失强度的问题。阿尔法拉瓦尔公司主张的技术问题并不正确。2. 本专利未以说明书为依据。首先，认可被诉决定和原审判决对该问题的认定。其次，虽然本专利说明书中有权利要求相关技术特征部分的文字记载，但说明书中未记载该等含量的效果和实验数据等内容，说明书未对权利要求形成实质支持，该技术特征与说明书只是表述形式上的一致。本领域技术人员仍不清楚这些含量能否解决本发明所要解决的技术问题。

阿尔法拉瓦尔公司向原审法院提起诉讼，原审法院于2016年11月8日立案受理。阿尔法拉瓦尔公司起诉请求：撤销被诉决定，责令国家知识产权局重新作出无效宣告请求审查决定。其相关事实和理由为：(一) 阿尔法拉瓦尔公司对权利要求1的修改方式属于删除并列技术方案，应予接受。根据权利要求的引用关系，授权权利要求20包括两个并列的技术方案，即引用权利要求1的技术方案和引用权利要求2的技术方案，阿尔法拉瓦尔公司修改后的权利要求1的技术方案实际上是授权权利要求20引用权利要求2的技术方案，删除了权利要求20引用权利要求1的技术方案，属于并列技术方案的删除。授权权利要求18、19的字面的附加技术特征已经隐含在授权权利要求20中，不影响其从属的权利要求20的保护范围。当授权权利要求20包含P、Mn、C或Hf时，它们的量不限于权利要求19对这四种元素限定的量。因此，在将授权权利要求20的技术方案撰写为独立权利要求时，权利要求18、19的字面附加技术特征可以被省略。综上，修改后的权利要求1的字面特征所限定的范围即为授权权利要求20的一个技术方案的全部特征所限定的范围，修改应予接受。(二) 修改后的权利要求1没有超出原始申请的范围，也没有扩大专利权的保护范围，应予接受。无效宣告程序中权利要求的修改方式并不限于2010年《专利审查指南》规定的三种方式。本案中，原始说明书已经记载了至少包含40wt%的Fe、14—21wt%的Cr、5—21wt%的Ni、6—15wt%的Si和0.2—1.5wt%的B的铁基铜焊填料物质，修改后的权利要求1

没有超出原始说明书记载的范围且缩小了保护范围，这种情况的修改应予接受。（三）被诉决定对权利要求 1 所要解决的技术问题认定错误，导致对权利要求 1 是否以说明书为依据的问题认定错误。尽管本专利说明书记载了多个技术问题，但这并不意味着权利要求 1 必须解决所有的技术问题，只要权利要求 1 能解决其中一个技术问题，就应当认为能够得到说明书的支持。权利要求 1 所要解决的技术问题是提供一种钎焊区域平均硬度小于 600HV1 的制品，本专利说明书也记载了该技术问题，故权利要求 1 能够得到说明书支持。引用权利要求 1 的其他权利要求也同样解决该技术问题，故均能够得到说明书的支持。

国家知识产权局在原审辩称：被诉决定认定事实清楚，适用法律正确，审理程序合法，审查结论正确，阿尔法拉瓦尔公司的诉讼理由不能成立。（一）阿尔法拉瓦尔公司在无效宣告程序修改的权利要求 1 并未包含授权权利要求 18、19 的特征，不符合专利法实施细则第六十八条及 2010 年《专利审查指南》的规定。（二）权利要求 1 没有以说明书为依据，不符合专利法第二十六条第四款的规定。故请求驳回阿尔法拉瓦尔公司的诉讼请求。

SWEP 国际公司在原审述称：被诉决定认定事实清楚，适用法律正确，审理程序合法，审查结论正确，阿尔法拉瓦尔公司的诉讼理由不能成立。（一）阿尔法拉瓦尔公司对权利要求的修改不符合 2010 年《专利审查指南》的修改规则。（二）本领域技术人员无法判断除了说明书公开的铁基填料组分外的其他实施方式能够达到小于 600HV1 的焊接接头硬度。（三）阿尔法拉瓦尔公司在诉讼阶段提交的证据不是国家知识产权局作出被诉决定的依据，不应予以采信。故请求驳回阿尔法拉瓦尔公司的诉讼请求。

原审法院认定如下事实：阿尔法拉瓦尔公司系专利号为 20068001××××.4、名称为“钎焊不锈钢制品的方法和由此方法获得的不锈钢钎焊制品”的发明专利的权利人。该专利申请日为 2006 年 5 月 24 日，优先权日为 2005 年 5 月 26 日，授权公告日为 2010 年 6 月 16 日。本专利授权公告的权利要求 1、2、18、19、20 内容如下：

“1. 一种钎焊不锈钢制品的方法，包含：

（i）将铁基钎焊填料物质施加至不锈钢部件；

（ii）任选地组装部件；

（iii）在非氧化性气氛、还原性气氛、真空或者它们组合中，加热来自步骤（i）或（ii）的部件至少 1000℃，且在至少 1000℃ 的温度加热该部件至少 15 分钟；

（iv）提供所得的钎焊区域平均硬度小于 600HV1 的制品；和；

（v）任选地重复步骤（i）、步骤（ii）和步骤（iii）的一步或多步。

2. 权利要求1的方法，其中

通过该方法密封或填充大于76μm的接头、孔、间隙、裂纹或裂缝。

18. 根据权利要求1或2的方法，其中，铁基钎焊填料物质含有Si、B、P、Mn、C或者Hf的一种或者多种。

19. 根据权利要求18的方法，其中，铁基钎焊填料物质含有9—30wt%的Cr、5—25wt%的Ni，以及0—25wt%的Si、0—6wt%的B、0—15wt%的P、0—8wt%的Mn、0—2wt%的C和0—15wt%的Hf中的至少一种。

20. 根据权利要求19的方法，其中，铁基钎焊填料物质至少包含40wt%的Fe，14—21wt%的Cr、5—21wt%的Ni、6—15wt%的Si和0.2—1.5wt%的B。”

针对SWEP国际公司提出的无效宣告请求，阿尔法拉瓦尔公司于2014年7月21日提交了经过修改的权利要求书，其中将从属权利要求2和权利要求20的附加技术特征加入到权利要求1中，删除权利要求18—22并调整了引用关系。修改后的权利要求1为：

“1. 一种钎焊不锈钢制品的方法，包含：

（i）将铁基钎焊填料物质施加至不锈钢部件，其中，铁基针焊填料物质至少包含40wt%的Fe，14—21wt%的Cr、5—21wt%的Ni、6—15wt%的Si和0.2—1.5wt%的B；

（ii）任选地组装部件；

（iii）在非氧化性气氛、还原性气氛、真空或者它们组合中，加热来自步骤（i）或（ii）的部件至少1000℃，且在至少1000℃的温度加热该部件至少15分钟；

（iv）提供所得的钎焊区域平均硬度小于600HV1的制品；和

（v）任选地重复步骤（i）、步骤（ii）和步骤（iii）的一步或多步，其中

通过该方法密封或填充大于76μm的接头、孔、间隙、裂纹或裂缝。”

国家知识产权局于2016年8月3日作出被诉决定。该决定认定：阿尔法拉瓦尔公司于2014年7月21日提交的对权利要求的修改不符合专利法实施细则第六十八条和2010年《专利审查指南》第四部分第三章第4.6.2节的规定；本专利授权公告的权利要求1、19—22、24、28—32的技术方案没有以说明书为依据，其他权利要求均不能克服上述缺陷，故本专利说明书不符合专利法第二十六条第四款的规定。据此，宣告本专利全部无效。

阿尔法拉瓦尔公司在无效宣告程序的口头审理中陈述，本专利解决的技

术问题的实现与含量有关，与温度和时间也有关；本专利的发明点不仅仅是铁替换铜。

原审诉讼过程中，阿尔法拉瓦尔公司提交了国家知识产权局作出的第24591号无效宣告请求审查决定，用以说明国家知识产权局曾认定2010年《专利审查指南》并未完全排除存在其他修改方式的可能性，可以接受不符合2010年《专利审查指南》规定方式的修改。

原审庭审中，阿尔法拉瓦尔公司明确其对被诉决定关于专利法第二十六条第四款评述的异议仅在于被诉决定对本专利权利要求1所要解决的技术问题认定错误，因此导致被诉决定对本专利是否符合专利法第二十六条第四款的结论认定错误。

原审法院认为：

（一）关于阿尔法拉瓦尔公司对权利要求的修改是否应被接受。阿尔法拉瓦尔公司在无效宣告请求的审查过程中修改了权利要求书，修改后的独立权利要求包括授权权利要求1的全部技术特征和权利要求2、20的附加技术特征。阿尔法拉瓦尔公司称修改后的权利要求1的技术方案实际上是授权权利要求20引用权利要求2的技术方案。然而，授权权利要求20引用权利要求19，权利要求19引用权利要求18，如果阿尔法拉瓦尔公司以授权权利要求20引用权利要求2的技术方案作为修改后的独立权利要求的内容，则修改后的独立权利要求中还应当包括授权权利要求18、19的附加技术特征。授权权利要求18限定了铁基钎焊填料物质含有Si、B、P、Mn、C或者Hf的一种或者多种。授权权利要求19限定了铁基钎焊填料物质含有Cr、Ni、Si、B、P、Mn、C、Hf中的至少一种，并给出了每种元素的量的范围，即当铁基钎焊填料物质含有上述元素中的多种时，每种元素的量都应受到权利要求19记载的数值的限制。修改后的权利要求1虽然限定了铁基钎焊填料物质同时包含Fe、Cr、Ni、Si、B五种元素，且Cr、Ni、Si、B元素的含量范围均小于其引用的权利要求中记载的含量范围，但修改后的权利要求1采用开放式的撰写方法，并未排除铁基钎焊填料物质可含有P、Mn、C、Hf四种元素。当铁基钎焊填料物质中含有这四种元素时，由于修改后的权利要求1对这四种元素的具体含量范围并无限定，故实际上扩大了原专利的保护范围，违反了专利法实施细则第六十八条的规定。

（二）关于本专利是否符合专利法第二十六条第四款的规定。提供所得的钎焊区域平均硬度小于600HV1的制品是授权权利要求1方法步骤中的一步，被诉决定在此基础上认定本专利所要解决的技术问题为利用铁基钎焊填料焊接不锈钢制品，保证钎焊大缝隙过程中的填充及密封性能，从而克服现有技术中铜基钎焊填料因腐蚀而消耗，镍基钎焊填料在大缝隙钎焊中损失强度的缺陷，该认定并无不当。此外，被诉决定在评述本专利权利要求能否得到说明书支持时，也评述了根据本专利权利要求的方法能否必然实现特定的焊接接头的硬度，即对于阿尔法拉瓦尔公司在诉讼阶段主张的本专利所要解决的技术问题，被诉决定在评述本专利是否符合专利法第二十六条第四款的规定时实际进行了评述，不影响最终认定。本专利的发明点不仅是铁替换铜，本专利解决的技术问题的实现与含量有关，与温度和时间也有关，阿尔法拉瓦尔公司在无效宣告程序的口头审理中对此亦予以认可。但本专利说明书没有给出钎焊填料的成分配比、温度以及时间对焊接区域硬度影响的规律或原则，本领域技术人员在说明书披露的全部内容基础上，难以判断权利要求中除说明书具体实施方式所公开的钎焊填料具体点值的实施例以外的其他技术方案均能解决本专利所要解决的技术问题。因此，本专利权利要求 1 的技术方案没有以说明书为依据。本专利权利要求 1—34 均不符合专利法第二十六条第四款的规定。

综上，原审法院判决：驳回阿尔法拉瓦尔公司的诉讼请求。一审案件受理费 100 元，由阿尔法拉瓦尔公司负担。

原审查明的事实基本属实，本院予以确认。

本院另查明：本专利说明书第［0047］段记载：根据本方法的另一备选方面，铁基钎焊填料物质可以至少包含以重量计 40% 的 Fe、14—21% 的 Cr、5—21% 的 Ni、6—15% 的 Si、0. 2—1. 5% 的 B，和作为替代物的余量的其他元素。根据本方法的另一备选方面，铁基钎焊填料物质可以至少包含以重量计 40% 的 Fe、14—21% 的 Cr、5—21% 的 Ni、4—9% 的 Si、4—9% 的 P，和作为替代物的余量的其他元素。

本院认为，本案二审的争议焦点问题是：阿尔法拉瓦尔公司对本专利权利要求的修改是否应予接受；本专利是否符合专利法第二十六条第四款的规定。

（一）关于阿尔法拉瓦尔公司对本专利权利要求的修改是否应予接受的问题

专利法实施细则第六十八条第一款规定："在无效宣告请求的审查过程中，发明或者实用新型专利的专利权人可以修改权利要求书，但是不得扩大原专利的保护范围。"

文字是表达思想的工具，专利文件一旦用文字方式固定，其技术方案也就确定了。但无论是语言表达的准确性，还是专利权人的认知能力都可能存在局限性，特别是对于现有技术以及发明创造存在认知局限，因此，专利法赋予专利权人可以对专利文件进行修改的权利。一方面，为保护专利权人的发明创造和技术贡献，进而推动全社会的创新动力，应允许专利权人对专利文件进行适当修改，而不简单将专利权无效作为对权利人撰写水平不足的惩罚。另一方面，虽然允许专利权人可以对专利文件作适当修改，但是在无效宣告程序中，基于社会公众对已授权专利文件的信赖利益，要避免专利权人利用修改机会将专利申请时未完成的技术内容补充到专利文件中，故权利人对权利要求的修改要受到一定限制，并特别要求无效宣告程序中对权利要求的修改不得超出原专利的保护范围。这是在专利权人利益与社会公共利益之间实现利益平衡的制度设计。一般来说，对权利要求的任何修改都将使得专利的保护范围发生变化，判断专利权人在无效宣告行政程序中的修改是否应被接受，应当以不得扩大原专利的保护范围和不得超出原说明书和权利要求书记载的范围为标准。对此，应根据案件的具体情况，适度灵活把握原专利文件公开的内容，结合不同修改方式的特点予以综合考量。

本案中，判断阿尔法拉瓦尔公司对本专利权利要求的修改是否应被接受，需要结合其对权利要求的修改方式和修改内容具体判断。

1. 关于权利要求的修改方式。被诉决定认为当授权权利要求 18 引用权利要求 2 时，权利要求 20 的技术方案应当包括权利要求 1、2、18、19、20 的全部技术特征，而目前的修改方式中仅仅将授权权利要求 20 的附加技术特征加入到权利要求 1 或权利要求 2 中，故认定专利权人对权利要求的修改方式不符合专利法实施细则第六十八条及 2010 年《专利审查指南》的规定。分析上述审查逻辑，被诉决定系以对本专利权利要求的修改不符合 2010 年《专利审查指南》的修改方式为由不予接受。对此，本院认为，虽然被诉决定依据的 2010 年《专利审查指南》规定无效宣告程序中对权利要求的修改方式一般限于对权利要求的删除、合并和技术方案的删除三种方式，但是并未完全排除存在其他修改方式的可能性。无效宣告程序中，修改方式作为手段，应当着眼于实现对权利要求书的修改满足不得超出原说明书和权利要求书记载的范围以及不得扩大原专利的保护范围两大法律标准的立法目的，兼顾行政审查行为的效率与公平保护专利权人的贡献，而不宜对具体修改方式作出过于严格的限制，否则将使得对修改方式的限制纯粹成为对专利权人权利要求撰写不当的惩罚。特别是，2017 年《专利审查指南》已经将无效宣告程序中的修改方式扩展到四种基本修改方式，包括对权利要求的删除、技术方案的删除、权利要求的进一步限定、明显错误的修正。在对权利要求书的修改满足不得超出原说明书和权利要求书记载的范围以及不得扩大原专利的保护范围两大法律标准的前提下，对修改方式的适度放宽，既有助于专利确权程序聚焦发明创造核心，又不会影响社会公众对已授权专利文件的信赖利益。本案中，阿尔法拉瓦尔公司的修改方式，系将从属权利要求 2、20 的技术特征进一步限定至授权权利要求 1 中，属于对权利要求的进一步限定，该修改方式应被接受。

2. 关于权利要求修改不得扩大原专利的保护范围的比对基准。专利无效宣告程序中，当权利要求的修改系将从属权利要求的全部或部分附加技术特征补入其所引用的独立权利要求时，判断修改后的独立权利要求是否扩大了原专利的保护范围，应以作为修改对象的原专利的独立权利要求的保护范围为基准。即，应当将修改后的独立权利要求与原专利保护范围最大的独立权利要求进行比较，而非与原专利保护范围较小的从属权利要求进行比较。这是因为，专利授权后对社会公众具有公示作用，社会公众的信赖利益通常建立在保护范围最大的独立权利要求上，并据此预测和评价自身行为的合法性。将从属权利要求的附加技术特征加入到独立权利要求中，系对独立权利要求的进一步限定，并未扩大原独立权利要求的保护范围，相反还会缩小原独立权利要求的保护范围。在此基础上，不会损害原专利的公示效力，也不会损害社会公众基于原专利而产生的信赖利益。本案中，阿尔法拉瓦尔公司在无效宣告程序中修改了本专利权利要求书，将从属权利要求 2、20 的附加技术特征补入至授权权利要求 1 中，是对授权权利要求 1 的进一步限定，并未扩大授权权利要求 1 的保护范围。原审法院认为由于修改后的权利要求 1 对权利要求 19 中 P、Mn、C、Hf 元素的具体含量范围并无限定，故扩大了原专利的保护范围，上述认定实质上是将修改后的权利要求与原专利权利要求 19 的保护范围进行比对，比对基准有误，本院予以纠正。

综上，阿尔法拉瓦尔公司在无效宣告程序中对权利要求的修改方式应被接受，且修改范围未超出原专利的保护范围，该修改符合专利法实施细则第六十八条之规定。原审法院对此认定错误，本院予以纠正。阿尔法拉瓦尔公司关于修改后的权利要求 1 未超出原专利保护范围的上诉主张成立，本院予以支持。

（二）关于本专利是否符合专利法第二十六条第四款规定的问题

专利法第二十六条第四款规定："权利要求书应当以说明书为依据，说明要求专利保护的范围。"由于被诉决定错误认定阿尔法拉瓦尔公司在无效宣告程序中对权利要求的修改扩大了原专利的保护范围，因此在认定本专利权利要求是否符合专利法第二十六条第四款规定时依据的是授权时的权利要求。如前所述，本院认为阿尔法拉瓦尔公司在无效宣告程序中对权利要求的修改应被接受，因此本案需以修改后的权利要求为基础重新判断本专利是否符合专利法第二十六条第四款之规定。为避免当事人审级利益损失，国家知识产权局应当依据专利权人修改后的权利要求重新作出认定。

综上所述，阿尔法拉瓦尔公司的上诉请求部分成立，应予支持。原审判决适用法律存在错误，本院予以纠正。依照2001年修订的《中华人民共和国专利法》第二十六条第四款，2002年修订的《中华人民共和国专利法实施细则》第六十八条，《中华人民共和国行政诉讼法》第七十条、第八十九条第一款第二项、第三款之规定，判决如下：

一、撤销北京知识产权法院（2016）京73行初5802号行政判决；

二、撤销国家知识产权局作出的第29765号无效宣告请求审查决定；

三、国家知识产权局就SWEP国际公司针对专利号为20068001××××.4、名称为“钎焊不锈钢制品的方法和由此方法获得的不锈钢钎焊制品”的发明专利权所提出的无效宣告请求重新作出审查决定。

一审案件受理费100元，二审案件受理费100元，均由国家知识产权局负担。

本判决为终审判决。

审 判 长 朱 理
审 判 员 傅 蕾
审 判 员 张晓阳
二〇一九年十二月十五日
法官助理 宾岳成
书 记 员 谢思琳

# 32. 国家知识产权局根据新理由或者证据作出驳回复审决定的条件与程序

——上诉人财团法人“国家”卫生研究院与被上诉人国家知识产权局发明专利权驳回复审行政纠纷案①

**中华人民共和国最高人民法院行政判决书（2019）最高法知行终5号**

上诉人（原审原告）：财团法人“国家”卫生研究院。住所地：台湾地区苗栗县竹南镇科研路35号。

法定代表人：余幸司，该研究院代理院长。

委托代理人：申健，北京中博世达专利商标代理有限公司专利代理师。

委托代理人：王晶，北京中博世达专利商标代理有限公司专利代理师。

被上诉人（原审被告）：国家知识产权局。住所地：北京市海淀区北四环西路9号。

法定代表人：申长雨，该局局长。

委托诉讼代理人：汤利容，该局审查员。

委托诉讼代理人：谭颖，该局审查员。

上诉人财团法人“国家”卫生研究院（以下简称卫生研究院）因与被上诉人国家知识产权局发明专利申请驳回复审行政纠纷一案，不服北京知识产权法院于2019年2月11日作出的（2016）京73行初1919号行政判决，向本院提起上诉。本院于2019年4月10日立案后，依法组成合议庭，于2019年4月24日公开开庭进行了审理。上诉人卫生研究院的委托诉讼代理人王晶，被上诉人国家知识产权局委托诉讼代理人汤利容、谭颖到庭参加了诉讼。本案现已审理终结。

卫生研究院上诉请求：撤销原审判决，改判撤销国家知识产权局专利复审委员会作出的第98603号复审请求审查决定（以下简称被诉决定）。其相关事实与理由为：（一）发明是一个整体，技术方案的各技术特征之间并不是孤立的，不能割裂技术特征之间的关系，忽视该技术特征在整体技术方案

---

① 本案在年度报告中的位置为第54页。

中所发挥的作用。在评述涉案申请权利要求 1 与对比文件 1 区别特征时，应考虑它们在各自技术方案中所起的作用是否相同。涉案申请权利要求 1 涉及一种热治疗装置，而对比文件 1 是活检针，导致两个技术方案的技术构思、工作方式皆有不同。因此，区别特征 1 和 3 是不可分割的，活检针 15 沿半径方向移动的目的是相对于病人插入或退出工具以实施医疗行为，并非涉案申请用于超声波的定位。（二）对于区别特征 2，根据具体使用需要，加设一使基座组件固合其上的平台，是本领域常用的装配手段。国家知识产权局应当就该常用的装配手段提供证据予以证明。（三）在评述涉案申请权利要求 1 与对比文件 4 的区别特征时，应考虑它们在各自技术方案中所起的作用是否相同。（四）评述创造性需要两个技术方案，这两个技术方案可以分别在两篇对比文件中，也可以在一篇对比文件中。本案中，最接近的对比文件是对比文件 1，在判断是否显而易见时还是同一篇对比文件。（五）被诉决定违反法定程序。首先，本案不属于《专利审查指南》第四部分第二章第 4.1 节中规定的“足以用在驳回决定作出前已告知过申请人的其他理由及其证据予以驳回的缺陷”的情形。本案不属于将申请文件修改为原申请文件的情况，因此不属于前述规定的情形。其次，2015 年 6 月 17 日第二次修改后区别特征由两个变成了三个，说明权利要求内容具有实质性修改。最后，权利要求不具有创造性不属于明显实质性缺陷。（六）国家知识产权局针对 2015 年 6 月 17 日第二次修改后的权利要求内容直接作出了被诉决定，没有给卫生研究院发表意见的机会，违反了《专利审查指南》第二部分第八章第 6.1.1 节规定。

国家知识产权局辩称：被诉决定认定事实清楚、适用法律正确，程序合法，卫生研究院的上诉请求应予驳回。其相关事实和理由为：（一）有关权利要求 1 的认定并未将技术方案割裂。对比文件 1 已经给出了要移动工具以达到需要的位置的技术启示。将定位结构（相当于延展臂）沿拱形结构 31（相当于弯曲结构）的半径方向设置在支架上，是本领域的常规设置方式。在此常规设置方式下，结合对比文件 1 所给出的技术启示，为使工具达到需要的位置，本领域技术人员容易想到使定位结构（相当于延展臂）或支架（相当于收纳处）至少沿拱形结构的半径方向可延展。即在对比文件 1 给出的要移动工具以达到需要的位置的技术启示下，将其应用于热治疗装置（即工具为热治疗装置）时，为了使热治疗装置达到需要的位置，本领域技术人员容易想到使延展臂可沿半径方向移动（热治疗装置需要确定聚焦的位置，这是本领域的公知常识）。（二）加设一平台，使基座组件固合其上，是本领域为满足具体的使用需要所使用的装配手段，且该平台的设置也没有带来预料不到的技术效果。（三）被诉决定评述的对象是权利要求书。对于权利要求4，并未割裂各技术特征，具体理由同前述理由（一）。（四）权利要求相对于对比文件1和公知常识的结合不具备创造性，而非卫生研究院所认为的“评述创造性只有一个对比文件”。

卫生研究院向原审法院起诉请求：撤销被诉决定，改判国家知识产权局专利复审委员会重新作出决定。其相关事实和理由为：（一）权利要求1具有创造性。对比文件1中虽揭露了与涉案申请相同的弯曲结构，但对比文件1所揭露的拱形结构无法自行产生移动作用，涉案申请中弯曲结构可单独借由致动器启动该滑动块于第一路径上产生移动，其基座组件无须进行移动，也直接或间接使该弯曲结构上所设的弯曲轨道之第二路径产生位置上的变化，这是对比文件1中所揭露结构中所未能产生的作用，因此修正后的权利要求1具有《中华人民共和国专利法》①（以下简称专利法）第二十二条第三款规定的创造性。（二）权利要求4具有创造性。即使权利要求4中的成像系统为本领域的常规设置，容易与定位系统相结合，但基于该弯曲结构相对于该基座组件具有创造性的设计，权利要求4具有创造性。（三）因权利要求1、4具有创造性，故权利要求2、3、5—10均具有创造性。

国家知识产权局专利复审委员会原审辩称：被诉决定认定事实清楚，适用法律法规正确，审理程序合法，审查结论正确，卫生研究院的诉讼请求不能成立。对比文件1中桌子20无须进行移动，拱形结构31也可单独借由致动器启动滑动件于第一路径上产生移动，也直接或间接使拱形结构31上所设的弯曲轨道之第二路径产生位置上的变化。因此，权利要求1—10均不具备创造性，具体意见与被诉决定意见一致。

原审法院认定如下事实：被诉决定涉及申请号为200880122922.2、名称为“影像导引热治疗器定位系统及方法”的PCT发明专利申请（即涉案申请），申请人为卫生研究院。涉案申请的申请日为2008年12月29日，优先权日为2007年12月26日，公开日为2011年2月9日，进入中国国家阶段日为2010年6月25日。

针对卫生研究院提出的实质审查请求，国家知识产权局实质审查部门于2013年1月31日发出第一次审查意见通知书，通知书中引用了对比文件1。该通知书指出权利要求1—3、9、10、12、21、24—26、29、30、36不具备专利法第二十二条第二款规定的新颖性，权利要求4—8、11、13—20、22、23、27、28、31—35不具备专利法第二十二条第三款规定的创造性。

---

① 此处指2008年《中华人民共和国专利法》，其已于2020年修改，本案下同。

对比文件1中明确公开了（说明书第4栏第57—60行、第5栏第32—46行、附图1—3）：导向装置30相对于桌子20在桌子20的长度方向可移动。导向装置30包括拱形结构31，拱形结构31的端部由具有多个轮子36的基座35支撑，从而具有拱形结构的导向装置可沿着桌子20移动。提供驱动机构，其与导向装置30分开或作为导向装置的一部分来进行设置，以沿着桌子20的长度方向移动导向装置。附图1—3示出了导向装置30的驱动机构50，其具有驱动轮51、从动轮54、电机53、带55，电机52驱动驱动轮51，在驱动轮和从动轮上绕有带55，带55的两端固定到导向装置30的基座35上，从而驱动导向装置30沿着桌子20的长度方向移动。

针对上述审查意见通知书，卫生研究院于2013年6月27日提交了意见陈述书和修改文件。

国家知识产权局实质审查部门于2013年11月29日发出了第二次审查意见通知书，指出权利要求1、4的修改不符合专利法第三十三条的规定。

针对上述审查意见通知书，卫生研究院于2014年2月8日提交了意见陈述书和修改后的申请文件。

经实质审查，国家知识产权局于2014年5月30日作出驳回决定，驳回涉案申请，其理由为权利要求4的修改不符合专利法第三十三条的规定。驳回决定所依据的文本为：进入中国国家阶段日（即2010年6月25日）提交的国际申请文件中文译文的说明书附图第1—4页、摘要附图，2012年8月27日提交的说明书摘要；2014年2月8日提交的权利要求第1—10项、说明书第1—10页。驳回决定所针对的权利要求书如下：

“1. 一种相对于置于平台上的目标物来定位一热治疗装置的系统，该系统包括：

一基座组件，系固合该平台上，于该基座组件上设有一对平行的线性导轨，于各导轨上分别设有一滑动块；

一弯曲结构，通过第一轨道可滑动地安装于基座组件上，该弯曲结构沿着其内侧壁具有一第二轨道以界定供该治疗装置相对于目标物移动的一第二路径；以及

一收纳处，系连接于该弯曲轨道并依该弯曲轨道之路径进行移动作用，于该收纳处上系连接一延展臂，该延展臂之一端上则连接该热治疗装置；

致动器，系与该收纳处及各滑动块连结，用以启动该收纳处及各滑动块移动；以及

定位传感器，系分别设于该些致动器上，系用以接收控制讯号以驱动该些致动器作动而进行定位。

2. 权利要求 1 的系统，其中该收纳处包括一使热治疗装置枢转以绕着三正交轴中的一根或多根轴进行旋转的装置。

3. 权利要求 1 的系统，其中该基座组件进一步包括一可相对于平台移动的床垫。

4. 一种影像导引热治疗装置，包括：

一成像系统，包括支撑目标物及将目标物移动至一理想位置的平台，该平台可相对于成像系统移动，以及

一与平台结合并将热治疗装置相对于平台上目标物进行定位的定位系统，该定位系统包括：

一基座组件，系固合该平台上，于该基座组件上设有相互平行之复数导轨，于各导轨上分别设有一滑动块；

一弯曲结构，通过第一轨道可滑动地安装于基座组件上，该弯曲结构沿着其内侧壁具有一第二轨道以界定供该治疗装置相对于目标物移动的一第二路径；

一收纳处，系连接于该弯曲轨道并依该弯曲轨道之路径进行移动作用，于该收纳处上系连接一延展臂，该延展臂之一端上则连接该热治疗装置；

致动器，系与该收纳处及各滑动块连结，用以启动该收纳处及各滑动块移动；以及

定位传感器，系分别设于该些致动器上，系用以接收控制讯号以驱动该些致动器作动而进行定位。

5. 权利要求 4 的装置，进一步包括一与成像系统结合的第一控制系统，该第一控制系统被设定为提供一第一控制信号使平台相对于该成像系统台架进行移动。

6. 权利要求 4 的装置，进一步包括一与定位系统结合的第二控制系统，该第二控制系统被设定为提供一第二控制信号以控制定位系统使热治疗装置相对于目标物进行移动。

7. 权利要求 6 的装置，其中该第二控制系统包括一处理器，该处理器接收成像系统所产生的患者影像，并对所述影像进行处理，以确定治疗的效果程度。

8. 权利要求 7 的装置，其中该处理器被进一步设定为比较治疗效果程度与一理想结果，并基于该比较结果产生该第二控制信号以控制该定位系统。

9. 权利要求 4 的装置，其中该热治疗装置包括一超音波转换器。

10. 权利要求 4 的装置，其中该成像系统包括一 MRI 装置。”

驳回决定具体指出：权利要求 4 中“该基座组件上设有相互平行之复数

导轨”在涉案申请原说明书和权利要求书中并未记载，说明书中的相应描述为（参见说明书［0046］段）“该基座组件104上有一对平行的线形导轨106a及106b”，即由“一对平行的线性导轨”修改为“相互平行之复数导轨”，这是所属技术领域的技术人员也无法从原说明书和权利要求书直接地、毫无疑义地确定出的，因此权利要求4的修改不符合专利法第三十三条的规定。

卫生研究院对上述驳回决定不服，于2014年9月12日向国家知识产权局专利复审委员会提出了复审请求，同时提交了权利要求书的全文替换页，修改之处在于：将权利要求1、4中的“界定供该治疗装置相对于目标物移动的一第二路径”修改为“界定供该热治疗装置相对于目标物移动的一第二路径”，将权利要求4中的“相互平行之复数导轨”修改为“一对平行的线性导轨”。卫生研究院认为：修改后的权利要求4符合专利法第三十三条的规定。复审请求时提交的权利要求1、4如下：

“1. 一种相对于置于平台上的目标物来定位一热治疗装置的系统，该系统包括：

一基座组件，系固合该平台上，于该基座组件上设有一对平行的线性导轨，于各导轨上分别设有一滑动块；

一弯曲结构，通过第一轨道可滑动地安装于基座组件上，该弯曲结构沿着其内侧壁具有一第二轨道以界定供该热治疗装置相对于目标物移动的一第二路径；以及

一收纳处，系连接于该弯曲轨道并依该弯曲轨道之路径进行移动作用，于该收纳处上系连接一延展臂，该延展臂之一端上则连接该热治疗装置；

致动器，系与该收纳处及各滑动块连结，用以启动该收纳处及各滑动块移动；以及

定位传感器，系分别设于该些致动器上，系用以接收控制讯号以驱动该些致动器作动而进行定位。”

“4. 一种影像导引热治疗装置，包括：

一成像系统，包括支撑目标物及将目标物移动至一理想位置的平台，该平台可相对于成像系统移动，以及

一与平台结合并将热治疗装置相对于平台上目标物进行定位的定位系统，该定位系统包括：

一基座组件，系固合该平台上，于该基座组件上设有一对平行的线性导轨，于各导轨上分别设有一滑动块；

一弯曲结构，通过第一轨道可滑动地安装于基座组件上，该弯曲结构沿

着其内侧壁具有一第二轨道以界定供该热治疗装置相对于目标物移动的一第二路径；

一收纳处，系连接于该弯曲轨道并依该弯曲轨道之路径进行移动作用，于该收纳处上系连接一延展臂，该延展臂之一端上则连接该热治疗装置；

致动器，系与该收纳处及各滑动块连结，用以启动该收纳处及各滑动块移动；以及

定位传感器，系分别设于该些致动器上，系用以接收控制讯号以驱动该些致动器作动而进行定位。”

经形式审查合格，国家知识产权局专利复审委员会于2014年9月24日依法受理了该复审请求，并将其转送至原实质审查部门进行前置审查。

原实质审查部门在前置审查意见书中认为修改后的权利要求1—10相对于对比文件1不具备创造性，因而坚持驳回决定。

随后，国家知识产权局专利复审委员会成立合议组对本案进行审理。

国家知识产权局专利复审委员会于2015年3月3日向卫生研究院发出复审通知书，指出：第一，权利要求1、4中限定的“定位传感器，系分别设于该些致动器上，系用以接收控制讯号以驱动该些致动器作动而进行定位”超出了原说明书和权利要求书记载的范围，不符合专利法第三十三条的规定。第二，即使将权利要求1、4中的“定位传感器，系分别设于该些致动器上，系用以接收控制讯号以驱动该些致动器作动而进行定位”修改为“定位传感器，系分别设于该些致动器上，用以传送位置信息给控制回路，控制回路传送定位控制信号予致动器以进行辅助定位”，权利要求1—10也不具备创造性：权利要求1与对比文件1的区别在于：（1）权利要求1为热治疗装置；（2）还设有一固合基座组件的平台。对于区别技术特征（1），通过空间能量场将热量导引至目标物的选定区域以诱发热治疗效果的热治疗装置是本领域常用的医疗工具，该热治疗装置也需要进行定位，本领域技术人员容易想到将对比文件1的定位系统用于热治疗装置。对于区别技术特征（2），根据具体使用需要，加设一使基座组件固合其上的平台，是本领域常用的装配手段。在对比文件1的基础上结合本领域公知常识得到权利要求1请求保护的技术方案对本领域技术人员来说是显而易见的，因此，权利要求1不具备专利法第二十二条第三款规定的创造性。权利要求4与对比文件1的区别在于：（1）权利要求1为热治疗装置；（2）成像系统，包括支撑目标物及将目标物移动至一理想位置的平台，该平台可相对于成像系统移动，基座组件固合于平台上。对于区别技术特征（1），通过空间能量场将热量导引至目标物的选定区域以诱发热治疗效果的热治疗装置是本领域常用的医疗工具，该热治疗

装置也需要进行定位，本领域技术人员容易想到将对比文件 1 的定位系统用于热治疗装置。对于区别技术特征（2），对成像系统，设置支撑目标物及将目标物移动至一理想位置的平台，该平台可相对于成像系统移动，是本领域的常规设置，将其与定位系统相结合时，使基座组件固合于平台上，是本领域常用的装配手段。在对比文件 1 的基础上结合本领域公知常识得到权利要求 4 请求保护的技术方案对本领域技术人员来说是显而易见的，因此，权利要求 4 不具备专利法第二十二条第三款规定的创造性。从属权利要求 2、10 的附加技术特征在对比文件 1 中已经公开了，从属权利要求 3、5—9 的附加技术特征是本领域的常用技术手段，因此在其引用的权利要求不具备创造性的基础上，上述权利要求也不具备专利法第二十二条第三款规定的创造性。

卫生研究院于 2015 年 6 月 17 日提交了意见陈述书，同时提交了权利要求书的全文替换页，修改之处在于：将权利要求 1、4 中的特征“定位传感器，系分别设于该些致动器上，系用以接收控制讯号以驱动该些致动器作动而进行定位”删除，同时对权利要求 1、4 进行了以下修改：将权利要求 1、4 中的“于该基座组件上设有一对平行的线性导轨，于各导轨上分别设有一滑动块”改为“于该基座组件上设有一对平行的第一轨道，用以界定供该治疗装置相对于目标物移动的一第一路径，于各第一轨道上分别设有一滑动块”；将“一弯曲结构，通过第一轨道可滑动地安装于基座组件上”改为“一弯曲结构，系连接于各滑动块以通过第一轨道可滑动地安装于基座组件上”；将“一收纳处，系连接于该弯曲轨道并依该弯曲轨道之路径进行移动作用”改为“一收纳处，系连接于该弯曲结构之第二轨道上，并依该弯曲轨道之第二路径进行移动作用”；增加特征“该收纳处至少是沿弯曲结构的半径方向可延展的用以界定供该治疗装置相对于目标物移动的一第三路径”。修改后的权利要求书如下：

“1. 一种相对于置于平台上的目标物来定位一热治疗装置的系统，该系统包括：

一基座组件，系固合该平台上，于该基座组件上设有一对平行的第一轨道，用以界定供该治疗装置相对于目标物移动的一第一路径，于各第一轨道上分别设有一滑动块；

一弯曲结构，系连接于各滑动块以通过第一轨道可滑动地安装于基座组件上，该弯曲结构沿着其内侧壁具有一第二轨道以界定供该热治疗装置相对于目标物移动的一第二路径；以及

一收纳处，系连接于该弯曲结构之第二轨道上，并依该弯曲轨道之第二路径进行移动作用，于该收纳处上系连接一延展臂，该延展臂之一端上则连

接该热治疗装置，该收纳处至少是沿弯曲结构的半径方向可延展的用以界定供该治疗装置相对于目标物移动的一第三路径；及

致动器，系与该收纳处及各滑动块连结，用以启动该收纳处及各滑动块移动。

2. 权利要求 1 的系统，其中该收纳处包括一使热治疗装置枢转以绕着三正交轴中的一根或多根轴进行旋转的装置。

3. 权利要求 1 的系统，其中该基座组件进一步包括一可相对于平台移动的床垫。

4. 一种影像导引热治疗装置，包括：

一成像系统，包括支撑目标物及将目标物移动至一理想位置的平台，该平台可相对于成像系统移动，以及

一与平台结合并将热治疗装置相对于平台上目标物进行定位的定位系统，该定位系统包括：

一基座组件，系固合该平台上，于该基座组件上设有一对平行的第一轨道，用以界定供该治疗装置相对于目标物移动的一第一路径，于各第一轨道上分别设有一滑动块；

一弯曲结构，系连接于各滑动块以通过第一轨道可滑动地安装于基座组件上，该弯曲结构沿着其内侧壁具有一第二轨道以界定供该热治疗装置相对于目标物移动的一第二路径；

一收纳处，系连接于该弯曲结构之第二轨道上，并依该弯曲轨道之路径进行移动作用，于该收纳处上系连接一延展臂，该延展臂之一端上则连接该热治疗装置，该收纳处至少是沿弯曲结构的半径方向可延展的用以界定供该治疗装置相对于目标物移动的一第三路径；及

致动器，系与该收纳处及各滑动块连结，用以启动该收纳处及各滑动块移动。

5. 权利要求 4 的装置，进一步包括一与成像系统结合的第一控制系统，该第一控制系统被设定为提供一第一控制信号使平台相对于该成像系统台架进行移动。

6. 权利要求 4 的装置，进一步包括一与定位系统结合的第二控制系统，该第二控制系统被设定为提供一第二控制信号以控制定位系统使热治疗装置相对于目标物进行移动。

7. 权利要求 6 的装置，其中该第二控制系统包括一处理器，该处理器接收成像系统所产生的患者影像，并对所述影像进行处理，以确定治疗的效果程度。

8. 权利要求 7 的装置，其中该处理器被进一步设定为比较治疗效果程度与一理想结果，并基于该比较结果产生该第二控制信号以控制该定位系统。

9. 权利要求 4 的装置，其中该热治疗装置包括一超音波转换器。

10. 权利要求 4 的装置，其中该成像系统包括一 MRI 装置。”

卫生研究院认为：修改依据是基于说明书第 1 页第 27 行—第 2 页第 3 行、第 2 页第 8—9 行、第 3 页第 23—30 行，其修正内容未超出说明书范围。对比文件 1 中虽揭露了该同于申请案中的弯曲结构，但对比文件 1 所揭露的拱形结构只能随桌子的移动而带动其移动作用，若该桌子静止时，该对比文件 1 的拱形结构也无法自行产生移动作用，本案中弯曲结构可单独借由致动器启动该滑动块于第一路径上产生移动，其基座组件无须进行移动，也直接或间接使该弯曲结构上所设的弯曲轨道之第二路径产生位置上的变化，这是对比文件 1 中所揭露结构中所未能产生的作用，因此修正后的权利要求 1、4 及其从属权利要求具备创造性。

2015 年 9 月 28 日，国家知识产权局专利复审委员会作出被诉决定。认定：

1. 关于被诉决定针对的文本

被诉决定针对的文本是：2015 年 6 月 17 日提交的权利要求第 1—10 项；2010 年 6 月 25 日进入中国国家阶段日提交的国际申请文件中文译文的说明书附图第 1—4 页、摘要附图；2012 年 8 月 27 日提交的说明书摘要；2014 年 2 月 8 日提交的说明书第 1—10 页。

2. 关于专利法第二十二条第三款

（1）权利要求 1 要求保护一种相对于置于平台上的目标物来定位一热治疗装置的系统，US6665554B1（公开日为 2003 年 12 月 16 日，简称对比文件 1）（参见说明书第 1 栏第 20—27 行、第 4 栏第 31 行—第 8 栏第 46 行、说明书第 15 栏第 7—39、53—58 行，附图 1—5）中公开了一种安装在如 CT 机 10 等上的操纵器，其是对桌子 20（相当于基座组件）上的病人定位医疗工具的系统，包括：桌子 20 的上表面形成有沿桌子 20 的长度方向延伸的一对平行的凹槽 21（相当于第一轨道），用以界定供医疗工具相对于病人移动的一第一路径，导向装置 30 的基座 35 具有多个轮子 36（相当于滑动块）能够由凹槽 21 引导（即于各第一轨道上分别设有滑动块）而使得导向装置 30 沿桌子 20 滚动，而医疗工具设置在定位结构 70 上，定位结构 70 固定在支架 60 上，支架 60 固定在导向装置 30；导向装置 30 包括拱形结构 31（相当于弯曲结构），拱形结构 31 的端部由具有多个轮子 36（相当于滑动块）的基座 35 支撑（即弯曲结构连接于各滑动块），如图 2 所示，拱形结构 31 外侧壁和内侧壁具有轨道（相当于第二轨道），支架60（相当于收纳处）固定在拱形结构31的轨道上而能够在病人上方移动，因此提供了医疗工具相对于病人移动的路径（相当于第二路径）；连接于支架60上的定位结构70（相当于延展臂），其一端上连接医疗工具活检针，可对医疗工具进行定位，该定位结构70能沿工具的长度方向移动工具以相对于病人插入或退出工具，还可沿与工具长度方向垂直的偏航轴或俯仰轴来移动工具以使工具能以需要的任意角度插入病人身体，从而界定了供该医疗工具相对于病人移动的第三路径（说明书第7栏第30—44行）；各可移动部件均具有与该部件和滑动块相应连接的致动器，其中致动器65与支架60及相应的滑动块连结，用以启动支架及相应滑动块移动（说明书第6栏第29行—第7栏第17行），定位传感器设于导向装置30、支架60的致动器上（说明书第6栏第13—28行，第7栏第19—29行），操纵器配有控制系统基于程序或人的指令来控制各种致动器，基于定位传感器的输入信号，控制器产生对致动器的控制信号使其以期望的方式移动操纵器（说明书第15栏第7—39、53—58行）。

权利要求1与对比文件1的区别在于：（1）权利要求1为热治疗装置；（2）还设有一固合基座组件的平台；（3）收纳处至少沿弯曲结构的半径方向可延展。由此可以确定其实际要解决的技术问题是：在热治疗装置中便于对病人进行定位。

对于区别技术特征（1），通过空间能量场将热量导引至目标物的选定区域以诱发热治疗效果的热治疗装置是本领域常用的医疗工具，热治疗装置与对比文件1中的医疗工具活检针都是常见的需要对病人准确定位的医疗工具，因此，这两个装置中的定位部件及方法是可以交叉使用的，本领域技术人员容易想到将对比文件1的定位系统用于热治疗装置以解决对病人进行定位的问题。对于区别技术特征（2），根据具体使用需要，加设一使基座组件固合其上的平台，是本领域常用的装配手段。对于区别技术特征（3），对比文件1公开了（说明书第7栏第30—44行）：连接于支架60上的定位结构70能沿工具的长度方向移动工具以相对于病人插入或退出工具，还可沿与工具长度方向垂直的偏航轴或俯仰轴来移动工具以使工具能以需要的任意角度插入病人身体。即对比文件1已经给出了要移动工具以达到需要的位置的技术启示。将定位结构（相当于延展臂）沿拱形结构31（相当于弯曲结构）的半径方向设置在支架上，是本领域的常规设置方式，而在此常规设置方式下，结合对比文件1所给出的技术启示，为使工具达到需要的位置，本领域技术人员容易想到使定位结构（相当于延展臂）或支架（相当于收纳处）至少沿拱形结构（相当于弯曲结构）的半径方向可延展。因此，在对比文件1的基础上结合本领域公知常识得到权利要求 1 请求保护的技术方案对本领域技术人员来说是显而易见的，权利要求 1 不具备突出的实质性特点和显著的进步，不具备专利法第二十二条第三款规定的创造性。

（2）权利要求 2 对权利要求 1 做了进一步限定，而对比文件 1 中已经公开了（说明书第 7 栏第 30—44 行）：固定在支架 60 上的定位结构 70 使医疗工具沿其长度方向插入或缩回移动，且还可以垂直于工具的长度方向的偏航轴和/或俯仰轴旋转而使得医疗工具以任意角度插入病人的身体。因此在其引用的权利要求 1 不具备创造性的基础上，权利要求 2 也不具备专利法第二十二条第三款规定的创造性。

（3）权利要求 3 对权利要求 1 做了进一步限定，在桌子 20 上设置一可相对于平台移动的床垫是本领域常用的满足移动性同时提高舒适性的技术手段。因此在其引用的权利要求 1 不具备创造性的基础上，权利要求 3 不具备专利法第二十二条第三款规定的创造性。

（4）权利要求 4 请求保护一种影像导引热治疗装置。对比文件 1（参见说明书第 1 栏第 20—27 行、第 4 栏第 31 行—第 8 栏第 46 行、说明书第 15 栏第 7—39、53—58 行，附图 1—5）中公开了一种 CT 机，具有成像系统，该 CT 机具有安装在 CT 机 10 等上的操纵器，其是对桌子 20（相当于基座组件）上的病人定位医疗工具的系统，包括：桌子 20 的上表面形成有沿桌子 20 的长度方向延伸的一对平行的凹槽 21（相当于第一导轨），用以界定供医疗工具相对于病人移动的一第一路径，导向装置 30 的基座 35 具有多个轮子 36（相当于滑动块）能够由凹槽 21 引导（即于各第一轨道上分别设有滑动块）而使得导向装置 30 沿桌子 20 滚动，而医疗工具设置在定位结构 70 上，定位结构 70 固定在支架 60 上，支架 60 固定在导向装置 30；导向装置 30 包括拱形结构 31（相当于弯曲结构），拱形结构 31 的端部由具有多个轮子 36（相当于滑动块）的基座 35 支撑（即弯曲结构连接于各滑动块），如图 2 所示，拱形结构 31 外侧壁和内侧壁具有轨道（相当于第二轨道），支架 60（相当于收纳处）固定在拱形结构 31 的轨道上而能够在病人上方移动，因此提供了医疗工具相对于病人移动的路径（相当于第二路径）；连接于支架 60 上的定位结构 70（相当于延展臂），其一端上连接医疗工具活检针，可对医疗工具进行定位，该定位结构 70 能沿工具的长度方向移动工具以相对于病人插入或退出工具，还可沿与工具长度方向垂直的偏航轴或俯仰轴来移动工具以使工具能以需要的任意角度插入病人身体，从而界定了供该医疗工具相对于病人移动的第三路径（说明书第 7 栏第 30—44 行）；各可移动部件均具有与该部件和滑动块相应连接的致动器，其中致动器 65 与支架 60 及相应的滑动块连结，用以启动支架及相应滑动块移动（说明书第6栏第29行—第7栏第17行），定位传感器设于导向装置30、支架60的致动器上（说明书第6栏第13—28行，第7栏第19—29行），操纵器配有控制系统基于程序或人的指令来控制各种致动器，基于定位传感器的输入信号，控制器产生对致动器的控制信号使其以期望的方式移动操纵器（说明书第15栏第7—39、53—58行）。

权利要求4与对比文件1的区别在于：（1）权利要求4为热治疗装置；（2）成像系统包括支撑目标物及将目标物移动至一理想位置的平台，该平台可相对于成像系统移动，基座组件固合于平台上；（3）收纳处至少沿弯曲结构的半径方向可延展。由此可以确定其实际要解决的技术问题是：在热治疗装置中便于对病人进行定位。

对于区别技术特征（1），通过空间能量场将热量导引至目标物的选定区域以诱发热治疗效果的热治疗装置是本领域常用的医疗工具，热治疗装置与对比文件1中的医疗工具活检针都是常见的需要对病人准确定位的医疗工具，因此，这两个装置中的定位部件及方法是可以交叉使用的，本领域技术人员容易想到将对比文件1的定位系统用于热治疗装置以解决对病人进行定位的问题。对于区别技术特征（2），对成像系统，设置支撑目标物及将目标物移动至一理想位置的平台，该平台可相对于成像系统移动，是本领域的常规设置，将其与定位系统相结合时，使基座组件固合于平台上，是本领域常用的装配手段。对于区别技术特征（3），对比文件1公开了（说明书第7栏第30—44行）：连接于支架60上的定位结构70能沿工具的长度方向移动工具以相对于病人插入或退出工具，还可沿与工具长度方向垂直的偏航轴或俯仰轴来移动工具以使工具能以需要的任意角度插入病人身体。即对比文件1已经给出了要移动工具以达到需要的位置的技术启示。将定位结构（相当于延展臂）沿拱形结构31（相当于弯曲结构）的半径方向设置在支架上，是本领域的常规设置方式，而在此常规设置方式下，结合对比文件1所给出的技术启示，为使工具达到需要的位置，本领域技术人员容易想到使定位结构（相当于延展臂）或支架（相当于收纳处）至少沿拱形结构（相当于弯曲结构）的半径方向可延展。因此，在对比文件1的基础上结合本领域公知常识得到权利要求4请求保护的技术方案对本领域技术人员来说是显而易见的，权利要求4不具备突出的实质性特点和显著的进步，不具备专利法第二十二条第三款规定的创造性。

（5）权利要求5、6对权利要求4做了进一步限定，而对比文件1公开了（说明书第15栏第7—39行）操纵器可配有控制系统基于程序或人的指令来控制各种致动器。因此为控制成像装置和定位结构70，采用分别与成像装置和定位结构 70 结合的两个控制系统来提供使平台相对于成像装置的台架进行移动及使医疗工具相对于病人进行移动的两个控制信号对本领域技术人员而言是显而易见的，因此在其引用的权利要求不具备创造性的基础上，权利要求 5、6 不具备专利法第二十二条第三款规定的创造性。

（6）对于从属权利要求 7、8，使用处理器接收成像系统所产生的患者影像，并对所述影像进行处理以确定治疗的效果程度，再通过比较治疗效果程度与理想结果，并基于该比较结果产生控制信号以控制该定位系统来调整治疗装置的位置是本领域常用的调整手段，因此在其引用的权利要求不具备创造性的基础上，权利要求 7、8 也不具备专利法第二十二条第三款规定的创造性。

（7）权利要求 9 对权利要求 4 做了进一步限定，而超音波转换器是常用的热治疗工具，因此在其引用的权利要求不具备创造性的基础上，权利要求 9 不具备专利法第二十二条第三款规定的创造性。

（8）权利要求 10 对权利要求 4 做了进一步限定，对比文件 1 公开了成像装置为磁共振成像装置（参见说明书第 1 栏第 16—20 行），因此在其引用的权利要求不具备创造性的基础上，权利要求 10 也不具备专利法第二十二条第三款规定的创造性。

3. 对卫生研究院相关意见的评述

国家知识产权局专利复审委员会认为：卫生研究院强调的作用已经被对比文件 1 公开，对比文件 1 中具体公开（说明书第 5 栏第 32—46 行）：导向装置 30 包括拱形结构 31（相当于弯曲结构），拱形结构 31 的端部由具有多个轮子 36（相当于滑动块）的基座 35 支撑，具有拱形结构的导向装置可相对于桌子 20（相当于基座组件）移动。结合附图 1—3 可知，如果该桌子静止，该对比文件 1 的拱形结构也能自行产生移动作用，与涉案申请中相同。因此对卫生研究院的意见陈述不予支持。

基于以上理由，国家知识产权局专利复审委员会作出被诉决定，维持国家知识产权局于 2014 年 5 月 30 日对涉案申请作出的驳回决定。

国家知识产权局专利复审委员会向原审法院提交了以下 2 份证据：被诉决定所针对的审查文本；被诉决定中的对比文件 1。

在本案原审庭审过程中，卫生研究院陈述以下意见：

1. 国家知识产权局专利复审委员会作出被诉决定违反法定程序。本案驳回决定针对的是专利法第三十三条有关修改超范围的问题，权利要求经修改后已克服了驳回决定所指出的缺陷，但国家知识产权局专利复审委员会不仅没有在修改文本的基础上撤销驳回决定，反而在复审程序中对涉案申请的创造性进行审查，而复审程序一般仅针对驳回决定所依据的理由和证据进行审查，依职权审查仅针对驳回决定未提及的明显实质性缺陷，而创造性问题不属于明显实质性缺陷，故被诉决定对创造性进行审查属于超越职权，应予撤销。

2. 对于被诉决定所认定的涉案申请权利要求 1 与对比文件 1 存在 3 点区别技术特征及针对区别技术特征（1）、（2）的评述均无异议，仅对区别技术特征（3）的评述有异议。具体来说，对比文件 1 中虽揭露了与涉案申请相同的弯曲结构，但对比文件 1 所揭露的拱形结构无法自行产生移动作用，与涉案申请中弯曲结构可单独借由致动器启动该滑动块于第一路径上产生移动，其基座组件无须进行移动，也直接或间接使该弯曲结构上所设的弯曲轨道之第二路径产生位置上的变化，这是对比文件 1 中所揭露结构中所未能产生的作用。

3. 在权利要求 1 不具备创造性的情况下，认可权利要求 2、3 不具备创造性。

4. 对于被诉决定所认定的涉案申请权利要求 4 与对比文件 1 存在 3 点区别技术特征及针对区别技术特征（1）、（2）的评述均无异议，仅对区别技术特征（3）的评述有异议。具体理由同针对权利要求 1 的意见。

5. 在权利要求 4 不具备创造性的情况下，认可权利要求 5—10 不具备创造性。

原审庭审后，国家知识产权局专利复审委员会提交了补充意见，认为针对涉案申请，原实质审查部门在实审过程的第一次审查意见通知书中已经指出其不具备创造性，并提供了相应的对比文件（即对比文件 1）。在复审程序中，卫生研究院虽然对权利要求作出了修改，但其权利要求内容并无实质性的更改，且复审程序中所用的对比文件 1 与第一次审查意见通知书中所用的对比文件完全相同。本案属于《专利审查指南》第四部分第二章第 4.1 节中规定的“足以用在驳回决定作出前已告知过申请人的其他理由及其证据予以驳回的缺陷”的情形。同时，国家知识产权局专利复审委员会向原审法院提交了本案涉及的驳回决定。

原审法院认为：一、关于法律适用。本案属于专利复审行政纠纷，涉案申请的申请日在现行专利法施行之前，根据上述规定，本案的审理仍适用 2001 年专利法和 2003 年专利法实施细则。

二、关于国家知识产权局专利复审委员会作出被诉决定是否违反法定程序、超越职权。根据《中华人民共和国专利法实施细则》（以下简称实施细则）第六十二条的规定，国家知识产权局专利复审委员会进行复审后，认为复审请求不符合专利法和实施细则有关规定的，应当通知复审请求人，要求其在指定期限内陈述意见。期满未答复的，该复审请求视为撤回；经陈述意见或者进行修改后，国家知识产权局专利复审委员会认为仍不符合专利法和实施细则有关规定的，应当作出维持原驳回决定的复审决定。国家知识产权局专利复审委员会进行复审后，认为原驳回决定不符合专利法和实施细则有关规定的，或者认为经过修改的专利申请文件消除了原驳回决定指出的缺陷的，应当撤销原驳回决定，由原审查部门继续进行审查程序。根据前述法律、法规的规定，复审程序系因专利申请人对驳回决定不服而启动的行政救济程序，即基于专利申请人提出而启动，国家知识产权局专利复审委员会以审查驳回决定合法性为基本审查范围。在复审程序中，国家知识产权局专利复审委员会一般应仅针对驳回决定所依据的理由和证据进行审查，而不能超出驳回决定所依据的理由和证据范围。但是，为了提高授权专利的质量，提升行政效率，节约成本，避免不合理地延长审查程序，国家知识产权局专利复审委员会可以在特定情况下依职权对驳回决定未提及的明显实质性缺陷等进行相应审查。

对此问题，《专利审查指南》在第四部分第二章第 4.1 节中作出相应规定：在复审程序中，合议组一般仅针对驳回决定所依据的理由和证据进行审查。除驳回决定所依据的理由和证据外，合议组发现审查中存在下列缺陷的，可以对与之相关的理由及其证据进行审查，并且经审查认定后，应当依据该理由及其证据作出维持驳回决定的审查决定：1. 足以用在驳回决定作出前已告知过申请人的其他理由及其证据予以驳回的缺陷。2. 驳回决定未指出的明显实质性缺陷或者与驳回决定所指出缺陷性质相同的缺陷。有关被诉决定是否存在程序违法的问题，可以参照上述规定进行审理。

本案中，针对卫生研究院提出的实质审查请求，国家知识产权局实质审查部门于 2013 年 1 月 31 日发出第一次审查意见通知书，通知书中引用了对比文件 1。该通知书指出权利要求 1—3、9、10、12、21、24—26、29、30、36 不具备专利法第二十二条第二款规定的新颖性，权利要求 4—8、11、13—20、22、23、27、28、31—35 不具备专利法第二十二条第三款规定的创造性。针对上述审查意见通知书，卫生研究院于 2013 年 6 月 27 日提交了意见陈述书和修改文件。由此可见，就对比文件 1 而言，国家知识产权局实质审查部门在审查程序中对卫生研究院进行了告知，卫生研究院也针对此发表了意见。因此，有关涉案申请相对于对比文件 1 不具备创造性的问题属于《专利审查指南》所指的“足以用在驳回决定作出前已告知过申请人的其他理由及其证据予以驳回的缺陷”。同时，国家知识产权局专利复审委员会在复审程序中引用对比文件 1 对涉案申请的创造性进行审查，在向卫生研究院发出的复审通知书中亦进行了告知，卫生研究院也针对此充分发表了意见。因此卫生研究院关于被诉决定对创造性进行审查属于超越职权，应予撤销的诉讼理由，缺乏事实和法律依据，不予支持。

三、关于创造性。（一）关于权利要求 1。根据查明事实，卫生研究院认可被诉决定认定的权利要求 1 与对比文件 1 的区别技术特征及针对区别技术特征（1）、（2）的评述，仅对区别技术特征（3）的评述有异议，认为对比文件 1 中虽揭露了与涉案申请相同的弯曲结构，但对比文件 1 所揭露的拱形结构无法自行产生移动作用。针对卫生研究院所提异议，对比文件 1 中明确公开了导向装置 30 相对于桌子 20（相当于涉案申请的基座组件）在桌子 20 的长度方向可移动。导向装置 30 包括拱形结构 31（相当于涉案申请的弯曲结构），拱形结构 31 的端部由具有多个轮子 36（相当于涉案申请的滑动块）的基座 35 支撑，从而具有拱形结构的导向装置可沿着桌子 20 移动。提供驱动机构，其与导向装置 30 分开或作为导向装置的一部分来进行设置，以沿着桌子 20 的长度方向（相当于涉案申请的第一路径）移动导向装置。由此可知，对比文件 1 中桌子 20 无须进行移动，其拱形结构 31 亦可单独借由致动器启动滑动件于第一路径上产生移动，也直接或间接使拱形结构 31 上所设的弯曲轨道之第二路径产生位置上的变化。因此，卫生研究院所提上述异议不成立，不予支持。相对于对比文件 1 结合公知常识，权利要求 1 的技术方案不具有突出的实质性特点和显著的进步，不具备专利法第二十二条第三款规定的创造性。

（二）关于权利要求 2、3。鉴于卫生研究院明确表示在涉案申请权利要求 1 不具备创造性的前提下，认可权利要求 2、3 不具备创造性，故对于涉案申请权利要求 2、3 的创造性不再予以评述。

（三）关于权利要求 4。根据查明事实，卫生研究院认可被诉决定认定的权利要求 4 与对比文件 1 的区别技术特征及针对区别技术特征（1）、（2）的评述，仅对区别技术特征（3）的评述有异议。具体理由同针对权利要求 1 的意见。针对区别技术特征（3），原审法院意见与针对权利要求 1 的相关评述一致，不再赘述。卫生研究院所提异议不成立，不予支持。相对于对比文件 1 结合公知常识，权利要求 4 的技术方案不具有突出的实质性特点和显著的进步，不具备专利法第二十二条第三款规定的创造性。

（四）关于权利要求 5—10。鉴于卫生研究院明确表示在涉案申请权利要求 4 不具备创造性的前提下，认可权利要求 5—10 不具备创造性，故对于涉案申请权利要求 5—10 的创造性不再予以评述。

综上，原审法院判决：驳回卫生研究院的诉讼请求。案件受理费100元，由卫生研究院负担。

原审查明的事实基本属实，本院予以确认。

本院另查明：2013年1月31日国家知识产权局专利实质审查部门向卫生研究院发出《第一次审查意见通知书》，其中针对权利要求1的具体意见载明："……（对比文件1）定位结构70使医疗工具沿其长度方向插入或缩回移动，且还可以垂直于工具的长度方向的偏航轴和/或俯仰轴旋转而使得医疗工具以任意角度插入病人身体，即可以沿拱形结构31的半径方向延伸的路径。由此可见，对比文件1公开了权利要求1的全部技术特征，不符合专利法第二十二条第二款规定的新颖性。"《第一次审查意见通知书》所针对文本中的权利要求1内容为：

"一种相对于置于平台上的目标物来定位一治疗装置的系统，该系统包括：

一基座组件，其上有一沿平台长边延伸的第一轨道，用以界定供该治疗装置相对于目标物移动的一第一路径；

一弯曲结构，通过第一轨道可滑动地安装于基座组件上，该弯曲结构沿着其内侧壁具有一第二轨道以界定供该治疗装置相对于目标物移动的一第二路径；以及

一收纳处，设置在该弯曲结构的第二轨道上以收纳该治疗装置，该收纳处至少是沿弯曲结构的半径方向可延展的用以界定供该治疗装置相对于目标物移动的一第三路径。"

本院认为，根据当事人的上诉请求、答辩情况及案件事实，本案的主要争议焦点问题有二：其一，国家知识产权局基于创造性评价直接作出维持驳回决定是否违反法定程序；其二，关于权利要求1、4的创造性判断是否正确。

（一）关于国家知识产权局基于创造性评价直接作出维持驳回决定是否违反法定程序

本案中，国家知识产权局实质审查部门驳回涉案申请的理由为专利法第三十三条。在驳回复审程序中，卫生研究院修改了权利要求。国家知识产权局复审部门向卫生研究院发出了一次复审通知书，卫生研究院针对该复审通知书陈述意见并再次修改权利要求。针对再次修改后的权利要求，国家知识产权局复审部门引用最接近的现有技术即对比文件1，认定涉案申请权利要求1与对比文件1的区别为：（1）权利要求1为热治疗装置；（2）还设有一固合基座组件的平台；（3）收纳处至少沿弯曲结构的半径方向可延展。在此

基础上，国家知识产权局复审部门直接以涉案申请不具备创造性为由作出被诉决定，维持了原驳回决定。卫生研究院认为国家知识产权局复审部门变更了理由，且未给予其再次陈述意见的机会，违反法定程序。对此，本院分析如下：

第一，关于复审程序的审查对象。原则上，国家知识产权局复审部门在复审程序中一般仅针对驳回决定所依据的理由和证据进行审查。但是，基于审查效率及听证原则的要求，如果复审部门发现审查文本存在足以用在驳回决定作出前已告知过申请人的其他理由及其证据予以驳回的缺陷，亦可以对与之相关的理由及其证据进行审查。因此，复审程序的审查对象原则上限于驳回决定所依据的理由和证据以及驳回决定的作出前已告知过申请人的其他理由及证据。《专利审查指南》第四部分第二章第4.1节的相关规定具有合理性。

第二，关于根据新理由或者证据作出复审决定的条件与程序。在复审程序中，由于申请人修改专利申请等原因，国家知识产权局复审部门可能需要引入新理由或者证据作出复审决定。此时，根据听证原则和正当程序原则，国家知识产权局复审部门应当发出“复审通知书”通知申请人，给予其陈述意见和修改的机会，而不能直接变更理由作出维持原驳回决定的复审决定。一般而言，复审决定所针对的权利要求、对比文件、法律理由等相对于驳回决定发生变化的，均属引入新理由或者证据。此时，国家知识产权局复审部门原则上应在作出复审决定前发出“复审通知书”通知申请人，给予其陈述意见和修改的机会。《专利审查指南》第四部分第二章第4.3节规定，针对一项复审请求，根据专利法实施细则第六十二条的规定，有下列情形之一的，合议组应当发出复审通知书（包括复审请求口头审理通知书）或者进行口头审理：(4) 需要引入驳回决定未提出的理由或者证据。该规定明确要求当复审决定需要引入新的理由或者证据时，应当发出复审通知书，符合正当程序，可以作为参照。

第三，关于国家知识产权局未再次发出复审通知书并基于创造性评价直接作出维持驳回决定是否程序违法。本案中，卫生研究院提起驳回复审申请时提交了权利要求全文替换页，克服了国家知识产权局实质审查部门驳回决定中认定的修改超范围问题。在收到国家知识产权局复审部门发出的关于涉案申请不具有创造性的复审通知书后，卫生研究院再次修改了权利要求，并增加了被诉决定所认定的新的区别特征（3）即“收纳处至少沿弯曲结构的半径方向可延展”。对增加区别特征（3）之后的权利要求是否具有创造性，国家知识产权局复审部门并未再次听取卫生研究院的意见，而是径行对创造性进行评判并据此维持驳回决定，原则上属于引入新的理由或者证据。国家知识产权局复审部门本应再次发出复审通知书，给予卫生研究院再次修改或者陈述理由的机会。但是，基于国家知识产权局在实质审查期间已经对包含该区别特征的技术方案的新颖性引用同一对比文件进行过评述、新颖性评价与创造性评价的关系以及该区别特征（3）的相对独立性等因素，本案符合足以用在驳回决定作出前已告知过申请人的其他理由及其证据予以驳回的缺陷的情形，因而不属于引入新事实或者证据作出复审决定的情形，不构成程序违法。首先，关于《第一次审查意见通知书》的评价。在作出被诉决定前，国家知识产权局实质审查部门在《第一次审查意见通知书》中已经对包含上述区别特征（3）的权利要求 1 结合同一对比文件进行了评价。《第一次审查意见通知书》同样引用了对比文件 1，指出权利要求 1—3、9、10、12、21、24—26、29、30、36 不具备专利法第二十二条第二款规定的新颖性，权利要求 4—8、11、13—20、22、23、27、28、31—35 不具备专利法第二十二条第三款规定的创造性。在评价权利要求 1 的新颖性时，该通知书明确指出："（对比文件 1）定位结构 70 使医疗工具沿其长度方向插入或缩回移动，且还可以垂直于工具的长度方向的偏航轴和/或俯仰轴旋转而使得医疗工具以任意角度插入病人身体，即可以沿拱形结构 31 的半径方向延伸的路径。"可见，对于被诉决定认定的区别特征（3），国家知识产权局实质审查部门在实质审查阶段已结合同一篇对比文件进行了评述，认定其不具备新颖性。其次，关于新颖性评价与创造性评价的关系。虽然国家知识产权局实质审查部门在《第一次审查意见通知书》中对涉及区别特征（3）的相关技术方案评价为不具有新颖性，但鉴于创造性的要求高于新颖性的要求，根据举轻以明重的解释原则，该通知书实质隐含了对区别特征（3）不能给相关技术方案带来创造性的判断。最后，关于上述区别特征（3）的特点。卫生研究院新增加的区别特征（3）"收纳处至少沿弯曲结构的半径方向可延展"具有相对的独立性，其与区别特征（1）和区别特征（2）的结合并没有给相关技术方案带来整体技术效果的提升。

综上，被诉决定与实质审查阶段《第一次审查意见通知书》均引用的同一篇对比文件，且《第一次审查意见通知书》已经隐含作出了区别特征（3）不能给相关技术方案带来创造性的意见。因此，被诉决定所针对的修改后的权利要求符合"足以用在驳回决定作出前已告知过申请人的其他理由及其证据予以驳回的缺陷"，不属于引入新理由或者证据的情形。卫生研究院关于本案存在"需要引入驳回决定未提出的理由或者证据"应当给予其二次陈述意见机会的主张缺乏依据，本院不予支持。原审法院仅以国家知识产权局实质审查部门就对比文件1在审查程序中对卫生研究院进行了告知且卫生研究院对此发表了意见为由，认定涉案申请相对于对比文件1不具备创造性的问题属于“足以用在驳回决定作出前已告知过申请人的其他理由及其证据予以驳回的缺陷”，理由虽失于粗疏，但结论正确。必须强调的是，虽然本院本着实质性解决纠纷的原则，基于本案具体情况对被诉决定予以维持，但是并不意味着国家知识产权局复审部门的处理毫无瑕疵。国家知识产权局复审部门作出被诉决定之时，实际上并未意识到实质审查部门在实质审查阶段已经基于同一对比文件对区别特征（3）进行了评价，而是在被诉决定作出后才认识到这一问题，程序确有瑕疵。在处理类似案件时，如因申请人的修改等原因导致复审决定所针对的权利要求、对比文件、法律理由等相对于驳回决定发生变化的，国家知识产权局复审部门应审慎对待，根据正当程序原则给予申请人陈述意见或者修改的机会。

（二）关于权利要求1、4的创造性判断是否正确

卫生研究院上诉主张，被诉决定在评价涉案申请权利要求1的创造性时，确定的最接近的对比文件以及判断是否显而易见时都使用的对比文件1中同一个技术方案，不符合创造性的评判方法；未将区别特征（1）和区别特征（3）作为一个整体，割裂了特征之间的关系。对此，本院分析如下：

第一，关于被诉决定是否仅用一篇对比文件评价涉案申请权利要求的创造性。首先，在认定权利要求是否显而易见时不能排除最接近的现有技术。审查创造性时，一般在确定最接近的现有技术以及确定发明的区别特征和实际解决技术问题的基础上，再判断现有技术整体上是否存在某种技术启示。当所述区别特征为公知常识或与最接近的现有技术相关的技术手段时，通常可以认定现有技术中存在相关技术启示。因此，最接近的现有技术本身可以作为技术启示的来源性文件。其次，被诉决定在评述涉案申请权利要求1的创造性时使用了对比文件1与公知常识的结合。本案中，被诉决定引用的最接近的现有技术为对比文件1，认定涉案申请权利要求1与对比文件1存在三个区别特征。在评述区别特征（1）时，被诉决定认定“两个装置中的定位部件及方法可以交叉使用，本领域技术人员容易想到将对比文件1中的定位系统用于热治疗装置以解决对病人进行定位的问题”。在评述区别特征（2）时，被诉决定认为“根据具体使用需要，加设一使基座组件固合其上的平台，是本领域常用的装配手段”。在评述区别特征（3）时，被诉决定认为“将定位结构（相当于延展臂）沿拱形结构31（相当于弯曲结构）的半径方向设置在支架上，是本领域的常规设置方式，而在此常规设置方式下，结合对比文件1所给出的技术启示，为使工具达到需要的位置，本领域技术人员

容易想到使定位结构或支架至少沿拱形结构的半径方向可延展”。结合前述论述中“容易想到”“本领域常用的装配手段”及“本领域的常规设置方式”等具体表述，应该认为国家知识产权局复审部门在创造性评判中使用了对比文件1和公知常识的结合。因此，被诉决定关于创造性的评判方法并无不当。卫生研究院的相关上诉理由不能成立，本院不予支持。

第二，关于涉案申请权利要求1的创造性。首先，关于区别特征（1）和（3）。本案中，涉案申请权利要求1与对比文件1的区别特征（1）、（3）分别为“权利要求1为热治疗装置”和“收纳处至少沿弯曲结构的半径方向可延展”。对比文件1公开了一种安装在如CT机上的操纵器，定位结构70能相对于导向装置30以一个或多个自由度来移动活检针进入病人身体某个位置。该定位结构70能沿工具的长度方向移动工具以相对于病人插入或退出，还可沿与工具长度方向垂直的偏航轴或俯仰轴来移动工具以使工具能以需要的任意角度插入病人身体。涉案申请权利要求1为热治疗装置，在收纳处上连接一延展臂，该延展臂一端连接该热治疗装置，该收纳处至少是沿弯曲结构的半径方向可延展的用以界定供该治疗装置相对于目标物移动的一第三路径。卫生研究院强调活检针系侵入式医疗手段，与涉案申请非侵入式超声波能量场存在区别。对此，本院认为，结合权利要求1和说明书，二者均未记载涉案申请为非侵入式超声波能量场。同时，虽然对比文件的活检针与涉案申请权利要求1热治疗装置在接触人体的方式上存在一定区别，但是二者均为医疗器械领域，且均需通过相对于病人进行位置移动的工具以实现定位功能，所要解决的技术问题基本相同，因此卫生研究院所强调的二者技术方案在技术构思、工作方式上的不同缺乏说服力。对比文件1不仅公开了定位结构70沿工具长度方向移动，还公开了可沿与工具长度方向垂直的偏航轴或俯仰轴来移动工具以使工具能以需要的任意角度移动，即对比文件1给出了移动工具以定位的技术启示。结合对比文件1给出的技术启示，本领域技术人员容易想到使定位结构至少沿拱形结构半径方向可延展。原审法院关于区别特征1、3的认定并无不当。其次，关于区别特征（2），原审程序中卫生研究院明确表示对于该区别特征的评述没有异议。而且，根据具体使用需要，加设一使基座组件固合其上的平台是本领域常用的装配手段，没有给涉案申请带来意料不到的技术效果。原审法院关于涉案申请权利要求1相对于对比文件1不具备创造性的认定并无不当。卫生研究院的相关上诉理由不能成立，本院不予支持。

第三，关于涉案申请权利要求4的创造性。鉴于被诉决定对权利要求4的创造性认定与有关权利要求1的相关认定基本相同，且卫生研究院针对权利要求 4 的上诉理由与有关权利要求 1 的上诉理由基本相同，本院对权利要求 4 的认定与前述权利要求 1 的认定相同，不再赘述。原审法院关于涉案申请权利要求 4 相对于对比文件 1 不具备创造性的认定并无不当。卫生研究院的相关上诉理由不能成立，本院不予支持。

综上所述，卫生研究院的上诉请求不能成立，应予驳回。被诉决定对创造性的评价正确，程序虽有瑕疵但尚未达到违法程度；原审判决认定事实清楚，结论正确，应予维持。依照《中华人民共和国行政诉讼法》第八十九条第一款第一项之规定，判决如下：

驳回上诉，维持原判。

二审案件受理费 100 元，由财团法人“国家”卫生研究院负担。

本判决为终审判决。

审 判 长 朱 理
审 判 员 傅 蕾
审 判 员 张晓阳
二〇一九年八月八日
法官助理 宾岳成
书 记 员 赵之澜

# 33. 无效宣告程序中的全面审查原则

——上诉人国家知识产权局与被上诉人宁波裕德金属制品有限公司、原审第三人南通明兴科技开发有限公司、中国科学院软件研究所发明专利权无效行政纠纷案①

**中华人民共和国最高人民法院行政判决书（2019）最高法知行终124号**

上诉人（原审被告）：国家知识产权局。住所地：北京市海淀区蓟门桥西土城6号。

法定代表人：申长雨，该局局长。

委托诉讼代理人：李礼，该局审查员。

委托诉讼代理人：吴风静，该局审查员。

被上诉人（原审原告）：宁波裕德金属制品有限公司（曾用名称：宁波圣瑞思服装机械有限公司）。住所地：浙江省宁波市奉化区萧王庙街道弥勒大道中段。

法定代表人：江金达，该公司执行董事兼经理。

委托诉讼代理人：刘丰，南京知识（江北新区）律师事务所律师。

原审第三人：南通明兴科技开发有限公司。住所地：江苏省南通市港闸区秦灶镇桥东村二组。

法定代表人：俞明，该公司董事长。

委托诉讼代理人：马勇，江苏楼沈律师事务所律师。

原审第三人：中国科学院软件研究所。住所地：北京市海淀区中关村南四街4号。

法定代表人：赵琛，该研究所所长。

委托诉讼代理人：马勇，江苏楼沈律师事务所律师。

上诉人国家知识产权局因与被上诉人宁波裕德金属制品有限公司（简称裕德公司）及原审第三人南通明兴科技开发有限公司（简称明兴公司）、中国科学院软件研究所（简称软件研究所）发明专利权无效行政纠纷一案，不

① 本案在年度报告中的位置为第56页。

服北京知识产权法院于2019年3月31日作出的（2016）京73行初5151号行政判决，向本院提出上诉。本院于2019年8月26日受理后依法组成合议庭，于2019年10月16日公开开庭审理了本案。上诉人国家知识产权局的委托诉讼代理人李礼、吴凤静，被上诉人裕德公司的委托诉讼代理人刘丰，原审第三人明兴公司、软件研究所的共同委托诉讼代理人马勇到庭参加了诉讼。本案现已审理终结。

国家知识产权局上诉请求：撤销原审判决并维持国家知识产权局专利复审委员会（简称专利复审委员会）作出的第29480号无效宣告请求审查决定（简称被诉决定）。事实与理由：原审判决对第20061001××××.7号名称为“智能物料配送的监控方法及系统”的发明专利（简称本专利）权利要求1的创造性认定错误。具体理由是：原审法院将证据2控制进入工作站的信息流通方式认定错误，其认定“证据2中的智能终端机与本专利权利要求1中的PLC均用于控制工作站的开和关，在这部分功能上二者相当”也是错误的，从而导致其在以证据2为最接近的现有技术，并结合证据5、证据1公开的技术内容及公知常识时，对本专利权利要求1不具备创造性的认定错误。

裕德公司辩称：原审判决认定事实清楚，适用法律恰当，判决结果正确，请求维持原审判决。

明兴公司与软件研究所均述称：同意国家知识产权局的上诉意见，原审判决应予撤销，被诉决定认定事实清楚，审查结论正确，依法应予维持。

裕德公司向原审法院起诉请求：撤销被诉决定并判决专利复审委员会重新作出审查决定。

原审法院查明事实：

一、本专利

（一）专利权人：软件研究所、明兴公司。

（二）发明创造名称：“智能物料配送的监控方法及系统”。

（三）专利号：20061001××××.7。

（四）申请日：2006年5月19日。

（五）授权公告日：2009年6月3日。

（六）被诉决定针对的本专利的权利要求：

“1. 一种智能物料配送的监控方法，其步骤包括：

（1）在轨道上运行的每个吊架上均设有一个无线电射频识别RFID标签，当一个吊架经过某个工作站进站口前的RFID读卡器时，此读卡器会读到吊架标签上的信息，经由工作站终端设备发送给上位机；

（2）上位机接收到吊架检测信号后，会判断此吊架是否应该进入这个工作站进行加工，如果不应进入这个工作站，则上位机不发送任何信号，吊架继续在主轨道上运行；如果应该进入这个工作站，则上位机向可编程逻辑控制器 PLC 发送一个支轨接通信号，可编程逻辑控制器 PLC 在收到这个信号后控制相应工作站点的进站开关合上，使吊架得以进入工作站；

（3）吊架上的衣料在某个工作站完成相应工序的加工后，工作站终端设备向上位机发送一个加工完成信号，同时通过电器开关将这个吊架送入出站缓冲区。”

“4. 一种智能物料配送的监控系统，包括：

（1）上位机，整个智能物料配送装置的控制中心；

（2）工作站终端设备，与上位机通讯；

（3）RFID 标签，在每个吊架上均贴有一 RFID 标签，用于唯一标识此吊架；

（4）RFID 读卡器，读取 RFID 标签上的电子信息，并通过终端设备传送给上位机；

（5）可编程逻辑控制器 PLC，接受上位机的通讯信号，控制相应站点的进、出站开关的闭合，使吊架进入工作站或进入主轨道。

5. 如权利要求 4 所述的智能物料配送的监控系统，其特征在于：每个工作站设置两个 RFID 读卡器，分别放置在工作站的进站口和工作站出站缓冲区前，设置在工作站进站口的读卡器将经过它的吊架信息上传给上位机，设置在工作站出站缓冲区前的读卡器将在该工作站中加工完成的吊架信息上传给上位机。”

本专利说明书“背景技术”部分载明，随着国际服装市场竞争的日趋激烈以及批量小、品种多、交期短等矛盾的日益突出，国内服装制造业的现状显然不能适应服装产业高效率、规模化、低成本发展的要求，这不仅制约了企业自身的发展，也使整个行业在国际服装加工市场的竞争中处于极端不利的地位。目前国内服装生产企业已采用的智能物料配送装置大都从国外进口，该装置通常由一个椭圆形主轨道和多个工作站组成，如图 1 所示，工作站分配有不同的角色，也即具有不同的功能，如准备站、加工站和结束站等。将待加工的衣料挂在一个吊架上，由准备站上线，进入主轨道，每个吊架均有一个唯一的标识以识别和定位此吊架。主轨道上等距离分布着诸多豁口，由这些豁口推动吊架在主轨道上运行，要保证系统正常工作，每个豁口只能推动一个吊架。智能物料配送装置上设有包括上位机在内的监控系统，根据上位机软件中对吊架加工流程的设置，和轨道上用于识别吊架标识的装置实时采集到的信号，上位机会跟踪吊架的运行并判定吊架应该进入哪个工作站进行加工，然后向控制设备发送控制信号，驱动机械设备控制吊架进入相应的工作站。当吊架上的衣料完成了在相应工作站的加工时，需要使吊架回到主轨道上继续沿主轨运行，从而完成剩下的加工流程。由于要保证主轨上每个豁口最多只能推动一个吊架，因此在吊架从支轨进入主轨时，需要判断出站口的主轨豁口上是否有吊架。如果有，则支轨上的吊架不能上主轨；否则，支轨上的吊架可以安全地进入主轨，简称并轨。智能物料配送装置不但价格昂贵，而且其现有监控方法存在如下技术问题：1. 在物料识别和控制中，采用普通的条形码技术来实现。但条形码识别存在着明显的缺点：首先，条形码识别速度慢，基本上只能在静止状态进行识别；其次，条码的识别率较低，经常会出现无法识别的情况，并且长期使用后，物料上的条码容易模糊，致使识别失败，因此系统故障。因此，条形码技术的使用严重地限制了整个系统所能达到的性能。2. 现有的自动化制衣生产线，解决并轨问题多采用电眼来检测豁口和吊架，这种方法抗干扰能力差，对环境的要求高，一旦工人无意间将电眼遮住或灰尘将电眼覆盖，则系统就会失效。“发明内容”部分载明，针对上述问题，本发明提供一种智能物料配送的监控方法及系统，可以对物料配送过程进行高效和智能的管理。

二、对比文件

（一）证据1：JP 平 4－23752A 号日本专利公报全文及其中文译文，公开日为 1992 年 1 月 28 日。

证据 1 公开了一种在缝制工厂使用的搬运装置，其“发明想要解决的课题”部分载明，在这些以往的技术中，虽然没有将被搬运物体搬送到错误的作业工位这种问题，但有时也会有：所有的被搬运物体都会以和预先存储的作业工位相同的顺序搬运到作业工位上去。所以，即使想要与预先存储好的作业工序顺序不同的其他被搬运物体混在一起，这些被搬运物体也还是会以预先存储好的作业工序搬运到各作业工位上去，无法与作业工序不同的其他被搬运物体混在一起。因此，想要对应多品种小批量生产时，对于业已预先存储好的相同作业工序顺序的被搬运物体，就必须先结束其所有作业。而且下一步必须要在将新的作业工序顺序存储好之后，才能投入新的被搬运物体，如果不结束前项作业工序中被搬运物体的所有作业，就将务必进行作业工序的变更，作业工序如有不同，每次都必须进行更换，无法对应多品种小批量生产等这样的问题。因此，本发明以解决上述课题为目的，提供一种可对应多品种小批量生产的搬运装置。

证据 1 具体公开了如下技术内容（参见证据 1 译文全文）：其生产线中设置有众多分配机构 1，在分配机构 1 之间架设有平行架桥轨道 10，从而构成生产线的主轨道。另外在分配机构 1 的周围还配置有多个作业工位 ST 用的、呈马蹄形状的工位轨道 11，从而构成多个工作站。在架桥轨道 10 及工位轨道 11 的两端形成有搬入用轨道部分 10a、11a 以及搬出用轨道部分 10b、11b，这些轨道部分 10a、11a、10b、11b 在分配机构 1 的周围，以相同高度位置，间隔规定角度进行配置。在架桥轨道 10 或工位轨道 11 上，运行有吊挂缝制加工品等物品用的被搬运物体 61。为了让被搬运物体 61 能够从架桥轨道 10 进入工位轨道 11，或者从工位轨道 11 返回架桥轨道 10，在分配机构 1 的支轴 4 上可旋转地支撑有旋转体 41，而多个呈放射状分布的分配悬臂 44 以规定角度间隔固定在旋转体 41 的外周边缘，确保可以和架桥轨道 10 及工位轨道 11 的轨道部分 10a、11a、10b、11b 相对设置。分配机构中还包括气缸机构，通过分配悬臂 44 旋转和气缸机构的动作，实现被搬运物体 61 进入工作站或进入主轨道。同时，在每个被搬运物体 61 上都设有圆板状的被检出体 69，通过在被检出体 69 上开设不同的小孔赋予每个被搬运物体 61 的各自编号，即用于唯一标识每个被搬运物体 61。与之相对应地，在通往分配机构 1 的架桥轨道 10、工位轨道 11 的搬入用轨道部分 10a、11a 上均相应设置有编号读取机构 85，用于读取被检出体 69 的信息。被搬运物体 61 是按照相应的作业工序顺序在主轨道和各个工作站之间进出的。对该搬运装置进行控制的电气系统包括电子控制电路 100、主计算机 106、各作业工位 ST 以及作业信息传递装置 WST。各分配机构 1 中分别设置有相应的电子控制电路 100，通过编号读取机构 85 获取各被搬运物体 61 的各自编号，并向主计算机 106 发送该被搬运物体 61 的编号。主计算机 106 根据该被搬运物体 61 编号，在各作业工位的作业完成后，将相应工序顺序中的下一个作业工位作为被搬运物体 61 的下一个目的地，从而指示被搬运物体 61 在生产线上运行。电子控制电路 100，其根据读取到的编号信息来确认被搬运物体的目的地，并计算送往该目的地所需的分配悬臂 44 的旋转角度，驱动相应的分配悬臂 44 及相应的气缸机构动作，使被搬运物体 61 进入各工作站或在主轨道上运行。在各工作站中还设置了作业信息传递装置 WST，该作业信息传递装置 WST 中设有作业结束时进行操作的键开关群，能够在各工作站完成相应工序的加工后将作业结束信号发送给主计算机 106。

（二）证据 2：周旭东等著“智能服装吊挂生产管理系统的研究”，《上海工程技术大学学报》第 14 卷第 1 期第 63　68 页，2000 年 3 月，复印件共 6 页。

证据 2 公开了服装吊挂生产线的生产管理系统，其“引言”部分载明：服装吊挂生产管理系统作为一项先进的生产管理技术，自 20 世纪 70 年代就被许多国家和地区采用，并取得了良好的效果。“服装吊挂生产线的生产管理系统”部分载明：服装吊挂生产管理系统是根据生产加工工艺的要求，自动将衣片、半成品及成衣按加工顺序输送到各个加工工序，并且直接输送到每个操作人员最方便的位置上。它不受加工线路长短和加工位置排列的限制，系统可长可短，可高可低，可根据需要自由排列组合，灵活方便，是一种弹性组合系统，它特别适合于各种需要连续加工的生产场合，运送过程自动化……吊挂系统工作程序为：发料台→配料→上挂架→编码→主传动系统→进料系统检码→工位进料→进料系统出码→工位出料→主传动系统，依次循环……主轨道负责将夹持裁片或半成品的吊架循环传送至各个工作站，当中央控制器决定吊架应进入某一工作站处理时，该吊架就从主轨道流入此工作站的内轨，即通常的进料轨道（安装于每个工作站的入口处，将挂架从传输主轨道接入工作站进行缝制作业），经各个工作站处理完毕的吊架会通过出料轨道把吊架送回传输主轨道流向下一道工序的工作站。工作站包括内轨、上架盒、下架盒、喂入喂出传动链、吊架、读码器和智能终端机……每个吊架都有条形码标志，读码器对进入喂入喂出传动链进行处理的每个吊架进行识别，而该喂入喂出传动链的工作位置是车缝工要处理的夹持裁片或半成品的吊架位置，读码器读取的信息反馈给控制器，工作站内的智能终端机与中央主控机连接，并控制工作站的开关。通过中央主控制机屏幕可即时了解当前生产情况，以实现对整条流水线的实时管理控制，使生产管理有较好的可见度。以 ETON2002 型吊挂系统为例，ETON 公司所用的软件名称为 SOFT-LINGHT。这套软件主要包括 8 个部分，其主要功能如下……工段排序：为每个品种或颜色特定一条工序流程，以至不同品种或颜色的裁片可以在同一条流水线上按各种不同的流程进行而不会发生碰撞。主轨上的吊架根据电脑工序表有序地流入各工作站进行处理，并最终将不同品种或颜色的成品分类下线。自动平衡：依据各个工人对不同缝纫技术的熟练程度，自动调节工作站内轨中夹持裁片或半成品吊架的存量、将余量转移到其他工作站，以保证整条流水线的顺畅流通。品质检测：以随机或管制的方法对整条流水线进行品质检测，依据测得瑕疵的不同种类，用不同的代码来决定不同的处理方式。每个中央主控制器和软件可以规划和协调 255 个工作站的信息，系统工作站可视企业生产需求而灵活扩充，中央主控制器可与全厂电脑管理系统联网，实现整个企业的现代化管理。

（三）证据 5：US6959229B2 号美国专利申请全文及其中文译文，授权公告日为 2005 年 10 月 25 日。

证据 5 公开了一种 RFID 控制系统，该系统在装载设备上设置 RFID 射频标签，通过识别器识别标签上存储的编码后将其传送给控制器，控制器会将获取的编码与自身存储的信息进行比较，若匹配则启动切换开关，否则切换开关将处于关闭状态。证据5的“背景”部分还载明，诸如丽资克莱本（美国服装品牌）等的批发商常常需要将其产品从制造工厂运输到分销仓库，而根据不同商店库存需要的不同，产品会被分开运输……通常，这些系统依赖于一个集中式可编程逻辑控制器（PLC），或微处理器控制系统，控制整个物流过程。而集中式的控制系统通常会提高产品运输过程中的成本，分类系统又需要大量人力的投入；除此之外，现有系统也不够灵活，无法支持那些非集中式的系统。证据5的“详细描述”部分载明，该RFID控制系统集成了上述各个系统各自的优势，比起目前利用纯机械标签识别系统更加轻便、便宜；同时也比条形码扫描系统更便宜。这个系统中不需要使用任何机械装置，没有集中式控制器，且一旦操作人员将传输目的地编码写入异频接收机，装载设备能够自行处理。（参见译文全文及附图6）。

三、口审情况

2016年2月15日，明兴公司与软件研究所提交了意见陈述书，请求进行口头审理。2016年4月15日，专利复审委员会举行了口头审理。裕德公司出席口头审理，明兴公司与软件研究所未出席口头审理。口头审理当庭明确并记录了以下事项：裕德公司当庭提交了其从宁波市科技信息查新中心获取的证据2期刊文件的原件，同时提交了如下两份公知常识性证据，并出示原件：

证据6：国家标准GB/T15969.1－2007/IEC61131－1：2003，可编程序控制器第1部分：通用信息的复印件，共15页，出版日期应为2008年1月。证据6载明，可编程序控制器及其相关外围设备的设计，使它能够非常方便地集成到工业控制系统中，并能很容易地达到所期望的所有功能。

证据7：殷洪义主编、由机械工业出版社于2003年1月出版的《可编程序控制器选择设计与维护》，首页、出版信息页、第2页、第223—224页的复印件，共5页。证据7载明，国际电工委员会（IEC）对PLC作了如下定义：“PLC是一种数字运算操作的电子系统，专为在工业环境下应用而设计。它采用可编程序的存储器，用来在其内部存储执行逻辑运算、顺序控制、定时、计数和算术运算等操作的指令，并通过数字式、模拟式的输入和输出，控制各种类型的机械或生产过程。PLC及其有关设备，都应按易于与工业控制系统形成一个整体，易于扩充其功能的原则设计。”

裕德公司主张其提交的证据6和证据7用于证明PLC是本领域常用的工业控制器，其用于集散式工业控制是本领域公知常识，具体无效理由与其书面意见相同。

2016年4月25日，专利复审委员会发出转送文件通知书，将2016年4月15日口头审理记录转给明兴公司与软件研究所。明兴公司与软件研究所针对上述无效宣告请求及补充意见和口头审理记录于2016年5月10日提交了意见陈述书。专利复审委员会于2016年5月27日向裕德公司发出转送文件通知书，将明兴公司与软件研究所于2016年5月10日提交的意见陈述书转给裕德公司。裕德公司于2016年6月20日提交了意见陈述书，认为：明兴公司与软件研究所于2016年5月10日提交的意见不应被考虑，否则就给予了明兴公司与软件研究所过多的答复意见的机会，违反程序公正。

四、被诉决定

2016年6月28日，专利复审委员会作出被诉决定认定：本专利权利要求1和4相对于证据1、证据2、证据5和本领域公知常识的结合是非显而易见的，具备突出的实质性特点和显著的进步，权利要求1具备创造性，符合2000年修订的《中华人民共和国专利法》（以下简称专利法）第二十二条第三款的规定。在权利要求4具备创造性的基础上，其从属权利要求5也具备创造性，符合专利法第二十二条第三款的规定。另外，由于裕德公司当庭提交了公知常识性证据，为了满足听证原则的要求，专利复审委员会将上述内容连同口审记录转给了专利权人，专利复审委员会上述做法并未违反程序公正原则。据此，专利复审委员会决定：维持本专利权有效。

裕德公司不服专利复审委员会作出的被诉决定并提起诉讼。

原审法院认为，本案应当适用2000年修订的专利法。专利复审委员会对本专利权利要求1与证据1之间的区别技术特征认定正确，在以证据1为最接近的现有技术的基础上，本领域技术人员结合证据2、证据5以及本领域的公知常识，不付出创造性的劳动就无法得到本专利权利要求1所要求保护的技术方案。因此，权利要求1具备创造性，符合专利法第二十二条第三款的规定。以证据2为最接近的现有技术，本领域技术人员结合证据5、证据1公开的技术内容及公知常识，无须付出创造性的劳动就能够得到权利要求1的技术方案，权利要求1不具备创造性，不符合专利法第二十二条第三款的规定。本领域技术人员在证据1的基础上，结合证据2、证据5及本领域的公知常识要得到本专利权利要求4的技术方案存在明显的技术障碍，需要付出创造性的劳动才能够实现，故权利要求4具备创造性，符合专利法第二十二条第三款的规定。在权利要求4具备创造性的基础上，其从属权利要求5也具备创造性，符合专利法第二十二条第三款的规定。专利复审委员会关于权利要求4、5具备创造性的认定正确。综上所述，专利复审委员会作出的被诉决定关于权利要求 1 具备创造性的事实认定及适用法律存在错误，依法应当予以撤销，其应当在此基础上重新作出决定。

原审法院判决：一、撤销被诉决定；二、专利复审委员会就裕德公司针对第 20061001 ××××.7 号“智能物料配送的监控方法及系统”的发明专利权所提无效宣告请求重新作出决定。案件受理费 100 元，由专利复审委员会负担。

本院经审理查明：

2015 年 12 月 4 日，裕德公司针对本专利向专利复审委员会提出了无效宣告请求，主张本专利权利要求 1 相对于证据 1 并结合证据 2 及公知常识不具备创造性。

2015 年 12 月 31 日，裕德公司提交了无效宣告请求程序意见陈述书，补充提交了证据 5，并补充了如下评述创造性的证据组合方式：1. 以证据 1 为最接近的现有技术，本专利权利要求 1 相对于证据 1 和证据 2、证据 5 及公知常识的结合不具备创造性；2. 以证据 2 为最接近的现有技术，本专利权利要求 1 相对于证据 2、证据 1 和公知常识的结合，或相对于证据 2 和证据 1、证据 5 及公知常识的结合 1 不具备创造性。

另查，经浙江省宁波市奉化区市场监督管理局核准，宁波圣瑞思服装机械有限公司于 2019 年 9 月 30 日将企业名称变更为“宁波裕德金属制品有限公司”。

此外，原审法院已经查明的事实基本清楚，且有本专利授权公告文本、证据 1—7、被诉决定、企业名称变更手续、无效宣告请求书及当事人陈述、笔录等证据在案佐证，本院予以确认。

本院认为，《中华人民共和国行政诉讼法》第五条规定“人民法院审理行政案件，以事实为根据，以法律为准绳。”第六条规定：“人民法院审理行政案件，对行政行为是否合法进行审查。”第八十七条规定：“人民法院审理上诉案件，应当对原审人民法院的判决、裁定和被诉行政行为进行全面审查。”在专利权无效行政诉讼中，对于行政机关未全面审查无效宣告请求人提出的上诉主张的，人民法院可以依法予以纠正。专利法第二十二条第三款规定：“创造性，是指同申请日以前已有的技术相比，该发明有突出的实质性特点和显著的进步，该实用新型有实质性特点和进步。”在无效宣告请求审查程序中，通常仅针对当事人提出的无效宣告请求的范围、理由和提交的证据进行审查。请求人主张专利缺乏创造性的，应提供相应的现有技术。请求人提供了多份现有技术的，应明确证据组合方式并确定最接近的现有技术，同时还应结合其证据组合方式陈述专利不具备创造性的具体理由。审查专利是否具备创造性时，主要是审查请求人的主张是否成立，如审查请求人主张的现有技术的组合方式是否足以导致被审查的专利权缺乏创造性，一般应当全面审查请求人提出的无效主张，通常不得在未全面审查请求人无效主张的基础上即维持专利权全部有效。此外，在审查专利权是否具备创造性时一般不得擅自更换请求人主张的现有技术，更不得擅自变更请求人主张的最接近的现有技术，也不得擅自增加请求人未主张的现有技术。甚至即便在请求人主张的证据组合方式内也不得擅自改变最接近的现有技术，因为最接近的现有技术的改变通常会引起区别技术特征的变化并影响是否存在技术启示的判断。

本案中，请求人裕德公司于 2015 年 12 月 4 日针对本专利提出无效宣告请求时主张本专利权利要求 1 相对于证据 1 并结合证据 2 及公知常识不具备创造性；裕德公司于 2015 年 12 月 31 日提交无效宣告请求程序意见陈述书时又补充主张了如下评述创造性的证据组合方式：1. 以证据 1 为最接近的现有技术，本专利权利要求 1 相对于证据 1 和证据 2、证据 5 及公知常识的结合不具备创造性；2. 以证据 2 为最接近的现有技术，本专利权利要求 1 相对于证据 2、证据 1 和公知常识的结合，或相对于证据 2 和证据 1、证据 5 及公知常识的结合不具备创造性。而被诉决定仅审查了以证据 1 为最接近的现有技术，本专利权利要求 1 相对于证据 1 和证据 2、证据 5 及公知常识的结合是否具备创造性。对于裕德公司于 2015 年 12 月 31 日主张的以证据 2 为最接近的现有技术并结合证据 1、证据 5 及公知常识，本专利权利要求 1 不具备创造性的无效宣告请求，被诉决定未予以审查。同时，针对裕德公司于 2015 年 12 月 4 日提出无效宣告请求时主张的本专利权利要求 1 相对于证据 1 并结合证据 2 及公知常识不具备创造性的无效宣告请求，被诉决定虽然指出本专利权利要求 1 相对于证据 1、证据 2、证据 5 和本领域公知常识的结合具备创造性，但仍未明确指出本专利权利要求 1 相对于证据 1 并结合证据 2 及公知常识是否具备创造性的审查结论。因此，被诉决定未全面审查裕德公司提出的无效宣告请求，其审查结论的依据不足，依法应予撤销，国家知识产权局应当基于裕德公司提出的无效宣告请求重新作出审查决定。

需要指出的是，虽然各方当事人在二审诉讼中均未主张被诉决定未全面审查裕德公司在无效宣告请求审查程序中提出的无效宣告请求，但本院在审查被诉决定的合法性时发现被诉决定未全面审查裕德公司提出的无效宣告请求时，依法应予纠正。原审法院虽然审查了以证据 2 为最接近的现有技术时，本专利权利要求 1 相对于证据 2 并结合证据 1、证据 5 及公知常识的组合方式是否具备创造性的无效宣告请求，但依然未审查裕德公司有关本专利权利要求 1 相对于证据 1 并结合证据 2 及公知常识不具备创造性的主张。但是，鉴于原审法院撤销被诉决定并判决重新作出审查决定的结论正确，故本院对原审判决予以维持。因此，国家知识产权局有关原审判决应予撤销及被诉决定应予维持的上诉主张依据不足，本院不予支持。

综上，被诉决定未全面审查请求人裕德公司在无效宣告请求审查程序中提出的无效宣告主张，故其审查结论依据不足，依法应予撤销，国家知识产权局应在全面审查裕德公司提出的无效宣告请求的基础上重新作出审查决定。原审判决认定事实基本清楚，判决结果正确，依法应予维持。依据《中华人民共和国行政诉讼法》第八十九条第一款第一项之规定，判决如下：

驳回上诉，维持原判。

二审案件受理费 100 元，由国家知识产权局负担。

本判决为终审判决。

审 判 长 刘晓军
审 判 员 唐小妹
审 判 员 李自柱
二〇一九年十月三十一日
法官助理 陈 律
技术调查官 薛 梅
书 记 员 宋子怡

# 34. 在后专利申请是否享有优先权应当基于各项权利要求分别作出判断

——再审申请人赵凿元与被申请人国家知识产权局发明专利申请驳回复审行政纠纷案①

**中华人民共和国最高人民法院行政裁定书（2019）最高法行申12665号**

再审申请人（一审原告、二审上诉人）：赵凿元。

被申请人（一审被告、二审被上诉人）：国家知识产权局。住所地：北京市海淀区蓟门桥西土城路6号。

法定代表人：申长雨，该局局长。

再审申请人赵凿元因与被申请人国家知识产权局发明专利驳回复审行政纠纷一案，不服北京市高级人民法院（2019）京行终2661号行政判决，向本院申请再审。本院依法组成合议庭对本案进行了审查，现已审查终结。

赵凿元申请再审称，（一）本申请独立权利要求1享有优先权，根据《专利审查指南》的第二部分第八章4.6.2.1关于部分优先权的规定，权利要求2享有部分优先权。一、二审判决和被诉决定用优先权日后公开的对比文件2 CN104016390A专利（公开日为2014年9月3日）评价从属权利要求2，在事实上否认了优先权。（二）根据《专利审查指南》的规定，如果一项独立权利要求具备创造性，则不再审查该独立权利要求的从属权利要求的创造性。即在独立权利要求具备创造性的情况下，其从属权利要求也具备创造性。本申请的独立权利要求1具备创造性，故一、二审判决及被诉决定认定从属权利要求2不具备创造性错误。（三）二审判决和被诉决定认定本申请权利要求3不具备创造性，缺乏证据支持。对比文件2涉及的是铝酸钠溶液中$Na_2O$浓度和硫酸钠溶解度的关系，并未提及反应产物钾芒硝，更未涉及$Na_2O$对反应产物的影响，因此，二审判决和被诉决定认定对比文件2公开了$Na_2O$对反应产物的影响规律并无事实基础，其认定权利要求3不具备创造性也缺乏事实基础。综上，请求本院再审本案，撤销一、二审判决及被诉决定，判

① 本案在年度报告中的位置为第58页。

令国家知识产权局重新作出决定。

本院再审审查查明：根据中央机构改革部署，原国家知识产权局专利局、国家知识产权局专利复审委员会的相关职责由国家知识产权局统一行使。

本院经审查认为，本案的争议焦点为：（一）对比文件2是否可以用来评价从属权利要求2的创造性；（二）权利要求2、3是否具备创造性。

（一）关于对比文件2是否可以用来评价从属权利要求2的创造性

再审申请人认为，在权利要求1享有优先权的情况下，从属权利要求2享有部分优先权，故在优先权日之后公开的对比文件2不能用于评价权利要求2的创造性。

关于本案中所涉的优先权，《中华人民共和国专利法》①（以下简称专利法）第二十九条第二款规定："申请人自发明或者实用新型在中国第一次提出专利申请之日起十二个月内，又向国务院专利行政部门就相同主题提出专利申请的，可以享有优先权。"《中华人民共和国专利法实施细则》（以下简称专利法实施细则）第十一条第一款规定："除专利法第二十八条和第四十二条规定的情形外，专利法所称申请日，有优先权的，指优先权日。"

根据专利法第五十九条的规定，"发明或者实用新型专利权的保护范围以其权利要求的内容为准"。而且，在对专利申请的新颖性、创造性进行实质审查时，也是以权利要求为依据。因此，在判断在后专利申请是否属于专利法第二十九条第二款规定的"就相同主题提出专利申请"的情形，认定其能否享有优先权时，应以在后专利申请中的各项权利要求分别作为判断基础。而不能以在后申请的说明书中公开的技术内容，或者某项权利要求中记载的部分技术特征作为判断依据。权利要求书中有多项权利要求，或者一项权利要求中限定了多个并列且相互独立的技术方案的，应当对是否享有优先权分别进行判断和认定。因此，即使独立权利要求享有优先权，但由于其从属权利要求中还进一步限定了附加技术特征，使得二者保护范围不同，属于不同的技术方案，故对该从属权利要求能否享有优先权，应另行依法认定。

本案中，根据一、二审查明的事实，在行政程序中，本申请即主张享有优先权，要求以再审申请人在国家知识产权局提交的201410013134.7号专利申请（以下简称在先申请）的申请日2014年1月13日作为优先权日。一、二审法院均认定本申请权利要求1享有优先权，当事人对此并无争议。

对于权利要求2、3，由于其在权利要求1的基础上，还分别进一步限定了附加技术特征"沉析剂明矾添加量为加入沉析剂后满足溶液中$K_2O$和$SO_3$

① 此处指2008年《中华人民共和国专利法》，其已于2020年修改，本案下同。

的摩尔比在5～0.6之间”“含钾铝酸钠溶液中氧化钾析出过程控制折合钠苛性碱（$Na_2O_k$ +0.658$K_2O_k$）浓度在170g/L～280g/L之间”，而这两项附加技术特征均未记载在在先申请中。因此，权利要求2、3的技术方案与在先申请中记载的技术方案存在实质性差异，不属于“就相同主题提出专利申请”的情形，不能享有优先权。在此情况下，应根据本申请的申请日确定权利要求2、3的现有技术。对比文件2的公开时间在再审申请人主张的优先权日之后，本申请的申请日之前，在从属权利要求2、3不能享有优先权的情况下，对比文件2构成从属权利要求2、3的现有技术，可以用于评价从属权利要求2、3的创造性。

（二）关于权利要求2、3是否具备创造性

1. 关于权利要求2是否具备创造性

再审申请人认为，在独立权利要求1具备创造性的情况下，其从属权利要求2也具备创造性。

本院认为，专利法实施细则第二十条第三款规定：“从属权利要求应当用附加的技术特征，对引用的权利要求作进一步限定。”在独立权利要求具备创造性，且涉及相同的现有技术的情况下，一般情况下也应认定其从属权利要求具备创造性。但在独立权利要求享有优先权，应以优先权日确定现有技术的范围，而从属权利要求不能享有优先权，应以申请日确定现有技术的范围时，由于可以用于评价创造性的现有技术的范围不同，故应对独立权利要求和从属权利要求的创造性分别作出认定。

本案中，权利要求1享有优先权，故优先权日之后公开的对比文件2不构成权利要求1的现有技术，不能用于评价权利要求1的创造性。从属权利要求2不享有优先权，对比文件2构成权利要求2的现有技术。因此，即使权利要求1具备创造性，也不能当然地得出其从属权利要求2也具备创造性的结论。

对比文件2公开了溶液中$K_2O$和$SO_3$的摩尔比在5～0.6之间的沉析剂加入量。权利要求2与对比文件2的区别仅在于“采用明矾作为沉析剂”。在对比文件2明确记载可使用硫酸钠、硫酸铝（碱式硫酸铝）、明矾石矿中的一种或几种混合物作为沉析剂，给出了技术启示的情况下，被诉决定以及一、二审判决认定权利要求2不具备创造性，并无不当。对于再审申请人有关在权利要求1具备创造性的情况下，其从属权利要求2也具备创造性的主张，本院不予支持。

2. 权利要求3是否具备创造性

权利要求3请求保护“一种从含钾铝酸钠溶液中分离氧化钾的方法，其特征在于当用硫酸钠、硫酸铝、明矾、明矾石矿中的一种或几种混合物作为沉析剂，从含钾铝酸钠溶液中分离 $K_2O$ 时，含钾铝酸钠溶液中氧化钾析出过程控制折合成钠苛性碱（$Na_2O_k+0.658K_2O_k$）浓度在 170g/L—280g/L 之间。”经比对，权利要求 3 与对比文件 2 的区别在于：在生产过程中加入沉析剂的时机控制有所不同，权利要求 3 限定在含钾铝酸钠溶液蒸发到折合成钠苛性碱（$Na_2O_k+0.658K_2O_k$）浓度在 170g/L－280g/L 时，降温后加入沉析剂；而对比文件 2 是蒸发到 $Na_2O_k$浓度在 170g/L～280g/L 后，降温后加入沉析剂。

首先，关于控制苛性碱浓度对从含钾铝酸钠溶液中分离氧化钾的影响，本申请说明书中记载：“溶液苛性碱浓度和温度对反应后硫酸钠残留有较大影响：苛性碱浓度越高，硫酸钠的溶解度越低，苛性碱浓度一定时，硫酸钠溶解度随温度降低而急剧减小，而且浓度越高，降温导致的溶解度减小幅度越大。采用高苛性碱浓度低温度的反应条件，加入的硫酸钠不会在溶液中残留，当苛性碱浓度降低时，硫酸钠残留增加。”上述记载清楚地表明，本申请中苛性碱（$Na_2O_k+0.658K_2O_k$）的作用与对比文件 2 中的 $Na_2O_k$的作用完全相同，加入苛性碱或 $Na_2O_k$对溶液中硫酸钠溶解度的影响是实质相同的。

其次，将本申请说明书表 1 所列不同反应条件下加入硫酸钠产生氧化钾的分离效果，与对比文件 2 中公开的不同反应条件下加入硫酸钠产生氧化钾的分离效果进行比较，除苛性碱（$Na_2O_k+0.658K_2O_k$）、$Na_2O_k$不同外，第 1、4、5 组中的反应条件和反应结果数据完全相同；第 2、6 组中除反应时间略有差别外，其余反应条件和反应结果数据完全相同。故在本申请和对比文件 2 中，通过控制苛性碱（$Na_2O_k+0.658K_2O_k$）或 $Na_2O_k$浓度，反应后氧化钾含量是相同的。

再次，本领域公知 $Na_2O$ 和 $K_2O$ 具有相似的性质，对反应过程及产物的影响也应有相似的作用。从本申请记载的内容中，也看不出将对比文件 2 中的控制 $Na_2O_k$浓度改变为控制苛性碱（$Na_2O_k+0.658K_2O_k$）浓度后，取得了何种有益效果。因此，本领域技术人员在对比文件 2 的基础上容易想到将 $K_2O$的量也折合计入钠苛性碱的浓度范围内，这种改变不具有突出的实质性特点，也不具有显著的进步。

最后，在本申请与对比文件中，关于苛性碱、$Na_2O$ 浓度在反应中的作用描述完全相同，试验效果例基本相同，均不涉及对反应产物钾芒硝的影响。在本申请中，也没有公开苛性碱浓度对反应产物钾芒硝的影响。因此，对于再审申请人主张本申请权利要求 3 具备创造性的申请再审理由，本院不予支持。

综上，赵凿元的再审申请不符合《中华人民共和国行政诉讼法》第九十一条规定的情形。依照《最高人民法院关于适用〈中华人民共和国行政诉讼法〉的解释》第一百一十六条第二款规定，裁定如下：

驳回赵凿元的再审申请。

审　判　长　杜微科
审　判　员　吴　蓉
审　判　员　张玲玲
二〇一九年十二月三十一日
法 官 助 理　高瞳辉
书　记　员　杨钰桐

# 二、商标案件审判

## （一）商标民事案件审判

### 35. 商标使用的目的是区分服务的来源主体而非服务的功能内容

——再审申请人甘肃银行股份有限公司与被申请人西安思睿观通品牌营销策划有限公司、平凉市金石商贸有限责任公司，一审被告、二审被上诉人金邦达有限公司侵害商标权纠纷案[①]

**中华人民共和国最高人民法院民事判决书（2019）最高法民再139号**

再审申请人（一审被告、二审被上诉人）：甘肃银行股份有限公司。住所地：甘肃省兰州市城关区甘南路122号。

法定代表人：李鑫，该公司董事长。

委托诉讼代理人：李建社，北京市齐致（兰州）律师事务所律师。

委托诉讼代理人：田玉兰，甘肃省知识产权事务中心诉讼代理人。

被申请人（一审原告、二审上诉人）：西安思睿观通品牌营销策划有限公司。住所地：陕西省西安市高新区唐延路CLASS国际公馆1幢2单元8层20808号。

法定代表人：李华，该公司总经理。

委托诉讼代理人：李玉麟，广东一麟律师事务所律师。

委托诉讼代理人：吴锦文，广东一麟律师事务所律师。

---

① 本案在年度报告中的位置为第59页。

被申请人（一审原告、二审上诉人）：平凉市金石商贸有限责任公司。住所地：甘肃省平凉市崆峒区中山商场三楼东路60号。

法定代表人：者月英，该公司总经理。

委托诉讼代理人：刘占林，北京市盈科律师事务所律师。

委托诉讼代理人：陆星州，广东非凡律师事务所律师。

一审被告、二审被上诉人：金邦达有限公司（原珠海市金邦达保密卡有限公司）。住所地：广东省珠海市前山福溪金邦达大厦。

法定代表人：卢闰霆，该公司董事长。

委托诉讼代理人：胡波，北京市中银（珠海）律师事务所律师。

再审申请人甘肃银行股份有限公司（以下简称甘肃银行）因与被申请人西安思睿观通品牌营销策划有限公司（以下简称思睿观通公司），平凉市金石商贸有限责任公司（以下简称金石公司），一审被告、二审被上诉人金邦达有限公司（以下简称金邦达公司）侵害商标权纠纷一案，不服广东省高级人民法院（2017）粤民终601号民事判决，向本院申请再审。本院于2018年9月14日作出（2018）最高法民申3142号民事裁定，提审本案。本院依法组成合议庭，开庭审理了本案。甘肃银行的委托诉讼代理人李建社、田玉兰，思睿观通公司的委托诉讼代理人李玉麟、吴锦文，金石公司的委托诉讼代理人刘占林、陆星州，金邦达公司的委托诉讼代理人胡波到庭参加诉讼。本案现已审理终结。

甘肃银行申请再审称，（一）二审法院对甘肃银行提交的《关于对西安思睿观通品牌营销策划有限公司伪造证据行为依法进行处罚的申请》置之不理。（二）二审法院在明知“神舟兴陇”商标（以下简称涉案商标）已经连续三年没有使用，且甘肃银行已经针对涉案商标提起三年不使用撤销申请的情况下，仍作出对甘肃银行不利的判决。（三）二审法院认定甘肃银行和金邦达公司未提供证据证明涉案商标最初的申请注册人平凉汇丰商贸有限公司（以下简称平凉汇丰公司）属于特定关系人，认定事实不清。1.《商标审查及审理标准》在“特定关系人抢注他人在先使用商标审理标准”中规定：“本条所指在先使用还包括为标有系争商标的商品/服务投入中国市场而进行的实际准备活动。在先使用人只需证明商标已经使用，无需证明商标通过使用具有了一定影响。”2. 在案证据能够证明平凉汇丰公司及其原法定代表人朱帅桦为“特定关系人”。（1）朱帅桦以自身和平凉汇丰公司及西藏五谷酿酒平凉销售有限公司（以下简称五谷公司）的名义，抢注了大量国内外知名品牌，并且并非为自己使用，而是胁迫他人高价受让商标或进行“索赔”，以此谋取非法利益。（2）朱帅桦本人及其平凉汇丰公司距甘肃银行最近营业网点仅百米之遥，且长期住在甘肃省平凉市，有条件获知甘肃银行将要发行“神舟兴陇”借记卡的信息。(3) 朱帅桦以五谷公司的名义，于2008 年曾抢注了甘肃银行发行的“广成卡”商标并以此进行“索赔”，并在前述纠纷过程中，又以平凉汇丰公司的名义抢注了甘肃银行“神舟兴陇”借记卡名称。(4) 平凉汇丰公司将涉案商标转让给思睿观通公司，以及思睿观通公司将商标再次转让给金石公司，并非为了商标使用，而是为了掩盖平凉汇丰公司和朱帅桦的“特定关系人”身份。(四) 北京知识产权法院 (2017) 京73 行初510 号行政判决（以下简称510 号判决）对涉案商标的不正当性作出明确评判，证明涉案商标是以不正当手段取得。故请求，撤销二审判决，维持一审判决或者依法改判；一、二审的诉讼费用由思睿观通公司、金石公司承担。

思睿观通公司提交意见称，（一）涉案商标合法有效，依法应予保护。(二) 涉案商标在核定服务上一直广泛宣传和使用，已具备一定的知名度。被申请人使用涉案商标销售兰州东部批发市场联合甘肃、宁夏、青海服饰批发商联盟发行的代金卡，并且在当地报纸和相关杂志进行了宣传。（三）甘肃银行提供的证据不足以证明其在涉案商标申请日前，已经使用“神舟兴陇”标识并且具备一定影响。1. 甘肃银行一审中提交的申报材料仅为打印件，并非原件，且制作时间不详，不能认定其真实性。2. 甘肃银行一审中提交的制卡合同并无原件，且内容不全，不能认定其真实性。3. 甘肃银行对外宣传正式发行第一张借记卡的时间比涉案商标申请注册日晚了半年。4. 甘肃银行借记卡样卡于2014 年5 月27 日获得批准，晚于涉案商标申请注册日。(四) 甘肃银行、金邦达公司的行为侵犯了涉案商标。1. 甘肃银行发行的借记卡上标识“神舟兴陇”，在相同商品上将与他人注册商标相同的标识作为商品名称或商品装潢使用，构成侵犯涉案商标。2. 甘肃银行与金邦达公司未尽到合理注意义务。3. 甘肃银行与金邦达公司在主观上有侵权故意。故请求驳回甘肃银行的再审申请。

金石公司提交意见称，甘肃银行提供的证据不足以证明其在涉案商标申请日前，已经使用“神舟兴陇”标识并且具有一定影响，本案不应适用《中华人民共和国商标法》[①]（以下简称商标法）第五十九条第三款的规定。故请求驳回甘肃银行的再审申请理由。

金邦达公司提交意见称，（一）被诉侵权产品对“神舟兴陇”字样的使用不属于商标性使用，只是作为卡的名称使用，不构成商标侵权。（二）在

---

① 此处指2013 年《中华人民共和国商标法》，其已于2019 年修改，修改条款于2019 年11 月1 日起实施，本案下同。

涉案商标申请日前，甘肃银行已经在先使用“神舟兴陇”字样并具有一定影响。（三）二审法院关于金邦达公司不构成帮助侵权，无须承担民事赔偿责任的认定正确。（四）思睿观通公司、金石公司未能证明此前三年实际使用了涉案商标，也不能证明存在其他损失，甘肃银行和金邦达公司无需承担赔偿责任。

思睿观通公司与金石公司向一审法院起诉请求：1. 判令甘肃银行立即停止侵犯思睿观通公司与金石公司注册商标专用权行为，停止在其银行卡上使用“神舟兴陇”商标，停止发行带有“神舟兴陇”字样的银行卡，停止在其网站及其他商业宣传方面使用“神舟兴陇”商标；2. 判令甘肃银行赔偿思睿观通公司与金石公司经济损失人民币500万元；3. 判令甘肃银行赔偿思睿观通公司与金石公司制止侵权行为的支出费用人民币20万元；4. 判令金邦达公司停止印制带有“神舟兴陇”标识的银行卡等产品；5. 判令金邦达公司对上述第二、三项诉求承担连带清偿责任；6. 判令本案的诉讼费、司法会计鉴定费由甘肃银行和金邦达公司共同承担。

一审法院审理查明，涉案商标的申请日期为2012年7月31日，初审公告日期为2013年9月27日，注册日期为2013年12月28日。2013年9月11日，涉案商标被国家工商行政管理总局商标局（以下简称商标局）核准转让给思睿观通公司。2013年12月28日，思睿观通公司作为注册人，获得注册号为第11285851号涉案商标注册证，注册有效期为2013年12月28日至2023年12月27日，核定服务项目为第36类：保险、银行、金融服务、金融管理、艺术品估价、信用社、信用卡服务、信托、经纪、担保（第36类）。

2014年2月15日，思睿观通公司与金石公司签订了《商标许可使用协议》，约定思睿观通公司以排他使用许可方式授权金石公司在中华人民共和国境内（不包含港澳台地区）使用涉案商标。2014年4月20日，思睿观通公司与金石公司签订了《商标转让协议》，约定思睿观通公司将“神舟兴陇”注册商标转让给金石公司。2015年9月13日，商标局核发商标转让证明，核准金石公司为“神舟兴陇”注册商标受让人。

2014年5—7月，兰州晨报、鑫报、服饰资讯杂志等媒体相继刊登《甘肃青海宁夏服饰批发商联盟启动——神舟兴陇代金卡正式发行》等报道文章及宣传资料。

2014年10月15日，北京市中闻律师事务所向北京市国立公证处申请通过截图、打印的方式对相关网站网页内容进行保全。北京市国立公证处于2014年10月16日出具了（2014）京国立内证字第8943号公证书。根据该公证书记载，2014年10月15日，北京市中闻律师事务所委派的单秋颖在公证处工作人员的监督下，使用公证处的台式电脑，通过 ADSL 进入互联网，将搜索的页面显示内容进行截屏，并将截屏内容粘贴保存于“2014－10－15 保全”Word 文档。结束操作后，由公证人员将“2014－10－15 保全”Word 文档进行打印，共计打印 38 页。上述 38 页打印件附于公证书后。

上述公证书打印件显示，输入“神舟兴陇”可百度搜索到诸如 2012 年 9 月初，甘肃银行上报了“神舟兴陇卡”首次发卡技术标准的申报材料；2013 年 1 月 10 日甘肃银行神舟兴陇卡正式发行；2013 年 3 月 15 日兰州工业学院财务处发布《关于办理甘肃银行神舟兴陇卡的通知》等网页内容。

2015 年 5 月 15 日，金石公司的委托代理人麻晓伟向宁夏固原市原州区公证处申请通过截图、打印的方式对相关网站网页内容进行证据保全。固原市原州区公证处于 2015 年 5 月 18 日出具了（2015）宁固原证字第 992 号公证书。根据该公证书记载，2015 年 5 月 16 日，金石公司的委托代理人麻晓伟在公证处工作人员的监督下，使用公证员的办公电脑，将搜索的页面显示内容进行截屏，并将截屏内容粘贴保存于“2015－05－16 保全证据”文档并打印。上述 5 页打印件附于公证书后。上述公证书打印件显示“甘肃银行神舟兴陇卡发卡突破 200 万张”等内容。

另查明，2012 年 4 月 6 日，甘肃银行向甘肃银监局呈报甘银发〔2012〕40 号《关于开办神舟借记卡业务的请示》，该文件显示“卡名审定为：甘肃银行神舟兴陇卡”“神舟兴陇卡入网前的准备”等内容。2012 年 5 月 27 日，中国银联加盖“中国银联入网业务审核专用章”出具《银联卡样卡设计审查结果通知书》，项目名称为“甘肃银行神舟兴陇卡 PBOC2.0 双界面 IC 借记普卡”。2012 年 6 月 20 日，甘肃银行与广东楚天龙智能卡有限公司（以下简称楚天龙公司）签订了《甘肃银行股份有限公司借记卡及卡片个人化制作合同》，合同约定的制造项目为“甘肃银行神舟兴陇卡”。2012 年 7 月 16 日、7 月 18 日银行卡检测中心出具了两份编号分别为 CBAK128L61TP 和 CBMF128IA1TP 的《检测报告》，报告明确列明送检样品名称为“甘肃银行神舟兴陇借记卡”。

再查明，思睿观通公司与金石公司提交了公证费发票、委托代理合同和律师费发票等证据，主张为制止侵权行为已支出律师费 44444 元和公证费 3300 元。

一审法院认为，根据双方当事人的诉辩主张，本案争议焦点为：1. 思睿观通公司是否具备主体资格的问题；2. 甘肃银行对“神舟兴陇”字样使用时间的确定问题；3. 甘肃银行是否侵害了思睿观通公司与金石公司的注册商标专用权。一审法院对此评述如下：

（一）关于思睿观通公司是否具备主体资格的问题。思睿观通公司于2013年9月11日通过转让取得“神舟兴陇”商标所有权，于2014年4月20日与金石公司签订《商标转让协议》，2013年9月11日至2014年4月20日期间，思睿观通公司均是涉案“神舟兴陇”商标的持有人，而此后金石公司为“神舟兴陇”商标的持有人，两者与本案均有直接利害关系，思睿观通公司起诉主张有效持有该商标期间的权益，应予许可。甘肃银行、金邦达公司认为思睿观通公司主体不适格，理由不成立，一审法院不予支持。

（二）关于甘肃银行对神舟兴陇字样使用时间的确定问题。甘肃银行对其在先使用“神舟兴陇借记卡”的事实提供了其一系列的装订在册的申报材料予以佐证，上述申报材料虽有部分为影印件，但显示的装订时间为2012年9月，甘肃银行主张上述申报材料是存于其单位的装订在册的档案材料，一审法院予以采信。思睿观通公司与金石公司虽对其真实性提出异议，但没有提出反证予以反驳，一审法院对上述申报材料的真实性予以确认。上述申报材料显示，2012年4月，甘肃银行就“神舟兴陇卡”事宜报请省银监局审批，在《关于开办神舟借记卡业务的请示》中明文提出“卡名审定为：甘肃银行神舟兴陇卡”“神舟兴陇卡入网前的准备”等内容；2012年5月，甘肃银行就“神舟兴陇卡”与生产厂商楚天龙公司确认了相关制造规格并确定“神舟兴陇卡”的卡样；2012年6月和7月，甘肃银行按照相关规定就楚天龙公司所制造的“神舟兴陇卡”样卡在国家银行卡检测中心分别进行了两次检测，国家银行卡检测中心于2012年7月16日和18日分别出具两份《检测报告》；2012年6月20日，甘肃银行与楚天龙公司签订《甘肃银行股份有限公司借记卡及卡片个人化制作合同》，合同中约定制造的卡片名为“神舟兴陇卡”。

综上，一审法院确认“神舟兴陇借记卡”在发行之前，从2012年4月始，甘肃银行在设计、审批、检测、制造“神舟兴陇借记卡”的过程中，已经使用了“神舟兴陇”字样。

（三）关于甘肃银行是否侵害了思睿观通公司与金石公司的注册商标专用权的问题。

首先，关于被诉侵权商标的服务类别与思睿观通公司、金石公司注册商标核定服务项目类别是否为同一服务类别或者类似服务类别的问题。本案中，思睿观通公司与金石公司注册商标的核定服务项目类别是第36类“保险、银行、金融管理、艺术品估价、信用社、信用卡服务、信托、经纪、担保”，被诉侵权服务类别为银行借记卡，为银行的储蓄业务服务，“神舟兴陇”商标核定服务类别含“银行”类别，因此，甘肃银行在其发行的银行卡上使用

"神舟兴陇"商标，足以使相关公众认为其存在特定联系，产生误认从而造成混淆。因此，被诉侵权商标的服务类别与思睿观通公司、金石公司所有的"神舟兴陇"注册商标核定的服务类别为类似类别。甘肃银行在其发行的银行卡上使用"神舟兴陇"属于在类似商品上使用与涉案商标相同的商标。

其次，甘肃银行对"神舟兴陇"字样的使用是否属于在先使用的问题。如前所述，"神舟兴陇借记卡"在发行之前，从2012年4月始，经历了设计、审批、检测、制造等一系列严谨的程序，甘肃银行对"神舟兴陇"字样的使用，早于思睿观通公司与金石公司申请注册的时间2012年7月31日。尽管"神舟兴陇卡"最后的发行时间2013年1月晚于注册时间，但早于"神舟兴陇"商标的初审公告日期2013年9月27日以及注册日期2013年12月。也即甘肃银行在并不知晓"神舟兴陇"字样已申请商标注册的情况下，已经发行"神舟兴陇卡"并在一定范围使用且有一定影响，构成在先使用。根据商标法第五十九条第三款规定："商标注册人申请商标注册前，他人已经在同一种商品或者类似商品上先于商标注册人使用与注册商标相同或者近似并有一定影响的商标的，注册商标专用权人无权禁止该使用人在原使用范围内继续使用该商标，但可以要求其附加适当区别标识"。尽管甘肃银行在其发行的银行卡上使用"神舟兴陇"属于在类似商品上使用与思睿观通公司、金石公司注册商标相同的商标，但由于构成在先使用，甘肃银行可以在原使用范围内继续使用"神舟兴陇"商标作为其银行卡的名称。

综上所述，甘肃银行对"神舟兴陇"字样的使用属于在先使用，没有侵犯思睿观通公司与金石公司的涉案商标专用权，思睿观通公司与金石公司无权禁止甘肃银行在其银行卡上继续使用"神舟兴陇"商标。思睿观通公司与金石公司要求甘肃银行停止在其银行卡上使用"神舟兴陇"商标，停止发行带有"神舟兴陇"字样的银行卡，停止在其网站及其他商业宣传方面使用"神舟兴陇"商标并赔偿损失，没有事实和法律依据，一审法院不予支持。甘肃银行不构成侵权，金邦达公司作为银行卡的生产者，亦不构成侵权。思睿观通公司与金石公司要求金邦达公司停止生产并销毁带有"神舟兴陇"标识的银行卡等产品并承担连带赔偿责任，一审法院亦不予支持。一审法院判决驳回思睿观通公司及金石公司的全部诉讼请求；一审案件受理费人民币49200元，由思睿观通公司、金石公司负担。

思睿观通公司、金石公司不服一审判决，上诉请求：1. 撤销一审判决；2. 支持其一审全部诉讼请求；3. 一、二审案件受理费由甘肃银行、金邦达公司负担。事实与理由：1. 涉案商标为合法申请，并已获得注册，受法律保护，任何侵犯注册商标专用权的行为均应受法律惩处。2014年2月15日，思睿观通公司与金石公司签订了《商标许可使用协议》，约定思睿观通公司以排他性许可方式授权金石公司在中华人民共和国境内使用“神舟兴陇”注册商标。2014 年 4 月 20 日，思睿观通公司与金石公司签订了《商标转让协议》，约定思睿观通公司将“神舟兴陇”注册商标转让给金石公司。思睿观通公司与金石公司就转让“神舟兴陇”注册商标向商标局申请审批。2015 年 9 月 25 日，“神舟兴陇”注册商标转让完成，金石公司为商标的持有人。2. 涉案商标在核定服务范围内一直广泛宣传和使用，已具备一定的知名度。兰州东部批发市场联合甘肃、宁夏、青海服饰批发商联盟发行使用标注神舟兴陇注册商标的代金卡，在当地报纸和相关杂志宣传，在公司产品陈列室、公司网站上持续使用神舟兴陇注册商标并进行宣传，涉案商标专用权应受法律保护。3. 一审法院认定甘肃银行内部审批程序构成在先使用权明显错误。甘肃银行始终缺乏在注册商标申请日前使用的有效证据，缺乏在先使用已经产生了一定影响的实质证据。4. 甘肃银行、金邦达公司侵犯涉案商标专用权事实清楚，证据确凿，足以认定侵权。甘肃银行在与涉案商标核定的相同的商品类别上使用相同的标志，已经侵犯了注册商标，而且主观上存在侵权故意，应当承担赔偿责任。

思睿观通公司与金石公司在二审提交国家工商行政管理总局商标评审委员会（以下简称商标评审委员会）作出的商评字〔2016〕第 0000102351 号《关于第 11285851 号“神舟兴陇”商标无效宣告请求裁定书》（以下简称第 102351 号裁定），以及 510 号行政判决。

甘肃银行和金邦达公司经质证，对上述证据的真实性没有异议，但认为结论与事实不符。

二审法院对一审法院查明的事实予以确认。二审法院另查明，（一）2016 年 11 月 30 日，商标评审委员会作出第 102351 号裁定，对甘肃银行对涉案商标提出的无效宣告请求作出裁决。商标评审委员会认为，本案中缺乏相应证据证明被申请人注册争议商标的不正当性，故裁定争议商标予以维持。甘肃银行随即向北京知识产权法院提出行政诉讼。2017 年 12 月 19 日，北京知识产权法院作出 510 号行政判决，认为涉案商标的注册未违反商标法第三十二条之规定，商标评审委员会对此认定正确，遂判决驳回甘肃银行的诉讼请求。（二）涉案商标的申请日期是 2012 年 7 月 31 日，申请人是平凉汇丰公司，2013 年 9 月 11 日，该公司将注册商标转让给思睿观通公司。（三）涉案商标为楷体文字商标。甘肃银行在借记卡上使用“神舟兴陇”标识的方式为在借记卡左上方标注有宋体“甘肃银行神舟兴陇卡”字样，其中“甘肃银行”字体较大，“神舟兴陇卡”字体较小。（四）金邦达公司参与了被诉侵权的“神舟兴陇”银行卡的印制行为。（五）2016 年 8 月 12 日《鑫报》刊登“更正”，内容为：鑫报 2014 年 5 月 15 日刊登于 A05 版的《神舟兴陇代金卡正式发行》一文，标题及文中出现的“神州”应为“神舟”，特此更正。

二审法院认为，涉案商标经商标局核准注册，目前处于合法有效状态，依法应予保护。本案二审的审理焦点是：（一）甘肃银行使用“神舟兴陇”银行卡是否侵害涉案商标注册商标专用权；（二）如果构成侵权，甘肃银行和金邦达公司各自应当承担的民事责任。

（一）关于甘肃银行使用“神舟兴陇”银行卡是否侵害涉案商标专用权的问题。

思睿观通公司与金石公司上诉主张甘肃银行使用“神舟兴陇”银行卡侵害涉案“神舟兴陇”注册商标专用权，认为一审法院判决甘肃银行可以在原有范围内继续使用“神舟兴陇”银行卡于法无据。二审法院认为，一审法院判决甘肃银行可以在原有范围内继续使用“神舟兴陇”银行卡，依据是商标法第五十九条第三款，即“商标注册人申请商标注册前，他人已经在同一种商品或者类似商品上先于商标注册人使用与注册商标相同或者近似并有一定影响的商标的，注册商标专用权人无权禁止该使用人在原使用范围内继续使用该商标，但可以要求其附加适当区别标识”。因此，判断甘肃银行是否能够在原有范围内继续使用“神舟兴陇”商标的关键，一是确认“神舟兴陇”注册商标申请日 2012 年 7 月 31 日之前，甘肃银行是否已经使用了“神舟兴陇”商标。二是如果使用，是否已经具有一定影响。根据商标法第四十八条规定，本法所称商标的使用，是指将商标用于商品、商品包装或者容器以及商品交易文书上，或者将商标用于广告宣传、展览以及其他商业活动中，用于识别商品来源的行为。该法第四条第二款规定，本法有关商品商标的规定，适用于服务商标。根据查明的事实，2012 年 4 月 6 日，甘肃银行向甘肃银监局呈报甘银发〔2012〕40 号《关于开办神舟借记卡业务的请示》，该文件显示“卡名审定为：甘肃银行神舟兴陇卡”“神舟兴陇卡入网前的准备”等内容。2012 年 5 月 27 日，中国银联加盖“中国银联入网业务审核专用章”出具《银联卡样卡设计审查结果通知书》，项目名称为“甘肃银行神舟兴陇卡 PBOC2.0 双界面 IC 借记普卡”。2012 年 6 月 20 日，甘肃银行与广东楚天龙智能卡有限公司签订了《甘肃银行股份有限公司借记卡及卡片个人化制作合同》，合同约定的制造项目为“甘肃银行神舟兴陇卡”。2012 年 7 月 16 日、7 月 18 日银行卡检测中心出具了两份编号分别为 CBAK128L61TP 和 CBMF128IA1TP 的《检测报告》，报告明确列明送检样品名称为“甘肃银行神舟兴陇借记卡”。显然，在“神舟兴陇”注册商标申请日 2012 年 7 月 31

日之前，虽然甘肃银行在内部审批过程中使用了“神舟兴陇卡”或“神舟兴陇借记卡”的表述，但是尚未实际发行该银行卡，也没有面向社会相关公众推广宣传，因此这种在内部审批过程中使用“神舟兴陇”表述的行为，并非商标法意义上的在商业活动中用于识别商品或服务来源的使用行为，同时这种在内部审批过程中使用“神舟兴陇”的行为也不可能在社会相关公众中产生影响。直到2013年1月甘肃银行神舟兴陇银行卡正式发行，才开始进行商标法意义上的使用“神舟兴陇”标识的行为。因此，一审法院适用商标法第五十九条第三款规定处理本案，属于适用法律错误，二审法院依法予以纠正。

甘肃银行在银行卡上使用“神舟兴陇”标识，起到在商业活动中识别商品或服务来源的作用，因此是商标性使用；同时，甘肃银行在银行卡上使用的“神舟兴陇”标识与注册商标文字基本相同，因此属于在同一种银行服务类别上使用与注册商标相同的商标。甘肃银行未经商标注册人的许可，在同一种银行服务类别上使用与注册商标相同的商标，构成侵犯注册商标专用权。一审法院认定被诉侵权商标的服务类别与“神舟兴陇”注册商标核定的服务类别为类似服务，同时认为甘肃银行在银行卡上使用“神舟兴陇”标识不构成侵权，适用法律错误，二审法院依法予以纠正。

甘肃银行和金邦达公司还主张，本案应当适用《商标审查及审理标准》就特定关系人抢注他人在先使用的商标审理标准。即，关于“在先使用”的界定，在先使用不仅包括在实际销售的商品、服务上使用和推广宣传，还包括为“系争商标的商品/服务投入中国市场而进行的实际准备活动”。另就举证责任方面，《商标审理及审理标准》确定，“在先使用人只需证明商标已经使用，无需证明商标通过使用具有了一定影响”。对此二审法院认为，特定关系人是指因合同、业务往来或其他关系明知他人商标的人。因为特定关系人抢注他人商标的行为违反了诚实信用原则，侵害了在先商标使用人或者利害关系人的合法权益，理应予以规制。但是，由于甘肃银行和金邦达公司未提供证据证明涉案商标注册人平凉汇丰公司属于特定关系人，也不能证明思睿观通公司与金石公司相继受让涉案注册商标有不正当情形。因此，本案并不能适用上述规定。

应当指出，依法授权的注册商标受法律保护。为了稳定社会经济秩序，促进交易安全和效率，在注册商标享有专用权期间，商标权人有权阻止他人在同一种或类似商品或服务上使用相同或近似的商标，有权自己或许可他人规范使用注册商标。目前，涉案商标已由商标局依法审核发放注册商标证书，商标评审委员会和北京知识产权法院也先后经审理，认为目前缺乏相应证据证明申请注册涉案商标有不正当性，涉案商标应当予以注册。因此，二审法院在审理商标民事侵权案件中，不宜越权评价被授权注册商标的正当性。甘肃银行发行“神舟兴陇”银行卡是典型的商业行为，理应把控好商业风险，事先做好商标检索和商标申请工作，否则不得不在发生商业风险后承担相应的法律责任。

（二）关于甘肃银行和金邦达公司应当承担的民事责任问题。

《中华人民共和国侵权责任法》[①] 第十五条第一款第一项、第六项和第二款规定，承担侵权责任的方式主要有停止侵害、赔偿损失等，以上承担侵权责任的方式，可以单独适用，也可以合并适用。因甘肃银行实施了侵犯涉案“神舟兴陇”注册商标专用权的行为，应当立即停止侵权行为，即停止使用、发行具有“神舟兴陇”标识的银行卡等行为，同时应依法赔偿注册商标专用权人的经济损失。商标法第五十七条第六项规定，故意为侵犯他人商标专用权行为提供便利条件，帮助他人实施侵犯商标专用权行为的，属侵犯注册商标专用权的行为。本案中，金邦达公司虽然提供了印制侵权银行卡的服务，但在甘肃银行持有甘肃银监局和中国银联等相关主管部门对“甘肃银行神舟兴陇卡”审批文件的情况下，认定金邦达公司系故意为侵犯他人商标专用权行为提供便利条件的依据不足。故金邦达公司应当立即停止印制侵权银行卡的行为，但无需承担赔偿责任。

关于确认赔偿损失数额的问题。思睿观通公司和金石公司为了证明自己有实际使用注册商标的行为，提交有 2014 年 5—7 月，兰州晨报、鑫报、服饰资讯杂志等媒体相继刊登《甘肃青海宁夏服饰批发商联盟启动——神舟兴陇代金卡正式发行》等报道文章及宣传资料。对此，二审法院认为，首先，商标法第五十六条规定，注册商标的专用权，以核准注册的商标和核定使用的商品为限。根据上述证据，代金卡并非核定使用的商品种类，并不是对注册商标的规范使用，不能作为主张赔偿的依据。其次，代金卡所标示的“神舟兴陇”标识并非涉案“神舟兴陇”注册商标，虽然后来曾有更正声明，但是对相关公众而言，长期起到识别商品和服务来源作用的是“神舟兴陇”标识，这一事实不会随更正声明而改变。因此，因本案注册商标专用权人不能证明此前三年内实际使用过涉案“神舟兴陇”注册商标，也不能证明因侵权行为受到其他损失，故甘肃银行根据本案实际情况，不需要承担赔偿损失的民事责任。但是，甘肃银行应当支付思睿观通公司与金石公司为制止侵权行为而支付的合理开支，包括有委托代理合同、律师费发票、公证费发票等证据支持的律师费 44444 元和公证费 3300 元。

---

① 已被《中华人民共和国民法典》废止。

综上所述，二审法院判决：甘肃银行立即停止使用、发行有“神舟兴陇”标识的银行卡等侵害涉案商标的行为；甘肃银行于本判决发生法律效力之日起十日内支付思睿观通公司、金石公司为制止侵权行为的合理开支47744元；金邦达公司于本判决发生法律效力之日起立即停止印制有“神舟兴陇”标识的银行卡；驳回思睿观通公司、金石公司的其他诉讼请求。

甘肃银行在再审中提交了以下新证据：

证据1：商标评审委员会于2018年12月14日作出的商评字〔2018〕第236320号《关于第11285851号“神舟兴陇”商标撤销复审决定书》(以下简称第236320号决定)，证明涉案商标已被撤销；

证据2：商标评审委员会于2018年8月23日作出的《商标评审申请受理通知书》，证明甘肃银行已再次对涉案商标提起无效宣告申请；

证据3：《户籍证明》，证明金石公司的法定代表人系朱帅桦之妻；

证据4：商标统计表及商标详情表，证明金石公司共有4个“神舟兴陇”商标；

证据5：《民事起诉状》及兰州市中级人民法院《民事裁定书》，证明金石公司依据另一“神舟兴陇”商标再次对甘肃银行提起商标侵权诉讼。金石公司及思睿观通公司认可前述证据的真实性、合法性，不认可证明目的。

本院再审查明，2014年5月27日，中国银联加盖“中国银联入网业务审核专用章”出具《银联卡样卡设计审查结果通知书》，项目名称为“甘肃银行神舟兴陇卡PBOC2.0双界面IC借记普卡”。一、二审认定前述通知书的出具时间为“2012年5月27日”有误，本院予以纠正。对一、二审查明的其他事实，本院予以确认。

本院另查明，思睿观通公司成立于2009年8月18日，经营范围为：企业形象设计；品牌策划推广；广告的设计、制作、代理、发布；会议服务；礼仪庆典服务；产品包装设计；工艺美术品的设计；房地产营销策划；代理销售。金石公司成立于2014年4月1日，经营范围为：日用百货、文化用品、办公用品、劳保用品、服装、电子产品、包装材料、通讯设备、水暖器材批发与零售。该公司的法定代表人为朱帅桦之妻者月英。前述510号判决曾认定甘肃银行提交的证据确实能够证明金石公司取得涉案商标存在不正当之处。

本院对甘肃银行在申请再审理由中所提及的平凉汇丰公司和五谷公司相关情况查明如下：涉案商标最初申请注册人为平凉汇丰公司，该公司成立于2000年7月7日，经营范围为：日用百货、家用电器、照明器材、皮革制品、针纺织品、洗涤用品、酒店用品、劳保用品、办公设备、电子数码产品及耗材、五金建材、装饰材料、砂石料、农副产品、房屋修缮、园林绿化、建筑工程机械设备及材料租赁、铝合金门窗加工销售。2015 年 11 月 18 日，该公司的法定代表人由朱帅桦变更为路永平。

五谷公司的法定代表人亦为朱帅桦，成立于 2003 年 6 月 16 日，经营范围为日用百货、酒店用品、机电设备、电动车、五金交电批发零售。北京市高级人民法院（2013）高行终字第 498 号行政判决曾认定五谷公司存在恶意注册商标行为。

思睿观通公司以及平凉汇丰公司、五谷公司核定经营范围均不包括涉案商标核定使用的第 36 类银行、保险等服务内容。

甘肃银行曾就涉案商标提起过连续三年不使用撤销申请。商标评审委员会第 236320 号决定撤销了涉案商标在银行、保险、金融服务、金融管理、信用社、信用卡服务、信托等服务上的注册。认定在案证据不足以证明申请人在 2014 年 4 月 20 日至 2017 年 4 月 19 日，对复审商标在核定使用的服务上，进行公开、合法、有效的商标使用，其所提交的使用证据仍是在甘肃青海宁夏服饰联盟批发商代金券、代金卡上，并非涉案商标核定使用的服务。北京知识产权法院于 2019 年 6 月 14 日作出（2019）京 73 行初 689 号行政判决，维持了商标评审委员会的决定。

本院认为，本案的争议焦点问题是：甘肃银行的被诉行为是否构成侵犯商标权。

思睿观通公司与金石公司起诉请求判令甘肃银行立即停止在其银行卡上使用“神舟兴陇”商标，停止发行带有“神舟兴陇”字样的银行卡，停止在其网站及其他商业宣传方面使用“神舟兴陇”商标，并承担赔偿责任。这是在银行卡业务领域发生的商标侵权纠纷。银行卡，是指由商业银行向社会发行的具有消费信用、转账结算、存取现金等全部或者部分功能的信用支付工具。在我国，作为银行服务的一项业务，银行卡服务的来源是银行，而不是其他民事主体，这是持卡人、商户及其他消费者共同知晓的，容易识别而不至于混淆。在本案中，甘肃银行在该行发行的借记卡左上方标注有宋体“甘肃银行神舟兴陇卡”字样，其中“甘肃银行”字体较大，“神舟兴陇卡”字体较小。根据商标法第四十八条规定，商标的使用，是指将商标用于商品、商品包装或者容器以及商品交易文书上，或者将商标用于广告宣传、展览以及其他商业活动中，用于识别商品来源的行为。如前所述银行卡业务的特点，在“甘肃银行神舟兴陇卡”字样中起到识别服务来源作用的是“甘肃银行”字样，而不是“神舟兴陇”字样。“神舟兴陇卡”作为甘肃银行发行的一种银行卡的种类名称，具有区分银行卡“服务的功能内容”的作用，不具有识别银行卡的“服务的来源主体”的作用。这是判断本案是否构成侵犯商标权的关键所在。二审法院认定，“甘肃银行在银行卡上使用‘神舟兴陇’标识，起到在商业活动中识别商品或服务来源的作用，因此是商标性使用”，并且在此基础上判决承担侵权责任，显然不当，应予纠正。一审法院判决认定甘肃银行不构成侵权，金邦达公司作为银行卡的生产者，亦不构成侵权，并且在此基础上驳回思睿观通公司及金石公司的全部诉讼请求，判决结果是正确的，应予维持。

在本院以上分析澄清了本案纠纷的实质之后，至于甘肃银行对“神舟兴陇”是否构成在先使用，以及思睿观通公司和平凉汇丰公司、五谷公司对涉案注册商标是否具有使用目的，这些问题对于判断本案是否构成侵犯商标权，不再具有决定性意义，本院不予评述。

综上，甘肃银行再审申请理由部分成立。依照《中华人民共和国商标法》第四十八条，《中华人民共和国民事诉讼法》第二百零七条第一款、第一百七十条第一款第二项的规定，判决如下：

一、撤销广东省高级人民法院（2017）粤民终601号民事判决；

二、维持广东省珠海市中级人民法院（2015）珠中法知民初字第20号民事判决。

一审案件受理费49200元，二审案件受理费49200元，共计98400元，由西安思睿观通品牌营销策划有限公司、平凉市金石商贸有限责任公司负担。

本判决为终审判决。

审　判　长　林广海
审　判　员　秦元明
审　判　员　马秀荣
二〇一九年九月二十三日
法官助理　刘海珠
书　记　员　张晨祎

# 36. 恶意提起知识产权诉讼损害赔偿纠纷中主观过错的判断标准

——再审申请人山东比特智能科技股份有限公司与被申请人江苏中讯数码电子有限公司恶意提起知识产权诉讼损害责任纠纷案①

**中华人民共和国最高人民法院民事裁定书（2019）最高法民申366号**

再审申请人（一审被告、二审上诉人）：山东比特智能科技股份有限公司。住所地：山东省日照市日照北路1号。

法定代表人：曹现贵，该公司董事长。

委托诉讼代理人：石必胜，北京市中伦律师事务所律师。

委托诉讼代理人：刘中涛，北京市中伦律师事务所律师。

被申请人（一审原告、二审被上诉人）：江苏中讯数码电子有限公司。住所地：江苏省宜兴市丁蜀镇汤蜀路9号。

法定代表人：范晓枫，该公司董事长。

委托诉讼代理人：粟晓南，国浩律师（北京）事务所律师。

委托诉讼代理人：岳倩倩，国浩律师（北京）事务所律师。

再审申请人山东比特智能科技股份有限公司（以下简称比特公司）因与被申请人江苏中讯数码电子有限公司（简称中讯公司）恶意提起知识产权诉讼损害责任纠纷一案，不服江苏省高级人民法院（2017）苏民终1874号民事判决，向本院申请再审。本院依法组成合议庭对本案进行了审查。现已审查终结。

比特公司申请再审称：一、本案二审判决与已有生效裁判相冲突，为明确法律适用、统一裁判标准，本案应当予以再审。（2016）鲁民终2271号判决认定，虽然涉案商标被商评委依据商标法第三十一条撤销，但比特公司向立德公司提起的商标侵权诉讼不属于以获取非法或不正当利益为目的，故意提起一个在事实上和法律上无根据之诉的情形，比特公司的主观状态难谓恶意，不构成恶意诉讼。而本案二审判决认为，因涉案商标违反了商标法第三

① 本案在年度报告中的位置为第61页。

十一条规定被撤销，故比特公司具有申请时的恶意，其对中讯公司提起诉讼显属恶意，构成恶意诉讼。由此可见，两案事实一致，但结论相反。本案二审判决适用法律明显有误，应当予以再审。二、比特公司的证据足以推翻一审、二审判决认定的事实，本案应当再审。首先，比特公司的证据可以证明，TELEMATRIX 商标直到 2007 年 10 月才在中国进行实际使用，足以推翻生效判决关于“TELEMATRIX 商标已于 2002 年在中国在先使用”的事实认定。其次，根据 TELEMATRIX 商标的使用证据也不能证明，TELEMATRIX 商标于 2002 年已在中国实际使用。最后，TELEMATRIX 商标并非美国美爵信达公司独创。综上，虽然“TELEMATRIX 商标于 2002 年已在中国使用”以及“TELEMATRIX 商标是由美国美爵信达公司所独创”等事实已被相关生效裁判所确认，但根据比特公司的证据，该事实认定足以被推翻。二审判决对比特公司的相关证据未予采纳及评述，导致认定事实错误，故本案应当予以再审。三、两审判决认定比特公司在提起涉案诉讼时具有恶意是错误的。首先，比特公司在提起涉案诉讼时主观上并不明知其起诉无合法依据，因此没有恶意。比特公司在起诉之时具有能够合理信赖的权利基础，主观上并不明知也不应知涉案商标会因违反商标法第三十一条的规定而被撤销。其次，一、二审判决因涉案商标被撤销即反向推定比特公司在提起涉案诉讼时存在恶意，缺少事实和法律依据。即使涉案商标因违反商标法第三十一条的规定而被撤销，也不当然能够推断出行为人在商标被撤销之前提起的侵权诉讼就是恶意诉讼。最后，比特公司在申请注册涉案商标时并不明知其在中国已被实际使用并有一定影响。据此，比特公司在提起涉案诉讼时主观上并不明知其起诉无合法依据，涉案诉讼不构成恶意诉讼。四、其他再审理由。首先，依据商标法第三十一条的规定注册商标被撤销，并不必然能够导致赔偿的法律后果，一、二审判决对恶意诉讼的相关法条的理解是错误的。其次，一、二审判决未考虑中讯公司怠于行使权利、比特公司在诉讼过程中的克制以及双方对诉权的自由处分等重要因素。再次，最高人民法院发布的 82 号指导案例不应在本案中被援引适用。最后，一、二审判决所认定的经济损失及合理开支 100 万元，缺乏事实与法律依据，且具体赔偿计算方式不明确，酌定数额过高，恳请贵院予以纠正。综上所述，一、二审判决在本案中认定事实不清，适用法律不当，比特公司请求本院再审本案。

中讯公司陈述答辩意见称：一、二审判决认定事实清楚，理解和适用法律准确，应当予以维持。首先，一审、二审判决对与知识产权有关的恶意诉讼构成要件的理解和适用是正确的，实际上，双方当事人对与知识产权有关的恶意诉讼的定义和构成要件也并不存在分歧；其次，比特公司对中讯公司提出的知识产权诉讼缺乏事实与法律依据。TELEMATRIX 商标系比特公司以不正当手段获得注册并最终被撤销，商标权自始无效，比特公司实质上从该商标获得注册到最终被撤销期间均不享有商标专用权，其提起本案诉讼在事实和法律上均无依据。再次，比特公司对中讯公司提起知识产权诉讼具有明显的主观恶意。最后，比特公司在申请注册商标时具有明显的主观恶意，且该种恶意对本案恶意的判断具有重要和直接的影响。比特公司从商标申请到提出涉案诉讼，主观上具有显而易见的恶意且该种恶意一直贯穿始终。比特公司的行为违反了诚实信用原则，滥用诉讼权利，损害了中讯公司的合法权益，扰乱了正常的市场竞争秩序，理应承担消除影响、赔偿损失的法律责任。二、(2016) 鲁民终 2271 号判决认定事实和适用法律均存在错误，比特公司以与本案二审判决存在矛盾为由请求再审，缺乏理据。三、比特公司认为其提供的证据足以推翻一审、二审判决，该主张缺乏事实与法律依据。首先，根据比特公司申请再审阶段的主张，其并不是对一审、二审认定的事实存有异议，而是对最高人民法院（2014）知行字第 93 号行政裁定（以下简称第 93 号裁定）认定的“TELEMATRIX 电话机产品自 2002 年进入中国”的事实存有异议。无论从程序还是实体而言，其相关主张均不应在本案中予以审查。其次，比特公司提供的证据也不具有推翻第 93 号裁定已认定事实的效力。四、比特公司的其他再审申请理由均不能成立。首先，一审、二审判决对与恶意诉讼问题有关的法律规定的理解是正确的。其次，中讯公司从未怠于行使权利，比特公司在诉讼中也不存在克制的情况。比特公司抢注涉案商标后，除中讯公司外，还陆续对北京美爵信达公司等多家与美国美爵信达公司有业务往来的公司提起商标侵权诉讼、工商查处和海关查扣，本案显属恶意知识产权诉讼行为。再次，二审法院对最高人民法院第 82 号指导性案例援引得当。最后，一审、二审确定的赔偿数额具有事实和法律依据。综上，一审、二审判决认定事实清楚、适用法律正确，中讯公司请求本院驳回比特公司的再审请求。

一审、二审法院查明的事实基本属实，本院予以确认。本院另查明：在再审审查阶段，比特公司向本院补充提交了两组共 9 份证据，其中：

第一组证据为：山东省高级人民法院（2016）鲁民终 2271 号民事判决书，为证明该判决认定比特公司的行为不构成恶意诉讼；

第二组证据为：1. 《中国酒店采购报》首页复印件；2. *lodging* 杂志 1998 年 6 月的宣传广告复印件；3. 国家图书馆科技查新中心检索报告及沟通邮件复印件；4. （2017）京长安内经证字第 42856 号公证书复印件；5. 北京美爵信达公司在涉案商标的评审程序中提交的电话机产品订购单、发票、邮寄单及翻译件复印件；6. 比特公司提交的关于电话机产品订购单、发票、邮寄单翻译件的复印件；7. 无锡市工商行政管理局现场检查笔录复印件；8. “TELEMATRIX”商标美国申请资料复印件。比特公司欲通过上述证据证明，在涉案商标申请日前，TELEMATRIX 商标并未在中国被实际使用。比特公司同时陈述，上述证据均已在商标评审及前序诉讼程序中提交，但二审法院对部分证据未进行质证。中讯公司发表意见认为，认可上述证据均已在原审程序中提交，且中讯公司均已发表了质证意见，并就此提交了原审程序中的答辩意见、代理意见等用以佐证其该主张。

本院经审查认为，双方当事人均确认比特公司在再审程序中提交的相关证据均已在原审程序中提交，中讯公司认可其已经发表了质证意见并提供了相关证据予以佐证，比特公司未就此进一步提供相反证据。基于此，由于上述证据已经二审法院审查认定，不属于再审审查阶段应予审查认定的新证据。故相关质证意见应以二审卷宗记载内容为准，本院对此不再予以重复审查。

本院另查明如下事实：

北京市高级人民法院于 2014 年 3 月 21 日作出（2014）高行终字第 799 号行政判决书（以下简称第 799 号判决）认定：综合全案证据，在比特公司无法提供反证且没有提出合理理由的情况下，美爵信达公司提交的证据能够形成证据链，可以证明“TELEMATRIX”商标在争议商标（即涉案商标）申请日之前已经构成他人在先使用并具有一定影响的商标，比特公司在知晓或者应当知晓“TELEMATRIX”系其合作伙伴在先使用并有一定知名度的情况下注册争议商标难谓善意。因此，原审法院在综合考虑上述因素的基础上认定本案现有证据能够证明在争议商标申请日之前，“TELEMATRIX”商标已经在中国大陆地区在先使用并具有一定影响且比特公司应当知晓“TELEMATRIX”商标及其影响是恰当的，商标评审委员会认定争议商标的注册违反商标法第三十一条以不正当手段抢先注册他人在先使用并具有一定影响商标的规定也并无不当。

2014 年 12 月 15 日，本院针对比特公司就第 799 号判决提起的再审申请，作出（2014）知行字第 93 号行政裁定（以下简称第 93 号裁定）。该裁定认定：二审法院认为，作为同行业经营者，比特公司应对其从事的行业有一定了解，包括合作对象的产品、品牌等。美国美爵信达公司的 TELEMATRIX 电话机产品自 2002 年进入中国，比特公司认可其在酒店电话机商品上的知名度，且该商标具有一定独创性，争议商标的注册难谓巧合。现有证据可以证明，在争议商标申请日之前，“TELEMATRIX”商标已经构成他人在先使用并具有一定影响的商标，比特公司在知晓或者应当知晓“TELEMATRIX”系其合作伙伴在先使用并有一定知名度的商标的情况下申请注册争议商标的行为，违反了商标法第三十一条之规定，二审法院的上述认定并无不当。比特公司还主张争议商标已经长期使用获得了较高知名度，并形成稳定的市场秩序、不应予以撤销，对此第93号裁定认为，鉴于争议商标自2007年5月28日获准注册，2010年9月6日美爵信达公司提出争议申请至今，已经过商标评审委员会及一审、二审法院多次审理，比特公司在此期间对争议商标的使用行为，以及对争议商标是否具有知名度，均不能成为比特公司未违反商标法第三十一条的理由，故对比特公司的该项请求不予支持。

根据已经查明的案件事实，结合各方当事人的诉辩主张，本案的争议焦点问题是：二审法院认定比特公司对中讯公司提起（2009）锡知民初字第57号诉讼（以下简称第57号诉讼）的行为属于恶意诉讼，并据此判令比特公司赔偿中讯公司经济损失的结论，是否具备事实与法律依据。

《中华人民共和国民事诉讼法》第十三条规定，民事诉讼应当遵循诚实信用原则。当事人有权在法律规定的范围内处分自己的民事权利和诉讼权利。同时，《中华人民共和国侵权责任法》① 第六条规定，行为人因过错侵害他人民事权益，应当承担侵权责任。本案所涉为恶意提起知识产权诉讼损害责任纠纷，其本质上为侵权责任纠纷的一种具体类型。比特公司在本案中应当承担侵权责任的前提是，比特公司提起第57号诉讼的行为，属于恶意提起知识产权诉讼。判断比特公司是否存在恶意诉讼行为，应当从侵害行为、损害结果、侵害行为与损害结果之间的因果关系以及行为人的主观过错等几方面进行审查。本案中，比特公司曾于2008年针对中讯公司提起商标侵权诉讼，并要求判令中讯公司赔偿经济损失612万元。后根据比特公司的申请，一审法院裁定准许其撤回起诉。在案证据显示，因第57号诉讼的提起，中讯公司产生了律师费等诉讼成本，并因停止生产销售TELEMATRIX商标商品的活动丧失了交易机会、导致物料及人工损失。因此，现有证据可以证明，本案中存在侵害行为、产生了损害结果，且侵害行为与损害结果之间具有因果关系，故本案关键在于，比特公司提起第57号诉讼的行为是否具有恶意。

民事诉讼是知识产权人维护自身权益的重要途径，人民法院应当依法保障知识产权人在其权利范围内获得充分和严格的保护。但民事行为的实施、民事诉讼程序的启动，同样应当遵循诚实信用、禁止权利滥用的原则。本院认为，判断比特公司提起第57号诉讼是否具有主观恶意，应当考虑如下因素：

---

① 已被《中华人民共和国民法典》废止。

第一，比特公司在第57号诉讼中的权利基础及其对该种权利基础的认识能力。经查，比特公司于2008年启动第57号诉讼程序。2013年7月22日，国家工商行政管理总局商标评审委员会作出〔2013〕第23303号《关于第4359350号TELEMATRIX商标争议裁定书》（以下简称第23303号裁定），以构成商标法第三十一条所指“以不正当手段抢先注册他人在先使用并有一定影响的商标”为由，将作为第57号诉讼权利基础的第4359350号TELEMATRIX商标（即涉案商标）予以撤销。后历经三级法院的司法审查程序，本院于2014年12月15日作出（2014）知行字第93号行政裁定，驳回比特公司的再审申请。至此，涉案商标自始不具有法律效力，且相关判决认为，基于美爵信达公司的TELEMATRIX商标在涉案商标申请日之前已经具有的知名度，比特公司申请注册涉案商标的行为难谓善意。由此可见，基于生效判决的明确认定，涉案商标权自始不具有正当性基础，且在权利取得之初，比特公司对于其权利基础的正当性即应当具备相应的认识能力。本院注意到，比特公司虽于本案再审审查阶段对第23303号裁定及后续司法审查程序的认定提出诸多质疑，但作为独立于第23303号裁定及其后续行政诉讼程序的本案，基于对生效裁判既判力的充分尊重，本院不应在本案民事诉讼程序中对此予以评述。对比特公司与此有关的再审申请理由，本院均不予支持。

第二，比特公司提起第57号诉讼的目的。根据原审法院查明的事实，比特公司与中讯公司曾先后接受赛德公司的委托，为其加工酒店电话机产品，系具有竞争关系的同行业经营者。结合已为生效判决确认的事实，即作为第57号诉讼权利基础的涉案商标，系比特公司“以不正当手段抢先注册他人在先使用并有一定影响的商标”，以及比特公司在提起第57号诉讼之前，即在其网站上宣传“作为国际与德利达、TELEMATRIX齐名的三大酒店电话机品牌之一，比特在产品和服务商一直追求领先”，并先后对美爵信达公司及其代工企业提起侵害商标权之诉等事实，确难认定比特公司是以依法维权为目的、正当行使其诉讼权利的行为。据此，一审、二审法院认定比特公司启动第57号诉讼程序的行为，属于恶意提起知识产权诉讼，该结论于法有据，本院予以支持。在此基础上，一审、二审法院综合考虑中讯公司现实的经济损失、预期利润的损失以及比特公司的主观恶意等因素，酌情确定比特公司在本案中应当承担的赔偿责任的具体数额亦属得当。对比特公司与此有关的再审申请理由，本院均不予支持。

对于比特公司所提其他再审申请理由，本院认为，首先，对于中讯公司在本案中是否怠于行使权利、比特公司是否保持诉讼克制的问题。二审法院认定，在比特公司启动诉讼程序后，中讯公司采取应对措施、维护自身权益，并未怠于行使权利。比特公司自涉案商标获得注册后，先后通过发送警告函、提起诉讼、进行工商举报等方式向中讯公司主张权利，故二审法院所作“比特公司保持诉讼克制的理由没有事实依据”的结论于法有据。最后，一审、二审法院根据《最高人民法院关于案例指导工作的规定》，于本案中援引和参照本院第 82 号指导性案例的做法并无不妥，对比特公司与此有关的再审申请理由，本院不予支持。

依照《中华人民共和国民事诉讼法》第二百零四条第一款，《最高人民法院关于适用〈中华人民共和国民事诉讼法〉的解释》第三百九十五条第二款规定，裁定如下：

驳回山东比特智能科技股份有限公司的再审申请。

审 判 长 佟 姝
审 判 员 毛立华
审 判 员 戴怡婷
二〇一九年十二月十二日
法官助理 张 博
书 记 员 包 硕

# 37. 商标近似性判断的考量因素

——再审申请人宜宾五粮液股份有限公司与被申请人甘肃滨河食品工业（集团）有限责任公司、北京谭氏瑞丰商贸有限公司侵害商标权纠纷案①

**中华人民共和国最高人民法院民事判决书（2017）最高法民再234号**

再审申请人（一审原告、二审上诉人）：宜宾五粮液股份有限公司。住所地：四川省宜宾市翠屏区岷江西路150号。

法定代表人：刘中国，该公司董事长。

委托诉讼代理人：刘一宏，四川景上律师事务所律师。

委托诉讼代理人：李铭，北京市众泽律师事务所律师。

被申请人（一审被告、二审上诉人）：甘肃滨河食品工业（集团）有限责任公司。住所地：甘肃省张掖市民乐县城东门105号。

法定代表人：许福林，该公司董事长。

委托诉讼代理人：王华，北京恒都（天津）律师事务所律师。

委托诉讼代理人：文萁，北京恒都（深圳）律师事务所律师。

被申请人（一审被告、二审被上诉人）：北京谭氏瑞丰商贸有限公司。住所地：北京市海淀区远大路39号1号楼508—3室。

法定代表人：谭永会，该公司总经理。

再审申请人宜宾五粮液股份有限公司（以下简称五粮液股份公司）因与被申请人甘肃滨河食品工业（集团）有限责任公司（以下简称滨河公司）、北京谭氏瑞丰商贸有限公司（以下简称谭氏公司）侵害商标权纠纷一案，不服北京市高级人民法院（2014）高民终字第2462号民事判决，向本院申请再审。本院于2017年6月27日作出（2016）最高法民申3716号民事裁定，提审本案。本院依法组成合议庭，开庭审理了本案。再审申请人五粮液股份公司的委托诉讼代理人刘一宏、李铭，被申请人滨河公司的委托诉讼代理人王华、文萁到庭参加诉讼；被申请人谭氏公司经本院合法传唤未到庭参加诉

① 本案在年度报告中的位置为第63页。

讼。本案现已审理终结。

五粮液股份公司申请再审称，滨河公司在其生产和销售的酒类商品上使用标识“九粮液”的行为，违反了2001年修正的《中华人民共和国商标法》（以下简称商标法）第十三条和第五十二条第一项、第二项、第五项，2002年施行的《中华人民共和国商标法实施条例》（以下简称商标法实施条例）第五十条第一项，《最高人民法院关于审理商标民事纠纷案件适用法律若干问题的解释》[①]（以下简称商标民事司法解释）第一条第二项之规定，侵害了五粮液股份公司主张保护的“五粮液”注册商标专用权。一、二审判决事实认定不清，遗漏五粮液股份公司的诉讼请求，适用法律错误，应予纠正。根据《中华人民共和国民事诉讼法》（以下简称民事诉讼法）第一百九十九条、第二百条之规定，请求：1. 撤销一、二审判决。2. 对本案进行改判，判决认定滨河公司、谭氏公司侵害商标专用权，判令滨河公司立即停止生产及销售“九粮液”系列产品，谭氏公司停止销售滨河公司生产的“九粮液”系列产品。3. 滨河公司赔偿五粮液股份公司经济损失人民币7000万元。4. 滨河公司、谭氏公司在《中国知识产权报》《法制晚报》上登载声明，消除被诉侵权行为对五粮液股份公司造成的不良影响。5. 一、二审诉讼费用由滨河公司和谭氏公司承担。具体事实和理由为：1. 第160922号“WULIANGYE五粮液及图”（核定使用在第33类酒类等商品上）、第3879499号“五粮液68”（核定使用在第33类酒类等商品上）和第1789638号“五粮液”（核定使用在第35类广告等服务上）商标均由四川省宜宾五粮液集团有限公司（以下简称五粮液公司）申请注册，三个商标均在有效期内。五粮液股份公司系五粮液公司旗下负责酒类生产经营的核心企业和上市公司，同时也是上述三个商标的独占许可使用人。2. 滨河公司在其生产和销售的酒类商品上使用“滨河九粮液”和“九粮液”，其中“滨河九粮液”标识中还突出使用“九粮液”，既是将“九粮液”作为商标使用，又是作为商品名称使用，属于未经商标注册人许可，在同一种或者类似商品上使用与“五粮液”注册商标相近似的商标，足以让消费者误认为“九粮液”与“五粮液”存在特殊关系，因此，滨河公司的行为违反了商标法第五十二条第一项、第二项、第五项和商标法实施条例第五十条第一项之规定，构成商标侵权。3. 鉴于五粮液产品的知名度和“五粮液”驰名商标的显著性，滨河公司的行为足以让消费者一看到“九粮液”便想到五粮液股份公司的五粮液产品，使相关公众认为“九粮

---

① 已被《最高人民法院关于修改〈最高人民法院关于审理侵犯专利权纠纷案件应用法律若干问题的解释（二）〉等十八件知识产权类司法解释的决定》修改，本书下同。

液”与驰名商标“五粮液”具有相当程度的联系，减弱驰名商标的显著性，而且滨河公司还有意在宣传中让公众误认为“九粮液”比“五粮液”酒的原材料还多了四种粮食，酒质比五粮液“更好”，贬损了驰名商标“五粮液”的市场声誉，致使五粮液股份公司的利益受到损害。因此，滨河公司的行为违反了商标法第十三条和商标民事司法解释第一条第二项之规定，构成对五粮液股份公司商标权的侵害。4. “数字+粮液”是五粮液公司独创的产品命名方式，已经沿用了百余年，滨河公司早在十年前就模仿五粮液股份公司“数字+粮液”的结构，直接将“九粮液”作为商标使用在白酒类商品上，大量进行生产和销售，并且，滨河公司在2006年1月就向国家工商行政管理总局商标局（以下简称商标局）申请注册“九粮液及图”商标，被商标局驳回，此后，滨河公司又多次申请“九粮液”商标，均被商标局驳回，商标局在驳回其申请的裁决文书上已经明确了“九粮液”与五粮液股份公司的注册商标“五粮液”近似，易造成消费者误认。此外，商标局和人民法院还曾经认定，使用“数字+粮液”的行为构成对“五粮液”的侵权，如商标局早在2006年8月就曾经作出过《关于“四粮液”是否与“五粮液”注册商标近似的批复》；吉林省工商局已经据此查处了四粮液生产厂家吉林省天下晓饮食有限责任公司；北京市高级人民法院在（2011）高民终字第3898号民事判决中认定“七粮液”标志与“五粮液”商标近似，认定了制售“七粮液”的行为侵权；等等。在此情况下，滨河公司仍继续大量使用“九粮液”标识，彰显了其借用“五粮液”知名度、误导公众的意图。此外，滨河公司的产品命名除模仿驰名商标“五粮液”外，还模仿五粮液股份公司的其他驰名商标“五粮春”“五粮醇”等，先后生产标有“九粮春”“九粮醇”的酒类产品，充分证明了滨河公司模仿涉案驰名商标傍名牌的恶意。5. 滨河公司在其生产和销售的酒类商品上突出使用“九粮液”标识，在外包装箱、酒瓶、手提袋更是直接使用“九粮液”字样，并大肆进行广告宣传，给五粮液股份公司及五粮液产品的经销商造成巨大的经济损失。6. 一、二审判决认定事实不清，遗漏五粮液股份公司的诉讼请求。本案中，五粮液股份公司在一、二审诉讼过程中主张的滨河公司的具体侵权行为不仅是其在酒产品礼盒上使用“滨河九粮液”标识，而且还包括在涉案侵权产品手提袋、酒瓶、外包装箱上直接使用的“九粮液”标识，五粮液股份公司对此均已举证。但一、二审法院并没有对涉案侵权产品手提袋、酒瓶、外包装箱上直接使用“九粮液”标识的侵权行为进行审理、认定、判决，属于漏审、漏判，根据民事诉讼法第二百条的规定，本案应当再审。7. 一、二审法院认定五粮液股份公司主张滨河公司侵权的法律依据是商标法第五十二条第一项、第二项，未主张商标法的其他规定存在错误。事实上，五粮液股份公司除主张上述法律依据外，还主张有商标法第五十二条第五项及商标法实施条例第五十条第一项规定的产品名称侵权以及驰名商标保护等相应法律依据，在原审法庭调查和法庭辩论过程中，五粮液股份公司均已反复提及，原审判决认定事实错误，其片面适用法律又不予以释明违背了民事案件审判的基本原则。综上，五粮液股份公司认为，滨河公司的行为构成商标侵权，原审法院判决认定事实和适用法律错误，应当予以纠正，请求依法再审改判。

滨河公司答辩称，1. 一、二审法院不存在漏审。法院的审理范围应限于五粮液股份公司诉讼主张的范围，五粮液股份公司在一审时提出了明确的诉讼请求及事实、理由，且一审庭审中，经法院多次询问后，其明确主张的法律依据为商标法第五十二条第一项、第二项、第五项；在二审上诉时五粮液股份公司也并未提出增加诉讼请求和法律适用的要求，足见其对一审法院的法律适用并无异议。2. 滨河公司的行为并不构成对五粮液股份公司商标权的侵害。首先，从商标标识本身看，“滨河九粮液”系滨河公司合法注册的商标，且“滨河九粮液”与“五粮液”并不构成近似，滨河公司有权使用。其次，从使用效果看，被诉侵权标识的使用并未造成相关公众的混淆误认，也不存在混淆的可能性。“滨河九粮液”标识自 1996 年开始使用，至今销售区域覆盖全国多个省市，五粮液股份公司始终未能提供任何证据证明在上述过程中出现过混淆；“滨河九粮液”标识使用至今获得多项荣誉，品牌知名度很高，能够与五粮液股份公司的标识形成市场区分；“九粮”系对白酒原料、香型和酿造工艺的描述，使用具有合理性，而且，与滨河公司具有高知名度的“滨河”标识结合使用，具有较高的识别性；判断近似和混淆，应当结合相关公众的识别程度来进行，白酒类商品的相关公众识别程度较高，产品香型、价格、风格等因素都会影响识别；虽然滨河公司出于设计布局的需要，在包装上实际使用的标识与注册商标有细微差别，但是并未超出注册商标的使用界限。最后，被诉侵权网站与滨河公司无关，并非滨河公司的使用行为。3. 五粮液股份公司主张的侵权责任缺乏事实和法律依据。五粮液股份公司申请法院所调取的滨河公司的损益表显示，滨河公司连续两年亏损；五粮液股份公司主张的其他关于侵权获利的依据均非被诉侵权产品在被诉侵权期间内的数据；五粮液股份公司的经营情况和财务年报显示，其并没有任何实际损失，现有证据也不能证明滨河公司的被诉侵权行为给五粮液股份公司的声誉造成任何贬损，故其主张的赔偿数额和消除影响缺乏依据。综上，请求驳回五粮液股份公司的再审申请。

谭氏公司未提交书面答辩意见。

五粮液股份公司向北京市第一中级人民法院起诉称：1. 五粮液公司是第1789638号“五粮液”商标（核定使用在第35类广告服务上）、第160992号“WULIANGYE 五粮液及图”、第3879499号“五粮液68”商标（上述两商标核定使用在第33类酒类商品上）的注册商标专用权人，五粮液股份公司系上述注册商标的独占被许可人。“五粮液”商标在1991年9月19日首届“中国驰名商标”消费者评选活动中获得“中国驰名商标”称号，五粮液系列商品多次获得国内外各种奖项。2. 谭氏公司销售的53度及45度两种“滨河九粮液”白酒的商品包装、宣传册等上所使用的商标与五粮液股份公司享有的前述三个注册商标构成近似商标，同时上述商品与五粮液股份公司三个涉案商标核定使用的商品构成相同或类似商品或服务，故谭氏公司销售上述被诉侵权商品的行为违反了商标法第五十二条第二项的规定，构成对五粮液股份公司注册商标专用权的侵犯。3. 鉴于谭氏公司销售的被诉侵权商品均来源于滨河公司，而滨河公司实施了生产、销售被诉侵权商品的行为，故滨河公司实施的上述行为违反了商标法第五十二条第一项、第二项的规定，亦构成对五粮液股份公司注册商标专用权的侵犯。据此，五粮液股份公司请求法院判令：谭氏公司立即停止被诉侵权行为；滨河公司赔偿五粮液股份公司经济损失（包含律师费、证据保全费及其他合理费用）7000万元；谭氏公司和滨河公司在《中国知识产权报》《法制晚报》上登载声明，消除被诉侵权行为对五粮液股份公司所造成的不良影响。

谭氏公司答辩称：该公司是滨河公司在北京的经销商，其销售的商品均具有合法来源，故不应当承担侵权责任，请求法院驳回五粮液股份公司对谭氏公司的全部诉讼请求。

滨河公司答辩称：1. 被诉侵权商品并未侵犯五粮液股份公司第160992号“WULIANGYE 五粮液及图”、第3879499号“五粮液68”商标的注册商标专用权。理由如下：被诉侵权商品上所使用的商标是滨河公司所享有权利的第314446号、第7499007号、第3241213号、第6054117号四个注册商标的正当使用；被诉侵权商品的标识与五粮液股份公司的第160992号“WULIANGYE 五粮液及图”、第3879499号“五粮液68”商标的标识本身并不近似；被诉侵权商品标识中对于“九粮”的使用系对商品原料及工艺的描述性使用，属于正当使用情形；滨河公司对上述标识享有外观设计专利权；“滨河”系滨河公司使用多年具有很高知名度的商标。上述因素导致五粮液上述商标与滨河公司商标并存20余年，并未发生混淆情形，据此，虽被诉侵权商品与五粮液股份公司上述商标核定使用的商品构成相同或类似商品，被诉侵权行为亦未构成对五粮液股份公司注册商标专用权的侵犯。2. 五粮液股份公司所指控的网站上的宣传行为并不属于广告传播服务，其与五粮液股份公司第 1789638 号“五粮液”商标核定使用的广告传播等服务并未构成类似服务，故该被诉侵权行为并未构成对第 1789638 号“五粮液”商标注册商标专用权的侵犯。3. 即便被诉侵权商品中相关标识的使用确实构成对五粮液股份公司注册商标专用权的侵犯，但现有证据亦不能证明五粮液股份公司遭受的损失，五粮液股份公司主张滨河公司赔偿 7000 万元的请求缺乏事实依据。4. 鉴于被诉侵权商品并未对五粮液股份公司涉案注册商标的声誉造成负面影响，故滨河公司不应承担消除影响的民事责任。综上，五粮液股份公司的诉讼请求均不能成立，请求法院依法予以驳回。

一审法院认定事实：

（一）与五粮液股份公司注册商标专用权有关的事实

五粮液股份公司在本案中所主张的三个注册商标分别为：第 1789638 号“五粮液”商标、第 160992 号“WULIANGYE 五粮液及图”商标、第 3879499 号“五粮液 68”商标。上述三个注册商标的注册商标专用权人均为五粮液公司，五粮液股份公司是上述三个注册商标的独占许可使用人，授权期限自 2006 年 1 月 1 日起至 2014 年 12 月 31 日止。

上述三个注册商标的具体信息如下：

第 160992 号商标为“WULIANGYE 五粮液及图”（见下图），核定使用商品为第 33 类：酒类等商品，核准注册日期为 1983 年 3 月 1 日，经续展，注册商标专用权期限至 2023 年 2 月 28 日止。

第 3879499 号商标为“五粮液 68”商标（见下图），其核定使用商品为第 33 类：果酒（含酒精）、烧酒、蒸馏酒精饮料、蒸馏饮料、鸡尾酒、葡萄酒、酒（饮料）、酒精饮料（啤酒除外）、汽酒、黄酒，核准注册日期为 2005 年 11 月 7 日，经续展，注册商标专用权期限至 2015 年 11 月 6 日止。

68

第1789638号商标为“五粮液”商标（见下图），核定使用商品为第35类：广告、广告传播、广告设计、货物展出、计算机安排货车位置、将信息编入计算机数据库、进出口代理、推销（替他人）、文字处理、邮寄订单广告。该商品的注册商标专用权期限自2002年6月14日起，经续展，注册商标专用权期限至2022年6月13日止。

上述事实有上述三个注册商标的商标注册证、续展证明、授权书及庭审笔录在案佐证。

（二）与五粮液股份公司注册商标知名度相关的事实

为证明“五粮液”系列商标在酒类商品上的知名度，五粮液股份公司提交了相关证据，主要包括：

证据4：1991年9月19日“首届中国驰名商标消费者评选活动组委会”证书，载明：“五粮液牌商标在首届中国驰名商标（部分商品）消费者评选活动中荣获‘中国驰名商标’称号”。

证据8：《宜宾市志》。其中对五粮液记载如下：“解放后，人民政府根据国家烟酒专卖管理的有关规定，明确禁止小作坊生产……曲酒中的‘五粮液’，最为著名，但产量不多。”

证据10：R&F睿富全球排行榜北京名牌资产评估有限公司的证书，载明“四川省宜宾五粮液集团有限公司：‘五粮液’品牌在2011中国最有价值品牌评价中，品牌价值586.26亿元，居全国白酒制造业第一位”。

证据11：“五粮液”商标在国内外获奖情况，其中涉及在中国的证据包括：1994年中国国际名酒博览会中获中国酒王称号、1963年获中国名酒称号、1979年获中国名酒称号、1989年国家金质奖、1991年获中国驰名商标称号、2002年到2005年国家金质奖。

证据12："五粮液"商标所获得的相关荣誉证书，约18份。

证据13：五粮液股份公司1998年至2012年的年度报告中关于当年广告宣传费用的统计资料，上述年度报告均为五粮液股份公司自行制作。

上述事实有五粮液股份公司提交的驰名商标证明、《宜宾市志》、四川省宜宾市合力公证处出具的（2008）宜市合证字第3447号公证书、（2012）宜市合证字第1189号公证书、"五粮液"商标荣誉证书、五粮液股份公司自1998年至2012年的《年度报告》及庭审笔录在案佐证。

（三）与被诉侵权行为相关的事实

1. 与被诉侵权商品的生产与销售行为有关的事实

2012年3月31日，五粮液股份公司的委托代理人在北京市海淀区远大路39号青清商厦508－3购买了被诉侵权商品，即"53度九粮液""45度九粮液"各一箱（见附图）。滨河公司认可上述商品由其生产，且销售给谭氏公司。

上述事实有（2012）京中信内经证字第04500号公证书及庭审笔录在案佐证。

2. 与被诉许诺销售行为有关的事实

五粮液股份公司为证明滨河公司存在许诺销售行为，提交了北京市长安公证处出具的（2012）京长安内经证字第4235号公证书，该公证书对www. jiuliangye. net网站中的相关内容进行了公证。

由公证书的记载可以看出，进入该网站首页后，点击相关图标即可以见到涉案两种被诉侵权商品的图片及相关介绍。

点击其中的"企业简介"进入相应页面，其中有如下表述："甘肃滨河九粮液品牌营销有限公司成立于2006年，前身为甘肃滨河食品工业（集团）有限责任公司九粮液品牌营销公司，是甘肃滨河食品工业（集团）有限责任公司下属的全资子公司，甘肃滨河公司是中国白酒工业100强企业、甘肃省重点工业企业60强。甘肃滨河九粮液品牌营销有限公司主营甘肃滨河食品工业（集团）有限责任公司在国内白酒行业中独创的'九粮香型'滨河九粮液系列白酒和酱香型九粮国风白酒。"

点击"销售网络"进入相应页面，其中有如下显示："甘肃滨河九粮液品牌营销有限公司设有：东北大区、华东大区、华中华南大区、华北大区、西南大区、西北大区、港澳台大区、海外大区八个大区。在此八大区均设有厂家办事机构。目前在以下省市有经销商：北京、上海、广州、南京、广西防城港市、新疆、西宁、银川。"五粮液股份公司认为上述表述可以证明被诉侵权商品的销售范围。

上述网页底部均有"甘肃滨河九粮液品牌营销有限公司"的标注。

滨河公司认为该网站并非由其经营，其不应对该网站中的行为承担责任。

上述事实有北京市长安公证处出具的（2012）京长安内经证字第 4235 号公证书及庭审笔录在案佐证。

（四）与民事责任相关的事实

为证明滨河公司的获利情况，五粮液股份公司向一审法院提交调取证据申请，一审法院经审理后认为五粮液股份公司的申请具有合理性，并分别向中国酒类流通协会、甘肃省民乐县统计局、民乐县地方税务局发送协助调查函，但上述单位向一审法院的回函中均显示无法从综合数据中分出被诉侵权商品的销售及利润情况。

上述事实有上述单位的回函以及庭审笔录在案佐证。

（五）与滨河公司的抗辩理由有关的事实

1. 与滨河公司主张的四个注册商标有关的事实

第 3241208 号“滨河九粮春”商标（见下图），核定使用商品为第 33 类的酒（饮料）、含酒精液体、烧酒、料酒、葡萄酒、米酒、威士忌酒、食用酒精、青稞酒、黄酒，申请日为 2002 年 7 月 15 日，核准注册日为 2003 年 7 月 21 日，经续展，注册商标专用权期限至 2023 年 7 月 20 日，注册商标专用权人为滨河公司。

滨河九粮春

第 314446 号商标为“滨河及图”商标（见下图），其核定使用商品为第 33 类：酒。申请日为 1987 年 7 月 21 日，核准注册日为 1988 年 2 月 20 日，经续展，注册商标专用权期限至 2018 年 5 月 19 日，注册商标专用权人为滨河公司。

第 7499007 号为“滨河及图”商标（见下图），其核定使用商品为第 33 类：果酒（含酒精），烧酒，葡萄酒，酒（饮料），含酒精液体，米酒，青稞酒，黄酒，料酒，食用酒精。申请日为 2009 年 6 月 25 日，核准注册日为

2010年9月14日，注册商标专用权期限至2020年9月13日，注册商标专用权人为滨河公司。

第6054117号商标为“滨河九粮液”商标（见下图），其核定使用商品为第33类：酒（饮料），烧酒，含酒精果子饮料，苹果酒，葡萄酒，含酒精液体，青稞酒，黄酒，料酒，米酒。申请日为2007年5月17日，核准注册日为2009年12月21日，注册商标专用权期限至2019年12月20日，注册商标专用权人为滨河公司。

2. 与滨河公司上述注册商标知名度有关的事实

为证明上述注册商标的知名度，滨河公司提交了相关知名度证据，主要包括以下三类：

（1）荣誉证书类

此类证据主要包括，中国新技术新产品博览会颁发的第八届中国新技术新产品博览会金牌，中国食品工业协会颁发的全国食品行业知名信誉品牌，中国质量领先企业调查组委会、中质信（北京）顾客消费满意度调查中心颁发的中国十大白酒质量品牌，华夏酒报颁发的中国酒业20大白酒创新产品，中国市场品牌战略论坛组委会颁发的中国白酒行业十大品牌，甘肃省名牌战略推进委员会颁发的甘肃名牌产品，中国西部品牌推广活动委员会、中国西部主流媒体联盟活动组委会颁发的中国西部亿万读者喜爱的酒业品牌，等等。

（2）广告宣传类

①电视广告类

此类证据主要包括2012年8月至12月中央电视台十套的相关电视广告，

以及2012年7月至2013年6月甘肃卫视的相关电视广告。

②报刊广告类

此类证据包括130余份相关报刊中对"滨河"或"滨河九粮液"的宣传报道，涉及的媒体主要为《兰州晨报》《甘肃金融》《青海日报》《华夏酒报》《西部商报》《兰州日报》《甘肃日报》《甘肃酒业》《财富周刊》，此外，少部分涉及《海峡导报》《海西晨报》《湖南日报》《中国民航报》等。

③广告合同及发票类

此类证据主要包括：2007年、2008年，滨河公司与兰州丹灵广告装饰有限公司所签署的标的为50万元的合同、发票及户外广告照片；2007年、2012年，滨河公司与蓝天广告公司所签署的标的为67万元的合同、发票及户外广告照片；2009年12月，兰州朗昱广告有限责任公司出具的广告发票，金额为1221万元；2011年11月，兰州中嘉文化传播有限公司出具的广告发票，金额为1458万元；2008年及2011年，兰州卓立广告有限公司出具的广告发票，金额为228万元。

（3）滨河九粮液产品的销售情况

滨河公司还提交了约6张涉及九粮液商品的销售发票，金额从1900元至25317元不等。

上述事实有滨河公司提交的知名度证据、相关销售发票及庭审笔录在案佐证。

3. 滨河公司主张的外观设计专利权

滨河公司主张其对ZL201230051507.1、ZL201230051522.6等外观设计专利享有外观设计专利权，经查，上述专利的申请日均为2012年，且专利权人均为许福林，均已获得授权，且在保护期内。上述外观设计中有"滨河"或"滨河九粮液"标识的显示。

上述事实有滨河公司提交的外观设计专利证书及庭审笔录在案佐证。

一审法院认为，本案争议焦点为：滨河公司生产、销售被诉侵权商品的行为以及谭氏公司销售被诉侵权商品的行为是否构成对五粮液股份公司主张保护的三个注册商标专用权的侵犯；滨河公司是否实施了被诉许诺销售的行为。

（一）滨河公司生产、销售被诉侵权商品的行为以及谭氏公司销售被诉侵权商品的行为是否构成对五粮液股份公司主张保护的三个注册商标专用权的侵犯

鉴于五粮液股份公司主张保护的三个注册商标均处于有效期内，且五粮液股份公司已从注册商标专用权人五粮液公司处获得独占许可使用权，故五

粮液股份公司有权禁止他人实施侵犯上述三个注册商标专用权的行为。

1. 滨河公司生产被诉侵权商品的行为是否违反商标法第五十二条第一项的规定，侵犯第160922号“WULIANGYE五粮液及图”、第3879499号“五粮液68”注册商标专用权。

由商标法第五十二条第一项规定可知，未经商标注册人的许可，在同一种商品或者类似商品上使用与其注册商标相同或者近似的商标的行为，属于侵犯注册商标专用权的行为。

鉴于滨河公司是被诉侵权商品的生产者，而生产被诉侵权商品的行为属于上述规定中所指的使用行为；且被诉侵权商品为酒类商品，其与涉案商标所核定使用的商品为同一种商品，故本案中的认定关键在于被诉侵权商品上所使用的标识与上述两注册商标是否构成“近似商标”。

商标民事司法解释第九条规定，商标法第五十二条第一项规定的商标近似，是指被控侵权的商标与原告的注册商标相比较，其文字的字形、读音、含义或者图形的构图及颜色，或者其各要素组合后的整体相似，或者其立体形状、颜色组合近似，易使相关公众对商品的来源产生误认或者认为其来源与原告注册商标的商品有特定的联系。

由上述规定可知，商标法第五十二条第一项中所指“商标近似”，应以是否具有混淆的可能性为判断标准。在判断是否具有混淆可能性时，应综合考虑多种具体因素，包括涉案商标的知名度、显著性，商品的特性，等等。商标标识本身具有一定近似程度，仅是判断是否具有混淆可能性的考虑因素之一，其并不必然会使相关公众产生混淆误认。

具体到本案，鉴于五粮液股份公司提交的证据可以证明其“五粮液”商标经过长期使用已具有很高知名度，故虽然被诉侵权商品中所使用的“滨河九粮液”与涉案两注册商标较为近似，但五粮液股份公司“五粮液”商标所具有的知名度，使得酒类商品的相关公众，在看到被诉侵权商品上的上述标识时，虽通常会联想到五粮液股份公司的“五粮液”商标，却通常并不会认为被诉侵权商品系由五粮液股份公司生产或与五粮液股份公司具有特定联系。据此，被诉侵权商品上对于“滨河九粮液”商标的使用并不会使公众产生混淆误认，该商标与五粮液股份公司上述两注册商标并未构成近似商标。五粮液股份公司关于被诉侵权商标的使用侵犯其上述两注册商标专用权的主张不能成立，一审法院对此不予支持。

虽然在无需考虑滨河公司抗辩主张的情况下，即可得出上述结论，但对于滨河公司所提出的相关抗辩主张，一审法院仍认为有评述的必要。

对于滨河公司认为其“滨河”等商标经过长期使用已具有很高知名度，

故不会使相关公众与五粮液股份公司商标相混淆的主张，一审法院认为，由滨河公司提交的证据可以看出，其虽进行了相关广告宣传并具有一定知名度，但其知名度的地域范围基本产生于甘肃省或西北地区，现有证据显然不能证明其具有很高知名度，故滨河公司的上述抗辩理由不能成立。

对于滨河公司提出的外观设计专利权的抗辩主张，一审法院认为，鉴于滨河公司并非涉案外观设计的专利权人，故其显然无权以涉案外观设计主张权利抗辩。同时，即便滨河公司获得了涉案外观设计专利权人的授权，鉴于五粮液股份公司第160922号“WULIANGYE五粮液及图”商标的注册日为1983年，五粮液股份公司第3879499号“五粮液68”商标的注册日为2005年，而滨河公司所主张的外观设计专利的申请日及授权日均晚于涉案商标的注册日，故滨河公司显然亦不能以此为由主张在先权利抗辩。在此情况下，一审法院认为，即便滨河公司的相关外观设计专利权的产生时间均早于涉案商标的注册日，但滨河公司是否享有相关外观设计专利权与其行为是否构成对五粮液股份公司注册商标专用权的侵犯之间，亦并无必然联系。原因在于，知识产权本质上是消极权利而非积极权利，滨河公司享有外观设计专利权仅意味着其可以禁止他人使用该外观设计，却并不意味其可以任何方式使用该外观设计，相应地也并不意味着其对该外观设计的使用必然不会构成对他人权利的侵害。就外观设计专利权而言，其保护的是富有美感的工业产品的设计，而非该设计所具有的区分商品或服务来源提供者这一功能。外观设计专利权人对其外观设计的使用如客观上起到区分商品或服务来源的作用，则即便专利权人享有该外观设计专利权，其亦可能构成对他人注册商标专用权的侵犯。本案中，鉴于被诉侵权商品中对于相关标识的使用已客观上起到区分商品或服务来源的作用，该种使用行为已不属于外观设计专利权的保护范围，故滨河公司的这一抗辩主张显然亦无法成立。综上，滨河公司有关在先外观设计专利权的抗辩主张不能成立。

对于滨河公司提出的描述性使用这一抗辩主张，一审法院认为，被诉侵权产品上所标注的“九粮液”是否构成描述性使用，应以相关公众的认知为标准。如果相关公众看到该标识会认为其系对于商品相关特点的描述，则其构成描述性使用，否则将不构成。本案中，“九粮”虽在一定程度上可以解释为九种粮食，但在结合五粮液股份公司“五粮液”商标知名度的情况下，这一表述通常并不会使相关公众产生上述认知，而会使相关公众将其联想到五粮液股份公司的“五粮液”商标，在此情况下，考虑到即便滨河公司有权在其商品上对其组成成分予以标注，但其标注方式有多种选择，而非仅可使用“九粮”，滨河公司选择“九粮”显然具有搭五粮液股份公司“五粮液”

便车的恶意，据此，一审法院认为滨河公司的上述抗辩主张不能成立，对此不予支持。

此外，一审法院还强调，关于被诉侵权商品上对该商标的使用行为不会使相关公众产生混淆误认的认定仅说明该使用行为未违反商标法第五十二条第一项的规定，而并不意味着该使用行为未违反商标法其他规定。滨河公司在被诉侵权商品上使用“滨河九粮液”以及“九粮液”商标的行为显然具有利用五粮液股份公司“五粮液”商标知名度的意图，违反了商标法的相关规定，但鉴于本案中五粮液股份公司并未主张该使用行为违反商标法的其他相关规定，故一审法院认为对此无法予以评述。

2. 滨河公司生产被诉侵权商品的行为是否违反商标法第五十二条第一项的规定，侵犯五粮液股份公司第 1789638 号“五粮液”商标的注册商标专用权。

鉴于商标法第五十二条第一项规定的侵权行为限于在同一种或类似商品或服务上使用相同或近似商标的行为，故如被诉侵权商品与五粮液股份公司该注册商标核定使用的服务未构成同一种或类似商品或服务，则该使用行为将不违反上述法律规定。

由查明事实可知，第 1789638 号“五粮液”商标核定使用的服务为广告传播等服务，而被诉侵权商品为酒类商品，鉴于上述商品与服务在功能、用途等方面差异较大，即便相同商标使用在上述商品或服务上亦不会产生混淆误认，故上述商品或服务未构成类似商品或服务。鉴于此，被诉侵权商品上使用“滨河九粮液”商标的行为不属于上述法律规定中所指的侵犯注册商标专用权的行为，五粮液股份公司的相关主张不能成立，一审法院不予支持。

3. 谭氏公司、滨河公司销售被诉侵权商品的行为是否违反商标法第五十二条第二项的规定，侵犯涉案三个注册商标的专用权。

由商标法第五十二条第二项规定可知，销售侵犯注册商标专用权的商品的行为属于侵犯注册商标专用权的行为。本案中，虽然谭氏公司、滨河公司均实施了销售被诉侵权商品的行为，但鉴于一审法院已认定五粮液股份公司认为被诉侵权商品违反商标法第五十二条第一项规定的主张不能成立，故对于被诉侵权商品是否属于商标法第五十二条第二项所规定的侵犯注册商标专用权商品的问题也无法认定，据此，依据本案现有情形，一审法院认为尚无法认定谭氏公司、滨河公司销售被诉侵权商品的行为违反商标法第五十二条第二项的规定。五粮液股份公司认为谭氏公司、滨河公司销售被诉侵权商品的行为违反上述规定的主张不能成立，一审法院对此不予支持。

（二）滨河公司是否实施了被诉许诺销售的行为

五粮液股份公司主张滨河公司在涉案 www. jiuliangye. net 网站上实施了许诺销售行为，对此，一审法院认为，鉴于五粮液股份公司并未提交相关证据证明滨河公司与该网站之间的关联性，相反，现有证据中显示，涉案网站的“企业简介”中所涉的企业名称为“甘肃滨河九粮液品牌营销有限公司”，网页底部的标注亦为“甘肃滨河九粮液品牌营销有限公司”，据此，依据上述证据一审法院推知涉案网站的经营者为“甘肃滨河九粮液品牌营销有限公司”，而非滨河公司。在此情况下，虽然涉案网站中由被诉侵权商品的相关信息展示，但尚不足以认定上述信息为滨河公司发布，鉴于此，五粮液股份公司认为滨河公司实施了许诺销售行为的主张不能成立，一审法院不予支持。

综上，一审法院认为五粮液股份公司诉讼请求和理由均不能成立，依据商标法第五十二条第一项、第二项的规定，一审法院判决：驳回五粮液股份公司的全部诉讼请求。案件受理费 391800 元，由五粮液股份公司负担。

五粮液股份公司、滨河公司均不服一审判决，向北京市高级人民法院提起上诉。

五粮液股份公司上诉称：滨河公司在被诉侵权商品上使用“九粮液”商标的行为明显是对五粮液股份公司在先注册商标专用权的侵犯，是典型的侵权行为，一审判决认定不构成侵权是错误的。而且一审判决认定的“近似但不混淆”的理由是错误地理解了侵害商标权行为的判断标准，其基于“五粮液”商标的知名度得出的近似商标不混淆的结论难以令人信服。综上，请求撤销一审判决。

滨河公司上诉称：1. 一审判决漏审了滨河公司主张的第 3241213 号“滨河九粮液”商标的有关事实；2. 一审判决关于滨河公司的商标知名度地域范围基本上在甘肃省或者西北地区，不能证明有很高知名度的认定错误；3. 一审判决关于滨河公司在先外观设计专利权的抗辩主张不成立的认定错误；4. 一审判决关于滨河公司描述性使用的抗辩主张不成立的认定错误；5. 一审判决关于滨河公司具有利用五粮液股份公司的“五粮液”商标知名度的意图违反商标法相关规定的认定错误，且超出审查范围。综上，请求维持一审判决结论，纠正一审判决认定中的错误。

谭氏公司服从一审判决。

二审法院认定事实：

一审法院查明事实属实，且有五粮液股份公司主张保护的三个注册商标的商标注册证及续展证明和授权书，五粮液股份公司提交的驰名商标证明，《宜宾市志》，（2008）宜市合证字第 3447 号公证书和（2012）宜市合证字第

1189号公证书，“五粮液”商标荣誉证书，五粮液股份公司自1998年至2012年的《年度报告》，（2012）京中信内经证字第04500号公证书和（2012）京长安内经证字第4235号公证书，中国酒类流通协会、甘肃省民乐县统计局、民乐县地方税务局给一审法院的回函，滨河公司相应注册商标证明，滨河公司商标知名度证据和相关销售发票，滨河公司提交的外观设计专利证书及当事人陈述等在案佐证，二审法院对此予以确认。

二审法院另查明：一审庭审中，五粮液股份公司明确主张：滨河公司生产、销售和许诺销售被诉侵权商品的行为分别构成对五粮液股份公司主张保护的三个注册商标专用权的侵害，法律依据分别是商标法第五十二条第一项、第二项和第五项；谭氏公司销售被诉侵权商品的行为构成对五粮液股份公司相应注册商标专用权的侵害，法律依据是商标法第五十二条第二项。以上事实，有当事人陈述等在案佐证。

二审法院认为，商标法第五十二条规定：“有下列行为之一的，均属侵犯注册商标专用权：（一）未经商标注册人的许可，在同一种商品或者类似商品上使用与其注册商标相同或者近似的商标的；（二）销售侵犯注册商标专用权的商品的……（五）给他人的注册商标专用权造成其他损害的。”《最高人民法院关于审理注册商标、企业名称与在先权利冲突的民事纠纷案件若干问题的规定》[①] 第一条第二款规定：“原告以他人使用在核定商品上的注册商标与其在先的注册商标相同或者近似为由提起诉讼的，人民法院应当根据民事诉讼法第一百一十一条第三项的规定，告知原告向有关行政主管机关申请解决。但原告以他人超出核定商品的范围或者以改变显著特征、拆分、组合等方式使用的注册商标，与其注册商标相同或者近似为由提起诉讼的，人民法院应当受理。”

本案中，被诉侵权商品由滨河公司生产，并由其销售给谭氏公司，谭氏公司再对外销售。各方当事人对该事实均予以认可，二审法院对此亦予以确认。

根据相关公证书所附照片，被诉侵权商品包装上使用的是“滨河九粮液”或“九粮液”，“滨河九粮液”中的“滨河”二字较小、“九粮液”三字较为突出，两者呈现拆分的形式，因此滨河公司在被诉侵权商品上实际使用的标志与其在本案中提供的注册商标标志不同，并非对注册商标的使用。在此情况下，需要审理的是被诉侵权商品上的这种使用方式是否构成对五粮液

---

① 已被《最高人民法院关于修改〈最高人民法院关于审理侵犯专利权纠纷案件应用法律若干问题的解释（二）〉等十八件知识产权类司法解释的决定》修改，本书下同。

股份公司主张保护的注册商标专用权的侵犯，而无需再考虑滨河公司的注册商标。滨河公司提出的第 3241213 号“滨河九粮液”注册商标对于被诉侵权商品上的商标使用行为定性无影响，故一审法院未对此进行审查并无不当。滨河公司关于一审法院漏审从而导致结论错误的上诉理由缺乏依据，二审法院对此不予支持。

商标法第五十二条规定的商标近似，在判断时需要考虑商标标志的近似性、在先商标的知名度和显著性、在后商标使用人的主观意图等因素，以是否足以导致相关公众混淆误认作为判断标准。正是基于这一标准，一审判决在综合考虑了五粮液股份公司主张保护的商标标志、知名度和显著性、被诉侵权商标使用情况等因素的情况下，得出相关公众不足以产生混淆误认也就不足以认定商标近似的结论。该结论的得出有事实和法律依据，并无不当，五粮液股份公司将一审法院的该结论曲解为“近似但不混淆”显然是错误的，对其相应上诉理由，二审法院不予支持。由于被诉侵权商标的使用不会与五粮液股份公司产生混淆误认从而不会与五粮液股份公司主张保护的注册商标构成近似商标，因此滨河公司在被诉侵权商品上的相关使用行为不构成商标法第五十二条第一项和第二项规定的侵权行为，一审判决对此认定无误，二审法院予以维持。相应地，谭氏公司销售被诉侵权商品的行为也不属于商标法第五十二条第二项规定的侵权行为。在作出上述认定之后，一审法院也指出，滨河公司的涉案行为未必属于合法行为，也可能违反商标法的其他规定，但由于五粮液股份公司未提出相应的法律主张，故不予评述，因此一审法院未支持五粮液股份公司在本案提出的诉讼请求，是基于五粮液股份公司自己主张的商标法第五十二条第一项和第二项的规定，涉案行为的性质仍然需要根据五粮液股份公司之后可能提出的请求确定，而非当然不侵权。五粮液股份公司关于一审判决错误的认定涉案行为不构成侵权的上诉理由，没有全面理解一审判决的内容，二审法院不予支持。鉴于一审判决未对涉案行为违反商标法的何种规定作出认定，滨河公司关于一审法院超范围审查的上诉理由，缺乏依据，二审法院对此不予支持。在对涉案行为进行审查是否属于商标法第五十二条第一项和第二项规定的侵权行为时，需要对滨河公司提出的其商标知名度范围、在先外观设计专利权抗辩、描述性使用抗辩等进行审查，而基于涉案行为系商标使用行为且并非滨河公司对其注册商标的使用等情形，故一审法院认定滨河公司注册商标的知名度范围有限且外观设计专利权抗辩和描述性使用抗辩均不成立是正确的，二审法院对此予以维持。滨河公司所提相应上诉理由缺乏依据，二审法院对此不予支持。

综上，一审判决认定事实清楚，适用法律正确，审理程序合法，应予维持。五粮液股份公司和滨河公司的上诉请求及其理由均缺乏依据，二审法院对此不予支持。依据《中华人民共和国民事诉讼法》第一百七十条第一款第一项规定，二审法院判决：驳回上诉，维持原判。

在本院再审审理阶段，五粮液股份公司向本院新提交了以下证据：

证据1，第961693号“五粮春”商标注册证，证明五粮液股份公司早在1995年便申请注册了“五粮春”商标，滨河公司辩称其在1998年开始使用“九粮春”标识进而其有在先使用权无法律依据。该证据系针对滨河公司的抗辩补充提交，属于补强证据。在本院再审审理开庭中，五粮液股份公司表示该证据不属于法律规定的新证据，故撤回。

证据2，北京市高级人民法院（2014）高行终字第1727号行政判决书，证明法院在先判决认定“滨河九粮神”标识与五粮液股份公司的“五粮神”等注册商标近似，进而证明涉案的“九粮液”“九粮春”标识与五粮液股份公司的“五粮液”“五粮春”商标更应当构成近似。

证据3，中国商标网网页打印件，证明五粮液股份公司注册了“一粮液”“二粮液”“四粮液”“八粮液”“十粮液”等“数字+粮液”结构的商标，除五粮液股份公司外，没有任何单位和个人成功注册有相同结构的商标，该结构的标识易被消费者认为均是五粮液股份公司的系列商标，使用该结构的标识均是侵害“五粮液”注册商标的行为。

证据4，《九歌》《酒歌》杂志，证明1. 滨河公司突出使用“九粮液”“九粮春”等标识；2. 2009年8月，滨河公司与韩国中国酒类株式会社签订了贸易合作协议，约定年度销售额8000万元人民币，首批订单2000万元（见《九歌》杂志第24页）；3. 2008年以来，滨河公司先后与北京、上海、深圳、广东、广西、河北等多地销售公司合作销售九粮液酒，建立多家专卖店及办事处（见《九歌》杂志第24页）；4. 2009年10月，滨河公司生产了60度九粮液6000瓶，每瓶定价600元，总金额达360万元；5. 2008年9月起，滨河公司每年生产55度公斤装九粮液5000瓶（见《九歌》杂志第26页）；6. 2008年，九粮液的零售门店在甘肃省已达585家（见《酒歌》杂志第57页）；7. 2006年，滨河公司年销售收入2.1亿元（见《酒歌》杂志第70页）。

证据5，中国专利网网页打印件，证明滨河公司宣称的白酒催成老熟高温贮存工艺及九粮九轮酿造工艺均系无效专利，滨河公司关于在先专利权的抗辩不能成立。

证据6，四川省浦江九粮天脉酒业有限公司基本信息，证明滨河公司的酒产品实际上主要来源于四川省浦江县，所谓的“九粮液”“九粮春”等产品事实上就是川酒运过去包装的。

证据7，53度九粮液酒实物、照片及销售发票；证据8，九粮春酒实物、照片及销售发票。上述证据证明2012年12月，滨河公司仍在直接生产以“九粮液”“九粮春”为酒名的酒类产品，该产品直接使用了“九粮液”“九粮春”标识，被诉侵权商品系滨河公司的第二代产品。在本院再审审理开庭中，五粮液股份公司表示上述两份证据不属于法律规定的新证据，故只作为补充参考。

对于五粮液股份公司提交的证据，滨河公司在本院再审审理开庭中发表如下质证意见：

证据2，对真实性无异议，对关联性不予认可。该证据涉及的案件与本案的事实和商标均不相同，不能作为本案审理的依据。

证据3，该证据显示，除五粮液股份公司之外，还有“三粮液”等“数字+粮液”结构的商标并非五粮液股份公司申请，而且申请日早于五粮液股份公司申请商标的时间；滨河公司最早申请“九粮液”商标的时间是2002年，亦早于五粮液股份公司申请其他“数字+粮液”结构商标的时间，故“数字+粮液”不是五粮液股份公司独创，不能由其垄断，相关证据不能作为认定滨河公司侵权的依据。

证据4，真实性需要进一步核实，关于关联性，该证据显示的时间是2006—2009年，处于本案可追溯的诉讼时效之外，故不能作为本案的参考和依据；此外，证据上显示2006年滨河公司的销售收入是2.1亿元，而根据滨河公司提交的2010年和2011年地方税务机关出具的证明，滨河公司的销售收入是5000多万元，可见，基于品牌的淘汰和衍生，滨河公司的销售收入有所下降，故上述证据不能证明滨河公司的实际销售收入或者侵权获利。

证据5，证据中涉及的专利只是滨河公司申请众多专利中的一项，滨河公司一审阶段提交的证据第90页，对此有所涉及，这些专利的申请均是基于滨河公司的酿造工艺而申请，该份证据不能作为否定相关专利的反证。

证据6，滨河公司酿造的白酒和九粮九轮白酒酿造工艺已经被确认为甘肃省非物质文化遗产，相关文件可以查阅到，不存在从其他地方运输包装的情况，该份证据的证明目的不能成立。

证据7、8，相关证据显示事实和本案没有实质差别，五粮液股份公司所称的第一代、第二代产品从证据上无法显示，至于其他产品是否系本案被诉侵权商品，也需要进一步核实。但是，上述事实在一、二审阶段都没有作为被诉侵权行为提出，不属于再审阶段的审理范围。

滨河公司向本院新提交了以下证据：

证据1，2015年6月5日，商标局认定滨河公司使用在第33类酒（饮料）商品上的“滨河九粮液”注册商标为驰名商标的批复，证明被诉侵权标识系滨河公司对其已注册的“滨河九粮液”商标的使用，并不构成侵权；在被诉侵权行为发生时，“滨河九粮液”商标已经达到驰名程度，相关公众已将其与滨河公司建立起稳定对应关系，不会造成混淆误认。

证据2，2017年10月20日，“九粮九轮酿造工艺”被甘肃省人民政府确定为第四批甘肃省非物质文化遗产传统技艺代表性项目，证明被诉侵权标识包含的“九粮”二字系对“九粮九轮酿造工艺”的描述，滨河公司具有使用“九粮”的合理依据。

证据3，最高人民法院（2014）知行字第37号行政裁定书，证明最高人民法院确认滨河公司申请注册第4646265号“滨河九粮液”商标与五粮液股份公司注册的第160922号“WULIANGYE五粮液及图”商标不构成类似商品上的近似商标。该裁定认定商标不近似主要考虑的因素有：标识本身存在一定程度的区别；滨河公司“滨河及图”商标具有较高知名度；“九粮”二字源于滨河公司自主研发的“九粮九轮酿造工艺”；滨河公司1996年即有使用“滨河九粮液”的情况。本案也应当考虑上述因素，认定被诉侵权标识与五粮液商标不构成近似，也不会造成混淆误认。

对于滨河公司提交的证据，五粮液股份公司在本院再审审理开庭中发表如下质证意见：

证据1，与本案不具有关联性。被诉侵权标识中“滨河九粮液”并非一字排开，“九粮液”和“滨河”文字有区分，本案的核心问题是滨河公司突出使用“九粮液”是否构成侵权，该批复针对的是“滨河九粮液”，而非“九粮液”。

证据2，与本案不具有关联性。“九粮九轮酿造工艺不能作为侵权的抗辩理由，首先，被诉侵权标识体现不出描述性使用的含义；其次，描述性使用应当是善意使用，而本案一、二审法院已经明确了滨河公司具有傍名牌的恶意，对此，同意一审法院的表述。

证据3，与本案不具有关联性。该案涉及的是“滨河九粮液”商标，而本案的核心是认定滨河公司突出使用“九粮液”标识是否构成侵权，故该案判决不能作为认定本案的依据。

本院再审审查阶段调取了一、二审卷宗，经过阅卷，并综合考虑各方当事人提交的证据，本院对一、二审法院查明的事实予以确认。

本院再审审理另查明：

滨河公司于2005年5月申请注册第4646265号“滨河九粮液”商标（以

下简称被异议商标），2007 年 11 月 28 日该商标初审公告，五粮液公司在法定期间内提出了异议申请，商标局于 2010 年 8 月 4 日作出裁定，认定五粮液公司所提异议理由成立，被异议商标不予注册。滨河公司向国家工商行政管理总局商标评审委员会（以下简称商标评审委员会）申请异议复审，商标评审委员会于 2012 年 7 月 30 日作出商标异议复审裁定，裁定被异议商标予以核准注册。五粮液公司不服该裁定向北京市第一中级人民法院提起行政诉讼，该院判决撤销被诉裁定，判令商标评审委员会重新作出裁定。商标评审委员会及滨河公司不服一审判决，向北京市高级人民法院提起上诉，该院判决撤销一审判决，维持被诉裁定。五粮液公司不服该二审判决，向本院申请再审，本院于 2017 年 6 月 30 日作出（2014）知行字第 37 号行政裁定书，裁定驳回五粮液公司的再审申请。该案被异议商标标识为“滨河九粮液”文字，文字为横向排列，与本案滨河公司主张享有注册商标专用权的第 6054117 号商标“滨河九粮液”相比，二者仅在字体和文字排列的横、竖方向上存在区别。

根据五粮液公司在上述案件中提交的证据，本院又查明以下事实：2006 年 8 月，商标局向吉林省工商局作出的《关于“四粮液”是否与“五粮液”注册商标近似的批复》（商标案字〔2006〕第 151 号），明确认定“四粮液”与“五粮液”商标构成近似。二审法院在另案（2011）高民终字第 3898 号民事判决中，也认定“七粮液”商标与“五粮液”构成近似。

除“五粮液”系列商标外，五粮液公司名下还拥有“五粮春”“五粮王”“五粮醇”“五粮神”等商标，上述商标均在商标专用权有效期内。

2002 年 7 月 15 日，2005 年 5 月 9 日，2006 年 1 月 24 日滨河公司在第 33 类酒（饮料）等商品上分别申请注册了“九粮液”文字商标，上述商标均未被核准注册。

2002 年 7 月 15 日，滨河公司在第 33 类酒（饮料）等商品上申请注册了“九粮王”文字商标，该商标未被核准注册。

2002 年 7 月 22 日，滨河公司在第 33 类酒（饮料）等商品上申请注册了“九粮春”文字商标，该商标未被核准注册。

2002 年 7 月 22 日，滨河公司在第 33 类酒（饮料）等商品上申请注册了“九粮神”文字商标，该商标未被核准注册。

2002 年 7 月 15 日，2007 年 5 月 17 日，滨河公司在第 33 类酒（饮料）等商品上分别申请注册了“滨河九粮液”文字商标，两商标分别于 2003 年 7 月 21 日和 2009 年 12 月 21 日被核准注册，注册号分别为第 3241213 号和第 6054117 号，第 3241213 号商标专用权有效期经续展至 2023 年 7 月 20 日，第 6054117 号商标专用权有效期至 2019 年 12 月 20 日。

2002年7月15日，2007年5月17日，滨河公司在第33类酒（饮料）等商品上分别申请注册了三个“滨河九粮春”文字商标，注册号分别为第3241208号，第6054099号和第6054105号。其中，第3241208号商标于2003年7月21日被核准注册，商标专用权有效期经续展至2023年7月20日；第6054099号和第6054105号商标经过异议、异议复审和一、二审，未被核准注册。

2002年7月15日，2007年5月17日，滨河公司在第33类酒（饮料）等商品上分别申请注册了“滨河九粮王”文字商标，分别于2003年7月21日和2009年12月21日被核准注册，注册号分别为第3241210号和第6054100号，第3241210号商标专用权有效期经续展至2023年7月20日，第6054100号商标专用权有效期至2019年12月20日。

2010年11月11日，滨河公司在第33类酒（饮料）等商品上申请注册了“滨河九粮醇”文字商标，于2011年11月28日被核准注册，注册号为第8835586号，商标专用权有效期至2021年11月27日。

2002年7月15日，2007年5月17日，滨河公司在第33类酒（饮料）等商品上分别申请注册了“滨河九粮神”文字商标，注册号分别为第3241214号和第6054116号。其中，第3241214号商标于2003年7月21日核准注册，商标专用权有效期经续展至2023年7月20日；第6054116号商标经过异议、异议复审和一、二审，未被核准注册。

本院再审认为，本案争议焦点为：（一）二审判决对五粮液股份公司的诉讼请求及相应的法律依据是否存在遗漏。（二）滨河公司生产、销售被诉侵权商品的行为以及谭氏公司销售被诉侵权商品的行为是否侵害五粮液股份公司的注册商标专用权。（三）如果滨河公司和谭氏公司的行为构成侵害商标权，应当如何承担侵权责任。

（一）二审判决对五粮液股份公司的诉讼请求及相应的法律依据是否存在遗漏

根据二审查明的事实，一审庭审中，五粮液股份公司明确主张滨河公司生产、销售和许诺销售被诉侵权商品的行为分别构成对五粮液股份公司主张保护的三个注册商标专用权的侵害，法律依据分别是商标法第五十二条第一项、第二项和第五项；谭氏公司销售被诉侵权商品的行为构成对五粮液股份公司相应注册商标专用权的侵害，法律依据是商标法第五十二条第二项。因此，一、二审法院对滨河公司和谭氏公司的行为是否违反商标法第五十二条第一项、第二项的问题进行查明和论述，并无不当，不存在遗漏五粮液股份公司法律依据的情形。

而且，五粮液股份公司主张注册商标专用权保护的商标核定使用的商品和被诉侵权商品均为酒类商品，因此，对于被诉侵权标识是否属于商标法第十三条规定之情形无审查的必要。即使一、二审法院没有专门就驰名商标的问题作出认定，也并不会因此影响案件的处理结果。况且，一、二审法院对于“五粮液”商标的高知名度予以认可，并且在判决中也有相应论述，只是在考虑此知名度的前提下仍然作出了被诉侵权标识不会造成相关公众混淆误认的结论。

另外，二审判决明确说明，根据五粮液股份公司提交的公证书中所附的被诉侵权商品包装照片，被诉侵权商品包装上使用的是“滨河九粮液”或“九粮液”。而五粮液股份公司主张被诉侵权产品还包括手提袋、酒瓶、外包装箱，其上标注的也是“九粮液”标识。虽然二审判决没有明确列明上述被诉侵权产品，但其实际审理的范围已经考虑到了相应的标识内容。故二审法院关于被诉侵权行为的认定并无不当，亦不存在遗漏五粮液股份公司诉讼请求的情形。

（二）滨河公司生产、销售被诉侵权商品的行为以及谭氏公司销售被诉侵权商品的行为是否侵害五粮液股份公司的注册商标专用权

1. 滨河公司生产、销售被诉侵权商品的行为是否侵害五粮液股份公司的注册商标专用权

商标法第五十二条规定：“有下列行为之一的，均属侵犯注册商标专用权：（一）未经商标注册人的许可，在同一种商品或者类似商品上使用与其注册商标相同或者近似的商标的；（二）销售侵犯注册商标专用权的商品的……（五）给他人的注册商标专用权造成其他损害的。”《最高人民法院关于审理注册商标、企业名称与在先权利冲突的民事纠纷案件若干问题的规定》第一条第二款规定：“原告以他人使用在核定商品上的注册商标与其在先的注册商标相同或者近似为由提起诉讼的，人民法院应当根据民事诉讼法第一百一十一条第三项的规定，告知原告向有关行政主管机关申请解决。但原告以他人超出核定商品的范围或者以改变显著特征、拆分、组合等方式使用的注册商标，与其注册商标相同或者近似为由提起诉讼的，人民法院应当受理。”

本案中，根据五粮液股份公司提交的公证书中所附的被诉侵权商品包装照片，被诉侵权商品包装上使用的是“滨河九粮液”或“九粮液”，其中“滨河九粮液”中的“滨河”二字较小、“九粮液”三字较为突出，两者呈现拆分的形式，因此滨河公司实际使用的标志与其在本案中主张获得注册商标专用权的商标标志并不相同，属于《最高人民法院关于审理注册商标、企业名称与在先权利冲突的民事纠纷案件若干问题的规定》第一条第二款规定

的情形，故属于民事案件的受理范围。在此情况下，需要审理的是滨河公司在被诉侵权商品上的这种使用方式是否构成对五粮液股份公司注册商标专用权的侵害。

五粮液股份公司主张专用权保护的三个注册商标为“WULIANGYE 五粮液及图”“五粮液68”和“五粮液”，其中“五粮液”文字为主要识别部分。滨河公司被诉侵权商品上使用的标识是“滨河九粮液”或“九粮液”，“滨河九粮液”标识中的“滨河”二字较小、“九粮液”三字较为突出。被诉侵权标识“九粮液”或者主要识别部分“九粮液”与“五粮液”相比，仅一字之差，且区别为两个表示数字的文字，同时使用在酒类商品上，易使相关公众对商品的来源产生混淆误认或者认为二者之间存在关联关系。

对于五粮液股份公司核定使用在第35类广告等服务上的“五粮液”注册商标，该商标核定使用的服务类别与被诉侵权标识使用的商品在功能、用途等方面均存在较大差异，且五粮液股份公司并未提交证据证明上述“五粮液”商标在第35类服务上进行过使用或产生一定的知名度，使相关公众能够将该商标与五粮液股份公司形成对应联系。因此，被诉侵权商品上的标识并不会造成相关公众将其与在广告等服务上的“五粮液”商标产生混淆误认，被诉侵权行为不构成对五粮液股份公司第35类服务上“五粮液”注册商标权的侵害。

此外，根据已经查明的事实，自2002年7月起，滨河公司就开始在第33类白酒等商品上申请注册了“九粮液”“九粮春”“九粮醇”“九粮王”等商标，与五粮液股份公司旗下的“五粮液”“五粮春”“五粮醇”“五粮王”系列商标形式相同；滨河公司还在白酒类商品上申请注册并使用了“滨河九粮液”“滨河九粮春”“滨河九粮王”“滨河九粮醇”“滨河九粮神”等商标，并且在产品瓶体及外包装上突出使用“九粮液”“九粮春”等商标字样，特别是“液”“春”等字的书写方式与五粮液股份公司的产品较为近似，上述事实反映了滨河公司比较明显地借用他人商标商誉的主观意图。

综上，滨河公司生产、销售被诉侵权商品的行为构成对五粮液股份公司“WULIANGYE 五粮液及图”“五粮液68”注册商标专用权的侵害。二审法院认为被诉侵权标识的使用不足以使相关公众对商品来源产生混淆误认，并进而认定滨河公司生产、销售被诉侵权商品的行为不构成侵害商标权存在错误，应当予以纠正。

2. 谭氏公司销售被诉侵权商品的行为是否侵害五粮液股份公司的注册商标专用权

根据一、二审查明的事实，谭氏公司销售的被诉侵权商品系来源于滨河公司，各方当事人对此亦无异议，本院予以确认。鉴于滨河公司生产、销售被诉侵权商品的行为构成对五粮液股份公司注册商标专用权的侵害，故谭氏公司销售被诉侵权商品的行为亦构成对五粮液股份公司注册商标专用权的侵害。二审法院基于对滨河公司行为不构成侵害商标权的错误认定，亦认为谭氏公司的行为不构成对五粮液股份公司商标权的侵害，事实认定和法律适用错误，应当予以纠正。

（三）滨河公司和谭氏公司应当承担的侵权责任

1. 滨河公司应当承担的侵权责任

商标法第五十六条规定：“侵犯商标专用权的赔偿数额，为侵权人在侵权期间因侵权所获得的利益，或者被侵权人在被侵权期间因被侵权所受到的损失，包括被侵权人为制止侵权行为所支付的合理开支。前款所称侵权人因侵权所得利益，或者被侵权人因被侵权所受损失难以确定的，由人民法院根据侵权行为的情节判决给予五十万元以下的赔偿……”

商标民事司法解释第十三条规定：“人民法院依据商标法第五十六条第一款的规定确定侵权人的赔偿责任时，可以根据权利人选择的计算方法计算赔偿数额。”第二十一条第一款规定：“人民法院在审理侵犯注册商标专用权纠纷案件中，依据民法通则第一百三十四条、商标法第五十三条的规定和案件具体情况，可以判决侵权人承担停止侵害、排除妨碍、消除危险、赔偿损失、消除影响等民事责任，还可以作出罚款，收缴侵权商品、伪造的商标标识和专门用于生产侵权商品的材料、工具、设备等财物的民事制裁决定。罚款数额可以参照《中华人民共和国商标法实施条例》的有关规定确定。”

本案中，五粮液股份公司主张依据滨河公司在侵权期间因侵权所获得的利益确定赔偿数额，上述主张具有法律依据，本院予以认可。滨河公司在侵权期间因侵权所获得的利益，应当指在被诉侵权期间，滨河公司因生产、销售被诉侵权商品而获得的利益，鉴于除被诉侵权商品外，滨河公司还从事诸多其他品牌商品的生产和销售业务，故在计算侵权获利时，应当扣除被诉侵权商品以外的生产、销售利润。

五粮液股份公司在一、二审及再审阶段提交了证明滨河公司因侵权所获得利益的相关证据，主要包括刊登关于滨河公司企业发展、商品销售情况及商标使用情况的杂志及网页打印件公证件；滨河公司商品电视广告视频及网络视频公证件；以及应五粮液股份公司申请，由一审法院向相关部门调取的证据等。上述证据中，杂志和广告视频、网页打印件的公证件所涉及的内容均系滨河公司的宣传资料，大多包含滨河公司及其关联企业的总体发展情况及商品生产、销售情况，无法从中区分被诉侵权商品的生产量和销售量，且无相应合同、票据等证据予以佐证，不足以证明滨河公司在侵权期间因侵权行为所获得的利益。对于一审法院向相关部门调取的证据，中国酒类流通协会、甘肃省民乐县统计局及民乐县地方税务局均在给一审法院的复函中表示无法提供关于滨河公司在侵权期间销售被诉侵权商品及其获利的情况。民乐县地方税务局同时向一审法院提供了滨河公司2011年度及2012年度的财务报告，鉴于该财务报告来源于地方税务主管机关，且由一审法院调取，本院对其真实性予以认可。该财务报告显示：滨河公司2011年商品销售总利润累计为9451600.36元，当年净利润总额为-3049323.68元；2012年商品销售总利润累计为8273493.28元，当年净利润总额为-3949403.89元。上述数据包含滨河公司的商品销售利润，但是根据现有证据无法区分被诉侵权商品在其中所占的比例和具体利润，故仍无法清楚证明滨河公司因侵权所获得的利益。鉴于上述数据已经远远高于商标法第五十六条规定的50万元的法定赔偿最高限额，综合考虑被诉侵权行为的表现形式、滨河公司被诉侵权期间商品的销售利润和销售范围、滨河公司的主观恶意，以及五粮液股份公司注册商标的知名度、为制止本案侵权行为支付的合理费用等因素，本院确定滨河公司向五粮液股份公司支付赔偿金人民币500万元。

另外，根据五粮液股份公司提交的相关证据，滨河公司的被诉侵权行为容易造成相关公众对商品来源的混淆误认，相关被诉侵权商品在北京、上海、深圳、广东、广西、河北等多地均进行销售，对五粮液股份公司注册商标的声誉造成了较为广泛的负面影响。根据商标民事司法解释第二十一条的规定，五粮液股份公司关于滨河公司在《中国知识产权报》《法制晚报》上登载声明，消除不良影响的诉讼请求具有事实和法律依据，本院予以支持。

2. 谭氏公司应当承担的侵权责任

商标法第五十六条第三款规定："销售不知道是侵犯注册商标专用权的商品，能证明该商品是自己合法取得的并说明提供者的，不承担赔偿责任。"

本案中，根据一、二审查明的事实，谭氏公司销售的被诉侵权商品来源于滨河公司，各方当事人对此亦无异议，根据商标法第五十六条第三款的规定，谭氏公司仅应承担停止销售被诉侵权商品的责任，无需承担侵权赔偿责任。

综上所述，滨河公司在其生产的白酒类商品及商品包装上突出使用"九粮液"的行为构成对五粮液股份公司注册商标专用权的侵害，应当承担停止侵权责任和侵权赔偿责任；谭氏公司销售上述侵权商品，亦构成对五粮液股份公司注册商标专用权的侵害，应当承担停止侵权责任。一、二审法院认定事实不清，适用法律错误，本院予以纠正。

依照2001年修正的《中华人民共和国商标法》第五十二条第一项和第二项、第五十六条、《中华人民共和国民事诉讼法》第一百七十条第一款第二项、第二百零七条规定，判决如下：

一、撤销北京市高级人民法院（2014）高民终字第2462号民事判决；

二、撤销北京市第一中级人民法院（2013）一中民初字第4718号民事判决；

三、甘肃滨河食品工业（集团）有限责任公司于本判决生效之日起立即停止侵害宜宾五粮液股份有限公司注册商标专用权的行为，即停止生产、销售标有“九粮液”文字或突出标有“九粮液”文字的白酒商品；

四、北京谭氏瑞丰商贸有限公司于本判决生效之日起立即停止侵害宜宾五粮液股份有限公司注册商标专用权的行为，即停止销售标有“九粮液”文字或突出标有“九粮液”文字的白酒商品；

五、甘肃滨河食品工业（集团）有限责任公司于本判决生效之日起十日内向宜宾五粮液股份有限公司支付赔偿金共计人民币500万元；

六、甘肃滨河食品工业（集团）有限责任公司于本判决生效之日起三十日内在《中国知识产权报》《法制晚报》上刊登声明，为宜宾五粮液股份有限公司消除影响［声明内容须经法院审核，逾期不履行，除依法承担拒不履行生效判决的法律责任外，法院还将依宜宾五粮液股份有限公司申请，公布本判决主要内容，费用由甘肃滨河食品工业（集团）有限责任公司承担］；

七、驳回宜宾五粮液股份有限公司的其他诉讼请求。

一审案件受理费人民币391800元，由宜宾五粮液股份有限公司负担191800元，由甘肃滨河食品工业（集团）有限责任公司负担200000元；二审案件受理费392550元，由宜宾五粮液股份有限公司负担192550元，由甘肃滨河食品工业（集团）有限责任公司负担200000元。

本判决为终审判决。

审 判 长 夏君丽
审 判 员 郎贵梅
审 判 员 马秀荣
二〇一九年五月二十八日
法官助理 曹佳音
书 记 员 石华亚
书 记 员 王沛泽

附被诉侵权商品外观：

# 38. 涉外定牌加工是否构成商标侵权的认定

——再审申请人本田技研工业株式会社与被申请人重庆恒胜鑫泰贸易有限公司、重庆恒胜集团有限公司侵害商标权纠纷案①

**中华人民共和国最高人民法院民事判决书（2019）最高法民再138号**

再审申请人（一审原告、二审被上诉人）：本田技研工业株式会社（Honda Motor Co. LTD.）。住所地：日本国东京都港区南青山2丁目1-1。

法定代表人：仓石诚司，该公司执行董事。

委托诉讼代理人：俞则刚，浙江和义观达律师事务所律师。

委托诉讼代理人：商双玲，浙江和义观达律师事务所律师。

被申请人（一审被告、二审上诉人）：重庆恒胜鑫泰贸易有限公司。住所地：中华人民共和国重庆市九龙坡区九龙园区火炬大道12号。

法定代表人：万迅，该公司董事长。

委托诉讼代理人：曹博，重庆百君律师事务所律师。

被申请人（一审被告、二审上诉人）：重庆恒胜集团有限公司。住所地：中华人民共和国重庆市九龙坡区九龙园区火炬大道12号。

法定代表人：万迅，该公司董事长。

委托诉讼代理人：曹博，重庆百君律师事务所律师。

再审申请人本田技研工业株式会社（以下简称本田株式会社）因与被申请人重庆恒胜鑫泰贸易有限公司（以下简称恒胜鑫泰公司）、重庆恒胜集团有限公司（以下简称恒胜集团公司）侵害商标权纠纷一案，不服云南省高级人民法院（2017）云民终800号民事判决，向本院申请再审。本院于2018年9月14日作出（2018）最高法民申3143号民事裁定，提审本案。本院依法组成合议庭，开庭审理了本案。本田株式会社的委托诉讼代理人俞则刚、商双玲，恒胜鑫泰公司、恒胜集团公司的委托诉讼代理人曹博到庭参加诉讼。本案现已审理终结。

本田株式会社申请再审称，（一）被诉侵权行为属于典型的商标侵权行

---

① 本案在年度报告中的位置为第64页。

为。1. 涉案的220套摩托车散件（以下简称被诉侵权商品）的商标标识明显突出使用本田株式会社的“HONDA”商标，具有攀附商标声誉的意图，易造成相关公众的混淆与误认。2. 第314940号、第1198975号、第503699号注册商标（以下简称涉案三商标）享有很高知名度。3. 在先案例判定未规范使用授权商标标识的行为构成商标侵权。4.《关于对外贸易中商标管理的规定》第十条、《出口商品商标管理办法》第八条均对外贸经营活动中使用“他人指定或者提供使用的商标”有规定。（二）被诉侵权行为不应认定为涉外定牌加工。1. 被诉侵权商品所使用的商标标识与境外授权商标标识并不一致。判断涉外商标使用行为是否构成“涉外定牌加工”，应以境外授权商标作为比照对象，被诉侵权商品“所使用的商标标识应与该境外授权商标标识完全一致”、应“属于该境外授权商标的核定使用商品类别（自用权范围内）”，即“双相同”，否则就不属于“涉外定牌加工”。被诉侵权商品上的商标标识与境外授权商标标识并不一致，并未获得合法授权，且未有合理解释。2. 恒胜鑫泰公司、恒胜集团公司无法证明其事先获得了境外商标权利人的合法授权，也没有真实、规范、合理地使用境外授权商标，不属于涉外定牌加工。（三）二审判决认定恒胜鑫泰公司、恒胜集团公司在被诉侵权商品上贴附商标标识的行为不属于《中华人民共和国商标法》（2013年修正，以下简称商标法）意义上的使用，属适用法律错误。1. 被诉侵权行为属于在商品、商品包装上使用商标标识、识别商品来源。2. 被诉侵权商品上使用变形的缅甸商标标识，目的不再是贴附某一境外客户指定的图标，而是意欲误导消费者。3. 相关公众有接触到被诉侵权商品的可能。（1）在国际贸易的环境下，相关公众包括生产线上的工人，被诉侵权商品标识的包装印刷工人、运输工人，码头开箱掏货的工人，海关查验关员。（2）国内消费者能通过互联网接触到已出口至境外的商品及标识。（3）大量的中国企业和个人出国旅游、经商，亦是相关公众。（4）涉案三商标具有很高的知名度，国内或境外的公众都有可能对被诉侵权商品来源混淆、误认。（5）在社会经济基础发生变化时，应对法律条文做出符合当下经济特征的解释。4. 若出口货物上贴附商标标识的行为被认定为不属于商标法意义上的使用行为，则海关的知识产权边境保护制度将落空。5. 已有在先判决明确表示出口行为属于商标使用行为。6. 商标使用行为是一种客观行为，不因使用人的不同或处于不同的生产、流通环节而作不同评价。（四）恒胜鑫泰公司、恒胜集团公司未尽合理注意义务，有攀附本田株式会社商标声誉的目的，违背了“诚实信用原则”。1. 恒胜鑫泰公司、恒胜集团公司恶意改变境外注册商标标识。2. 恒胜鑫泰公司、恒胜集团公司与本田株式会社系同业经营者，明知本田株式会社的商标具有极高的知名度，未履行必要的注意与避让义务。3. 恒胜鑫泰公司、恒胜集团公司未尽合理注意义务。4. 恒胜集团公司试图申请“HONDAKIT”商标注册。综上，请求本院撤销二审判决、维持一审判决；案件受理费由恒胜鑫泰公司、恒胜集团公司承担。

恒胜鑫泰公司、恒胜集团公司提交意见称，（一）两公司提交的证据已形成完整的证据链，证明两公司的行为属于定牌加工行为。1. 恒胜集团公司接受缅甸美华公司（MEIHUA COMPANY LIMITED）（以下简称美华公司）委托进行承揽加工，恒胜鑫泰公司负责办理出口事宜，将相关产品全部出口至缅甸，因此两公司的行为是承揽加工行为。2. 涉案的220套摩托车散件是产品而非商品，不会进入中国市场，且属于美华公司所有。3. 缅甸公民吴德孟昂在缅甸享有HONDAKIT商标权，并担任美华公司的常务董事，美华公司委托恒胜集团公司加工生产摩托车散件，吴德孟昂授权恒胜集团公司在相应产品上贴附HONDAKIT商标，恒胜鑫泰公司代办相关报关出口事宜。（二）两公司的行为未侵犯本田株式会社的涉案三商标。1. 没有发挥识别作用的使用并非商标法第五十七条第二项规定的“使用”。2. 涉案的220套摩托车散件不可能进入中国市场，不属于商标法意义上的商标使用，未破坏涉案商标的识别功能。3. 被诉侵权行为不会导致中国境内相关公众混淆误认。被诉侵权商品为摩托车，出口目的国为跨境电子商务非常滞后的缅甸，回流至国内市场的可能性非常低，不具有造成国内相关公众混淆的可能性。（三）对再审申请理由的回应。1. 再审申请人列举的相关判决对本案不具有参考价值。（1）被诉侵权商品的数量及贴附商标的图样均依据境外委托加工方的要求而进行。（2）美华公司在缅甸有相应的商标权。（3）本案并不存在国内商标注册人在国外市场的注册情况及诉讼双方商品销往同一境外市场的事实。2.《关于对外贸易中商标管理的规定》第十四条对违规的经营者规定了行政处罚条款，因此，若违反第十条的规定，承担的应当是行政责任，与是否构成商标侵权没有关联。3. 关于相关公众的界定及接触可能性。（1）申请人所称的生产线上的工人、运输工人等主体不是消费者和经营者。（2）如果认为大量中国企业和个人出国旅游、经商，有可能在缅甸接触涉案产品，是相关公众，则相当于否定了商标的地域性。4. 涉案定牌加工行为的特殊性及其影响。（1）涉外定牌加工贸易在我国经济，尤其是对外贸易中占有较大比重，同时目前全球经济形势下行，企业经营困难，我国企业廉价劳动力优势正在丧失，如果将涉外定牌加工界定为侵犯商标权，则增添了企业经营的负担。（2）境外的商标权属及侵权纠纷与涉外定牌加工无关。（3）在定作方所在国法治环境不佳的情况下，苛求国内的承担加工方尽到很高的审查义务并不现实。综上，请求驳回再审申请。

本田株式会社向一审法院起诉请求：（一）判令恒胜鑫泰公司、恒胜集团公司立即停止侵犯本田株式会社注册商标专用权的行为；（二）判令恒胜鑫泰公司、恒胜集团公司赔偿本田株式会社经济损失人民币 300 万元（含本田株式会社为制止侵权行为支付的合理费用），恒胜鑫泰公司、恒胜集团公司对该赔偿承担连带责任；（三）判令恒胜鑫泰公司、恒胜集团公司承担本案全部诉讼费用。

一审法院认定，本田株式会社是一家专业生产摩托车等产品的大型跨国企业，于 1988 年 5 月 30 日经国家工商行政管理总局商标局（以下简称商标局）核准注册，取得第 314940 号注册商标HONDA，核定使用类别为第 12 类，核定使用商品包括飞机、船舶、车辆和其他运输工具等，该商标专用权期限经续展至 2018 年 5 月 29 日。于 1998 年 8 月 14 日经商标局核准注册，取得第 1198975 号注册商标，核定使用商品类别为第 12 类，核定使用商品包括车辆、陆用机动运载器、空用机动运载器、水用机动运载器、汽车、摩托车等，该商标专用权期限经续展至 2018 年 8 月 13 日。于 1988 年 12 月 17 日经商标局核准注册，取得第 503699 号注册商标，核定使用商品类别为第 12 类，核定使用商品包括摩托车、拖拉机以及上述商品零部件等，该商标专用权期限经续展至 2019 年 11 月 9 日。恒胜集团公司系 1998 年 9 月 29 日登记注册的有限责任公司，恒胜鑫泰公司系 2001 年 6 月 19 日登记注册的有限责任公司，恒胜鑫泰公司、恒胜集团公司的法定代表人均为万迅，系总公司和子公司关系。2016 年 6 月 30 日，昆明海关向本田株式会社发出《中华人民共和国昆明海关关于确认进出口货物知识产权状况的通知》（昆明海关知确字〔2016〕40 号），告知本田株式会社在 2016 年 6 月 28 日，昆明海关下属的瑞丽海关查获申报出口的一批摩托车，商标标识为“HONDAKIT”，数量为 220 辆，昆明海关认为该批货物可能涉嫌侵犯本田株式会社在海关总署备案的知识产权，要求本田株式会社于 2016 年 7 月 3 日前按照《中华人民共和国知识产权海关保护条例》第十四条的规定，向昆明海关提出采取知识产权海关保护措施的书面申请，并提交担保金壹拾万元。2016 年 8 月 22 日，瑞丽海关向本田株式会社发出《瑞丽海关关于侵权嫌疑货物调查结果通知书》（瑞关知调字〔2016〕2－1 号），告知本田株式会社由恒胜鑫泰公司委托瑞丽凌云货运代理有限公司向瑞丽海关申报出口的标有“HONDAKIT”标识的摩托车整车散件 220 辆，申报总价 118360 美元，目的地缅甸，瑞丽海关经本田株式会社申请于 2016 年 7 月 12 日扣留上述货物，经查该批货物系由美华公司授权委托恒胜集团公司加工生产。对于该批出口的摩托车是否构成侵权，海关难以认定。根据《中华人民共和国知识产权海关保护条例》第二十三条规定，本田株式会社可以就上述货物向人民法院申请采取责令停止侵权行为或者财产保全的措施，如海关自扣留上述货物之日起50个工作日内（即2016年9月20日前）未收到人民法院的协助通知，海关将依法放行上述货物。2016年9月13日，本田株式会社向一审法院提起诉讼。

上述事实，由本田株式会社提交的瑞丽海关扣押仓库现场核对及现场照片、恒胜鑫泰公司与恒胜集团公司提交的美华公司销售合同、各方当事人的陈述等证据在案佐证。

一审法院认为本案的争议焦点是：1. 恒胜鑫泰公司、恒胜集团公司的行为是否构成侵犯本田株式会社注册商标专用权，若构成，应否立即停止其侵权行为；2. 恒胜鑫泰公司、恒胜集团公司应否连带赔偿本田株式会社经济损失300万元。

一审法院认为，本案系侵害商标权纠纷。本田株式会社的住所地在日本，故本案系涉外知识产权纠纷案件，依据《中华人民共和国涉外民事法律关系法律适用法》第五十条“知识产权的侵权责任，适用被请求保护地法律，当事人也可以在侵权行为发生后协议选择适用法院地法律”的规定，本案中，被请求保护地和法院地均在中国，故本案依法应当适用中华人民共和国法律。

首先，关于恒胜鑫泰公司、恒胜集团公司的行为是否构成侵犯本田株式会社注册商标专用权，若构成，应否立即停止其侵权行为的问题。一审法院认为，本田株式会社于1998年分别取得核定使用在第12类商品上的涉案三商标，其权利依法应受保护。恒胜鑫泰公司、恒胜集团公司在其生产和销售的涉案摩托车头罩、发动机盖、左右两边的风挡、铭牌上使用“HONDAKIT”文字及图形，并且突出增大“HONDA”的文字部分，缩小“KIT”的文字部分。恒胜鑫泰公司、恒胜集团公司辩称其行为系受美华公司授权的定牌加工行为，但其提交的通过认证的证据不能形成完整的证据链条，无法确认其行为系受美华公司授权的定牌加工行为。并且从其提交的经认证的证据来看，美华公司的授权商标图样中的“HONDAKIT”文字及图形商标并未突出“HONDA”的文字部分，缩小“KIT”的文字部分，而是同一大小字体的文字及图形，恒胜鑫泰公司、恒胜集团公司所贴附的图样也与美华公司的授权不符。因此，依据商标法第五十七条“有下列行为之一的，均属侵犯注册商标专用权……（二）未经商标注册人的许可，在同一种商品上使用与其注册商标近似的商标，或者在类似的商品上使用与其注册商标相同或者近似的商标，容易导致混淆的；（三）销售侵犯注册商标专用权的商品的；”之规定，恒胜鑫泰公司、恒胜集团公司在本田株式会社取得系列注册商标商标权的相同和类似的商品类别为第12类的摩托车上使用“HONDAKIT”文字及图形商标并突出“HONDA”的文字部分，缩小“KIT”的文字部分，其明显在突出和强调涉案商品中“HONDA”文字及图形的使用和视觉效果，构成在相同或者类似的商品上使用与其注册商标相同或者近似的商标，其行为已经构成侵犯本田株式会社注册商标专用权，依法应当立即停止其侵权行为。

其次，关于恒胜鑫泰公司、恒胜集团公司应否连带赔偿本田株式会社经济损失300万元的问题。恒胜鑫泰公司、恒胜集团公司的行为构成商标侵权，依法应当承担停止侵权、赔偿损失的民事责任，依据商标法第六十三条的规定，本案中，双方未能提交证据证明本田株式会社的损失和恒胜鑫泰公司、恒胜集团公司获得的利益，以及本田株式会社注册商标许可使用费的依据，故一审综合考虑本田株式会社注册商标的知名度，恒胜鑫泰公司、恒胜集团公司的主观过错，侵权情节，获利的可能性及本田株式会社为制止侵权行为所支出的合理开支等因素，酌定由恒胜鑫泰公司、恒胜集团公司连带赔偿本田株式会社经济损失人民币30万元。

综上所述，一审法院认为，本田株式会社主张的恒胜鑫泰公司、恒胜集团公司的行为构成侵犯其注册商标专用权，应立即停止其侵权行为，予以支持；主张恒胜鑫泰公司、恒胜集团公司应赔偿本田株式会社经济损失人民币300万元，酌定予以支持。据此判决：（一）恒胜鑫泰公司、恒胜集团公司立即停止侵犯本田株式会社涉案三商标系列文字及图形注册商标专用权的行为；（二）恒胜鑫泰公司、恒胜集团公司连带赔偿本田株式会社经济损失人民币30万元；（三）驳回本田株式会社的其他诉讼请求。

恒胜鑫泰公司、恒胜集团公司不服一审判决，向二审法院提起上诉，请求：1. 撤销一审判决第一项和第二项，驳回本田株式会社的全部诉讼请求；2. 本案一审、二审的诉讼费均由本田株式会社承担。

二审审理查明，一审法院认定的事实属实，二审予以确认。二审中，双方没有新证据提交，但对恒胜鑫泰公司、恒胜集团公司所实施的行为是涉外定牌加工行为还是商品销售行为这一重要案件事实存在争议。

二审法院认为，归纳诉辩双方的观点，本案争议的焦点是：（一）恒胜鑫泰公司、恒胜集团公司所实施的行为是涉外定牌加工行为还是商品销售行为；（二）恒胜鑫泰公司、恒胜集团公司使用涉案图标的行为是否属于商标法意义上的商标使用行为；（三）恒胜鑫泰公司、恒胜集团公司的被诉行为是否构成商标侵权、侵哪个商标权；（四）如果侵权成立，恒胜鑫泰公司、恒胜集团公司的赔偿数额应当如何确定。

关于第一个争议焦点，恒胜鑫泰公司、恒胜集团公司所实施的行为不是商品销售行为而是涉外定牌加工行为。第一，根据恒胜鑫泰公司、恒胜集团公司一审中提交的证据，恒胜鑫泰公司与美华公司于2016年4月3日签订的合同，名为《销售合同》，实为涉外定牌加工合同。经审查合同条款可知，合同明确约定了以下主要内容：买方订购的产品为：125CC MOTORCYCLE IN SKD FORM，BRAND：HONDAKIT（二审判决书误写为HONDKIT），125CC HONDAKIT牌摩托车散件；数量220套；单价538美元；总价118360美元；发运目的地缅甸；买方收货后质量异议期为30日。这些合同条款符合定牌加工的定做条件。第二，恒胜集团公司与恒胜鑫泰公司之间在涉案产品问题上并非销售关系，恒胜鑫泰公司系恒胜集团公司控股的子公司，负责为该批产品办理出口事宜，实际进行生产的是恒胜集团公司，作为法定代表人为同一人、住所地相同的关联公司，这样的安排属于恒胜集团内部的业务安排，美华公司明确知晓该情形，这从其给出的商标使用授权书便可知悉。第三，涉案承揽加工的产品全部交付定作方，不进入中国市场，中国境内的相关公众不可能接触到该批产品。第四，缅甸公民吴德孟昂在缅甸享有涉案"HONDAKIT"注册商标权。一审中恒胜鑫泰公司、恒胜集团公司向法庭提交了吴德孟昂在缅甸获得的商标登记相关权属证书，即《商标注册声明合同》。恒胜鑫泰公司、恒胜集团公司聘请云南省翻译工作者协会进行了翻译，获知缅甸公民吴德孟昂（Thet Mon Aung）已于2014年6月23日向缅甸曼德勒市合同文书登记处对"HONDAKIT"商标进行注册登记并予以公示，该商标使用的商品类别是车辆等商品，可见，"HONDAKIT"商标的注册人吴德孟昂已经履行了缅甸的商标登记制度的相关程序要求。第五，恒胜集团公司获得了缅甸公民吴德孟昂的商标使用授权。在美华公司及该公司常务董事吴德孟昂出具的《授权委托书》中载明，由美华公司委托恒胜集团公司加工生产涉案的摩托车散件，并贴附吴德孟昂作为权利人的"HONDAKIT"注册商标，商标（应当）贴附在发动机盖、左右挡风及头罩等处。吴德孟昂系美华公司的常务董事，同时也是在2016年4月3日《销售合同》上缅甸方的合同签字人。这些事实足以认定其作为涉案商标权利人要求将"HONDAKIT"注册商标贴附在合同项下的产品上，也足以认定恒胜集团公司生产涉外定牌加工涉案产品经过缅甸商标权利人合法授权。一审判决对《销售合同》《商标注册声明合同》《授权委托书》等四份在卷证据经审查后认为，恒胜鑫泰公司、恒胜集团公司提交的这些证据不能形成完整的证据链条，无法确认恒胜鑫泰公司、恒胜集团公司的行为得到美华公司的授权。这是对证据的分析认证出现了失误，在此基础上认定恒胜鑫泰公司、恒胜集团公司的行为不是涉外定牌加工行为，而是商品销售行为，构成商标侵权，属于认定事实不清、适用法律错误，二审法院予以纠正。

关于第二个争议焦点，恒胜鑫泰公司、恒胜集团公司使用涉案图标的行为不属于商标法意义上的商标使用行为。商标法第四十八条规定：“本法所称商标的使用，是指将商标用于商品、商品包装或者容器以及商品交易文书上，或者将商标用于广告宣传、展览以及其他商业活动中，用于识别商品来源的行为。”根据此定义，商标法在保护商标使用问题上的本意，是保护商标在商业活动中的识别性。以此含义推知，如果某种标识的使用不是在商业活动中用于识别商品的来源，自然不能满足商标法第五十七条第二项关于“使用”的前提性要求。考察本案情形，恒胜鑫泰公司、恒胜集团公司办理出口的220套摩托车散件系全部出口至缅甸，不进入中国市场参与“商业活动”，中国境内的相关公众不可能接触到该产品，因而恒胜鑫泰公司、恒胜集团公司的这种使用行为不可能在中国境内起到识别商品来源的作用，因此这并非商标法意义上的商标使用行为。

关于第三个争议焦点，涉外定牌加工通常是指国内生产商经国外合法商标权利人等合法授权进行生产，并将所生产的产品全部出口至该商标权人享有商标权的国家和地区的国际贸易模式。此种模式下的生产行为是否侵害中国国内相关商标权人的商标权，应根据个案的具体情况具体分析。在本案中，恒胜鑫泰公司、恒胜集团公司的行为并不构成对本田株式会社涉案三商标的侵害。首先，从商标法的相关规定分析，商标法第五十七条对原商标法第五十二条内容进行了修改，由五种行为增加至七种行为，并且将原第一款内容拆分为两项内容，即第一款为“未经商标注册人的许可，在同一种商品上使用与其注册商标相同的商标的”；第二款为：“未经商标注册人的许可，在同一种商品上使用与其注册商标近似的商标，或者在类似商品上使用与其注册商标相同或者近似的商标，容易导致混淆的”。可以看出“容易导致混淆”是新增的内容。根据该条规定，商标指示商品或服务的来源，使相关公众能够区分不同的经营者提供的商品或服务，使之不“容易导致混淆”，这是商标最核心的功能，也是商标的最基本价值。商标法保护商标的根本目的，就在于确保商标识别功能的实现；判断商标侵权与否的关键，就在于审查商标使用行为是否容易导致相关公众对商品或服务的来源产生混淆。只有容易引起相关公众对商品或服务来源产生混淆的使用行为，才可能发生近似商标使用行为侵害他人商标权的情况，离开这些条件和情形谈论商标侵权没有基础。其次，在本案中，220套摩托车散件均全部出口至缅甸，不进入中国市场销售，中国境内的相关公众不可能接触到该产品，因此不存在让中国境内的相关公众产生混淆的问题，没有损害本田株式会社的实际利益，即不具备构成商标侵权的基础要件。最后，商标权具有地域性（也即法域性）特征，在此语境下，我国商标法只能保护在我国依法注册的商标权，保护范围不能延伸到我国领域之外。本案涉及的220套贴牌加工的产品，其流通市场不在中国而在缅甸，恒胜鑫泰公司、恒胜集团公司将HONDAKIT中的HONDA部分的文字突出使用，是否容易导致缅甸国内的相关公众对商品来源产生混淆，这个问题不在我国商标法可以评判的范围之内。

关于第四个争议焦点，由于恒胜鑫泰公司、恒胜集团公司的行为不构成侵权，就不存在赔偿损失问题。

综上所述，恒胜鑫泰公司、恒胜集团公司的上诉理由成立，一审判决认定事实不清、适用法律错误，应依法纠正。据此判决：（一）撤销一审判决；（二）驳回本田株式会社的诉讼请求。

本院再审另查明，恒胜鑫泰公司与美华公司于2016年4月3日签订《销售合同》，销售被诉侵权商品，瑞丽海关于2016年6月28日查获被诉侵权商品。一、二审法院适用《中华人民共和国商标法》（2013年修正，以下简称商标法），各方当事人并无异议。

本院认为，本案争议的焦点问题是关于恒胜鑫泰公司、恒胜集团公司的被诉侵权行为性质认定问题，即：1. 是否属于涉外定牌加工行为；2. 是否构成商标使用行为；3. 是否构成商标侵权。

（一）恒胜鑫泰公司、恒胜集团公司的被诉侵权行为是否属于涉外定牌加工。根据一审、二审查明的事实，二审法院认定恒胜鑫泰公司、恒胜集团公司的被诉侵权行为属于涉外定牌加工，并进行了深入分析，认定事实清楚，本院予以确认。

（二）恒胜鑫泰公司、恒胜集团公司的被诉侵权行为是否构成商标使用行为。商标法第四十八条规定："本法所称商标的使用，是指将商标用于商品、商品包装或者容器以及商品交易文书上，或者将商标用于广告宣传、展览以及其他商业活动中，用于识别商品来源的行为。"该条规定的"用于识别商品来源"指的是商标使用人的目的在于识别商品来源，包括可能起到识别商品来源的作用和实际起到识别商品来源的作用。

商标使用行为是一种客观行为，通常包括许多环节，如物理贴附、市场流通等，是否构成商标法意义上的"商标的使用"应当依据商标法作出整体一致解释，不应该割裂一个行为而只看某个环节，要防止以单一环节遮蔽行为过程，要克服以单一侧面代替行为整体。商标使用意味着使某一个商标用于某一个商品，其可能符合商品提供者与商标权利人的共同意愿，也可能不符合商品提供者与商标权利人的共同意愿；某一个商标用于某一个商品以至于二者合为一体成为消费者识别商品及其来源的观察对象，既可能让消费者正确识别商品的来源，也可能让消费者错误识别商品的来源，甚至会出现一些消费者正确识别商品的来源，而另外一些消费者错误识别商品的来源这样错综复杂的情形。这些现象纷繁复杂，无不统摄于商标使用，这些利益反复博弈，无不统辖于商标法律。因此，在生产制造或加工的产品上以标注方式或其他方式使用了商标，只要具备了区别商品来源的可能性，就应当认定该使用状态属于商标法意义上的“商标的使用”。

《最高人民法院关于审理商标民事纠纷案件适用法律若干问题的解释》第八条规定：“商标法所称相关公众，是指与商标所标识的某类商品或者服务有关的消费者和与前述商品或者服务的营销有密切关系的其他经营者。”本案中相关公众除被诉侵权商品的消费者外，还应该包括与被诉侵权商品的营销密切相关的经营者。本案中被诉侵权商品运输等环节的经营者即存在接触的可能性。而且，随着电子商务和互联网的发展，即使被诉侵权商品出口至国外，亦存在回流国内市场的可能。同时，随着中国经济的不断发展，中国消费者出国旅游和消费的人数众多，对于“贴牌商品”也存在接触和混淆的可能性。二审法院认定，恒胜鑫泰公司、恒胜集团公司办理出口的220套摩托车散件系全部出口至缅甸，不进入中国市场参与“商业活动”，中国境内的相关公众不可能接触到该产品，因而恒胜鑫泰公司、恒胜集团公司的这种使用行为不可能在中国境内起到识别商品来源的作用，因此这并非商标法意义上的商标使用行为。二审认定事实及适用法律均有错误，本院予以纠正。

（三）恒胜鑫泰公司、恒胜集团公司的被诉侵权行为是否构成商标侵权。商标法第五十七条第二项规定：“有下列行为之一的，均属侵犯注册商标专用权……（二）未经商标注册人的许可，在同一种商品上使用与其注册商标近似的商标，或者在类似商品上使用与其注册商标相同或者近似的商标，容易导致混淆的。”商标的基本功能是区分商品或服务来源的识别功能，侵犯商标权本质上就是对商标识别功能的破坏，使得一般消费者对商品来源产生混淆、误认。从法律规定来看，商标侵权行为的归责原则应当属于无过错责任原则，且不以造成实际损害为侵权构成要件。前述商标法规定的“容易导致混淆的”一语，指的是如果相关公众接触到被诉侵权商品，有发生混淆的可能性，并不要求相关公众一定实际接触到被诉侵权商品，也并不要求混淆的事实确定发生。

本案中，恒胜鑫泰公司、恒胜集团公司在其生产、销售的被诉侵权的摩托车上使用“HONDAKIT”文字及图形，并且突出增大“HONDA”的文字部分，缩小“KIT”的文字部分，同时将H字母和类似羽翼形状部分标以红色，与本田株式会社请求保护的三个商标构成在相同或者类似商品上的近似商标。如前所述，被诉侵权行为构成商标的使用，亦具有造成相关公众混淆和误认的可能性，容易让相关公众混淆。

我国经济由高速增长阶段转向高质量发展阶段，面临着经济发展全球化程度不断加深，国际贸易分工与经贸合作日益复杂，各国贸易政策冲突多变的形势，人民法院审理涉及涉外定牌加工的商标侵权纠纷案件，应当充分考量国内和国际经济发展大局，对特定时期、特定市场、特定交易形式的商标侵权纠纷进行具体分析，准确适用法律，正确反映“司法主导、严格保护、分类施策、比例协调”的知识产权司法政策导向，强化知识产权创造、保护、运用，积极营造良好的知识产权法治环境、市场环境、文化环境，大幅度提升我国知识产权创造、运用、保护和管理能力。自改革开放以来，涉外定牌加工贸易方式是我国对外贸易的重要方式，随着我国经济发展方式的转变，人们对于在涉外定牌加工中产生的商标侵权问题的认识和纠纷解决，也在不断变化和深化。归根结底，通过司法解决纠纷，在法律适用上，要维护法律制度的统一性，不能把某种贸易方式（如本案争议的涉外定牌加工方式）简单地固化为不侵犯商标权的除外情形，否则就违背了商标法上商标侵权判断的基本规则，这是必须加以澄清和强调的问题。

恒胜鑫泰公司、恒胜集团公司主张，恒胜集团公司获得了缅甸公司的商标使用授权，因此不构成侵权。对此，应予指出，商标权作为知识产权，具有地域性，对于没有在中国注册的商标，即使其在外国获得注册，在中国也不享有注册商标专用权，与之相应，中国境内的民事主体所获得的所谓“商标使用授权”，也不属于我国商标法保护的商标合法权利，不能作为不侵犯商标权的抗辩事由。因此，二审法院认为“恒胜集团公司生产涉案产品经过缅甸商标权利人合法授权”，适用法律错误，本院予以纠正。

综上，恒胜鑫泰公司、恒胜集团公司的被诉侵权行为构成侵害本田株式会社请求保护的涉案三商标的注册商标专用权，依法应当承担停止侵权、赔偿损失的民事责任。一审综合考虑本田株式会社涉案三商标的知名度，恒胜鑫泰公司、恒胜集团公司的主观过错、侵权情节、获利的可能性及本田株式会社为制止侵权行为所支出的合理开支等因素，酌定由恒胜鑫泰公司、恒胜集团公司连带赔偿本田株式会社经济损失人民币30万元，本田株式会社并未提起上诉亦未在申请再审中对此提出异议，本院予以维持。

综上所述，二审判决有关恒胜鑫泰公司、恒胜集团公司的行为不构成侵权的认定错误，本田株式会社再审申请的理由部分成立，予以支持。依照《中华人民共和国商标法》第四十八条、第五十七条第二项，《中华人民共和国民事诉讼法》第二百零七条第一款、第一百七十条第一款第（二）项的规定，判决如下：

一、撤销云南省高级人民法院（2017）云民终800号民事判决；

二、维持云南省德宏傣族景颇族自治州中级人民法院（2016）云31民初52号民事判决。

一审案件受理费人民币30800元，由本田技研工业株式会社负担10000元；由重庆恒胜鑫泰贸易有限公司、重庆恒胜集团有限公司共同负担20800元。一审案件保全费人民币5000元，由重庆恒胜鑫泰贸易有限公司、重庆恒胜集团有限公司负担。二审案件受理费人民币4500元，由重庆恒胜鑫泰贸易有限公司、重庆恒胜集团有限公司负担。

本判决为终审判决。

审 判 长 林广海
审 判 员 秦元明
审 判 员 马秀荣
二〇一九年九月二十三日
法官助理 刘海珠
书 记 员 张晨祎

# 40. 商标先用权抗辩中“原有范围”的理解

——再审申请人林明恺与被申请人成都武侯区富运家具经营部、成都红星美凯龙世博家居生活广场有限责任公司侵害商标权纠纷案[①]

**中华人民共和国最高人民法院民事判决书（2018）最高法民再43号**

再审申请人（一审原告、二审被上诉人）：林明恺。

委托诉讼代理人：贾飞，北京市京师律师事务所律师。

委托诉讼代理人：牛步青，北京市京师律师事务所实习律师。

被申请人（一审被告、二审上诉人）：成都武侯区富运家具经营部。住所地：四川省成都市武侯区红星美凯龙世博家具广场E8030。

经营者：吴锡东。

委托诉讼代理人：罗旭巍，重庆金牧锦扬（成都）律师事务所律师。

委托诉讼代理人：彭倩，重庆金牧锦扬（成都）律师事务所律师。

被申请人（一审被告、二审上诉人）：成都红星美凯龙世博家居生活广场有限责任公司。住所地：四川省成都市武侯区佳灵路9号1栋。

法定代表人：车建兴，该公司总经理。

委托诉讼代理人：张飞，北京大成（上海）律师事务所律师。

委托诉讼代理人：程强，北京大成（上海）律师事务所律师。

再审申请人林明恺因与被申请人成都武侯区富运家具经营部（以下简称富运经营部）、成都红星美凯龙世博家居生活广场有限责任公司（以下简称美凯龙公司）侵害商标权纠纷一案，不服四川省高级人民法院（2016）川民终315号民事判决，向本院申请再审。本院于2017年6月8日作出（2016）最高法民申3681号民事裁定，提审本案。本院依法组成合议庭审理了本案，现已审理终结。

一审法院经审理查明，案外人朱才龙于2002年11月19日向国家工商行政管理总局商标局（以下简称国家商标局）申请商标注册，并于2004年8月28日取得了第3374814号商标注册证，该商标核定使用的商品为第20类

① 本案在年度报告中的位置为第66页。

家具、办公家具、椅子（座椅）、床、写字台（家具）等。注册有效期已续展至2024年8月27日。2008年10月7日，林明恺核准受让了该商标。

林明恺于2009年9月25日向国家商标局申请“理想空间”商标注册，并于2012年5月21日取得第7724167号注册商标证，该商标核定使用商品类别为第20类，包括家具、办公家具、椅子（座椅）、桌子、床、沙发、陈列柜等。注册有效期至2022年5月20日。

2013年9月10日，林明恺与上海千双奇贸易有限公司（以下简称千双奇公司）签订《商标授权合同》，将上述第7724167号商标授权千双奇公司于生产、销售的“家具类”产品中使用。授权生产的产品只能用于电商渠道线上销售，千双奇公司按每月各渠道网站实际对外销售金额的5%支付给林明恺商标使用费。生产及销售的授权期限均自2013年9月10日至2014年12月31日。千双奇公司在唯品会电子商务平台上销售“理想空间”家具产品。

2013年5月8日，承租人富运经营部经营者吴锡东（以下简称乙方）与管理方美凯龙公司（以下简称甲方）、出租方成都长益红星美凯龙家居市场经营管理有限公司（以下简称丙方）签订《成都红星美凯龙世博家居生活广场有限责任公司商位租赁管理协议书》。合同载明：“丙方合法拥有成都市红牌楼佳灵路9号的成都红星美凯龙世博家居生活3广场的所有权，委托甲方为红星美凯龙商位进行出租并对入驻经营商户进行全面管理；丙方将位于成都红星美凯龙世博家居生活广场内（商铺编号）E8027－E8032商位的场地租赁给乙方经营，并委托甲方进行全面经营管理；乙方租赁商位经管理想空间品牌专卖，该品牌的相关资料应当报甲方备案，若乙方经营期间需更换品牌，须及时向甲方申报，经甲方书面同意后，方可执行；租赁期限为1年，自2013年6月9日至2014年6月8日止；为确保乙方资金安全及甲方的统一经营管理，甲方实行全商场统一代收银制度，乙方销售的所有商品均应当适用甲方统一制作的销售合同或销售订货单，并将营业款交纳至甲方收银台统一收款；乙方必须提供合法的法人资格证明、营业执照、注册商标、产品厂家销售授权书等有效证明文件；乙方销售的商品，不得侵犯他人的商标权、专利权等知识产权……”合同签订的同时，吴锡东提供了东莞富运家私有限公司（以下简称富运公司）授权吴锡东为富运家俬“I&D理想空间”黑檀系列品牌在四川省成都市的独家代理加盟商的授权委托书复印件、第691587号 ID IDEA&DESIGN 理想空间 商标注册证复印件、第7111641号 I&D 商标注册证复印件、第7111643号 I&D 商标注册证复印件、第7111644号 I&D 商标注册证复印件、第7111647号 I&D 商标注册证复印件、第7631172号理想空间商标注册证复印件。2014年、2015年，三方均又签订了《红星美凯龙家居商场展位租赁及管理服务合同》，吴锡东继续承租上述商位至2015年12月31日，约定经营板式类商品，品牌及系列为理想空间－TENDENZE，上述合同的首页下方印制有“美凯龙公司集团公司”监制字样。美凯龙公司基于富运经营部的材料在其制作的“导购手册”使用了“理想空间”字样。

2014年5月30日，林明恺向美凯龙集团公司发出“停止全国范围内的理想空间家具专卖店违法侵权行为”函件，函件载明：“林明恺为第3374814号、第7724167号注册商标持有人，调查发现多年来公司在全国各地商场使用‘理想空间’标识设立家具销售专卖店，部分清单如下，皆非林明恺本人授权；2008年林明恺已经去函给美凯龙集团公司，要求停止侵权，但没有回应；请公司积极主动停止侵权、给予详细的使用‘理想空间’标识所有店铺的历年销售金额数据……如公司本次还是不予积极回应，林明恺将于短期内直接起诉公司连带生产厂商，不另行通知；附件：商标注册证和部分地区侵权照片。”清单载明的非林明恺本人授权的专卖店包括本案富运经营部在美凯龙公司四楼经营的店铺。

2014年6月9日，美凯龙集团公司回函称，在收到函件后即对林明恺来函所反映的情况进行了核查；“理想空间”家居销售店是商场入驻商户进行的经营活动；所谓的“侵权”商户在入驻红星美凯龙商场时均已提供了合法有效的授权材料，公司已经尽到了应有的审查义务；如果林明恺取得支持其主张的生效司法文书，美凯龙公司将配合林明恺的维权行动。

2015年5月31日，四川省成都市蜀都公证处（以下简称蜀都公证处）公证员唐雪彬、张森及林明恺委托代理人潘念一同到位于成都市武侯区佳灵路9号美凯龙公司，在一楼附体侧的展架上取得“导购手册”一本，翻阅该手册可以在“4F现代时尚家具馆”页面上看到有一家名为“理想空间”的板式家具展馆。3人按照商场的楼层展馆指示牌来到四楼展场，发现有三处楼层商家导购指示牌上均能看到“理想空间”展厅名称，潘念分别对楼层商家导购指示牌和对“理想空间”展厅的外观店招进行了拍照，该店面展厅面积大概有上百平方米，四面均为玻璃墙，玻璃墙的顶端是长条型镂空花纹并刻有“理想空间”汉字和英文字样的灯饰，玻璃墙上还有“理想空间”字样的腰条。进入展厅，有一位店员带领参观展厅陈列的各式居家家具系列，并介绍说本店主要经营“理想空间”系列的家具产品，产品生产地在广东省东莞市，并取得了一张印有“理想空间”汉字和英文字样的名片。在该店所展示的各类家具商品上没有看到“理想空间”汉字和英文的字样标识。潘念购买了一张价值740元的方形化妆凳，并取得盖有“成都红星美凯龙世博家居生活广场统一代收银章”的商品品名为“理想空间TENDENZE妆凳”《定/销货单》一份。蜀都公证处对上述过程进行了公证证据保全，并于2015年6月5日制作了（2015）川成蜀证内民字第13193号公证书，林明恺为该公证支出了公证费2500元。

根据公证书所附的照片及实物显示：“导购手册”中“4F现代时尚家具馆”平面布局图页面有“理想空间”字样，4F导购指示牌上有“理想空间”字样，员工名片正反面的左上角处均印有上述字样，《定/销货单》载明：商品品名（品牌+名称）为“理想空间 TENDENZE 妆凳”数量为1、零售价740元等信息，并盖有“成都红星美凯龙世博家居生活广场统一代收银章”；店面玻璃墙的腰条上有“理想空间 IDEA&DESIGN”字样；富运经营部店面招牌上有较大字体的I&D IDEA&DESIGN 理想空间；购买的妆凳上有“I&D”标识。

另查明，美凯龙公司的股东系美凯龙集团公司，持有美凯龙公司的全部股份。

富运公司于2000年8月7日注册了第1428804号I&D商标，该商标核定使用在第20类家具、床、衣柜、茶几、文件柜、化妆台、组合柜商品上，现该商标已续展注册至2020年8月6日。

富运公司于2003年3月14日注册了第1962828号I&D Home Concept 理想空间商标，该商标核定使用在第35类推销（替他人）服务项目上，注册有效期自2003年3月14日至2013年3月13日。

富运公司于2010年10月21日注册了第6915857号I&D IDEA&DESIGN 理想空间商标，该商标核定使用在第35类进出口代理、替他人推销、商业场所搬迁、会计、自动售货机出租服务项目上。注册有效期自2010年10月21日至2020年10月20日。

富运公司于2011年1月7日注册了第7631172号理想空间商标，该商标核定使用在第20类，包括塑料包装容器、木工艺品、玻璃钢工艺品等，注册有效期自2011年1月7日至2021年1月6日。

富运公司从2002年3月起连续参加了多届国际名家具（东莞）展览会，在各届展览会周刊的参展商名录中除了记载有富运公司的地址、电话等信息外，还载明品牌名称为：“理想空间”或“I&D品牌”或“I&D（理想空间）”等信息。《东方日报》2002年12月11日至2005年1月8日多次刊登有富运公司广告，上有“I&D”、“Home Concept 理想空间”字样。2002年的国际家俬装饰业（香港）协会十二周年纪念特刊上刊登了富运公司的信息，载明品牌为I&D（理想空间）。2002年7月16日，中国室内装饰协会绿色家居环境技术工作站出具“绿色环保产品推介证书”证明富运公司生产的“理想空间”牌民用家居被评为“绿色环保”产品。2010年1月，辽宁省家居装饰行业主流品牌发展年会组委会、辽宁省家居与室内装饰工程质量监督检测中心授予“理想空间”为“2009辽字最具影响力板式家具品牌”，2011年1月20日，2010第二届中国家具行业创新金牌特评选组委会、《中国家具报道》编辑部授予富运公司的“I&D 理想空间”为中国家具创新十大领袖品牌。中国商品学会分别于 2012 年 8 月 8 日、2014 年 8 月 8 日准予富运公司在“I&D”“I&D 理想空间”家具产品中使用 ISO14025 环境标志国际标准标识。2015 年 8 月 24 日，中国家具协会出具证明，证明富运公司自 2001 年开始在其生产的民用家具上使用“理想空间”，2003—2014 年的市场占有率、市场销售份额、利税及市场知名度等指标均位居全国家具行业前茅。

2002 年 8 月 30 日，富运公司与东莞市东城理想空间家具店签订《区域特许经营合同》，授权该店经营其生产的家具产品。2009 年 12 月 3 日，富运公司与安阳高新区王牌家具经营部签订《区域特许经营合同》，授权该店经营其生产的家具产品。2013 年 7 月 8 日、2014 年 7 月 8 日，富运公司与富运经营部经营者吴锡东签订《区域特许经营合同》，载明：甲方拥有的“I&D”系列家具商标已经在国家商标局注册；仅限代理“理想空间”系列。2013 年 7 月 1 日、2014 年 7 月 1 日，富运公司给吴锡东出具《授权委托书》，载明吴锡东为富运公司“I&D 理想空间”品牌黑檀系列在四川省成都市的独家代理加盟商。

林明恺遂诉至一审法院，认为富运经营部在经营过程中，对外名片上印有“理想空间”标识，店面门头上标注“理想空间”文字，《定/销货单》上写明销售的商品品牌为理想空间，家具广场的“红星美凯龙佳灵商场 M 导购手册（以下简称导购手册）”、楼层指示牌标识有“理想空间”字样，并以“理想空间”家具名义对外招徕客人，上述行为侵犯了林明恺的注册商标专用权。美凯龙公司为富运经营部提供了经营场所、提供商场统一订单，并在商场对外宣传册上帮助宣传、标识“理想空间”，且在林明恺已经函告美凯龙公司其商场内存在侵权行为后，仍然未履行对富运经营部的监管义务，存在过错，应当与富运经营部承担连带责任。请求判令：富运经营部停止在名片上使用“理想空间”标识，停止在其门店门头上标注“理想空间”字样；美凯龙公司停止在导购手册、《定/销货单》、楼层指示牌上标注“理想空间”字样；富运经营部、美凯龙公司连带赔偿林明恺经济损失及合理开支共计 50 万元；富运经营部、美凯龙公司各自在其经营场所为林明恺消除影响。

一审法院认为，林明恺享有涉案第 3374814 号注册商标和第 7724167 号理想空间注册商标的专用权，其合法权利受法律保护。

（一）关于富运经营部的行为是否构成商标侵权的问题

《中华人民共和国商标法》① （以下简称商标法）第四十八条规定：“本

---

① 此处指 2013 年《中华人民共和国商标法》，其已于 2019 年修改，修改条款于 2019 年 11 月 1 日起实施，本案下同。

法所称商标的使用，是指将商标用于商品、商品包装或者容器以及商品交易文书上，或者将商标用于广告宣传、展览以及其他商业活动中，用于识别商品来源的行为。”商标法第五十七条第一项、第二项规定，未经商标注册人的许可，在同一种商品上使用与其注册商标近似的商标，或者在类似商品上，使用与其注册商标相同或者近似的商标，容易导致混淆的均属侵犯注册商标专用权。尽管富运经营部在其销售的家具产品上并未使用被诉侵权商标，但是富运经营部销售的商品为家具，其经营场所所在地也是销售家具类产品的大型卖场，在富运经营部的员工名片、店面招牌以及导购手册、楼层指示牌、《定/销货单》中使用“理想空间”，必然会使普通消费者认为富运经营部销售的商品品牌为“理想空间”，该种使用方式起到了识别商品来源的作用，故上述使用行为属于在同种商品上的商标性使用。

《最高人民法院关于审理商标民事纠纷案件适用法律若干问题的解释》第九条第二款规定：“……商标近似，是指被控侵权的商标与原告的注册商标相比较，其文字的字形、读音、含义或者图形的构图及颜色，或者其各要素组合后的整体结构相似，或者要立体形状、颜色组合近似，易使相关公众对商品的来源产生误认或者认为其来源与原告注册商标的商品有特定的联系。”本案中，富运经营部在员工名片、店面招牌上使用的 ID IDEA&DESIGN 理想空间 尽管是组合标识，但在汉语语境下，其中的“理想空间”显然属于显著性、识别性较强的部分，而该部分“理想空间”与林明恺涉案第 3374814 号 理想空间 商标显著部分“理想空间”为相同的文字，与林明恺涉案第 7724167 号理想空间商标为相同的文字，足以引起消费者混淆误认，故上述被诉侵权商标与林明恺的第 3374814 号、第 7724167 号注册商标构成近似商标。

诉讼中，富运经营部认为，“理想空间”商标是案外人富运公司在先使用，并具有一定影响力的商标，富运经营部在原有范围内继续使用。对此，一审法院认为，富运经营部提供的证据证明：富运公司在 2001 年开始在其生产的民用家具上使用“理想空间”，在 2003—2014 年的市场占有率、市场销售份额、市场知名度等指标均位居全国家具前列，在 2002 年 3 月召开的国际名家具（东莞）展览会的展览会周刊使用了“理想空间”，在之后的多届展览会周刊上多次使用“理想空间”或“I&D（理想空间）”或“I&D 品牌”；2002 年 7 月，富运公司“理想空间”牌民用家具被中国室内装饰协会绿色家居环境技术工作站评为“绿色环保”产品；2002 年 12 月至 2005 年，富运公司在《东方日报》的广告宣传中使用了 ID 和 Home Concept 理想空间 相组合的标识，富运公司在其他获奖或者是被准予使用国际标准标识中，有关品牌的记载，有单独称之为“理想空间”，也有“I&D”或“I&D 理想空间”，上述证据能够证明案外人富运公司在案涉、理想空间商标申请和注册前，“理想空间”标识、“I&D 理想空间”标识、标识就已经在东莞或其他地区存在一定的影响力，但富运经营部经营者吴锡东与富运公司签订《区域特许经营合同》的时间是 2013 年 7 月，没有证据表明富运经营部在案涉注册商标的申请前就已经使用了被诉侵权商标。且被诉侵权商标与富运公司在先使用的标识有所区别，富运经营部的上述抗辩理由不成立，不予支持。

富运经营部抗辩称，富运经营部使用被诉侵权商标系经过富运公司授权而使用的。对此，一审法院认为，富运公司与吴锡东签订的《特许经营合同》中载明富运公司拥有 I&D 系列家具商标，授权吴锡东代理的是理想空间品牌，而富运经营部所使用的商标系富运公司于 2010 年 10 月 21 日被核准注册的第 6915857 号商标，该商标核定使用在第 35 类进出口代理、替他人推销、商业场所搬迁、会计、自动售货机出租服务项目上，而富运经营部是在其销售家具产品过程中使用了涉案被诉侵权商标，显然不属于第 6915857 号商标核定使用的范围。富运经营部的上述抗辩理由不成立，不予支持。

综上，富运经营部的被诉侵权行为，侵害了林明恺的商标专用权。

（二）关于美凯龙公司的行为是否构成商标侵权的问题

美凯龙公司制作的“导购手册”“楼层指示牌”中单独使用“理想空间”标识与林明恺涉案第 3374814 号商标的显著部分一致，足以引起消费者混淆误认，两者属于近似商标；“导购手册”“楼层指示牌”中的“理想空间”标识与林明恺涉案第 7724167 号理想空间商标文字相同，在视觉上基本无差别，两者属于相同商标。美凯龙公司出具的《定/销货单》中使用“理想空间 TENDENZE”标识，在汉语语境下，其中的“理想空间”属于显著性、识别性较强的部分，而该部分“理想空间”与林明恺涉案第 3374814 号商标显著部分“理想空间”为相同的文字，与林明恺涉案第 7724167 号理想空间商标为相同的文字，足以引起消费者混淆误认，故上述被诉侵权商标与林明恺的第 3374814 号、第 7724167 号注册商标构成近似商标。

商标法第五十七条第六项规定：故意为侵犯他人商标专用权行为提供便利条件，帮助他人实施侵犯商标专用权行为的，属于侵犯商标专用权的行为。《中华人民共和国商标法实施条例》第七十五条规定：“为侵犯他人商标专用权提供仓储、运输、邮寄、印制、隐匿、经营场所、网络商品交易平台等，属于商标法第五十七条第六项规定的提供便利条件。”美凯龙公司作为市场管理方，对入驻商户负有市场监管的义务，在涉案商标权人林明恺指出其所在商场存在侵权行为并提交了其享有注册商标权的初步证据后，应当就林明恺所反映的情况进行核实，并进行必要的审查；美凯龙集团公司在回函中称“侵权”商户提供了合法的授权，公司尽到了应有的审查义务，而事实上富运经营部向美凯龙公司提供的富运公司的商标注册证中并无核定使用在家具商品上的“理想空间”商标，其经营的家具产品上也没有使用商标注册证上的商标，显然美凯龙公司并未尽到合理的审查义务和市场监管责任，其主观上存在过错，构成帮助富运经营部实施了被诉侵权行为。美凯龙公司辩称，林明恺向美凯龙集团公司发函，该函为复印件，无法核实其真实性，且美凯龙公司与美凯龙集团公司不是同一公司，也不是母子公司关系，故美凯龙集团公司的回函与其无关。对此，一审法院认为，从美凯龙集团公司系美凯龙公司的唯一股东，以及富运经营部与美凯龙公司签订的合同中印制有“美凯龙集团公司监制”字样的事实，能够证明美凯龙集团公司与美凯龙公司存在密切的联系，美凯龙集团公司在对林明恺回函中“在收到函件后即对林明恺来函所反映的情况进行了核查”等表述，能够证明林明恺函件系真实的，美凯龙公司应当知晓函件的内容，且美凯龙集团公司是依据美凯龙公司核实的情况而进行的回函。故美凯龙公司的上述抗辩理由不成立，不予支持。

（三）关于民事责任的承担的问题

根据《中华人民共和国侵权责任法》[①] 第二条、第十五条规定，侵犯商标专用权的，应承担停止侵权、赔偿损失等民事责任。富运经营部应当停止在其店招、员工名片上使用侵犯案涉商标专用权的商标，“导购手册”“楼层指示牌”系美凯龙公司制作，《定/销货单》系美凯龙公司出具，故美凯龙公司应当停止在其制作的“导购手册”“楼层指示牌”和其出具的《定/销货单》中使用侵犯案涉注册商标权的标识。

商标法第六十三条第一款、第三款规定：“侵犯商标专用权的赔偿数额，按照权利人因被侵权所受到的实际损失确定；实际损失难以确定的，可以按照侵权人因侵权所获得的利益确定；权利人的损失或者侵权人获得的利益难以确定的，参照该商标许可使用费的倍数合理确定。……赔偿数额应当包括权利人为制止侵权行为所支付的合理开支。权利人因被侵权所受到的实际损失、侵权人因侵权所获得的利益、注册商标许可使用费难以确定的，由人民法院根据侵权行为的情节判决给予三百万元以下的赔偿。”林明恺未举证证明其因涉案侵权行为遭受的实际损失数额，也无法确定林明恺因此所获的利益数额。虽然林明恺向一审法院出示了与千双奇公司签订的《商标授权合同》，但该合同中约定的使用方式为生产、销售案涉注册商标的商品，而富

① 已被《中华人民共和国民法典》废止。

运经营部仅为销售商，其销售的商品上也并未使用被诉侵权商标，且合同约定的许可费用是按被许可人实际对外销售额的5%支付，该费用并不确定，故一审法院根据富运经营部侵权行为的性质、期间、后果，林明恺商标的声誉，以及林明恺因制止侵权行为而产生的合理开支等因素，酌情确定富运经营部赔偿林明恺经济损失及合理开支共计5万元。

《中华人民共和国侵权责任法》第九条："教唆、帮助他人实施侵权行为的，应当与行为人承担连带责任。"一审法院根据美凯龙公司帮助侵权的时间和性质，酌情确定美凯龙公司在2万元赔偿金额内与富运经营部承担连带责任。

林明恺举示的证据能够证明林明恺许可他人实际使用了案涉商标，富运经营部、美凯龙公司认为林明恺未实际使用案涉商标，不应当承担赔偿责任的抗辩理由不成立，不予支持。

关于消除影响的诉讼请求。《最高人民法院关于审理商标民事纠纷案件适用法律若干问题的解释》第二十一条规定：人民法院在审理侵犯注册商标专用权纠纷案件中，可以判决侵权人承担消除影响等民事责任，根据被控侵权行为的性质和情节，该院判令富运经营部在其经营场所张贴公告消除影响。

综上，依照商标法第四十八条，第五十三条第三款，第五十七条第一项、第二项、第六项，第六十三条第一款、第三款，《中华人民共和国侵权责任法》第十二条、第十五条，《中华人民共和国商标法实施条例》第七十五条，《最高人民法院关于审理商标民事纠纷案件适用法律若干问题的解释》第九条第二款、第二十一条，《中华人民共和国民事诉讼法》第一百四十八条第一款、第二款、第三款之规定，判决：（一）富运经营部于判决生效之日起，立即停止在经营场所的店面招牌、员工名片上使用侵犯第3374814号注册商标、第7724167号理想空间注册商标专用权的标识；（二）美凯龙公司于判决生效之日起，立即停止在其制作的"红星美凯龙佳灵商场导购手册""楼层指示牌"，以及其出具的《定/销货单》上使用侵犯第3374814号注册商标、第7724167号理想空间注册商标专用权的标识；（三）富运经营部于判决生效之日起十五日内，在其涉案经营场所显著位置张贴声明，消除影响（内容须经一审法院审查，连续张贴十五天）；若富运经营部逾期不履行，林明恺可以申请一审法院刊登判决主要内容，所需费用由富运经营部承担；（四）富运经营部于判决生效之日起十五日内赔偿林明恺经济损失及合理费用共计5万元；美凯龙公司在2万元内承担连带赔偿责任；（五）驳回林明恺的其他诉讼请求。如富运经营部、美凯龙公司未按判决指定的期间履行上述金钱给付义务，应当按照《中华人民共和国民事诉讼法》第二百五十三条之规定，加倍支付迟延履行期间的债务利息。

一审宣判后，富运经营部、美凯龙公司均不服，向二审法院提起上诉。

在二审法院限定的举证期限内，富运经营部为证明其最迟从2006年开始已经使用“理想空间”商标，向二审法院提交了吴锡东于2006年1月1日与富运公司签订的《区域特许经营合同》；林明恺为证明其实际使用注册商标，向二审法院提交了广州唯品会信息科技有限公司于2015年10月10日出具的《证明函》。二审法院对上述证据予以采信。

二审法院对一审判决查明的案件事实，依法予以确认。

二审法院认为，本案争议的焦点是：林明恺是否实际使用其注册商标；富运经营部的被控侵权行为，是否侵犯了林明恺的注册商标专用权，是否应承担相应的民事责任。

关于林明恺是否实际使用其注册商标的问题。林明恺为证明其实际使用注册商标，向法院提交了其于2013年9月10日与千双奇公司签订《商标授权合同》等证据，能证明林明恺在2013年授权案外人千双奇公司使用其注册商标，用于生产、销售“理想空间”牌家具类商品，广州唯品会信息科技有限公司亦证明千双奇公司生产的“理想空间”牌家具类商品亦曾于2014年期间在www. vip. com网站上在线销售。因此，林明恺通过商标许可方式授权他人使用，符合商标法第四十八条规定的商标使用的行为。富运经营部提出林明恺没有实际使用其注册商标的上诉理由没有事实和法律依据。

关于富运经营部的被控侵权行为，是否侵害了林明恺的商标使用权，是否应承担相应的民事责任的问题。根据查明的事实，富运经营部通过其经营者吴锡东与案外人富运公司签订《区域特许经营合同》的方式获得商标授权后，在其经营场所的店面招牌、员工名片上使用“I&D”“理想空间”结合的IDEA&DESIGN 理想空间标识。林明恺享有的涉案第3374814号理想空间注册商标，系2002年11月19日申请、2004年8月28日授权，2008年10月7日经核准转让给林明恺；第7724167号理想空间注册商标，系2009年9月25日申请、2012年5月21日授权。本案中，富运经营部主张“理想空间”商标是案外人富运公司在先使用，并具有一定影响力的商标，经该公司授权，富运经营部所经营的产品来源合法，并向法院提交了大量证据，如案外人富运公司在2001年开始在其生产的民用家具上使用“理想空间”；在2003—2014年的市场占有率、市场销售份额、市场知名度等指标均位居全国家具前列，在2002年3月召开的国际名家具（东莞）展览会的展览会周刊使用了“理想空间”，在之后的多届展览会周刊上多次使用“理想空间”或“I&D（理想空间）”或“I&D品牌”；2002年7月，富运公司“理想空间”牌民用家具被中国室内装饰协会绿色家居环境技术工作站评为“绿色环保”产品；2002 年 12 月至 2005 年，富运公司在《东方日报》的广告宣传中使用了和相组合的标识；富运公司在其他获奖或者是被准予使用国际标准标识中，有关品牌的记载，有单独称之为“理想空间”，也有“I&D”或“I&D 理想空间”。上述证据足以证明案外人富运公司至少在 2001 年开始就持续性地在其生产的家具、对外经营活动及广告宣传中使用与“I&D”结合的“理想空间”标识，并将“理想空间”作为该商品品牌名称，“理想空间”已与富运公司生产的家具产品密切相关和不可分割，并伴随着“I&D”注册商标的知名度提升，“理想空间”成为其产品的代表和象征，在全国家具行业亦产生一定的影响力。因此，通过案外人富运公司在先持续使用和宣传带有“理想空间”字样的标识，已使该标识作为家具品牌形成了一定的知名度，而且案外人富运公司对“理想空间”标识的实际使用早于林明恺的第 3374814 号商标、第 7724167 号理想空间商标的注册时间。

商标法第五十九条第三款规定：“商标注册人申请商标注册前，他人已经在同一种商品或者类似商品上先于商标注册人使用与注册商标相同或者近似并有一定影响的商标的，注册商标专用权人无权禁止该使用人在原使用范围内继续使用该商标，但可以要求其附加适当区别标识。”二审法院认为，林明恺对第 3374814 号商标、第 7724167 号理想空间商标依法享有注册商标专用权，其注册商标专用权受法律保护。未经商标注册人许可，在同一种商品上使用与其注册商标相同的商标，以及在同一种商品上使用与其注册商标近似的商标，或者在类似商品上使用与其商标相同或者近似的商标，容易导致混淆的，属侵犯注册商标专用权的行为。虽然林明恺有证据证明已授权许可他人使用其商标，但其对商标的使用时间短，没有证据证明其在行业内以及相关消费群体中已产生知名度和影响力。由于案外人富运公司对诉争标识使用在先，并具有一定影响力，在其已附加适当区别标识的情形下，林明恺无权禁止其在原使用范围内继续使用。本案中，富运经营部通过与富运公司签订《区域特许经营合同》的方式获得授权后，在其经营场所的店面招牌、员工名片上使用“I&D”“理想空间”结合的标识，既与林明恺的注册商标不相同，亦无主观恶意攀附林明恺的注册商标，更不会使相关公众产生误认和混淆。因此，富运经营部的上述使用行为没有侵犯林明恺的注册商标专用权，富运经营部的上诉理由成立，二审法院予以支持，一审判决认定富运经营部的被诉行为侵害了林明恺的注册商标专用权不当，二审法院予以纠正。美凯龙公司仅是为富运经营部提供经营场所，其在印制的“体验手册”上使用“理想空间”标识，并将“理想空间”作为富运经营部销售商品品牌名称进行的标注行为，亦不侵犯林明恺的注册商标专用权。

综上，富运经营部、美凯龙公司的上诉请求及理由均成立，二审法院予以支持，一审判决认定主要案件事实清楚，但适用法律及处理结果不当，二审法院依法予以纠正，依照商标法第五十九条第三款，《中华人民共和国民事诉讼法》第一百七十条第一款第二项之规定，判决：撤销四川省成都市中级人民法院（2015）成知民初字第661号民事判决；驳回林明恺的全部诉讼请求。

林明恺申请再审称，（一）富运经营部确实存在侵害林明恺商标专用权的行为。1. 二审法院对富运经营部提交的2006年其经营者吴锡东与富运公司签订的《区域特许经营合同》予以认可，明显不妥。首先，富运公司是本案利害关系人，因此在二审期间重新制作一份《区域特许经营合同》非常容易，如果该份证据在一审时就已经存在，就应当在一审时向法院提交而不用等到二审。其次，富运经营部提交的证据不属于《最高人民法院关于民事诉讼证据的若干规定》第四十一条规定的新证据。2. 富运经营部不享有林明恺所有商标的在先使用权。即使富运经营部在二审中提交的《区域特许经营合同》是真实的，但是如果富运经营部想享有在先使用权也必须满足商标法第五十九条第三款的规定。富运经营部成立时间为2013年5月30日，显然不可能在林明恺商标注册前使用涉案的两商标，而富运经营部的经营者吴锡东的使用不能视为富运经营部的使用。3. 富运公司无权授权富运经营部使用涉案两商标。首先，富运公司不享有第3374814号理想空间商标和第7724167号“理想空间”商标的专用权。其次，从富运公司与吴锡东签订的《区域特许经营合同》中可以看出，富运公司仅仅授权吴锡东销售I&D理想空间牌家具，并未授权富运经营部在经营过程中使用涉案两商标。（二）二审判决认为富运经营部在店面招牌、员工名片上使用商标不属于侵权行为属于适用法律错误。1. 商标法第五十九条第三款对在先使用人的权利进行了明确的限制，即在先使用人只能在原使用范围内继续使用，也就是说享有在先权利的主体应当是“在先使用人”本人。富运公司在2004年8月28日后可以在原范围内继续使用第3374814号理想空间商标，在2009年9月25日后可以在原范围内继续使用第7724167号“理想空间”商标，但是无权授权其他人使用上述商标。2. 二审法院关于“在先使用”的范围理解错误。首先，二审法院认为只要获得了富运公司的授权，任何人在任何地方都可以随意使用涉案商标，而无须承担侵权责任，上述观点明显错误。其次，原使用范围应该是指地域范围。富运公司在涉案商标注册前地域使用范围为东莞地区，因此原使用范围为东莞地区，而不是本案发生的成都地区。因此涉案商标注册后，富运公司无权授权他人在除东莞以外的其他地方使用涉案商标。3. 二审法院认定富运经营部使用的

I&D IDEA&DESIGN 理想空间商标与林明恺的注册商标不同显然错误。据成都市蜀都公证处公证书显示，富运经营部在其经销家具和员工名片以及店面门头上使用的“理想空间”的组合标识，其中“理想空间”属于显著性、识别性较强的部分，而该部分与涉案的两个商标“理想空间”文字、读音、含义相同，足以引起消费者对商品的来源及关联关系存在混淆、误认，属于商标侵权行为。二审法院认定富运经营部是使用的“I&D”“理想空间”结合商标，其实就是第6915857号I&D IDEA&DESIGN 理想空间商标，但是该商标仅核定使用在第35类进出口代理等服务项目上，而富运经营部是在销售家具产品过程中使用上述商标，使用范围与涉案商标相同，商标本身也与商标相近似或相同，显然不属于对第6915857号商标的使用。另外，二审法院既然认可富运经营部在店面招牌和员工名片上使用了“理想空间”，不能因为使用时加上了“I&D”就否认其构成商标侵权。4. 富运经营部在家具经营店的标识上使用I&D IDEA&DESIGN 理想空间，给消费者的第一印象就是销售的家具产品为理想空间的品牌。富运经营部明知其商标I&D IDEA&DESIGN 理想空间不能使用在家具产品的销售上，明知林明恺是第3374814号和第7724167号商标的专用权人，属于恶意侵权。5. 二审法院认为美凯龙公司不存在帮助侵权的行为属于适用法律错误。美凯龙公司在其制作的“导购手册”和“楼层指示牌”上单独使用“理想空间”标识是属于帮助他人实施侵害商标专用权行为，且美凯龙在收到林明恺发出的告知函后仍然不进行整改，显然属于主观恶意，应当承担责任。故请求撤销二审判决，依法改判或发回重审，依法支持林明恺的诉讼请求，判令由富运经营部承担全部诉讼费用。

富运经营部答辩称，1. 富运公司授权富运经营部在四川省成都市范围内销售被诉侵权的家具产品，属于销售代理关系，富运经营部在店面、门头和店员名片上仍然属于富运公司销售使用产品过程中使用商标，不属于扩大使用商标范围的情形。富运经营部与富运公司签订有授权合同，具有销售使用涉案商标商品的合法来源。2. 富运公司在涉案商标申请注册前已经在全国范围内销售和推广理想空间牌家具，因此林明恺认为富运经营部对涉案商标的在先使用权仅仅限于东莞地区明显不合理。3. 吴锡东于2006年即已经获得了富运公司的授权，早于涉案商标申请注册时间。4. 富运经营部在二审期间提交的《区域特许经营合同》真实合法有效并且经过双方当事人质证，可以作为本案裁判依据。5. 个体工商户不具有完整的责任能力，其从事民事活动有赖于其经营者，个体工商户的债务实质上由经营者承担。富运经营部是个体工商户，经营者是吴锡东，二者具有一致性，不能分割，因此富运公司与吴锡东签订的《区域特许经营合同》的效力及于富运经营部。6. 林明恺并未实际使用涉案商标，也未真实授权案外人使用。7. 林明恺提起本案诉讼违背诚实信用原则。故请求驳回林明恺再审申请理由。

美凯龙公司答辩称，林明恺所提再审申请理由并未涉及美凯龙公司。美凯龙公司收到一审判决后，已经要求富运经营部搬离经营场所。美凯龙公司不存在帮助侵权，不应承担连带赔偿责任。

本院认为，本案的争议焦点是：1. 富运经营部在二审期间提交的吴锡东与富运公司于2006年签订《区域特许经营合同》是否真实合法有效；2. 该《区域特许经营合同》的效力是否及于富运经营部；3. 富运经营部提出的在先使用抗辩是否成立；4. 美凯龙公司是否构成帮助侵权。

（一）关于富运经营部在二审期间提交的吴锡东与富运公司于2006年签订《区域特许经营合同》是否真实合法有效的问题

该《区域特许经营合同》系富运经营部在二审法院限定的举证期限内提交，二审法院当庭组织双方当事人进行了质证。在考虑了美凯龙公司对其真实性不持异议，且该证据与本案侵权认定有一定的关联性的情形，二审法院对此证据予以采信并无不当。二审法院对于该《区域特许经营合同》是否属于新证据并未予以评述，同时二审法院对林明恺提交的广州唯品会信息科技有限公司2015年10月10日出具的《证明函》也予以采信，在双方证据采信上并不存在明显不公的情形。林明恺的该项再审理由不能成立。

（二）关于该《区域特许经营合同》的效力是否及于富运经营部问题

吴锡东与富运公司签订《区域特许经营合同》是在2006年，而富运经营部成立在后，吴锡东为富运经营部的经营者。《中华人民共和国民法通则》① 第二十六条规定："公民在法律允许的范围内，依法经核准登记，从事工商业经营的，为个体工商户，个体工商户可以起字号。"第二十九条规定："个体工商户、农村承包经营户的债务，个人经营的，以个人财产承担；家庭经营的，以家庭财产承担。"可见，个体工商户与其经营者的权利义务在一定程度上存在混同，吴锡东与富运公司签订《区域特许经营合同》的效力应当可以及于富运经营部。

（三）关于富运经营部提出的在先使用抗辩是否成立的问题

富运经营部提出的在先使用抗辩是否成立主要涉及对商标法第五十九条第三款规定的理解和适用问题。从商标法第五十九条第三款规定内容来看，在先使用人在特定条件下可以在原有使用范围内继续使用该商标，这是商标法针对具体情况而作出的在先使用人不侵权抗辩事由的特别规定，也是对注册商标专用权行使的限制。作为一项抗辩事由，该不侵权抗辩仅应由在先使

---

① 已被《中华人民共和国民法典》废止。

用人自行提出。在先使用人之外的其他人，无论是否取得在先使用人的同意，均无权依据商标法第五十九条第三款提出不侵权抗辩。

1. 关于在先使用人依据商标法第五十九条第三款提出不侵权抗辩应当满足的条件

在先使用人不侵权抗辩成立，应当同时满足以下条件：（1）使用相同或者近似商标时间在先。在先使用人对相关标志的使用，应当早于该商标注册人申请商标注册的时间，同时亦必须早于该商标注册人使用该商标标志的时间。（2）在相同或者类似商品上在先使用。在先使用人必须是在与注册商标核定使用的商品或服务相同或者类似的商品和服务上使用该未注册商标，在不相同或者不类似商品或服务上的商标使用行为，不属于不侵权抗辩事由的范畴。（3）在先使用相同或者近似的标志。在先使用人使用的未注册商标必须是与注册商标相同或者近似的商标标志。（4）在先使用具有一定影响。在先使用人对该未注册商标的使用，必须在商标注册人申请商标注册日和使用日之前，就已经具有一定影响。商标注册人提出商标注册申请之后或者商标注册人使用该商标之后，在先使用人继续使用该商标的证据不应作为“一定影响”的考量因素。（5）原有范围内使用。在先使用人必须在其使用该未注册商标的原有范围内使用该商标，而原有范围的判断，应以在先使用人使用其未注册商标所形成的商誉所及的范围为主要判断依据。

2. 关于原有范围的理解问题

商标法强调的是使用范围而非使用规模，因此，在确定原有范围时，应当主要考量商标使用的地域范围和使用方式。一般而言，在先仅通过实体店铺销售商品或者提供服务的，在商标注册人申请商标注册或使用该商标后，又在原实体店铺影响范围之外的地域新设店铺或者拓展到互联网环境中销售商品、提供服务，则应当认定为超出了原有范围。此外，使用该商标的商品产能、经营规模等也可以在个案中作为考量因素予以考量。

就本案而言，林明恺主张权利的第3374814号和第7724167号商标申请注册日分别为2002年11月19日和2009年9月25日，因此，判断富运公司在先使用的未注册商标是否具有“一定影响”，时间节点也应当分别掌握在这两个时间节点之前，对于其在这两个时间节点之后使用“理想空间”未注册商标的证据，不应予以考虑。对于2002年11月19日申请注册的第3374814号商标而言，富运公司的相关使用证据，尚不足以证明其未注册商标具有了“一定影响”。对于2009年9月25日申请注册的第7724167号商标，在案证据虽然能够证明富运公司对“理想空间”商标进行了一定的使用，商标使用的证据相较于2002年11月19日已经有了明显的增加，但截至

2009年9月25日，尚未达到具有一定影响的程度。因此，即使仅考察富运公司在先对未注册商标的使用情况，亦不能得出富运公司可以依据商标法第五十九条第三款提出不侵权抗辩的结论。在此基础上，无论富运经营部或吴锡东是否获得了富运公司的授权，均不能得出富运经营部基于商标法第五十九条第三款的规定而可以提出不侵权抗辩的结论。二审判决的相关认定缺乏事实和法律依据。林明恺的相关再审申请理由成立，依法应予支持。

（四）关于美凯龙公司是否构成帮助侵权的问题

商标法第五十七条第六项规定，故意为侵犯他人商标专用权行为提供便利条件，帮助他人实施侵犯商标专用权行为的，属于侵犯商标专用权的行为。《中华人民共和国商标法实施条例》第七十五条规定，为侵犯他人商标专用权提供仓储、运输、邮寄、印制、隐匿、经营场所、网络商品交易平台等，属于商标法第五十七条第六项规定的提供便利条件。可见，帮助侵权构成的前提是存在直接侵权行为，在富运经营部构成侵权的情形下，美凯龙公司构成帮助侵权。林明恺的该项再审申请理由成立。

综上，依照《中华人民共和国民事诉讼法》第二百零七条第一款、第一百七十一条第一款第二项规定，判决如下：

一、撤销四川省高级人民法院（2016）川民终315号民事判决；

二、维持四川省成都市中级人民法院（2015）成知民初字第661号民事判决。

一审案件受理费8800元，由林明恺负担3000元，成都武侯区富运家具经营部负担4500元，成都红星美凯龙世博家居生活广场有限责任公司负担1300元。

二审案件受理费5800元，由成都武侯区富运家具经营部负担4500元，成都红星美凯龙世博家居生活广场有限责任公司负担1300元。

本判决为终审判决。

审 判 长 秦元明
审 判 员 李 嵘
审 判 员 马秀荣
二〇一九年九月三日
书 记 员 王 晨
书 记 员 张晨祎

# 42. 当事人约定对确定商标权权属的作用

——再审申请人郭海亮、李新鹏与被申请人周玉祥、第三人新乡市名趣饮品有限公司商标权权属纠纷案①

**中华人民共和国最高人民法院民事裁定书（2019）最高法民申 3915 号**

再审申请人（一审原告、反诉被告、二审被上诉人）：郭海亮。

再审申请人（一审原告、反诉被告、二审被上诉人）：李新鹏。

以上二申请人共同委托诉讼代理人：常超敏，河南宇华大众律师事务所律师。

以上二申请人共同委托诉讼代理人：董文杰，河南宇华大众律师事务所实习律师。

被申请人（一审被告、反诉原告、二审上诉人）：周玉祥。

委托诉讼代理人：李东丽，河南洲冠律师事务所律师。

委托诉讼代理人：李更，河南洲冠律师事务所律师。

第三人：新乡市名趣饮品有限公司，住所地河南省延津县城关镇东街塔北小区 10 号。

法定代表人：周建鹏，该公司经理。

委托诉讼代理人：李东丽，河南洲冠律师事务所律师。

委托诉讼代理人：李更，河南洲冠律师事务所律师。

再审申请人郭海亮、李新鹏因与被申请人周玉祥、第三人新乡市名趣饮品有限公司（简称名趣公司）商标权权属纠纷一案，不服河南省高级人民法院（2019）豫民终 283 号民事判决，向本院申请再审。本院依法组成合议庭进行了审查。现已审查终结。

郭海亮、李新鹏申请再审称：1. 根据《协议书》第二条的规定，第 7098601 号“名趣”商标（简称涉案商标）应归郭海亮、李新鹏、周玉祥三方共有，二审法院认定涉案商标归周玉祥所有缺乏事实及法律依据；2. 周玉祥私自生产“名趣”苏打水，且未与郭海亮、李新鹏分享利润属违约行为，

---

① 本案在年度报告中的位置为第 69 页。

依据合同约定，应视为周玉祥主动退出三人达成的协议，二审判决认定郭海亮以自己的行为表明将不履行主要债务进而解除涉案协议的认定错误；3. 一审审理过程中，三方当事人均同意解除《协议书》中关于经营的相关条款，但关于涉案商标权属的条款仍然有效，二审法院对商标权属条款一并解除，缺乏事实及法律依据；4. 周玉祥恶意串通转让涉案商标的行为应予无效；5. 二审判决存在程序违法的问题。周玉祥在一审审理过程中提出反诉，请求一审法院判令解除合同，但二审却判决确认涉案商标权归周玉祥所有并认定商标转让行为有效，二审法院判决超出周玉祥的反诉请求范围。名趣公司未提起上诉，应视为其已认可一审判决关于商标转让行为无效的认定，二审判决认定商标转让行为有效程序违法。据此，郭海亮、李新鹏请求再审本案。

周玉祥及名趣公司辩称：涉案商标系周玉祥合法注册的商标，并非与他人共有的商标。涉案商标的转让符合法律规定，不应被认定无效。郭海亮、李新鹏违反《协议书》约定，应当视为主动退出协议，综上，二审判决认定事实清楚、适用法律正确，请求驳回郭海亮、李新鹏的再审申请。

经本院审理查明，一审、二审判决认定的事实基本属实，本院予以确认。

本院另查明：再审申请审查期间，郭海亮、李新鹏向本院提交了四组证据：1. 不同意撤销“名趣”商标《申请书》、申请书邮寄回执、《商标流程状态》截图及2019豫洛瀍证内民字第261号公证书，用以证明周玉祥及名趣公司曾向国家知识产权局申请撤销“名趣”商标，在本案二审胜诉后又撤回撤销申请，其恶意明显。2. 新乡华新电力集团股份公司大地源《领料单》，用以证明协议签订后郭海亮负责生产，委托新乡华新电力集团股份公司大地源进行生产“名趣”苏打水。3. 《行政强制措施通知书》、《财物清单》、新乡市中级人民法院受理通知书、郭海亮《民事起诉状》、周玉祥《反诉状》及新乡市中级人民法院《民事裁定书》，用以证明周玉祥向工商局投诉扣押郭海亮生产的791箱苏打水，以及郭海亮、李新鹏曾提起合同纠纷诉讼，最终撤诉的事实情况。4. 民事起诉书、合议庭组成通知书、反诉状等，用以证明周玉祥曾提起诉讼，请求解除协议书并要求郭海亮、李新鹏支付20万元，后周玉祥撤回起诉的事实情况。周玉祥对证据1、2、4的真实性不予认可，对证据3的关联性不予认可。

本院经审查认为，本案为商标权权属争议，在商标权权属确认过程中，应当尊重当事人的意思自治，根据案件的具体情况确定商标权的归属。

本案中，虽然涉案商标的注册人曾为周玉祥一人，但周玉祥曾与郭海亮、李新鹏订立《协议书》，明确约定“名趣”商标由三方投资注册，三方持有，共享权利、共担风险。各方达成协议后，“名趣”商标获准注册。涉案《协议书》体现了当事人的真实意思表示，合法有效，应予履行。在此前提下，二审法院应当结合《协议书》订立的过程，以《协议书》的明确约定为依据，进一步审查各方当事人订立《协议书》时对于商标权属约定的真实意思表示，进而确定商标权的归属。在此基础上，进一步判断周玉祥转让涉案商标权行为的效力，以及新乡名仁公司是否构成善意取得。

同时，需要指出的是，本案系因合同纠纷导致的商标权权属争议，因此，仅需审查与商标权属确定有关的合同约定，不应涉及并处理因合同履行而可能导致的其他财产性纠纷。对于各方当事人在履约过程中是否存在违约行为并因此而承担违约责任，以及合同解除后，当事人应否对与诉争商标有关的财产权益进行重新分配，均不属于本案审理的范围，应由当事人另案解决。

依照《中华人民共和国民事诉讼法》第二百零四条、《最高人民法院关于适用〈中华人民共和国民事诉讼法〉的解释》第三百九十五条第一款之规定，裁定如下：

指令河南省高级人民法院再审本案。

审 判 长 佟 姝
审 判 员 戴怡婷
审 判 员 毛立华
二〇一九年九月二十九日
书 记 员 刘方方

# （二）商标行政案件审判

## 43. 人民法院可以主动审查诉争商标是否具有不良影响

——再审申请人厦门美柚股份有限公司与被申请人北京康智乐思网络科技有限公司，一审被告、二审上诉人国家知识产权局商标权无效宣告请求行政纠纷案①

**中华人民共和国最高人民法院行政判决书（2019）最高法行再240号**

再审申请人（一审第三人、二审上诉人）：厦门美柚股份有限公司。住所地：福建省厦门市火炬高新区软件园华讯楼A区1F－D1。

法定代表人：陈方毅，该公司董事长。

委托诉讼代理人：申俊锋，北京市高默克律师事务所律师。

委托诉讼代理人：王屹东，北京嘉长律师事务所律师。

被申请人（一审原告、二审被上诉人）：北京康智乐思网络科技有限公司。住所地：北京市朝阳区酒仙桥中路24号院1号楼11层1103、1104。

法定代表人：柴可，该公司董事长。

委托诉讼代理人：姜地，北京天驰君泰律师事务所律师。

委托诉讼代理人：刘艳锋，北京天驰君泰律师事务所律师。

二审上诉人（一审被告）：国家知识产权局。住所地：北京市海淀区蓟门桥西土城路6号。

法定代表人：申长雨，该局局长。

委托诉讼代理人：任航，该局审查员。

委托诉讼代理人：柴玲，该局审查员。

再审申请人厦门美柚股份有限公司（原厦门美柚信息科技有限公司，以下简称厦门美柚公司）因与被申请人北京康智乐思网络科技有限公司（以下

① 本案在年度报告中的位置为第71页。

简称北京康智公司）及二审上诉人国家知识产权局（原国家工商行政管理总局商标评审委员会，以下简称商标评审委员会）商标权无效宣告请求行政纠纷一案，不服北京市高级人民法院（2018）京行终3808号行政判决，向本院申请再审。本院于2019年8月26日以（2019）最高法行申6307号行政裁定，提审该案。提审后，本院依法组成合议庭于2019年12月6日公开开庭进行了审理。再审申请人厦门美柚公司的委托诉讼代理人申俊锋、王屹东，被申请人北京康智公司的委托诉讼代理人姜地、刘艳锋及二审上诉人国家知识产权局的委托诉讼代理人任航、柴玲，到庭参加了诉讼。本案现已审理终结。

厦门美柚公司申请再审称，（一）诉争商标显著部分“大姨妈”早被普遍用来指代月经，作为商标，使用在与经期管理的“计算机辅助信息和图像传送、数字文件传送、提供互联网聊天室、提供在线论坛”等服务上不正当占用了公共资源，削弱了“大姨妈”作为亲属的称谓，损害公共利益和公共秩序，存在造成不良影响的可能性，构成《中华人民共和国商标法》（以下简称商标法）第十条第一款第八项之规定，应不得作为商标注册及使用。（二）“大姨妈”是与经期管理相关之“计算机辅助信息和图像传送、数字文件传送、提供互联网聊天室、提供在线论坛”等服务关于性质的称谓，为经营者、消费者公知公用，不能起到商标的识别作用。使用在与经期管理相关的上述服务上，不具备商标应有的显著性，依据商标法第十一条第一款第二项之规定，应予无效宣告。且“大姨妈”商标本身亦不具备显著性，缺乏固有显著特征。（三）二审判决书中记载“引证商标档案”不当，本案不存在引证商标档案；原审法院认定“大姨妈”在近十几年被普遍用来指代女性月经，此认定不当，实际指代时间更早；厦门美柚公司申请商标无效宣告时提出的争议商标的申请注册构成商标法第四十四条第一款所指情形，原审法院对此未予审查不当。综上，请求依法撤销二审判决，维持国家知识产权局作出的商标无效宣告请求裁定，诉讼费用由北京康智公司负担。

被申请人北京康智公司答辩称，“大姨妈”在近现代具有指代月经的用法，各方均认可，其原始含义为妈妈的姐妹，各方也无异议。争议商标是卡通图形和“大姨妈”文字组合的整体商标，具有极强的显著性。即便核定使用涉及软件或者互联网服务论坛等，并不具有直接的关联性，更不具有仅仅直接表示商品或服务内容特点，不构成商标法第十一条第二项所指情形，整体上亦不构成商标法第十一条第三项情形。原审法院不存在遗漏审理的情形，原商标评审委员会没有支持厦门美柚公司提出的商标法第四十四条的情形，并无不当，厦门美柚公司在原审诉讼中对此没有提出异议，原审法院审理程序不违法。厦门美柚公司在商标评审及原审诉讼中没有提出商标具有不良影响的问题，再审不应予以审理。请求依法维持原审判决。

二审上诉人国家知识产权局答辩称，诉争商标的主要认读部分“大姨妈”用在诉争商标指定使用服务上，仅仅直接表示了指定服务的内容及特点系与女性月经期相关联，不易被消费者作为商标识别，无法起到区分服务来源的作用，缺乏商标应有的显著特征。诉争商标的图形部分并未有效增加商标的显著性。诉争商标构成商标法第十一条第一款第二项、第三项所指情形。请求依法撤销原审判决，支持其作出的无效裁定。

北京康智公司起诉称，争议商标标识由其设计，核定使用在指定服务上，整体具有较强显著性，未违反商标法第十一条规定。争议商标文字“大姨妈”并非月经等固有名称，其与“提供互联网聊天室、在线论坛”等服务上并不直接唯一地具有对应关系，具有显著性。争议商标经其广泛使用，获得了更强显著性，应当维持注册。争议商标经商标局核准注册，商标评审委员会在无新事实、证据的情况下，作出商标无效裁定，违反行政一致性原则。请求撤销行政裁定，责令商标评审委员会重新作出裁定。

一审法院认定，诉争商标系第 13379061 号“大姨妈及图”商标，申请日为 2013 年 10 月 17 日，于 2015 年 1 月 28 日被核准注册，核定使用在第 38 类“电话会议服务；电子公告牌服务（通讯服务）；计算机辅助信息和图像传送；视频会议服务；数字文件传送；提供互联网聊天室；提供在线论坛；移动电话通讯”服务上，商标权专用期限至 2025 年 1 月 27 日，商标权人为北京康智公司。2016 年 9 月 7 日，厦门美柚公司向商标评审委员会提出商标无效宣告申请。商标评审委员会于 2017 年 8 月 28 日做出商评字〔2017〕第 105611 号《关于第 13379061 号“大姨妈及图”商标无效宣告请求裁定书》（以下简称被诉裁定），认定：诉争商标由中文“大姨妈”及图形组成，其中图形的造型系卡通化的女孩头像。诉争商标中的主要认读部分“大姨妈”系一种亲属的称谓，特指母亲的姐姐，现已成为公众约定俗成的对于女性月经的代名词。诉争商标的主要认读部分“大姨妈”用在计算机编程等服务上，仅仅直接表示了指定服务的内容及特点系与女性月经期相关联，不易被消费者作为商标识别，无法起到区分服务来源的作用，缺乏商标应有的显著特征。诉争商标的图形部分并未有效增加诉争商标的显著性。诉争商标构成商标法第十一条第一款第二项、第三项所指情形。对于诉争商标的申请注册是否构成商标法第四十四条第一款规定的情形，厦门美柚公司尚无充分的证据证明，诉争商标的注册采取了欺骗或不正当手段，违反了诚实信用原则。因此，厦门美柚公司的该项主张不能成立。综上，厦门美柚公司无效宣告理由部分成立。依照商标法第十一条第一款第二项、第三项，第四十四条第一款、第三款和第四十六条的规定，裁定：诉争商标予以无效宣告。

一审法院认为，诉争商标由中文“大姨妈”及图形组成，汉字“大姨妈”是该商标的显著识别部分。在汉语中，“大姨妈”指代的是一种亲戚关系，即母亲的姐姐。但在近代社会生活中，尤其是在近十几年的社会生活中，该词语还被普遍理解为女性月经，商标评审委员会的该认定正确。但诉争商标核定使用的服务为计算机编程等服务，以该服务相关公众的通常认识，诉争商标使用在计算机编程等服务上并未直接表示服务的功能、用途等特点，具有显著性。诉争商标图形部分由造型卡通化的女孩头像构成，该图形使用在核定使用的服务上具有显著性。即使“大姨妈”文字指定使用在涉案服务上显示了服务的功能用途等，亦不能简单认定诉争商标整体属于商标法第十一条第一款第二项、第三项规定的情形。商标评审委员会的认定有所不当，其关于诉争商标的注册缺乏显著性的认定错误，北京康智公司的该项主张有事实和法律依据。北京康智公司的其他主张没有事实和法律依据。遂判决：（一）撤销被诉裁定；（二）商标评审委员会重新作出裁定。案件受理费100元由商标评审委员会负担。

商标评审委员会不服，上诉称：诉争商标的主要认读部分“大姨妈”用在诉争商标指定使用服务上，仅仅直接表示了指定服务的内容及特点系与女性月经期相关联，不易被消费者作为商标识别，无法起到区分服务来源的作用，缺乏商标应有的显著特征。诉争商标的图形部分并未有效增加诉争商标的显著性。诉争商标构成商标法第十一条第一款第二项、第三项所指情形。请求撤销一审判决，维持被诉裁定。

厦门美柚公司不服，上诉称：诉争商标中图形部分显著性较弱，中文部分“大姨妈”是主要认读部分。“大姨妈”现已成为公众约定俗成的对于女性月经的代名词，直接表示了商品或服务的内容和特点，缺乏显著性，构成商标法第十一条第一款第二项、第三项规定的情形。没有证据表明北京康智公司通过使用诉争商标使其具备显著性。请求撤销原审判决，维持被诉裁定。

二审法院认为：本案焦点问题是诉争商标是否构成商标法第十一条第一款第二项和第三项所规定的情形。本案诉争商标由中文“大姨妈”及图形组成，汉字“大姨妈”是该商标的显著识别部分。在汉语中，“大姨妈”指代的是一种亲戚关系，即母亲的大姐。但在现代社会生活中，特别是在近十几年的社会生活中，该词语还被普遍用来指代女性月经，商标评审委员会及一审法院对此认定正确。诉争商标的显著识别部分“大姨妈”虽具有指代女性月经的含义，但与其指定使用的电话会议服务、电子公告牌服务（通讯服务)、计算机辅助信息和图像传送、视频会议服务、数字文件传送、提供互联网聊天室、提供在线论坛、移动电话通讯等服务距离较远，并没有直接体现前述服务的内容、特点等。此外，从前述服务相关公众的通常认识来看，诉争商标属于图文组合商标，能够起到识别服务来源的作用，亦不属于商标法第十一条第一款第三项规定的情形。因此，原审法院结论正确，予以维持。综上，商标评审委员会、厦门美柚公司的上诉主张均缺乏事实及法律依据，不予支持。原审判决认定事实清楚，适用法律及判决结论正确，依法应予维持。遂判决：驳回上诉，维持原判。一审案件受理费100元，由商标评审委员会负担；二审案件受理费100元，由商标评审委员会和厦门美柚公司各负担50元。

再审查明，2019年6月25日，厦门美柚信息科技有限公司更名为厦门美柚股份有限公司。另查明，根据中央机构改革部署，原国家工商行政管理总局商标局、商标评审委员会的相关职责由国家知识产权局统一行使。其他事实同原审判决认定的事实。

本案再审认为，本案再审争议焦点是诉争商标应否被宣告无效。厦门美柚公司在再审中主张诉争商标具有商标法第十条第一款第八项规定的情形，具有不良影响。对此，虽然厦门美柚公司没有在商标无效评审阶段提出此问题，原商标评审委员会以及一、二审法院亦没有对此进行审理，但依据《中华人民共和国行政诉讼法》第八十七条关于对被诉行政行为进行全面审查的原则、《最高人民法院关于适用〈中华人民共和国行政诉讼法〉的解释》第一百二十条关于人民法院审理再审案件应当围绕再审请求和被诉行政行为合法性进行的规定以及《最高人民法院关于审理商标授权确权行政案件若干问题的规定》第二条“人民法院对商标授权确权行政行为进行审查的范围，一般应当根据原告的诉讼请求及理由确定。原告在诉讼中未提出主张，但商标评审委员会相关认定存在明显不当的，人民法院在各方当事人陈述意见后，可以对相关事由进行审查并做出裁判”之规定，对于本案诉争商标是否具有商标法第十条第一款第八项规定的不良影响，在再审阶段对此进行审查并不违反上述法律及司法解释的规定。况且，商标法第十条第一款第八项系商标注册的绝对条款，如果商标的注册违反此条规定，应当被禁止。

本案诉争商标系由文字“大姨妈”及图像构成，其显著识别部分为文字“大姨妈”。“大姨妈”，原义是指母亲的姐妹。近来作为月经的俗称，指代女性月经。将“大姨妈”文字作为商标注册，使用在第38类“电话会议服务；电子公告牌服务（通讯服务）；计算机辅助信息和图像传送；视频会议服务；数字文件传送；提供互联网聊天室；提供在线论坛；移动电话通讯”等服务上，与我国文化传统不相符，有损公众情感和女性尊严，有违公序良俗，系有害于社会主义道德风尚或者有其他不良影响的标志，应当宣告无效。原商标评审委员会作出的无效裁定结果正确，但没有认定该商标属于商标法第十条第一款第八项规定的具有不良影响的情形，有所不当。

至于诉争商标是否具有显著性的问题，在该商标具有商标法第十条第一款第八项规定的情形下，即便该商标并没有直接表示商品的质量、主要原料、功能、用途、重量、数量及其他特点的，也不能作为商标注册。况且该商标文字本身所具有的含义亦不易被消费者作为商标识别，并不能够起到识别商品或服务来源的作用。因此，原审法院以该商标具有显著性而撤销原商标评审委员会作出的裁定并判令其重作，有所不当，本院予以纠正。

对于厦门美柚公司主张的其他再审理由，原审判决并未认定本案存在引证商标，故不存在原审判决认定事实的错误；因厦门美柚公司在上诉中并未提出争议商标的申请注册构成商标法第四十四条第一款所指情形，故二审法院并不存在遗漏审理的问题；厦门美柚公司的其他再审主张亦不能成立，本院不予支持。

综上，依照《中华人民共和国行政诉讼法》第六十九条、第八十九条第一款第二项和《最高人民法院关于适用〈中华人民共和国行政诉讼法〉的解释》第一百一十九条第一款、第一百二十二条之规定，判决如下：

一、撤销北京市高级人民法院（2018）京行终3808号行政判决；

二、撤销北京知识产权法院（2017）京73行初7868号行政判决；

三、驳回北京康智乐思网络科技有限公司的诉讼请求。

一、二审案件受理费合计200元，由北京康智乐思网络科技有限公司负担。

本判决为终审判决。

审 判 长 张志弘

审 判 员 曹 刚

审 判 员 江建中

二〇一九年十二月二十七日

法官助理 李 丽

书 记 员 芦 菲

# 44. 包含描述性因素商标的显著性判断

——再审申请人杨华祥与被申请人国家知识产权局、一审第三人李业红、郭宏杰商标权无效宣告请求行政纠纷案①

**中华人民共和国最高人民法院行政判决书（2018）最高法行再63号**

再审申请人（一审原告、二审上诉人）：杨华祥。

委托诉讼代理人：刘青，北京市盈科（银川）律师事务所律师。

被申请人（一审被告、二审被上诉人）：国家知识产权局。住所地：北京市海淀区蓟门桥西土城路6号。

法定代表人：申长雨，该局局长。

委托诉讼代理人：张丁萍，该局审查员。

一审第三人：李业红。

一审第三人：郭宏杰。

再审申请人杨华祥因与被申请人国家知识产权局及一审第三人李业红、郭宏杰商标权无效宣告请求行政纠纷一案，不服北京市高级人民法院（2016）京行终1479号行政判决，向本院申请再审。本院于2017年11月8日作出（2016）最高法行申4029号行政裁定，提审本案。提审后，本院依法组成合议庭，公开开庭审理了本案，再审申请人杨华祥及其委托诉讼代理人刘青、被申请人国家知识产权局的委托诉讼代理人张丁萍及一审第三人李业红、郭宏杰到庭参加诉讼。本案现已审理终结。

杨华祥申请再审称，（一）二审判决认定的事实证据不足，根据《中华人民共和国行政诉讼法》第九十一条第三项规定，本案应当再审。二审判决书认定"汤瓶八诊"疗法为回族民间广泛流传的方式，证据不足，认定事实错误。"汤瓶八诊"疗法是杨氏家族在"末梢经络根传法"的基础上所创立并内部传承，融入了中华医学及古代易学等有关知识，是一种具有回族特色，但又有别于其他回医疗法的独特的诊疗方法。为更好地传承"汤瓶八诊"疗法，杨华祥自2004年开始将"汤瓶八诊"疗法进行商业化运营，为了深化

① 本案在年度报告中的位置为第72页。

"汤瓶八诊"疗法的内涵，让更多人认可这种疗法，在某些宣传资料中宣传该疗法为回族民间广泛流传。二审法院依据杨华祥一方提供的宣传资料，直接认定"汤瓶八诊"疗法为回族民间广泛流传，证据不足。杨华祥提供的相关证据能够证实"汤瓶八诊"疗法系杨华祥家族独创并在家族内部传承的疗法，经过长期使用，相关公众会将"汤瓶八诊"与杨华祥进行联系，从而产生指示服务来源的意义，并没有被通用化。（二）二审判决适用法律错误，根据《中华人民共和国行政诉讼法》第九十一条第四项规定，本案应当再审。本案适用2001年修正的《中华人民共和国商标法》（以下简称2001年商标法）第十一条第一款第三项错误。首先，认定"汤瓶八诊"是否具有显著性，关键在于判断"汤瓶八诊"疗法是否系杨氏家族创立并在家族内部传承，如果是，即具有显著性，应当给予商标保护，如果不是，则为通用名称，并不存在"其他缺乏显著特征"的事由。二审法院认定"汤瓶八诊"为被普遍使用的服务名称，但却不认定为通用名称，而是适用了兜底条款，适用法律错误。关于"汤瓶八诊"是否为通用名称，原国家工商行政管理总局商标评审委员会（以下简称商标评审委员会）并未对其进行认定，当事人也未提起诉讼，因此，不在本案审查范围之内。其次，即使"汤瓶八诊"疗法是一种回族民间广泛流传的疗法，但是自新中国成立至今，除杨氏家族外，一直没有其他人从事"汤瓶八诊"诊疗服务，杨华祥已经形成了独占使用的事实，消费者对"汤瓶八诊"疗法的了解也建立在杨华祥对"汤瓶八诊"商标的使用和宣传上，"汤瓶八诊"商标已经与杨华祥建立起一一对应关系。最后，"汤瓶八诊"商标经过杨华祥的多年使用，已经成为驰名商标，具有较高的显著性。杨华祥提供的相关证据可以证明，"汤瓶八诊"品牌在中国已经被广为知晓，尤其在宁夏等一些回族地区，是被回族群众广泛知晓和认可的品牌。（三）有新的证据足以推翻二审判决，根据《中华人民共和国行政诉讼法》第九十一条第二项规定，本案应当再审。首先，杨华祥再审阶段提交的证据1—4能够证明："汤瓶八诊"是杨氏家族（祖籍河南周口地区）总结研究所创并在家族传承的技艺。杨氏家族定居宁夏后，河南再没有与"汤瓶八诊"相同或相关名称、内容的项目继续经营；在宁夏亦只有杨华祥家族掌握并使用"汤瓶八诊"疗法，没有其他人懂得并经营"汤瓶八诊"疗法的事实。同时，在二审判决作出之后，各大媒体争相报道"汤瓶八诊"疗法的相关内容，说明"汤瓶八诊"享有很高的知名度，"汤瓶八诊"这一疗法被广泛了解与杨华祥几十年来积极努力的付出分不开，应当给予"汤瓶八诊"商标权保护。其次，杨华祥再审阶段提交的证据5—6能够证明：郭宏杰等人在与杨华祥合作的过程中，未经许可，非法使用"汤瓶八诊"商标和品牌，歪曲“汤瓶八诊”疗法的真正内涵。综上，“汤瓶八诊”系杨华祥家族独创并在家族内部传承的疗法，将“汤瓶八诊”使用在第44类医疗等项目上具有较高的显著性。一、二审法院认定事实错误，使用法律不当，应当纠正，请求本院撤销一、二审判决；支持杨华祥的诉讼请求。

国家知识产权局答辩称，李业红、郭宏杰在评审阶段提交的证据5（广西科学技术出版社2010年10月出版杨华祥著《汤瓶八诊养生方案》书籍原件）可以证明：“汤瓶八诊”源自阿拉伯的放血疗法、火疗、水疗、油疗以及末梢经络根传法与中医精华相结合，再经历代学者、医者的总结、探索与完善，逐步形成的较为完整的具有回族特色的保健疗法。李业红、郭宏杰提交的证据5、6（《中国民族报》2010年1月29日医药·养生版《“汤瓶八诊”——回族医学的瑰宝》复印件）、7（《宁夏医科大学学报》2009年8月第31卷第4期刊登的《回族汤瓶八诊保健疗法的演化与传承》打印件）可以证明杨华祥对“汤瓶八诊”疗法进行了介绍、整理、编辑的工作，但无法证明“汤瓶八诊”疗法为其所独创。并且根据在案证据可知，“汤瓶八诊疗法”已有1300年历史，一直以口传心授的方式在回族民间流传，由此亦无法证明该种治疗方法系由杨华祥创始或由其家族创始并得以传承。杨华祥将疗法名称作为商标申请注册，并使用在核定的按摩（医疗）、医疗诊所、保健、理疗等服务上，具有表述服务内容、服务方式等特点之虞，缺乏商标应有的显著性。并且，在案证据亦无法证明第3993808号“汤瓶八诊”商标（以下简称争议商标，见附图）经使用已具有商标应有的显著特征。因此，争议商标构成2001年商标法第十一条第一款第三项的规定。一、二审法院认定事实清楚，适用法律正确，请求法院予以维持。

李业红、郭宏杰提交意见称，（一）商评字〔2015〕第32846号《关于第3993808号“汤瓶八诊”商标无效宣告请求裁定》（以下简称第32846号裁定）和一、二审判决认定事实清楚、适用法律正确、说理充分、程序合法，应当予以维持。（二）争议商标已过专用权期限，杨华祥未提交商标续展证明；杨华祥经营的公司已经变更企业名称和经营范围，与争议商标核定使用的服务不符。（三）“汤瓶八诊”四个文字不具有独创性，使用在诊疗方法上，直接描述了服务内容，不具有显著性；现有证据也无法证明争议商标经过使用已经具有显著性。（四）“汤瓶八诊”是传统疗法，且已经被认定为非物质文化遗产，不易使相关公众将其与杨华祥产生对应联系。杨华祥并非“汤瓶八诊”的唯一经营者，“汤瓶八诊”并非仅在杨氏家族内部流传。（五）“汤瓶八诊”已经被认定为非物质文化遗产，如注册为商标由私人持有，不利于非物质文化遗产的传播，而且会让相关公众认为其获得国家授权、特许，形成市场优势。（六）非物质文化遗产保护与注册商标保护并不冲突，只要具有显著性，是可以注册为商标的。杨华祥应当在“汤瓶八诊”前添加区别标识作为商标。

杨华祥向一审法院起诉称：“汤瓶八诊”疗法系杨氏家族创立并在家族内部传承的一种疗法；争议商标系文字组合商标，具有商标所应有的显著性；杨华祥及其授权的公司是目前“汤瓶八诊”疗法唯一的市场提供者，杨华祥与“汤瓶八诊”已经形成了一一对应的关系；杨华祥对争议商标长时间持续不断地使用，以及新闻媒体多年来持续地报道，使“汤瓶八诊”具有很高的知名度和显著性，“汤瓶八诊”已经成为驰名商标。请求法院撤销第32846号裁定并判令商标评审委员会重新作出裁定。

商标评审委员会答辩称：第32846号裁定认定事实清楚，适用法律正确，作出程序合法，杨华祥的诉讼请求和理由不能成立，请求驳回杨华祥的诉讼请求。

李业红和郭宏杰共同述称：山东省高级人民法院作出的（2011）鲁民三终字第198号生效判决（以下简称第198号判决）将“汤瓶八诊”认定为通用名称，“汤瓶八诊”疗法属于公共领域范畴；“汤瓶八诊”是传统技艺类非物质文化遗产，来源于回族聚集体，具有1300年历史，不是由某个人创造和保存，属于公共资源，是一个共有的品牌，如由个人予以注册，无异于将公共财产占为私有。“汤瓶八诊”商标由四个汉字构成，显著性极低，不具有识别服务来源的特点，更因与国家非物质文化遗产项目“汤瓶八诊疗法”特殊名称同名，不具有区别性。“汤瓶八诊”核准使用在第44类（医疗按摩）领域，作为回族传统医学项目，显著性极低。争议商标一直没有使用在核定的医疗按摩领域，杨华祥擅自扩大适用范围到生活美容、保健按摩范围，并以其他图形为标志代替了商标核准的字样；且对“汤瓶八诊”的宣传也是政府为传承非物质文化遗产而做，不是商标法意义上使用。杨华祥关于其取得宁夏著名商标的事实是虚假的，其关于驰名商标的主张亦无证据支持。综上，第32846号裁定认定事实清楚，适用法律正确，程序合法，请求驳回杨华祥的诉讼请求。

一审法院认定事实：

2004年4月2日，杨华祥向原国家工商行政管理总局商标局提出争议商标的注册申请，指定使用在第44类“按摩（医疗）、医疗诊所、医务室、医院、保健、医疗辅助、理疗、护理（医务）、芳香疗法、疗养院”服务上，2007年2月21日争议商标获准注册，专用权期限至2017年2月20日。

2008年6月7日，国务院公布第二批国家级非物质文化遗产名录和第一批国家级非物质文化遗产扩展项目名录的通知（国发〔2008〕19 号），“回族汤瓶八诊疗法”作为传统医药项下的回族医药被确定为第二批国家级非物质文化遗产。

2012 年、2014 年，争议商标被宁夏回族自治区工商行政管理局评为宁夏著名商标。

山东省高级人民法院于2012 年3 月2 日作出第198 号判决认为：“‘汤瓶八诊’四个字构成通用名称。根据中华人民共和国中央人民政府公布的《第二批国家级非物质文化遗产名录》，‘回族汤瓶八诊疗法’已被列入国家非物质文化遗产。这一事实表明，‘汤瓶八诊疗法’本身属于公共领域的范畴，‘汤瓶八诊疗法’这一名称具有特定含义，包含了该疗法特有的专用器具‘汤瓶’、非医药的诊疗理念和对头、面、耳、手、脚、骨、脉、气等八部位进行诊疗的疗法，如果使用汤瓶这种专用器具实施同样方式的治疗或保健，唯有使用‘汤瓶八诊疗法’这一名称才能进行准确的表述。”杨华祥就第 198 号判决向最高人民法院申请再审，最高人民法院于 2013 年 5 月 13 日作出（2013）民申字第 364 号民事裁定书（以下简称第 364 号裁定），认为：“通用名称是指法律规定或约定俗成的某一类商品或服务的名称。约定俗成的通用名称是指在该类商品或服务的相关市场内，相关公众普通认为某一名称能够指代该类商品或服务。商标具有描述性要素不等于该描述方式系商标核定使用商品或服务的唯一描述方式，也不当然意味着商标成为通用名称。‘汤瓶八诊’文字商标虽然是对核定使用服务内容的一种描述，但没有证据证明这种描述方式已经成为相关市场内，相关公众通用的指代该类服务的名称。非物质文化遗产是指被非物质文化遗产主体视为其文化遗产的传统文化表现形式以及与传统文化表现形式相关的实物和场所。《中华人民共和国非物质文化遗产法》（以下简称非物质文化遗产法）第四十四条规定：“使用非物质文化遗产涉及知识产权的，适用有关法律、行政法规的规定。”非物质文化遗产与公有领域的内容有重叠，但不等于一经认定为非物质文化遗产，就当然地进入公有领域。“回族汤瓶八诊疗法”是否属于公有领域的范畴，要看该疗法是否受某项知识产权专用权的保护。因“立案审查后查明东营天泽汤瓶八诊保健有限公司（以下简称天泽公司）已经注销的事实。天泽公司不再具有民事主体资格，民事诉讼主体资格亦随之消灭”，最高人民法院裁定驳回杨华祥的再审申请。

2013 年 1 月 28 日，郭宏杰和李业红以争议商标的注册违反了 2001 年商标法第十一条、第四十一条的规定为由，对争议商标提出撤销申请。

2015 年 4 月 29 日，商标评审委员会作出第 32846 号裁定认为：争议商标为纯中文商标，核定使用在按摩（医疗）、医疗诊所等服务上，虽具有一定描述性，但无法证明“汤瓶八诊”系争议商标核定使用服务的国家标准、行业标准规定的或者约定俗成的名称，因此争议商标未违反2001年商标法第十一条第一款第一项的规定。“汤瓶八诊”即头诊、面诊、耳诊、手诊、足诊、骨诊、脉诊、气诊八种诊疗方法，源自阿拉伯的放血疗法、火疗、水疗、油疗以及末梢经络根传法与中医精华相结合，再经历代学者、医者的总结、探索和完善，逐步形成的较为完整的具有回族特色的保健疗法。杨华祥提交的证据可以证明其对“汤瓶八诊”疗法进行了介绍、整理和编撰的工作，但无法证明“汤瓶八诊”疗法为其独创。杨华祥将此种回族流传至今的疗法名称作为商标申请注册，并使用在核定的按摩（医疗）、医疗诊所等服务上，具有表述服务内容、服务方式等特点之虞，缺乏商标应有的显著性，且亦无证据证明争议商标经过使用已经具有商标应有的显著性。故争议商标构成2001年商标法第十一条第一款第三项规定的情形。在案证据不足以证明杨华祥存在欺骗商标行政主管机关取得商标注册的行为。依照2001年商标法第十一条第一款第三项、2013年修正的《中华人民共和国商标法》（以下简称2013年商标法）第四十四条第一款、第三款和第四十六条的规定，裁定对争议商标予以无效宣告。

对“汤瓶”的命名以及“汤瓶八诊”的由来，根据各方当事人提交的证据，有如下表述：“唐王李世民为了表彰当年波斯、中东穆斯林对中国经济和文化交流的贡献，按照穆斯林的习俗打造了一只瓶状的‘洗壶’，命名为‘唐壶’。随着朝代的演变，‘洗壶’是穆斯林用于洗‘阿布代斯’的器具，其意为穆斯林‘洗大净’和‘洗小净’的水壶。为使之清洁肌肤，净化心灵，壶内装有热水，古时‘热水’称之为‘汤’，故易名为‘汤瓶’……‘汤瓶’是穆斯林具有代表性的专用器具……因此，跟穆斯林相关的文化、商标都以‘汤瓶’命名。”“回族汤瓶八诊保健疗法是波斯保健医学和中东伊斯兰医学吸取了中华医学，而形成的具有中国回族特色的养生保健疗法……”“汤，《说文》‘热水也’。瓶，《玉篇》‘汲器也’。汤瓶即为盛热水之器皿，特指回族穆斯林洗‘阿布代斯’的水壶，即用于沐浴‘洗大净’和‘洗小净’之水壶……‘汤瓶’是穆斯林具有代表性的专用器具。因此，跟穆斯林相关的文化、商标都以‘汤瓶’命名。”关于“八诊”，则包括“头、面、耳、手、脚、骨、脉、气”八大诊疗方法。另还有“中国回族汤瓶八诊是具有中国回族特色的非药物养生保健疗法之一……”“中国回族汤瓶八诊疗法源于中东穆斯林先民的日常沐浴礼拜和先期的医疗实践活动，并随着大批的穆斯林先民与我国的商贸交流、连带着伊斯兰民族文化和风土人情而一并传入我国……”等描述。上述内容在《宁夏医科大学学报》载有《回族汤瓶八诊保健疗法的演化与传承》（作者杨华祥等）一文，《时珍国医国药》载有《纵观中国回族汤瓶八诊疗法》（作者杨华祥等）一文，《中国民族报》载有《“汤瓶八诊”——回族医学的瑰宝》（杨华祥口述）一文、首席医学网载有《回族汤瓶八诊保健疗法的演化与传承》（作者杨华祥等）以及《汤瓶八诊养生方案》（杨华祥著）一书等均有相关描述。

杨华祥还提交了下列图书复印件：《神奇的汤瓶八诊——非药物自然疗法》《国家非物质文化遗产汤瓶八诊——回族香料　香药内病外治疗法》《惊人的汤瓶八诊——七代名医奇效疗法》。杨华祥提交的证据还包括在《公益文化》《国医》《Top 企业总裁》《宁夏画报》《新知讯报》《华兴时报》《宁夏日报》等刊物的报道。根据上述证据，杨华祥是汤瓶八诊的第七代传人。“汤瓶八诊”商标使用的诊疗用品类包括温经驱寒袋、客用治疗服、诊疗毛巾被、诊疗箱、诊疗扶手巾等，李业红和郭宏杰认为杨华祥并未使用过争议商标。

另查明，杨华祥是李业红和郭宏杰所在的北京汤瓶八诊健康科技发展有限公司（以下简称北京汤瓶八诊公司）的投资者之一，在经营过程中，杨华祥曾与该公司就争议商标相关使用问题发生过争议。杨华祥认为，北京汤瓶八诊公司经营项目与争议商标核准使用的服务项目不一致。李业红和郭宏杰则认为，北京汤瓶八诊公司是杨华祥设立并管理的公司，经营范围与杨华祥设立该公司的宗旨一致。

以上事实，有争议商标档案、各方当事人在商标无效宣告复审阶段提交的证据材料以及各方当事人陈述等证据在案佐证。

一审法院认为，是否予以无效宣告应当审查已经注册的商标是否违反了商标法的相关规定，本案中也即是否属于 2001 年商标法第十一条第一款第三项“缺乏显著特征”的情形。商标评审委员会依据 2001 年商标法第十一条第一款第三项的规定，即“缺乏显著特征”的标志不得作为商标注册，裁定争议商标予以无效宣告。各方当事人的争议焦点亦在于争议商标是否属于“缺乏显著特征”而不得作为商标注册的情形，故本案重点在于审查争议商标是否因与非物质文化遗产“回族汤瓶八诊”同名而不具有显著性。

非物质文化遗产，是指各族人民世代相传并视为其文化遗产组成部分的各种传统文化表现形式，以及与传统文化表现形式相关的实物和场所。国家鼓励和支持开展非物质文化遗产代表性项目的传承、传播，并以认定代表性传承人的方式促进其传承和传播。同时，非物质文化遗产的传承和商业开发利用等也需要借助著作权法、商标法以及专利法等的综合保护。非物质文化遗产与商标注册本身并不冲突。非物质文化遗产法第四十四条规定："使用非物质文化遗产涉及知识产权的，适用有关法律、行政法规的规定。"据此，非物质文化遗产涉及商标权的，应当适用我国商标法的相关规定。2001 年商标法第八条规定："任何能够将自然人、法人或者其他组织的商品与他人的商品区别开的可视性标志，包括文字、图形、字母、数字、三维标志和颜色组合，以及上述要素的组合，均可以作为商标申请注册。"符合该条规定的非物质文化遗产，可以作为商标申请注册。故相关商品或服务被列入非物质文化遗产亦不必然导致商标的无效。

标志能否核准注册为商标，考察的核心在于其是否具有显著特征。商标的显著特征是表彰商品来源的标志，目的在于区分和识别商品来源。争议商标由文字"汤瓶八诊"构成，"汤瓶"是一种具有穆斯林特色的器具，"八诊"则描述了包括"头、面、耳、手、脚、骨、脉、气"在内的八种诊疗方法。从文字构成上，"汤瓶八诊"描述的是具有穆斯林特色的一种诊疗方法。不可否认，该商标中包含了描述性要素，但具有描述性要素未必导致商标不具有显著特征。《最高人民法院关于审理商标授权确权行政案件若干问题的意见》第 5 条规定："人民法院在审理商标授权确权行政案件时，应当根据诉争商标指定使用商品的相关公众的通常认识，从整体上对商标是否具有显著特征进行审查判断。标志中含有的描述性要素不影响商标整体上具有显著特征的，或者描述性标志是以独特方式进行表现，相关公众能够以其识别商品来源的，应当认定其具有显著特征。"据此，包含描述性要素的商标具有显著特征应当是"不影响商标整体上具有显著特征"或者"描述性标志是以独特方式进行表现"。

"汤瓶"代表了一种穆斯林文化，"八诊"则是八种诊疗方法，争议商标在整体上描述的是一种具有穆斯林特色的诊疗方法，核准使用在第 44 类按摩（医疗）、医疗诊所、医务室、医院、保健、医疗辅助、理疗、护理（医务）、芳香疗法、疗养院等项目上，直接表示了服务的内容，不具有显著特征。从表现方式上，争议商标是文字商标，文字字体和字号属于较为常见形式，并不属于"以独特方式进行表现"的描述性要素。故一审法院认为，争议商标使用在核定的服务类别上不具有显著性，不能起到区分和识别服务来源的作用。

从使用上看，在商业活动中，能够标明商品服务来源，区分商品服务不同市场主体的使用方式均为商标法意义上的使用。商标法意义上的使用，也即具有识别和区分作用的使用可以成为非物质文化遗产的传承方式。此外非物质文化遗产的传承方式还包括其他不具有识别和区分作用的一般性传承。

相关刊物、图书对“汤瓶八诊”“回族汤瓶八诊”“中国回族汤瓶八诊”等描述，属于对回族诊疗方法的介绍，并非商标法意义上的使用。对于其在服务场所、服务招牌、提供服务所使用的物品、服务人员的服装等上的使用，一审法院认为，2001年商标法第十一条第二款的规定，经过使用取得显著特征，并便于识别的，可以作为商标注册。基于“汤瓶八诊”本身即是具有中国回族特色的非药物养生保健疗法，且杨华祥并无证据证明争议商标仅与其建立了唯一特定联系，从而可以区别于不同市场主体提供的“汤瓶八诊”，故对杨华祥主张的使用，一审法院认为系对“汤瓶八诊”非物质文化遗产的一般性传承，而非商标法意义上的使用。对其争议商标经过使用获得显著性的主张，一审法院不予支持。

杨华祥与北京汤瓶八诊公司虽然就争议商标使用问题产生过争议，但在本案亦无充分证据证明争议商标经过使用获得了显著性。

最高人民法院第364号裁定虽然驳回了杨华祥的再审申请，但其理由是基于天泽公司民事诉讼主体资格消失的事实，对山东省高级人民法院第198号判决认定的“汤瓶八诊”事实部分，认为“构成通用名称的证据不充分”，故李业红和郭宏杰主张的第198号判决为生效判决与事实不符，不应予以采信。由于本案是行政诉讼，系当事人对商标评审委员会作出第32846号裁定不服提起的诉讼，对商标评审委员会关于通用名称部分的认定，李业红、郭宏杰未提交充分证据证明争议商标构成通用名称，且各方当事人均未在法定期限内就此项内容提起诉讼，根据诉、审一致的原则，一审法院对此不再展开论述。

综上，一审法院认为，杨华祥在第44类按摩（医疗）、医疗诊所、医务室、医院、保健、医疗辅助、理疗、护理（医务）、芳香疗法、疗养院申请注册争议商标构成2001年商标法第十一条第一款第三项“缺乏显著特征”的标志不得作为商标注册的情形。尽管争议商标不具有显著特征，但杨华祥作为非物质文化遗产的传承者，亦不妨碍其继续使用该标志。第32846号裁定事实清楚，程序合法，杨华祥的诉讼请求不具有事实及法律依据，不应予以支持。依照《中华人民共和国行政诉讼法》第六十九条规定，一审法院判决：驳回杨华祥的诉讼请求。

杨华祥不服一审判决，向二审法院上诉称：（一）“汤瓶”在争议商标中是一种具有穆斯林特色的器具，而非穆斯林文化的代表，在争议商标中具有显著特征。“八诊”是国家非物质文化遗产回族医药“汤瓶八诊”中最简单的八种方式的概括，非物质文化遗产回族医药汤瓶八诊的内容远不止于此，“八诊”无法描述和概括“汤瓶八诊”的内容，不会使相关公众将其认为是服务内容。一审判决认定“汤瓶八诊”直接表示了服务内容，属于事实认定错误。（二）一审判决认定争议商标与杨华祥未建立唯一特定的联系，属于事实认定错误。非物质文化遗产“汤瓶八诊”是杨华祥及其家族独创并传承，杨华祥是该非遗项目的传承人。在争议商标获准注册后，杨华祥通过授权许可方式使用争议商标，并以非遗传承人的名义通过其家族传承的独家秘方和技术，对被授权主体进行有力的影响，除杨华祥和受杨华祥控制的被许可主体外，市场上无其他非遗“汤瓶八诊”相关服务提供者，杨华祥实质上成为相关服务唯一的提供者。经过多年的使用和发展，争议商标已具有了较高知名度，连续两届获得宁夏著名商标称号，争议商标为相关公众所知晓，杨华祥与争议商标已建立起唯一特定的联系。（三）关于“汤瓶八诊”的相关报道及书籍资料，属于对争议商标在商标法意义上的使用。（四）一审判决适用法律错误，依法应予改判。请求撤销一审判决及第32846号裁定，判令商标评审委员会重新作出裁定。

商标评审委员会、李业红、郭宏杰均服从一审判决。

二审法院认定事实：

一审判决查明的事实基本清楚，有争议商标的商标档案、商标争议申请书、商标评审委员会第32846号裁定、当事人提交的相关证据材料及当事人陈述等在案佐证，二审法院予以确认。

二审法院另查明，杨华祥著、杨庭亮整理、广西科学技术出版社2010年10月出版的《汤瓶八诊养生方案》一书中收录了宁夏回族自治区人民政府主席王正伟于2009年12月10日所作的序《汤瓶八诊，开启回族文化之门》，该序载明：“回族汤瓶八诊疗法已有1300年历史，一直以口传心授的方式在回族民间流传。……回族汤瓶八诊是波斯保健医学和中东伊斯兰医学汲取和融合了中华医学，而形成的具有中国回族特色的养生保健疗法，分为头诊、面诊、耳诊、手诊、脚诊、骨诊、脉诊、气诊。”《汤瓶八诊养生方案》一书第14页载有：“到了杨明公（1710—1850）这一代，汤瓶八诊才真正得到系统整理和完善。杨明公自幼酷爱中医，潜心研究中国古代易学和《黄帝内经》，他结合临床实践以及回族武术，将回族医学不断完善，并以口传心授、言传身教的方式传给后人。就这样，形成了较为完整的、自成一体的八种疗法，正式命名为‘汤瓶八诊’。”该书第28页载有：“汤瓶八诊是回族人根据常年的宗教礼仪、生活习惯及原始的阿拉伯医学，又吸取了中华医学而创造的一种疗法。它包括两大体系，内病外治非药物疗法和内病外治药物疗法。”

一审诉讼过程中，杨华祥提交了10组证据，其中包括：证据7：争议商标分别于2012年9月、2014年12月获得宁夏回族自治区工商行政管理局颁发的第八届、第九届宁夏著名商标证书，两份证书中均明确载明了被授予著名商标的对象，即“‘汤瓶八诊’商标（注册证号：3993808）”；证据8：杨华祥或者相关公司同他人签署的范围涉及河南、北京、浙江、上海、陕西、广东、天津、河北、辽宁、云南、四川等省市的19份特许经营省级总代理合同书，上述合同书对许可使用争议商标的事项作出了约定。

二审法院认为，虽然2013年商标法已于2014年5月1日起施行，但《最高人民法院关于商标法修改决定施行后商标案件管辖和法律适用问题的解释》第七条规定：“对于在商标法修改决定施行前已经核准注册的商标，商标评审委员会于决定施行前受理、在决定施行后作出复审决定或者裁定，当事人提起行政诉讼的，人民法院审查相关程序问题适用修改后的商标法，审查实体问题适用修改前的商标法。”本案中，争议商标为2013年商标法施行前已经核准注册的商标，本案争议申请的受理时间早于2013年商标法施行时间，而第32846号裁定的作出时间晚于2013年商标法施行时间，故依据上述规定，本案程序问题的审理应适用2013年商标法，而本案实体问题的审理应适用2001年商标法。

2001年商标法第十一条第一款规定：“下列标志不得作为商标注册：（一）仅有本商品的通用名称、图形、型号的；（二）仅仅直接表示商品的质量、主要原料、功能、用途、重量、数量及其他特点的；（三）缺乏显著特征的。”该条第二款规定：“前款所列标志经过使用取得显著特征，并便于识别的，可以作为商标注册。”

本案中，争议商标由中文“汤瓶八诊”组成，核定使用在“按摩（医疗）、医疗诊所、医务室、医院、保健、医疗辅助、理疗、护理（医务）、芳香疗法、疗养院”服务上。包括杨华祥著、杨庭亮整理的《汤瓶八诊养生方案》在内的相关证据证明，“汤瓶八诊”是波斯保健医学和中东伊斯兰医学汲取和融合了中华医学，而形成的具有中国回族特色的养生保健疗法，分为头诊、面诊、耳诊、手诊、脚诊、骨诊、脉诊、气诊。2008年6月7日，“回族汤瓶八诊疗法”作为传统医药项下的回族医药，亦被确定为第二批国家级非物质文化遗产。“汤瓶八诊”作为商标使用在“按摩（医疗）、医疗诊所、医务室、医院、保健、医疗辅助、理疗、护理（医务）、芳香疗法、疗养院”服务上，容易被相关公众理解为是对相关服务内容的介绍，而不易将其作为区分服务来源的商标标志加以识别。因此，一审判决和第32846号裁定有关争议商标的注册违反了2001年商标法第十一条第一款第三项规定的认定并无不当。

争议商标虽然经过了使用有一定知名度，并被评为宁夏著名商标，但相对于已有1300年历史、在回族民间广泛流传并被认定为国家级非物质文化遗产的“回族汤瓶八诊疗法”，无论是在争议商标的使用时间、使用范围方面，还是在相关公众的客观认知效果方面，争议商标通过使用所建立的知名度，仍不足以抵消或者超越相关公众对“汤瓶八诊”是一种具有中国回族特色的养生保健疗法的认知，因此，在案证据尚不足以认定争议商标属于2001年商标法第十一条第二款规定的可以注册的情形，争议商标应予无效宣告。综上，二审法院判决：驳回上诉，维持原判。

再审审查阶段，杨华祥向本院提交了以下7份证据：

1. 河南省非物质文化遗产保护中心出具的《关于国家级非物质文化遗产项目回族汤瓶八诊在河南省的情况说明》。证明：“汤瓶八诊”是杨氏家族（祖籍河南周口地区）总结研究所创并在家族传承的一种技艺。杨氏家族定居宁夏后，河南再没有与“汤瓶八诊”相同或相关名称、内容的项目继续经营。说明“汤瓶八诊”疗法系杨氏家族创立并在内部传承的疗法。

2. 丝路之窗杂志2016年9月刊《以回族医学汤瓶八诊为桥梁，让世界更了解塞上江南·神奇宁夏》、广西科学技术出版社2016年9月再版《汤瓶八诊养生方案》。证明：“汤瓶八诊”是由明末清初杨明公创建，并在家族内部传承，经过七代人不断地完善，“汤瓶八诊”疗法包括四大完整体系，包括内病外治非药物疗法；内病外治药物疗法；将养生和生活融为一体的汤瓶养生功、食疗、茶疗等；回医回药。“汤瓶八诊”疗法已经不是最初形成时的头诊、面诊、耳诊、手诊、脚诊、骨诊、脉诊、气诊的总称。

3. 新浪网2016年9月9日《为国家级非物质文化遗产回医药汤瓶八诊的传承困扰中的坚持》、中国经济导报2016年8月30日《国际级非物质文化遗产回医回药汤瓶八诊的艰辛传承之路》、众新网2016年8月25日《国际级非物质文化遗产回医回药汤瓶八诊的艰辛传承之路》、华星网2016年10月21日《在哭泣中煎熬的回族医学国家级非物质文化遗产汤瓶八诊疗法》。证明：证实“汤瓶八诊”疗法是杨明公以末梢经络根传法为基础，吸收了中国传统医学等中国传承医学而创立的回族特色的医疗方法，并一直在家族内部传承。

4. 中国汤瓶气功协会《请律师先生向大陆司法部门转达我们对有关汤瓶八诊知识产权案的看法》。证明：“汤瓶八诊”疗法系杨氏家族创立并在家族内部传承的医疗方法。

5. 图书出版合同及刑事案件报案材料、汤瓶八诊养生会馆加盟合同及许冰出具的被骗经过、昆明衡辰文化传播有限公司出具的《关于北京汤瓶八诊科技有限公司指使外聘人员对我华方缘公司霸道、强行骚扰的情况说明》、汤瓶八诊鉴赏俱乐部宣传册、郭宏杰与杨华祥的短信记录。证明：北京汤瓶八诊健康科技发展有限公司滥用“汤瓶八诊”商标，将“汤瓶八诊”名称用在与“汤瓶八诊”疗法毫无关联的鉴宝聚乐部，破坏“汤瓶八诊”疗法应有的内涵；未经杨华祥许可便授权他人使用“汤瓶八诊”商标，收受商标许可费用，却又无法提供“汤瓶八诊”疗法内容；同时，北京汤瓶八诊健康科技发展有限公司雇用的郭宏杰等人对杨华祥合法授权的华方缘公司进行骚扰，导致其无法正常经营。“汤瓶八诊”不仅是商标，而且还是一种疗法的名称，如果不对这种名称进行商标权保护，则会导致该名称的滥用，从而会破坏“汤瓶八诊”疗法本身的内涵。

6. 证人范玲及许冰的证言。证明：未经杨华祥授权，北京汤瓶八诊公司擅自许可许冰使用“汤瓶八诊”商标，但收取商标许可费用之后，无法提供相应的内容，给“汤瓶八诊”疗法造成非常恶劣的不良影响。同时，杨华祥合法授权的华方缘公司使用“汤瓶八诊”商标及经营汤瓶八诊项目，却被北京汤瓶八诊公司雇用的郭宏杰等人强行骚扰导致无法正常经营。

7. 宁夏回族医药研究所《宁夏回医药汤瓶八诊疗法技术临床应用及知名度调查报告》。证明：经宁夏回族医药研究所调查，“汤瓶八诊”疗法是杨华祥家族七代传承的回医技术，“汤瓶八诊”品牌由杨华祥创立，其技术传播与推广应用是由杨华祥及以杨华祥为法定代表人的汤瓶八诊公司及其弟子开展，别无他人提供该项技术。该调查报告说明了“汤瓶八诊”是由杨华祥家族创立并传承的疗法，到目前为止，也只有杨华祥及其公司在经营该项目的事实。

国家知识产权局认为上述证据与本案不具有关联性，无法证明争议商标具有显著性；李业红、郭宏杰对上述证据的真实性及关联性均不予认可。

再审审理阶段，杨华祥再次向本院提交了以下 11 份证据：

1. 中国民族卫生协会回族卫生专业委员会于 2013 年 6 月 16 日颁发的聘书，杨华祥被聘请为“特别顾问”。

2. 中国艺术研究院、中国非物质文化遗产保护中心于 2014 年 6 月 6 日颁发的获奖证书，杨华祥被授予“第三届中华非物质文化遗产传承人薪传奖”。

3. 中国民族医药学会、中国民族医药协会颁发的民族医药科学技术奖奖励证书，杨华祥被授予“民族医药传承贡献一等奖”。

4. 宁夏回族自治区人民对外友好协会于 2016 年 1 月 8 日颁发的证书，杨华祥当选第六届理事会理事。

5. 世界中医药学会联合会于 2016 年 1 月颁发的证书，杨华祥当选世界中联“中国传统医药非物质文化遗产”产业联盟第一届理事会理事。

6. 东盟—中国工商总会于2016年12月22日颁发的聘任证书，杨华祥被聘任为顾问。

7. 世界中医药学会联合会于2017年3月24日颁发的证书，杨华祥当选为世界中联“一带一路标准与健康产业联盟”第一届理事会副理事长兼“健康丝路”专家指导委员会副主任。

8. 世界中医药学会联合会颁发证书，杨华祥经营的宁夏汤瓶八诊文化产业发展有限公司当选为“一带一路标准与健康产业联盟”会员。

9. 中国民间中医医药研究开发协会、特效医术发掘整理专业委员会于2018年4月颁发的荣誉证书，杨华祥作为特邀嘉宾参加第八届全国名老中医绝技演示交流大会；《中国名老中医风采》会刊。

10. 亚洲品牌盛典组委会于2017年9月颁发获奖证书，汤瓶八诊国际连锁机构被授予“亚洲名优品牌奖”荣誉称号。

11. 《丝路之窗》杂志2017年11月刊，记载了“汤瓶八诊”商标及疗法的起源、传承过程。

上述证据用于证明：杨华祥及其经营的“汤瓶八诊”品牌在中国医药行业内具有极高的知名度和影响力。经过杨华祥多年的经营，能够使相关公众将“汤瓶八诊”与杨华祥形成对应关系。

国家知识产权局认为上述证据大多是针对杨华祥本人，无法反映争议商标的使用情况，亦无法证明争议商标具有显著性。

李业红、郭宏杰对上述证据的真实性无异议，但是认为上述证据均是针对杨华祥本人及其从事的疗法，与争议商标无关。

再审审理阶段，李业红、郭宏杰向本院提交了以下4份证据：

1. 宁夏医科大学回族汤瓶八诊培训学院简介网络打印件。证明：宁夏回族自治区政府为传承发展国家非遗项目“汤瓶八诊”，于2009年设立汤瓶八诊培训学院，每年均有多名毕业生从事“汤瓶八诊”服务。

2. 中华人民共和国文化部《行政复议决定书》。证明：经过向文化部申请行政复议，宁夏回族自治区文化厅最终公开了“汤瓶八诊”申报非物质文化遗产的部分信息。

3. 宁夏回族自治区文化厅《关于非物质文化遗产项目回族汤瓶八诊疗法有关情况的函》。

4. 宁夏回族自治区文化厅《关于对国家级非物质文化遗产项目回族汤瓶八诊疗法相关信息公开情况答复的函》（宁文函〔2017〕21号），该函载明：目前，我区“回族汤瓶八诊”项目共有代表性传承人3名，其中国家级代表性传承人1名杨华祥，自治区级代表性传承人1名刘晨旭（杨华祥弟子，自治区级第二批)，银川市级代表性传承人 1 名杨庭亮（杨华祥儿子，银川市级第三批)。

证据 3、4 证明：“汤瓶八诊”申报非物质文化遗产项目时提交的材料中表明，“汤瓶八诊”疗法传承人众多，并非仅在杨家内部传承，也并非只有杨华祥一人从事该项服务。

杨华祥对上述证据的真实性均无异议，但认为上述证据涉及的内容：宁夏医科大学回族汤瓶八诊培训学院的成立及运营均是由杨华祥及其公司员工完成的；宁夏回族自治区文化厅两份函件中涉及的内容反映出“汤瓶八诊”疗法从形成、整理到完善、传承均是在杨氏家族内部完成的。故上述证据不足以证明除杨华祥及杨氏家族外，还有其他人从事“汤瓶八诊”疗法的服务。

对于杨华祥在再审审查阶段提交的证据和李业红、郭宏杰在再审审理阶段提交的证据，本院认为，所证明的内容与其在一、二审阶段提交的证据所要证明的内容一致，可以结合一、二审阶段的证据及相关事实予以认定。对于杨华祥在再审审理阶段提交的证据，发生时间均在争议商标申请注册之后，且多数是针对杨华祥个人及其所经营公司的荣誉，无法直接反映争议商标的使用及知名度情况，故本院不予采信。

本院经审理查明，山东省东营市中级人民法院在（2011）东知民初字第 23 号民事判决书中认定：2008 年 12 月 25 日，杨华祥签署授权书，许可北京汤瓶八诊公司使用“汤瓶八诊”商标，并以该商标使用权作为出资，设立北京汤瓶八诊公司。2009 年 2 月 11 日，杨华祥和王非成立北京汤瓶八诊公司，由王非担任法定代表人，杨华祥担任监事。2009 年 12 月 15 日，北京汤瓶八诊公司与天泽公司签订《回族汤瓶八诊疗法加盟合同》，约定由北京汤瓶八诊公司提供“汤瓶八诊”商标使用权及汤瓶八诊疗法技术，在东营市西城开设加盟店。该店于 2010 年 2 月 25 日开业并进行经营，在网址 www. shengli. org/gg/100207 网页上进行含有“汤瓶八诊”内容的宣传。杨华祥参加了天泽公司的开业仪式。山东省高级人民法院在（2011）鲁民三终字第 198 号民事判决书中认定：2009 年 12 月 17 日，北京汤瓶八诊公司召开经营管理会议，杨华祥作为股东之一主持会议，并在会议纪要上签名。天泽公司所聘用的技师均毕业于杨华祥与宁夏医科大学联合开办的宁夏医科大学“汤瓶八诊”培训班，均为接受杨华祥派遣，前往天泽公司从事“汤瓶八诊”诊疗工作。此外，杨华祥还作为嘉宾参加了天泽公司开业典礼并致贺词，参加了该公司的坐诊、宣传等一系列活动。

另查明，根据中央机构改革部署，原国家工商行政管理总局商标局、商标评审委员会的相关职责由国家知识产权局统一行使。

本院再审认为，本案的争议焦点为：二审法院认定争议商标的注册属于2001年商标法第十一条第一款第三项规定的情形，应予无效宣告是否正确。

2001年商标法第十一条第一款第三项规定，缺乏显著特征的标志不得作为商标注册。

本案中，争议商标为中文“汤瓶八诊”，根据李业红、郭宏杰在商标评审阶段提交的《汤瓶八诊养生方案》一书、《中国民族报》2010年1月29日医药·养生版刊登的《“汤瓶八诊”——回族医学的瑰宝》一文和《宁夏医科大学学报》2009年8月第31卷第4期刊登的《回族汤瓶八诊保健疗法的演化与传承》一文等相关证据，可以证明，“汤瓶”源于回族具有代表性的专用盥洗器具，“八诊”系八种诊疗方法；“汤瓶八诊”疗法是以末梢经络根传法为雏形，并结合回族穆斯林“阿布代斯”习俗过程中的经脉按摩、刮痧、火罐、放血疗法等逐渐形成的具有中国回族特色的养生保健疗法，分为头诊、面诊、耳诊、手诊、脚诊、骨诊、脉诊、气诊。可见，将“汤瓶八诊”作为商标，使用在“按摩（医疗）、医疗诊所、医务室、医院、保健、医疗辅助、理疗、护理（医务）、芳香疗法、疗养院”服务上，具有一定的描述服务内容、服务方式的特点。

然而，商标中含有描述性因素，并不意味着一定缺乏显著性。2001年商标法第十一条第二款规定：“前款所列标志经过使用取得显著特征，并便于识别的，可以作为商标注册。”人民法院审查诉争商标是否具有显著特征，应当根据商标所指定使用商品的相关公众的通常认识，判断该商标整体上是否具有显著特征。商标标志中含有描述性要素，但不影响其整体具有显著特征的；或者描述性标志以独特方式加以表现，相关公众能够以其识别商品来源的，应当认定其具有显著特征。因此，判断包含描述性因素的商标是否具有显著性，还应根据商标所指定使用商品的相关公众的通常认识，从整体上进行判断，相关商标的实际使用情况，以及是否经过使用产生识别商品来源的作用，也是需要考虑的因素。

本案中，杨华祥提供的相关证据显示，虽然“汤瓶八诊”疗法源自回族民间流传的传统疗法，但是其最早系由杨氏家族在总结和吸收阿拉伯医学、中国民间疗法和中国传统医学的基础上所创立并命名。《汤瓶八诊养生方案》一书及《“汤瓶八诊”——回族医学的瑰宝》一文等证据中记载：杨氏家族的杨明公“结合临床实践以及回族武术，将回族医学不断完善，并以口传心授、言传身教的方式传给后人。就这样，形成了较为完整的、自成一体的八种疗法，正式命名为‘汤瓶八诊’”。通过杨氏家族七代人的传承和发展，

“汤瓶八诊”疗法逐渐趋于完善。根据现有证据及一、二审法院查明的事实，杨华祥作为该疗法的第七代传人，其于2004年4月2日就将“汤瓶八诊”申请注册为商标，并通过提供医疗服务、开办培训学校和特许经营许可等商业方式对“汤瓶八诊”疗法进行了广泛宣传，涉及许可范围遍及北京、天津、上海、河南等多个省市。在上述宣传过程中，均使用了“汤瓶八诊”商标，虽然标识的具体使用方式与争议商标略有差异（见附图），但并未改变争议商标的主要识别部分，相关公众依旧会将其认读为“汤瓶八诊”。经由上述使用，“汤瓶八诊”商标产生了一定的知名度，并于2012年、2014年先后两次被评为宁夏回族自治区著名商标。并且，根据杨华祥提交的证据，除杨华祥及其家族外，目前从事“汤瓶八诊”治疗、使用“汤瓶八诊”作为公司字号或商标使用的主体或经过杨华祥的授权，或与杨华祥存在不同程度的关联关系。由此可见，基于杨华祥及其杨氏家族长期以来对争议商标的实际使用，争议商标已经与杨华祥形成了较为明确的服务来源指向关系，相关公众在看到争议商标时，能够将其与杨华祥及其杨氏家族建立联系，争议商标在客观上已经发挥了指示特定服务来源的功能，争议商标的注册应当予以维持。

本院注意到，非物质文化遗产法第四十四条第一款规定：“使用非物质文化遗产涉及知识产权的，适用有关法律、行政法规的规定”；《国家级非物质文化遗产保护与管理暂行办法》第二十条第二款规定：“国家级非物质文化遗产项目的域名和商标注册和保护，依据相关法律法规执行。”可见，对非物质文化遗产的传承与发展，并不当然排斥知识产权的保护方式。本案中，在争议商标申请并获准注册后，“回族汤瓶八诊疗法”被列入非物质文化遗产名录。作为争议商标权利人的杨华祥，同时也是“回族汤瓶八诊疗法”的传承人。根据非物质文化遗产法的相关规定，其负有传承非物质文化遗产的义务。在案证据显示，杨华祥及其杨氏家族在通过培训、提供医疗服务等多种方式推广“回族汤瓶八诊疗法”的同时，也使得争议商标“汤瓶八诊”产生了指向特定服务来源的功能。因此，维持争议商标的注册，实质上也促进了传统文化的传承与发展。综上，争议商标不属于2001年商标法第十一条第一款第三项规定的情形，商标评审委员会第32846号裁定和一、二审判决认定事实和适用法律均存在错误，应予纠正。

依照《中华人民共和国行政诉讼法》第八十九条第一款第二项，《关于适用〈中华人民共和国行政诉讼法〉的解释》第一百一十九条第一款、第一百二十二条的规定，判决如下：

一、撤销北京市高级人民法院（2016）京行终1479号行政判决；

二、撤销北京知识产权法院（2015）京知行初字第3581号行政判决；

三、撤销原国家工商行政管理总局商标评审委员会商评字〔2015〕第32846号《关于第3993808号“汤瓶八诊”商标无效宣告请求裁定》；

四、国家知识产权局对第3993808号“汤瓶八诊”商标重新作出商标无效宣告请求裁定。

一、二审案件受理费各人民币100元，由国家知识产权局负担100元，李业红、郭宏杰各负担50元。

本判决为终审判决。

审　判　长　佟　姝
审　判　员　郎贵梅
审　判　员　马秀荣
二〇一九年八月二十日
法 官 助 理　曹佳音
书　记　员　王沛泽
书　记　员　纪明伟

附图：

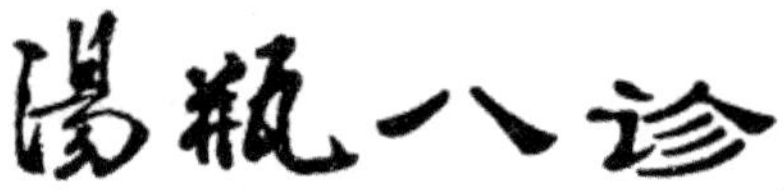


争议商标

实际使用的商标

# 46. 驰名商标跨类保护范围的合理划定

——再审申请人酒鬼酒股份有限公司与被申请人国家知识产权局、四川省百世兴食品产业有限公司商标权无效宣告请求行政纠纷案①

**中华人民共和国最高人民法院行政裁定书（2019）最高法行申3304号**

再审申请人（一审原告、二审被上诉人）：酒鬼酒股份有限公司。住所地：湖南省吉首市峒河街道振武营村。

法定代表人：王浩，该公司董事长。

委托诉讼代理人：田龙，北京天驰君泰律师事务所律师。

被申请人（一审被告、二审上诉人）：国家知识产权局。住所地：北京市海淀区蓟门桥西土城路6号。

法定代表人：申长雨，该局局长。

委托诉讼代理人：贾玉竹，该局审查员。

被申请人（一审第三人、二审上诉人）：四川省百世兴食品产业有限公司。住所地：四川省成都经济技术开发区（龙泉驿区）经开区南二路309号1栋2层202号。

法定代表人：官毅，该公司总经理。

再审申请人酒鬼酒股份有限公司（以下简称酒鬼酒公司）因与被申请人国家知识产权局、四川省百世兴食品产业有限公司（以下简称百世兴公司）商标无效宣告请求行政纠纷一案，不服北京市高级人民法院（2018）京行终3115号行政判决，向本院申请再审。本院依法组成合议庭对本案进行了审查。现已审查终结。

酒鬼酒公司申请再审称，1. 百世兴公司申请注册第G1022223号“酒鬼”商标（以下简称诉争商标）存在恶意，二审法院认定诉争商标“并未与引证商标一及酒鬼酒公司的其他商标相傍靠，亦无证据证明百世兴公司申请注册诉争商标存在恶意情形”属于认定事实错误。2. 白酒与加工过的花生米等商品具有较强关联性，诉争商标与第1157000号“酒鬼JIUGUI及图”商标

① 本案在年度报告中的位置为第75页。

（以下简称引证商标一）共存于市场会误导相关公众。3. 百世兴公司提交的证据不足以证明相关公众已在客观上将诉争商标与引证商标一区别开来，并且，恶意注册形成的市场秩序更应调整而非无限度维护。百世兴公司在德国申请注册诉争商标，还在加工过的花生等商品上申请注册过“酒鬼 sagui”商标，可以证明百世兴公司申请注册诉争商标存在恶意。4. 二审判决认为“在无实际利益可能受到损害的情况下，基于商标注册的行政信赖，诉争商标也应予以保护”，没有考虑到信赖利益与私权保护的平衡，本案中，信赖利益应当被百世兴公司的恶意注册排除。综上，根据《中华人民共和国行政诉讼法》第九十一条第三项、第四项的规定，依法申请再审本案。

百世兴公司提交意见称，1. 诉争商标未摹仿酒鬼酒公司的引证商标一，诉争商标的注册未违反 2001 年修正的《中华人民共和国商标法》（以下简称 2001 年修正的商标法）第十三条第二款之规定。没有充足的证据证明引证商标一自诉争商标申请注册时已构成驰名商标；“酒鬼”为汉语中有固定含义的常用词汇，并非酒鬼酒公司独创，诉争商标未摹仿引证商标一；退一步讲，即便引证商标一构成驰名商标，对驰名商标的保护也应加以适当限制。2. 诉争商标“酒鬼”指定使用的“加工过的花生”等商品与引证商标一指定使用的“含酒精饮料”商品区别明显，诉争商标的申请注册、使用并不会误导相关公众认为该商标与酒鬼酒公司的引证商标一具有相当程度的联系。两者已在市场上共存 17 年左右，无一例民事纠纷和行政机关的监管案件。3. 百世兴公司在“加工过的花生、加工过的瓜子、精制坚果仁”商品上于 2003 年申请第 3607361 号“酒鬼”商标、于 2010 年申请诉争商标，是出于企业品牌经营理念，拓宽企业发展领域的目的，完全符合法律规定，不存在对酒鬼酒公司的任何恶意攀附，更不属于使用不正当手段。4. 百世兴公司多年来投入了巨大的人力、物力、财力，持续使用和宣传推广其唯一主品牌即诉争商标，诉争商标已与百世兴公司建立了对应关系，具有极高的市场价值，其注册使用不会致使相关公众对商品来源产生误认，不会损害酒鬼酒公司的利益。综上，二审判决认定事实清楚，适用法律正确，诉争商标应当被维持注册，请求驳回酒鬼酒公司的再审申请。

国家知识产权局提交意见称，二审判决认定事实清楚，适用法律正确，应予维持，请求驳回酒鬼酒公司的再审申请。

一审、二审法院查明事实基本属实，本院予以确认。本院另查明，根据中央机构改革部署，原国家工商行政管理总局商标局、商标评审委员会的相关职责由国家知识产权局统一行使。

本院认为，本案争议焦点在于诉争商标的申请注册是否违反 2001 年修正的商标法第十三条第二款的规定。

2001 年修正的商标法第十三条第二款规定："就不相同或者不相类似商品申请注册的商标是复制、摹仿或者翻译他人已经在中国注册的驰名商标，误导公众，致使该驰名商标注册人的利益可能受到损害的，不予注册并禁止使用。"在判断诉争商标的申请注册是否违反上述规定时，可以参照适用《最高人民法院关于审理商标授权确权行政案件若干问题的规定》第十三条规定，即："当事人依据商标法第十三条第三款主张诉争商标构成对其已注册的驰名商标的复制、摹仿或者翻译而不应予以注册或者应予无效的，人民法院应当综合考虑如下因素，以认定诉争商标的使用是否足以使相关公众认为其与驰名商标具有相当程度的联系，从而误导公众，致使驰名商标注册人的利益可能受到损害：（一）引证商标的显著性和知名程度；（二）商标标志是否足够近似；（三）指定使用的商品情况；（四）相关公众的重合程度及注意程度；（五）与引证商标近似的标志被其他市场主体合法使用的情况或者其他相关因素。"

本案中，诉争商标的申请日期为 2010 年 1 月 19 日，根据酒鬼酒公司在商标评审及原审诉讼中提交的一系列证据，可以证明在诉争商标申请日前，引证商标一已经构成驰名商标。相对于引证商标一，诉争商标的申请注册是否违反 2001 年修正的商标法第十三条第二款规定，需要综合考虑如下因素：

首先，关于引证商标一的显著性和知名程度。"酒鬼"为汉语中固有词汇，并非酒鬼酒公司原创，将其使用在"含酒精饮料"或"加工过的花生米"上，其固有含义均在一定程度上发挥了对商品内容或品质的暗示作用。在此情况下，尽管引证商标一已经构成驰名商标，但对其保护理应受到相应的合理限制。

其次，关于商标标志是否足够近似。诉争商标标识为中文"酒鬼"，引证商标一为中文"酒鬼"及拼音图形组成，两商标虽然均含有"酒鬼"文字，但字体均经过艺术化处理，特别是引证商标一同时还组合有围绕"酒鬼"文字和拼音的图形，两商标设计风格及整体视觉效果上存在一定差异。

再次，关于指定使用的商品情况。引证商标一指定使用的第 33 类"含酒精饮料"商品与诉争商标指定使用的第 29 类"加工过的花生、精制坚果仁、蛋类"商品，在功能、用途、生产渠道上差异较大，酒鬼酒公司也没有提供证据证明同一公司经营同一品牌的"含酒精饮料"和"加工过的花生、精制坚果仁、蛋类"是市场中的常见现象。可以认定，尽管两商标指定使用的商品有一定的联系，但整体上相距较远。

最后，关于相关公众的注意程度。根据原审法院查明事实，诉争商标与引证商标一在各自市场中已经共存多年，经过各自的持续使用和宣传，均已获得了相关消费者的认可。

综合考虑以上因素，诉争商标的使用并未使相关公众认为其与引证商标一具有相当程度的联系，从而误导公众，致使酒鬼酒公司的利益可能受到损害，二审判决关于诉争商标的注册并未违反2001年修正的商标法第十三条第二款规定的认定并无不当。酒鬼酒公司的相应申请再审理由不能成立。

此外，商标法规制的恶意申请注册商标行为是指意图攀附他人商誉并造成相关公众混淆、误导相关公众、损害他人合法权益或者不以使用为目的、以不正当手段取得注册等扰乱商标注册秩序的恶意申请注册商标行为。在诉争商标的申请注册未违反2001年修正的商标法第十三条第二款规定的情况下，酒鬼酒公司以百世兴公司在德国申请注册诉争商标，并在第29类商品上申请注册过"酒鬼 sagui"商标具有恶意为由请求对诉争商标宣告无效，缺乏法律依据，本院不予支持。

综上，酒鬼酒公司的再审申请不符合《中华人民共和国行政诉讼法》第九十一条规定的情形，依照《最高人民法院关于适用〈中华人民共和国行政诉讼法〉的解释》第一百一十六条第二款之规定，裁定如下：

驳回酒鬼酒股份有限公司的再审申请。

审　判　长　郎贵梅
审　判　员　李　嵘
审　判　员　白雅丽
二〇一九年十二月十三日
法官助理　赵　钊
书　记　员　王沛泽

# 47. 商标法第十五条"被代理人商标"的判断

——再审申请人重庆江小白酒业有限公司与被申请人国家知识产权局、重庆市江津酒厂（集团）有限公司商标权无效宣告请求行政纠纷案①

## 中华人民共和国最高人民法院行政判决书（2019）最高法行再224号

再审申请人（一审原告、二审被上诉人）：重庆江小白酒业有限公司。

法定代表人：陶石泉，该公司董事长兼总经理。

委托诉讼代理人：矫鸿彬，北京市金杜律师事务所律师。

委托诉讼代理人：杨卫华，北京市中伦律师事务所律师。

被申请人（一审被告、二审上诉人）：国家知识产权局。住所地：北京市海淀区西土城路6号。

法定代表人：申长雨，该局局长。

委托诉讼代理人：刘银龙，该局审查员。

被申请人（一审第三人、二审上诉人）：重庆市江津酒厂（集团）有限公司。

法定代表人：李树明，该公司董事长。

委托诉讼代理人：陈鹏，北京市康达律师事务所律师。

委托诉讼代理人：金郁缤，北京市京师律师事务所律师。

再审申请人重庆江小白酒业有限公司（以下简称江小白公司）因与被申请人国家知识产权局、重庆市江津酒厂（集团）有限公司（以下简称江津酒厂）商标权无效宣告行政纠纷一案，不服北京市高级人民法院（2018）京行终2122号行政判决，向本院申请再审。本院于2019年8月30日作出（2019）最高法行申6298号行政裁定，提审本案。本院依法组成合议庭并于2019年11月7日公开开庭审理本案，江小白公司的委托诉讼代理人矫鸿彬、杨卫华，江津酒厂的委托诉讼代理人陈鹏到庭参加诉讼，国家知识产权局经本院依法传唤，表示不出庭参加审理，本院依法缺席审理本案。本案现已审理终结。

---

① 本案在年度报告中的位置为第77页。

本案涉及的诉争商标系由江小白公司所有的第10325554号“江小白”商标。江津酒厂于2016年5月30日针对诉争商标向原国家工商行政管理总局商标评审委员会（以下简称商标评审委员会）提出无效宣告请求，主要理由如下：（一）江小白公司是江津酒厂“江小白”酒产品的经销代理商，其申请注册诉争商标，违反2014年实施的《中华人民共和国商标法》（以下简称2014年商标法）第十五条规定。（二）江小白公司抢先注册江津酒厂在先使用并具有一定知名度的商标“江小白”，主观恶意明显，违反了2014年商标法第三十二条规定。（三）诉争商标“江小白”与江津酒厂享有著作权的文字作品“江小白”构成实质性近似，其申请侵犯江津酒厂在先著作权。（四）诉争商标与江津酒厂第6319680号“几江”商标、第10223859号“几江”商标、第7259934号“几江及图”商标构成类似商品上的近似商标，其申请违反2014年商标法第三十条规定。（五）江小白公司是以欺骗或其他不正当手段取得诉争商标注册，违反2014年商标法第四十四条规定。（六）诉争商标的注册会对社会造成不良影响，违反2014年商标法第十条第一款第八项规定。商标评审委员会于2016年12月27日作出商评字〔2016〕第117088号关于第10325554号“江小白”商标无效宣告请求裁定（以下简称被诉裁定）。被诉裁定认定：（一）江津酒厂提交的证据2显示，在诉争商标申请日之前，江小白公司是江津酒厂的经销商，二者存在一定的合作关系。证据8显示，江小白公司的法定代表人陶石泉曾与江津酒厂有关于设计稿的邮件往来，其对江津酒厂的“江小白”商标理应知晓。虽诉争商标非以江小白公司名义申请注册，但未经江津酒厂授权，四川新蓝图商贸有限公司（以下简称新蓝图公司）申请注册与江津酒厂的商标高度相近的诉争商标具有明显恶意。故诉争商标的注册已构成2001年实施的商标法（以下简称2001年商标法）第十五条所指的不予注册并禁止使用之情形。（二）诉争商标“江小白”与第6319680号“几江”商标、第10223859号“几江”商标、第7259934号“几江及图”商标存在一定差异，即使诉争商标与引证商标一、二、三共存于市场，也不致使相关公众对商品来源产生混淆误认。因此，诉争商标与引证商标未构成使用在类似商品上的近似商标。（三）江津酒厂未提交有关其享有著作权的证据，故根据江津酒厂提交的现有证据不足以认定其对“江小白”标识享有在先著作权。江津酒厂提交的在案证据中部分证据显示时间未在诉争商标注册时间之前，部分发票极为模糊，整体未形成完整的证据链，不足以证明其“江小白”商标在诉争商标申请注册日之前使用在与诉争商标指定使用的“烧酒”等商品相同或类似的商品上，且已在中国大陆市场范围内经广泛宣传和使用具有了一定的知名度或影响力。因此，诉争商标未构成2001年商标法第三十一条规定之情形。（四）2001年商标法第四十四条第一款规定的“以欺骗或者其他不正当手段取得注册”主要是指，诉争商标注册人在申请注册商标的时候，采取了向商标行政主管机关虚构或者隐瞒事实真相、提交伪造的申请书件或者其他证据文件，以骗取商标注册行为；或者以欺骗手段以外的扰乱商标注册秩序、损害公共利益、不正当占用公共资源或者以其他方式谋取不正当利益的情形。本案中，诉争商标的注册不属于该条规定的“以欺骗手段或者其他不正当手段取得注册”的情形，故对此不予支持。江津酒厂关于2001年商标法第十条第一款第八项的主张，因缺乏事实依据，不予支持。综上，商标评审委员会裁定，诉争商标予以无效宣告。

江小白公司不服被诉裁定，向北京知识产权法院（以下简称一审法院）提起行政诉讼，请求撤销被诉裁定，责令商标评审委员会重新作出裁定，其主要理由是：（一）被诉裁定认定事实错误。诉争商标申请日为2011年12月19日，并非被诉裁定认定的2012年10月25日。（二）江津酒厂无任何有效证据证明其在诉争商标申请日之前使用过“江小白”商标。（三）新蓝图公司与江津酒厂并非经销关系，而是定牌加工关系。（四）商标评审委员会针对诉争商标已经作出异议复审裁定，针对江津酒厂基于同样的事实和理由提出的无效宣告请求，不应受理。

商标评审委员会辩称：被诉裁定认定事实清楚，适用法律正确，审查程序合法，请求法院依法驳回江小白公司的诉讼请求。

江津酒厂述称：江小白公司与江津酒厂存在经销关系，诉争商标系江小白公司的法定代表人征询江津酒厂法定代表人的意见后，由江津酒厂的法定代表人最终确定。设计创意归江小白公司所有并不意味着诉争商标归其所有。在案证据可证明江津酒厂对诉争商标进行了在先使用，江小白公司对诉争商标的注册存在恶意。请求法院依法驳回江小白公司的诉讼请求。

一审法院经审理查明：

诉争商标系第10325554号“江小白”商标，由成都格尚广告有限责任公司（以下简称格尚广告公司）于2011年12月19日申请注册，于2013年2月21日被核准注册，核定使用在第33类“果酒（含酒精）、茴香酒（茴芹）、开胃酒、烧酒、蒸馏酒精饮料、苹果酒、酒（利口酒）、酒（饮料）、酒精饮料（啤酒除外）、含水果的酒精饮料”商品上，其专用期限至2023年2月20日。2012年12月6日，原国家工商行政管理总局商标局（以下简称商标局）核准该商标转让，受让人为新蓝图公司；2016年6月6日，商标局核准该商标转让，受让人为江小白公司。

江津酒厂针对诉争商标向商标评审委员会提出无效宣告请求，并提交了以下证据：

1. 诉争商标档案。

2－1. 重庆市江津公证处（2015）渝津证字第1829号公证书，内容为甲方重庆市江津区糖酒有限责任公司（以下简称江津糖酒公司）（包括江津酒厂等关联单位）与乙方新蓝图公司（包括下属各地子公司、办事处等关联单位）于2012年2月20日签订的定制产品销售合同等，其上载明："一、甲方授权乙方为'几江'牌江津老白干、'清香一、二、三号'系列、超清纯系列、年份陈酿系列酒定制产品经销商……六、甲、乙双方的权利和义务：1. 甲方对于乙方定制产品采取独家专销，不得对乙方之外的第三方客户销售，以保护乙方的市场开发成果。2. 乙方负责产品概念的创意、产品的包装设计、广告宣传的策划和实施、产品的二级经销渠道招商和维护，甲方给予全力配合。乙方的产品概念、包装设计、广告图案、广告用语、市场推广策划方案，甲方应予以尊重，未经乙方授权，不得用于甲方直接销售或者甲方其他客户销售的产品上使用……七、奖励政策：合同到期后，乙方未违反本合同约定条款并完成合同标的销售额，享受甲方一级客户奖励待遇……"

2－2. 中国食品招商网于2012年4月23日刊登的《瞄准时尚休闲市场，江津老白干推出概念新品"我是江小白"》一文，其上载明"四川新蓝图商贸有限公司与江津酒厂结成了战略合作关系，全程负责了江津老白干的系列产品创新和推广执行"。

3. 重庆市江津公证处（2015）渝津证字第1831号公证书，内容为江津酒厂"江小白"酒产品参加2012年全国春季糖酒会的视频。

4. 江津酒厂与重庆宝兴玻璃制品有限公司（以下简称宝兴玻璃公司）于2011年12月30日签订的《45度125ml我是江小白封样表》。

5. 商评字〔2016〕第117088号关于第10325554号"江小白"商标无效宣告请求裁定的部分内容。其中新蓝图公司的答辩理由包括：新蓝图公司的法定代表人陶石泉先生与格尚广告公司的周荣女士、石阳先生是工作伙伴和生活好友，常一起探讨白酒品牌的时尚化涉及方向等问题。

6. 国家知识产权局专利复审委员会第22658号无效宣告请求审查决定书。该决定认定新蓝图公司申请的"酒瓶（江津老白干）"外观设计与江津酒厂的"几江"商标构成权利冲突。

7. 媒体宣传材料。其中时间最早的为2012年3月。

8. 江津酒厂与重庆森欧酒类销售有限公司（以下简称森欧公司）签订的"几江"牌江小白（系列）产品的销售合同以及产品送货单，其中销售合同上记载的合同签订日期为2011年5月13日，送货单上显示的最早时间为2011年7月，收货单位为森欧公司；2012年3—5月及7月含有产品名称为“45°我是江小白”的《江津酒厂集团生产日记录表》；2012年2月23日品名为“125ml我是江小白瓶”的购货订单。

9. 江津糖酒公司“江小白”酒产品的销售发票。其中时间最早的为2013年3月。

10. 江津酒厂“江小白”酒产品的货物运输协议。

11. 江津酒厂与宝兴玻璃公司于2012年2月签订的产品名称为“我是江小白瓶”的产品购销合同。

12. 重庆市江津公证处（2015）渝津证字第1830号公证书，内容为2011年12月21日陶石泉发给江津酒厂周总的邮件，其上载明：“……和我自己的设计一起齐头并进在做产品的创意，这是几款已经做出来完稿的设计……”附图中的一张设计上有“我是江小白”字样。

13. 江津酒厂于2012年3月26日申请的“酒瓶（我是江小白）”外观设计专利，其中显示有“我是江小白”字样。

14. 江津酒厂与重庆亚美设计印务有限公司（以下简称亚美设计公司）于2012年2月15日签订的产品购销合同及盖有亚美设计公司公章的设计图样，图样上手写有2011.12.21字样。

15. 新蓝图公司股东会议决议，载明选举陶石泉为其法定代表人。

商标评审委员会向江小白公司寄送的答辩通知被退回，江小白公司在规定期限内未予答辩。

在一审诉讼过程中，江小白公司向一审法院提交了以下证据：

1. 〔2015〕商评字89999号关于第10325554号“江小白”商标异议复审裁定书，在该异议及复审程序中，江津酒厂主张，新蓝图公司系江津酒厂的经销商，新蓝图公司通过格尚广告公司提出注册申请，之后由新蓝图公司受让诉争商标，该行为构成代理人或业务往来关系人抢注被代理人商标的情形。江津酒厂在该案中提交了合同、发票、报纸剪页、网页资料、电子邮件、取证公证书复印件等证据材料。商标评审委员会在该裁定中认定，江津酒厂提交的体现时间早于诉争商标申请注册日的其与森欧公司的销售合同、送货单，未体现森欧公司的签章，同时缺乏发票等其他证据佐证，不足以证明其于诉争商标申请注册日之前已使用“江小白”或与之近似的商标。江津酒厂的其他证据的形成时间晚于诉争商标申请注册日或未体现形成时间。商标评审委员会认为诉争商标未构成2001年商标法第十五条之情形。

2. 江津酒厂在异议复审程序中提交的2011年8月6日《江津日报》版

面，江小白公司对此的质证意见，江津酒厂撤回《江津日报》版面证据的声明。

3. 重庆市公证处（2017）渝证字第41980号公证书，内容为2011年12月19日陶石泉发给付黎明的邮件，标题为“老字号江津白酒半成品”，邮件内容包括：“……另外发了几张照片的意思的，琢磨着能给江小白做个卡通人物形象，如果有这么个卡通人物形象，江小白就拟人化更丰满了，比较喜欢这样卡通小人物形象。”

4. 格尚广告公司出具的关于“江小白”“我是江小白”系列商标的创意过程说明函，董素芬、陶石泉、陶凯文的常住人口登记卡及陶凯文照片。

5. 森欧公司的企业信用信息公示报告，显示其成立于2012年7月23日。

庭审结束后，江津酒厂向一审法院提交了新的证据，其中涉及诉争商标申请日之前使用“江小白”商标的证据为重庆新瑞会计师事务所有限责任公司出具的《重庆市江津酒厂（集团）有限公司“江小白”白酒销售收入等专项审计报告》。该审计报告称审计根据江津酒厂提供的资料进行，资料的真实性、合法性、完整性由江津酒厂负责。

一审法院认为：

本案程序问题的审理应适用2014年商标法，而本案实体问题的审理应适用2001年商标法。商标评审委员会对诉争商标是否构成2001年商标法第十五条规定之情形的审查，并不构成审查程序违法。

2001年商标法第十五条规定：“未经授权，代理人或者代表人以自己的名义将被代理人或者被代表人的商标进行注册，被代理人或者被代表人提出异议的，不予注册并禁止使用。”

根据查明的事实，诉争商标由格尚广告公司于2011年12月19日申请注册，于2013年2月21日被核准注册。2012年12月6日，商标局核准该商标转让给新蓝图公司；2016年6月6日，商标局核准该商标转让给江小白公司。江津酒厂在涉案无效宣告程序中提交的证据2中记载的经销商是新蓝图公司。被诉裁定查明的诉争商标申请日、注册日、转让时间、申请主体、转让主体、经销商主体均与事实不符，认定事实错误，一审法院对此予以纠正。

2001年商标法第十五条的目的在于制止违反诚实信用原则的抢注行为，保护在先商标所有人的利益。该条规定并未绝对禁止代理人或者代表人在相同或类似商品上申请注册商标。如果代理人或者代表人在相同或类似商品上申请注册的不是被代理人或者被代表人的商标，未违反诚实信用原则、侵害被代理人或者被代表人的商标的利益，则该申请注册行为应受到法律保护。本案中，首先，江津酒厂提交的证据大多为诉争商标申请日之后形成的证据，涉及诉争商标申请日之前相关行为的证据仅有江津酒厂与森欧公司签订的“几江”牌江小白（系列）产品的销售合同以及产品送货单，该证据已在异议复审程序中经审查，因未体现森欧公司的签章、缺乏发票等其他证据佐证而未被采信。江津酒厂在涉案无效宣告程序中提交的合同虽然有森欧公司的公章，但该合同显示的签订时间早于森欧公司的成立时间，且合同和送货单无发票等其他证据予以佐证，故江津酒厂提交的证据不能真实、有效地证明其在诉争商标申请日前对“江小白”商标享有在先权利。其次，在案并无直接证据证明江津酒厂、新蓝图公司于诉争商标申请日前已经建立了代理经销、业务往来等关系。在案证据所体现的双方就“江小白”进行沟通及建立正式合同关系的时间均晚于诉争商标申请日，不能说明诉争商标申请日前新蓝图公司系从江津酒厂处获知“江小白”商标。最后，即使参照诉争商标申请日之后的证据，在首次体现双方就“江小白”进行沟通的邮件中，系由时任新蓝图公司的法定代表人的陶石泉提出“江小白”的设计文稿；而在江津糖酒公司与新蓝图公司签订的定制产品销售合同中，明确约定江津酒厂授权新蓝图公司销售的产品为“几江”牌系列酒定制产品，其中并未涉及“江小白”商标，而合同约定产品概念、包装设计、广告图案、广告用语、市场推广策划方案用于江津酒厂或其他客户销售的产品须经新蓝图公司授权，说明江津酒厂对除“几江”外的上述内容不享有知识产权，亦说明新蓝图公司申请注册“江小白”商标未损害江津酒厂的权利。因此，在诉争商标申请日前，“江小白”商标并非江津酒厂的商标，新蓝图公司对诉争商标的申请注册并未侵害江津酒厂的合法权益，未构成2001年商标法第十五条之情形。

对于江津酒厂在庭审后提交的证据，一审法院不予采纳，且其提交的涉及诉争商标申请日之前使用行为的证据仅为审计报告，该审计报告系根据江津酒厂自行提交的资料得出，对待证事实无证明力，不足以对上述结论产生影响。

综上，一审法院判决：一、撤销商标评审委员会作出的商评字〔2016〕第117088号关于第10325554号“江小白”商标无效宣告请求裁定；二、商标评审委员会针对江津酒厂就第10325554号“江小白”商标提出的无效宣告请求重新作出裁定。

商标评审委员会不服一审判决并向北京市高级人民法院（以下简称二审法院）提出上诉，其主要上诉理由是诉争商标的注册已经构成2001年商标法第十五条规定的情形。

江津酒厂不服一审判决提出上诉，请求撤销一审判决并维持被诉裁定，其主要上诉理由与无效宣告请求理由基本相同。

江小白公司服从一审判决。

二审法院经审理查明：

本案所涉及的三个引证商标为：

引证商标一系第6319680号“几江”商标，由江津酒厂于2007年10月15日向商标局提出注册申请，并于2010年2月7日被核准注册，核定使用在第33类“烧酒、葡萄酒、米酒、黄酒、料酒”等商品上，商标专用权期限至2020年2月6日。

引证商标二系第10223859号“几江”商标，由江津酒厂于2011年11月23日向商标局提出注册申请，并于2013年1月21日被核准注册，核定使用在第33类“烧酒、黄酒、料酒、鸡尾酒、含酒精液体”等商品上，商标专用权期限至2023年1月20日。

引证商标三系第7259934号“几江及图”商标，由江津酒厂于2009年3月17日向商标局提出注册申请，并于2010年8月14日被核准注册，核定使用在第33类“烧酒、黄酒、料酒、鸡尾酒、含酒精液体”等商品上，商标专用权期限至2020年8月13日。

江小白公司在二审诉讼中提交了审计报告、江小白公司2015年以后的部分广告发票、金六福酒网页报告等新证据，经审查这些证据与本案缺乏关联性，故不予采信。

2018年10月22日，江津酒厂向二审法院提交了变更代理人申请书。

此外，一审法院已查明的其他事实基本清楚，证据采信得当，二审法院对一审法院查明的事实予以确认。

二审法院认为：

本案中，从现有证据来看，诉争商标虽由格尚广告公司申请注册，但诉争商标在申请注册过程中就由格尚广告公司转让至新蓝图公司，而新蓝图公司又系江津酒厂的经销商，新蓝图公司的法定代表人陶石泉曾与江津酒厂存在关于“江小白”品牌设计稿的邮件往来，其对江津酒厂“江小白”商标理应知晓。江津糖酒公司与新蓝图公司2012年2月20日签订的定制产品销售合同并未约定商标等知识产权的归属。江津酒厂提交的销售合同以及产品出货单、货物运输协议等证据表明，在诉争商标申请日前，江津酒厂已经为实际使用“江小白”做准备，并已经实际在先使用“江小白”品牌。因此，商标评审委员会认定诉争商标的注册已构成2001年商标法第十五条所指不予注册并禁止使用之情形并无不当，一审法院认定诉争商标的注册不属于2001年商标法第十五条规定的情形依据不足，商标评审委员会与江津酒厂有关诉争商标应当依据2001年商标法第十五条规定宣告无效的上诉理由成立。

鉴于商标评审委员会在被诉裁定中认定诉争商标未构成“以不正当手段抢先注册他人已经使用并有一定影响的商标”后，江津酒厂并未就此提起诉讼，且经审查商标评审委员会该认定并无不当。同时，在二审法院已经认定诉争商标的注册构成2001年商标法第十五条所指不予注册并禁止使用之情形后，本案已无认定诉争商标是否构成“以不正当手段抢先注册他人已经使用并有一定影响的商标”的必要，故对于江津酒厂有关诉争商标构成对其在先使用并具有一定影响商标的抢注的上诉理由，不予支持。

此外，江小白公司是否抢注了其他知名企业的品牌及是否构成“以欺骗手段或者其他不正当手段取得注册”的情形，商标评审委员会在被诉裁定中对此已有认定，江津酒厂并未就此提起诉讼，且经审查商标评审委员会该认定并无不当，故对于江津酒厂有关江小白公司抢注其他知名企业的品牌违反诚实信用原则的上诉理由，不予支持。

综上，二审法院判决如下：一、撤销一审判决；二、驳回江小白公司的诉讼请求。

江小白公司申请再审称：（一）二审判决据以定案的关键证据系伪造，认定事实的主要证据不足，应当再审。二审判决据以定案的销售合同及产品出货单系伪造；江津酒厂提供的货物运输协议无合同相对方、签订日期、签章等关键信息，其在二审庭审后提交的完整版本未经质证；审计报告存在诸多疑点；宝兴玻璃公司在打样加工协议上的签字人与亚美设计公司在产品购销合同上的签字人均为“唐耀进”，但两者无任何关联关系；江津酒厂在关联商标案件中伪造《江津日报》作为在先使用证据，其具有伪造证据的一贯恶意；瓶盖及酒瓶的定制合同、酒会视频等证据形成时间晚于诉争商标申请日，不足以证明其已经在先使用“江小白”商标。（二）二审阶段江津酒厂参加询问的代理人不具有诉讼代理人资格，江津酒厂编造了此代理人为其员工的身份，不符合规定的代理人单独到庭的，应当按照自动撤回上诉处理。二审法院此后未就江津酒厂变更代理人一事通知江小白公司，致使江小白公司丧失申请回避的机会，存在程序错误。（三）诉争商标的申请注册不构成2001年商标法第十五条规定的情形。“江小白”从来不是江津酒厂的商标，“江小白”商标和相关产品概念体系由江小白公司法定代表人创立，权利归属江小白公司。新蓝图公司与江津酒厂就“江小白”定制产品签订的定制产品销售合同已经明确约定“江小白”商标归新蓝图公司所有，双方对此明确知悉并遵约履行，该定制产品合作模式也符合白酒行业实践，双方因此合同形成的关系不属于2001年商标法第十五条规定的代理或代表关系。（四）经江小白公司一方长期经营投入，“江小白”商标具有极高的商业价值，深受广大消费者喜爱，并已形成稳定的市场秩序。综上，请求撤销二审判决，维持一审判决。

国家知识产权局辩称：诉争商标构成2001年商标法第十五条规定的情况，请求维持二审判决。

江津酒厂辩称：（一）江津酒厂不存在伪造证据的问题。1. 北京市高级人民法院（2018）京司惩复2号行政复议决定书已针对江小白公司提及的《江津日报》在先使用证据作出最终决定，江津酒厂因人员离职等原因导致提交了《江津日报》证据，江津酒厂在发现没有原件后已经撤回该证据。在本案中，江津酒厂未提交过《江津日报》作为证据。2. 森欧公司与森宏酒水销售中心的法人均为杨玉芬，森宏酒水销售中心在2011年5月13日与江津酒厂签订了“江小白”酒产品的销售合同。森欧公司成立后，承继森宏酒水销售中心相关权利义务。因此，森欧公司将销售合同的签订时间倒签为2011年5月13日，并非伪造证据。3. 江津酒厂在商标无效宣告程序、一审、二审阶段均提交过完整的货物运输协议。（二）江津酒厂在先使用“江小白”商标。销售合同、货物运输协议、审计报告可以证明江津酒厂在先使用诉争商标。2011年12月21日江津酒厂与宝兴玻璃公司签订的“江小白”酒瓶产品打样加工协议及2011年12月30日的封样表、2012年2月15日江津酒厂与宝兴玻璃公司签订的“江小白”酒瓶产品购销合同、2012年2月15日江津酒厂与亚美设计公司签订的“江小白”酒瓶产品包装纸购销合同、2012年2月15日江津酒厂与四川省罗江县金泰实业有限公司签订的购买50万只“江小白”瓶盖合同以及宝兴玻璃公司、亚美设计公司分别出具的情况说明等新证据能够证明江津酒厂在诉争商标申请日即2011年12月19日前已经在先使用诉争商标，并已经做好充足准备。（三）江津酒厂在二审阶段委托公司法务王玲玲出庭，王玲玲的相关身份证明和授权手续材料均已经提交到二审法院，并不存在程序违法等情形。（四）新蓝图公司是江津酒厂生产的“江小白”酒产品的经销代理商，其与江津酒厂并非定牌加工关系。江小白公司提交的付黎明证人证言与2011年12月19日、2011年12月21日新蓝图公司与陶石泉往来邮件形成一一对应关系，说明新蓝图公司是在为江津酒厂设计诉争商标，而且新蓝图公司作为诉争商标的设计人，事前知道江津酒厂的“江小白”品牌。定制产品销售合同第六条约定的广告设计创意方案、市场推广策划方案等归属问题绝不等同于商标品牌的权利归属约定。（五）重庆市电视台、华西都市报、重庆晚报等各大媒体、期刊均认为“江小白”系列品牌属于江津酒厂。江津酒厂是中华老字号，企业所承载的历史价值高，“几江”更是中国驰名商标，行业影响力极高。在之前的宣传中，“江小白”商标一直与“几江”驰名商标、老字号企业一并进行宣传，相关公众已经将其与江津酒厂产生一一对应关系。（六）其他白酒的定制产品合作模式与本案无关，每个企业的生产经营模式都不同，应以双方具体约定为准。（七）格尚广告公司与新蓝图公司共同欺诈江津酒厂以获得经销代理权，以欺诈手段申请诉争商标，恶意相当明显。（八）江小白公司提交其经营和使用“江小白”品牌的证据，是其违反诚实信用原则，恶意取得以及行使的证据，不能作为有效证据使用。（九）江小白公司申请注册的商标中大量商标系抢注江津酒厂商标或产品名称，或者与江津酒厂商标、企业名称、产品名称近似，江小白公司还抢注案外人商标，具有一贯恶意，违反诚实信用原则，其恶意抢注行为应予以制止。

江小白公司在申请再审和再审阶段向本院提交了以下证据：

1—8. 江津酒厂与森欧公司的销售合同和相关送货单、森欧公司工商档案、重庆市公证处（2019）渝证字第14229号公证书（内容为江小白代理律师与森欧公司法定代表人杨玉芬等人的谈话录音）、北京盛唐司法鉴定所〔2019〕文鉴字第118号鉴定意见书（内容为关于森欧公司送货单与新蓝图公司送货单的笔迹鉴定）、江津酒厂在无效宣告阶段提交的货物运输协议、鼎山物流公司工商档案、国家企业信用信息公示系统查询的江津酒厂企业信息和重庆市渝酒酒业集团有限公司（以下简称渝酒公司）企业信息打印件，用于证明二审判决据以定案的证据为伪造。

9—11. 江津酒厂在关联商标案件中提交的《江津日报》及相应的异议复审申请书、撤回证据的声明、北京知识产权法院（2017）京73行初3194号行政判决书、重庆市江津公证处（2015）渝津证字第1364号公证书（内容为《江津日报》原件内容），用于证明江津酒厂提供的《江津日报》证据为伪证。

12—13. 重庆新瑞会计师事务所出具的新瑞审〔2017〕第16号“江小白”专项审计报告、北京市长安公证处（2019）京长安内经证字第15089号公证书（重庆市注册会计师协会网站防伪码查询结果），用于证明该审计报告存在诸多明显疑点。

14. 北京市司法局网站查询江津酒厂二审阶段中原代理人王玲玲的情况、江津酒厂提交的王玲玲的身份证明和授权手续材料以及江津酒厂将代理人王玲玲变更为他人的变更代理人申请书、授权手续材料等，用于证明江津酒厂原代理人王玲玲无律师执业资格，并非适格的代理人，二审法院存在程序违法，可能影响公正审判。

15—23. 关于江小白公司法定代表人陶石泉曾在金六福酒业工作的媒体

报道，用于证明陶石泉在白酒行业从业多年，熟悉白酒行业的运营模式，且具备创立一个全新白酒品牌的能力；人民网关于电视剧《男人帮》的报道和介绍、芒果 TV《男人帮》主角顾小白相关视频截图、关于《男人帮》引起“眼镜 + 围巾”穿搭潮流的媒体报道，用于证明《男人帮》及主角顾小白是“江小白”拟人化命名、产品概念及“江小白”卡通人物形象的重要创意来源；付黎明证人证言、关于付黎明的媒体报道和介绍，用于证明设计师付黎明和许燎源受陶石泉委托最早于 2011 年 12 月 17 日完成“江小白”等相关标识设计；“江小白”产品纸套实物照片及文案内容、关于“江小白”作为产品概念体系发展的媒体报道列表及部分文章，用于证明“江小白”是一个产品概念体系，而非简单的白酒品牌；关于陶石泉创立“江小白”的媒体报道，用于证明相关公众普遍认为陶石泉是“江小白”的创始人。

24—29. 江津糖酒公司与新蓝图公司于 2012 年 2 月 20 日签订的定制产品销售合同、就其他产品签订的销售合同、2012 年 3 月至 2013 年 1 月期间江津酒厂向新蓝图公司配送关于“江小白”产品的送货单、大信会计师事务所出具的新蓝图公司 2012 年 3 月至 2015 年 5 月期间有关“江小白”品牌费用投入情况专项审计报告、定制合作期间新蓝图公司与广告商签订的部分广告合同及部分电汇凭证和发票、关于白酒行业及其他行业定制产品合作模式的媒体报道和介绍，用于证明新蓝图公司与江津酒厂就“江小白”产品是定制产品合作关系，定制产品合作模式已成为许多行业中客观存在的商业形态，在白酒行业中尤为常见，江津酒厂对此亦应知晓。

30—33. 江津酒厂生产的“小江白”产品公证书、中国商标网查询到的江津酒厂仿冒诉争商标申请的商标、江津酒厂仿冒江小白公司著作权、商标、产品外观设计申请的外观专利、北京市长安公证处（2019）京长安内经证字第 15094 号公证书（内容为江津酒厂注册的“几江小江白”微博账号的头像使用了仿冒申请人卡通形象的图片），用于证明江津酒厂是本案中严重违反诚信原则、真正具有恶意的一方。

34—40. 重庆市江津区江边酿酒有限公司开业至 2018 年 12 月纳税证明、新蓝图公司 2012 年 3 月至 2015 年 5 月期间有关“江小白”品牌费用投入情况专项审计报告、江小白公司于 2015 年 6 月至 2018 年 4 月期间有关“江小白”品牌费用投入情况专项审计报告、“江小白”通过影视植入进行宣传推广的截图、关于“江小白”品牌价值的行业报告和媒体报道、江小白公司的“江小白”品牌所获奖项和在商标行政案件中的受保护记录、相关商标申请注册记录，用于证明经江小白公司长期经营投入，“江小白”商标具有极高的商业价值，赢得了广大消费者的喜爱，并已形成稳定的市场秩序；中国商标网关于江小白公司“江小白”相关商标注册、申请记录，用于证明江小白公司已围绕“江小白”商标通过申请注册进行全面权利布局。

41—48. 重庆市公证处（2019）渝证字第14229号公证书、江津酒厂开具给森宏酒水销售中心及其他个体户/个人的发票、重庆新瑞会计师事务所关于新瑞审〔2017〕第16号审计报告的回复、本案关联案件“江大白”案一审庭审笔录节选、本案关联案件“江大白”案二审中商标评审委员会提交的答辩意见、本案一审案卷中江津酒厂提交的货物运输协议、本案二审庭审笔录节选（江小白公司关于货物运输协议发表的意见）、江小白公司二审答辩状节选、本案二审案卷中江津酒厂提交的货物运输协议，用于证明江津酒厂提交的定案证据及其他证据涉嫌伪造，并存在虚假陈述等问题。

49—54. 江津酒厂将王玲玲变更为他人的变更代理人申请书以及授权手续、江津酒厂在关联案件“江大白”“小白江”两案二审中提交的王玲玲的身份证明和授权手续、本案关联案件“小白江”案一审谈话笔录、本案二审庭审笔录节选（关于王玲玲以员工身份出庭的记录）、江津酒厂微信公众号文章关于对王玲玲的介绍、（2014）高行终字第1607号民事判决书关于王玲玲身份的记载，用于证明二审法院存在程序违法，可能影响公正审判。

55—63. 金东投资集团和北京金六福酒有限公司关于陶石泉先生曾于金六福酒业工作的说明函、“陶石泉”微博账号博文截图、四川省成都市律政公证处（2019）川律公证内民字第31162号公证书、本案一审开庭笔录（节选）、“江小白语录”相关作品登记查询记录、关于“江小白语录”在相关公众中流行的媒体报道和文章介绍、“陶石泉”微博账号博文截图关于白酒行业运营模式的介绍、关于同行业者推出“青春白酒”经营状况的媒体报道、关于“江小白”的消费者认知调查报告，用于证明“江小白”是陶石泉创立的商标和产品概念体系。

64—67. 中国酒类流通协会关于白酒行业OEM定制合作模式及“江小白”白酒产品的说明函，定制合作期间“江小白”产品、纸套实物照片及视频截图、关于新浪博客账号“江小白”的企业认证信息、关于QQ号139928805的注册信息，用于证明新蓝图公司与江津酒厂就“江小白”产品是定制产品合作关系，不属于2001年商标法第十五条规定的代理或代表关系，且根据双方的合同约定，“江小白”商标也应归新蓝图公司所有。

68. 北京市长安公证处（2019）京长安内经证字第15092、15093号公证书，用于证明江津酒厂生产的“小江白”产品全面摹仿江小白公司“江小白”商标、卡通形象、广告语及产品包装设计，已经造成混淆误认。

69—71. 江小白公司关于“江小白”及相关商标在域外注册记录清单、

关于“江小白”产品申请外观设计专利清单、关于“江小白”的国家图书馆专题检索报告，用于证明经江小白公司一方持续经营投入，“江小白”商标有了极高的知名度，已与江小白公司一方形成唯一对应关系。

72—73. 1996 年出版的《川康渝文物馆年刊》（第十五期）所载蓝庆军著《江津白酒初考》一文、北京市长安公证处（2019）京长安内经证字第 15090 号公证书（内容涉及相关机构公开的国家标准《老白干香型白酒》等有关政府文件、网络报道等，用于证明老白干为国家标准、江津老白干为通用名称、江津白酒为原产地域产品通用名称和地理标志、江津白酒为重庆市江津区酒类管理协会于 2011 年 6 月申请的集体商标。经查，在 1986 年发表的蓝庆君著《江津白酒初考》一文提到“单是那江津老白干（即江津白酒）”，国家标准《老白干香型白酒》（标准号：GB/T 20825 - 2007）将老白干作为国家标准确定的商品名称，《国家质量监督检验检疫总局公告 2010 年第 120 号关于公布 2010 年第 3 批产品质量国家监督抽查结果的公告（一）》中重庆市金马酒厂的“江马”牌酒同样使用江津老白干名称，国家质量监督检验检疫总局 2002 年 12 月 9 日发布的第 128 号公告确认江津白酒为原产地域产品，重庆市江津区酒类管理协会于 2011 年 6 月申请了“江津白酒”集体商标。

江津酒厂在申请再审和再审阶段向本院提交了如下证据：

1. 江津酒厂生产的“江小白”酒产品包装，用于证明“江小白”一直是与“几江”驰名商标、老字号企业一起进行宣传，“江小白”与江津酒厂已经形成一一对应关系，相关公众不会将“江小白”酒对应到其他企业。

2—3. 亚美设计公司、宝兴玻璃公司分别于 2018 年 9 月 30 日、9 月 22 日出具的情况说明，分别载明，2011 年第二季度江津酒厂委托亚美设计公司参与设计“江小白”产品包装等以及江津酒厂与宝兴玻璃公司协商“江小白”酒瓶生产事实等，用于证明江津酒厂已经使用“江小白”品牌并为后期品牌发展做了大量准备工作。

4—12. 2012 年至 2013 年中国食品招商网、中国好酒网、重庆晚报等关于江津酒厂推出 45 度小瓶白酒“我是江小白”、江津老白干变成“江小白”等内容的媒体报道，用于证明新蓝图公司是江津酒厂的营销商、相关公众认为“江小白”系列品牌属于江津酒厂。

13—15. 江津酒厂“几江”注册商标被认定为中华老字号、中国驰名商标、重庆市著名商标的证书，用于证明江津酒厂的“几江”商标具有较高知名度，江小白公司对此应当知晓。

16—18. 江津酒厂于 2012 年 2 月 15 日与四川省罗江县金泰实业有限公司签订的购买 50 万只“江小白”瓶盖的产品购销合同及发票、汇款凭证、江津糖酒公司与江津酒厂的关联关系证明以及江津酒厂销售“江小白”“小江白”酒的发票，用于证明江津酒厂使用“江小白”商标，而且将“江小白”酒产品销售给新蓝图公司，与新蓝图公司属于经销关系。经查，上述合同、发票、汇款凭证的签订或者开票时间为2012年及其后。

19. 无效宣告请求裁定书，用于证明江小白公司抢注江津酒厂的“江小白”“江大白”“小江白”“小白江”系列商标均被商标评审委员会宣告无效。

20. 江小白公司申请注册商标检索情况及相关商标档案，用于证明江小白公司抢注他人商标恶意明显。

21. 格尚广告公司关于“江小白”“我是江小白”系列商标的创新过程说明函、“江小白”商标异议复审裁定书，用于证明格尚广告公司、新蓝图公司共同恶意串通申请诉争商标，共同欺诈江津酒厂以获得经销代理权，具有明显恶意。

22. 北京市高级人民法院（2018）京司惩复2号复议决定书，用于证明北京市高级人民法院认定江津酒厂未将《江津日报》作为证据提交，撤销了北京知识产权法院的罚款决定。

23. 重庆跃新律师事务所于2019年7月12日出具的关于为森欧公司提供法律服务的情况汇报，用于证明江小白公司对森欧公司法定代表人杨玉芬进行威逼利诱，杨玉芬未作出虚假证词。

24. 第22658号无效宣告请求审查决定，用于证明江小白公司申请的“江小白”包装的外观设计专利因与江津酒厂在先使用的“江小白”商标构成近似而被宣告无效。

25. 2011年12月21日江津酒厂与宝兴玻璃公司签订的“江小白”酒瓶产品打样加工协议，用于证明江津酒厂已经在先生产“江小白”酒。

26—27. 江津酒厂与新蓝图公司于2012年2月20日签订的“关于2012年销售任务及政策的备忘录”、于2013年3月4日签订的“江小白”酒终止合作协议，用于证明新蓝图公司是江津酒厂的经销商，双方不符合定牌加工的模式。

28—33. 中国酒类流通协会社会组织信用报告、律师函、向民政部社会组织管理局投诉信、起诉状、西部商报报道、中国酒类流通协会社会组织信息，用于证明该流通协会没有权利出具关于合作模式的证明，江津酒厂已经针对上述证明向该流通协会发出律师函、向有关部门投诉、提起诉讼，该协会存在违规行为，业务主管部门对该流通协会已脱钩，不能监管。

34. 2011年12月20日新蓝图公司发给江津酒厂的邮件“江津白酒老产

品市场信息反馈”以及附件“江津近期工作汇报”，该附件中明确提到“首批4000件老江白到库已将近半个月了”，多次使用“销售”“分销”等字眼，用于证明江津酒厂已经在先使用“老江白”酒品牌，而“老江白”与“小江白”“江小白”属于近似标识，江津酒厂已经在先使用“江小白”商标，江小白公司属于江津酒厂的销售商。经查，该附件汇报中载明：“保留圆瓶白标的老形象，但突出‘几江’注册商标和中华老字号、中国驰名商标3个独占性元素。”

35. 2011年12月15日江津酒厂为新蓝图公司出具的“老江白”酒送货单、江津酒厂来款台账及银行账户明细清单，用于证明新蓝图公司系江津酒厂的经销商，恶意抢注江津酒厂在先使用的“江小白”商标。经查，送货单上并无“老江白”或者“江小白”字样。

36. 新蓝图公司分别于2011年12月30日和2012年1月9日、2月9日、2月15日、2月18日、3月12日发给江津酒厂的8篇邮件，用于证明江小白公司作为江津酒厂的经销商一直与江津酒厂进行频繁的邮件往来，江小白公司提供的付黎明证人证言仅能证明付黎明是为江津酒厂设计诉争商标，江津酒厂在先使用“老江白”，江津酒厂是“江小白”酒产品发布会的主办方。

在再审开庭后，江津酒厂分别于2019年11月8日和22日向本院提交了前述邮件的公证材料及以下证据：

37. 宝兴玻璃公司于2019年11月8日出具的关于相关合同和情况说明上的公章属实的情况说明以及“唐耀进”身份说明，亚美设计公司于2019年11月8日出具的“唐耀进”身份情况说明，用于证明“唐耀进”是经授权签字。

38. 江津酒厂于2019年11月11日出具的关于叶梅负责销售“老江白”酒产品的情况说明和任职证明。

39. 案外人资云安关于2011年“老江白”酒销售情况说明及“老江白”酒送货单、银行记账回执，用于证明江津酒厂在先使用“老江白”，“江小白”“小江白”与“老江白”属于近似商标，可以证明江津酒厂在先使用“江小白”商标。经查，送货单上并无“江小白”或者“老江白”字样。

本院将上述证据送达江小白公司，江小白公司发表了书面质证意见。

2019年12月19日，江津酒厂又向本院提交了其在先销售老江白酒的相关证据及江小白公司在不同法院对江津酒厂提起侵犯商标权诉讼的相关证据，本院经审查认为上述证据与本案无关，不予采纳。

对于上述证据的采纳与认定，本院将结合争议焦点在本院认为部分一并阐述。其中，对与本案无关的主张和证据、显然不能支持当事人主张的相关证据、当事人无争议的主张和证据，不作分析或者直接作出认定；对当事人争议较大的主张和证据、影响本案实体判决结果的证据，作重点分析、论证。

本院经审理查明，一、二审法院查明的诉争商标、引证商标相关信息等事实属实。另查明，根据中央机构改革部署，原国家工商行政管理总局商标局、商标评审委员会的相关职责由国家知识产权局统一行使。

本院认为，本案的主要争议焦点在于，诉争商标的申请注册是否违反2001年商标法第十五条规定。

2001年商标法第十五条规定："未经授权，代理人或者代表人以自己的名义将被代理人或者被代表人的商标进行注册，被代理人或者被代表人提出异议的，不予注册并禁止使用。"代理人或者代表人不得申请注册的商标标志，不仅包括与被代理人或者被代表人商标相同的标志，也包括相近似的标志；不得申请注册的商品既包括与被代理人或者被代表人商标所使用的商品相同的商品，也包括类似的商品。

本案中，江津酒厂主张，新蓝图公司是其经销商，新蓝图公司是为其设计诉争商标，其在先使用诉争商标，因此诉争商标的申请注册违反了2001年商标法第十五条规定。

首先，江津酒厂提供的证据不足以证明其在先使用诉争商标。江津酒厂主张其在先使用诉争商标的证据绝大多数为诉争商标申请日之后形成的证据，涉及诉争商标申请日之前相关行为的证据有江津酒厂与森欧公司的销售合同、产品送货单、审计报告。对上述证据本院分析如下：

江津酒厂与森欧公司的销售合同已经在诉争商标异议复审程序中提交，因未体现森欧公司的签章、缺乏发票等其他证据佐证而未被商标评审委员会采信。江津酒厂在本案中提交的销售合同虽然有森欧公司的公章，但该合同显示的签订时间早于工商档案显示的森欧公司的成立时间，而且江津酒厂也认可该合同签订时间系倒签。根据江小白公司向本院提交的再审证据4即北京盛唐司法鉴定所出具的笔迹鉴定意见，江津酒厂向森欧公司送货单上制单人"刘之丹"、品名"江小白"字样与江津酒厂提交的其与新蓝图公司的送货单上制单人"刘之丹"、品名"江小白"字样的笔迹非同一人所签。根据江津酒厂与新蓝图公司之间的定制产品销售合同，定制产品"江小白"酒由新蓝图公司独家销售，其与新蓝图公司之间的送货单系真实履行的单据，新蓝图公司送货单上的笔迹真实。对于上述鉴定意见，江津酒厂的解释为，签字并非"刘之丹"，而是"刘元丹"，但对"刘元丹"的身份未提交证据证明。在存在上述疑点而且没有发票等其他证据佐证的情况下，上述证据无法证明江津酒厂在先使用诉争商标。

江津酒厂在一审法院开庭后提交了审计报告作为在先使用证据，该报告称：“‘江小白’白酒2011年4月至2013年1月销售额为367032.05元，销售毛利为165325.20元。”根据江小白公司向本院提交的再审证据42即重庆新瑞会计师事务所关于新瑞审〔2017〕第16号审计报告的回复，该回复称“审计期间和审计内容按《审计业务约定书》由委托人委托。我们根据委托方江津酒厂提供的会计账簿记录等相关资料按照中国注册会计师准则实施审计工作”。在缺少原始会计凭证的情况下，仅凭在后受江津酒厂委托制作的审计报告中提到“江小白”白酒，不足以证明江津酒厂在诉争商标申请日前使用了“江小白”。此外，江津酒厂提交的其于2012年2月15日与宝兴玻璃公司签订的购买“我是江小白瓶”的合同金额为69万元，远高于审计报告统计的销售额和销售毛利，也进一步表明无法认定审计报告的真实性。

二审判决认定江津酒厂在先为实际使用“江小白”商标做准备以及在先实际使用“江小白”商标的主要证据还有江津酒厂提交的货物运输协议，该协议系江津糖酒公司与鼎山物流公司于2011年12月20日签订，其签订时间晚于诉争商标申请日即2011年12月19日。此外，根据江小白公司向本院提交的再审证据7—8，渝酒公司为上述货物运输协议的相对方鼎山物流公司股东，出资比例达91.78%，而渝酒公司的法定代表人为李树明，与江津酒厂法定代表人为同一人。鼎山物流公司与江津酒厂存在上述关联关系，而且，货物运输协议也约定，收取运费应交国家财政部门认可的有效发票作为付款的依据，但江津酒厂未提交相应发票予以佐证。综合考虑上述因素，货物运输协议不能证明江津酒厂在先对诉争商标进行了使用。其次，虽然江津酒厂与新蓝图公司存在经销关系，但双方的定制产品销售合同也同时约定定制产品的产品概念、广告用语等权利归新蓝图公司所有。

在商标无效宣告和一、二审阶段，江津酒厂提供的证明其与新蓝图公司为经销关系的主要证据是双方于2012年2月20日签订的销售合同和定制产品销售合同。定制产品销售合同明确约定授权新蓝图公司销售的产品为“几江”牌系列酒定制产品，其中并未涉及“江小白”商标，而且定制产品销售合同第一条约定，“甲方（江津酒厂）授权乙方（新蓝图公司）为‘几江牌’江津老白干‘清香一、二、三号’系列超清纯系列、年份陈酿系列酒定制产品经销商”。第六条之2明确约定，“乙方负责产品概念的创意、产品的包装设计、广告宣传的策划和实施、产品的二级经销渠道招商和维护，甲方给予全力配合。乙方的产品概念、包装设计、广告图案、广告用语、市场推广策划方案，甲方应予以尊重，未经乙方授权，不得用于甲方直接销售或者甲方其他客户销售的产品上使用”。根据江小白公司向本院提交的再审证据

29关于白酒行业定制产品合作模式的媒体报道，即2010年5月14日大众日报《金六福是怎样“炼”成的》，金六福、浏阳河均是由五粮液代工、由经销商拥有的白酒品牌。本案中的定制产品销售合同约定的经营模式在酒类行业中也存在并被媒体报道，相关经营者也应当知晓。综上，应当认为，江津酒厂对新蓝图公司定制产品上除“几江”外的产品概念、广告用语等内容不享有知识产权，亦说明新蓝图公司申请注册“江小白”商标未损害江津酒厂的权利。

在商标无效宣告和一、二审阶段，江津酒厂并未提供证据证明诉争商标申请日之前双方存在酒产品的经销关系。在再审开庭后，江津酒厂向本院提交了再审证据35即2011年12月15日其向新蓝图公司出具的送货单，并主张新蓝图公司系江津酒厂的经销商，其在先使用“老江白”商标，新蓝图公司恶意抢注与“老江白”相近似的“江小白”商标。江小白公司认为该证据与本案无关。经查，送货单上并无“江小白”或者“老江白”字样。本院认为，诉争商标的注册违反2001年商标法第十五条规定的前提还包括诉争商标是被代理人的商标，本案证据不足以证明诉争商标是江津酒厂的商标，因此仅根据上述证据尚不能认定诉争商标的申请注册违反了2001年商标法第十五条规定。

最后，江津酒厂与新蓝图公司合作期间的往来邮件等证据证明，“江小白”的名称及相关产品设计系由时任新蓝图公司的法定代表人陶石泉在先提出。

根据江小白公司向一审法院提交的证据3，2011年12月19日陶石泉发给付黎明的邮件，标题为“老字号江津白酒半成品”，邮件内容包括：“……另外发了几张照片的意思的，琢磨着能给江小白做个卡通人物形象，如果有这么个卡通人物形象，江小白就拟人化更丰满了，比较喜欢这样卡通小人物形象。”根据江津酒厂向商标评审委员会提交的证据12，2011年12月21日陶石泉发给江津酒厂周总的邮件载明，“……和我自己的设计一起齐头并进在做产品的创意，这是几款已经做出来完稿的设计……”附图中的一张设计上有“我是江小白”字样。根据江津酒厂向本院提交的再审证据36，即新蓝图公司发给江津酒厂的8篇邮件，附件中的产品设计均是新蓝图公司提供给江津酒厂；在2012年3月12日邮件中所附“江津酒厂客户联谊会暨新品发布会执行方案（讨论稿）”中载明会议主办方为江津酒厂，承办方为新蓝图公司，新产品实物及样品由陶石泉负责，并特别注明“请酒厂务必于本周安排生产，3月18日将成品酒及部分样品酒发至成都”。上述证据能够证明“江小白”及其相关产品设计是由陶石泉一方在先提出并提供给江津酒厂，而根据双方定制产品销售合同，产品概念及设计等权利属于新蓝图公司所有。上述邮件不足以证明新蓝图公司是为江津酒厂设计商标。

此外，江津酒厂在再审阶段提出其在先使用“老江白”等主张及相关证据。本院认为，江津酒厂在请求宣告诉争商标无效时并未提出其在先使用“老江白”的理由，本院对其相关主张不予审查。

综上，在诉争商标申请日前，“江小白”商标并非江津酒厂的商标，根据定制产品销售合同，江津酒厂对定制产品除其注册商标“几江”外的产品概念、广告用语等并不享有知识产权，新蓝图公司对诉争商标的申请注册并未侵害江津酒厂的合法权益，未违反2001年商标法第十五条规定。

江津酒厂在请求宣告诉争商标无效时还主张，诉争商标的申请注册违反2001年商标法第二十八条、第三十一条、第四十四条第一款、第十条第一款第八项规定，对此，本院赞同商标评审委员会的认定，不再赘述。

江小白公司申请再审还主张，江津酒厂参加二审法院询问的代理人即王玲玲不具有法定资格、二审法院存在程序错误。鉴于江津酒厂在二审中变更了代理人，二审法院并不存在程序错误，对江小白公司的相应申请再审理由不予支持。

综上所述，江小白公司的再审请求成立，一审判决应予以维持。被诉裁定和二审判决认定部分事实不清，本院予以纠正。依照《中华人民共和国行政诉讼法》第七十条、第八十九条第一款第二项和《最高人民法院关于适用〈中华人民共和国行政诉讼法〉的解释》第一百一十九条第一款、第一百二十二条的规定，判决如下：

一、撤销北京市高级人民法院（2018）京行终2122号行政判决；

二、维持北京知识产权法院（2017）京73行初1213号行政判决。

一、二审案件受理费共200元，由重庆市江津酒厂（集团）有限公司负担。

本判决为终审判决。

审　判　长　秦元明
审　判　员　郎贵梅
审　判　员　马秀荣
二〇一九年十二月二十六日
法官助理　李　丽
书　记　员　张晨祎

# 三、著作权案件审判

## 48. 古籍点校成果实质性相似的认定

——再审申请人周锡山与被申请人江苏凤凰出版社有限公司、杨辉、陆洋等侵害作品复制权、发行权纠纷案①

**中华人民共和国最高人民法院民事裁定书（2015）民申字第1471号**

再审申请人（一审原告、二审上诉人）：周锡山。

委托诉讼代理人：朱妙春，上海朱妙春律师事务所律师。

委托诉讼代理人：王小兵，上海隆天律师事务所律师。

被申请人（一审被告、二审被上诉人）：江苏凤凰出版社有限公司。

法定代表人：倪培翔，该社社长。

被申请人（一审被告、二审被上诉人陆林的继承人）：杨辉、陆洋

三被申请人的共同委托诉讼代理人：廖恬，上海市黄浦区瑞金法律服务所法律工作者。

被申请人（一审被告、二审被上诉人）：上海图书有限公司（原名上海图书公司）。

法定代表人：朱旗，该公司总经理。

委托诉讼代理人：庄建荣，该公司员工。

再审申请人周锡山因与被申请人江苏凤凰出版社有限公司（以下简称凤凰出版社）、杨辉、陆洋、上海图书有限公司侵害作品复制权、发行权纠纷一案，不服上海市高级人民法院（2014）沪高民三（知）终字第10号民事判决，向本院申请再审。本院于2015年12月2日裁定中止本案诉讼，后于

① 本案在年度报告中的位置为第79页。

2019 年 1 月 31 日恢复诉讼。本院依法组成合议庭审查本案，现已审查终结。

周锡山申请再审称：（一）一、二审判决存在多处事实认定错误。1. 一审判决认定陆林提交的首都图书馆（以下简称首图）历史文献中心藏本《西厢词——贯华堂第六才子书》（以下简称“首图版金批西厢记”）为陆林的点校底本显属错误。首先，陆林提交的“首图版金批西厢记”复印件明显是为诉讼临时准备的，并非陆林做整理工作时的底本。其次，按照陆林提交的首图借阅单时间计算，其真正借阅该书时间不超过 10 小时，无法完成点校工作。再次，陆林提交的首图官网打印页显示的“首图版金批西厢记”出版于公元 1644 年，即明崇祯十七年，并非清朝，这与陆林主张的凤凰出版社出版、陆林点校的《金圣叹批评本西厢记》（以下简称“陆版金批西厢记”）是以清顺治贯华堂原刻本为底本相矛盾。最后，陆林在庭审中一直未提交其创作底稿，无法证明其真实创作过程。2. 一、二审判决将“陆版金批西厢记”参校本以外的刻本作为比对对象，显属错误。周锡山从未认可被申请人提交的吉林师范学院图书馆藏书《第六才子书》（以下简称“吉师版金批西厢记”）、北京大学图书馆编辑的《不登大雅文库珍本戏曲丛刊——贯华堂绘像第六才子西厢卷》（以下简称“北大版金批西厢记”）的真实性，而上述两书并非“陆版金批西厢记”的参校本，一审判决不应将上述两书作为证据与周锡山点校的金圣叹批评本《贯华堂第六才子书西厢记》（以下简称“周版金批西厢记”）进行比对，二审判决对此未予纠正。3. 一、二审判决将被申请人提供的甘肃人民出版社出版、傅晓航点校的 1985 年 6 月第一版《贯华堂第六才子书西厢记》（以下简称“傅版金批西厢记”）与“陆版金批西厢记”及“周版金批西厢记”进行标点的比对，周锡山对此毫不知情，这些比对数据未经庭审质证，也未征求周锡山的意见，剥夺了周锡山进行反驳和提交反证的权利。4. 一审判决将周锡山主张的“陆版金批西厢记”与“周版金批西厢记”相同的校勘成果，分别与“首图版金批西厢记”“金谷园版金批西厢记”（即清金谷园藏板《贯华堂第六才子书》本）、“芥子园版金批西厢记”（即康熙五十九年刻《芥子园绘像第六才子书》本）、“吉师版金批西厢记”进行比对，偏离了证明目的；二审判决认为“陆版金批西厢记”与其声称的底本不同却与“周版金批西厢记”相同的部分并不是“周版金批西厢记”的独创性部分，这部分是否具有独创性并不影响对陆林抄袭行为的认定。更严重的是，被申请人将上述比对结果归结为“繁简字、异体字改为现代汉语中的常用字”“根据上下文意判断确定”“词牌混用”“根据全书分段标准进行统一修改”“编校错误”等，这种解释已经超出学术常理，非常牵强，一、二审判决将这些相同之处归结为“巧合”，显然没有事实依据。（二）一、二审判决法律定性错误。1. 一、二审判决否定“周版金批西厢记”的独创性，进而否定周锡山对此享有的著作权，系法律定性错误。一审判决认为，对古籍的标点或分段的表现形式极为有限，因此不应受到著作权法保护；二审法院在此基础上进一步认为，点校者是以复原古籍原意为目的，当古籍点校成果与古籍原意一致时，仅仅揭示了客观事实，不能作为作品受到著作权法保护。虽然古籍点校工作的目标是力求点校后的作品文意与原作一致，但各点校者的点校成果会受点校者的知识水平、文学功底、价值观等多种因素影响而不同，这种不同就是每个点校者独创性思维的体现，而从最终结果看，不同的古籍点校者就同一作品的点校结果也不可能完全相同，并非只有一种或者有限的几种表达，不同的表达当然具有独创性，应当受到著作权法保护。此外，“周版金批西厢记”没有底本、校本的说明系应凤凰出版社的要求。2. “陆版金批西厢记”剽窃、抄袭了“周版金批西厢记”。陆林客观上接触了“周版金批西厢记”，主观上也有抄袭动机；“陆版金批西厢记”中大量存在与“周版金批西厢记”校勘、标点、分段相同之处，甚至后者的一些印刷错误也被陆林一一抄袭，陆林无法提供合理解释；“陆版金批西厢记”校勘记有多处缺失，凤凰出版社副总编在对外宣传时也称，2008 年重新请陆林主持出版 6 册修订本。上述情况足以说明“陆版金批西厢记”没有以清顺治贯华堂原刻本为底本，而是以“周版金批西厢记”为底本、在“周版金批西厢记”的基础上进行少量不必要改动而形成的侵权作品。（三）一、二审法院应当将“周版金批西厢记”作为一种民事权益加以保护。本案中，周锡山在起诉时，并未将诉讼请求限定在停止侵犯著作权，而是采用停止侵权这样的表述。周锡山为整理涉案书籍花费了大量精力和智力劳动，这些点校成果应当作为一种民事权益加以保护，一、二审法院应当按照《中华人民共和国民法通则》[①] 相关规定和诚实信用原则来认定被申请人的侵权行为，从而依法保护周锡山的劳动成果。综上，请求撤销二审判决，将本案发回重审或者依法改判支持其全部诉讼请求。

凤凰出版社、杨辉、陆洋共同辩称：（一）“陆版金批西厢记”是陆林独立完成的古籍整理作品，其与“周版金批西厢记”选用的底本完全不同，且存在大量的标点、文字、分段的不同，也避免了“周版金批西厢记”中的差错。（二）一、二审判决不存在事实认定错误。1. 周锡山在原审中主张的具有独创性的校勘、标点、分段、单行加批等创新均被凤凰出版社和陆林证明不能成立。周锡山在主张“陆版金批西厢记”与“周版金批西厢记”相同而

---

① 已被《中华人民共和国民法典》废止。

与其贯华堂本不同的证据时，故意混淆“贯华堂”刻本概念，将并非“首图金批西厢记”的所谓贯华堂本与“陆版金批西厢记”比较，以骗取法院支持。周锡山并非首次对《金圣叹全集》进行点校者，也并非首创单行加批者。周锡山所谓标点创新的证据，实际上是将周锡山于2009年在万卷出版公司出版的《贯华堂第六才子书西厢记》经扫描后OCR识别的文件冒充周锡山点校、1985年出版的《金圣叹全集》（以下简称“周版金圣叹全集”），其中很多地方实际上采取了“陆版金批西厢记”中的标点形式。在申请再审中，周锡山的很多主张依然没有事实依据，如原先主张全书标点4万多个，后来减成2万多个，申请再审中又主张有1万多个，陆林仅作极少改动（约近400个），实际上陆林统计的标点差异至少为1779个。2. 首图官网打印页显示的“首图版金批西厢记”出版于公元1644年是因为该年为清顺治元年，图书馆将所有顺治年间的书籍均标注为1644年。根据一审法院查明的事实，陆林在2006年7月、2006年11月、2007年2月曾在首图借阅“首图版金批西厢记”，时间为3个全天和7个半天，陆林是以“首图版金批西厢记”为底本进行点校。（三）标点、校勘古籍作品的目的是还原古籍原来的真实表达方式，不是自己杜撰、添加、篡改古籍的本意或者改写古籍的原句，所以标点、校勘古籍作品的表达，只可能是向恢复原貌进发，不可能标新立异另起炉灶，因此，周锡山的标点工作，不产生著作权。“周版金批西厢记”没有校勘记，也没有证据证明106处校勘属于独创性的表达。（四）周锡山主张陆林不专业，抄袭了或者校勘中存在很多错误，实际上，是周锡山的认知存在错误，“陆版金批西厢记”很多校勘具有很高的学术价值，直接反映了陆林在金学领域的最新研究成果，也反映出陆林的独立研究和整理。（五）凤凰出版社在出版“陆版金批西厢记”时已经尽到合理注意义务。“周版金批西厢记”是没有底本记录和出处的标点本，“陆版金批西厢记”是有底本出处的校勘本，凤凰出版社按照常规的审稿流程和出版规范进行审查，并没有发现后者存在剽窃、抄袭的迹象。（六）图书编校差错及字形相同并不能证明存在抄袭。“陆版金批西厢记”与“首图版金批西厢记”不同而与“周版金批西厢记”相同的5处文字差错（实为6处，见本院审查查明部分）相同，但“陆版金批西厢记”与“周版金批西厢记”也存在至少519处文字不同，至少1779处标点差异，至少63处分段不同，这对于文字几乎完全相同的古籍整理作品来讲，相异点非常大，5处差错相同显得太微乎其微，根本不足以支持周锡山的抄袭主张。（七）关于周锡山提出的所谓民事权益，实质是先设定凤凰出版社和陆林构成侵权，至于侵害什么权益，周锡山不知道，法院只要判侵权即可。法院没有义务为周锡山变更法律关系，如果周锡山坚持认定侵犯其民事权益，应当另行起诉。综上，请求驳回其再审申请。

上海图书有限公司辩称：其进货渠道合法，在收到一审诉状后立即将涉案图书下架，没有违规之处。

本院审查查明如下事实：

（一）关于周锡山主张的具有独创性的106处校勘及相关比对

周锡山在一审中主张，“周版金批西厢记”对原古籍刻本中的错别字校勘106处属于具有独创性的部分。一审判决查明，106处校勘与“陆版金批西厢记”对应部分不同共计14处，相同共计92处；在92处相同中，“陆版金批西厢记”有校勘记9处，与“首图版金批西厢记”相同的共64处，与“吉师版金批西厢记”相同的共8处，与“北大版金批西厢记”相同的共2处，属于异体字的共8处，还有1处为“横躺在床”，但“首图版金批西厢记”“吉师版金批西厢记”“北大版金批西厢记”均为“横倘在床”。

根据周锡山在申请再审阶段向本院提交的“周版金批西厢记”校勘独创性举例说明列表，其主张，“周版金批西厢记”是以康熙怀永堂本和世德堂本为底本，以康熙四美堂本和乾隆宝淳堂本为主要校本，以金谷园、百藏曲、楼外楼等作参校本；“周版金批西厢记”校勘约400处，独创性较强的有106处，“陆版金批西厢记”与其相同的有93处，不同的有13处。经查，根据上表中“周版金批西厢记”与怀永堂本、四美堂本、宝淳堂本的比较和校勘理由，106处校勘中有100处系从怀永堂本、四美堂本或者宝淳堂本中比较选择而来，或者属于异体字，有6处系根据文意或者参校本修改。

（二）关于周锡山主张的独创性较强的标点及被申请人的反驳理由

周锡山在原审阶段主张，其独创性较强的标点共计1621例，“陆版金批西厢记”与“周版金批西厢记”相同处有1508例，不同处有113例。在申请再审阶段中，周锡山在向本院提交的“陆版金批西厢记”与“周版金批西厢记”独创性标点的侵权对比表中称，本表选取的“周版金批西厢记”具有独创性的标点有1641例，其中“陆版金批西厢记”与“周版金批西厢记”相同处有1558例，不同处有83例。周锡山向本院提供了“周版金批西厢记”中独创性较强的标点符号10例，“陆版金批西厢记”的对应标点符号与该10例相同而与“傅版金批西厢记”不同，并称独创性体现在，其标点符号的使用使原句的表达更清晰、更完整、更细腻，层次更分明，重点更突出，充分反映了感叹语气、加重语气等。在此选择能够突出体现周锡山主张的独创性的3例见附表1。经查“陆林金批西厢记”和“周版金批西厢记”，附表1第2例文字系金圣叹对其所评的《西厢记》一书“第一之四章题目正名”即剧情提要第一句“老夫人开春院”的评语，紧跟在四句剧情提要之后。

陆林向原审法院提交了“陆版金批西厢记”与“周版金批西厢记”标点比较表，共有1779处不同。在此选择5例见附表2。

（三）关于周锡山主张的“陆版金批西厢记”并非以“首图版金批西厢记”为底本及其依据

周锡山在一审阶段提交了“陆版金批西厢记”校勘记与贯华堂本存在的31处矛盾，以此主张“陆版金批西厢记”并未以贯华堂本为底本；后又提交了“陆版金批西厢记”校勘记与“首图版金批西厢记”存在的12处矛盾。根据陆林、凤凰出版社在原审中提交的关于上述31处的说明和所附“首图版金批西厢记”对应文字，实际上有4处文字不同，均是由于两字形相近、字迹辨认不清或者与上下文相关表述保持一致所致。

周锡山在一审阶段提交了“陆版金批西厢记”与“周版金批西厢记”相同而与“首图版金批西厢记”不同的证据，包括文字校勘和分段共有70处，陆林、凤凰出版社提交了比对说明和反驳性证据。在上述70处中，除了“陆版金批西厢记”与“周版金批西厢记”实际不同、“陆版金批西厢记”与“周版金批西厢记”相同但来自底本和参校本或者属于繁简体、异体字以外的共有13处，一、二审判决对此有记载。根据陆林、凤凰出版社向一审法院提交的比对说明和反驳证据，陆林在原审中对周锡山主张的“陆版金批西厢记”相对于“首图版金批西厢记”的上述13处不同中的7处提供了如下修改理由或者解释：1. 将“而今蹔至中原”中的“蹔”修改为“踅”，踅是去而往来的意思，因前文唱词为“游艺中原，脚跟无线，如蓬转”，反映了张生四处游艺，行无定踪，修改为“踅”更符合唱词的意境。2. 将“我於左传中说，于弟皆谓理之当然”中的“于弟”修改为“子弟”，“首图金批西厢记”原字即为“子弟”。3. 将“孤另”修改为“孤零”，属于计算机字库规范字体决定。4. 将“必有辨之者”中的“辨”修改为“辩”，“周版金批西厢记”同页同段有3个“辩”字，3字均未修改，全错；“陆版金批西厢记”同页同段有2个“辨”字和1个“辩”字，错1字。5. 将“而顧甘心於是也耶”中的“顧”修改为“願”，径直修改，“顧”字的本意为“反而、所以、难道”，显得突兀，修改为“願”，全句通顺。6. 周锡山主张将“遂已”修改为“遂已”，陆林主张源自底本。经查，“首图版金批西厢记”在连续的三句话中，第一句中为“遂已”，第二句和第三句中为“遂巳”，“周版金批西厢记”中均为“遂己”。7. 还有1处为分段，根据文章内容确定。对于上述第2处，本院认为，鉴于本句中出现了“於”字，同一字在同一句中分别以繁简体同时出现，比较反常，陆林的解释有合理之处；对于其他修改理由或者解释，结合上下文，均有合理之处。除上述7处外，还有6处“陆版金批西厢记”与“周版金批西厢记”相同而与“首图版金批西厢记”不同的文字，分别是“陆版金批西厢记”中的“写书付京师”“醉东风”“一、二句唱”“青歌儿”“二言”“妙极”，“首图版金批西厢记”中的对应文字为“写书附京师”“醉春风”“一、二句喝”“青哥儿”“之二言”“妙绝”。被申请人认为，上述不同是编校差错，纯属巧合，而且相较于“陆版金批西厢记”与“周版金批西厢记”的大量不同并不多。

在二审阶段，周锡山又提交了“陆版金批西厢记”与“周版金批西厢记”相同而与“首图版金批西厢记”不同的证据表，共有 36 处。二审法院对此进行了审查，也听取了被申请人的意见，二审判决对此有记载。根据被申请人向二审法院提交的质证意见，上述不同多是根据上下文径直修改的，也可能是参考了其他文献修改的，并提供了 24 处的修改理由，对于另外 12 处的修改理由，因陆林生病的客观原因，无法提供相应的参校本来源。

在申请再审阶段，周锡山向本院提交了“陆版金批西厢记”与“周版金批西厢记”相同而与“首图版金批西厢记”不同的文字校勘对比表（之一）、（之二），主张共有 107 处不同，而且“陆版金批西厢记”没有校勘记，并以此主张“陆版金批西厢记”并非以“首图版金批西厢记”为底本自行重新点校，而是在“周版金批西厢记”基础上进行的修订，事实上抄袭了“周版金批西厢记”。经查，该 107 处不同包括了周锡山在一审时主张的 70 处不同和二审时主张的 36 处不同，并将其中的相同字词予以合并，同时又新增 25 处，其中有 5 处与一、二审时周锡山主张的 5 处重复，实际新增 20 处。

（四）关于“陆版金批西厢记”属于独立创作的主张及依据

被申请人以下例为由主张“陆版金批西厢记”是其以“首图版金批西厢记”为底本独立创作，即，两书均有如下内容，“回廊出崔氏别院，而此又以罗汉、菩萨、圣贤一切相衬出惊艳也”；“周版金批西厢记”的对应文字则为，“回廊衬出惊艳来”。被申请人还主张，“陆版金批西厢记”与“周版金批西厢记”在文字、标点、分段方面存在大量不同，“陆版金批西厢记”的卷三即《会真记》，与“周版金批西厢记”的卷三存在 88 处不同，这是底本不同的特征。

经查，根据被申请人在原审阶段提交的“陆版金批西厢记”与“周版金批西厢记”的标点和文字比较，两书存在 1779 处标点差异和 519 处文字差异，其中《会真记》存在 88 处文字差异，很多标点差异实质上涉及断句。在“陆版金批西厢记”校勘记所引用的书籍中，除了提及贯华堂本、芥子园本、金谷园本外，还提及范摅《云溪友议》，陶宗仪《辍耕录》《全唐诗》、“因百藏曲”写刻《贯华堂注释第六才子书》本。对于被申请人前述独立创作主张的依据，即“陆版金批西厢记”与“周版金批西厢记”在“回廊衬出惊艳来”文字方面的差异及“陆版金批西厢记”相应文字的来源，周锡山未提出异议。

本院认为，本案有以下争议焦点：1. 一、二审判决是否存在事实认定错误；2. 一、二审判决是否存在法律适用错误。

（一）关于一、二审判决是否存在事实认定错误的问题

关于一、二审判决对“陆版金批西厢记”底本的认定是否存在错误。底本，是古籍整理工作者专用的术语，在对古籍进行校勘时要选定一个本子为主，结合该古籍的其他版本对该本子进行校勘，该本子就是校勘所用的底本；在对古籍进行标点时也要选定一个本子在上面换分段落、施加标点，该本子就是标点所用的底本。提供载有点校人校勘、标点痕迹的底稿，是点校人证明底本的最简单、最直接途径。但是，在点校人无法提供该底稿的情况下，需要根据其他证据判断是否属于底本。本案中，“陆版金批西厢记”出版说明中有关于“本书由陆林教授据清顺治贯华堂刻本《贯华堂第六才子书西厢记》为底本，以康熙五十九年刻《芥子园绘像第六才子书》本、清金谷园藏板《贯华堂第六才子书》本等参校，标点整理而成”的记载。一审判决查明，2006 年 7 月 24 日全天、25 日上午、26 日上午、27 日上午、28 日上午，陆林至首图历史文献中心借阅《贯华堂第六才子书》，书号为己 1407；2006 年 11 月 8 日上午，2007 年 2 月 5 日上午、6 日全天、7 日全天、8 日上午，陆林到首图历史文献中心借阅《贯华堂批评西厢记》，书号为（己）1407。“陆版金批西厢记”有 149 处校勘记，大量校勘记提及贯华堂本。根据被申请人提供的首图官网查询“首图版金批西厢记”情况，更多信息显示该书出版发行项为“贯华堂，清（1644—1911）”，即该书确系清朝出版，并非周锡山所主张的于明崇祯十七年出版。“陆版金批西厢记”中的“回廊出崔氏别院，而此又以罗汉、菩萨、圣贤一切相衬出惊艳也”来自“首图版金批西厢记”，而“周版金批西厢记”的对应文字为“回廊衬出惊艳来”。综合考虑上述因素，一、二审判决关于“陆版金批西厢记”是以“首图版金批西厢记”为底本的认定并无不当。

关于一、二审判决将“陆版金批西厢记”参校本以外的刻本作为证据比对对象是否存在错误。“陆版金批西厢记”出版说明在介绍参校本时并没有限定只有两个参校本，“陆版金批西厢记”有校勘记提到了出版说明中载明的两个参校本之外的版本即“因百藏曲”写刻《贯华堂注释第六才子书》本；“吉师版金批西厢记”“北大版金批西厢记”“傅版金批西厢记”均早于“周版金批西厢记”出版；文字作品的创作过程中，特别是古籍点校工作中，

一般也参考在先作品。在此情况下，以“吉师版金批西厢记”“北大版金批西厢记”“傅版金批西厢记”作为比对对象并无不妥。

关于一、二审判决将“傅版金批西厢记”与“陆版金批西厢记”“周版金批西厢记”进行标点比对是否存在错误。陆林、凤凰出版社在原审阶段反驳周锡山关于标点创新的主张时提供了“傅版金批西厢记”作为反驳证据，一、二审法院将“傅版金批西厢记”与“陆版金批西厢记”“周版金批西厢记”进行标点比对并无不妥，周锡山没有提供反证证明“傅版金批西厢记”系虚假的，也没有指出标点比对结果存在问题，其相应申请再审理由，本院不予支持。

关于一、二审判决对“陆版金批西厢记”与“周版金批西厢记”相同而与“首图版金批西厢记”不同的认定。经查，在“陆版金批西厢记”与“周版金批西厢记”相同而与“首图版金批西厢记”不同的70处中，除去“陆版金批西厢记”与“首图版金批西厢记”以及先于“周版金批西厢记”出版的“吉师版金批西厢记”“北大版金批西厢记”等参校本相同或者属于繁简体字、异体字的部分外，“陆版金批西厢记”有13处没有来源，陆林、凤凰出版社在原审阶段对13处中的7处提供了修改理由或者解释，对其中6处主张是编校差错。一、二审判决认为上述情况属于点校差错相同的巧合或者简单文字的径改。本院认为，不排除上述情况可能属于点校差错相同的巧合；即使不属于巧合，在认定“陆版金批西厢记”是否构成对“周版金批西厢记”的剽窃、抄袭时，也需要考虑上述相同之处是否属于“周版金批西厢记”的独创性部分及其在整部作品中的比重；仅凭上述数量有限的相同之处尚不足以认定“陆版金批西厢记”剽窃、抄袭了“周版金批西厢记”。

（二）关于一、二审判决是否存在法律适用错误的问题

本案涉及古籍点校成果是否构成作品并受著作权法保护的问题。古籍点校是古籍标点和校勘的简称，是古籍整理的基础工作。古籍整理，是指对原有的中国古代书籍进行加工，以便更适合现代人阅读利用。从整理工序或者方法来说，古籍整理工作包括选择底本、影印、校勘、标点、辑佚、注释、今译、索引、序跋、附录等。其中，古籍点校指具备一定的历史、文学等素养的点校者运用专业知识，在对中国古代书籍进行版本选定的基础上，并对照古籍其他现存版本或史料，依据文字规则、标点规范，对相关古籍去伪存真、划分段落、加注标点、选择用字、纠正讹误等，从而获得相对正确的文本。古籍点校是古籍整理中必不可少的工序、最为常用的方法和最为基础的工作。相对于其他古籍整理成果如古籍注释、今译成果等，古籍点校成果是否构成作品并受到著作权法保护有争议。主张古籍点校成果不受著作权法保

护的主要理由包括，古籍点校是为了探求古籍原意，对同一古籍进行点校后形成的成果表达方式有限。本院认为，虽然古籍点校追求探求古籍原意，但在经过点校之后，受点校人知识水平、文学功底、历史素养、表达方式、价值观念等多方面因素以及相关条件的影响，展现于读者眼前的已经不再是古籍本身，而是增加了点校人的理解、判断和选择的点校本，在理解、判断和选择不同的情况下，往往也会形成表达形式不同、与古籍关联程度不一的众多古籍点校成果。因此，古籍点校成果，在具备独创性的条件下，应当受到著作权法的保护。但是，具体到本案，“周版金批西厢记”是否具有独创性以及“陆版金批西厢记”是否剽窃、抄袭了“周版金批西厢记”，还需要具体分析。

古籍点校成果作为文字作品，是在底本基础上运用文字规则、标点规范进行创作而形成的作品，由于文字规则、标点规范的标准性和通用性，不同点校者对同一古籍作品的点校成果，除了底本文字外，肯定存在较大程度的相同相似之处。这增加了判断古籍点校成果是否具有独创性和在后古籍点校成果是否剽窃、抄袭了在先古籍点校成果的难度。对于一般文字作品，在有接触的前提下，被诉侵权作品与请求保护作品的表达一致或者达到一定比例的相似程度，就可以认定存在剽窃、抄袭。但是，对于古籍点校成果，判断其是否存在剽窃、抄袭的标准不能简单照搬用于一般文字作品的判断标准，以及使用通常的比例标准。

在审理侵害著作权纠纷中，首先要判断请求保护作品是否具有独创性，其次要适用接触加实质性相似原则判断被诉侵权作品是否剽窃了请求保护作品。实质性相似的基本判断方法是，在确定请求保护作品独创性部分的基础上，比对和分析被诉侵权作品与请求保护作品独创性部分的相同相似程度。对于因古籍点校引发的侵害著作权纠纷，在适用上述基本判断方法的同时，考虑到古籍点校成果的创作规律和相关侵权纠纷的特点，在后古籍点校成果与在先古籍点校成果由于在文字、标点和分段等方面存在的众多细节差异所造成的整体上对普通读者阅读感受的影响也应当作为判断是否构成实质性相似的辅助参考因素，同时，在后点校人是否具备独立创作的条件也可以佐证实质性相似的认定。本案中，陆林能够接触“周版金批西厢记”，本院对“周版金批西厢记”是否具有独创性以及“陆版金批西厢记”与“周版金批西厢记”是否构成实质性相似作如下分析：

首先，关于“周版金批西厢记”是否具有独创性。

本案中，周锡山主张“周版金批西厢记”的独创性体现在五个方面：底本、校本的选择，全文标点 2 万余个，错别字校勘 106 处，对《会真记》进行分段，单行批文。其中，单行批文的版式设计在“周版金批西厢记”出版之前的书籍中已经存在，本身不具有独创性。但是，在版本选定、标点、校勘、分段等方面，如前所述，不同的点校人会有不同的选择，大量不同选择的不同组合形成的最终载体即古籍点校成果整部作品，体现了点校人的理解、判断和选择，也保留了点校人的个性风格特征，能够与古籍本身以及他人的古籍点校成果相区分，因此，在没有相反证据的情况下，可以认定“周版金批西厢记”在整体上具有一定程度的独创性。

但是，根据下述事实，可以认定“周版金批西厢记”的独创性并不高。首先，根据周锡山提供的“周版金批西厢记”与怀永堂本、四美堂本、宝淳堂本的比较和校勘理由，106 处校勘中有 100 处系从怀永堂本、四美堂本或者宝淳堂本中比较选择而来，或者属于异体字，有 6 处系根据文意或者参校本修改；“周版金圣叹全集”后记中有关于“本书所收各书原文中的明显错误处皆已改正，其他则尽量保持原来文字”的说明，上述事实表明“周版金批西厢记”属于基础性的点校本。其次，周锡山提供的具有较强独创性的标点例子中反映的标点符号使用方法属于基本或者通常使用规则，如附表 2 中举例，“陆版金批西厢记”在其与“周版金批西厢记”不同的标点符号例子中也有很多表述体现了上述标点符号使用规则，如使用双引号、逗号、顿号体现出句子的层次，使用感叹号表示感叹语气等。

相对于其他文字作品或者古籍注释、今译等其他古籍整理成果来说，“周版金批西厢记”作为古籍的基础点校本，独创性不高，因此在为其提供著作权保护时，应当与其独创性程度相适应。如果是未作修改地全部或者部分复制使用“周版金批西厢记”，一般可以认定侵犯著作权。如果属于其他情况，还需要具体分析。

其次，关于“陆版金批西厢记”与“周版金批西厢记”是否构成实质性相似。

第一，关于“陆版金批西厢记”与“周版金批西厢记”独创性部分的相同相似程度及其原因。

在周锡山主张的“周版金批西厢记”具有独创性的 106 处校勘中，“陆版金批西厢记”与其相同的有 93 处，其中有 92 处分别与“首图版金批西厢记”“吉师版金批西厢记”“北大版金批西厢记”相同或者互为异体字，有 1 处缺乏来源，即“陆版金批西厢记”中的“横躺在床”，“首图版金批西厢记”中的对应文字为“横倘在床”。但是，“横躺在床”更适合现代人阅读，将“倘”修改为“躺”属于常规选择。

周锡山在申请再审时主张，其节选的“周版金批西厢记”具有独创性的标点共有1641例，其中“陆版金批西厢记”与其相同之处有1558例。根据周锡山提供的“周版金批西厢记”标点独创性说明举例列表，其提供了10例以体现“周版金批西厢记”标点的独创性思路。经审查，虽然此10例能够体现“周版金批西厢记”与在先“傅版金批西厢记”在标点符号上的不同，也能够支持周锡山关于上述标点符号的使用使原句的表述更清晰、更完整、更细腻，层次更分明，重点更突出，充分反映了感叹语气、加重语气等的主张，但其中很多标点符号的用法，在“陆版金批西厢记”中也有体现。10例中也有例子，不结合上下文，可能会有不同的理解；但结合上下文，不会产生不同的理解。如下例：在“周版金批西厢记”中为：第一章大笔特书曰：“老夫人开春院。”罪老夫人也。在“傅版金批西厢记”中为：第一章大笔特书曰：老夫人开春院，罪老夫人也。上述标点符号使用的不同，可能会让读者在单独阅读此句时产生不同的理解。但是，此句为金圣叹对《西厢记》的评语，结合此句所评论的《西厢记》的内容，即《西厢记》“第一之四章题目正名”的第一行“老夫人开春院”，读者不会因为“周版金批西厢记”与“傅版金批西厢记”采用了不同的标点而对此句产生不同理解。应当说，“周版金批西厢记”对于此句的标点更规范、更严谨，但是，对《西厢记》的原话使用引号是点校者的常规选择或者有限选择之一，“陆版金批西厢记”对此句标点的使用有其合理理由。

第二，关于“陆版金批西厢记”与“周版金批西厢记”的区别及程度。

在总体上，“陆版金批西厢记”明确记载了底本和参校本，有149处校勘记；目录中每卷下各折相对底本增加了序号，正文中每折序号后相对于底本增加了折名，没有“才子西厢醉心篇”。“周版金批西厢记”未披露底本，无校勘记，目录中无上述情况，有“才子西厢醉心篇”。此外，“陆版金批西厢记”与“周版金批西厢记”相比，在标点、文字方面还有大量不同散见于整部书中。在标点方面，有1779处不同，多数不同实质上涉及断句。在文字方面，“陆版金批西厢记”与“周版金批西厢记”有519处不同，包括异体字、错别字、多字、少字以及“陆版金批西厢记”有校勘记的文字，其中，卷三《会真记》一文有88处不同。在上述519处文字不同中，同一版本其他地方出现的相同含义的同一字词保持了一致性，如，“陆版金批西厢记”中的“夫我比日所批之《西厢记》”“此人只须朴”“分别如师子滚球相似”“孤孀母子无投奔”“只见他荆棘刺怎动挪”“怜惜呜拍”“你住这里听”“如此迤（走之底加一个里）行文”“小生乃猜诗谜的杜家”“光采与同”，“周版金批西厢记”中的对应文字分别为“夫我此日所批之《西厢记》”“此人只须扑”“分别如狮子滚球相似”“孤霜母子无投奔”“只见他荆棘刺怎动那”“怜惜呜咽”“你在这里听”“如此迤逦行文”“小生乃猜诗谜的社家”“光彩与同”。上述语句中的不同字词在同一版本其他地方也保持了同样的不同，反映出“陆版金批西厢记”与“周版金批西厢记”的点校者保持了各自的表述方式。此外，在上述519处文字不同中，有的不同比较显著，举例如下：一是“陆版金批西厢记”中的“回廊出崔氏别院，而此又以罗汉、菩萨、圣贤一切相衬出惊艳也”与“周版金批西厢记”中的“回廊衬出惊艳来”。二是“陆版金批西厢记”中的“他那里效绸缪”与“周版金批西厢记”中的“他并头、效绸缪”。三是“陆版金批西厢记”中的“或云春枝小鸟，双双斗口，却不是春鸟斗口；或云深院回风，晴雪乱舞，却不是风回雪舞”与“周版金批西厢记”中的“或云‘春枝小鸟，双双斗口’。或云‘深院回风，晴雪乱舞’，却不是风回雪舞”。四是“陆版金批西厢记”中的“幼读《论语》孟之反入门策马之文”与“周版金批西厢记”中的“幼读《论语》《孟子》反入门策马之文”。还有“陆版金批西厢记”中的“其气色便自然异样姿媚”“密勿奉封章”与“周版金批西厢记”中对应的“其气象便自然异样姿媚”“密勿奏封章”等。其中，对于上述第一、二处，陆林在原审中主张源自“首图版金批西厢记”，周锡山未提出异议；对于上述第三处中的“却不是春鸟斗口”，“陆版金批西厢记”有校勘记为，此句各本均无，据“因百藏曲”写刻《贯华堂注释第六才子书》本补。

鉴于“陆版金批西厢记”“周版金批西厢记”在文字、标点符号等方面存在的散见于整部书中的众多不同，普通读者在阅读两部书后，除了底本文字相同所决定的相同体验外，也会产生不同的阅读感受，从而不会认为“陆版金批西厢记”的表达实质上来源于“周版金批西厢记”。同时，根据上述事实，周锡山关于“陆版金批西厢记”是在“周版金批西厢记”的基础上进行少量不必要改动而形成的侵权作品的主张不能成立。

第三，关于“陆版金批西厢记”是否具有独立创作的条件

“陆版金批西厢记”系凤凰出版社选定陆林整理形成的古籍点校成果，陆林是南京师范大学教授，具有进行古籍点校的专业背景和能力。“陆版金批西厢记”出版说明明确记载了底本和参校本，有校勘记共149处；陆林曾经有3个全天、7个半天在首图历史文献中心借阅“首图版金批西厢记”。根据上述事实，陆林具备以“首图版金批西厢记”为底本进行点校并创作形成“陆版金批西厢记”的条件；前述“陆版金批西厢记”与“周版金批西厢记”存在的众多不同也表明陆林为了形成“陆版金批西厢记”花费了较多时间，包括寻找有整理价值的底本和参校本，在一定程度上佐证了“陆版金批西厢记”系其独立创作。

周锡山主张，陆林前往首图借阅“首图版金批西厢记”的同时还借阅了其他书籍，按照平均花费借阅时间的标准扣除花费在其他书籍上的时间和借书本身需要的时间，真正借阅“首图版金批西厢记”的时间累积不会超过10个小时，无法完成阅读、抄写、标点、校勘、分段等工作。本院认为，陆林借阅的其他书籍中的《西厢记》《绥中吴氏赠书书目》本身是与“首图版金批西厢记”有关的书目，其他书籍中的《辞海》《中国小说书目初编》也是作为工具书使用，周锡山按照平均花费借阅时间的标准为由主张陆林花费在“首图版金批西厢记”上的时间仅为10个小时，与实际情况不符，本院对周锡山的相关主张不予支持。

综合考虑上述因素，应当认定“陆版金批西厢记”与“周版金批西厢记”未构成实质性相似，陆林不存在剽窃行为。虽然对于“周版金批西厢记”是否构成作品，本院与一、二审判决的观点不同，但一、二审判决认定没有充分证据证明“陆版金西厢记”剽窃了“周版金批西厢记”并驳回周锡山的诉讼请求并无不妥，周锡山以一、二审判决存在法律适用错误为由提出的再审请求，本院不予支持。

（三）关于周锡山主张的民事权益问题

周锡山申请再审称，其提供的证据特别是“陆版金批西厢记”与“周版金批西厢记”相同而与“首图版金批西厢记”不同的举例，足以证明“陆版金批西厢记”是以“周版金批西厢记”为底本进行点校，是对“周版金批西厢记”的剽窃和抄袭，并主张人民法院应当将“周版金批西厢记”作为一种民事权益保护。

在因古籍点校引发的侵害著作权纠纷中，在后古籍点校成果与在先古籍点校成果相同而与其底本不同，且在后古籍点校成果没有校勘记或者没有合理解释的文字，往往会成为在先古籍点校成果权利人主张在后古籍点校成果以在先古籍点校成果为底本或者参考的依据。一般来说，为避免引发侵权纠纷，在后古籍点校者最好的做法是在进行古籍点校时，直接在底本上进行点校，并保留该底本作为独立创作的证据。但是，在点校人无法提供有创作痕迹的底稿时，我们不能仅因为在后古籍点校成果存在一些甚至很少与底本不同而与在先古籍点校成果相同的文字，而直接认定在后古籍点校成果侵犯了在先古籍点校成果的著作权。主要理由在于，与在后古籍点校成果底本不同而与在先古籍点校成果相同的文字，可能属于在后古籍点校成果参校本或者在先古籍点校成果底本的文字，并非在先古籍点校成果具有独创性的文字，本身也不属于侵害著作权纠纷的审理范围；对在先文字作品的参考是文字作品创作过程中的常见工作方式，古籍点校工作者也会运用这一工作方式。需要强调的是，古籍点校工作者在参考在先古籍点校成果时应当尊重在先点校者的权利，包括注明参考文献、写明出处等。

本案中，周锡山在一审、二审和申请再审阶段中不断增加“陆版金批西厢记”与“周版金批西厢记”相同而与“首图版金批西厢记”不同的例子，在申请再审阶段进一步提出将“周版金批西厢记”作为民事权益保护的主张。本院认为，鉴于周锡山在起诉时主张侵犯著作权，在一、二审阶段坚持“周版金批西厢记”属于作品，在申请再审程序中另行主张侵犯民事权益，改变了其在原审中的主张，而且二者的审查范围并不一致，因此，本院对其增加的“陆版金批西厢记”与“周版金批西厢记”相同而与“首图版金批西厢记”不同的例子不进行审查。此外，对于因古籍点校引发的侵权纠纷，确有人民法院将请求保护的古籍点校成果作为《中华人民共和国民法通则》第五条规定的一种民事权益进行保护，但其前提一般是被诉侵权的在后古籍点校成果不具有独立创作的条件，直接全部或者部分复制使用了请求保护的在先古籍点校成果或者与在先古籍点校成果相似程度非常高，本案现有证据尚不足以证明“陆版金批西厢记”属于上述情况。

综上，周锡山的申请再审理由不符合《中华人民共和国民事诉讼法》第二百条的规定。依照《中华人民共和国民事诉讼法》第二百零四条第一款、《最高人民法院关于适用〈中华人民共和国民事诉讼法〉的解释》第三百九十五条第二款规定，裁定如下：

驳回周锡山的再审申请。

审 判 长 秦元明
审 判 员 郎贵梅
审 判 员 马秀荣
二〇一九年十二月二十日
书 记 员 张晨祎

**附表 1：**

| “周版金批西厢记” | “傅版金批西厢记” |
|---|---|
| 圣叹悄然动容，起立而对曰：嗟乎！ | 圣叹悄然动容起立而对曰：嗟乎， |
| 第一章大笔特书曰：“老夫人开春院。”罪老夫人也。 | 第一章大笔特书曰：老夫人开春院，罪老夫人也。 |
| 宋王铚云：“尝读苏内翰《赠张子野》诗云：‘诗人老去莺莺在。’注言所谓张生，乃张籍也。仆按：微之所作传奇莺莺事，在贞元十六年春。又言‘明年，生文战不利’，乃在十七年。而唐《登科记》：‘张籍以贞元十五年高郢下登科。’…… | 宋王铚云：尝读苏内翰赠张子野诗云：诗人老去莺莺在。注言所谓张生，乃张籍也。仆按：微之所作传奇莺莺事，在贞元十六年春。又言明年，生文战不利，乃在十七年。而唐登科记：张籍以贞元十五年高郢下登科。…… |

**附表 2：**

| “陆版金批西厢记” | “周版金批西厢记” |
|---|---|
| 诸僧伴，各逃生。众家眷，谁俫问。 | 诸僧伴各逃生，众家眷谁俫问。 |
| 此所谓“明攻栈道，暗度陈仓”之法也。 | 此所谓明攻栈道暗度陈仓之法也。 |
| 盖从来送别之曲，多作三叠唱之，最是变色动容之声。 | 盖从来送别之曲多作三叠，唱之最是变色动容之声。 |
| 前梦云“分明小姐”，后梦云“是鬼速灭” | 前梦云分明小姐，后梦云是鬼速灭 |
| 而终于无数《诗》曰、《诗》云 | 而终于无数诗曰诗云 |
| 夫人差矣！ | 夫人差矣。 |

# 四、竞争案件审判

## 49. 以具有不良影响的标志作为显著识别部分的包装装潢不能得到反不正当竞争法的保护

——再审申请人江苏苏萨食品有限公司与被申请人山西得惠永盛商贸有限公司、山西超鑫湘汇食品有限公司、中山市回力食品饮料有限公司不正当竞争纠纷案①

**中华人民共和国最高人民法院民事裁定书（2019）最高法民申4847号**

再审申请人（一审原告、二审上诉人）：江苏苏萨食品有限公司。住所地：江苏省泰州市高港高新技术产业园区创新大道58号。

法定代表人：刘保兴，该公司董事长。

委托诉讼代理人：涂敬东，北京证金律师事务所律师。

被申请人（一审被告、二审被上诉人）：山西超鑫湘汇食品有限公司。住所地：山西省太原市尖草坪恒山路70号26幢4层。

法定代表人：魏珊珊，该公司执行董事兼总经理。

委托诉讼代理人：高媛，山西国晋律师事务所律师。

被申请人（一审被告、二审被上诉人）：中山市回力食品饮料有限公司。住所地：广东省中山市东升镇高沙悦和路。

法定代表人：卢浩枝。

被申请人（一审被告、二审被上诉人）：山西得惠永盛商贸有限公司。住所地：山西省太原市小店区康宁街157号万马仕商贸城负一层。

法定代表人：陈光崇。

---

① 本案在年度报告中的位置为第81页。

再审申请人江苏苏萨食品有限公司（以下简称苏萨公司）与被申请人山西超鑫湘汇食品有限公司（以下简称超鑫湘汇公司）、中山市回力食品饮料有限公司（以下简称回力公司）、山西得惠永盛商贸有限公司（以下简称得惠永盛公司）不正当竞争纠纷一案，不服山西省高级人民法院（2019）晋民终201号民事判决，向本院申请再审。本院依法组成合议庭进行了审查。现已审查终结。

苏萨公司申请再审称：1. 其生产销售的“特种兵生榨椰子汁”产品（以下简称涉案商品）不仅在南方销售，在甘肃、内蒙古等地同样也有销售，而且经各地电视广告宣传，具有较高知名度及影响力。2. 涉案商品是特有的包装、装潢，能够区别商品来源。该包装、装潢系案外人湛江市苏萨食品有限公司设计并多次修改的，体现了独创性。该包装、装潢的设计和使用早于案外人焦金明获准授予外观设计专利权的时间，且外观设计专利权缺乏有效性，不能据此否定涉案商标包装、装潢的特有性。3. 超鑫湘汇公司的被诉侵权产品与涉案商品的包装、装潢相似，超鑫湘汇公司生产销售被诉侵权产品的行为构成不正当竞争。综上，二审法院事实认定不清，适用法律不当。苏萨公司请求本院：1. 撤销一审、二审判决；2. 判令超鑫湘汇公司、回力公司立即停止生产、销售、销毁未销售的被诉侵权产品；3. 判令得惠永盛公司立即停止销售、销毁未销售的被诉侵权产品；4. 判令三被申请人赔偿其经济损失20万元；5. 一审、二审费用由三被申请人承担。

被申请人超鑫湘汇公司提交意见称：1. 一、二审判决认定涉案商品为“南方地域知名商品”正确。涉案商品并未在山西省等西北部地区销售及宣传，超鑫湘汇公司无从知晓涉案商品，因此并不具有攀附他人商誉的主观恶意。2. 涉案商品的包装、装潢并非苏萨公司特有。涉案商品使用的“特种兵”包装、装潢经法院认定不得作为商标使用，因此，涉案商品包装、装潢不具有合法性。涉案商品包装、装潢中的“生榨”为生产工艺，“椰子汁”为通用名称，“植物蛋白饮料”是商品类型，而且蓝白相间的包装已成为椰子汁商品通用包装，案外人焦金明享有的外观设计专利与涉案商品包装、装潢整体近似，因此涉案商品的包装、装潢不具有特有性。3. 被诉侵权产品的包装、装潢与涉案商品的包装、装潢在整体与细节上均不近似。4. 超鑫湘汇公司早已停止椰子汁的生产与销售，且并无库存的被诉侵权产品。

经审查查明，一审、二审审理查明的事实基本属实，本院予以确认。

在再审审查程序中，再审申请人苏萨公司向本院提交了以下证据：1.（2019）泰祥证经内字第15号、16号、17号、20号、22号公证书，用以证明2010年起涉案商品的标签、彩盒开始投入使用。2.（2019）泰祥证经内字第11

号、12 号公证书（产品经销合同书）及第 13 号、14 号、18 号、19 号、21 号、23 号、24 号、25 号、26 号公证书，用以证明 2011 年涉案商品在各地上市销售。3. 江苏省高级人民法院（2017）苏民再 215 号民事判决书，用以证明涉案商品在江苏、安徽、浙江、福建、黑龙江等各地电视台进行长期持续广告宣传，并且由明星代言及通过网络传播。且该包装、装潢被江苏省高级人民法院认定为知名商品特有的包装、装潢。4. 浙江省高级人民法院（2019）浙民终 369 号、370 号民事判决书，佛山市中级人民法院（2019）粤 06 民终 3468 号民事判决书，用以证明法院认定涉案商品包装、装潢属于知名商品特有的包装、装潢。

另查明：北京市高级人民法院于 2017 年 11 月 30 日作出（2017）京行终 4383 号行政判决书（简称 4383 号判决），认定湛江市苏萨食品有限公司申请注册的 16972248 号“特种兵 THESPECIALARMS 及图”商标，容易使相关公众将核定使用商品与军事物资联系起来，可能对我国政治、军事等方面的公共利益和公共秩序产生不良影响，因此，不符合《中华人民共和国商标法》[1]（简称商标法）第十条第一款第八项的规定，并据此驳回该商标的注册申请。该商标与涉案商品使用的“特种兵 THESPECIALARMS 及图”商标一致。

上述事实，有苏萨公司提交的证据、4383 号判决以及当事人陈述等证据在案佐证。

本院经审查认为，本案被诉侵权行为发生于 2017 年修订的《中华人民共和国反不正当竞争法》（以下简称 2017 年反不正当竞争法）实施期间，因此，本案应适用 2017 年反不正当竞争法进行审理。

2017 年反不正当竞争法第六条第一项规定，经营者不得实施下列混淆行为，引人误认为是他人商品或者与他人存在特定联系：（一）擅自使用与他人有一定影响的商品名称、包装、装潢等相同或者近似的标识。1993 年颁布实施的反不正当竞争法第五条第二项规定，经营者不得采用下列不正当手段从事市场交易，损害竞争对手：（二）擅自使用知名商品特有的名称、包装、装潢，或者使用与知名商品近似的名称、包装、装潢，造成和他人的知名商品相混淆，使购买者误认为是该知名商品。尽管本案一审、二审判决对涉案商品的包装装潢是否构成知名商品特有的包装、装潢进行了评述，未论及是否构成有一定影响的包装、装潢，在法律适用上有所不妥，但 2017 年反不正

① 此处指 2013 年《中华人民共和国商标法》，其已于 2019 年修改，修改条款于 2019 年 11 月 1 日起实施，本案下同。

当竞争法修订后的“有一定影响的商品包装、装潢”与1993年反不正当竞争法中“知名商品特有的包装、装潢”的内涵并无变化，一审、二审法院参照适用《最高人民法院关于审理不正当竞争民事案件应用法律若干问题的解释》（简称反不正当竞争法司法解释）关于知名商品特有包装、装潢的认定标准，对涉案商品的包装、装潢是否能够获得反不正当竞争法的保护进行评述，并未影响苏萨公司的实体权利。

根据本案已经查明的事实，结合当事人的再审主张及答辩意见，本案的争议焦点问题是：超鑫湘汇公司使用被诉侵权的包装、装潢是否构成2017年反不正当竞争法第六条第一项规定的不正当竞争行为。

反不正当竞争法第六条第一项规范的对象是市场竞争环境下仿冒商业标识的行为。竞争本身并非反不正当竞争法的规制对象，反不正当竞争法仅制止有损竞争秩序的特定竞争行为。因此，在判断是否构成反不正当竞争法规制的仿冒行为时，既需要审查竞争行为的正当性，也需要经营者证明其所遭受损害的利益乃正当的竞争利益。如果主张受到保护的竞争利益非法或者具有不正当性，对此类竞争利益的争夺通常不构成不正当竞争行为。

关于仿冒商业标识行为项下的竞争利益是否正当的问题。根据反不正当竞争法第六条第一项规定，经营者不得擅自使用与他人有一定影响的商品名称、包装、装潢等相同或者近似的标识，引人误认为是他人商品或者与他人存在特定联系。同时，反不正当竞争法司法解释第五条规定，商品的名称、包装、装潢属于商标法第十条第一款规定的不得作为商标使用的标志，当事人请求依照反不正当竞争法第五条第二项规定予以保护的，人民法院不予支持。因此，对于包装、装潢的仿冒行为，受到反不正当竞争法保护的竞争利益，应当符合以下两个层次的要求：1. 被仿冒的包装、装潢不属于商标法第十条第一款规定的不得作为商标使用的标志。2. 被仿冒的包装、装潢有一定影响，具有可识别性。其中，不违反法律对商业标识的禁止性规定是第一层次的判断，如果包装、装潢属于法律规定禁止作为商业标识使用的情形，则无需进一步判断该包装、装潢是否具有一定影响。即使其能够产生独立的识别性，也不应受到反不正当竞争法的保护。

本案中，“特种兵 THESPECIALARMS 及图”商标（简称特种兵商标）申请注册过程中，已有生效裁判文书认定，该标志具有不良影响，构成商标法第十条第一款第八项规定的情形。在再审审理过程中，超鑫湘汇公司主张特种兵商标已被法院认定不得作为商标使用，因此，涉案包装、装潢不具有合法性。

对此，本院认为，首先，通常情况下，商标标志与包装、装潢形成一个整体，共同发挥识别作用。商品的包装、装潢一般由商标、商品名称以及装饰性图案、颜色等要素组合构成。商标是识别商品来源的标志，具有一定知名度的商标通常产生溢出效应，能够使相关公众将含有该商标的包装、装潢与商品提供者建立一定的联系。因此，含有商标的包装、装潢，可以在整体上发挥识别商品来源的作用。当然，在商标以外的其他包装、装潢元素也产生了独立的市场价值，能够独立发挥识别作用时，也需要考虑包装、装潢中其他构成要素的利益保护。本案中，特种兵商标含有的“特种兵”“THESPECIALARMS”文字、七名士兵的剪影、盾牌图形、五角星图形等元素均占据涉案包装、装潢的显著位置。在特种兵商标之外，涉案包装、装潢的其他要素或是与特种兵相关的元素，例如瓶身整体的迷彩图案，或是商品名称，例如“生榨椰子汁”“植物蛋白饮料”。因此，特种兵商标是涉案包装、装潢的显著识别部分。

其次，判断单个的包装、装潢元素能否成为正当的竞争利益，需要考虑商标标志与装潢元素的关系。本案中，涉案包装、装潢是以特种兵为核心进行的设计构思，涉案包装、装潢的整体颜色、包装外形均与特种兵相关，“特种兵”文字为涉案包装、装潢的组成部分，而非可以随意替换的要素。

最后，根据反不正当竞争法第一条的规定，反不正当竞争法的立法目的在于通过制止不正当竞争行为，鼓励和保护公平竞争，保护经营者和消费者的合法权益。因此，经营者请求保护的包装装潢只有在不损害他人及社会公共利益的情况下，才能够成为反不正当竞争法保护的合法权益。换言之，如果包装、装潢的显著识别部分是可能损害公共利益的商业标识时，包装、装潢与该商业标识均不具有获得法律保护的正当性基础。否则，将导致无法依据商标法获得保护的标志，反而能够通过反不正当竞争法获得保护的不良导向。

综上，本案中，涉案包装、装潢的构成要素均指向特种兵，在特种兵商标已被生效判决认定具有不良影响，不得作为商标使用的情况下，将“特种兵”文字作为显著识别部分的涉案包装、装潢同样不应当作为反不正当竞争法意义上的有一定影响的包装、装潢进行保护。据此，苏萨公司关于超鑫湘汇公司生产的椰汁采用的包装、装潢构成不正当竞争行为的主张，本院不予支持。

同时，即使不考虑涉案包装、装潢的可保护性，超鑫湘汇公司使用的被诉侵权的包装、装潢在瓶身形状、颜色组合、“心湘汇”商标及图、“鲜榨椰肉海南特产”“生榨椰子汁”等文字构成要素等方面均与涉案包装、装潢存在差异，因此，二审判决认定二者不近似的结论并无不当。苏萨公司的相关再审申请理由不能成立，本院不予支持。

综上，依照《中华人民共和国民事诉讼法》第二百零四条第一款，《最高人民法院关于适用〈中华人民共和国民事诉讼法〉的解释》第三百九十五条第二款规定，裁定如下：

驳回江苏苏萨食品有限公司的再审申请。

审 判 长 佟 姝
审 判 员 戴怡婷
审 判 员 毛立华
二〇一九年十二月三十日
书 记 员 丁 烨

# 50. 虚假宣传行为的认定

——再审申请人加多宝（中国）饮料有限公司与被申请人
广州王老吉大健康产业有限公司虚假宣传纠纷案①

**中华人民共和国最高人民法院民事判决书（2017）最高法民再151号**

再审申请人（一审被告、二审上诉人）：加多宝（中国）饮料有限公司。住所地：北京市北京经济技术开发区康定街21号。

法定代表人：周行，该公司执行董事。

委托诉讼代理人：杨晓岩，北京市信睿律师事务所律师。

委托诉讼代理人：王辉，北京市信睿律师事务所律师。

被申请人（一审原告、二审被上诉人）：广州王老吉大健康产业有限公司。住所地：广东省广州市南沙区双山大道3号106。

法定代表人：徐文流，该公司董事长。

委托诉讼代理人：温旭，广东三环汇华律师事务所律师。

委托诉讼代理人：钟文，北京恒都律师事务所律师。

再审申请人加多宝（中国）饮料有限公司（简称加多宝中国公司）因与被申请人广州王老吉大健康产业有限公司（简称大健康公司）虚假宣传纠纷一案，不服重庆市高级人民法院（2014）渝高法民终字00318号民事判决（简称二审判决），向本院申请再审。本院于2016年12月23日作出（2016）最高法民申682号民事裁定，提审本案。本院依法组成合议庭，开庭审理本案。再审申请人加多宝中国公司的委托诉讼代理人杨晓岩、王辉，被申请人大健康公司的委托诉讼代理人张荣梅（后变更为钟文）、温旭到庭参加诉讼。本案现已审理终结。

加多宝中国公司申请再审称，（一）二审法院认定“一审法院对加多宝中国公司是否是涉案广告语的广告主的问题进行了实体审理……并不违反法定程序”没有事实依据，适用法律错误，应予纠正。加多宝中国公司还认为本案亦与大健康公司与广州医药集团有限公司（简称广药集团）于2013年3

① 本案在年度报告中的位置为第84页。

月 12 日以武汉加多宝饮料有限公司为被告，以武汉加多宝饮料有限公司发布的“全国销量领先的红罐凉茶改名为加多宝”广告语的广告构成虚假宣传为由，向湖南省长沙市中级人民法院提起的案号为（2013）长中民五初字第 00308 号的案件构成重复诉讼，而一审法院未就该案是否与本案构成重复诉讼进行审理，存在漏审，依法应予纠正。（二）二审法院以本案与（2012）穗中法知民初字第 263 号案件（简称第 263 号案件）原被告均不相同，所涉及的具体侵权事实不同为由，认定本案非重复诉讼，不违反一事不再理原则，违反法定程序，事实认定错误。（三）涉案广告语“全国销量领先的红罐凉茶改名加多宝”仅是对加多宝各公司生产经营的红罐凉茶产品更改商标的客观陈述，不存在任何与事实不符的虚假内容及误导相关公众的可能性，不构成虚假宣传；二审法院认为“涉案广告语容易被理解为‘王老吉’红罐凉茶改名‘加多宝’”“‘加多宝’红罐凉茶与‘王老吉’红罐凉茶并不相同”“‘王老吉’红罐凉茶作为知名商品，其所拥有的知名度和良好商誉是由鸿道集团有限公司（简称鸿道集团）与广药集团共同创造的”“加多宝中国公司的行为已经超出了以合理方式客观地向消费者进行告知的范围，构成引人误解的虚假宣传”，缺乏事实和法律依据，认定错误，应予纠正。（四）大健康公司并未举证证明涉案广告语对其造成任何损害，二审法院判令加多宝中国公司承担赔偿责任没有事实和法律依据。（五）重庆市第五中级人民法院（2013）渝五中法民初字第 00345 号民事判决（简称一审判决）判令其在《重庆日报》上公开发表声明以消除影响，适用法律不当，二审法院未予纠正、维持原判，缺乏法律依据。（六）一、二审法院的错误审判结果具有严重的社会危害性，应予纠正。综上，依据《中华人民共和国民事诉讼法》第二百条第二项、第六项规定，请求撤销二审判决和一审判决第一、二、三、四项；改判驳回大健康公司的全部诉讼请求。

大健康公司辩称，（一）虚假宣传的认定需明确其行为对象是一般大众，是直接接受相关宣传广告并基于相关广告宣传可能作出消费选择的消费者。面对同类、同品质、价格相近的产品/服务时，消费者的选择更具随机性，影响其消费选择的是品牌，也更容易受到宣传广告的影响。（二）二审法院对广告主的实体审查客观明确，适用法律正确。（三）本案并非重复诉讼，二审法院认定正确。（四）二审法院有关“涉案广告语容易被理解为‘王老吉’红罐凉茶改名‘加多宝’”“‘加多宝’红罐凉茶与‘王老吉’红罐凉茶不相同”“‘王老吉’红罐凉茶作为知名商品，其所拥有的知名度和良好商誉是由鸿道集团与广药集团共同创造的”“加多宝中国公司的行为已超出了以合理方式客观地向消费者进行告知的范围，构成引人误解的虚假广告宣传”的认定，是立足于客观事实依法作出的正确认定。1. 加多宝中国公司及其关联公司有权通过合理的方式对不再继续使用王老吉商标，并从此在其生产的红罐凉茶上改用加多宝商标的事实客观地向相关公众进行说明、告知，但不应采取虚假宣传、“傍名牌”的形式进行。2. 加多宝中国公司自称“全国销量领先的红罐凉茶具有具体明确且固定唯一的对应商品，即加多宝各公司经营的红罐凉茶商品”这一说法缺乏事实基础，不符合逻辑。3. 涉案广告语意味着之前的名字被弃用，而事实上其于2012年6月推出了王老吉凉茶，故与客观事实不符。再者，有权改名的主体必然是商标权人，涉案广告语向消费者传递错误信息。因此，加多宝中国公司使用涉案广告语造成了消费者的混淆和误认，给其造成了无法挽回的损失，构成不正当竞争。4. 在商标许可关系中双方的权利义务是对等的，加多宝中国公司不得以所谓的大健康公司与广药集团在王老吉商标中没有贡献为由，攫取附着在王老吉商标上的无形资产。如若如此，商标许可制度的价值将荡然无存。（五）二审判决判令加多宝中国公司承担相应赔偿责任及在《重庆日报》上发表声明，适用法律正确。综上，请求本院依法驳回加多宝中国公司的再审请求。

大健康公司向一审法院起诉请求加多宝中国公司：一、确认其发布包含“全国销量领先的红罐凉茶改名加多宝”广告语的行为构成1993年《中华人民共和国反不正当竞争法》（简称反不正当竞争法）第九条和第十四条规定的不正当竞争，系虚假宣传；二、停止销售包含“全国销量领先的红罐凉茶改名加多宝”或与之相似的广告词的产品包装，停止发布包含上述内容的电视、网络、视频和平面媒体广告；三、销毁、删除和撤换包含上述广告语的广告宣传册、视频和包装盒等产品包装盒宣传资料；四、在全国性的电视和报纸上公开向大健康公司赔礼道歉、消除影响；五、赔偿大健康公司经济损失500万元；六、承担大健康公司为维权而支出的律师费及合理的调查取证费用；七、承担本案全部诉讼费用。一审庭审中，大健康公司明确与“全国销量领先的红罐凉茶改名加多宝”相似的广告语有“全国销量领先的红罐凉茶——加多宝”。

一审法院认定事实：

一、“王老吉”商标和商标许可以及“王老吉”“加多宝”凉茶生产经营方面的事实

广药集团是第626155号、3980709号、9095940号“王老吉”系列注册商标的商标权人。上述商标核定使用的商品种类均为第32类：包括无酒精饮料、果汁、植物饮料等。2012年5月25日，广药集团与大健康公司签订《商标使用许可合同》，许可大健康公司使用第3980709号“王老吉”商标，

许可使用期限自2012年5月25日起至2016年3月6日止。同日，广药集团还出具《证明》，授权大健康公司使用“王老吉”商标，并采取广告宣传、公证取证或诉讼等方式维护“王老吉”品牌的合法权益。

1995年3月28日和9月14日，鸿道集团与广州羊城药业股份有限公司王老吉食品饮料分公司分别签订《商标使用许可合同》和《商标使用许可合同补充协议》，取得独家使用第626155号商标生产销售带有“王老吉”三个字的红色纸包装和罐装清凉茶饮料的使用权。1997年6月14日，陈鸿道被国家专利局授予《外观设计专利证书》，获得外观设计名称为“罐帖”的“王老吉”外观设计专利。2000年5月2日，广药集团（许可人）与鸿道集团（被许可人）签订《商标许可协议》，约定许可人授权被许可人在中国境内（不包括香港、澳门和台湾地区）使用第626155号“王老吉”注册商标生产销售红色罐装及红色瓶装王老吉凉茶。被许可人未经许可人书面同意，不得将该商标再许可其他第三者使用，但属被许可人投资（包括全资或合资）的企业使用该商标时，不在此限，但需知会许可人；许可人除自身及其下属企业已生产销售的绿色纸包装“王老吉”清凉茶外，许可人不得在第32类商品（饮料类）在中国境内使用“王老吉”商标或授权第三者使用“王老吉”商标，双方约定许可的性质为独占许可，许可期限自2000年5月2日至2010年5月2日止。此后，通过鸿道集团及其关联公司长期多渠道的营销、公益活动和广告宣传，培育红罐“王老吉”凉茶品牌，并获得众多荣誉，如罐装“王老吉”凉茶饮料在2003年被广东省佛山市中级人民法院认定为知名商品，“王老吉”罐装凉茶的装潢被认定为知名商品包装装潢；罐装“王老吉”凉茶多次被有关行业协会等评为“最具影响力品牌”；根据中国行业企业信息发布中心的证明，罐装“王老吉”凉茶在2007—2012年度均获得市场销量或销售额的第一名等。加多宝中国公司成立于2004年3月3日，注册资本为1200万美元。加多宝中国公司成立后开始使用前述“王老吉”商标生产红色罐装凉茶（罐身对称两面从上至下印有“王老吉”商标）。

2012年5月9日，中国国际经济贸易仲裁委员会对广药集团与鸿道集团之间的商标许可合同纠纷作出终局裁决：（一）《“王老吉”商标许可补充协议》和《关于“王老吉”商标使用许可合同的补充协议》无效；（二）鸿道集团停止使用“王老吉”商标。庭审中，加多宝中国公司陈述称，鸿道集团与广药集团就商标许可使用发生争议后，其在2011年11月开始生产一面印有“王老吉”、对称另一面印有“加多宝”的红色罐装凉茶饮料。在中国国际经济贸易仲裁委员会就商标许可合同纠纷作出终局裁决后，开始生产对称两面均印有“加多宝”的加多宝凉茶饮料。2012年7月1日，广东加多宝饮料食品有限公司（简称广东加多宝公司）出具《授权书》，该授权书载明：广东加多宝公司授权加多宝中国公司在其生产的红罐凉茶外包装上印制“全国销量领先的红罐凉茶改名加多宝”。

一审庭审中，大健康公司对加多宝中国公司在2011年11月开始生产一面印有“王老吉”、对称另一面印有“加多宝”的红色罐装凉茶的事实没有异议，但认为这种一面印有“王老吉”、对称另一面印有“加多宝”的红色罐装凉茶使用“王老吉”商标，仍属“王老吉”红罐凉茶，罐身上印制的“加多宝”并非作为商标使用。大健康公司在2012年6月左右，开始生产“王老吉”红色罐装凉茶。

二、涉案广告语的宣传行为及其影响方面的事实

2013年3月5日，大健康公司在重庆市江北区“新世纪百货世纪新都超市”、“阳光城茂业百福超市”、观音桥步行街“重百超市”“永辉超市”分别购买到外包装印有“全国销量领先的红罐凉茶改名加多宝”字样广告语的“加多宝”红罐凉茶产品。2013年3月6日，大健康公司在重庆市渝中区邹荣路121号附1号的“重百超市”、渝中区民权路89号日月光广场的“卜蜂莲花超市”购买到外包装印有“全国销量领先的红罐凉茶——加多宝”字样广告语的“加多宝”红罐凉茶产品，并在“卜蜂莲花超市”获得标有“全国销量领先的红罐凉茶改名加多宝”字样广告语的手提袋。同日，大健康公司还在重庆市渝中区民族路重庆广场“家乐福超市”、渝中区“新世纪百货解放碑超市”购买到外包装印有“全国销量领先的红罐凉茶改名加多宝”字样广告语的“加多宝”红罐凉茶产品，并在“家乐福超市”获得标有“全国销量领先的红罐凉茶改名加多宝”字样广告语的手提袋。庭审中，加多宝中国公司认可上述“加多宝”红罐凉茶产品均为其生产，但陈述称，“加多宝”红罐凉茶产品罐体本身并无“全国销量领先的红罐凉茶改名加多宝”的广告，上述广告仅印制在外包装上，且印有“全国销量领先的红罐凉茶改名加多宝”字样的手提袋上并没有加多宝中国公司的名称。根据重庆市公证处（2013）渝证字第17516号公证书载明，在“www. womai. com”中粮我买网网站上，有“加多宝”红罐凉茶产品销售，在销售页面上，有“全国销量领先的红罐凉茶改名加多宝”字样的广告宣传。根据（2013）渝证字第20363号公证书载明，在央视网广告频道VIP品牌俱乐部中，亦印有“全国销量领先的红罐凉茶改名加多宝”字样的“加多宝”红罐凉茶产品的广告宣传。

一审庭审中，大健康公司还称，2012年7月5日《重庆时报》刊登有“全国销量领先的红罐凉茶改名加多宝”字样的广告宣传；在重庆市内，还有印有“原来的红罐王老吉改名加多宝凉茶了”的宣传海报；在重庆市两路

口地区也有“全国销量领先的红罐凉茶改名加多宝”字样的广告宣传，并提供了相应的报纸复印件及相关照片作为证据。

2012 年 5 月 16 日，人民网食品频道以“红罐王老吉改名‘加多宝’配方工艺均不变”为题做了报道。2012 年 5 月 18 日，搜狐新闻以“红罐王老吉改名加多宝”为题做了报道。2012 年 5 月 23 日，中国食品报电子版以“加多宝就是以前的王老吉”为题做了报道；同日，网易新闻也以“红罐‘王老吉’正式更名‘加多宝’”为题做了报道，并标注信息来源于《北京晚报》。2012 年 6 月 1 日，《中国青年报》以“加多宝凉茶全国上市红罐王老吉正式改名”为题做了报道。

三、大健康公司称为消除涉案广告产生的不良影响及为制止侵权行为而支出的合理费用等相关费用方面的事实

2012 年 7 月 6 日及之后，大健康公司与广州中礼实业有限公司签订多份《采购合同》，向该公司采购太阳伞、水座、公文包等物品。大健康公司陈述称，其物品中印有“王老吉从未更名”字样，并为此支付 1388680 元。

2012 年 7 月 13 日，大健康公司与汕头市万丰广告有限公司签订《包装制作安装服务合同》，由该广告公司包装制作安装印有“正宗凉茶王老吉从未更名”的广告宣传物品，合同约定金额为 86776. 31 元。

2012 年 7 月 30 日及之后，大健康公司与广东金石卖场建设有限公司签订多份《采购合同》，采购促销台、冰桶等物品。大健康公司陈述称，其物品中印有“正宗凉茶王老吉从未更名”字样，并为此支付 1380896 元。

2012 年 8 月 1 日及之后，大健康公司与深圳市易尚展示股份有限公司签订 2 份《采购合同》，采购挂架。大健康公司陈述称，其物品中印有“正宗凉茶王老吉从未更名”字样，并为此支付 739430. 48 元。

2012 年 8 月 13 日及之后，大健康公司与广东环礼商贸有限公司签订多份《采购合同》，采购陈列架、饮料提篮等物品。大健康公司陈述称，其物品中印有“正宗凉茶王老吉从未更名”字样，并为此支付 2500379 元。

大健康公司还与广州市医药海马广告有限公司签订《“正宗凉茶王老吉从未更名”春节网络传播合同》，约定为推广“正宗凉茶王老吉从未更名”主题，借势四川跨年晚会、CCTV 开门大吉、湖南卫视春晚和元宵晚会开展线上活动，通过无线、门户、视频、手机 APPS 等多种渠道进行宣传推广，以便最大范围地传递“正宗凉茶王老吉从未更名”，合同约定的实收总费用为 9186337 元。

2012 年 11 月，大健康公司委托天津市维信光程广告有限公司制作广告牌。大健康公司陈述称，上述广告中印有“王老吉从未更名”字样，并为此

支付费用 8321 元。大健康公司还与北京九鼎方圆广告有限公司签订《包装制作安装服务合同》，进行区域安装制作广告宣传物品，大健康公司称上述广告中印有“正宗凉茶王老吉从未更名”字样，并为此支付费用 181914.38 元。

一审庭审中，大健康公司还称其在 2012 年 9 月 6 日及之后，与中山市力荣展示制品有限公司签订多份《采购合同》，采购台卡等物品，上述物品中印有“正宗凉茶王老吉从未更名”字样，并为此支付费用 1078020 元。但大健康公司仅提供了《采购合同》复印件，并未提供原件加以核对。针对大健康公司的上述合同及费用，加多宝中国公司陈述称，上述合同中均未提供原件，不能体现出物品及广告中有“正宗凉茶王老吉从未更名”或“王老吉从未更名”的宣传字样，所有费用均未提供发票，不能证明合同已实际履行，且上述证据已在另案中提供，系重复主张。

大健康公司还称，其为制止加多宝中国公司的侵权行为，还产生了至少 13000 元的公证费，但仅提供了公证费发票的复印件；支付了 15 万元的律师费，并提供了发票号为 02711405 的律师费发票。

四、与本案有一定关联的其他诉讼案件方面的事实

2012 年 11 月，广药集团（本案大健康公司的股东）向广东省广州市中级人民法院以广东加多宝饮料食品有限公司（简称广东加多宝公司）和彭碧娟进行虚假宣传为由，提起民事诉讼。诉讼中，广药集团申请诉中禁令，广东省广州市中级人民法院于 2013 年 1 月 31 日作出裁定：广东加多宝公司和彭碧娟立即停止使用“王老吉改名加多宝”“全国销量领先的红罐凉茶改名加多宝”或与之意思相同、相近似的广告语。广东加多宝公司和彭碧娟对该裁定提出复议，广东省广州市中级人民法院于 2013 年 2 月 28 日作出“驳回申请，维持原裁定”的决定。2013 年 12 月 20 日，广东省广州市中级人民法院作出第 263 号民事判决，判令：广东加多宝公司和彭碧娟立即停止使用“全国销量领先的红罐凉茶改名加多宝”等广告语进行宣传的行为；广东加多宝公司赔偿广药集团 1000 万元及合理费用 813250 元；彭碧娟支付广药集团合理费用 2500 元；广东加多宝公司在指定报刊、网站公开赔礼道歉。一审宣判后，广东加多宝公司不服一审判决，于 2013 年 12 月 30 日向广东省高级人民法院提起上诉。

一审法院判决：一、确认加多宝中国公司发布的包含“全国销量领先的红罐凉茶改名加多宝”广告词的宣传行为构成不正当竞争的虚假宣传行为；二、加多宝中国公司立即停止使用并销毁、删除和撤换包含“全国销量领先的红罐凉茶改名加多宝”广告词的产品包装和电视、网络、视频及平面媒体广告；三、加多宝中国公司于本判决生效后十日内在《重庆日报》上公开发

表声明以消除影响（声明内容须经一审法院审核）；四、加多宝中国公司于本判决生效后十日内赔偿大健康公司经济损失及合理开支40万元；五、驳回大健康公司的其他诉讼请求。

一审案件受理费46800元，由加多宝中国公司负担。

大健康公司不服一审判决，上诉请求：1. 撤销一审判决第四项；2. 判决支持大健康公司的第五项、第六项诉讼请求；3. 二审诉讼费用由加多宝中国公司负担。

加多宝中国公司不服一审判决，上诉请求：1. 撤销一审判决；2. 判决驳回大健康公司的全部诉讼请求；3. 一、二审诉讼费用由大健康公司负担。

二审法院认定事实：

加多宝中国公司在一审中答辩称，“全国销量领先的红罐凉茶改名加多宝”广告语的广告主是广东加多宝公司。在第263号案中，广药集团认为广东加多宝公司在广州市南沙区及全国其他地区实施了不正当竞争行为。可以看出，广药集团认为广东加多宝公司是全国所有“全国销量领先的红罐凉茶改名加多宝”的广告主，同时广东加多宝公司承认是该广告语的广告主。一审法院在制作判决书时，没有将加多宝中国公司的该答辩意见写入一审判决书，二审法院对此应予以纠正。

二审查明的其他事实与一审法院查明的事实一致。

二审法院认为，本案的争议焦点为：1. 本案广告语的广告主是否是加多宝中国公司，一审判决没有对该问题进行评判是否违反法定程序；2. 大健康公司的一审诉讼请求是否明确；3. 本案是否属于重复诉讼；4. 加多宝中国公司使用“全国销量领先的红罐凉茶改名加多宝”广告语的行为是否构成虚假宣传；5. 加多宝中国公司是否需要承担赔偿损失的民事责任以及如何确定赔偿数额；6. 加多宝中国公司是否需要承担消除影响的民事责任。

一、本案广告语的广告主是否是加多宝中国公司，一审判决没有对该问题进行评判是否违反法定程序

广东加多宝公司授权加多宝中国公司使用“全国销量领先的红罐凉茶改名加多宝”的广告语，而在加多宝中国公司生产的“加多宝”红罐凉茶产品的外包装和手提袋上均印有“全国销量领先的红罐凉茶改名加多宝”的广告语，如果加多宝中国公司不能提供证据证明该广告语不是其发布，就应当认定加多宝中国公司是该广告语的广告主。由于加多宝中国公司在一、二审中均不能提供证据证明该广告语不是其发布，故应当认定加多宝中国公司在其生产的“加多宝”红罐凉茶的外包装和手提袋上使用了该广告语，即加多宝中国公司是“全国销量领先的红罐凉茶改名加多宝”广告语的广告主。一审

法院在开庭时，对加多宝中国公司是否是涉案广告语的广告主的问题进行了实体审理，虽然在一审判决书中对该问题没有进行分析和评判，但在判决书的表述中已经认定加多宝中国公司是涉案广告语的广告主，故一审法院对该问题的审理符合民事诉讼法的规定，并不违反法定程序。因此，加多宝中国公司提出的本案违反法定程序的上诉理由不成立。

二、大健康公司的一审诉讼请求是否明确

大健康公司一审诉请加多宝中国公司停止销售包含“全国销量领先的红罐凉茶改名加多宝”或与之相似的广告语的产品包装，停止发布包含上述内容的电视、网络、视频和平面媒体广告。在一审中，大健康公司确认涉案广告语为“全国销量领先的红罐凉茶改名加多宝”，而“与之相似的广告语”为“全国销量领先的红罐凉茶——加多宝”，故大健康公司的一审诉讼请求是明确的。一审法院未将“全国销量领先的红罐凉茶——加多宝”的广告语纳入本案审理范围，大健康公司未对此提起上诉，故本案审理范围为“全国销量领先的红罐凉茶改名加多宝”这一条广告语。加多宝中国公司提出的大健康公司一审诉讼请求不明确的上诉理由不成立。

三、本案是否属于重复诉讼

2012 年 11 月，广药集团以广东加多宝公司和彭碧娟为被告，向广东省广州市中级人民法院提起虚假宣传的民事诉讼，该院于 2013 年 12 月 20 日作出第 263 号民事判决。该案中，虽然涉及的广告语也包括“全国销量领先的红罐凉茶改名加多宝”，但该案当事人与本案当事人不同，本案的原告为大健康公司，另一案的原告为广药集团；本案的被告为加多宝中国公司，另一案的被告为广东加多宝公司和彭碧娟。虽然加多宝中国公司与广东加多宝公司系关联企业，但两者均为独立的企业法人，在法律上系不同的民事主体。鉴于两案的当事人不同，起诉所涉及的具体侵权事实也不同，建立在此基础上的诉讼请求和诉讼标的当然不同。因此，本案并不符合《最高人民法院关于适用〈中华人民共和国民事诉讼法〉的解释》第二百四十七条规定的重复起诉的条件，加多宝中国公司提出本案属于重复诉讼的上诉理由不成立。

四、加多宝中国公司使用“全国销量领先的红罐凉茶改名加多宝”广告语的行为是否构成虚假宣传

反不正当竞争法第二条规定，经营者在市场交易中，应当遵循自愿、平等、公平、诚实信用的原则，遵守公认的商业道德。该法第九条第一款规定，经营者不得利用广告或者其他方法，对商品的质量、制作成分、性能、用途、生产者、有效期限、产地等作引人误解的虚假宣传。因此，在市场交易中，经营者应当遵循诚实信用的原则，遵守公认的商业道德，不得以任何不正当

的手段误导消费者，损害竞争对手的商业信誉。经营者的广告宣传应当真实、全面，必须客观地介绍产品或服务内容，不得对相关事实有虚构、隐瞒或不合理的省略。

在广药集团与鸿道集团的商标许可合同终止后，加多宝中国公司不能再继续使用“王老吉”商标，加多宝中国公司因此在其生产的红罐凉茶上改用“加多宝”商标。一方面，从维护商标作为产品、服务来源标识功能的角度，或者保护消费者知情权角度，加多宝中国公司可以合理的方式对前述变化客观地向相关公众进行说明、告知；另一方面，加多宝中国公司的此种说明、告知应当客观、全面，广告宣传也不应产生误导性，经营者对一般消费者的普遍理解应予以足够的注意，尤其是在涉及他人商业信誉和商品信誉时，应当对相关事实作全面、客观的介绍，并采取必要的说明避免使一般消费者产生歧义或误解，否则仍构成引人误解的虚假宣传。

（一）涉案广告语容易被一般消费者理解为“王老吉红罐凉茶改名加多宝”

根据《最高人民法院关于审理不正当竞争民事案件应用法律若干问题的解释》第八条第三款规定，人民法院应当根据日常生活经验、相关公众一般注意力、发生误解的事实和被宣传对象的实际情况等因素，对引人误解的虚假宣传行为进行认定。

“全国销量领先的红罐凉茶改名加多宝”广告语中，以相关公众一般的文义习惯与逻辑，“加多宝”当然是指商标、品牌，“某某改名加多宝”指的是“某某品牌改名加多宝品牌”。相应地，相关公众在见到“全国销量领先的红罐凉茶改名加多宝”的广告宣传时，通常会联想到“全国销量领先的红罐凉茶某某品牌改名为加多宝品牌”。而根据本案查明的事实，在鸿道集团授权使用“王老吉”商标期间，通过鸿道集团及其关联公司长期多渠道的营销、公益活动和广告宣传，培育了“王老吉”红罐凉茶品牌，并获得众多荣誉，罐装“王老吉”凉茶饮料在2003年被广东省佛山市中级人民法院认定为知名商品，“王老吉”罐装凉茶的装潢被认定为知名商品包装装潢；罐装“王老吉”凉茶多次被有关行业协会等评为“最具影响力品牌”；根据中国行业企业信息发布中心的证明，罐装“王老吉”凉茶在2007—2012年度均获得市场销量或销售额的第一名等。因此，在本案涉案广告语发布之时，“王老吉”罐装凉茶具有很高的市场知名度，“全国销量领先的红罐凉茶”的指向非常明确，涉案广告语容易被理解为“王老吉”红罐凉茶改名“加多宝”。

（二）加多宝中国公司发布涉案广告语时并未对所谓“改名”的背景进行全面的说明，也未提供证据证明消费者对该背景已经了解商标的权利人可以自己使用商标，也可以许可他人使用商标。如果经营者通过商标许可使用合同的方式使用他人商标，尤其在该商标经过多年的宣传、培育，已经具有很高知名度的情况下，该经营者因为商标许可合同终止不能再使用许可商标而宣传该许可商标“改名”其他商标，如果不同时对该商标原许可使用的方式、权利人、“改名”的原因等作出全面说明，一般消费者在对前述情况不了解时，就会产生该商标已停止使用并且改名，甚至是市场上再出现即属假冒的认知，单纯就所谓“改名”进行的宣传，必然对许可商标的权利人造成损害。因此，作为诚实信用的经营者，在其宣传可能会对消费者产生误解、对原许可商标权利人利益产生重大影响时，其宣传更应客观、全面。

本案中，一方面，加多宝中国公司系因商标许可而使用“王老吉”商标，也因该商标许可终止而停止使用“王老吉”商标。1995 年 3 月 28 日、2000 年 5 月 2 日，鸿道集团分别与广州羊城药业股份有限公司王老吉食品饮料分公司、广药集团签订《商标使用许可合同》《商标许可协议》，取得生产销售“王老吉”红色罐装凉茶等的独家许可权。加多宝中国公司也系因前述商标许可而生产、销售“王老吉”红色罐装凉茶。在鸿道集团与广药集团因商标许可协议产生纠纷后，中国国际经济贸易仲裁委员会对该商标许可合同纠纷作出终局裁决：鸿道集团停止使用“王老吉”商标。此后，加多宝中国公司不再使用“王老吉”商标，而改用“加多宝”商标。

另一方面，加多宝中国公司在涉案广告中，并未对前述因商标许可而使用“王老吉”商标、因商标许可终止而停止使用“王老吉”商标并因此改用“加多宝”商标的事实进行说明。同时，作为一般的消费者在涉案广告发布时，尤其是在加多宝各关联公司与大健康公司等相关纠纷为社会广泛关注前，通常并不了解前述相关事实。加多宝中国公司也未提供相关证据，证明一般消费者在该涉案广告发布时对前述事实已经了解。

（三）涉案广告语构成引人误解的虚假宣传

“引人误解的虚假宣传”虽然从字面上既包括“虚假宣传”又包括“引人误解”，但判断某行为是否构成引人误解虚假宣传的核心在于是否会引人误解。商品经营者为推销商品而向市场提供的关于该商品的宣传性信息，如果内容不真实，一般应当认定为该商品经营者实施了引人误解的虚假宣传；如果宣传的内容真实但不准确或者不全面，可能导致相关消费者对商品产生错误认识，误认为该商品具有本不存在的品质特征或者其他特点，从而使商品经营者由此得到利益或者竞争优势，此时应认定该商品经营者违反了诚实信用原则，实施了引人误解的虚假宣传。

其一，如前所述，根据一般消费者的注意力，涉案广告语容易被一般消费者理解为“王老吉红罐凉茶改名加多宝”。同时，在广告语发布期间，各大媒体以《红罐王老吉改名“加多宝”配方工艺均不变》《加多宝凉茶全国上市红罐王老吉正式改名》《加多宝就是以前的王老吉》《红罐“王老吉”正式更名“加多宝”》等为标题进行了报道，在此背景下发布涉案广告，无疑更加深了一般消费者的上述理解。此外，加多宝中国公司在涉案广告中并没有说明系因中国国际经济货易仲裁委员会的仲裁裁决而停止使用“王老吉”商标、改用“加多宝”商标的事实，也未提供证据证明一般消费者在广告发布时已经知道商标许可使用、仲裁裁决停止使用的相关事实。由于一般消费者对前述商标许可、终止的情况并不清楚，涉案广告语也没有完整反映商标许可使用期间以及商标使用许可合同终止后，加多宝中国公司为何使用、终止使用并变更商标的相关事实。在此背景下，涉案广告语很容易使消费者产生“王老吉”商标改为“加多宝”商标，原来的“王老吉”商标已经停止使用或不再使用的错误认识。但实际上，在商标许可使用合同终止后，“王老吉”商标依然存在，“王老吉”商标仍然为其权利人所有，商标所有人也并未对“王老吉”改名。

其二，如前所述，一般消费者容易因涉案广告语产生“加多宝红罐凉茶”就是以前的“王老吉红罐凉茶”的印象。实际上，加多宝中国公司在许可使用“王老吉”商标期间，生产销售“王老吉”红罐凉茶；在前述仲裁裁决后，改用加多宝商标生产销售“加多宝”红罐凉茶。即使根据加多宝中国公司的陈述，其改用“加多宝”商标后，红罐凉茶的配方、味道均没有改变；但是，商品通常都包含有商标、包装、产品本身的品质与配方等要素，因此，“加多宝”红罐凉茶与“王老吉”红罐凉茶并不相同。何况，“王老吉”红罐凉茶作为知名商品，其所拥有的知名度和良好商誉是由鸿道集团与广药集团共同创造的，涉案广告语按消费者的一般理解，意味着将在商标许可使用期间，原来由“王老吉”红罐凉茶这一知名商品所拥有的所有知名度和良好商誉，完全转嫁到现在的“加多宝”红罐凉茶产品之上，这对“王老吉”商标的所有人并不公平，也有违诚实信用的商业道德。

其三，在中国国际经济贸易仲裁委员会于2012年5月就商标许可合同纠纷作出终局裁决后，加多宝中国公司及关联公司开始生产销售“加多宝”红罐凉茶，广药集团也于2012年6月开始生产销售“王老吉”红罐凉茶。在这种背景下，加多宝中国公司使用“全国销量领先的红罐凉茶改名加多宝”广告语，更具有针对性，更容易让一般消费者产生“王老吉”商标已改名，甚至市场上销售的“王老吉”红罐凉茶系假冒的印象，消费者的此种印象必然损害“王老吉”商标所有人、使用人的商业信誉。

综上，在加多宝中国公司系因商标许可协议而使用“王老吉”商标，后又因仲裁裁决而停止使用“王老吉”商标，在一般消费者并不知道前述事实情况下，尤其是“王老吉”红罐凉茶对消费者已经具有很高知名度的背景下，加多宝中国公司使用所谓“改名”广告，将对商标权利人的权益产生重大影响。加多宝中国公司在其广告宣传中没有对“改名”的原因作客观、全面叙述，既没有对一般消费者的普遍理解予以足够关注，也没有对其广告宣传可能给“王老吉”商标所有人的商业信誉产生的不利影响予以足够的注意并采取相应措施，其使用涉案广告语的行为已足以引起消费者的误解，并损害了包括大健康公司在内的“王老吉”商标所有人和使用人的利益，对“王老吉”红罐凉茶在市场中的竞争造成不利影响，却使包括加多宝中国公司在内的“加多宝”红罐凉茶的生产者和经营者获得利益或者竞争优势。加多宝中国公司的行为已经超出了以合理方式客观地向相关消费者进行告知的范围，构成引人误解的虚假宣传。

五、加多宝中国公司是否需要承担赔偿损失的民事责任以及如何确定赔偿数额

反不正当竞争法第二十条第一款规定，经营者违反本法规定，给被侵害的经营者造成损害的，应当承担损害赔偿责任，被侵害的经营者损失难以计算的，赔偿额为侵权人在侵权期间因侵权所获得的利润；并应当承担被侵害的经营者因调查该经营者侵害其合法权益的不正当竞争行为所支付的合理费用。本案中，加多宝中国公司使用“全国销量领先的红罐凉茶改名加多宝”广告语进行宣传已构成引人误解的虚假宣传行为，且该行为会损害包括大健康公司在内“王老吉”商标的所有人和使用人的利益，对“王老吉”红罐凉茶产品在市场竞争中造成不利影响，故加多宝中国公司应依法承担赔偿损失的民事责任。

虽然大健康公司在一审中提供了一系列采购合同和广告安装合同等作为其损失的证据，但均未提供证据原件，且合同约定的相关费用也没有发票佐证，不能证明合同已实际履行或实际履行的金额；同时，由于上述证据已由广药集团在第263号案中作为损失的证据进行了举示并得到了广东省广州市中级人民法院的支持，故上述证据不能再作为大健康公司在本案中证明其损失的证据。由于大健康公司在本案中不能提供充分证据证明其损失，也不能证明加多宝中国公司因虚假宣传所获得的利润，故根据《最高人民法院关于审理不正当竞争民事案件应用法律若干问题的解释》第十七条第一款的规定，本案应参照确定侵犯注册商标专用权的损害赔偿额的方法，确定赔偿数

额。尽管大健康公司在其上诉理由中提出本案应适用或参照适用2013年修正的《中华人民共和国商标法》规定的法定赔偿额，但其未提供证据证明加多宝中国公司的虚假宣传行为一直持续到2014年5月1日以后，故一审法院根据2001年修正的《中华人民共和国商标法》第五十六条的规定，考虑加多宝中国公司侵权行为的情节、性质、主观过错程度以及大健康公司为制止侵权行为所支付的合理开支等因素，综合确定加多宝中国公司赔偿大健康公司经济损失及合理开支共计40万元并无不当。因此，大健康公司提出的判决赔偿额低和加多宝中国公司提出的其不应承担赔偿责任的上诉理由均不成立。

六、加多宝中国公司是否需要承担消除影响的民事责任

大健康公司的诉讼请求中包含了请求判令加多宝中国公司在发布涉案广告范围内消除影响。根据《中华人民共和国侵权责任法》[①] 第十五条的规定，承担侵权责任的方式有停止侵害、赔偿损失、赔礼道歉、消除影响、恢复名誉等，以上承担侵权责任的方式，可以单独适用，也可以合并适用。本案中，由于加多宝中国公司发布、使用涉案广告语进行宣传，且在重庆市的宣传范围广、涉及媒体及方式多样，足以使消费者和相关公众产生误认。因此，一审法院结合本案具体情况，判决加多宝中国公司在《重庆日报》这一在重庆市具有较大影响的报刊上刊登声明，以消除因加多宝中国公司的虚假宣传行为给大健康公司带来的不利影响并无不当，故加多宝中国公司提出其不应承担消除影响责任的上诉理由不成立。

综上，二审法院判决：驳回上诉，维持一审判决。

二审案件受理费46800元，由大健康公司负担39500元，由加多宝中国公司负担7300元。

本院再审查明的事实与一、二审查明的事实基本一致。

本院再审认为，根据加多宝中国公司的申请再审事由、大健康公司的答辩意见及查明的事实，本案的争议焦点为：1. 一审判决没有对本案广告主是否是加多宝中国公司进行评判是否违反法定程序；2. 本案是否属于重复诉讼；3. 加多宝中国公司使用涉案广告语“全国销量领先的红罐凉茶改名加多宝”的行为是否构成虚假宣传行为；4. 原审判决判令加多宝中国公司赔偿40万元并在《重庆日报》上发表声明消除影响是否妥当。

一、一审判决没有对本案广告主是否是加多宝中国公司进行评判是否违反法定程序

本院认为，本案系大健康公司与加多宝中国公司之间的虚假宣传的不正

---

① 已被《中华人民共和国民法典》废止。

当竞争。根据查明的事实，在一审庭审中，加多宝中国公司认可由公证机构公证保全的“加多宝”红罐凉茶产品为其生产，“加多宝”红罐凉茶产品的外包装和手提袋上均印有涉案广告语“全国销量领先的红罐凉茶改名加多宝”，因此，在加多宝中国公司未提供相反证据的情况下，应认定加多宝中国公司是涉案广告语的发布者。虽然加多宝中国公司提交了广东加多宝公司出具的《授权书》，以证明广东加多宝公司系“全国销量领先的红罐凉茶改名加多宝”广告语的广告主。但根据该份《授权书》载明的内容可知，广东加多宝公司只是授权加多宝中国公司在其生产的红罐凉茶外包装上印制“全国销量领先的红罐凉茶改名加多宝”。可见，加多宝中国公司是上述红罐凉茶外包装的制作者，仅凭《授权书》不能证明“全国销量领先的红罐凉茶改名加多宝”的广告主是广东加多宝公司。一审法院在开庭时，对加多宝中国公司是否是涉案广告语的广告主问题进行了审理，故一审法院虽然未在判决书中对当事人的答辩意见进行分析和评判，存在一定瑕疵，但并未违反法定程序。加多宝中国公司该项再审理由不能成立，本院不予支持。

二、本案是否属于重复诉讼

《最高人民法院关于适用〈中华人民共和国民事诉讼法〉的解释》第二百四十七条第一款规定，当事人就已经提起诉讼的事项在诉讼过程中或者裁判生效后再次起诉，同时符合下列条件的，构成重复起诉：（一）后诉与前诉的当事人相同；（二）后诉与前诉的诉讼标的相同；（三）后诉与前诉的诉讼请求相同，或者后诉的诉讼请求实质上否定前诉裁判结果。广东省广州市中级人民法院判决的第263号案件中涉及的广告语包含本案涉案广告语，但两案的原、被告不相同，起诉涉及的侵权事实不相同，两案不属于同一法律事实和同一法律关系，故本案不属于重复诉讼。同理，本案与湖南省长沙市中级人民法院判决的（2013）长中民五初字第00308号亦不构成重复诉讼。加多宝中国公司在一审中提到此案，原审法院虽然在判决中未予回应有所不当，但原审认定本案不属于重复诉讼结论正确，本院予以维持。加多宝中国公司关于本案属于重复诉讼的再审理由不能成立，本院不予支持。

三、加多宝中国公司使用涉案广告语“全国销量领先的红罐凉茶改名加多宝”的行为是否构成虚假宣传行为

反不正当竞争法第九条第一款规定，经营者不得利用广告或者其他办法，对商品的质量、制作成分、性能、用途、生产者、有效期限、产地等作引人误解的虚假宣传。《最高人民法院关于审理不正当竞争民事案件应用法律若干问题的解释》第八条规定，经营者具有下列行为之一，足以造成相关公众误解的，可以认定为反不正当竞争法第九条第一款规定的引人误解的虚假宣

传行为：（一）对商品作片面的宣传或者对比的；（二）将科学上未定论的观点、现象等当作定论的事实用于商品宣传的；（三）以歧义性语言或者其他引人误解的方式进行商品宣传的。以明显的夸张方式宣传商品，不足以造成相关公众误解的，不属于引人误解的虚假宣传行为。人民法院应当根据日常生活经验、相关公众一般注意力、发生误解的事实和被宣传对象的实际情况等因素，对引人误解的虚假宣传行为进行认定。加多宝中国公司使用“全国销量领先的红罐凉茶改名加多宝”广告语的行为是否构成虚假宣传，需要结合具体案情，根据日常生活经验，以相关公众的一般注意力，判断涉案广告语是否片面，是否有歧义，是否易使相关公众产生误解。

首先，从涉案广告语的含义看，加多宝中国公司对涉案广告语“全国销量领先的红罐凉茶改名加多宝”的描述和宣传是真实和符合客观事实的。根据查明的事实，鸿道集团自 1995 年取得“王老吉”商标的独占许可使用权后，加多宝中国公司及其关联公司生产、销售“王老吉”红罐凉茶，直到 2012 年 5 月 9 日中国国际经济贸易仲裁委员会对广药集团与鸿道集团之间的商标许可合同作出仲裁裁决，鸿道集团停止使用“王老吉”商标，在长达 10 多年的时间内加多宝中国公司及其关联公司作为“王老吉”商标的被许可使用人，通过多年的广告宣传和使用，已经使“王老吉”红罐凉茶在凉茶市场具有很高知名度。根据中国行业企业信息发布中心的证明，罐装“王老吉”凉茶在 2007—2012 年度均获得市场销量或销售额的第一名。而在“王老吉”商标许可使用期间，广药集团并不生产和销售“王老吉”红罐凉茶。因此，涉案广告语前半部分“全国销量领先的红罐凉茶”的描述与统计结论相吻合，不存在虚假情形，且其指向性非常明确，指向的是加多宝中国公司及其关联公司生产和销售的“王老吉”红罐凉茶。2012 年 5 月 9 日，“王老吉”商标许可协议被仲裁委裁决无效后，加多宝中国公司开始生产“加多宝”红罐凉茶，因此在涉案广告语后半部分宣称“改名加多宝”也是客观事实的描述。

其次，从反不正当竞争法规制虚假宣传的目的看，反不正当竞争法是通过制止对商品或者服务的虚假宣传行为，维护公平的市场竞争秩序。一方面，从不正当竞争行为人的角度分析，侵权人通过对产品或者服务的虚假宣传，如对产地、性能、用途、生产期限、生产者等不真实或片面的宣传，获取市场竞争优势和市场机会，损害权利人的利益；另一方面，从消费者角度分析，正是由于侵权人对商品或者服务的虚假宣传，使消费者发生误认误购，损害权利人的利益。因此，反不正当竞争法上的虚假宣传立足点在于引人误解的虚假宣传，如果对商品或者服务的宣传并不会使相关公众产生误解，则不是反不正当竞争法上规制的虚假宣传行为。本案中，在商标使用许可期间，加多宝中国公司及其关联公司通过多年持续、大规模的宣传和使用行为，不仅显著地提升了王老吉红罐凉茶的知名度，而且向消费者传递了王老吉红罐凉茶的实际经营主体为加多宝中国公司及其关联公司。由于加多宝中国公司及其关联公司在商标许可使用期间生产的“王老吉”红罐凉茶已经具有很高知名度，相关公众普遍认知的是加多宝中国公司及其关联公司生产的“王老吉”红罐凉茶，而不是广药集团授权大健康公司于2012年6月生产和销售的“王老吉”红罐凉茶。在加多宝中国公司及其关联公司不再生产“王老吉”红罐凉茶后，加多宝中国公司使用涉案广告语实际上是向相关公众行使告知义务，告知相关公众以前的“王老吉”红罐凉茶现在商标已经为加多宝，否则相关公众反而会误认为大健康公司生产的“王老吉”红罐凉茶为原来加多宝中国公司及其关联公司生产的“王老吉”红罐凉茶。因此，加多宝中国公司使用涉案广告语不存在易使相关公众误认误购的可能性。

最后，加多宝中国公司使用涉案广告语“全国销量领先的红罐凉茶改名加多宝”是否不正当地完全占用了“王老吉”红罐凉茶的知名度和良好商誉，使“王老吉”红罐凉茶无形中失去了原来拥有的知名度和商誉，并使相关公众误认为“王老吉”商标已经停止使用或不再使用。其一，虽然“王老吉”商标知名度和良好声誉是广药集团和加多宝中国公司及其关联公司共同创造的结果，但是“王老吉”商标知名度的提升和商誉却在很大程度上源于加多宝中国公司及其关联公司在商标许可使用期间大量的、持续多年的宣传和使用。加多宝中国公司使用涉案广告语的确占用了“王老吉”商标的一部分商誉，但由于“王老吉”商标商誉在很大程度上源于加多宝中国公司及其关联公司的贡献，因此这种占用具有一定合理性。其二，广药集团收回“王老吉”商标后，开始授权许可大健康公司生产“王老吉”红罐凉茶，这种使用行为本身即已获得了“王老吉”商标的巨大商誉。其三，2012年6月大健康公司开始生产“王老吉”红罐凉茶，因此消费者看到涉案广告语客观上并不会误认为“王老吉”商标已经停止使用或不再使用，凝结在“王老吉”红罐凉茶上的商誉在大健康公司生产“王老吉”红罐凉茶后，自然为大健康公司所享有。其四，大健康公司是在商标许可合同被仲裁裁决认定无效后才开始生产“王老吉”红罐凉茶，此前其并不生产“王老吉”红罐凉茶，因此涉案广告语并不能使其生产的“王老吉”红罐凉茶无形中失去原来拥有的知名度和商誉。

本案中，涉案广告语虽然没有完整反映商标许可使用期间以及商标许可合同终止后，加多宝中国公司为何使用、终止使用并变更商标的相关事实，确有不妥。但是加多宝中国公司在商标许可合同终止后，为保有在商标许可期间其对“王老吉”红罐凉茶商誉提升所做出的贡献而享有的权益，将“王老吉”红罐凉茶改名“加多宝”的基本事实向消费者告知，其主观上并无明显不当；在客观上，基于广告语的简短扼要特点，以及“王老吉”商标许可使用情况、加多宝中国公司及其关联公司对提升“王老吉”商标商誉所做出的贡献，消费者对“王老吉”红罐凉茶实际经营主体的认知，结合消费者的一般注意力、发生误解的事实和被宣传对象的实际情况，加多宝中国公司使用涉案广告语并不产生引人误解的效果，并未损害公平竞争的市场秩序和消费者的合法权益，不构成虚假宣传行为。即便部分消费者在看到涉案广告语后有可能会产生“王老吉”商标改为“加多宝”商标，原来的“王老吉”商标已经停止使用或不再使用的认知，也属于商标许可使用关系中商标所有人与实际使用人相分离后，尤其是商标许可关系终止后，相关市场可能产生混淆的后果，但该混淆的后果并不必然产生反不正当竞争法上的“引人误解”的效果。

综上，本院认为，加多宝中国公司使用涉案广告语不构成虚假宣传的不正当竞争行为，原审判决认定加多宝中国公司使用涉案广告语的行为构成虚假宣传，属于适用法律错误，本院予以纠正。同时，需要特别指出的是，鉴于本案双方之间曾经的商标许可关系以及对王老吉商标商誉各自所做出贡献大小等具体案情，本院认定加多宝中国公司使用涉案广告语并不构成虚假宣传的不正当竞争行为，但由于该广告语虽因自身属性原因没有完整表达“改名”的相关背景，在双方许可关系刚刚终止之时，加多宝中国公司使用该广告语有一定的合理性，但现已经过相关宣传，消费者对两者之间的纠葛已有一定的了解，加之双方各自对其产品的宣传行为，加多宝中国公司使用该广告语已经不再具有事实依据，故加多宝中国公司不应继续使用该涉案广告语。

因加多宝中国公司不构成虚假宣传的不正当竞争行为，故大健康公司主张加多宝中国公司赔偿损失、合理费用以及在《重庆日报》上发表声明消除影响等诉请，本院予以驳回。

综上所述，加多宝中国公司的再审请求成立，本院予以支持。一、二审判决认定加多宝中国公司使用涉案广告语的行为构成虚假宣传，适用法律错误，本院予以纠正。依照《中华人民共和国民事诉讼法》第二百零七条第一款、第一百七十条第一款第二项，《中华人民共和国反不正当竞争法》第九条第一款，《最高人民法院关于审理不正当竞争民事案件应用法律若干问题的解释》第八条规定，判决如下：

一、撤销重庆市高级人民法院（2014）渝高法民终字第00318号民事判决；

二、撤销重庆市第五中级人民法院（2013）渝五中法民初字第00345号民事判决；

三、驳回广州王老吉大健康产业有限公司的诉讼请求。

一、二审案件受理费共计93600元，由广州王老吉大健康产业有限公司负担。

本判决为终审判决。

审　判　长　王艳芳
审　判　员　钱小红
审　判　员　杜微科
二〇一九年五月二十八日
法 官 助 理　曹佳音
书　记　员　张栗萌

# 51. 客户名单作为商业秘密保护的内容和条件

——再审申请人麦达可尔（天津）科技有限公司与被申请人华阳新兴科技（天津）集团有限公司、一审被告王成刚、张红星、刘芳侵害商业秘密纠纷案[①]

**中华人民共和国最高人民法院民事判决书（2019）最高法民再268号**

再审申请人（一审被告、二审上诉人）：麦达可尔（天津）科技有限公司。住所地：天津市西青区中北高新区辰星路15号1区。

法定代表人：王成刚，该公司总经理。

委托诉讼代理人：李丹华，北京德恒律师事务所律师。

被申请人（一审原告、二审上诉人）：华阳新兴科技（天津）集团有限公司。住所地：天津市南开区红日南路42号内（科技园）。

法定代表人：王旭明，该公司董事长。

委托诉讼代理人：张明，天津行通律师事务所律师。

委托诉讼代理人：王彤，男，该公司员工。

一审被告：王成刚。

一审被告：张红星。

一审被告：刘芳。

再审申请人麦达可尔（天津）科技有限公司（以下简称麦达可尔公司）因与被申请人华阳新兴科技（天津）集团有限公司（以下简称华阳公司），一审被告王成刚、张红星、刘芳侵害商业秘密纠纷一案，不服天津市高级人民法院（2018）津民终143号民事判决，向本院申请再审。本院于2019年6月28日作出（2018）最高法民申5704号民事裁定，提审本案。提审后，本院依法组成合议庭，开庭审理了本案。再审申请人麦达可尔公司的法定代表人王成刚、委托诉讼代理人李丹华，被申请人华阳公司的委托诉讼代理人张明、王彤，一审被告王成刚到庭参加诉讼。本案现已审理终结。

麦达可尔公司申请再审称，二审判决认定事实和适用法律错误，请求再

---

① 本案在年度报告中的位置为第87页。

审改判。具体事实和理由：（一）原审法院认定涉案经营信息属于反不正当竞争法意义上的客户名单缺乏事实依据。反不正当竞争法意义上的客户名单一般是指客户的名称、地址、联系方式以及交易习惯、意向、内容等构成的区别于相关公知信息的特殊客户信息。原审认定秘密点包含的43家客户中的名称、地址、电话、联系人等均能通过互联网以及交易会发放的资料获得，另外的品名、货品规格、单价信息通过华阳公司公开发放的资料均能获得。（二）原审法院认定43家客户名单为反不正当竞争法意义上的客户名单，进而属于经营秘密，缺乏法律依据。原审法院没有查明华阳公司是否使用43家客户信息进行过实际市场交易，是否通过这些客户信息获得了经济收益，更为重要的是没有查明麦达可尔公司是否使用43家客户信息进行了市场交易，进而通过获取这些客户信息获得了竞争优势。客户名单中包含的深度信息应该是能够体现经营者付出的劳动获得，体现客户特殊习惯的经营信息，换句话说就是能够体现客户黏性以及长期交易过程中经营者和客户形成的具有较强行业特点和个性交易习惯的各类信息集合。43家客户名称作为公开信息无须任何劳动即可轻松获得，客户电话、地址等这类附属的信息在查询客户名单过程中均能轻松获得，既不能体现经营者长期市场经营的劳动付出，也不能体现客户个性交易习惯。（三）原审法院以43家客户信息形成于一审三被告个人任职期间，即推定上述个人接触这些信息，进而因与华阳公司成为同业竞争者，推定上述个人实施了侵权行为，缺乏事实依据。上述个人作为华阳公司前员工任职期间均较长，非常熟悉工业清洗剂领域生产、制造和销售情况，对除43家客户以外的其他客户情况也较为了解。换句话说，上述个人不仅了解43家客户的客户名称、电话、地址这些能够通过公开途径查询的信息，还能够列举更多的客户名称等公开信息。这些信息不是通过任职期间接触华阳公司所谓的保密信息而知，而是通过长期的经营活动慢慢积累而来，已经成为上述个人在大脑中不可磨灭的记忆，更是在工业清洗剂市场中获得生存的劳动经验和生存本领。（四）华阳公司向天津市第一中级人民法院（以下简称一审法院）起诉请求判令麦达可尔公司和各一审被告停止使用其客户名单以及连带赔偿经济损失，一审法院判决麦达可尔公司和各一审被告不得披露、使用、允许他人使用该商业秘密，超出华阳公司的诉讼请求。（五）本案为商业秘密纠纷案件，一审审理期间承办法官未征求双方当事人意见是否不公开审理。并且一审法院依照华阳公司的申请调取了麦达可尔公司在税务局的开票记录，其中包含麦达可尔公司的商业秘密，一审法院组织双方当事人质证时未征求麦达可尔公司意见是否不公开质证。一审法院的上述做法违反民事诉讼法规定，损害了当事人的合法权益。

华阳公司提交意见称，一、二审判决认定事实清楚、证据充分，请求维持原判。主要理由：（一）本案诉争的43家客户信息是华阳公司花费大量人力、物力、财力以及时间成本收集整合而成，华阳公司对其依法采取了保密措施，并不为其所属领域的相关人员普遍知悉和容易获得，具有秘密性、保密性、价值性和实用性，符合商业秘密的构成要件。（二）一审被告王成刚、张红星、刘芳三人均曾在华阳公司重要岗位工作过，实际接触并使用了华阳公司的涉案客户信息。三人与华阳公司曾签订《保密协议》，三人与麦达可尔公司的行为构成对华阳公司商业秘密的侵犯。（三）麦达可尔公司申请再审提交的证据资料中，包含华阳公司的产品目录、价格表等具有商业价值的商业秘密资料，在其没有直接证据证明获取该证据的合法途径情形下，反证了原审法院所认定的王成刚等三位一审被告离职时带走华阳公司大量资料的事实。（四）一、二审法院在各方当事人均未书面申请不公开审理的情形下，依法审理本案并未违反诉讼程序规则。

华阳公司向一审法院起诉请求：1. 麦达可尔公司、王成刚、刘芳、张红星立即停止使用华阳公司的客户名单进行对外销售；2. 麦达可尔公司、王成刚、刘芳、张红星连带赔偿华阳公司经济损失共计3157062. 9元；3. 诉讼费用由麦达可尔公司、王成刚、刘芳、张红星承担。

一审法院认定事实如下：华阳公司是一家从事工业清洗维护产品研发、生产和销售的企业。产品范围主要包括清洗剂、润滑剂、密封剂等工业化学品。

麦达可尔公司成立于2015年10月30日，由王成刚创立，成立之初所登记的法定代表人为张淑娟，系刘芳之母，登记的股东林海娜系王成刚亲属，于2016年4月变更法定代表人为王成刚，主要经营清洗剂的生产销售。

王成刚于1996年入职华阳公司，曾任华阳公司董事、销售副总经理、总经理、副总裁，自2012年至2016年任华阳公司的法定代表人，于2015年10月底创立麦达可尔公司，现任法定代表人和总经理。

张红星于2001年入职华阳公司，曾任华阳公司技术部经理、技术服务部经理，于2016年1月入职麦达可尔公司，任技术部经理。

刘芳于2010年入职华阳公司，曾任华阳公司销售服务部经理，于2015年10月底入职麦达可尔公司，负责人事行政工作。

华阳公司与张红星、刘芳签订了保密协议，保密范围包括与客户业务、产品、服务有关的信息等商业秘密。

华阳公司对客户信息采用ERP系统进行管理。在华阳公司的ERP系统中，存储的客户信息包括：客户名称、品名、货品规格、销售订单数量、单价、联系人、电话、地址等。华阳公司对ERP系统中的部分客户信息进行了公证，并提交了相应的发票。

华阳公司在本次诉讼中选择包含有43家客户信息的客户名单作为被侵犯的商业秘密。具体名单为：×××厨卫用具厂（略）。华阳公司在本次诉讼中主张的秘密点为：与上述43家客户交易中所掌握的客户名称、品名、货品规格、销售订单数量、单价、联系人、电话、地址。

上述43家客户与华阳公司在2014年及2015年间的交易次数均在5次以上。华阳公司计算其与上述客户在2014年及2015年间的销售额为2611162.14元，麦达可尔公司成立后与上述客户均有交易且销售额为1298163.3元。

麦达可尔公司提交部分客户盖章的《合作说明客户满意度调查》，内容为："我单位了解到麦达可尔公司是一家生产、销售清洗剂的公司。我单位通过联系其公司提供样品试用并确认其品质较好后，达成合作至今，希望麦达可尔公司在保持产品质量稳定的同时能够继续提升产品品质和服务，降低产品价格，以保证双方的长期合作。"所有《合作说明客户满意度调查》内容格式相同，大部分未注明时间，注明时间的多数为2017年。

华阳公司支出律师费15万元，公证费16800元。

一审法院认为，商业秘密是指不为公众所知悉、能为权利人带来经济利益、具有实用性并经权利人采取保密措施的技术信息和经营信息。商业秘密中的客户名单，一般是指客户的名称、地址、联系方式以及交易的习惯、意向、内容等构成的区别于相关公知信息的特殊客户信息，包括汇集众多客户的客户名册，以及保持长期稳定交易关系的特定客户。当事人指称他人侵犯其商业秘密的，应当对其拥有的商业秘密符合法定条件、对方当事人的信息与其商业秘密相同或者实质相同以及对方当事人采取不正当手段的事实负举证责任。其中，商业秘密符合法定条件的证据，包括商业秘密的载体、具体内容、商业价值和对该项商业秘密所采取的具体保密措施等。本案的争议焦点为：（一）华阳公司主张的由43家客户信息所组成的客户名单是否构成商业秘密；（二）麦达可尔公司、王成刚、刘芳、张红星是否侵犯了华阳公司的商业秘密；（三）麦达可尔公司、王成刚、刘芳、张红星如何承担责任及承担责任的方式。

（一）关于华阳公司主张的由43家客户信息所组成的客户名单是否构成商业秘密的问题

首先，华阳公司主张的×××厨卫用具厂等43家与华阳公司有稳定交易关系的客户的信息包括客户名称、品名、货品规格、销售订单数量、单价、联系人、电话、地址。这些信息既有客户名称、地址、联系方式，又有交易产品、交易价格、交易数量等深度信息。虽然部分客户的名称、电话、地址等信息可以通过公开途径查询得知，但是客户名称、电话、地址与交易内容等深度信息结合所形成的信息集合，并不为其所属领域的相关人员普遍知悉和容易获得。

其次，华阳公司对上述信息采取了与其商业价值相适应的合理保护措施。具体包括与员工签订保密协议以及使用需输入登录用户名及密码方可进入的ERP 系统对上述信息进行管理。

最后，上述信息具有现实的或者潜在的商业价值，能为权利人带来竞争优势。华阳公司积累上述数量众多、内容丰富的客户信息，必然会付出大量人力、物力、财力。拥有这些信息，尤其是有稳定交易关系的客户信息，可以畅通产品销路，保持稳定的产品销售量，形成同行业的竞争优势。获取这些信息的企业，可以越过开拓市场的初始期，迅速打开同类产品的销路，获得相应的市场利益。

综上，华阳公司主张的客户信息具备秘密性、保密性、价值性和实用性，符合商业秘密的构成要件。一审法院认定，华阳公司与×××厨卫用具厂等43 家客户交易中所掌握的客户名称、品名、货品规格、销售订单数量、单价、联系人、电话、地址，构成商业秘密。

（二）关于麦达可尔公司、王成刚、刘芳、张红星是否侵犯了华阳公司商业秘密的问题

首先，王成刚、张红星、刘芳有接触商业秘密的条件。王成刚曾任华阳公司董事、销售副总经理、总经理、副总裁，并担任过华阳公司的法定代表人，张红星曾任华阳公司技术部经理、技术服务部经理，刘芳曾任华阳公司销售服务部经理，三人的职务及工作内容，均存在接触客户名单信息的便利条件。华阳公司提交的发票可以证明涉案客户信息的最晚形成时间，均在王成刚、张红星、刘芳离职之前。

其次，王成刚、张红星、刘芳负有法定或约定的保密义务。王成刚作为华阳公司的高级管理人员，负有保守商业秘密，对公司忠实的法定义务；张红星、刘芳与华阳公司签订了保密协议，依照约定应当保守在华阳公司接触到的商业秘密。

再次，王成刚创建了麦达可尔公司，并担任法定代表人，张红星、刘芳离开华阳公司不久后入职麦达可尔公司，并担任重要职务。麦达可尔公司生产、销售与华阳公司相同的产品，两者存在竞争关系。在王成刚、张红星、刘芳同在麦达可尔公司工作，并担任经营管理职务的情况下，麦达可尔公司

成立后短时间内的销售客户与华阳公司的销售客户大量重合。华阳公司主张的43家客户均成为麦达可尔公司的产品销售对象。

最后，麦达可尔公司未证明短时间内自行开发上述43家客户的过程。在王成刚、张红星、刘芳有接触商业秘密的便利条件及麦达可尔公司客户与华阳公司客户大量重合的情况下，有义务举证证明其自行开发客户的过程。麦达可尔公司、王成刚、刘芳、张红星所提交的《合作说明客户满意度调查》内容完全相同，且为麦达可尔公司单方制作，该证据不能证明客户系基于对王成刚、张红星、刘芳的信赖而与麦达可尔公司主动进行交易。

综上，一审法院认定，王成刚、张红星、刘芳违反法定或约定的保守商业秘密的义务，允许麦达可尔公司使用其所掌握的商业秘密，麦达可尔公司在明知的前提下，使用了上述商业秘密，均属于侵犯商业秘密的行为。

（三）关于麦达可尔公司、王成刚、刘芳、张红星应承担的责任的问题

首先，王成刚、张红星、刘芳违反法定或约定的保守商业秘密的义务，允许麦达可尔公司使用其所掌握的商业秘密，麦达可尔公司在明知的前提下，使用了上述商业秘密，均属于侵犯商业秘密的行为。麦达可尔公司、王成刚、刘芳、张红星应当立即停止上述侵权行为，在涉案商业秘密不为公众知悉期间，不得擅自披露、使用、允许他人使用该商业秘密。

其次，麦达可尔公司使用涉案商业秘密获得商业利益，给华阳公司造成了经济损失，应当依法予以赔偿。鉴于无法确定华阳公司因涉案侵权行为造成的实际损失或麦达可尔公司的实际获利，一审法院综合考虑华阳公司客户信息的商业价值、麦达可尔公司的主观过错程度、侵权范围、侵权时间及华阳公司维权费用等因素，酌情确定赔偿数额为60万元（含维权合理开支）。

最后，麦达可尔公司使用的商业秘密来自于王成刚、张红星、刘芳，王成刚、张红星、刘芳对于麦达可尔公司利用华阳公司商业秘密牟利具有共同故意，应对华阳公司因此遭受的损害承担连带赔偿责任。

综上，一审判决：一、麦达可尔公司、王成刚、张红星、刘芳立即停止侵犯华阳公司涉案客户名单商业秘密，即在涉案商业秘密不为公众知悉期间，不得披露、使用、允许他人使用该商业秘密；二、麦达可尔公司于本判决生效之日起十日内赔偿华阳公司60万元；三、王成刚、张红星、刘芳对上述第二项判决内容承担连带赔偿责任；四、驳回华阳公司的其他诉讼请求。案件受理费32057元，财产保全费5000元，由华阳公司负担14000元，由麦达可尔公司、王成刚、张红星、刘芳共同负担23057元。

华阳公司不服一审判决，向天津市高级人民法院（以下简称二审法院）提起上诉。上诉请求：1. 撤销一审判决第二项、第三项；2. 改判麦达可尔公

司、王成刚、张红星、刘芳连带赔偿华阳公司100万元。事实与理由：一审判决赔偿数额过低，应当予以调整。一审判决中已经认定麦达可尔公司利用涉案43家客户信息，并在成立后与该43家客户均有交易且销售额为1298163.3元。在查明麦达可尔公司侵害商业秘密所获销售额的基础上，根据一审法院调取的证据，麦达可尔公司2016年毛利润率是68.77%，加上华阳公司的合理开支，麦达可尔公司应当赔偿华阳公司损失100万元。

麦达可尔公司辩称，第一，麦达可尔公司未侵害华阳公司的商业秘密，不应予以赔偿。第二，根据法律规定，赔偿数额应参考企业的实际利润来计算，麦达可尔公司在经营企业以及销售产品的过程中需要支出大量成本，并且华阳公司并未提交证据证明该类产品行业利润率。故华阳公司主张的赔偿金计算方式无法律依据。第三，麦达可尔公司向涉案43家客户销售的产品中存在与华阳公司类似的产品，但也包含大量麦达可尔公司自行开发的新产品，这些产品不应计算在赔偿金额中，一审判决确定的赔偿金额过高。

王成刚、刘芳、张红星辩称，同意麦达可尔公司的答辩意见。

麦达可尔公司亦不服一审判决，提起上诉。上诉请求：1. 撤销一审判决，改判驳回华阳公司全部诉讼请求；2. 诉讼费用由华阳公司负担。事实与理由：第一，涉案信息不是智力成果，不是商业秘密意义上的客户名单。公证书记载的涉案信息是宁波、厦门、西安销售订单明细表，仅是按时间顺序或客户顺序对交易相对方及产品等日常经营销售情况做简单数据录入，存在重复、错误记载，根据其中的错误信息根本无法实现与相关客户的联系。涉案信息不是对客户信息的归纳、分类、总结，不能反映出诸如交易习惯、交易意向等区别于公知信息的特殊企业信息。第二，涉案43家客户信息已为公众知悉，不是商业秘密。华阳公司主张的客户信息中的客户联络方式已全部或部分被媒体公开，通过百度搜索即可得到涉诉客户信息，甚至公开披露的内容比其记载的更全面准确。第三，一审判决认定王成刚、刘芳、张红星离职之前接触过华阳公司主张的客户名单错误。1. 王成刚、张红星、刘芳分别于2015年10月25日、2015年12月26日、2015年11月5日从华阳公司离职，华阳公司提交的公证书产生于2016年12月23日，是三人离职一年后，并且其记载的内容是该证据形成时的状态，故三人无法接触到涉案客户信息。2. 一审法院认为华阳公司提交的发票可以证明涉案客户信息的最晚形成时间，无依据。发票仅是商务凭证，记载交易发生时的情况，仅能证明华阳公司与发票相对方曾经发生交易，不属于商业秘密的载体，本身更不是商业秘密。3. 华阳公司主张的商业秘密的内容记载于华阳公司的管理系统，在王成刚、张红星、刘芳离职后一年中，该系统由华阳公司控制，内容可以由华阳公司进行任意的添加、修改。即使发票可以证明华阳公司与发票相对方曾经发生交易，也不能证明王成刚、张红星、刘芳在任职期间能够通过管理系统接触到涉案客户信息，以及可以接触到的客户信息与公证书记载的内容相同。4. 王成刚、张红星、刘芳没有接触商业秘密的条件。张红星系技术人员，在华阳公司从事技术开发与售后服务工作，无职权接触到涉案客户信息。王成刚、刘芳在华阳公司任职期间，分别从事行政管理及财务工作，均不参与销售与采购工作，虽然有职权了解华阳公司客户大致数据，但不具体接触客户信息。第四，一审判决认定麦达可尔公司未证明客户开发过程，依据不足。张红星为化工制剂领域从事相关研究几十年的技术人员，王成刚在化工行业有近 30 年的工作经验，69 家客户为麦达可尔公司出具合作说明证明系主动联系麦达可尔公司建立合作关系。麦达可尔公司在 2016 年即成功开发新客户近 200 家并建立了稳定的交易关系。一审判决忽视上述事实。第五，一审判决赔偿数额过高。麦达可尔公司未侵犯华阳公司的商业秘密，不应承担赔偿责任。即便构成侵权，一审法院认定的赔偿数额也过高，企业设立之初，经营中需要付出大量成本，包括原材料、工资、制造费用、管理费等，一审法院在已经查清麦达可尔公司实际经营数额为 129 万元的情况下，赔偿数额达经营数额的 50%，该数额过高。

王成刚、刘芳、张红星辩称，同意麦达可尔公司的上诉请求和事实理由。

华阳公司辩称，第一，涉案客户名单包括了华阳公司向客户销售产品的具体品种、规格、数量、成交价格，订货时间等详细的记录，是具有高价值的商业信息。麦达可尔公司所称的已经公开的信息仅是黄页信息。一审法院对于该客户名单构成商业秘密的定性正确。第二，华阳公司的 ERP 系统中的信息并非可以任意修改，麦达可尔公司主张华阳公司可以对该系统中的内容任意添加、修改，未提供证据证明。

二审期间，麦达可尔公司向二审法院提交了六组 12 份新的证据。二审法院组织当事人进行了证据交换和质证。

第一组证据为：证据 1，麦达可尔公司与天津 ××× 有限公司编号为 ××× 的合同书一份；证据 2，麦达可尔公司使用的天思财务系统操作演示的 PPT 打印件一份。以上证据证明华阳公司记载的销售记录来源于其自行控制的管理系统，其内容可以由华阳公司任意增加、修改，华阳公司不能证明公证书中记载的涉案信息在王成刚、张红星、刘芳离职之前已经形成。

华阳公司对第一组证据质证意见为：首先，该证据不属于新证据；其次，不认可证据真实性，PPT 演示文件是麦达可尔公司单方制作，是对麦达可尔公司系统的自行操控，未经公证；最后，不认可关联性，ERP 系统是根据客户需求定制的软件，不同企业使用的功能和操作方式均有不同，不能据此证明华阳公司可以对ERP系统内容任意进行增加和修改。

第二组证据为：证据3、4、5，华阳公司产品宣传册及单页；证据6，工业维护品手册；证据7，工艺清洗、防锈、水处理系列产品宣传册；证据8，行业应用举例。以上证据证明华阳公司公证书中记载的产品的品名、规格、用途等信息已经为市场公开披露，不具有秘密性。

华阳公司对第二组证据质证意见为，认可上述证据的真实性，不认可其合法性和关联性。首先，华阳公司的产品资料是销售人员提供给成交机会大的特定企业客户供其订货时参考，即只有华阳公司员工和潜在客户才可能拿到，麦达可尔公司不属于上述人员，说明上述证据来源不合法，是王成刚、刘芳、张红星离职时从华阳公司带走的。其次，本案诉争的是具体客户的具体需求、订货和使用习惯等能够为企业带来商业价值的客户信息的集合，具有秘密性、保密性、价值性和实用性，上述证据的内容为产品宣传资料，包括产品名称、用途、功能等，不具有秘密性。

第三组证据为：证据9，同行业其他企业产品宣传手册，证明华阳公司订单记载的产品系工业清洗类常规产品，麦达可尔公司在市场上销售工业清洗剂系企业正常经营行为，未侵害华阳公司商业秘密。

华阳公司对第三组证据质证意见为，该证据不属于新证据，不认可证据的真实性、关联性，该证据的内容仅是对其他企业产品的介绍，不具有秘密性，与本案诉争商业秘密无关。

第四组证据为：证据10，华阳公司通知单、价格通知书、全国统一价格表、产品优惠价格表、产品订货单，证明华阳公司销售的产品的价格已经公开披露，不具有秘密性。

华阳公司对第四组证据质证意见为，首先，价格通知书系华阳公司与客户一对一的对产品价格进行调整的文件，价格表是华阳公司提供给销售人员参考的对外报价的底线，实际成交价格均高于该价格，均具有秘密性，麦达可尔公司的证据10来源不合法，应予排除。其次，王成刚、刘芳、张红星在华阳公司均能接触到相关秘密文件，华阳公司与刘芳、张红星签署的保密协议中均约定员工对公司机密材料有保密义务且在离职时应当交回，该证据说明王成刚、刘芳、张红星非法取得、披露、使用了华阳公司的商业秘密。

第五组证据为：证据11，同行业企业产品价目表，证明工业类常规产品价格为市场公开信息。

华阳公司对第五组证据质证意见为，不认可证据的真实性、合法性、关联性。首先，该证据系其他企业产品信息，无法确认是否真实。其次，证据内容为其他与本案无关企业的产品信息，与涉案商业秘密无关。

第六组证据为：证据12，麦达可尔公司的两位委托诉讼代理人，天津四方君汇律师事务所刘冀湘、张冬阳律师对陕西×××有限责任公司采购员马某和生产负责人蒲某的调查笔录，证明部分客户是主动与麦达可尔公司交易，麦达可尔公司未主动要求向其销售产品。

华阳公司对第六组证据质证意见为：首先，该证据系麦达可尔公司律师自行取证，证人未出庭，不认可真实性。其次，被调查人意见不是官方意见，其论断不具有参考价值。

对上述当事人的举证和质证，二审法院认证如下：

对第一组证据，二审法院认为，麦达可尔公司通过演示说明其自行使用的ERP系统中的内容可以进行添加、修改，但并不能以此证明华阳公司的ERP系统可以进行任意的增加或修改。华阳公司在一审期间提交了2014年及2015年间与×××厨卫用具厂等43家客户进行交易的增值税发票及对ERP系统中的客户信息进行公证的公证书，上述发票和公证书能够互相印证，证明×××厨卫用具厂等43家客户名单在王成刚、刘芳、张红星离职之前已经形成，故对该组证据不予采信。

对第二组证据，二审法院认为，麦达可尔公司提交的第二组证据均为华阳公司产品宣传册，内容仅为对华阳公司产品名称、功能、特性、规格等的介绍，该信息不具有43家客户信息所具有的交易价格、交易习惯、经营策略等深度信息，故该组证据不能证明华阳公司的涉案43家客户信息不具有秘密性。

对第三组证据，二审法院认为，该证据为其他企业产品宣传手册，与华阳公司43家客户信息是否构成商业秘密以及麦达可尔公司是否侵害华阳公司的商业秘密无关，不具有关联性。因此，对该组证据不予采信。

对第四组证据，二审法院认为，该证据内容为华阳公司与其他公司交易磋商中有关产品报价、价格调整等企业之间交易磋商中形成的带有一定机密性的文件。由于该组证据系从华阳公司处获得，并不能从公开渠道获得，故不能证明华阳公司的涉案43家客户信息不具有秘密性。

对第五组证据，二审法院认为，该份证据为同行业其他企业的产品公开报价信息，与本案不具有关联性，对该证据不予采信。

对第六组证据，二审法院认为，该证据系麦达可尔公司的两位委托诉讼代理人对陕西×××有限责任公司采购员马某和生产负责人蒲某的调查笔录。由于该份证据系麦达可尔公司自行调查并制作，两位被调查人员未出庭作证，二审法院对该份证据的真实性及关联性均不予认可，故对该组证据不予采信。

一审法院查明的事实无误，二审法院予以确认。

二审法院认为，本案的争议焦点为：第一，华阳公司主张的43家客户信息是否构成商业秘密中的客户名单；第二，麦达可尔公司、王成刚、刘芳、张红星是否实施了侵害华阳公司商业秘密的行为；第三，华阳公司的客户名单是否在王成刚、刘芳、张红星离职之前已经形成；第四，一审法院判决的赔偿数额是否适当。

（一）华阳公司主张的43家客户信息是否构成商业秘密中的客户名单

1. 关于客户名单的秘密性问题

首先，从客户名单的内容上，华阳公司主张的43家客户信息不仅包含了客户名称、地址、联系人、电话等一般信息，还包含了联系方式、订单日期、商品名称、规格、销售数量、成交单价等区别于公开渠道信息的深度信息；其次，从客户名单的客户数量上，华阳公司主张的包括×××厨卫用具厂等43家客户，符合客户众多的特点；第三，从客户名单中与客户交易的情况看，上述43家客户在2014—2015年期间与华阳公司的交易次数均在5次以上，形成了长期、稳定的交易关系。综上，依照《最高人民法院关于审理不正当竞争民事案件应用法律若干问题的解释》第十三条第一款："商业秘密中的客户名单，一般是指客户的名称、地址、联系方式以及交易的习惯、意向、内容等构成的区别于相关公知信息的特殊客户信息，包括汇集众多客户的客户名册，以及保持长期稳定交易关系的特定客户。"因此，华阳公司主张的43家客户信息符合上述法律的规定，具有秘密性的特征。

2. 关于客户名单的保密性问题

华阳公司对43家客户信息采取了合理的保密措施，包括华阳公司与其员工签订保密协议，43家客户信息均存储于华阳公司ERP系统中，公司员工需要使用用户名及密码才能登录ERP系统。王成刚作为华阳公司的高级管理人员，负有保守公司商业秘密的法定义务；张红星、刘芳与华阳公司签订了保密协议，应当认定华阳公司采取了保密措施。

3. 关于客户名单的价值性问题

43家客户信息具有现实的或者潜在的商业价值，能为华阳公司带来竞争优势，故上述客户名单具有实用性和价值性。

综上，依据《中华人民共和国反不正当竞争法》（1993年施行，以下简称反不正当竞争法）第十条第三款规定："本条所称的商业秘密，是指不为公众所知悉、能为权利人带来经济利益、具有实用性并经权利人采取保密措施的技术信息和经营信息。"华阳公司的43家客户信息符合商业秘密的秘密性、保密性、实用性、价值性的构成要件，一审法院认定华阳公司的43家客户信息属于商业秘密中的客户名单，并无不当。故对麦达可尔公司、王成刚、刘芳、张红星关于涉案信息不是智力成果、不是商业秘密意义上的客户名单的主张，二审法院不予支持。

（二）麦达可尔公司、王成刚、刘芳、张红星是否实施了侵害商业秘密的行为

首先，王成刚、刘芳、张红星具有接触商业秘密的条件。王成刚于1996年入职华阳公司，曾任公司董事、销售副总经理、总经理、副总裁，并于2012年至2016年任华阳公司的法定代表人；张红星于2001年入职华阳公司，曾任公司技术部经理、技术服务部经理；刘芳于2010年入职华阳公司，曾任公司销售服务部经理。根据王成刚、刘芳、张红星三人在华阳公司的职务及工作内容，三人均存在接触客户名单的机会及便利条件。

其次，麦达可尔公司成立于2015年10月30日，王成刚创立了该公司并现任公司的法定代表人和总经理；张红星于2016年1月入职麦达可尔公司，任技术部经理；刘芳于2015年底入职麦达可尔公司，负责人事行政工作。麦达可尔公司主要经营工业清洗剂的生产和销售；华阳公司主要从事工业清洗维护产品研发、生产和销售，故两公司均生产和销售工业清洗剂产品，在生产经营范围上相同，属于同业竞争关系。

最后，麦达可尔公司在2015年10月成立后的很短时间内，与华阳公司的上述43家客户进行了交易，且麦达可尔公司并未提交足以证明自行开发上述43家客户的证据，即麦达可尔公司没有证据证明其使用的客户名单具有合法来源。

综上，王成刚、刘芳、张红星违反了与华阳公司法定的和约定的保守商业秘密义务，披露其所掌握的商业秘密经营信息，允许麦达可尔公司使用上述客户名单；麦达可尔公司在明知的前提下，未经华阳公司的许可使用了上述客户名单，根据商业秘密侵权判定的“相同（实质性相似）+接触－合法来源”方法，一审法院认定麦达可尔公司、王成刚、刘芳、张红星共同实施了侵犯华阳公司商业秘密行为，并无不当。

（三）华阳公司的客户名单是否在王成刚、刘芳、张红星离职之前已经形成

华阳公司在一审期间提交的发票证明其在2014年及2015年间与×××厨卫用具厂等43家客户，均进行过5次以上的交易；同时，华阳公司在一审期间还提交了对其ERP系统中的客户信息进行公证的公证书，该公证书包含与43家客户进行交易的信息。在二审庭审中，王成刚、刘芳、张红星均认可其在2015年底之前从华阳公司离职，故该发票和公证书可以证明43家客户

名单均在王成刚、刘芳、张红星自华阳公司离职前即已形成。故对麦达可尔公司关于华阳公司的公证书形成于2016年11月，ERP系统中的客户信息能够修改，不能证明王成刚、刘芳、张红星离职前客户名单已经存在的主张，不予支持。

（四）一审法院判决的赔偿数额是否适当

关于赔偿数额问题，在华阳公司因侵权行为造成的实际损失或麦达可尔公司的侵权获利均无法确定的情况下，一审法院综合考虑华阳公司客户信息的商业价值、维权支出，麦达可尔公司的过错程度、侵权时间、情节等因素，酌情确定麦达可尔公司赔偿华阳公司60万元；由于王成刚、刘芳、张红星与麦达可尔公司共同实施了侵犯华阳公司商业秘密的行为，故一审法院判决王成刚、刘芳、张红星对此承担连带赔偿责任，并无不当。因此，对华阳公司关于麦达可尔公司应当赔偿其损失100万元的主张，不予支持；对麦达可尔公司一审判决赔偿金额过高的主张，不予支持。

综上所述，二审法院判决：驳回上诉，维持原判。

在本院审查过程中，麦达可尔公司向本院提交了14份证据（编号为15，缺少编号4），证据1、2分别为涉案43家客户名单交易信息公开证据、（2018）京长安内经证书第53402号公证书，拟证明通过从互联网网上浏览、打印网页的过程及结果证明华阳公司的客户信息中的联系人、地址、电话为网络公开信息，不具有秘密性。华阳公司发表质证意见如下：针对麦达可尔公司提交的证据1、2，华阳公司意见为对该证据的真实性、关联性及证明目的均不予认可。针对麦达可尔公司提交除证据1、2以外的其他证据，华阳公司认为：首先，除提交的证据6证人证言以外，其他证据仅是在一、二审提交的证据基础上进行重新整理汇编，不符合民事诉讼法规定的新证据。其次，针对麦达可尔公司提交的除证据1、2以外的其他证据，明显有证据突袭之嫌。最后，上述证据亦缺乏真实性、关联性且无法证明麦达可尔公司证明目的。具体而言：

证据3为“公证客户信息对比表”，证明其为使用华阳公司客户基本信息。证据5为“43个客户交易时间及次数汇总分析表”，拟证明43家客户不属于华阳公司稳定交易客户。证据12为“×××公司交易明细对比”，拟证明麦达可尔公司与华阳公司各自与客户的交易产品、周期、数量、价格均不同，唯一雷同产品的价格差异很大且高于华阳公司价格，拟证明其不掌握和未使用华阳公司客户信息。华阳公司质证意见为，该3份证据属于麦达可尔公司主观意见分析，不属于民事诉讼法意义上的证据。麦达可尔公司证据5“43个客户交易时间及次数汇总分析表”中所列出的多家客户与华阳公司交易次数只有1—2次并非事实，根据华阳公司原审所提交的公证书和销售发票都可充分证明华阳公司与案涉43家客户在2014年和2015年两年内的交易次数少则5次，多的高达81次，是极为稳定的客户关系。故对证据3、5、12的真实性、客观性、关联性及证明目的均不予认可。

证据6为“证人证言”，拟证明客户主动联系麦达可尔公司达成合作。华阳公司质证意见为，首先，证人程某与麦达可尔公司及一审被告王成刚、刘芳交往甚密且有利益关系，故存在法律上的利害关系，其对麦达可尔公司的有利陈述缺乏真实性。其次，证人程某的陈述，完全背离商业活动中在销售议价环节的基本常识和作为销售方在议价中所应具有的正常心态。最后，证人程某陈述中也明确工业清洗剂产品是要结合不同客户的具体实际情况，需有必要的现场试验方能调制有效满足客户需求的产品向客户销售。而该陈述明显与麦达可尔公司主张工业清洗剂产品多数为通用于大众，无须针对客户具体所需而进行调试的事实相悖。该证人证言对于麦达可尔公司的有利陈述缺乏真实性，其陈述有违行业习惯，更不能代表与本案诉争同类或相似工业清洗剂生产企业经营活动的行业惯例。

证据7为“商业回扣凭证”。拟证明其通过自己的方式和付出与43家客户达成合作。华阳公司质证意见为，该证据并未提交原件核对，对其真实性不予认可。此外，该相应票据中所付款项的性质、内容以及收款方主体均与本案诉争事实无直接关联。同时，麦达可尔公司提交该组证据均为麦达可尔公司的消费性支出，并不能证明其通过自己的方式和付出建立与涉案43家客户合作关系的待证事实，故对该证据7真实性、关联性、证明目的均不予认可。

证据9为“华阳说明书”、证据10为“华阳恩赛产品介绍手册”、证据11为“华阳恩赛销售指导手册”。拟证明本行业产品没有统一标准，都是采用自己的企业标准，产品没有可比性，本行业从业人员均接受在职公司的行业知识培训。华阳公司质证意见为，该证据9、10系产品说明书，与本案诉争商业秘密认定并无直接关联，而该说明书等资料也不能证明麦达可尔公司认为产品没有标准和可比性的事实，且该证明目的也与本案诉争事实毫无关系。而证据10、11麦达可尔公司亦未提交原件，对其真实性不予认可。同时，证据10、11中的“华阳恩赛公司”虽与华阳公司名称相近，但与华阳公司系完全独立的两家企业并无任何关联。此外，从证据11销售指导手册内容上看系“华阳恩赛公司”对销售人员培训参考资料，系便于和规范其销售人员对外销售产品基本技能的理解和运用，并无该公司客户名称、联系方式、产品规格、单价等实践信息，因此就该证据的证明目的以及与本案诉争事实亦没有关联性，故对证据 9 的关联性、证明目的不予认可，对证据 10、11 真实性、关联性、证明目的均不予认可。

证据 13 为“陕西×××公司商务谈判往来函”，拟证明其可以从客户了解到竞争业务的产品价格。华阳公司质证意见为，首先，该证据并无原件，对其真实性不予认可。其次，从函件中所列不同供应商的产品报价内容上看，系非同一产品型号、规格、数量的报价，不具有可比性，更重要的是与本案诉争产品、客户没有任何关联。因此，对于该函件中所列产品报价充其量仅为麦达可尔公司与客户之间就特定产品的议价往来，与本案没有关联。故对该证据真实性、关联性、证明目的不予认可。

证据 14 为“×××财务报表摘要网络截图”，拟证明客户在麦达可尔公司的采购支出非常少，对价格不敏感，价格不是深度秘密。华阳公司质证意见为，一方面，从该证据取证、存证形式上看，该网页截图不符合该类证据固定及保存有效方式，故对其真实性不予认可；另一方面，从该证据所载内容以及麦达可尔公司的证明目的看，该财务报表信息与本案没有任何关联，其更无法体现出本案诉争产品的价格信息公知性，即也无法印证麦达可尔公司的证明目的。故对该证据真实性、关联性、证明目的均不予认可。

证据 15 为“西安×××有限公司在用清洗剂说明”。拟证明客户同时使用多种及不同品质的清洗剂产品，且与不同的同行业供应商合作，因此本行业无秘密可言。华阳公司质证意见为，首先，该证据并无原件，对其真实性不予认可。其次，该说明仅能证明客户公司采购清洗剂产品的事实，但从说明中无法印证产品供应方之间就各自产品研发、销售无秘密性。故，对该证据真实性、证明目的不予认可。

华阳公司向本院提交了 11 份证据，证据 1 为中国工业清洗协会文件：中清协发（2019）033 号《关于工业清洗剂产品营销业务特点的答复》，拟证明麦达可尔公司所主张的涉案工业清洗剂产品存在较高普适性、通用性，客户开发无须付出成本，产品价格公开可轻易取得等是完全没有事实和实践依据的。麦达可尔公司发表质证意见为，对证据 1 的真实性、合法性无异议，对其关联性有异议，对证明目的有异议。麦达可尔公司认为证据 1 并非具有普遍适用性的文件，且不能涵盖该行业所有销售状况。麦达可尔公司不否认小部分客户需要这种量身定做的服务，但这类客户在行业内占比极低，大多数客户需要常规产品。

证据 2 为长沙×××有限公司《情况说明》，证据 3 为×××生物工程股份有限公司《情况说明》，拟证明稳定的客户是生产厂家需要积累多年付出并以掌握客户使用中的大量实践信息为基础的。麦达可尔公司发表质证意见为，客户端是开放的，在竞争充分的市场环境下，其他同行有权通过公知信息、合法来源以及客户自愿等方式与客户建立交易关系。对证据2、3的真实性、合法性、关联性无异议，对证明目的有异议。

证据4为（2019）津西青证经字第209—214号《公证书》，证据5为（2019）津西青证经字第215—217号《公证书》，拟证明张红星、刘芳在任职期间深度了解客户的工况具体需求并知悉产品调配详细的方案。麦达可尔公司发表质证意见为，对证据4的真实性、合法性和关联性无异议，对证明目的有异议。对证据5的真实性不能确定，对合法性和关联性无异议，对证明目的有异议。

证据6为（2019）津西青证经字第218号《公证书》，拟证明王成刚、刘芳、张红星在任职期间曾参与制定实施《销售秘书工作手册》，其明知客户信息的重要性和秘密性。麦达可尔公司发表质证意见为，对真实性、合法性无异议，对证据的关联性有异议，对证明目的有异议。

证据7为刘芳离职《会签单》，拟证明刘芳在华阳公司工作期间公职邮箱为×××.com。刘芳掌握“ERP软件”“集团客户”“价格表”“销售合同”等公司重要秘密信息。麦达可尔公司发表质证意见为，该证据仅能证明刘芳在华阳公司工作期间接触过该会签单中所列材料，该《会签单》的存在恰恰证明刘芳离职时已经将材料完全上交并没有带走任何材料，刘芳不可能在麦达可尔公司工作期间利用这些材料中的信息。故对证据7的真实性、合法性、关联性无异议，对证明目的有异议

证据8为（2019）津西青证经字第219—221号《公证书》，证据9为销售发票。证据8、9用于证明涉案43家客户信息最早记载于华阳公司EPR管理系统的时间为2012年，即在麦达可尔公司设立之前及王成刚、张红星、刘芳离职前就已形成。麦达可尔公司发表质证意见为，证据8、9不能证明在ERP管理系统形成记载的具体时间和内容，对证据8、9的真实性存疑，对合法性、关联性无异议，对证明目的有异议。

证据10为天津市南开区人民法院（2016）津0104民初7919号《民事判决书》，拟证明华阳公司前员工王某曾因违反保密规定等原因被华阳公司解雇，而王某正是麦达可尔公司的业务经办人，故可对麦达可尔公司所获取的诉争客户相关资料信息的来源途径合法性产生高度质疑。麦达可尔公司发表质证意见为，麦达可尔公司在再审期间为证明报价单和包括麦达可尔公司和华阳公司在内的生产者对某个客户的销售订单属于可以公开获取的信息，从而向法院提交了从公开渠道获取的上述信息。对于麦达可尔公司提交的上述报价单及销售订单证据，麦达可尔公司已经向法庭提交了合法来源说明。此

外，王某本人的情况与本案并无关联。故对证据 10 的真实性、合法性无异议，对关联性有异议，对证明目的有异议。

证据 11 为证人证言，拟证明稳定的客户需掌握客户习惯等信息，而该等信息是企业多年实践总结的结果，他人获取该信息足以使其短期内打开销路并抢占市场。麦达可尔公司提交的业内其他公司的报价单、培训材料等为非公开信息，系非法渠道取得。麦达可尔公司发表质证意见为，证人证言仅能代表个人的观点和认识，最多代表其公司，不能反映行业的普遍状态。

对上述当事人的举证和质证以及原审当事人提交的证据，本院将结合本案焦点问题一并分析。

另经本院庭审查明，本案相关产品主要是关于工厂设备维修保养清洁的化工产品。华阳公司曾向天津市公安局南开分局反映麦达可尔公司侵犯其商业秘密并向本院提供了该局对王成刚、刘芳、张红星的询问笔录。华阳公司当庭陈述称该局接到刑事报案以后，没有对王成刚等作出刑事立案的决定。华阳公司与王成刚、刘芳、张红星均未签订竞业限制合同或有类似的约定。

根据原审法院查明的事实及当事人申请再审理由及答辩意见，本案争议焦点问题是华阳公司与上述 43 家客户交易中所掌握的客户名称、品名、货品规格、销售订单数量、单价、联系人、电话、地址是否构成反不正当竞争法第十条规定的商业秘密。如果构成，麦达可尔公司是否使用了该商业秘密。

本院认为，人民法院在审理商业秘密案件中，既要依法加强商业秘密保护，有效制止侵犯商业秘密的行为，为企业的创新和投资创造安全和可信赖的法律环境，又要妥善处理保护商业秘密与劳动者自由择业、竞业限制和人才合理流动的关系，维护劳动者正当就业、创业的合法权益，依法促进劳动力的合理流动和自主择业。职工在工作中掌握和积累的知识、经验和技能，除属于单位的商业秘密的情形外，构成其人格的组成部分，是其生存能力和劳动能力的基础，职工离职后有自主利用的自由。

《最高人民法院关于审理不正当竞争民事案件应用法律若干问题的解释》第十三条规定："商业秘密中的客户名单，一般是指客户的名称、地址、联系方式以及交易的习惯、意向、内容等构成的区别于相关公知信息的特殊客户信息，包括汇集众多客户的客户名册，以及保持长期稳定交易关系的特定客户。客户基于对职工个人的信赖与职工所在单位进行市场交易，该职工离职后，能够证明客户自愿选择与自己或者其新单位进行市场交易的，应当认定没有采取不正当手段，但职工与原单位另有约定的除外。"据此，受商业秘密保护的客户名单，除由客户的名称地址、联系方式以及交易的习惯、意向、内容等信息所构成外，还应当属于区别于相关公知信息的特殊客户信息，并非是指对所有客户名单的保护。

本案中，与焦点问题相关的核心证据有三份，一份是华阳公司一审提交的华阳公司43家被侵权客户名单（2012—2015）；一份是麦达可尔公司提供的（2018）京长安内经证字第53402号公证书，其内容主要是麦达可尔公司在公证机关见证下通过互联网网上浏览、打印网页的过程及结果以证明华阳公司的客户信息中的联系人、地址、电话为网络公开信息；一份是麦达可尔公司提交的客户信息对比表，即华阳公司43家被侵权客户名单（2012—2015）与麦达可尔公司43家客户信息对比表。

针对第一份证据，一、二审法院均组织双方当事人进行质证，本院不再重复认证意见。针对第二份证据，华阳公司对证据的真实性、关联性及证明目的均不予认可。本院认为，该证据系在公证人员的见证下对相关网络信息的搜索，其反映了网络信息的客观状况，对其真实性和关联性予以认可，对其证明目的结合其他证据予以认证。针对麦达可尔公司提交的客户信息对比表（证据3），华阳公司质证意见为该证据属于麦达可尔公司的主观意见分析，不属于民事诉讼法意义上的证据。本院认为，该证据虽为麦达可尔公司自行制作，但其进行对比的客户信息系华阳公司原审诉讼中请求保护的客户信息与麦达可尔公司的客户信息，两份客户信息均由ERP管理软件进行管理，如需对其异同进行分析，须对其进行对比。仅以该比对是麦达可尔公司自行制作表格为由即否认该证据的效力依据不足，故对华阳公司的异议不予支持。根据该表格，本院查明，华阳公司43家客户联系信息与麦达可尔公司相应客户的联系信息，联系电话不同的有40家，占比约为93%，其中联系人、联系电话均不相同的有37家，占比约为86%。关于比对具体信息，因涉及相关市场主体的具体联系信息，本院不予具体列举。

本院认为，根据华阳公司提交的证据，华阳公司对其客户名单采取了保密措施，也进行了相关的交易，但其是否属于反不正当竞争法保护的商业秘密，判断要件应根据法律和司法解释进行判断。本案中，根据麦达可尔公司提供的公证书，前述43家客户信息可以通过网络搜索得到。根据华阳公司提供的43家被侵权客户名单（2012—2015），客户名单主要内容为：订单日期，单号，品名，货品规格、单位（桶或个），销售订单数量，单价，未税本位币，联系人，电话，地址。根据该客户名单，该表格为特定时间段内华阳公司与某客户的交易记录及联系人。本院认为，首先，在当前网络环境下，相关需方信息容易获得，且相关行业从业者根据其劳动技能容易知悉；其次，关于订单日期，单号，品名、货品规格，销售订单数量、单价、未税本位币等信息均为一般性罗列，并没有反映某客户的交易习惯、意向及区别于一般交易记录的其他内容。在没有涵盖相关客户的具体交易习惯、意向等深度信息的情况下，难以认定需方信息属于反不正当竞争法保护的商业秘密。

华阳公司称其43家客户名单交易信息能够反映不同客户的特殊产品需求和交易习惯。根据华阳公司提供的证据，华阳公司43家被侵权客户名单(2012—2015)，其销售的产品品名及货品规格为SK－221（25L）、奥科斯－1（25L）、9600塑料喷壶（600ml）、SK－237（25L）、速可洁－Ⅰ（25L）、涤特纯－Ⅲ（20L）、SK－632（20L）、斯帕克（25L）等；43家客户中既有×××厨卫用具厂等制造生产类企业，也有宁波市×××有限公司等经营文具礼品类的公司，对于经营文具礼品类企业而言，难以说明采购的产品反映了客户的特殊需求。此外，根据前述证据，以SK－221（25L）和速可洁－Ⅰ（25L）为例，购买SK－221（25L）产品有×××厨卫用具厂等。购买速可洁－Ⅰ（25L）有宁波×××公司等。以速可洁－Ⅰ产品为例，在华阳公司列出的43家客户中就有30家购买，占比为69.76%，难以证明其销售的产品反映了客户的特殊产品需求，更难以证明其反映了客户的特殊交易习惯。

此外，根据麦达可尔公司提供的对比表，43家客户名单中重要信息相关联系人及电话号码，与华阳公司请求保护的均不相同的占比约86%，联系电话不同的占比约93%，且26家客户提交证明其自愿选择麦达可尔公司进行市场交易。考虑本案双方均为工业清洗维护产品研发、生产和销售的企业。产品范围主要包括清洗剂、润滑剂、密封剂等工业化学品，由于从事清洗产品销售及服务的行业特点，客户选择与哪些供方进行交易，不仅考虑相关产品的性能、价格等信息，也会考虑清洗服务的质量，在联系人、联系电话较大比例不相同的情况下，也难以认定麦达可尔公司使用了华阳公司43家客户名单相关信息进行市场交易。

鉴于前述分析，结合华阳公司未与王成刚、张红星、刘芳签订竞业限制协议的事实，麦达可尔公司并不承担相关竞业禁止义务。因此，在王成刚、张红星、刘芳既没有竞业限制义务，相关客户名单又不构成商业秘密，且相关联系人、联系电话较大比例不相同的情况下，本院难以认定麦达可尔公司、王成刚等人之行为构成侵犯华阳公司商业秘密。在既没有竞业限制义务，王成刚、张红星、刘芳又不侵犯华阳公司商业秘密的情况下，运用其在原用人单位学习的知识、经验与技能，无论是从市场渠道知悉相关市场信息还是根据从业经验知悉或判断某一市场主体需求相关产品和服务，可以在此基础上进行市场开发并与包括原单位在内的其他同行业市场交易者进行市场竞争。虽然与原单位进行市场竞争不一定合乎个人品德的高尚标准，但其作为市场交易参与者，在不违反法律禁止性规定又没有合同义务的情况下，从事同行业业务并不为法律所禁止。如果在没有竞业限制义务亦不存在商业秘密的情况下，仅因为某一企业曾经与另一市场主体有过多次交易或稳定交易即禁止前员工与其进行市场竞争，实质上等于限制了该市场主体选择其他交易主体的机会，不仅禁锢交易双方的交易活动，限制了市场竞争，也不利于维护劳动者正当就业、创业的合法权益，有悖反不正当竞争法维护社会主义市场经济健康发展，鼓励和保护公平竞争，制止不正当竞争行为，保护经营者和消费者的合法权益之立法本意。

综上，麦达可尔公司相关再审申请理由成立，一、二审法院认定麦达可尔公司使用了华阳公司43家客户名单，侵犯华阳公司商业秘密认定事实、适用法律均有错误，本院予以纠正。依照《中华人民共和国反不正当竞争法》（1993年施行）第十条第三款，《最高人民法院关于审理不正当竞争民事案件应用法律若干问题的解释》第十三条，《中华人民共和国民事诉讼法》第二百零七条第一款、第一百七十条第一款第二项之规定，判决如下：

一、撤销天津市第一中级人民法院（2017）津01民初50号民事判决；

二、撤销天津市高级人民法院（2018）津民终143号民事判决；

三、驳回华阳新兴科技（天津）集团有限公司诉讼请求。

一审案件受理费32057元，财产保全费5000元，二审案件受理费39357元，均由华阳新兴科技（天津）集团有限公司负担。

本判决为终审判决。

审　判　长　王艳芳
审　判　员　毛立华
审　判　员　杜微科
二〇一九年十二月十六日
法官助理　唐　弦
书　记　员　张栗萌

# 52. 涉商业秘密刑民交叉案件的处理

——上诉人宁波必沃纺织机械有限公司与被上诉人宁波慈星股份有限公司技术秘密许可使用合同纠纷案①

**中华人民共和国最高人民法院民事裁定书（2019）最高法知民终333号**

上诉人（原审被告）：宁波必沃纺织机械有限公司。住所地：浙江省慈溪市绿色农产品加工基地（崇寿镇）。

法定代表人：刘博，该公司执行董事兼总经理。

委托诉讼代理人：马东晓，北京市中伦律师事务所律师。

委托诉讼代理人：陶韬，北京市中伦律师事务所律师。

被上诉人（原审原告）：宁波慈星股份有限公司。住所地：浙江省慈溪市白沙路街道华东轻纺针织城三期6号楼。

法定代表人：孙平范，该公司董事长。

委托诉讼代理人：王萌，北京国标律师事务所律师。

上诉人宁波必沃纺织机械有限公司（以下简称必沃公司）因与被上诉人宁波慈星股份有限公司（以下简称慈星公司）技术秘密许可使用合同纠纷一案，不服浙江省宁波市中级人民法院于2019年6月6日作出的（2018）浙02民初2329号民事裁定，向本院提起上诉。本院于2019年8月12日立案后，依法组成合议庭对本案进行了审理。本案现已审理终结。

必沃公司上诉请求：撤销原审裁定。事实和理由：1. 原审裁定适用法律错误。首先，本案案由为技术秘密许可合同纠纷，本案涉及的是在履行委托加工合同过程中，上诉人是否违反保密义务，将“被许可的技术秘密”用于合同约定事项之外，进而需要承担相应违约责任之争议，其法律关系是上诉人与被上诉人之间约定的技术秘密许可合同法律关系，而非宁波市公安局立案侦查的侵犯商业秘密案件的侵权法律关系。而且，被上诉人既未明确主张以上协议中约定的保密内容为法律规定的“技术秘密”，亦未对所述信息符合“技术秘密”的法定要件进行证明。根据《最高人民法院关于审理技术合

① 本案在年度报告中的位置为第89页。

同纠纷案件适用法律若干问题的解释》第一条第二款规定，技术秘密只有符合法定要件才能构成，而非仅通过民事主体间的约定或单方表述即可构成。其次，本案不存在超出刑法前置的规定而具有需要进入刑法领域评价的必要性。刑法和民法虽然对公民权利的保护侧重点不同，但归根结底还是公民的合法权利优先。如果民事手段足以定分止争，依据刑法的内敛性原则就不应介入刑事程序。2. 原审裁定违反法定程序。本案涉及的是与技术秘密相关的许可合同纠纷，与一般经济纠纷案件不同，专业性非常强，属于知识产权案件中最为复杂的技术类案件。原审法院未经诉辩对抗来确定技术秘密秘点范围、技术秘密是否公知、秘点的价值以及对产品的贡献率等较为复杂的问题，而将其划归为应由公安机关处理的刑事犯罪而驳回起诉，系对本案事实、法律关系和法律客体的理解错误，也使上诉人完全丧失了通过答辩和举证协助法院查明案件事实的法定权利，剥夺了上诉人的知情权和答辩权。面对如此复杂的技术类案件而简单移送公安机关，难免会被认为存在有罪推定之嫌。3. 本案实质上是一起因家庭矛盾引发的经济纠纷。双方出现经济纠纷本可以通过民事诉讼解决，并不涉及刑事案件。而且即使中间存在构成犯罪的情节，由于商业秘密纠纷的特殊性，也完全可以以先民后刑或民刑并行方式审理，没有必要将民事案件移送公安机关，造成企业家无心经营、企业动荡的局面，对企业正常经营、社会稳定、政府税收都会产生较大影响。

慈星公司向本院提交暂不向必沃公司发送及告知证据材料的申请，慈星公司在申请中称：因涉案相关证据涉及慈星公司的商业秘密，请求暂时不要向必沃公司送达及告知证据材料内容，以保证浙江省宁波市公安局的正常办案。

慈星公司向原审法院起诉请求：1. 必沃公司继续履行《采购协议》中的不作为义务，立即停止违反《采购协议》及其附件《保密协议》的行为，立即停止生产销售涉案图纸描述的零部件及使用涉案零部件的机器；2. 必沃公司承担违约金 100 万元；3. 必沃公司将违法所得收益返还慈星公司，暂按 5000 万元计算收益；4. 必沃公司承担慈星公司因本案支付的律师费 30 万元。事实和理由：2016 年 3 月，慈星公司与必沃公司签署了《采购协议》并同时签署了《保密协议》，约定必沃公司依据慈星公司提供的技术图纸仅能为慈星公司生产加工横机设备零部件，慈星公司向必沃公司提供的涉案图纸未经慈星公司书面同意，必沃公司不能另作他用。2017 年，慈星公司发现必沃公司生产并对外出售的横机设备及部件与慈星公司自主研发生产的横机设备部件外观及技术要求完全相同，而这些部件正是之前慈星公司与必沃公司签署的《采购协议》中涉及的横机部件。因此，慈星公司认为必沃公司在未经慈星公司允许的情况下，擅自将慈星公司的技术图纸用于自己横机的部件生产，违反了协议约定不得使用慈星公司的商业秘密的条款，必沃公司利用慈星公司要求保密的技术图纸，非法生产横机设备，给慈星公司造成重大损失，遂诉至法院。

原审法院经审查认为，《最高人民法院关于在审理经济纠纷案件中涉及经济犯罪嫌疑若干问题的规定》第十一条规定："人民法院作为经济纠纷受理的案件，经审理认为不属经济纠纷案件而有经济犯罪嫌疑的，应当裁定驳回起诉，将有关材料移送公安机关或检察机关。"第十二条规定："人民法院已立案审理的经济纠纷案件，公安机关或检察机关认为有经济犯罪嫌疑，并说明理由附有相关材料函告受理该案的人民法院的，有关人民法院应当认真审查。经过审查，认为确有经济犯罪嫌疑的，应当将案件移送公安机关或检察机关，并书面通知当事人，退还案件受理费；如认为确属经济纠纷案件的，应当依法继续审理，并将结果函告有关公安机关或检察机关。"在审理本案的过程中，宁波市公安局认为必沃公司的行为涉嫌侵犯商业秘密罪，于2019年5月13日立案侦查，其对立案理由进行说明并函告原审法院。原审法院于2019年5月30日收到甬公函〔2019〕31号《宁波市公安局关于立案侦查"宁波慈星股份有限公司被侵犯商业秘密案"的函》及附件。由于宁波市公安局审查的事实涵盖了本案慈星公司、必沃公司签订的《采购协议》《保密协议》及相关图纸的内容，与原审法院审理的案件事实具有重合之处，必沃公司具有侵犯商业秘密罪嫌疑，应移送公安机关处理。

原审法院裁定：一、驳回原告宁波慈星股份有限公司的起诉；二、本案移送公安机关处理。

本院经审查认为，《最高人民法院关于在审理经济纠纷案件中涉及经济犯罪嫌疑若干问题的规定》第十条规定，人民法院在审理经济纠纷案件中，发现与本案有牵连，但与本案不是同一法律关系的经济犯罪嫌疑线索、材料，应将犯罪嫌疑线索、材料移送有关公安机关或检察机关查处，经济纠纷案件继续审理。

本案中，必沃公司认为，本案系技术秘密许可合同法律关系，而宁波市公安局立案侦查的侵犯商业秘密案件系侵权法律关系，二者不属于同一法律关系，根据《最高人民法院关于在审理经济纠纷案件中涉及经济犯罪嫌疑若干问题的规定》第十条之规定，本案技术秘密许可合同纠纷应当继续审理。由此可见，本案当事人二审争议核心在于判断本案所涉法律关系与必沃公司涉嫌侵犯商业秘密犯罪是否基于同一法律事实。根据本案查明的事实可知，本案必沃公司与慈星公司之间因履行《采购协议》及其附件《保密协议》产生争议，慈星公司以必沃公司违反保密义务，将其“被许可的技术秘密”用于合同约定事项之外为由提起本案诉讼，请求判令必沃公司承担相应违约责任。同时，必沃公司又因涉嫌侵犯慈星公司的商业秘密（包含涉案合同所涉技术秘密）犯罪与其他案外人一并被浙江省宁波市公安局立案侦查。可见，本案系慈星公司以必沃公司违反合同约定为由所提起的合同之诉，系技术秘密许可使用合同法律关系。而浙江省宁波市公安局所立案侦查的必沃公司涉嫌商业秘密犯罪，系必沃公司涉嫌侵犯慈星公司的商业秘密的侵权法律关系。二者所涉法律关系不同，并非基于同一法律事实所产生之法律关系，分别涉及经济纠纷和涉嫌经济犯罪，仅仅是二者所涉案件事实具有重合之处。本案为技术秘密许可使用合同纠纷，属于经济纠纷案件。尽管本案的案件事实与浙江省宁波市公安局立案侦查的商业秘密犯罪案具有重合之处，但慈星公司与必沃公司之间的涉案民事法律关系并不受影响。原审法院应将与本案有牵连，但与本案不是同一法律关系的犯罪嫌疑线索、材料移送浙江省宁波市公安局，但也应继续审理本案所涉技术秘密许可使用合同纠纷。因此，原审法院以“必沃公司具有侵犯商业秘密罪嫌疑，应移送公安机关处理”为由，裁定驳回慈星公司的起诉并将本案移送公安机关处理之结论错误，本院予以纠正。但是，必沃公司所提原审法院未经诉辩程序明确技术秘密便将本案移送公安机关构成程序违法及本案系因家庭矛盾引发的经济纠纷不适合移送公安机关处理之上诉理由，欠缺法律依据且并非本案是否移送公安机关处理之要件，故本院不予采信。

综上所述，原审裁定认定事实错误、适用法律错误。依照《中华人民共和国民事诉讼法》第一百七十条第一款第三项规定，裁定如下：

一、撤销浙江省宁波市中级人民法院（2018）浙 02 民初 2329 号民事裁定；

二、本案由浙江省宁波市中级人民法院继续审理。

本裁定为终审裁定。

审 判 长 刘晓军
审 判 员 邓 卓
审 判 员 高 雪
二〇一九年十一月四日
法官助理 李伟伟
书 记 员 王倩倩

# 53. 侵害技术秘密之诉和专利权权属之诉的合并审理

——上诉人大连博迈科技发展有限公司与被上诉人何克江、苏州麦可旺志生物技术有限公司侵害技术秘密及专利权权属纠纷案①

**中华人民共和国最高人民法院民事裁定书（2019）最高法知民终672号**

上诉人（原审原告）：大连博迈科技发展有限公司。住所地：辽宁省大连市甘井子区轻工苑1号。

法定代表人：朱靖博，该公司总经理。

委托诉讼代理人：衣维成，辽宁慧之林律师事务所律师。

被上诉人（原审被告）：何克江。

委托诉讼代理人：徐丹，辽宁朋信律师事务所律师。

被上诉人（原审被告）：苏州麦可旺志生物技术有限公司。住所地：江苏省苏州市苏州工业园区星湖街218号生物纳米园B2楼705室。

法定代表人：王季凤，该公司执行董事兼总经理。

上诉人大连博迈科技发展有限公司（以下简称博迈公司）因与被上诉人何克江、苏州麦可旺志生物技术有限公司（以下简称麦可公司）侵害技术秘密及专利权权属纠纷一案，不服辽宁省大连市中级人民法院（以下简称原审法院）于2019年5月28日作出的（2018）辽02民初325号之一民事裁定，向本院提起上诉。本院依法组成合议庭审理了本案，现已审理终结。

博迈公司上诉请求：撤销原审裁定，指令原审法院进行实体审理。事实与理由：（一）博迈公司主张的法律关系明确、被告明确，博迈公司原审的诉讼请求不属于《中华人民共和国民事诉讼法》（以下简称民事诉讼法）第一百二十四条、《最高人民法院关于适用〈中华人民共和国民事诉讼法〉的解释》第二百零八条规定之情形。（二）《最高人民法院关于印发修改后的〈民事案件案由规定〉的通知》规定："各级人民法院要正确认识民事案件案由的性质与功能，不得将修改后的《民事案件案由规定》等同于《中华人民共和国民事诉讼法》第一百零八条规定的受理条件，不得以当事人的诉讼请

① 本案在年度报告中的位置为第90页。

求在修改后的《民事案件案由规定》中没有相应案由可以适用为由，裁定不予受理或者驳回起诉，影响当事人行使诉权。同一诉讼中涉及两个以上的法律关系的，应当依当事人诉争的法律关系的性质确定案由，均为诉争法律关系的，则按诉争的两个以上法律关系确定并列的两个案由。”可见，属于不同的案由并不是法院驳回起诉的法定理由。因此，尽管本案涉及侵犯技术秘密的侵权之诉和专利权权属的确认之诉，属于不同的案由、不同的法律关系，但都是由于何克江、麦可公司的侵权行为引起的，二者具有关联性，在同一案件中审理不违反民事诉讼法及其相关规定。相反，在同一案件中审理有利于查明事实，减少当事人的诉累。

何克江、麦可公司未作答辩。

博迈公司向原审法院提出诉讼请求，请求判令：1. 确认博迈公司为专利申请号××××、名称为“一种多种流体周期性定向导流装置”发明专利（以下简称涉案专利）的权利人；2. 确认何克江、麦可公司侵犯了博迈公司的商业秘密；3. 何克江、麦可公司赔偿博迈公司经济损失及维权合理开支共计5万元（待评估后再行追加）；4. 何克江、麦可公司承担本案全部诉讼费用。事实和理由：博迈公司成立于2007年，专注于色谱分离、分析仪器研制与生产等经营业务。博迈公司依托相关科研机构，先后承担多项课题项目，并获得多项科技奖项。2015年8月至2016年4月期间，博迈公司先后研制成功多个“多种流体周期性定向导流装置”。博迈公司于2014年12月1日与何克江签署《退休人员返聘协议》及《员工保密协议》，聘用何克江从事技术与管理工作，聘用时间为2014年12月1日至2016年12月31日。2016年8月24日，何克江作为第一发明人，王季凤作为第二发明人，麦可公司作为专利申请人申报了涉案专利的申请，申请公布日为2017年1月11日。涉案专利申请公布后，博迈公司发现麦可公司专利申请内容系博迈公司的技术秘密，涉案专利系何克江在博迈公司工作期间作出的“职务发明创造”，专利权应归博迈公司所有。何克江违反保密协议约定，在工作期间向麦可公司披露及允许其使用博迈公司的技术秘密，麦可公司明知上述违法行为而获取、使用及披露博迈公司的技术秘密，二者的行为均侵犯了博迈公司的技术秘密，使博迈公司遭受了巨大的经济损失。

麦可公司、何克江在原审共同辩称：不同意博迈公司的诉讼请求。本案专利权权属纠纷和侵犯技术秘密纠纷本来属于民事案由规定的两个独立的不同案由，不应当在一个案件中同时主张，博迈公司应明确选择一项案由作为本案的审理范围。

原审法院认为：博迈公司主张何克江在该公司受聘期间向麦可公司披露

其技术秘密，麦可公司获取、使用其技术秘密申请了发明专利，二者侵犯了其公司技术秘密及专利权。博迈公司在案件中提出的诉讼请求，包括要求确认专利权权属和主张被告承担侵害技术秘密的侵权责任。虽然侵害技术秘密的侵权行为可以产生专利权权属争议，但即使界定职务发明创造人员同时侵害技术秘密，因具有秘密性和保密性的技术秘密与公开性的专利，属于不同性质的诉讼标的，技术秘密的侵权之诉和专利权权属的确认之诉，二者属于侵害技术秘密和专利权权属两个不同案由，不属于同一法律关系，所涉及的被告主体亦不相同，不应在本案中同时进行主张。原审庭审中，原审法院向博迈公司释明，因其提出的诉讼请求包括确认专利权权属以及要求原审被告承担侵害技术秘密的赔偿责任，系针对不同诉讼标的主张的不同法律关系，不应在本案中一并主张，要求博迈公司进一步明确、选择其中一项法律关系主张权利，进而明确本案的被告。博迈公司坚持认为何克江将其技术秘密披露给其他原审被告，并将其技术秘密以专利申请的形式公开并且得到专利授权，二者具有关联性，专利权权属纠纷与侵害技术秘密纠纷应当在一案中合并审理，拒绝进行选择、明确并变更诉讼请求。博迈公司拒绝选择、明确在案件中要处理的法律关系及对应的诉讼请求，致使案件的法律关系及对应的被告不明确，博迈公司的起诉不符合法律规定的起诉条件。

综上，原审法院依照民事诉讼法第五十二条、第一百一十九条之规定，裁定驳回博迈公司的起诉。

本院经审理查明：2018 年 4 月 8 日原审法院受理本案，博迈公司起诉时列明的被告为何克江、麦可公司。本案经过管辖权异议一审及二审程序，2018 年 12 月 12 日，辽宁省高级人民法院就本案管辖权异议作出（2018）辽民辖终 195 号终审裁定，认定原审法院具有管辖权。

涉案专利授权公告日为 2018 年 3 月 20 日，授权公告号为 ××××，授权公告文本显示专利权人为麦可公司，发明人为：李某某、何克江、王季凤、刘某某。

2019 年 5 月 6 日，博迈公司提交了变更诉讼请求申请，将原诉讼请求 2 变更为："确认何克江、麦可公司、王季凤、李某某侵犯了博迈公司的商业秘密"；将原诉讼请求 3 变更为："何克江、麦可公司、王季凤、李某某赔偿博迈公司经济损失及维权合理开支共计 5 万元（待评估后再行追加）"；将原诉讼请求 4 变更为："何克江、麦可公司、王季凤、李某某承担本案全部诉讼费用。"博迈公司在原审中申请追加王季凤、李某某为本案被告。

本院经审查认为，本案的争议焦点是：（一）原审法院裁定驳回博迈公司起诉是否符合法律规定；（二）如应对博迈公司的起诉进行实体审理，是否可以将侵害技术秘密之诉与确认专利权权属之诉合并审理。

（一）原审法院裁定驳回博迈公司起诉是否符合法律规定

当事人的诉讼请求涉及两个不同的法律关系且均为诉争的法律关系时，可以通过并列案由将两个法律关系合并在一个案件中进行审理。《最高人民法院关于印发修改后的〈民事案件案由规定〉的通知》指出，同一诉讼中涉及两个以上的法律关系的，应当依当事人诉争的法律关系的性质确定案由，均为诉争法律关系的，则按诉争的两个以上法律关系确定并列的两个案由。因此，同一案件涉及两个不同的法律关系并非人民法院驳回当事人起诉的合法理由。本案中，博迈公司以何克江、麦可公司侵犯其技术秘密为由要求二者承担侵权责任，以麦可公司申请的专利系其公司技术秘密为由请求确认诉争专利权由其享有，系在同一案件中提出侵害技术秘密纠纷之诉与专利权权属纠纷之诉，符合前述规定之情形。而且，上述两诉指向的被告均是具体明确的，并无原审法院所述被告不明确之情形，故原审法院以本案法律关系及对应的被告不明确为由裁定驳回博迈公司的起诉，适用法律错误，本院予以纠正。

（二）如应对博迈公司的起诉进行实体审理，是否可以将侵害技术秘密之诉与确认专利权权属之诉合并审理

如前所述，法律允许将诉争的两个不同的法律关系合并在一个案件中进行审理。而且，在特定情况下，将基于同一事实或者其他原因存在密切关系的不同法律关系在同一诉讼中解决，有利于查清案件事实、明确法律责任和避免裁判冲突，有利于保护当事人利益和实现诉讼经济的目标。考虑到本案中博迈公司起诉涉及的侵害技术秘密纠纷与专利权权属纠纷在主要事实上的高度重叠以及裁判结果上的相互牵连，具有密切关系，本院认为宜将上述两诉合并在一个案件中予以审理。

第一，主要事实的高度重叠。结合博迈公司的起诉状及庭审意见陈述，其起诉何克江、麦可公司侵害技术秘密的主要事实为：何克江违反约定将博迈公司的技术秘密披露给麦可公司，麦可公司明知或应知何克江的违法行为而获取、披露他人技术秘密，涉案专利申请实为“披露”技术秘密这一侵权行为的具体呈现。博迈公司关于确认涉案专利权权属归其所有所依据的事实与上述主张的事实基本相同，均涉及技术秘密构成、范围的认定以及与专利技术方案的比对。本案审理侵权之诉与确认之诉所需查明的事实基本相同，在同一案件中审理有利于案件事实的查清，符合诉讼经济的目的。

第二，裁判结果上的相互牵连。根据博迈公司的诉讼请求及其主张的事实理由，确认博迈公司为涉案专利权利人的前提为麦可公司与何克江存在侵

害技术秘密的行为。如果认定何克江、麦可公司并未侵害博迈公司的技术秘密，则博迈公司关于专利权属确认的主张就可能得不到支持。本案的确认之诉的结果系侵权之诉结果的自然延伸，两者存在较强的关联性。因此，本案通过诉的合并，还可以实现避免裁判冲突的功能。

需要指出的是，本院注意到博迈公司曾在原审中申请追加涉案专利的发明人王季凤、李某某作为本案被告。本院认为，因本案需对涉案专利之权属作出确认，一方面，发明人参加诉讼有利于查清案件事实；另一方面，侵害技术秘密之诉的审理结果和救济手段可能对涉案专利发明人地位产生直接否定效果。因此，发明人作为涉案专利的利害关系人，与本案审理结果存在直接利害关系，本着一次性实质解决纠纷的原则，发明人可以作为案件当事人或者第三人参加诉讼。还需指出的是，虽然博迈公司并未申请追加发明人刘某某作为共同被告，但是刘某某与王季凤、李某某在本案中居于相同的发明人法律地位，原则上亦应参加本案诉讼。依据民事诉讼法第五十六条第二款之规定，原审法院可以向当事人释明上述情况，释明后博迈公司仍拒绝申请追加刘某某时，可以依职权通知刘某某作为第三人参加诉讼。

综上，博迈公司的上诉请求具有事实和法律依据，本院予以支持。原审裁定适用法律错误，本院予以纠正。依照《中华人民共和国民事诉讼法》第五十六条第二款、第一百一十九条、第一百七十条第一款第二项、第一百七十一条，《最高人民法院关于适用〈中华人民共和国民事诉讼法〉的解释》第三百三十二条之规定，裁定如下：

一、撤销辽宁省大连市中级人民法院（2018）辽02民初325号之一民事裁定；

二、本案指令辽宁省大连市中级人民法院审理。

本裁定为终审裁定。

审　判　长　朱　理
审　判　员　原晓爽
审　判　员　傅　蕾
二〇一九年十一月二十八日
法官助理　宾岳成
书　记　员　谢思琳

# 54. 垄断协议纠纷可仲裁性认定

——上诉人壳牌（中国）有限公司与被上诉人呼和浩特市汇力物资有限责任公司纵向垄断协议纠纷管辖权异议上诉案①

**中华人民共和国最高人民法院民事裁定书（2019）最高法知民辖终46号**

上诉人（原审被告）：壳牌（中国）有限公司。住所地：北京市朝阳区建国门外大街1号院16号楼30层01-02单元。

法定代表人：张新胜。

委托诉讼代理人：程诚，北京市中伦律师事务所律师。

委托诉讼代理人：赵刚，北京市中伦律师事务所律师。

被上诉人（原审原告）：呼和浩特市汇力物资有限责任公司。住所地：内蒙古自治区呼和浩特市赛罕区新华东街26号万达广场板式公寓1103。

法定代表人：祝路群，该公司总经理。

委托诉讼代理人：黄伟，北京市天元律师事务所律师。

委托诉讼代理人：周雯，北京市天元律师事务所律师。

上诉人壳牌（中国）有限公司（以下简称壳牌公司）因与被上诉人呼和浩特市汇力物资有限责任公司（以下简称汇力公司）纵向垄断协议纠纷一案，不服呼和浩特市中级人民法院于2019年1月17日作出的（2018）内01民初451号民事裁定，向本院提起上诉。本院于2019年5月24日受理后，依法组成合议庭进行了审理。2019年6月10日，上诉人壳牌公司的委托诉讼代理人程诚、赵刚，被上诉人汇力公司的委托诉讼代理人黄伟、周雯到庭接受了询问。本案现已审理终结。

壳牌公司上诉请求：1. 撤销（2018）内01民初451号民事裁定；2. 裁定驳回汇力公司的起诉；3. 如果第2项上诉请求未得到支持，裁定将本案移送至北京知识产权法院、北京市高级人民法院或内蒙古自治区高级人民法院审理。事实与理由：1. 双方当事人存在仲裁约定，所涉争议不属于人民法院受理范围，应裁定驳回汇力公司的起诉。本案属于反垄断民事纠纷，即使涉

① 本案在年度报告中的位置为第92页。

及公共利益或者公共政策，《中华人民共和国仲裁法》（以下简称仲裁法）也没有明确排除此类纠纷的可仲裁性，本案管辖应当尊重当事人意思自治。2. 仲裁法和《中华人民共和国民事诉讼法》（以下简称民事诉讼法）对违背社会公共利益的仲裁裁决已经设置了救济制度，涉及公共利益不等同于违背公共利益，不应以涉及公共利益排除仲裁。3. 即使本案由人民法院管辖，但是汇力公司没有举证证明合同履行地为内蒙古地区，本案应由壳牌公司住所地法院管辖。4. 北京知识产权法院在先受理山西昌林实业有限公司诉壳牌公司滥用市场支配地位纠纷案，该案与本案存在密切联系，根据《最高人民法院关于审理因垄断行为引发的民事纠纷案件应用法律若干问题的规定》[①]（以下简称垄断民事案件若干问题规定）第六条规定，本案应当移送北京知识产权法院审理。同时，因为两案都存在重大影响，根据民事诉讼法关于级别管辖的规定，两案由北京市高级人民法院审理更为适当。5. 本案涉及境外因素以及多家经销商，存在重大影响，即使由内蒙古地区的人民法院审理，也应当移送内蒙古自治区高级人民法院。

汇力公司答辩称：1. 本案系汇力公司因壳牌公司垄断行为受到损失而引发的民事纠纷，一审法院对本案具有管辖权。2. 本案争议涉及2015年之前的行为，超出了2015年《经销商协议》约定的仲裁范围，不能适用仲裁条款。3. 司法实践已经明确仲裁协议不能作为垄断纠纷管辖的依据。4. 本案涉及众多经销商和内蒙古地区相关产品市场，涉及公共利益，不同于一般民事主体间的财产纠纷，不能仅根据意思自治原则确定管辖。5. 根据垄断民事案件若干问题规定第四条以及民事诉讼法关于合同纠纷管辖的规定，本案由合同履行地人民法院管辖。涉案《经销商协议》已经约定“内蒙古中北部”是汇力公司经销活动区域，即合同履行地。本案应由合同履行地法院即呼和浩特市中级人民法院管辖。同时，本案并非涉外案件，壳牌公司也没有举证证明本案存在重大影响，故本案不应由内蒙古自治区高级人民法院管辖。汇力公司请求本院驳回上诉，维持原裁定。

原审法院认为，本案属于纵向垄断协议纠纷。反垄断法具有明显的公法性质，我国现阶段对能否通过仲裁途径进行垄断纠纷的权利救济尚无法律明确规定，而且壳牌公司也未提交垄断纠纷可进行仲裁的司法实践案例；反垄断纠纷不仅涉及当事人双方的利益，还涉及社会公共利益，已经突破合同双方关于履行合同过程中发生纠纷的争议解决方式的约定。因此，在垄断纠纷

---

① 已被《最高人民法院关于修改〈最高人民法院关于审理侵犯专利权纠纷案件应用法律若干问题的解释（二）〉等十八件知识产权类司法解释的决定》修改，本书下同。

涉及公共利益，且目前我国法律尚未明确规定可以仲裁的情况下，当事人之间的仲裁协议不能作为确定垄断纠纷案件管辖权的依据。汇力公司、壳牌公司双方在《经销商协议》中约定合同履行地为“内蒙古中北部”，原审法院作为内蒙古自治区人民政府所在地的中级人民法院，对本案享有管辖权。对于壳牌公司所述的北京知识产权法院已经受理的山西昌林实业有限公司诉被告滥用市场支配地位一案，与本案诉争的垄断行为并非同一垄断行为，不符合应予移送的法定条件，故对于壳牌公司认为本案应移送给北京知识产权法院的主张不予支持。另外，本案非涉外案件，壳牌公司认为本案存在重大影响也未提交证据证明，故对于壳牌公司认为本案应由内蒙古自治区高级人民法院管辖的主张，不予支持。

本院认为，本案主要有三个焦点问题：一、人民法院对本案是否具有管辖权；二、如果人民法院对本案具有管辖权，则原审法院对本案是否具有管辖权；三、如果原审法院对本案不具有管辖权，则本案应如何确定有管辖权的人民法院。

首先，关于人民法院对本案是否具有管辖权。反垄断法的主要价值在于维护健康有序的市场竞争秩序，促进社会经济的健康发展。《中华人民共和国反垄断法》（以下简称反垄断法）第一条规定：“为了预防和制止垄断行为，保护市场公平竞争，提高经济运行效率，维护消费者利益和社会公共利益，促进社会主义市场经济健康发展，制定本法。”反垄断法与反不正当竞争法同属于竞争法范畴，对是否构成垄断行为的认定和处理，反垄断法第十条规定：“国务院规定的承担反垄断执法职责的机构（以下统称国务院反垄断执法机构）依照本法规定，负责反垄断执法工作。国务院反垄断执法机构根据工作需要，可以授权省、自治区、直辖市人民政府相应的机构，依照本法规定负责有关反垄断执法工作。”第三十八条第一款规定：“反垄断执法机构依法对涉嫌垄断行为进行调查。”同时，反垄断法第五十条规定：“经营者实施垄断行为，给他人造成损失的，依法承担民事责任。”可见，对是否构成垄断的认定和处理，反垄断法明确规定了行政执法和民事诉讼两种方式，并未明确规定仲裁的方式。仲裁法第二条规定：“平等主体的公民、法人和其他组织之间发生的合同纠纷和其他财产权益纠纷，可以仲裁。”这就是说，如果当事人之间发生纠纷不属于合同纠纷和其他财产权益纠纷，或者说包含有不属于合同纠纷和其他财产权益纠纷的因素，且一方当事人已经寻求司法解决其纠纷的，人民法院通常具有管辖权。本案中，汇力公司提起的是垄断民事纠纷而非合同纠纷。虽然壳牌公司和汇力公司在经销商协议中约定了争议解决的仲裁条款，但反垄断法具有明显的公法性质，是否构成垄断的认定超出了合同相对人之间的权利义务关系，并使本案争议不再限于“平等主体的公民、法人和其他组织之间发生的合同纠纷和其他财产权益纠纷”，不再属于仲裁法规定的可仲裁范围。垄断民事案件若干问题规定第二条规定：“原告直接向人民法院提起民事诉讼，或者在反垄断执法机构认定构成垄断行为的处理决定发生法律效力后向人民法院提起民事诉讼，并符合法律规定的其他受理条件的，人民法院应当受理。”在纵向垄断协议的认定超出了合同相对人之间的权利义务关系，且我国法律并未明确规定垄断纠纷可以通过仲裁途径解决的情况下，本案当事人在经销商协议中约定的仲裁条款不能成为排除人民法院管辖纵向垄断协议纠纷的当然依据。因此，原审法院认定当事人之间的仲裁条款不能否定原审法院对本案具有管辖权并无不当。

其次，关于原审法院对本案是否具有管辖权。垄断民事案件若干问题规定第三条规定：“第一审垄断民事纠纷案件，由省、自治区、直辖市人民政府所在地的市、计划单列市中级人民法院以及最高人民法院指定的中级人民法院管辖。经最高人民法院批准，基层人民法院可以管辖第一审垄断民事纠纷案件。”第四条规定：“垄断民事纠纷案件的地域管辖，根据案件具体情况，依照民事诉讼法及相关司法解释有关侵权纠纷、合同纠纷等的管辖规定确定。”本案涉及是否构成纵向垄断行为的认定，根据上述司法解释的规定，应依照民事诉讼法及相关司法解释有关侵权纠纷、合同纠纷等的管辖规定确定管辖法院。民事诉讼法第二十三条规定：“因合同纠纷提起的诉讼，由被告住所地或者合同履行地人民法院管辖。”本案被诉垄断行为系壳牌公司实施的限制最低价格、固定产品销售价格的纵向垄断协议行为，根据双方当事人在《经销商协议》中的约定，涉案经销行为发生地在内蒙古中北部。原审法院作为内蒙古自治区人民政府所在地的中级人民法院，对本案具有管辖权。

最后，关于本案是否应移送管辖。垄断民事案件若干问题规定第六条规定：“两个或者两个以上原告因同一垄断行为向有管辖权的同一法院分别提起诉讼的，人民法院可以合并审理。两个或者两个以上原告因同一垄断行为向有管辖权的不同法院分别提起诉讼的，后立案的法院在得知有关法院先立案的情况后，应当在七日内裁定将案件移送先立案的法院；受移送的法院可以合并审理。被告应当在答辩阶段主动向受诉人民法院提供其因同一行为在其他法院涉诉的相关信息。”民事诉讼法第十八条规定：“中级人民法院管辖下列第一审民事案件：（一）重大涉外案件；（二）在本辖区有重大影响的案件；（三）最高人民法院确定由中级人民法院管辖的案件。”第十九条规定：“高级人民法院管辖在本辖区有重大影响的第一审民事案件。”本案中，北京知识产权法院已经受理的山西昌林实业有限公司诉壳牌公司滥用市场支配地位一案，与本案诉争的垄断行为并非同一垄断行为，不符合垄断民事案件若干问题规定第六条规定的应予移送合并审理的条件。同时，壳牌公司也未提供本案具有重大影响应移送高级人民法院审理的有效证据。因此，在本院已经认定原审法院对本案具有管辖权的基础上，本案不宜移送至其他人民法院审理。

综上，原审法院对本案具有管辖权，壳牌公司的上诉主张及理由均不能成立，应予驳回。依照《中华人民共和国民事诉讼法》第一百七十条第一款第一项、第一百七十一条规定，裁定如下：

驳回上诉，维持原裁定。

本裁定为终审裁定。

审　判　长　刘晓军
审　判　员　唐小妹
审　判　员　凌宗亮
二〇一九年八月二十一日
法官助理　陈　律
书　记　员　宋子怡

# 五、植物新品种案件审判

## 55. 品种审定与植物新品种权授权的关系

——上诉人青海民族大学与被上诉人青海金祥生物科技发展有限责任公司侵害植物新品种权纠纷案①

**中华人民共和国最高人民法院民事裁定书（2019）最高法知民终585号**

上诉人（原审原告）：青海民族大学。住所地：西宁市城东区八一中路3号。

法定代表人：索端智，该校校长。

委托诉讼代理人：王宇，青海延辉律师事务所律师。

被上诉人（原审被告）：青海金祥生物科技发展有限责任公司。住所地：青海省海北藏族自治州门源回族自治县浩门镇疙瘩滩村（海北州生物园区）。

法定代表人：陈学厚，该公司执行董事。

委托诉讼代理人：王晶，青海勤云律师事务所律师。

上诉人青海民族大学因与被上诉人青海金祥生物科技发展有限责任公司（以下简称金祥生物公司）侵害植物新品种权纠纷一案，不服青海省西宁市中级人民法院于2019年8月28日作出的（2018）青01民初332号民事判决，向本院提起上诉。本院于2019年10月21日立案后，依法组成合议庭，于2019年12月2日公开开庭进行了审理，上诉人青海民族大学的委托诉讼代理人王宇，被上诉人金祥生物公司的法定代表人陈学厚及委托诉讼代理人王晶到庭参加诉讼。本案现已审理终结。

青海民族大学向本院提起上诉，请求：1. 撤销原审判决，改判支持青海

---

① 本案在年度报告中的位置为第93页。

民族大学的原审诉讼请求；2. 本案一审、二审诉讼费用由金祥生物公司承担。事实与理由：1. 青海民族大学对“青海蕨麻1号”依法享有知识产权，应受到法律保护。青海民族大学以李军乔教授为首的科研团队研究出人工培育和种植的蕨麻品种“青海蕨麻1号”，并经青海省农作物品种审定委员会审定合格（青审蕨麻2009001号）。农业农村部至今未将蕨麻列入目录，无法为“青海蕨麻1号”授予植物新品种权。2. 金祥生物公司非法取得“青海蕨麻1号”原种，冒名接受青海民族大学技术指导，其行为已构成侵权。金祥生物公司种植和销售“青海蕨麻1号”获利巨大。原审判决驳回青海民族大学的起诉极大挫伤科研积极性，不利于科研工作者开展科研工作。

金祥生物公司辩称：1. 青海民族大学没有取得“青海蕨麻1号”的植物新品种权；原审判决驳回青海民族大学的起诉维持了植物新品种权保护制度的严谨性，判决公正合法。2. 金祥生物公司是代青海金祥工贸有限责任公司（以下简称金祥工贸公司）履行合同义务，青海民族大学对此是知情并表示认可的。3. 青海民族大学无证据证明案涉土地种植的作物系“青海蕨麻1号”，且其提供的损失计算依据不充分。

青海民族大学向原审法院提起诉讼，原审法院于2018年7月4日立案受理，青海民族大学起诉请求：1. 依法判令金祥生物公司立即停止播种“青海蕨麻1号”品种及其他蕨麻品系的侵权行为，现种植在门源回族自治县北山乡的2229亩“青海蕨麻1号”品种全部就地销毁；2. 依法判令金祥生物公司赔偿青海民族大学经济损失共计人民币5171343.5元（人民币，下同）；3. 本案诉讼费用由金祥生物公司承担。庭审中，青海民族大学对第一项诉讼请求变更为：请求判令金祥生物公司立即停止播种“青海蕨麻1号”的侵权行为，本次诉讼不再主张其他蕨麻品系的侵权行为，但仍保留诉讼权利。

原审法院经审理查明，“青海蕨麻1号”系青海民族大学培育的蕨麻品种。2009年11月10日通过青海省农作物品种审定委员会审定，审定编号为青审蕨麻2009001号，审定意见为：“蕨麻 青海蕨麻1号品种，经审定合格，可在我省中、高位山旱地及青南、环湖农业区地区推广种植。特向品种育成（引进）单位及主要育（引）种人颁发《品种合格证》。”2013年6月6日，青海民族大学与金祥工贸公司签订了《蕨麻种植合作协议》，协议约定了双方的合作范围、合作方式及条件。协议生效后，金祥工贸公司向青海民族大学支付1000000元作为前期研究投入费用，在合同履行前期金祥工贸公司在门源回族自治县承租当地农民的土地进行蕨麻种植。青海民族大学在2014年提供了蕨麻原种并进行了相应的技术指导。2015年9月后，双方因经营账目以及现场技术指导等问题引发纠纷。

另查明，2014年3月11日，金祥工贸公司的股东陈学厚、权仙丽为便利生产销售“青海蕨麻1号”在门源回族自治县市场监督管理局注册登记金祥生物公司，企业主营业务活动为蕨麻科技种植等，企业股东为陈学厚、权仙丽、陈文彬，随后金祥生物公司开始种植蕨麻。

又查明，2015年9月3日青海民族大学官方网站网页显示7月至8月期间，多位专家、领导到青藏高原蕨麻研究中心视察指导工作，对研究中心在蕨麻科学研究和成果转化方面取得的成果给予高度评价。有关领导在实地考察金祥生物公司蕨麻种植基地时，青海民族大学李军乔教授就蕨麻的生物特性、科学研究和成果转化等进行了专门汇报，并与中国工程院院士就青海实施生态保护、资源开发、经济转型等问题广泛交流了意见。

原审法院认为，关于金祥生物公司是否侵犯青海民族大学“青海蕨麻1号”植物品种权的问题。青海民族大学主张本案诉讼权利时认为其拥有“青海蕨麻1号”的专利权和知识产权，根据《中华人民共和国专利法》[①] 第二十五条，动物和植物的品种是不授予专利的。根据《中华人民共和国民法总则》[②] 第一百二十三条规定，民事主体对植物享有的知识产权仅为植物新品种权。现青海民族大学认为其享有权利的依据为《品种合格证》，该《品种合格证》由青海省农作物品种审定委员会颁发，属品种审定范畴。原审法院认为，品种审定和新品种保护是两个不同的概念。品种审定的本质特征是为了保障农民利益，对申请品种审定人生产程序化限制的管理，是市场准入的范畴，主要强调该品种的推广价值；品种审定证书是一种推广许可证书，授予的是某品牌可以进入市场（推广应用）的准入证，是一种行政管理措施。而植物新品种保护的本质特征是针对申请人知识产权、财产权的保护，植物新品种保护强调品种的特异性和新颖性。品种保护证书授予的是一种法律保护的智力成果的权利证书，是授予育种者的一种财产独占权。根据《中华人民共和国植物新品种保护条例》（以下简称植物新品种保护条例）第六条的规定，完成育种的单位或者个人对其授权品种享有排他的独占权，任何单位或者个人未经品种权所有人许可不得为商业目的生产或者销售该授权品种的繁殖材料，不得为商业目的将该授权品种的繁殖材料重复使用于生产另一品种的繁殖材料。本案中，青海民族大学只持有青海省农作物品种审定委员会颁发的《品种合格证》，未获得植物新品种权，故青海民族大学对“青海蕨麻1号”不享有排他的独占权。在该品种审定区域内，任何单位和个人可以

---

① 此处指2008年《中华人民共和国专利法》，其已于2020年修改，本案下同。

② 已被《中华人民共和国民法典》废止。

生产该品种，所以青海民族大学认为金祥生物公司侵犯其“青海蕨麻1号”植物新品种权无法律依据，原审法院认为其该项诉讼请求不成立，应予驳回。

关于青海民族大学主张的要求金祥生物公司立即停止播种“青海蕨麻1号”，并将现种植在门源回族自治县北山乡的2229亩“青海蕨麻1号”品种全部就地销毁，以及要求金祥生物公司赔偿经济损失5171343.5元的请求是否应予支持。原审法院认为，既然青海民族大学对“青海蕨麻1号”不享有排他的独占权，其无权利禁止金祥生物公司生产销售该品种，其要求金祥生物公司立即停止播种“青海蕨麻1号”，并将现种植在门源回族自治县北山乡的2229亩“青海蕨麻1号”品种全部就地销毁，以及要求金祥生物公司赔偿经济损失5171343.5元的请求也没有法律依据。关于青海民族大学认为其并不知晓金祥工贸公司的股东为了便于生产、销售又注册登记金祥生物公司，其于2015年8月21日才知道金祥生物公司参与种植蕨麻。经核实，该校官网“学校新闻”载明，2015年7月、8月，有关领导在实地考察青海金翔（祥）生物科技发展有限公司蕨麻种植基地时，李军乔就蕨麻的生物特性、科学研究和成果转化等进行了专门汇报，双方就此事实均无异议，可以认定金祥生物公司种植蕨麻，青海民族大学参与技术指导。故青海民族大学认为金祥生物公司未经青海民族大学许可，擅自在门源回族自治县蕨麻种植基地种植青海民族大学享有权利的“青海蕨麻1号”品种，要求金祥生物公司赔偿损失的理由不成立，应予驳回。另，金祥生物公司认为青海民族大学主张诉讼权利已超过诉讼时效的问题。经核实，2013年6月6日青海民族大学与金祥工贸公司签订的《蕨麻种植合作协议》生效，双方因履行该协议产生纠纷后，金祥工贸公司于2017年8月3日向西宁仲裁委员会申请仲裁，该委员会作出仲裁裁决后，青海民族大学于2018年7月4日向原审法院提起诉讼，且青海民族大学主张民事权利属知识产权保护的范围，其对特定人享有的请求停止侵害、销毁侵权物品的权利不适用诉讼时效。故金祥生物公司的此项抗辩理由不成立，原审法院不予支持。根据《中华人民共和国民法总则》第一百二十三条、第一百九十六条，《中华人民共和国专利法》第二十五条，《中华人民共和国植物新品种保护条例》第二条、第三条、第六条，《中华人民共和国民事诉讼法》第一百一十九条、第一百三十四条、第一百四十八条之规定，判决：驳回原告青海民族大学的诉讼请求。一审案件受理费47999元，由原告青海民族大学负担。

本院审理查明，“青海蕨麻1号”未被授予植物新品种，青海民族大学自认其曾向农业农村部申请植物新品种权，农业农村部以蕨麻属小宗（众）农作物为由，未对“青海蕨麻1号”授予植物新品种。

本院认为，青海民族大学起诉金祥生物公司的行为侵害青海民族大学享有的“青海蕨麻1号”植物新品种权，本案焦点在于涉案“青海蕨麻1号”是否具有植物新品种权，青海民族大学是否具有请求权的基础。

我国实行植物新品种保护制度，对国家植物品种保护名录内经过人工选育或者发现的野生植物加以改良，具备新颖性、特异性、一致性、稳定性和适当命名的植物品种，由国务院农业、林业主管部门授予植物新品种权，保护植物新品种权所有人的合法权益。《中华人民共和国种子法》（以下简称种子法）第二十八条规定：“完成育种的单位或者个人对其授权品种，享有排他的独占权。任何单位或者个人未经植物新品种权所有人许可，不得生产、繁殖或者销售该授权品种的繁殖材料，不得为商业目的将该授权品种的繁殖材料重复使用于生产另一品种的繁殖材料；但是本法、有关法律、行政法规另有规定的除外。”植物新品种保护条例第六条规定：“完成育种的单位或者个人对其授权品种，享有排他的独占权。任何单位或者个人未经品种权所有人（以下称品种权人）许可，不得为商业目的生产或者销售该授权品种的繁殖材料，不得为商业目的将该授权品种的繁殖材料重复使用于生产另一品种的繁殖材料；但是，本条例另有规定的除外。”可见，植物新品种权属于民事权利，植物新品种权的所有人享有对该品种繁殖材料的独占权。

植物新品种权的内容和归属、授予条件、申请和受理、审查与批准，以及期限、终止和无效等依照种子法、植物新品种保护条例及其有关行政法规规定执行。对于可以申请品种权保护的品种，植物新品种保护条例第十三条规定：“申请品种权的植物新品种应当属于国家植物品种保护名录中列举的植物的属或者种。植物品种保护名录由审批机关确定和公布。”根据本案审理查明的事实，蕨麻品种目前尚未被列入国家植物品种保护名录中，不属于可以申请植物新品种保护的品种，青海民族大学不具备申请“青海蕨麻1号”植物新品种保护的前提条件。因此，青海民族大学不具备提起侵害植物新品种权的请求权基础。

青海民族大学在原审法院提交了有关“青海蕨麻1号”的青海省品种审定证书，品种审定制度作为市场准入的行政管理措施，不同于植物新品种保护制度，其属于行政许可而非民事权利，主要由《主要农作物品种审定办法》《主要林木品种审定办法》规范，目的是加强作物品种的管理，加速育种新成果的推广利用，确保有经济推广价值的品种进入市场，防止盲目推广不适合本地区种植的劣质品种给农林业生产和农民利益造成损失。通过品种审定的品种并非获得植物新品种权的品种，即便“青海蕨麻1号”品种获得了品种审定，该事实也不能认定“青海蕨麻1号”品种取得了植物新品种的授权，并由此享有对所涉品种繁殖材料进行生产、销售的独占权。

综上，青海民族大学提起本案侵害植物新品种之诉，但其所涉“青海蕨麻1号”并非目前申请植物新品种权目录内的品种，青海民族大学提起本案侵权之诉并无权利基础，不符合《中华人民共和国民事诉讼法》第一百一十九条规定的起诉的条件，应当裁定驳回起诉，原审法院援引《中华人民共和国民事诉讼法》第一百一十九条的规定，判决驳回青海民族大学的诉讼请求，裁判方式存在错误，本院予以纠正。

依据《中华人民共和国民事诉讼法》第一百一十九条、第一百五十四条、第一百七十条第一款第二项之规定，裁定如下：

一、撤销青海省西宁市中级人民法院（2018）青01民初332号民事判决；

二、驳回青海民族大学的起诉。

一审案件受理费47999元，退还青海民族大学；上诉人青海民族大学预交的二审案件受理费47999元予以退还。

本裁定为终审裁定。

审 判 长 罗 霞
审 判 员 童海超
审 判 员 潘才敏
二〇一九年十二月十三日
法官助理 王慧若
书 记 员 胡子璇

# 56. 繁殖材料的认定

——上诉人蔡新光与被上诉人广州市润平商业有限公司侵害植物新品种权纠纷案①

**中华人民共和国最高人民法院民事判决书（2019）最高法知民终14号**

上诉人（原审原告）：蔡新光。

委托诉讼代理人：于仁春，河北好望角律师事务所律师。

委托诉讼代理人：王婉君，山东健华律师事务所律师。

被上诉人（原审被告）：广州市润平商业有限公司。住所地：广东省广州市增城市新塘镇港口大道北金海岸城市广场。

法定代表人：魏正勤，该公司总经理。

委托诉讼代理人：李宁峰，广东佑德律师事务所律师。

上诉人蔡新光因与被上诉人广州市润平商业有限公司（以下简称润平公司）侵害植物新品种权纠纷一案，不服广州知识产权法院于2019年1月3日作出的（2018）粤73民初732号民事判决，向本院提起上诉。本院于2019年4月4日立案后，依法组成合议庭，于2019年4月23日公开开庭进行了审理。上诉人蔡新光及其委托诉讼代理人于仁春、王婉君，被上诉人润平公司的委托诉讼代理人李宁峰到庭参加了诉讼。本案现已审理终结。

蔡新光上诉请求：撤销原审判决，依法改判支持其全部诉讼请求，并判令本案所有诉讼费用由润平公司承担。事实和理由：

（一）蔡新光通过多年培育获得植物新品种三红蜜柚，并获得该新品种的授权。三红蜜柚系柑橘属的一个水果品种，是由琯溪蜜柚芽变成红肉蜜柚（又叫红心蜜柚）后再次芽变的新品种，属无性繁殖植物。该新品种除具有红色的果肉外，其海绵层和果外皮也均呈现淡红色，与红肉蜜柚品种明显不同。原审判决对“作为收获材料的涉案柚子果实不应认定为‘三红蜜柚’的繁殖材料”的认定，明显违背农业育种的实践经验、违背科学技术常识，事实认定明显错误。考虑生产成本，三红蜜柚一般采用嫁接的方式进行繁殖，

① 本案在年度报告中的位置为第94页。

但也可利用茎芽、果柄、汁胞、外植体细胞等通过组织培养技术进行繁殖。作为植物体的部分，依据植物“细胞全能性”科学理论，无论在实践中是否已通过组织培养获得完整的植物，都不影响蜜柚的果实作为繁殖材料的科学定论。我国早已有育种者利用柚子、柑桔等柑橘属果实中的子叶或者汁胞进行组培的实践活动，公开发表的文章就达数十篇。因此，蜜柚的果实作为植物体的部分，属于繁殖材料。

（二）原审判决认定润平公司的行为不构成侵权，所销售的并非“繁殖材料”的逻辑推理混乱。1. 植物新品种权保护的是品种本身，而不是育种的专有技术。不论育种人是通过芽变、诱变，还是杂交以及基因技术等，法律上保护的范围应当是繁殖材料的整体，而不是育种时用什么材料就只保护什么材料。原审判决认定蔡新光是通过从芽变分枝上采穗嫁接，而非利用汁胞等通过组织培养技术进行，就认定将并非用于嫁接繁殖的材料判定为繁殖材料，否则超出权利人培育其植物新品种所付出的创造性劳动成果的范围、与权利人申请新品种权过程中的应当享有的权利失衡，该认定存在错误。2. 果实是不是繁殖材料，能不能繁殖，应当是一个客观存在的事实。至于人们“用不用”果实进行繁殖，则取决于人的主观意愿。应当从“果实能不能繁殖”的功能分析“果实是不是繁殖材料”，而非从“用不用果实进行繁殖”的用途进行推理。原审判决认定在农业生产实际中，一般采用成本低廉且易于操作的嫁接方式对三红蜜柚进行扩繁，因此收获物的籽粒或汁胞不会被用作繁殖材料，该认定存在错误。法律没有规定销售的繁殖材料必须用于繁殖的用途，也没有规定购买人必须使用其进行生产，更不禁止购买人使用果实除“繁殖性能”以外的用途。润平公司销售的被诉侵权蜜柚果实主要用于食用，不能由此否认果实作为繁殖材料的事实。3. 原审判决认定蔡新光没有举证证明“有的籽粒可以育出植株”等诉讼主张，也没有举证证明润平公司销售的被诉侵权蜜柚果实属未经许可培育而得的收获物，也没有证据表明润平公司将之作为繁殖材料予以销售。原审判决对于举证责任的分配存在错误。蔡新光对三红蜜柚果实是繁殖材料的这一事实没有举证的责任和义务。

（三）润平公司销售的被诉侵权蜜柚果实作为收获材料本身就是三红蜜柚繁殖材料的一种。本案所指控的是润平公司的非法销售行为，并未禁止有合法来源的三红蜜柚果实的销售行为，不存在原审判决所认为的“如果将作为普通公众食物来源的柚子作为繁殖材料，导致社会成本畸高”。此外，润平公司未经其许可，长期大范围在其经营场所销售被诉侵权蜜柚果实，所销售的果实不存在权利用尽的情形。且被诉侵权蜜柚果实价格比其他蜜柚价格高，其侵权行为给蔡新光造成重大损失，依法应当承担法律责任。润平公司主张的产品来源，并不是法律意义上的合法来源。

（四）原审判决关于三红蜜柚果实不是繁殖材料的认定，不符合我国相关法律法规的立法目的。原审判决误把品种审定和新品种保护混为一谈，依据《中华人民共和国种子法》（以下简称种子法）第二条、第十五条第二款、第二十八条等规定判决本案，法律适用存在错误。

（五）原审判决在“判断三红蜜柚果实是不是繁殖材料”的问题上，有法不依，随意曲解法律。我国立法早已将所有植物体（包括果实或者细胞、组织等）作为“繁殖材料”予以保护，这体现了科技进步的客观需求，符合我国立法的本意和目的。不将三红蜜柚果实依法作为繁殖材料进行保护，既不符合植物新品种权保护的立法精神，又违反种子法等法律法规的明文规定，更是违背科学常识。

（六）无性繁殖作物，只要一根枝条被非法流入社会，育种者只有等待法律的救济。应给予无性繁殖新品种更加有效的保护。如不将非法销售果实作为侵权行为进行惩处，无性繁殖的育种者将不能获得任何经济收益。依法认定润平公司销售没有合法来源的三红蜜柚果实构成侵权，有利于维护植物新品种权所有人（以下称品种权人）的合法权益，实现种业创新、维护社会公平正义和尊重育种的实践经验。

润平公司辩称：原审判决认定事实清楚，适用法律正确，蔡新光的上诉没有事实和法律依据。（一）涉案植物新品种权的保护范围，仅限于三红蜜柚的可种植材料或植物的其他部分，并不包括三红蜜柚果实。蔡新光主张被诉侵权蜜柚果实可通过柚子果实的汁胞等进行组织培养，但其未提供成功培养的证据予以证实。润平公司所销售的产品中没有能繁殖出树苗的籽粒。（二）润平公司所销售的为蜜柚果实，润平公司没有侵犯蔡新光的植物新品种权。润平公司销售的被诉侵权蜜柚果实不属于可繁殖该植物新品种的种植材料或植物体的其他部分，不属于蔡新光植物新品种权的保护范围。涉案植物新品种权所涉及的新品种并非通过植物果实种植，因此销售被诉侵权蜜柚果实并不构成侵权。润平公司销售的是食品，依法不能认定属于繁殖材料。（三）润平公司所销售的被诉侵权蜜柚果实来源于江山市森南食品有限公司（以下简称森南公司），具有合法来源。案外人森南公司提供给润平公司的被诉侵权蜜柚果实是否来源于蔡新光处于不明状态，是否存在权利用尽并不能确定。（四）蔡新光未举证证明其损失，亦未提供其索赔数额的计算方式。蔡新光的侵权指控和损害赔偿数额均缺乏事实和法律依据，综上，润平公司请求本院驳回上诉、维持原判。

蔡新光向原审法院提起诉讼，原审法院于2018年3月23日立案受理，蔡新光起诉请求：依据种子法第七十三条的规定，判令润平公司停止销售三红蜜柚繁殖材料的果实，赔偿蔡新光经济损失50万元并承担本案诉讼费。事实和理由：植物新品种权的保护范围包括对授权品种繁殖材料的生产、繁殖或者销售等行为。根据种子法第二十八条以及《中华人民共和国植物新品种保护条例实施细则》（农业部分）第五条，参照《进境植物繁殖材料检疫管理办法》第四条以及《国际植物新品种保护公约》（1978年文本）第五条的规定，无性繁殖材料应被认为包括整株植物，整株植物包括果实。实践中考虑生产成本，三红蜜柚一般采用嫁接的方式进行繁殖，但也可利用茎芽、果柄、汁胞、外植体细胞等通过组织培养技术进行繁殖，蔡新光已成功通过组织培养技术培养成活植株。润平公司销售的被诉侵权蜜柚果实不仅是涉案品种的收获材料，也是繁殖材料。润平公司未经蔡新光许可，私自连续、长期大范围销售被诉侵权蜜柚果实。润平公司销售被诉侵权蜜柚果实，且被诉侵权蜜柚果实价格比其他蜜柚价格高，其侵权行为给蔡新光造成重大损失，应依法承担法律责任。

原审法院认定如下事实：

蔡新光2009年11月10日申请“三红蜜柚”植物新品种权，于2014年1月1日获准授权，品种权号为CNA20090677.9，保护期限为20年。2015年12月30日已缴纳第四年植物新品种权保护年费，现品种权人为蔡新光本人。

原审法院向农业农村部植物新品种保护办公室调取了涉案植物新品种权申请过程中的《意见陈述书》及附件《品种权申请请求书》《说明书》《农业植物新品种DUS测试现场考察报告》《著录项目变更申报书》等材料。蔡新光于2010年1月12日提交的《意见陈述书》载明，经与育种专家咨询、核实，确认2004年其在红肉蜜柚果园中发现该芽变植株，但当时并未引起足够重视，也没加以开发利用，后经连续3年的品种特性观察，确定为变异植株后，于2007年开始采取大树高接的方式进行选种繁育，此种方法第二年即可坐果；经过连续3年的高接扩繁并经品种鉴定确定育成性状遗传稳定的新品种。同时根据审查意见的要求，将该暂定名称加以变更并增加另一近似品种。《著录项目变更申报书》载明所申请的品种名称变更前为琯溪三红蜜柚，变更后为三红蜜柚。《说明书》载明，涉案品种在植物分类学上属于芸香科柑橘属。申请品种的选育背景、育种方法和过程为，2004年在申请人的红肉蜜柚果园中发现一个果皮呈粉红色的芽变分枝，但未加以开发利用，后经连续3年的品种特性观察，确定为变异植株，并于2007年11月开始采取大树高接的方式从芽变分枝上采接穗进行嫁接繁殖，采用此种方法第二年即可坐果，2008年从子一代上采穗接子二代，2009年春继续从子二代上采穗高接子三代，同时对芽变母树及子代连续三年进行生物学特征特性观察调查、品质鉴评，栽培配套技术研究。经过连续三年的高接扩繁并经品种鉴定后，确定育成性状遗传稳定的新品种。遂于2009年10月20日请同行专家对芽变母树及子代果实进行鉴评。选育系谱图载明红肉蜜柚通过芽变嫁接成三红蜜柚。

农业农村部植物新品种保护办公室作出的《农业植物新品种DUS测试现场考察报告》载明，品种暂定名称三红蜜柚，植物种类柑橘属，品种类型为无性繁殖，田间考察结果载明，申请品种的白皮层颜色为粉红，近似品种为白，具备特异性。考察结论为该申请品种具备特异性、一致性。所附照片载明，三红蜜柚果面颜色暗红、白皮层颜色粉红、果肉颜色紫，红肉蜜柚果面颜色黄绿、白皮层颜色白、果肉颜色红。

以上事实有《植物新品种权证书》、植物新品种权年费缴费收据、《意见陈述书》、《品种权申请请求书》、《说明书》、《著录项目变更申报书》、《农业植物新品种DUS测试现场考察报告》等证据予以佐证。

润平公司成立于2008年10月9日，为台港澳法人独资有限责任公司，注册资本210万美元（以下未作特别注明的金额均指人民币），经营范围为零售业。

蔡新光指控润平公司销售作为三红蜜柚繁殖材料的果实，提交证据如下：

2018年1月5日，润平公司向曾木荣开具№34401257发票一张，内容为大润发超市马夹袋及三红蜜柚，金额为114.16元。2018年1月6日，润平公司向曾木荣开具№34403174发票一张，内容为大润发超市马夹袋及三红蜜柚，金额为98.82元。2018年1月7日，润平公司向曾木荣开具№34401741发票一张，内容为大润发超市马夹袋及三红蜜柚，金额为79.1元。2018年1月12日，润平公司向曾木荣开具№14413044发票一张，内容为大润发超市马夹袋、菠萝蜜肉及三红蜜柚，其中三红蜜柚金额为47.83元。

蔡新光自行拍摄的照片三张。第一张照片载明大润发超市，第二张照片载明超市货架上摆放三红蜜柚，货架上方悬挂介绍牌，标示三红蜜柚6.98元/500克。第三张照片三红蜜柚上贴附标签载明“柚中精品·三红蜜柚福饶柚业”字样。蔡新光自行拍摄的视频资料五段。第一段视频VID_ 20180704_ 120152记录在大润发超市购买三红蜜柚并开具发票的过程，购买的柚子上贴附“琯溪三红蜜柚”标签条，价格签上载明“三红蜜柚”。视频还载明与大润发超市工作人员的部分对话内容如下，“大润发超市为全市配货，三红蜜柚在增城还能购买，2月会下架，每年都会卖”。第二段视频VID_ 20180704_ 120606记录剥三红蜜柚的过程，载明三红蜜柚上贴附“柚中精品·三红蜜柚福饶柚业”标签，价格签载明“三红蜜柚，包装日期2018年1月

7 日，大润发新塘店，广州市新塘金海岸广场”字样，视频载明该三红蜜柚果面、白皮层呈现淡粉色，果肉呈现粉色。第三段视频 VID_ 20180704_ 121541 记录与大润发工作人员交流过程，该视频载明货架上的三红蜜柚上贴附“琯溪三红蜜柚”标签条，货架上方悬挂介绍牌载明“三红蜜柚，产地福建平和，6.98 元/500 克”字样。视频还记录了与大润发超市工作人员的部分对话内容，“三红蜜柚 2 月还会有，每年都卖”。第四段视频 VID_ 20180704_ 122041 记录购买了两个三红蜜柚，共支付 41.7 元，三红蜜柚的价格签载明“三红蜜柚，包装日期 2018 年 1 月 13 日”字样。第五段视频 VID_ 20180704_ 122423 记录在大润发超市开具发票的过程，2018 年 1 月 13 日，广州市田美润福商业有限公司开具№04131402 发票，品名为三红蜜柚，金额 47.7 元。

庭审中，蔡新光称其在润平公司购买的被诉侵权蜜柚果实由于没有封存且时间较长已木质化，可以其自行拍摄的照片和视频资料进行对比。

润平公司辩称其有合法来源，提供如下证据：

编号 05012016010959 的合同书载明由甲方昆山润华商业有限公司广州黄埔分公司（以下简称润华黄埔公司）与乙方森南公司签订，第一条第三款载明，森南公司保证交付的商品必须是第三方不能根据商标权、专利权、著作权、商业秘密或其他知识产权主张任何权利或要求的货物，否则，所涉法律问题应由森南公司负责解决，森南公司除自负法律责任外，并同意赔偿润华黄埔公司该商品第一次进货起至最后一次进货之总货额的 10 倍作为润华黄埔公司商誉受损的赔偿，但最低不少于 50 万元。

润华黄埔公司与森南公司于 2017 年 7 月 18 日签订 2017 年度商业合作条款，约定合同有效期为 2017 年 5 月 1 日至 2017 年 12 月 31 日。条款第六条第五款载明，在本合同签订日，双方已合作的有 6 家门店，店号详见附表。附表载明该 6 家门店其中包括润平公司。

2018 年 1 月 8 日，森南公司向润华黄埔公司开具№08303249 发票，金额为 80796.91 元，发票内容载明“详见销货清单”。同日，森南公司向润华黄埔公司开具销售货物或者提供应税劳务、服务清单，清单载明货物包括三红蜜柚 650 公斤。

森南公司营业执照副本载明，森南公司为有限责任公司，成立于 2013 年 2 月 22 日，法定代表人周鹏，注册资本 500 万元，经营范围为预包装食品批发、零售；水果、蔬菜销售。

森南公司《食品经营许可证》载明，经营项目为预包装食品销售；散装食品销售。该许可证有效期至 2021 年 8 月 10 日。

原审法院认为：三红蜜柚品种权人为蔡新光，该品种权在保护期限内。

除法律另有规定的以外，任何单位或者个人未经植物新品种权所有人许可，不得生产、繁殖或者销售该授权品种的繁殖材料，不得为商业目的将该授权品种的繁殖材料重复使用于生产另一品种的繁殖材料。

蔡新光指控润平公司销售柚子的行为侵害其植物新品种权。根据蔡新光提交的发票、自行拍摄的照片和视频，以及双方当事人的诉辩，结合润平公司的经营范围，证据内容互相印证，形成证据链，并符合生产生活常识，润平公司销售行为足以认定，即润平公司分别于 2018 年 1 月 5 日、6 日、7 日和 12 日销售了本案被诉侵权蜜柚果实。至于该柚子是否属于蔡新光主张的三红蜜柚植物新品种，依现有证据无法认定，也不具备再作鉴定或采用其他方法认定的条件。

根据种子法、《中华人民共和国植物新品种保护条例》（以下简称植物新品种保护条例）和《最高人民法院关于审理侵犯植物新品种权纠纷案件具体应用法律问题的若干规定》，法律禁止的是未经许可对繁殖材料的生产和销售等行为。可见，本案争议的关键问题是润平公司销售柚了的行为是否侵害蔡新光的植物新品种权，具体而言则是，作为本案被诉侵权蜜柚果实是否属于繁殖材料。种子法规定，本法所称种子，是指农作物和林木的种植材料或者繁殖材料，包括籽粒、果实、根、茎、苗、芽、叶、花等。可见，繁殖材料包括籽粒、果实等。也就是说，作为被诉侵权蜜柚果实，也可能属于繁殖材料。在本案中，其是否属于繁殖材料，还须结合蔡新光申请的三红蜜柚此植物新品种、按照证据规则予以认定。首先，通过蔡新光申请植物新品种权过程中提交《意见陈述书》《说明书》《农业植物新品种 DUS 测试现场考察报告》审查三红蜜柚的培育和繁殖过程可见，三红蜜柚是通过从芽变分枝上采穗嫁接以及采穗高接进行繁殖的，而非利用汁胞等通过组织培养技术进行。在侵权诉讼中判定繁殖材料时所坚持的标准应与此保持相对一致。如果被诉侵权蜜柚果实并非用于嫁接繁殖的材料，一般不宜判定为繁殖材料，否则超出权利人培育其植物新品种所付出的创造性劳动成果的范围、与权利人申请新品种权过程中的应当享有的权利失衡。其次，正如蔡新光在诉讼中所称，作为收获材料的三红蜜柚果实，收获材料中的籽粒已经退化，一般情况下无法作为繁殖材料。但其又辩称有的籽粒可以育出植株；还辩称其已成功利用外植体细胞通过组织培养技术育出植株。即便如此，蔡新光的上述辩述只是在理论上存在可能性。既然收获材料中的籽粒已退化，失去或者基本失去了自然繁殖能力，在实践中通过籽粒培育植株的成活率将显著降低，导致培育成本过高；通过组织培养技术的扩繁方式，也存在培育成本过高问题。而且，无论通过籽粒培育还是通过组织培养，都需要专业人士通过专业设施进行。

在农业生产实际中，综合实际生产技术和条件、结合植物自身情况、育苗复杂程度及成本等多种因素，一般选用低成本、高成活率的繁殖材料。也就是说，实际生产中将采用成本低廉且易于操作的嫁接方式对三红蜜柚进行扩繁。如此，则收获材料的籽粒或汁胞不会被用作繁殖材料。再次，按照润平公司的经营模式，结合商业习惯，其所销售的柚子果实，主要用于食用，用于满足普通公众对之作为食物的需求。如果为了阻却理论上存在的、专业人士才能进行的高成本的将被诉蜜柚果实作为繁殖材料的可能性，而禁止作为普通公众食物来源的柚子的销售，将导致社会成本畸高。在本案中，也无证据证明润平公司利用销售的柚子进行技术培养植株。最后，从“谁主张谁举证”的诉讼证据规则看，蔡新光尚未举证证明其所辩述的“有的籽粒可以育出植株”“已成功通过组织培养技术育出植株”之诉讼主张；而根据其新品种申请文件，仅足以认定三红蜜柚是通过嫁接方式繁殖。同样，蔡新光也未举证证明润平公司销售的被诉侵权蜜柚果实属未经许可培育而得的收获材料；也没有证据表明润平公司将之作为繁殖材料予以销售。

综上所述，作为收获材料的被诉侵权蜜柚果实不应认定为三红蜜柚的繁殖材料，销售作为收获材料的被诉侵权蜜柚果实之行为不侵害蔡新光的植物新品种权。基于此，蔡新光在诉讼中提交的被诉侵权蜜柚果实的照片、视频等证据中显示的是否属于权利人主张的三红蜜柚，对本案的判决结果不构成实质影响。润平公司提出的合法来源抗辩是否成立，对本案的处理结果也不构成实质影响，故对此不再作审查认定。蔡新光对润平公司提起的侵权之诉不成立，应予驳回。

原审法院判决：驳回蔡新光的诉讼请求。案件受理费8800元，由蔡新光负担。

原审法院审理查明的事实基本属实，本院予以确认。

二审庭审中润平公司对其销售被诉侵权蜜柚果实的行为无异议，主张被诉侵权蜜柚果实从案外人森南公司合法购进，并陈述曾在原审中请求原审法院追加第三人。蔡新光认为，润平公司不能证明被诉侵权蜜柚果实来源于蔡新光，故其合法来源抗辩并无依据，不能成立。

二审庭审中，蔡新光申请专家辅助人西南大学果树研究所教授曹立出庭，就三红蜜柚果实是否为繁殖材料发表意见，润平公司对专家辅助人曹立进行了询问。曹立发表的意见主要有：通常无性繁殖育种是通过枝条或者分株进行繁育，通过植物的果实可以进行繁殖；植物的种子有去病毒的功能，然而种子会发生变异，并非每一颗种子均保留上一代遗传物质，但也并非都会发生变异；柚子以单胚为主，绝大多数会发生变异；柚子果实内是否有籽粒不确定性大，并非均有籽粒，有些籽粒也已退化，而且年份以及地区均会成为影响因素，有些柚子芽变选种而来没有籽粒，或非常少，而有些的籽粒则会非常多；直接种植退化的籽粒很难进行繁殖，通常都是用苗木进行培育；三红蜜柚在繁育时只有进行套袋处理，收获的果实外皮才具有该品种的特异性，而三红蜜柚的近似品种红肉蜜柚即使进行套袋处理，也不具有三红蜜柚的特异性；农民将未退化的籽粒进行种植形成树苗再销售枝条的个别情况是存在的；通过汁胞培育苗木有一定的专业技术难度，需要一流的实验室，至少30万元到50万元的费用。本院将在评判相关问题时对上述意见予以考虑。

本院认为，根据当事人的上诉请求、答辩情况及案件事实，本案在二审阶段的主要争议问题为，润平公司销售被诉侵权蜜柚果实的行为是否构成对蔡新光三红蜜柚植物新品种权的侵害，其中，判断三红蜜柚植物新品种权的保护范围是本案的焦点。

蔡新光为植物新品种“三红蜜柚”的品种权人，缴纳了品种权年费，该植物新品种权尚在有效期，合法有效，应当予以保护。

关于植物新品种权的保护范围。种子法第二十八条规定：“完成育种的单位或者个人对其授权品种，享有排他的独占权。任何单位或者个人未经植物新品种权所有人许可，不得生产、繁殖或者销售该授权品种的繁殖材料，不得为商业目的将该授权品种的繁殖材料重复使用于生产另一品种的繁殖材料；但是本法、有关法律、行政法规另有规定的除外。”植物新品种保护条例第六条规定：“完成育种的单位或者个人对其授权品种，享有排他的独占权。任何单位或者个人未经品种权所有人（以下称品种权人）许可，不得为商业目的生产或者销售该授权品种的繁殖材料，不得为商业目的将该授权品种的繁殖材料重复使用于生产另一品种的繁殖材料；但是，本条例另有规定的除外。”《最高人民法院关于审理侵犯植物新品种权纠纷案件具体应用法律问题的若干规定》第二条第一款规定：“未经品种权人许可，为商业目的的生产或销售授权品种的繁殖材料，或者为商业目的将授权品种的繁殖材料重复使用于生产另一品种的繁殖材料的，人民法院应当认定为侵犯植物新品种权。”根据种子法、植物新品种保护条例和上述司法解释的规定，植物新品种权的保护范围与繁殖材料密切相关，涉及受保护品种繁殖材料的上述行为，应当获得品种权人的许可。繁殖材料目前作为我国植物新品种权的保护范围，是品种权人行使独占权的基础。

繁殖材料包括有性繁殖材料和无性繁殖材料，植物或植物体的一部分均有可能成为繁殖材料。植物新品种权所指的繁殖材料涉及植物新品种权的保护范围，其认定属于法律适用问题，应当以品种权法律制度为基础进行分析。

根据种子法以及植物新品种保护条例的规定，授予品种权是基于育种者培育、发现并开发的品种具备新颖性、特异性以及稳定性、一致性，并有适当命名。当一个品种经过繁殖，除根据其可以预见的变异外，其相关特性保持足够一致，该品种应被认为具有一致性。当一个品种经过反复繁殖后，或者对于特定繁殖周期而言，在每个周期结束时，其相关特性保持不变，该品种应被认为具有稳定性。由此可见，之所以将品种的繁殖材料规定为植物新品种权的保护范围，是因为该品种的遗传特性包含在品种的繁殖材料中，繁殖材料在形成新个体的过程中进行品种的繁衍，传递了品种的特征特性，遗传信息通过繁殖材料实现了代代相传，表达了明显有别于在申请书提交之时已知的其他品种的特性，并且经过繁殖后其特征特性未变。因此，虽然植物体的籽粒、果实和根、茎、苗、芽、叶等都可能具有繁殖能力，但其是否属于植物新品种权保护范围的繁殖材料，有赖于所涉植物体繁殖出的植物的一部分或整个植物的新的个体，是否具有与该授权品种相同的特征特性。

关于蔡新光主张相关法律、法规、规章制度中已经将果实认为是繁殖材料，而原审法院认定被诉侵权蜜柚果实不属于繁殖材料、有法不依的上诉理由。经审查，种子法第二条第二款规定："本法所称种子，是指农作物和林木的种植材料或者繁殖材料，包括籽粒、果实、根、茎、苗、芽、叶、花等。"《中华人民共和国植物新品种保护条例实施细则（农业部分）》第五条规定："《条例》所称繁殖材料是指可繁殖植物的种植材料或植物体的其他部分，包括籽粒、果实和根、茎、苗、芽、叶等。"《中华人民共和国植物新品种保护条例实施细则（林业部分）》第四条规定："《条例》所称的繁殖材料，是指整株植物（包括苗木）、种子（包括根、茎、叶、花、果实等）以及构成植物体的任何部分（包括组织、细胞）。"《进境植物繁殖材料检疫管理办法》第四条规定："本办法所称植物繁殖材料是植物种子、种苗及其它繁殖材料的统称，指栽培、野生的可供繁殖的植物全株或者部分，如植株、苗木（含试管苗）、果实、种子、砧木、接穗、插条、叶片、芽体、块根、鳞茎、花粉、细胞培养材料（含转基因植物）等。"上述法律、行政法规以及相关规章对繁殖材料进行了列举，但是对于某一具体品种如何判定植物体的哪些部分为繁殖材料，并未明确规定。蔡新光的此项上诉主张缺乏法律依据，本院不予支持。

蔡新光上诉主张被诉侵权蜜柚果实具有繁殖功能即应当认定是三红蜜柚品种的繁殖材料。对此本院认为，判断是否为某一授权品种的繁殖材料，在生物学上必须同时满足以下条件：其属于活体，具有繁殖的能力，并且繁殖出的新个体与该授权品种的特征特性相同。被诉侵权蜜柚果实是否为三红蜜柚品种的繁殖材料，不仅需要判断该果实是否具有繁殖能力，还需要判断该果实繁殖出的新个体是否具有果面颜色暗红、果肉颜色紫、白皮层颜色粉红的形态特征，如果不具有该授权品种的特征特性，则不属于三红蜜柚品种权所保护的繁殖材料。蔡新光的此项上诉主张，本院不予支持。

蔡新光上诉主张，被诉侵权蜜柚果实的籽粒、果实内的汁胞均可作为繁殖材料。对于三红蜜柚果实能否作为繁殖材料，经审查，即便专门的科研单位，也难以通过三红蜜柚果实的籽粒繁育出蜜柚种苗。二审庭审中，蔡新光所请的专家辅助人称，柚子单胚，容易变异，该品种通过枝条、芽条、砧木或者分株进行繁殖，三红蜜柚果实有无籽粒以及籽粒是否退化具有不确定性。综合本案品种的具体情况，即使考虑到三红蜜柚果实的籽粒有一定的繁殖能力，由于该籽粒尚无法繁殖出具有三红蜜柚品种特征特性的新个体，果实的籽粒不属于该品种的繁殖材料。蔡新光依据细胞全能性理论上诉提出，果实内的汁胞可以进行繁殖，因此被诉侵权蜜柚果实属于繁殖材料。经查，我国早在20世纪80年代就已开展植物组织培养技术研究，利用植物的器官、组织、细胞等通过离体培养进行无性繁殖。在当前技术条件下，组织培养受到植物品种的基因型、器官、发育时期等多方面条件制约，还需要避免品种产生变异，并非柑橘属的每一个品种都能通过组织培养进行繁殖，因此，三红蜜柚果实内的汁胞难以被认定为繁殖材料。综上，本案被诉侵权蜜柚果实的籽粒及其汁胞均不具备繁殖授权品种三红蜜柚的能力，不属于三红蜜柚品种的繁殖材料。

依据植物细胞的全能性理论，可以在植物体外复制携带品种的特异性的DNA序列进行繁殖得到种植材料，但该种植材料能否成为品种权的繁殖材料，仍要判断该植物体能否具有繁殖能力，以及繁殖出的品种能否体现该品种的特征特性。简单地依据植物细胞的全能性认定品种的繁殖材料，将导致植物体的任何活体材料均会被不加区分地认定为品种权的繁殖材料。

植物品种的材料分为繁殖材料、收获材料以及直接由收获材料制成的产品。蔡新光上诉主张被诉侵权蜜柚果实作为收获材料本身就是三红蜜柚的一种繁殖材料。润平公司答辩认为其销售的被诉侵权蜜柚果实是收获材料，而非繁殖材料。本院认为，植物体的不同部分可能有着多种不同的使用用途，可作繁殖目的进行生产，也可用于直接消费或观赏，同一植物材料有可能既是繁殖材料也是收获材料。对于既可作繁殖材料又可作收获材料的植物体，在侵权纠纷中能否认定为繁殖材料，应当审查销售者销售被诉侵权植物体的真实意图，即其意图是将该材料作为繁殖材料销售还是作为收获材料销售；对于使用者抗辩其属于使用行为而非生产行为，应当审查使用者的实际使用行为，即是将该收获材料直接用于消费还是将其用于繁殖授权品种。除有关法律、行政法规另有规定外，对于未经品种权人许可种植该授权品种的繁殖材料的行为，应当认定是侵害该植物新品种权的生产行为。被诉侵权蜜柚果实是收获材料而非繁殖材料，不属于植物新品种权保护的范围。如果目前在本案中将收获材料纳入植物新品种权的保护范围，有违种子法、植物新品种保护条例以及《最高人民法院关于审理侵犯植物新品种权纠纷案件具体应用法律问题的若干规定》的相关规定。

植物新品种保护制度保护的是符合授权条件的品种，通过繁殖材料保护授权品种。虽然蔡新光在申请三红蜜柚植物新品种权时提交的是采用以嫁接方式获得的繁殖材料枝条，但并不意味着三红蜜柚植物新品种权的保护范围仅包括以嫁接方式获得的该繁殖材料，以其他方式获得的枝条也属于该品种的繁殖材料。随着科学技术的发展，不同于植物新品种权授权阶段繁殖材料的植物体可能成为育种者普遍选用的种植材料，即除枝条以外的其他种植材料也可能被育种者们普遍使用，在此情况下，该种植材料作为授权品种的繁殖材料，应当纳入植物新品种权的保护范围。

蔡新光上诉主张，植物新品种权法律制度保护的是授权品种本身，而不是育种的专有技术。该上诉主张有一定合理性，本院予以认可。原审判决认为侵权繁殖材料的繁育方式应当与该品种育种时所使用的材料以及繁育方式一一对应，认为将不同于获取品种权最初繁育方式的繁殖材料纳入植物新品种权的保护范围，与权利人申请新品种权过程中应当享有的权利失衡。该认定将申请植物新品种权时的繁育方式作为授权品种保护的依据，限制了植物新品种权的保护范围，缩小了植物新品种权人的合法权益，本院予以纠正。

植物新品种权与品种审定是两种不同的制度，虽然种子法中对两者均作出了规定，但前者属于民事权利范畴，主要由植物新品种保护条例规范，是给予品种权人的一种财产独占权，与品种的生产、推广和销售无关；后者是一种行政许可，属于市场准入的行政管理行为，主要由《主要农作物品种审定办法》《主要林木品种审定办法》规范。作为市场准入的行政管理措施的品种审定制度，其目的是加强作物品种的管理，加速育种新成果的推广利用，确保有经济推广价值的品种进入市场，防止盲目推广不适合本地区种植的劣质品种给农林业生产和农民利益造成损失。本案所涉三红蜜柚品种并非审定品种，原审判决援引种子法第十五条第二款关于品种审定的相关规定，有所不当，本院予以纠正。蔡新光的此项上诉主张成立。但原审判决对被诉侵权蜜柚果实不属于繁殖材料的认定正确，未支持蔡新光的诉讼请求，实体处理正确。

综上所述，蔡新光关于被诉侵权蜜柚果实为三红蜜柚的繁殖材料、润平公司销售行为构成侵权的上诉主张不能成立，应予驳回；原审判决认定事实清楚，有关繁殖材料的认定适用法律不当，但不影响本案裁判结果。依照《中华人民共和国种子法》第二十八条、《中华人民共和国植物新品种保护条例》第六条、《最高人民法院关于审理侵犯植物新品种权纠纷案件具体应用法律问题的若干规定》第二条第一款、《中华人民共和国民事诉讼法》第一百七十条第一款第一项、《最高人民法院关于适用〈中华人民共和国民事诉讼法〉的解释》第三百三十四条规定，判决如下：

驳回上诉，维持原判。

二审案件受理费8800元，由蔡新光负担。

本判决为终审判决。

审 判 长 周 翔
审 判 员 罗 霞
审 判 员 焦 彦
二〇一九年十二月十日
法官助理 贠 璇
书 记 员 游美玲

# 58. 植物新品种权独占实施许可的认定

——上诉人江苏丰庆种业科技有限公司与被上诉人安徽禾泉种业有限公司、原审被告安徽乐利农种业有限公司侵害植物新品种权及不正当竞争纠纷案①

**中华人民共和国最高人民法院民事裁定书（2019）最高法知民终130号**

上诉人（原审被告）：江苏丰庆种业科技有限公司。住所地：江苏省扬州高邮国家农业科技园区。

法定代表人：朱洪文，该公司董事长。

委托诉讼代理人：潘小龙，江苏博事达律师事务所律师。

被上诉人（原审原告）：安徽禾泉种业有限公司。住所地：安徽省淮南市凤台县城关州来路。

法定代表人：赵磊，该公司总经理。

委托诉讼代理人：程远龙，上海锦天城（合肥）律师事务所律师。

原审被告：安徽乐利农种业有限公司。住所地：安徽省合肥市庐江县庐城镇庐巢路48号。

法定代表人：周大文，该公司执行董事。

上诉人江苏丰庆种业科技有限公司（以下简称江苏丰庆公司）因与被上诉人安徽禾泉种业有限公司（以下简称安徽禾泉公司）、原审被告安徽乐利农种业有限公司（以下简称安徽乐利农公司）侵害植物新品种权及不正当竞争纠纷一案，不服安徽省合肥市中级人民法院于2019年2月28日作出的（2018）皖01民初1465号民事判决，向本院提起上诉。本院于2019年7月2日立案后，依法组成合议庭，于2019年9月5日公开开庭进行了审理。上诉人江苏丰庆公司的委托诉讼代理人潘小龙，被上诉人安徽禾泉公司的委托诉讼代理人程远龙到庭参加诉讼。原审被告安徽乐利农公司经本院传票传唤未到庭，本院依法缺席审理。本案现已审理终结。

江苏丰庆公司上诉请求：撤销原审判决，驳回安徽禾泉种业有限公司的

---

① 本案在年度报告中的位置为第98页。

诉讼请求；并判决其承担一、二审诉讼费用。事实与理由：1. 江苏丰庆公司是经有效授权生产、销售“常糯 1 号”植物新品种水稻种子的。江苏丰庆公司有权生产销售涉案品种。2013 年 1 月 19 日涉案“常糯 1 号”就由植物新品种品种权人常熟市农业科学研究所授权案外人淮安春天种业科技有限公司（以下简称春天公司）生产加工包装销售，涉案品种权已经丧失新颖性。春天公司许可江苏丰庆公司授权生产销售的时间截至 2023 年 12 月 31 日，并向江苏丰庆公司出售了涉案品种的原种，证明品种权人对此是知情和同意的，因此其涉案行为不构成侵权。安徽禾泉公司也是从春天公司获得涉案品种的生产销售的再许可，并向春天公司支付了许可费，为进行市场营销活动，春天公司出面协调后，品种权人才与安徽禾泉公司签订了委托授权书和维权公告，但双方并未签订书面实施许可合同。涉案被诉侵权种子不是侵权产品，不应阻碍其在市场上流通。2. 涉案品种被授权多家种子企业生产销售，安徽禾泉公司属于普通实施的被许可方之一，安徽禾泉公司提起本案侵权之诉，并未获得品种权人的授权，因此，没有诉权。3. 江苏丰庆公司如果超越授权行政区域销售涉案品种，其属于违约行为而非侵权，本案可能存在违约责任，但不存在侵权责任。4. 涉案品种没有形成一定的知名度，不构成不正当竞争行为。5. 原审判决的赔偿数额过高。

安徽禾泉公司答辩称：1. 本案属于侵害植物新品种权纠纷案件。本案诉争行为是侵权行为，而非合同违约行为。江苏丰庆公司主张其权利来自品种权人常熟市农业科学研究所对春天公司的授权以及春天公司转授权给江苏丰庆公司的事实，均无品种权人常熟市农业科学研究所的追认或重新授权，亦无春天公司的确认，该事实不能予以认定。2. 安徽禾泉公司提起本案的权利基础在于品种权人授予其在安徽省区域内的独占经营涉案品种的许可权，其具有提起本案侵权之诉的诉权。3. 江苏丰庆公司关于涉案品种丧失新颖性的主张不属于二审审理范围，在植物新品种的民事侵权案件审理品种授权的新颖性，有司法干预行政的嫌疑，不应予以支持。请求驳回上诉，维持原判。

安徽禾泉公司向原审法院提起诉讼，原审法院于 2018 年 8 月 28 日立案审理，安徽禾泉公司起诉请求判令江苏丰庆公司、安徽乐利农公司：1. 立即停止侵害“常糯 1 号”植物新品种权的行为及不正当竞争行为；2. 对库存及尚未销售的侵权种子作灭绝活性处理；3. 在《安徽种业》《江苏种业》上刊登声明，消除其因侵害品种权及不正当竞争造成的不良影响；4. 共同赔偿安徽禾泉公司经济损失及因制止侵权支付的合理费用 30 万元；5. 承担本案所有诉讼费用。事实和理由：“常糯 1 号”是常熟市农业科学研究所选育的优质常规糯稻品种，2017 年 9 月 1 日“常糯 1 号”被国家农业部正式授予植物新品种权。2015 年安徽禾泉公司作为“常糯 1 号”的引种单位，参加安徽省引种试验，2016 年 7 月 22 日安徽省农业委员会正式批准“常糯 1 号”在安徽省适宜生态区域引种。2016 年 8 月 25 日常熟市农业科学研究所将“常糯 1 号”的安徽省独占经营权授予安徽禾泉公司，同日常熟市农业科学研究所与安徽禾泉公司共同发布了《常糯 1 号维权公告》。经调查发现，江苏丰庆公司、安徽乐利农公司在未取得安徽禾泉公司授权的情况下，擅自在安徽违法繁殖、生产、销售“常糯 1 号”，获取非法利益；同时江苏丰庆公司、安徽乐利农公司亦涉嫌将其他种子灌装在“常糯 1 号”包装袋中，以“常糯 1 号”的名义对外销售，欺骗和误导广大种粮农民，对安徽禾泉公司实施不正当竞争。

原审法院认定事实：2016 年 7 月 22 日，安徽省农业委员会作出通知批准同意“常糯 1 号”在安徽省相应生态区引种。通知介绍“常糯 1 号”的引种单位为安徽禾泉公司，选育单位为常熟市农业科学研究所，原审定编号苏审稻 201013，2015 年参加安徽省引种试验等。

2016 年 8 月 25 日，常熟市农业科学研究所出具《委托授权书》记载，“常糯 1 号”品种的生产经营权现授权给安徽禾泉公司独家在安徽省适宜区域内许可实施。同日，常熟市农业科学研究所与安徽禾泉公司共同作出的《常糯 1 号维权公告》记载，授权安徽禾泉公司在安徽省适宜区域独占许可“常糯 1 号”生产、包装、经营权。任何单位和个人未经本单位书面授权，均不得擅自生产、经营“常糯 1 号”。否则本单位将依法追究侵权者责任。2018 年 4 月 21 日，案外人合肥丰乐种业股份有限公司（以下简称合肥丰乐公司）指派员工，从安徽乐利农公司购买了一袋外包装上印有“常糯 1 号”文字的种子，并拍摄了视频。合肥丰乐公司认为，安徽乐利农公司、江苏丰庆公司在销售“常糯 1 号”种子时，对外宣称是“镇糯 19 号”种子，侵害了合肥丰乐公司作为“镇糯 19 号”品种权独占实施被许可人的利益。合肥丰乐公司遂起诉，同年 4 月 28 日安徽省合肥市中级人民法院立案受理，案号为（2018）皖 01 民初 549 号。应合肥丰乐公司申请，同年 5 月 14 日，安徽省合肥市中级人民法院至安徽乐利农公司进行证据保全，从该公司取得被诉侵权种子一包。5 月 15 日合肥丰乐公司申请对被控侵权种子是否为“镇糯 19 号”进行鉴定，6 月 15 日其撤回鉴定申请。合肥丰乐公司在（2018）皖 01 民初 549 号案件中提交一袋种子，称是其 4 月 21 日购自安徽乐利农公司。江苏丰庆公司提交该公司的产品包装袋两只。2018 年 7 月 20 日，安徽省合肥市中级人民法院就（2018）皖 01 民初 549 号案件判决，驳回合肥丰乐公司的诉请。合肥丰乐公司不服该判决向安徽省高级人民法院提起上诉。2019 年 1

月，安徽省高级人民法院对该案二审程序审理结束后退回该案卷宗。本案一审承办法官于2019年1月29日调取该案卷宗，卷附安徽省高级人民法院于2018年12月20日作出的（2018）皖民终743号民事判决，维持原判，驳回上诉。该二审判决确认，2018年4月21日，合肥丰乐公司曾在安徽乐利农公司门市部购买“常糯1号”种子一袋。（2018）皖01民初549号案卷宗中所附的三只包装袋的外观无差异，均标示“常糯1号，品种审定证号：苏审稻201013，品种权号：CNA011219E，生产经营许可证号：C（苏扬高）农种许字（2017）第0001号，产销单位：江苏丰庆种业科技有限公司”等以及二维码。三只包装袋二维码的扫描结果均显示“品种名称常糯1号　生产经营者江苏丰庆种业科技有限公司　产地江苏高邮、安徽庐江”以及单元识别码、追溯网址、品种特性、栽培管理、注意事项等信息。

江苏丰庆公司对上述扫描结果主张，该公司从未在安徽省庐江县生产过“常糯1号”种子，包装袋二维码扫描结果信息有误。江苏丰庆公司还提交了两份证明予以证明。第一份证明由北京爱种网络科技有限公司于2019年1月30日出具，内容为：“兹证明江苏丰庆种业科技有限公司2018年销售的‘常糯1号’水稻种子包装袋上的二维码信息，以及通过二维码查询的溯源信息由我司提供信息及技术服务。因我司系统原因，造成江苏丰庆种业科技有限公司2018年销售的部分‘常糯1号’水稻种子溯源信息中的产地误关联了安徽庐江，现已更正。”第二份证明由庐江县种子管理站于2019年1月31日出具，内容为：“江苏丰庆种业科技有限公司从未在我站申领过‘常糯1号’种子生产许可证，我站在日常检查中也未发现该公司在我县生产过‘常糯1号’水稻种子。情况属实。”江苏丰庆公司陈述，曾经向安徽乐利农公司销售“常糯1号”种子；安徽乐利农公司购买时称，因有在江苏省承包土地的安徽人需要种植糯稻，委托其购买种子。

安徽禾泉公司认为，本案中江苏丰庆公司“常糯1号”种子产品二维码的制作至今至少已经有两年时间，且在不同案件中多次扫描并经法庭质证，江苏丰庆公司均未有异议，现在称信息错误属于不诚实和狡辩；即便信息错误，其也应承担不利后果；江苏丰庆公司未取得“常糯1号”品种权人许可，不可能通过正常渠道在安徽省内合法办理“常糯1号”种子的生产许可证，其未取得生产许可证在安徽省生产，不仅侵权，而且违反农作物生产管理规则。

2013年1月19日，常熟市农业科学研究所出具“常糯1号”授权书，授予春天公司对“常糯1号”（苏审稻201013）在品种审定范围内独家享有生产、加工、包装、销售的权利，授权期限为2013年1月至2023年12月。

2015 年 5 月 1 日，春天公司出具授权书，称其经品种权人授权许可江苏丰庆公司在江苏省独家生产和销售“常糯 1 号”，授权期限为 2015 年 5 月 1 日至 2023 年 12 月 31 日。

江苏丰庆公司 2005 年 4 月 4 日成立，注册资本 5088 万元，企业类型是有限责任公司（自然人独资或控股），经营范围：种子开发，农作物种子生产、加工、销售等。

安徽乐利农公司 2002 年 7 月 9 日成立，注册资本 508 万元，企业类型是有限责任公司（自然人投资或控股），经营范围：水稻、油菜、棉花种子生产，农作物常规种子批发、零售，农药零售等。

原审法院认为：安徽禾泉公司经品种权人授权，对“常糯 1 号”取得了在安徽省内独占实施的权利。江苏丰庆公司、安徽乐利农公司未经许可在安徽省内生产、销售“常糯 1 号”种子，侵害安徽禾泉公司对“常糯 1 号”品种权所享有的权利。主要理由为：安徽乐利农公司承认曾经从江苏丰庆公司购进“常糯 1 号”种子并销售，其经营范围包括种子销售。（2018）皖民终 743 号判决确认安徽乐利农公司曾在门市部销售“常糯 1 号”种子。安徽乐利农公司关于其采购之初是为用于江苏省内种植的陈述无证据支持，因其住所地在安徽省，因此推定其采购种子主要面向安徽省内销售、主要用于满足安徽省内的种植需求。安徽乐利农公司不适用合法来源抗辩，依法应承担停止侵权、赔偿损失的法律责任。涉案三个种子包装袋上的二维码扫描信息显示江苏丰庆公司在安徽省庐江县生产繁殖“常糯 1 号”种子，根据包装袋标示的检测时间及保质期，种子的生产时间在安徽禾泉公司被授权期限内。扫描显示的产地信息证明，该生产行为对安徽禾泉公司构成侵权。江苏丰庆公司提交的北京爱种网络科技有限公司证明、庐江县种子管理站证明，不能达成其未在安徽省庐江县曾实施生产行为的证明目的。本案中应当将许可在安徽省内销售种子的许可或授权行为理解为，既包括在安徽省内销售种子行为，也包括形式上的销售行为不在安徽省内，却以在安徽省内实现种植为目标的销售行为。江苏丰庆公司销售时，知道或应当知道安徽乐利农公司购买种子后会或很可能在安徽省内销售，安徽禾泉公司的权利虽然是借助合同由品种权人处取得，但合同生效权利取得以后，同样具备绝对权的性质，不得侵犯。江苏丰庆公司的销售行为构成对安徽禾泉公司权利的侵害。关于赔偿损失金额，因缺乏安徽禾泉公司遭受损失或两被告获利方面的证据，综合考量侵权行为的性质及情节等因素以及安徽禾泉公司维权合理支出，酌定安徽乐利农公司就其侵权销售行为赔偿 3 万元，江苏丰庆公司就其侵权生产、销售行为赔偿 22 万元。安徽禾泉公司的其他诉请，不予支持。

综上，原审法院判决：江苏丰庆公司、安徽乐利农公司停止销售侵害安徽禾泉公司就“常糯1号”品种享有权利的种子；江苏丰庆公司赔偿安徽禾泉公司经济损失22万元；安徽乐利农公司赔偿安徽禾泉公司经济损失3万元；驳回安徽禾泉公司的其他诉讼请求。一审案件受理费5800元，由安徽禾泉公司负担200元，江苏丰庆公司负担4800元，安徽乐利农公司负担800元。

本院经审理查明，原审法院查明事实基本属实，本院予以确认。

本院另查明如下事实：

“常糯1号”是常熟市农业科学研究所选育的优质常规糯稻品种，2017年9月1日“常糯1号”被国家农业部正式授予植物新品种权。该品种的申请日为2013年12月17日，申请公告日为2014年5月1日。品种权号CNA20131196.3。涉案品种授权公告日2015年5月1日。

2013年1月19日，常熟市农业科学研究所出具“常糯1号”授权书，授予春天公司对水稻新品种“常糯1号”（苏审稻201013）在品种审定范围内独家享有生产、加工、包装、销售的权利，授权期限为2013年1月至2023年12月。该授权书分别有常熟市农业科学研究所以及春天公司的公章以及法定代表人的签名。

2015年5月1日，春天公司出具授权书记载：“常糯1号系常熟市农业科学研究所育成的糯稻新品种，2010年经江苏省农作物品种审定委员会审定通过，审定编号为苏审稻201013，育种人已申请国家植物新品种保护。经常熟市农业科学研究所授权春天公司独占实施‘常糯1号’。现春天公司经品种权人授权许可江苏丰庆种业科技有限公司在江苏省独家生产和销售‘常糯1号’，授权期限为2015年5月1日至2023年12月31日。”该授权书仅盖有春天公司公章。

2015年安徽禾泉公司作为“常糯1号”的引种单位，参加安徽省引种试验，2016年7月22日安徽省农业委员会正式批准“常糯1号”在安徽省适宜生态区域引种。

2016年8月25日盖有常熟市农业科学研究所以及安徽禾泉公司公章的《委托授权书》记载：“‘常糯1号’系常熟市农业科学研究所育成的糯稻新品种，2010年通过江苏省审定，审定编号：苏审稻201013，2015年通过安徽省审定。该品种的生产经营权现授权给安徽禾泉公司独家在安徽省适宜区域内许可实施。”同日，常熟市农业科学研究所与安徽禾泉公司共同发布《常糯1号维权公告》记载：“‘常糯1号’系常熟市农业科学研究所育成的糯稻新品种，现已申请国家植物新品种保护（申请号20131196.3，公告号

CNA011219E)。该品种授权安徽禾泉公司在安徽省适宜区域独占许可‘常糯1号’生产、包装、经营权。任何单位和个人未经本单位书面授权，均不得擅自生产、经营‘常糯1号’。否则本单位将依法追究侵权者责任。”

本院认为，本案争议在于江苏丰庆公司的被诉销售行为是否侵害“常糯1号”植物新品种权，焦点在于安徽禾泉公司是否具备单独提起本案的侵权之诉的原告主体资格。

经审查，安徽禾泉公司主张其具有诉权的证据为常熟市农业科学研究所与安徽禾泉公司共同发布的《常糯1号维权公告》以及常熟市农业科学研究所与安徽禾泉公司的委托授权书。两份证据均限定了许可实施的地域范围，明确记载，“独家在安徽省”区域内许可实施或者在安徽省适宜区域独占许可。安徽禾泉公司对于其取得安徽省内地理区域内的“常糯1号”植物新品种权实施许可权的事实，亦予以认可。

《最高人民法院关于审理侵犯植物新品种权纠纷案件具体应用法律问题的若干规定》第一条规定，植物新品种权所有人或者利害关系人认为植物新品种权受到侵犯的，可以依法向人民法院提起诉讼。前款所称利害关系人，包括植物新品种实施许可合同的被许可人。独占实施许可合同的被许可人可以单独向人民法院提起诉讼；排他实施许可合同的被许可人可以和品种权人共同起诉，也可以在品种权人不起诉时，自行提起诉讼；普通实施许可合同的被许可人经品种权人明确授权，可以提起诉讼。

根据上述司法解释第一条的规定，提起侵害植物新品种权的原告是植物新品种权所有人或者利害关系人，并非植物新品种实施许可合同的被许可人均可以作为利害关系人单独提起侵害植物新品种权之诉。品种权实施许可分为独占实施许可、排他实施许可、普通实施许可三种基本方式。如果是排他实施许可，品种权人在已经许可被许可人实施品种权的范围内无权就同一品种再许可他人实施；如果是独占实施许可合同，品种权人在已经许可被许可人实施品种权的范围内无权就同一品种再许可他人实施或者自己实施；如果是普通实施许可合同，品种权人在已经许可被许可人实施品种权的范围内仍可以就同一品种再许可他人实施。根据二审庭审查明的事实，“常糯1号”在安徽省和江苏省均有品种权人常熟市农业科学研究所的授权许可。安徽禾泉公司取得的品种许可虽然名称为“独家”但其是限制在安徽省的区域内，其取得的独家许可实际上属于普通实施许可。根据上述司法解释第一条第三款的规定，作为普通实施许可合同的被许可人，安徽禾泉公司提起本案的侵权之诉，应当经品种权人常熟市农业科学研究所明确授权，方能提起诉讼。安徽禾泉公司自本案起诉至二审期间，未提交品种权人常熟市农业科学研究所的追认和明确授权的相关证据，因此，其尚不具备单独提起本案侵权之诉的原告主体资格。江苏丰庆种业公司此项上诉主张，本院予以支持。原审法院对安徽禾泉公司诉讼主体资格的审查存在错误，本院予以纠正。

综上，依照《最高人民法院关于适用〈中华人民共和国民事诉讼法〉的解释》第三百三十条规定，裁定如下：

一、撤销安徽省合肥市中级人民法院（2018）皖01民初1465号民事判决；

二、驳回安徽禾泉种业有限公司的起诉。

一审案件受理费5800元，退还安徽禾泉种业有限公司；上诉人江苏丰庆种业科技有限公司预交的二审案件受理费4600元予以退还。

本裁定为终审裁定。

审　判　长　罗　霞
审　判　员　童海超
审　判　员　徐　飞
二〇一九年十二月二十三日
法官助理　张　楠
书　记　员　孙　航

# 六、技术合同案件审判

## 59. 计算机软件开发合同中开发标的的认定

——上诉人宁波睿奇智威信息科技有限公司与被上诉人浙江快发科技有限公司、宁波海曙耀广理发店侵害计算机软件著作权纠纷案①

**中华人民共和国最高人民法院民事判决书（2019）最高法知民终694号**

上诉人（原审原告）：宁波睿奇智威信息科技有限公司。住所地：浙江省宁波市鄞州区学士路655号E楼6层601室。

法定代表人：郑瀚，该公司执行董事。

委托诉讼代理人：罗骏杰，该公司员工。

委托诉讼代理人：葛红斌，北京大成（宁波）律师事务所律师。

被上诉人（原审被告）：浙江快发科技有限公司。住所地：浙江省慈溪市崇寿镇崇兴街58号207号、208号。

法定代表人：李强，该公司董事长。

委托诉讼代理人：李雨辰，北京市环球律师事务所律师。

委托诉讼代理人：向忆华，北京市环球（深圳）律师事务所律师。

被上诉人（原审被告）：宁波海曙耀广理发店。住所地：浙江省宁波市海曙区呼童街55号三江实验商场内。

经营者：丁东升。

委托诉讼代理人：向忆华，北京市环球（深圳）律师事务所律师。

上诉人宁波睿奇智威信息科技有限公司（以下简称睿奇智威公司）因与被上诉人浙江快发科技有限公司（以下简称快发公司）、宁波海曙耀广理发

---

① 本案在年度报告中的位置为第99页。

店（以下简称耀广理发店）侵害计算机软件著作权纠纷一案，不服浙江省宁波市中级人民法院于2019年8月9日作出的（2017）浙02民初1495号民事判决，向本院提起上诉。本院于2019年11月7日立案后，依法组成合议庭，并于2019年12月12日公开开庭审理了本案，上诉人睿奇智威公司的委托诉讼代理人罗骏杰、葛红斌，被上诉人快发公司的委托诉讼代理人李雨辰以及快发公司和耀广理发店的共同委托诉讼代理人向忆华到庭参加诉讼。本案现已审理终结。

睿奇智威公司上诉请求：依法撤销一审判决，改判支持上诉人一审全部诉讼请求。事实和理由：1. 涉案争议快剪购票机软件（以下称为被控侵权软件）适配于门店购票机硬件，而睿奇智威公司与快发公司签订的《技术开发委托合同》项下的软件（以下称为合同软件）属于手机软件并应当适配手机，故被控侵权软件并非属于合同软件。2. 原审判决认定被控侵权软件属于合同软件的理由均不成立。首先，被控侵权软件与合同软件的名称标注、开发时间、功能目的、实际运行使用、研发团队均具有明显的关联性和协调性，二者都属于睿奇智威公司开发并服务于快发公司的快剪经营业务。但是合同软件是快发公司付费委托开发的手机APP软件，被控侵权软件是睿奇智威公司基于向快发公司出售购票机硬件的商业目的而配套开发的搭载软件，快发公司未单独另行委托和付费。其次，被控侵权软件源程序中有明确的版权信息归睿奇智威公司所有。最后，被控侵权软件为线下软件，并非合同约定的线上软件。被控侵权软件与合同软件也不是大系统和子系统的关系。因此，原审判决关于被控侵权软件属于合同软件范围的认定错误，相关理由均不成立。快发公司实施的修改、复制、发行、信息网络传播被控侵权软件以及擅自将被控侵权软件登记在其名下的行为，耀广理发店使用被控侵权软件的行为侵害了睿奇智威公司对被控侵权软件的著作权。

快发公司辩称：被控侵权软件系快发公司委托睿奇智威公司开发，属于合同软件的范围。被控侵权软件在使用时需要联网，属于线上软件。根据合同约定，被控侵权软件应当归快发公司所有。

耀广理发店辩称：同意快发公司的辩称意见。

睿奇智威公司向原审法院起诉，原审法院于2017年12月26日立案，睿奇智威公司起诉请求：1. 判令快发公司立即停止侵犯睿奇智威公司享有的被控侵权软件著作权，即立即停止通过信息网络传播、修改、复制、登记被控侵权软件，删除、卸载该软件的网络下载链接和安装包数据；停止在快剪购票机上复制、安装、使用，停止向公众发行被控侵权软件，停止销售安装了该软件的快剪购票机；销毁其持有的及已售出的快剪购票机上安装的全部侵权复制品或侵权复制品的载体；2. 判令快发公司在浙江日报、宁波晚报等报刊上向睿奇智威公司公开赔礼道歉；3. 判令耀广理发店立即停止使用、销毁由快发公司提供的侵权复制品软件；4. 判令快发公司赔偿睿奇智威公司经济损失200万元（包括睿奇智威公司支出的律师费4万元），判令耀广理发店赔偿睿奇智威公司经济损失2万元；5. 判令睿奇智威公司、耀广理发店负担本案诉讼费。在原审审理中睿奇智威公司变更诉讼请求第1项为：判令快发公司立即停止侵犯睿奇智威公司享有的被控侵权软件计算机软件著作权，即立即停止通过信息网络传播侵权计算机软件，删除、卸载该软件的网络下载链接和安装包数据；停止修改睿奇智威公司的计算机软件及在睿奇智威公司计算机软件的基础上进行升级和更新；停止在快剪购票机上复制、安装、使用该计算机软件；停止向公众发行、销售该计算机软件及停止销售安装该软件的快剪购票机；销毁其持有的侵权软件；销毁已售出的及库存的快剪购票机上安装的全部侵权软件或侵权软件的载体。睿奇智威公司另增加一项诉讼请求6为：请求依法确认快发公司在中国版权保护中心登记的版本号为V1.0、登记号为2016SR229122、登记批准日期为2016年8月22日、名称为“快发门店购票系统”的计算机软件（以下简称登记软件）侵犯睿奇智威公司享有的计算机软件著作权，并判令撤销该机算机软件登记。二审审理中，睿奇智威公司明确撤回诉讼请求2，明确诉讼请求6为确认登记软件归其所有。

原审法院认定事实：

2015年7月1日，睿奇智威公司与快发公司签订《技术开发（委托）合同》一份，约定快发公司委托睿奇智威公司研究开发“QCHouses线上平台开发”项目，并支付研究开发经费和报酬，合同主要约定有：第一条，开发项目技术目标：睿奇智威公司根据双方商定的软件结构标准完成建设，并确保软件能正常运行；技术内容：PC端采用MySpl数据库，平台开发使用PHP、C#程序开发语言；APP端：IOS：适配系统：IOS7.0以上 适配机型：IPHONE；Android：适配系统：Android4.0以上，适配机型：市面上大部分主流机型。APP发布到AppStore，测试版发布到（蒲公英），Android发布市场91助手、306手机助手、豌豆荚。第五条，研究开发经费和报酬总额为：人民币10万元，该款分期支付等。第十三条，双方因履行合同应遵守的保密义务，睿奇智威公司保密内容：快发公司的机密信息及项目的技术内容，涉密人员范围为睿奇智威公司的项目人员，保密期限为项目结束后3年等。第十七条，双方对本合同有关的知识产权权利归属特别约定如下：睿奇智威公司为快发公司所设计和开发的项目版权归快发公司所有，睿奇智威公司禁止将快发公司项目技术用于快发公司同行业，否则承担相应的法律责任。第二十三条，双方确定：双方各自有权利用睿奇智威公司按照本合同约定提供的研究开发成果，进行后续改进，由此产生的具有实质性或创造性技术进步特征的新的技术成果及其归属，由后续改进的各人享有，并由各人享有该部分成果的全部权益。合同并约定睿奇智威公司的项目联系人为徐丽强等内容。合同签订后，2015 年 7 月 16 日快发公司支付睿奇智威公司 5 万元开发费用，双方开始履行合同。

睿奇智威公司当时员工徐丽强、林佳杰于 2015 年 12 月 7 日将“QC-House 睿奇 1. 0. 7. apk”目标程序上传至蒲公英平台。于 2016 年 1 月 27 日将“QCHOUSE20160127 修改前”源程序上传至 360 云盘。2015 年 11 月至 12 月间，睿奇智威公司与快发公司往来邮件显示，由睿奇智威公司向第三方采购 40 台安卓系统购票机硬件并由睿奇智威公司内置安装涉案购票机系统后，交付快发公司用于门店，快发公司支付了相应款项。

睿奇智威公司的合同软件项目主要联系人徐丽强离职睿奇智威公司后即于 2016 年 2 月 15 日与快发公司签订劳动合同，到快发公司任职“智能技术部”项目经理，实际从事系统管理部主管一职［在快发公司与徐丽强的劳动仲裁案件中，杭州高新开发区（滨江）劳动人事争议仲裁委员会的杭滨劳人仲案字（2017）第 280 号仲裁决定书中已查明］，参与负责与该合同软件项目有关的工作内容，此后参与涉案购票机软件等工作。快发公司让徐丽强到中国版权保护中心办理相关软件的著作权登记，包括涉案的名称为“快发门店购票系统（简称：快发购票系统）V1. 0”，登记著作权人为快发公司、登记开发完成日期为 2016 年 3 月 1 日，登记号为 2016SR229122、登记批准日期为 2016 年 8 月 22 日的讼争计算机软件及其他相关业务软件。快发公司提供的证据钉钉系统上的工作周报显示，徐丽强的工作内容亦涉及涉案的购票机系统。快发公司于 2017 年 3 月 13 日因故单方面解除与徐丽强的劳动合同。另外，与徐丽强同时期从睿奇智威公司离职加入快发公司的还有林佳杰、李勇等人。本案庭审中，睿奇智威公司及徐丽强认可徐丽强系睿奇智威公司外聘技术人员。

在宁波市海曙区人民法院移送本案管辖之前，该院应睿奇智威公司调查取证申请委托浙江省宁波市天一公证处（以下简称天一公证处）调查取证，2017 年 12 月 13 日该公证处公证员随同法院工作人员对宁波市海曙区呼童街 55 号三江超市门店使用的快发标志购票机进行了公证取证。该门店安卓机器操作系统为安卓 4. 4. 2。

2018 年 2 月 5 日，原审法院向睿奇智威公司委托诉讼代理律师出具调查令前往中国版权保护中心调取涉案软件内容，中国版权保护中心向原审法院提供了登记软件存档纸质资料 78 页。

2018年3月22日原审法院组织双方证据交换，当庭上网从蒲公英网站www.pgyer.com（睿奇智威公司注册）及360云盘（林佳杰以188××××4586注册）复制封存睿奇智威公司主张对涉案软件享有著作权的证据：2015年12月7日上传的目标程序（版本1.0.7）“QCHouse睿奇1.0.7.apk”和2016年1月27日上传的源程序“QCHOUSE20160127修改前”，用于作为司法鉴定对象。

2018年12月18日，原审法院委托宁波科集技术服务有限公司进行涉案软件相同程度比对的司法鉴定，鉴定结论为：中国版权保护中心登记的登记号为2016SR229122的计算机软件著作权对应2018年3月22日当庭复制封存的软件源程序中MainActivity.java源程序，MainActivity.java源程序代码有1596行，其中1131行与登记软件存档材料中相同。海曙法院委托天一公证处于2017年12月13日取证的购票机软件未提供软件源代码，无法得出结论。关于无法提供该源代码，快发公司认为由于徐丽强离职后带走了源代码，故无法提供。

原审法院认为：本案中睿奇智威公司主张涉案“快剪购票机系统计算机软件”著作权的核心证据是睿奇智威公司当时员工徐丽强、林佳杰于2015年12月7日上传蒲公英网站的目标程序（版本1.0.7）“QCHouse睿奇1.0.7.apk”和2016年1月27日上传360云盘网站的源程序“QCHOUSE20160127修改前”，经司法鉴定该软件与快发公司登记软件源代码有1131行相同，可认为二者构成实质性相同。

原审法院注意到：睿奇智威公司与快发公司存在计算机软件开发合同关系，特别是睿奇智威公司当时员工徐丽强于2015年12月7日上传目标程序（版本1.0.7）“QCHouse睿奇1.0.7.apk”软件之时，正值双方于2015年7月1日订立的《技术开发（委托）合同》履行之际，该合同中约定快发公司委托睿奇智威公司研究开发“QCHouses线上平台开发”项目，合同约定开发项目技术目标是：睿奇智威公司根据双方商定的软件结构标准完成建设，并确保软件能正常运行；技术内容：PC端采用MySpl数据库，平台开发使用PHP、C#程序开发语言；APP端：IOS：适配系统：IOS7.0以上适配机型：IPHONE；Android：适配系统：Android4.0以上，适配机型：市面上大部分主流机型。并约定睿奇智威公司为快发公司所设计和开发的项目版权归快发公司所有。在审理中双方均认为该合同已实际履行，对于合同开发技术内容中的PC端；APP端：IOS部分，由睿奇智威公司为快发公司开发的软件已完成，双方无异议，但对于合同项下“Android：适配系统：Android4.0以上，适配机型：市面上大部分主流机型”，双方有争议。

关于该合同约定开发软件内容是否包括属于线下门店中安装于安卓机器的涉案被控侵权软件（睿奇智威公司主张著作权的软件）。原审法院经审查认为，根据一系列证据及庭审中双方当事人的陈述事实，认定该被控侵权软件是双方软件开发合同项下的软件。1. 睿奇智威公司主张权属的软件在上传云盘后命名为“QCHouseMachine”，而“QCHouse”是快发公司为快剪业务项目命名所臆造的英文词，在双方软件开发合同中即明确约定合同开发项目名为“QCHouses 线上平台开发”。2. 在时间线上，睿奇智威公司主张著作权的软件上传时间 2015 年 12 月 7 日正值双方软件合同履行过程中，至 2016 年底左右，多个合同项下软件在睿奇智威公司徐丽强团队主导下上传至合同约定线上云盘等。故在时间前后逻辑上，并非睿奇智威公司在双方合同软件完成后，再独立另行开发完成，而是与合同软件同步开发完成。3. 涉案被控侵权软件与双方合同软件的开发团队人员基本一致均为睿奇智威公司当时员工徐丽强、林佳杰等人。4. 门店中的购票机软件需与快发公司服务器联网才能正常使用，具有“线上”属性。5. 涉案被控侵权软件在整个快发公司委托开发的软件架构中属于大系统中的子系统，属于双方合同第一条约定开发的“双方商定的软件结构”。6. 快发公司深度参与了被控侵权软件的开发，如果不是出于认为此软件当属合同项下一部分的认知，睿奇智威公司此种深度参与行为不具有合理性。7. 门店安卓机器操作系统为安卓 4. 4. 2 符合合同约定要求“Android：适配系统：Android4. 0 以上”。8. 本案中涉案合同第 13 条保密义务，包括“甲方的机密信息及项目的技术内容”，如上所述，被控侵权软件既属于快发公司整体软件架构的子系统，其开发完成也依赖于快发公司的深度参与，此种深度参与所披露的内容，显然包括“甲方的机密信息及项目目的技术内容”，故在被控侵权软件本身可能包含保密义务内容的情况下，睿奇智威公司更无动机独立于合同之外开发被控侵权软件。

综上，睿奇智威公司已举证证明其主张权属上传于云盘的涉案软件早于被控侵权软件；且经司法鉴定被控侵权软件与睿奇智威公司上传于云盘的软件多处重合一致，具有实质性的相似，睿奇智威公司亦在庭审中陈述被控侵权软件代码中嵌入了睿奇智威公司公司名称信息；快发公司亦接触了开发该软件的技术人员，有接触涉案软件的事实。但因睿奇智威公司与快发公司存在“QCHouses 线上平台开发”软件开发合同关系，在一系列证据及事实可证明被控侵权软件具有高度概然性属于该合同项下开发内容的情况下，原审法院认为，快发公司抗辩理由成立，被控侵权软件属于合同项下的软件，依合同约定权属属于快发公司。睿奇智威公司的诉讼请求证据不足，诉称理由不能成立，不予支持。

原审法院判决：驳回睿奇智威公司的诉讼请求。

一审案件受理费22960元，财产保全费5000元，司法鉴定费60000元，合计87960元，由睿奇智威公司负担。

本院经审理查明，原审查明的事实基本属实，本院予以确认。

本院另查明：原审法院于2017年3月22日的证据交换笔录中记载：当场询问徐丽强，刚才1819号公证书上显示的1—6页，每个都有详细的描述，这些软件是不是你上传的？徐丽强：1.0.4、1.0.5、1.0.6是林佳杰上传的，1.0.7谁上传的不确定，账号是被告1的，但原告也能上传，1.0.8是我们部门操作上传的。

根据（2017）浙甬永证民字第1819号公证书的记载，被控侵权软件的名字为“快发－Machine”，适用于Android设备。版本从2015年10月31日的1.0.5版一直更新到2017年3月7日的3.2.0.1版。360云盘保存的代码所在文件夹名为“快发APP＋购票机”。

二审庭审中，快发公司表示由于睿奇智威公司开发合同软件的徐丽强等人在2016年2月到快发公司工作，合同软件的源代码直接由徐丽强等人带到快发公司，睿奇智威公司并未另行向快发公司交付合同软件的源代码。

以上事实有原审法院审理笔录以及当事人陈述在案佐证，本院予以确认。

本院认为，本案的争议焦点是被控侵权软件是否属于合同约定的范围，进而应由快发公司享有著作权。

《中华人民共和国著作权法》① 第十七条规定：“受委托创作的作品，著作权的归属由委托人和受托人通过合同约定。合同未作明确约定或者没有订立合同的，著作权属于受托人。”《中华人民共和国合同法》② 第一百二十五条规定：“当事人对合同条款的理解有争议的，应当按照合同所使用的词句、合同的有关条款、合同的目的、交易习惯以及诚实信用原则，确定该条款的真实意思。合同文本采用两种以上文字订立并约定具有同等效力的，对各文本使用的词句推定具有相同含义。各文本使用的词句不一致的，应当根据合同的目的予以解释。”本案中，睿奇智威公司认为被控侵权软件系线下的购票机软件，不属于涉案合同约定的“QCHouses线上平台开发”项目。对此，本院认为对于被控侵权软件是否属于合同范围的理解不应机械、静态地分析其是属于线上还是线下软件，特别是考虑到合同履行过程中，当事人根据业务需求以及软件开发的进程亦有可能对开发范围进行调整。故应该综合考虑

① 此处指2010年《中华人民共和国著作权法》，其已于2020年修正，本案下同。

② 已被《中华人民共和国民法典》废止。

涉案合同的目的、被控侵权软件与合同软件的功能配套性以及合同履行情况进行判断。根据涉案合同的约定，睿奇智威公司为快发公司设计和开发的项目版权归快发公司所有。因此，判断被控侵权软件是否属于合同范围不应拘泥于其是否属于线上软件，而是综合判断被控侵权软件是否属于合同范围内为快发公司设计和开发的项目。

第一，快发公司委托睿奇智威公司开发的合同软件系用于快剪业务的购票软件。被控侵权软件可以实现线上购票的消费者在购票机现场取票，也可以直接在购票机上购票。被控侵权软件在使用时需要连接网络，且能适用于安卓设备，符合涉案合同约定的技术要求，因此，被控侵权软件的功能属于涉案合同的目的范围内。

第二，被控侵权软件的名称为快发购票机软件，开发时间与合同履行时间基本吻合，且从被控侵权软件的使用价值看，其不具有独立的使用价值，需要与合同软件配套使用。因此，被控侵权软件无论在软件名称、软件功能、开发时间、研发团队等都与合同软件具有高度的关联性和一致性。

第三，从涉案合同开发人员履行涉案合同的情况看，开发人员将被控侵权软件和合同软件保存在一个文件夹中，且是用快发公司账号进行上传。涉案合同开发人员于睿奇智威公司离职时，将合同软件和被控侵权软件源代码一起带到快发公司，并未有证据表明睿奇智威公司另行就合同软件的源代码进行交付。涉案合同开发人员到快发公司工作后在原有版本基础上继续对被控侵权软件进行持续更新。因此，无论是主观认知还是客观履行情况，开发人员均将被控侵权软件视为合同履行的一部分。

第四，即使如睿奇智威公司所述，被控侵权软件系在合同履行过程中，快发公司产生了新的购票机需求，睿奇智威公司为配合购票机销售而开发的软件。鉴于被控侵权软件并非完全独立的软件，其功能需求、逻辑架构等都需要依附于原有的合同软件，二者必须协同配合保持一致。故根据睿奇智威公司的陈述也只能得出双方在合同履行过程中对需求或者开发内容进行了变更或增加，并不能得出睿奇智威公司系在合同之外独立开发被控侵权软件的事实。

第五，当事人均认可快发公司向睿奇智威公司购买了40台安装被控侵权软件的购票机，其中应当包含了被控侵权软件的开发费用。因此，快发公司并非未对被控侵权软件支付费用。

第六，涉案合同明确禁止睿奇智威公司将快发公司项目技术用于快发公司同行业。作为从事软件开发的公司，睿奇智威公司之所以开发被控侵权软件，是基于其通过涉案合同接触了解到了快发公司所从事业务的相关需求信息和项目内容，对此睿奇智威公司本应负有保密义务，且不得将这些内容用于快发公司的同行业。即使如睿奇智威公司所述，其是独立开发被控侵权软件，鉴于被控侵权软件与快发公司的业务直接关联，属于同行业软件，睿奇智威公司的开发亦有违涉案合同的约定和其自身负有的保密义务，不符合诚实信用原则的要求。

综上，现有证据能够形成被控侵权软件属于涉案合同范围的证据优势，可以证明被控侵权软件系在涉案合同范围内为快发公司的业务需要而开发设计，根据涉案合同的约定，被控侵权软件的著作权应当归快发公司所有。

关于睿奇智威公司认为合同软件仅仅包括线上部分，不包括被控侵权软件的诉称意见，本院认为涉案合同并未明确界定何为线上，即使如睿奇智威公司所述被控侵权软件并非线上软件，也并不必然得出被控侵权软件不属于合同范围的结论。因为在软件开发合同的履行过程中完全可能对原本约定的功能需求进行变更和增加，软件开发的内容和范围并非一成不变。事实上，在涉案合同履行过程中，基于快发公司的需求，睿奇智威公司开发完成了被控侵权软件，除非有相反的特别约定，否则应当认定被控侵权软件属于合同的范围。故本院认为不应在文字上对涉案合同的内容进行机械理解，对于睿奇智威公司的相关诉称意见，本院不予采信。

关于睿奇智威公司提出被控侵权软件对应的源代码及目标程序中有睿奇智威公司版权所有信息的诉称意见，本院认为，在委托合同有明确约定著作权权属的情况下，应当根据合同的约定确定计算机软件的权属，并非依据一方当事人单方的署名。被控侵权软件中有睿奇智威公司的相关信息并不能得出被控侵权软件的著作权应当归其所有。故对于睿奇智威公司相关诉称意见，本院不予采信。

综上所述，睿奇智威公司的上诉请求不能成立，应予驳回。原审判决认定事实基本属实，适用法律正确，应予维持。依照《中华人民共和国民事诉讼法》第一百七十条第一款第一项规定，判决如下：

驳回上诉，维持原判。

二审案件受理费22960元，由上诉人宁波睿奇智威信息科技有限公司负担。

本判决为终审判决。

审 判 长 刘晓军
审 判 员 凌宗亮
审 判 员 李自柱
二〇一九年十二月三十日
法官助理 汤丽妮
书 记 员 王 怡

# 60. 开源协议适用范围及对软件著作权侵权判定的影响

——上诉人北京闪亮时尚信息技术有限公司与被上诉人不乱买电子商务（北京）有限公司侵害计算机软件著作权纠纷案①

**中华人民共和国最高人民法院民事判决书（2019）最高法知民终663号**

上诉人（原审被告）：北京闪亮时尚信息技术有限公司。住所地：北京市朝阳区平房乡石各庄（星海乐器公司仓库）25号平房。

法定代表人：任君，该公司总经理。

委托诉讼代理人：赵晓萌，北京美辰律师事务所律师。

被上诉人（原审原告）：不乱买电子商务（北京）有限公司。住所地：北京市朝阳区京顺路111号1幢202号二层F2-16-01号。

法定代表人：张远萌，该公司执行董事。

委托诉讼代理人：陈明涛，北京市兰台律师事务所律师。

委托诉讼代理人：田君露，北京市兰台律师事务所律师。

上诉人北京闪亮时尚信息技术有限公司（以下简称闪亮时尚公司）因与被上诉人不乱买电子商务（北京）有限公司（以下简称不乱买公司）侵害计算机软件著作权纠纷一案，不服北京知识产权法院于2019年7月5日作出的（2016）京73民初1111号民事判决，向本院提起上诉。本院于2019年10月25日受理后，依法组成合议庭，并于2019年12月2日公开开庭进行了审理。上诉人闪亮时尚公司的委托诉讼代理人赵晓萌，被上诉人不乱买公司的委托诉讼代理人陈明涛、田君露，到庭参加诉讼。本案现已审理终结。

闪亮时尚公司上诉请求：撤销原审判决，依法发回重审或改判驳回不乱买公司的全部诉讼请求。事实和理由：（一）原审法院认定上诉人侵权事实不清。首先，在不乱买公司版权登记证书的时间等方面存在重大瑕疵、取得也违反相关流程的情况下，不乱买公司应当就其开发进行举证。其次，不乱买公司软件著作权登记时间为2016年8月23日，代码公证时间为2016年8月30日。闪亮时尚公司网站备案时间为2016年7月11日，正式上线时间为

---

① 本案在年度报告中的位置为第101页。

2016年7月22日。不乱买公司是在闪亮时尚公司网站上线1个月后才申请软件著作权及公证相关代码的，不乱买公司版权登记证书不能证明其软件代码比闪亮时尚公司率先开发使用。再次，不乱买公司提供的代码并非原创，而是大量使用开源代码进行篡改和拼凑，权利存在争议。最后，不乱买公司软件的运行环境是Linux，但是如果软件环境涉及Linux，在向版权部门申请软件著作权时必须提交《GPL声明》保证该软件并未使用或修改任何遵循GPL协议的软件代码。在著作权登记通常只进行形式审查的情况下，不乱买公司的版权证书是在向国家版权局隐瞒或虚报其使用了GPL协议的软件代码情况下所获得的。（二）原审法院存在程序违法情形。不乱买公司在庭审中明确放弃了版权信息为2013年的代码文件的相关权利，但原审法院仍认定不乱买公司对该部分代码享有著作权，属于超出诉讼请求裁判。（三）原审法院认定闪亮时尚公司工作人员蔡宇初有接触可能性属于认定错误。蔡宇初的工作岗位并无接触涉案相关代码的可能，其从不乱买公司离职时做好了一切交接工作，也被告知没有竞业禁止条款，并且其入职闪亮时尚公司并成为股东是在闪亮时尚公司网站上线后半年。（四）原审法院对GPL开源协议内容认定存在错误。原审法院认为前端文件与后端文件由于展现方式不同、所用技术不同，分工亦有明确区别，应属于独立程序。但不乱买公司所使用的遵循GPLv2协议的前端代码文件还需要调用其后端PHP软件的图片，存在着交互，前端代码文件不能独立工作，必须和后端PHP软件进行配合。因此，不乱买公司的前端文件和后端文件共同构成了其主张著作权的软件。而GPL协议明确规定只要软件在整体上或者某个部分使用了来源于遵循GPL代码的文件，整个软件源码就必须无偿向所有第三方提供公开整套软件的源代码。不乱买公司前端文件是其网站软件的一部分，因此不乱买公司的整体软件必须遵循GPL协议，向任何第三方无偿进行开源。同时，原审法院认为后端代码并非前端程序的衍生品及修订版本，因此GPL协议对权利代码无约束力的事实认定和逻辑存在错误。不乱买公司所使用的GPLv2的代码文件与后端文件没有做任何有效隔离，因此根据GPL协议的相关内容以及极强的传染性特性，包括前端文件和后端文件在内的整个软件实质上都可以视为其GPL协议前端程序的修订版本。（五）原审法院判决闪亮时尚公司应停止侵权已无必要。闪亮时尚公司在2018年1月就已经着手对软件进行重新开发，在2018年5月全新的软件代码已上线。新的软件代码与之前的软件代码无论是整体框架、结构、代码本身、逻辑、语言表述上均完全不同，闪亮时尚公司也向原审法院提交了更改后的软件源代码。（六）原审法院判决赔偿额过高。不乱买公司的网站自2016年6月已经停止更新和运营，不乱买公司没有损失。

原审法院采用由不乱买公司自行选择20个软件的方式进行比对，比对的并非海淘搜索导购类网站的核心代码，个别软件的重合没有使得闪亮时尚公司获利。不乱买公司一审庭审时明确要求赔偿数额的依据是《资产转让协议》，根据该协议网站软件代码的定价仅为121239元人民币。2017年7月，彭振文以25万元的价格受让取得了不乱买公司的37%股权，而不乱买公司目前旗下资产包括含涉案软件著作权在内的三个软件著作权和域名、商标、用户、海外电商合作伙伴关系等重要资产以及相关的固定资产。因此，不乱买公司此次诉讼的软件价值非常有限。（七）原审法院认定闪亮时尚公司侵害不乱买公司署名权属于错误认定。闪亮时尚公司与不乱买公司的软件的近似程度极低，并且闪亮时尚公司已在2018年对网站软件进行了全面整改。根据行业惯例，计算机软件行使署名权的通常做法是对整体软件的作者进行署名。闪亮时尚公司未侵害不乱买公司署名权，不应承担赔礼道歉的侵权责任。

不乱买公司答辩称：原审法院认定闪亮时尚公司构成侵权事实清楚，认定无误。原审法院不存在程序违法情形。原审认定蔡宇初存在接触可能性无误。原审法院对GPL开源协议的认定无误。原审法院判决闪亮时尚公司停止侵权无误。原审法院判决赔偿数额不属过高。原审法院认定闪亮时尚公司侵害不乱买公司署名权无误。

不乱买公司向原审法院提起诉讼，原审法院于2016年11月3日立案受理，不乱买公司起诉请求：（一）判令闪亮时尚公司立即停止使用侵权软件；（二）判令闪亮时尚公司在《人民日报》《光明日报》及其官方媒体上向不乱买公司公开赔礼道歉；（三）判令闪亮时尚公司赔偿不乱买公司经济损失50万元；（四）判令闪亮时尚公司承担不乱买公司因本案的合理支出119260元。

原审法院认定事实：

一、与不乱买公司软件权属相关事实

2014年3月不乱买公司成立。2014年8月10日，不乱买公司网站（www.buluanmai.com）上线。2016年8月23日，国家版权局颁发计算机软件登记证书，显示软件名称为“不乱买时尚海淘软件（PC版）”，著作权人为不乱买公司，开发完成日期为2015年3月27日，首次发表日期为2015年3月27日。

不乱买公司提交了（2016）京中信内经证字第72865号公证书，2016年8月30日对不乱买公司网站（www.buluanmai.com）页面信息、网页源代码及脚本源代码进行了公证。该公证书显示，不乱买公司网站页面底部标有“2013—2016不乱买电子商务（北京）有限公司”字样。同时，不乱买公司亦提交了其网站源代码电子文件。

为证明早于不乱买公司成立之前涉案软件已处于研发阶段且不乱买公司对此享有著作权，不乱买公司补充提交了如下证据用以证明涉案软件的研发过程：1. 2013 年 7 月 11 日不乱买公司执行董事张远萌的邮件，用以证明其于2013 年 7 月 11 日注册了不乱买网站域名。2. 四合青春网络技术（北京）有限公司营业执照及章程。3. 资产转让协议，用以证明四合青春网络技术（北京）有限公司将资产转让给周晓东，其中域名清单显示为 buluanmai. com。4.《关于不乱买电子商务（北京）有限公司非货币出资协议》及记账凭证，用以证明周晓东将涉案软件出资给不乱买公司。5. 2013 年 11 月26 日“mumu 李永艳”电子邮件，用以证明当时不乱买公司网站首页已经建立。6. 2014 年 4 月 30 日彭康茂邮件“软件 Bug 的现状”、2016 年 4 月 8 日软件信息采集表相应邮件、2014 年 1 月 30 日 blm 年终总结邮件等。闪亮时尚公司对上述部分证据真实性不予认可，并认为域名与软件著作权无关，且上述证据不能证明该研发软件与涉案软件系同一软件。

一审庭审中，不乱买公司确认其主张权利的代码为其后端所有代码，不包括数据库。闪亮时尚公司对不乱买公司软件源代码权属不予认可，但未提交相反证据。

二、关于闪亮时尚公司网站及接触可能性相关事实

2016 年 6 月 15 日，闪亮时尚公司成立。工信部备案信息查询显示 www. blinghour. com 的网站主办单位为闪亮时尚公司，审核通过日期为 2016 年 7 月 11 日。

为证明闪亮时尚公司对不乱买公司享有著作权的软件具有接触可能性，不乱买公司提交了微信记录、邮件截图、劳动合同及闪亮时尚公司工商登记信息等。其中，微信名为“liyingyan”的人在聊天中发送了“blinghour. com”域名交易截图，并称该域名系彭康茂注册。该交易截图显示，域名 blinghour. com，联系人彭先生，邮箱 386 ×××××@ qq. com。邮件截图显示，地址为 386 ×××××@ qq. com 的邮箱于 2016 年 7 月 2 日向不乱买公司执行董事张远萌发送邮件，标题为“关于增加不乱买电子商务（北京）有限公司 2016 年第一次临时股东会议案的函”，邮件落款为“公司监事：彭康茂”。2016 年 7 月 25 日，该邮件地址发送邮件称，“于涛：首先声明……请按时支付我 6 月的工资，目前已拖欠长达 10 日之久……公司应该欠我至少可能有 10 万元。我会追究到底。彭康茂”等。与彭康茂签订的劳动合同显示，甲方为不乱买公司，乙方为彭康茂，签订日期 2014 年 2 月 25 日。第六条，甲方根据工作需要，聘任乙方在甲方的研发部部门从事 CTO 岗位的工作。第二十五条，乙方任职期间为完成甲方的工作任务、履行乙方的职务，以及主要利用甲方的

物质技术条件等产生的知识产权，或者乙方因任何原因离职后1年内做出的、与其在甲方承担的本职工作或者分配任务有关的任何及所有知识产权成果，均属甲方所有，经申请获得的知识产权亦属甲方所有。与蔡宇初签订的劳动合同显示，甲方为不乱买公司，乙方为蔡宇初，签订日期2015年1月16日。第六条，甲方根据工作需要，聘任乙方在甲方的研发部部门从事移动事业部总监岗位的工作。第二十五条，知识产权相关内容同前。闪亮时尚公司工商登记信息显示，该公司股东之一为蔡宇初。

闪亮时尚公司认为上述证据与案件无关，并向原审法院提交了企业信用信息公示打印件及离职交接相关邮件，用以证明蔡宇初系2017年1月才成为闪亮时尚公司股东，且其在不乱买公司工作期间负责ios app开发，与涉案源代码无接触。其中，闪亮时尚公司股权变更信息显示，蔡宇初股权变更日期为2017年1月24日。邮件截图显示，2016年7月16日，蔡宇初发送邮件对不乱买公司方发送的“蔡宇初6月离职工资”邮件内容进行了确认。2016年8月19日，不乱买公司张远萌向蔡宇初发送邮件称“蔡总：如你配合公司将公司ios app开发者账号重置密码邮件顺利转回，公司确认找回密码后将不再与你继续履行竞业禁止协议”。

闪亮时尚公司另提交了其公司简介打印件，用以证明闪亮时尚公司在时尚行业具备一定影响力。

三、关于双方源代码获取及比对情况

不乱买公司对闪亮时尚公司网站页面信息、网页源代码及脚本源代码进行了公证，并提交了自行比对的结果，闪亮时尚公司对此不予认可。

一审中，不乱买公司向原审法院提交了调查取证申请，依据不乱买公司申请，原审法院于2018年3月向阿里云计算有限公司调取其服务器中闪亮时尚公司网站后台全部软件代码，并于同年6月收到保全的证据材料共530.35GB。

因闪亮时尚公司不同意向不乱买公司及案外人提供其网站代码文件，仅同意在原审法院的主持下进行比对，且由于双方代码文件数量庞大，双方当事人均同意采用抽样方式进行比对，故原审法院确认在其主持下采用抽样比对的方式对不乱买公司和闪亮时尚公司网站代码文件进行比对，抽样比对结果将推及全部代码。抽样及比对过程如下：

在原审法院主持下，对不乱买公司提交的代码文件进行现场勘验。将不乱买公司提交的源代码拷贝到勘验电脑上，搜索以PHP为后缀的文件共计3936个。以“copyright”为关键词搜索有版权信息的文件48个，剩余无版权信息文件3888个。在48个有版权信息的文件中2013年以后且版权信息为

www. buluanmai. com 的软件 19 个，版权信息为 www. buhuiluan. com 的文件 2013 年 1 个、2014 年 8 个、2015 年 5 个、2016 年 1 个，共计 34 个，即剩余 14 个版权信息在 2013 年之前的文件。不乱买公司明确放弃上述版权信息在 2013 年以前的 14 个文件，即主张权利文件 3922 个。经双方当事人一致同意，原审法院确认以 5% 的比例从中挑选 20 个文件作为不乱买公司的抽样比对文件，再以关键词等方式确定闪亮时尚公司的对应文件，最后用比对软件进行比对。

在技术调查官的监督下对原审法院调取的闪亮时尚公司网站源代码压缩文件进行全盘解压。因存储设备原因，该文件解压过程出现报错。技术调查官对解压结果进行检查后认为，共计 1086 万个文件，基本解压完成，没有大的文件遗失，解压完成率 95% 以上。双方对解压过程无异议，但不乱买公司认为解压完成率未达到 100%，可能影响抽样结果，故请求重新解压或提交鉴定或自行比对。原审合议庭在听取技术调查官意见后认为，解压结果出现报错系由不可预料的文件损坏造成，属于证据本身的问题，故对于重新解压缩的请求予以驳回。且现有的比对方式系经双方当事人一致同意确认，在闪亮时尚公司不同意更换比对方式的情况下，原审合议庭对不乱买公司更换比对方式的请求不予支持。

不乱买公司针对其选取的 20 个核心代码文件在已解压的闪亮时尚公司源代码文件中进行查找，最终确定对应文件 13 个。涉及的文件名包括 order. php、message. php、shop. php、class. userinfo. php、class. price. php、config. brands. php、class. clientorder. php、houtai _ info _ ha. php、add _ order. php、order. php、cart. php、config. brandsearch. php、act _ haitou. php。针对上述 13 个文件使用双方确定的 ultracompare 软件与不乱买公司对应源代码文件进行逐一比对，最终由该比对软件输出 13 份比对结果。

技术调查官对不乱买公司提交的后端代码进行了筛查，排除了开源代码的使用，在此情况下，比对结果及事实分析如下：

1 – order. php

| | | | |
|---|---|---|---|
| 摘要： | 1088 行匹配 | 197 块差异 | 463：1098 行差异 |

闪亮时尚公司（右）相对于不乱买公司（左）增加了一些不同国家转运的信息，以及拼单服务的代码，其他代码逻辑基本上两者一致，有变量名不同，但仅仅是细微的命名差异，还存在相同的有缺陷的注释“查库存（为了更新下商品的状态）”，匹配程度高。

2 – message. php

| | | | |
|---|---|---|---|
| 摘要： | 15 行匹配 | 8 块差异 | 352：16 行差异 |

闪亮时尚公司（右）仅有增加商品详情的函数，不乱买公司（左）则有多个函数，匹配程度不高。

3 – shop. php

| | | | |
|---|---|---|---|
| 摘要： | 166 行匹配 | 7 块差异 | 31：25 行差异 |

两者函数代码基本匹配。还存在相同文字和格式的注释：//实例化 stdclass，这是 php 内置的空类，可以用来传递数据，由于 json_ decode 后的数据是以对象数组的形式存放的，以及//所以我们生成的时候也要把数据存储在对象中，匹配程度高。

4 – class. userinfo. php

| | | | |
|---|---|---|---|
| 摘要： | 112 行匹配 | 56 块差异 | 463：337 行差异 |

闪亮时尚公司（右）相对于不乱买公司（左）在会员信息定义方面有所不同，还有推荐码、短信验证等相关内容但非实质性内容，虽然在图像调整尺寸方面函数位置不同，但代码实质相同，因此基本匹配。

5 – class. price. php

| | | | |
|---|---|---|---|
| 摘要： | 134 行匹配 | 73 块差异 | 838：838 行差异 |

闪亮时尚公司（右）相对于不乱买公司（左）增加红色标签、更多的转运、自提方式以及相关的函数。匹配程度高。

6 – config. brands. php

| | | | |
|---|---|---|---|
| 摘要： | 3 行匹配 | 1 块差异 | 7389：11515 行差异 |

两个文件都涉及对各种品牌的参数定义，有相同的有不同的，闪亮时尚公司（右）的多一点，但是整体上不涉及程序的核心功能，这两个文件对比意义不大，匹配程度不高。

10 – class. clientorder. php

| | | | |
|---|---|---|---|
| 摘要： | 339 行匹配 | 115 块差异 | 456：807 行差异 |

右边多了全球物流相关的函数，以及不同国家转运、修改用户订单地址的情况，但是这都基于业务的扩展。大部分代码以及注释都实质相同，并且存在相同的瑕疵如有相同的注释“//从新计算价格和免运等”，其中有错误拼写，应该是“重新计算”，匹配程度高。

11 – houtai_ info_ ha. php

| | | | |
|---|---|---|---|
| 摘要： | 656 行匹配 | 83 块差异 | 267：242 行差异 |

闪亮时尚公司（右）相对于不乱买公司（左）有些许差异，总体上是实质相似。

12 – add_ order. php

| | | | |
|---|---|---|---|
| 摘要： | 285 行匹配 | 60 块差异 | 113：170 行差异 |

闪亮时尚公司（右）相对于不乱买公司（左）有些许差异，总体上是实质相似。

17 – order. php

| | | | |
|---|---|---|---|
| 摘要： | 796 行匹配 | 171 块差异 | 345：804 行差异 |

右边对计算价格的函数以及其他函数有所调整的情况，大部分代码以及注释都实质相同，并且存在相同的瑕疵，如有相同的注释“//吧商品放到数组”其中应该为“把”字，匹配程度高。

18 – cart. php

| | | | |
|---|---|---|---|
| 摘要： | 107 行匹配 | 33 块差异 | 258：244 行差异 |

两者差异较大，并且其对比的文件名不一样，匹配程度不高。

19 – config. brandsearch. php

| | | | |
|---|---|---|---|
| 摘要： | 4 行匹配 | 1 块差异 | 7388：7001 行差异 |

两者都是对品牌的定义文件，非功能性程序文件，大多数品牌一致，仅是相关赋值不同，匹配程度不高。

20 – act_ haitou. php

| | | | |
|---|---|---|---|
| 摘要： | 802 行匹配 | 129 块差异 | 214：491 行差异 |

闪亮时尚公司（右）相对于不乱买公司（左）有些许差异，总体上实质相似。

对于比对结果，不乱买公司认为，闪亮时尚公司的13个代码文件中均存在大面积复制、抄袭不乱买公司代码的情形。比对软件输出的结果中显示不匹配的情况中存在双方代码的错行，在不乱买公司纠正了错行的情况下，匹配行占不乱买公司代码文件总行数的比例高达70.15%、84.26%、78.94%、71.07%、71.61%等。并且不乱买公司代码中多处极具个人特色的注释、标记信息等同样出现在闪亮时尚公司的代码文件中。同时，闪亮时尚公司代码与不乱买公司代码的编写在功能、逻辑、结构等方面都存在完全相同的情况。

闪亮时尚公司认为，20个文件系不乱买公司单方面选择，并且其中7个没有在闪亮时尚公司代码文件中找到对应的文件；3个文件属于第三方物流开发的软件；1个文件的近似度仅为3.83%，2个文件近似度为0%，剩下4个文件近似度各有不同，但无版权信息等，不认可双方代码文件构成相似。

四、其他

关于GPL协议。2007年6月29日发布的该协议第3版有如下规定：定义部分，“本程序”指任何在本许可下批准的受版权保护的程序。“修订”程序是指从软件拷贝或者做出全部或一丁点儿的修改，这不同于逐字逐句的拷贝，是需要版权许可的。修订成果被称为先前程序的“修订版本”或者“基于”先前程序的程序。

第5条，发布修订过的源码版本，您可根据第4条的条款，以源码形式发布一个基于本程序的程序，或者从本程序中制作该程序需要进行的修订，但是您必须同时满足所有以下条件：a）……b）……c）……本许可以及第7条中的任何附加条款适用于整个程序及其所有部分，无论该等程序以什么形式打包。……d）……如果一个受保护程序和其它独立程序的联合作品，则若该联合作品并非该程序的自然扩展，也不是为了在某个存储或发布媒介上生成更大的程序，且如果联合作品和产生的版权未用于限制编译用户的访问或超出个别程序许可的合法权利时，这样的联合作品就被称为“聚合体”。包含受保护程序的聚合体并不会使本许可应用于该聚合体的其他部分。

第7条……您遵守GPL有关程序和修订版的各方面规定，但例外程序除外。所有例外程序是修订版本可识别部分，不是程序的衍生产品，例外程序本身可以合理视为独立和单独的程序，并可根据其最初许可的例外许可发布，例外程序本身不能以Aptana发布给您的形式进行修订。这部分的目标代码或可执行形式随附相应机器可读的完整源代码，在同一媒介上的这部分的对应目标代码或可执行形式，被适用例外许可作为这部分的对应目标代码或可执行形式，按照 GPL 规定，与本程序、或存储或发布媒介量的修订版本整合的例外程序，是聚合体……

闪亮时尚公司认为，不乱买公司提交的源代码中使用了适用于上述协议下的开源代码，并向原审法院提交了（2018）京东方内民证字第 7257 号公证书及光盘。该公证书同时显示，不乱买公司网站最后更新日期为 2016 年 6 月。

另，不乱买公司对其主张的合理支出未提交票据予以证明。

原审法院认为：

根据双方当事人的诉辩意见，一审争议焦点如下：

一、关于权属问题

《计算机软件保护条例》第九条规定，软件著作权属于软件开发者，本条例另有规定的除外。如无相反证明，在软件上署名的自然人、法人或者其他组织为开发者。首先，根据不乱买公司网站的版权署名信息，不乱买公司对其网站包括源代码在内的作品享有著作权。其次，在案证据显示，不乱买公司网站上线日期为 2014 年 8 月，早于闪亮时尚公司网站上线日期 2016 年 7 月 11 日。且根据闪亮时尚公司提供的公证书记载，不乱买公司网站于 2016 年 6 月已停止更新。由此可见，不乱买公司提交的网站源代码形成时间显然早于闪亮时尚公司网站上线日期。再次，不乱买公司提交的计算机软件著作权登记证书载明的登记日期虽晚于闪亮时尚公司网站上线时间，但结合不乱买公司网站上线日期及运行时间，该登记证书亦可以作为其权属的佐证。最后，闪亮时尚公司对涉案软件权属虽不予认可，但并未就此提交相反证据。综合考虑上述情况，在不乱买公司已就其享有涉案软件著作权提交初步证据且闪亮时尚公司并未举出反证的情况下，原审法院对不乱买公司的权利予以认可。不乱买公司有权就涉案侵权行为提起诉讼。

关于不乱买公司权利的范围。闪亮时尚公司认为，不乱买公司主张权利的 3922 个代码中，有 15 个版权信息为 www. buhuiluan. com 的代码及部分版权信息为 2013 年即不乱买公司成立之前的代码，不乱买公司对上述代码不享有权利。对此，原审法院认为，不乱买公司虽成立于 2014 年 3 月，但软件开发过程早于公司成立日期属常见情形，在无相反证据的情况下，原审法院确认不乱买公司对版权信息为 2013 年的代码享有著作权。而对于版权信息为 www. buhuiluan. com 的代码，原审法院认为，因不乱买公司提交的证据均不能证明其与 www. buhuiluan. com 之间存在关联性或对应性，故该部分代码应排除在不乱买公司权利范围之外。

二、关于开源代码抗辩

闪亮时尚公司提交的公证书显示，不乱买公司网站的前端代码中使用了GPL许可协议下的开源代码，不乱买公司对此亦予以认可。闪亮时尚公司认为，不乱买公司使用了适用于GPLv2软件许可协议下的开源代码，根据GPL许可协议相关内容，不乱买公司无权对其网站整个软件主张著作权。对此，原审法院认为，不乱买公司明确其主张权利的代码为后端代码。前端代码开发主要是指前端用户可见的操作界面如页面布局、交互效果等页面设计的一种实现方式，后端代码开发则主要是指后端用户不可见的服务端相关逻辑功能等模块的实现，二者展示方式不同、所用技术不同，分工亦有明显区别，属于可独立的程序。根据GPL协议的相关规定，GPL协议的许可客体是在GPL协议许可下批准的受版权保护的程序以及基于该程序的衍生产品或修订版本。就该案而言，不乱买公司主张的权利的后端代码中已排除开源代码，不乱买公司虽在其前端代码中使用了开源代码，但其后端代码程序并非其前端程序的衍生品或修订版本，故根据GPL协议的相关规定，该协议对涉案权利代码并无拘束力。据此，闪亮时尚公司的相关抗辩理由不能成立。

三、关于涉案侵权行为是否成立

著作权侵权案件中判断被诉侵权作品是否使用了享有著作权作品的方法一般适用"接触加实质性相似"。关于接触可能性，首先，在案证据显示闪亮时尚公司的股东蔡宇初曾在不乱买公司研发部门任要职（移动事业部总监），虽然闪亮时尚公司辩称蔡宇初在不乱买公司处仅负责ios app开发，但该事实并不能排除蔡宇初接触到涉案权利软件的可能性，故原审法院对该辩称不予认可。其次，不乱买公司提交的微信记录、邮件截图、劳动合同等可以形成证据链，证明曾为不乱买公司监事的彭康茂注册了闪亮时尚公司网站域名，且彭康茂于离职时曾与不乱买公司就拖欠工资事宜产生纠纷，而彭康茂亦在不乱买公司研发部门任要职（CTO）。故综合上述事实，原审法院认可闪亮时尚公司具有接触到不乱买公司涉案权利软件的可能性。

关于实质性相似。基于比对结果及技术分析可知，抽样比对的绝大部分程序文件在程序逻辑和结构方面实质相同，函数变量命名特点相同或相似，且闪亮时尚公司不同文件的代码中多次出现与不乱买公司程序中相同的注释错误，该现象难谓巧合。据此，可以确定闪亮时尚公司与不乱买公司的上述程序文件实质相似的比例较高，闪亮时尚公司的该行为落入不乱买公司的复制权及修改权的保护范围。故闪亮时尚公司未经不乱买公司许可使用涉案软件的行为已侵犯不乱买公司就其软件享有的复制权及修改权，应承担停止侵权、赔偿损失的法律责任。

关于署名权。因涉案侵权软件使用了不乱买公司的软件代码，但却并未注明该软件部分系来源于不乱买公司，该行为已侵害不乱买公司就其软件享有的署名权，依法应当承担赔礼道歉的民事责任。关于赔礼道歉的方式，考虑到闪亮时尚公司涉案侵权行为的影响范围和可操作性，原审法院酌定闪亮时尚公司在其网站首页刊登致歉声明以消除影响。

四、关于赔偿数额

对于赔偿数额的确定，因不乱买公司并未提交证据证明不乱买公司损失及闪亮时尚公司获利，而在不乱买公司损失及闪亮时尚公司获利均无法确定的情况下，依据《中华人民共和国著作权法》[①] 第四十九条的规定，应在50万以下进行酌定。

原审法院对于赔偿损失的数额考虑以下因素：1. 该案采用抽样比对的方式，抽样比例5%，即不乱买公司主张的权利源代码数量大；2. 该案虽采用抽样比对的方式，但并非随机抽样，不乱买公司自行选择了其用于比对的20个代码文件，该选择有利于不乱买公司；3. 在不乱买公司的代码文件中，有部分版权信息无法证明与不乱买公司有关，原审法院未予认可；4. 在被诉侵权软件中存在多处与不乱买公司代码中相同的注释错误，该抄袭行为具有明显主观过错等。综合上述因素，原审法院酌情确定闪亮时尚公司赔偿不乱买公司经济损失25万元。对于合理支出，不乱买公司虽未提交票据予以证明，但其公证行为真实发生，亦确有律师出庭，且该案乃计算机软件纠纷，涉及软件比对，专业性及复杂性较强，确实有必要委托律师代理诉讼。故原审法院在合理范围内对公证费及律师费进行酌定。

原审法院判决：一、闪亮时尚公司自判决生效之日起，停止涉案侵害不乱买公司涉案软件著作权的行为；二、闪亮时尚公司于判决生效之日起十日内，赔偿不乱买公司经济损失二十五万元及诉讼合理支出三万元；三、闪亮时尚公司于判决生效之日起十日内，就其侵害软件著作权行为在其网站（http：//www. blinghour. com）首页刊登致歉声明，以消除影响（声明内容需经原审法院审核，逾期不执行，将在一家全国发行的报纸上公布判决主要内容，相关费用由闪亮时尚公司负担）；四、驳回不乱买公司的其他诉讼请求。一审案件受理费9993元，由闪亮时尚公司负担。

本院二审期间，当事人均未提交新证据。

本院经审理查明，原审法院查明的事实基本属实，本院予以确认。

本院认为，结合已查明的事实和双方当事人的诉辩观点，本案二审争

① 此处指2010年《中华人民共和国著作权法》，其已于2020年修改，本案下同。

议焦点为：(一) 闪亮时尚公司是否侵害了不乱买公司涉案软件著作权；(二) 原审法院判决是否超越不乱买公司请求范围；(三) 涉案权利软件是否为开源软件，是否应无偿许可他人使用；(四) 原审法院判决闪亮时尚公司停止侵权有无依据及必要性；(五) 原审法院认定闪亮时尚公司侵害不乱买公司署名权有无依据；(六) 原审法院的判赔金额是否合理。

一、闪亮时尚公司是否侵害了不乱买公司涉案软件著作权

关于涉案软件权属问题。不乱买公司为证明其享有涉案软件著作权提交了计算机软件登记证书、不乱买公司网站（www. buluanmai. com）页面及源代码、网站上线运行等相关证据。闪亮时尚公司上诉称不乱买公司版权登记时间有重大瑕疵，同时其版权登记证书的取得存在隐瞒或虚报其使用 GPL 协议软件代码的情况。对此，本院认为，原审法院并非仅凭著作权登记证书认定不乱买公司享有著作权，而是结合著作权登记证书、相关网站上的版权信息、网站的运行情况等综合考量，在闪亮时尚公司未提出反证的情况下，原审法院认定不乱买公司享有著作权并无不当，闪亮时尚公司该上诉理由不能成立。闪亮时尚公司还上诉称软件著作权登记时间为 2016 年 8 月 23 日，代码公证时间为 2016 年 8 月 30 日，而闪亮时尚公司网站备案时间在 2016 年 7 月 11 日，早于上述两个时间点，因此不能证明不乱买公司开发使用涉案软件时间早于闪亮时尚公司。对此，本院认为，软件著作权登记证书的备案时间不代表软件开发完成的时间，软件著作权登记证书显示开发完成时间为 2015 年 3 月 27 日，且根据闪亮时尚公司公证书显示不乱买公司网站于 2016 年 6 月已停止更新，该时间早于闪亮时尚公司网站备案时间，已初步证明不乱买公司开发使用涉案软件时间早于闪亮时尚公司，闪亮时尚公司对此未提出反证予以推翻，闪亮时尚公司该上诉理由不能成立。闪亮时尚公司还上诉称不乱买公司代码非原创，其前端代码中存在大量开源代码，权属存在争议。对此，本院认为，本案中不乱买公司明确其主张权利的代码为其后端代码而非前端代码，闪亮时尚公司并未举证证明不乱买公司后端代码中存在开源代码，闪亮时尚公司该上诉理由亦不能成立。

关于接触可能性。闪亮时尚公司上诉称蔡宇初在不乱买公司的工作岗位无接触涉案软件的可能性，且离职时被明确告知无竞业禁止条款，其成为闪亮时尚公司股东是在闪亮时尚公司网站上线半年后，因此，原审法院认定蔡宇初有接触可能性属事实认定错误。对此，本院认为，蔡宇初曾在不乱买公司研发部担任移动事业部总监的职务，从事 ios app 的开发，原审法院认定其有存在接触涉案软件可能性并无不当；蔡宇初与不乱买公司之间有无竞业禁止条款和蔡宇初成为闪亮时尚公司股东的时间均与其接触涉案软件的可能性

无关；原审法院还结合在不乱买公司研发部担任 CTO 的彭康茂注册了闪亮时尚公司网站域名的情况，认定闪亮时尚公司存在接触可能性，该认定无误，闪亮时尚公司的该上诉理由不能成立。

综上，不乱买公司享有涉案软件著作权，闪亮时尚公司存在接触涉案软件的可能性，且抽样的程序文件中闪亮时尚公司的代码多次出现与不乱买公司代码相同的注释错误，在无合理理由的情况下，基本可以排除巧合。因此，根据现有在案证据可以认定闪亮时尚公司实施了被诉侵权行为。

二、原审法院判决是否超越不乱买公司请求范围

闪亮时尚公司上诉称不乱买公司在庭审中明确放弃了版权信息为 2013 年的代码文件的相关权利，但一审法院仍认定不乱买公司对该部分代码享有著作权，属于超出诉讼请求裁判。根据一审庭审笔录和原审判决认定事实，不乱买公司在本案中明确放弃的是 14 个版权信息在 2013 年以前的文件，原审法院认定不乱买公司对 2013 年的代码文件享有相关权利无误，没有超越不乱买公司的请求范围。

三、涉案权利软件是否为开源软件、是否应无偿许可他人使用

闪亮时尚公司上诉称不乱买公司前端代码与后端代码存在交互且没有进行有效隔离，不是相互独立的，根据 GPL 协议的相关内容以及极强的传染性特性，不乱买公司的前端文件和后端文件共同构成的其主张著作权的软件，整体软件都可以视为前端程序的修订版本，应当遵循 GPL 协议向所有第三方无偿开源。对此，本院认为，第一，前端代码一般是关于用户可见部分的编码，用以实现操作界面如页面布局、交互效果等页面设计；而后端代码一般是涉及用户不可见部分的编码，用以实现服务端的相关逻辑功能。同时，前端代码与后端代码是可以分别独立打包、部署的。因此，前端代码与后端代码在展示方式、所用技术、功能分工等上均存在明显不同，不能因前端代码与后端代码之间存在交互配合就认定二者属于一体，原审法院认定前端代码与后端代码相互独立并无不当。第二，不乱买公司作为权利人在本案中明确放弃以前端代码主张权利，仅以后端代码主张权利，因此涉案软件仅为后端代码而非闪亮公司所称前端文件和后端文件共同构成涉案软件。第三，根据 2007 年 6 月 29 日发布的 GPL 协议第 3 版第 5 条关于“一个受保护程序和其他独立程序的联合作品，在既不是该程序的自然扩展，也不是为了生成更大的程序，且联合作品和产生的版权未用于限制编译用户的访问或超出个别程序许可的合法权利时，被称为聚合体。包含受保护程序的聚合体并不会使本许可应用于该聚合体的其他部分”的规定，闪亮时尚公司所称 GPL 协议的“传染性”应当是指 GPL 协议的许可客体不仅限于受保护程序本身，还包括

受保护程序的衍生程序或修订版本，但不包括与其联合的其他独立程序。本案中，虽然不乱买公司认可其前端代码中使用了GPL协议下的开源代码，但其主张权利的是后端代码，其后端代码是独立于前端代码的其他程序，并不受GPL协议的约束，无须强制开源。综上，闪亮时尚公司的上诉理由不能成立。

四、原审法院判决闪亮时尚公司停止侵害有无依据及必要性

闪亮时尚公司上诉称其于2018年5月上线了与之前的软件代码在整体框架、结构、代码本身、逻辑、语言表述上均完全不同的全新的软件代码，因此原审判决闪亮时尚公司停止侵权已无必要性。对此，本院认为，第一，闪亮时尚公司实施了侵害不乱买公司软件著作权的行为，应承担停止侵害的民事责任。第二，由于被诉侵权人闪亮时尚公司掌握着侵犯权利人著作权的软件代码，即使本案诉讼之时闪亮时尚公司采用了全新的软件代码，亦需要在判决中明确其负有停止侵害的责任，以避免之后侵权情况的再次发生。第三，本案中进行比对的闪亮时尚公司源代码为原审法院于2018年6月收到的阿里云计算有限公司从其服务器中提取的全部软件源代码，这与闪亮时尚公司陈述其在2018年5月已完成新软件上线不符。据此，闪亮时尚公司上诉理由不能成立。

五、原审法院认定闪亮时尚公司侵害不乱买公司署名权有无依据

计算机软件的署名权是指表明开发者身份、在软件上署名的权利。闪亮时尚公司在被诉侵权软件中使用了不乱买公司软件代码，但没有表明该部分软件代码的开发者身份及来源，侵害了不乱买公司的署名权，原审法院认定无误。闪亮时尚公司上诉称其没有侵害署名权，没有事实和法律依据，本院不予支持。

六、原审法院的判赔金额是否合理

本案中，不乱买公司未提交证据证明其损失或闪亮时尚公司侵权获利情况，原审法院综合考量不乱买公司权利代码数量和范围、抽样比对较有利于不乱买公司、闪亮时尚公司侵权主观过错等因素，酌情认定闪亮时尚公司赔偿不乱买公司经济损失25万元，并无不当。闪亮时尚公司上诉称原审未采取随机抽样而是由不乱买公司自行选择比对软件，对不乱买公司有利，此点原审法院酌定判赔金额时已经予以考量。闪亮时尚公司上诉称不乱买公司网站已经停止更新因而其侵权行为不会造成损失，没有事实和法律依据。闪亮时尚公司还上诉称不乱买公司提供的《目标资产清单》显示不乱买公司网站代码定价仅为121239元、2017年7月不乱买公司新股东以25万元受让取得37%的股权，均显示涉案软件价值有限。对此，本院认为，《目标资产清单》

形成于不乱买公司网站正式完成以前，其中包含的并非本案涉案软件的全部代码，而股权转让价款并不能直接作为评价涉案软件价值的依据，闪亮时尚公司的上诉理由不能成立。

综上所述，闪亮时尚公司的上诉理由均不能成立，本院不予以支持。原审判决认定事实清楚，适用法律无误，应予维持。依照《中华人民共和国民事诉讼法》第一百七十条第一款第一项之规定，判决如下：

驳回上诉、维持原判。

二审案件受理费5500元，由北京闪亮时尚信息技术有限公司负担。

本判决为终审判决。

审　判　长　徐卓斌

审　判　员　高　雪

审　判　员　雷艳珍

二〇一九年十二月二十三日

法官助理　罗瑞雪

书　记　员　郭云飞

# 61. 计算机软件开发合同开发方迟延履行行为的认定

——上诉人北京中易游网络科技有限公司与被上诉人北京盛世星辉网络科技有限公司计算机软件开发合同纠纷案①

**中华人民共和国最高人民法院民事判决书（2019）最高法知民终433号**

上诉人（原审原告）：北京中易游网络科技有限公司。住所地：北京市朝阳区五里桥二街1号院7号楼13层1320。

法定代表人：白炘衢，该公司执行董事。

委托诉讼代理人：张永杰，北京天驰君泰律师事务所律师。

被上诉人（原审被告）：北京盛世星辉网络科技有限公司。住所地：北京市海淀区中关村大街18号11层1129－39。

法定代表人：谢永英，该公司董事长。

委托诉讼代理人：孟祥海，北京市法大律师事务所律师。

上诉人北京中易游网络科技有限公司（以下简称中易游公司）因与被上诉人北京盛世星辉网络科技有限公司（以下简称盛世星辉公司）计算机软件开发合同纠纷一案，不服北京知识产权法院于2019年5月30日作出的（2018）京73民初44号民事判决，向本院提起上诉。本院于2019年9月2日立案后依法组成合议庭，于2019年10月25日公开开庭进行了审理。上诉人中易游公司的委托诉讼代理人张永杰，被上诉人盛世星辉公司的委托诉讼代理人孟祥海到庭参加诉讼。本案现已审理终结。

中易游公司上诉请求：1. 撤销原审判决第二项，改判盛世星辉公司向中易游公司退还已支付的软件开发款130000元，并赔偿相应的利息损失（利息按中国人民银行公布的同期贷款利率计算，以130000元为基数，自2016年7月30日起至被上诉人实际付清之日止）；2. 由盛世星辉公司承担本案一审、二审全部诉讼费用。主要事实和理由：

一、原审法院遗漏大量的基础事实，导致对违约行为及违约责任的认定错误。（一）原审法院遗漏了《软件开发合同》（以下简称涉案合同）中的

① 本案在年度报告中的位置为第102页。

《项目功能说明书》和软件开发计划。根据中易游公司的原审陈述和盛世星辉公司的原审答辩意见，本案的第一个争议焦点是盛世星辉公司是否按期交付了符合约定的软件。涉案合同中约定的《项目功能说明书》和软件开发计划是处理该争议焦点的最基本依据，但原审判决对此只字未提。（二）原审法院遗漏了合同中的违约条款。涉案合同第九条“违约责任”第2款“乙方违约责任”明确约定：“a）如乙方未按合同约定按时按期完成项目，甲方有权终止合同并收回已支付的开发费用。b）如乙方未按合同约定完成项目功能，甲方有权终止合同并收回已经支付的开发费用。”该条款明确约定盛世星辉公司不按约定期限或软件功能完成项目，中易游公司即可终止合同并要求退还费用。上述条款是中易游公司提起本案诉讼的合同依据，也是本案的事实依据。中易游公司在原审庭审中明确陈述了该条款内容，但原审判决对此只字未提。（三）原审法院遗漏了盛世星辉公司擅自将涉案合同项目转包的违约行为。原审庭审过程中，中易游公司主张盛世星辉公司存在擅自将涉案合同项目转包的违约行为，盛世星辉公司提交的（2018）锡证经内字第318号公证书（以下简称涉案公证书）和中易游公司提交的工商信息打印件可以证明，盛世星辉公司擅自将涉案合同项目转包给无锡市聚思软件科技有限公司（以下简称聚思公司），违反了合同约定，但原审判决对此只字未提。

二、原审法院认定中易游公司多次提出修改及增加端口的要求是导致合同履行超期的原因之一，缺乏事实依据。（一）本案并无证据证明中易游公司多次提出修改及增加端口的要求。盛世星辉公司提交的公证书显示，中易游公司仅在2017年2月13日提出过修改要求，并不存在多次提出修改及增加端口要求的问题，原审判决关于中易游公司向盛世星辉公司多次提出修改及增加端口的认定结论不知从何得来。（二）即使中易游公司提出过修改要求，也可能是盛世星辉公司的工作不符合要求所致，但这不应是其超期履行的理由。涉案合同第五条“项目验收”第1款“开发阶段的验收”约定：“甲方应当依开发计划在每一个开发阶段对乙方所开发的产品进行检测和验收，在不符合开发计划时，甲方有权要求乙方修改。”因此，中易游公司提出修改意见，是盛世星辉公司未按开发计划工作所致，原审法院在未查清原因甚至不了解开发计划的情况下，贸然认定中易游公司提出修改要求导致涉案合同履行超期，缺乏事实依据。（三）中易游公司提出修改要求时，盛世星辉公司早已逾期。盛世星辉公司提交的涉案公证书显示，中易游公司于2017年2月13日提出修改要求，而双方约定盛世星辉公司将符合功能要求、可供运行的软件交付给中易游公司的截止日期为合同签订后60个工作日内（即2016年10月25日之前），此时盛世星辉公司已逾期履行将近4个月。原审法院认为中易游公司提出修改要求是导致合同履行超期的原因之一，时间上存在逻辑错误。

三、原审法院适用法律错误。涉案合同中关于违约责任的内容明确了盛世星辉公司不按约定期限交付软件或未按约定完成项目功能，中易游公司可以单方终止合同并要求退还已付款项。鉴此，原审法院应当根据《中华人民共和国合同法》[①]（以下简称合同法）第九十三条、第九十四条、第九十六条及第九十七条的规定，判令解除合同并责令盛世星辉公司向中易游公司退还已付款项、赔偿损失。但原审法院仅适用《中华人民共和国民事诉讼法》（以下简称民事诉讼法）的规定作出判决，未提及适用的具体条款。而民事诉讼法系程序法，原审法院仅依据程序法就对本案事实作出认定，并作出驳回中易游公司其他诉请的判决，中易游公司对此甚为不解。

四、原审法院严重违反程序。本案诉讼标的仅有区区十几万元，且只涉及两方当事人，案情相对简单，本应在立案后六个月内审结。原审法院却拖延了近一年半才开庭审理。在此期间，中易游公司多次致电询问并催促原审法院加快进度，却都被工作人员以案件过多为由搪塞。中易游公司有理由怀疑原审法院审理本案的公正态度。

综上，中易游公司认为，原审认定事实不清，适用法律错误，程序严重违法，请求二审法院依法改判。

盛世星辉公司辩称：

一、关于《项目功能说明书》和软件开发计划。涉案合同项目在履行过程中缺失前述两份文件，责任在于中易游公司没有向盛世星辉公司提供。

二、关于违约责任条款。涉案合同虽然约定了违约责任条款，但条款内容对双方均是对等的，亦即只有当出现盛世星辉公司存在违约行为时才可以适用该条款，盛世星辉公司在本案中已经完成工作任务，不构成违约。

三、关于中易游公司指控的转包行为。盛世星辉公司在履行涉案合同过程中不存在转包行为。涉案公证书中提到的聚思公司工作人员金颖，其本人当时受聘于盛世星辉公司并参与涉案软件项目的研发，对此，盛世星辉公司给金颖办理的社保和工资流水可以证明。

四、关于涉案合同解除的原因。中易游公司在涉案合同履行过程中多次提出修改要求是导致合同解除的原因，原审法院对此认定正确。涉案合同履行过程中，负责软件前端开发的中易游公司对接人员几经变更，且修改要求也多次变更。于此情况下，盛世星辉公司仍然按照中易游公司的要求进行了

① 已被《中华人民共和国民法典》废止。

修改。涉案公证书记载的双方沟通记录显示，修改的原因并非盛世星辉公司提交的接口不符合要求所致，而是中易游公司多次无端改变修改要求。双方的沟通记录亦显示中易游公司并未提及盛世星辉公司倘若在60个工作日内没有完成涉案合同项目将承担何种责任，而盛世星辉公司也多次向负责软件前端开发的中易游公司对接人员反映已经提交多个软件接口，但中易游公司没有进行测试。直至中易游公司解散其项目团队时，双方仍在就涉案合同项目的开发进行沟通交流。

五、关于原审判决是否适用法律错误。盛世星辉公司同意解除涉案合同，但不同意中易游公司要求判令盛世星辉公司退还已收首期款的诉讼主张。盛世星辉公司认为，前期已收的130000元款项与盛世星辉公司在本案中完成的工作是对等的，甚至盛世星辉公司完成的工作已经超过了收取的对价。因此，原审判决适用法律并无不当。

六、关于原审法院是否构成程序严重违法。原审审理过程中，盛世星辉公司也多次与原审法院沟通案情并催促审理进度，并不存在中易游公司所称的原审法院有意偏袒一方的程序违法情形。

综上，盛世星辉公司认为，原审认定事实清楚，适用法律正确，请求驳回上诉，维持原判。

中易游公司向原审法院起诉请求：1. 解除中易游公司与盛世星辉公司于2016年7月27日签订的涉案合同；2. 盛世星辉公司退还中易游公司已支付的软件开发款130000元，并赔偿相应的利息损失（利息按中国人民银行公布的同期贷款利率计算，以130000元为基数，自2016年7月30日起至盛世星辉公司实际付清全部款项之日止）；3. 盛世星辉公司承担本案全部诉讼费。事实和理由：中易游公司与盛世星辉公司签订涉案合同后，按约向后者支付了首期开发款130000元，但盛世星辉公司未按要求展开开发工作，也未向中易游公司交付产品，完成验收，致使中易游公司的合同目的不能实现。盛世星辉公司已构成违约，涉案合同应当解除，并应由盛世星辉公司退还款项、赔偿损失。

盛世星辉公司原审辩称：盛世星辉公司同意解除合同，但解除的原因并非其违约。盛世星辉公司履行了合同义务，按约交付了工作成果。中易游公司在履行过程中多次变更需求，导致履行期限延长，且造成盛世星辉公司为此付出大量额外成本。

原审法院认定如下事实：2016年7月27日，中易游公司（甲方）与盛世星辉公司（乙方）签订涉案合同，合同约定：软件源码总费用为160000元。甲方按开发进度分两个阶段向乙方支付。合同签订后3个工作日内，甲方向乙方支付开发款130000元。乙方交付软件验收合格后，甲方向乙方支付剩余开发款30000元。项目验收约定：1. 开发阶段的验收：甲方应当依开发计划在每一个开发阶段对乙方所开发的产品进行检测和验收，在不符合开发计划时，甲方有权要求乙方修改；2. 产品交付的验收：（1）验收标准：a. 程序正常运行；b. 功能说明书中提到的功能全部实现；c. 项目按时完成。违约责任约定：1. 甲方违约责任：如甲方未按合同约定按时支付合同金额，乙方有权立刻停止当期工作，且不退还其他期次的开发费用；如甲方未按合同约定按时验收项目，乙方认可甲方已经默认通过验收，并索取开发费用。2. 乙方违约责任：如乙方未按合同约定按时按期完成项目，甲方有权终止合同并收回已经支付的开发费用；如乙方未按合同约定完成项目功能，甲方有权终止合同并收回已经支付的开发费用。乙方的权利义务约定：乙方不得将本软件委托或外包给他人完成。

原审庭审中，双方一致认可中易游公司已经向盛世星辉公司支付130000元。

盛世星辉公司对中易游公司人员与盛世星辉公司人员的QQ聊天记录进行公证。聊天记录显示：盛世星辉公司对取得gate服务器列表、新建/修改昵称、取得游戏主页面信息、返回信息说明、玩家连接聊天、取得背包数据、角色升级、关卡记录、进入关卡、获取战斗信息（战斗数据）、衣服属性、邮件数据、角色专属属性等工作，与中易游公司人员进行交流且获得回复，直至2017年6月21日，双方仍在就涉案软件的维护和开发进行协商。

原审法院认为：中易游公司与盛世星辉公司签订的涉案合同系双方当事人的真实意思表示，不违反法律、行政法规的强制性规定，应属合法有效，双方均应按约履行。原审庭审中双方一致同意解除涉案合同，原审法院不持异议。关于中易游公司主张盛世星辉公司未按约完成项目，工作成果未交由中易游公司进行验收构成违约的问题。中易游公司与盛世星辉公司的聊天记录显示，盛世星辉公司应中易游公司的要求对涉案项目进行修改和维护，中易游公司多次提出修改及增加端口的要求是导致涉案合同履行超期的原因之一，并且盛世星辉公司完成的工作量与中易游公司已付款项相当，综合考虑上述因素，对中易游公司要求返还已支付的开发款及利息的请求不予支持。

综上，原审法院判决：一、中易游公司与盛世星辉公司于2016年7月27日签订的《软件开发合同》于判决生效之日起解除；二、驳回中易游公司其他诉讼请求。案件受理费2900元，由中易游公司负担。

原审法院查明的事实基本属实，本院予以确认。

本案二审期间，中易游公司为证明其上诉主张，向本院提交了一份新证据：《天降之物》策划文档。中易游公司述称，该证据系盛世星辉公司工作人员通过 QQ 传输给中易游公司，用以证明：1. 盛世星辉公司向中易游公司提交了涉案软件系统的策划文档，列出了功能需求和模块；2. 盛世星辉公司的工作是负责涉案软件后端程序开发，该项工作可以独立实施；3. 盛世星辉公司历经一年半的时间，仅通过 QQ 工作群向中易游公司发来零零散散的一些小程序和脚本，未能开发出最终的软件系统，且所完成的工作不足策划文档的三分之一。

针对中易游公司二审提交的新证据，盛世星辉公司的质证意见为：1. 该证据由中易游公司持有，其本应在原审期间提交，故该证据不属于二审新证据；2. 对该证据的真实性、关联性均不予认可。该证据系电子文档打印件，未见中易游公司和盛世星辉公司的签字或盖章。中易游公司未能提交进一步的证据，对该证据系由盛世星辉公司向其发送的事实予以佐证，其关于该电子文档系由盛世星辉公司通过 QQ 传输给中易游公司的主张不能成立，既不能证明该电子文档是涉案合同所述的《项目功能说明书》或软件开发计划，更不能证明《天降之物》是涉案合同约定的开发标的。

对于中易游公司二审提交的证据，结合盛世星辉公司的质证意见，本院认证如下：首先，根据中易游公司当庭就其所提交的《天降之物》策划文档的来源所作的陈述，该证据系在原审庭审结束后新发现的证据，属于二审新证据；其次，涉案合同未明确手机游戏软件的名称，现有证据无法证明中易游公司提交的《天降之物》策划文档与涉案合同约定的软件开发标的有关；再次，《天降之物》策划文档系电子文档打印件，其上未见双方当事人的签字或盖章，中易游公司亦未能提交存储该电子文档的原始介质供核对；最后，中易游公司主张《天降之物》策划文档系由盛世星辉公司通过 QQ 的方式传输给中易游公司，但未对此提交进一步的证据予以印证。综上，本院对中易游公司二审提交的新证据不予采纳。

盛世星辉公司为支持其二审答辩意见，向本院提交了三组证据。第一组证据：1. 房屋租赁及物业管理合同；2. 租金支付凭证；3. 电费、物业费付款通知单；4. 缴费凭证。该组证据用以证明：盛世星辉公司于 2016 年 7 月 10 日至 2018 年 7 月 9 日在无锡租赁办公场地，该租赁时间段正值涉案合同履行期间，盛世星辉公司的工作人员就是在该办公场地负责开发涉案软件项目。该办公场地与聚思公司毫无关系，盛世星辉公司不存在转包的违约行为。第二组证据：1. 盛世星辉公司 2016 年 8 月—11 月工资表；2. 工资支付凭证。该组证据用以证明：1. 盛世星辉公司聘用金颖、周凤、游玉华、彭旭、董宸麟等人负责完成中易游公司委托的软件开发项目，金颖为项目团队负责人，盛世星辉公司按月向研发团队成员支付工资，不存在中易游公司所称的转包行为；2. 涉案软件开发项目由于中易游公司的原因迟迟不能完成测试、验收，历时持续一年多的时间，盛世星辉公司在此期间支付了高昂的员工成本。因此，结合盛世星辉公司业已完成并提交的工作成果，其此前收取的130000元首期开发款不应退还。第三组证据：1. 盛世星辉公司已完成的工作成果情况说明；2. 已完成工作成果打开的链接页面。该组证据用以证明：盛世星辉公司已经按照涉案合同的约定完成并交付给中易游公司相关工作成果。

针对盛世星辉公司二审提交的证据，中易游公司的质证意见为：1. 三组证据均不属于二审新证据，不具有证明力；2. 对第一组证据中的证据1、2、4的真实性认可，对关联性及证明目的不予认可。对第一组证据中的证据3的真实性及证明目的均不予认可。具体而言，首先，房屋租赁及物业管理合同显示的地址与涉案公证书记载的QQ昵称为“聚思软件”的人员所对应的聚思公司的住所地不一致，不能证明盛世星辉公司租赁了房屋租赁合同中载明的办公地点给“聚思软件”所领导的研发团队使用；其次，租金支付凭证中显示的付款金额与房屋租赁及物业管理合同中约定的金额不一致，不能证明二者指向的是同一款项。3. 对第二组证据的真实性、关联性及证明目的均不予认可。具体而言，首先，工资表系盛世星辉公司单方制作，无法确认其真实性；其次，工资表所列领取工资人员名单，仅金额与本案有关，其余人的身份不明；再次，盛世星辉公司仅提交了三个月的工资表和付款业务回单，不能证明盛世星辉公司关于其为涉案合同履行付出很大成本的主张；最后，盛世星辉公司未提交劳动合同和社保缴纳记录，不能证明工资表所列领取工资的人员与盛世星辉公司存在劳动关系。4. 对第三组证据的证明力和证明目的均不予认可。具体而言，首先，盛世星辉公司所提交的该组证据属于单方说明，不属于证据；其次，盛世星辉公司关于其已经完成的工作内容不实。根据涉案公证书显示的内容，盛世星辉公司工作人员仅是完成了涉案游戏软件接口，其他程序未见完成；再次，即使盛世星辉公司关于其已经完成的工作内容属实，但相较于其向中易游公司提交的《天降之物》策划文档中预设的工作成果也不足三分之一；最后，涉案合同开发的手机游戏软件内容为闯关战斗类游戏，因此，此类软件需覆盖游客、教学、公告、武器、仓库、宠物、排行榜、交友等功能和界面，但这些内容均未出现在涉案公证书和盛世星辉公司罗列的已完成工作成果清单中。

对于盛世星辉公司二审提交的证据，结合中易游公司的质证意见，本院认证如下：首先，中易游公司在原审起诉状所陈述的事实和理由中未提及盛世星辉公司将涉案合同项目擅自转包，中易游公司在原审庭审及上诉理由中明确主张盛世星辉公司实施了擅自转包的违约行为。因此，盛世星辉公司于二审提交的第一、二组证据，是针对中易游公司前述上诉理由的反驳证据，应当认定为二审新证据。其次，第一组证据中的房屋租赁及物业管理合同、租金支付凭证均有原件供核对，可以确认其真实性、合法性，其也与盛世星辉公司就该组证据所主张的证明目的具有关联，但该证据并无其他证据予以佐证，故难以作为认定盛世星辉公司的工作人员就是在该证据所指的办公场地负责开发涉案软件项目的依据，不具有相应的证明力。再次，虽然第二组证据均有原件供核对，可以确认其真实性、合法性，但鉴于中易游公司和盛世星辉公司仅对金颖参与涉案软件项目研发一事没有争议，故在缺乏其他证据予以佐证的情况下，不能认定工资表上的其他领款人员系参与涉案合同项目的开发人员，也不能认定除开金颖工资部分之外的其他工资支付凭证，系盛世星辉公司为履行涉案合同所支出的人工成本。最后，盛世星辉公司提交的第三组证据，是针对其原审提交的涉案公证书所记载内容的进一步提炼、归纳，可以认为是对其不存在违约行为该证明目的的进一步补强证据。虽然，该组证据的内容不属于原审庭审结束后新发现的证据，但该组证据用以证明的事实与盛世星辉公司所履行的涉案合同义务有关，且该组证据中已完成工作成果打开的链接页面指向的各项工作成果，均可被涉案公证书附件记载的相关内容予以印证。因此，本院对该组证据予以采纳。综上，本院对盛世星辉公司二审提交的第一组证据的证明力不予确认，对第二组证据中除开金颖本人之外的其他证据的证明力不予确认，对第三组证据的真实性、合法性及关联性予以确认，对第三组证据的证明力将在本判决理由部分予以阐述。

本院另查明：

（一）关于涉案合同约定的相关内容

第一条、合同标的：1. 手机游戏长连接　强联网服务端程序（含源码）；2. 手机游戏管理工具（含源码）；3. 数据库使用软件及版本需按甲方需求完成，可正常运行并调试；4. 所开发的服务器同时在线不可少于1万人；5. 协助部署 a）启动日期：甲乙双方合同签订后；b）交付日期：自项目启动后，在60个工作日内完成。

第二条、甲乙双方的义务和权利：a）甲方的权利和义务：Ⅰ. 甲方应按照合同规定按时进行软件交付后的审核和测试；Ⅱ. 甲方应按照合同规定按时支付合同约定的费用；Ⅲ. 原有系统功能发现 BUG 或无法正常安装使用，甲方可要求乙方免费修改直至完善；Ⅳ. 甲方享有本合同相关程序、文件源码的版权及所有权；Ⅴ. 经甲方修改之源码版权归甲方所有。b）乙方的权利和义务：Ⅰ. 数据库用 mysql，使用 navicat 可视化操作进行开发修改，版本根据服务器需求由乙方选择；Ⅱ. 乙方应保证软件的正常运行和功能完整；Ⅲ. 乙方应保证软件无内置恶意插件或预留安全漏洞，无盗版商业源码，乙方不得加插和软件功能无关的程序；Ⅳ. 乙方应提供专人负责与甲方联络说明进度及情况；Ⅴ. 乙方应按照《项目功能说明书》的约定交付合格的软件；Ⅵ. 乙方应当与甲方讨论制定软件开发计划，并按照合同约定的交付日期交付合格软件；Ⅶ. 乙方在其开发的范围内有为甲方提供咨询及维修的义务；Ⅷ. 乙方不得将本软件委托或外包给他人完成；Ⅸ. 乙方对本软件的开发及在开发过程中所获得的所有数据负有保密义务。

第三条、软件的交付：1. 乙方应当在交付日期前完成软件并交付。2. 乙方交付产品时需要向甲方提交如下材料：（1）完成甲方功能要求的可执行软件；（2）软件的源代码；（3）软件开发过程中产生的其他所有资料及文档。3. 开发完毕，乙方应将软件相关的文件、源代码移交甲方，不得将其应用在其他用途。4. 交付方式（当面交付）。

第十一条、其他：……《项目功能说明书》作为本合同附件与本合同具有同等法律效力……

（二）关于涉案软件开发计划和《项目功能说明书》的相关情况

1. 中易游公司、盛世星辉公司均确认双方在订立涉案合同后未制定软件开发计划。对此，中易游公司当庭述称，按照涉案合同的约定和软件开发流程，应当由盛世星辉公司主动与中易游公司讨论并制定开发计划，但涉案合同订立后双方从未就软件开发计划进行讨论。盛世星辉公司当庭述称，其在原审提交的公证书的内容虽无记载软件开发计划，但双方确有通过组建 QQ 群的方式边开发边沟通。2. 中易游公司、盛世星辉公司均确认双方在订立涉案合同后未制定《项目功能说明书》。对此，中易游公司主张，涉案合同为承揽合同，按照行规应当由承揽方即盛世星辉公司提供功能需求说明书。中易游公司因缺乏游戏软件开发经验，订立涉案合同后没有向盛世星辉公司提出具体的功能需求，履行过程均是由盛世星辉公司主导，虽然双方没有专门就涉案合同制作《项目功能说明书》，但中易游公司二审提交的《天降之物》策划文档，即为盛世星辉公司向中易游公司提交的功能需求说明书，故可以视为盛世星辉公司已经履行了提供功能需求说明书的义务。中易游公司承认其收到盛世星辉公司提交的《天降之物》策划文档后没有向后者反馈修改意见，但认为盛世星辉公司没有按照策划文档的内容按期完成游戏软件的开发。盛世星辉公司主张，涉案合同确实不存在《项目功能说明书》，对此应归责于中易游公司。中易游公司既然是涉案游戏软件的委托开发方，理应向软件研发受托方盛世星辉公司提出具体需求，《项目功能说明书》的提交义务方应为中易游公司。而且，盛世星辉公司从未向中易游公司提交名为《天降之物》的策划文档，不认可该策划文档的真实性。涉案合同履行的具体分工是由中易游公司负责提供软件前端格式，由盛世星辉公司负责提供软件后端数据，盛世星辉公司主要是配合软件前端程序员来完成软件后端的开发工作。

（三）关于盛世星辉公司完成涉案软件开发成果的相关情况

根据涉案公证书附件记载的 QQ 聊天记录内容，可以认定后端工作人员先后完成以下工作内容："取得 gate 服务器列表"（公证书附件第 7、8 页）、"新建/修改昵称"（公证书附件第 10 页）、"取得游戏主页面信息（废弃）"（公证书附件第 12—15 页）、"返回信息说明"（公证书附件第 17 页）、"游戏和服务器连接 pomelo"（公证书附件第 19 页）、"pomelo 服务分包说明、玩家进入游戏"（公证书附件第 27 页）、"杀死怪物、添加怪物位置"（公证书附件第 33 页）、"玩家聊天（通信）文档及代码"（公证书附件第 35、36 页）、"取得背包数据"（公证书附件第 39 页）、"取得游戏主页面信息（玩家数据）"（公证书附件第 41 页）、"关卡记录和角色升级的接口"（公证书附件第 42—45 页）、"进入关卡"（公证书附件第 47 页）、"获取战斗信息、战斗数据、衣服属性、衣服"（公证书附件第 48—55 页）、"邮件数据"（公证书附件第 56—57 页）、"角色专属属性"（公证书附件第 59、63 页）、"tips 接口信息"（公证书附件第 67、68 页）。上述内容可以归纳为如下五个方面：接口信息、gate 服务器接口、pomelo、聊天和 temp。

中易游公司当庭确认涉案公证书附件 QQ 聊天记录中昵称为"前端"的人员即该公司工作人员，并述称盛世星辉公司负责游戏软件的后端开发工作。中易游公司还当庭确认盛世星辉公司提交的工作成果属于涉案合同标的所约定的"手机游戏长连接　强联网服务端程序（含源码）"和"手机游戏管理工具（含源码）"。

盛世星辉公司当庭述称，其交付给中易游公司的工作成果对应的就是涉案合同所约定的"手机游戏长连接　强联网服务端程序（含源码）"，并承认没有完成"手机游戏管理工具（含源码）"的开发，原因是上述两个研发标的不能同步进行，只有完成第一个标的才能接续开发第二个标的，但中易游公司在涉案合同履行后期解散其前端团队，导致第一个研发标的无法测试、验收，故无法启动第二个软件标的的开发。

（四）关于中易游公司主张盛世星辉公司构成违约的相关事实

中易游公司二审当庭明确其指控盛世星辉公司所涉违约行为包括迟延履行和擅自转包。

1. 关于迟延履行。中易游公司主张，盛世星辉公司提交的涉案公证书可以证明，截至2018年1月初，涉案软件开发已经迟延一年半仍未完成，导致游戏软件上线已丧失时效性，涉案合同目的已无法实现，盛世星辉公司构成根本违约。中易游公司另述称，其在合同履行期间曾以口头方式要求盛世星辉公司法定代表人加派人手和加快开发进度，但承认没有向盛世星辉公司发出催促履行函。盛世星辉公司认为，根据涉案公证书记载的聊天内容记录，可以证明中易游公司在涉案游戏软件开发过程中不断向盛世星辉公司提出修改要求，导致盛世星辉公司无法在合同约定期限内完成软件开发。而且，盛世星辉公司已经完成并向中易游公司提交了连接涉案软件后端的多个接口，但中易游公司都没有进行接口测试。在此期间，中易游公司负责软件前端开发的团队人员相继离职直至团队最终解散。因此，涉案合同项目最终停滞的原因并非盛世星辉公司所致。

2. 关于擅自转包。中易游公司主张其在提起本案一审诉讼前，从涉案游戏软件前端与后端对接人员的聊天记录中发现昵称为“聚思软件”的后端工作人员，而此前盛世星辉公司一直告知中易游公司，涉案合同是由其名下的无锡团队负责，而聚思公司的住所地恰在无锡，中易游公司由此推定盛世星辉公司将涉案游戏软件的开发工作交由第三人聚思公司完成，违反了涉案合同关于不得擅自转包的约定。盛世星辉公司承认昵称为“聚思软件”的QQ聊天者的真实身份就是聚思公司的金颖，因金颖在游戏软件业内小有名气，盛世星辉公司便聘请其参与涉案合同项目的研发。金颖虽然参与了涉案游戏软件的开发，但不等于盛世星辉公司将涉案合同开发工作转包给聚思公司。针对本院的当庭询问，中易游公司承认没有直接证据证明盛世星辉公司实施了将涉案合同项目擅自转包的行为。

（五）关于盛世星辉公司主张中易游公司多次提出修改要求的相关情况

根据涉案公证书附件记载的QQ聊天记录内容：

1. 公证书附件第38页显示：2017年1月10日，昵称为“前端”的聊天者称：“角色数据现在分基础数据和战斗数据，我筛选了一些数据，属性部分做了枚举，服务器发送过来的战斗数据时需要计算出最终战斗数据，然后反馈给前端。我做个show doc，咱们再对下。”昵称为“萧萧圣鼎”的聊天者回复称：“角色数据已经修改过无数遍了，现在还要修改啊？我之前做的http接口你有没有调用过？”“前端”回应称：“有，但是数据需要调整之前策划走了，新来的策划和老板讨论了，玩法有调整，所以需要修改下数据。就角色数据那块需要调整，其他的没啥变化。”

2. 公证书附件第40页显示：2017年1月11日，“萧萧圣鼎”称：“其他的哪些接口，需要修改，你写清楚告诉我。我来修改，就像返回主界面你写的文档一样列出来。”“前端”称：“好的，我给你的链接里的道具、衣服、武器、徽章我做完了，怪物数据和战斗数据我做完了，你看下，对照着修改下。”“萧萧圣鼎”回复称：“好，还有什么修改你也做好文档通知我，我一起来修改。”“前端”称：“好的，我正在逐步细化，做好一块我会及时通知你，策划文档你需要的话就说，我们策划会给你发过去的。”

3. 公证书附件第60页显示：2017年2月15日，“萧萧圣鼎”称：“衣服属性接口已经重新做了，请查看 http：//www. showdoc. cc/5491？page_ id = 104890；2. 邮件数据 http：//www. showdoc. cc/5491？page_ id = 109956；3. 角色专属属性 http：//www. showdoc. cc/5491？page_ id = 111317；4. 取得游戏主页面信息、徽章和武器已经修改。http：//www. showdoc. cc/5491？page_ id = 100050。这些都已经修改好。”

4. 公证书附件第60—67页显示：2017年2月15日，“技能 - 战斗数据”称：“我又做了个 tips 详细信息的接口，你看一下 http：//www. showdoc. cc/home/item/show/item id/11799。”“萧萧圣鼎”回复称：“里面3个都要做成接口？我有通知过我做完了吗？我早上已经通知你了，衣服属性接口已经重新做了，请查看 http：//www. showdoc. cc/5491？page_ id = 104890。需要做哪个直接给我 http 地址吧。tips 里的3个接口，我已经知道了。做好通知你。”“技能 - 战斗数据”回复称：“你大概什么时候能完成?”“萧萧圣鼎”回复称：“很快就能做完，就怕你修改。包括今天早上刚重新做的接口，我做好没有多久，你们就修改了。”“技能 - 战斗数据”回复称：“策划说 tips 不会改了，你可以先做这个。”“萧萧圣鼎”回复称：“所有，我会将接口都整理好，一起做，在我没有做之前，你们修改了没有问题，我做好了，你们又修改，之前做的工作有一部分就白做了。”“技能 - 战斗数据”称：“这个 tips 是不会变的，确定了的。”

2017年2月16日，“萧萧圣鼎”称：“1. tips3 个接口已经做好，请查看 http：//www. showdoc. cc/5491？page_ id = 112184；2. 玩家数据，已经调整好；3. 角色战斗数据，已经调整好了。”“技能 - 战斗数据”回复称：“好的。”“萧萧圣鼎”又称：“你知道的，接口修改过多少回了。做过多少无用功了？昨天的接口，上午刚修改好，下午就变了。请通知你的同事，tips 接口文档也补全。”“前端”回复称：“光对接口，前后端逻辑不对接，咋做效率都会很低，我这边一旦有改动，跟后端不对接，直接改接口那肯定不行啊。再说你也从来不看案子，不跟我去说你那边的流程，我现在都不知道你那边逻辑咋做的。这边需求一改，正常情况应该是根据需求，前后端讨论下怎么做修改量小，现在可好，需求改我只能硬改接口。”

5. 公证书附件第75、76页显示：2017年3月30日，“前端”称：“已经改了一个多月了。”“萧萧圣鼎”回复称：“也就是说我做好的5个接口你没有调用过，是吧？收到，请回复？”“前端”回复称：“对，现在我们这走的是本地，我不知道你都做好了哪些？”“萧萧圣鼎”回复称：“做好了5个接口：get _ main _ info. json、guankajilu. json、get _ beibao. json、mail _ login. json、mail_ get_ info. json。”“前端”称：“你做好一部分请通知我，我开始修改。一会我把这几个改成网络的。”“萧萧圣鼎”又问：“你确定这些接口我做好没有通知你？如果你不调用我做好的接口，那我做了也白做。这些接口，都是按你之前说的格式做的，现在扣哪些字段，你发给我吧。我当时想着做好的接口不会修改了吧，没想到还是要修改。”“前端”回复称：“你就按照最后这个包的做就可以了，最后这个包是我最后的调整版。”“萧萧圣鼎”回复称：“我不会一个一个对的，你要么找我老板说。你不写文档，我写，我写好向你确认。”“前端”回复称：“这一个原本是想让后端通过这两个字段计算得出的，但是前端需要进度条显示，所以修改的。你说的文档是对这些字段的解释吗？我看你怎么写的，后面我会按照你的写法，给你依次做出来。”“萧萧圣鼎”称：“请确认发给你的对截至2017年3月30日已做工作的word文档，如果没有问题，打印、签字、拍照给我。等你确认好，我再开始做。”

6. 公证书附件第76、77页显示：“前端”给“萧萧圣鼎”传输了一份名称为“20170330对已做……修改”的word文档，打开该文档，标题为“对已做好的接口修改”，内容为“由于北京前端工作人员（qq：45×××54）修改导致服务器接口需要修改。接口：http：//gamel. 258star. com/iumobile/apis/apis. php？action = get main info。修改内容：删除1字段VipLevel，删除1字段Bone，删除1字段Clothes，删除1字段Weapon，删除1字段Badge。添加2字段CurVipExpMaxVipExp。请服务器端修改接口，服务器端修改后通知北京前端调用此接口测试。签名：张强 时间：2017年03月30日。”

7. 公证书第79、80页显示：2017年5月12日，“程序－战斗”称：“你做的获取服务器列表，我调用了，注册账号我调用了，邮箱调用了，就是背包没有。”“萧萧圣鼎”回复称：“我之前在群里说，我做好了5个接口，你知道是哪5个接口吗？（通过你给的json文件做的）。”“程序－战斗”回复称：“邮箱的那几个吧？之前一直跟邮箱没有关系的接口我不大清楚，因为是走的那个程序做的。不过背包这边我们加了几个数据，所以不能用你的。”“萧萧圣鼎”回复称：“明白了，就是我做的接口，只调用了1个邮箱接口，我明白了。”“程序－战斗”回复称：“除了邮箱，还有？”“萧萧圣鼎”回复称："http：//127. 0. 0. 1/ ServerData/get_ main_ info. json、http：//127. 0. 0. 1/ServerData/guankajilu. json、http：//127. 0. 0. 1/ServerData/get _ beibao. json、http：//127. 0. 0. 1/ServerData/mail_ login. json、http：//127. 0. 0. 1/ServerData/mail_ get_ info. json 这些接口都已经做好了，你可以直接调用。""程序－战斗"称："背包我们这边加了一些数据，你得需要改一下，我现在这个背包走的那个程序不一样，我这个很大程度上简化了你的工作。背包以后也不会变了。""萧萧圣鼎"回复称："你能不能先将我做好的接口调用起来，我好不容易将5个接口做好的，是已经做好了，现在还要修改。先将我做好的功能调用起来吧。你是叫张强吧?""程序－战斗"回复称："张强走了。""萧萧圣鼎"称："我这有张强的保证书，说接口不会变了。""程序－战斗"称："要不你救救我，小错误的话我就能改了。""萧萧圣鼎"回复称："不说了，先将我做好的接口调用起来吧。"

8. 公证书第84、85页显示：2017年6月21日，"程序－战斗"称："我自己找台电脑试一下。我用两个不同的 ip 都进去了，我给你发完整的 json 包，你全改一下。""萧萧圣鼎"回复称："收到，佩服，这次发的 json 和之前发的不一样。""程序－战斗"称："这次特别多，有些是不用的。""萧萧圣鼎"问："可以进到主界面了。我想问我做好的接口，你们调用了吗?""程序－战斗"称："邮箱我调用了。""萧萧圣鼎"问："我做好的5个接口，你就调了一个?""程序－战斗"回复称："邮箱还是背包?""萧萧圣鼎"回复称："5个接口全部。""程序－战斗"称："你做的获取服务器列注册账号、登录账号、邮箱我调用了，就是背包没有。""萧萧圣鼎"问："我之前在群里说，我做好了5个接口，你知道是哪5个接口吗？（通过你给的 json 文件做的。）""程序－战斗"回复称："邮箱的那几个吧？之前一直跟邮箱没有关系的接口我不太清楚，因为是走的那个程序做的。不过背包这边我们加了几个数据，所以不能用你的。""萧萧圣鼎"回复称："就是我做的接口，只调用了1个邮箱接口。我明白了。""程序－战斗"回复称："除了邮箱还有?""聚思软件"称："http：//127. 0. 0. 1/ServerData/get_ main_ info. json、http：//127. 0. 0. 1/ServerData/guankajilu. json、http：//127. 0. 0. 1/ServerData/ get_ beibao. json、http：//127. 0. 0. 1/ServerData/mail_ login. json、http：//127. 0. 0. 1/ServerData/mail_ get_ info. json 这些接口都已经做好了，你可以直接调用。我没有找到对应的接口。另外背包数据只有进入场景会刷新，然后我们就算装备了，卸载了，都不刷新。所以我们没法继续测试了。背包只有进入主界面的时候刷新一下，然后我们删除一些装备，都不刷新。所有的按钮出售、冶炼之类的都没强求。""程序－改变自己"回复称："做这些模块的人都没了……”

（六）关于盛世星辉公司为金颖支付工资的情况

根据盛世星辉公司提交的工资表和工资付款凭证记载的内容，盛世星辉公司向金颖先后支付了 2016 年 8 月、9 月两个月的工资，实发金额总计 48760 元。

（七）关于中易游公司主张原审程序严重违法的情况

中易游公司二审当庭明确其上诉理由所称的原审法院严重程序违法是指严重超审限结案。经查原审卷宗，原审法院在审理过程中先后办理了两次延长审限报批手续并均获批准，本案系在获准延长审限内结案。

本院认为，根据本案当事人的上诉请求、答辩情况及案件事实，本案在二审阶段的争议焦点问题是：一、盛世星辉公司是否存在违约行为；二、中易游公司可否行使法定解除权或约定解除权；三、涉案合同解除后的责任如何承担；四、原审是否存在适用法律错误和程序严重违法的情形。

一、关于盛世星辉公司是否存在违约行为的问题

涉案合同为计算机软件开发合同，系中易游公司和盛世星辉公司平等、自愿协商达成的真实意思合意，且合同内容不违反法律、行政法规的强制性规定，不损害国家、集体或第三人利益，应认定合法、有效。涉案合同成立并生效后，各方当事人应当按照约定全面履行己方义务，且行使合同权利、履行合同义务均应当遵循诚实信用原则。根据合同法第一百零七条的规定，当事人一方不履行合同义务或者履行合同义务不符合约定的，应当承担继续履行、采取补救措施或者赔偿损失等违约责任。由此可知，合同法所规定的“违约行为”主要包括拒绝履行合同义务、履行合同义务不符合约定两种情形。“履行合同义务不符合约定”包括迟延履行、不完全履行、给付成果有瑕疵、加害给付等类型。本案中，中易游公司作为委托开发方，指控受托开发方盛世星辉公司存在两项违约行为，分别是迟延履行和擅自转包。被诉的两项违约行为，均属于合同法第一百零七条所规定的“履行合同义务不符合约定”的范畴。因此，评价中易游公司上诉主张的违约行为是否成立，应当根据涉案合同关于盛世星辉公司履行义务的约定内容，并结合盛世星辉公司的具体履行情况作出认定。

（一）关于盛世星辉公司是否存在迟延履行之违约行为的问题。本院认为，盛世星辉公司不构成迟延履行，具体理由如下：其一，根据涉案合同关于合同标的和受托方义务的相关条款内容，盛世星辉公司应履行的主合同义务之一，是按照约定的交付日期和《项目功能说明书》的约定，向中易游公司交付名称为“手机游戏长连接　强联网服务端程序（含源码）”和“手机

游戏管理工具（含源码）”的合格软件；前述合格软件应当在合同签订日后的60个工作日内完成交付。虽然，根据合同文本的字面意思，涉案合同约定的软件交付截止日可以客观确定，但倘若盛世星辉公司所交付的软件并非合格软件，即使是在交付期限届满前完成交付，也不符合订立合同的预期目的。根据涉案合同的约定，评判涉案拟开发软件是否合格的标准应为《项目功能说明书》。二审庭审过程中，中易游公司和盛世星辉公司围绕涉案合同履行过程中是否存在《项目功能说明书》、应由何方制定《项目功能说明书》等问题各执一词。如前所述，中易游公司二审提交的《天降之物》策划文档不能认定为《项目功能说明书》，而涉案合同亦未明确约定《项目功能说明书》的制定和提交义务方。结合双方的庭审陈述和举证情况，可以认定涉案合同订立后没有制定《项目功能说明书》。《项目功能说明书》的重要作用在于将委托方对拟开发的目标软件的基本需求预先固定下来，以此作为开发人员开展工作的指南，并作为日后委托方验收软件的评价标准。《项目功能说明书》缺失所引发的后果，就是涉案合同自始便存在软件开发工作缺乏具体、清晰指向的风险。在涉案合同缺乏关于《项目功能说明书》制定和提交义务方约定的情况下，前述风险本应有赖于双方遵循诚实信用原则，共同协力消除，特别是在涉案合同项目系采取由委托方负责软件前端开发、受托方负责软件后端开发的分工模式下更当如此。然而，由于涉案合同双方在履行过程中未能及时协商制定《项目功能说明书》，不可避免地增加双方在对接磨合、相互探明意图过程中无谓耗费的时间成本，进而客观上加大了受托方不能如期交付软件的风险和难度。

其二，根据涉案合同关于受托方义务的相关条款内容，盛世星辉公司应当与中易游公司讨论制定软件开发计划。二审庭审过程中，中易游公司和盛世星辉公司均确认合同履行过程中没有制定软件开发计划，而双方围绕应由何方制定软件开发计划的问题亦各持己见。制定涉案合同的软件开发计划，其目的在于预先规划软件开发的“行动路线图”和“行动时间表”，明确软件开发进程中的每一个流程节点和对应的预定完成时间，进而落实涉案合同“第五条、项目验收 1. 开发阶段的验收”中关于中易游公司应当依照开发计划在每一个开发阶段对盛世星辉公司所开发产品进行检测和验收的安排。虽然，盛世星辉公司作为软件开发方，应当履行主动发起与委托方中易游公司讨论制定软件开发计划的义务。但是，中易游公司作为涉案软件的委托开发方，其既然负有依照开发计划在每一个阶段检测和验收盛世星辉公司开发的阶段性产品的义务，则其同样应当积极督促盛世星辉公司及时协商制定软件开发计划。然而，由于涉案合同双方在履行的初始阶段未能及时共同制定软件开发计划，不可避免地造成后续软件开发过程出现前后端对接上的无序状态，人为增加了双方在协调工作进度上的时间成本，进而同样加大了受托方不能按期交付软件的风险和难度。

其三，根据二审补充查明的事实，涉案公证书附件记载的QQ聊天记录内容反映，从2017年1月10日至同年6月21日，盛世星辉公司多次应中易游公司的要求，对角色数据、邮件数据、角色专属属性、取得游戏主页面信息、徽章、武器、tips、玩家数据、背包、邮箱等接口进行修改，有些内容甚至属于反复修改。诚然，现实生活中一款软件的开发往往不会是一蹴而就之事，在软件开发过程中随着委托方需求的进一步明晰、合同双方交流的不断深入、受托方阶段性完成的具体情况、市场情势的客观变化乃至交易成本控制的考量，软件的内容和功能需要适时进行调整和改进实属正常。故，软件开发过程中需要修改，不一定是委托开发方的自身原因所致，还可能是因受托方的开发工作不符合要求所致。但是，结合双方开发人员的QQ聊天记录内容，现有证据无法证明软件开发过程中出现反复修改甚至推倒重来的原因系盛世星辉公司完成的工作不合要求所致。相反，盛世星辉公司被要求修改或推倒重来，或是因为负责软件前端开发的中易游公司开发人员变动，新进人员未清楚了解前任人员与盛世星辉公司开发人员的沟通过程；或是因为中易游公司在履行过程中自行更改软件开发思路，新增需求事项。而涉案软件开发过程中缺乏《项目功能说明书》和软件开发计划的指引和约束，进一步加剧了前后端开发人员对接混乱的状态。特别要指出的是，本院注意到，在双方开发人员的QQ聊天过程中，代表盛世星辉公司一方昵称为“萧萧圣鼎”的工作人员多次询问负责软件前端开发的中易游公司开发人员，是否调用了其本人已经完成的接口，并多次表达了对前端人员不及时、完整调动接口，却一再要求后端修改接口的困惑和不满。而从双方的聊天记录来看，亦无从反映修改接口是盛世星辉公司设计的接口不合中易游公司的要求所致。以上情形，客观上都造成涉案软件开发进度的延宕，故开发进度被延宕的原因不应简单归责于盛世星辉公司。

其四，果如中易游公司所称，涉案游戏软件的上线具有时效性，因盛世星辉公司的迟延履行导致合同预期目的落空，则从理性人的角度而言，中易游公司既然认为游戏软件上线的时效性对其具有重要意义，构成涉案合同订立的交易基础，则其理应对履行期限保持足够的敏感性，但中易游公司当庭自认其在合同履行过程中从未向盛世星辉公司发出催促履行的任何书面函件，这种现象显然有悖常理。而在案证据显示，中易游公司在软件交付期限届满后仍在持续与盛世星辉公司就软件开发事宜保持沟通，并不断要求盛世星辉公司修改接口。可见，中易游公司以其实际行动表明，在软件约定交付期限届满后，其仍然希望继续推进合同的履行。立足于中立之理性人的观察立场，在案证据不足以证明涉案合同目的因盛世星辉公司的迟延履行而落空。原审法院认定中易游公司多次提出修改及增加端口的要求是导致涉案合同履行超期的原因之一，该认定并无不当。

（二）关于盛世星辉公司是否存在擅自转包之违约行为的问题。本院认为，盛世星辉公司不存在擅自转包的违约行为，具体理由如下：其一，中易游公司之所以认为盛世星辉公司实施了擅自转包的违约行为，是因为其发现在涉案公证书记载的 QQ 聊天记录中代表盛世星辉公司的开发团队中有一名昵称为“聚思软件”的开发人员，而盛世星辉公司此前曾经告知中易游公司，负责软件开发的团队是在无锡工作，经中易游公司调查发现聚思公司的住所地恰位于无锡市。可见，中易游公司关于盛世星辉公司将涉案软件开发工作擅自转包给第三人聚思公司的认定，是建立在其主观推断的基础之上。中易游公司二审亦当庭承认，其并无直接证据证明盛世星辉公司实施了转包行为。其二，虽然盛世星辉公司二审当庭承认 QQ 昵称为“聚思软件”的聊天者的真实身份就是聚思公司的人员金颖，但盛世星辉公司聘请金颖参与涉案软件项目的研发并为其本人支付工资，可见金颖参与涉案软件项目研发时是受雇于盛世星辉公司，执行的是后者的意志，这恰恰说明盛世星辉公司没有将涉案软件的开发工作转包给聚思公司。因此，根据现有证据，不能认定盛世星辉公司实施了将涉案软件的开发工作转包给聚思公司的违约行为。

综上，中易游公司关于盛世星辉公司存在迟延履行、擅自转包等违约行为的上诉主张不能成立，本院不予支持。

二、关于中易游公司可否行使法定解除权或约定解除权的问题

（一）关于中易游公司可否行使法定解除权的问题。合同法第九十四条规定：“有下列情形之一的，当事人可以解除合同：（一）因不可抗力致使不能实现合同目的；（二）在履行期限届满之前，当事人一方明确表示或者以自己的行为表明不履行主要债务；（三）当事人一方迟延履行主要债务，经催告后在合理期限内仍未履行；（四）当事人一方迟延履行债务或者有其他违约行为致使不能实现合同目的；（五）法律规定的其他情形。”根据该条规定，合同当事人行使法定解除权，包括“因不可抗力致使合同目的不能实现”和“因根本违约致使合同目的不能实现”两种情形。中易游公司二审当庭明确盛世星辉公司的迟延履行构成根本违约。前已述及，盛世星辉公司不构成迟延履行，相应地，中易游公司关于盛世星辉公司因迟延履行构成根本违约的上诉主张不能成立。因此，中易游公司不能针对涉案合同行使法定解

除权。

（二）关于中易游公司可否行使约定解除权的问题。合同法第九十三条规定："当事人协商一致，可以解除合同。当事人可以约定一方解除合同的条件。解除合同的条件成就时，解除权人可以解除合同。"根据该条规定，合同约定解除包括"合意解除"和"行使约定解除权"两种情形。中易游公司原审及上诉主张，其根据涉案合同关于盛世星辉公司违约责任的约定有权解除合同。涉案合同"第九条、违约责任 2. 乙方违约责任"约定盛世星辉公司未按合同约定按时按期完成项目，或未按合同约定完成项目功能，中易游公司有权终止合同。此处"终止合同"的含义，按照合同相关条款及合同目的，应解释为中易游公司可以通过行使约定解除权的方式解除涉案合同。但是，前已述及，盛世星辉公司未能在约定期间内履行合同的重要原因在于中易游公司多次提出修改及增加端口的要求，盛世星辉公司不构成迟延履行的违约行为。因此，涉案合同约定解除权的条件未成就，中易游公司亦不能针对涉案合同行使约定解除权。

综上，中易游公司不能针对涉案合同行使法定解除权或约定解除权。

三、关于涉案合同解除后的责任承担问题

中易游公司针对涉案合同不具备行使约定解除权和法定解除权的条件，但鉴于盛世星辉公司于原审阶段当庭同意解除涉案合同，由此表明双方均无意继续履行涉案合同，均有意从涉案合同的约束中获得解脱。因此，原审关于双方一致同意解除涉案合同的认定，并无不当。

虽然，中易游公司和盛世星辉公司对解除涉案合同均无异议，但就解除合同后的责任应如何承担则存在明显分歧。中易游公司主张盛世星辉公司应当全额返还已支付的开发款及相应利息，盛世星辉公司认为中易游公司无权主张返还前述款项及利息。对此，本院认为，合同法第九十七条规定："合同解除后，尚未履行的，终止履行；已经履行的，根据履行情况和合同性质，当事人可以要求恢复原状、采取其他补救措施、并有权要求赔偿损失。"据此，合同解除的法律后果，应根据相关合同义务是否履行进行区分。中易游公司和盛世星辉公司对于终止履行涉案合同尚未履行的部分均无争议，双方争议焦点主要在于应否恢复原状，即恢复至合同订立时的状态。该争议焦点问题应当结合涉案合同的性质、履行情况和合同各方的过错来加以认定。

根据涉案合同第一条关于"合同标的"、第四条关于"定价及支付方式"的约定，涉案软件开发标的物包括"手机游戏长连接　强联网服务端程序（含源码）"和"手机游戏管理工具（含源码）"，前述两软件（含源码）总费用为 160000 元。由此可知，涉案合同仅是明确了开发款 160000 元的对价中包含了上述两项开发标的物，但没有进一步明确两项开发标的物在总对价中各自应占的价值比重，也没有进一步明确两项开发标的物在涉案软件中的相互关系和各自实现的功能比重。而且，根据涉案合同第二条关于“乙方的权利和义务”的约定，盛世星辉公司还负有提供专人与中易游公司联络说明进度及情况、在其开发的范围内为中易游公司提供咨询及维修等义务，这些义务应当作为对价内化于涉案合同的总费用中。同时，根据盛世星辉公司提交的涉案公证书，可以确认截至涉案合同合意解除时，其已经完成包括接口信息、gate 服务器接口、pomelo、聊天和 temp 五个方面的开发成果。盛世星辉公司主张上述五方面成果，构成涉案合同约定的第一项开发标的物即“手机游戏长连接　强联网服务端程序（含源码）”，中易游公司当庭予以认可。故，在中易游公司不能举证证明盛世星辉公司所完成的第一项开发标的不符合设计约定的情况下，应认定盛世星辉公司已经完成第一项软件标的物的开发工作。虽然，盛世星辉公司二审当庭承认其未完成第二项软件标的物的开发工作，但其主张两项软件标的物的开发存在先后顺序，即只有先完成第一项软件标的物的开发，才能开发第二项软件标的物，而中易游公司对盛世星辉公司交付的第一项软件标的物没有及时进行验收，盛世星辉公司无法启动第二项软件标的物的开发，最终因为中易游公司负责软件前端的团队解散，导致涉案软件项目陷入停滞状态，应认为盛世星辉公司的说法不违反日常经验法则。鉴此，综合考量盛世星辉公司就涉案软件开发工作实际完成的情况、盛世星辉公司在涉案软件开发过程中支出的人力成本、中易游公司在本案中多次向盛世星辉公司提出修改软件接口应认定为是导致项目进度延宕的主要原因、中易游公司作为委托方在合同履行过程中自身存在明显的疏失和懈怠等因素，本院认定盛世星辉公司无须向中易游公司返还首期开发款 130000 元及相应利息。原审关于盛世星辉公司完成的工作量与中易游公司已付款项相当的认定，虽然缺乏充分、深入的分析，但对中易游公司要求返还已支付的开发款及利息的请求不予支持的处理仍属正确，本院予以维持。

四、关于原审是否存在适用法律错误和程序严重违法等情形的问题

首先，本案涉及实体争议，原审判决仅援引作为程序法的民事诉讼法来作出裁判，而未援引实体法，确有不当，本院已在前述判决说理部分予以纠正。其次，根据二审查明的事实，原审法院在审理本案过程中办理了延长审限的报批手续，本案系在获准延长的审限内结案。因此，中易游公司关于原审严重程序违法的上诉理由不能成立，本院不予支持。

综上所述，中易游公司的上诉请求不能成立，应予驳回。原审判决认定事实基本清楚，适用法律虽存在瑕疵，但裁判结果正确，本院在依法查明事

实和纠正相关瑕疵后予以维持。依照《中华人民共和国合同法》第六条、第六十条第一款、第九十三条第一款、第九十七条，《中华人民共和国民事诉讼法》第一百七十条第一款第一项，《最高人民法院关于适用〈中华人民共和国民事诉讼法〉的解释》第三百三十四条之规定，判决如下：

驳回上诉，维持原判。

二审案件受理费 2900 元，由北京中易游网络科技有限公司负担。

本判决为终审判决。

审 判 长 朱 理
审 判 员 欧宏伟
审 判 员 张晓阳
二〇一九年十一月十三日
法官助理 牛鸿生
书 记 员 尹明琦

# 七、知识产权诉讼程序

## 62. 统筹协调具有重复诉讼因素的多起关联案件予以集中管辖的适用

——上诉人仪征市佳和土工材料有限公司与被上诉人张振武、原审被告中交二航局第二工程有限公司、原审被告中铁四局集团第一工程有限公司侵害实用新型专利权纠纷系列案①

**中华人民共和国最高人民法院民事裁定书（2019）最高法知民终447号**

上诉人（原审被告）：仪征市佳和土工材料有限公司。住所地：江苏省仪征市新城镇工业集中区（新北村）。

法定代表人：姜圣卫，该公司总经理。

被上诉人（原审原告）：张振武。

委托诉讼代理人：王现辉，北京大成（石家庄）律师事务所律师。

委托诉讼代理人：马翔，北京大成（石家庄）律师事务所律师。

原审被告：中交二航局第二工程有限公司。住所地：重庆市渝中区长江支路27号。

法定代表人：杨绍斌，该公司董事长。

委托诉讼代理人：熊茜，女，该公司工作人员。

上诉人仪征市佳和土工材料有限公司（以下简称仪征佳和公司）因与被上诉人张振武、原审被告中交二航局第二工程有限公司（以下简称中交二航局二公司）侵害实用新型专利权纠纷一案，不服浙江省嘉兴市中级人民法院

---

① 本案在年度报告中的位置为第104页。以下为（2019）最高法知民终447号案裁定书，（2019）最高法知民终470号裁定书略。

于2019年6月17日作出的（2017）浙04民初81号民事判决，向本院提起上诉。本院于2019年9月4日立案后，依法组成合议庭，并于2019年10月29日公开开庭审理了本案，上诉人仪征佳和公司的法定代表人姜圣卫，被上诉人张振武的委托诉讼代理人王现辉、马翔，原审被告中交二航局二公司的委托诉讼代理人熊茜到庭参加诉讼。本案现已审理终结。

仪征佳和公司上诉请求：撤销原审判决并依法改判，一、二审诉讼费由张振武承担。事实和理由：（一）原审判决根据安徽省合肥市中级人民法院（以下简称合肥中院）（2015）合民三初字第239号（以下简称239号）民事判决查明的事实认定《专利实施许可合同》不具有真实性，不能证明仪征佳和公司具有专利独占实施权不当。仪征佳和公司具有专利独占实施权，2011年4月1日仪征佳和公司与张振武签订的《合作协议书》真实有效。2013年9月10日仪征佳和公司与张振武签订的落款时间为2011年1月1日的《专利实施许可合同》对双方此前的专利独占实施关系进行了细化和规范，并将独占实施权延伸到2011年1月1日起，并且仪征佳和公司在合肥中院（2013）合民三初字第189号（以下简称189号）民事判决后，支付了张振武许可使用费1330万元，前述合同已实际履行。（二）《合作协议书》第一条第三项约定“张振武不得在授权任何第三方生产加工该产品，但保留自己生产的权利”，该条约定充分体现了专利独占实施权的特征。239号民事判决认为《合作协议书》该约定与2011年1月1日《专利实施许可合同》约定的许可类型相互矛盾，且有悖于专利独占实施许可的法律规定不当。《合作协议书》签订时间在前，《专利实施许可合同》签订在后。《合作协议书》的约定已被《专利实施许可合同》否定。《专利实施许可合同》系由张振武的律师陈长昊起草并在其见证下签订，是张振武的真实意思表达。在189号案件庭审中，张振武认可仪征佳和公司与其签订了《专利实施许可合同》，张振武为起诉安徽省路桥工程集团有限公司（以下简称安徽路桥公司）而虚假授权给仪征佳和公司独占许可不合常理，《专利实施许可合同》是真实的；2013年9月10日仪征佳和公司向兰州德科工程材料有限公司（以下简称兰州德科公司）出具的《承诺书》存在伪造之嫌，且无法否定仪征佳和公司对涉案专利享有的独占实施权。根据合同相对性原则，《承诺书》是仪征佳和公司对兰州德科公司作出的，无法解除和撤销仪征佳和公司与张振武之间的合约关系。对《专利实施许可合同》的否认须双方共同达成一致意见，而不是合同一方单方否认。张振武已收取仪征佳和公司专利许可使用费，兰州德科公司已向仪征佳和公司购买大量被诉侵权产品，表明仪征佳和公司是涉案专利独占实施权人。《承诺书》属无效合同，系仪征佳和公司与兰州德科公司恶意串通损害张振武利益，《承诺书》载明的《专利权实施许可合同》与仪征佳和公司和张振武签订的《专利实施许可合同》并非同一份合同。张振武与兰州德科公司于2012年9月28日之后签订的落款时间为2010年10月10日的《专利实施许可合同》，已被《司法鉴定意见书》否定，张振武是兰州德科公司实际管理人，张振武与兰州德科公司恶意串通签订该合同。（三）张振武在2013年11月4日189号案件庭审中提交了张振武与仪征佳和公司的《专利实施许可合同》原件，并当庭确认仪征佳和公司享有涉案专利独占实施权，而《承诺书》落款时间为2013年9月10日，在189号案件庭审之前，不能否定之后张振武对仪征佳和公司独占实施权的确认。

张振武辩称：仪征佳和公司与张振武之间不存在实质专利实施许可关系。请求驳回上诉，维持原判。

中交二航局二公司述称：其对原审判决没有异议。

张振武向原审法院提起诉讼，原审法院于2017年4月1日立案受理，张振武起诉请求判令：1. 仪征佳和公司、中交二航局二公司立即停止侵害张振武专利权的行为；2. 仪征佳和公司销毁侵权产品及用于生产侵权产品的专用模具；3. 仪征佳和公司、中交二航局二公司赔偿张振武经济损失20万元、律师代理费2.5万元、公证费用996元；4. 本案全部诉讼费用由仪征佳和公司、中交二航局二公司负担。

仪征佳和公司原审辩称：其具有涉案专利的独占实施权，未侵害涉案专利权。

中交二航局二公司原审辩称：其不知道侵权事实，且已为被诉侵权产品支付了合理价款，不应承担责任。

原审法院认定事实：张振武系名称为“整体式土工格室”、申请号为20102013××××.5的实用新型专利的专利权人，该专利申请日为2010年3月12日，授权公告日为2010年10月6日，目前专利权有效。该专利权利要求为：1. 一种整体式土工格室，包括筋带，其特征在于：所述的土工格室的每个节点都采用双头插件插接编织连接而成；所述节点处的两根筋带上均开有切缝，该切缝沿筋带的宽度均布；插件的两头分别依次交错穿过两根筋带上的切缝，而把两根筋带插接编织连接在一起。2. 根据权利要求1所述的整体式土工格室，其特征在于：所述双头插件的形状为U形。3. 根据权利要求1所述的整体式土工格室，其特征在于：所述筋带采用高分子材料拉伸而成。

中交二航局二公司在杭州湾大桥北接线（二期）工程TJ04标段工地上使用了被诉侵权土工格室。中交二航局二公司系向案外人浙江吉航工程材料有限公司购买被诉侵权土工格室。根据仪征佳和公司的授权书，浙江吉航工程材料有限公司作为20102013××××.5号实用新型专利产品的销售商可向杭州湾大桥北接线（二期）工程TJ04标段工地供应被诉侵权土工格室产品。

根据张振武申请，原审法院至杭州湾大桥北接线（二期）工程TJ04标段工地实施了证据保全，保全到土工格室若干。经过原审当庭比对，张振武认为被诉侵权产品落入了涉案专利权利要求保护范围；中交二航局二公司认为被诉侵权产品与涉案专利相同。仪征佳和公司认为被诉侵权产品在U型插件插口处还有一个插片，属于仪征佳和公司的创新，没有落入涉案专利权的保护范围。

原审另查明：张振武与仪征佳和公司曾签订落款日期为2011年1月1日的《专利实施许可合同》一份，约定张振武授权仪征佳和公司涉案专利的独占实施权，在专利权有效期限内仪征佳和公司可在全国范围内制造、使用、销售相关专利产品。2016年3月8日，合肥中院作出239号民事判决，认定2011年1月1日《专利实施许可合同》不具有真实性，不能约束张振武与仪征佳和公司之间关于涉案专利实施许可的法律关系。

原审法院认为，本案有以下三个争议焦点：一是被诉侵权产品是否落入涉案专利权的保护范围；二是仪征佳和公司是否具有涉案专利的独占实施权；三是仪征佳和公司、中交二航局二公司应承担何种法律责任。

关于争议焦点一。本案中，专利权利要求1可分解为以下技术特征：a. 一种土工格室，包含有筋带；b. 每个节点都采用双头插件插接编织连接；c. 节点处的两根筋带上均开有切缝；d. 切缝沿筋带的宽度均布；e. 插件的两头分别依次交错穿过两根筋带上的切缝。根据比对，被诉侵权土工格室的相应技术特征与a、b、c、e技术特征相同，与d技术特征等同。因此，被诉侵权产品落入了专利权利要求1的保护范围。被诉侵权产品的双头插件形状为U形，也落入了权利要求2的保护范围。至于被诉侵权产品在U型插件插口处还有一个插片，并不影响其全面覆盖了专利技术特征从而构成专利侵权。

关于争议焦点二。本案中，仪征佳和公司主张其具有涉案专利独占实施权，故不构成侵权。但根据合肥中院239号民事判决查明的事实，仪征佳和公司曾出具承诺书言明2011年1月1日《专利实施许可合同》为诉讼之用，该协议本身不具有真实性。该院也认定2011年1月1日《专利实施许可合同》不具有真实性，不能约束张振武与仪征佳和公司之间关于涉案专利实施许可的法律关系。因此，现有证据不能证明仪征佳和公司具有专利独占实施权。

关于争议焦点三。仪征佳和公司擅自制造、销售被诉侵权土工格室产品，中交二航局二公司在其作为承包人负责的施工工地使用被诉侵权土工格室产品，均构成侵权，中交二航局二公司、仪征佳和公司依法应承担停止侵权行为、赔偿经济损失的法律责任。仪征佳和公司库存的被诉侵权土工格室产品应予销毁。因判令仪征佳和公司停止生产行为足以制止侵权，且张振武也没有举证证明涉案产品制造需要专用模具，故对张振武要求仪征佳和公司销毁模具的主张，原审法院不再支持。中交二航局二公司为证明其产品具有合法来源，提供了施工合同及发票、付款凭证，故可以认定中交二航局二公司的合法来源抗辩成立，无须承担赔偿责任。中交二航局二公司工地使用的被诉侵权土工格室产品已经支付合理对价，故无须再行销毁。关于仪征佳和公司应承担的赔偿数额，张振武没有证据证明仪征佳和公司生产、销售涉案产品的具体数量、金额或利润，张振武也没有举证证明其因侵权所受具体损失或者涉案专利的许可费情况，在此情况下，原审法院综合考虑涉案专利为实用新型专利、张振武本案主张的侵权范围为浙江省、仪征佳和公司为生产商、张振武为制止侵权支出了律师费公证费等因素，确定仪征佳和公司赔偿张振武经济损失 100000 元并赔偿张振武为制止侵权所支出的合理费用 20000 元。

综上，原审法院判决：（一）仪征佳和公司立即停止制造、销售侵犯张振武第 20102013 ××××. 5 号实用新型专利权土工格室的行为，并在十日内销毁库存侵权土工格室；（二）仪征佳和公司赔偿张振武经济损失 100000 元及为制止侵权所支出的合理费用 20000 元；（三）驳回张振武的其他诉讼请求。案件受理费 4690 元，保全申请费 2020 元，由张振武负担 1566 元，由仪征佳和公司负担 5144 元。

本院二审期间，仪征佳和公司为证明其主张，向本院提交了以下证据：证据 1，189 号案件开庭笔录（复印件），拟证明：①张振武在该案 2013 年 11 月 4 日庭审中确认仪征佳和公司享有涉案专利独占实施权；②张振武在该案庭审中提交的其与仪征佳和公司的《专利实施许可合同》与仪征佳和公司持有的《专利实施许可合同》内容一致。证据 2，原审中张振武向合肥中院提交的《专利实施许可合同》（复印件），拟证明：①该《专利实施许可合同》是张振武在 2013 年 11 月 4 日 189 号案件中提交的，得到张振武确认，同时仪征佳和公司也认可；②该《专利实施许可合同》具有真实性、有效性和合法性；③该《专利实施许可合同》并非《承诺书》中所涉《专利权实施许可合同》。证据 3，张振武与仪征佳和公司 2011 年 4 月 1 日签订的《合作协议书》（复印件），拟证明兰州德科公司与张振武签订《专利实施许可合同》的时间在仪征佳和公司 2011 年 4 月 1 日与张振武签订《合作协议书》之后，属无效合同。证据 4，2017 年 11 月 7 日甘肃省高级人民法院（以下简称甘肃高院）的询问笔录（复印件），拟证明：①张振武认可 2011 年 4 月 1

日《合作协议书》的真实性，也认可许可仪征佳和公司实施涉案专利，②张振武与仪征佳和公司签订的落款时间为2011年1月1日的《专利实施许可合同》是双方在合肥于2013年9月10日签订的；③兰州德科公司与张振武签订《专利实施许可合同》的时间在《合作协议书》之后，属无效合同。证据5，2017年12月5日甘肃高院的询问笔录（复印件），拟证明：①张振武与仪征佳和公司签订《专利实施许可合同》时现场共有四人，包括张振武的特别授权律师；②该合同是张振武的真实意思表示。证据6，司法鉴定科学研究所司法鉴定中心司鉴中心（2016）技鉴字第1958号司法鉴定意见书（复印件），拟证明：①2011年4月1日签订的《合作协议书》原件与复印件一致；②2013年9月10日签订的落款时间为2011年1月1日的《专利实施许可合同》原件与复印件一致；③张振武与兰州德科公司签订的落款时间为2010年10月10日的《专利实施许可合同》签订时间是2012年9月28日之后，是无效合同；④张振武违反了2011年4月1日的《合作协议书》；⑤两份合同原件在甘肃省兰州市中级人民法院（以下简称兰州中院），此司法鉴定是兰州中院组织。证据1—6还拟共同证明239号、安徽省高级人民法院（2016）皖民终674号（以下简称674号）民事判决及最高人民法院（2017）民申4812号（以下简称4812号）民事裁定错误。证据7，仪征佳和公司营业执照（复印件），拟证明：①仪征佳和公司有设备；②仪征佳和公司是制造土工格室的生产型企业；③仪征佳和公司系经工商局审核批准生产土工格室；④仪征佳和公司是有能力实施涉案专利的合规企业。证据8，兰州德科公司营业执照（复印件），拟证明：①兰州德科公司是贸易型企业，没有生产设备、技术工人，不具备实施涉案专利的条件，无法实施涉案专利，不可能是涉案专利的独占实施权人；②兰州德科公司的独占实施权不可能在仪征佳和公司之前实施；③兰州德科公司法定代表人郗晓丽是张振武妻子。证据9，2019年4月3日甘肃高院的另案证人张宇鸿出庭作证笔录（复印件），拟证明：仪征佳和公司履行与张振武的《专利实施许可合同》支付专利许可使用费的事实，仪征佳和公司用张宇鸿的卡支付给张振武专利许可使用费。证据10，广西壮族自治区高级人民法院（2018）桂民终646号民事判决书（复印件），拟证明：①张振武构成虚假诉讼罪；②原审判决错误，违反生效判决；③兰州中院（2018）甘01民初299号案件为再审案件，尚未生效；④张振武向原审法院提交的《承诺书》内容不真实。证据1—6、9、10还拟共同证明仪征佳和公司拥有涉案专利的独占实施权。

张振武的质证意见为：对证据1、2、5的真实性无异议，但张振武与仪征佳和公司之间的专利实施许可关系不具有实质性，目的是让仪征佳和公司在189号案件中具备诉讼主体资格，且239号民事判决已确认上述事实，《专利实施许可合同》作为基础许可合同已被同一天签订的《承诺书》完全否定。对证据3的真实性无异议，但《合作协议书》没有履行，《承诺书》已证实《合作协议书》仅形式上成立。对证据4的真实性无异议，但《合作协议书》没有履行或已经解除，《专利实施许可合同》仅为诉讼使用。对证据6的真实性无异议，张振武与兰州德科公司于2012年9月28日签订的《专利实施许可合同》与本案无关，仪征佳和公司对该合同系明知。对证据7、8无异议。对证据9的形式真实性无异议，对内容有异议，仪征佳和公司未支付专利许可使用费。对证据10的真实性无异议，但在该案中系张振武未提交《承诺书》原件而未对相关事实予以确认，仪征佳和公司不能用该判决内容对抗张振武在本案的主张。此外，189号案件中张振武与仪征佳和公司的代理人为同一人，且189号案件系仪征佳和公司作为原告主导诉讼，因其在立案过程中未提交证明其享有诉权的文件，对方提出异议后，张振武才与仪征佳和公司签订该合同，该合同只有张振武本人的签字，没有仪征佳和公司的盖章，可见该合同仅为诉讼使用，不具有实质意义。

中交二航局二公司未发表质证意见。

本院的认证意见为：对证据1—8、10的真实性及证据9的形式真实性均予以确认，对上述证据的证明力将结合其他事实予以综合认定评判。

张振武为证明其主张，向本院提交了以下证据：证据1，仪征佳和公司、张振武与案外人徐维章等三方签订的《合作协议》（复印件），拟证明自上述协议签订之日起，仪征佳和公司及关联公司均不得生产任何土工格室产品，该内容终止了张振武与仪征佳和公司签订的《合作协议书》。证据2，淮安市东铁工程材料有限公司（以下简称东铁公司）工商登记信息及档案信息（复印件），拟证明仪征佳和公司、张振武与案外人徐维章在《合作协议》的基础上成立了东铁公司。证据3，江苏省涟水县人民法院（2018）苏0826民初5641号民事判决书；证据4，国家税务局涟水县税务税款入库统计表及申报明细查询（复印件），证据3、4拟证明东铁公司自2014年9月起不再生产，并决定于2019年3月27日解散。证据5，674号民事判决书（复印件）；证据6，4812号民事裁定书（复印件），证据5、6拟证明仪征佳和公司与张振武之间签订的《专利实施许可合同》不具有真实性，最终4812号民事裁定纠正了189号民事判决认定双方之间存在专利实施许可关系的认定。证据7，兰州中院（2018）甘01民初299号民事判决书（复印件），拟证明仪征佳和公司与张振武的《专利实施许可合同》不真实，仪征佳和公司与张振武之间不存在独占实施许可合同关系。

仪征佳和公司的质证意见为：对证据1—3的真实性无异议，《合作协议》第三条约定公司名称以工商部门实际核准为准，而该东铁公司与仪征佳和公司、张振武无关。对证据4的真实性有异议，且与本案无关。对证据5、6的真实性无异议，但现有相反证据可证明《承诺书》载明的《专利权实施许可合同》与仪征佳和公司和张振武签订的《专利实施许可合同》并非同一份合同，该判决与裁定错误。对证据7的真实性无异议，但该案尚未作出最终判决。

中交二航局二公司未发表质证意见。

本院的认证意见为：证据4系复印件，且仪征佳和公司对其真实性有异议，对该证据不予采信；对证据1—3、5—7的真实性予以确认，对上述证据的证明力将结合其他事实予以综合认定评判。

原审查明的事实基本属实，本院予以确认。

本院另查明：2011年4月1日，仪征佳和公司与张振武签订《合作协议书》，约定仪征佳和公司享有涉案专利产品的生产销售权；张振武不得授权任何第三方生产加工涉案专利产品，张振武保留自己生产的权利；仪征佳和公司向张振武支付涉案专利使用费（含税）0.5元/平方米（不含张振武自己销售及双方共同销售的部分），每年终结算一次。

2012年3月11日，仪征佳和公司与张振武及案外人徐维章等签订《合作协议》，约定三方出资设立东铁公司，且自三方合作之日起，三方及其关联公司均不得生产任何土工格室产品，张振武所持有的涉案专利需唯一授权东铁公司生产。

2013年9月10日，张振武与仪征佳和公司签订落款日期为2011年1月1日的《专利实施许可合同》，约定张振武授权仪征佳和公司在专利权有效期内在全国范围内制造、使用、销售涉案专利产品，授权性质为独占实施许可。同日，仪征佳和公司向兰州德科公司出具《承诺书》，载明：仪征佳和公司经张振武及兰州德科公司许可，于2011年4月1日起对涉案专利进行生产销售；仪征佳和公司将继续仅在江苏省范围内生产、销售涉案专利产品，保证不将涉案专利再许可任何第三方加工、销售专利产品，并同意从2014年2月1日退出合作，届时不再以任何方式生产、销售涉案专利产品或实施涉案专利技术；仪征佳和公司与张振武落款时间为2011年1月1日的《专利权实施许可合同》，仅用于仪征佳和公司配合张振武在合肥中院起诉安徽路桥公司之用，不具有真实性，仪征佳和公司仍按2011年4月1日协议及本承诺内容执行。

张振武与兰州德科公司签订落款时间为2010年10月10日的《专利实施

许可合同》，约定兰州德科公司就涉案专利享有独占实施权，有效期为2010年3月12日至2020年3月12日，许可范围为全国。后该合同因另案被申请司法鉴定，司法鉴定科学技术研究所司法鉴定中心于2017年3月22日作出司鉴中心（2016）技鉴字第1958号鉴定意见书，认定该合同上兰州德科公司的印文不是在标称日期2010年10月10日形成，而是在2012年9月28日之后形成。还载明“根据现有条件，无法判断检材1至检材4上打印体字迹形成时间及先后”。其中，检材4为本案所涉《承诺书》。

2016年3月8日，合肥中院作出239号民事判决，认定2011年1月1日《专利实施许可合同》不具有真实性；仪征佳和公司不服239号民事判决，上诉至安徽省高级人民法院，安徽省高级人民法院于2017年8月30日作出674号民事判决，驳回上诉，维持原判；仪征佳和公司不服674号民事判决，向最高人民法院申请再审，最高人民法院于2017年12月8日作出4812号民事裁定，驳回仪征佳和公司的再审申请。

仪征佳和公司在二审庭审中对被诉侵权产品落入涉案专利权的保护范围没有异议。

本院再查明：张振武诉仪征佳和公司因涉案相同被诉侵权产品侵害涉案相同实用新型专利权的案件有：浙江省嘉兴市中级人民法院（2017）浙04民初76号，内蒙古自治区包头市中级人民法院（2019）内02民初315号，浙江省宁波市中级人民法院（2018）浙02民初1285号、（2018）浙02民初2005号，广西壮族自治区南宁市中级人民法院（2019）桂01民初143号、柳州市中级人民法院（2016）桂02民初91号，宁夏回族自治区银川市中级人民法院（2019）宁01民初1254号、石嘴山市中级人民法院（2017）宁02民初108－1号，新疆维吾尔自治区乌鲁木齐市中级人民法院（2017）新01民初516号。上述案件中专利权人均为张振武，被诉侵权产品制造商均为仪征佳和公司，因使用者不同而在全国各地形成多起诉讼，并且上述多个案件的起诉立案时间较为接近。

本案的立案时间为2017年4月1日，张振武对本案被诉侵权产品进行公证保全的时间为2017年2月22日。（2017）浙04民初76号案的立案时间为2017年3月31日，张振武对该案被诉侵权产品进行公证保全的时间亦为2017年2月22日。原审法院对两案作出一审判决时间均为2019年6月17日。

本院认为，本案的争议焦点问题是：（一）仪征佳和公司在本案中是否有权实施涉案专利；（二）若仪征佳和公司无权实施涉案专利，其应如何承担民事责任；（三）本案如何处理。

（一）关于仪征佳和公司在本案中是否有权实施涉案专利

仪征佳和公司上诉主张其与张振武签订有《合作协议书》及《专利实施许可合同》，故其有权实施涉案专利。本院认为，通过二审查明的事实，仪征佳和公司与张振武之间就涉案专利的实施许可关系的约定除了《专利实施许可合同》，还有《合作协议书》，从内容上看，前者属于独占实施许可关系，后者属于排他实施许可关系。原审法院仅结合仪征佳和公司出具的《承诺书》对《专利实施许可合同》进行了评判，认定仪征佳和公司对涉案专利不具有独占实施权，但未对仪征佳和公司是否对涉案专利具有排他实施权进行评判。此外，仪征佳和公司与张振武及案外人徐维章签订的《合作协议》中亦涉及仪征佳和公司是否有权实施涉案专利的内容。审理时应当对上述事实进行综合分析，之后再对仪征佳和公司在本案中是否有权实施涉案专利进行评判。

（二）关于仪征佳和公司应如何承担民事责任

本案中，如果仪征佳和公司无权实施涉案专利，则仪征佳和公司制造销售被诉侵权产品的行为侵害了涉案专利权，其应当承担相应侵权责任，至于其侵权责任如何承担，本院分析如下：通过二审查明的事实，本案与（2017）浙04民初76号案所涉专利与被诉侵权产品均相同，专利权人均为张振武，被诉侵权产品制造商均为仪征佳和公司，并且两案发现被诉侵权行为时间相同，被诉侵权行为发生在基本同一时期，起诉立案时间基本相同，原审法院于同日对两案分别作出一审判决，两案区别仅是被诉侵权产品的使用者不同。本院认为，对于权利人以制造商为共同被告，只是销售商或使用者不同而分别起诉的案件，不得重复判决同一行为人对同一时期的同一被诉侵权产品重复承担民事责任。权利人针对同一专利权、同一被诉侵权产品，在多个案件中均起诉被诉侵权产品的制造商，主张其制造、销售行为侵害专利权，并以由不同使用者所实际使用的被诉侵权产品作为主张赔偿的事实依据的，该种情况下如果被诉侵权产品系同一时期制造的，则不同案件中被诉的制造行为实为同一行为，法院应在查明相关事实的基础上对相关案件一并予以集中统筹处理，以避免出现以下问题：1. 重复判决停止侵害。针对同一侵权行为，原则上只能判决一次停止侵害，如果在判决停止侵害之后又出现针对同一被诉侵权产品的侵权行为，才可以针对新的侵权行为再次判决停止侵害。2. 重复计算赔偿数额。在权利人全国多地诉讼维权，尤其是权利人一并起诉制造商和使用者的情况下，鉴于法定赔偿难以准确区分当事人在不同使用者处的实际损失或侵权获利，笼统适用法定赔偿可能会出现重复计算的问题。当事人应当尽量举证证明实际损失或侵权获利，法院亦应当尽量查明上述情况，而不宜简单适用法定赔偿。基于上述分析，原审法院对本案及（2017）浙04民初76号案于同日分别作出了停止侵害及适用法定赔偿确定赔偿数额的判决，对仪征佳和公司的责任承担存在重复处理问题。另外，原审法院对仪征佳和公司的库存被诉侵权产品情况亦未查明。审理时应当对两案的相关事实进行综合分析之后，再对仪征佳和公司在本案中应如何承担民事责任进行评判。

（三）关于本案如何处理

原审法院对有关仪征佳和公司是否有权实施涉案专利及责任承担等基本事实认定不清，应撤销原审判决，发回重审。根据《最高人民法院关于同意杭州市、宁波市、合肥市、福州市、济南市、青岛市中级人民法院内设专门审判机构并跨区域管辖部分知识产权案件的批复》规定，原审法院现已无权管辖专利案件。考虑到张振武与仪征佳和公司在全国有多起因涉案相同被诉侵权产品侵害涉案相同实用新型专利权的诉讼的情况，为统一裁判标准、避免各地法院重复处理、减少当事人诉累，本院将本案及现查明的其他相关案件一并指定上海知识产权法院管辖。

综上所述，原审判决认定基本事实不清。依照《中华人民共和国民事诉讼法》第三十七条第一款、第一百七十条第一款第三项规定，裁定如下：

一、撤销浙江省嘉兴市中级人民法院（2017）浙04民初81号民事判决；

二、本案指定上海知识产权法院重审。

上诉人仪征市佳和土工材料有限公司预交的二审案件受理费4690元予以退回。

审 判 长　任晓兰
审 判 员　于志涛
审 判 员　崔　宁
二〇一九年十二月三十日
法官助理　张　琪
书 记 员　汪　妮

# 63－1. 关联专利侵权之诉与确认不侵权之诉分散审理的审判协调

——上诉人上海宝冶集团有限公司与被上诉人联奇开发股份有限公司、原审被告超视堺国际科技（广州）有限公司、中国建筑一局（集团）有限公司、柏诚工程股份有限公司、江西汉唐系统集成有限公司、中国电子系统工程第二建设有限公司侵害发明专利权纠纷管辖权异议上诉两案[①]

**中华人民共和国最高人民法院民事裁定书（2019）最高法知民辖终1号**

上诉人（原审被告）：上海宝冶集团有限公司。住所地：上海市宝山区抚远路2457号。

法定代表人：白小虎，该公司董事长。

委托诉讼代理人：陈燕娴，广州市华学知识产权代理有限公司专利代理师。

被上诉人（原审原告）：联奇开发股份有限公司。住所地：台湾地区台南市新市区丰华里中心路8号。

法定代表人：林荣俊，该公司董事长。

委托诉讼代理人：潘立冬，广东育资律师事务所律师。

原审被告：超视堺国际科技（广州）有限公司。住所地：广东省广州市增城区永宁街创强路169号（增城经济技术开发区核心区内）。

法定代表人：罗政浩，该公司董事长兼总经理。

委托诉讼代理人：陈燕娴，广州市华学知识产权代理有限公司专利代理师。

原审被告：中国建筑一局（集团）有限公司。住所地：北京市丰台区西四环南路52号。

法定代表人：罗世威，该公司董事长。

委托诉讼代理人：陈燕娴，广州市华学知识产权代理有限公司专利代理师。

---

① 本案在年度报告中的位置为第106页。

原审被告：柏诚工程股份有限公司。住所地：江苏省无锡市隐秀路800－2101。

法定代表人：过建廷，该公司董事长兼总经理。

委托诉讼代理人：邵鋆，江苏拓鸿律师事务所律师。

委托诉讼代理人：沈凯凯，江苏拓鸿律师事务所律师。

原审被告：江西汉唐系统集成有限公司。住所地：江西省南昌市青山湖区北京东路956号钦都豫景综合楼801室。

法定代表人：陈柏辰，该公司董事长。

委托诉讼代理人：陈燕娴，广州市华学知识产权代理有限公司专利代理师。

原审被告：中国电子系统工程第二建设有限公司。住所地：江苏省无锡市蠡溪路888号。

法定代表人：杨良生，该公司总经理。

委托诉讼代理人：祝海燕，泰和泰律师事务所专利代理师。

上诉人上海宝冶集团有限公司（简称宝冶公司）因与被上诉人联奇开发股份有限公司（简称联奇公司）、原审被告超视堺国际科技（广州）有限公司（简称超视堺公司）、中国建筑一局（集团）有限公司（简称中建一局）、柏诚工程股份有限公司（简称柏诚公司）、江西汉唐系统集成有限公司（简称汉唐公司）、中国电子系统工程第二建设有限公司（简称中电二建）侵害发明专利权纠纷一案，不服广州知识产权法院2019年2月13日作出的（2018）粤73民初3447、3448号民事裁定，向本院提起上诉。

宝冶公司上诉请求：依法撤销原审裁定，将本案移送上海知识产权法院审理。事实和理由：联奇公司住所地在台湾地区台南市，宝冶公司住所地在上海市宝山区，且上海知识产权法院已经受理上海惠亚铝合金制品有限公司（简称惠亚公司）诉联奇公司确认不侵害专利权纠纷一案，惠亚公司是本案被诉侵权产品的生产、销售商，本案应当移送上海知识产权法院一并审理。

联奇公司答辩：联奇公司提起的两起侵害发明专利权纠纷的侵权行为地和被告住所地都在广州市增城区，原审法院对该案具有管辖权。两个侵权之诉分别涉及产品专利和方法专利，与惠亚公司提起的确认不侵害专利权纠纷相比，双方当事人不同，侵权的形态不一样，适用的法律也不完全相同，所涉方法专利与惠亚公司提起的确认不侵害专利权纠纷并非同一专利，且原审法院已对涉案的“奇氏筒”产品进行了扣押，对于是否侵权可以做出更为客观的判断，两案不宜移送到上海知识产权法院并与其受理的确认不侵权纠纷案件合并审理。

原审法院经审查认为，两案均为侵害发明专利权纠纷，由于其中一被告超视堺公司的住所地位于广州市增城区，属于原审法院管辖范围之内，故原审法院对本两案均具有管辖权。况且，从本案的初步证据及证据保全情况来看，涉嫌侵权的“奇氏筒”施工方法及“奇氏筒”产品的使用地点均位于广东省广州市增城经济技术开发区内，依照《最高人民法院关于适用〈中华人民共和国民事诉讼法〉的解释》第二十四条之规定，广州市增城区为本两案的侵权行为地，原审法院亦依法对本两案具有管辖权。因此，宝冶公司所提管辖权异议缺乏事实及法律依据。该院裁定：驳回宝冶公司对本两案管辖权提出的异议。本两案管辖权异议案件受理费共200元（每案各100元），均由宝冶公司负担。

本院查明，2018年11月14日，联奇公司向原审法院同时提起两起专利侵权诉讼：第一件为方法专利侵权诉讼，联奇公司请求判令被告停止侵犯其专利号为ZL20081008××××.5、名称为“一种混凝土楼板预留开孔的施工方法”发明专利的行为，案号为（2018）粤73民初3447号，原审法院在该案中裁定通过拍照、录音、录像、现场勘验、制作笔录等方式对各被告使用的“奇氏筒”施工方法进行了证据保全。第二件为产品专利侵权诉讼，联奇公司请求判令被告停止侵犯其专利号为ZL20041004××××.1、名称为“混凝土楼板预留开孔的成型装置”发明专利的行为，案号为（2018）粤73民初3448号，原审法院在该案中裁定查封或扣押了各被告位于广东省广州市增城经济技术开发区显示器生产线建设施工项目中所使用的“奇氏筒”产品。另查明，惠亚公司于2018年7月24日向上海知识产权法院提起诉讼，请求确认其“奇氏筒”产品不落入联奇公司专利号为ZL20041004××××.1、名称为“混凝土楼板预留开孔的成型装置”发明专利保护范围，案号为（2018）沪73民初753号。上海知识产权法院受理并进行了审理。

本院经审查认为，本案系侵害发明专利权纠纷，根据当事人的诉辩意见和查明的事实，本案争议焦点为原审法院对本案是否具有管辖权，以及本案是否需移送上海知识产权法院审理。

根据已查明的事实，联奇公司在本案［原审案号为（2018）粤73民初3447号］中诉请保护的专利为“一种混凝土楼板预留开孔的施工方法”发明专利，该发明涉及一种混凝土楼板预留开孔的施工方法，特别是指将一种成型装置的部分组件直接固定在混凝土楼板上，并且在该混凝土楼板上预留开孔的施工方法。联奇公司同时还向原审法院提起了另一起专利侵权诉讼［原审案号为（2018）粤73民初3448号］，请求保护的专利为“混凝土楼板预留开孔的成型装置”发明专利，该发明涉及一种混凝土楼板预留开孔的成型装置，特别是指一种该成型装置的部分组件直接固定在混凝土楼板上，并且在该混凝土楼板上预留开孔的成型装置。上述二专利分别为混凝土楼板预留开孔技术领域成型装置和施工方法发明专利，具有较为紧密的关联性。最高人民法院曾在〔2004〕民三他字第4号《关于本田技研工业株式会社与石家庄双环汽车股份有限公司、北京旭阳恒兴经贸有限公司专利纠纷案件指定管辖的通知》（简称《通知》）中指出："涉及同一事实的确认不侵犯专利权诉讼和专利侵权诉讼，是当事人双方依照民事诉讼法为保护自己的权益在纠纷发生过程的不同阶段分别提起的诉讼，均属独立的诉讼，一方当事人提起的确认不侵犯专利权诉讼不因对方当事人另行提起专利侵权诉讼而被吸收。但为了避免就同一事实的案件为不同法院重复审判，人民法院应当依法移送管辖合并审理。"本案中，虽然原审法院受理的（2018）粤73民初3447号案件与上海知识产权法院受理的（2018）沪73民初753号案件涉及同一产品，但两案涉及的是两个不同的专利而不是同一专利，案涉具体事实也不同，故不完全符合《通知》中"涉及同一事实的确认不侵犯专利权诉讼和专利侵权诉讼"的要求。特别是，原审法院已在其辖区内对涉案项目中使用的"奇氏筒"产品和施工方法进行了证据保全，如将本案移送至上海知识产权法院审理，既不方便当事人参加诉讼，也不方便人民法院审理案件。因此，如何确定原审法院及上海知识产权法院受理的上述关联案件的管辖，应从方便当事人诉讼以及方便人民法院审理出发，综合考虑具体案情及裁判文书的执行等因素，作出合法合理的处理。

《中华人民共和国民事诉讼法》第八条规定："民事诉讼当事人有平等的诉讼权利。人民法院审理民事案件，应当保障和便利当事人行使诉讼权利，对当事人在适用法律上一律平等。"人民法院行使审判权应遵循司法活动的基本规律和特点，坚持便于当事人诉讼，便于人民法院依法独立、公正和高效行使审判权的原则。本案中，根据相关法律规定并考虑到关联案件的实际情况，本院从四个方面进行考量：第一，从尊重和保障当事人诉权的原则出发，惠亚公司在上海知识产权法院提起的确认不侵犯专利权之诉、联奇公司在广州知识产权法院提起的两起专利侵权之诉，均是当事人依法自主行使诉权的行为，且均符合民事诉讼法关于诉讼管辖的相关规定，依法均应予以尊重和保护。第二，从便于当事人诉讼的原则出发，考虑到三起案件的当事人的具体情况，上海知识产权法院受理的确认不侵犯专利权诉讼，当事人为原告惠亚公司、被告联奇公司，广州知识产权法院受理的两起专利侵权诉讼，原告均为联奇公司，被告均为宝冶公司、超视堺公司、中建一局、柏诚公司、汉唐公司、中电二建等六家单位，若将本案移送至上海知识产权法院审理，有可能出现上述六被告以及联奇公司都分别在上海、广州两地参加诉讼的情况，当事人为参加诉讼都将投入更多的时间和更高的经济成本。但如果两起专利侵权诉讼均在广州知识产权法院审理，相对而言更有利于节约当事人诉讼成本，符合诉讼经济原则，也更便于多数当事人参加诉讼。第三，从便于人民法院公正高效行使审判权的原则出发，考虑到广州知识产权法院还受理了与本案成型装置施工方法专利关联度较高的有关该成型装置专利的侵权案件，且已在其辖区内对该项目中使用的“奇氏筒”产品和施工方法进行了证据保全，本案由原审法院审理既便于当事人诉讼，也便于人民法院查明案情并依法裁判和执行相关裁判，从而确保公正、高效地审结案件。第四，《通知》所确立的基本精神是基于同一事实的确认不侵犯专利权诉讼与专利侵权诉讼均属独立的诉讼，不应相互吸收。至于具体案件如何确定管辖，则应在此基础上考虑具体案件的情况。因本案与上海知识产权法院确认不侵权案件所涉并非同一专利和同一事实，不完全符合《通知》规定，故无须按照《通知》规定移送管辖并合并审理。同时，本案之外还存在两个关联紧密的诉讼，这与《通知》所针对和处理的案件情况存在较大差别，也应综合考虑相关案件的实际情况，做出相对最为合理的处置。因此，依据民事诉讼法及司法解释的相关规定，综合考虑本案实际情况，广州知识产权法院受理上述两起专利侵权案件符合民事诉讼法关于地域管辖的规定，其对本案具有管辖权。同时从有利于保障和便利当事人诉讼，有利于人民法院公正高效审理案件出发，本案不宜移送至上海知识产权法院审理。至于上海知识产权法院和广州知识产权法院就确认不侵犯专利权纠纷与侵犯专利权纠纷分别审理是否会出现冲突，因其上诉统一由最高人民法院知识产权法庭审理，这一可能出现的问题能够通过上诉机制解决。

综上，宝冶公司关于本案应当移送上海知识产权法院合并审理的上诉理由，事实和法律依据不足，本院依法不予支持。依照《中华人民共和国民事诉讼法》第一百七十条第一款第一项、第一百七十一条之规定，裁定如下：

驳回上诉，维持广州知识产权法院作出的（2018）粤 73 民初 3447、3448 号民事裁定中驳回上海宝冶集团有限公司对（2018）粤 73 民初 3447 号案件管辖权异议的裁定。

本裁定为终审裁定。

审 判 长 刘晓军
审 判 员 唐小妹
审 判 员 凌宗亮
二〇一九年十一月一日
法官助理 贾晓燕
书 记 员 宋子怡

# 63－2. 关联专利侵权之诉与确认不侵权之诉分散审理的审判协调

——上诉人上海宝冶集团有限公司与被上诉人联奇开发股份有限公司、原审被告超视堺国际科技（广州）有限公司、中国建筑一局（集团）有限公司、柏诚工程股份有限公司、江西汉唐系统集成有限公司、中国电子系统工程第二建设有限公司侵害发明专利权纠纷管辖权异议上诉两案①

**中华人民共和国最高人民法院民事裁定书（2019）最高法知民辖终2号**

上诉人（原审被告）：上海宝冶集团有限公司。住所地：上海市宝山区抚远路2457号。

法定代表人：白小虎，该公司董事长。

委托诉讼代理人：陈燕娴，广州市华学知识产权代理有限公司专利代理师。

被上诉人（原审原告）：联奇开发股份有限公司。住所地：台湾地区台南市新市区丰华里中心路8号。

法定代表人：林荣俊，该公司董事长。

委托诉讼代理人：潘立冬，广东育资律师事务所律师。

原审被告：超视堺国际科技（广州）有限公司。住所地：广东省广州市增城区永宁街创强路169号（增城经济技术开发区核心区内）。

法定代表人：罗政浩，该公司董事长兼总经理。

委托诉讼代理人：陈燕娴，广州市华学知识产权代理有限公司专利代理师。

原审被告：中国建筑一局（集团）有限公司。住所地：北京市丰台区西四环南路52号。

法定代表人：罗世威，该公司董事长。

委托诉讼代理人：陈燕娴，广州市华学知识产权代理有限公司专利代

① 本案在年度报告中的位置为第106页。

理师。

原审被告：柏诚工程股份有限公司。住所地：江苏省无锡市隐秀路800－2101。

法定代表人：过建廷，该公司董事长兼总经理。

委托诉讼代理人：邵鋆，江苏拓鸿律师事务所律师。

委托诉讼代理人：沈凯凯，江苏拓鸿律师事务所律师。

原审被告：江西汉唐系统集成有限公司。住所地：江西省南昌市青山湖区北京东路956号钦都豫景综合楼801室。

法定代表人：陈柏辰，该公司董事长。

委托诉讼代理人：陈燕娴，广州市华学知识产权代理有限公司专利代理师。

原审被告：中国电子系统工程第二建设有限公司。住所地：江苏省无锡市蠡溪路888号。

法定代表人：杨良生，该公司总经理。

委托诉讼代理人：祝海燕，泰和泰律师事务所专利代理师。

上诉人上海宝冶集团有限公司（简称宝冶公司）因与被上诉人联奇开发股份有限公司（简称联奇公司）、原审被告超视堺国际科技（广州）有限公司（简称超视堺公司）、中国建筑一局（集团）有限公司（简称中建一局）、柏诚工程股份有限公司（简称柏诚公司）、江西汉唐系统集成有限公司（简称汉唐公司）、中国电子系统工程第二建设有限公司（简称中电二建）侵害发明专利权纠纷一案，不服广州知识产权法院2019年2月13日作出的（2018）粤73民初3447、3448号民事裁定，向本院提起上诉。

宝冶公司上诉请求：依法撤销原审裁定，将本案移送上海知识产权法院审理。事实和理由：联奇公司住所地在台湾地区台南市，宝冶公司住所地在上海市宝山区，且上海知识产权法院已经受理上海惠亚铝合金制品有限公司（简称惠亚公司）诉联奇公司确认不侵害专利权纠纷一案，惠亚公司是本案被诉侵权产品的生产、销售商，本案应当移送上海知识产权法院一并审理。

联奇公司答辩：联奇公司提起的两起侵害发明专利权纠纷的侵权行为地和被告住所地都在广州市增城区，原审法院对该案具有管辖权。两个侵权之诉分别涉及产品专利和方法专利，与惠亚公司提起的确认不侵害专利权纠纷相比，双方当事人不同，侵权的形态不一样，适用的法律也不完全相同，所涉方法专利与惠亚公司提起的确认不侵害专利权纠纷并非同一专利，且原审法院已对涉案的“奇氏筒”产品进行了扣押，对于是否侵权可以做出更为客观的判断，两案不宜移送到上海知识产权法院并与其受理的确认不侵权纠纷案件合并审理。

原审法院经审查认为，两案均为侵害发明专利权纠纷，由于其中一被告超视堺公司的住所地位于广州市增城区，属于原审法院管辖范围之内，故原审法院对本两案均具有管辖权。况且，从本案的初步证据及证据保全情况来看，涉嫌侵权的“奇氏筒”施工方法及“奇氏筒”产品的使用地点均位于广东省广州市增城经济技术开发区内，依照《最高人民法院关于适用〈中华人民共和国民事诉讼法〉的解释》第二十四条之规定，广州市增城区为本两案的侵权行为地，原审法院亦依法对本两案具有管辖权。因此，宝冶公司所提管辖权异议缺乏事实及法律依据。该院裁定：驳回宝冶公司对本两案管辖权提出的异议。本两案管辖权异议案件受理费共200元（每案各100元），均由宝冶公司负担。

本院查明，2018年11月14日，联奇公司向原审法院同时提起两起专利侵权诉讼：第一件为产品专利侵权诉讼，联奇公司请求判令被告停止侵犯其专利号为ZL20041004××××.1、名称为“混凝土楼板预留开孔的成型装置”发明专利的行为，案号为（2018）粤73民初3448号，原审法院在该案中裁定查封或扣押了各被告位于广东省广州市增城经济技术开发区显示器生产线建设施工项目中所使用的“奇氏筒”产品。第二件为方法专利侵权诉讼，联奇公司请求判令被告停止侵犯其专利号为ZL20081008××××.5、名称为“一种混凝土楼板预留开孔的施工方法”发明专利的行为，案号为（2018）粤73民初3447号，原审法院在该案中裁定通过拍照、录音、录像、现场勘验、制作笔录等方式对各被告使用的“奇氏筒”施工方法进行了证据保全。另查明，惠亚公司于2018年7月24日向上海知识产权法院提起诉讼，请求确认其“奇氏筒”产品不落入联奇公司专利号为ZL20041004××××.1、名称为“混凝土楼板预留开孔的成型装置”发明专利保护范围，案号为（2018）沪73民初753号。上海知识产权法院受理并进行了审理。

本院经审查认为，本案系侵害发明专利权纠纷，根据当事人的诉辩意见和查明的事实，本案争议焦点为原审法院对本案是否具有管辖权，以及本案是否需移送上海知识产权法院审理。

最高人民法院曾在〔2004〕民三他字第4号《关于本田技研工业株式会社与石家庄双环汽车股份有限公司、北京旭阳恒兴经贸有限公司专利纠纷案件指定管辖的通知》（简称《通知》）中指出：“涉及同一事实的确认不侵犯专利权诉讼和专利侵权诉讼，是当事人双方依照民事诉讼法为保护自己的权益在纠纷发生过程的不同阶段分别提起的诉讼，均属独立的诉讼，一方当事人提起的确认不侵犯专利权诉讼不因对方当事人另行提起专利侵权诉讼而被吸收。但为了避免就同一事实的案件为不同法院重复审判，人民法院应当依法移送管辖合并审理。”根据已查明的事实，联奇公司在本案中诉请保护的专利为“混凝土楼板预留开孔的成型装置”发明专利，与惠亚公司在上海知识产权法院起诉的（2018）沪73民初753号案件中请求确认不侵权的专利相同，且上海知识产权法院立案在先。若仅单纯考虑此两案上述情况，依照上述《通知》精神，本案因与上海知识产权法院受理的（2018）沪73民初753号案件涉及同一产品专利，可移送立案在先的上海知识产权法院合并审理。

但是，《中华人民共和国民事诉讼法》第八条规定：“民事诉讼当事人有平等的诉讼权利。人民法院审理民事案件，应当保障和便利当事人行使诉讼权利，对当事人在适用法律上一律平等。”人民法院行使审判权应遵循司法活动的基本规律和特点，坚持便于当事人诉讼，便于人民法院依法独立、公正和高效行使审判权的原则。

本案中，联奇公司诉请保护的专利为“混凝土楼板预留开孔的成型装置”发明专利，该发明涉及一种混凝土楼板预留开孔的成型装置，特别是指一种该成型装置的部分组件直接固定在混凝土楼板上，并且在该混凝土楼板上预留开孔的成型装置。同时，联奇公司还向原审法院提起了另一起专利侵权诉讼［案号为（2018）粤73民初3447号］，请求依法保护其专利名称为“一种混凝土楼板预留开孔的施工方法”的发明专利，该发明涉及一种混凝土楼板预留开孔的施工方法，特别是指将一种成型装置的部分组件直接固定在混凝土楼板上，并且在该混凝土楼板上预留开孔的施工方法。上述二专利分别为混凝土楼板预留开孔技术领域成型装置和施工方法发明专利，具有较为紧密的关联性。同时，原审法院依据当事人申请，在本案中裁定查封或扣押各原审被告位于广东省广州市增城经济技术开发区显示器生产线建设施工项目中所使用的“奇氏筒”产品；在（2018）粤73民初3447号案中裁定通过拍照、录音、录像、现场勘验、制作笔录等方式对各原审被告使用的“奇氏筒”施工方法进行了证据保全。有鉴于此，综合考虑本案案情及上述三个关联案件的实质性联系，若将本案移送上海知识产权法院合并审理，同样将出现关联案件分别被不同法院审理的情况。

本案如何确定管辖法院，应从方便当事人诉讼、方便人民法院审理出发，综合考虑相关案件的案情、裁判文书的执行等因素，作出合法合理的处理。第一，从尊重和保障当事人诉权的原则出发，惠亚公司在上海知识产权法院提起的确认不侵犯专利权之诉、联奇公司在广州知识产权法院提起的两起专利侵权之诉，均是当事人依法自主行使诉权的行为，且均符合民事诉讼法关于诉讼管辖的相关规定，依法均应予以尊重和保护。第二，从便于当事人诉讼的原则出发，从三起案件当事人的具体情况来看，上海知识产权法院受理的确认不侵犯专利权诉讼，当事人为原告惠亚公司、被告联奇公司，广州知识产权法院受理的两起专利侵权诉讼，原告均为联奇公司，被告均为宝冶公司、超视堺公司、中建一局、柏诚公司、汉唐公司、中电二建等六家单位，若将本案移送至上海知识产权法院审理，因方法专利侵权诉讼仍应由广州知识产权法院审理，将产生上述六被告以及联奇公司都分别在上海、广州两地参加诉讼的情况，当事人为参加诉讼都将投入更多的时间和更高的经济成本。如果两起专利侵权诉讼均在广州知识产权法院审理，相对而言更有利于节约当事人诉讼成本，符合诉讼经济原则，也更便于多数当事人参加诉讼。第三，从便于人民法院公正高效行使审判权的原则出发，考虑到广州知识产权法院还受理了与本案成型装置专利关联度较高的有关该成型装置专利施工方法的侵权案件，且已在其辖区内对该项目中使用的“奇氏筒”产品和施工方法进行了证据保全，本案由原审法院审理既便于当事人诉讼，也便于人民法院查明案件事实并依法裁判和执行，从而确保公正、高效地审结案件。第四，《通知》所确立的基本精神是基于同一事实的确认不侵犯专利权诉讼与专利侵权诉讼均属独立的诉讼，不应相互吸收。至于具体案件如何确定管辖，则应在此基础上考虑具体案件的情况。因本案之外还存在两个关联紧密的诉讼，这与《通知》所针对和处理的案件情况存在较大差别，应综合考虑三个案件的实际情况，做出相对最为合理的处理。因此，依据民事诉讼法及司法解释的相关规定，综合考虑本案实际情况，广州知识产权法院受理上述两起专利侵权案件符合民事诉讼法关于地域管辖的规定，其对本案具有管辖权。同时从有利于保障和便利当事人诉讼，有利于人民法院公正高效审理案件出发，本案不宜移送至上海知识产权法院审理。至于上海知识产权法院和广州知识产权法院就确认不侵犯专利权纠纷与侵犯专利权纠纷分别审理是否会出现冲突，因其上诉统一由最高人民法院知识产权法庭审理，这一可能出现的问题能够通过上诉机制解决。

综上，宝冶公司关于本案应当移送上海知识产权法院合并审理的上诉理由，事实和法律依据不足，本院依法不予支持。依照《中华人民共和国民事诉讼法》第一百七十条第一款第一项、第一百七十一条之规定，裁定如下：

驳回上诉，维持广州知识产权法院作出的（2018）粤 73 民初 3447、3448 号民事裁定中驳回上海宝冶集团有限公司对（2018）粤 73 民初 3448 号案件管辖权异议的裁定。

本裁定为终审裁定。

审　判　长　刘晓军
审　判　员　唐小妹
审　判　员　凌宗亮
二〇一九年十一月一日
法官助理　贾晓燕
书　记　员　宋子怡

## 64. 包含专利权转让条款的股权转让协议纠纷的管辖

——上诉人荣阳铝业（中国）有限公司与被上诉人宝纳丽金门窗系统（苏州工业园区）有限公司专利权转让合同纠纷管辖权异议上诉案①

**中华人民共和国最高人民法院民事裁定书（2019）最高法知民辖终158号**

上诉人（原审被告）：荣阳铝业（中国）有限公司。住所地：广东省广州市增城荔城镇西郊（市柑桔场内）。

法定代表人：徐迎娣，该公司董事长兼总经理。

委托诉讼代理人：陈琛，北京大成（广州）律师事务所律师。

被上诉人（原审原告）：宝纳丽金门窗系统（苏州工业园区）有限公司。住所地：江苏省苏州工业园区新平街388号腾飞科技园21幢2层201－42室。

法定代表人：王振茂，该公司总经理。

委托诉讼代理人：潘游，浙江合创律师事务所律师。

委托诉讼代理人：周婕，浙江合创律师事务所律师。

上诉人荣阳铝业（中国）有限公司（简称荣阳铝业公司）因与宝纳丽金门窗系统（苏州工业园区）有限公司（简称宝纳丽金公司）股权转让合同纠纷一案，不服广州知识产权法院于2019年4月24日作出的（2019）粤73知民初138号民事裁定，向本院提起上诉。

荣阳铝业公司上诉称：请求撤销原审裁定，将本案移送至广东省广州市增城区人民法院审理。事实与理由为：本案中双方当事人签订的《收购协议》中并非仅就知识产权的转让进行约定，该协议系基于双方对宝纳丽金公司股权转让的约定，而股权转让自然包括与之相关的全部资产的转让以及相关转让事项的安排，在《收购协议》中具体包括股权转让、财务结算、专利交接、人员安排等约定。因此本案的案由并非专利权转让合同纠纷，而是股权转让合同纠纷。《中华人民共和国民事诉讼法》第三十四条规定，合同或

① 本案在年度报告中的位置为第108页。

者其他财产权益纠纷的当事人可以书面协议选择被告住所地、合同履行地、合同签订地、原告住所地、标的物所在地等与争议有实际联系的地点的人民法院管辖，但不得违反本法对级别管辖和专属管辖的规定。本案中，双方所签署的合同为一般的股权转让协议，且双方已经在合同中明确约定了向“甲方所在地人民法院起诉”，即向广州市增城区人民法院起诉，而该约定并未违反专属管辖的规定，该条款系双方真实意思表示，应为有效。

宝纳丽金公司未作答辩。

原审法院经审查查明，2015 年 6 月 17 日，宝纳丽金公司与荣阳铝业公司签订一份《收购协议》，甲方为荣阳铝业公司，乙方为宝纳丽金公司。双方约定荣阳铝业公司以 1580 万元收购宝纳丽金公司的 100% 股权，该协议第二条约定“自甲乙双方签约后，乙方所有的包括但不限于注册商标、产品专利等所有的知识产权属于甲方，乙方应协助甲方尽快完成相关转让手续。”第六条约定“对于执行本合同发生的与本合同有关的争议应本着友好协商的原则解决，如果双方通过协商不能达成一致，任何一方可依法向甲方所在地人民法院起诉。”原审法院认为，宝纳丽金公司与荣阳铝业公司签订的《收购协议》虽约定荣阳铝业公司以 1580 万元收购宝纳丽金公司的 100% 股权，但该协议第二条以单独条款的形式明确约定了宝纳丽金公司将其名下知识产权转让荣阳铝业公司的义务，即知识产权转让应为本协议的主要内容，且从宝纳丽金公司的举证来看，荣阳铝业公司未支付余款的原因亦是因为宝纳丽金公司未向其转让相关的专利，故本案为专利权转让合同纠纷。荣阳铝业公司的住所地为广东省广州市，属于原审法院的管辖范围。据此，原审法院裁定驳回荣阳铝业公司对本案管辖权提出的异议。

本院经审查认为：

《中华人民共和国民事诉讼法》第三十四条规定，合同或者其他财产权益纠纷的当事人可以书面协议选择被告住所地、合同履行地、合同签订地、原告住所地、标的物所在地等与争议有实际联系的地点的人民法院管辖，但不得违反本法对级别管辖和专属管辖的规定。本案中，荣阳铝业公司与宝纳丽金公司于 2015 年 6 月 17 日签订《收购协议》，双方约定荣阳铝业公司以 1580 万元收购宝纳丽金公司的 100% 股权，该协议第二条约定“自甲乙双方签约后，乙方所有的包括但不限于注册商标、产品专利等所有的知识产权属于甲方，乙方应协助甲方尽快完成相关转让手续。”该协议第六条约定“对于执行本合同发生的与本合同有关的争议应本着友好协商的原则解决，如果双方通过协商不能达成一致，任何一方可依法向甲方所在地人民法院起诉。”从本案当事人双方签订的《收购协议》内容来看，双方当事人的约定不仅包含知识产权的转让，还包括股权转让、财务结算、人员安排等内容。因此，本案涉案合同为包含知识产权转让的股权转让合同。本案当事人双方所签署股权转让合同中已明确约定向“甲方所在地人民法院起诉”，而作为“甲方”的荣阳铝业公司所在地，也是被告所在地，可见，该约定并不违反对级别管辖和专属管辖的规定。即，本案应当由作为“甲方”的荣阳铝业公司所在地的广州市增城区人民法院行使管辖权，而不是广州知识产权法院行使管辖权。

综上，上诉人荣阳铝业公司提出的管辖权异议上诉理由成立，本院予以支持。原审裁定结论错误，本院予以纠正。依照《中华人民共和国民事诉讼法》第一百七十条第一款第二项、第一百七十一条规定，裁定如下：

一、撤销广州知识产权法院（2019）粤73知民初138号民事裁定；

二、本案由广东省广州市增城区人民法院管辖。

本裁定为终审裁定。

审 判 长 徐卓斌
审 判 员 邓 卓
审 判 员 高 雪
二〇一九年九月二十四日
法官助理 李伟伟
书 记 员 王倩倩

# 65. 作为管辖连结点的零部件使用行为的认定

——上诉人深圳市贝纳太阳能技术有限公司与被上诉人上海钧正网络科技有限公司、江苏永安行低碳科技有限公司侵害实用新型专利权纠纷管辖权异议上诉案①

**中华人民共和国最高人民法院民事裁定书（2019）最高法知民辖终201号**

上诉人（原审原告）：深圳市贝纳太阳能技术有限公司。住所地：广东省深圳市南山区麒麟路西侧麒麟花园A区1号楼702。

法定代表人：杨东，该公司总经理。

委托诉讼代理人：王永文，广东法尔律师事务所律师。

被上诉人（原审被告）：上海钧正网络科技有限公司。住所地：上海市闵行区秀文路898号1幢501室。

法定代表人：杨磊，该公司总经理。

被上诉人（原审被告）：江苏永安行低碳科技有限公司。住所地：江苏省常州市新北区新桥镇崇义南路5号新龙湖水街E栋。

法定代表人：杨磊，该公司总经理。

两被上诉人共同委托诉讼代理人：佘猛，上海兰迪律师事务所律师。

上诉人深圳市贝纳太阳能技术有限公司（以下简称贝纳公司）因与被上诉人上海钧正网络科技有限公司（以下简称钧正公司）、江苏永安行低碳科技有限公司（以下简称永安行公司）侵害实用新型专利权纠纷管辖权异议一案，不服广东省深圳市中级人民法院（2019）粤03民初634号民事裁定，向本院提起上诉。

贝纳公司上诉称：请求驳回两被上诉人的管辖异议，本案由广东省深圳市中级人民法院审理。事实和理由：（一）原审法院认定事实错误。原审法院认为没有证据证明钧正公司在深圳市涉嫌实施被诉侵权产品的制造、使用行为。但事实是被诉侵权产品系在深圳制造，钧正公司在深圳市投放了该被诉侵权产品，该被诉侵权产品在深圳市使用。（二）原审法院适用法律错误。

① 本案在年度报告中的位置为第109页。

被诉侵权产品是在广东省深圳市被发现且被固定证据，钧正公司的侵权行为实施地与侵权结果发生地都是深圳市，根据相关法律规定应由原审法院管辖。

钧正公司及永安行公司均未作答辩。

本院经审查认为，根据《中华人民共和国专利法》① （以下简称专利法）第十一条第一款规定："发明和实用新型专利权被授予后，除本法另有规定外，任何单位或者个人未经专利权人许可，都不得实施其专利，即不得为生产经营目的制造、使用、许诺销售、销售、进口其专利产品……"

本案中，贝纳公司起诉称钧正公司在深圳市投放的"哈罗出行"共享单车，该共享单车上使用的太阳能电池组件产品侵害其名称为"一种太阳能电池组件"的实用新型专利权，认为钧正公司、永安行公司制造、使用被诉侵权的太阳能电池组件产品，并提交了初步证据。钧正公司则称其太阳能组件产品采购于其他单位，并就采购情况向原审法院提交了"情况说明"。因此，就贝纳公司起诉指控的制造、使用的侵权行为，本案的初步证据显示，钧正公司在深圳市投放的"哈罗出行"共享单车上，使用了被诉侵权的太阳能电池组件产品。

鉴于被诉侵权的使用行为及侵权行为地影响本案的管辖权异议成立与否，应当就该使用行为是否属于专利法第十一条第一款所规定的专利侵权行为进行分析认定，并进而确定侵权行为地。本案中，钧正公司将被诉侵权的太阳能电池组件产品，组装到共享单车上使用，至少存在组装及实际使用行为。其一，如将太阳能电池组件产品视为零部件组装，根据《最高人民法院关于审理侵犯专利权纠纷案件应用法律若干问题的解释》第十二条有关"将侵犯发明或者实用新型专利权的产品作为零部件，制造另一产品的，人民法院应当认定属于专利法第十一条规定的使用行为"之规定，可以认定该组装行为属于专利法意义上的使用行为。其二，本案钧正公司除组装行为外，还存在实际使用太阳能电池组件产品，使太阳能组件产品真正发挥功能与作用的使用行为。太阳能电池作为组件产品，其实际发挥的功能与作用，系为共享单车接受指令、开关锁等功能提供电能。而能发挥该功能与作用，则是共享单车投放市场营运之后，因此，钧正公司将组装了被诉侵权的太阳能电池组件产品的共享单车投放到深圳市场进行营运之初，为保证共享单车实际被使用时能正常使用，应当维持太阳能电池持续不断地为共享单车开关锁提供电能，该过程需要钧正公司使用电池组件产品，利用太阳能给电池充电；作为营运方，钧正公司也需要对共享单车进行日常维护，使用电池组件产品。钧正公

---

① 此处指2008年《中华人民共和国专利法》，其已于2020年修改，本案下同。

司将共享单车投放市场进行营运，对电池组件产品实际进行使用，显然已经超出其将电池组件产品作为零部件组装到共享单车上的使用范畴。

钧正公司作为生产经营企业，作为“哈罗单车”的营运方，在向市场投放“哈罗出行”共享单车的实际经营中，对被诉侵权的太阳能电池组件产品进行使用，此行为并非市场终端消费者的使用行为，应当属于专利法第十一条第一款规定的为生产经营目的的使用行为。综上，原审法院认为钧正公司未在深圳市实施太阳能电池组件产品的使用行为错误，应予纠正。

钧正公司对被诉侵权的太阳能电池组件产品使用行为发生在深圳市，深圳市可以认定为侵权行为实施地。根据《中华人民共和国民事诉讼法》第二十八条规定，因侵权行为提起的诉讼，由侵权行为地或者被告住所地人民法院管辖。又根据《最高人民法院关于审理专利纠纷案件适用法律问题的若干规定》第五条规定，因侵犯专利权行为提起的诉讼，由侵权行为地或者被告住所地人民法院管辖。侵权行为地包括：被诉侵犯发明、实用新型专利权的产品的制造、使用、许诺销售、销售、进口等行为的实施地。钧正公司在深圳市对被诉侵权的太阳能电池组件产品使用行为实施地，即为侵权行为地。原审法院作为使用被诉侵权产品的侵权行为地人民法院，对本案享有管辖权。钧正公司提出管辖权异议，主张被告住所地人民法院对本案具有管辖权，将本案移送上海知识产权法院管辖，但在原审法院已经立案受理本案的情形之下，其主张不足以否定原审人民法院作为侵权行为地人民法院行使管辖权。贝纳公司的上诉主张成立，本院予以支持。原审裁定适用法律错误，依法应予纠正。

依照《中华人民共和国民事诉讼法》第一百七十条第一款第二项、第一百七十一条规定，裁定如下：

一、撤销广东省深圳市中级人民法院（2019）粤 03 民初 634 号民事裁定；

二、本案由广东省深圳市中级人民法院管辖。

本裁定为终审裁定。

审　判　长　徐燕如
审　判　员　刘晓梅
审　判　员　詹靖康
二〇一九年九月五日
法官助理　刘清启
书　记　员　刘岳天

## 66. 作为管辖连结点的信息网络侵权行为的认定

——上诉人杭州米欧仪器有限公司与被上诉人宁波拓普森科学仪器有限公司侵害实用新型专利权纠纷管辖权异议上诉案①

**中华人民共和国最高人民法院民事裁定书（2019）最高法知民辖终13号**

上诉人（原审被告）：杭州米欧仪器有限公司。住所地：浙江省杭州市莫干山路1418－3号1号楼201室（上城区科技工业基地）。

法定代表人：姚必庆，该公司总经理。

委托诉讼代理人：王登远，天册（上海）律师事务所律师。

委托诉讼代理人：袁登华，浙江天册律师事务所律师。

被上诉人（原审原告）：宁波拓普森科学仪器有限公司。住所地：浙江省宁波市鄞州区姜山镇东光村。

法定代表人：唐柏林，该公司总经理。

委托诉讼代理人：张向飞，宁波市鄞州盛飞专利代理事务所（特殊普通合伙）专利代理人。

委托诉讼代理人：龙洋，宁波市鄞州盛飞专利代理事务所（特殊普通合伙）专利代理人。

上诉人杭州米欧仪器有限公司（以下简称米欧公司）因与被上诉人宁波拓普森科学仪器有限公司（以下简称拓普森公司）侵害实用新型专利权纠纷管辖异议一案，不服浙江省宁波市中级人民法院（2018）浙02民初2308号民事裁定，向本院提起上诉。本院依法组成合议庭对本案进行了审理。本案现已审理终结。

上诉人米欧公司提起上诉称：（一）原审法院对本案没有管辖权。1. 本案被诉侵权行为不属于《最高人民法院关于适用〈中华人民共和国民事诉讼法〉的解释》（以下简称民诉法解释）第二十五条规定的“信息网络侵权行为”，原审法院依据被侵权人住所地认定管辖法院属于事实认定与法律适用错误；2. 被上诉人住所地也非侵权结果发生地。（二）本案上诉人住所地和

① 本案在年度报告中的位置为第111页。

侵权行为发生地均在浙江省杭州市，杭州市中级人民法院对本案具有管辖权。综上，请求撤销原审裁定，将本案移送杭州市中级人民法院审理。

本院经审查认为，本案的争议焦点为：原审法院对本案是否具有管辖权。具体而言，上述焦点问题可以进一步分解为：（一）本案被诉侵权行为是否属于民诉法解释第二十五条规定的信息网络侵权行为；（二）本案应当如何确定管辖法院。对此，本院分析如下：

（一）关于本案被诉侵权行为是否属于民诉法解释第二十五条规定的信息网络侵权行为

民诉法解释第二十五条规定，信息网络侵权行为实施地包括实施被诉侵权行为的计算机等信息设备所在地，侵权结果发生地包括被侵权人住所地。原审裁定认为，拓普森公司提供的公证书等证据能初步证明米欧公司通过信息网络实施了销售被诉侵权产品的行为，涉案交易的重要载体和媒介系信息网络，米欧公司的销售行为发生于信息网络环境中，故被诉侵权行为属于信息网络侵权行为。米欧公司提出，本案被诉侵害专利权行为不属于民诉法解释第二十五条规定的信息网络侵权行为，原审裁定对此认定有误。对此，本院认为，民诉法解释第二十五条规定的信息网络侵权行为具有特定含义，指的是侵权人利用互联网发布直接侵害他人合法权益的信息的行为，主要针对的是通过信息网络侵害他人人身权益以及侵害他人信息网络传播权等行为，即被诉侵权行为的实施、损害结果的发生等均在信息网络上，并非侵权行为的实施、损害结果的发生与网络有关即可认定属于信息网络侵权行为。本案中，依据拓普森公司的诉讼请求，本案被诉侵权行为包括米欧公司制造、销售、许诺销售被诉侵权产品的行为。拓普森公司提供的公证书记载，米欧公司在其公司网站上声称，其是“集实验室仪器研发、生产、销售于一体的公司”，在网站上展示了涉案被诉侵权产品图片，拓普森公司从米欧公司网站获取米欧公司销售人员联系方式，通过微信沟通并在线下完成购买被诉侵权产品事宜。上述交易过程中，网站和微信仅仅是双方交易的媒介，被诉侵权人米欧公司仅通过互联网不能实施被诉侵害专利权的行为。在网络普及化程度很高的当代社会，如果案件事实中出现网站平台或者双方通过微信等涉网络相关的方式沟通，抑或双方系通过信息网络平台进行被诉侵权产品的交易，即认定为构成信息网络侵权行为，属于对民诉法解释第二十五条规制的范围理解过于宽泛，不符合立法的本意。因此，本案被诉侵权行为不属于民诉法解释第二十五条规定的信息网络侵权行为，本案不应当依据民诉法解释第二十五条确定管辖，原审法院对此认定有误，本院予以纠正。

（二）关于本案应当如何确定管辖法院

《最高人民法院关于审理专利纠纷案件适用法律问题的若干规定》（以下简称专利案件规定）第五条规定，因侵犯专利权行为提起的诉讼，由侵权行为地或者被告住所地人民法院管辖。侵权行为地包括：被诉侵犯实用新型专利权的产品的制造、许诺销售、销售等行为的实施地，以及上述侵权行为的侵权结果发生地。本案系侵害实用新型专利权纠纷，故本院以上述规定作为确定本案地域管辖的依据。

本案中，拓普森公司指控被诉侵权人米欧公司制造、销售、许诺销售侵害其涉案专利的产品，应当在上述侵权行为地或米欧公司住所地提起民事诉讼。米欧公司住所地在浙江省杭州市，在没有相反证据证明的情况下，可合理推定涉案被诉侵权产品的制造行为也发生在杭州市；米欧公司在上诉期间提交证据证明，其公司网站服务器所在地为杭州市，因此，拓普森公司指控米欧公司许诺销售被诉侵权产品的行为发生在杭州市。上述制造、许诺销售行为的侵权结果发生地也在杭州市。米欧公司销售被诉侵权产品给拓普森公司，宁波市是拓普森公司购买被诉侵权产品的收货地，同时也是该公司的住所地。因此，判断原审法院对本案是否具有管辖权，需分别评判如下问题：一是被诉侵权产品的收货地是否属于被诉销售行为实施地或者侵权结果发生地；二是权利人住所地是否是侵权结果发生地。对此，本院分析如下：

第一，关于销售行为实施地的理解。具体到本案，被诉侵权产品的收货地是否属于被诉销售行为实施地。对此，本院认为，专利案件规定第五条规定的销售行为实施地，原则上包括不以购买者意志为转移的销售商主要经营地、被诉侵权产品储藏地、发货地或者查封扣押地等，权利人购买侵权产品的收货地通常不宜被认定为销售行为实施地。本案中，没有证据显示米欧公司的主要经营地、被诉侵权产品储藏地、发货地等在宁波市。尽管被诉侵权产品的收货地与权利人住所地均在宁波市，为方便查明案件事实，遵循“原告就被告”民事诉讼管辖基本原则，也不宜将收货地认定为“销售行为实施地”。

第二，关于侵权结果发生地的理解。侵权结果发生地是侵权行为地的一种情形，应当根据权利人所指控的侵权人和具体侵权行为来确定。具体到本案，包括被诉侵权产品的收货地是否属于侵权结果发生地以及拓普森公司住所地是否属于侵权结果发生地。对此，本院认为，首先，本案中，权利人指控米欧公司销售被诉侵权产品的行为侵害其专利权，米欧公司的销售人员通过微信与拓普森公司的代理人达成销售协议，通过邮寄方式交付被诉侵权产品，被诉侵权结果在被诉侵权人的销售行为付诸实施时已实际产生，被诉侵权产品的收货地对侵权行为的实施没有实质影响，不能被认定为侵权结果发生地。其次，侵权结果发生地应当理解为侵权行为直接产生的结果的发生地，不能以权利人认为受到损害就认为其所在地就是侵权结果发生地。对此，最高人民法院（2013）民提字第16号裁定书中已经予以明确，本院在此重申。

综上所述，本案中，宁波市既不是被诉侵权行为地，也不是被告住所地，原审法院对本案没有管辖权。原审裁定适用法律错误，本院予以纠正。本案侵权行为地、被告住所地均在杭州市，依据《最高人民法院关于同意杭州市、宁波市、合肥市、福州市、济南市、青岛市中级人民法院内设专门审批机构并跨区域管辖部分知识产权案件的批复》及《浙江省高级人民法院关于杭州市、宁波市中级人民法院内设专门审批机构并跨区域管辖部分知识产权案件的通知》的相关规定，本案应由杭州市中级人民法院管辖。上诉人的上诉理由成立，本院予以支持。依照《中华人民共和国民事诉讼法》第一百七十条第一款第二项、第一百七十一条之规定，裁定如下：

一、撤销浙江省宁波市中级人民法院（2018）浙02民初2308号民事裁定。

二、本案由浙江省杭州市中级人民法院管辖。

本裁定为终审裁定。

审 判 长 焦 彦
审 判 员 魏 磊
审 判 员 佘朝阳
二〇一九年五月二十八日
法官助理 刘 乐
书 记 员 韩 丰

# 67. 管辖连结点应当根据当事人主张的法律关系的性质确定

——原告天地阳光通信科技（北京）有限公司与被告陈捷、王运芝清算责任纠纷案①

**中华人民共和国最高人民法院民事裁定书（2019）最高法民辖56号**

原告：天地阳光通信科技（北京）有限公司。住所地：北京市海淀区地锦路9号院11号楼1至4层101。

法定代表人：李平师，该公司董事长。

委托诉讼代理人：吴江，该公司员工。

委托诉讼代理人：岳鹏，北京颐合中鸿律师事务所律师。

被告：陈捷。

被告：王运芝。

原告天地阳光通信科技（北京）有限公司（以下简称天地阳光公司）与被告陈捷、王运芝清算责任纠纷一案，北京知识产权法院于2018年12月14日立案。

天地阳光公司诉称，天地阳光公司于2017年6月23日与长沙梓瞳影像科技有限公司（以下简称长沙梓瞳公司）签订了《H.265视音频编、解码产品定制开发合同》（以下简称开发合同），约定长沙梓瞳公司为天地阳光公司提供“H.265视音频编、解码产品”的定制开发服务。因长沙梓瞳公司严重违约，天地阳光公司于2018年6月15日向长沙梓瞳公司发出解除开发合同的通知，并要求长沙梓瞳公司退还天地阳光公司前期支付的研发费用70万元及占合同总额20%的赔偿款40万元。长沙梓瞳公司在收到天地阳光公司发出的合同解除通知后，至今未向天地阳光公司支付，并于2018年10月9日注销。2018年8月21日，长沙梓瞳公司的股东陈捷、王运芝共同出具承诺书，承诺如长沙梓瞳公司存在未清算的债务，全体股东自愿依法承担清偿责任。故天地阳光公司起诉，请求法院判令：1. 陈捷、王运芝退还天地阳光公

① 本案在年度报告中的位置为第112页。

司合同款70万元；2. 陈捷、王运芝向天地阳光公司支付赔偿款40万元；3. 诉讼费用由陈捷、王运芝承担。

北京知识产权法院审理中，陈捷向一审法院邮寄居委会证明一份，证明其自2017年3月1日起至今居住于湖南省长沙市雨花区。天地阳光公司对上述证明无异议。经北京知识产权法院查明，王运芝户籍地为湖南省长沙市雨花区××派出所××社区东二环一段××号2区2栋×××房。

北京知识产权法院经审查认为，该案案由系清算责任纠纷，属于侵权纠纷。根据《中华人民共和国民事诉讼法》第二十八条的规定，因侵权行为提起的诉讼，由侵权行为地或者被告住所地人民法院管辖。在原告未提供证据证明侵权行为地的情况下，该案只能依据被告住所地确定管辖法院。经查，二被告住所地均位于湖南省长沙市雨花区辖区，故北京知识产权法院对该案不具有管辖权，遂于2019年1月28日作出（2018）京73民初1686号民事裁定：该案移送湖南省长沙市雨花区人民法院处理。

2019年7月1日，湖南省高级人民法院以本案基础法律关系为技术开发合同，且本案争议焦点是技术开发合同的履行问题，应由开发合同约定的原告所在地法院即北京知识产权法院管辖为由，报请本院指定管辖。

本院认为，案件的管辖应当以当事人主张的法律关系的性质确定。首先，根据原告天地阳光公司的起诉状，其基于与长沙梓瞳公司签订的开发合同而向陈捷、王运芝提出退还已付合同款70万元并支付赔偿款40万元等诉讼请求。陈捷、王运芝并非开发合同的一方当事人，系因长沙梓瞳公司已注销，陈捷、王运芝承诺承担偿还责任，而被作为被告起诉。长沙梓瞳公司未经依法清算即办理注销登记，该公司已不具备清算条件，故本案不属于《最高人民法院关于适用〈中华人民共和国公司法〉若干问题的规定（二）》第二十四条中的"公司清算案件"，故不能依据该条中有关"公司清算案件由公司住所地人民法院管辖"规定确定本案管辖。其次，虽然陈捷、王运芝并非本案开发合同的一方当事人，但其作为公司股东在长沙梓瞳公司注销登记时作出"如企业存在未清算的债务，全体股东自愿依法承担清偿责任"的承诺，属于对长沙梓瞳公司原债务的承继，应受原法律关系的约束。因此，本案应按基础法律关系即开发合同关系确定管辖法院。最后，天地阳光公司与长沙梓瞳公司在开发合同中明确约定纠纷的管辖法院为甲方即天地阳光公司所在地有管辖权的法院，该管辖条款的约定不违反法律法规的规定，为有效条款，应按此约定确定管辖法院。原告天地阳光公司住所地为北京市海淀区，且本案开发合同内容涉及计算机源代码，属于计算机软件合同纠纷。故根据《中华人民共和国民事诉讼法》第三十四条及《最高人民法院关于北京、上海、广州知识产权法院案件管辖的规定》第一条第一项的规定，北京知识产权法院对本案具有管辖权。需明确的是，本案只解决管辖问题，至于实体上开发合同的效力，陈捷、王运芝承担责任与否以及何种责任等均需实体审理后才能确定，本院对此不予确认。

综上，本院依照《中华人民共和国民事诉讼法》第三十六条的规定，裁定如下：

本案由北京知识产权法院审理。

本裁定一经作出即生效。

审　判　长　张志弘
审　判　员　曹　刚
审　判　员　江建中
二〇一九年十一月五日
法官助理　赵　钊
书　记　员　韩　阳

**图书在版编目（CIP）数据**

最高人民法院知识产权审判案例指导：最高人民法院知识产权案件年度报告及案例全文．第 12 辑/最高人民法院民事审判第三庭编．—北京：中国法制出版社，2021.4

ISBN 978－7－5216－1771－9

Ⅰ．①最…　Ⅱ．①最…　Ⅲ．①知识产权－判例－中国　Ⅳ．①D923.405

中国版本图书馆 CIP 数据核字（2021）第 053872 号

策划编辑　李小草　王熹

责任编辑　王熹　赵律玮　孙静　白天园　　　封面设计　蒋怡　杨泽江

---

**最高人民法院知识产权审判案例指导．第 12 辑**

ZUIGAO RENMIN FAYUAN ZHISHI CHANQUAN SHENPAN ANLI ZHIDAO. DI-12 JI

编者/最高人民法院民事审判第三庭

经销/新华书店

印刷/三河市国英印务有限公司

开本/730 毫米 × 1030 毫米　16 开　　　印张/ 47　字数/ 724 千

版次/2021 年 4 月第 1 版　　　2021 年 4 月第 1 次印刷

---

中国法制出版社出版

书号 ISBN 978－7－5216－1771－9　　　定价：168.00 元

北京西单横二条 2 号

邮政编码 100031　　　传真：010－66031119

**网址：http：//www.zgfzs.com**　　　**编辑部电话：010－66010493**

**市场营销部电话：010－66033393**　　　**邮购部电话：010－66033288**

（如有印装质量问题，请与本社印务部联系调换。电话：010－66032926）